U0934072

中华人民共和国地方志·福建省上杭县

中共白砂镇委员会
白砂镇人民政府 编

厦门大学出版社 XIAMEN UNIVERSITY PRESS
国家一级出版社
全国百佳图书出版单位

图书在版编目(CIP)数据

白砂镇志/中共白砂镇委员会,白砂镇人民政府编.—厦门:厦门大学出版社,2020.4
ISBN 978-7-5615-7752-3

Ⅰ.①白… Ⅱ.①中…②白… Ⅲ.①乡镇—地方志—上杭县 Ⅳ.①K295.75

中国版本图书馆 CIP 数据核字(2020)第 038309 号

出 版 人 郑文礼
责任编辑 薛鹏志

出版发行 厦门大学出版社
社 址 厦门市软件园二期望海路 39 号
邮政编码 361008
总 机 0592-2181111 0592-2181406(传真)
营销中心 0592-2184458 0592-2181365
网 址 http://www.xmupress.com
邮 箱 xmup@xmupress.com
印 刷 龙岩市日升彩印有限公司

开本 787 mm×1 092 mm 1/16
印张 39.5
插页 14
字数 1200 千字
印数 1~1 500 册
版次 2020 年 4 月第 1 版
印次 2020 年 4 月第 1 次印刷
定价 298.00 元

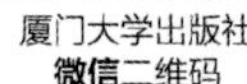

厦门大学出版社
微博二维码

《白砂镇志》编审人员名单

编纂委员会

主　　任　黄泰林（2017年9月调离）
　　　　　曹永忻（2017年11月任）
常务副主任　郭丽蓉（2019年12月调离）　高美玲（2019年12月任）
副 主 任　赖建亮
委　　员　邓建康　涂健顺（2017年12月任）　蔡洪昌　罗长春
　　　　　蓝开衍　曾　智　袁　洪　雷永朗（2019年12月任）
　　　　　罗何英　袁昌兴　钟攀华　江钦仁　袁步彤
　　　　　江崇荣（2017年12月任）
办公室主任　邱福焜

编纂人员

主　修　曹永忻　郭丽蓉
总　纂　林汉扬
编　辑　傅灿章　邱树元　袁茂荣

审查验收人员

中共上杭县委党史和地方志研究室　刘昌发　蓝晓东
中共上杭县委宣传部　丘晓武
上杭县保密局　陈灵娟

序　一

在中华人民共和国成立七十周年之际，《白砂镇志》付梓出版了。这是白砂人民文化生活中的一件大喜事，也是白砂人民向共和国母亲七十华诞献上的一份厚礼。

白砂是一方富有光荣革命传统的红色热土。在新民主主义革命时期，白砂人民坚定跟着中国共产党闹革命，留下了壮丽辉煌、富有特色的历史篇章。毛泽东等老一辈无产阶级革命家在白砂进行了丰富而伟大的革命实践，具有“古田会议前奏曲”之誉的红四军前委“早康会议”在白砂召开，省、县党、政、军有关领导机关曾几度搬到白砂办公。白砂坚持“保田斗争”，最为突出地体现“二十年红旗不倒”的中央苏区精神；白砂为革命牺牲的烈士人数，为全县各乡镇之最多。

白砂是富有厚重历史文化的古老土地。上杭县县治四迁，白砂是第一站；客家文化研究者眼中的“张化孙现象”、裔孙远播海内外近百万之众的张化孙，白砂是他的开基地；深得客家人喜爱的优秀传统剧种——提线木偶，白砂是闽西的主要发祥地。

白砂是物华天宝、人杰地灵的洞天福地。这里土地肥沃、林茂粮丰、山川秀丽、风物闲美，自然资源丰富，民风敦厚淳朴。前人已利用这些优势取得丰厚的收获，坚信这也会成为未来白砂发展中得天独厚的有利条件。

白砂是充满创新创业、催人奋进气息的温暖土地。中共十一届三中全会后，白砂人民满腔热情地投入到改革开放中，辛勤探索。特别是党的十八大以来，白砂镇党委、政府带领全镇人民贯彻落实习近平新时代中国特色社会主义思想，坚持创新、协调、绿色、开放、共享的发展理念，各项工作大力推进，扶贫攻坚卓有成效，民生福祉持续改善，乡村面貌日新月异。

编修地方志是中华文化独有的传统，“治天下者以史为鉴，治郡国者以志为鉴”。新中国成立以来，党和国家领导人都很重视地方志工作。2014 年以后，习近平总书记多次指出要“高度重视修史修志”。白砂镇党委、政府履行“守土者之责”，2017 年 7 月启动镇志编修，在以龙岩市方志委原主任林汉扬为总纂的编修人员共同努力下，《白砂镇志》观点正确，内容丰富，资料翔实，文风淳朴，图文并茂，彰显特色，给白砂后人留下宝贵的精神财富，也成为外界了解白砂、感知白砂的一个重要窗口。

白砂是我的故乡。我出生在这里，并就读到小学毕业，而后外出求学。六年后，随着上山下乡的浪潮，我又回到了家乡。近三年中，走遍了村村落落，也饱尝了农耕生活的艰辛，脑海中镌刻下了山水田林和风土人情，那不可磨灭的印象。因此，现在捧读《白砂镇志》，眼前就浮现出前辈们的音容笑貌，经历过的桩桩往事，以及家门前那条不知流淌了多少年载的小溪流。

“志以资治理”。但愿家乡人民今后能读好志、用好志，透过历史经验和镇情村情，在任重道远的建成全面小康社会、实现伟大“中国梦”的征程中，同心同德，励精图治，创造新业绩，续写白砂更加灿烂辉煌的历史新篇章！

（作者为福建省人大常委会原副主任）

2019 年 9 月

序　二

白砂镇地处上杭中心，地理位置独特，历史渊源久远，人文底蕴深厚。北宋至道二年（996年），上杭县治由永定高陂迁到鳖沙（今白砂碧砂），白砂被誉为“千年古邑”。

白砂是著名的红色苏区，是原中央苏区闽西的核心区域之一，是一方富有光荣革命传统的神圣土地，是一块彪炳青史、光照千秋的红色土地。毛泽东四到白砂从事革命实践活动，其中毛泽东在早康的严氏宗祠主持召开的红四军前委扩大会议，平息了关于临时军委存废问题的争论，贯彻了关于党对军队绝对领导的思想，在思想上、组织上和理论上为中共红四军第九次党代表大会（古田会议）的胜利召开奠定较为坚实的基础。“早康会议”被称为“古田会议前奏曲”。当年，白砂是上杭乃至闽西的红色政治中心，是三年游击战争的重要基地之一，也创造了保田斗争史上的奇迹……白砂儿女用鲜血和生命谱写了可歌可泣的英雄史诗，为中国革命做出了积极贡献和巨大牺牲。

白砂保留着重要的客家历史文化印记，其中白砂是闽西（客家）木偶戏的发祥地，2008年被文化部授予“中国民间文化艺术之乡”。白砂山清水秀，环境优美，是国家级生态镇。

在世代更迭的长河里，白砂先辈们披荆斩棘，艰苦创业，奋斗不息，建设家园，传承和发展客家文化，流传着许多的人文故事，铸就着历史辉煌，也印记着苦难艰辛。新中国建立后，在中国共产党领导下，白砂人民以自己的聪明才智和辛勤劳动，创造了令人瞩目的成就。面貌发生巨大变化，业绩斐然，令人鼓舞，催人奋进。

古人云：“一邑之典章文物，皆系于志。”一部地方志就是一个地方的历史缩影和文化品位，就是一方人的精神家园。为了贯彻落实习近平总书记要“高度重视修史修志”、李克强总理“修志问道，以启未来”的重要指示精神，2017

年7月，白砂镇党委、政府启动白砂镇志编修。经编修人员历时两年的辛勤笔耕，现即修成出版。期间编修人员紧紧围绕镇党委、镇政府“编修佳志良志”的目标，增强事业心、责任感，增强精品意识。弘扬“工匠精神”，精雕细琢，精益求精，力求使志书观点正确，体例严谨，内容全面，特色鲜明，记述准确，资料翔实，表达通顺，文风端正。值此付梓之际，谨让我们代表镇党委、政府，向《白砂镇志》总纂林汉扬及全体修编人员，向关心、支持镇志编修的单位和个人，表示衷心的感谢！

《白砂镇志》客观翔实地记述了白砂自然、政治、经济、文化和社会的历史变迁与发展历程，既包含浓厚的历史气息，又具有鲜明的时代特征，是新时代白砂进行社会主义现代化建设、决战全面建成小康社会和实现伟大“中国梦”的资料宝库。对了解和掌握白砂历史与现状，保护传承传统文化、乡俗文化，教化子孙和激发培育爱国爱乡情怀，具有积极和深远的意义。

“鉴古而知今”，地方志是“辅治之书”。愿这部传世之作，能激励今人，启迪后人，发挥“存史、资治、教化”的重要作用。愿与白砂人民共同以史为鉴，不忘初心，砥砺前行，创造白砂更加美好的未来！

中共白砂镇委员会书记：曹永忻

白砂镇人民政府镇长：郭丽蓉

2019年9月

凡　例

一、本志以马克思列宁主义、毛泽东思想、邓小平理论、“三个代表”重要思想、科学发展观、习近平新时代中国特色社会主义思想为指导，深入贯彻落实中共十九大精神，运用辩证唯物主义和历史唯物主义的观点，实事求是，存真求实，力求全面系统地记述白砂镇自然、经济、政治、文化、社会的历史和现状，做到思想性、科学性和资料性相统一。

二、本志贯通古今。记述时限，上限尽可能追溯至事物发端，下讫2017年，少数重大事件适当下延。遵循“详今略古，详近略远”的原则，以记述近现代、当代为重点。记述地域，以2017年白砂镇行政区域为准。

三、本志采用述、记、志、传、图、表、录等体裁，以志为主。卷首设概述，勾勒白砂经济社会发展概貌，总揽全志；大事记采用编年体，并部分借鉴记事本末体，记述全镇大事、要事。主体分志力求按科学分类，并结合农村基层社会分工实际，横排门类，纵述史实，一般设章、节、目记述。设附录，以辑录与白砂历史人物、历史事件有关的重要文献及其他资料。志末设后记，叙本志纂修之脉络。

民国十八年（1929年）6月8日，毛泽东在白砂早康村的严氏宗祠主持召开中国工农红军第四军前敌委员会扩大会议（史称“早康会议”），平息了关于临时军委存废问题的争论。早康会议被称为“古田会议的前奏曲”。鉴于早康会议在党史、军史上的作用与地位，本志在“概述”后设“早康会议”专记。

白砂是闽西（客家）木偶戏的发祥地，不仅历史悠久，积淀丰厚，而且流传广泛，影响深远。为充分反映地方特色，本志在“文化章”后单独设“木偶戏”章。

四、人物志由人物传、人物简介、人物表组成。

坚持“生不立传”的原则，立传人物以对经济社会发展有重要作用或重大影响的已故白砂籍人士为主。

人物简介主要记载在世人物，选录白砂籍任正处（团）级及以上职务人员、正高级专业技术职务（职称）人员、文化艺术优秀人才，部分获博士学位并已取得较高成就的人员，部分获国家部委和省政府表彰的人员，社会知名人士和著名企业家等。

人物表列录白砂籍明清至民国时期担任科级以上职务人员。新中国成立后，被县（团）级及以上机关授予荣誉称号或表彰的人员，副科级以上干部，副高级、中级专业技术职务（职称）人员，获博士、硕士学位人员，革命烈士。

五、本志使用规范的现代语体文记述，行文力求严谨、朴实、简洁、流畅。记述事物、事件和人物，除概述和无题序外，一般据事直书，述而不论，寓观点于记述之中。为了方便非客家读者阅读，对民间文学作品中使用的部分方言，必要时做适当注释。

六、本志纪年，中华民国以前的纪年，先书朝代年号、纪年，括注公元纪年；中华民国纪年，括注公元纪年；中华人民共和国成立后，使用公元纪年。

志中所指的20世纪的年代，凡联系上下文不至于引起歧义的，年代前省略“20世纪”。

本志在各种表格中涉及人物的任职、获奖、专业技术职务评聘和烈士牺牲等时间表述，从基层实际出发，采用通行表示法，如2017年12月表示为2017-12，2017年12月5日表示为2017-12-05。

七、本志对各种组织、机构、法律法规、文件、会议等专有名称使用全称。使用简称的，在适当地方括注于全称之后。中华人民共和国成立（前）后一般简称为新中国成立（前）后。

对不同时期的团体、机构、职务等名称，均用当时名称。

人物直书姓名，不冠褒贬词语，不在姓名后加身份词。必须说明身份的，首次出现时在姓名前冠以职务（职称）。

历史地名使用当时名称，如地域明确并有今地名与之相对应，括注志书下限时名称。今地名使用经上杭县人民政府审定的地名。1980年版《上杭县地名录》，1993年和2015年版《上杭县志》，2019年经福建省制图院编制的《白砂镇地图》，均使用“碧砂”村名。但该村经有关部门批准刻制的党支部、村委会的印章及当地群众习惯，使用“碧沙”名。根据地名使用的相关规定，本志使用“碧砂”村名。

八、数字、标点符号的使用等，按国家有关规定执行。中华人民共和国成立前的计量单位，一般照实记录，必要时括注法定计量单位。中华人民共和国成立后，一般使用法定计量单位。从读者对象实际出发，本志在记述面积、单位面积产量时，适当使用“亩”。

九、本志所引用的经济社会发展数据，以统计部门公布的法定数据为主，部分采用业务主管部门提供的数据。

十、本志资料主要来自档案、志书、年鉴、报刊、回忆录等，经鉴别、考证后入志，重要资料注明出处。部分资料引自族谱，必要时注明出处。图片资料除人物照及署名者外，由白砂镇党政办公室供稿。

白砂镇地图

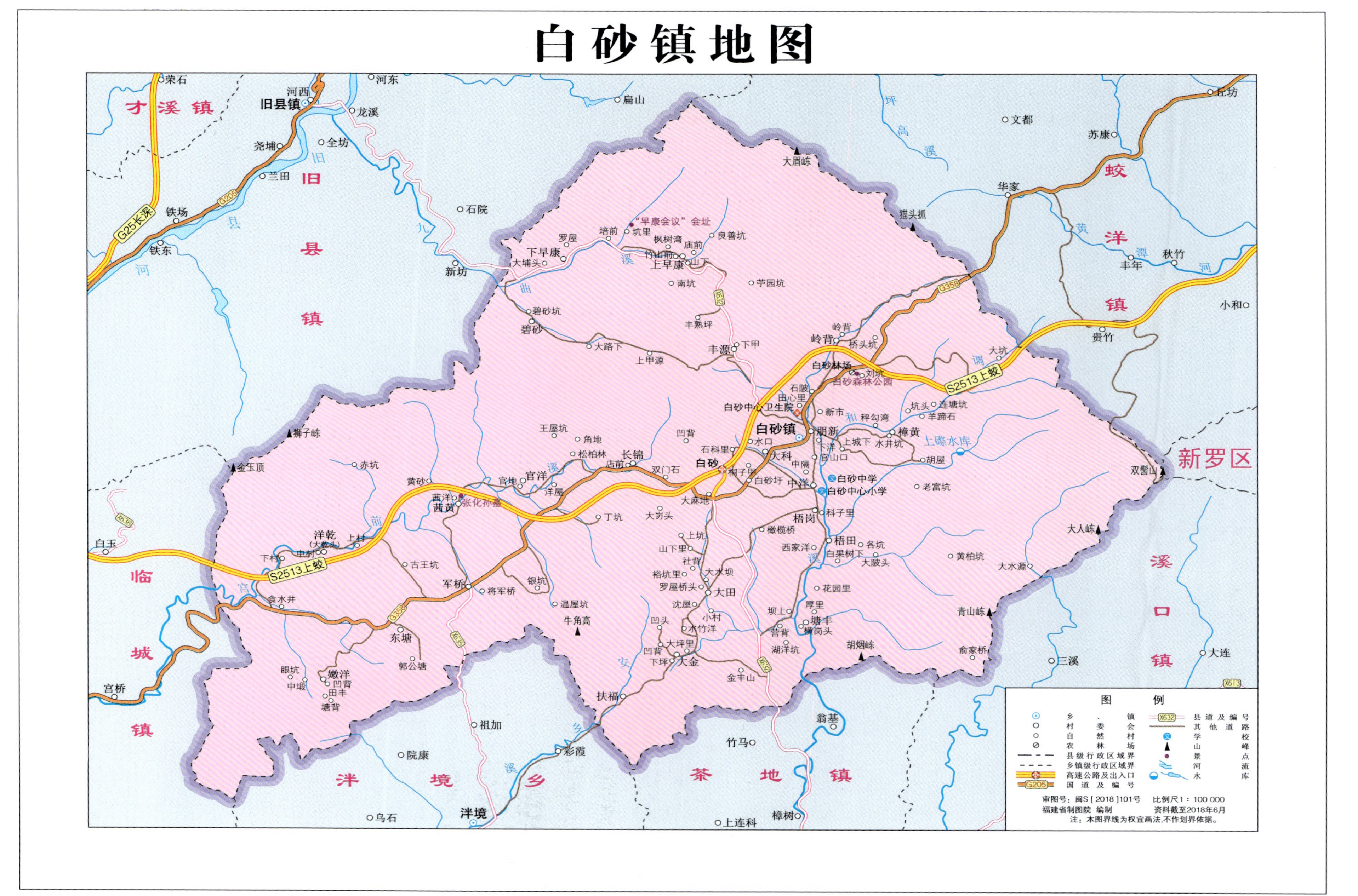

图例
乡、镇
村委会
自然村
农林场
县级行政区域界
乡镇级行政区域界
高速公路及出入口
国道及编号
县道及编号
其他道路
学校
山峰
景点
河流
水库
审图号：闽S［2018］101号
比例尺1：100 000
福建省制图院 编制
资料截至2018年6月
注：本图界线为权宜画法，不作划界依据。

宋代上杭县治遗址（碧砂）

花园里背山遗址

罗家岭遗址

羊角排遗址

红色记忆

红四军前委扩大会议—旱康会议旧址

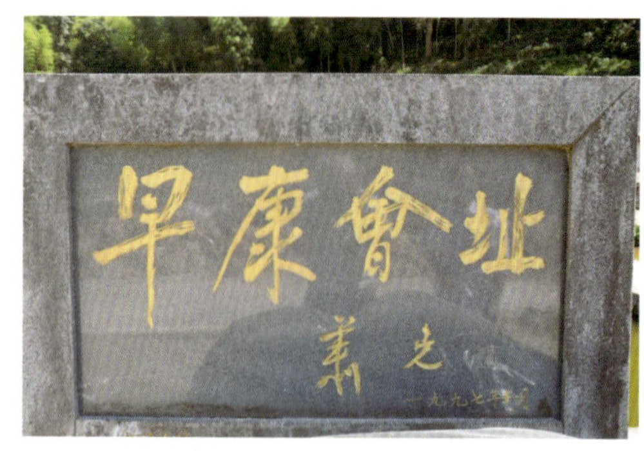

1997年11月，旱康会议的见证人，上将萧克题字“旱康会址”

上杭縣第二期擴大紅軍消息

(一)舊縣區第二期擴大紅軍，黨團員已有三十五人大部份自動的，群衆自動卅人，共六十五人。(二)華家亭區第二期擴大紅軍黨員有九名團員九名群衆有七名，共二十五人。(三)官庄區截至卅一日擴大紅軍共有五十九名，內黨員十六名，團員五名。(四)才溪區擴大紅軍約有五十名左右，(五)白砂區擴大紅軍已經有五十五人了，內黨團員廿人。(六)大陽區擴大紅軍有廿五名石門一帶尚不明了。(七)廬豐區現在擴大有十三人，但一部份還是表現不好。(八)茶地區擴大紅軍已有六十餘名，特別有成績的是茶地鄉九條村，廿六名自動報名，溫泥甲村也有十一名自動，樟樹坪鄉也有十名。(九)藍家渡區，現在有十名自動擴大紅軍內黨團員八名。

在這些數目字中，我們統計一下還不夠四百名，離一千五百名數目字尚差三分之二有多，如何完成此項計劃，就要看上杭各區黨團員同志的布爾塞維克的精神了。

红色中华

红色交通站旧址（碧砂）

組織一編好就配合紅軍作戰

▲上杭縣整理少隊突擊的成績

上杭縣隊部在中央總隊部領導下，勝利的回答了中央總部關於整理少隊的決定，他們接到了中央總隊部關於整理少突擊運動的決定後，就組織了整理少隊組織委員會，整理少組織委員會決定了抓住迴龍區，官倉區，白砂區，這三個區先進行編制模範少隊組織的工作，編制的辦法是團結原有的模範隊員，發展大批新的隊員。現在官倉區已編好了四排，數共一百餘人；梅溪區編好了二班。編好的這幾排人，立即地方游擊隊配合行動去消滅團匪和白匪。迴龍區也編制了一去配合游擊隊行動。附近的這幾百群衆對他們這種英勇的精很欽敬，自動送了猪肉，豆腐，青菜等物品慰勞他們上前線同時也就在這種濃厚的階級友愛的熱情下，官倉區全連於上二十五號集中到縣，并一致通過去加入紅軍，這是模範的模，各地的模範少隊應該學習啊！

红色中华

中共杭武县委、县苏维埃政府、国家政治保卫局福建分局旧址（梧岗）

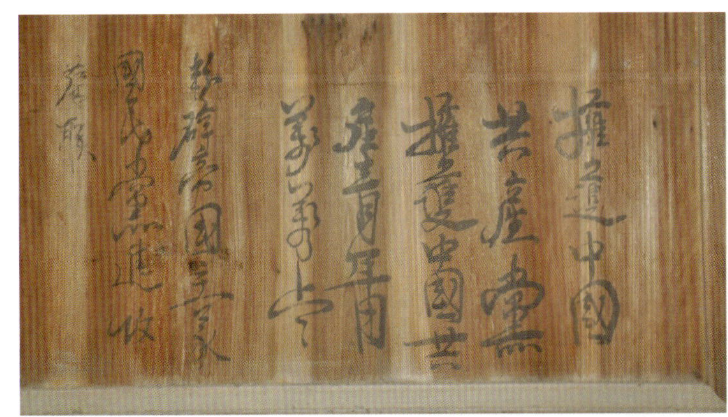

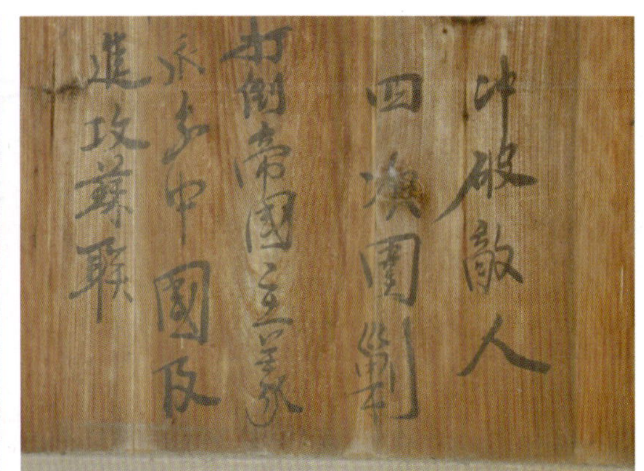

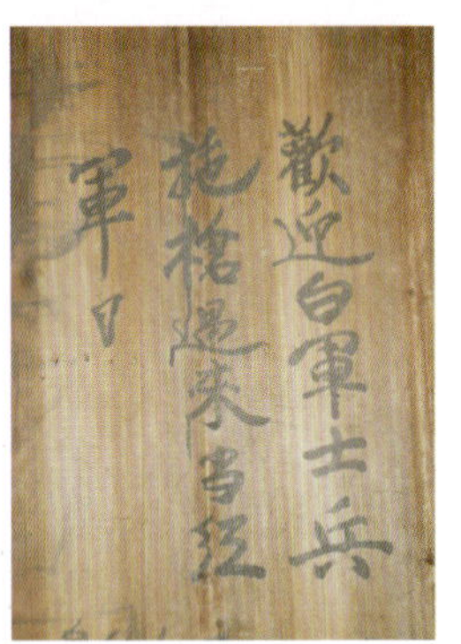

以上为下早康村严文义旧居的红军标语

红军标语（碧砂）

红军标语（梧岗）

纪念早康会议召开90周年

2019年6月6日，由中共上杭县委、中共龙岩市委党史和地方志研究室主办的纪念早康会议召开90周年活动在白砂镇举行。福建省人大常委会原副主任袁锦贵，沈阳军区空军政治部原副主任严源昌，省委党史研究和地方志编纂办公室副主任王盛泽、市委党史和地方志研究室主任苏俊才，中共上杭县委书记傅藏荣、县人大常委会主任梁八生、县政协主席林英峰，县委常委、副县长阙生华，白砂籍部分将军家属，省、市、县党史和地方志部门负责人等参加纪念活动。图为纪念活动的座谈会现场

袁锦贵（前左二）、严源昌（前左三）、王盛泽（前左四）、傅藏荣（前左一）参观早康会议专题陈列展厅

袁锦贵、严源昌、王盛泽、傅藏荣等领导参观早康会议会址（严氏宗祠东洋堂）

袁锦贵、严源昌、傅藏荣、王盛泽、苏俊才（前左三）等领导参观碧砂村中央红色交通线（上杭）展

上杭县政协主席林英峰（左一），中共上杭县委常委、宣传部部长张北阳（右二）参观碧砂红色交通站

6月6日晚，纪念早康会议召开90周年文艺晚会现场

领导关怀

1986年11月，老红军邓六金（左一）到白砂考察食用菌生产（唐鉴荣　供稿）

2008年3月，龙岩市人民政府市长雷春美（前左一）到白砂调研（丘立群供稿）

2012年10月，福建省人大常委会副主任袁锦贵（中）到白砂调研杭莆健康养老协会工作

2014年11月7日，福建省林业厅厅长陈则生（前左二）到上杭白砂调研

2016年7月7日，福建省副省长李德金(左二)到白砂调研

2016年9月8日，上杭县委书记傅藏荣（右二）到白砂中学调研

2017年3月28日，龙岩市副市长张朝阳（左一）到白砂调研

2017年7月27日，上杭县委书记傅藏荣（右二）到白砂调研

2017年11月22日，沈阳军区空军政治部原副主任、少将严源昌（中）视察白砂中学

2018年3月23日，中共上杭县委书记傅藏荣（左一）深入白砂镇，开展乡村振兴调研

领导关怀

2018年4月19日，龙岩市委常委、龙岩军分区政委张春秋（左一）到白砂镇检查基干民兵点验

2018年5月3日，中共上杭县委副书记、县长王波（右一）到白砂镇开展乡村振兴调研

2018年7月5日，省水利厅副厅长游祖勇（前排左三）一行深入白砂检查指导工作

2018年9月18日，省革命历史纪念馆馆长杨卫东（左二）一行到白砂镇碧砂村调研红色交通站旧址

2018年10月31日，龙岩军分区司令员邹建伟（左一）到白砂检查指导武装部规范化建设等工作

2018年12月30日，龙岩市常务副市长王龙（前排左三）一行到白砂督导安全生产等工作

2019年2月20日，县委书记傅藏荣（中）到白砂镇锦绣水库施工现场督导项目建设

2019年2月22日，县政协主席林英峰（右二）到白砂检查指导工作

2019年3月23日，国家林业和草原局天然林保护办公室主任金旻（左四）到白砂镇调研森林体验基地建设情况

农　业

水稻种植（岭背）

食用菌生产（梧田）

葡萄种植(大金)

烤烟种植（梧田）

蔬菜种植（梧田）

规模化养鸡场（大科）

黄牛养殖（洋乾村）

规模化养兔（扶福村）

养鸭（大田村）

生猪标准化养殖（大金）

龙岩市林业局天然林示范片（丰源）

白砂林场杉木大径材高效培育示范片

油茶种植

白砂林场马尾松速生丰产林

毛竹林（食水井）

大坪岗竹木加工园区（胡志贤 航拍）

洋乾电站

白砂35千伏变电站

万福林化产品

嘉益太空水

镇村建设

白砂镇政府大院

白砂集镇（傅长盛 航拍）

梧岗肖屋新村

碧砂农民公园

白砂高速出入口

上蛟高速茜黄段

上蛟高速岭背金光大桥

国道358线白砂段

县道旧白公路早康段

商贸服务

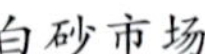

白砂市场

闽杭美食

商家店铺

腊月白砂圩（傅长盛 摄）

烤烟收购

白砂中心幼儿园

白砂中心小学

白砂中学

教　育

集镇幼儿园

养正幼儿园

新市小学

官将小学

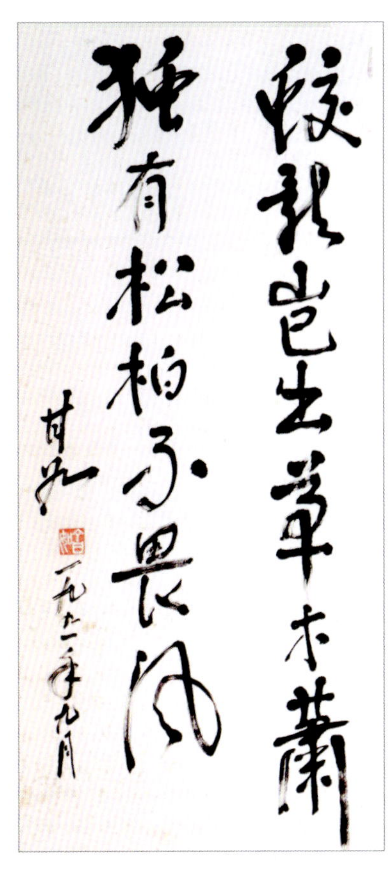

丁甘如将军 作品

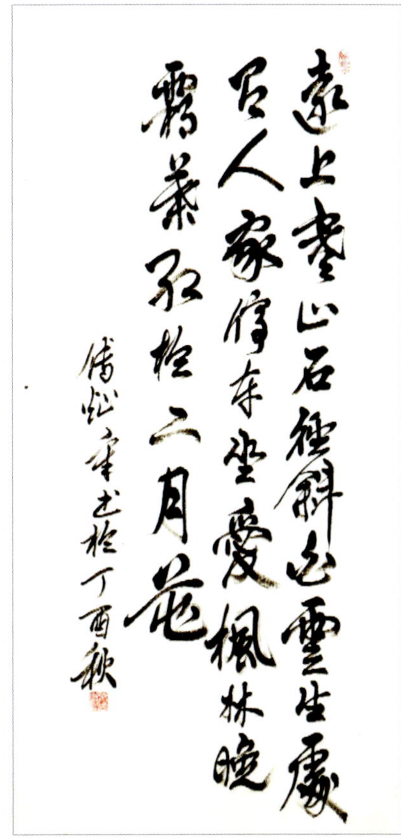

傅灿章 作

袁文彬 油画作品

袁文彬 油画作品

洛陽城裏見秋風
欲作家書意萬重
復恐匆匆說不盡
行人臨發又開封

刘恩良 美术书法作品

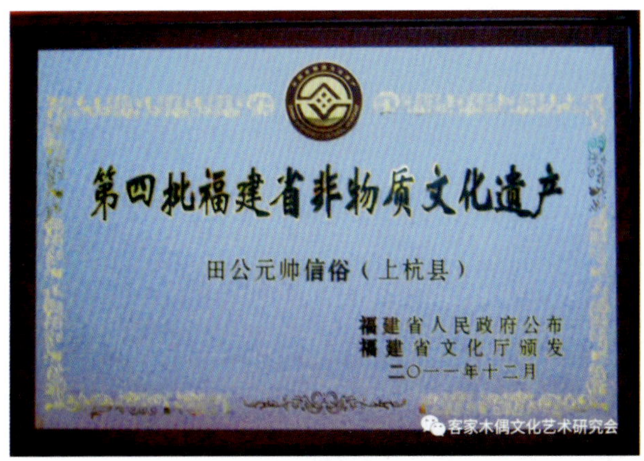

2011年12月，白砂田公元帅信俗被列为第四批福建省非物质文化遗产

2001年8月8日，田公堂修复竣工并对外开放

2012年8月11日，龙岩市文广新局局长卢伟耀（中）参加白砂田公元帅信俗授牌仪式暨客家木偶戏研究会成立10周年纪念活动

2015年，大金田公元帅信俗传承与保护中心竣工。图为省人大常委会原副主任袁锦贵（右五）、龙岩市政协副主席李新春（右四）为中心揭牌后，与参加仪式的领导专家合影

2017年上杭县客家木偶艺术节开幕式

2019年7月26日，在白砂大金举行上杭县客家木偶文化艺术节

宗教信仰

梧田天后宫（胡志贤 航拍）

碧砂天后宫

岭背盈丰寺

嫩洋马鞍山寺

塘丰水口宫

长锦公王坛

2017年11月22日，沈阳军区空军政治部原副主任、少将严源昌，到《白砂镇志》编修办公室视察

2019年6月15日，白砂镇党委、政府召开《白砂镇志》评审会。三明市政协原主席袁德俊（正右三）、上杭县党史和地方志研究室主任刘昌发（正右二）、新罗区党史和地方志研究室刘可明、永定区党史和地方志研究室林添茂，上杭县党史研究室原主任江树高，白砂镇党委、政府领导和各行政村负责人出席会议

2019年6月15日，三明市政协原主席袁德俊（中）、白砂镇党委书记曹永忻（右四）、镇长郭丽蓉（左三）、镇人大主席赖建亮（左二），与《白砂镇志》总纂、龙岩市地方志编纂委员会原主任林汉扬（左四），《白砂镇志》编辑傅灿章（右二）、邱树元（右三）、袁茂荣（右一），镇志编纂办公室主任邱福焜（左一）合影

荣　誉

注：2014年9月，白砂镇被环境保护部授予“国家级生态乡镇”称号，但无牌匾

目　录

概　述

白砂，今上杭县域首个县治驻地，千年古邑见证昔日辉煌。

白砂，原中央苏区核心区域之一，留下厚重而壮丽的篇章。

白砂，闻名遐迩的木偶戏发祥地，中国民间文化艺术之乡。

白砂，“绿色”“红色”交相辉映，国家级生态镇环境优良。

（一）

白砂镇地处上杭县中部，位于北纬25°3′35″~25°12′38″，东经116°27′58″~116°40′35″。

白砂镇东连蛟洋镇、溪口镇，南接茶地镇、泮境乡，西与临城镇毗邻，东北、西北分别与蛟洋、旧县镇接壤。总面积195.7平方公里。距上杭县城28公里。

2017年，辖中洋、梧岗、梧田、塘丰、大田、大金、扶福、樟黄、朋新、岭背、上早康、下早康、丰源、碧砂、大科、长锦、官洋、茜黄、洋乾、军桥、东塘、嫩洋22个行政村。全镇有7193户、26444人，居民以汉族为主，操客家方言。主要聚居姓氏40个，人口1000人以上的有袁、刘、傅、李、丘（邱）、严、林、张姓，其中袁姓人口约4200人。

白砂历史悠久。早在商周时期，白砂梧田、朋新、塘丰等地已有人类活动，已发掘古遗址17处，为上杭县已发掘同时期古遗址最多的乡镇。古属闽越地，周时属“七闽”，秦属闽中郡，汉属晋安郡。西晋太康三年（282年）始，白砂境域先后属新罗县、晋平郡、龙溪县。唐开元二十四年（736年）置汀州，设长汀县，境域隶属长汀县。北宋淳化五年（994年），上杭场升为上杭县。宋至道二年（996年），上杭县治自秋梓堡（今龙岩市永定区高陂北山）迁至鳖沙（今白砂镇碧砂村）。境域隶属上杭县鳖沙里。

元沿宋制。明洪武十四年（1381年），境域隶白砂里。清初沿明制。清光绪二十四年（1898年）“戊戌政变”后，实行新法，改里为区，原白砂里、古田里称北路，分5区，境域大部属北路第二区。民国二十五年（1936年）初，上杭改路为区，白砂与古田、蛟洋北路各乡并为第四区。4月，改北路为第三区（区署驻白砂），区以下设乡联保办事处，境域设好义乡、崇礼乡、尚智乡、敦仁乡联保办事处。

1949年9月，成立白砂区人民民主政府。1950年9月，白砂区为第六区。1956年4月，境域隶白砂区公所（驻白砂）。1958年3月，上杭县撤区设乡，境域设白砂乡、官将乡。同年9月，白砂与官将合并为白砂乡。同年11月，白砂乡更名为白砂人民公社。1961年6月，境域设白砂公社、官将公社。1965年4月，官将公社撤销，并入白砂公社。1984年10月，撤社设乡，白砂公社改为白砂乡。1993年6月2日，经福建省民政厅批准，撤销白砂乡建置，设立白砂镇。1993年9月11日，白砂镇正式成立。9月15日，举行撤乡设镇庆典活动。

白砂自然条件优越，生态环境优良。地势北高南低，东高西低。地貌大致可分低山区、高丘陵区两种类型，以低山区为主。海拔千米以上山峰6座，其中双髻山（白砂、蛟洋、溪口及新罗大池交界处）1441

米，为境内最高峰。属亚热带季风气候，年平均气温 18℃~19℃，无霜期 308 天，年均降水量 1250~1660 毫米。自然资源比较丰富，国家级保护野生动物有穿山甲、蟒蛇、虎纹蛙等 6 种，省级重点保护野生动物有眼镜王蛇、眼镜蛇、白额山鹧鸪等 9 种；国家级保护植物有银杏、南方红豆杉、香樟、半荷枫、花榈木、福建柏等 11 种，省级重点保护树种有黄樟、柳杉、红楠、沉水樟、福建青冈等 11 种。全镇森林覆盖率达 81%。境内南部属汀江水系黄潭河流域，北部属汀江水系旧县河流域。主要水系有调和溪、宫前溪、九曲溪、安乡溪、碧砂溪。水力资源较缺，水资源可利用量约为 500 万立方米。矿产资源主要有花岗岩、稀土、硅石、石灰石、矿泉等。

白砂由于地处山区，各种生态环境保护较好。2010 年，白砂镇为了把合理开发利用自然资源与保持区域生态平衡、改善和创造优美的生产生活环境，实现白砂建成“社会安定、经济繁荣、环境优美和特色鲜明的工业名镇”的目标，组织编制《白砂镇环境保护规划》。镇党委、政府按照环境保护部关于生态乡镇建设、龙岩市关于生态村建设的基本条件和指标要求，启动国家级生态乡（镇），省级、市级生态村的创建工作。实施生态农业、生态林业、生态工业、生态家园、生态旅游建设。2012 年 7 月，朋新、樟黄、中洋等 19 个村被龙岩市环境保护局授予“市级生态村”称号。同年 10 月，东塘村、碧砂村、岭背村被福建省环境保护厅授予“福建省生态村”称号。2014 年 9 月，白砂镇被环境保护部授予“国家级生态乡镇”称号。

（二）

白砂是著名的革命老区，是原中央苏区闽西的核心区域之一，是一方富有光荣革命传统的神圣土地，是一块彪炳青史、光照千秋的红色土地。

白砂，是毛泽东、朱德等无产阶级革命家从事革命实践的地方。在革命战争的艰苦岁月，毛泽东四进白砂指导革命。民国十八年（1929 年）6 月 7 日，毛泽东、朱德率中国工农红军第四军（简称红四军）攻打白砂并取得胜利。白砂战斗结束后，毛泽东在红四军政治部举行的军民祝捷大会上做热情洋溢的演讲，宣传土地革命的伟大意义，号召广大劳苦大众组织起来，开展打土豪、分田地的斗争，建立工农武装和苏维埃政权，实现自己的翻身解放。同年 6 月 8 日，毛泽东在早康村的严氏宗祠主持召开红四军前委扩大会议，平息了关于临时军委存废问题的争论，贯彻了关于党对军队绝对领导的思想，在思想上、组织上和理论上为半年后中共红四军第九次党代表大会（古田会议）的胜利召开奠定较为坚实的基础。早康会议被称为“古田会议前奏曲”。民国十八年（1929 年）10 月 22 日，在上杭城养病的毛泽东离开临江楼，随同红四军第四纵队、中共闽西特委机关从上杭城到白砂，与福建省委特派员谢汉秋等，指导红四军第四纵队领导人胡少海、谭震林及中共闽西特委领导人邓子恢、张鼎丞等研究应对国民党军之策。民国二十一年（1932 年）4 月 7 日，随东路军入闽指挥作战的毛泽东由上杭抵达白砂，与红军东路军一军团领导人会合，在碧砂育英学堂开会，研究部署东路军东征等工作。同年 6 月初，毛泽东率领攻打漳州后胜利回师的红一军团到达白砂，在科子里存心堂召开中共上杭县委和县苏维埃（简称“县苏”）干部座谈会，对上杭县工作做了重要指示。

朱德亦数次到白砂。民国十八年（1929 年）6 月 7 日，朱德与毛泽东一起率红四军攻打白砂并取得胜利。6 月 8 日，朱德参加早康会议；7 月底，朱德在早康召开红四军前委扩大会议，制订实行分兵游击的具体方案；9 月，朱德率红四军在白砂集结后攻打上杭城。

民国二十年至二十二年（1931—1933 年），邓小平、杨尚昆、董必武、邓颖超等老一辈无产阶级革命家，从上海经红色地下交通线进入中央苏区时，曾先后途经白砂。林彪、叶剑英、萧克、罗明、胡少海、邓子恢、张鼎丞、谭震林、魏金水等亦到白砂从事革命活动，留下战斗身影。

毛泽东、朱德、邓小平等无产阶级革命家到白砂，唤醒了民众的心灵，指引白砂人民投身谋求自由幸福的奋斗之路。

白砂，是人民军队成长、锤炼的沃土。苏区时期，中国工农红军第四军、第十二军、新十二军、东路军、福建省军区、彭杨军事政治学校第三分校等曾驻扎或转战白砂。其间，红军在驻地书写大量标语，彰显厚重的红军文化，传递伟大的红军精神！科子里存心堂、碧砂、早康会议址、下早康严文义旧居、洋乾下村等地的许多标语，至今保存完好。红军和地方武装在白砂与国民党军、地方民团等进行多场战斗并取得胜利，摧毁了白砂的反动统治，鼓舞了人民的革命斗志，创建并巩固了革命根据地。白砂也成为人民军队成长、锤炼的沃土。

白砂，是三年游击战争的重要基地之一。红军主力长征后，为粉碎国民党的“围剿”，闽西南军政委员会、杭代县军政委员会等党政组织和红八团、红九团、代英独立营等红军武装，在张鼎丞、邓子恢、谭震林、廖海涛、伍洪祥等领导下，依靠人民群众开展机动灵活的游击战争。白砂人民坚持同国民党反动派进行长达三年之久的艰苦卓绝的斗争。他们出生入死，支持红军游击队，不屈不挠保卫家园。他们为游击队送情报，送米、送菜、送油盐等生活用品。国民党为了切断群众与游击队的联系，以困死游击队，采用极端残酷的手段镇压群众，采取“三光”（抢光、烧光、杀光）政策，强制移民，把人民搞得妻离子散、家破人亡。但是反动派惨无人道的摧残并没有使人民屈服，他们照样冒着生命危险支持红军游击队。白砂成为红旗不倒的革命堡垒。新中国成立后，白砂有13个村（自然村）评为“革命基点村”。

白砂，是上杭乃至闽西的红色政治中心。苏区时期，由于白砂独特的地理位置和良好的工作基础，中共闽西特委、闽西苏维埃政府，中共上杭（杭武）县委、县苏维埃政府多次驻白砂，并在白砂做出一系列重大决策，部署苏区的政治、军事、经济和文化建设，白砂成为闽西苏区、上杭苏区的领导和指挥中心。

民国十八年（1929年）10月15—18日，中共闽西特委在白砂召开第一次执委扩大会议，通过《中共闽西特委第一次执委扩大会关于土地问题的决议》。10月22日，闽西特委、上杭县委、县苏在毛泽东、谢汉秋的指导下确定应对国民党军之策。民国二十年（1931年）1月17日，中共闽粤赣边特委书记邓发和闽西苏维埃政府主席张鼎丞到白砂，召集上杭、武平县负责人会议，决定上杭与武平合并成立杭武县，设立中共杭武县委、县苏维埃政府。杭武县委、县苏驻白砂英华学校。民国二十年（1931年）8月8日，中共闽粤赣边特委和闽西苏维埃政府由永定虎岗迁到白砂，白砂成为闽西苏区临时首府。9月3日，闽西苏维埃政府在白砂处决犯有严重罪行的闽西苏维埃政府肃反委员会原主席林一株等人，肃反工作的错误开始得到纠正。12月，福建省保卫分局（闽西政治保卫局）在白砂成立，郭滴人任分局局长。随即翻印《肃反问题提纲》，制止“肃清社会民主党”的事件。民国二十一年（1932年）10月，中共福建省委代理书记、驻杭永岩全权代表罗明以及谭震林、方方等在白砂组织“中共前敌委员会”，具体指导上杭、永定、龙岩开展游击战争。

民国十八年（1929年）10月20日，中共上杭县委、县苏机关从上杭城撤到白砂。12月，中共上杭县委在白砂召开扩大会议，通过以加强党的基础、健全党的组织、充实党的领导力量为主要内容的决议案。民国十九年（1930年）3月，上杭县苏维埃政府在白砂举行少先队检阅。7月2日，上杭县苏在白砂召开第二届（次）执委会，确定扩大红军、统一财政等12项任务。9月，上杭县第二届工农代表大会在白砂召开。会议通过政治、军事、财政和文化建设等问题决议案以及第十五个苏维埃政府组织法案；11月15—16日，中共上杭县委在白砂召开扩大会议，做出《巩固苏维埃》《职工运动问题》《土地问题》等决议案。年底，因碧砂村特殊的地理位置和较好的群众基础，根据闽西特委和闽西苏维埃政府的指令，设立中央红色交通线白砂交通站。民国二十年（1931年）8月27日，中共杭武县委在白砂召开第一次代表大会，发表《中共杭武县委第一次代表大会宣言》。12月14日，撤销杭武县委、县苏，重建中共上杭县委、县苏维埃政府（驻白砂），并以白砂为中心，指导全县的革命斗争。民国二十一年（1932年）4月，上杭县委、县苏机关又迁白砂。民国三十六年（1947年）7月，在白砂正式成立上杭工作团，以领导全县革命斗争。民国三十八年(1949年) 3月，中共上杭县委机关迁入白砂禾仓角。次月在禾仓角召开会议，主要讨论争取国民党军政人员起义、接收地方政权、筹粮筹款、迎接大军南下等问题。6月，中共上杭县委在阁坑决定，派出9个工作团，分别到各区乡开展工作。

白砂，苏区各项事业走在前，堪称苏区建设的典范。白砂是上杭县较早建立中国共产党组织和苏维埃政府的地区之一。民国十七年（1928年）12月前后，建立中国共产党（简称中共）白砂支部。民国十八年(1929年) 6月，成立中共北二区委员会，区辖乡成立支部委员会。同年，成立北二区革命委员会（后改称苏维埃政府)，区辖乡成立乡苏维埃政府。民国二十年（1931年)，成立中共第五区委员会、第五区苏维埃政府；民国二十一年（1932年)，成立中共白砂区委员会。全区党员最多时达三四百人。民国二十三年(1934年）成立白砂区苏维埃政府。民国十九年（1930年）底，闽西苏区错误地开展所谓“肃清社会民主党”（简称“肃社党”）运动。白砂是“肃社党”运动的重灾区，党团组织、苏维埃政权遭到严重的破坏，苏区元气大伤。但是白砂苏区的党组织和人民群众仍坚信共产党，不忘初心，不怕困难，努力工作。

在中共白砂地方组织和区、乡苏维埃政府领导下，白砂农民运动蓬勃发展，武装斗争如火如荼，支前扩红、经济文化建设取得显著成绩。一是掀起土地革命高潮，红四军白砂战斗之后，岭背、樟黄、中洋、梧田、塘丰、官洋、洋乾、早康、碧砂等乡村举行武装暴动，发动群众推翻封建土地所有制。打土豪，分田地，各地以乡为单位，以原耕地为基础，抽多补少，按人口平均分配土地。二是建立工农革命武装，中共北二区委员会组织农民赤卫队，与国民党军、土豪劣绅、民团进行斗争，铲除乡村反动势力；以整理“少队”（少先队）组织为契机，发动党团员积极参加“少队”组织，进行严格的军事训练，配合红军作战。三是积极扩大红军，白砂掀起一次又一次的扩大红军热潮，数以千计的白砂儿女踊跃参加红军和地方游击队，出现父送子、妻送郎，兄弟、夫妻齐上阵，党团员、区乡干部带头当红军的动人情景。白砂“扩红”走在上杭县的前列。民国二十一年（1932年）11月14日，中华苏维埃共和国临时中央政府机关报《红色中华》刊载了上杭县第二期扩大红军成绩，其中“白砂区扩大红军已经有五十五人了，内党团员廿人”，居各区第四位。民国二十二年（1933年）6月11日，《红色中华》报道了碧砂村李银秀鼓励老公当红军的先进事迹，被称为“呱呱叫的模范女性”。四是踊跃支前，民国十八年（1929年）9月20日，朱德率领红四军攻打“铁上杭”。白砂区赤卫队、少先队，深入火线，运送弹药，抢救伤员，配合红军打仗。上隔元、大路下、圃地、黄焦坑的群众事先上山砍毛竹、扎竹排、做竹梯、扎担架，并送到城郊，为红军架桥登城做准备。据不完全统计，白砂区赤卫队员傅进忠等23人在攻城战斗中不幸牺牲。三年游击战争期间，白砂人民出生入死，为游击队送情报，送生活用品，全力支持红军游击队。五是共青团、少先队、儿童团、妇女组织积极配合党组织开展打土豪分田地、扩红支前、保卫苏维埃政权的斗争。白砂区团组织提出“团干带头上前线”的口号，“岭背乡先后任团支部书记的刘祥飞、刘维和等人带头报名，每人都带动一批人参军。”（《上杭党史论文资料集》）少共中洋支部宣传委员傅翠玉等青年团员刻苦学习，成为青年的模范。北二区（白砂）成立少先队大队部，并且成立少先队武装排。民国二十年（1931年）秋，闽西儿童团集中在白砂训练，为前往参加中央苏区在瑞金举行的全苏区儿童团大检阅做准备。民国二十三年（1934年）3月6日，《红色中华》以《组织一编好就配合红军作战》为题，报道了白砂等区的模范少先队编好后立即上前线、配合游击队开展反“围剿”斗争的事迹。白砂妇女积极扩红支前，组织妇救会、帮工队，帮助红军家属发展生产。曹玉金、邓来金成为“支持红军游击队最多、斗争最勇敢、革命最坚决的群众代表”。傅才秀16岁投身于革命大洪流之中后，成长为福建省委妇女部部长。邓凤金与胞妹邓来金、邓六金一起参加革命，福建省苏维埃政府主席张鼎丞称赞她们是“土窝窝里飞出了三只金凤凰”。邓凤金后来任连城县苏维埃政府妇女部部长。1999年，时任国家副主席胡锦涛视察闽西时，特邀邓凤金一起瞻仰古田会议会址并合影留念。

白砂，创造了保田斗争史上的奇迹。红军主力长征后，国民党对白砂进行大肆“清剿”，地主、豪绅以为时机已到，乘机反攻倒算，纷纷夺回苏维埃时期分给贫苦农民的土地，收租逼债。地主刘敏钦、刘笃生等人还组织“复兴委员会”。广大农民又无田可耕。中共北二区委根据闽西南军政委员会的指示，在红军游击队支持下，领导群众开展保田斗争。一方面以业权搞得不清楚为名，拖延土地登记时间；另一方面捕杀了地主刘敏钦。民国二十五年（1936年）2月，闽西南军政委员会副主席谭震林和杭代县军政委员会副主席蓝荣玉到贵竹坑召集白砂地区接头户开会，研究保卫土地斗争的问题。会后，谭震林、蓝荣玉立即组织一支游击队，到白砂袭击大田乡公所，捕杀了反攻倒算的反革命分子刘笃生、胡麟如等人，打击了地主豪绅的嚣张气焰。地主、豪绅不敢再公开召集会议，讨论收回土地。虽然民国三十年（1941年）冬福建省政府在白砂搞所谓“地政实验乡”时被地主豪绅占去一部分土地，但苏维埃时期分给贫苦农民的土地80%保存下来。白砂成为上杭县少数保留土地革命果实的地区之一。保田斗争的胜利是“红旗不倒”的重要标志。

白砂，是上杭县最早解放的乡镇之一。民国三十七年（1948年），时任白砂乡乡长袁启南，受人民解放军节节胜利、国民党政权政治腐败军事失利以及傅柏翠的影响，委派保长傅铭喜与双髻山游击队领导人游昌炳、李学山等取得联系，表示拥护共产党、支持游击队。之后，他秘密派人向游击队表示，愿意向人民投诚，并择机起义。民国三十八年（1949年）5月闽西起义“郭车会议”后，袁启南加紧策划起义工作。5月22日，国民政府白砂乡公所召开临时乡政扩大会议，与傅柏翠、练惕生一起布置起义工作，拟定起义临时行动纲领，成立白砂起义支会。5月23日，袁启南率全乡军政人员，在白砂圩上鸣炮欢送傅柏翠和练惕生一行去上杭城通电起义，张贴拥护共产党和宣布白砂乡政府脱离国民党统治的公告，宣告白砂和平解放。同年9月，袁启南代表白砂起义乡支会，正式向人民移交政权，白砂区人民民主政府诞生。

白砂，在闽西革命根据地的发展史上具有重要的地位，留下厚重而壮丽的篇章。当年，在白砂这个不到一万人的区，有两三千人投身革命，上千人为共和国的诞生献出宝贵的生命，其中在册革命烈士622人，是上杭县烈士最多的乡镇。白砂儿女用鲜血和生命谱写了人民革命史上威武壮观、可歌可泣的英雄史诗，为中国革命的胜利和新中国的建立付出重大牺牲，做出重要贡献。

（三）

白砂地处丘陵山区，自然条件优越，气候温和，雨量充沛，农业资源丰富，农业生产历史悠久。早在新石器时代，已有古越族人在境内渔耕狩猎。唐宋时期，南迁汉人逐渐进入白砂，境内开始种植水稻、小麦等粮食作物。明代，开始种植从海外引进的番薯。清代，随着人口的增加，人们开始大量开垦荒地，兴修水利，农业生产发展迅速。但在漫长的封建时代，由于受封建土地所有制的束缚，农业生产方式原始，耕作技术落后，生产力水平低下，终年艰辛劳作的农民始终温饱难继。民国十八年（1929年），苏维埃政府实行土地革命，白砂农民分到土地，领到乡苏维埃政府发给的耕田证。红军主力长征后，国民党的“清剿”部队侵占白砂，重新扶植反动政权。地主、豪绅以为时机已到，积极图谋夺回土地。白砂人民开展深入持久的保田斗争，保留土地革命果实。新中国成立初，因白砂保持了土地革命的果实，没有进行大规模的土地改革，只进行必要的调整。1953年起，掀起互助组、初级社、高级社的农业合作化高潮，至1956年冬，全区高级农业生产合作社发展到14个，农业生产得到较快发展。1958年始，由于“大跃进”和人民公社化的“左”倾影响，出现瞎指挥、浮夸风和“共产风”，挫伤了农民的生产积极性。加上严重的自然灾害，农业生产受到严重挫折，粮食生产连续三年歉收，造成农民生活困难。1962年后，经过调整，纠正错误，农业生产得到恢复和发展。1966年开始的“文化大革命”，使农业生产再次受到严重影响。1981年后，全面实行家庭联产承包责任制，极大地调动农民的生产积极性，农业生产迅速发展，粮食丰收。社员曾洪山等一次完成1981年和次年粮食征购任务，事迹被1982年1月11日《福建日报》登载。1990年后，继续深化农村体制改革，调整农业结构，增加农业投入，推广农业科技，改善生产条件，完善社会化服务体系，农业生产持续稳定发展。进入21世纪，随着土地流转制度实施，农业结构进一步调整优化。优质稻、烤烟、生姜、蔬菜等传统农业稳步发展，白羽鸡、山麻鸭、黑山羊、跑山兔等养殖业技术不断成熟,规模不断扩大。大金槐猪、大田山麻鸭、华宝丹黄土鸡等品牌进一步打响，特色农业持续壮大，生态种养业形成规模。林下种植名贵药材、食材、名木等现代种养业以及茜黄狮子岽农场现代农业项目示范点、梧岗凤凰山家庭农场为代表的多家家庭农场建设，推动现代休闲农业加快发展。至2017年，登记注册的家庭农场65家，农业专业合作社16家。林业建设逐步转向生态优先、生态建设、生态林业与产生发展并举；林业经营逐步转向林地租赁，林木产权转让到户经营为主。林业在建设生态家园和发展绿色产业中发挥不可替代的作用。2017年，全镇农牧渔业总产值36735万元（当年价），比1990年增加17倍，年平均增长21.25%(增长率和平均增长速度按可比价计算，下同)。其中农业总产值15381万元，比1990年增长54倍，年平均增长19.05%；牧业总产值19113万元，比1990年增加144倍，年平均增长24.1%；渔业总产值229万元，比1990年增加74.6倍，年平均增长20.70%。2017年，白砂林业总产值2878万元，白砂国有林场林业总产值1611万元。

明清至民国时期，白砂的工业主要有土纸生产和冶炼铸造以及直接为民众的生产生活服务的零星手工业。白砂毛竹资源丰富，手工造纸历史悠久，境内主要产品有东土纸、中包纸、节包纸、黄纸等。土纸为传统的主要出口产品，是白砂的一大品牌。清咸丰年间（1851—1861年），茜洋村邱步鸿号称拥有竹山千顷，纸寮十几座，湖塘数十口，在县城有纸行，被誉为“竹山大王”。民国三十三年（1944年），白砂境内有土纸纸寮1000多间，从业人员近万人。清朝末年，洋乾丘五阶办铸锅厂。这是白砂最老牌的炼铁铸锅。民国时期，茜洋铁炉下办过炼铁厂。

新中国成立以后，国家对手工业实行社会主义改造。白砂手工业按自愿原则，组织生产合作。在1958年“大跃进”中，白砂不顾客观条件，一哄而起，土法高炉炼铁，大多数被迫停产。官将炼铁厂利用当地木炭资源丰富和洋乾中村铸锅厂经验，得以延续。至20世纪90年代中期，官将铁厂成为白砂的第二大企业。20世纪60年代后，白砂充分利用水力资源，掀起小水电建设热潮，先后有13个大队建小型水电站。1962年发电的中山陂（梧田）电站，是白砂最早的社办水电站。水电事业的发展，既解决群众的照明，提高人们的生活质量，又有力推动乡村工业，特别是机器加工业的发展。中共十一届三中全会以后，国家制定鼓励社队企业发展的方针政策，涌现一批社办、队办、个体办的工业企业，乡镇企业蓬勃发展。1993年后，镇党委、政府以撤乡设镇为契机，先后设立经济开发区，建设大坪岗竹木工业园区，优化投资环境，实施项目带动战略,采取外引内联，以独资、合资、股份合作等多种形式，先后办起食品加工、竹木加工、林产化工、服装加工等企业。2000年，工业总产值达14861万元。2017年，白砂镇实现工业总产值10.79亿元，主要有木竹加工、林产化工、食品饮料、冶金、服装、建材等门类。白砂从一个农业重镇向农业、工业并举转型，逐步形成明显的地方优势与特色。

由于种种原因，至20世纪80年代初，白砂仍为经济欠发达地区，人民群众的生活水平较低，有一定的贫困面。1985年，白砂乡被认定为贫困乡。此后，乡党委、政府认真贯彻执行龙岩地区、上杭县关于扶贫工作的决策部署，把脱贫致富工作作为一项中心任务。设立扶贫领导小组及办事机构，制订扶贫规划，落实政策资金。1994—1996年，镇党委、政府贯彻落实龙岩地区扶贫攻坚规划，按照上杭县委提出的“以扶贫攻坚奔小康，统揽农村工作全局”的思路，加大扶贫力度，加快贫困户脱贫致富奔小康步伐。1996年，扶贫攻坚181户，当年脱贫179户，占98.8%。1997年，扶贫攻坚51户228人，年底全部脱贫，人均纯收入达1930.5元。1997年年底，经龙岩市复查验收，全镇有18个行政村4777户达小康水平，分别占行政村总数和农户总数的81.18%、83.4%，小康指标综合分值为97.6分，确认基本实现小康镇。2002年后，贯彻落实《中国农村扶贫开发纲要（2001—2010年）》《关于上杭县新一轮扶贫开发意见》，进一步巩固扶贫成果、稳步推进新一轮扶贫开发。

2015年始，白砂镇党委、政府充分认识精准扶贫是新时期党和国家扶贫工作的精髓和亮点，是全面建成小康社会、实现中华民族伟大“中国梦”的重要保障，认真贯彻落实中央、省、市、县关于精准扶贫的一系列方针政策和工作部署，成立以党委书记任总指挥、镇长任常务副总指挥的脱贫攻坚“战役”指挥部，研究制定脱贫攻坚的目标任务和措施办法。通过狠抓产业扶贫、加大就业扶贫、加快易地扶贫搬迁和危房改造进度，落实健康扶贫、教育扶贫政策，落实社保兜底政策，用好用活扶贫小额信贷政策等措施，脱贫攻坚取得明显成效。至2018年年底，全镇建档立卡贫困户已全部实现脱贫目标，樟黄、下早康、扶福等三个贫困村顺利实现脱贫摘帽。白砂镇2016年度获上杭县委、县政府脱贫攻坚优胜奖，2018年度被龙岩市委、市政府评为脱贫攻坚先进集体，被上杭县委、县政府评为“三大战役”脱贫攻坚先进集体。

2017年，白砂镇财政总收入1275万元，农民人均纯收入19202元。居民生活水平和质量不断提高，居住条件和居住环境明显改善。耐用消费品逐步升级换代，电视机、洗衣机、电冰箱、电脑等家用电器基本普及，小汽车逐渐“飞入寻常百姓家”。人民生活实现由温饱到基本小康，再到宽裕型小康的历史性跨越，祖祖辈辈的小康梦终成现实。

(四)

白砂属重丘山区，境内峰峦叠嶂，延绵起伏。明嘉靖十九年（1540年）后，上杭通往龙岩的驿道从白砂经过。民间的乡村道，与官方的驿道相连接，古交通网络逐步形成。新中国成立后，人民政府高度重视交通事业的发展。1958年5月，上杭至郭车公路（简称杭郭公路，后为省道围禾线、金上线的一段）建成通车，改变白砂落后的交通状况。1988年，铺上沥青路面。1993年，围禾线上杭段列入公路“先行工程”进行改造，全幅路面铺上混凝土。2012年12月，与龙（岩）长（汀）高速相连的蛟洋下道湖到上杭城关的高速公路（简称上蛟高速）建成通车，白砂设出入口。县人民政府先后对旧（县）白（砂）公路、荼（地）白（砂）公路进行改造。至2017年，行政村之间、自然村之间的道路，均改造、拓宽，铺上水泥路面。白砂形成村道与县道、省道、高速公路相连接的现代交通网络，因而对白砂经济发展产生积极的促进作用。

明清时期，邮驿制度逐步健全。明嘉靖十九年（1540年）后，随着平西驿移到永定，上杭至龙岩的驿道改经白砂、蛟洋往龙岩，白砂境内有食水井、军桥、官洋、朋新、樟黄等9铺。至清代，设食水井、军桥、官洋、大科老圩、朋新、樟黄等25铺。清光绪三十二年（1906年）四月，白砂设邮政代办所和信柜。白砂是原中央苏区的重要组成部分之一，民国十九年（1930年）3月，闽西苏维埃政府的“闽西交通总局”，在白砂设电话分机，邮电通信到达白砂各村。民国二十三年（1934年），开设白砂邮电代办所。民国二十七年（1938年），境内有交换机11部，安装电话40余部，成为当时农村电话网络发达地区。新中国成立后，邮电事业不断发展，机构不断完善，业务不断拓展。1951年，成立白砂区邮电营业处。20世纪60年代，白砂初步实现大队通电话。1995年开通程控电话，1998年开通移动电话，2003年接入互联网。2017年，全镇固定电话用户2338户，移动电话用户12211户，宽带2645个终端，现代通信网络已形成。

(五)

白砂人民崇文重教。清初以前教育情况无考。清中期后，白砂教育进入初盛时期。人口较多或较富有的村，都办有私塾，同时广设书院、书馆、学堂。康熙年间（1662—1722年），岭背村、碧砂村均办有私塾。乾隆年间（1736—1795年），早康村建龙蟠书馆，袁屋村建有园墩书堂。光绪九年（1883年），中洋村建乐育书院，为当时白砂规模最大、设施最全的全日制学校。民国初，乐育书院转制为公立小学。民国十五年（1926年），袁竹秋、袁希文等人，在乐育书院创办白砂崇实中学，开白砂中学教育之先河。民国三十二年（1943年），好义乡创办好义小学。至民国末，白砂有完全小学2所，初级小学9所。新中国成立后，人民政府接管教育，并重视教育事业的发展。1950—1962年，先后创办大田、塘丰、新市、樟黄、田源、洋乾、旱康小学（初级小学）。1964年秋，创办白砂农业中学。1969年秋，正式成立上杭县白砂中学。1989年秋，白砂通过县政府和地区行署的"一无二有"（校无危房、班有教室、生有课桌）检查验收。1993年5月，顺利通过地区行署和省"六项督导"（教育经费、教育管理、事业发展、校舍设备、队伍建设、德育工作）的检查验收。1997年秋，顺利通过省"两基"（基本普及九年义务教育、基本扫除青壮年文盲）评估验收。2009年秋，通过省"双高普九"（高质量、高水平普及九年义务教育）评估验收。2017年12月，全镇有初中1所，中心小学1所，完全小学2所，小学教学点3个，幼儿园5所，教职工208人。

白砂文化源远流长。已发掘面世的商周时期网络格纹陶片，显示出古越族创造的古文化印记。唐宋以后，随着客家人从中原南迁，中原文化与土著文化逐步融合。明清时期，随着教育的发展，科举制的推行，白砂文人士子队伍不断壮大，涌现进士袁维丰、袁天逵，副榜袁养正，举人刘晴昭、刘梅开、傅定邦、袁滨、袁楷，同时涌现一批秀才，推动文化事业发展。明洪武元年（1368年）前后，白砂人赖发奎、李法左、李法右及温发明，从杭州传入木偶戏（一说梁缘春从浙江带"田公"），尔后在白砂逐步衍化、发展。晚清，从白砂迅速发展到闽西各县、赣南、粤东、台湾等地。白砂成为闽西（客家）木偶戏的发祥地。2007年，白砂镇被命名为福建省民间文化艺术之乡（客家木偶戏）。2008年，白砂镇被文化部命名为中国民间文化艺术之乡（客家木偶戏）。清代至民国时期，白砂文风极盛，尤以诗风为最。清岭背举人刘晴昭精通诗词歌赋，曾出版《角三诗集》享誉朝野。道光皇帝六十大寿，他撰并书108对寿联，无一重字。道光皇帝赐"文魁"金匾。民国时期，袁楷、袁竹秋、傅扬清创作的诗被丘复编入《古蛟诗选》。新中国成立后，新人辈出，涌现福建师范大学中文系教授温祖荫，中国诗歌学会会员、福建省作家协会会员袁学林以及一批诗词爱好者。2017年12月23日，上杭县琴岗诗社白砂分社成立。艺术创作新人辈出，中国音乐家协会会员袁荣昌、福建省音乐家协会会员袁洪亮等人的音乐作品具有较高水准。中国美术家协会会员、中国油画学会会员、天津美术学院油画系教授袁文彬，被誉为中国油画名家。民间文艺丰富多彩，有故事、歌谣、谚语等民间文学，"十番"、五音鼓乐等民间音乐，龙灯、船灯等民间舞蹈，木偶戏等民间戏剧，富有乡土气息和生活特色，为群众所喜闻乐见，世代相传。新中国成立后，先后设立文化站，建立有线广播站，组建电影队，白砂的文化事业不断繁荣发展。"文化大革命"期间，文化事业受到严重冲击和破坏，一些传统、优秀的民俗文化、民间文化惨遭毁弃。中共十一届三中全会后，文化机构逐步健全，文化活动中心（站）、影剧院、歌舞厅、农村图书室、老年活动室、老年俱乐部等文化设施不断健全完善，文化事业呈繁荣景象。此外，白砂镇有不可移动文物55处，传递出令人遐思的文化气息。

明清至民国时期，白砂出现少数名医。据民国版《上杭县志·方伎传》，全县46位医家中，白砂就有9位。清光绪年间（1875—1908年），白砂长岭下人廖国模，"在城教读兼以医药著名，胎产一科尤精"。民国十四年（1925年），"丘荷公（丘复）颈上病疽，因肉内腐渐月"，被城厦人傅寿彬用秘方治愈。厦洋袁安庆、袁友荣四代行医，被称为"医药世家"。厦洋村人袁玉行，经国民政府考试院核准发给中医行医执照，新中国成立后继续从医，成为县内有较高名望和受群众爱戴的中医儿科医生。但是从总体上说，白砂医药卫生事业发展缓慢，医务人员少，群众贫苦，无力就医，饱尝疫疾之苦。新中国成立后，人民政府重视提高人民的健康水平，逐步发展医疗事业。1950年起，执行预防为主方针，持续开展群众性的爱国卫生运动。1957年，成立白砂联合诊所。1958年，创办白砂保健院。犁头子、将军桥、旱康（新坊）、塘丰等地设有诊所（保健站）。1969年，农村实行合作医疗制度。1992年始，把初级卫生保健纳入乡镇经济社会发展规划。2000年，基本达到初级卫生保健标准，群众卫生保健水平进一步提高，主要传染病的发病率和死亡率，孕产妇和婴儿死亡率等大幅下降。2006年，实施农村医疗保险制，对解决人民群众因病致贫、返贫以及弱势群体看病贵、看病难的问题具有重要作用。2017 年，人口死亡率 1.56‰，人均寿命男73.64 岁，女 79.43 岁，平均寿命 76.34 岁，比 1949 年延长 24 岁。

明清时期，白砂开展以武术、舞狮为主的民间体育活动，民众投师学艺习武蔚然成风。清代，白砂涌现傅峦周、袁九皋、严廷中等武进士和钟瑞轩等武举人。清末民国时期，茜洋、嫩洋、洋乾、扶福等村落都开办过教场，由教打师傅传艺习武。嫩洋村民至今仍保存有耙头、钩刀。民国时期，中共上杭（杭武）县委、县苏维埃政府在白砂举行数次具有军事体育性质的检阅。新中国成立后，群众体育不断发展。1950 年，第六区（白砂区）在崇福寺召开为期两天的群众体育运动大会。1952 年后，积极响应毛泽东主席“发展体育运动，增强人民体质”的号召，群众体育和学校体育广泛开展。白砂中学、白砂学区（白砂中心小学）参加县历届体育运动会，均取得较好成绩。2006 年后，白砂镇组织参加上杭县东北片区历届农民运动会。2010 年，白砂镇承办上杭县第五届东北片区农民文化体育节，获团体二等奖。

纵观古今，明清至民国时期，白砂社会发展较为缓慢。新中国建立后，在中国共产党领导下，白砂人民以自己的聪明才智和辛勤劳动，创造了令人瞩目的成就。面貌发生巨大变化，成效卓著，业绩斐然，令人鼓舞，催人奋进。

新时代聚焦新目标，新征程开启新未来。2017 年 10 月召开的中共十九大，既对全面建成小康社会做出新部署，又提出从 2020 年到 21 世纪中叶分两步走全面建设社会主义现代化国家的新目标。宏伟蓝图书写雄心壮志，实现梦想重在真抓实干。白砂镇党委、政府正带领白砂人民以习近平新时代中国特色社会主义思想为行动指南，不忘初心，牢记使命，坚韧不拔，锲而不舍，努力朝着新目标奋勇前进，展现新作为，创造新业绩，谱写社会主义现代化新征程的壮丽篇章！

专　记

在白砂召开的红四军前委扩大会议——早康会议

一、早康会议的历史背景

民国十七年（1928年）4月下旬，毛泽东率领的秋收起义部队与朱德、陈毅率领的南昌起义余部及湘南农军在井冈山胜利会师。5月4日，在宁冈砻市召开两军会师和工农革命军第四军成立大会。是年5月25日，中国共产党中央委员会决定，全国各地工农革命军正式定名为红军，工农革命军第四军改称中国工农红军第四军（简称红四军）。此后，毛泽东、朱德、陈毅等率领红四军转战赣南、闽西，创建中央革命根据地。

闽西是第二次国内革命战争时期中央革命根据地的重要组成部分。民国十七年（1928年）3—6月，闽西先后爆发了龙岩后田、平和长乐、上杭蛟洋和永定等地的农民暴动。随后，成立了中共闽西临时特委、闽西暴动委员会、永定县溪南区苏维埃政府。随着革命形势的发展，闽西各级党组织也得到不断发展壮大。

民国十八年（1929年）3月11日，红四军第一次入闽，占领了长汀四都，取得长岭寨战斗的胜利，解放了长汀城。红四军入闽开展打土豪、分田地等革命活动，得到闽西人民的热情拥护。

是年3月15日，为适应大范围游击和创建苏区的任务，红四军主力在长汀进行整编，将部队改编为3个纵队，实行政治部制度，毛泽东兼政治部主任，各纵队党代表兼纵队政治部主任。整编后的红四军，中央任命毛泽东为前委书记兼政治部主任及党代表，朱德任军长，朱云卿任参谋长。

是年5月19日，红四军由赣南第二次入闽西，并于5月23日、6月3日、6月19日三次攻占龙岩县城，消灭了国民党福建省防军第一混成旅陈国辉部2000余人。三打龙岩的胜利，标志着以龙岩、永定、上杭三县为中心的闽西革命根据地已经初步形成。

是年6月3日红四军主力第二次攻占龙岩城后，为诱敌深入，红四军随即主动撤离龙岩城，转战上杭。6月7日凌晨，红四军在闽西红59团的配合下，乘上杭白砂“扛菩萨”的民俗活动日之机，分三路围攻白砂。经过一个多小时的战斗，击溃军阀卢新铭部钟铭清团，取得重大胜利（参见本志武装章）。6月8日凌晨，毛泽东、朱德率领红四军抵达白砂早康，前委机关和军部驻扎在早康严氏宗祠东洋堂。

二、军委问题的由来与红四军的内部争论

民国十七年（1928年）4月，朱德、毛泽东井冈山会师后，成立第一届军委（军事委员会），选举毛泽东为书记。同年5月，湘赣边界特委成立，因毛泽东当选为特委书记，军委书记在5月30日召开的中共红四军“二大”上改由陈毅担任，7月中旬曾一度撤销，后又恢复。是年11月，中共红四军“六大”根据6月4日《中央对前委的指示信》的要求，选举由23人组成的新军委，朱德任书记。

同年11月，按中共中央6月4日《中央对前委的指示信》精神，在井冈山茨坪成立红四军前敌委员会

(简称“前委”), 中央指定毛泽东为前委书记。《中央对前委的指示信》明确规定“特委及军委统辖于前委”，即前委管辖特委及军委，特委管地方，军委管军队。前委是红军和边界党的最高领导机构。

民国十八年（1929 年）2 月 3 日，毛泽东、朱德等率领红四军从井冈山出击赣南，在寻乌县项山的罗福嶂村召开了红四军前委扩大会议，史称罗福嶂会议。会上，为简化决策程序，提高决策效率，前委书记毛泽东提出，现在军情紧急，部队实行改制，军事行动由前委拍板，暂时撤销军委。朱德 (时任军委书记) 表示同意，陈毅也赞成。于是前委“遂决议军委暂时停止办公，把权力集中到前委”。

在以毛泽东为书记的前委领导下，红四军经过半年的艰苦转战，相继开辟了赣南、闽西革命根据地。局面打开，部队扩大，工作也多了。在这种情况下，前委既管军队工作，又管地方工作，深感“兼顾不来，遂决定组织军的最高党部（即军委)”。是年 5 月 23 日，红四军第一次攻占龙岩后，根据军中情况，前委决定恢复红四军“临时军委”，任命是年 4 月初携带中共“六大”文件和“中央二月来信”到红四军指导工作的中央特派员刘安恭担任红四军临时军委书记，并兼任红四军政治部主任。

长期留学国外的刘安恭对红军发展的历史和现状缺乏了解，对红四军的领导体制与战略战术带有明显的偏见，试图以苏联红军的模式改变红四军的领导机制。他对毛泽东从实际出发的一些正确主张任意指责，而且攻击前委，散布不利于党内团结的言论，甚至还搞宗派活动，渲染红军中有两派，一为拥护中央派，一为反对中央派，制造朱德、毛泽东对立的舆论。

当上临时军委书记后，刘安恭便雷厉风行地主持召开军委会议，做出一个决议，规定“前委应只管地方工作”，认为“党管太多了,权太集中于前委了”等。这种下级党委限制上级党委领导的决定，明显违背党的组织原则，引起毛泽东的强烈反感和批驳。同时，也引起部队官兵极大的思想混乱。从此，军委存废问题在红四军中引发了不同的争论。

是年 5 月底 ，毛泽东在永定湖雷主持召开中共红四军前委会议。会上，对个人领导和党的领导、前委和军委分权等问题发生了争论。一种意见认为领导工作的重心还在军队， “军队指挥需要集中而敏捷”，由前委直接领导和指挥更有利于作战，不必设重叠的机构 ，并批评硬要成立军委实际上是“分权主义”。一种意见要求成立军委，认为“既名四军，就要有军委”，建立军委是完成党的组织系统；指责前委“管得太多”“权力集中”“代替了群众组织”，是“书记专政”，有“家长制”的倾向 。争论结果未能统一，前委的民主集中制领导原则无法贯彻实行，书记难以继续工作 。湖雷会议没有解决关于军委问题的争论。

此时军情变化，红四军转移。

三、早康会议概况

民国十八年（1929 年）6 月 8 日下午，中共红四军前委扩大会议在旱康严氏宗祠东洋堂召开。会议由红四军前委书记、党代表毛泽东主持，红四军前委机关、临时军委、政治部的领导人，各纵队、支队和闽西红 59 团的负责人共 41 人出席会议。会议着重讨论“是否要成立正式军委”“是否要取消临时军委”的提议。

毛泽东在会上发表了四点书面意见：1.“前委、军委成分权现象，前委不好放手工作,但领导责任又要担负，陷于不生不死的状态”。2.根本分歧在前委和军委。3.“反对党管一切 (认为党管太多了,权太集中于前委)，反对一切归支部，反对党员的个人自由受限制，这三个最大的组织原则发生动摇，成了根本的问题”。4.“前委在组织的指导原则根本发生问题 (同时成了全党的问题)，完全做不起来”。

会上，争论迭起。争论的焦点仍是要不要设军委的问题。

毛泽东、林彪等主张撤销，朱德、刘安恭等主张保留。刘安恭肆意指责毛泽东“自创原则”“不服从中央”，甚至提出要用“完全选举制度及党内负责同志轮流更换来解决纠纷”。与会同志的态度，仍同湖雷会议一样。会议对“是否要取消临时军委”的意见难以达成一致，愈争愈烈。通过湖雷会议的争议，毛泽东认识到前委、军委之争不单纯是红军中党组织的设置问题，而是关系中国革命和红军发展前途的总路线和方向问题，是关系如何在军队内坚持党对红军的绝对领导的原则，如何使红军在创建农村革命根据地的过程中发挥最有效的作用，如何解决红军中单纯军事观点和流寇主义思想，也就是如何建军的原则问题。所以毛泽东毫不让步，用提出辞职来抗议一些同志的错误主张，表示："我不能担负这种不生不死的责任，请求马上调换书记,让我离开前委。"

鉴于毛泽东的坚决态度，会议就军委的设置举行表决，结果以 36 票对 5 票的压倒多数通过了撤销军委的决定，毛泽东的正确意见得到肯定。随之，刘安恭的临时军委书记兼政治部主任被免除，转任红二纵队司令员。军政治部主任改由陈毅担任。

早康会议同时决定，尽快召开中共红四军"七大"。代表们希望通过总结过去斗争的经验、统一思想认识，解决红军建设中存在的其他问题，加强团结，以进一步提高红四军的政治素质和战斗力，更好地担负起创建发展农村革命根据地的伟大革命斗争任务。

早康会议通过了撤销红四军临时军委的决定，否决了成立正式军委的提议，从组织上保证了前委对红四军具有全面、集中的领导权，保证了党对军队绝对领导原则的贯彻实施，为纠正红四军中存在的错误倾向做了一次有益的探索和实践。

6 月 14 日，毛泽东就红四军党内争论的问题给林彪复信。复信从历史和环境两个方面分析红四军党内存在的问题和争论的原因，提出了党对红军的绝对领导和红军建设的一系列根本原则。

毛泽东在早康会议的书面发言和 6 月 14 日《给林彪的信》，是对红四军创建以来存在的各种问题的经验总结，为古田会议圆满解决红四军党内错误思想提供了必要的理论依据和准备。

鉴于早康会议在党史、军史上的作用与地位，许多专家学者认为早康会议是古田会议成功召开的奠基石与前奏曲。

大 事 记

唐

开元二十四年（736年），置汀州，设长汀县。今白砂境域（简称白砂）隶长汀县。大历四年（769年），汀州刺史陈剑奏请在龙岩湖雷下堡（今龙岩市永定区下湖雷）置上杭场，白砂隶上杭场。

宋

淳化五年（994年），上杭场升为上杭县，县治秩梓堡（今龙岩市永定区高陂镇北山村）。白砂隶上杭县鳖沙里。

宋至道二年（996年），上杭县治自秩梓堡迁至鳖沙（今白砂镇碧砂村）。

咸平二年（999年），县治自鳖沙迁语口市（今旧县镇全坊村）。

嘉泰四年（1204年），被尊称为“鄞江始祖”的张化孙迁居上杭北乡深坑尾官店前（今白砂镇茜黄村）。

中叶，丘三五郎从宁化石壁迁上杭县胜运里太拔城前坝（今太拔乡太拔村）开基。三五郎孙惟长裔徙白砂将军桥、茜洋、樟黄、大金凹头开基，三五郎孙万三郎裔徙白砂洋乾开基。

宋末，闽西西河林氏始祖林文德之子林元寿（八郎）徙白砂塘丰村花园里开基。

明

明初，廖花裔廖遐满迁长锦开基。

洪武六年（1373年），罗尚立五世罗千五郎，迁白砂嫩洋塘开基，为嫩洋塘、下早康一世祖。

洪武十四年（1381年），上杭县改乡、团为里，境域隶白砂里。

洪武年间（1368—1398年），木偶戏从杭州传入白砂。后逐渐传到县内外，白砂成为闽西（客家）木偶戏的发祥地。

正统元年（1436年），严姓闽西始祖严天庠第九世孙严仲信，由长汀万福村（今馆前镇严坊村）迁徙到白砂里枣坑村大埔头古楼岗（今下早康村）开基。

约于明成化年间（1465—1487年），南宋丞相永定始祖郑清之第十三世裔孙，上杭丰稔寺始祖郑克甫第五世裔孙郑宗贵，从上杭丰稔寺溪熬头迁入白砂乡大乾头（今洋乾村上村）肇基。

成化二十一年（1485年）夏，淫雨。山洪暴发，河水猛涨，民居多被洪水冲坏，沿河村庄毁坏严重。良田大量淤积泥沙，禾苗亦毁，人畜被溺死不少。

嘉靖十九年（1540年），因溪口平西驿移永定，上杭到龙岩的驿道由原来未经白砂，改由经宫子前、石灰岭，进入白砂食水井、将军桥、大洋圩、白砂圩，再经丰年桥、吊钟岩出县境。该驿道白砂境内长 30 多公里。

明朝中叶，袁氏满珊族人在大科创办圩场，取名白砂圩。

崇祯十七年（1644 年）八九月间，张恩选率农民起义军转战到白砂等地。

清

康熙年间（1662—1722 年），岭背村山背、南坑、寨上办有私塾。为已有史料中白砂最早的私塾。

雍正四年（1726 年），春、夏，灾荒。米价突涨，斗米三百钱。

乾隆五年（1740 年），早康村严氏族人在龙蟠山上建龙蟠书馆。为已有史料中白砂最早的书院（馆）。

乾隆七年（1742 年），春旱。至立夏后 4 个月始雨，米价逐渐高涨。

乾隆十六年（1751 年），大荒，斗米 240 文。盐价贵至二三十文一斤。

乾隆十七年（1752 年），春荒。五月，斗米贵至近 300 文。

乾隆（1736—1795 年）末至嘉庆（1796—1820 年）年间，白砂人袁养正任贵州省绥阳县知县时所办理的一个案件，被上杭（白砂）文人（姓名已不可考）编成《绥阳案》（又名《锡壶案》），搬上木偶戏舞台。该剧成为闽西木偶戏剧目两部孤本之一，惜无口述记录脚本传世。

道光十五年（1835 年），下早康村将禁止上山乱砍滥伐的村规刻在一块石碑上，竖在村口。为白砂已发现的最早森林保护措施。道光二十五年（1845 年），茜黄村亦将写有“禁山令”的木板竖在细坑溪口的亭子内，让村民天天都能看到，加强森林保护。

道光二十二年（1842 年）七月七日晚，大雨。受灾严重，民房倒塌，史称壬寅水灾。

咸丰三年（1853 年）六月，淫雨。十七日，日无光。四乡山裂石绽，水从中涌出。白砂至宫子前路尽冲坏。知县王肇谦请勘、请赈如壬寅。

咸丰七年（1857 年），太平天国翼王石达开的部属石国宗率太平天国起义军（简称太平军）到白砂。

同治三年（1864 年），太平军康王汪海洋部到白砂。其间，该部与长锦村民发生械斗。后该村 500 多户村民房屋全部被太平军烧毁，给该村造成灭顶之灾。

光绪三年（1877 年）五月，饥荒，斗米二千钱。百姓纷纷请求赈济，官府派得稻谷发赈。

光绪九年（1883 年），中洋村建乐育书院。为当时白砂境内规模最大、设施最全的全日制学校。

光绪二十年（1894 年）十一月三日，白砂村民袁叙卿一家 5 人（内有孕妇 1 人）被杀。上杭县知县贺沅破案后，将凶手袁林宗等 4 人判处死刑，将另一名从犯判处流放。知县刚直不阿，及时、准确破案的事迹被广为传颂。艺人以此为题材，编成戏剧《五尸六命》，在全县进行法制宣传演出。

光绪二十九年（1903 年），西班牙神父宋金铃、柏德散等在白砂建造教堂，开始传教活动。嗣后，在白砂中洋以及蓝溪、太拔等地设立分堂，奠定上杭天主教基础。

光绪三十二年（1906 年）四月，白砂设邮政代办所和信柜。

光绪年间（1875—1908 年），碧砂村在村水口建育英学堂，是一所全日制小学。

清末，洋乾丘五阶办铸锅厂。

宣统三年（1911 年），乐育书院转制为公立小学，称义学堂（后改为乐育小学）。

中华民国

民国七年（1918年）

2月13日午后2时15分，地震有声。历时10分钟，连日仍有微震。

民国九年（1920年）

洋乾中村的丘寀荣接管丘五阶的铸锅厂，由丘寀荣全权掌管经营，常年生产铸铁、锅具。这是白砂最老牌的炼铁铸锅厂。

民国十二年（1923年）

是年，朋新村傅汉卿兄弟创办均华学校，为全日制小学。

民国十五年（1926年）

是年，梧岗科子里袁竹秋、袁屋村（今中洋村）袁希文等人，在乐育书院创办崇实中学，开白砂中学教育之先河。该校主张文学革命，推崇新思想、新文化。

民国十六年（1927年）

冬，白砂建立共产青年团组织。

是年，洋乾村人邱彩荣办铁厂。延续10年左右。

民国十七年（1928年）

5月上旬，白砂崇实中学学生，为反对外国传教士侵占操场修建厕所，在天主堂门前举行示威，高呼“打倒帝国主义”“收回天主教基地”“维护主权”等口号，勒令神父24小时内离开白砂。

12月，白砂建立中国共产党的第一个秘密组织。

民国十八年（1929年）

6月7日，毛泽东、朱德率中国工农红军第四军（简称红四军）在闽西地方武装配合下，分三路进攻白砂。击溃军阀卢新铭部钟铭清团，毙其七八十人，俘官兵100余人，缴枪300多支，火炮2门，轻重机枪3挺。白砂战斗结束后，红四军政治部在当地中共组织和革命群众配合下，在罗家岭（今新市小学所在地）空地上举行军民祝捷大会，毛泽东在会上做热情洋溢的演讲，宣传土地革命的伟大意义，号召广大劳苦大众组织起来，开展打土豪，分田地的斗争。建立工农武装和苏维埃政权，实现自己的翻身解放。会上，宣布成立白砂革命委员会。

同日，毛泽东和傅柏翠（蛟洋人，时任闽西红军第59团团长）在白砂厦洋见面。经毛泽东和朱德等人研究决定，把白砂战斗缴获的枪支交给傅柏翠。毛泽东指示傅柏翠在蛟洋办一所红军医院。6月12日，蛟洋红军医院在蛟洋村石背的傅氏宗祠正式创办。

6月8日，红四军在向旧县方向转移途中，为解决前委之下设不设军委问题，在白砂早康村的严氏宗祠“东洋堂”，由毛泽东主持召开了一次前委扩大会议。最后以举手表决的方式，以36票对5票的压倒多数通过撤销以刘安恭为书记的临时军委的决定。

6月，成立中共北二区（白砂）委员会，书记丘光华。

7月9日，红四军第四纵队在白砂发动群众，帮助建立发展地方党组织，巩固扩大红色区域。将军桥等乡村农民相继举行暴动。

7月底，红四军前委蛟洋会议后，根据军情的发展，朱德到达白砂早康，又召开前委扩大会议。会上制订实行分兵游击的具体方案，“决定二、三纵队和军部向漳平开，一纵队（包括四纵队）留在闽西散开”。

9月上旬，朱德率红四军第二、第三纵队到达白砂，同第一、第四纵队会合。

9月19日—20日，朱德率红四军攻打上杭城，白砂赤卫队、少先队及革命群众积极支持配合红四军行动。

10月15日—18日，中共闽西特委在白砂召开第一次执委扩大会议，通过《中共闽西特委第一次执委扩大会关于土地问题的决议》。

10月20日，闽西特委得知赣军金汉鼎部已由江西进至武平，打算进攻上杭的消息。福建省委特派员谢汉秋遂和闽西特委商定，暂时撤离上杭城，向白砂转移。中共上杭县委、县苏维埃政府（简称县苏）机关从上杭城撤到白砂，驻崇实中学。

10月22日（《闽西人民革命史》记为10月21日），毛泽东随同红四军四纵队、中共闽西特委机关，从上杭城经水西渡、将军桥到白砂，住中共上杭县委、县苏驻地乐育学校（书院）。毛泽东、谢汉秋指导红四军第四纵队领导人胡少海、谭震林及中共闽西特委领导邓子恢、张鼎丞等研究应付国民党军之策。

10月23日，毛泽东随同中共闽西特委机关，由白砂往苏家陂转移。

12月，中共上杭县委在白砂召开扩大会议。通过决议案，要求加强党的基础，健全党的组织，充实党的领导力量等。

民国十九年（1930年）

1月5日，毛泽东在白砂商人傅光书做土纸和木材生意的古田赖坊“协成店”给林彪写了一封回信，即著名的《星星之火，可以燎原》。批评林彪及党内存在的右倾悲观思想，系统阐述建立农村革命根据地的理论。

3月，闽西苏维埃政府设立“闽西交通总局”。古田苏家陂是全区电话中心，设电话总机，白砂设分机，邮电通信到达白砂各村。

3月，上杭县苏维埃政府在白砂举行少先队检阅。竞赛项目有操练、赛跑、刺杀等，白砂、才溪、旧县、古蛟等十多个区、乡参加。

6月，上杭各区少先队武装排，到白砂合编，成立少先队上杭独立营。此后，该营配合红军主力攻打上杭县城和东江。

7月2日，在白砂召开上杭县苏第二届（次）执委会，确定扩大红军、统一财政等12项中心任务。

农历六月十三日，早康村特大暴雨，山洪暴发，巨石滚滚而下。下早康一片汪洋，连人带房一起冲走的有13户，淹死冲走共有29人，受伤多人，约有半数村民被迫背井离乡。

9月，上杭县第二届工农代表大会在白砂召开。会议通过政治、军事、财政和文化建设等问题、决议案以及第15个苏维埃政府组织法案。推举丘伯琴为县苏维埃（简称县苏）政府主席。

11月15日至16日，中共上杭县委在白砂召开扩大会议，做出《巩固苏维埃》《职工运动问题》《土地问题》等决议案。

年底，因碧砂村特殊的地理位置和较好的群众基础，根据闽西特委和闽西苏维埃政府的指令，设立中央红色交通线白砂交通站。站点设在村桥头丁正昌号商铺，任命丁昌双为负责人。红色交通站在护送领导干部、运送紧缺物资、传送情报文件等方面发挥了重要作用。

民国二十年（1931年）

年初，成立中共第五区（白砂）委员会，书记丘光华。

年初，中共闽粤赣边特委和闽西苏维埃政府领导人邓发、张鼎丞到白砂，召集上杭县和武平县负责人会议。为了便于领导反“围剿”斗争，决定上杭与武平合并成立杭武县，设立中共杭武县委、县苏维埃政府。杭武县委、县苏驻白砂梧岗科子里存心堂（佰哥子屋)。

春，国民党军第四十九师张贞部杨逢年旅一度入侵杭武县苏驻地白砂。

7月初，中共闽粤赣边特委和闽西苏维埃政府由永定虎岗迁到白砂。

7月，彭杨军事政治学校第三分校（5月由闽西红军学校第一分校改称）迁到白砂（9月初迁往长汀县城)。

7月，国民党军张贞部与驻上杭城钟绍葵部向上杭苏区白砂进攻。后闽西红军反击，重新夺回白砂。

8月中旬，红军新十二军转移到白砂。

8月27日，中共杭武县委在白砂召开第一次代表大会，发表《中共杭武县委第一次代表大会宣言》。

8月，“肃清社会民主党”事件日益严重，经省委研究决定，扣留、公审闽西肃反委员会主席林一株。

9月3日，闽西苏维埃政府在白砂处决犯有严重罪行的林一株等人。同时，撤销闽西苏维埃政府肃反委员会，肃反工作的错误开始得到纠正。

10月底，闽西医院从大洋坝迁到白砂。不久迁旧县。

秋，魏金水任中共上杭白砂难民支部书记。

11月7日至10日，杭武县少先队和儿童团，在白砂举行军事检阅，“各区的军事体操异常熟练、整齐，特别是七区少先队的军事真不亚于红军的操练”、“红白战争演习，犹如红军与白军作战，井井有条”。(《十月革命纪念中少先队儿童团检阅的一瞥》，原载《列宁青年》，1931年11月14日)

12月，闽西苏维埃政府发出《划分行政区域问题》的第128号通告，撤销年初成立的杭武县建制，重建中共上杭县委、县苏维埃政府（县委书记王珍、县苏主席钟家瑞，驻白砂)。并以白砂为中心，指导全县的革命斗争。

12月，福建省保卫分局（闽西政治保卫局）在白砂成立，郭滴人任分局局长。随即翻印《肃反问题提纲》，制止“肃清社会民主党”的事件。

民国二十一年（1932年）

2月23日，红十二军攻克上杭城，县委、县苏机关从白砂迁入上杭城。

春，福建军区在白砂中洋村创设制药厂。规模较大，设采药班、加工班和制药班，主要产品是各种药膏、药丸、药散。药制成后，派专人运往前方红军部队及各医院，同年下半年搬迁至南阳区茶树下。

4月7日，执行东征任务的红军东路军一军团（简称红一军团）从长汀经河田、南阳等地到达白砂，驻碧砂等村。

4月7日，中华苏维埃共和国临时中央政府主席毛泽东由上杭抵达白砂，与红一军团领导人会合，并在碧砂育英学堂开会。中共福建省委代理书记罗明随毛泽东到白砂，做组织工农群众支援红军的工作。

4月8日，毛泽东随红一军团离开白砂，赴龙岩大池。罗明亦随毛泽东赴大池。

4月中下旬（一说2月底)，红十二军撤离上杭城，县城随即被国民党粤军独立一师黄任寰部和钟绍葵部占据。中共上杭县委、县苏机关迁回白砂。

6月初，红军东路军攻打漳州后，胜利回师。毛泽东和中华苏维埃共和国中央革命军事委员会（简称中革军委）委员、红军总参谋长叶剑英等，率领红一军团经龙岩、上杭石铭到达白砂，在科子里存心堂召开中共上杭县委和县苏干部座谈会，驻碧砂德馨堂等处。后经才溪、珊瑚（6日）到官庄。

6月，成立中共白砂区委员会，书记陈元荣。

10月，中共福建省委代理书记、驻杭永岩全权代表罗明以及谭震林、方方等在白砂组织中共前敌委员会，具体指导上杭、武平、龙岩开展游击战争。

11月14日，中华苏维埃共和国临时中央政府机关报《红色中华》刊载了上杭县第二期扩大红军成绩，其中“白砂区扩大红军已经有五十五人了，内党团员廿人”，居全县各区第四位。

冬，驻上杭城的钟绍葵部勾结广东军阀陈济棠，侵占白砂。中共上杭县委和县苏机关被迫转移到旧县的新坊石院坑一带（据《中国共产党福建省上杭县组织史资料》（简称组织史资料）第11页。该书第22页又称1933年迁）。

12月，《青年实话》报道，在上杭儿童团十月革命大检阅中，白砂儿童团获第一名。

是年，福建省军区直属卫生队（前身为杭武赤卫团卫生队）驻中甲、科子里、下洋等地。约半年，队长袁柏禄（中洋村人）。冬，卫生队随军转移到通贤、南阳，与新杭县疗养所合并。

民国二十二年（1933年）

6月11日，《红色中华》报道了碧砂村李银秀与才溪区同康乡的王大青、旧县新坊乡石院村的邓五妹，为了苏维埃政权的巩固与发展，鼓励老公当红军的先进事迹，称赞她们为“呱呱叫的模范女性”。

7月，中华苏维埃邮政总局为福建开辟5条专线邮路，其中一条为上杭—白砂—龙岩小池。

民国二十三年（1934年）

3月初，福建军区部队在白砂与国民党军刘子畴一营激战。击毙100多人，活捉营长刘子畴。

3月6日，《红色中华》以《组织一编好就配合红军作战》为题，报道少先队上杭县队部落实中央总队部关于整理少（先）队突击运动的决定，抓好编制模范少先队的组织工作。白砂等区的模范少先队编好后，立即上前线，配合游击队开展反“围剿”斗争。

3月18日，白砂、蓝家渡、茶地、坑口、太拔5个区的共产儿童团，在上杭举行的“三·一八”纪念大会后举行游艺比赛。比赛项目有唱歌、表演、歌舞、徒手运动，各种操法、政治问题的讲演等。比赛结果，最好是蓝家渡，其次是白砂。

4月5日，国民党军八十三师某旅两个团，侵犯白砂绮门岭。福建军区红军与其激战一天，缴获重机枪5挺，长短枪数百支，俘该部官兵数百名。

年底，国民党政府强制实行保甲制度。以10户为甲，10甲为保，若干保设联保办事处。

是年，在朋新村原犁头子开设白砂邮电代办所。

民国二十四年（1935年）

3月，谭震林、邓子恢率领红四军第二十四师一个营从江西突围，经长汀四都、上杭的才溪、旧县、白砂，到达永定上溪南赤寨与张鼎丞会合。

5月，闽西南军政委员会军事部长谭震林到达双髻山，指导成立杭代县军政委员会，廖海涛任主席，张思垣、蓝荣玉、陈必亨任副主席。下辖庐丰、横岗、蓝家渡、太拔、大阳坝、茶地、白砂等7个区和岩下山工作团。

民国二十五年（1936年）

年初，上杭改路为区，白砂与古田、蛟洋北路各乡并为第四区。4月，改北路为第三区（区署驻白砂）；区以下设乡联保办事处，境域设好义乡（设将军桥，今官将）、崇礼乡（设田地坑，今大田）、尚智乡（设螭头市，今朋新）、敦仁乡（设袁屋，今中洋）联保办事处。

1月，闽西南军政委员会在双髻山召开第二次会议，确定在闽西开展抗日反蒋统一战线的新方针、新政策，将闽西南红军游击队改编为中国工农红军闽西南抗日讨蒋军，杭代县游击队改为闽西南抗日讨蒋军第七支队。

2月，谭震林、蓝荣玉在双髻山脚下的贵竹坑召开白砂地区接头户会议，组织发动群众起来保卫苏区时期分配的土地，与地主豪绅作斗争。会后，游击队捕杀了夺回土地、反攻倒算的反革命分子刘笃生、胡麟如、袁福州、刘果兴、蒋伯应、胡守瑜等，打击了地主、豪绅的反动气焰，支持群众的保田斗争。

民国二十六年（1937年）

2月12日，闽西南抗日讨蒋军第七支队等武装200多人在双髻山杀人岽歼灭国民党黄涛部100余人。

8月，杭代县军政委员会派第七支队政治部主任吴载云等人，先后到白砂、溪口等地，与国民党驻军谈判，签订协议，实现上杭地区第二次国共合作。

民国二十九年（1940年）

全县区乡调整，境域隶属第三区。设白砂乡、好义乡，延续至民国末。

民国三十年（1941年）

5月，实行计口授盐。

9月21日下午1时35分，地震。震动20秒钟，仅有震感。

冬，为平息在三年游击战争时期红军游击队领导群众开展“保田斗争”引起的土地纠纷，国民党福建省政府在白砂设立土地管理委员会，搞所谓“地政实验乡”，按户登记所耕土地。以区为单位，按每人平分耕地1.3亩，将土地在原耕基础上进行了一次调整。这样，苏维埃时期分给贫苦农民之土地，80%得以保存下来，直至新中国成立，“保田斗争”取得最终胜利。

民国三十二年（1943年）

是年，好义乡（今军桥片）创办好义小学。

民国三十三年（1944年）

11月1日，白砂乡民代表会成立。

是年，国民党上杭县党部，在乡镇设区党部，保设区分部，机关、团体、学校、工矿、场所至少设一个区分部组织。

民国三十五年（1946年）

11月，中共杭岩工作团成立，游昌炳为主任。12月初，在双髻山周围村庄开展工作。

冬，在中洋与梧田村的交界处的崇福寺内，开设茶地力行农校白砂分班。次年停办。

民国三十六年（1947年）

5月始，颁发国民身份证(良民证)。

6月15日，暴雨，河水猛涨，部分耕地被冲毁，房屋倒塌。

7月，在白砂正式成立上杭工作团，成员有游昌炳、郑金旺、陈炳江等，以领导全县革命斗争。

9月，罗炳钦与上杭工作团游昌炳、郑金旺、陈炳江、张招巴等人到大岭下、白砂一带活动。

民国三十七年（1948年）

2月1日，县成立民众自卫总队部，乡镇壮丁编为民众自卫队。

7月，闽西支队支队长蓝汉华带领数十人武装攻打白砂，捕捉大地主傅浪轩父子俩，罚款二百银圆，没收其布匹等财物，并杀其猪1头。这次行动在上杭影响很大，成为一个新的转折点，解决了游击队经济困难，鼓舞了群众斗志，瓦解了国民党军政人员。不久，白砂乡长袁启南、连长林其禄、郭南勋等先后起义。

民国三十八年（1949年）

3月，中共上杭县委（上年12月在广东大埔乌岭重建）机关迁入白砂禾仓角（后迁至白砂阁坑）。

4月，中共上杭县委在禾仓角召开会议，主要讨论争取国民党军政人员起义、接收地方政权、筹粮筹款、迎接解放军南下等问题。

5月初，中国人民解放军闽粤赣边纵队（当年1月29日成立）第七支队（由闽西支队改编）从梅县撤到白砂。

5月21日，国民政府白砂乡公所召开临时乡政扩大会议，乡长袁启南及乡公所全体人员、中心学校校长林周文、乡财务管理委员会主任廖琴书以及傅铭喜、林发仁等参加会议。闽西起义主要发起人傅柏翠、练惕生到会指导。会议宣告脱离国民党反动统治，接受中国共产党领导的白砂起义，通过《白砂乡临时行动纲领》，酝酿产生白砂乡行动支会委员人选（傅铭喜、林发仁、袁荫辉、袁仲民等）。当日晚，拟定公告文稿及致游击队的信。

5月22日凌晨，白砂起义公告张贴在白砂圩市街道及各乡、村、保通衢要道，市场上一片欢腾，人们燃放鞭炮庆贺。当日下午，因获白砂起义喜讯，中国人民解放军闽粤赣边纵队第七支队（支队长蓝汉华）从游击区进驻白砂，受到白砂人民热烈欢迎。（《上杭县志》称白砂起义时间为5月22日；《上杭人民革命史》称白砂起义时间为5月23日）

5月28日（农历五月初一日），在白砂松山冈举行的群众大会上，蓝汉华宣告白砂解放。

6月，中共上杭县委在白砂阁坑决定，派出9个工作团，分别到各区乡开展工作。

7月14日，国民党军王靖之部，冒雨进犯白砂，用六〇炮轰击起义军张友明部，张与之激战后撤退。

8月27日，国民党军王靖之部分水陆两路逃离上杭。中共上杭县委、上杭县军事管制委员会、中国人民解放军闽粤赣边纵队闽西南联合司令部独立第三团及闽西义勇军基干团进驻县城，上杭全境解放。

9月17日，上杭县人民民主政府成立。

9月，白砂区人民民主政府成立，首任区长傅铭喜。辖田源、大田、樟黄、中洋、朋城、梧田、塘丰、岭背、官将、洋乾、嫩洋11个村。

中华人民共和国

1949 年

10 月 1日，中华人民共和国成立。

10 月，上杭县废除保甲制，改设 13 个区，5 个里，121 个行政村。境域设白砂区。

12 月，黄蔚任白砂区区长。

1950 年

2 月，废除国民党的田赋制度，始征农业税（公粮）。

5 月，人民政府开始宣传、贯彻《中华人民共和国婚姻法》。

9 月，区人民民主政府改称区公所。以次序冠名，白砂区为第六区。

12 月，进行抗美援朝、保家卫国的宣传教育，动员参军参战和增产节约捐献活动。

冬，乡村开始办冬学和夜校。

是年，白砂圩市场迁到朋新村境内罗家岭脚下的犁头子。从此，犁头子新圩成为白砂比较固定的圩场。

1951 年

1 月中旬始，上杭县分批进行土地改革运动。白砂属保持土地革命果实的地区，按共同纲领第二十七条“必须保护农民已得土地的所有权”规定，进行必要的土地调整，确定地权，发展生产。

1 月 28 日，县召开第一次基点村群众代表会。

3 月，连续阴雨低温 50 多天，造成秧苗腐烂，有的重播五六次。

7 月，土地改革基本结束，完成土地分配和调整工作，封建土地所有制被彻底废除。

12 月，区委在党员干部中开展反贪污、反浪费、反官僚主义的“三反”运动。

1952 年

5 月 16 日，区人民政府发动农民参股，成立供销合作社。

7 月，陈学荣任中共白砂区委（简称白砂区委）代理书记。12 月，任书记。

7 月，开展爱国卫生运动，家家户户订立爱国卫生公约，开展以搞好环境卫生为重点的大扫除运动，逐步形成日扫、月检制度。

10 月下旬始，开展识字运动，扫除文盲。

11 月，上杭县调整区乡体制，白砂区辖鹏城、樟黄、岭背、梧田、田源、中洋、塘丰、大田、官将、洋乾、嫩洋 11 个乡。

12 月，温义昌任白砂区代区长（1954 年 4 月任区长）。

是年，白砂设立邮电营业所。

1953 年

3 月，设立上杭农村信用合作社。随后成立与农业银行合体的白砂信用合作社。5 月 29 日，上杭农业银行白砂营业所成立。白砂农村信用合作社隶属农业银行。

7 月，全国开展首次人口普查（以 1953 年 6 月 30 日 24 时为人口普查的计算标准时间）。普查结果：全乡 3336 户 11907 人，其中男 5196 人，女 6711 人。

9 月，陈炳江任白砂区委书记。

12 月，开始实行粮食统购统销。

是年，区召开首届人民代表大会，以无记名投票方式选举区长、副区长。

1954 年

9 月 15 日，国家实行棉布计划供应，消费者凭证购布。

是年，政府对工商业进行社会主义改造。洋乾铸锅厂实行公私合营，由洋乾乡政府接管经营。

是年，白砂区设粮食管理站，经营粮油议购议销。

1955 年

2 月，国家开始实行义务兵役制。

4 月 4 日，抽调民兵参加连城机场（7962 工程）建设。

4 月，温义昌任白砂区委书记。

4 月，县调整区乡体制，区、乡合并成立区公所，境域隶白砂区公所（驻白砂）。12 月 9 日，区人民政府正式改称区公所。境域设塘丰、中黄、官将、田背、洋乾乡。（白砂区公所另辖丰年、中村、新坊、文都乡）

9 月 27 日，白砂籍军官袁子钦被授予中将军衔，李平被授予少将军衔，丁甘如被授予大校军衔（1961 年晋升为少将）。

11 月 26 日，县成立上杭古蛟地区处理土改遗留问题临时工作委员会。对保留土地革命果实的古田、蛟洋、白砂进行“民主革命补课”，重新划分阶级成分，至 1956 年 6 月中旬结束，错评一批地主、富农，一些干部群众遭批斗（1981 年 7 月落实政策时，宣布所评成分一概予以改正）。

12 月，丁玉泉任白砂区委书记。

12 月，实行粮食“三定”（定产、定购、定销）政策。定产、定购三年不变，定销一年一评。

冬，宣传贯彻中共中央《关于农业合作化问题的决议》，大力发展农业互助合作组织。

是年，开始建立初级农业生产合作社。

1956 年

2 月，开始对私人资本主义工商业实行社会主义改造，一部分私营者加入供销社成为职工，另一部分组成合作商店。

春，根据上级部署，掀起大办高级农业合作社热潮。

12 月，梧岗村籍中学老师袁竹秋，当选为上杭县人民委员会副县长。

1957 年

3 月，上杭县人民政府成立地方公路修建委员会，成立杭郭公路工程指挥部，组织数千民工修筑上杭—郭车公路。全长 56.67 公里，路面宽 5.6 米。全线于 1958 年 4 月竣工，5 月 1 日正式通车。该公路途经白砂的岭背、朋新、大科、长锦、官洋、军桥、东塘、洋乾 8 个行政村，境内长 23 公里。

3 月，周理楼任白砂区委第一书记（上杭县委原公交部部长，下放任职），吴光华任白砂区公所区长。

5 月，贯彻中央《关于整风运动的指示》，开展反官僚主义、宗派主义和主观主义的整风运动。7 月转入“反右派”斗争，1958 年夏结束。

年底，农业合作化基本完成，加入高级农业生产合作社农户占农户总数的 98%以上，耕地从私有制转变为社会主义集体所有制，基本上实现对农业的社会主义改造。

1958 年

1 月，掀起大规模突击“除四害”（苍蝇、老鼠、蚊子、麻雀，后将麻雀改为臭虫）群众运动。

3 月，县委召开“全民动员，大胆跃进”广播大会后，白砂掀起“大跃进”高潮。

3 月，上杭县撤区设乡，境域设白砂乡、官将乡。

4 月，县委推广庐丰乡东一农业社农村食堂化做法。此后，白砂亦办起公共食堂。由于违背传统习惯和客观条件，给群众生活造成困难。1961 年，根据上级决定，陆续解散，恢复农户个体厨灶。

5 月，丁玉泉任白砂乡党委书记，张秉英任官将乡党总支书记。张清盛任白砂乡乡长，张奎书任官将乡乡长。

6 月 11 日，开展学习宣传贯彻“鼓足干劲、力争上游、多快好省地建设社会主义”的总路线。

7 月，开始“大炼钢铁”。白砂亦建炼铁炉，集中劳力参加烧炭炼铁。

9 月，上杭县调整区乡体制，白砂与官将合并为白砂乡。丁玉泉任白砂乡党委书记，高子同任乡长（半脱产）。

10 月 1 日，白砂乡更名国庆乡。11 月，撤乡改社，实行政社合一，国庆乡更名为国庆人民公社（简称国庆公社）。

10 月，设立国营上杭县白砂林场。（建场初期称为“立新林场”）

年底，白砂公社成立广播站。站址设在中洋村，站内装配一台 50 瓦扩大器，广播线路架设到全社 20 个大队，每天早、中、晚三次对全社进行有线广播。

是年，设立白砂学区，负责管理白砂的小学、幼儿教育。“文化大革命”期间，学区撤销。

是年，在中洋天主教堂创办白砂保健院，负责人陈华文。

是年，官将办炼铁厂，1960 年更名官将铸锅厂。1980 年后，进行技术改造，官将铁厂成为白砂的第二大企业。

1959 年

4 月，林攀阶任白砂公社（国庆公社）党委第一书记，张清盛任白砂公社（国庆公社）社长。

7 月，执行中共中央指示，按总耕地的 5%分配给社员做自留地。

8 月 8 日，开放农村集市贸易。

是年，在朋新村境内杭郭公路边（今邮电支局旁边）建白砂车站。

1960 年

3 月，国庆公社更名白砂公社。

3 月，华家、再兴、文都、中村、坪上、礤下、秋竹、丰年、贵竹、小和等村划归白砂公社管辖。

3 月，李寿才任白砂公社党委第一书记（据组织史资料，任第一书记的还有赖福传、徐步高、余光）。

春，口粮实行低标准。饥荒严重，群众用瓜菜代替粮食（称“瓜菜代”），出现水肿病和人口非正常死亡。8 月，开办以防治水肿病为中心的“营养食堂”，转送病人到县防治中心治疗。12 月，水肿病得到控制，死亡人数逐步减少。

4 月，李治华任白砂公社社长。

夏，白砂发生松毛虫灾。

1961 年

1 月，余光任白砂公社党委第一书记。

1月，公社党委贯彻中共中央《关于农村人民公社当前问题的紧急指示信》，开展以肃清“五风”（共产风、浮夸风、强迫命令风、生产瞎指挥风、干部特殊化风）为主要内容的整风整社运动。

6月11日，全县划分为46个公社。华家、再兴、文都、中村、坪上、磜下、秋竹、丰年、贵竹、小和等村从白砂公社分出设华佳公社，官将片从白砂公社分出设官将公社。境域设白砂公社、官将公社。中共上杭县委设立白砂工作委员会（简称工委），辖白砂、官将、华佳公社党委。余光任白砂工委书记，丁玉泉任白砂公社党委书记，龚荣昌任官将公社党委书记。

6月，张秉有任白砂公社社长，龚荣昌任官将公社社长。

10月28日，确定以生产队为基本核算单位。

是年，新设官将粮站（原官将公社）。

60年代初，成立白砂公社市场管理委员会（简称市管会）。

1962年

7月，执行中共中央指示，划出5%的耕地作为社员自留地。

是年，中山陂水电站建成发电。该电站设在梧田天后宫，是白砂最早的社办水电站。

1963年

5月，干旱。从上年7月至是年5月19日，降雨量极少（上杭县总降雨量555毫米），山泉枯竭，溪河减流，塘库干涸，田地龟裂。干旱时间之久，百年未见。白砂境内半数以上农田受旱，人饮用水困难。

6月，响应毛泽东主席“向雷锋同志学习”的号召，广泛开展学习雷锋（中国人民解放军战士、共产主义战士）的活动。

1964年

4月30日，白砂降特大暴雨。溪水暴涨，冲毁无数的农田，麒麟溪沿岸的禾苗尽被洪水、泥沙淹没。

4月，县社会主义教育（简称社教）工作队进驻白砂，开展社教试点。

7月，全国人口普查。普查结果：白砂公社2352户9469人，其中男4452人，女5017人；官将公社753户2766人，其中男1313人，女1453人。

是年，创办白砂农业中学。1967年9月，白砂农中校址迁到大麻地。1968年9月，农业中学合并到蛟洋中学白砂分班。

1965年

4月，全县46个公社合并为20个公社。撤销官将公社，其所辖大队划入白砂公社（华佳公社并入蛟洋公社）。丁玉泉任白砂公社党委书记，王道荣任白砂公社社长。

11月20日，社会主义教育工作队进驻各大队，开展清政治、清经济、清组织、清思想的“四清”运动，历时8个月。

是年，在天主教堂旁边（中洋村区域）新建两座土木结构的两层楼房，当作白砂公社办公用房。

1966年

5月21日，龙岩地委社会主义教育上杭工作团召开各分团负责人会议，部署开展“文化大革命”。此后，“文化大革命”运动在白砂拉开序幕。

6月，全县“四清”运动基本结束，工作队陆续撤离。

6月始，开展所谓破“四旧”（旧思想、旧文化、旧风俗、旧习惯）、立“四新”（新思想、新文化、新风俗、新习惯)。学校和一些企业、大队、机关团体相继成立红卫兵或赤卫队组织，乱揪、乱斗所谓“黑帮”“牛鬼蛇神”。到处查抄、没收财物，一些古建筑被毁，许多珍贵书画、文物被毁。部分社、队、商店，被换上含政治色彩的名称。10月，各学校掀起大串连热潮，广大教师、学生成群结队奔向全国各地，进行“新的长征”。至12月，名目繁多的“战斗队”，“踢开党委闹革命”，揪斗当权派，冲击党政机关，党政组织陷于瘫痪。

1967年

8月13日，上杭一中“井冈山兵团”与“延安兵团”在百果园开展辩论，发生小规模武斗，引起部分农民介入，事态紧张。“红联站”连夜转移至白砂。

是年，在公社内坪修建一座大礼堂。大礼堂墙体为三合土结构，木瓦屋面，面积约2000平方米，近1800个座位，成为全县当时最宽大的礼堂。

1968年

6月，成立白砂公社革命委员会（简称“革委会”)，丁玉泉任主任。各大队成立革命领导小组。

9月，在白砂小学校址内创办蛟洋中学白砂分班，白砂农业中学并入白砂分班。

1969年

6月，蛟洋中学白砂分班正式命名为上杭县白砂中学。

7月，选调民兵参加“8491国防工程”建设。

9月，小学下放到生产大队主办，各小学实行五年一贯制。

10月，厦门等地一批知识青年上山下乡到白砂落户。1973年后陆续回城。

是年，开通白砂军桥至洋境凌屋村公路（简称军洋公路)。

是年，成立白砂教育辅导站，负责管理白砂的小学教育、幼儿教育。

1970年

6月26日，各大队建立合作医疗制度，办起合作医疗站。

9月，公社成立建筑队。为社办企业，首任队长袁如钦。

10月4日，开始执行星期日为全县统一圩日的规定。

是年，在下洋土楼里新建一座白砂医院。

1971年

3月，白砂公社成立电影队。购置8.75毫米电影放映机一台，放映人员2人。

春，白砂中学升格为完全中学建制。

6月，白砂公社成立农械厂。产品从打制锄头、犁耙等小型农具到较大型的打谷机、双铧犁等。至1995年，农械厂是白砂的主要乡镇企业。

是年，农业生产推行“三改三化”措施，即单季改双季、高秆改矮秆、稀植改合理密植，种植品种矮秆良种化、育秧卷秧化、密植规格化。

1972年

7月，县部署农业学大寨，并进行政治评分。

11月，林东干任白砂公社党委书记。

12月，林东干任白砂公社革命委员会主任。

是年，在上杭县中学生田径运动会上，白砂中学初中组赵洪祥囊括少年组短跑三项（60米、100米、200米）冠军，莫建勤夺得1500米长跑亚军，张文生手榴弹投掷50米破纪录，青年组黄锡平夺1万米长跑亚军。

1973年

是年，白砂公社保健院更名为白砂公社卫生院。

是年，白砂中学张晓明等主演的《一块银圆》，何丽荣等主演的《二分之差》，参加县中小学文艺会演获奖。

1974年

3月，龙岩地区、上杭县组织首次飞机播种造林，白砂为播区之一。

9月，动工兴建上礤水库，1978年9月竣工。该水库在樟黄村内胡屋自然村，是一座以灌溉为主，兼顾水产养殖、发电等综合利用的小（二）型水库，总库容52万立方米。

是年，白砂林场培育20亩湿地松实生苗获得成功。苗木最高达80厘米，径粗1.5厘米。一般高达35厘米以上，径粗0.5厘米以上。

是年，开工建设麒麟溪下游临界茶地翁基的塘丰电站。1977年投产发电，装机容量250千瓦。

1975年

秋季，岭背、新市、塘丰、大田、旱康、官将6所完小附设初中班。1980年秋撤销。

12月13日—16日，普降大暴雪，地面积雪深10~15厘米。地面、山上、房顶一片雪白，数日雪未全部融化，为历史罕见。13日最低气温零下5.8摄氏度，为有气象记录的最低气温。大片竹木及多处输电通信线路被压断，交通受阻，17日始恢复。

冬，掀起平整土地热潮。

1976年

1月8日，国务院总理周恩来逝世，干部、群众自发佩戴黑纱、白花，举行各种悼念活动。

9月9日，毛泽东主席逝世，各大队主要干部参加白砂公社党委举行的悼念活动。

1977年

10月，陈发珍任白砂公社党委书记、管委会主任。

是年，动工兴建旧县到白砂公路（简称旧白公路）。全程21公里，白砂境内10公里，1980年开通。

是年，白砂工商行政管理所（简称工商所）成立。

1978年

8月，恢复学区。

秋，中洋自筹资金新建一所村级幼儿园。1981年秋，幼儿园命名为中心幼儿园。

是年，动工兴建在洋乾上村的洋乾电站。1981年投产发电，装机容量250千瓦。2004年改制增容800千瓦。

是年，由省林业局统一规划，引进美国、加拿大湿地松，安排上杭白砂林场参加闽西北国外松引种协作。

1979 年

2 月，传达贯彻中共十一届三中全会关于“解放思想，开动脑筋，实事求是，团结一致向前看”的指导方针和把党的工作重点转移到社会主义现代化建设的战略决策。

7 月，杜冬如任白砂公社管委会主任。

是年，贯彻中共中央《关于地主、富农分子摘帽问题和地、富子女成分问题的决定》。经群众评议、县革命委员会批准，给予大多数地主、富农分子摘帽，定为公社社员。地主、富农家庭出身的子女一律定为公社社员。1983 年全部摘帽。

是年，恢复粮油议购议销业务。

是年，白砂公社在梧田天后宫创办第一家机器造纸厂（属社办企业）。

是年，茶地到白砂公路（简称茶白公路）开通。该公路从塘丰村、金丰山村口到茶地的竹马坑、樟树村，到茶地全程 19.98 公里。

1980 年

7 月 1 日，白砂公社革命委员会改为白砂公社管理委员会。

秋，白砂中学停办高中班，只保留初中部，一直延续至今。

1981 年

3 月，广泛开展以“五讲四美”(讲文明、讲礼貌、讲卫生、讲秩序、讲道德，心灵美、语言美、行为美、环境美) 为主要内容的文明礼貌活动。

7 月，公社党委贯彻落实中共中央印发《关于进一步加强完善农业生产责任制的几个问题》的通知，全面推行以家庭联产承包为主要形式的农业生产责任制。

秋，创办白砂职业高中（林业专业）。创办之初至 1986 年，附设在白砂中学内，由白砂中学一位副校长分管。1987 年，职业高中搬到大坪岗上，成为一所独立的职业高中，隶属上杭县教育局管理。1996 年停办。

是年，原白砂供销社糕饼厂师傅袁启昌创办启昌糕饼厂，生产具有白砂传统特色的茶点食品——白砂米饼。由于袁启昌经营有方，发家致富，1988 年登上福建能人榜。

1982 年

1 月 11 日，《福建日报》登载新华社消息：上杭县白砂公社社员曾洪山等，在实行承包责任制获得丰收后，一次完成本年和次年粮食征购任务。

1 月，广泛开展“四坚持”(坚持社会主义道路，坚持无产阶级专政，坚持共产党的领导，坚持马列主义、毛泽东思想)“三兼顾”(兼顾国家、集体和个人三者利益)“二反对”(反对走私贩私，反对封建迷信) 活动。

2 月 6 日，贯彻县政府《关于树新风、破旧俗的布告》，开展“五讲四美”“学雷锋树新风”“五好家庭”活动。

是月，开展第一个文明礼貌月活动。

7 月，全国进行第三次人口普查。以 7 月 1 日零时为标准时间。普查结果，白砂公社 4089 户 21554 人，其中男 10793 人，女 10761 人。

是年，实行林权改革，开展林业“三定”(稳定山林权、划定自留山、确定林业生产责任制）工作。

是年，白砂建筑队更名为白砂路桥公司。为乡办企业，首任经理傅元仁，兼党支部书记。

是年，中洋大队农户袁林招在天主堂创办林招粉干厂。2005 年，因扩大生产规模改为机器加工，用电烘干，产量倍增。

1983 年

9 月 2 日下午，突然天昏地暗，电闪雷鸣，中洋村一成年男子被雷击，当场遇难。

由于 1981 年开始实行家庭联产承包责任制，粮食连年丰收。1983 年，全社粮食总产量达 25381 吨，比 1981 年增长 20.3%。亩产提高 18.4%。

1984 年

9 月，撤销政社合一的人民公社，恢复乡、村建制。白砂公社管理委员会改为白砂乡人民政府。各大队改为村民委员会。杜冬如任白砂乡党委书记。经选举，张逢铭任乡人民政府乡长。

是年，为适应农村经济发展的新形势，白砂乡设立财政所。

1985 年

3 月 1 日，出现罕见春雪，气温降至零下 3 摄氏度，突破 30 年来低温纪录。

3 月，县人民政府宣布从本年 1 月 1 日起，全县取消生猪派购。

8 月始，乡村普遍开展“四有”（有理想、有道德、有文化、有纪律）教育、“五讲四美三热爱”和创建文明单位活动。

9 月，白砂林场杉木林单亲子代区域试验获省科技进步二等奖。

10 月，白砂公社设立电视差转台，向集镇周边村庄转播央视一套、央视二套节目和省台各有线电视节目。

是年，乡政府决定扩大市场，征用了市场旁边属朋新村官山组的一片农田（约 4 亩）。经过平整铺水泥地板，搭建 8 排的砖木结构固定摊架，作为白砂新开建的第二个圩场。

是年，开始普及九年义务教育。

是年，龙岩地区文化局、上杭县文化局在白砂召开闽西木偶戏白砂调查会。白砂乡党委副书记梁伦进等出席会议。参加会议并接受采访的艺人有林必耀、李象贤、袁九天、梁伦锦、曾瑞林等。

1986 年

1 月，唐鉴荣任白砂乡党委书记。

春，联合国粮棉组织考察团一行 5 人，在林业部工作人员陪同下，到国营白砂林场考察人工松林。

6 月 12 日—13 日，连降暴雨，白砂乡两天降水 150 毫米以上。

9 月，胡堂琪任白砂乡人民政府代理乡长。

1987 年

11 月，经选举，张逢铭任白砂乡人大主席团常务主席，胡堂琪任白砂乡人民政府乡长。

是年，白砂设立邮电支局。

1988 年

1 月，经上杭县文物普查，白砂境内发现有白龙寨山、犁头子、岗子坪、大坪山、袁屋背、窑背山等 17 处商周时期人类活动遗址（坐落今梧田、梧岗、中洋、朋新、岭背、塘丰村），约占全县已发现同时期遗址总数的 20%。

2月，高永雄任白砂乡党委书记。

3月，白砂林场杉木顶枯病的防治研究获省政府科技成果奖。

春，开始颁发居民身份证。

4月3日—4日，5月17日—18日，连降大暴雨，局部出现山体滑坡和塌方，部分线路交通中断，水利水电设施部分受损。

1989年

5月12日下午，白砂境内刮起罕见的大风，树枝折断无数。市场上圩架子被吹倒，3个成年人（1男2女）被吹倒的圩架子砸倒遇难。

秋，白砂通过上杭县和龙岩地区行署的“一无二有”（校无危房，班有教室，生有课桌）检查验收。

1990年

7月，全国人口普查。普查结果：白砂乡5193户24017人，其中男12143人，女11874人。

7月，廖德槐任白砂乡党委书记。

11月，经选举，张逢铭任白砂乡人大主席团常务主席，袁兆泉任白砂乡人民政府乡长。

是年，白砂林场实施部、省联营马尾松实生种子园良种基地建设，面积33.4公顷。1991年，完成种子园林地整地。1992年，完成种子园定植。

是年，对在洋乾中村、1968年建设、装机容量10千瓦的洋乾水电站进行技改，增容250千瓦，称洋乾二级站。

1991年

是年，开始实施小学义务教育。

是年，开展封山育林年活动，推行“改燃节柴”“改灶节柴”，开展禁止上山乱采脂、乱打枝、乱砍滥伐的治理活动。

1992年

是年，上杭县人民政府向龙岩地区行政公署呈报《关于要求将白砂乡改为镇建制的请示》，龙岩地区行政公署向福建省民政厅呈报《关于上杭县白砂乡撤乡建镇的请示》。

是年，全乡达到卫生部规定的基本消灭麻风病的标准。

1993年

3月中旬，4月中旬、下旬末，白砂遭冰雹大风袭击，最大冰雹直径2厘米。

5月，白砂顺利通过龙岩地区行署和福建省“六项督导”（教育经费、教育管理、事业发展、校舍设备、队伍建设、德育工作）的检查验收。

5月，暴雨。上早康一位壮年男人被暴涨的溪水冲走。

6月2日，福建省民政厅发出《关于撤销上杭县白砂乡设立白砂镇的批复》，同意撤销白砂乡建置，设立白砂镇。同年6月18日，龙岩地区行政公署发出《关于上杭县白砂乡改为镇建制的通知》。7月7日，上杭县人民政府发出《关于白砂乡改为镇建制的通知》。白砂乡改为镇建制后，以原白砂乡的行政区域为白砂镇的行政区域，设镇后政府驻地不变，实行镇管村体制。

6月9日，大暴雨。因灾造成白砂卫生院一座泥木结构的楼房倒塌，造成4个成年人（男2人，女2人）遇难，一成年人重伤。

9月11日，上杭县人民政府办公室发出通知，上杭县白砂镇人民政府印章自即日开始启用，标志着白砂镇正式成立。

9月15日，白砂镇举行撤乡设镇庆典活动。

12月，刘标任白砂镇党委书记。

12月，经选举，张逢铭任白砂镇人大主席团常务主席，林金庭任白砂镇人民政府镇长。

是年，白砂卫生院新址落成，实施整体搬迁。

是年，开展村镇门牌设置工作。

是年，白砂镇党委、政府抓住省道308线改造的机遇，在朋新村境内设立经济开发区。

1994年

是年，白砂镇开通程控电话，开设闭路电视。

是年，在实施“先行工程”建设的高潮中，上杭县按部颁山岭重丘二级公路标准对省道围禾线蛟洋—上杭段（除白砂麻公凹特别艰难路段）进行改造，降低坡度，改直线路，拓宽路面，铺浇25厘米厚的混凝土路面。改造工程于1997年5月1日全部完成。

是年，县电力局在白砂朋新村境内的早康路口，建成一座35千伏的变电站，电源为矶头电站输入。白砂变电站的投入经营，缓解了白砂用电紧张的困境。

1995年

7月31日—8月1日，受4号强热带风暴影响，白砂暴雨成灾。

是年，在开发区建白砂综合文化站。

1996年

2月18日—26日，白砂遭受较为罕见的冻雨天气，部分电杆、电力、通信线路毁坏，毛竹、林木受损。

12月，经选举，华伦龙任白砂镇人大主席，胡冲任白砂镇人民政府镇长。

12月，经龙岩地区复查，全镇青壮年脱盲率达96%，通过基本扫除青壮年文盲验收。

年底，实现全镇村村通电话。

是年，全镇基本消除绝对贫困。

是年，白砂路桥公司改为个人股份制。2000年解体。

1997年

上杭交警大队筹集资金，在白砂岭陡坡路段设置大型反光警示标志，完善道路标线、护栏、挡墙等安全设施。

秋，白砂顺利通过省“两基”（基本普及九年义务教育，基本扫除青壮年文盲）评估验收。

11月，早康会议的历史见证人、上将萧克为早康会议会址题写“早康会址”。

年底，经龙岩市复查验收，白砂有18个行政村4777户达小康水平，分别占行政村总数和农户总数的81.18%、83.4%。小康指标综合分值为97.6分，确认基本实现小康镇。

年底，实现行政村村村通公路目标。

1998年

1998年，由白砂镇政府和旧县乡政府组织对旧白公路进行改扩建。

是年，由泮境乡筹资将军泮公路改造成水泥路。

是年，开通移动通信，接入计算机互联网。

1999 年

1 月，贯彻中共中央办公厅、国务院办公厅颁发的《关于进一步稳定和完善农村土地承包关系的通知》，白砂开展第二轮土地延包工作（土地承包期再延长 30 年）。

3 月，蓝善祥任白砂镇党委书记。

5 月 30 日，省道围禾线白砂路段 375 公里+900 米处，1 辆由武平开往龙岩的金杯客车因车速过快，冲出路面，翻下 16 米深沟，造成 3 人死亡、7 人受伤的重大交通事故。

9 月 18 日，白砂镇党委、镇政府召开纪念旱康会议 70 周年暨萧克将军“旱康会址”题字两周年座谈会，市县有关领导、党史专家、古田会议纪念馆负责人、老红军马其昌及白砂“五老人员”代表 50 多人参加座谈会并瞻仰旱康会议旧址。

12 月，经选举，邹良辉任白砂镇人大主席，华彩文任白砂镇人民政府镇长。

是年，白砂林场营建马尾松高产脂嫁接种子园 6.7 公顷。

2000 年

2 月，白砂林场马尾松优良基因资源收集与再选择研究获龙岩市科技进步一等奖。

5 月 6 日，一辆运载 25 吨液化气的槽车，在上杭白砂岭路段连人带车翻入 10 余米的山涧。龙岩武警消防支队、上杭县大队共派出官兵 60 余人，经 5 昼夜奋战，从现场监护、罐体正位、到罐正位起吊，确保了人民群众生命财产安全。

8 月 23 日—26 日，受 10 号台风“碧利斯”影响，白砂境内出现连续 4 天大暴雨，造成山洪暴发，山体滑坡，交通、通信、水利等基础设施损坏严重。

11 月，全国第五次人口普查。普查结果：白砂镇有 6049 户 21087 人，其中男 10447 人，女 10640 人。

是年，实现行政村村村通程控电话。

2001 年

5 月，福建省首座步进式烟叶烤房在白砂镇投入使用。该烤房面积 720 平方米，分为鲜叶整理区、干燥区、预变黄区、变黄区、定色区、干筋区、回潮区、原烟整理区八部分，可一次性烘烤 16.67 公顷大田采收的烟叶，控温排湿由电脑调控。

7 月后，国家实行粮食购销市场化改革，全面放开粮食零售市场，常年开放粮食集贸市场，鼓励农民自产自销粮食，实行粮食经营全面放开。

8 月 8 日，大金水竹洋供奉戏神田公的田公堂修复并对外开放。

8 月，中国银行总行捐资 1 万元，用于修缮旱康会议旧址。

11 月，白砂林场提高马尾松种子园成花的化学调控技术研究获福建省科技进步二等奖。

12 月 20 日—23 日，境内遭受严重的结冰霜冻天气，极端气温零下 5 摄氏度。开发区内铺设的镀锌水管被冻裂多处，冬季农作物受损严重。

是年，白砂林场利用上杭县世界银行贷款造林 667 公顷，以“老林子老体制，新林子新体制”的思路，采取国有、职工股份经营。

2002 年

2 月至 5 月，降水量极少，春旱。灾情仅次于 1963 年。

6月17日，暴雨。

农历六月，田公堂被上杭县人民政府批准为县级文物保护单位。

11月，撤销学区，白砂中心小学行使原白砂学区的行政业务管理职能。

12月，经选举，刘洪伟任白砂镇人大主席，陈晓明任白砂镇人民政府镇长。

2003年

3月15日下午3时，樟黄村沙丘坝里地段发生泥石流，直接覆盖稻田面积1.33公顷。覆盖直线距离近300米，造成下游十三四公顷稻田无法耕作。

11月，张毓章任白砂镇党委书记。

是年，上级交通部门对省道308线原岭背村到麻公凹头（白砂与蛟洋的交界地）岭背峡路段进行改线，避开岭背峡。新线路在朋新村境内的石陂开始上坡，缓坡到麻公凹头，于2007年竣工通车。

是年，白砂接入计算机互联网。

是年，上杭县电力公司投资在308省道与旧白公路交会处建设供电综合楼。

是年，中学歌舞《双双草鞋送红军》参加县中小学文艺会演获一等奖，中小歌舞《好日子》获二等奖。

是年始，乡政府执行上级政策，免除定购粮，免除公益事业粮的上缴。

是年，木偶艺人刘金寿在大田小学成立木偶少年班。同时，并兴办一个有15人的木偶艺术班，培养木偶戏的传承人。

2004年

11月10日下午3时10—30分，岭背、樟黄等村庄先后出现短时（约20分钟）冰雹。冰雹最大直径约三四厘米，造成烟后稻绝收。

是年始，镇政府执行上杭县政策规定，免征农业税。

是年，白砂镇界定生态公益林1672公顷。

是年，白砂工商所撤销，停止征收市场管理费和个体工商管理费。

是年，以民办公助的形式成立白砂木偶艺术团。

2005年

8月3日，举办客家木偶文化艺术研究会成立三周年纪念活动。福建省艺术研究院研究员叶明生及加拿大博士杨端慧等到水竹洋参加纪念活动，并对这次活动做重要评述。

12月29日，龙岩市委书记刘赐贵、市长雷春美到白砂镇调研，对少儿舞狮及鸟体字书法表演给予好评，要求木偶戏具（服装）要及时更换。上杭县委书记张斯良、县长赖继秋等陪同调研。

年底，开始换发第二代居民身份证。

是年，白砂林场马尾松高产优良家系遗传测定及其应用研究获福建省科技进步三等奖。

2006年

春，以股份制形式，民办公助建立白砂木偶艺术团。

5月，罗小洪任白砂镇党委书记。

8月，刘洪伟任白砂镇人大主席。

是年，长锦村外出乡贤廖复明及其家族投资320万元，在中洋大道旁新建白砂第一所私立幼儿园——养正幼儿园。2007年9月，该幼儿园招生开学。

是年，开始实行每亩年均90元的种粮和良种补贴。

2007 年

2月，动工兴建新的镇政府综合大楼。大楼占地面积909平方米，四层框架结构，建筑面积3568平方米，总投资258万元。主体综合大楼竣工后，2008年1月，镇政府搬迁该楼办公。接着，派出所、计划生育服务所、司法所、综合文化站等镇直单位综合办公楼陆续竣工，一个完整的镇政府综合大院建成，占地面积16800平方米。

5月27日，组织上杭县白砂观摩团到莆田湄洲岛参加莆田妈祖活动周年纪念活动。白砂高腔木偶班以精彩的演出赢得当地观众的好评。

6月30日，莆田市文化交流代表团（一行11人）到上杭白砂等地考察。白砂木偶艺术团为他们表演木偶戏节目“少儿汉剧联唱”及“木偶武打戏”，受到赞扬。代表团向白砂镇捐赠20万元人民币。

8月6日，白砂镇举行客家木偶文化艺术研究会成立五周年纪念活动。县领导张跃龙、梁八生，专家学者何志溪等，当地干部群众共800多人参加活动。

秋，顺利通过省的“双高普九”（高质量、高水平普及九年义务教育）评估验收。

11月1日起，实施新型农村合作医疗保险。

11月8日，白砂木偶艺术团在上杭县举办的民俗文化大赛中荣获一等奖。

12月，李德强任白砂镇人民政府镇长。

是年，确立做大“三个区”（竹木加工园区、集镇中心区、郑坑桥工贸小区），做强“三个带”（城区延伸带、绿色产业带、工贸城镇带），实现“一亿两万”（竹木加工园区产值突破亿元，烤烟收购突破万担，集镇中心区聚集人口突破万人）的战略思路。

是年，白砂镇被命名为福建省民间文化艺术之乡（客家木偶戏）。

是年始，白砂中心小学把“传承提线木偶文化，拓宽艺术教育课堂”这一主题作为学校特色创建项目，设置“客家提线木偶”校本课程。

2008 年

6月11日至12日，台湾东森电视台和海峡电视台的记者来水竹洋，拍摄木偶戏的“搭台”“安神”、雕刻、木偶制作、木偶表演等。木偶艺术团表演了高腔《上三官》、乱弹《过关》等 。

7月26日，由白砂镇党委和镇政府主办，大金村两委、客家木偶文化艺术研究会、龙岩博尚文化传播有限公司承办，隆重举行上杭水竹洋田公堂首届木偶艺术节暨学术研讨会。来自美国、日本、福建省艺术研究院、厦门大学、三明学院的专家教授30余人，市、县、镇有关领导及专家莅临参加和指导，上杭县木偶艺人和周边群众两三千人参加活动。

9月16日，梧田天后宫举行重光庆典。省人大常委会副主任袁锦贵、莆田市人大常委会主任林国良等参加庆典，白砂木偶艺术团演出木偶戏。当地和周边群众数千人参加庆典活动，观看表演。

是年，白砂镇被文化部命名为中国民间文化艺术之乡（客家木偶戏）。

是年，白砂傀儡戏民俗活动“田公会”被列为上杭县、龙岩市非物质文化遗产保护项目名录。

是年，白砂设立米兰春天和精博两家超市。

2009 年

7月21日，从蛟洋到上杭的高速公路（简称上蛟高速）动工兴建。该公路途经白砂的樟黄、岭背、朋新、大科、官洋、茜黄、洋乾7个行政村，境内长20公里，在大科大华自然村内建设白砂互通。2012年12月25日，上蛟高速建成通车。

8月14日，成立客家木偶文化艺术研究会。

秋，白砂通过省“双高普九”（高质量、高水平普及九年义务教育）评估验收。

10月，数字电视进入白砂。

10月，上杭县教育局组织全县200多名教师、学生到白砂中心小学听课。专题为少儿木偶培训班(课外兴趣小组）客家木偶戏表演。

是年，白砂镇被市委、市政府评为龙岩市第十届（2006—2008年度）文明乡镇，塘丰村被评为第十届市级文明村，茜黄、洋乾、大科、朋新、丰源、梧田村被评为第十届县级文明村。

2010年

2月17日（农历己丑年十二月三十日），白砂木偶舞狮队一行7人，到上杭古田镇五龙村为胡锦涛总书记及省委书记孙春兰、省长黄小晶等领导和老区干部群众表演木偶舞狮。

6月15日，白砂遭暴雨袭击，山洪暴发，因灾造成部分民房倒塌。灾情发生后，镇党委、镇政府组织紧急转移灾民，指挥群众抗灾自救，及时规划灾民集中安置点。

7月，白砂农商行升格为上杭县农村商业银行白砂支行。

10月18日，白砂木偶艺术团在上杭县第二届客家民俗文化大赛中荣获一等奖。

11月，全国第六次人口普查。普查登记结果：白砂镇有5574户16669人，其中男8492人，女8177人（2010年末白砂户籍人口为25092人，其中男12804人，女12288人）。

11月26日，白砂镇承办上杭县第五届（东北）片区农民文化体育节。白砂、临城、临江、古田、蛟洋、步云、泮境7个乡镇的代表队参赛。

年底，实现全镇22个行政村、113个自然村村村通公路。

是年，在县23届中小学生田径运动会上，白砂中心小学的傅国锋获跳远第一名，林晓峰获60米跑第三名。

是年，白砂镇党委、政府组织编制《白砂镇环境保护规划》，把创建国家级、省级生态乡镇，省级、市级生态村作为重要工作内容。

是年，白砂开办邮政储蓄（简称邮储）业务。

是年，白砂卫生院更名白砂镇中心卫生院。

2011年

5月，李德强任白砂镇党委书记，谢荣康任白砂镇人大主席，刘勇任白砂镇人民政府镇长。

6月3日，召开中共白砂镇第十二届党代会，提出“生态立镇、农业主镇、文化活镇、工业兴镇”的发展战略和努力构建“生态、和谐、魅力新白砂”的总体部署。

7月24日，上杭县第二届木偶艺术节暨田公会重光十周年庆典在白砂水竹洋隆重举行。

12月，田公元帅信俗（白砂傀儡戏田公会）被省政府公布为第四批省级非物质文化遗产。

是年，白砂镇荣获全市造林绿化工程先进集体称号。

是年始，广场舞在白砂集镇广泛流行。

2012年

4月，丘禄炎任白砂镇党委书记。

6月9日，白砂岭背红菇交易市场开业。

7月，朋新、樟黄、中洋、梧岗、梧田、塘丰、大田、大金、扶福、大科、长锦、丰源、上早康、下早康、官洋、茜黄、嫩洋、军桥、洋乾村被龙岩市环境保护局授予市级生态村称号。

8月11日，白砂镇在大金水竹洋举行田公元帅信俗（白砂傀儡戏田公会）授牌仪式暨客家木偶戏研究会成立10周年纪念活动。

10月，白砂镇被福建省环境保护厅授予福建省生态乡镇（街道）称号，东塘村、碧砂村、岭背村被福建省环境保护厅授予福建省生态村称号。

是年，白砂镇被龙岩市委、市政府评为龙岩市第十一届（2009—2011年度）文明乡镇。

是年，始建白砂森林公园。该园在白砂林场经营范围内，规划总面积为790.1公顷。

是年，丰源村的上甲源革命基点村投资25万元，在村中建起全镇第一个自然村级的文化广场，面积2100平方米。

是年，县政府按山岭重丘二级公路标准对军泮公路进行扩建改造。工程于2014年竣工通车。

是年，县政府按山岭重丘二级公路标准对旧白公路进行改造。2013年竣工通车。

2013年

5月，刘勇任白砂镇党委书记，黄泰林任白砂镇人民政府镇长。

是年，县政府按山岭重丘二级公路标准对茶白公路进行改造。新的茶白公路于2015年竣工通车。

是年，镇党委、政府征用朋新村的农田，在麒麟溪边开辟平整土地，建起一座三层框架结构的综合市场，建筑面积4491平方米。新建综合市场于2014年8月13日正式开圩营业。

2014年

8月，省委组织部部长姜信治一行莅临白砂镇，调研群众路线实践教育活动开展情况。

9月，白砂镇被环境保护部授予国家级生态乡镇称号。

9月，林招粉干厂注册“客佳香”食品有限公司，整体搬迁至大坪岗工业区。

是年，碧砂村投入68万元，在村水口建起一座面积10000平方米的碧砂公园。

2015年

12月，根据中共上杭县委第十二届八次全会《中共上杭县委关于制订国民经济和社会发展第十三个五年规划的建议》精神，白砂镇党委、政府组织编制《上杭县白砂镇第十三个五年规划纲要》。该规划纲要提出，十三五期间，白砂要着力打好“四张牌”（交通区位优势、特色文化、锦绣水库、闽杭小炒），构建“2+3”产业发展格局（即做大做强两大主导产业——旅游文创与餐饮服务业，全面提高现代农业、特色农产品加工业与商贸物流三个重点产业），加快打造“清新白砂，休闲小镇”，为建设“机制活、产业优、百姓富、生态美”杭城后花园奠定更加坚实的基础。

12月，新建的白砂敬老院交付使用。

是年始，镇党委、政府认真贯彻落实中央、省、市、县关于推进精准扶贫、打赢脱贫攻坚战的一系列方针政策和工作部署。提出力争到2018年国定扶贫标准的农村贫困人口全部脱贫，到2020年，省定扶贫标准的农村贫困人口全部脱贫，实现3个贫困村整村脱贫，与全县同步实现全面小康。

是年，白砂林场单本马尾松优良家系选择及高产稳产技术研究获福建省科技进步三等奖。

2016年

5月7日—8日，由龙岩市文化广电新闻出版局和中共上杭县委、上杭县人民政府主办的“袁洪亮作品音乐会”“袁洪亮从艺50周年暨《留住乡韵》座谈会”在上杭客家缘文化中心举行。福建省人大常委会原副主任袁锦贵，福建省政协原副主席、省音乐家协会原会长、福建师范大学原副校长，博士生导师、教授王耀华，龙岩市人大常委会副主任杨闽、龙岩市政协副主席陈晓东，中共上杭县委书记谢海波等领导，以及众多的专家学者参加“音乐会”“座谈会”。

5月，黄泰林任白砂镇党委书记，赖建亮任白砂镇人大主席，郭丽蓉任白砂镇党委副书记、人民政府镇长。

5月27日，中共白砂镇第十三届党代会提出围绕建设“生态、和谐、富美”新白砂，着力打好“四张牌”（打好“生态农业”牌，构筑生态白砂休闲旅游区；打好“特色人文”牌，构筑和谐白砂人文体验区；打好“区位优势”牌，构筑富饶白砂新型工贸乡镇；打好“锦绣水库”牌，构筑美丽白砂宜居后花园）的发展思路。

7月27日，由中共上杭县委宣传部、上杭县文体广新局、中共白砂镇委员会、白砂镇人民政府主办的“客韵流芳”木偶文化艺术节，在大金水竹洋举行。艺术节由客家木偶艺术协会及木偶戏班发出《拯救客家木偶戏文化（大金）宣言》。

8月，白砂林场被批准为首批省级林业科技示范园区。

是年，精准扶贫脱贫254户483人。

是年，在县中小学生田径运动会上，白砂中学李晓斌获铅球第三名，白砂中心小学刘智翔获垒球第二名。

2017年

6月，持续2天降暴雨，溪水暴涨。大田村一成年男子和塘丰村一成年妇女被洪水冲走身亡。

7月17日，由福建省艺术研究院、龙岩市文体广新局、上杭县人民政府主办的上杭县客家木偶文化艺术节在大金水竹洋举行。7月，镇党委、政府启动白砂镇志编修工作。

10月，曹永忻任白砂镇党委书记。

12月23日，上杭县琴岗诗社白砂分社成立。

年底，白砂变电站二期扩建工程竣工投产。总投资445万元，新增10000千伏安主变压器一台及相关变电设备，解决了白砂镇日益增长的用电负荷需求，并投资1258万元，开工建设尧埔35千伏线路开断进白砂变电站工程，将白砂变电站改为双电源供电，极大提高白砂镇用电的安全可靠性。

是年，精准扶贫脱贫退出164户522人，樟黄村摘掉贫困村帽子。白砂镇获上杭县委、县政府2016年度脱贫攻坚战役优胜奖。

是年，在县中小学生田径运动会上，白砂中学刘伟彬分别获跳远第三名、三级跳第一名，白砂中小袁文博获跳远第三名。

是年，省道308线改为国道358线。该线起点于福建石狮市，终点于广西龙州县水口镇。

2018年

8月5日，由白砂镇党委、政府主办的2018年上杭县田公元帅信俗活动暨客家木偶文化艺术节，在大金水竹洋举行。

12月23日，举办白砂中学50周年校庆活动。

是年，精准扶贫工作位居全县前茅，实现剩余贫困户2户9人脱贫，贫困村下早康、扶福村顺利退出；被市、县评为2018年度脱贫攻坚工作先进集体。

是年，龙岩市在白砂镇召开激励性扶贫现场推进会。白砂创新“党建+激励性扶贫”工作机制、激励性扶贫工作做法在全市交流推广。

是年，新一届党委根据白砂的红色资源优势、区位优势、文化优势，把原打造产业白砂、生态白砂、文化白砂、民生白砂、和谐白砂，调整为打造红色白砂、人文白砂、生态白砂、和谐白砂、活力白砂。

2019年

2月3日，成立白砂商会，曾传兴任会长，刘卫生、袁元钦任常务副会长，丘录太、刘荣林、袁炎开、傅志龙、傅良荣、赖荣辉、廖复河任副会长，傅飞虎任秘书长，傅红伟任监事长。

6月6日，由中共上杭县委、中共龙岩市委党史和地方志研究室主办的纪念旱康会议90周年活动在白砂镇举行。福建省人大常委会原副主任袁锦贵，沈阳军区空军政治部原副主任严源昌，省委党史研究和地方志编纂办公室副主任王盛泽、市委党史和地方志研究室主任苏俊才，中共上杭县委书记傅藏荣、县人大常委会主任梁八生、县政协主席主席林英峰，县委常委、副县长阙生华，白砂籍部分将军家属，省、市、县党史部门负责人等参加纪念活动。

7月26日，由上杭县人民政府主办，县农业农村局、县文化体育和旅游局、新时代文明实践中心、白砂镇党委政府承办的“乡约你来上杭·2019上杭县客家木偶文化艺术节暨葡萄采摘节”在大金村举行。省艺术研究院研究员叶明生、省非遗办主任刘如珍、市文联主席王永昌、上杭县人民政府副县长蓝玉华，承办和协办单位负责人、木偶专家艺人150多人参加。其间，召开上杭县客家木偶艺术研究会第三次代表大会并进行上杭县客家木偶艺术研究会换届。

第一章　建　置

今白砂镇境域（以下简称境域），古属闽越地，周时属“七闽”，秦属闽中郡，汉属晋安郡。西晋太康三年（282 年）始，境域隶属新罗县。南朝宋泰始四年（468 年），新罗县废，境域先后属晋平郡、南安郡龙溪县。唐开元二十四年（736 年）置汀州，设长汀县，境域隶属长汀县。北宋淳化五年（994 年），升上杭场为上杭县，境域隶属上杭县。

第一节　位置　境域

白砂镇地处上杭县中部，北纬 25°03′35″（嫩洋村与临城镇宫桥村、泮境乡乌石村交界处）~25°12′38″（下早康村与旧县镇扁山村、蛟洋镇邹坑村交界处），东经 116°27′58″（嫩洋村与临城镇宫桥村交界处）~116°40′35″（双髻山，樟黄村与溪口镇大连村、蛟洋镇贵竹村、新罗区大池镇大和村交界处）（四至经纬度由福建省制图院提供）。镇人民政府驻朋新村乾山路 1 号，北纬 25°08′21″，东经 116°35′51″，距上杭县城 28 公里。

白砂镇东邻蛟洋、溪口镇，南连茶地镇、泮境乡，西与临城镇毗邻，东北、西北分别与蛟洋、旧县镇接壤。2017 年，总面积 195.7 平方公里。

第二节　建置沿革

北宋淳化五年（994 年），上杭场升为上杭县，境域隶属上杭县鳖沙里。

元沿宋制。

明洪武十四年 (1381 年)，上杭县改乡、团为里，境域隶白砂里。

清初沿明制。清光绪二十四年 (1898 年) 戊戌政变后，实行新法，改里为区。上杭县划分为 5 路 24 区，原白砂里、古田里称北路，分 5 区。境域大部属北路第二区。

民国二十五年（1936 年）初，上杭改路为区，白砂与古田、蛟洋北路各乡并为第四区。4 月，改北路为第三区，区署驻白砂。区以下设乡联保办事处，境域设好义乡（驻将军桥，今军桥）、崇礼乡（驻田地坑，今大田）、尚智乡（驻螭头市，今朋新）、敦仁乡（驻袁屋，今中洋）联保办事处。

好义乡下辖：宫子前、桥头、船空里、冷洋塘、郭公塘、大乾头、古黄坑、将军桥、茜洋、黄砂、鄞坑、官地、松柏林、黄屋坑。

崇礼乡下辖：大阳圩、长岭下、大华乡、石窠里、登坑、田地坑、大坪里、金丰山。

尚智乡下辖：螭头市、城厦、鹏背、石陂、岭背、田心里、张坑、胡屋、老虎坑、郑屋。

敦仁乡下辖：白砂圩、郑坑桥、夹田、袁屋、厦洋、花园里、塘背、过路桥、村尾、坝上、横岗头、高塘、陈屋、半山里。

民国二十九年（1940年），全县区乡调整，境域隶属第三区，设白砂乡、好义乡，延续至民国末。

1949年8月27日，上杭全境解放。9月17日，上杭县人民民主政府成立。同月，成立白砂区人民民主政府，辖田源、大田、樟黄、中洋、朋城、梧田、塘丰、岭背、官将、洋乾、嫩洋11个村。

1950年9月，上杭县各区名称以次序冠名，白砂区为第六区。

1952年11月，上杭县调整区乡体制，白砂区辖鹏城、樟黄、岭背、梧田、田源、中洋、塘丰、大田、官将、洋乾、嫩洋乡。

1956年4月，区、乡合并成立区公所。境域隶白砂区公所（驻白砂），设塘丰、中黄、官将、田背、洋乾乡。（白砂区公所另辖丰年、中村、新坊、文都乡）。

1958年3月，上杭县撤区设乡，境域设白砂乡、官将乡。

1958年9月，上杭县调整乡体制，官将乡合并到白砂乡。

1958年10月1日，白砂乡更名国庆乡。11月，撤乡改社，实行政社合一，国庆乡更名为国庆人民公社。国庆公社辖12个大队（岭背、大科、朋城、中洋、塘丰、官洋、官将、华佳、丰年、中村、坪高）、1个农场（西家洋农场）。

1960年3月，调整公社体制，国庆公社更名白砂公社。原蛟洋公社华家片的华家、再兴、文都、中村、坪上、磜下、秋竹、丰年、贵竹、小和10个大队划入白砂公社管辖。

1961年6月，华家片的10个大队从白砂公社分出设华佳公社。官将片从白砂公社分出，设官将公社。境域设白砂公社、官将公社。

1965年4月，撤销官将公社，其所辖大队划入白砂公社。白砂公社辖24个大队：中洋、梧岗、梧田、塘丰、大田、大金、扶福、朋城、樟坑、黄坑、新田、岭背、大科、长锦、上元、上康、旱康、官洋、茜黄、洋乾、鄞坑、军桥、官塘、嫩洋。

1968年6月30日，成立白砂公社革命委员会。

1980年7月1日，白砂公社革命委员会改为白砂公社管理委员会。

1984年10月，撤社设乡，改社为乡镇，改大队为行政村。白砂公社管理委员会改为白砂乡人民政府。辖22个行政村：中洋、朋新、岭背、樟黄、梧岗、梧田、塘丰、大田、大金、扶福、大科、长锦、丰源、上旱康、下旱康、碧砂、官洋、官将、茜黄、东塘、嫩洋、洋乾。

1992年，上杭县人民政府向龙岩地区行政公署呈报《关于要求将白砂乡改为镇建制的请示》（杭政〔1992〕163号），龙岩地区行政公署向福建省民政厅呈报《关于上杭县白砂乡撤乡建镇的请示》（岩署〔1992〕综325号）。

1993年6月2日，福建省民政厅发出《关于撤销上杭县白砂乡设立白砂镇的批复》（闽民民〔1993〕187号），同意撤销白砂乡建置，设立白砂镇。同年6月18日，龙岩地区行政公署发出《关于上杭县白砂乡改为镇建制的通知》（岩署〔1993〕综172号）。7月7日，上杭县人民政府发出《关于白砂乡改为镇建制的通知》（杭政〔1993〕综176号）。白砂乡改为镇建制后，以原白砂乡的行政区域为白砂镇的行政区域，设镇后政府驻地不变，实行镇管村体制。

1993年9月11日，上杭县人民政府办公室发出《关于启用上杭县白砂镇人民政府印章的通知》；上杭县白砂镇人民政府印章自即日开始启用。这标志着白砂镇正式成立。

1993年9月15日，白砂镇举行撤乡设镇庆典活动。

2017年，白砂镇辖辖22个行政村：中洋、梧岗、梧田、塘丰、朋新、樟黄、岭背、大科、长锦、丰源、上旱康、下旱康、碧砂、大田、大金、扶福、官洋、军桥、茜黄、东塘、嫩洋、洋乾。

附：清代及民国《上杭县志》关于白砂里所属乡村的记载

一、清康熙丁卯年（1687年）《上杭县志》记载白砂里所属乡村

石灰岭、将军桥、白砂圩、花园、华家亭、萝卜角、交阳、苏坑、邱坊。

二、清乾隆癸酉年（1753年）《上杭县志》记载白砂里所属乡村

清白岭，旧名石灰岭。白砂圩、城下、松树坝、花园、西交阳、村尾、大乾头、田地坑、大片里、岭背、华家亭、张坑、桂竹岭、蚤坑、蔡坑、萝卜角、苏乡、邱坊、大埔头、新坊、中村、银坑、细洋、官地、长岭下、小河乡、丰头、石头背、官坑口、鳖沙坑、石陂、田新、高塘、鹏背、庵背坑、桐梓隔、硕薖、秋竹坪、黄坑、再兴、崑山、习仁坊、郑坑口、回龙湖、黄坑背、郭坑、百果树下、袁小坪、夏得。

三、清同治甲子年（1864年）续刊《上杭县志》记载白砂里所属乡村

清白岭，俗名石灰岭。将军桥、白砂圩、城厦、松树坝、花园、西交阳、村尾、厚里、大乾头、田地坑、大片里、岭背、华家亭、张坑、苏康乡、邱坊、桂竹、枣坑、蔡坑、萝卜角、大埔头、长岭下、小河乡、新坊、旧县、冈背、矾头、钱坊、石圳潭、铁场、中登乡、银坑、细洋、官地、丰头、大岃头、石背头、官坑口、鳖沙坑、石陂、庵背坑、隔田、松柏林、丁坑、田心、高塘、鹏背、桐梓隔、硕薖、黄坑、秋竹坪、再兴坊、崑山、习仁坊、郑坑口、回龙湖、黄坑背、郭坑、白果树下、袁小坪、夏洋、金丰乡、回龙冈、麻坝、老富坑、下角垄、牛场里、坝上、黄土畲、陈坑。

四、民国二十七年（1938年）版《上杭县志》记载白砂里所属乡村

清白岭，即石灰岭。大乾头、将军桥、茜洋、官地、银坑、松柏林、长岭下即长锦乡、田地坑、金山、城厦、习仁坊、白砂圩、石窠里、石陂、张坑、老富坑、岭背、下角龙、石圳潭、铁场、麻坝里、牛场里即饶坊坪、钱坊、旧县、新坊、碧砂坑、枣坑、坝上、矾头、载兴乡即磜头、黄土畲、华家亭、筀竹坑、秋竹坪即嵩祝乡、袁小坪、苏坑即苏康乡、小河坑即小和康、丘坊、松树坝、花园里、西交阳、村尾、厚里、大片里、蔡坑、萝卜角、大浦头、冈背、中登乡、丰头今属连城、大岃头、石背头、官坑口、庵背坑、隔田、丁坑、田心、高塘、鹏背、桐梓隔、黄坑、昆山、郑坑口、回龙湖、黄坑背、白果树下、夏洋、回龙冈、陈坑。

第二章　环境　资源

白砂镇处于华南褶皱系，为晚加里东地槽褶皱系。地势北高南低，东高西低。地貌大致可分低山区、高丘陵区两种类型，以低山区为主。海拔千米以上山峰6座，其中双髻山1441米，为境内最高峰。域内属亚热带季风气候，年平均气温18℃~19℃，无霜期308天，年均降水量1250~1660毫米。据2013年土地变更调查资料，白砂土地总面积195.7平方公里。矿产资源主要花岗岩、稀土、硅石、石灰石、矿泉等。有国家级保护野生动物6种，省级重点保护野生动物9种，国家级保护植物6种。2014年，白砂镇被环境保护部授予“国家级生态乡镇”称号。

第一节　地质　地貌

一、地　质

白砂境内地层出露较大的有元古界前震旦系楼子坝群，岩性以灰绿色千枚岩、板岩为主与变质钙质砂岩互层。茜黄、樟黄、塘丰等地，岩性为灰绿色变质细砂岩、粉砂岩，粉砂岩与千枚岩、板岩互层夹硅质岩。碧砂岩性为千枚岩、板岩、变质砂岩。侵入岩主要发生在燕山运动的晚期第一阶段，第二次侵入，岩性为黑云母花岗岩，分布在岭背、樟黄、塘丰、大田、大科一带。第四次侵入，岩性为细粗钾长花岗斑岩，枫树坪、将军桥、茜黄一带为细粗花岗岩。

二、地　貌

（一）类　型

全镇地貌属高丘、低山类型，以低山区为主。地势为北高南低、东高西低，坡度20~30度。平均海拔470米，最高点为双髻山，海拔1441米。海拔最高的村为嫩洋村，海拔800米；海拔最低的村为洋乾村，海拔360米。

低山区：主要分布在朋新、中洋、梧岗、梧田、塘丰、大田、大金、扶福、军桥、官洋、东塘、茜黄、洋乾，海拔360~480米，切割深度150~400米。山体成群，峰峦重叠，山势较缓，坡度一般在25度以上，构成低山地貌区。

高丘陵区：主要分布在岭背、樟黄、大科、长锦、丰源、上早康、下早康、碧砂、嫩洋，海拔450~800米，切割深度80~200米，坡度30度以上。冈丘起伏，山峰高粗，坑垄交错，地形多样，构成高丘陵地貌区。

（二）山　岭

白砂山岭为玳瑁山脉延伸分支南冈山脉，呈北—东南和西北—西南走向。山脉四周群山绵延，丘陵起伏，海拔千米以上的山峰有双髻山1441米，金玉顶1003.7米（洋乾境内），大人岽1090米，青山岽1039米，狮子岽1012米，大眉岽1003.3米。

附:镇政府及行政村村部海拔高度

镇政府驻地480米

中洋448米　梧岗445米　梧田445米　塘丰440米
朋新460米　樟黄500米　岭背490米　大科500米
长锦550米　丰源530米　上早康440米　下早康430米
碧砂420米　大田460米　大金450米　扶福440米
官洋470米　军桥470米　茜黄390米　东塘370米
嫩洋800米　洋乾360米

第二节　土壤　植被

一、土　壤

(一) 类　型

境内土壤分红壤、黄壤、草甸土、紫色土、潮土、水稻土6种土类，18种亚类，39种土属，32种土种。

(二) 分　布

土壤分布受地质、地貌、母岩母质、植被、气候和水文等条件影响，具有明显的垂直分布和区域性分布的特点。

1. 垂直分布

海拔600米以下为红壤，600~900米为黄红壤，系红壤向黄壤过渡地带。900米以上为黄壤。白砂境内丘陵、山林地土壤以红壤、黄红壤为主，丘陵、盆地、林地土壤以红壤、酸性黄红色为主。

2. 区域性分布

白砂境内土壤区域性分布属山丘盆地，平均海拔470米，大部分布着渗育型水稻土。土壤类型呈规律性分布，按灰黄泥沙田→灰沙田→灰黄泥田→灰泥田顺序排列。垄底为烂泥田或深烂泥田，山垄为冷浸田。

据1981—1983年普查资料，白砂境内农业土壤23148亩，其中平洋（河谷）田5445亩，山垄田13440亩，梯田3380亩，溪边田99亩，旱平地243亩，旱坡地541亩，海拔500米以下16398亩，500米以上6750亩。

(三) 肥　力

白砂境内丘陵林地均属酸性或微酸性，pH值绝大部分为4.5~5.5。

据1983年农业土壤普查资料，白砂丘陵低山，大部分属砂质岩黄壤土，其有机质含量缺乏的耕地1533亩，占耕地面积的6.61。有机质含量一般的有6796亩，占耕地面积的29.35%；有机质含量丰富的有14819亩，占耕地面积的64%。速效磷含量5PPM（PPM为百万分率，5PPM即百万分之五）以下耕地有4204亩，占耕地面积的18.16%；5PPM~8PPM的耕地有2905亩，占耕地面积的12.54%；8PPM~15PPM的有5653亩，占耕地面积的24.42%；15PPM以上的有10386亩，占耕地面积的44.86%。速效钾含量50PPM以下的耕地有3509亩，占耕地面积的15.15%；50PPM~80PPM的耕地有5519亩，占耕地面积的60.99%。pH（酸碱性）值在4.5以下的53亩，占耕地面积的0.23%；pH值4.5~5.5的有17634亩，占耕地面积的76.17%；pH值5.6~6.5的有5461亩，占耕地面积的23.59%。总的来看，1983年白砂境内耕地土壤有机质含量较好，含磷、钾量较高的耕地比例较大，土壤肥力较高。

二、植 被

境内为低山丘陵地区，原生植被为中亚热带常绿阔叶林、针阔落叶混交林、竹林及芒、芒萁。

常绿阔叶林 乔木层主要由壳斗科的米槠（俗称圆仔树）、甜槠、苦槠、栲树，山茶科的木荷（荷树），杜英科的猴欢喜等树种组成。灌木层主要由冬青、柃木、黄瑞木、杜鹃、狗骨柴、乌饭、黄杞、荚蒾（苦柴子）、山苍子等组成，草木层由狗脊、华里白、油莎草、芒箕骨、芒、淡竹叶、蕨类等组成。层外植物有鸡血藤、木通、土茯苓等。

常绿针叶林 主要由马尾松、杉木所组成的上层乔木。马尾松和杉木是白砂资源丰富的树种。灌木层常见檵木、柃木、黄瑞木、杜鹃、乌饭、木荷。草木层以芒萁骨占绝对优势，其次为白茅、野古草等。中低山地有人工松林、杉木纯林。

竹 林 主要由毛竹、马尾松、杉木、米槠、木荷、枫香等组成乔木层，以毛竹居多。灌木层主要由黄瑞木、赤楠、乌饭、金樱子组成，草木层以芒萁骨为主。

灌木林 主要有黄瑞木、檵木、桃金娘、杜鹃、乌饭、柃木、胡枝子、毛冬青、老鼠刺、油茶、白松和一些藤本植物组成。

草丛植被 主要以芒萁骨为主，其次为管茅、白茅、五节茅等禾本科草类。

栽培植物 主要有杉木、马尾松、油茶、油桐、茶叶、柑橘、桃、李、枇杷、板栗、梅、柚、橙、梨、麻竹、雷竹、苦竹等。

1958年以前，各村都保留着原生植被、原始森林。1958年，国家号召全民“大炼钢铁”，大量砍伐树木烧炭。农村办公共食堂以松杂木做燃料，加上烧砖瓦，建房子，贩卖木材，植被遭严重破坏。1987年以后，白砂贯彻落实《中华人民共和国森林法》及其实施条例等法律法规，依法治林，开展植树造林，封山育林，加上上杭白砂国有林场经营境内3416.43公顷的山林，林业公安和林业站履行护林职责，境内植被逐步改善，山林逐步恢复原生态面貌。1984—2017年，全镇共植树造林5800公顷。

2000年以来，白砂公路养护站在辖区内的308省道沿线两旁新植黄樟、天竺桂3000余株，灌木2000余株；上蛟高速公路管理部门在白砂区域内的上蛟高速公路两旁新植黄樟2000余株，构成两道绿色长廊。

第三节 气候 水文

一、气 候

白砂属闽西较高寒山区地带，其特点是四季分明，光照充足，无霜期长。春季微冷，夏季温热，秋季凉爽，冬季干寒。

（一）气 温

1981—2010年，年平均气温18.9℃。全年最冷为1月，月平均气温9.4℃。其中最低为1984年1月，月平均气温6.4℃；最高为2006年1月，月平均气温11.3℃。极端最低气温零下5℃（2002年12月21日）。最热为7月，月平均气温26.8℃，其中最低为1999年7月，月平均气温24.2℃；最高为2003年7月，月平均气温28.5℃。极端最高气温40.5℃（2009年7月15日）。无霜期年平均308天，最长325天，最短258天。0℃以上持续期350天。1981—2010年，气温总体呈变暖趋势。1981—1990年，年平均气温18.6℃；1991—2000年，年平均气温18.9℃；2001—2010年，年平均气温19.3℃。高温酷热天气增多，结冰霜冻天气减少，雷雨大风、冰雹等强对流天气增加。

表 2–1 1981—2010 年白砂平均气温情况表

单位：℃

年份	1 月	2 月	3 月	4 月	5 月	6 月	7 月	8 月	9 月	10 月	11 月	12 月	年平均
1981	9.03	11.4	15.8	20.5	20.7	24.3	25.8	27.2	24.6	20.2	15.0	9.3	18.7
1982	10.8	10.3	15.0	18.1	22.3	23.9	26.5	26.2	24.7	21.8	16.4	8.3	18.6
1983	7.9	10.1	12.3	19.3	22.5	25.6	27.4	25.8	25.4	22.5	14.6	9.0	18.5
1984	6.4	8.3	14.2	18.0	21.6	25.2	26.9	26.3	23.9	20.0	16.1	9.4	18.0
1985	8.8	10.3	11.5	17.7	23.8	24.8	25.7	26.4	23.8	21.7	15.7	9.2	18.3
1986	9.0	8.5	13.0	20.6	22.8	24.9	26.2	27.2	24.3	20.7	15.2	11.4	18.7
1987	11.1	13.5	16.2	19.1	22	24.8	26.3	26.4	23.5	20.9	16.2	10.2	19.2
1988	10.7	9.7	11.5	16.9	23.3	26.1	27.7	26.0	23.8	21.4	14.5	10.4	18.5
1989	9.4	11.0	14.9	19.0	21.3	24.7	26.9	26.5	25.1	21.2	15.4	10.1	18.8
1990	10.2	11.7	15.6	17.7	21.8	25.5	27.1	26.3	24.4	20.4	16.6	11.9	19.1
1991	10.2	11.8	15.3	19.4	23.1	26.0	27.4	27.0	24.6	19.3	15.1	11.4	18.6
1992	8.9	9.6	12.7	19.7	22.0	24.5	26.3	26.5	24.5	19.4	14.6	13.2	18.6
1993	7.6	12.1	14.6	18.6	22.5	24.4	27.3	26.5	23.9	19.3	16.1	9.9	19.2
1994	10.8	11.2	12.2	21.0	23.2	24.8	26.3	25.5	23.6	19.7	17.0	12.9	18.6
1995	8.6	9.2	14.1	20.1	22.3	25.2	26.0	24.5	24.6	21.9	14.7	9.9	18.6
1996	9.0	8.6	13.8	16.4	22.2	25.5	27.0	25.0	25.1	21.1	16.6	9.1	19.0
1997	9.7	10.9	15.9	19.5	22.7	24.1	25.0	25.3	22.4	20.5	15.1	12.0	18.5
1998	9.2	11.5	15.2	21.5	23.5	24.8	25.2	27.2	24.4	22.0	17.1	12.9	18.5
1999	11.1	12.5	14.7	20.0	20.7	25.6	25.2	25.5	24.6	22.0	16.0	10.0	18.7
2000	9.9	9.9	15.1	19.0	23.2	24.6	24.5	25.6	23.9	21.9	15.4	12.1	19.7
2001	11.2	11.9	15.7	18.6	23.6	25.0	24.6	25.0	24.9	21.6	14.4	10.6	19.0
2002	10.2	13.4	17.4	20.8	23.8	26.2	25.0	24.6	23.5	19.6	14.4	11.3	18.9
2003	9.1	13.5	14.8	20.5	23.6	24.2	28.5	27.5	24.9	19.8	15.9	9.5	19.2
2004	8.8	12.3	13.9	20.1	22.7	25.8	26.3	26.6	24.2	19.0	16.5	10.8	19.2
2005	8.2	11.0	13.0	19.5	23.5	24.0	27.1	26.1	25.7	20.9	17.5	10.0	19.5
2006	11.3	12.4	14.1	19.5	21.7	23.7	27.3	26.7	23.6	23.1	17.1	11.0	19.3
2007	8.8	13.9	15.1	17.6	22.7	24.1	27.9	25.8	24.6	21.6	15.8	12.6	18.9
2008	8.2	7.7	15.9	20.2	22.4	24.4	26.8	26.5	26.2	22.8	15.9	10.4	19.0
2009	8.0	17.9	14.3	19.5	22.8	25.4	27.4	27.8	26.8	22.7	13.4	10.8	19.4
2010	10.8	13.1	15.8	17.1	22.9	24.0	27.7	27.2	25.7	20.5	16.2	10.5	19.3

注：据上杭气象资料，按白砂修正值修正。

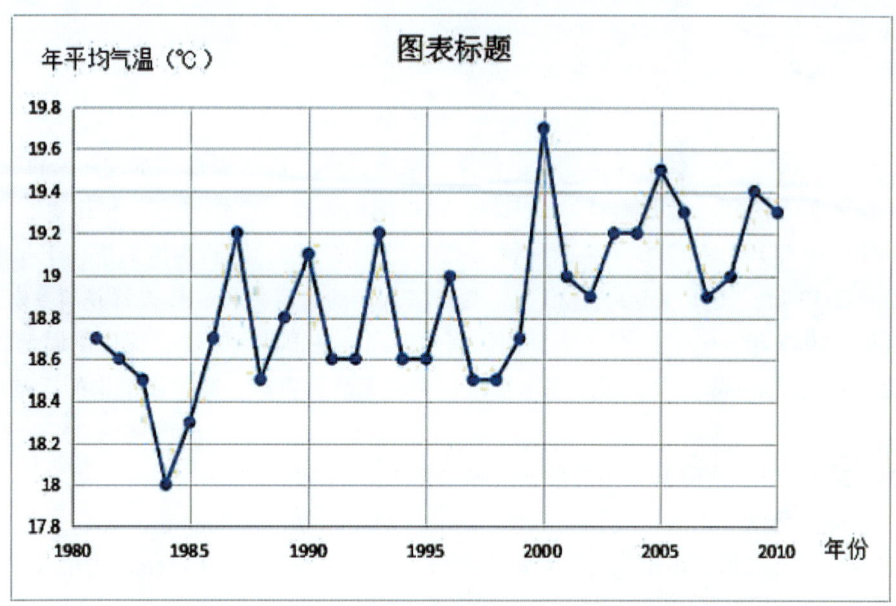

图 2-1 1980—2010 年白砂年平均气温变化曲线图

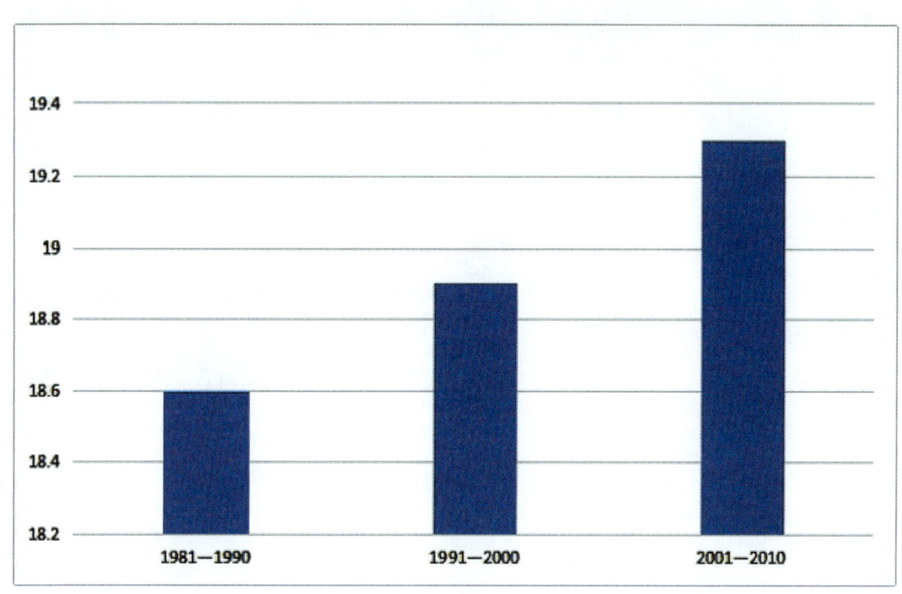

图 2-2 1981—2010 年白砂年代平均气温变化示意图

（二）降 水

年平均降水量 1600~1700 毫米。通常年份上半年降水量逐月增多，2 月—3 月，月降水量 100~180 毫米；4 月—6 月，月降水量为 200~300 毫米；7 月—9 月，月降水量 120~200 毫米；10 月—次年 1 月，降水量最少，月降水量 40~50 毫米。

（三）日 照

年平均日照时数约 1950 小时。2 月—4 月，月日照时数为 80~90 小时；7 月—10 月，月日照时数为 180~220 小时。1 月、5 月、6 月、11 月，月日照时数为 120~160 小时。

（四）风

受太平洋季风影响，春夏东南风多，秋冬东北风或西北风多。大风天最多的年份为 1996 年，有 35 天；大风天最少的年份为 1985 年，仅 1 天。

（五）自然灾害

主要自然灾害有洪涝、干旱、冰雹、寒害、风灾、雷击等。

1. 洪 涝

明成化二十一年（1485年）夏，淫雨。山洪暴发，溪水猛涨，民房多被洪水冲坏，村庄毁坏严重。

清道光二十二年（1842年）七月七日晚，大雨。民房倒塌无数，史称“壬寅水灾”。

民国十九年（1930年）6月13日，旱康村特大暴雨。山洪暴发，巨石滚滚而下，下旱康一片汪洋，连人带房一起冲走的有13户，淹死冲走共有29人，受伤多人。约有半数村民被迫背井离乡。

民国三十六年（1947年）6月15日，大暴雨。河水猛涨，良田冲毁严重，民房倒塌无数。

1964年4月30日，白砂降特大暴雨。溪水暴涨，冲毁无数的农田，麒麟溪沿岸的禾苗尽被洪水、泥沙淹没。

1986年6月12—13日，连降暴雨。白砂两天降水量150毫米以上。

1993年5月，降大暴雨。山洪暴发，上旱康一名壮年男子被暴涨溪水冲走遇难。

1993年6月9日，大暴雨。山洪暴发，白砂卫生院一座泥木结构的楼房倒塌，造成4人遇难（男2人，女2人），1人重伤。

1995年7月31日—8月1日，受4号强热带风暴影响，暴雨成灾。农作物及道路损坏严重。

2000年8月23日—26日，受10号台风“碧利斯”影响，白砂境内出现连续4天大暴雨。造成山洪暴发，山体滑坡，交通、通信、水利等基础设施损坏严重。

2017年6月，持续2天降暴雨。溪水暴涨，大田村一名成年男子和塘丰村一名成年妇女被洪水冲走身亡。

2. 寒 害

1951年3月，连续阴雨低温50多天。秧苗腐烂，有的重播五六次。

1975年12月14日—16日，境内普降大暴雪。地面积雪深10~15厘米，地面、山上、房顶一片雪白，数日雪才融化，为历史罕见。

1996年2月18日—26日，白砂遭受较为罕见的冻雨天气。部分电杆、电力、通信线路毁坏，毛竹、林木受损。

2002年12月20日—23日，境内遭受严重的结冰霜冻天气，极端气温零下5℃。开发区内铺设的镀锌水管被冻裂多处，冬季农作物受损严重。

3. 干 旱

清乾隆七年（1742年），春旱，至立夏后4个月始下雨。

1963年5月，大干旱。从上年7月至是年5月19日，降雨量极少（上杭县总降雨量555毫米），山泉枯竭，溪河减流，塘库干涸，田地龟裂，干旱时间之久百年未见。白砂境内半数以上农田受旱灾，人饮用水困难。

2002年2月至5月，降水量极少，春旱。灾情仅次于1963年。

4. 雷 击

1983年9月2日下午，突然天昏地暗，电闪雷鸣。中洋村一成年男子被雷击，当场遇难。

5. 地 震

民国七年（1918年）2月13日午后2时15分，地震有声。历时10分钟，连日仍有微震。

民国三十年（1941年）9月21日下午1时35分，地震。震时20秒，白砂有震感。

6. 风 灾

风灾不常发生，但偶尔有之。1989年5月12日下午，白砂境内刮起罕见的大风，树枝折断无数，市场上圩架子被吹倒。3名成年人（1男2女）被吹倒的圩架子砸倒遇难。

二、水 文

(一) 溪 水

境内南部属汀江水系黄潭河流域，北西部属汀江水系旧县河流域。主要溪流有5条：

一是调和溪（当地称麒麟溪，旧时又称跃鳞溪），东边从大坑岭、樟黄村流出，北边从岭背峡岭背村流出和丰源村的下甲流出的三条小溪，在朋新村境内的白砂市场附近汇集成溪。南流经中洋村境内，和樟黄村胡屋、大科村石科流出的支流汇集。南流经梧田村境内，又和樟黄黄坑塅、梧田村的黄柏坑大陂头流出的两条支流汇集。南流至塘丰村境内，有俞家桥、上寨流出的支流汇集于塘丰村水口，南流入茶地翁基，全长约15公里。

二是宫前溪（又称苦竹溪），长锦村和官洋村的丁坑流出的两条小溪，汇集于官洋村的官地自然村，流经茜黄村，境内有从军桥村（将军桥）和黄蕉坑流出的两条支流汇集。流经洋乾村后，流入临城镇的桥头、宫子前，再往南流，到水西渡入汀江，全长约23公里。

三是九曲溪（又名早康溪），从蛟洋邹坑村香岭头流入良善坊、上早康和上早康坑里大坝里流出的山溪，汇集于早康村的中部岭下里，形成九曲溪上游，流经下早康、旧县新坊村、九曲峡流入旧县河，全长约20公里。

四是安乡溪（又名大田溪），大科村大华自然村的两条小溪汇集流入大田、大金、扶福村后，流入泮境乡的彩霞村，全长约7公里。

五是碧砂溪，从丰源村的上甲村自然村流经大路下、碧砂村成溪水，流到新坊村口，与早康流出的九曲溪汇集流入旧县河，全长约8公里。

(二) 地下水

白砂境内有多处山泉水，水质极佳，每年冬至前后，群众取山泉水酿酒，酒味醇厚。明清时期，境内的百姓科学利用地下水资源，挖了很多古井，井水供村民饮用。绝大部分古井，水质好，冬天温热，夏天清凉。洋乾境内的食水井山泉，水量大，水质好，每天都有居住在上杭城内的居民到食水岭取水，做日常生活的饮用水。大田村篮球坪古井，井口直径1.5米，水深2米，清澈见底。现在还有很多附近的村民饮用这口古井水。

下洋古井（上杭县文广新局 供稿）

第四节　自然资源

一、土地资源

白砂多为山地，坡度在10~25度。土质松软、肥沃，既适宜种植粮食作物，又适宜种植经济作物；既适宜种植果树，又适宜育林。据白砂国土资源所提供数据，2017年，全镇土地面积19568.56公顷，已利用土地面积19568.56公顷，土地利用率达100%。

（一）农用地

2005 年，全镇农用地面积 18041.7 公顷，占土地总面积的 92.04%。2017 年，农用地面积 18668.8 公顷，占 95.2%，比 2005 年增加 627.1 公顷。

耕　地　2017 年，面积 1864.85 公顷。

林　地　2005 年，面积 16007.18 公顷，占土地总面积的 81.66%。2017 年，林地面积 15511.17 公顷，比 2005 年减少 496.01 公顷。

其他农用地　2017 年，面积 1196.94 公顷。

（二）建设用地

2017 年，全镇建设用地面积 468.7 公顷，占土地总面积 2.39%。比 2005 年增加 39.6 公顷。建设用地的大量增加，主要是农村居民点用地、独立建设用地、公路用地的增加。

城乡建设用地　2017 年，城乡建设用地面积 382.68 公顷，比 2005 年增加 39.6 公顷，其中农村居民点用地面积 362.84 公顷，比 2005 年增加 19.76 公顷。主要分布在岭背、朋新、中洋、大科、长锦、官洋、军桥、东塘、洋乾等村，沿交通线呈条块状分布。

交通水利用地及其他建设用地　2017 年，面积 570.11 公顷，其中公路用地 415.04 公顷。

（三）其他用地

2017 年，全镇其他土地面积 431.18 公顷。

二、矿产资源

境内矿产资源主要有花岗岩、稀土、硅石、石灰石、莹矿、矿泉等，其中花岗岩、硅石主要分布在岭背、樟黄、茜黄、丰源一带；稀土主要分布大科、岭背、塘丰一带；石灰石主要分布在东塘、洋乾一带；莹矿主要分布在大金、扶福一带；矿泉主要分布在梧田、碧砂、嫩洋、东塘、丰源、上早康一带。

三、水资源

白砂境内水力资源比较缺乏。水资源可利用量约为 500 万立方米，有 9 座小型水电站，共计装机容量为 2035 千瓦。

四、生物资源

（一）动　物

1. 无脊椎动物

境内无脊椎动物主要有变形虫、癞毛虫、松毛虫、草鞋鞭、萤火虫、软虫、蚜虫、蟑螂、螳螂、蝴蝶、水蛭、蚯蚓、沙蚕、田螺、蜗牛、蚂蚁、蟋蟀、蜻蜓、蚱蛄、牛蝇、牛虻、蜈蚣、灶鸡、蚊、蝇、蚤、虾、蚌等。

2. 脊椎动物

鸟　类　主要有白头鹞、角鹞、鹰（俗称鹞婆）、猫头鹰、啄木鸟、布谷鸟、长尾剑、白头翁、水鸭、白鹭、黄垦、鹧鸪、雉鸡、米鸡、山鸡、山鸠、灰喜鹊、喜鹊、麻雀、翠鸟、蜂鸟、鹦鹉（俗称乌肉子、八哥）、家燕、画眉、乌鸦等。

兽　类　主要有虎、豹、豺、野猪、豪猪、山羊、山牛、黄猄、竹鼠、松鼠、野兔、黄鼠狼、穿山甲、果子狸、狐狸、田螺狗、水獭、飞狐、猴子等。

爬行类　主要有蟒蛇、金环蛇、银环蛇、眼镜蛇、眼镜王蛇、南蛇、泥蛇、赤练蛇、青竹蛇（竹叶青）、芋荷蛇、蜥蜴、壁虎等。

两栖类　主要有虎纹蛙、青蛙、石蛙、乌龟、甲鱼、蟾蜍、雨蛙（俗称腊鸭怪）、犁头蛙等。

鱼　类　主要有鲢鱼、草鱼、鲫鱼、鲤鱼、石斑鱼、胡子鲶（俗称塘鲺）、石蝎鱼、七星鱼、黄鱼（俗称黄鸭子）、黄鳝、泥鳅。

表 2-2 2017 年白砂国家级保护野生动物名录及分布情况表

序号	中文名	学　　名	保护级别	分 布
1	蟒　蛇	*Python molurus*	Ⅰ	各 村
2	穿山甲	*Manis pentadactyla*	Ⅱ	各 村
3	水　獭	*Lutra lutra*	Ⅱ	各 村
4	豺	*Cuon alpinus*	Ⅱ	各 村
5	虎纹蛙	*tiger frog*	Ⅱ	各 村
6	白头鹞	*Western Marsh-Harrier*	Ⅱ	各 村

表 2-3 2017 年白砂镇省级重点保护野生动物名录及分布情况表

序号	中文名	学　　名	分 布
1	眼镜蛇	*Naja*	各 村
2	眼镜王蛇	*Ophiophagus hannah*	各 村
3	白　鹭	*Egretta garzetta*	各 村
4	普通秋沙鸭	*Common Merganser*	各 村
5	白额山鹧鸪	*Arborophila gingiva*	各 村
6	家　燕	*Hirundo rustica*	各 村
7	灰喜鹊	*Cyanopica cyanus*	各 村
8	喜　鹊	*Pica pica*	各 村
9	画　眉	*Garrulax canorus*	各 村

（二）植 物

常绿阔叶树种 主要有壳斗科的米槠、甜槠、苦槠、朝栲、丝栗栲、罗浮栲、闽粤栲、华南栲、山岭栲、青田栎、石栎等，樟科的樟树、红楠、檫树、黄檀木、新木姜、厚壳桂、鸭公树、山苍子，蝶形花科的花榈木，山茶科的黄瑞木、柃木、木荷，杜英科的杜英、猴欢喜，胡桃科的黄杞，蔷薇科的光叶石楹、桃叶石楠、椤木石楠、江南楸、石斑木，木兰科的深山含笑、木莲等。楝科的香椿，杨梅科的杨梅，茜草科的黄栀子，忍冬科的荚蒾（苦柴子），杜仲科的山杜仲，木樨科的桂花树，金缕梅科的细柄蕈树（别名细柄阿丁枫、细叶枫）等。

落叶阔叶树种 主要有银杏科的银杏，金缕梅科的枫树、半荷枫，野茉莉科的拟赤杨，漆树科的酸枣，壳斗科的锥栗，胡桃科的枫杨，玄参科的泡桐等。

常绿针叶树种 主要有松科的马尾松、黄山松、湿地松，杉科的杉木、柳杉，红豆松科的南方红豆杉，柏科的福建柏（扁柏）等。马尾松是白砂资源十分丰富的树种，凡是山上，都有马尾松。杉木树种仅次于马尾松。

竹　类 主要有毛竹、麻竹、绿竹、雷竹、石竹、苦竹、金竹、方竹等。

野生果类 主要有猕猴桃、豆梨、野柿、芭蕉、酸枣、锥栗、鸡爪梨、桃金娘、野果子（俗称十月乌）、野生茶树等。

野生花卉 主要有杜鹃、紫薇、山兰花、山含笑、紫玉兰、毛瑞香等。

中药材 较大宗的主要有鸡血藤、木通、土茯苓、虎杖、金银花、金樱子、山苍子、淡竹叶、苍耳子、钩藤、白头翁、田基黄、一点红（天红药子）、六棱菊（俗称羊耳三点）、车前草（俗称匏杓草）、夏枯草、鱼腥草（俗称狗贴耳）、败酱草（苦斋）、落地金线、益母草、仙鹤草（毛草子）、鹅不食草（猪屎草）、异叶榕（奶子树根）、石菖蒲、龙鹅掌金星（鸭脚飞扬）、乌雉（鸹鸡尾）、血竭、过地蜈蚣、半边莲、铁包金、一见喜、龙胆草、大蓟、海金沙（俗称鬼抽藤根）、艾草（俗称大叶艾）、香苏等近200种。属省重点品种有女贞子、荆芥、巴戟天、射干、香附子、金线莲、银线莲、黄连、乌梅、金银花、金狗脊、山栀子等40多种。

表2-4　2017年白砂镇国家保护植物名录及分布情况表

序号	中文名	学　　名	保护级别		分　布
			林业	环保	
1	银　杏	*Ginkgo biloba L*	Ⅰ	Ⅰ	梧田
2	南方红豆杉	*Taxus chinensis var. mairei*	Ⅰ	Ⅱ	上早康、丰源、碧砂、大金
3	水　杉	*Metasequoia glyptostroboides Hu et Cheng*	Ⅰ		各　村
4	半荷枫	Semiliquidambar cathayensis	Ⅰ		丰源、碧砂、上早康
5	杜　仲	*Eucommia ulmoides*	Ⅱ	Ⅱ	丰源、碧砂、上早康、洋乾
6	野茶树	*Camelliasinensis*	Ⅱ		嫩洋、岭背、樟黄、塘丰
7	香　樟	*Cinnamomum?camphora*	Ⅱ		各　村
8	金毛狗蕨	*Cibotium barometz (Linn.) J. Sm.*	Ⅱ		白砂森林公园
9	花榈木	*0rmosia henryi Prain*	Ⅱ		白砂森林公园
10	闽　楠	*Phoebe bournei (Hemsl.) Yang*	Ⅱ		白砂森林公园
11	福建柏	*Fokienia hodginsii*	Ⅱ		丰源、上早康、樟黄、大金、白砂森林公园

表2-5　2017年白砂镇省级重点保护树种名录及分布情况表

序号	中文名	学　　名	分　布
1	黄　樟	*Cinna momum porrectum*	樟黄、茜黄、岭背、大田
2	江南油杉	*Keteleeria cycloleois*	上早康、洋乾、丰源
3	柳　杉	*Crypconieria fortunei*	茜黄、丰源、嫩洋
4	南方铁杉	*Tsugu chinensis tchekiangensis*	丰源、官洋、嫩洋
5	福建青冈	*Cyclobalanopsis chungii*	白砂森林公园
6	沉水樟	*Cinnamomum micranthum*	白砂森林公园
7	青钩栲	*Castanopsis kawakamii*	白砂森林公园
8	乐东拟单性木兰	*Parakmeria lotungensis*	白砂森林公园
9	刨花楠	*Machilus pauhoi kaneh*	白砂森林公园
10	红　楠	*Machilus thunbergii*	白砂森林公园
11	福建山樱花	*Prunus campanulata*	白砂森林公园

第五节　环境保护

白砂镇地处山区，各项生态环境保护较好，在水环境、大气环境、声环境等方面没有较大的污染源。但农药、化肥的使用，生活污水的排放，农业垃圾、生活垃圾的不断增加，养殖业的不断发展，对大气、水体、土壤仍有一定程度的污染，环境保护工作逐步得到应有的重视。镇党委、政府贯彻可持续发展战略，坚持环境与发展综合决策，以创造良好的人居环境为中心，加强环境综合整治，改善环境质量，实现经济发展与环境保护双赢。

一、环境保护规划编制

2010 年，白砂镇为了谋求国民经济快速发展的同时，把合理开发利用自然资源与保持区域生态平衡、改善和创造优美的生产生活环境，为了协调城乡建设、经济建设与环境建设的关系，促进可持续发展，实现白砂建成“社会安定、经济繁荣、环境优美和特色鲜明的工业名镇”，组织编制《白砂镇环境保护规划》。

该规划以镇社会经济环境现状调查监测数据为基础，根据本地生态环境特点和社会经济发展趋势预测，从贯彻可持续发展战略角度，提出环境规划目标和环境功能区域以及为实现环境目标实施的环境保护控制措施、生态建设等。该规划内容包括 14 个方面：概述、编制依据、规划的指导思想和基本原则、引用标准、规划范围和期限、规划目标与指标体系、技术战线、自然环境与社会经济概况、城镇建设发展规划、环境功能区域、环境保护控制措施、生态产业建设、环境规划的实施保证。

经上杭县组织县环保局、城乡规划建设局、农业局、林业局、水利局等部门和有关专家进行评审，认为该规划内容全面，资料丰富，技术路线与方法适合，主要指标阐明清楚，措施方案可行，编制符合技术要求。

二、环境质量

（一）水环境质量

1. 集中式（集镇）饮用水水源地水质

2017 年 12 月 17 日，白砂集镇供水（中洋村大坪岗水厂的出厂水），经上杭县农村饮水安全工程水质检测中心检测，结论为除总大肠菌群、大肠埃希氏菌外，其余受检项目均符合《生活饮用水卫生标准》GB5749—2006 的要求。

表 2–6　2017 年 12 月白砂集镇饮用水水质监测数据表

编号	检测项目	标准	检测结果
1	色度（铂钴色度单位）	≤20	5
2	臭和味	无异臭异味	无
3	肉眼可见物	无	无
4	pH 值	6.5~9.5	6.89
5	浑浊度（散射浑浊度单位）/NTU	≤3（水源与净水技术条件限制时为 5）	0.61
6	总硬度（以 CaCO3）/(mg/L)	≤550	17.62
7	铝/(mg/L)	≤0.2	0.008
8	铁/(mg/L)	≤0.5	<0.10

续表

编号	检测项目	标准	检测结果
9	锰/(mg/L)	≤0.3	<0.05
10	铜/(mg/L)	≤1.0	<0.05
11	锌/(mg/L)	≤1.0	<0.10
12	铅/(mg/L)	≤0.01	<0.0025
13	镉/(mg/L)	≤0.005	<0.0005
14	砷/(mg/L)	≤0.05	<0.001
15	硒/(mg/L)	≤0.01	<0.0004
16	汞/(mg/L)	≤0.001	2.8×10–5
17	铬/(六价，mg/L)	≤0.05	<0.004
18	耗氧量/(CODMn 法以 O2 计，mg/L)	≤5	1.32
19	氟化物/(mg/L)	≤1.2	0.13
20	亚氯酸盐/(mg/L)	≤0.7	<0.001
21	氯化物/(mg/L)	≤300	0.18
22	氯酸盐/(mg/L)	≤0.7	<0.001
23	硝酸盐/(以 N 计，mg/L)	≤20	<0.08
24	硫酸盐/(mg/L)	≤300	0.83
25	三氯甲烷/(mg/L)	≤0.06	<0.0006
26	四氯化碳/(mg/L)	≤0.002	<0.0003
27	氰化物/(mg/L)	≤0.05	<0.002
28	阴离子合成洗涤剂/(mg/L)	≤0.3	<0.05
29	挥发酚类/(以苯酚计，mg/L)	≤0.002	<0.0005
30	溶解性总固体/(mg/L)	≤1500	32
31	菌落总数/(CFU/mL)	≤500	15
32	总大肠菌数/(CFU/100mL)	不得检出	18
33	耐热大肠菌群/(CFU/100mL)	不得检出	15
34	大肠埃希氏菌/(CFU/100mL)	不得检出	7

2. 农村饮用水水质

2017 年 12 月 17 日，东塘村饮水工程的出厂水（取水于东塘村李荣光家），经上杭县农村饮水安全工程水质检测中心检测，结论为除总大肠菌群、耐热大肠菌群、大肠埃希氏菌外，其余受检项目均符合《生活饮用水卫生标准》GB5749—2006 的要求。

3. 地表水环境质量

2017 年 12 月 17 日，大科村李贵家的饮用水（从鹅水岭流出的地表水），经上杭县农村饮水安全工程水质检测中心检测，结论为除总大肠菌群外，其余受检项目均符合《生活饮用水卫生标准》GB5749—2006 的要求。

2017年12月，上杭县农村饮水安全工程水质检测中心还对丰源村、碧砂村、长锦村、岭背村、扶福村、梧田村、茜黄村的自来水工程的出厂水，进行采样检测，各项指标均符合《生活饮用水卫生标准》。

（二）空气环境质量

2012年以后，经上杭县环境监测站监测（监测地点镇政府），空气监测值二氧化硫、二氧化氮、可吸入颗粒物，符合《环境空气质量标准》中的二级标准。

（三）声环境质量

2012年以后，上杭县环境监测站对白砂区域环境噪音进行监测，声环境质量达到功能区标准。

三、养殖业污染治理

生猪养殖是白砂镇历年来的一项重要的产业。2000年以后，由于生猪价格持续高位运行，生猪养殖发展快，各村的养猪专业户不断增加，养猪场建设不断加快。2006年，全镇生猪出栏数保持在35000~45000头，存栏数保持在23000~33000头。生猪养殖业的发展，给部分村民带来丰厚的经济收入，但养殖污水直接排放，给环境造成极大的污染。

2009年，上杭县人民政府先后发出《关于严禁新建扩建养猪场、加强养猪场监管工作的紧急通知》《关于生猪养殖“三区”规定及治理意见》。同年11月，白砂镇人民政府制订《白砂镇生猪养殖业污染综合整治工作方案》，成立整治工作领导小组。综合整治以科学发展观为指导，坚持发展与规划并重，生产与环保并举，坚持“减量化、无害化、资源化，谁污染、谁治理、谁缴费”的原则，坚持饮用水水源保护，依法确保各养猪场污水实现稳定达标排放或者零排放，促进生猪生产发展与资源环境的协调可持续发展，实现经济效益、生态效益、社会效益有机结合。具体的整治工作是“一拆、二控、三治、四转、五征”，“拆”，即拆除在“禁养区”内的养猪场；“控”，即严禁新（扩）建养猪场，严控养猪规模；“治”，即按生猪标准化要求完善治理设施，实现达标排放或零排放；“转”，即引导养猪业主转移从事无污染的产业；“征”，即征收排污费。大力推行养猪场干湿分离，在规模场内兴建储粪池、动物无害化处理池等设施，按生猪标准化场建设要求兴建沼气池、生化池，坚决断污、截污，确保养殖污水不外排到溪流、沟渠。到2017年，全镇已拆除禁养区内养殖场和禁养区外治理不达标排放的养殖场16家，面积4826平方米；关闭禁养区内和禁养区外治理不达标排放的养殖场315家，面积37800平方米。完成42家生猪养殖场治理，治理面积4100平方米。新建储粪池42座4100立方米，沼气池42口4100立方米，储液池1200立方米，生化塘125000平方米。铺设浇灌网21公里，新增吸污泵42台，兴建化尸池42口2100立方米。

2012年3月，为认真贯彻落实龙岩市、上杭县人民政府《关于加强养殖业污染治理与减排工作的通知》，成立白砂镇养殖业污染治理与减排工作领导小组，实行“主要领导亲自抓，分管领导具体抓，干部包村包场”的工作机制，把养殖业污染治理与减排工作任务分解落实到村、到养殖场，推进养殖业污染治理与减排工作，按照“三区”划定要求，严格生猪养殖场审批制度。开展养殖污染治理专项整治，防止生猪养殖无序发展，保护和改善农村生态环境。纳入减排的肉鸡规模养殖场，均采取垫料（谷壳）养殖方式，垫料用于农业或生产有机肥。对禁养区外未纳入减排及关闭拆除名单的生猪养殖场，选用环保饲料，进行雨污分离改造，实行干清粪，按照存栏每头生猪建造储粪池0.1立方米、沼气池0.4立方米、储液池0.6立方米、生化塘6平方米的要求。安装沼液抽灌设备，配足粪污消纳地（每头存栏生猪0.2亩），实现达标排放或零排放。

四、黄潭河流域综合整治

境内调和溪（麒麟溪）属黄潭河水系之一。为提高黄潭河流域水环境质量，增强流域内可持续发展能力，推进农村生态文明建设，推动国家级生态乡镇创建步伐，建设美丽白砂，分步实施黄潭河流域水环境综合整治工作。2000年，关闭了生产经营多年的塘丰纸厂。2010年开始，镇成立黄潭河流域水环境综合整治工作领导小组、养殖业污染整治组，大力推进黄潭河流域污染整治工作。至2015年，共拆除养猪场315

家，面积37800平方米。各行政村生活垃圾采取分类、分村收集、镇转运处理模式，建镇级垃圾填埋场1座，购买垃圾桶1980个，集镇采用保洁公司承保管理模式，进行市场化运作。2010年以后，全镇共投入4000多万元，对麒麟溪两岸的岭背、樟黄、朋新、中洋、梧岗、梧田、塘丰段砌防洪堤共1200米，清除溪内淤泥、杂物200多立方米。

第六节 生态乡村建设

2010年，镇党委、政府启动国家级、省级、市级生态乡村的创造工作。镇成立创建工作领导小组，按照环保部关于生态乡镇建设5项基本条件、15项指标要求和龙岩市生态村建设4项基本条件、10项指标要求，制订详细的实施方案，细化工作任务，强化措施，明确责任，并多方筹集生态建设专项资金，实施生态农业、生态林业、生态工业、生态家园、生态旅游建设。改善生态环境，增强生态发展优势，着力解决农村发展、环境污染治理和生态保护问题。

2012年7月，朋新、樟黄、中洋、梧岗、梧田、塘丰、大田、大金、扶福、大科、长锦、丰源、上早康、下早康、官洋、茜黄、嫩洋、军桥、洋乾村被市环境保护局授予市级生态村称号。2012年10月，东塘村、碧砂村、岭背村被福建省环境保护厅授予福建省生态村称号。2014年9月，白砂镇被环境保护部授予国家级生态乡镇称号。

一、生态农业建设

到2017年，基本形成“龙头企业+协会+基地+农户”的生态农业产业化模式，形成烤烟、蔬菜、水果、罗汉果、毛竹等优势产业（产品）。以绿色有机农产品为主导的生态农业模式成为农业生产的主流。全镇有2128公顷毛竹基地。

加强畜禽养殖污染防治，大力推进健康养殖，建设生态养殖场。通过发展生产回收有机肥料、无害化畜禽粪便和能源沼气还田等综合利用方式，实现养殖废弃物的减量化、资源化、无害化。2017年，按县要求，完成9家不达标养殖场整治，建立示范场11家，完成列入重点减排场41家。

二、生态林业建设

按照全省实施生态公益林建设的要求，明确林业在生态建设中的重新定位，不再把林业单纯看作是提供木材的产业，而是维系生态安全、保障经济社会可持续发展的公益性事业和基础产业。严格落实福建省生态林资金补偿制度，对纳入公益林范围的山林落实货币补偿。落实专职护林员制度，调动保护公益林建设的积极性。完善林业二轮承包工作，进一步明确林权和各类经营主体保护林农的生产积极性，促进生态公益林建设。2016年，白砂林场被批准为首批省级林业科技示范园区，并列入福建省龙岩市“十三五”科技发展和创新驱动专项规划。园区核心区1200公顷，按

生态林（嫩洋）

“一站四区”进行建设，即森林生态监测和保护站和科技兴林示范区、科技研发示范区、林业成果展示区、森林健康休闲养生示范区。科技示范园的建立，有效地促进白砂生态林业和生态环境的建设。2017 年，全镇生态林达 15998 公顷，森林覆盖率达 81%。

三、生态工业建设

加强第三产业的环境规划管理。在第三产业的规划中，充分考虑在空间布局、能源品种、污水排放以及业务经营管理，是否符合生态环境保护的法规政策。加强对第三产业项目的审批管理，所有第三产业新、扩、改建项目，按规定到县环保局输审批手续。对违反生态环保法规、造成生态环境污染的，依法进行经济处罚，直至追究刑事责任。加强对大坪岗工业区生态环境的监管，使 4 家厂商既能正常生产和合法经营，又不对生态环境造成污染。2017 年 9 月，万福林化、客佳香和益龙木业 3 家企业的燃煤锅炉已提前完成技改，并达到了“双达标”（污染物排放浓度达标、能效达标）。

四、生态家园建设

根据各村的生态自然环境，合理安排住宅建筑与生态自然之间的协调，使家园和生态环境有机融为一体。开展绿色村庄创建活动，建设绿化带和绿地 23000 平方米，308 省道（2017 年改为 358 国道）和茶（地）白（砂）线、旧（县）白（砂）线白砂境内的公路两旁种植樟黄、天竺桂 8000 余株，灌木 3500 多株，整治绿化场地 10000 多平方米，构成绿化走廊。以“营造绿色家园”为主题，实施“家园清洁行动”，推进农村环境综合整治。加强污染源头管理，按照“门前三包，集中分拣，综合利用，无公害利用”的要求，实施农村垃圾集中分类处理。投资 450 万元，建垃圾处理工程，在镇集市区，建立一支 5 人组成的保洁员队伍，配备 2 辆保洁车，建设 3 个垃圾集中堆放池，垃圾桶 180 个，对集镇垃圾分片区定点定时清运。22 个村建立保洁员制度，配备保洁员 62 人，每个村配有一辆保洁专用车。推广新型能源、保洁能源。在生态示范村建设“四位一体”工程，即一间房、一卫生间、一沼池、一地下管网连为一体。人畜粪便进入沼气池发酵，实行综合利用。沼气新能源的使用，减轻农户生活能源对薪炭材的依赖，促进森林保护和生态功能的进一步优化。至 2017 年，全镇共安装镇村道路太阳能节能灯 440 盏，户用节能灯超过 50000 盏。至 2017 年，共投资 980 万元，实施境内主要河流综合治理，涉及岭背、樟黄、朋新、中洋、梧岗、梧田、塘丰、大田、上早、下早、碧砂、官洋、茜黄、洋乾 14 个行政村。其中对苦竹溪两岸的官洋、军桥、茜黄、洋乾段砌防洪堤 1100 米。境内溪流干净畅通，水质达二类、三类标准。2017 年开始，对境内河流实行河长制管理，镇党委书记任第一总河长，镇长任总河长，聘请 3 名专职镇级河道管理员。各村村主任（书记、主任一肩挑的由副主任）任村级河长，各村聘请 1 名村级河道管理员。

五、生态旅游建设

镇党委、政府重视早康会议会址、双髻山、茜黄张化孙墓地、千年古邑碧砂村、上早康天龙寺、樟黄上磜（寨）水库、嫩洋马鞍山等特色旅游资源的开发利用，加强旅游景点基础设施的力度，完善与景区配套的道路、停车场等基础设施，增强景区的可进入性。

第三章　人　口

据古文化遗址考证，早在商周时期，白砂朋新（犁头子、羊角排、罗家岭）、中洋、梧岗等地已有人类活动。但唐代以前，境内的人类活动无文字记载。由于自然地理环境优越，宋以后，白砂吸引众多客家先民在此开基立业，繁衍生息。北宋至道二年（996年）至咸平元年（998年），上杭县县治设于鳖沙（今白砂镇碧砂村），表明当时的白砂已成为上杭县的政治、经济、文化中心。宋元时期，境内有袁、傅、刘、丘、严、林、张、温等姓氏的客家先民定居。清雍正元年（1723年）开始推行摊丁入亩等政策后，人口增加较快。民国初期，人口较为稳定。

1950—1959年，境内人口增加缓慢。20世纪60年代中期后，人口出生率、自然增长率总体呈上升趋势，80年代末达到高峰。1990年，白砂人口达24414人。人口增加过快，制约经济和社会的发展。

1971—2017年，白砂历届党委、政府认真贯彻国家的人口政策，贯彻落实上杭县的计划生育措施，以行政手段为主，经济和法律手段为辅，建立利益导向与社会制约相结合，宣传教育、综合服务、科学管理相统一的计划生育工作机制，逐步实现控制人口数量、提高人口质量、促进人口与经济社会协调发展的目标。1991年后，人口出生率、自然增长率总体呈下降趋势，人口增加过快的势头得到有效控制。

2017年年底，白砂镇有7193户，26444人。

第一节　人口总量与分布

一、人口总量

宋元时期，迁入闽粤赣边的北方汉族移民，后裔逐渐移居白砂，白砂人口逐步增加。境内有傅、丘、袁、严、张、刘、林等客家和畲族先民定居。清雍正元年（1723年）开始推行摊丁入亩等政策，人口增加较快。人口数无考。

民国初期，人口较为稳定。第二次国内革命战争时期，国民党对共产党创建的苏维埃地区发动反革命“围剿”，白砂共产党员、共青团员、革命群众牺牲600多人，被迫害和饥饿致死的群众数百人，造成人口下降。抗日战争时期，日本军队于1939年6月侵占广东潮州、汕头地区，疯狂掠夺，民不聊生，揭阳、潮汕一带妇女儿童两三百人入白砂避难定居。

新中国成立初，境内人口缓慢增加。1953年6月，上杭县第六区（白砂）人口为11907人。

1960年，由于受严重自然灾害的影响，农业歉收，许多社员群众因营养不良而患水肿等疾病，人口非正常死亡增加。1965年，白砂公社人口14162人。

20世纪60年代中期后，人口逐步出现高增加。1970年，全公社人口18109人，比1965年增加3947人，增长27.87%。1980年，全社人口达21301人，比1970年增长18.21%。1990年，白砂人口达24414人，比1980年增长14.61%，当年人口自然增长率高达20.13‰。

1991 年后，人口出生率、自然增长率总体呈下降趋势，人口增加过快的势头得到有效控制。1995 年，自然增长率降到 6.43‰。2000 年，自然增长率为–1.56‰。

2017 年，白砂镇人口 7193 户，26444 人，自然增长率为 5.00‰。

表 3–1 若干年份白砂人口情况表

年份	总户数（户）	总人口（人）		出生（人）			人口出生率（‰）	死亡（人）	人口死亡率（‰）	人口自然增长率（‰）
			# 女性		男	女				
1953	3329	12506	—	—	—	—	—	—	—	—
1965	3417	14162	7521	779	—	—	—	—	—	—
1970	3692	18019	9335	690	—	—	—	101	—	—
1976	3970	20457	10291	552	—	—	—	113	—	—
1980	4033	21301	9272	334	—	—	—	119	—	—
1985	4351	22475	11141	401	—	—	—	—	—	—
1990	5316	24414	12053	629	—	—	—	141	—	20.13
1995	5731	24786	12270	312	—	—	12.61	153	6.18	6.43
2000	6293	24943	12348	211	—	—	8.44	250	10.00	—1.56
2005	6909	25133	12450	249	140	109	9.89	184	7.31	2.58
2009	7025	25253	12466	292	155	137	11.58	265	10.51	1.07
2015	7146	26330	12879	408	228	180	15.50	168	6.40	9.10
2017	7193	26444	12916	486	257	229	18.30	354	13.4	5.00

说明：

1. 表内资料 1953 年人口数，根据 1953 年 3 月 26 日《上杭县第六区户数、人口、党、团、宣传员统计表》，其余来自《上杭统计年鉴》。

2. 2005—2010 年，部分死亡者家属未及时到乡派出所申报注销死者户口，而集中在 2009—2011 年注销，体现为 2009 年始，死亡人数大量增加。故 2009 年人口死亡率、人口自然增长率与其他年份无可比性。

3. 在 2011 年《上杭统计年鉴》中，2010 年人口数据与 2010 年《上杭统计年鉴》中的 2009 年人口数据完全相同，疑有误。故本志采用 2009 年人口数据。

表 3–2 全国人口普查白砂人口情况表

普查次序（时间）		总户数（户）	总人口（人）		
			合计	男	女
第一次（1953 年 6 月 30 日）		3336	11907	5196	6711
第二次（1964 年 6 月 30 日）		3105	12235	5765	6470
	白砂公社	2352	9469	4452	5017
	官将公社	753	2766	1313	1453
第三次（1982 年 6 月 30 日）		4089	21554	10793	10761
第四次（1990 年 7 月 1 日）		5193	24017	12143	11874
第五次（2000 年 11 月 1 日）		6049	21087	10447	10640
第六次（2010 年 11 月 1 日）		5574	16669	8492	8177

说明：

1. 1953 年人口普查时，白砂为第六区，设 11 个乡，人口数据根据 11 个乡的数据汇总。

2. 2010 年，白砂户籍人口 25092 人，其中男 12804 人，女 12288 人。

二、人口分布

1953 年 6 月，上杭县第六区（白砂）人口 11907 人。分布在 9 个乡，人口密度为每平方公里 61 人。

1965 年，白砂公社总人口 14162 人。分布在 24 个大队，每平方公里 72 人。1985 年，白砂乡总人口 22475 人。分布在 22 个行政村（下同），每平方公里 115 人。1990 年，全乡 24414 人，每平方公里 125 人。2000 年，全镇 24943 人，每平方公里 127 人。

2017 年底，白砂镇 26444 人，每平方公里 135 人。其中居住 2000 人以上的村 4 个，为朋新、塘丰、中洋、岭背村；1000 人以上 2000 人以下的村 9 个，为樟黄、大田、官洋、梧田、下早康、洋乾、上早康、军桥、大金村。其余 9 个村，均居住 1000 人以下。人口最少的村为东塘村，仅 342 人。

表 3–3 若干年份白砂镇人口分布情况表

单位：人

村 别	1965 年	1980 年	1990 年	2000 年	2010 年	2017 年
全 镇（社、乡）	14162	21301	24414	24943	25352	26456
中 洋	1283	1978	2200	2149	2271	2365
梧 岗	408	604	655	653	638	682
梧 田	798	1132	1300	1260	1331	1408
塘 丰	1374	2025	2286	2396	2442	2498
朋 新	897	1863	2175	2166	2225	2719
樟 黄	—	1393	1611	1631	1655	1752
岭 背	1069	1627	1842	1854	2016	2121
大 科	597	603	677	718	762	810

续表

村 别	1965年	1980年	1990年	2000年	2010年	2017年
长 锦	191	260	306	306	324	349
丰 源	—	339	368	378	374	390
上早康	504	806	948	960	979	1039
下早康	614	909	1085	1123	1119	1192
碧 砂	—	436	530	570	555	571
大 田	825	1246	1408	1405	1466	1543
大 金	575	844	973	951	964	1011
扶 福	257	379	457	475	489	526
官 洋	713	1087	1247	1375	1441	1508
军 桥	348	790	927	951	1000	1020
茜 黄	380	539	680	684	493	755
东 塘	—	282	331	342	332	342
嫩 洋	432	626	722	681	661	694
洋 乾	691	974	1179	1166	1221	1167
樟树坑	531	—	—	—	—	—
黄 坑	470	—	—	—	—	—
新 田	408	—	—	—	—	—
上 元	97	—	—	—	—	—
鄞 坑	170	—	—	—	—	—
官 塘	203	—	—	—	—	—
镇（社）直	—	559	507	749	394	—

说明：

1. 1965年3月公社调整时，碧砂归旧县公社。据1965年《上杭统计年鉴》,1965年碧砂有309人。

2. 2010年人口数据依2011年《上杭统计年鉴》，在该年鉴“分乡镇人口情况”中，白砂镇总人口为25253人；在“村级主要经济指标”中，白砂镇总人口为25352人。而各村与镇合计为25152人。

3. 2017年人口数据依2018年《上杭统计年鉴》，在该年鉴“分乡镇人口情况”中，白砂镇总人口为26444人；在“村级主要经济指标”中，白砂镇总人口为26456人。

第二节　人口构成

一、性别构成

民国时期，战事不断，男性死亡及流失过多，造成男性少于女性。

男性少于女性的状况延续至20世纪70年代。1953年6月，第六区（白砂）人口11907人，其中男5196人，女6711人，男女性别比为77.43:100。此后，男女比例渐趋正常。1965年性别比（女性为100）为88.30，1970年性别比为93.03。1976年性别比为98.30。此后，除1980年外，男女比例基本正常。

2017年，白砂人口性别比为107.69。

表3–4　若干年份白砂人口性别比表

单位：人

年　份	总人口	男	女	性别比（女=100）
1953	11907	5196	6711	77.43
1965	14162	6641	7521	88.30
1970	18109	8684	9335	93.03
1976	20457	10166	10291	98.79
1980	21301	12029	9272	129.73
1985	22475	11334	11141	101.73
1990	24414	12361	12053	102.56
1995	24786	12516	12270	102.00
2000	24943	12595	12348	102.00
2005	25133	12683	12450	101.87
2009	25253	12787	12466	102.58
2015	26330	13451	12879	104.44
2017	26444	14248	12196	116.83

说明：1953年为人口普查数据，其余据《上杭统计年鉴》数据计算。

二、年龄构成

新中国成立前，无人口年龄资料。

1953年、1964年全国人口普查时，有人口年龄统计，但未查到相关资料。

1982年全国人口普查时，白砂总人口21554人，其中19岁（含）以下11292人，占人口总数的52.39%；20~59岁8622人，占40.00%；60岁以上1640人，占7.61%。

2003年，白砂镇23630人，其中17岁（含）以下6918人，占人口总数的29.28%；18~35岁6847人，占28.98%；35~60岁6761人，占28.61%；60岁以上3104人，占13.13%。

2017年，白砂镇26444人，其中17岁（含）以下5396人，占人口总数的20.41%；18~34岁6229人，占 23.55%；35~59 岁 10319 人，占 39.02%；60 岁以上 4500 人，占 17.02%。

2003—2010 年，17 岁（含）以下人口总体呈下降趋势，2011 年后逐步回升。2003—2017 年，60 岁以上人口呈逐步上升趋势。2003 年，60 岁以上人口占总人口的 14.17%；2017 年，60 岁以上人口占总人口的 17.02%。

表 3–5 人口普查年份白砂人口年龄结构表

单位：人

年份	总人口	年龄组（岁）								
		0~9	10~19	20~29	30~39	40~49	50~59	60~69	70~79	80 以上
1982	21554	5099	6193	2848	2045	2327	1402	1024	492	124
1990	24017	4886	5435	4829	2905	1866	2050	1213	620	213
2000	21087	2560	4142	2937	3981	2517	1689	1818	881	309
2010	16669	1795	1769	1481	2559	3518	2305	1407	1355	480

说明：缺 1953 年、1964 年人口普查年龄结构资料。

表 3–6 2003—2017 年白砂人口年龄结构情况表

单位：人

年份	总人口	17 岁（含）以下	18~34 岁	35~59 岁	60 岁（含）以上
2003	25228	6320	7575	7757	3576
2004	25208	6021	7375	8141	3671
2005	25133	5727	7266	8439	3701
2006	25103	5390	7119	8843	3751
2007	25054	5021	7126	9145	3762
2008	25174	4623	7291	9432	3819
2009	25253	4421	7316	9745	3771
2010	25253	4421	7316	9745	3771
2011	25314	4493	6872	10165	3784
2012	25475	4447	6718	10312	3998
2013	26002	4887	6629	10390	4096
2014	26273	5033	6647	10335	4258
2015	26330	5093	6577	10257	4430
2016	26549	5300	6465	10325	4459
2017	26444	5396	6229	10319	4500

说明：据《上杭统计年鉴》。该年鉴 2004 年卷（2003 年数据）始设人口年龄结构表。

三、民族构成

1964 年以前，白砂居民的民族成分均为汉族。

1982 年人口普查时，白砂除有 1 人为外国人加入中国籍外，均为汉族。

1987 年，蓝、雷、钟姓民众恢复畲族成分。据人口普查数据，1990 年，全乡人口 24017 人，其中汉族 23929 人，占全乡人口的 99.63%；畲族 53 人，占 0.22%。其他少数民族 35 人，占 0.15%。在其他少数民族中，苗族 3 人，土家族 15 人，侗族 2 人，壮族 13 人，满族 1 人，瑶族 1 人。2000 年，全乡 21087 人，其中汉族 21007 人，占全乡人口的 99.62%；畲族 61 人，约占 0.29%；其他少数民族 19 人，约占 0.09%。

据人口普查数据，2010 年，全镇人口 16669 人，其中汉族 16555 人，占全镇人口的 99.31%；畲族 56 人，占 0.34%；其他少数民族 58 人，占 0.35%。其他少数民族为土家族 17 人，苗族 11 人，水族 7 人，侗族、回族各 5 人，满族 4 人，蒙古族、壮族、瑶族各 2 人，布依族、黎族、京族各 1 人。

四、职业构成

明清至民国时期，白砂境内居民除以农业为主业外，亦从事造纸、泥水匠、木匠等其他副业。各村因自然条件的不同，所兼营的副业也有所不同，山区村主要从事造纸业。

新中国成立后至 20 世纪 70 年代，境内居民仍以农业为主业，并从事各种副业。但因资源问题和机器工业的发展，从事造纸的逐渐减少。1982 年，全社在业人口 10827 人，其中农、林、牧、渔、水利业从业人员 9892 人，占 91.36%。

1990 年，全乡在业人口 13554 人，其中农、林、牧、渔、水利业从业人员 12558 人，占 92.65%。

1990—2017 年，职业门类不断增加，涵盖建筑业、加工业（粮食、服务、鞋袜、竹木、电子等）、运输业、餐饮业等。劳动力职业构成发生较大变化，农业从业人员大幅度减少。

据 2010 年人口普查 10%抽样调查，白砂在业人口 897 人中，农、林、牧、渔业从业人员 594 人，占 66.2%；建筑业 106 人，占 11.8%；批发和零售业 64 人，占 7.1% ；制造业（工业）41 人，占 4.5%；交通运输 、仓储和邮政业 22 人，占 2.4%；教育 20 人，占 2.2%。居民服务和其他服务业 13 人，占 1.4%；住宿和餐饮业、公共管理和社会组织各 9 人，分别占 1%。其他行业合计 16 人，占 1.7%。

五、姓氏构成

（一）聚居姓氏

宋元时期，境内有袁、傅、刘、丘、严、林、张、温等姓氏的客家先民定居。明清时期，陆续迁入一些姓氏居民。民国和新中国成立后，聚居白砂的人口姓氏相对稳定。2017 年，白砂聚居姓氏 40 个（按姓氏笔画为序）：丁、马、王、邓、卢、丘、冯、华、刘、江、孙、严、杜、巫、李、吴、张、陈、沈、范、林、罗、郑、赵、胡、钟、饶、袁、高、郭、黄、龚、梁、傅、温、游、谢、曾、赖、廖。

2017 年年底，户籍人口 2000 人以上的姓氏为（按户籍人口多少为序，下同）袁（4198 人）、刘（2908 人）、傅（2721 人），2000 人以下 1000 人以上的姓氏为李（1623 人）、丘（邱）（1410 人）、严（1380 人）、林（1251 人）、张（1102 人），1000 人以下 300 人以上的为温、罗、赖、廖、曾、郑、龚、丁、胡、黄、陈、吴姓；，300 人以下的为游、卢、马、邓、梁、谢、王、饶、赵、华、沈、杜、钟、高、巫、江、郭、范、冯、孙姓。

2017 年年底，白砂户籍人口姓氏达 172 个。

（二）分 布

聚居在白砂的 40 个姓氏中，袁、李、傅、丘姓分布较广。袁姓分布在 9 个行政村，李姓分布在 6 个村，丘姓分布在 5 个村，傅姓分布在 4 个村。聚居姓氏最多的村为大金村、官洋村（7 个），其次为朋新村（6 个），再次为樟黄村、军桥村、洋乾村（5 个）。梧岗、长锦、碧砂、嫩洋、东塘村均为清一色聚居姓氏。

表 3–7 白砂聚居姓氏分布情况表

村 别	聚居姓氏	曾居住过的姓氏
中 洋	袁 傅 陈	
梧 岗	袁	
梧 田	袁 马 胡 李	
塘 丰	林 李 张 范 杜	廖
朋 新	傅 袁 华 谢 杜 邓	蓝 杨 赵 张 刘 吴 王 陈 邱
樟 黄	赖 胡 郑 丘 张 刘	
岭 背	刘 邓 孙 袁	黄 华 丘 吴 卢 马 李 杨 郭 依 傅 邹 华
大 科	傅 廖 袁 曾	张
长 锦	廖	邱 姜 林
丰 源	傅 赵 吴	
上早康	严 李 陈 张	
下早康	严 袁 吴 罗 郭	赖 张
碧 砂	丁 卢	陈 杨 罗 尚 王 张 刘 卢
大 田	刘 温 曾 沈 冯	
大 金	曾 黄 丘 巫 饶 袁 梁	
扶 福	龚 黄	
官 洋	温 刘 袁 王 廖 江 李 张 卢	官 许
军 桥	丘 谢 龚 温 张 曾 李	
茜 黄	丘 卢 李 钟	范
东 塘	李	马 高 郭
嫩 洋	罗	
洋 乾	丘 郑 游 张 高 梁	罗 钟 范

附：白砂主要聚居姓氏源流及迁入简况

一、袁 氏

袁姓远溯上古时代的妫姓。妫姓经过舜帝，一脉繁衍尤旺。舜帝的后裔涛涂，以祖父字命氏，就是爰氏。春秋时，爰氏世袭陈国上卿。当时，爰、援、湲、辕、榬、袁六字同音通用，故爰涛涂又作辕涛涂，是袁姓史上的开山鼻祖。

秦末，辕涛涂后裔政，“以袁为氏”。至此，一姓六字（爰、援、湲、辕、榬、袁）统一为袁。

汉初，太子舍人袁良生子袁昌、袁璋。袁昌从陈郡阳夏移居汝南郡汝阳县（今河南商水西北），成为汝南袁氏的始祖。袁璋是陈郡袁氏的缔造者。

白砂袁姓人来自江西省宜春（袁州）。袁安次子袁京（69—142 年）于蜀郡太守离任后，在宜春袁州

(今袁州区)北山结庐讲授孟氏《易经》《難记》，子孙及族人在此繁衍。后周时期，袁京后裔袁敖(鳌)(923—999年)，字巨卿，世居袁州府宜春，后迁入抚州崇仁县。生九子，分居九岗。

元末明初，袁敖八子袁琰(字惟渊)后裔袁叔坚后人往来于抚州、汀州之间。老口相传初居白砂老圩边，其子汝端、如傑、汝鑑散居临江、梅溪、来苏等地。袁敖九子袁琛(字惟宝)后裔陆续由乐安迁徙来杭，老口相传袁满珊初居白砂樟黄村樟坑山上酒浆，因多次在山下马屋坊寻得走失之牛，视为吉祥之地，遂从酒浆迁至竹子窠(今中洋村袁屋老屋窠)。其子景鲜、景泉、景荣后人散居白砂习仁坊、上白砂袁屋、厦洋、萧屋、科子里、橄榄桥、隔田、阁坑、大陂头、白菓树下，蛟洋坪埔村、丰年村袁小坪，古田里八甲、赖坊以及来苏里。袁满琳则从樟坑酒浆迁白砂里九寨村(今茶地乡九泰村)，后人再迁白砂大金村牛栏科。同期，袁再兴从宜春袁州府罗村李屋背迁徙至杭邑漳南道前，初居白砂里牛屎坪(今旧县镇尧甫村)，后移居白砂下早康村大埔头。其长孙袁福琳仍居大埔头，次孙袁桂琳开居白砂官洋村松柏林。各房已繁衍二十多代。

二、刘　氏

刘氏源出帝尧之后。帝尧是传说中远古部落陶唐氏的首领，名放勋。帝尧本姓姬，后又分别以伊、伊祁、祁为姓。由于他是陶唐部落首领，又称陶唐氏。尧死后，葬于雷泽(今山东菏泽西北)。他的后裔有一支以祁为姓，被封到刘邑(今河北唐县境)，建刘国。久之，他们便以居住地命姓，称刘氏。帝尧为刘姓的先祖。

刘姓以地为姓的得姓始祖源明传至80世孙刘清，迁徐州丰中阳显，生子刘荣，讳丰，字仁号。82世孙，字显初，名执嘉，生四子：伯、仲、季、交。83世季，即汉高祖刘邦，为西汉开国皇帝。传至136世孙刘祥(782年正月生)，字祖云，官授梅州刺史。唐末黄巢起义，刘祥为避乱，于唐乾符二年(875年)弃官奉父南迁，从彭城沛县迁至福建汀州府宁化县石壁洞葛藤坳而居，择地立业。故为刘氏入闽始祖。

南宋景炎二年(1277年)，刘千十郎迁上杭县胜运里十图幹田(今稔田镇官田村)，为官田始祖。千十郎裔七世刘百四郎，原居官田刘曾坑，于元朝徙居庐丰乡德里村开基立业。明初，其孙(九世)刘万一郎，由德里村迁居白砂岭背，为岭背开基始祖。千十郎裔七世刘百五郎原居官田山下，其孙(九世)刘源善于明朝由官田迁居白砂田地坑(大田)山下，为田地坑始祖。明代，刘千九郎迁白砂大田村开基。已繁衍33代。

三、傅　氏

傅氏多源。一是以地为氏，出自姬姓，黄帝裔孙唐侯丹朱之子大由(又名大繇)食邑(采邑)于傅岩(今山西平陆县西北一带山区)。夏朝时古傅国原来的地盘被国王封给了舜的后裔，只好将古傅国远封到东毒的傅阳(今山东枣庄市台儿庄区涧头集镇西南的侯塘村)。周景王七年(公元前538年)，古傅国被楚国所灭。国民以国为姓，称傅阳氏，后简化为傅、阳氏。二是汉代司马迁的《史记·殷本纪第三》载："帝小乙崩，子帝武丁立。帝武丁即位，思复兴殷，而未得其佐。三年不言，政事决定于冢宰，以观国风。武丁夜梦得圣人，名曰：'说'(yue音：悦)。以梦所见，视群臣百吏，皆非也。于是乃使百工营求之野，得说于傅险中。是时'说'为胥靡，筑于傅险。见于武丁，武丁曰是也。得而与之语，果圣人。举以为相，殷国大治。故遂以傅险姓之，号曰傅说。"三是少数民族的加盟。四是以血缘为纽带，赖、罗、傅三姓联宗。

开发闽西(汀州)的傅氏远祖傅以南，讳天植，又名一郎。南宋宝祐元年(1253年)登进士，景定间(1260—1264年)任安徽宿州太守。时值宋末，国势衰弱，蒙古铁骑南侵甚急。傅以南辞官后，偕家属随中原父老南渡避难入闽，抵汀州府宁化县石壁村大城坑暂住了一段时间。

南宋景炎元年(1276年)，文天祥到福建与张世杰、陆秀夫等率领抗元义军，为元兵所败，从赣南退回汀州。以南闻讯后，立即率长子旦郎、次子景郎奔赴长汀，与文天祥相会，同去漳州。由于道路被阻，时局发生变化，文天祥等一行人只好改变行军路线，转赴广东勤王，寻找端宗。三月抵广东梅州，五月出梅岭。傅以南不幸因病逝世，旦郎、景郎均下落不明。三子是郎(正先)在母亲睦福金、赵三娘率领下，遵父嘱留居汀州宣豪里（今连城县宣和乡傅家墙村）深山老林。是郎讳正先，号仰斋，增广生员，被汀州（闽西）傅氏尊为一世祖。

正先生八子，依长幼为念一郎至念八郎。念二郎迁连城朋口，生子六，第五子百一郎徙上杭太拔增坑，百一郎之孙念九郎从增坑迁白砂管坑开基。念九郎为白砂始迁祖，白砂傅氏尊百一郎为一始祖。念九郎裔孙分迁鹏背、庵背坑、城厦、田心里、硕科、大华、中村、上甲源、桐子隔。已繁衍27代。

四、李 氏

李氏，出自嬴姓，为颛顼帝高阳氏之后裔。尧时，皋陶曾担任大理（掌管刑狱的官）的职务，其子伯益被赐为嬴姓。后子孙历三代世袭大理的职务，其子孙按照当时的习惯，以官为氏，称理氏。理氏改为李氏的说法有两种，一种说法是商纣时，皋陶后裔理徵，在朝为官，因直谏得罪了商纣王，而被处死，其妻契和氏带着幼子利贞逃难于苦县伊侯之圩（今河南鹿邑县）。当时又饥又渴，见一树上结有果（木子），便采来充饥。为逃避纣王的追捕，遂以“木子”为姓，改理为李。这是李姓起源最流行的一种，很多的著作和族谱都记载皋陶是李氏之祖。另一种说法是据《姓氏考略》记载，周之前未见有李氏，自从有老子姓李名耳，为利贞的后裔，因祖上世代为理官，理、李两字古间相通，便也以李为氏。李姓以东夷部落之皋陶为血缘始祖，又以商朝理官理徵之子利贞为得姓始祖。

陇西李氏入闽始祖，是大唐宗室的后裔。

陇西李氏第69世，是唐朝最后一位皇帝哀帝李柷。天祐四年（907年）三月，李柷被时为天下兵马元帅、梁王的朱全忠（朱温）及其亲信逼迫，把皇位“禅让”给了朱全忠，盛极一时的唐王朝就此灭亡。后梁开平二年（908年）二月二十一日，李柷被朱全忠派人毒死。朱全忠对唐朝后裔斩草除根，把昭宗的八个儿子全都杀光。就在哀帝幼子李熙照危在旦夕之时，时任浙东尉、陇西堂李氏李开来（831年生）把他救了出来，并从河南洛阳逃回原籍福建邵武。李开来因子熙临夭折，以熙照为嗣。陇西李氏77世李纲（1083—1140年），北宋末、南宋初抗金名臣，民族英雄。北宋政和二年（1112年）进士，历官至太常少卿。宋钦宗时，授兵部侍郎、尚书右丞。李纲生有七子,其中一子为李贵,历任左修职郎、建安府建阳县主簿，山东令尹、河南归德州令尹。李贵之长子李燔，官至枢密副使。然而受奸臣陷害，逃回归德州隐身，改名李奎。时金兵入侵，抢掠烧杀，民不聊生。李奎为避金人之祸，从河南归德州携五子孟佑迁居江西赣州石城渡。南宋淳熙八年（1181年）,李燔之第五子李孟,到宁化石壁开基。李孟二子李珠（1176年生）,副榜，历任县令尹等职。时值宋末元初，天下大乱，南迁人流不断。李珠夫妇舍不得离开石壁，坚持留下，守其艰苦开创的基业。

李珠生五子:金德、木德、水德、火德、土德，养子田德。南宋宝庆三年（1227年），李珠二子木德和四子火德，从宁化石壁出发，沿汀江来到上杭。因“见其山川风土”之胜，遂定居于上杭胜运里丰朗村。

后李木德（讳杨秀，号九郎）携妻（刘氏）儿，迁龙岩永福里朗车村（今漳平市永福镇龙车村）开基。时任龙岩解组。共生九子，妣曾氏生五子：念一郎（为杭川开基始祖）、念二郎、念三郎、念四郎、念五郎；妣刘氏生三子：骏、驹、骑。继妣陈氏生一子：五四郎，留居漳平永福朗车。其余七子各谋一方。

李木德十世孙李志礼迁武平浩甲里（武平桃溪新华村）。十三世祖德从浩甲里移泮境上埔开基，生子德清、德崇，德崇留泮境李屋发展，德清徙白砂郭公塘开基。郭公塘尊祖德为开基一世祖。已繁衍34代 。

五、丘（邱）氏

丘（邱）姓的远祖系炎帝。炎帝五十四世裔姜尚字望，又名子牙，号飞熊，史称姜太公。据传他曾从元始天尊学道，奉师命，下山辅佐周文王父子兴周灭纣。周王朝建立后，姜太公首封为齐侯，建都营丘（今山东淄博市）。姜太公命其第三子穆公镇守营丘，穆裔以营丘之丘为姓，并尊穆公为肇姓祖，丘姓始此。丘与邱乃同祖同源一脉宗亲。

穆祖六十六世孙国宗，号仕宾，由宁都客游闽邵武禾坪，就在那里安家。穆祖七十世孙三郎（法言），由禾坪迁汀州府宁化石壁丘家坊。

宋中叶（约1120—1140年），法言次子七十一世三五郎弃宁邑，迁上杭太拔城前定居。三五郎生十子，以长幼为序，长子伯一郎……十子伯十郎。

伯七郎长子继龙生惟长、惟福、惟禄。惟长六世孙五六郎从稔田南坑迁将军桥开基。五六郎生荣富、崇富、万一郎。万一郎从将军桥徙白砂茜洋，荣富留居将军桥，崇富迁才溪溪西。万一郎生仲贤、仲达，仲达迁樟黄开基。仲贤孙志贤、志明（惟长十世），志贤迁大金凹头（大坪里）。茜洋尊丘志明为开基始祖。

伯十郎次子万三郎裔丘良浚（三五郎八世），迁白砂洋乾开基。

六、严　氏

天水郡。元至治三年（1323年），严姓始祖严子陵第六十一世孙严天庠，从江西兴国经宁化石壁迁至长汀万福村（今馆前镇严坊村）开基，被称为严姓闽西始祖。严天庠生三子：清昂、流昂、宁昂。明正统元年（1436年），宁昂四子大八郎第七世孙严仲信，由长汀万福村迁徙到上杭县白砂里枣坑村大埔头古楼岗(今下早康村）开基。早康严氏，尊大八郎为始祖。仲信生二子，长子宗琳，次子余宗（原文为余宗，按辈分似应为宗余?)，就是今早康严姓的两大房。早康严姓曾发生两次大迁徙，清雍正（1723—1735年）、乾隆（1736—1795年）间，早康严姓人丁兴旺，发展到九百多户五千余人，曾有“千家村”之称，为了拓展生存空间，出现第一次大量人口外迁。民国十九年（1930年）六月十三日，一次的特大洪水（泥石流），摧毁了祖先几百年来经营的美好家园，导致半数以上的人背井离乡，出现第二次大“迁徙”。留居早康的严氏已繁衍27代，1700余人。

七、林　氏

境内林氏属西河郡。出自子姓，形成于西周时期，是商王族比干的后裔。比干是沫邑（今河南淇县）人，商朝贵族，子姓，纣王帝辛的叔父。有贤德，忠心辅佐纣王。但纣王因宠爱妲己，荒淫无道，残害忠良，百姓怨恨，诸侯反叛。比干冒死劝谏，最后惹恼了纣王，被剖腹挖心处死。比干被杀，时正妃夫人陈氏（有谱作有妫氏）甫孕三月，恐祸及，即将侍婢四人，奔于牧野（今河南卫辉市狮豹头乡），避纣之难，于长林石室之中生男名泉，字长恩。至周武王伐纣，夫人乃将泉归周。武王以其居长林而生，遂因林而命氏，赐姓林名坚。林氏受姓始祖是比干之子林坚，这是林姓最重要的姓源。

东晋太宁三年（325年），林放后裔林禄奉敕守晋安郡（郡治今福州市），由下邳（今江苏睢宁县）迁家居晋安，为开闽林氏始祖，称闽林一世。其后裔的世系图称晋安世系，亦称闽林世系。迁入闽西的林姓，大多为林禄的后裔。主要有晋安八世（或称闽林八世）林玉象的后裔，即二次迁闽的柴林世系，晋安八世林玉珍后裔（唐九牧林后裔）。

九牧六房林蕴后裔林伟（闽林三十五世），宋进士，南宋绍兴二十六年至二十八年（1156—1158年）任汀州教授。曾孙林文德，名公玉，宝祐四年（1256年）任汀州府宁化县知县。景炎二年（1277年），元军南侵入闽，文德将夫人罗氏、汤氏及她们所生五子迁宁化石壁，将夫人黄氏及其所生四子避入上杭县，后又卜居长汀河田。南宋末始，文德九子中的四郎（字元嘉）后裔、五郎（字元光）、八郎（字元寿）、九郎（字元全），先后由长汀河田和宁化等地迁上杭白砂花园里（原地名背岭头）。其中八郎在白砂开基创业；九郎于元延祐二年（1315年）携三子迁漳平永福梨仔坪，再迁龙岩龙门里上坪堡（今新罗区适中）象山开基；五郎于元至正年间（1341—1368年）由上杭白砂迁永定西坡开基。四郎下传诒，生肇纪，复迁汀州，继而迁上杭白砂花园里。九世文质，于元朝末年从白砂迁湖洋濑溪开基。

林元寿四世孙达兴因在白砂花园里建土楼、筑围墙，被当作“私筑花园城堡”问罪。达兴六子茂清、茂敷、茂森、茂山、茂荣、茂甫及亲属分散避难。茂清留下夫人钟氏及长子景辉、次子福辉，外逃永定抚市，改名茂青，在抚市鹊坪开基。茂敷生四子，福寿移居永定虎岗，祖寿移居永定高陂圹背营（一说培丰文溪），已生居白砂塘背，德寿移居隔溪口。茂森移泮境罗家山开基，茂山移白砂横岗头。

林元寿后裔在白砂已衍传27代，1600多人。

八、张 氏

张姓大致有四个来源。（一）黄帝赐姓。东汉《风俗通》记载：“张、王、李、赵，黄帝赐姓。”张姓的由来，《广韵》上说：“张姓，本轩辕第五子挥，始造弦，实张网罗，世掌其职，后因氏焉。”《先和赚》上说：“黄帝第五子青阳生挥，为弓正，观弧星，始制弓矢，主祀弧星，因姓张氏。”可见张姓的得姓始祖是张挥。（二）出自姬姓。另一支张姓是由姬姓而来，亦以黄帝为始祖。根据《通志·氏族略·以字为氏》记载：春秋时晋国有人名解张，字张侯，世代为晋国卿士，其后裔以字为氏，即为张氏。三家分晋以后，其族人仕韩国为公族大夫，渐成望族。（三）改姓。历史上，其他姓氏的人因种种原因改姓张，后裔繁衍成为张姓的一部分。如三国时魏国大将张辽原姓聂，改姓张。又如三国时诸葛亮赐南蛮酋长龙祐那为张氏。（四）与道教有关。道教自称源于黄帝，又盛行“黄帝赐姓张氏”之说。因此，道教领袖常用张姓。如张角、张鲁等。

自张挥传至136世张端字臣楷，诰授宝鸡太守。时值金兵南侵，北宋重和年间（1118—1119年）由陕西宝鸡眉县迁至汀州宁化石壁都葛藤凹开基，尊为张氏入闽始祖。139世张扬德，河北太守，生三子，长化龙，宋解元，留居宁化；次化孙，宋中宪大夫；三化凤，宋武举，迁福州。

张挥140世张化孙（1175—1267年），讳衍，字传万。自幼勤奋好学，聪明过人，考取进士，诰授中宪大夫。后受朝廷委派，“作牧汀州”。南宋嘉泰四年间（1204年），时逢战乱，他“卜吉移居闽上杭”，由宁化石壁迁至上杭北乡深坑尾官店前上吉街开基（今上杭白砂茜黄村）。上杭地处汀江中游黄金水段，汀江别称鄞江，张化孙被其千万裔孙尊称为鄞江始祖。

张化孙与陈、阙恭人生18子，传108孙。经过八百多年的繁衍生息，如今，张化孙裔孙播迁海内外，遍布闽、粤、赣、台、湘、浙、桂、黔、川、皖、鲁、港、澳等省、区，发展到东南亚和世界各国，已达一千多万人。这一奇特现象被客家学研究者称为“张化孙现象”。

张化孙的儿子为云字辈，十八个儿子从长房到第十八房，将其名字连起来便是一首诗，即十八房联诗：“吉庆祯祥集，从龙福自绵。景星抑帝阔，体彼定名云。”

白砂张氏主要是四房祥云裔孙。祥云，字瑞庭，四郎，又号十六郎。当时未外迁，留在上杭。妣蓝四娘、赖五娘，生七子。白砂张氏分布在洋乾村、樟黄村（老虎坑、刘坑）、军桥村（鄞坑）、上早康村、大金村（金丰山）、塘丰村（过路桥）、官地村。

此外，中洋村亦有外来张姓。

九、温 氏

以地名为姓。温是地名，即今河南省温县。温县夏代立温国，商代设温邑，春秋以后设温县，具有4000余年的历史。温名由来是因该地有温泉得名，夏代帝相年间昆吾氏之子封于此，因有温泉建温国。夏代末期帝桀，暴虐无度，引起民怨，各地伯侯纷纷投奔商汤。商汤替天行道，起兵灭桀，先期攻入温国，温国灭亡。传说建温国之祖为良，温国灭时，国君为忠。温国灭后，国人思念自己的祖先与国家，便以国为氏，产生了温姓。后人称温之祖为温良和温忠，温忠便是温姓的得姓始祖。

上杭开基始祖温九郎。温九郎十二世广昊从蓝家渡移居泮境再迁高文岭（松柏林），十六世五高从高文岭迁官地开基（良善支系）。温九郎十五世十四郎（茶地七三郎长子），从茶地乌龙隔（峡）迁白砂田地坑上坑开基。温九郎十七世大聪，从茶地沂溪迁白砂田地坑南沙塘，再迁大岃头开基。温九郎十七世天霖迁白砂银坑温屋坑开基，后裔又迁军桥。田地坑、大岃头、军桥温氏，为三九郎支系。

十、罗 氏

罗姓，出自妘姓，为颛顼帝之孙祝融氏之后裔。“妘”为中国古代最早的姓氏之一，据《说文通训定声》记载，鄅、郐、路、逼阳、鄅等姓，都是古时的妘姓国。祝融，名黎，为帝喾时的火官（掌管民事）。后人尊为火神因有攻，能光融天下，帝喾便命曰祝融。祝融的后裔分为八姓，即己、董、彭、秃、妘、曹、斟、芈等，史书称为祝融八姓。到了周朝的时候，有子孙被封在宜城（今湖北省宜城市），称为罗国。公元前690年，罗国被楚国所灭，于原地另置鄀国。祝融氏的子孙就逐渐向南迁移，最初迁居枝江（今湖北省枝江市），至周末又南迁至湖南长沙,遂以国名罗为氏。这是罗姓的主要姓源。

先秦时期，罗氏一直活跃在湖北、河南、甘肃地区。到楚文王时，罗姓族人向南进入湖南的汨罗县。秦汉时，罗姓已经播迁到江西南昌地区，一直到宋朝，罗姓在江西发展很繁荣，为江西的大姓。唐朝以后，尤其在明朝，罗姓已经分布到祖国的大江南北，在广东、福建、四川等地得到了稳定的发展。

上杭罗氏，主要有三大支系，即太郎支系，尚立支系，尚崇—朝鉴—万三郎支系。三大支系最先在上杭开基的始祖有三位，分别被后裔尊称为入杭始祖、上杭始祖、杭川始祖。

白砂罗氏为上杭始祖罗尚立支系。

罗尚立,讳忠古,字念一,行五四郎,豫章罗氏始祖罗珠第四十五代裔孙,生于南宋庆元六年（1200年）十月初十日午时。原籍宁化县石壁村，因经商，移居江西省吉安府泰和县。宋朝末年，元军南下，进攻南宋，造成社会混乱，民不聊生。罗尚立为避战乱，偕妻带子返迁宁化石壁，后徙上杭县胜运里庐丰湖洋窑下村(今庐丰乡铁丰村）开基。配张氏，副配陈氏七娘，共生九个儿子。

罗尚立的长子罗洪湖，字新行，号念五郎，生于南宋嘉定十年（1217年）。宋末随父从江西吉安府泰和县回迁宁化石壁,后徙上杭县胜运里庐丰湖洋窑下村开基，再徙广东嘉应州松源洞上灌塘角（今梅州梅县)。罗洪湖三世孙罗赟生五个儿子：千一郎至千五郎。罗千五郎，讳纪，号五一郎。生于元至正九年（1349年）,明洪武六年（1373年）迁白砂嫩洋塘开基，为嫩洋塘、下旱康一世祖。念四郎迁白砂下旱康顶头罗屋村开基。

十一、赖　氏

赖姓源于赖国，系以国为氏。《姓氏考略》引东汉应劭的《风俗通义·姓氏篇》云：“春秋时有赖国，其后以国为氏。”关于赖姓的系出，有两种说法：一说出自姜姓，是炎帝神农氏的后裔；一说出自黄帝世系，是周文王姬昌的后代。

赖国灭国后，其遗民部分被迁至鄢地（今河南鄢陵），还有一部分散居于今河南省的其他地方，后在颍川郡（治所在今河南禹州，后移治今河南许昌）、河南郡（治所在今河南洛阳）、河内郡（治所在今河南武陟）形成望族。

广东蕉岭《赖氏族谱》及兴宁《赖氏源流》尊叔颖为赖氏始祖，称汉交趾太守赖先为叔颖的十四世孙。叔颖22世孙赖深，初任贵州知府，后升陕西道监察御史，卜居丰宁（今陕西西乡），为丰宁赖氏始祖。叔颖25世孙赖忠诚，东晋兴宁元年（363年）任虔州知府，因见松阳（今浙江境内）山清水秀，遂在当地安家，为松阳赖氏开基祖。其曾孙赖遇，东晋时任江东知府，奏请以所居松阳为府郡，晋安帝亲题“松阳郡”三字赐之，赖氏复以“松阳”为郡号。叔颖三十世孙赖硕，于南朝宋元嘉末年迁江西宁都。

唐上元元年（674年），江西省宁都县赖仲方曾孙赖标（字允闾,值殿大将军），奉命统兵五路入闽剿“寇”，由浙江松阳经建宁至上杭，一鼓而定。圣谕敕其镇守闽汀上杭蛟洋坪埔，遂偕眷而家。赖标被称为该支赖氏入闽始祖。赖标十八世孙甲十五郎，古田生六子，四子千一郎又名均德，迁白砂樟坑（樟黄）开基，建祠“稳侯堂”。

十二、廖　氏

廖姓的来源主要有四大支。第一支出自董姓，属颛顼之后裔，受封于飂（今河南省唐河县南40公里的湖阳镇，是夏时代的侯国)。古代飂、蓼、廖通用，飂叔安亦称廖叔安，这就是廖氏的始祖。第二支出自偃姓，皋陶为尧舜时代的部落首领，其后裔于西周时期被封于蓼（今河南省固始县)。第三支出于姬姓，周文王儿子叫伯廖，因受封于廖（今河南省唐河县湖阳镇)，子孙以国为氏。第四支，殷纣王残酷无道，在宫廷中任职的缪、颜二姓因之弃官隐居，改姓为廖。历史上亦有张廖合一的说法。此称为外族改姓。

上杭廖姓远古始祖为廖叔安。廖叔安六十七世廖泰生三子：子明、子璋、子远。西晋咸宁元年（275年)，子璋由洛阳迁南京，为南京廖氏始祖。北宋初年（963年前后)，子璋二十一世孙廖花（字循政，号实蕃），由延平府顺昌迁居上杭郭坊（今兰溪镇党坊村），廖花被其裔孙奉为闽粤赣一世祖。

约于南宋乾道年间（1165—1173年），廖花九世孙廖景才，从大岭下（溪口）迁白砂长岭乡（今长锦村）开基。廖景才之子廖祖进，迁大科村凹背开基。同期，廖景才之子廖遐满迁到蛟洋。

十三、曾 氏

曾姓为传统汉族姓氏，最初源于今山东省临沂市兰陵县（苍山县）西北一带。曾氏的血缘始祖是上古治水的夏禹帝，姒姓。禹生子夏启，建立中国第一个奴隶制国家—夏朝。夏王之孙少康封地给小儿子曲烈作为子爵王国，称为鄫子国。春秋时期，鄫国被莒灭，鄫国太子鄫巫出奔邻近的鲁国，用原国名鄫为姓氏，但除去了邑旁（阝）。表示离开故城，不忘先祖，称为“曾”。曾巫为开姓始祖。曾巫之重孙曾点生曾参，师从孔子，得儒学真传，世称曾子，被后世尊为宗圣。曾氏族谱均以曾参为首派（一世）。

西汉新朝始建国二年（公元10年），曾参第十五代孙曾据从山东武城避难，迁居江右庐陵郡吉阳乡（今江西吉安市），成了江南曾氏第一始祖。北宋末年，曾据裔孙曾恩（宗圣四十四世），迁宁化怀德乡橄榄树村。其子江、淮、河、汉、海又从宁化县怀德乡橄榄树村迁上杭开基，其中长子曾江迁上杭县茶地乡陈坑村开基。曾江生三一郎，三一郎生四子，长子世居陈坑村；次子迁太拔兰田乡；三子迁广东；四子迁白砂田地坑，裔衍大坪里、官将及城郊桥头村。

上杭曾氏大部为武城郡。

十四、郑 氏

郑氏多源，其中最主要源于姬姓，以国号为氏。出自周宣王之弟姬友的封地郑国，远祖为郑桓。公元前375年，郑国被韩国所灭。郑国灭亡后，散居于京（今河南荥阳京襄城）、制（今荥阳西）、祭（今河南郑州东）、陈（今河南淮阳）、宋（今河南商丘）等地。为纪念故国，郑国人相继改姓为郑。自此，郑姓诞生。郑桓被认为是姬姓郑氏始祖。

郑桓第六十六世裔孙郑清之（1176—1251年），原籍浙江鄞县（今宁波市），南宋时，官至太师左丞相兼枢密院使。因直谏被贬入闽（郑氏入闽世祖之一），任汀州路上杭县梅溪（永定建县后划为永定辖，今永定龙安寨）巡检司。复职后，以七十六岁高龄薨于京城（今杭州）。郑清之妻萧氏所生第三子郑子铸恭奉灵柩运回梅溪安葬，并在此定居。郑清之被尊为永定郑氏始祖。

郑清之裔孙郑克甫（永定九世）徙上杭县丰稔所溪熬头开基，为一世祖。其裔孙五世祖郑宗贵徙上杭县白砂里大乾乡（今白砂镇洋乾村）上村开基，为洋乾村郑氏一世祖。已繁衍十八九代。

洋乾郑氏，荥阳郡。

十五、龚 氏

龚姓多源。一是出自姜姓，为炎帝后裔。黄帝之臣共工氏，本是炎帝神农氏后裔，阪泉之战后，共工氏归附黄帝，为水官。因治水有功，被奉为社神。其后有一支开始以单字“共”为整个家族的姓氏。其后裔又再加龙字改成“龚”氏，遂演变成龚姓。姜姓龚氏为中华龚氏主支，其后裔人数最多，分支最广。二是出自姬姓，其中一支为商代共国之后裔；一支为周代共伯和之后；一支为晋献公的后裔，以谥号为氏；一支为春秋时郑武公的儿子共叔段的后代；一支为翁氏所分。三是出自为避皇帝名讳演变而来。四是出自他氏改姓，或少数民族汉姓而来。

据上海图书馆藏清道光十一年（1831年）《龚氏族谱》记载，约公元5年至公元10年之间，龚苍因王莽篡政避乱，去楚而徙居福建汀州府上杭梅州村。后因国家太平或其他原因，曾有大部分回迁江苏扬州、常熟、浙江义乌、广东南雄、福建莆田等地。回迁扬州的到龚遂后三十一世，即德坚长子明达，因黄巢起义，又从江苏扬州而避难到汀州宁化石壁寨20余年。后迁邵武居住20余年，再从邵武迁上杭县梅州村。

宋元祐五年（1090年），龚苍后裔龚夬中进士。后为徽宗朝官，生子克贤。曾任国子监资政大夫、泉州府知事。克贤生三子：茂良、茂光、茂才。后克贤夫妇合葬在上杭县北蜀梅州村（今地名待考证）。今上杭（包括龙岩）龚姓是茂光后裔。

茂光，宋进士、文殿大学士，妻薛氏。其夫妇在龙岩西门新街安居。淳祐十一年（1251年），因龚叙当朝打死驾前指挥，皇帝震怒，欲抄灭龚姓三族。龚琮带领四子逃至龙岩小池倍（培）畲，入赘彭家庄陈达家，改姓彭名念九郎。入赘后又生五子，连带去的四子，共九子在倍畲安居置业。待后国家安定太平，后裔复姓龚，并分别迁往各地。其中四子后裔迁白砂扶福，八子后裔迁白砂将军桥。

十六、丁　氏

丁姓源出有四：一是出自姜姓。据《元和姓纂》《万姓统谱》《通志·氏族略》等资料所载，姜太公之子伋，谥号为齐丁公。子孙以其谥号为氏，称为丁姓。二是出自丁侯的后裔。据《姓氏考略》所载，丁侯为殷商诸侯，周武王讨伐殷纣时，丁侯因不从而被周所灭。其祖孙散居各地，部族仍以丁为氏。三是出自子姓。周朝封商朝遗民微子启于宋国（今河南省东部和山东、江苏、安徽省间地），国人宋丁公的子孙以其字号“丁公”为氏，称为丁姓。四是出自他姓所改，或其他少数民族改姓、赐姓而来。

得姓始祖丁伋。炎帝神农氏是少典的儿子，因居住在姜水之滨，于是以姜为氏。姜姓子孙经夏商两代，到周时有姜姓吕尚，俗称姜太公。他是西周初年任周太师，因辅佐武王灭商有功，封于齐（今山东省北部）。其儿子名，周成王时为朝廷重臣，又是周康王的顾命大臣。死后谥号为齐丁公伋，其子孙便以谥号为氏伋，称为丁姓，并尊丁公伋为丁姓始祖。

丁姓的支源很多，山东为其最早发源地，后在当地发展成为丁姓最大的济阳郡望。山东丁姓也是各地迁播的主源头。三国两晋南北朝时期，北方战乱导致了丁姓频繁的迁徙，可谓丁姓历史上播迁的昌盛时期。三国孙吴的孙匡改姓丁，为丁姓的发展加添了新的支脉，江苏南部及浙江大部分地区成为此支丁姓繁衍的主要区域。

据上杭丁氏源流考，上杭县丁氏开基始祖十二承事郎，系江西抚州府临川县人士，戊申科进士。时为北宋熙宁元年（1068年），神宗皇帝敕令丁十二为承事郎，派到福建汀州府上杭县任知县事，时县署设在钟寮场。任期届满卸任后，因为官清正，百姓力劝其留下定居，加上当时回江西，路途遥远，就留在钟寮场定居。南宋乾道四年（1168年），丁十二孙丁府户率全家迁上杭新县城（郭坊）。

丁十二四世孙丁三七郎生子四二郎、四五郎，四五郎妣阙氏，生一子四九郎，一家三口从上杭城里迁白砂碧砂开基。已繁衍31代，142户570多人。

明万历年间（1573—1619年），十二世丁廷辅、丁廷弼兄弟俩到大埔头古楼岗开基。后迁至鳖沙坑，如今已繁衍至廿九代。

上杭丁姓郡望济阳郡，堂号济阳堂。

十七、胡　氏

胡姓是妫姓虞舜的后裔。舜的后裔满被周武王封为陈侯，建立陈国，都城宛丘。其后裔一部分以封邑（陈地）为姓，以国为姓，为陈姓。满死后，周王谥其号为“胡”，其后裔一部分以谥号为姓，为胡姓。陈胡两姓同根同源，其始祖都是满。陈姓人、胡姓人都是满后裔。

唐朝时,胡氏在安定（时称泾州）繁衍为名门望族。西晋永嘉之乱后，中原胡姓族人大举南迁。江西各地成为胡姓的繁衍中心。胡藩（胡满五十七世）的华林胡氏派下，宋资政殿大学士、兵部侍郎胡铨（胡满九十一世），立基于江西吉州芦芗城。胡铨五世孙胡万九（名垾）偕眷迁江西省宁都州上三乡苦竹凹。南宋初，胡万九由江西宁都入闽，卜居于汀州青泰里胡家坊（宋代，长汀有青泰里，分上、下；明清时期，青泰上里西部为今童坊镇中南部）。胡万九生三子：胡五、胡六、胡七。南宋绍定三年（1230年），胡五离任监察御史职，偕妻儿定居胡岭（今长汀童坊镇胡岭村），为胡岭开基始祖。元大德八年（1304年），胡五曾孙胡千一（胡满九十八世）举家从胡岭迁徙至白砂樟黄开基。

白砂胡氏为安定郡，堂号为安定堂。

第三节 人口素质

一、身体素质

新中国成立后，医疗卫生事业不断发展，乡有卫生院，村有医疗所，群众的一般疾病医治不出乡，人民健康水平不断提高，平均预期寿命延长。1953 年 8 月，全区 70~79 岁 290 人，80~89 岁 34 人，90~99 岁 1 人，70 岁以上人口占总人口的 2.44%。1982 年后，70 岁以上人口占总人口的比重呈上升趋势。

表 3-8 人口普查年份白砂 70 岁以上人口情况表

单位：人

年份	总人口	70~79 岁	80~89 岁	90~99 岁	70 岁以上人口占总人口的比例（%）
1982	21554	492	120	4	2.86
1990	24017	620	199	14	3.47
2000	21087	881	283	26	5.64
2010	16669	1355	430	50	11.01

说明：缺 1953 年、1964 年人口普查年龄资料。

附：白砂百岁寿星名录

据民国版《上杭县志》：

严允舒妻张氏，白砂里早坑人，寿百岁。旌表建坊。

廖祥开母李氏，白砂里长锦乡人，寿百有二岁。族人庠士廖国书尝作长歌祝之。

袁岩妻张氏，白砂里习仁坊人，寿百有一岁。建坊乡之水口。

傅兹大妻袁氏，白砂里鹏背乡人。五代同堂，亲见七代，寿百有二岁。建坊于乡。

据《龙岩市志》：

张带娣（1901—?），女，塘丰村人。

据《袁姓志》：

袁继业（1905—2008），朋新村厦洋人，美籍华人。

袁亚东（1909—2011），中洋村袁屋人，长征干部。定居北京。

袁翠贤（1897—1999），又名国昌，梧岗村科子里人。连城一中退休。

袁国清（1911—2012），中洋村袁屋人，失散老红军。白砂中学退休。

傅招娣（1889—1992），袁恒兴之妻，中洋村袁屋人。

王五金（1905—2009），袁隆基之妻，中洋村袁屋人。

林德金（1910—2015），袁耀堂之妻，梧岗村科子里人。

李金连（1912—2014），袁有荣之妻，朋新村厦洋人。

巫凤招（1913—?），袁炳魁之妻，中洋村袁屋人。

据白砂镇民政办：

王善连（1915—2015），女，洋乾村圃地自然村人。

江金巴（1915—　　），女，塘丰村人。
廖凤凤（1917—　　），女，中洋村人。
赖兰招（1917—　　），女，官洋村丁坑自然村人。
李招妹（1918—　　），女，大田村人。
胡兆桂（1918—　　），男，樟黄村人。
李三妹（1918—　　），女，大科村人。
据岭背村、中洋村资料：
张才英（1902—2010），女，岭背村人（刘锡荣母）。
李宝兰（1912—2015）,女，岭背村人（刘阳锋伯母）。
袁宝玉（1913—2016）,女，岭背村人（刘善兴母）。
廖凤凤（1917—　　），女，中洋村人。

二、文化素质

明清时期，白砂有部分人士中科举。但直至新中国成立前，白砂6岁以上人口中文盲、半文盲占绝大多数，识字者普遍文化程度不高，高中毕业生屈指可数，大学毕业生凤毛麟角。

新中国成立后，人民政府大力发展教育事业，人口的文化素质逐步提高，文盲、半文盲人数逐年减少。

据人口普查数据（下同），1982年，白砂公社有6岁及以上人口18966人，小学以上文化程度11922人，占6岁及以上人口的62.86%。其中小学8092人，初中2541人，高中1250人，大学39人。每千人中有大学文化程度2人。全社文盲、半文盲人口7044人，占总人口的32.68%。

1990年，白砂乡有小学以上文化程度15627人，占6岁及以上人口20730人的75.38%。其中小学9898人，初中4055人，高中1372人，中专210人，大学专科66人，本科26人。每千人中有大学文化程度3.8人。文盲、半文盲人口5103人。

2000年，白砂镇有6岁及以上人口19481人，小学以上文化程度14560人，占6岁及以上人口的74.74%。其中小学9013人，初中3599人，高中1313人，中专430人，大学专科176人，本科29人。每千人中有大学文化程度9.7人。全镇15岁及以上人口15470人，其中文盲人口3129人，文盲人口占15岁及以上人口的20.23%。

2010年，全镇有小学以上文化程度14925人，占6岁及以上人口15562人的95.91%。其中小学7084人，初中5633人，高中1770人，大学专科322人，本科116人。每千人中有大学文化程度28人。2010年，全乡15岁及以上人口13835人，其中文盲人口546人，文盲人口占15岁及以上人口的3.95%。

第四节　婚姻与家庭

一、婚　姻

明清至民国时期，婚姻多为“父母之命，媒妁之言”的封建包办买卖婚姻。多数为一夫一妻，少数富裕人家则重婚纳妾；不少穷人抱童养媳，配等郎妹。亦有“转亲婚”“打合同”“一子承两房”等特殊婚姻。早婚现象普遍，女子未满18岁结婚的占大多数。以男娶女嫁为主导，上门入赘为少数，婚嫁对象一般在本地和周边乡（镇）选择。民国二十年（1931年）12月、民国二十三年（1934年）4月，中华苏维埃共和国中央执行委员会先后颁布《中华苏维埃共和国婚姻条例》《中华苏维埃共和国婚姻法》，规定实行男女婚姻自由自主，一夫一妻，废除一切封建婚姻制度。禁止买卖婚姻，重婚纳妾和养童养媳。婚龄为男20

岁，女18岁。白砂苏区认真贯彻执行。20世纪40年代，日本侵占广东后，潮州、汕头一带约300名女子(有的携儿女)进入，与境内男子结合成家。

1950年，中央人民政府颁布第一部《中华人民共和国婚姻法》，规定男女婚姻自由，不得包办和买卖。实行一夫一妻制，重婚为犯罪等新的婚姻制度。结婚年龄为男20周岁，女18周岁。白砂区利用各种形式，广泛宣传，使婚姻法家喻户晓。

1980年，国家颁布新婚姻法（1981年1月施行)，除将结婚年龄改为男不得早于22周岁、女不得早于20周岁外，还提倡晚婚、晚育。1981年始，广西壮族自治区近50名女青年与白砂男青年结成夫妻。

2001年4月28日，九届全国人大常委会第二十一次会议通过《关于修改〈中华人民共和国婚姻法〉的决定》，对1980年颁布的婚姻法做修正。其中“夫妻应当互相忠实，互相尊重；家庭成员间应当敬老爱幼，互相帮助，维护平等、和睦、文明的婚姻家庭关系”，结婚后“女方可以成为男方家庭的成员，男方可以成为女方家庭的成员”，“子女可以随父姓，可以随母姓”等，深受群众拥护。至2017年，上百名云南、贵州、四川、湖北等省的男青年落户白砂，与当地女青年结婚。

二、家　庭

宋、元、明时期，南迁的中原汉人陆续进入白砂，家庭规模较小。

清代至民国时期，人们崇尚四代、五代同堂，有钱人娶妻纳妾，子女众多，家庭规模较大，十多个人一家的很平常，部分家庭多达二十几人。

新中国成立后，实行一夫一妻制，家庭观念发生变化。20世纪六七十年代后，国家实行计划生育政策，家庭规模随着发生变化。1990年后，家庭规模逐步缩小，四代五代同堂户型已不多见。全镇家庭平均人口，1990年为4.57人，2000年为4.32人，2011年为3.67人。

据人口普查数据（下同)，1990年，全乡家庭户5152户，全家四人及以下的共2603户，占50.52%；五人及以上的共2549户，占49.48%。其中一人户277户，占5.38%；二人户362户，占7.03%；三人户658户，占12.77%；四人户1403户，占27.23%；五人户1198户，占23.25%；六人户708户，占13.74%；七人户323户，占6.27%；八人户182户，占3.53%；九人户72户，占1.40%；十人及以上户66户，占1.28%。单身户233户，一对夫妇户105户，二代户2861户，三代户1495户，四代户91户。

2000年，全镇家庭户5985户，全家四人及以下的共4681户，占78.21%；五人及以上的共1304户，占21.79%。其中一人户541户，占9.04%；二人户1038户，占17.34%；三人户1456户，占24.33%；四人户1646户，占27.50%；五人户914户，占15.27%；六人户274户，占4.58%；七人户80户，占1.34%；八人户26户，占0.43%；九人户3户，占0.05%；十人及以上户7户，占0.17%。一代户1182户，占19.75%；二代户3037户，占50.74%；三代户1687户，占28.19%；四代户78户，占1.30%；五代及以上户1户，约占0.02%。

2010年，全镇家庭户5449户，全家四人及以下的共4702户，占86.32%；五人及以上的共747户，占13.68%。其中一人户987户，占18.11%；二人户1627户，占29.86%；三人户1195户，占21.93%；四人户893户，占16.39%；五人户518户，占9.51%；六人户166户，占3.05%；七人户38户，占0.7%；八人户15户，占0.28%；九人户4户，占0.07%；十人及以上户6户，占0.11%。一代户2224户，占40.81%；二代户2006户，占36.81%；三代户1150户，占21.1%；四代户69户，占1.27%。

第五节　人口控制

一、生育政策

白砂镇执行国家、省、市（地区）、县制定的生育政策。

1973年前，为“已经有3个孩子的不能再生”“两个最好、一个不少”。1973年后，为“晚、稀、少”（生育晚一点，稀一点，少一点)。1979年后，“提倡一对夫妇生育一个孩子，严格控制二胎，坚决刹住三胎”。

1988年4月29日，福建省第七届人大常委会第二次会议通过《福建省计划生育条例》(1988年7月1日实施)。同年7月1日起，依据《福建省计划生育条例》和上杭县制定的《关于计划生育的若干政策规定》，农村执行“一胎半”生育政策,即夫妻生育第一个是男孩的，应向乡（镇）人民政府申请领取独生子女证，享受相关的优待和奖励。若生育第一个是女孩的，间隔4年以后，且女方在25周岁以上，经批准可以生育第二个子女，推行“一孩上节育环，二孩结扎”。

1990年，县第十届人大常委会第二十次会议通过《上杭县贯彻<福建省计划生育条例>实施办法》，推行持证怀孕、凭证生育。

1993年，贯彻修改后的《上杭县贯彻<福建省计划生育条例>实施办法》。

1994年，上杭县政府颁布《上杭县流动人口计划生育管理暂行规定》，对流动人口计划生育的管理提出政策要求。

2002年9月1日，《中华人民共和国人口与计划生育法》和《福建省人口与计划生育条例》正式实施。

2013年，中共十八届三中全会决定启动实施“单独两孩”（即允许一方是独生子女的夫妇生育两个孩子）政策。2013年12月28日，《关于调整完善生育政策的决议》由十二届全国人大常委会第六次会议表决通过，“单独二孩”政策正式实施。2014年3月29日，福建省十二届人大常委会第八次会议表决通过《福建省人大常委会关于修改〈福建省人口与计划生育条例〉的决定》，“单独两孩”政策正式在福建落地。

2015年10月29日，《中国共产党第十八届中央委员会第五次全体会议公报》提出“全面实施一对夫妇可生育两个孩子政策”。根据2015年12月27日第十二届全国人大常委会第十八次会议通过的《关于修改〈中华人民共和国人口与计划生育法〉的决定》修正的《中华人民共和国人口与计划生育法》（2016年1月1日起施行）第十八条规定，国家提倡一对夫妻生育两个子女。白砂执行国家制定的新的生育政策。

二、措　施

国家实行计划生育，尤其是1982年将计划生育作为基本国策以后，为落实晚婚、晚育，少生、优生，因从而有计划地控制人口，白砂历届党委、政府广泛深入地开展计划生育的宣传教育，逐步转变群众生育观念，采取切实可行的措施，推动计划生育工作的开展，人口增长过快的势头得到有效控制。

1963年5月，上杭县成立计划生育领导小组、开展计划生育试点以后，白砂开始计划生育工作，但此时没有形成群众性的行动。1971年8月，公社成立领导小组，主要领导开始亲自抓计划生育工作。1974年以后，每年集中统一抓几次突击，并把它与经常性工作相结合，计划生育工作开始深入到群众中去。

20世纪80年代，计划生育工作主要由乡组织乡村干部，每年进行4次突击活动，抓节育措施落实。对实行各种节育手术的对象实行奖励，对只生一个孩子并领取独生子女证的夫妇发给一定数额的奖励金，在就学、就医等方面给予照顾。1986年，人口出生率由1982年的20.31‰下降到18.46‰，人口自然增长率由1982年的14.05‰下降到11.23‰。但是由于结婚生育高峰的冲击等原因，1989年、1990年，人口出生率、自然增长率又大幅回升。人口出生率1989年达29.15‰，1990年达29.02‰；自然增长率1989年达

22.97‰,1990 年达 22.85‰。

1990 年后，把落实“三为主”（指计划生育要以宣传教育为主、避孕为主、经常性工作为主）方针作为计划生育工作的主线。全面推行人口与计划生育工作目标责任制，确定党政一把手亲自抓、负总责，分管领导具体抓。每年乡领导与县签订责任状，把人口控制指标、计生率指标和计划外生育控制指标的完成情况作为考核的主要内容之一。1995 年后，大力推行“三结合”（计划生育与发展农村经济相结合，与农民脱贫致富奔小康相结合，与建立幸福文明家庭相结合）工作机制。计生“三户”(独生子女户、二女结扎户、批生二孩户) 凭计生“三结合”优惠证，享受县、镇制定的优惠待遇。

1991 年，开始推行持证怀孕、凭证生育制度，被批准生育的列入生育计划，发给准生证 (2002 年改为“生育证”)。对育妇的管理从孕后管理转为孕前服务，定期给予查环查孕，提高避孕节育有效率。

1993 年起，对放环育妇要求定期查环，对持“生育证”孕妇要求定期查孕。

1994 年，实行镇副科级以上干部 (1999 年后改为镇干部) 挂钩村计生工作责任制。

1995 年始，各行政村开展创“六好、三无”(领导重视，队伍建设好；政策落实好；无早婚，无计划外生育；宣传教育好；技术服务好；无大月份引产；制度建立好；干群关系好) 计生合格村活动。1995 年 8 月，根据上杭县部署，全面开展计划生育“五清理”(清理早婚，清理计划外怀孕，清理计划外生育，清理落实节育措施，清理奖惩兑现及清理 1990 年以后的人口出生漏报和育妇、已婚育妇漏管漏统情况) 工作。清理出党员违反计生政策的 13 人，其中给予党纪处理 9 人次，经济处罚 11 人；村干部违反计生政策 5 人，均给予相关处分。1996 年，全镇“六好、三无”合格村 19 个，基本合格村 2 个，合格村率 95.45%。

1996 年起，实行计划生育“一票否决”制。严把村级班子换届计生资格审查关。至 2003 年，否决违反计生政策村干部候选人 46 人。

1997 年，县下拨专项资金 1.5 万元，以贴息借款形式，扶持“三结合”示范户，3 户计生贫困户全部脱贫。1998 年，镇开始实施“五个工程”(安居工程、成才工程、致富工程、服务工程、社会保障工程)，当年有 121 户二女结扎户基本住上小康标准房；135 户二女结扎户女儿上学共获减学杂费 0.92 万元，10 名学生获助学金 0.50 万元；二女结扎户年均获得 30~500 元不等的贷款贴息金发展生产。至 2000 年，县、镇共投入“三结合”资金 14 万元，共有 5310 户次获得一项以上资金或生产资料扶持。建立“三结合”示范村 9 个，建立种、养、加示范基地 12 个，有 11 户计生户成为各类专业示范户，计生户成为农村收入增长最快的群体。为 395 户二女结扎户每户办理 500 元养老保险金，为农村独生子女户 1736 人办理少儿平安保险，或子女教育婚嫁备用保险。2001 年，县、镇投入“三结合”资金 2.5 万元，有 32 户二女结扎户获得贷款贴息扶助。

1997 年，所有行政村都建立计生村务公开监督栏，把计生政策、“生育证”发放、“双查”(查环、查孕) 对象、出生人口、计划生育费征收进行公布，接受群众监督。

1998 年起，把查环、查孕时间一年 4 次改为 3 次，把“双查”变为“三查一治”(查环、查孕、查病，治妇科病)。

2000 年，贯彻上杭县委、县政府下发的《关于全面实施计划生育村规民约，进一步推进计划生育民主管理的意见》。年底，全镇 22 个村均制定计划生育村规民约。

2000—2003 年，县对计生问题较多的 1 个行政村实行单列管理。2003 年，全镇有合格村 (含基本合格村) 22 个，其中连续 5 年合格村有 9 个，合格村比例提高到 100%。

2002 年 9 月 1 日，《中华人民共和国人口与计划生育法》《福建省人口与计划生育条例》颁布实施后，镇党委安排专题学习讲座，利用标语、黑板报、专刊墙报、广播、宣传车等形式，进行广泛宣传，并精心制作进村入户计生宣传品。同年 12 月，贯彻上杭县《关于全面推行“信用计生户”信贷帮扶活动的实施意见》，为 410 户兑现优惠资金 8.5 万元。帮扶二女结扎户 30 户，资金 4.5 万元。金融系统为 240 户计生户优先发放贷款 48 万元。

2003年，全面启动“信用计生证”信贷帮扶活动，发放信用证465张，150余户优先得到贷款35万元，落实小额信贷贴息帮扶资金2.1万元。并且以办理独生子女成长金、短期意外伤害保险及附加意外伤害医疗费用保险形式，为185户独生子女兑现奖励费9.2万元。同年，镇成立计生突发事件处理工作小组，建立举报奖励制度。综合治理出生人口性别比升高问题，当年查处私自进行胎儿性别鉴定终止妊娠案件1起。

2011年6月20日，白砂镇设立家庭式人口文化超市。该超市提供计生宣传、生殖健康等综合性服务。

1991—2017年，人口出生率、自然增长率除个别年份有回升外，总体呈大幅下降趋势，人口出生率有18个年份在14‰以下，其中最低为2001年的6.01‰；自然增长率有16个年份在9‰以下，其中最低为2000年的-1.56‰，2009年1.07‰。人口增加过快的势头得到有效控制。

表3-10 2001—2013年白砂镇计划生育情况表

年份	政策符合率（%）	领独生子女证（人）	年份	政策符合率（%）	领独生子女证（人）
2001	99.31	103	2008	98.82	92
2002	98.83	93	2009	96.47	102
2003	100.00	107	2010	95.52	107
2004	98.85	67	2011	97.37	116
2005	98.08	78	2012	95.15	119
2006	99.15	90	2013	92.83	126
2007	97.66	97			

注：本表数据由白砂镇计划生育办公室提供。

三、管理和服务机构

20世纪70年代初，白砂公社成立计划生育领导小组，领导小组组长、副组长及成员随乡（公社）领导的调整而调整。

20世纪80年代初，成立乡计划生育专干队。

1985年，乡设立计划生育办公室（简称计生办）。2002年，根据《中共上杭县委、上杭县人民政府关于县乡党政机构改革的实施意见》，白砂单独设置计划生育办公室，为正股级事业单位。设主任1人，副主任2人。

1989年9月，白砂乡成立计划生育协会（简称计生协会）。协会协助政府贯彻落实人口与计划生育法和相关法律、法规和政策，宣传生殖保健、计划生育等科学知识，推进计划生育群众自治。

1991年始，各行政村按每千人配备1名计生管理员，负责宣传计生法律、法规，传授节育、优生优育等知识，督促落实节育措施等。2017年，村级计生管理员22人。

1992年11月，设立乡计划生育服务所，配备专职技术员，开展婚育知识培训、查环查孕、检查妇科疾病、宣传生殖保健和避孕知识等。

2016年，计生服务所更名为卫生和计划生育服务中心。2017年，该中心工作人员7人。

第四章　农　业

白砂地处丘陵山区。域内自然条件优越，农业资源丰富，农业生产历史悠久。早在新石器时代，已有古越族人在境内渔耕狩猎。宋元时期，南迁汉人逐渐进入白砂，域内开始种植水稻、小麦等粮食作物。明代，从海外引进番薯。清代，随着人口的增加，人们开始大量开垦荒地，兴修水利，农业生产发展迅速。但在漫长的封建时代，由于受封建土地所有制的束缚，农业生产方式原始，耕作技术落后，生产力水平低下，终年艰辛劳作的农民始终温饱难继。

民国十八年（1929年），苏维埃政府实行土地革命，白砂农民分到土地，领到乡苏维埃政府发给的“耕田证”。民国二十二年（1933年）始，既采用苏维埃时期的政策，又吸收计口授田等办法，对土地政策进行一定改良，农民分得的土地被确定为合法产权。红军主力长征后，在红军、游击队武装支持下，白砂人民开展深入持久的保田斗争并取得胜利，土地革命的成果保留至新中国成立。其间，由于“耕者有其田”，农民积极性高涨，农业生产得到发展。

新中国成立初，上杭县人民政府认定白砂保留了土地革命的果实，白砂没有进行大规模的土地改革，只进行必要的土地调整。1953年起，掀起互助组、初级社、高级社的农业合作化高潮，至1956年冬，全区高级农业生产合作社发展到14个，农业生产得到较快发展。1958年始，由于“大跃进”和人民公社化的“左”倾影响，出现瞎指挥、浮夸风和“共产风”，挫伤了农民的生产积极性。加上严重的自然灾害，农业生产受到严重挫折，粮食生产连续三年歉收，造成农民生活困难。1962年后，经过调整，纠正错误，农业生产得到恢复和发展。1966年开始的“文化大革命”，使农业生产再次受到严重影响。1972年后，贯彻中央《关于农村人民公社分配问题的指示》，从各方面调动农民的生产积极性，农业生产逐步上升。

1981年后，全面实行家庭联产承包责任制，极大地调动农民的生产积极性，农业生产迅速发展。1990年后，继续深化农村体制改革，调整农业结构，增加农业投入，推广农业科技，改善生产条件，完善社会化服务体系，农业生产持续稳定地协调发展。

1990年，全乡农牧渔业总产值2051万元（当年价，下同）。2017年，全镇农牧渔业总产值36735万元。

第一节　生产条件

一、耕　地

新中国成立后，人民政府鼓励农民开荒扩种，特别是土地改革后，农民垦荒积极性大大提高。至1965年，白砂人民公社耕地达到22838.09亩，人均耕地1.79亩；1980年耕地达到23148亩，是耕地最多的年份。1990年后，随着社会主义建设事业的发展，各村兴建公路、开挖渠道、集体建设、农户建房等占用部分耕地，土地面积逐年减少。2017年，全镇有耕地22660亩，人均耕地0.85亩。

据1981年土壤普查，境内耕地土壤基本属于酸性土壤，适宜农作物生长。全镇耕地土壤肥力可以分三个种类，第一种是黄泥田、乌沙田、灰泥田和灰紫田，第二种是青底灰泥田、黄泥田、灰沙田、灰黄泥田、紫泥田和黄泥沙田，第三种是黄泥田、黄泥骨田、黄泥沙田、砂质田、青泥田、浅脚烂泥田、深脚烂泥田、冷水田和锈水田。

随着农业耕作技术的不断改进，种植结构的调整，耕地的利用程度不断提高。2000 年后，实行烟稻栽培模式，推广连作、套种等新技术。2010 年后，推广藤架水果的种植，耕地的利用率大大提高，耕地的经济效益不断提高。

表 4–1 若干年份白砂耕地面积、人均耕地情况表

年份	耕地面积（亩）	人口（人）	人均耕地（亩/人）
1958	15870	9443	1.68
1961	15870	9328	1.70
1965	22838	13519	1.79
1970	22885	18019	1.27
1975	22967	19699	1.17
1980	23148	21301	1.09
1985	23113	22475	1.03
1990	23108	24414	0.95
1998	22601	25051	0.90
2000	22786	24943	0.91
2001	22936	24979	0.92
2013	22660	25315	0.90
2015	22660	26330	0.86
2016	22660	26362	0.85
2017	22660	26473	0.85

二、劳动力

1958 年，共有劳动力 4819 个，每个劳动力负担耕地 3.29 亩；1962 年有 3909 个劳动力，每个劳动力负担耕地 4 亩；1963 年有劳动力 3807 个，人均负担耕地 4.14 亩；1965 年有劳动力 6669 个，人均负担耕地 3.42 亩；1970 年有劳动力 8047 个，人均负担耕地 2.84 亩；1975 年有劳动力 7559 个，人均负担耕地 3 亩。1980 年有劳动力 7935 个，人均负担耕地 2.9 亩；1985 年，共有劳动力 9320 个，每个劳动力负担耕地 2.47 亩。2017 年，共有劳动力 18910 个，其中从事工业劳动的 6320 个，占 33.4%；外出务工的 7393 个。占 39%，从事农、林、牧、渔业的劳动力 5217 个，仅占劳动力总数的 27.5%。

表 4–2 若干年份白砂镇劳动力及其负担耕地的情况表

年份	耕地面积（亩）	劳力（人）	每个劳力负担耕地（亩）
1958	15870	4819	3.29
1962	15625	3909	4.00
1963	15777	3807	4.14
1965	22838	6669	3.42
1970	22885	7805	2.84
1975	22867	7559	3.00
1980	23148	7935	2.90
1985	23168	9281	2.49
1990	23108	11782	1.96
1995	22628	12524	1.80
2000	22786	12961	1.76
2005	22790	13334	1.71
2010	22680	15826	1.43
2015	22660	18613	1.22
2016	22660	18910	1.20
2017	22660	18910	1.20

三、畜　力

新中国成立后的较长一段时间，耕牛是农业生产中的主要劳役力，被称为“农家之宝”。1953 年，白砂区从事劳役的耕牛有 73 头（其中水牛 33 头，黄牛 40 头），平均每头耕牛负担耕地 32.6 亩。合作化、人民公社化后，耕牛归集体所有。1966 年，耕牛增至 852 头，平均每头耕牛负担耕地 33.3 亩。20 世纪 70 年代开始，手扶拖拉机逐步进村，耕牛的负担有所减轻。1976 年，全公社有耕牛 830 头，平均每头耕牛负担耕地 28 亩，而这一年全公社已有手扶拖拉机 25 辆，交通方便的中洋、朋新、岭背等村耕牛的农耕负担大大减轻。1981 年实行家庭联产承包责任制后，集体耕牛折价归农户所有，耕牛数量又有所增加。1989 年，全乡有耕牛 938 头。1990 年，全乡养牛 1001 头，其中能从事农耕的耕牛 776 头。1995 年起，随着农业机械化程度的提高，机耕面积逐年扩大，耕牛负担逐年减轻，数量也随之减少。2000 年后，除一些边远农村还有少数耕牛参与农耕外，牛基本上退出了农耕历史，因此牛的数量再次大幅减少。2017 年，全镇牛的存栏数仅 337 头，每个村平均 15 头。

四、农田水利

兴修水利是农业生产的保障工程，新中国成立后，人民政府重视水利建设。“有收无收在于水，收多收少在于肥”，人民群众从这句农谚中充分认识到水利是农业的命脉，将水利放在农业的主要位置，大力修复和新建引水、提水、蓄水等各类工程。

20 世纪五六十年代，白砂人民的水利建设主要是利用自然条件兴修水利设施，筑陂圳引水灌溉农田，也有依山谷筑山塘蓄水灌溉等。但大部分是依溪围土堰，所用材料为土、石、木，属土木结构，容易被洪水冲毁，需要经常重修。20 世纪 70 年代后，改用水泥、钢筋混凝土、石块筑陂堰，从此水利工程就牢固耐用多了，人们不再为大水过后重修水利而发愁了。

（一）引水工程

据清康熙丁卯年（1687 年）《上杭县志》载：白砂里筑有“官陂”蓄水溉田，每岁官为修之。据同治甲子年（1864 年）续刊《上杭县志》载：白砂里有官陂、张坑陂（溉田千有余亩）、南关陂（溉田数百亩）、永丰陂（溉田数百亩）、郑坑陂（逆合跃鳞溪）、石陂（溉东西二塅田亩）、黄坑陂（溉田千有余亩）。

新中国成立后，1958 年新建中洋中山陂，渠长 1500 米，灌溉面积 720 亩。1968 年，新建岭背甲溪陂，渠长 1000 米，灌溉面积 380 亩。

20 世纪 90 年代开始，为提高水的利用系数，保证渠道的坚固防漏，新建标准化渠道。对历年已建成的渠道（圳）进行改造，改用混凝土 U 型槽。有些引水难度大的田段，为了便于灌溉，采用架设空中 U 型渡槽的办法等，主要有朋新村丘坑 U 型渡槽、洋乾村下村 U 型渡槽。中洋的中山陂圳、岭背的甲溪陂圳、朋新的石陂陂圳、茜黄的合溪陂圳等 189 处，这些渡槽、陂圳从 2014 年起由政府下拨专项经费，指派专人管理，以保证农田水利的正常灌溉。

表 4–3　2017 年白砂镇部分引水工程情况表

渠道名称	所在村	渠道长（米）	灌溉面积（亩）	建成时间（年）	渠道名称	所在村	渠道长（米）	灌溉面积（亩）	建成时间（年）
中山陂	中洋	5300	720	1957	黄坑陂	樟黄	8000	1000	清朝
甲溪陂	岭背	1000	380	1968	合溪陂	茜黄	1000	200	1968 年
石陂	朋新	3000	500	清同治甲子前	陂子头陂	大科	3000	300	清朝

20 世纪 60 年代，为了便于灌溉，开始建设水轮泵站。至 1972 年，境内相继建起 14 座水轮泵站。1974 年后，水轮泵逐渐淘汰，由电灌站、机灌站所代替。

表 4–4　1972 年白砂公社水轮泵站工程情况表

工程名称	所在村	水轮泵		水头（米）	扬程（米）	效　益		建设年份
		型号	台数			设计(亩)	实有(亩)	
中洋水轮泵站	中洋	10–2.5	1	1.0	3	30	20	1965
厦洋坝水轮泵站	朋新	20–6	1	0.8	2.51	30	25	1965
梧岗水轮泵站	梧岗	10–6	1	1	3	10	7	1965
坝子里水轮泵站	大田	10–6	1	2.5	12.5	30	28	1965
小村水轮泵站	大金	10–6	1	1.0	4	10	7	1965
古楼岗水轮泵站	下早	20–6	1	2.5	15	70	60	1965
碧砂水轮泵站	碧源	20–6	1	1.0	6	30	20	1966
长锦水轮泵站	长锦	20–6	1	1.0	6	30	20	1966
塅尾头水轮泵站	官洋	20–6	1	2.0	15	40	30	1966
杨屋水轮泵站	官洋	20–6	1	2.5	20	40	30	1965
水口水轮泵站	鄞坑	10–6	1	2	9	60	40	1965
水竹塘水轮泵站	茜黄	20–6	1	2.0	11	40	23	1965
洋乾水轮泵站	洋乾	20–6	1	2.0	20	60	50	1966
军桥水轮泵站	军桥	20–6	1	2.0	10	60	50	1966

（二）蓄水工程

1. 山 塘

中洋村陈屋山塘 建于新中国成立前，集雨面积0.05平方公里，坝高2米，总库容量为0.1万立方米，有效灌溉面积10亩。

青年山塘 在塘丰村，建于1956年。集雨面积0.2平方公里，坝高2米，总库容量为0.4万立方米，有效灌溉面积20亩。

塘丰大岃头山塘 建于1965年冬，集雨面积0.05平方公里，坝高2米，总库容量为0.5万立方米，有效灌溉面积23亩。

碧砂关山坑山塘 建于1973年，集雨面积0.1平方公里，坝高1.5米，总库容量为0.15万立方米，有效灌溉面积18亩。

以上山塘随着水利设施的完善已恢复为农田。

洋坑里山塘 2015年，中洋新建一座洋坑里山塘。集雨面积0.15平方公里，坝高4.5米，坝宽7.5米，坝长43米，总库容量2.36万立方米，灌溉面积100亩。

2. 水 库

上磜水库 1974年9月动工兴建上磜水库，该水库在樟黄村内胡屋自然村。1978年9月竣工。该水库是一座以灌溉为主，兼顾水产养殖、发电等综合利用的小（二）型水库。水库控制流域面积4.35平方公里，水库大坝为石砌拱坝。坝高27米，坝顶长74米，坝顶宽1.1米，水库总库容52万立方米。渠长3000米，有效灌溉面积8000亩，实灌面积6000亩。这座水库目前仍在发挥灌溉作用。

上磜水库

锦绣水库 2013年，为了解决岭背等8个村灌溉和饮水问题，白砂镇党委、政府开始规划建设白砂（岭背村）锦绣水库，请求有关部门对库区进行文物勘察和水土保持方案进行审查。2017年上半年征地拆迁，下半年开工建设。水库工程有拦河坝、溢洪道、引水系统及灌溉渠道。工程设计：拦河坝为均质土坝，最大坝高46.8米，坝顶长度121.31米。灌溉渠道总长7874米，灌溉面积6054亩，日供水规模1000吨。

五、农机具

（一）耕作机具

新中国成立时，农业耕作机具落后，只有传统的旧式农具，如锄头、铁锹、铁鍾、犁、铁耙、辘轴、钉齿耙、镰刀、田耙等，生产效率低。20世纪70年代是农业机具应用和发展较快的阶段，1971年开始有手扶拖拉机和机引犁耙耕田，当年机耕面积达到521.52亩。1973年，全公社已有手扶拖拉机15辆，机引犁、耙各14张，当年机耕面积1542亩。1976年，手扶拖拉机增加到25辆，次年增加到35辆。1980年，手扶拖拉机56辆，机引犁、耙各28张，机耕面积2974亩。同时，大中型农机具开始进入个体农户家中，当年全公社有大中型农用拖拉机7辆。1983年，大中型机引农具达到48部576马力。21世纪开始，耕作机具迅速发展，农民的劳动强度大大减轻。2017年，农用手扶拖拉机发展到136辆，农耕机具120台。全镇除一部分山坑田和深水田外，大部分耕地实行机械化耕作。

（二）脱粒农机具

长期以来，稻谷脱粒沿用传统的木制斗房打谷（脱粒）。20 世纪 60 年代，开始推广由县农械厂生产的双人脱粒机（俗称打谷机），70 年代全面普及。1973 年，全公社已有人力脱粒机 328 台，平均每个生产队有 16 台；1979 年有人力脱粒机 518 台。1981 年后，每户 1 台脚踏双人或单人脱粒机。1983 年，全公社有各类脱粒机 1602 台。2000 年后，许多农户购置机动脱粒机。2008 年始，白砂部分农户引进外地联合收割机进行机械化收割水稻。2014 年，有农户自购联合收割机进行收割；2017 年，全镇 80%以上农户采用机械化收割水稻。

（三）植保机具

20 世纪 50 年代初，农民是用手工泼洒农药的方式除虫去害。1956 年开始，推广使用单减压缩式喷雾器和手摇喷雾器，但大面积防治病虫害主要还是依靠人工撒、泼施药。70 年代开始，植保机具种类和数量逐渐增多，药械防治病虫害开始普及，1973 年，全公社有背式喷雾（粉）器 229 台，1975 年，全公社已有 6 台机动喷雾（粉）器，1979 年增加到 13 台。1981 后，喷雾（粉）器数量迅速增加，至 1985 年，全乡有各类喷雾（粉）器 1844 台。2016 年以后，全镇 90%以上农户采用机动喷雾（粉）器及无人机植保。

（四）运输机具

长期以来，境内运输主要靠肩挑手提。20 世纪 60 年代后期开始有了手推车，70 年代开始，机动运输工具开始进农村。1973 年，全公社有 20 辆胶轮手推车，2 辆农用运输车（中型拖拉机）。1979 年，手推车增加到 229 辆，农用运输车增加到 7 辆。21 世纪开始，三轮摩托车、电动车逐渐加入到农业运输行列。

（五）农产品加工机械

自古以来，域内传统农产品加工工具有砻、碓（含脚踏碓和水碓）和石磨等。20 世纪 70 年代开始，家用碾米机、磨浆机、饲料粉碎机、打面机等加工机械开始普及应用。1973 年全公社有碾米机 26 台，磨粉机 1 台，饲料粉碎机 19 台，柴油机 5 台。1976 年有碾米机 35 台，柴油机 21 台。1979 年有碾米机 45 台，磨粉机 9 台，柴油机 23 台，电动机 11 台。1980 年，全公社有碾米机 42 台，磨粉机 10 台，榨油机 1 台，柴油机 22 台，电动机 11 台。1983 年有碾米机 63 台，磨面机 5 台，饲料粉碎机 35 台，柴油机 10 台，电动机 49 台。进入 21 世纪，加工机械遍布每个村落。

表 4–5 1989—2017 年白砂农业机械情况表

年份	农业机械总动力（千瓦）	其中			小型拖拉机		农用运输车		农副产品加工机械（千瓦）	农用排灌电动机（千瓦）	实际机耕面积（亩）
		柴油机动力	汽油机动力	电动机动力	数量（辆）	动力	数量（辆）	动力			
1989	2449	1552	—	897	129	1139	—	133	1034	84	6967
1990	2449	1552	—	897	129	1139	—	133	1034	84	6967
1991	2549	1427	—	1122	122	1077	—	126	1261	65	6973
1992	2647	1525	—	1122	131	1146	—	155	1261	85	8414
1993	3077	1956	—	1121	161	1449	—	282	1261	85	6810
1994	3601	2480	—	1121	166	1494	25	761	1261	85	7521
1995	3480	2359	—	1121	178	1602	21	602	1261	85	5620
1996	4133	3012	—	1121	252	2260	19	527	1261	85	5640

续表

年份	农业机械总动力（千瓦）	其中			小型拖拉机		农用运输车		农副产品加工机械（千瓦）	农用排灌电动机（千瓦）	实际机耕面积（亩）
		柴油机动力	汽油机动力	电动机动力	数量（辆）	动力	数量（辆）	动力			
1997	4343	3222	—	1121	262	2470	19	527	1261	85	5605
1998	4384	3208	—	1176	257	2456	19	527	1316	85	5510
1999	4384	3208	—	1176	257	2456	19	527	1316	85	5510
2000	4579	3221	—	1358	152	1671	20	700	1388	85	5350
2001	4748	2135	—	2652	71	612	17	608	2594	85	5400
2002	4643	1841	—	2802	111	1418	11	393	2744	94	5510
2003	4519	1672	—	2847	50	440	7	253	2789	85	5450
2004	4734	1667	—	3067	36	317	9	341	—	58	—
2005	5054	1924	—	3100	116	1553	9	341	858	—	6350
2006	5573	2270	—	3243	123	1129	9	341	—	58	—
2007	5451	22148	—	3243	29	267	—	—	—	58	—
2008	6971	3053	—	3918	93	928	—	—	185	8	12000
2009	8069	3815	—	4234	123	1258	89	2354	185	8	13000
2010	8367	4055	299	4013	137	1732	156	3120	195	31	13500
2011	8901	4521	367	4013	141	1551	146	2920	196	31	13400
2012	8950	4545	369	4036	146	1606	153	3672	199	55	13400
2013	9608	4986	368	4109	155	1688	147	3433	221	57	15000
2014	9520	5042	378	4100	158	1711	146	2920	174	52	15000
2015	10020	4829	869	4322	134	1777	146	2920	174	52	16000
2016	4947	2274	425	2248	137	1331	46	902	—	67	24060
2017	5221	2442	476	2303	137	1331	46	902	—	67	24825

附：上杭县农丰农机专业合作社

上杭县农丰农机专业合作社成立于2016年，在中洋，占地面积10余亩，法人代表傅洪生。现有成员18人，注册资金101.35万元。库房占地面积1500平方米，其中水稻烘干机房面积900平方米，育秧车间200平方米，智能温室280平方米。拥有稻谷烘干机3台，插秧机3台，联合收割机3台，大型拖拉机3辆，无人植保机1架，轮式自动喷雾机1台。主要从事机械化育秧、机械化插秧、机械化植保、机械化烘干等全程机械化水稻生产，同时为白砂其他农户提供机械化生产服务。土地流转面积249.4亩，带动白砂水稻生产由传统农业耕作向机械化生产转变，成为福建省水稻生产全程机械化示范基地。

六、农田改造

农业合作化时期，集体组织过局部性整地。1975 年冬，掀起平整土地，大搞农田基本建设热潮，全公社 22 个大队全面开花，社直单位职工、学校师生一起上阵。高潮时上场人数达 3.5 万余人，动工面积 7000 多亩。各大队平整出成片的方块规格田，部分还配备机耕道，开挖排冷水、锈水的沟渠。

1990—1995 年，县农业局投入 80 多万元，对塘丰、中洋、朋新、樟黄等村的部分中低产田进行改造，在中洋村的有塘背、黄坑塅，塘丰的后坑垄等地新建排洪、排锈沟及灌溉渠和机耕道。

2011 年，县农业开发办投资 900 万元，在岭背、樟黄、中洋、梧岗、梧田、塘丰、下早、碧砂、大田 9 个行政村实施标准化农田建设。

2014 年，县农业局在上早、下早、碧砂、朋新、中洋、樟黄投资 300 万元，实施粮食产能项目建设。

2017 年，县农业局投资 400 万元，继续在樟黄、朋新、中洋、塘丰、梧田、扶福实行粮食产能项目建设。

第二节　农业体制

一、封建生产关系

民国十八年（1929 年）前，域内为封建土地所有制。农民绝大多数是佃农或半自耕农，各村土地由少数地主占有，还有一些田地归公堂、会季。其分配权操纵在土豪、劣绅、房族头子的手里，田租多用于祭神、祀鬼、醮会，少数人从中牟利侵吞。广大佃农除了负担官府的徭役赋税外，还受地主高田租、高利贷的盘剥以及乡村神棍、房族长老以及外地的奸商、惯匪、衙役的剥削和压榨。

地主阶级剥削农民的方式主要是地租、雇工和高利贷。地主把田分为上、中、下三等定地租，上等田定额为一担谷田 2 石（1 石谷为 75 公斤），中等田定额为一担谷田 1.5 石，下等田定额为一担谷田 1 石，收成后扣除成本六四分成。农民因土地少或缺耕牛农具，不得不受雇于地主当长工或短工，长工每年受雇期间除从事耕种、收割等农事劳作外，还得伺候地主起居并负担其家务劳动。贫苦农民向地主借贷货币或实物，一般要立字据，以田产、房屋做抵押。到期未还，利上加利。不少农民因借高利贷弄得倾家荡产，离乡背井。

二、民国时期的土地制度

民国十八年(1929 年）6 月白砂暴动后，实行以村为单位，按人口平均分配土地，由各户自行耕种的土地制度。

民国二十二年（1933 年），参照十九路军的计口授田（“计口”即农村不分男女老少，无论什么人，有一个人就算一口；“授田”即由政府没收所有的土地，自上而下分给所有的人）做法，对原来苏维埃时期的分田做法进行改良。首先调查人口，印刷户口调查表，然后分五步进行：第一步划分乡村界线，以村为单位，按人平均分配；第二步丈量土地，估计产量，自报公议，张榜公布；第三步划分土地等级，分成甲乙丙丁戊五等，也像苏维埃时期分田那样，以原耕地为基础，抽多补少，抽肥补瘦，远田搭近田，好田配差田，按估计产量分配；第四步召开群众评议会，除了分配给各户的土地数外，留一部分土地做公田，由村农会（后来是办事处）派工耕种，收得的粮食照顾本村的鳏寡孤独、残废及无劳力的男女；第五步发给授田证。后来，这种分田制度三五年调整一次，抽死补生，并规定禁止土地出租和买卖。这种既采用苏维埃时期土地革命的政策，又吸收十九路军“计口授田”政策的土地制度，受到群众的欢迎。

民国二十三年（1934 年）10 月红军主力长征后，国民党对白砂进行大肆“清剿”，地主豪绅以为时机已到，乘机反攻倒算，纷纷夺回土地，使广大农民无田可耕。中共北二区委在红军游击队武装支持下，领导群众开展了保田斗争。一方面以“业权”搞得不清楚为名，拖延土地登记时间；另一方面，由红军游击队捕杀了反攻倒算的反革命分子刘敏钦、刘笃生、胡麟如、刘果兴、蒋伯应、胡守瑜等人，打击了他们的嚣张气焰。民国三十一年（1942 年）冬，为了平息在三年游击战争时期红军游击队领导群众开展“保田斗争”引起的土地纠纷，国民党福建省政府在白砂设立“土地管理委员会”，搞所谓“地政实验乡”，按户登记所耕土地。以区为单位，按每人平分耕地 1.3 亩，将土地在原耕基础上进行了一次调整。这样，苏维埃时期分给贫苦农民之土地，80%得以保存下来，保田斗争取得最终胜利。

三、农业合作化

（一）互助组

1951 年 1 月中旬开始，贯彻《中华人民共和国土地改革法》，上杭县分批进行土地改革。白砂属保留土地革命果实的地区，只进行了必要的土地调整。

1951 年夏，农村土地改革基本结束，完成了土地分配和调整工作，彻底废除了封建土地所有制，无地或少地的农民分得了土地，生产积极性高涨，粮食获得丰收，生活得到改善。但因广大农民家底薄，不少农户缺少耕牛、农具，有些农户因耕地多、劳力少，耕种不能及时，一旦遭天灾或虫害的袭击，生活又陷困境，因此出现变卖土地现象。

1953 年，农民在“组织起来”的方针指引下，在自愿互利的基础上组织起互助组，实行组内劳力、耕牛、农具的季节互助或常年互助。农业生产互助组经历了由季节互助向常年互助的发展过程。初期是由一批翻身农民、土改积极分子、党团员为骨干，本着贫苦农民是一家的阶级感情，以四五户或七八户自愿结合组织起来，开展互助。

（二）初级社

1955 年冬，贯彻中共中央农村工作第四次互助合作会议精神，条件较好的互助组转为初级农业合作社（简称初级社）。1956 年，大部分互助组转为初级社。初级社实行土地入股，耕牛、农资、农具折价入社，由社统一安排生产劳动，社员按劳力强弱、技术高低评工计分。在分配上，按规定完成征购任务，上交公粮及留足种子外，其余的收获产品和现金，以入股土地、劳动工分各占一定比例分配。

（三）高级社

1956 年秋，上杭县掀起初级社并社转高级农业生产合作社（简称“高级社”）高潮，白砂亦按政府要求，由初级社向高级社过渡。高级社实行土地归集体，取消土地分红，耕牛、农具全部折价归社，作为投资，由高级社分年偿还收益。社内设脱产或半脱产正副社长、主任、会计、出纳、保管等人员，下设作业队（组），实行统一经营，分级管理。年终收益分配以社为核算单位，在扣除公粮和提取 5%公积金、公益金后，其余按劳动工分分配，多劳多得。

1956 年底，全区高级社发展到 14 个。土地私有制转变为社会主义集体所有制，有效地促进了农业生产的发展。

四、人民公社

1958 年，贯彻中共中央《关于农村建立公社问题的决议》，10 月成立白砂人民公社（当时称国庆人民公社）。人民公社实行“政社合一”，工农商学兵“五位一体”，山林、土地、耕牛、农具等生产资料为社集体所有，统一经营农、林、牧、副、渔业。劳动管理实行军事化，公社把劳力组建成村民兵团，下设营、连、排、班。生活实行集体化，大办公共食堂，统一开膳。农业生产大搞“移苗并丘”“创高产”，产量放“卫星”（即搞浮夸），号称一亩地产粮数千公斤。“大跃进”急于求成，忽视客观规律，出现高指标、高征购、瞎指挥、浮夸风和“共产风”，加上严重的自然灾害，造成粮食连续三年减产。1960—1962 年，由于口粮不足，糠菜替粮，人们体质下降，水肿病大量发生，每个村庄均发生因饥饿死人的事件。据档案资料，

1961 年白砂公社的死亡（含正常死亡和非正常死亡）人数是 205 人；1962 年 1—9 月，死亡人数是 248 人。

1961 年，贯彻中央关于国民经济“调整、巩固、充实、提高”的八字方针和《农村人民公社工作条例》。1962 年，贯彻自留地政策，划出少许耕地，作为社员自留地。核算单位下放至生产队，粮食除按规定缴交征粮、购粮外，按劳动工分、肥料投资和人口比例分配社员口粮。“文化大革命”期间狠抓“阶级斗争”，强调以粮为纲，限制发展多种经营，不准搞家庭副业。1973 年，推行“大寨式”劳动管理制度，搞“标准工分”（基本工分，男全劳力 10 分，女全劳力 8 分）。自报公议，一年一评。结果是群众生产积极性受挫，严重阻碍农村经济发展。1979 年，贯彻《中共中央关于加快农业发展若干问题的决议（草案)》，尊重生产队自主权，放宽对自留地家庭副业和集市贸易的限制，发展商品生产，使农村形势有了根本好转。

1984 年，实行政社分设，结束人民公社体制。

五、家庭联产承包责任制

1980 年 9 月，中共中央发出《关于进一步加快和完善农业生产责任制的几个问题》的通知。1981 年 3 月后，贯彻中共中央《全国农村工作会议纪要》，全社各生产队全面实行家庭联产承包责任制，土地所有权仍归集体所有，联产承包给农民经营，不得买卖，生产队耕牛、农具、仓库等生产资料折价给农民使用。国家征购任务和上调社队任务合理分摊到各农户承担。收益交足国家和集体的，剩下都是承包农户自己的，真正实行按劳分配原则，使农民有了经营自主权，因而激发了农民的生产积极性，促进了农业生产大发展，粮食产量得以快速提高。1982 年 1 月 11 日《福建日报》登载新华社消息：白砂公社社员曾洪山等，在实行承包责任制获得丰收后，一次完成本年和次年粮食征购任务。

1983 年，全社粮食总产量达 25381 吨，比 1981 年增长 20.3%，亩产提高 18.4%。

1984 年，中央明确规定土地承包期一般应在 15 年以上，使农民吃了定心丸，家庭联产承包责任制得到延续稳定和完善。1991 年，根据大多数农户的意愿，在“大稳定”“小调整”的前提下，结合完善责任田承包合同，进行承包耕地调整。1997 年 8 月，中共中央办公厅、国务院办公厅颁发《关于进一步稳定和完善农村土地承包关系的通知》，要求进一步稳定和完善农村土地承包关系，强调要在第一轮土地承包的基础上坚持“大稳定”“小调整”，土地承包期再延长 30 年。1999 年 3 月，白砂镇开展第二轮土地承包工作，镇政府统一印制农村集体土地承包经营权证。2000 年 3 月，完成全镇 6293 户农户、22786 亩耕地的新一轮土地承包合同的签订，承包期从 2000 年 3 月 1 日至 2030 年 3 月 1 日止。

2002 年 11 月后，贯彻中共中央《关于做好农户承包地使用权流转工作的通知》，遵循依法、自愿、有偿、规范的原则，引导和规范农户进行承包地使用权流转。流转主体主要向种植大户流转，流转的方式主要为出租。承包地使用权流转目的在于促进以商品生产为主的专业户、重点户和联合体的产生和发展。

2003 年 3 月后，贯彻九届全国人大常委会第十九次会议通过的《中华人民共和国农村土地承包法》，农民有了长期而有保障的农村土地承包经营权。

第三节 种植业

一、粮食作物

白砂种植的粮食作物主要是水稻，水稻有早、中、晚稻，又以中稻为主，其次是甘薯、大豆、杂粮等。甘薯有早晚甘薯，以晚甘薯为主。大豆多与甘薯套种，以秋大豆为主。

(一) 水 稻

1. 耕作制度

长期以来，人们垦荒造田，开渠引水，种植水稻。水稻种植，起初以单季稻种植为主，后来在水稻收割后的田地里复种地瓜、大豆、小麦等杂粮。

20世纪50年代，仍以单季稻种植为主，也有部分农民在早稻田里间作晚稻（俗称奈子），使之成为两熟制。阳光充足的垵田是稻—杂（甘薯、大豆）两熟制，部分增加冬种油菜、小麦为三熟制。60年代中后期开始引进矮秆早、晚熟良种，试行“单季改双季，间作改连作”的耕作制度。

70年代，大力推广连作双季稻。实行“三改三化”（即单季改双季，高秆改矮秆，稀植改合理密植；种植品种矮秆化，育秧卷秧化，密植规格化）的水稻耕作制度，提出“打倒高种，消灭水秧”的口号，双季连作得以发展，稻杂间作逐渐消失。

80年代开始发展烤烟生产，稻田耕作制度以连作双季稻加冬种一年三熟制为主，其次是烟—稻两熟制。80年代后期也曾试验栽培再生稻，后来又沿用“早稻—晚稻”一年两熟制，冬季农田休闲。

21世纪开始，由于许多农民外出务工，农村劳动力大量减少，农村用粮也相应大量减少，大力推广高产优良杂交品种，水稻单位面积产量大幅提高，早—晚稻两熟种植面积大量下降，逐渐由中稻单熟所代替。

2. 品种改良

稻谷有籼、粳、糯三种，以籼稻为主。新中国成立前，传统品种：籼稻，早稻有细禾米、红米落坑乌、大禾子、白米落坑乌、花箩粘、白米韧粘、赤脚糯等，中稻有赤糯、大冬糯、八月黏等。

新中国成立后，水稻品种经历了由高秆稻改矮秆稻，常规稻改杂交稻，杂交稻改超级杂交稻、优质稻三个阶段的改良。

第一阶段：20世纪60年代中后期，容易倒伏的高秆稻逐渐被矮秆稻代替。主要品种有珍珠矮、矮南特、广场13号等。

第二阶段：70年代中后期至80年代，为常规稻向杂交稻转向期。常规稻有78130、79106、601等品种。1976年，人们开始选用抗病力强、产量高的杂交稻，常规稻种逐渐淘汰。主要品种有闽优、威优、汕优等系列。2004年，开始试种航天育种超级杂交水稻，新组合特优航1号和II优航1号获得成功，适合中晚稻推广种植。

第三阶段：进入21世纪，超级杂交稻在全乡推广。主要品种有早稻品种T优07、T78、金山优3182、中优2155、金优2689、红莲优2155，中晚稻品种有宜优99、宜优693、泰丰优3301、花工优3301、中浙优8号。2009年后，杂交水稻从三系杂优转入二系，主要品种有隆两优系列、广两优系列、聚两优系列、韵两优系列、c两优系列、深两优系列等。

3. 栽培技术

水稻种植特别强调“土、肥、水、种、密、保、管、工”八字方针。

(1) 育 秧

新中国成立初期，沿袭传统的育秧方式，种子不经处理，用圳水、塘水或溪水浸种，谷箩稻草温水催芽，秧田不分畦沟，全丘播种，以脚印或树枝隔开品种，播后长期淹水以防鸟害和保温。1950—1969年，开始采用温汤淋种，增温催芽。1970年起，推广温室蒸气催芽，5406菌肥拌种催芽。1972年，提倡合式秧田育秧，后推广湿润育秧、烤水秧、薄膜育秧。1974年，又推广卷秧、温室蒸气育秧。1975年起，改为育铲、二段育秧。其中以烤水秧、湿润育秧、薄膜育秧方式较好，普遍推广应用。播种时稀播，匀播，播后土杂肥盖种，注意防鸟、防霜冻、防洪水、防晒裂、防病虫害。秧田施肥掌握施足基肥，施好种肥、壮苗肥、送嫁肥，提倡低氮高磷、钾。管水方式为芽期晴天满沟水，雨天排干水，三叶期后不断水。

(2) 插秧　密植

农民的传统习惯为大株稀植。1955年，开始推广适当密植。1958年，脱离客观实际，强调越密越好，还推广移苗并丘，把几十亩的禾苗并成一亩，搞所谓“创高产”，致使粮食大减产。1965年，引种矮秆稻，提倡合理密植，采取拉绳定植方法，保证密植质量。1976年始，推行小株密植。1981年，实行家庭联产承包责任制后，密植度一般在18~20厘米。

(3) 施　肥

新中国成立初，还是沿用古法肥料——农家肥（人粪尿、畜禽肥）、绿肥、稻草回田、草木灰、火烧土、土杂肥、饼肥，此外还有骨粉、毛发、石灰等。20世纪50年代末，曾提倡青草沤肥，圈肥、稻草堆田发酵等，以增加土壤有机质。60年代起，冬季在稻田里大量种植紫云英做绿肥，拆旧房，用老墙土回田，提倡养猪积肥，割青草、嫩树叶下田，挑塘泥、河泥下田，改造土壤增加肥力。60年代中期始，化肥施用量逐步增多，出现忽视有机肥倾向，特别是土杂肥、野生绿肥的积造大量减少，绿肥（紫云英）种植面积亦逐年缩小。

70年代，大造5406等细菌肥，化肥以施用氨水为主，大量建造氨水池。

70年代后期，施肥方法推广“三结合”“三为主”，即农家肥料与化学肥料相结合，以农家肥为主；基肥与追肥相结合，以基肥为主。前期追肥与后期追肥相结合，以前期追肥为主。技术上掌握“五看”（即看天，看土，看肥，看品种，看苗），根据不同情况，灵活施用。

80年代推广微肥、磷酸二氢钾、硼砂、铜肥、锌肥等做根外施肥，但化肥施用量明显增加，产量虽随之提高，土地肥力却下降。

水稻曾推广“攻头、保尾、控中间”和甘薯施用夹边肥的方法。水稻还推广分层施肥，配方施肥和营养诊断施肥的方法。

(4) 灌　溉

20世纪50年代，水稻都是高杆稻，灌溉方法是传统的深水满灌和串灌。1965年推广种植矮秆稻后，深水满灌改为浅水勤灌，串灌改为轮灌，并推广采用浅水插秧，寸水保苗，薄水促蘖，够苗烤田，烤后复水保间，寸水孕穗扬花结实的方法。杂交水稻采用浅水插秧，寸水还青，浅水促蘖，烤田控苗，间歇灌溉保水养穗结实的方法。此法沿用至今。

(5) 病虫害防治

主要病虫害　水稻主要病害有稻瘟病、纹枯病、白叶枯病、稻曲病（谷菌）、细条病等，主要虫害有螟虫、稻飞虱、稻叶蝉、稻纵卷叶螟、稻苞虫、稻瘿蚊、稻蝗等。

人工防治　1952年前，尚无化学农药。病虫害发生后，人民政府动员农民开展人工防治，如拔除被螟虫食蛀的株丛，摘除虫苞、点灯诱蛾等。1970年后，农村逐步普及农业科学技术知识，采取“以防为主、综合防治”的方针，推行“治早、治少、治了”的办法。

药物防治　使用销量广、大的杀虫剂：1952—1969年，为六六粉、滴滴涕、乐果、敌敌畏、敌百虫；1970年后，有杀虫脒、甲胺磷、叶蝉散、杀虫双等；1984年后，引进二嗪农、水胺硫磷、氧化乐果、菊酯杀虫剂等。杀菌剂：1953—1969年，有西刀生；1970—1983年，有稻瘟净、克瘟散、异稻瘟净、托布津、井冈霉素、稻脚青等。1984年后，引进三环唑、霜疫灵、甲维盐、毒死蜱、异丙威、扑虱灵氯氟氰菊酯等。此外，1959年和1972年，曾推广土农药茶饼（俗称“茶枯”）、硫黄、石灰粉、辣蓼草、雷公藤、闹羊花、断肠草、石蒜、松针、烟脊、煤油、肥皂、白碱等防治病虫害。2007年，开始禁止使用甲胺磷、甲基对硫磷、久效磷、对硫磷、磷铵等33种高毒农药，在蔬菜、茶果种植中限用25种农药。

耕作预防 冬翻土早溶田，利用冬寒冻死越冬螟虫，捞除菌核，压低病虫基数。实行轮作换茬，严格种子消毒，减少菌源，选用抗病力强的品种，培育壮秧，增强抗力。增施磷钾肥，适量施氮肥。适时烤田，减少病虫滋生条件。

综合防治 20世纪80年代初，从农田生态平衡出发，本着安全、有效、经济、简便的原则，全面推广协调应用农业、生物、化学方面的综合防治措施。

(6) 杂草防除

农田常见杂草有稗草、鸭舌草、三棱草、野荸荠等。传统的除草方法：水稻田主要靠中耕拔除，旱地主要靠锄头铲除和人工拔除。新中国成立后，除沿用传统办法外，还结合种子过筛，药物浸种等方法清除杂草种子。改善生产条件，大搞农田基本建设，提早溶田。2000年后，人们大量使用除草剂除草，以减轻杂草危害。2010年后，因残留加剧，影响农作物生长，农民开始科学适量使用除草剂。

(二) 地 瓜

地瓜也叫甘薯、红薯，因为引自“番邦”，俗称番薯。明万历年后，白砂就有种地瓜的历史。

因为地瓜好种，人们把它当作仅次于稻谷的主要杂粮，种植面积也仅次于水稻。地瓜种植对增加粮食产量、促进养殖业发展起着积极的作用。地瓜收获了一时吃不完，为了防止变质就制作地瓜干，分生干和熟干，生干当粮食，熟干当作零食。地瓜的主要品种有岩薯73、红心番薯、紫甘薯、缺叶番薯（俗称“缺子番薯”）等。早稻收割后，把田整成若干畦，畦两侧种地瓜，畦面上再播绿豆，也有在畦壁上套种大豆的。改种双季稻后，地瓜种植就移到旱地和山坡地上了。实行家庭联产承包责任制后，随着人们生活条件的不断改善，劳力外出，地瓜的种植面积大大减少。1996年开始，地瓜特别是红心番薯的经济价值提高，种植面积又呈扩大趋势。当年有外地商人到白砂租赁大片农田种植地瓜，种植面积为830亩，1998年954亩，2000年后种植面积有所下降，此后至2017年一直保持在600亩左右。

(三) 大 豆

白砂农户有史以来都有种大豆的习惯，但大多与番薯一起套种，属零星种植。20世纪80年代以前，农田主要用以种水稻，无法种水稻的旱地主要用于种地瓜，大豆只在地瓜畦两侧套种。1996年始，大豆的经济价值提高，种植面积大幅增加，当年种植768亩，比1990年增加2.5倍。1998年，达到883亩。2015年，种植面积是820亩，此后大豆种植面积开始缩小。2017年，全镇种植大豆300亩，总产量33吨。

大豆有黄、黑两种，分春、秋两季种植。春大豆传统品种有六月泡、五月乌、花面豆等，多在山坡地上种植；秋大豆有蚁公包、青皮豆、白毛豆、黄豆、乌豆等，多与番薯一起套种。农户自种的大豆多用于做豆腐和自己食用。1990年以后，规模种植的大豆才用作商品外销。

(四) 麦

麦有大麦、小麦两种，以小麦为主。1950—1979年，各村均有种植，但是小麦的产量很低，又耗肥料。20世纪80年代后，种植面积锐减。2000年后，已不再种植。

(五) 杂 粮

杂粮主要有玉米、高粱、粟子等，一般种在荒杂地、菜地，也有与番薯套种的，为零星种植。这些作物因产量低，种植量逐年减少。20世纪80年代，高粱、粟子曾一度绝迹。21世纪开始，玉米种植又大量兴起，甚至有成片承包种植的。2017年，碧砂村又开始种植高粱。

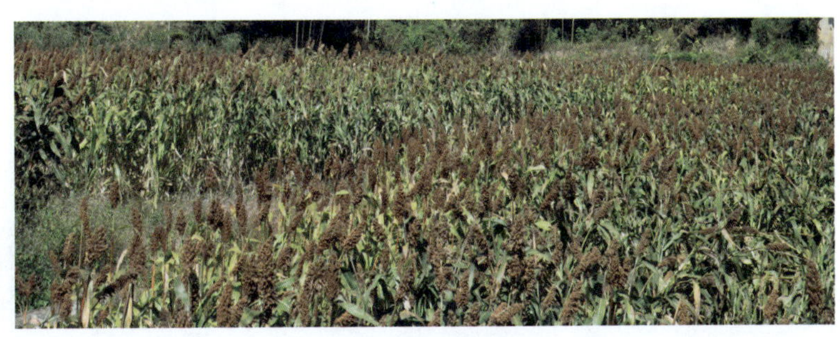

碧砂村高粱种植

表 4–6 1981—2017 年白砂镇粮食作物生产情况表

年份	播种面积（亩）	总产量（吨）	亩产（公斤）	稻谷					
				播种面积（亩）	总产量（吨）	亩产（公斤）	早稻		
							播种面积（亩）	总产量（吨）	亩产（公斤）
1981	59659	10597	178	38486	10555	548	16890	4398	520
1982	40777	12347	303	38867	12322	317	17154	5447	317
1983	40353	11205	283	38740	12692	329	16904	5056	299
1984	40941	11094	271	39034	11026	328	17190	3051	311
1985	40834	11561	283	38458	11497	299	16866	5467	324
1986	39210	11553	295	38463	11286	293	16866	5600	332
1987	40513	11651	288	39988	11596	297	16866	5600	332
1988	38978	11728	301	38455	11673	304	16866	5742	340
1989	39096	12805	328	38458	12755	332	16866	5746	341
1990	39005	12463	320	38477	12404	322	16866	5746	341
1991	39083	12661	323	37529	12449	332	16866	5903	350
1992	38945	13217	339	37667	13091	348	16066	5701	355
1993	36675	11023	301	35263	10888	309	13764	4697	341
1994	38899	11985	308	37449	11841	316	15957	5887	369
1995	39468	13501	342	37880	13326	352	16403	6194	378
1996	38186	13146	344	37982	12889	340	15472	6028	390
1997	39157	13423	343	37079	13196	356	15963	5954	373
1998	41744	14624	350	39916	14416	361	17300	6574	380
1999	39733	14316	360	38280	14128	369	17050	6615	388
2000	39779	14215	358	37870	13975	369	16550	6421	388
2001	38397	13703	357	36423	13421	368	15072	5856	389
2002	38446	13669	—	—	—	—	—	—	—
2003	37593	13565	361	35076	13207	377	14325	5659	395
2004	37084	13455	363	34580	13097	379	14325	5759	402
2005	37084	13388	361	34580	12931	374	14325	5587	390
2006	36582	13414	367	34288	12879	376	14285	5428	380
2007	24701	9191	372	23610	8935	378	9193	3379	368
2008	22772	8390	368	20277	7743	382	8375	2998	358
2009	22772	8390	368	20277	7743	382	8375	2998	358
2010	25231	10046	398	23591	9625	408	8129	2922	359
2011	26031	10648	409	24346	10209	419	8381	3295	393
2012	26031	10648	409	24346	10209	419	8381	3295	393
2013	26020	10713	411	24434	10302	421	8415	3345	397
2014	26355	10957	415	24842	10572	425	8339	3326	399
2015	26417	11335	429	24908	10950	440	8116	3228	39
2016	25996	11315	435	24487	10930	446	7805	3314	412
2017	26540	11530	434	24969	11125	445	6890	2861	415

续表

年份	稻谷						番薯		
	中稻			晚稻			播种面积(亩)	总产量(吨)	亩产(公斤)
	播种面积(亩)	总产量(吨)	亩产(公斤)	播种面积(亩)	总产量(吨)	亩产(公斤)			
1981	4343	1485	684	17253	4672	541	378	42	110
1982	4084	1437	352	17629	5438	308	206	13	64
1983	4275	1640	383	17561	5995	342	526	31	50
1984	4061	1057	261	17781	4618	260	502	43	86
1985	3907	1181	302	17685	4849	274	474	36	75
1986	3932	1176	299	17665	4510	255	421	32	76
1987	3932	1206	357	17665	4734	268	373	32	86
1988	3924	1179	300	17665	4752	269	373	32	86
1989	3924	1302	332	17665	5818	329	373	32	86
1990	3946	1318	334	17665	5340	302	468	56	120
1991	3399	1170	344	17264	5376	311	1210	140	116
1992	3936	1382	351	17665	6008	340	718	86	120
1993	3936	1323	336	17365	4868	277	820	98	120
1994	3936	1337	340	17556	4617	263	830	100	120
1995	3936	1362	346	17542	5770	329	830	120	145
1996	3881	1357	350	17235	5504	324	830	120	145
1997	3916	1394	356	17200	5848	340	517	78	151
1998	3916	1390	355	18700	6452	345	945	138	145
1999	3890	1389	357	17340	6124	353	865	130	150
2000	3980	1433	360	17340	6121	353	900	162	180
2001	5359	1929	360	15992	5636	354	906	163	180
2002	—	—	—	—	—	—	—	—	—
2003	2273	818	360	13705	4915	359	964	173	179
2004	6625	2441	372	13630	4897	359	964	175	182
2005	6625	2446	369	13630	4898	359	703	129	183
2006	2195	812	370	17808	6692	375	703	199	283
2007	4843	1971	407	8496	3339	393	522	158	304
2008	5220	2057	394	6682	2688	402	556	179	322
2009	5220	2057	394	6682	2688	402	556	179	322
2010	5403	2634	488	10059	4069	404	557	161	289
2011	5536	2709	489	10429	4205	404	547	163	298
2012	5536	2709	489	10429	4205	403	547	163	298
2013	5605	2769	494	10414	4184	402	491	148	301
2014	6179	3025	489	10324	4419	428	518	153	295
2015	6447	3224	500	10324	4419	428	518	153	295
2016	6451	3191	495	10324	4419	428	518	153	295
2017	7011	3384	482	10318	4599	446	575	170	295

续表

年份	马铃薯			玉米			大豆		
	播种面积（亩）	总产量（吨）	亩产（公斤）	播种面积（亩）	总产量（吨）	亩产（公斤）	播种面积（亩）	总产量（吨）	亩产（公斤）
1981	—	—	—	—	—	—	132	3.6	27
1982	—	—	—	—	—	—	521	12	23
1983	—	—	—	—	—	—	212	9	45
1984	—	—	—	—	—	—	427	25	58
1985	—	—	—	—	—	—	303	28	92
1986	—	—	—	—	—	—	317	24	76
1987	—	—	—	152	23	150	300	22	73
1988	—	—	—	150	23	151	265	18	68
1989	—	—	—	—	—	—	265	18	68
1990	60	3	50	—	—	—	290	18	62
1991	—	—	—	—	—	—	344	22	64
1992	—	—	—	15	2	133	545	38	70
1993	—	—	—	—	—	—	592	42	71
1994	—	—	—	—	—	—	620	44	71
1995	—	—	—	—	—	—	758	55	73
1996	—	—	—	—	—	—	768	57	74
1997	—	—	—	—	—	—	1237	130	105
1998	—	—	—	—	—	—	883	70	79
1999	100	16	160	—	—	—	468	40	85
2000	256	42	164	—	—	—	753	72	96
2001	276	45	163	—	—	—	792	74	93
2002	—	—	—	—	—	—	—	—	—
2003	349	57	163	75	15	200	870	92	106
2004	336	57	170	75	15	200	870	88	101
2005	336	57	170	595	184	309	870	87	100
2006	146	26	178	625	227	363	820	83	101
2007	32	6	175	450	131	291	429	46	106
2008	50	12	240	1441	406	282	448	50	112
2009	50	12	240	1441	406	282	448	50	112
2010	58	9	155	729	220	302	296	31	105
2011	58	10	172	780	235	301	300	31	103
2012	58	10	172	780	235	301	300	31	103
2013	58	10	172	737	222	301	300	31	103
2014	58	10	172	637	190	298	300	32	106
2015	58	10	172	633	190	300	300	32	106
2016	58	10	172	633	190	300	300	32	106
2017	60	11	183	636	191	300	300	33	110

二、经济作物

（一）食用菌

白砂地处闽西山区，丰富的林木资源是种植食用菌的天然原料。加上白砂自然环境得天独厚，气候湿润，春夏之间温差大，有利于食用菌的生长。白砂的食用菌生产历史悠久，早在明清时期就有香菇生产，但多为浙江庆元菇农（俗称“香菇客子”）前来承包山场，采用“砍花法”进行栽培。

1985年，碧砂村丁德珍引进上海农科院的“瓶栽挖种压块”栽培技术获得成功，引起乡党委政府的高度重视。

1986年，派出农技干部前往龙岩农校和古田县大甲乡，学习当时最先进的袋栽香菇栽培技术。回来后，带领6户农民搞示范栽培，获得成功。随后，乡政府先后举办20多期培训班，培训2万余人次，人员遍布全乡各村。1988年，率先改进常压灭菌方法，采用油桶加薄膜覆盖常压灭菌，一举解决适度规模生产的瓶颈，香菇生产随即获得迅猛发展。

1990年后，每年栽培量均在600万袋以上。1990年，成立乡食用菌服务站。1991年，成立乡食用菌协会。1992年，白砂乡被福建省政府授予全国著名食用菌之乡的称号，产品畅销国内大中城市，远销美国、日本以及欧洲、东南亚各国。1990—1995年，白砂镇利用冬闲地搭盖食用菌棚，利用枝丫材做原料生产香菇，年栽香菇从50万袋发展到200万袋。1994年，建立镇食用菌技术服务中心。

1996—2000年，实施科技兴菇，建立食用菌科技示范片8个，示范村16个，培育示范户266户。2000年，白砂镇成立食用菌发展公司，建立香菇批发市场，通过“公司+农户”提供产、供、销和栽技术等服务，促进食用菌生产。

2005年，白砂食用菌总产量504吨，占全县总产量的21.58%。2010年，白砂食用菌总产量645吨，占全县总产量的22.32%。食用菌生产最多的年份是2012年，全镇栽培量达到1300万袋，其中香菇1000万袋，毛木耳300万袋。全镇建香菇保鲜冷冻库32座，当年食用菌产值达1亿元，成为名副其实的农民增收支柱产业。种植的菌株有香菇的Cr02、Cr04、Cr66、L26、L20、L236、南山一号，还有毛木耳、白背毛木耳、猴头菇、竹荪、凤尾菇、平菇等品种。2015年，白砂食用菌总产量537吨，占全县总产量的19.40%。

2016年，年栽培香菇发展到400万棒，包括灵芝、竹荪、蘑菇、猴头菇、毛木耳等在内。年食用菌总产量达530多吨，创产值2400多万元，产品远销省内外。

白砂香菇以其色鲜、肉厚、味香可口深受消费者青睐。

野生红菇，是白砂镇的又一特产。野生红菇，在夏秋季林中地上群生或单生，但难于人工种植。白砂的野生红菇，肉质肥厚，味极鲜美。每当红菇上市季节，吸引许多人从各地专程赶到白砂采买。

新鲜野生红菇

表 4–7 若干年份白砂镇食用菌生产情况表

单位：吨

年 份	总产量	蘑 菇	香 菇	毛木耳	白木耳
1988	9	—	9	—	—
1989	9	—	9	—	—
1990	9	—	9	—	—
1996	89	—	89	—	—
1998	305	22	283	—	—
1999	524	51	458	8	—
2000	525	42	464	9	—
2001	530	—	—	—	—
2002	558	20	500	13	—
2003	537	12	491	109	—
2004	512	—	493	19	—
2005	504	—	488	16	—
2006	507	—	497	10	—
2007	625	607	—	13	—
2008	658	—	645	13	—
2010	645	—	630	15	—
2011	605	—	590	15	—
2012	1300	—	1000	300	—
2013	545	—	545	—	—
2014	537	—	537	—	—
2015	537	—	537	—	—
2016	539	—	539	—	—
2017	566	—	561	5	—

（二）烤 烟

白砂气候、土壤等条件适宜烟草生长。20 世纪 80 年代，有部分农民开始在山坡地里种植烟草，供销社开始收购烟叶。1984 年后，乡人民政府开始重视发展烤烟生产，并把它作为发展农村经济、增加农民收入的主导产业，以“计划种植，主攻质量，提高单产”为指导方针，采取品种良种化、种植区域化、栽培规范化等一系列措施，引导农户多种烟、种好烟，在资金上予以扶持，生产上予以指导。1990 年起，白砂狠抓优良品种，种植规模，技术规范，采取供应平价肥料，烟叶收购扶助奖励等措施发展烤烟生产。当年全乡烤烟种植面积为 1008 亩。1993 年，全镇烤烟种植 6000 亩，为烤烟种植面积最大的年份。收购烟叶 68 万多斤，总产值 250 万元。全镇建烤房 300 多座，县烟草公司计划在白砂开发区兴建一座占地 132 平方米的白砂烟草站。2001 年，全镇烤烟种植 4012 亩，总产 461 吨。2016 年，全镇种植 1406 亩，总产量 271 吨。

2005年，烟草主管部门开始在白砂实施烟田水利、道路等基础设施建设项目（简称“烟基”工程）。至2013年，共投入资金4797.17万元，实施烟田水利、道路项目119项，兴建密集式烤房204座，受益烟田面积5513亩，受益农户3426户，烤烟生产条件改善，受到烟农好评。

2009年后，烤烟种植面积减少，但上等烟比例提高。

2013年，全镇种植烤烟2750亩，收购烟叶273.1吨，上等烟比例达61.58%。

2017年，全镇种植烤烟1375亩，收购烟叶198.5吨，上等烟比例为66.81%。

表4–8 1985—2017年白砂镇烤烟生产收购情况表

年 份	种植面积（亩）	总产量（吨）	收购量（吨）	上等烟比例（%）
1985	668.2	30	—	—
1990	1008	51	—	—
1991	1106	44	—	—
1992	3032	245	—	—
1993	6000	340	—	—
1994	2500	125	—	—
1995	870	78	—	—
1996	1420	149	—	—
1997	3420	376	—	—
1998	1451	171	—	—
1999	1860	214	—	—
2000	2600	299	—	—
2001	4012	461	—	—
2003	4335	506	—	—
2004	4388	515	—	—
2006	3539	354	—	—
2007	2686	353	—	—
2008	2203	291	—	—
2010	2210	287	—	—
2011	2507	355	292.7	64.5
2012	2577	368	327.5	57.93
2013	2750	418	273.1	61.58
2014	2300	298	228.1	48.22
2015	1695	280	180.4	52.58
2016	1406	271	174	68.22
2017	1375	270	198.5	66.81

表 4-9 2005—2013 年白砂镇“烟基”工程建设情况表

单位：吨

年 份	投入资金总额(万元)	受益烟田面积(亩)	受益农户(户)	烟田水利道路(项)	建设资金(万元)	密集式烤房(座)	烤房建设补贴资金(万元)
2005	1246.40	865	719	17	316.4	37	51.6
2006	776.20	326	271	13	113.2	24	37.4
2007	514.40	672	561	18	276.7	18	26.1
2008	372.10	490	350	15	217.9	39	68.7
2010	1441.70	463	300	18	1146.0	21	31.0
2011	47.70	240	150	25	96.0	16	53.6
2012	252.17	2037	870	3	147.4	27	93.5
2013	146.50	420	2065	10	57.0	22	77.0
合计	4797.17	5513	3426	119	2370.6	204	438.9

（二）芋

长期以来，白砂几乎每户都会种植一些芋头以作蔬菜之用，大多是零星种植。品种有槟榔芋、莲花芋、石堆子芋、六月泡子等。随着农业产业化的发展，芋头的经济价值日益凸显出来。21 世纪，开始进入规模种植，大多是外地客商到本地租赁农田种植。

（三）椒

白砂农户自古有利用空闲荒杂地种植辣椒的习惯，主要作为配菜之用。20 世纪 80 年代，曾有一段规模种植小米椒的历史，但因市场很快萎缩而又回到零星种植。

（四）蔬 菜

蔬菜种植是农村的传统。以前，多在房前屋后的空闲荒杂地种植，自给自足。白菜、芥菜和萝卜为农村的主菜，冬春鲜用，一时吃不完的加工腌制、晒干瓮藏，做常年食用。菜品：根菜类的有白萝卜、红萝卜、大头菜，白菜类有小白菜、大白菜、三月青、调羹白、包菜和花菜，绿叶类有空心菜、芹菜、苋菜、菠菜、灰菜、艾菜、芥蓝菜。疏果类有西红柿、紫茄、甜椒、牛角椒，瓜类有苦瓜、香瓜、冬瓜、丝瓜、南瓜、黄瓜。豆类有扁豆、四月豆、六月豆、状元豆，葱蒜类有细香葱、月月葱、大蒜、韭菜。薯类有马铃薯、大薯、药薯（淮山）、荞子、芋子。水生类有莲藕，多年生菜类有冬笋、麻笋、芦笋、石笋、黄花菜、茭白等。

改革开放以后，随着人们对蔬菜需求量的不断增加，随着部分农民商品意识的不断增强，白砂的蔬菜种植开始大田化，规模化，常年生产在 1000~1200 亩之间。2013 年，随着生姜种植的发展，开始姜后种植一季蔬菜的耕作模式，面积 3000 余亩，亩产值 4000~5000 元。由于注重把三关（品种、质量、“放心菜”），产品远销广东、厦门等大中城市。

表 4-10 1980—2017 年白砂镇蔬菜生产情况表

单位：吨

年 份	种植面积（亩）	总产量（吨）	亩产（公斤）	年 份	种植面积（亩）	总产量（吨）	亩产（公斤）
1980	174.7	177	1015	1999	6085	6815	1120
1981	538	544	1012	2000	6788	7410	1091
1982	828	844	1020	2001	7094	7803	1100
1983	852	869	1020	2002	7530	8343	1108
1984	952	961	1010	2003	8490	9437	1115
1985	846	855	1011	2004	3379	4190	1240
1986	692	708	1024	2005	3450	4171	1209
1987	723	738	1021	2006	8340	10417	1249
1988	798	816	1023	2007	7388	8922	1208
1989	1918	1964	1024	2008	7279	8776	1206
1990	2034	2237	1100	2009	7560	9148	1210
1991	2058	2263	1110	2010	7713	9381	1216
1992	3168	2907	918	2011	7776	9499	1221
1993	3675	1570	427	2012	7800	9516	1220
1994	4478	4926	1100	2013	8363	10036	1200
1995	4526	4980	1100	2014	8530	10279	1205
1996	4636	5104	1101	2015	8259	9911	1200
1997	5454	6923	1269	2016	8363	10036	1200
1998	5285	5529	1046	2017	8005	9769	1200

（五）生 姜

生姜可当作药用和食用，是人们炖肉配菜必不可少的作料，白砂的生姜种植历史悠久。过去人们都利用房前屋后的空闲地种植生姜，种植面积小。2000 年，境内开始大田种植生姜，种植面积在 100~200 亩。2014 年，引进漳州姜农种植技术，生姜生产得到较大发展，常年种植规模达 1000~1300 亩。效益好时，亩产达 6 万元，每亩利润 3 万~4 万元。

（六）水 果

自古以来，农户都会利用山坡、荒地种植一些果树。白砂的传统水果品种主要有梨、柿子、李、橙柑（柚子）、梅、桃等。20 世纪 80 年代后，水果种植品种增加，面积扩大。品种增加蜜柑、西瓜、枇杷、油柰、水蜜桃、沙田柚、杨梅、黄花梨、葡萄等。1990 年冬，白砂乡在太阳圩创办林果场，种植油柰等果树。90 年代，大科籍台胞廖鑑开，将产自台湾的泰国柚引进大科村双才自然村种植，取名“上杭蜜柚”，后更名为“杭晚蜜柚”。其果品 1999 年经农业部柑橘及苗木质量监督检验测试中心检验评审，品质优良，颁发优质产品证书。杭晚蜜柚获福建省科技进步三等奖并获得闽西八大珍美誉。21 世纪初，百香果种植开始发展。2016 年，全镇种植水果 278.7 公顷，总产量 1772 吨。

百香果种植（下早康）

三、其他农作物

蕉　芋　主要在房前屋后空闲地，山坡地种植。20 世纪 80 年代，种植面积开始扩大。蕉芋可以制作粉皮、粉条，成为人们的重要副食。1990 年后，蕉芋粉销售成为农户的主要经济收入之一。2000 年，全镇蕉芋种植面积 1600 亩，产量 1568 吨。

茶　叶　主要在房前屋后空闲地种植，零星分散种植，手工制作，自给饮用。20 世纪 90 年代中期，开始规模种植。岭背村邓百科注册上杭县绿鑫农业发展有限公司，种植铁观音茶 300 亩，其中商标为“碧水岩”的茶品在龙岩市首届茶叶评比会上获二等奖（2018 年龙岩市茶叶评比获银奖）。2017 年，全镇种植茶叶 1685 亩，产量 120 吨。

岭背茶叶种植

木　薯　多以山坡、荒地种植，以供自用。2000 年后，种植面积逐年减少。2017 年，全镇种植面积 145 亩，总产量 104 吨。

花　生　20 世纪 90 年代前，仅零星种植。90 年代后，种植面积扩大。1998 年，全镇种植花生 543 亩，产量 48 吨。2017 年，种植花生 165 亩，产量 28 吨。

第四节　畜牧水产

一、家畜养殖

（一）猪

“穷人不断猪，富人不断书”，猪是农家之宝。自古以来，养猪是农民家庭经济主要来源之一。新中国成立以前，农民耕地少、粮食少，养不起猪。新中国成立后，政府重视生猪生产。1958 年，人民公社限制社员养猪，把社员家庭饲养的生猪折价归集体饲养。1959 年，集体养猪猛增，由于猪舍少，饲料缺，加上连续三年粮食歉收，生猪出栏数迅速下降。后来贯彻“公养和私养并举，以私养为主”的方针，加上粮食形势好转，国家又提高生猪收购价格，养猪业逐步发展。

1981 年农业生产责任制落实后，农民手中有了充足的粮食，养猪积极性迅速提高，家家户户都养猪，多的养十几头、几十头。

20 世纪 90 年代，政府扶持养猪业的发展，把发展生猪作为主导产业来抓。生猪养殖迅速发展，出现一批养殖专业户、大户。2005 年 9 月，白砂镇成立生猪产业协会。当年白砂生猪养殖达到 15 万头，建立标准化养殖场 10 家。在养猪业发展过程中，政府重视养殖业污染防治，引导养殖企业、农户采取猪—沼气—作物能源生态模式、沼气工程为主的能源环保模式、微生物发酵零排放模式等，达到发展生猪生产与保护环境相统一。为保护生态环境，2013 年，白砂镇开始加强养殖业污染整治，对禁养区内的养猪场一律关闭拆除，限养区内的养猪场必须进行环保改造，做到零排放或资源化综合利用。2017 年，全镇保留 38 家猪场，全部完成污染整治并升级改造，年出栏生猪 4 万头。

（二）牛

新中国成立后，贫苦农民分得了土地，牛的饲养量逐年增加，政府也十分重视发展养牛事业，向农民发放耕牛贷款。1953 年，全区发放耕牛贷款 15 万元。1981 年实行家庭联产承包责任制后，每家每户都养牛，并且出现部分养牛专业户。1985 年，全乡有耕牛 724 头。20 世纪 90 年代以前，牛一向是农耕的主要畜力。1995 年后，随着农业机械化的推进，机耕逐步代替牛耕，牛的数量也逐渐减少。2017 年，全镇牛存栏 523 头。

（三）羊

20 世纪 80 年代以后，随着农村养殖业向商品化发展，农民养羊业逐步发展起来。1995 年，全乡养羊的存栏数达 350 只。2000 年后，出现养羊专业户 25 户，有 5 户规模较大，养羊 80 只以上，规模最大的达 110 只。2006 年，肉羊存栏 670 只。2017 年，肉羊存栏 1073 只。

（四）狗

白砂农户长期有养狗的习惯，主要用于看守门户及肉食。亦有少数猎户养猎狗，用来打猎时寻找野兽。狗的品种有黄狗、白狗、黑狗、狼狗、狮子狗、哈巴狗等。由于养狗易发生狂犬病，政府也曾明令限制养狗。2000 年后，家庭养狗逐渐减少。

（五）兔

兔，作为小型食草动物，自古以来都为人们喜爱。白砂农户养兔历史悠久，以家养为主。20 世纪 70 年代，曾兴起饲养长毛兔（又称剪毛兔）热，许多农户都饲养这种兔，供销社专门收购兔毛。至 80 年代中期，长毛兔养殖逐步消失。90 年代，养兔业得到发展，1999 年全乡兔存栏达 10765 只，比 1990 年增加 4 倍。进入 21 世纪，养兔业较为稳定，全乡兔存栏在 10000~35000 只之间，2011 年达 31719 只。期间出现一些养兔专业户，主要饲养通贤乌兔和新西兰伊拉兔，规模 5000 只以上的有 5 户。2017 年，规模最大的为扶福村的龚梅荣、龚立斌两户，各投资 100 多万元，各养 1 万只新西兰伊拉兔。

表 4–11 1990—2017 年白砂镇畜牧业生产情况表

年份	猪			牛			兔		家禽		禽蛋产量(吨)	肉类总产量(吨)
	当年出栏(头)	存栏(头)	猪肉产量(吨)	当年出栏(头)	存栏(头)	牛肉产量(吨)	存栏(只)	兔肉产量(吨)	存栏(只)	禽肉产量(吨)		
1990	11507	15675	922	60	1001	6	11548	12	50596	50	44	991
1991	12999	17441	1040	87	1164	9	11580	15	54300	60	53	1123
1992	18909	20730	1513	111	1316	11	16102	20	63000	69	59	1614
1993	19510	21040	1561	120	1420	12	17570	25	64000	78	70	1677
1994	21560	21980	1724	170	1590	17	18000	7	68000	83	80	1852
1995	22343	22414	1787	170	1670	17	18500	27	72185	72	83	1904
1996	23350	23550	1868	200	1700	20	27000	27	78800	79	92	1996
1997	28050	27050	2287	200	1700	20	27060	27	81875	81	98	2421
1998	29510	26800	2577	200	1750	30	27100	30	85200	150	102	2790
1999	31300	29680	2504	298	1950	32	10765	38	89300	128	145	2706

续表

年份	猪			牛			兔		家　禽		禽蛋产量(吨)	肉类总产量(吨)
	当年出栏(头)	存栏(头)	猪肉产量(吨)	当年出栏(头)	存栏(头)	牛肉产量(吨)	存栏(只)	兔肉产量(吨)	存栏(只)	禽肉产量(吨)		
2000	37723	29960	2640	305	1952	31	10780	43	89830	160	238	2878
2001	—	—	2696	—	1958	—	—	—	—	—	302	2933
2002	—	—	3067	—	1962	—	—	—	—	—	311	3560
2003	48529	34933	3444	359	1645	36	7584	45	148630	449	336	3988
2004	48627	34972	3399	361	1386	36	8096	44	143456	450	343	3936
2005	49027	35542	3433	370	1396	37	8130	44	143656	450	346	3982
2006	49300	35545	3433	372	1398	37	8140	42	143666	450	346	3972
2007	36800	38435	2686	180	467	28	7699	75	133694	353	301	3126
2008	26486	39584	2486	201	469	21	7699	77	140742	317	285	2911
2009	37723	29960	2640	304	1952	31	10780	43	89830	160	238	2878
2010	39335	27523	2967	439	1132	44	25991	55	99503	223	108	3333
2011	42488	28943	3252	325	889	32	31719	65	92875	239	122	366413
2012	40204	27929	3077	323	425	33	31704	66	76985	220	122	3470
2013	26039	19394	3213	323	504	31	31708	67	68903	200	103	3586
2014	37271	18135	2986	323	504	33	31712	65	581800	2889	122	6253
2015	35686	21931	2820	323	512	33	31715	79	768983	4207	77	7217
2016	38552	21772	3113	323	512	33	31808	65	695047	4546	92	7855
2017	38753	29653	3221	174	255	17	35466	69	1442134	10635	110	14042

二、家禽养殖

鸡、鸭、鹅等家禽饲养在白砂极为普遍，主要以地方品种为主。

鸡，几乎每家每户均有饲养，多数农户饲养为了自给，以供过年、过节接待亲朋等之需，商品率极低。20世纪60年代初，由于粮食困难，家禽饲养少。“文化大革命”期间，在“鸡头、鸭头不得超过人头”的口号下，家禽饲养处于低谷。1981年后，随着党的农村政策的落实，家禽饲养量迅速增加。1994年，家禽存栏达20.03万羽，首次突破20万羽。21世纪初，随着森宝（龙岩）实业有限公司的投产，白砂部分村成为该公司的肉鸡生产基地，采取工厂化饲养模式，养鸡规模扩大。2012年以后，森宝白羽鸡养殖场开始采用“公司+农户”的饲养模式，全镇出现养鸡专业户23户，年出栏白羽鸡400万羽。规模较大的智能化养鸡场有大科村傅焕珍养鸡场，塘丰村张锦松张德先养鸡场，年出栏都在25万羽以上。

白砂饲养山麻鸭历史悠久，20世纪90年代迅速发展。1991年，乡党委、政府为了发展农村经济，增加群众收入，开始提出大力发展山麻鸭，并把它作为群众脱贫致富的主要项目来抓，建立了大田村养鸭协会和山麻鸭人工授精研究所。1994年，县财立项给予扶持资金5万元，建立了山麻鸭大田村规模养殖基地。镇政府以畜牧兽医站为技术骨干，从资金、技术上扶持基地和农户养鸭，养殖大户不断增多。当年，基地养鸭有98户2万只，户养500只以上的有12户，温生辉、刘启洋、沈占传3户户养1000只以上。全镇年养5万只以上，其中户养150~200只的有65户，户养200只以上的有164户。1994年，大田村温生辉是养殖大户，销售鸭苗、成鸭和来蛋孵化鸭苗三项年产值8万多元，纯收入4万多元。

1995—2015年，山麻鸭的养殖一直持续发展，肉鸭（番鸭、半番鸭）养殖也逐步兴起。山麻鸭、肉鸭养殖业的发展，促进了农村经济的发展，繁荣了市场，丰富了人们的菜篮子。2017年1月，大田村刘荣榕成立榕信养殖有限公司，主要经营范围是山麻鸭、肉鸭的饲养销售，鸭苗孵化和销售。年产值近千万元，纯收入200万元。

悠久的养禽历史，催生了一批孵化专业户。1985年以前，有大田村温传贵、中洋村袁元康、岭背村刘成华等专业从事鸡、鸭苗孵化。随着养禽业的发展，高峰时孵化场达十几家。目前，规模大的有塘丰村林华荣创办的福建英华农牧有限公司，年孵化番鸭苗200万羽以上；大田村刘荣榕创办的上杭榕信养殖有限公司，年孵化山麻鸭等鸭苗260万羽以上。他们的鸭苗还远销广东、江西、浙江等地，年产值均近千万元。

鹅在白砂只是散户养殖，但从没间断过。

三、水产养殖

（一）池塘养鱼

自古以来，白砂就有在自家房前屋后挖塘养鱼的习惯，大多养来自用。20世纪80年代实行家庭联产承包责任制后，农民养鱼往商品化发展，开始租用宗祠池塘或山塘进行大塘养鱼，也有利用自家承包的农田进行稻田养鱼的，养鱼产业有较大发展。1989年，白砂乡池塘养鱼面积达165亩，产鱼23吨。1998年，全镇有养鱼户148户。2005年，白砂镇池塘养鱼面积达260亩，产鱼65吨。2015年，白砂镇池塘养鱼面积191亩，产鱼90吨。2017年，白砂镇池塘养鱼面积13亩，产鱼70吨。

（二）水库养鱼

樟黄村上礤水库1978年9月竣工，1979年开始放养鱼苗2万多尾。20世纪80年代，塘丰、中洋、碧砂等村逐步把山塘租给养鱼专业户养鱼，一来增加村财收入，二来保证山塘有充足的水保障灌溉。2005年，全镇水库养鱼64亩。2015年，白砂镇水库养鱼77亩。

（三）牛蛙养殖

2012年，中洋河坑塅、岭背石陂塅开始有外地客商租地养殖牛蛙。2013年，养牛蛙280亩，每亩产值约25万元。2014年后，因牛蛙排水污染严重而停止养殖。

（四）捕 捞

20世纪五六十年代，白砂各村的溪中游鱼随处可见，村中溪流时有捕鱼人员出现，每年可捕溪鱼6吨左右。70年代后，由于大量使用农药、化肥，加上纸厂等一些小企业的上马，溪水受到严重污染，溪涧鱼虾几乎绝迹。2015年后，镇政府告示禁止在溪中捕捞，并采取措施，关闭小型纸厂等污染小企业。2017年，开始实施河长制，每条溪流配备河长，不定期巡查。严禁垃圾对溪流的污染，严禁电鱼、毒鱼、炸鱼，又出现山清水秀、鱼虾丰的喜人景象。

四、其他养殖

白砂的许多村民有收养蜜蜂的爱好。2005年，白砂的蜂蜜产量2吨。2010年，蜂蜜产量6吨。2015年，蜂蜜产量6吨。2017年，全镇养蜂1000余箱，都分布在较为边远的村落，如岭背、下旱、上旱、碧砂、茜黄、大科等村，其中大科村傅元煌等养蜂120箱，碧砂丁德珍一户养蜂200多箱。

1993年，朋新村傅永波饲养水獭45只，后因销路问题而停止饲养。

2000年后，有部分农户饲养竹鼠（俗称“土▮子”），因难圈养而停止养殖。此外，也有人试过山鸡养殖、野猪养殖等，均未成规模。

表 4–12　1989—2017 年白砂镇渔业生产情况表

年　份	淡水养殖面积（亩）			水产品产量（吨）		
		池塘养殖	水库养殖		捕捞	养殖
1989	165	165	—	23	4	19
1990	165	165	—	23	4	19
1991	225	181	44	20	4	16
1992	154	154	—	24	4	20
1993	180	180	—	29	4	25
1994	250	250	—	52	4	48
1995	302	282	20	69	5	64
1996	224	204	20	88	7	81
1997	258	258	—	97	11	86
1998	268	268	—	104	15	89
1999	268	268	—	130	15	115
2000	252	252	—	120	10	110
2001	253	253	—	135	15	120
2002	308	261	47	115	25	90
2003	304	260	44	119	22	97
2004	324	260	64	81	18	63
2005	324	260	64	85	20	65
2006	324	260	64	85	21	64
2007	100	44	31	49	9	38
2008	138	98	40	47	5	42
2009	252	252	—	120	10	110
2010	138	61	77	31	4	27
2011	138	61	77	36	4	32
2012	138	61	77	41	4	37
2013	138	61	77	41	4	37
2014	268	191	77	87	4	83
2015	268	191	77	95	5	90
2016	18	13	5	101	5	96
2017	18	13	5	101	5	96

表 4–13 1990—2017 年农牧渔业产值表

单位：万元

年份	农牧渔业总产值		农业产值		牧业产值		渔业产值	
	当年价	不变价	当年价	不变价	当年价	不变价	当年价	不变价
1990	2051	2136	897	853	585	553	11	11
1991	2126	2265	960	909	618	655	9	9
1992	2573	2640	1137	1034	961	934	13	10
1993	3970	2560	2095	1140	1437	940	18	12
1994	4727	2698	2424	1210	1548	962	58	28
1995	6051	2898	3074	1283	2315	1124	66	27
1996	6676	3004	3449	1373	2676	1157	93	37
1997	8077	3698	3893	1521	3308	1361	99	44
1998	8483	4185	3827	1554	3276	1490	120	45
1999	9436	4946	3994	1656	3345	1570	147	56
2000	9808	5193	4004	1698	3740	1759	140	52
2001	10094	5295	5384	3061	3133	1756	151	59
2002	11301	5871	5734	3131	4791	2254	113	50
2003	11511	6524	5331	3478	4679	2346	112	45
2004	12664	6157	5638	2996	5188	2267	98	80
2005	13077	5959	6402	2851	5166	2294	72	54
2006	11815	5554	6542	2869	4108	2287	73	35
2007	13747	6126	6013	3157	6180	2519	53	24
2008	16504	14439	7108	6534	6974	5824	48	45
2009	15179	16502	6513	6296	6501	8073	41	41
2010	17352	16634	7594	6640	6274	6725	36	31
2011	20595	17959	8726	8100	8574	6950	43	37
2012	20202	20193	9136	8576	7886	8491	43	41
2013	20448	20014	8856	8508	8112	8124	68	67
2014	24034	23673	9363	8806	12029	12300	112	114
2015	30790	29068	9502	9358	18282	16956	115	117
2016	36313	32454	10365	9891	23045	19535	131	126
2017	41268	32454	10897	9891	27600	19535	125	126

注：1.据《上杭县统计年鉴》。2.不变价中，1990 年使用 1980 年不变价。1991 年始，使用 1990 年不变价。

第五节 机构与管理

一、农技站

1975年，白砂成立农业技术推广站（简称农技站）。白砂农技站设站长1人，有农业技术干部5人，其中农艺师1人，初级职称3人，高级职称1人，并配备村级农民技术员22人。农技站的职能是负责域内作物栽培、土壤肥料、经济作物、农业技术推广，种子、化肥、农药经营业务方面的管理，建立农业新品种、新技术试验示范基地和病虫害测报，及时为农民提供农业生产过程的技术服务，促进农业新技术的推广应用，为农业生产丰收提供技术保障。

二、农机站

1979年，白砂成立农业机械管理站（简称农机站）。设站长1人，副站长1人，职工1人。农机站主要对境内进行农业机械操作技术培训，对农业机械维修、使用、推广，安全监督等方面的管理。

三、畜牧兽医站

1974年1月，成立白砂畜牧兽医管理协会。1987年，改称畜牧兽医工作站（简称“兽医站”）。设站长1人，工作人员1人。兽医站主要负责对家禽家畜进行定期防疫。2005年，为预防禽流感的发生，镇兽医站统一安排兽医人员入村上门，为农民免费注射禽畜疫苗。其后每年春、秋两季，进村入户给禽畜打针预防，确保境内禽畜的健康。2012年和2013年，全镇养殖专业户迅猛增加，畜牧兽医站定期下村巡视，及时为养殖专业户做禽畜病情调查，保证农民养殖业的健康发展。

四、水利工作站

1975年1月，成立白砂公社水利电力中心管理站。1981年，改为水利电力技术工作站。水利工作站负责全辖区内防汛抗旱、农田水利建设、农村饮水安全及水利科技推广，承担域内水资源规划、水利工程建设、管理运行维护技术指导等工作，并负责农田水利、人饮项目上报，编制水毁项目修复计划等。

五、烟草站

1987年，县烟草公司在白砂乡设烟草收购站。2013年，设站长1人，仓管1人，技术指导5人。白砂烟草站负责对域内烤烟生产的种植面积、品种、栽培技术、采摘、烘烤等环节实行管理，进行技术指导，订立产购合同，规范收购，扶持奖励等收购措施。

表 4–14 白砂镇农业管理机构负责人名表

机构	姓名	职务	任职时间
农技站	李长生	站长	1974 年以前
	赖法昌	站长	1975—1984–01
	袁兆泉	站长	1984–02—1989–01
	林华周	站长	1989–02—1999–01
	陈震平	站长	1999–02—2006–01
	傅跃荣	站长	2007–02—2017–01
农机站	丘宜安	站长	1974—1976
	刘发丁	站长	1976—1987
	袁焕魁	站长	1988—1999
	傅振兴	站长	2000—2003
	袁元钦	站长	2003—
畜牧兽医站	严开瑞	站长	1972–10—1978–10
	邱宇球	站长	1978–11—1981–10
	袁迪贵	站长	1981–11—1988–09
	黄康生	站长	1988–10—1997–03
	邓进荣	站长	1997–04—2008–12
	丁永富	站长	2009–01—2013–09
	廖寿祥	站长	2013–10—
水利工作站	严荣发	站长	1982–05—1983–11
	温焕梅	站长	1983–12—1985–09
	郑国棠	站长	1985–10—1990–10
	袁家清	站长	1990–11—1997–10
	温千祥	站长	1997–11—2000–10
	张建培	站长	2000–11—2009–10
	蓝丁贤	站长	2009–10—
烟草站	朱益祥	站长	1990–10—1994–10
	张恒太	站长	1994–10—2001–09
	蓝耀康	站长	2001–09—2002–09
	高友峰	站长	2002–09—2003–10
	林朝辉	站长	2003–10—2006–10
	刘锦银	站长	2006–10—2007–10
	黄月英	站长	2007–10—2013–10
	黄永红	站长	2013–10—2015–11
	吴小凤	站长	2015–11—2017–10
	刘卫宝	站长	2017–10—

第五章　林　业

白砂境内重峦叠嶂，明清时期，所有山岭都是原始森林。森林资源十分丰富，以毛竹为原料的土纸生产兴盛。同时，各村重视林业资源保护。在民国以前，各个村落普遍都有禁山的乡规民约，为白砂森林资源的保护起重要作用。

新中国成立后，政府重视林业工作，林业生产得到发展。但是1958年“大炼钢铁”，大肆上山砍伐木材烧炭，农村办食堂以松杂木做燃料，毁林现象严重。由于人口的迅速增长，森林资源消耗多，增长少。1981年后，贯彻落实《中华人民共和国森林法》等法律法规，依法治林，植树造林，封山育林，并实施林权制度改革，贯彻“以营林为基础，普遍护林，大力造林。采育结合，永续利用”的方针，白砂的林业得到较快发展，山岭的植被得到较快恢复。林业建设逐步转向生态优先、生态建设、生态林业与产生发展并举。林业经营逐步转向林地租赁，林木产权转让到户经营为主。林业在建设生态家园和发展绿色产业中发挥不可替代的作用。

1958年10月，白砂境内设立国营上杭县白砂林场。2017年，白砂林场为省属市管国有林场。白砂国有林场在境内经营有3416.93公顷（51254亩）的林地，森林覆盖率达97.5%。鉴于其体制，本志专设“白砂国有林场”节，简要记述其历史和现状。

第一节　森林资源

一、面积　蓄积

据白砂镇2017年统计年鉴数据，全镇有可用于林业方面的林业用地17476.2公顷（262143亩），其中上杭白砂国有林场林地3416.93公顷，全镇人均林业用地0.66公顷，林业用地占土地总面积的89.1%。全镇生态林（成林）面积15662公顷，占林业用地的79%。竹林面积2128公顷，果园面积486公顷。全镇森林覆盖率81%，活立木积量1567334立方米，人均58.08立方米。

表 5-1 2017 年白砂镇森林资源分布情况表

村 别	有林地（公顷）	其中林场经营（公顷）	森林覆盖率（%）	活立木蓄积量（立方米）	生态林面积（公顷）
中 洋	1222.2	258	87	145789	1200.7
梧 岗	100	66	71	3490	100
梧 田	659	101	89	68234	643
塘 丰	950	28	82	78524	949.7
朋 新	378	196	47	32124	377.6
樟 黄	1342	435	83	182097	1280.7
岭 背	1203	388	82	72976	1174.7
大 科	250	47	69	17978	247.4
长 锦	414	91	83	45197	413.6
丰 源	379	—	83	27964	378.8
上旱康	1198	—	90	144896	1316.5
下旱康	564	—	80	53340	566.6
碧 砂	578	—	90	58091	574.8
大 田	504	227	65	32135	503.9
大 金	606	122	79	61868	605.9
扶 福	331	81	83	27127	330.8
官 洋	944	79	82	109120	941.1
军 桥	810	250	82	100797	809.9
茜 黄	782	323	92	67847	782
东 塘	342	116	84	31190	342
嫩 洋	1197	502	92	97206	1193.8
洋 乾	1267	106	88	109344	1264.1

注：本表由白砂林业站提供。

二、结 构

白砂镇的森林植被以常绿针叶林为主，松木、杉木、樟树（小叶樟、大叶樟、沉水樟）、栲属类约占30%，落叶混交林及竹林约占 30%，覆盖以芒、芒萁为主。

林种结构：用材林 10158 公顷，生态公益林 1672 公顷，经济林 137 公顷，其中果树园 85 公顷，药材林 52 公顷，竹林 2128 公顷。

三、古树名木

经林业部门调查鉴定（部分区域调查），经上杭县人民政府挂牌，2017 年，境内有 93 株古树名木被列为保护树木，其中被列为一级保护的有 2 株，二级保护的 7 株，三级保护的有 84 株。

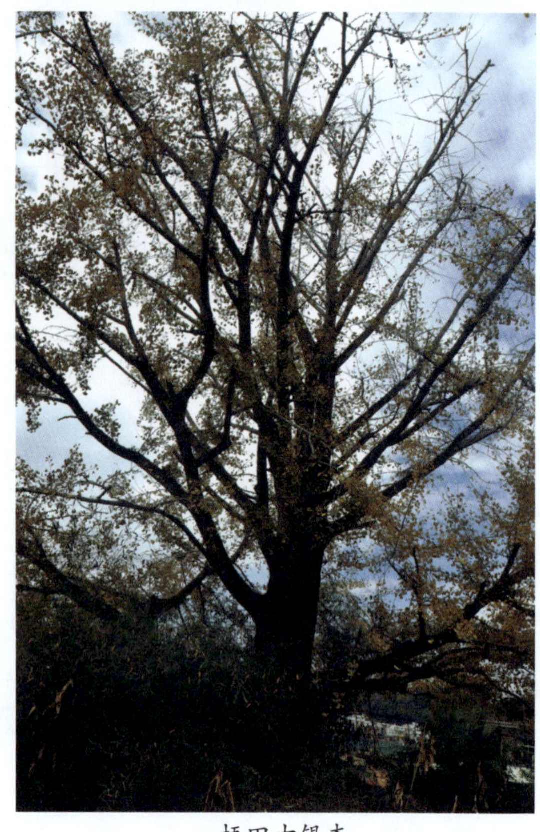
梧田古银杏

银　杏　梧田村白果树下自然村有三株银杏（白果），每株之间相距5米左右。三株银杏树龄都在300年以上，其中一株树高17米，胸围2.75米，冠幅200.96平方米。由于生长有三株白果，故而这三株白果树周边的村子叫作“白果树下”。

桂　花　白砂境内有很多古桂花树（八月桂），树龄均在百年以上。其中官洋村松柏角里自然村，有一株桂花树，树龄600年以上。树高22米，胸围3.45米，冠幅254.3平方米，属一级保护树木。大金村牛栏科，有一株树龄500年以上的桂花树。树高16米，胸围3.89米，冠幅176.6平方米，属一级保护树木。朋新横排自然村有一株树龄350年以上的桂花树，树高15米，胸围2.79米，冠幅176.6平方米。

江南油杉　上早康李屋坑自然村，有一株江南油杉，树龄400年以上。树高28米，胸围5.75米，冠幅415平方米，当地人称为古树王。

南方红豆杉　岭背村桥头坑生长一株南方红豆杉，树龄350年以上。树高25米，胸围2.7米，冠幅176.6米。

榕　树　塘丰横岗头自然村长有一株榕树（当地榕树品种，名称“红榕”），树龄300年以上。树高29米，胸围6.12米，冠幅1017平方米。该榕树生长在麒麟溪畔，由于水分、阳光充足，一年四季枝繁叶茂，郁郁葱葱。

阿丁枫古树群　丰源村上甲源自然村，有一片5亩的阿丁枫古树群（中文树名为细柄蕈树），共有14株，平均树龄290年以上。树高均在25米以上，胸围均在3米以上。2015年5月，上杭县人民政府将古树群挂牌，列为保护古树名木。扶福村水口有一片10亩的阿丁枫古树群，共有18株阿丁枫，平均树龄200年以上，胸围3米以上。2015年5月，上杭县人民政府将古树群挂牌，列为保护古树名木。

表5–2　白砂镇古树名木情况表

中文树名	别名	树龄（年）	树高（米）	胸围（米）	冠幅（平方米）	具体生长位置	保护级别
桂花	木樨	500	16	3.89	177	大金村牛栏科	一级
桂花	木樨	600	22	3.45	254	官洋村松柏角里	一级
银杏	白果	300	17	2.75	201	梧田村白果树下	二级
银杏	白果	300	9	1.73	154	梧田村白果树下	二级
银杏	白果	300	7	2.18	79	梧田村白果树下	二级
榕树		300	29	6.12	1017	塘丰横岗头	二级
南方铁杉		450	25	3.55	177	洋乾中村溪背	二级
桂花	木樨	300	20	2.79	177	樟黄村神岭下	二级
红柄蕈树	细柄阿丁枫	300	27	5.31	380	军桥村王坑水口	二级

续表

中文树名	别名	树龄（年）	树高（米）	胸围（米）	冠幅（平方米）	具体生长位置	保护级别
枫香	枫树	110	28	2.39	113	嫩洋村崩撩凹上	三级
栲树	丝栗栲	135	18	3.04	95	丰源村丰源水口	三级
木荷		150	26	3.3	254	丰源村丰源水口	三级
枫香	枫树	165	28	2.14	201	丰源村下甲水口	三级
枫香	枫树	110	24	1.51	95	丰源村下甲水口	三级
椤木石楠		260	18	2.23	95	丰源村下甲水口	三级
木荷		110	27	1.98	79	丰源村下甲凹口	三级
枫香	枫树	110	29	2.17	133	丰源村下甲凹上	三级
椤木石楠		140	21	2.1	38	丰源村下甲凹上	三级
杉木	杉	120	18	3.17	28	丰源村三头杉树下	三级
杉木	杉	120	15	2.29	28	丰源村三头杉树下	三级
椤木石楠		108	27	1.95	50	丰源村背头坪	三级
江南油杉		400	28	5.75	415	上早李屋坑	三级
椤木石楠		186	26	2.59	113	上早李屋坑	三级
枫香	枫树	240	41	4.33	50	上早村良善坑溪边	三级
木荷		130	28	2.46	113	上早村庙背窝	三级
樟树	香樟	135	25	2.37	95	上早村庙背窝	三级
南方红豆杉		200	18	3.2	23	上早村葛藤坑	三级
椤木石楠		160	27	3.36	154	上早石陂头	三级
椤木石楠		105	24	1.82	64	上早石陂头	三级
椤木石楠		110	26	2.14	79	下早小游背头	三级
樟树	香樟	110	27	2.2	254	下早小游背	三级
樟树	香樟	106	20	6.28	314	下早村大浦头	三级
南方红豆杉		350	25	2.7	177	岭背村桥头坑	三级
桂花	木樨	300	23	2.54	154	岭背村桥头坑	三级
红柄蕈树	细柄阿丁枫	180	30	3.05	95	岭背村东峰祠	三级
木荷		125	37	2.5	113	岭背村东峰祠	三级
椤木石楠		170	23	3.42	113	岭背山冈园	三级
樟树	香樟	115	18	2.35	64	岭背村南坑背头	三级
椤木石楠		115	15	1.88	64	岭背村南坑背头	三级
椤木石楠		110	21	2.48	79	岭背村南坑背头	三级
椤木石楠		110	22	1.95	95	岭背村南坑背头	三级

续表

中文树名	别名	树龄（年）	树高（米）	胸围（米）	冠幅（平方米）	具体生长位置	保护级别
椤木石楠		110	17	2.04	38	岭背村南坑背头	三级
桂花	木樨	200	7	1.63	38	岭背村桂花树下	三级
桂花	木樨	350	15	2.79	117	朋新村横排	三级
樟树	香樟	110	30	2.07	113	朋新村上城下屋背头	三级
木荷		110	32	2.07	95	朋新村上城下屋背头	三级
枫香	枫树	110	35	3.08	177	朋新村上城下屋背头	三级
樟树	香樟	200	28	3.99	346	中洋村关帝庙	三级
榕树		120	28	4.87	283	中洋村下洋段上	三级
朴树		120	29	3.77	201	中洋村下洋段上	三级
枫香	枫树	150	30	3.17	254	塘丰村营背背头	三级
朴树		120	18	2.61	531	梧岗村凉亭桥	三级
朴树		120	16	1.73	201	梧岗村凉亭桥	三级
朴树		200	22	4.58	314	梧岗村凉亭桥	三级
桂花	木樨	150	13	1.82	38	梧岗村凉亭桥	三级
朴树		120	22	2.42	201	梧岗村凉亭桥	三级
枫香	枫树	160	33	3.52	254	大金村金东山水口	三级
红柄蕈树	细柄阿丁枫	120	23	1.95	154	大金村乌石头	三级
红柄蕈树	细柄阿丁枫	110	22	1.73	133	大金村乌石头	三级
枫香	枫树	180	41	3.55	254	大金村沈屋	三级
椤木石楠		110	24	2.14	113	官洋得凹岭上	三级
南方红豆杉		120	21	2.14	113	官洋村王坑路边	三级
枫香	枫树	130	30	3.14	283	官洋村松柏村头	三级
椤木石楠		100	23	2.04	28	官洋村松柏角里	三级
桂花	木樨	200	15	1.7	79	官洋村张屋	三级
油杉	杜松	150	27	3.05	177	官洋丁坑冷水湖	三级
枫香	枫树	200	41	3.67	254	嫩洋村沙山里	三级
木荷		180	43	2.04	133	嫩洋村沙山里	三级
枫香	枫树	130	32	2.76	254	洋乾村铜树排	三级
枫香	枫树	120	32	2.29	133	洋乾村铜树排	三级
枫香	枫树	125	30	2.67	346	洋乾村铜树排	三级
红柄蕈树	细柄阿丁枫	150	20	2.83	95	洋乾村铜树排	三级
红柄蕈树	细柄阿丁枫	230	26	3.83	154	洋乾村下村水口庵下	三级

续表

中文树名	别名	树龄（年）	树高（米）	胸围（米）	冠幅（平方米）	具体生长位置	保护级别
红柄蕈树	细柄阿丁枫	150	27	2.86	201	洋乾村下村水口庵下	三级
红柄蕈树	细柄阿丁枫	150	28	1.82	64	洋乾村下村水口庵下	三级
桂花	木樨	280	15	1.85	95	洋乾村塘窝里	三级
桂花	木樨	280	13	2.04	79	洋乾村塘窝里	三级
桂花	木樨	150	16	1.32	38	茜黄村石壁子下	三级
木荷		150	21	2.64	154	茜黄村黄焦坑水口	三级
钩锥	钩栲、钩栗	280	24	4.14	177	军桥村王坑村路边	三级
朴树		200	29	3.45	314	军桥村龚屋科	三级
椤木石楠		200	19	3.99	133	军桥村龚屋科	三级
椤木石楠		180	18	2.98	50	军桥银坑村口	三级
枫香	枫树	180	25	2.64	201	军桥银坑村口	三级
桂花	木樨	200	19	1.96	154	大科村店门口	三级
椤木石楠		140	21	2.45	201	大科大麻地	三级
椤木石楠		130	21	2.07	79	大科大麻地	三级
椤木石楠		110	21	1.98	64	大科大麻地	三级
椤木石楠		150	22	2.67	95	大科大麻地	三级
桂花	木樨	200	22	1.64	28	大科大麻地	三级
枫香	枫树	110	28	2.07	201	丰源村下甲凹上	三级
米槠		110	18	2.23	95	丰源村下甲凹上	三级
红柄蕈树	细柄阿丁枫	180	35	3.05	133	岭背村东峰祠	三级

注：本表由白砂林业站提供。

第二节 山林权属

民国以前，白砂境内的山林基本上属于私有，集体所有的只是小面积的公尝山或会山。民国十八年(1929 年)，苏维埃政府把大部分山林分给农民，少数归乡、村公共所有，作为公山。

新中国成立后，随着农业合作化，成立人民公社，农户所有的林木折价入社，除一部分国有林外，统归集体所有。1982 年，实行林权改革，开展林业“三定”（稳定山林权，划定自留山，确定林业生产责任制）工作，确定林木所有权的归属，初步界定了森林资源资产主体。1993—1995 年，进一步完善林业生产责任制，进行明确所有权、落实经营权、确保收益权的集体林权制度的改革探索。2003—2005 年，开展进一步明晰集体林木所有权，放活经营权，落实处置权，确保收益权的集体林仅制度改革，并对使用权明晰的林地和所有权明晰的林木开展林权登记，发放统一式样的林权证。

第三节 造林 育林

民国以前，白砂境内没有计划繁育苗木，没有植树造林，森林处于自生自灭的自然生长状态。

新中国成立后，人民政府将林业纳入国民经济计划，贯彻“以营林为主，普遍护林，大力造林。采育结合，永续利用”的方针，促进林业发展。受1958年“大炼钢铁”大量砍伐木材烧炭和1980—1990年群众乱砍滥乱伐的严重影响，1990年，白砂有3500公顷以上的宜林荒山。1996—2017年，全镇共植树造林2456.2公顷（其中白砂国有林场造林1197.4公顷）。2011年，白砂镇荣获全市造林绿化工程先进集体称号。

一、造 林

（一）苗木繁育

1984年开始，白砂林业站以繁育杉木、马尾松等主要乡土树种为主。所繁育的苗木除满足当地造林所需外，还外调他乡。1988年，福建省委、省政府发出实施“三五七”造林绿化工程（三年消灭宜林荒山、五年绿化、七年成林）的号召，白砂充分发动群众力量，大力创办苗木繁育工作。1991年，全乡育苗1250亩，共育苗木395万株。1993年，林业站繁育杉木、马尾松等苗木1300亩，约450万株。白砂国有林场自1976年以来，每年向社会提供杉木、马尾松等良种约1000公斤，培育优质苗木25000万株。1995年开始，为适应生态环境建设的需要，园林绿化树种苗木繁育逐步发展。2013年，全镇有大小绿化苗木繁育场5个，分布在樟黄、大金、塘丰、上早康、岭背村。育苗460亩，约800万株。

（二）林场造林

1972年，在“大造杉木、油茶两大基地”的口号推动下，白砂人民公社建立太阳圩林场，在大科至洋乾公路沿线营造杉木林200公顷，经营面积200公顷。1984年，大部分面积由上杭白砂国有林场接管。白砂国有林场通过在宜林荒山大力造林，在白砂境内经营面积由建场时的不足1500公顷，扩展到2017年的3416.93公顷。

（三）飞机播种造林

1984—1986年，为了加快边远地带、荒山的大面积绿化的步伐，白砂乡政府在大金村、塘丰村、大田村进行飞机播种造林。飞机播种后，实行封山育林，确保种子发芽生长成林。

（四）“三五七”造林

1989—1991年，白砂乡实施省、地、县“三五七”（即全省九地市分别在三年、五年中完成宜林荒山造林和疏林地封育、改造任务，在七年内实现绿化八闽大地）造林绿化工程。造林主要以马尾松、杉木为主要树种，全乡造林约2863公顷。1992年，“三五七”造林绿化通过省级验收。

（五）世界银行贷款造林

1993年，在樟黄、大金、军桥等村的宜林荒山，利用世界银行贷款造林350公顷。2012年，世行贷款造林的林权转让给了白砂国有林场。

（六）种植果、茶、竹造林

1993年，白砂乡认真落实林业责任制，从资金扶持、技术服务入手，大力发展毛竹生产。2000年以后，毛竹发展更是迅速，到2017年，全镇毛竹林发展到2026公顷。官洋村开发准梅园35公顷，全部种植杭梅，成活率95%以上。到1997年，新辟果园48公顷，全镇果园发展到286公顷。2007年，岭背村民邓百科在岭背峡山坡上开发20公顷亩茶园，种植铁观音新茶种。

（七）油茶种植

2012年，白砂镇按“统一规划，规模开发”的山地开发模式，实施开发千亩油茶基地。大金村、樟黄村、大田村等群众劈草炼山、挖穴，发展以油茶为主的经济林。2017 年，全镇种植油茶 90 公顷，千亩油茶基地初见规模，按每亩 100 株进行栽培种植。

（八）公路绿化

至 2017 年，公路养护站职工在白砂境内的 308 省道（2017 年改为 358 国道）沿线和茶白线、旧白线公路沿线种植樟树、天竺桂等 8000 余株，灌木 3500 余株，整治绿化场地 10000 多平方米，并对所有公路沿线的绿化树进行劈架、防护，构筑绿色走廊。

二、育 林

（一）幼林抚育

幼林抚育包括间伐、劈草、封山等。1980—2017 年，白砂镇共抚育幼林 5800 公顷，其中 1992 年抚育幼林 650 公顷；2002—2012 年，共抚育幼林 2640 公顷；2013 年，抚育幼林 12 公顷；2013—2017 年共抚育幼林 2337 公顷。对幼林抚育执行因地制宜的措施，有的实行全封山，有的实行半封山，也有的实行轮流封山或间伐。

（二）竹林垦复

1995 年，白砂境内垦复抚育毛竹林 2026 公顷，1996 年垦复 1800 公顷。2008—2017 年，白砂镇利用地理气候优势和扶贫资金，以岭背、樟黄、梧田、茜黄、嫩洋等毛竹专业村为中心，垦复竹林，建立毛竹丰产竹林基地，共计约 2000 公顷。

表 5-3 1996—2017 年白砂镇营林生产情况表

年份	造林面积（公顷）	迹地更新面积（公顷）	封山育林面积(公顷)	零星植树（万株）	育苗面积（公顷）	幼林抚育面积(公顷)	成林抚育面积（公顷）
1996	39.8	28.2	—	3	0.1	59.3	—
1997	30.3	27.1	—	3	0.1	91	—
1998	50.5	46	666.7	4	0.07	141	—
1999	36.9	23.6	666.7	4	0.1	178.4	—
2000	47	40.8	666.7	4	0.1	218.5	—
2001	51.5	42.5	—	4.5	0.13	261.4	—
2002	37.1	26.1	—	4	0.07	245.9	—
2003	46.3	40.3	—	4	0.1	287.2	—
2004	37.5	27.8	—	4.5	0.1	301.2	—
2005	37.3	28.6	—	5	0.07	288.4	—
2006	45.7	43.5	—	5	0.13	325.2	—
2007	22.3	14.5	—	5	0.07	281.1	—
2008	19.3	13.7	—	5	0.07	258.4	—
2009	21.2	14.9	—	5	0.07	244.6	—
2010	43.9	10.3	—	5	0.07	204.4	—

续表

年份	造林面积（公顷）	迹地更新面积（公顷）	封山育林面积(公顷)	零星植树（万株）	育苗面积（公顷）	幼林抚育面积(公顷)	成林抚育面积（公顷）
2011	305.2	93.2	—	5	0.33	99.4	—
2012	59.6	7.1	—	5	0.1	165.2	—
2013	70.1	6.7	—	5	0.1	173.6	—
2014	102.4	26.4	—	5	—	140.5	153.3
2015	26.7	17.7	—	5	—	29.5	210.6
2016	76.8	2.1	53.3	5	—	15.7	192
2017	45.8	18.1	—	5	—	68.1	237.9

注：本表由白砂林业站提供。

第四节　森林保护

一、封山育林

明清时期，白砂境内木材和造纸业得到快速发展，民间有自发的封山育林行为。人们为了保护竹木资源，每年的立春以前，各村都会贴出告示，禁止人们上山挖春笋。有的地方还派人在上山的交通要道、村口看守，严禁人们上山挖春笋和砍伐竹木。各村为保护森林资源，订有村规民约。下早康村在清道光十五年（1835 年）将禁止上山乱砍滥伐的村规刻在一块石碑上，竖在村口。茜黄村在道光二十五年（1845 年）实行“禁山令”，条款写在大木板上，外加油漆，将写有禁山令的木板竖在细坑溪口的亭子内，让村里人天天都能看到禁山令。

20 世纪 80 年代，境内开展全面的封山育林，严厉打击破坏山林，乱砍滥伐的犯罪活动，对公路两旁和村庄周围一重山进行封山育林，每个村聘请 1~2 人担任护林员，加强封山区保护。1991 年，按照上杭县部署，开展“封山育林年”活动，推行“改燃节柴”“改灶节柴”，开展禁止上山“乱采脂、乱打枝、乱砍滥伐”的治理活动。当年封山育林 3600 公顷。1992 年，封山育林 5000 公顷。1995—2003 年，封山育林面积每年保持在 2000~5000 公顷。2004 年以后，封山育林面积逐年减少。

二、森林防火

境内群众普遍有烧田坎、扫墓烧纸放鞭炮、上山烧灰积肥的习惯，常常引起火烧山的事件。1987 年，白砂林业站防火办公室成立，并组织起一支“召之即来，来之能战，战之能胜”的护火队，进行护林防火宣传和烧山案件的查处以及森林火灾的扑救。林业站设立森林防火值日制度，各村护林防火人员与林业站值班人员保持 24 小时电话联系。

2005 年，镇财政投入 5 万元，成立岭背和梧岗专业扑火队。每支扑火队由 10 人组成，配备了 10 台风力灭火机，一旦那里有火情，即可出去灭火。从 2010 年开始，在禁火令期间，扑火队员在林业站待令，待令时间每天上午 9:30 到下午 5:00，确保能够“打早、打小、打了”。从 2013 年开始，每村配备一名护林员，专职做好护林防火工作。2017 年，林业站扑火队由 35 人组成，有风力灭火机 21 台，有专用灭火车一辆；白砂国有林场扑火队由 20 人组成，有风力灭火机 100 台，有一辆灭火专用车。

三、森林病虫害防治

20 世纪 80 年代初，森林病虫害防治主要靠人工捕捉和喷洒“六六六”粉。到了 80 年代后期，开始用白僵菌等防治。90 年代后，白砂曾经有不同程度的森林病虫害发生。2012 年，岭背、上早康、下早康、丰源等村大面积发生毛竹蝗虫，成片竹林被蝗虫吃光。林业站及时有效地做好毛竹蝗虫病虫害的防治工作，有效地控制了病虫害的蔓延。

第五节　林产品

一、木 材

新中国成立后，木材采伐由上级政府核准年度采伐限额，林业部门下达采伐指标，再由当地林业站指导木材生产采伐地点，核定了进行采伐。国有林实行伐木场规划采伐。1990 年，白砂乡生产木材 2800 立方米。1991—2006 年，年生产 2500~6000 立方米。2007 年后，木材产量增加，其中 2008 年达 7900 立方米，为产量最高年份。2009 年开始，生产木材逐年减少。到 2017 年，全镇生产木材 200 多立方米。

二、竹 材

竹林权属在集体所有制以前（1953 年前），毛竹由竹林主自由砍伐。集体所有制时，竹林采伐由集体向林业主管部门申请，林业主管部门发给采伐许可证，然后凭证采伐。林权改革后，竹林采伐由山主自由砍伐。1990 年开始，每年生产竹材 10000 根左右。1997 年后，竹材价格开始上涨，竹材产量大幅增长，当年达 20 万根，2004 年达 100 万根以上。2010 年开始，由于竹材价格下跌，竹材产量逐年减少。2017 年，竹材产量约 74.5 万根。

三、笋 干

白砂境内竹林资源丰富，毛竹林面积在上杭县排在第四位。每年春季，竹农有选择地采挖竹笋，制成笋干。1996 年开始，由于竹林发展快，笋干产量大幅度增长，当年生产笋干 22.3 吨。到 2012 年，每年笋干增加到 46 吨。2017 年，全镇笋干产量 79 吨。

四、红 菇

岭背、樟黄、大金、上早康、下早康、碧砂等村林区生长着一种稀少的菌类植物——红菇，品质好，味道鲜，价格高。每年的夏末秋初，为红菇的生长季节。2015 年后，鲜红菇市场价每公斤 160~300 元，干红菇市场价每公斤 1000~1600 元。

五、油茶子

白砂油茶栽培历史悠久。20 世纪 60 年代，全公社大量种植油茶，种植面积有 6000 多亩。但由于重种轻管，到 90 年代茶树老化枯死，茶园消失。1988 年，白砂国有林场在白砂境内种植油茶 800 亩。2012 年，大金村、大田村、樟黄村种植高产油茶 1000 多亩。2017 年已开始挂果。

六、松 脂

白砂境内松木资源丰富。20 世纪 50 年代，就有脂农进入林区开沟采脂。白砂市场有松香收购站，有 2~3 名工作人员，不但收购本白砂的松脂，还收购茶地、泮境和蛟洋华家、中村、再兴等境外乡村的松脂。20 世纪六七十年代，白砂松香收购站每年收购松脂 200~250 吨。90 年代开始，松脂产量下降，年产松脂保持在 100 吨左右。2000 年，松香收购站停止收购松脂，站址拍卖给私人建民房。之后，改由私人下乡村收购松脂。2012 年开始，脂农采集的松脂直接送到万福林化厂收购。2017 年，白砂产松脂 10 吨。

表 5-4 1993—2017 年白砂镇主要林产品生产情况表

年份	木材（立方米）	竹材（万根）	竹笋干（吨）	红菇（公斤）	油桐子（吨）
1993	2341	3	12	1000	1
1994	3267	5.2	13	1000	1
1995	2895	8	15	1200	1
1996	2545	9.6	22.3	1300	1.5
1997	3609	18.5	22.5	1300	1.5
1998	2148	23.5	22.8	1500	1.5
1999	2551	33.2	23	1600	1.5
2000	3876	43.6	23	1650	1
2001	2312	53.5	23.3	1650	1.5
2002	3890	66	23.6	1700	1.5
2003	2589	87	25	1700	1.5
2004	2699	98.8	25	1800	1.5
2005	3944	108	25.5	1600	1
2006	1388	107	25.8	1800	1
2007	1262	105.7	25.4	1800	1
2008	1430	105.5	26	2100	1
2009	1021	105.8	35	2600	1
2010	847	95	35.5	3000	1.5
2011	665	95	39	3500	1.5
2012	676	75	46	3500	1.5
2013	507	74.5	51	3200	1.5
2014	358	74	56.5	3000	1.5
2015	216	74.5	61	3000	1.5
2016	253	74.5	68	3000	1.5
2017	980	100	55	3000	1.5

注：本表由白砂林业站提供。

表 5-5 1993—2017 年白砂镇林业总产值表

单位：万元

年 份	当年价	不变价	年 份	当年价	不变价	年份	当年价	不变价
1993	176	255	2002	1022	890	2011	1892	1630
1994	245	311	2003	1324	809	2012	1987	1905
1995	377	465	2004	1553	784	2013	2546	2238
1996	257	218	2005	1667	771	2014	2548	2366
1997	392	388	2006	1531	563	2015	2765	2304
1998	476	338	2007	1680	712	2016	2809	2541
1999	651	532	2008	1998	1609	2017	2878	2563
2000	820	712	2009	2014	1752			
2001	987	764	2010	2311	2067			

注：本表由白砂林业站提供。

第六节 白砂国有林场

1958 年 10 月，成立国营上杭县白砂林场，场部在白砂樟黄刘坑。2017 年 8 月，白砂林场确定为省属市管国有林场。白砂林场是国家重点林木良种基地、国家储备林基地、省级林业科技示范园区、省级森林公园。

60 年来，林场认真贯彻落实中央、省、市关于林业发展的有关方针政策，紧紧围绕保护和培育森林资源、维护国家生态安全、提供生态公益服务，坚持科技兴林、科技兴场，经几代务林人努力，逐步实现由以木材生产为主转变为生态修复和建设为主，由利用森林获取经济利益为主转变为保护森林提供生态服务为主。经营区面积由建场初期的 2000 公顷扩展到 2017 年的 6491 公顷，森林覆盖率由 1985 年的 69%上升到 2017 年的 96%；林场从一个省定贫困林场发展成为生态效益彰显、林业科研扎实、经济效益显著的示范国有林场，为维护上杭生态安全，建设生态先行示范区和生态上杭、美丽上杭起到重要作用。

白砂林场 2011 年被省林业厅评为林木种苗先进单位，2012 年、2015 年被龙岩市委评为文明单位。2017 年，林场木材生产股被福建省林业工会授予“工人先锋号”。

一、机构与管理

（一）机构 队伍

1958 年 10 月，成立国营上杭县白砂林场，场部在樟黄村刘坑自然村。1962 年 3 月，改名为福建省上杭县白砂林业垦殖场；1963 年 8 月，改名为福建省龙岩地区上杭县白砂林场；1966 年 8 月，改名为福建省上杭县立新林场；1984 年 10 月，恢复名为福建省上杭县白砂林场；1996 年 1 月，改名为福建省上杭县白砂国有林场。

林场内设 9 个股室：综合股、计财股、资源股、生产股、经销股、林政股、科技股、护林队和安全生产办公室。外设 5 个工区：中村工区、九岗工区、大梧工区（原大麻地工区）、食水井工区、丰面桥工区。全场现有职工 108 人，其中在职职工 55 人，离退休 53 人。在职职工中，专业技术人员 26 人，其中高级职称 7 人，中级职称 13 人，初级职称 6 人。2017 年，配场长 1 人，副场长 2 人，党支部书记 1 人。

（二）管 理

1. 管理体制

1958 年成立白砂林场，人事和业务由上杭县林业局管理。1964 年开始，林场业务隶属龙岩地区林业局管理，人事归上杭县林业、人事部门管理。1990 年，林场由县管归属地（市）管辖，单位机构升格为副科级，理顺林场“省办市管县监督”的三级管理体制。2017 年 8 月，龙岩市机构编制委员会确定白砂林场为“省属市管国有林场”，仍为市林业局直接管理的事业单位，机构规格由副科升为正科级。

2. 生产经营管理

1993 年 4 月开始，林场改革生产经营管理，对柑橘园、青梅基地实行承包责任制经营管理。1994 年 3 月，成立白砂林场劳动服务公司，实行“自主经营，自负盈亏，定额上交”承包制。2000 年 9 月，制订《生态公益林建设规划报告》，对加强生态公益林建设管理提出建议。2001 年 3 月，购买上杭县林业局部分世行贷款造林林分计面积 692.7 公顷，支付受让费 2558200 元，以“老林子老体制，新林子新体制”的管理模式，采取国有、职工股份经营。2003 年 4 月，在年度总结工作会议上通过《关于世行林经营管理办法的说明》。2012 年 3 月开始，林场从过去单纯的经济效益向生态效益和经济效益多元化管理模式转变，更加注重生态建设、生态管理、生态效益。主要措施有推广不炼山造林，由过去种植“松杉两棵树”变增加种植阔叶树、保护阔叶树等。

3. 行政管理

1986 年开始，林场对行政管理进行改革，召开第三届职代会第一次全体会议，通过了《上杭县白砂林场经营管理条例》。1992 年，进行用工、人事、分配三项制度改革，实行以计件工资、定额管理为主的制度。1996 年 4 月，召开六届职代会第二次全体会议，讨论通过《白砂林场经营管理条例》《人事、劳动工资分配制度的改革方案》。1999 年，制订《白砂林场定岗定员暨转岗分流实施方案》。2000 年，制订《白砂林场木材生产及进、出仓管理办法》。2003 年 4 月，林场中层干部实行竞争上岗。2015 年 4 月开始，加强场务公开，公示场务会、调度会以及会议决议事项，以“会议纪要”形式通知各股室和各工区。2016 年 10 月，讨论通过《福建省上杭白砂国有林场改革实施方案》，并报龙岩市林业局批准。

二、经营林地

1958 年 8 月，上杭县人民政府委派有关专业技术人员到步云、庐丰、白砂进行徒步调查考察，选择办林场的地址。通过三个公社的实地调研后，认为白砂地域较广，荒山面积多且较集中，决定在白砂设办林场。办场之初，下设刘坑、梧田、大麻地工区。1973 年 9 月，开办水西渡工区。11 月，开办丰面桥工区。1976 年 10 月，开办九岗工区。至 1976 年 12 月，征划山场面积 799 公顷。

1982 年 6 月，撤销水西渡工区。次年，成立中村工区，在蛟洋公社中村大队征划山场 867 公顷，供国家造林，由林业部门负责开通华家至中村的 10 公里林区公路。1985 年 6 月，筹办开发食水井工区，遵照上级“要把公路两边的山场先绿化起来”的指示，征划白砂至上杭公路沿线的山场 1531 公顷，以马尾松造林为主，结合松杉混交、松阔混交林。1989 年，扩大经营区面积，接收白砂镇乡办林场部分山场（长锦、官洋、军桥、茜黄、大金等村）。1997 年，进一步扩大经营面积，接收白砂林业站与嫩洋村合作经营的竹山面积 55.5 公顷。2001 年 3 月，购买了上杭县林业局部分世行贷款造林林分计面积 693 公顷，支付受让费 255.82 万元。

截至 2017 年，全场经营总面积 6491 公顷，其中白砂镇境内 3417 公顷，蛟洋镇境内 1127 公顷，泮境乡境内 1107 公顷，临城镇境内 540 公顷，湖洋镇境内 300 公顷。全场森林蓄积量 70 万立方米，森林覆盖率 96%，其中白砂境内森林蓄积量 35 万立方米，占全场森林蓄积量的 50%。1997—2017 年，累计生产、销售木材 18 万立方米。

三、采种育苗 造林育林

（一）林业良种基地

1976年11月，营造杉木森林嫁接种子园26.1公顷，营造杉木母树木4.6公顷，营造湿地松母林65.8公顷。1982年，杉木嫁接种子园首次收果800公斤，获省科技成果奖。同年，再获国家科委、国家农委技术推广奖。1991年3月，营建省部联营马尾松实生种子园33公顷。1997年，在大梧工区建立了马尾松基因库和马尾松高产脂种子园。1999年，国债项目——上杭白砂国有林场良种繁育基地开始建设。2003年建成，基地建在大田村境内。2007年12月，马尾松种子园获大丰收，采摘球果1.5万公斤，产量创历史最高水平。2010年4月，杉木第三代种子园20公顷嫁接全面完成，为林木良种基地建设和发展迈上新台阶奠定坚实基础。2014年10月，杉木第三代种子园林木品种和马尾松优良家系通过省林业专家的审定。

马尾松实生种子园（林场 供稿）

（二）采种育种

1973年2月，开始引种国外松，从闽侯县的南屿林场调入美国湿地松种子0.5公斤进行育苗试验获得成功。1974年，培育1.3公顷湿地松实生苗获得成功。同年4月，在丰面桥工区先后引种湿地松，建立母树、丰产林335公顷，松杉混交林200公顷，还建立柏木、楠木、厚朴等阔叶林木基地，长势良好。

（三）造林育林

1984年，在中村工区大面积造林，采用杉木嫁接优良家系的种子培育壮苗，得到省林业厅领导的充分肯定。2011年，在全省大造林的工作中，完成造林任务166公顷。2014年，造林全部采用良种育苗，一级苗达95%以上，造林质量是历年来最好的年份。1997—2017年，白砂林场累计完成造林1197公顷，累计完成迹地更新1083公顷，累计完成幼林抚育8702公顷。森林覆盖率由1985年的69%上升到2017年的96%，为白砂乃至上杭的生态建设做出重大贡献。

（四）森林防火

1990年开始，林场成立防火队，队员由各股室和工区的部分人员兼职。2016年7月，全面完成省级森林防火物资储备库龙岩分库建设（库址在大梧工区）。1997年，成立专业森林消防队，配齐配足森林消防器材，为林场森林防火提供了保障。

四、林区建设

1958年成立之初，白砂林场在刘坑自然村借用民房设场部。1959年4月，始建一座泥木结构的二层楼房，场部占地面积2000平方米，同年6月，建刘坑、梧田、大麻地工区职工宿舍。1978年10月，建场部砖木结构的办公楼和礼堂，1979年11月，建厨房、膳厅和机房。1985年12月，铺建场部至省道围禾线的混凝土路面。次年，整修场部到白砂邮电所电话线路，木杆换成水泥电线杆。1987年，建成食水井工区职工宿舍楼及高压输电线路，维修中村工区公路。

2005年4月，新建框架结构的场部综合办公楼并投入使用。2007年，由林场出资新建森林派出所综合办公楼（在场部内），丰面桥、九岗工区新护林哨所竣工。2008年，场部新大门建成，新建场部职工活动中心（框架结构，三层），林场数字电视及新储水池投入使用。2012年，场部停车场等配套基础设施全面建成。2014 年，全面完成场部周边景观林改造，美丽林场建设持续推进。2015 年，新建罗新坑护林哨所。2016 年，建成木材新堆场并通过验收，铺建九岗林区 3.8 公里长的水泥公路。2017 年，顺利进行综合楼改造，林场展示馆竣工验收并投入使用。2017 年，场部占地面积 15065 平方米（其中堆场 5606 平方米），建有 5 座钢筋水泥楼房，建筑面积 2810 平方米。场部内，亭榭假山，小桥流水，绿树常青，小草如茵，一年四季花香鸟语，空气清新。白砂林场，是白砂境内范围最大、环境最优美的单位之一。

白砂林场场部（林场供稿 航拍）

五、林业科技

（一）科技成果

20 世纪 80 年代以来，白砂林场的林业科技工作取得丰硕成果。

1985 年 9 月，“杉木林单亲子代区域试验”获省科技进步二等奖。

1988 年 3 月，“杉木顶枯病的防治研究”获省政府科技成果奖。

2000 年 2 月，“马尾松优良基因资源收集与再选择研究”获龙岩市科技进步一等奖。

2001 年 11 月，“提高马尾松种子园成花的化学调控技术研究”获福建省科技进步二等奖。

2005 年，“马尾松高产优良家系遗传测定及其应用研究”获福建省科技进步三等奖。

2015 年，“单本马尾松优良家系选择及高产稳产技术研究”获福建省科技进步三等奖。

（二）科技示范园

2016 年 8 月，白砂林场被批准为首批省级林业科技示范园区，并列入龙岩市“十三五”科技发展和创新驱动专项规划。科技园核心区 建在九岗工区和大梧工区，面积 1200 公顷（1.8 万亩），按“一站四区”进行建设，即森林生态监测保护站和科技兴林示范区、科技研发示范区、林业成果展示区、森林健康休闲养生示范区。

六、森林公园

白砂森林公园建于 2012 年，在白砂林场经营范围内，由马鞍山景区、观音井百果园生态观光园区、科普试验区等三个景区组成。森林公园规划总面积为 790.1 公顷，其中马鞍山景区 519.1 公顷、观音井百果园生态观光园区 30.9 公顷，科普试验区（刘坑工区内）240.1 公顷。白砂森林公园是以森林生态和环境保护为宗旨，集森林生态旅游、休闲度假旅游、森林康养、科普教育为一体的生态旅游经济型的森林公园。

森林公园主要植物各类有 128 科、825 种，其中蕨类植物 19 科、61 种，裸子植物 7 科、20 种，被子植物 102 科、744 种。针叶树种以杉木、马尾松为主，常绿阔叶树种以楮栲类占据优势。其中国家一级保护植物有南方红豆杉，国家二级保护植物有闽楠、福建柏、花榈木、金毛狗蕨、香樟等，省级重点保护植物有福建青冈、沉水樟、黄樟、青钩栲、乐东拟单性木兰、刨花楠、红楠、福建山樱花等，还有大量的野生观赏植物和药用植物。

七、森林公安

为保护林场森林资源，1983 年 3 月，上杭县立新林场成立上杭县立新林场派出所，属副科级事业单位。

首任所长林明德。1984 年 10 月，上杭县立新林场派出所改名为白砂林场派出所。1987 年 8 月，林场派出所配置二轮摩托车一辆。1989 年 5 月，白砂林场派出所新配购警务车一辆。1991 年 10 月，林场派出所改为林业公安派出所。2006 年 10 月，林业公安派出所整体转制，人员和编制划归上杭县公安局管辖。2007 年，由林场出资，在厂部内新建森林派出所综合办公楼。

上杭县公安局白砂森林派出所主要职责：担负白砂林场辖区及白砂、泮境两个乡镇范围的森林资源保护责任，重点负责辖区内盗、滥伐林木，非法征占用林地，非法捕猎、贩运珍贵野生动物，非法采挖、贩运珍稀野生植物等违法案件的查处，积极维护林区治安秩序稳定。

1992 年冬，白砂林场丰面桥工区六甲片盗、滥伐林木现象严重。一些不法群众在光天化日之下直接到国有林场林区盗伐林木。为此，1993 年初，白砂森林派出所重拳出击，成立行动专案组，开展保护森林资源专项行动，有力地打击了破坏森林资源犯罪分子的嚣张气焰，起到很好震慑和宣传作用。从此，白砂林场经营区林区治安秩序长期比较平安稳定。

由于森林派出所工作成绩显著，从 1983 年以来共有 10 次被市、县林业系统评为先进集体。

表 5-6 1997—2017 年白砂国有林场营林和木材生产销售情况表

年 份	造林面积（公顷）	迹地更新（公顷）	幼林抚育（公顷）	木材生产（立方米）	木材销售（立方米）
1997	43.8	42	175.4	5159	467
1998	30.6	30.6	126.6	6142	5922
1999	20.5	20.5	133.3	6011	5664
2000	28.9	28.9	164.1	4340	4285
2001	18.4	18.4	133.3	7180	6719
2002	46.7	46.7	191.5	9869	7639
2003	30	30	186.6	6454	7302
2004	55.6	55.6	395.5	7417	7045
2005	36.3	36.3	366.5	9774	8066
2006	12	12	272.2	10720	10342
2007	111.7	107	285.4	11677	10629
2008	104.1	100.9	413.5	8005	8731
2009	100.2	98.5	630.3	11632	11867
2010	100.6	100.6	619.5	8507	9080
2011	164.5	66.1	853.4	8872	9361
2012	29.5	29.5	726	9355	9666
2013	48.5	43.8	464.2	13523	12610
2014	57.1	57.1	479.1	9414	10981
2015	56	56	894.5	8312	8910
2016	37.3	37.3	788.8	8544	7626
2017	65.4	65.4	619.3	9974	10540

注：本表由白砂国有林场提供。

表 5-7 2000—2017 年白砂国有林场林业总产值表

单位：万元

年 份	当年价	年 份	当年价
2000	228	2009	1087
2001	262	2010	1108
2002	335	2011	1230
2003	360	2012	1409
2004	443	2013	1826
2005	512	2014	1798
2006	692	2015	1577
2007	760	2016	1346
2008	812	2017	1611

表 5-8 白砂国有林场历任场长党支部书记名表

姓 名	职 务	任职时间	姓 名	职 务	任职时间
裴忠清	场 长	1958-11—1960-02	钟树兰	书 记	1960-02—1962-05
钟树兰	场 长	1960-02—1962-05	周金保	书 记	1962-05—1965-08
周金保	场 长	1962-05—1971-07	魏和斋	书 记	1965-08—1970-08
余国连	场 长	1971-07—1980-07	裴忠清	书 记	1970-08—1984-10
谢沐容	场 长	1980-07—1984-10	刘发联	书 记	1984-10—1987-01
刘发联	场 长	1984-10—1987-01	梁仰贞	副书记	1987-01—1989-05（主持工作）
张宗海	场 长	1987-01—1993-08	梁仰贞	书 记	1989-05—1991-05
林秋城	场 长	1993-08—1996-06	李添发	书 记	1991-05—1993-08
黄福才	场 长	1996-06—1998-05	张宗海	书 记	1993-08—1996-02
何卫东	场 长	1995-05—2006-04	林秋城	书 记	1996-02—1999-09
张森行	场 长	2006-04—2010-10	何卫东	书 记	1999-09—2006-04
张著奎	场 长	2010-10—2011-10	巫健民	书 记	2006-04—2011-10
吴昌华	场 长	2011-10—2014-10	张著奎	书 记	2011-10—2018-03
黄钦忠	场 长	2014-10—2018-03	邹秉章	书 记	2018-03—
邹秉章	场 长	2018-03—			

第七节 管理机构

1968年后，白砂公社设林业站，受上杭林业局和白砂公社（乡）的双重领导，担负着林权管理、营林生产、护林防火等职责。林业站设在白砂市场附近，省道308线旁边。20世纪70年代，白砂林业站设站长1人，副站长1人，林业管理人员1~2人。2001年以后，设站长1人，副站长1人，林业管理人3~5人。

表5–9 白砂林业站历任站长名表

姓 名	任职时间	姓 名	任职时间
袁如钦	1970–02—1975–03	邓文新	1992–12—1995–03
陈志顺	1975–03—1981–09	何文仁	1995–03—2001–10
李仰球	1981–09—1989–05	丘苏华	2001–10—2004–09
黄清平	1989–05—1990–06	袁国斌	2004–09—2009–08
何卫东	1990–06—1991–10	刘 斌	2009–08—
梁顺兴	1991–10—1992–12		

第六章　工　业

白砂工业素来都是直接为民众的生产、生活服务的零星手工业。自明清至民国，除了土法造纸和铸造冶炼以外，还有木竹加工、烧制砖瓦、裁缝打铁、银器制作等，都是手工操作，不具备规模。

新中国成立以后，国家对手工业实行社会主义改造，白砂手工业按自愿原则组织生产合作。1958年“大跃进”中，白砂不顾客观条件，一哄而起，土法高炉炼铁，大多数被迫停产，部分铸造厂得以延续。20世纪60年代后，各村（大队）竞相建小型水电站，有力推动乡村小手工业的发展。中共十一届三中全会以后，国家制定鼓励社队企业发展的方针政策，涌现一批社办、队办、个体办的工业企业。

2000年后，白砂镇立足生态资源优势，在大坪岗设立竹木制品加工园区。2007年，引进竹木加工企业，其中规模较大的有沃森木业、森植木业、益龙木业等3家企业。2010年后，白砂镇实施工业兴镇战略，立足交通区位优势，围绕“高质化、高新化、绿色化、智能化”的中心，重点突出新能源、新材料的发展方向，在茶白线橄榄桥规划3000的亩白砂工业集中区。2012年，白砂镇发挥资源优势，积极通过招商引资发展工业企业，引进龙岩市万福林化有限公司落户白砂，并于当年11月竣工投产。2013年，实现年产值5437万元，税收100万元。2017年，全镇有各类工业企业26家，其中规模以上企业4家。工业总产值9.57亿元，实现工业增加值1.09亿元。

但是，由于资源缺乏、电力不足等因素，白砂工业仍处于比较薄弱的状态，成为白砂经济发展的瓶颈。

第一节　主要工业门类

一、造　纸

（一）手工造纸

白砂山多，毛竹资源丰富，手工造纸历史悠久。土纸为白砂传统的主要出口产品，是白砂的一大品牌产品。

土纸，当地人称草纸，品种很多。白砂境内主要产品有东土纸、中包纸、节包纸、黄纸等。其中官将片的茜洋、黄蕉坑、大乾头、官地、嫩洋、东塘、将军桥以东土纸为多。造纸的场所叫纸寮，纸寮内有纸槽、竹麻湖、焙笼，外有沤制竹麻的湖塘，捣烂竹麻的翻车碓等。早康、碧砂、樟黄、黄坑以至大水源禾仓角、吴世洋都有很多的纸寮。土纸生产的原料是用当年生出的幼竹（俗称竹麻）。竹麻砍伐季节性很强，要求在小满节气前砍完（俗称“竹麻唔食小满水”）。竹麻经砍、拖、破、捆、运等环节后，放到湖塘里，撒上生石灰沤制。沤制成熟

湖　塘

后，到冬天，由杂工到湖塘剥竹麻（把青竹皮及石灰渣清除）。然后绞干水分，送到水车（翻车）碓碎后，挑回纸寮石湖内踏稠，交由造纸师傅下槽（将稠浆舀入送纸水槽中）。搅拌均匀后，捞去粗料，加上胶料，便可以操帘捞张。到一定张数后，榨干水分，交焙纸师傅一张张在焙笼壁上烘干。最后按 43 张一把，20 把为一捆（也叫片），即可送市。

操帘捞张

明清和民国时期，造纸业得到较大发展。清咸丰年间（1851—1861 年），茜洋村“竹山大王”邱步鸿，拥有竹山千顷，纸寮十几座，湖塘数十口，在县城还有纸行。但因年代已久，无法确记纸行号。民国三十三年（1944 年），白砂境内有土纸纸寮不少于 1000 间，从业人数近万人，大部分分布在水资源充足的深山幽谷的山村之中。早康、碧砂、茜洋、黄焦坑、官洋、嫩洋、长锦等村落大部分家庭均有山场和纸寮。有纸寮人家每圩（五天）即可挑送到圩市或县城售卖，换回油、盐、布匹之类的生活用品，日子过得还算殷实。

焙 纸

新中国成立以后，土纸生产得到政府的贷款扶持。1962 年，实行土纸收购奖售政策，每收购 1 吨土纸，奖原粮 150 公斤。由于对管山、砍青备料、造纸、出售等生产过程实行预借款 50%，奖售粮票、布票等政策，激发纸农的生产积极性。

20 世纪 80 年代，造纸技术改进，有了一帘三张的大纸槽，工效提高，一人造纸，二人焙纸。

90 年代中期，政府有竹山育护专用肥支持竹农复垦竹山。随着机器造纸快速发展，手工造纸逐渐消亡。

至 2017 年，碧砂村、上早康村还有一些纸寮生产土纸，但已改机器打浆，只是焙纸仍然烧柴。

（二）机器造纸

20 世纪 70 年代，白砂公社在梧田天后宫创办第一家机器造纸厂（属社办企业）。公社企业办派专人参与创办和管理。机器造纸的原料就地取材，竹麻、纸皮、细竹子、芦苇秆等用烧碱在浸泡池浸泡，然后送去打浆、烘焙，全程自动加工成机器土纸。日产量 4~6 片，产值不高。由于经营不善，连年亏欠，经营大约十年时间自动消亡。

20 世纪 70 年代，洋乾村办机器造纸厂，公社派邓其佳负责。用竹麻生产土纸，土纸由外贸收购，大约五年后停办。同期，吾世洋纸厂利用竹麻做原料，生产土纸。

20 世纪 80 年代初，纸的销售看好，白砂公社在塘丰的南门墩筹建造纸厂。原料是稻草、芦秆、高粱秆、细竹、旧书报、纸皮等，生产的品种有水泥袋、瓦楞纸、包装纸。日产 3 吨，远销闽粤地区。1986 年经营改制，由傅步松等 6 人承包，按年上缴利润。1987 年，又由温千祥承包。1988—1996 年，再由南阳陈良辉承包，于 90 年代末自行停产。据县统计局的资料，1995 年，白砂纸厂产值 141.9 万元，销售产值 143 万元，利润 118 万元，增值税 72 万元。

80 年代后期，塘丰南门墩纸厂原承包人傅步松，采用入股方式，在早康村筹办股份制造纸厂。其时共四股六人，1 年建成，次年投产。生产原料还是竹麻、嫩竹枝、芦秆、稻草、废纸皮等。前两年生产包装纸、土纸，由外贸站收购。1990 年以后，生产鞭炮纸，直接销往武平、南阳、通贤及连城新泉。1998 年，股份合作改制后不久消亡。

二、冶 炼

清朝末年，洋乾丘五阶办铸锅厂。

民国二十七年（1938 年）版《上杭县志》记载，“白砂茜洋铁炉下办过炼铁厂”，曾加入县信用合作社，入股 27 股。

大约在民国十九年（1930 年），洋乾中村的丘寀荣接管丘五阶的铸锅厂，全权掌管经营，铸铁、锅具，常年生产，生意十分红火。还在县城购置店铺，经营锅具系列。1954 年，政府对工商业进行社会主义改造，实行公私合营。合营后，由洋乾乡政府接管经营，并派丘常标主管，丘玉珊任财会。1970 年后，由洋乾大队接管，丘秉林主管。20 世纪 80 年代初，厂址搬迁食水井。80 年代中期又迁回中村原址，不久停业。这是白砂最老牌的炼铁铸锅厂。

1958 年“大跃进”期间，白砂随风兴办几家炼铁（钢）厂。官将炼铁厂利用当地木炭资源丰富和洋乾中村铸锅厂办厂经验，得以延续。1960 年更名官将铸锅厂，利用将军桥屋桥做厂房，起初只有一座炉台，完全靠手工，用木炭做燃料，专业生产锅头系列（口八、口九、大中、小中，背锅及犁头、犁壁等十几种）。1980 年后进行改造，一由手工拉风箱改为机械鼓风；二由全木炭燃烧改配量烧煤；三由单个高炉发展三四个高炉，四产品由锅系列转为兼做炒铁、铸铁、犁头、犁壁等生产经营。产品销往福建、广东、江西等省地。据上杭县统计局的资料，官将铁厂 1980 年上缴公社税收 3 万元，1995 年纯利润 2.7 万元，成为白砂第二大企业。

20 世纪 60 年代中期，茜黄大队筹建铸锅厂，到 1968 年建成投产。起初在永清宫旁边，后来在土楼里废弃的纸寮里新增一炉。矿石由龙岩某矿山调入，在桂花树下建一矿石烧窑。二个高炉，一炉炒炼生铁，一炉铸锅，产品销往连城、武平及江西、广东等地。1972 年，因山上木炭资源影响停办。70 年代后期，黄蕉坑卢建昌办铸锅厂，由于经营有方，生产经营 20 多年，最终因环保问题停办。

80 年代末到 90 年代初，水泥行业蓬勃发展，钢球、钢锻的需求量很大，军桥村的龚荣章、丘乾元、张秉增先后办起了钢球钢锻冶炼工厂或车间，后随水泥行业的凋零停业。

2008 年 4 月 18 日，成立军桥钢砂厂。独资企业，注册资金 30 万元，进行钢砂生产。

2009 年 12 月 30 日，成立上杭县官将铸造厂。注册资金 200 万元，从事钢球钢锻铸件生产，地址在军桥村。

2015 年 1 月 27 日，成立上杭县健炜耐磨材料厂。独资企业，注册资金 50 万元，生产锻件及粉末冶金制品。地点在军桥村古黄坑路口。

三、电 力

（一）发 电

20 世纪六七十年代，是境内农村大办小水电站的年代。全公社 22 个大队有 13 个大队（岭背、朋新、樟黄、大田、大科、碧砂、早康、官洋、茜黄、洋乾、军桥、丰源、长锦）建了小型水电站。1985 年 1 月，上早康南坑农民赵善美，利用水落差 36 米，引用流量 0.04 立方米/秒，建成 5.5 千瓦小水电站一座。微型发电机由县水电局赠送。在施工中，除雇请技工外，其余都自己动手，仅花 0.39 万元。除家里照明外，还安装碾米机一台。这些小水电站一般是用以加工和发电照明，即白天为群众水力加工碾米、粉碎、磨番芋，晚上发电照明，给人们带来实实在在的好处。但这些小水电站由于装机容量低，大部分大队的用电供不应求，又缺乏用电管理经验，加上后来供电所的规范送电，这些小水电站有的改为水力加工，有的停产。

1. 中山陂电站

设在梧田天后宫，是白砂最早的社办水电站。1958 年建中山陂，渠长 1500 米。1962 年开始发电中山陂既沿渠灌溉，又为村民水力加工（碾米、粉碎），晚上送电照明。

2. 塘丰电站

1974 年筹建，1977 年投产送电，装电容量 250 千瓦。建在跃麟溪下游临界茶地翁基，渠道大多为石山，开凿艰难。开机运作正常后，与白砂供电站联网。

3. 洋乾电站

在洋乾上村，1978 年筹建，渠长 2000 多米。1981 年投产，装机容量 250 千瓦。最初为官将片六个大队投工摊派，以劳力入股，送电让官将片加工照明受益。20 世纪 90 年代，与电力公司联网。。2004 年改制增容 800 千瓦，由吴姓人承包，承包期 50 年，年上缴镇 17.6 万元。

4. 洋乾二级站

在洋乾中村，1968 年由洋乾村筹建。起初装机容量 10 千瓦，渠长 1800 米，由洋乾大队初建，用于服务群众发电照明，水力加工。1990 年企业改为村、私合股，增容 250 千瓦，与电力公司联网。

5. 洋乾三级站

在洋乾下村三驳桥。私人合伙企业，2003 年筹建。渠长 700 多米，装机容量 125 千瓦。2004 年投产，2009 年，因高速公路建设，补偿停业。

6. 塘丰南门坪电站

在塘丰南门坪。私人合伙企业，注册资金 57 万元。

7. 大水源电站

在大水源。私人合伙企业，注册资金 150 万元。

8. 上寨电站

在樟黄村。个人独资企业，注册资金 8 万元。

表 6–1 白砂镇水电站情况表

名 称	落差(米)	流量(立方米/秒)	发电机台/千瓦	投产时间
塘丰电站	70	3.4	2×125+200	1977 年
洋乾(军乾)电站	56	1.5	320+2×125	1981 年
洋乾(二级)站	22	1.3	200	1995 年
洋乾三级站	9.5	1.55	100	2004 年 11 月
嫩洋电站	145	0.13	125	2004 年 3 月
大水源电站	100	0.34	250	2003 年 10 月
金竹电站	36	0.4	1×100	2004 年 2 月
上寨电站	30	0.58	125	1992 年 9 月
南门坪电站	5.5	3	75+40	2005 年 3 月

（二）供　电

20 世纪 70 年代，白砂小水电开始发展。1977 年，塘丰水电站建成并以 10 千伏电压向朋新村、中洋村、梧岗村、梧田村、塘丰村、大田村、大金村、扶福村等 8 个行政村供电。1981 年，洋乾电站投运，向军桥村、东塘村、嫩洋村、洋乾村、官洋村、茜黄村等 6 个行政村供电。

80 年代，白砂镇小水电开始与其他乡镇小水电并网运行。1983 年，塘丰电站与洋乾电站、茶地双溪电站进行并网，并增加岭背村、樟黄村、长锦村、大科村等 4 个行政村的供电。1984 年，上早康村、下早康村、碧砂村、丰源村由旧县池溪电站供电。1992 年，35 千伏白砂变电站投运后，小水电并入公共电网，白砂由公共电网进行供电。

1999 年起，国家对农村电网实行“两改一同价”（改造农村电网、改革农村电力管理体制，实现城乡用电同网同价），白砂镇开始实行第一轮农村电网改造，对 10 千伏、0.4 千伏线路及变压器进行升级改造。至 2000 年止，共改造/新建 22 个行政村 64 个公用变压器台区，解决低压电网老旧及偏远地区通电等问题。

随着人民生活的提高及用电量的增加，农村电网逐步无法满足农村生产生活需求。2011 年后，白砂镇逐步实施第二轮农村电网升级改造工程，主要在提高线路绝缘化水平、提高供电可靠率、解决供电“卡脖子”“低电压”等问题，提高用电服务满意工程。至 2017 年年底，白砂境内共有 35 千伏线路 1 条，35 千伏变电站 1 座，10 千伏公用变压器 114 台，总容量 22.235 千伏安；专用变压器 34 台，总容量 3875 千伏安。水电站 4 座，10 千伏线路 170.5 公里，0.4 千伏线路 136.4 公里。

2017 年年底，白砂变电站二期扩建工程竣工投产，总投资 445 万元，新增 10000 千伏安主变压器一台及相关变电设备，解决白砂日益增长的用电负荷需求。并投资 1258 万元，开工建设尧埔 35 千伏线路开断进白砂变电站工程，将白砂变电站由原尧埔变电站单电源供电改为双电源供电。白砂用电规范安全，极大提高白砂镇用电可靠性。

（三）用电管理

20 世纪 70 年代，塘丰水电站、洋乾水电站建成发电，为自己发电自己收费（由白砂乡政府派遣林梅庆负责塘丰电站发电、收费，派遣刘达章负责洋乾电站发电、收费）。1981 年，白砂乡政府成立供电所，负责外线、关口计量维护、开关操作等，各村承包收费业务，电价为 0.95 元/千瓦时。2000 年起，实行电力体制改革，上杭县电力公司接管白砂供电所资产，改各村承包收费为供电所员工直接下村收费，电价为 0.68 元/千瓦时。2011 年第二轮农网改造后，电价调整为 0.55 元/千瓦时。

2003 年，上杭县电力公司投资在 308 省道与旧白公路交会处建设一座占地面积 1078 平方米，供电配变建筑面积 495 平方米的供电营业综合楼。

表 6–2　白砂供电所历任负责人名表

姓　名	职　务	任职时间	姓　名	职　务	任职时间
傅鸿林	所　长	2000—2001	傅志膺	所　长	2011—2013
蓝喜文	所　长	2001—2003	林　晨	所　长	2013—2017
李克盛	所　长	2003—2007	刘应增	所　长	2017—
石晓峰	所　长	2007—2011			

四、木竹加工

白砂木竹资源丰富，明清以来，拥有大量手工匠（木匠、篾匠），生产制作门窗、桥梁、水碓、家具桌凳、谷斗、谷箩、谷笪、爬篮、簸箕、鸡鸭笼等竹木制品，以满足人民群众生产生活之需。有的村子竹篾手艺成为村民发家致富的传统手艺，如大田上村（大岃头）全民都做爬篮、簸箕、谷米筛，梧田的西家洋、塘丰坝上等家家户户都做角箩、篾丝箩、谷笪，樟坑大部分村民都会做粪箕，鸡鸭笼等。虽然零星，但日常生活都离不了。

20世纪八九十年代后，家具家私市场红火，木匠活渐渐失去活力，木匠们只能另择行业谋生。

2000年以后，白砂引进几家规模较大的木竹加工企业。

厦门沃森木业有限公司 创办于2005年1月，法人代表马勇宾，厂址白砂大坪岗竹木工业园区。该公司投资800万元，占地66亩，主要生产宠物舍和园艺产品出口，年产量800万元，税收30万元。

上杭县益龙林产品有限公司 公司成立于2008年，在白砂镇大坪岗竹木加工园区，占地面积128亩。公司专业生产和销售胶合板、建筑模板、建筑方料、家具板材等。该公司一直沿用上杭县中都青潭胶合板的生产技术，打造鑫达牌建筑模板，松、杉方木、合木、杂木、全松木胶合板，烘干农具模板。

上杭县鑫华木材加工厂 坐落于白砂莲塘背，成立于2010年，投资300万元，厂房面积1000平方米，法人代表罗玉堂。该加工厂储备有大量的进口木材，巴西红梨、红橡、桃花蕊、沙比利、菠萝格、水曲柳等。主要经营原木门、室内门、卫生间门、推拉门、木地板、原木衣柜、楼梯扶手、桌椅等产品，承接各种原木家具制作。

上杭县东丰木材加工厂 在白砂镇往早康方向500米，私营个体独资企业。注册资金100万元。建筑用木料及木材组合件加工，经营范围指接板、家具加工、锯材销售等。

上杭县鑫杭竹器厂 在官洋村松柏路新路32号，创办于2012年。个人独资企业，法人代表袁晴发。收购当地毛竹，主要生产牙签、竹筷、竹席的半成品，产品销售周边县市。

五、农具 农机

20世纪50—70年代，白砂圩上有家礼打铁店、老肖打铁店，各乡村也有打铁店。比如将军桥老钟子（旧县谷坑人）、大田水生头（旧县人），店主（打铁师傅）经常走村串户，招揽生意，售卖刀具铁打制品。

1971年，白砂公社在朋新老肖打铁店的基础上，筹建白砂农械厂。起初只有一个打铁车间，打锄头、犁耙等小型农具，后来增加电焊、气割等业务，人员从三人增加到六七人。白砂境域内的农民都到农械厂加工、修理农具农械，产品也从打制、电焊的简单小型农具到较大型的双人打谷机、单人打谷机、辘轴、双铧犁。70年代中期至1984年，白砂农械的产品升格为厦门某工厂做木棚车厢，为龙岩龙马公司（龙马车制造厂）定制铁皮钢骨车厢，生意十分红火。工人也从几个人增加到30多人，车间发展到五六个。1975—1995年，农械厂是白砂主要的乡镇企业。1980年上缴6.74万元，1985年改制由李姓老板承包，年向乡（镇）缴纳承包金14600元。1995年上缴2.1万元，利润5.5万元。2000年后，市场不景气，企业停办。

六、化 工

2011年，林高明创办龙岩万福林化有限公司，坐落在军桥村，占地面积30亩。2012年10月投产，产量1000多吨，产值近2亿元。年收购松脂约18000吨，采用蒸汽法生产松香、松节油等产品。2017年，有工人47人，年产值2亿元，年纳税额约400万元，直接向全国所需企业供货。

七、食品加工

20世纪六七十年代，白砂供销社、白砂粮站办了两家打面厂、两家粉干厂供白砂饭店和居民消费。

1982年，中洋村农户袁林招在原公社大门口天主堂开始创办农产品加工厂（林招粉干厂）。主要制作米粉，手工制作，日晒粉干。2005年，因扩大生产规模改为机器加工，用电烘干产量倍增。

2014年9月17日，林招粉干厂注册为客佳香食品有限公司，厂址整体搬迁至远离居民区2公里的大坪岗工业开发区。注册资金100万元，加工厂房占地面积7000多平方米，固定资产500多万元，年产值300万元。公司主要生产粉干、粉皮、大片粉干等系列农产品，生产许可证、食品Q认证齐全。产品无任何添加剂，纯属放心绿色食品。2014年10月在古田召开的全军政治工作会议期间，该产品经检验合格，成为指定食品。该公司员工40余人，其中专业技术人员35人，化验员1人，质量监督员1人，产品研究员2人，管理及销售人员3人。产品以日晒为主，获得纯绿色农产品认证。产品除龙岩境域销售外，还销往本省各市的超市及广东等地。经多年不断技术改造，产品由传统的手工制作转化为机械化生产，多年的市场情况摸索积累和扩展，现“客佳香”已由原来的单纯加工米粉干发展为农副产品的深加工。每年收购农民粮食几十万公斤，解决本地农民卖粮难的问题。

20世纪70年代，白砂供销社创办糕饼厂，特聘袁启昌为师傅。1981年，袁启昌师傅开始创办启昌糕饼厂，生产白砂米饼，兼营喜饼、面包、蛋糕等。白砂米饼是具有白砂传统特色的茶点食品，以韧、甜、香醇的特色深受人们喜爱。由于袁启昌经营有方，发家致富，1988年登上福建能人榜。该厂还兼营各种喜饼、面包、蛋糕等品种，深受人们喜爱。

溪口糕饼家庭作坊是一家引进的糕饼系列食品加工点。

附：白砂糯米饼的制作

白砂糯米饼也称白砂饼子，中洋村的佐茂斋作坊传承至今，已有五代。其糯米饼以韧、甜、香出名，成为当地特产，产品曾远销国内外。制作工序是：

1.和粉团：先用糯米碾成米粉，将米粉分两份，其中一份加水和成白色粉团，另一份同红糖搅拌后和成黄色粉团。

2.制饼:制饼时，分别取一小团白色的米粉，和黄色的米粉（两种颜色的粉团比例为2:1），用于压实，使两者相互贴在一起，成上下两层。白色的米粉团包住黄色的米粉团，制成圆形小饼块。

3.烤饼：把饼块排在铁盘里，放入烤炉内烤3~5分钟，烤好后取出。

4.上红：用食红在每个饼子的白背上点上红点，包装成半斤一包。外包装印上红色“囍”字或“福”字，便可上市销售。

制作材料和工具主要有糯米、红糖、食红、碾粉机、烤炉等。

八、服　装

民国至新中国成立前，白砂圩有2家布店兼裁缝店，纯手工制作。20世纪六七十年代有了缝纫机，提高了工效，裁缝师傅自开店铺，来料加工。白砂圩、中洋村有15家裁缝店，各村也有一些裁缝店。

20世纪80年代以前，大部分是农家自己买好布料，请师傅到家里量体裁衣。遇到老人压喜寿衣、婚嫁服饰、洞房被帐，都要择取良辰吉日，请师傅到家里缝制，东家供饭，计日或计件工资，直到做完为止。

80年代以后，服装厂如雨后春笋。成衣生产发展，服装市场遍布城乡，裁缝师傅逐步改行换业。

2017年，白砂有规模较大的服装加工厂浩隆服装加工厂、罗伟华服装加工厂、袁晴奇服装加工厂。

九、采　矿

白砂境内无金属矿产资源，黄蕉坑等几处稀土矿点，经开采试产后，因无开采价值而停止生产。

2008年6月11日，成立上杭县联福矿业有限公司，私营企业，注册资金100万元。从事冶金用脉石英地下开采、销售，地点在扶福村笑山尾。近年因环保和交通问题停办。

2009年7月6日，成立上杭县白砂镇水口石场，个人独资，注册资金28万元。从事建筑用花岗石露天开采，地点在丰源村。2013 年因环保问题停产。

2009 年 7 月 28 日，成立上杭县白砂镇军桥村红菇山石场，私营股份企业，注册资金 30 万元。从事露天开采建筑用花岗石，地点在军桥村红菇山。生产经营状况良好。

2011 年 3 月 11 日，成立上杭县嫩洋石场，私营合伙企业，注册资金 400 万元。从事开采石矿及其他建筑材料加工制造。2017 年仍然在生产。

十、酿酒　矿泉水

（一）酿　酒

白砂群众素有酿造糯米酒传统，但多为自家酿造，供自家饮用，招待客人。

1992 年，张松进（又名唐八）在白砂市场上方创办唐八酿酒厂。占地约 1000 平方米，为家庭式酒坊。唐八米酒选择精纯糯米，用山泉水，通过传统手工艺及发酵酿制而成，年产销米酒约 2.5 万公斤。唐八米酒不含任何添加剂，不含重金属元素，以纯、香、绵、柔享誉消费者。唐八米酒生产四大系列产品（客家米酒、月子酒、纯粮白酒及特制养生酒），除本地销售外，还销往上杭、龙岩、厦门、福州及江苏、浙江等地，是白砂区域内经营时间最长、销售量最大的酿酒企业。

（二）矿泉水

白砂山多，山泉也多。20 世纪 90 年代以后，境内有 3 家矿泉水厂，即食水井的绿泉矿泉水系列产品、东塘村嘉益水厂迎客泉系列产品、梧田的双髻山矿泉水。产品在境内和上杭县城、龙岩地区销售。其中上杭县嘉益太空水厂于 1999 年由周浩元创办，是上杭首家引进美国海德能公司全自动化先进设备，制作以天然山泉水为水源的纯净水。2005 年，在食水井千顷竹林保护区内新建造一栋高标准全封闭、无菌生产厂房，占地面积 5000 余平方米，厂房建筑面积 1500 余平方米。2017 年秋，该水厂由东塘村人李玉坤买断。因发展需要，重新扩建厂房 1000 余平方米，更换一台每小时 8 吨的水处理设备和一条每小时 400 桶的全自动桶装水灌装生产线。年产饮用水 30 万吨，专业从事饮用水的生产与销售。主要产品为坤益、迎客泉桶装饮用纯净水。该厂以先进的生产设备和生产车间、净化设备、化验室、供电自动控制系统等，安全可靠，总投入200 余万元。该厂所生产的纯净水口感好，质量佳，价格实惠，成为家喻户晓的本土品牌。

十一、其　他

民国二十一年（1932 年）春，福建省军区在白砂中洋村创设制药厂。规模较大，设采药班、加工班和制药班，主要产品是各种膏药、药丸、药散。药制成后，派送往前方红军部队及各医院，下半年搬迁至南阳茶树下。

东塘、军桥、中洋、朋新、梧田等村都办过砖厂，最多时有十几家手工烧砖制瓦厂。2000 年以后，军桥、下甲、石陂等地引进机砖旋窑烧砖，取代手工制作，为民众建房提供方便。

民国时期，大金村的金丰（金冬山）有烧制火笼钵、骨骸盎（金盎）。到 20 世纪 70 年代，自行消亡。

附：白砂籍人士在外地创办的主要工业企业选介

一、福建铭麟工贸有限公司简介

福建铭麟工贸有限公司由泉州上杭商会张可贵等投资创办的股份企业，地点在上杭蛟洋工业园区。项目总投资 2.58 亿元，年产 5 万吨过硫酸盐生产线项目，其中过硫酸铵 2.5 万吨，过硫酸钠 2 万吨，过硫酸钾 0.5 万吨。项目用地 68 亩，分两期建设，3 年内完成，一期项目已于 2015 年 12 月开工建设。投产后可实现产值 2.9 亿元，利税 2000 万元。

项目产品过硫酸盐（铵、钠、钾）被广泛应用于蓄电池工业，用作聚合的引发剂、纤维工业的脱浆剂，并可用作金属及半导体材料表面处理剂、印刷线路的蚀刻剂，用于石油开采的油层压裂剂。其中过硫酸钠

福建铭麟工贸有限公司

还广泛用于土壤改良。

项目采用德国先进的电解工艺，电解槽阳极采用钽包铜及铂金丝，导电性能较好。阴极采用石墨抗腐蚀，经久耐用。与传统敞开式电解槽比较，可节省电能30%以上。电解过程中产生的硫酸雾、氢气等污染物集中收集后，经过滤后达标排放，解放了传统电解槽无组织排放硫酸雾、氢气等影响环境问题，真正做到节能环保。

项目引进国内最先进的过钠、国钾生产线，采用自动连锁控制系统，成品率大大提高，质量可达国标优级品标准。该生产系统不仅高效，对安全生产也有很好的保障。

项目生产所需的主要原料为硫酸、硫酸铵等，分别从园区内的紫金铜业和瓮福紫金购买，是两家公司的副产品。因此，该项目的建设对构建蛟洋循环经济园区有重要意义。

二、东莞中汽宏远汽车有限公司

东莞中汽宏远汽车有限公司创办于2014年，是广东东莞宏远集团与福建龙洲股份合作的公司。白砂大金村的曾传兴任董事长。该公司进军新能源汽车行业，在东莞市麻涌镇总投资约25亿元，建设年产8000辆各类新能源商用汽车的重大项目，打造东莞市唯一一家具有传统汽车生产资质和新能源汽车生产资质的汽车制造企业，主要研发和生产纯电动客车和大中型豪华客车。该项目自2015年投产以后，已累计生产300多辆纯电动客车，实行销售收入约15亿元，为地方纳税近6000万元。

东莞中汽宏远汽车有限公司

三、景业晟美（厦门）实业有限公司

景业晟美（厦门）实业有限公司创办于2004年，董事长丁华。公司主要设计和生产制造服装，先后创立了卓影、格莱梅斯、心勿言等服装品牌。公司于2009年被福建工商行政管理局评为福建省诚信经营单位，2012年、2017年获厦门市最具成长型企业。旗下卓影女装品牌被认定为中国驰名商标，福建省、厦门市著名商标，并获得“中国最具影响力女装”“中国女装行业畅销品牌”“十大受欢迎女装品牌”称号。

景业晟美（厦门）实业有限公司

第二节 管理机构

20世纪70年代开始，白砂公社设有企业管理办公室（简称企业办）。1990年以后，企业办更名白砂乡（镇）经济委员会（简称乡经委）。乡经委设主任、会计、出纳，对公社乡镇所有工业企业进行专门管理。2005年，镇经委撤销，更为白砂镇企业服务中心。企业办、乡经委、企业服务中心对白砂境内的工业企业进行监督、指导、联络、协调、支持帮助的作用。

表6–3 白砂经委、企业服务中心负责人名表

姓　名	职　务	任职时间	姓　名	职　务	任职时间
胡堂琪	主　任	1984—1987	林康堂	主　任	1999—2002
温千祥	主　任	1988—1990	郭永祥	主　任	2003—2007
郑国棠	主　任	1990—1994	林华周	主　任	2007—2014
傅生华	主　任	1994—1999	胡椿生	主　任	2015—

第七章 镇村建设

白砂地处上杭的中心，区位好，自然环境优越。早在商周时期，就有人类在境内繁衍生息。宋元时期，中原汉人陆续南迁进入。明朝嘉靖十九年（1540年）后，随着上杭至龙岩的驿道改经白砂，促进境内经济社会进一步的发展。至清中期，军桥、大科、大田、朋新、中洋、塘丰、岭背等村民的居建设具有相当的规模，如中洋村的循天理和庸睦堂二宜堂，朋新村厦洋的馨兰大院和中和堂，碧砂村的德馨堂，岭背村的衍庆堂，茜黄村的遗荫堂，大科大华村的树德堂等。清末，白砂境内有堂号的大型古民居有近200座。1980年以前，相当部分的村民仍居住古民居中。白砂境内还很多古廊桥、古石拱桥，现存留的有岭背村水口的荫桥、扶福水口荫桥、碧砂水口和大科石科自然村水口的古石拱桥等。这些数量众多、规模宏大的古民居和建造优美坚固的古桥，足以反映明清时期白砂境内的发展状况。

新中国成立以后，特别是中共十一届三中全会实行改革开放的方针政策以后，人民群众生活水平显著提高，乡村建设又有新的发展和变化，老百姓开始自建独立的土木结构的住房，搬出世代居住的古民居。1995年后，随着省道308线的改造，白砂镇乡村建设开始进入快车道。1996年以后，每届的镇党代会、人代会，都对白砂的发展提出思路，做出规划，形成决议。2012年，镇党委、政府通过调查研究并科学论证，制订《上杭县白砂镇总体规划（2012—2030年）》。自2000年以后，白砂集镇规模不断扩大，白砂面貌日新月异，多条宽阔的新街道代替昔日唯一的旧圩街，繁荣的市场取代简陋的旧圩场；昔日狭窄的泥土或石砌小路，变成宽阔的乡村水泥路。一栋栋高层华丽的公共设施和民宅建筑拔地而起，95%以上的村民（户）盖起钢筋水泥砖混或框架结构的新房。新民居从注重面积向注重质量转变，房屋设计向庭院式、别墅型转变，房屋结构向钢筋水泥框架结构转变。同时，单位和百姓家庭重视绿化建设，在庭院内外的空闲地植树栽花，美化庭院和内外环境。镇村重视开展美丽乡村建设和宜居环境建设，村容村貌大为改观，百姓住居整洁美观，“自然生态优美，人居环境优越”的白砂新集镇已初步形成。

第一节 集镇建设

一、政府驻地变迁

宋元明清时期，境域设鳖沙里、白砂里，驻地无考。

民国二十五年（1936年），境域设第三区，辖白砂、蛟洋、古田。区署设在白砂厦洋土楼。同年，官将片区设立好义乡，所辖官将片6个行政村和临城镇的桥头、宫子前，乡驻地在军桥村。民国三十八年（1949年）7月，设立白砂区，辖11个村（田源、大田、樟黄、中洋、朋城、梧田、塘丰、岭背、官将、洋乾、嫩洋）。区署设在厦洋，后搬到城厦。

1958年11月，成立白砂人民公社，公社设在朋新村上城厦的麒麟溪东畔（溪西畔为中洋村区域），为一座土木结构两层房屋。该建筑占地约2300平方米，建筑面积约850平方米。1958年5月，成立官将乡，所辖官将片6个行政村，驻地在军桥。同年9月，官将乡合并到白砂乡。1961年6月，成立官将公社，所辖官将片区6个村，驻地在军桥。1965年4月，官将公社并到白砂公社。

1965年，公社在隔一条麒麟溪的正对面天主教堂旁边（中洋村区域），新建两座土木结构的两层楼房，并搬到新的楼房办公。

1994年，镇政府因设在中洋村中，离省道308线和白砂的经济中心有2公里距离，交通和工作联系都极为不便，决定搬迁到朋新村境内的市场附近。经过选址，在距离市场开发区200米、省道308线150米外西边的山坡上，用机械平整了一块约18000平方米宽的地，准备用于新建镇政府。由于搬迁镇政府，当时有较大争议，特别是中洋、塘丰等几个村有异议，加上资金困难，所以搬迁镇政府的事一直拖延了13年。2007年2月，新的镇政府开始动工兴建。2008年1月，镇政府正式搬迁到白砂的经济中心和省道308线旁边，实现白砂人民几十年搬迁镇政府的夙愿。接着，派出所、计划生育服务站、司法所、综合文化站等镇直单位，陆续在镇政府主体综合大楼左右两边建起了独立的综合办公楼，建成完整的镇政府综合大院。

二、基础设施

（一）市场建设

据清康熙版《上杭县志》，白砂里有圩场（白砂圩）。清朝和民国时期，在大科的老白砂圩是白砂区域最重要、最大的市场。圩市有一条约180米、宽约7米的石砌街道，街道两边有店铺、酒坊、小吃店、客店，街道的北边尽头有猪和牛的交易点，还有圩场的棚架、固定摊点。民国三十二年（1943年），老白砂圩停圩。圩场的店面和圩架留存。1958年，新开杭郭公路在老白砂圩经过，加上老白砂圩被当作白砂“大炼钢铁”的场所，棚架、摊点和一些店铺拆除，老白砂圩场面貌完全消失。

民国三十二年（1943年）上半年，中洋的新村开设过市场，但时间短。

民国三十二年（1943年）下半年，白砂老圩迁到朋新村境内罗家岭脚下的犁头子。从此，犁头子成为白砂比较固定的圩场。新圩街道长300米，宽8米，街道中间建有砖柱瓦面的圩架子，两边有约6米宽的店面，一间连着一间，前店多用于经商，后店和楼上住人。新中国成立后，朋新犁头子白砂新圩街道更长、更宽，圩架子更多，加上地理位置，又在白砂人口相对密集的地方，所以圩日越来越热闹，市场越来越繁荣，白砂供销社、粮店也设在圩市场的店铺里。1968年，在圩北边建起外贸站。1970年，在圩的中间位置建起农械厂。之后，在圩市上还开设信用社、邮电所、工商所、农业银行等单位。

1982年，随着农村经济的快速发展，在圩场上拆除16间旧店铺，建起两层面积约2000平方米砖木结构的新供销社。新建供销社包括副食、百货、农资、文具等店，还有肥料仓库，还有堆积场所，整个占地面积约3600平方米。随着农村人口的增加和经济的发展，白砂原有市场的面积显得不够用，经常出现圩天过于拥挤的现象。

1985年，乡政府决定扩大市场，征用市场旁边属朋新村官山组的一片农田（约4亩）。经过平整铺水泥地板，搭建8排的砖木结构固定摊架，作为白砂的新开建的第二个圩场，同原市场连在一起，旧市场照样使用。这样，极大地缓解了圩日拥挤的现象。但是新建的第二市场就在省道围禾线的旁边，出现群众占道经营、堵塞交通的现象。

为了彻底改变白砂市场落后的面貌和群众占地经营的乱象，2013年，镇党委、政府在麒麟溪边利用老市场，建起一座三层框架结构的综合市场。新建综合市场于2014年8月13日正式开圩营业。

（参见本志商贸、服务业篇章）

（二）街　道

清代，老白砂圩作为白砂区域的一个圩场，有一条长约180米、宽约7米的石砌街道，街道两边有店铺等。直到1958年才逐渐消失。

清中期，在军桥村的店下里建有一条石砌街道，长约70米，宽约5米，两边建有店铺。当时，这条街作为军桥片6个村群众的圩场，但赴圩人少，圩市逐渐消失。1958年修建杭郭公路和1995年省道308线改造，拆除店铺，整条老街不复存在。

清中期，岭背村内建有一条石砌街道，长约 70 米，宽约 5 米，两边有店铺。岭背村人在此摆摊买货，逐渐变成一个小型圩场，岭背村人称之为“店门圩”。1998 年以后，旧店铺改建成砖混结构的民宅，旧街不复存在。

清末，在中洋村（旧时称习仁坊）建有一条街道，长约 120 米，宽约 8 米，两边有店家。当时叫新村，至今群众仍把街道旧址叫新村。

民国三十二年（1943 年），白砂圩迁朋新村境内的罗家岭山脚下，建有一条街道，泥沙路面，长约 300 米，宽约 8 米，两边建有商店、酒坊、修理店，中间还有圩架子。2000 年，街道铺上混凝土地板，长、宽没变，只是街道两边改建三至五层不等的砖混或框架结构的新住宅。临街的第一层前部分为现代商店，后部分和二楼以上为住宅。

1993 年，随着省道 308 线改造的机遇，白砂乡党委、政府决定在朋新村境内设立经济开发区。开发区规划为：以改造成后的省道 308 线为基础，从朋新村的石陂至老犁头子背后的一段长度 1200 米的路面作为街道，设计街道宽为 36 米，两边规划为宽度 5~8 米不等的商店。规划商店的地拍卖给群众，或规划为单位(如卫生院等)。1995 年，开发区初具规模，到 2008 年，开发区两边的地基全部建满了商店，并且开发区的街道长度还向省道 308 线往上杭方向延伸了 500 米，一条完整的现代化的街道已经形成。

1998 年开始，镇党委、政府在老市场西侧的麒麟溪畔，拆除农械厂、供销社等，另外规划一条临溪街道，长度 180 米，宽度 6 米，单边建商店。这条临溪新街于 2000 年建成。2000 年，镇党委、政府配套白砂市场的规划建设，从朋新村的关山口至犁头子新圩头沿麒麟溪规划建一条新街，长 1000 米，宽 8 米，两边规划建商店式的住宅。2010 年，整条新街两边建满住宅式的商店，整条新街形成。到 2017 年，白砂镇的经济中心包括老市场的 300 米旧街在内，共有 4 条街道，总长度有 3200 米，共建有商店 500 多间，其中挂有招牌广告正式经营的有 333 间。

（三）桥　梁

1980 年以前，白砂境内的桥梁一部分是古石拱桥，一部分是木质结构的桥梁。1981 年以后，乡村逐步把木质结构的桥改造成为现代石拱桥或者钢筋水泥桥。2017 年，比较大型的主要有朋新桥（两座）、厦洋桥、排背桥、中洋桥、梧田桥、城下桥、早康的山下桥、塘丰的坝上桥、官洋的卫康桥、洋乾的张屋桥等，总共大小桥梁 62 座。

（四）供电　照明

1968 年开始，白砂境内凡是有小水源的村，掀起了办小水电的热潮。岭背、樟黄、塘丰、大田、梧田、早康、碧砂、官洋、茜黄、军桥、洋乾等村，相继办起小水电站，晚上发几个小时的电，供村民照明，白天定时为村民碾米粉碎加工。由于白砂水源十分有限，除塘丰、洋乾电站外，均已拆除消失。白砂是个缺电的乡镇。1994 年，县电力局在白砂朋新村境内的早康路口，建成一座 35 千伏的变电站，电源为矾头电站输入。白砂变电站的投入经营，缓解了白砂用电紧张的困境。2000 年以后，全县用电并网，白砂设隶国家电网的白砂供电所，彻底改变了白砂缺电的现象。

1995 年，白砂新开发区的一条街首次安装了路灯。2000 年以后，有的村在村部周边的主要路段安装了路灯。2005 年以后，全镇 22 个行政村和绝大部分自然村都安装太阳能或交流电的路灯。

（五）给水　排水　防洪

1. 给　水

白砂境内主要有 5 条溪流。自古以来，百姓依水而居。主要 5 条溪流的沿溪大小二十多个村子的老百姓，都是从溪中挑水作为生活饮用水。不是沿溪的百姓，一般几户人家合挖水井，或是自寻水源引水入户。

新中国成立后，政府机关、企事业单位、学校依靠自己的力量挖井，用水桶提水或用抽水机抽水。随着镇村建设和经济的发展，白砂生活用水量逐年增加，传统取水已不适应现代生活的需求。为此，白砂镇把实施人饮工程当作为民办实事的重要举措。1998 年，镇政府投资 15 万元，首次在岭背峡向朋新村境内的开发区和周边居民户引来山泉水，解决了开发区 300 多户居民和商家的生活用水。2009 年，镇政府把梅地坑作为水源地，在大坪岗建水厂，受益单位包括镇政府、中学、中心小学、朋新村、中洋村和梧岗村。2017 年，镇政府投入 7000 万元，在岭背村动工兴建锦绣水库。水库建成后，主要向白砂大部分村的居民提供优质的饮用水，同时，可供人们休闲观光。

白砂集镇自来水厂（蓝丁贤　摄）

2. 排　水

20 世纪六七十年代以前，由于市场商户少，百姓生活水平低，生活污水少，基本上是泼向地面，让其自然渗透，或者倒向明沟，向低处排流。1986—2017 年，乡镇政府分别三次对麒麟溪的朋新、中洋、梧岗、梧田、塘丰溪段进行大整治，用机械清除溪中的杂物和向溪中倒下的垃圾淤泥，扩大溪面的宽度，增大溪流的排水量。同时，镇政府还颁发《禁止向麒麟溪和其他溪流倒垃圾杂物和泥石的规定》。镇开发区街道和市场建设的同时，开挖地下排水沟、排污沟，雨天街面、市面的雨水直接排向溪中。2017 年，镇政府对主要溪流实行河长负责制，并指定专人管理溪流。

3. 防　洪

白砂境内地势较高，而且南北走向，北高南低。溪流属黄潭河、旧县河的支流，遇到连续几天的大雨或暴雨，溪水暴涨，给溪两岸的农作物带来损失，还会给群众的财产、生命带来威胁。1993 年 5 月，上早康一位壮年男人被暴涨的溪水冲走；2017 年 6 月，大田村的一个男村民和塘丰村的一个女村民被暴涨的溪水冲走。镇党委、政府十分重视防洪工作，从 2000 年起开始，规划在主要溪流两岸逐年逐段砌筑防洪堤，如麒麟溪沿线和茜黄、碧砂村内的溪两岸，砌筑了较为标准的防洪堤。同时，梧田等村开展实施“小流域整治”工程，在小流域内筑砌护堤。2017 年，全镇共砌筑防洪堤 2750 米。

4. 环境卫生

随着市场规模的扩大和开发区商家的增加，随着人民群众生活水平的不断提高，生活垃圾不断增多，镇集市中心和各村的环境卫生问题日益突出。从 1998 年开始，镇政府在丰源村下甲水口的下方，开辟建了一处镇级的垃圾场。在开发区固定安放若干个垃圾桶，每日定时、定人、定车清理垃圾，再把清理集中起来的垃圾运到垃圾场填埋。从 2008 年开始，镇政府开展实施“家园清洁”和创建美丽乡村活动，创新各村实施卫生保洁的社

中洋段治理工程（蓝丁贤　摄）

会化动作模式。2010年开始，镇政府结合环境保护工作，在全镇范围内开展清理乱建猪舍的大行动，拆除一大批污染环境、排污严重的猪舍。到2017年，全镇共拆除猪舍37800平方米，改善白砂境内的环境。

（六）绿　化

1995年起，镇政府和各部门开始重视绿化美化工作。首先公路部门在省道308线两侧的边坡、山坡上种树栽花、植草，比较开阔处设计成微型公园，形成省道两侧绿化、美化的风景线。镇政府、学校、镇直单位和各村村部，都设计有花圃，并且在周边空闲之地种上常绿树与各种花草。2017年，除公路两边绿化以外，全镇总计种树、植草、栽花的绿化美化面积12000平方米。

三、公共建筑

礼　堂　1967年，公社向各大队派工摊料，在公社内坪修建一座大礼堂。大礼堂墙体为“三合土”结构，木瓦屋面，面积约2000平方米。东西坐向，东边为两层楼式前堂，西边为后堂台，有1.5米高的大舞台（开大会为主席台）。中间为正堂，单层，安装有近1800个座位的座椅。这座大礼堂，为全县当时最宽大的礼堂。1993年撤乡建镇大会，还在这座大礼堂举行。2008年，大礼堂拆除。原镇政府和大礼堂的地盘，由镇政府规划给中洋村的居民建房。

镇政府大院　坐落在朋新村境内，1994年用机械平整地基，2007年2月正式动工兴建镇政府综合大楼，2008年1月竣工。大楼占地面积909平方米，四层框架结构，建筑面积3568平方米，总投资258万元。镇政府综合大楼竣工后，派出所、司法所、综合文化站等单位陆续在镇政府规划的大院内新建大楼。这样，以镇政府综合大楼为中心的镇政府大院已完整形成，加上花池、花圃，镇政府大院占地面积约16800平方米。

白砂国有林场　建于1958年，开始场部占地面积有2000平方米，有一座两层泥木结构的楼房，建筑面积420平方米。后经数次扩大范围，改建楼房，2017年，林场占地总面积15065平方米，其中场部9459平方米，堆场5606平方米。建有五座钢筋水泥楼房，建筑面积2810平方米，建筑总投入505万元。

白砂派出所　2007年新建，在镇政府综合大楼的南侧。建筑面积720平方米，总投资125万元。

白砂中学　始建于1968年。2017年，校园占地面积58085平方米，总校舍面积10837平方米。

白砂中心小学　2017年，校园占地面积8297平方米，总校舍面积5400平方米。

白砂中心卫生院　始建于1994年，2017年占地面积3500平方米，总建筑面积5100平方米，建筑总投资625万元。

白砂司法所　2010年建，三层。建筑面积350平方米，投资60万元。

白砂镇综合文化站　2009年建在镇政府大院内，三层，建筑面积1290平方米，投资180万元。内设文化站、计划生育服务中心、村建站、水利工作站、人武部等单位。

白砂市场　2012年新建，占地面积2550平方米，建筑面积4491平方米（三层），总投资300万元。

邮政支局（邮储）　2014年重建，占地面积374平方米，建筑面积480平方米，总投资180万元。

烟草站　2010年新建，占地面积4173平方米，建筑面积2269平方米，总投资395万元。

供电所（变电站）　变电站于1994年建，供电所2000年建。合计占地面积1078平方米，建筑面积495平方米，总投资3400万元。

林业站　1982年建，占地面积650平方米，建筑面积245平方米。

农商行　2002年重建，2017年占地面积300平方米，建筑面积700平方米，建筑投入110万元。

敬老院　2012年始建，2015年正式交付使用。占地面积3902平方米，建筑面积1121平方米，总投资298万元。

白砂中心幼儿园　2006年新建，占地面积2010平方米，建筑面积1163平方米。

白砂公路站　1986年建，2017年占地面积7706平方米，建筑面积937平方米，总投资185万元。

新市小学　始建于1971年，2017年校园占地面积6878平方米，校舍建筑面积4505平方米。

官将小学　始建于民国三十二年（1943年），原名为好义小学。2017年，校园占地面积5591平方米，校舍建筑面积3411平方米。

白砂粮站　始建于1982年，占地面积4200平方米，建筑面积含仓库共2450平方米。

集镇幼儿园　2013年建，占地面积2310平方米，建筑面积1307平方米，总投资253万元。

白砂保险站　1995年建，占地面积410平方米，建筑面积930平方米。

上杭琴岗诗社白砂分社　1995年建，占地面积350平方米，建筑面积260平方米（两层）。该房舍原设白砂兽医站，后设白砂文化站。“两站”搬到镇政府大院后，2017年12月设上杭琴岗诗社白砂分社。

上述建筑楼房，除白砂粮站的两座仓库属砖木结构外，其余全部为框架或砖混结构的钢筋水泥房。

第二节　村居建设

一、公共设施

（一）村　部

新中国成立至1970年以前，全乡几乎没有固定的村部（大队部），有的利用民房或其他公共房屋作为开会办公场所，有的就在主要干部家中。1970年以后，有部分大队结合建“上山下乡知识青年”居住房，把大队部设在知青住房内。1990年以后，上级政府对新建村部有部分资金补助，有的村就自筹资金，加上补助款新建起砖混结构的村部。2005年以后，由于大部分初级小学因学生生源锐减而把原学校改造成为新村部。2012年，大科村筹集70万元，在郑坑桥省道308线旁边新建一座三层690平方米框架结构的村部。2014年，樟黄村把原樟黄小学校舍改造为村部。项目包括：拓宽占地面积（2600平方米），建大门围墙；建村部综合楼，框架结构，三层，建筑面积648平方米；建农民公园，园内有亭榭，有休闲场地、绿化景观、篮球场、固定的健身器材等。改造工程于2016年全部竣工，总投资150万元。2017年，全镇22个行政村，全部有独立的钢筋水泥结构的村部。

（二）道　路

明清和民国时期，各村之间靠土路或少数的石砌路相通，而且路面狭窄，有的杂草丛生。乡村的主要通道一般由官绅倡募，群众集资修筑。1958年5月，上杭至郭车公路竣工通车后，岭背、朋新、大科、官洋、军桥等村开始通公路。1965年以后，各村靠群众投工投劳，修建供拖拉机、板车通行的机耕路。1970年以后，有的村结合开林业公路，逐渐开成简易的公路。1995年以后，有的村开始改造修筑乡村公路，拓宽路基，路面开始铺水泥混凝土（俗称“道路硬化”）。2005年，全镇22个行政村实现村村通水泥公路。，2015年，全镇各行政村通往各自然村的路全部为可以通大车的水泥公路，实现村村通公路，条条水泥路。

（参见本志第八章交通邮电）

（三）供　电

1958年底，上杭县组织水电勘测组，以白砂、湖洋为试点，在梧田大队（村）建成35型木质水轮机动力站。1965—1975年，全公社有13个大队建有微型水电站。1968年，洋乾大队通过集资和投工投劳，建起洋乾二级水电站，设计装机容量为10千瓦。1976年，公社在塘丰大队建起白砂第二个小水电站，装机容量为250千瓦，供白砂公社内部和塘丰村村民照明、碾米。塘丰电站为白砂公社所建，是白砂第一个社队合办企业。1978年，由白砂公社集资，社办建洋乾一级电站。设计装机容量为250千瓦，供官将片6个行政村的村民照明、加工。1983年，供电延伸到大科、大田。2003年，嫩洋村在食水井建成一座水电站，装机容量120千瓦，电站为私企。2004年，由镇政府集资，建洋乾三级电站。设计装机容量为800千瓦，电输入上杭电力公司的电网。

1994年，白砂建起35千伏变电站，2000年成立白砂供电所，并入国家电网，基本满足白砂各村的照明、加工、办企业等用电需求。

（四）供 水

白砂自有人在区域内定居以来，各村居民历代主要饮用溪水或井水。1980年开始，各村有部分村民自己挖井，通过人工手力拉摇抽水，或者用抽水机抽水。这种供水方式，持续了20年左右的时间。2000年以后，有些村采取多种方式筹资，建饮水工程。塘丰村厚里自然村出现全镇第一个由村民出资自建饮水工程，在天公寨建200立方米的清水池，铺埋供水管道，150户村民用上自来水。2002年，中洋村在海地坑引来山泉水，解决了中洋村大部分村民的饮用水问题。2009年，岭背村在峡背峡建100立方米的清水池，为岭背村大部分居民提供饮用水；樟黄村在大坑岭的石笋坑引来山泉水，建100立方米的清水池，为樟黄村樟坑自然村的村民提供饮用水。2012年，长锦村在原村址建一座拦水坝和清水池，嫩洋村在眼坑的半山处建拦水坝和清水池，两个村都建一体净化的饮水工程，为村民提供优质的饮用水。2017年，各村均建有饮水工程，全镇共建拦水坝18处，清水池30座，包括建供水和净水设施、购置供水材料等在内，全镇饮水工程共投入5.58亿元。

（五）其他公共设施

学 校 1950年以后，白砂大部分村相继办起完全小学或初级小学。1968年以后，上级要求“上中学不出公社，上小学不出大队”，每个大队（村）都办起完小，完小也由六年制改为五年制。1977年至1983年，岭背、新市、塘丰、大田、旱康、官将5所完小附设了初中班（初中两年制）。1986年以前，各村的学校都是土木结构的校舍，1991年以后，贯彻落实教育法规，小学和幼儿园的校舍，全部改建成钢筋水泥砖混结构的新校舍。学校的面貌发生历史性的变化 。2003年以后，教育体制改革 ，学校相对集中，人口较少的村，学校因生源少而自然撤点。2017年，全镇只保留3所完小（中心小学、新市小学、官将小学），还保留3个教学点（塘丰、大田、旱康），有2所公办幼儿园（中心幼儿园和集镇幼儿园）和1所私立幼儿园(养正幼儿园)。

卫生所 1966年至1990年，各村（大队）办起简易的合作医疗（室），配备1~2名赤脚医生，靠“一根针，一把草”（针灸和草药）给村民医治轻微的常见病。1990年以后，各村开始由合作医疗改为村卫生所，配备1至2名乡村医生。村卫生所有的在村部，有的建在乡村医生的家中。

文化活动中心 各村建起文化室或老年活动室，一般都在村部。室内有各种图书和报刊，还有棋类、乐器和健身器材。2008年，中洋村集资36万元，在原址上重新建造园墩书堂。该书堂占地800平方米，建筑面积345平方米，砖混结构，琉璃瓦屋面。堂内有各种书籍和报刊，有康乐球和乒乓球桌，有篮球场、羽毛球场，还有各种健身器材。园墩书堂还组建了一支文艺表演队，常年排练有歌舞等节目，任何时候都可以演出。

文化广场（农民公园） 2008年，朋新村在市场附近建全镇第一个文化广场，面积2300平方米。内设固定的体育锻炼器材，有宣传广告墙，可供镇村举办大型的集会和文艺表演，可供人们跳广场舞。每年春节前的几个圩天，商贩可在广场内摆摊卖年货。2011年，朋新村城厦自然村投入6万元，在原均华学校旧址新建均华广场，面积约1200平方米，内设有灯光球场和各种健身器材。2012年，丰源村的上甲源革命基点村，投资25万元，在村中建起了全镇第一个自然村级的文化广场，面积1100平方米。2013年，丰源村的下甲自然村投资20万元，在村口建起了面积1900平方米的农民公园。公园内有球场以及体育锻炼器材，还有亭榭，供人们体育锻炼或休闲。

2014年，千年古邑碧砂村，投入68万元，在村水口建起一座面积1万平方米的碧砂公园。公园按东南西北分别设景，中间为大广场。公园东边，筑有高出广场地面1米的表演台，台面积有120平方米。台背后种有一排的常青景观树。台的左侧堆垒一座约180平方米的圆形小土堆，形成一座30至60厘米高的小山。小山上种满花草和常绿灌木，看上去似乎是园中之园。表演台的右侧，建有一座五角亭，亭子正上方写有“三星亭”三个镏金大字，亭子周边有4排长椅。亭子旁边，有各种各样的健身器材，还有固定的儿童玩具，还有石凳、石圆桌。公园北边，矗立着一尊高大的妈祖圣像。圣像总高7.68米，全身洁白晶莹，端庄慈祥，圣光四射。圣像的材质是从山东济宁运来的青石，单圣像造价就28万元。妈祖圣像背后是一片树林，林中古木参天，鸟语花香。公园的南边，有两口相连的池塘，水面各有300平方米。池塘中，红鲤鱼游来游去，有“仙鹤向天歌”、“鲤鱼跳龙门”的景观，还有石砌假山。池塘南边，有一条小溪流，溪流上安装直径约5米的大水车，溪水冲着水车不停地转动。两口池塘之间，有一水面间隔，上面建有一座3米长的小桥，桥两边安装精致的栏杆扶手。公园西侧，是一座建于清代的天后宫，公园与天后宫之间，是一条进村的水泥公路。宫门前，是一片宽阔的坪，坪中有几棵古桂花树，树冠几乎覆盖着整个大坪。古桂花树下，还有几棵石榴树，石榴树旁边有石凳。宫的西边，有一座古石拱桥，桥旁边立有一块古石碑，碑上刻有“葺巩桥”三个大字。桥面上有2棵枝繁叶茂的桂花树，桥底下溪水清澈。桥旁边，安奉着全村的“石保公王”，后面是茂密的树林。碧砂公园和天后宫连成一体，构成一副“小桥流水、池塘水车、亭台楼榭，妈祖庙像、丹桂飘香、树林人家”的美丽画面。这是碧砂美丽乡村的一大亮点，也是碧砂村，甚至白砂的一张漂亮名片。

2015年，梧田村阁坑自然村投资25万元，在村口建有一座农民公园，面积900平方米，园中植草、种树、栽花，园中间建有一座感恩亭。

2016年，军桥村共投入130万元，建设农民公园。公园在村中的白泮公路和省道308线旁边，面积2600平方米。分南北两部分，中间有条溪隔开，溪宽5米，在古将军桥的位置，新建一座钢筋水泥桥，连接南北公园，桥上写有“将军桥”三个大字。公园的南半部分，面积1200平方米，建有篮球场，砌有台阶，可供人们坐着观看球赛。公园的北部分，面积1400平方米，周边用大理石栏杆围着。在石围栏杆内，种有常绿景观树，树底下设置一排排的靠背石凳。公园的西边，有各种固定的健身器材。公园中央为广场，供人们娱乐跳舞。公园于2017年建成，是官将片6个行政村中面积最大、设施最好的农民公园。

2016年，下早康村的大埔头自然村，通过募捐等形式，筹集28万元，在村袁氏宗祠前边建起了一座农民公园，面积2000平方米。园内有球场和锻炼器材，有舞台、音响设备。大田、樟黄、塘丰、茜黄等村，都在村部内坪建有小型的文化广场或农民公园。

2016年，官洋村丁康自然村发动本村村民捐款，筹集资金25万元，在村中建集文化、健身一体的娱乐中心，占地450平方米。其中建一座砖混结构两层，共220平方米的文化娱乐楼，内设阅览

阁坑感恩亭

室、图书室、琴棋书画室、会议室、休息室等。楼前边建有350平方米的小广场,安设各种健身器材。工程于2017年秋完工。

二、民　居

(一) 普通民居

清朝及民国时期，白砂镇境内居民居住的多数土木结构的青瓦屋面的平房或者是两层楼房，其建筑模式以上下厅配左右两边横屋为主。上厅由厅面和左右厢房组成，正厅靠后墙2至3米距离的位置，建天子屏。天子屏一般用木质做成，正中张贴中堂画或挂祖公画像，两边柱上张贴对联。下厅由厅面及左右回廊、厢房组成，其结构有的以土墙或木质屏风隔开独立成室，有的与厅面之间没有墙体隔开，整个下厅浑然一体，空旷宽敞。下厅有两根粗大的木柱，承载屋面的重量。下厅正中设置内大门，门外为内坪，内坪最外边的合适位置砌筑1.5米左右高的围墙，围墙的适当位置建外大门。建外大门非常重要，说是有决定住宅兴旺与否的作用，故而旧时有“千斤门寮四两屋”的说法。建外大门有两种格式，多数人建的是不露天的，这种外大门说是“管事的”。少数人建的是露天的，这种外大门说是“不管事”的。较为富有者，建房的墙体用“三合土”（黄泥、沙、石灰按一定的比例混合搅拌的土）或者用青砖筑砌，厚度30厘米至50厘米，上下厅及门楼屋脊作飞檐之状，内外用石灰粉刷并雕画一些花鸟图案。这种屋，地方上的人们称之为“火砖屋”或“封火屋”。大部分民居门窗开得少，而且尺寸小，采光通风条件差，屋内阴暗潮湿。为防盗匪，牛栏、猪舍以及家禽栏窝也建在离人居很近的地方，有的建在住宅大门内，有的楼上住人，楼下圈牛关猪，人居环境极不卫生。家家户户没有卫生间，只是每户或几户合在大门外建有厕所，有的几间厕所排建在一起，极其简陋（民间俗称“屎缸”）。到20世纪60年代，白砂许多居民居住这种民居。

20世纪五六十年代典型民居

明清时期，也有用杉木建造整座房子的。其主要原因，一是白砂杉木多，就地取材很方便；二是重量轻，即使地基不实的地方也能建造。它的特点是抗震防水性能强，经久耐用，两三百年后还可居住。但这种房子耗木量大，隔音隔热性能差，而且一旦失火，后果极其严重。民国以后，几乎没有人再建造这种纯木料的房子。

明清和民国初期，境内贫困的偏僻小山村或者在竹山中的“纸寮”，有少数的竹片房或者茅草房。

1970年以后，有的村民开始自建独立的土木结构青瓦屋面的新型民居。这种民居，墙体用黄泥夯实，墙体宽通常

岭背遗存的清代纯木结构民居

为33厘米，一般建上下厅两部分。上厅建两层，四墙三间或者六墙五间，中间较宽，为正厅(二楼的为楼厅)，两边为房间。房间有的是双间，有的是单间。正厅离后墙3米左右的位置建“天子屏”，屏后面是楼梯。下厅一般分左右两边建一层的敞式间（俗称“伸手指”），一边做厨房，一边放杂物，中间为露天的天井，正中建大门。建房地面较宽的，还在外坪建围墙和外大门。新型民居门窗较宽大，屋内通风采光良好。

1992年以后，随着农村经济的发展和农民生活水平的提高，居民住宅发生历史性的变化。结构从土木结构向砖木、钢筋、混凝土框架结构转变，设计向庭院式、多层式、别墅式转变，屋面由平面逐渐转为琉璃瓦镶盖的斜屋面，房外、房内装饰按照城市住宅的标准。宅内设有多间卫生间，卫生和排水设施齐全。厨房的燃料由烧柴草向用液化气、用电转变。新住房基本能实现“六通”（通路、水、电、电话、广播电视、宽带网络）。很多住宅周边的空闲地植树、栽草，有的宅内放有盆景花卉，美化居住环境。新住居全部做到人畜分开，家家户户卫生干净。现代人多是因路而居，家门口都是水泥村道，汽车可以直开到家门口或开进内坪。

当代民居

1998年以后，全镇境内村民改建新房进入热潮，每年以建造150~200座新房的数量递增。1999年开始，国家对贫困户的危房改造进行资金扶持，帮助其在规定的时间内建好新房。2016年和2017年两年中，共扶持帮助152户贫困家庭建好新房。到2017年，全镇7300多户居民，99%以上的居民户都建起钢筋水泥砖混或者是框架结构的新房。

（二）特色民居

1. 袁子钦故居中和堂

坐落在朋新厦洋自然村，建于清光绪年间（1875—1908年）。村北路口立有“袁子钦中将故乡”碑。中和堂坐北朝南，东边和北方阡陌纵横，南边和西边民房密集。砖木结构，青瓦屋面，结构严谨，布局合理，占地面积3000多平方米。厅堂上下厅，边门对开，上厅天子屏上额悬挂镏金正楷大字“中和堂”牌匾，下厅正中双合大门。以厅堂为中心分，东边是天井，再往东边是7间平房。西边是天井，再往西是6间平房。又再西边是天井，天井西边又是7间平房。北边是天井，再北是后楼。两层共有10间房。楼下东西两边巷口对开，西巷门外有一口古井，井水清澈。南边是内雨坪，河卵石衬底。雨坪两边是回屋，东边是外大门，围墙连接回屋和外大门。清宣统元年（1909年）12月12日，袁子钦就诞生在正厅的右厢

袁子钦将军故居，中和堂

房。袁子钦20岁参加红军，1955年被授予中将军衔（参见本志人物章人物传）。

2. 茜黄村遗荫堂

坐落在茜黄村，坐东南向西北，是清代山村中较豪华的古民居。房主为清咸丰年间（1851—1861年）被称为“竹山大王”的丘步鸿。丘与上杭县临城镇石砌村的钟宝三（钟时任浙江水师提督）结为金兰，钟的住居当时名冠上杭县城。丘慕名把钟住居的设计图纸取来，在茜黄村按其图纸设计规模、尺寸，建造一座住宅，取堂号遗荫堂。遗荫堂占地面积2500平方米，三栋两摆，全木结构，三进大门。廊檐通畅，柱梁上雕龙刻凤，屏墙上绘花画鸟，大厅屏柱和栋柱均有木质内弧镏金字盖联。整座住宅十分宽敞，逢婚丧喜庆，摆上百桌筵席，也不需过雨坪。宅中共有大厅3间，小厅2间，住房34间。20世纪80年代，仍住有12户人家，村里称之为“大屋厦”。2013年，被列入上杭县第三次全国文物普查不可移动文物。

茜黄遗荫堂（县文广新局　供稿）

3. 中洋村雍睦堂和循天理

坐落在中洋村中央，坐北朝南。两座古宅是清同治年间（1862—1874年）中洋袁姓十八世祖炯轩、兰亭兄弟俩建造的，堂号分别是雍睦堂和循天理。实质是一座连体的古民居，占地面积6600平方米。雍睦堂为两堂左右两边各三摆的建筑，外大门朝东，石板门框上雕刻对联，横批上方的石板上有图案精美的浮雕，四周皆为封火青砖墙体。正厅左右各有三个天井和纯木质结构的三排横屋，横屋纵的部分为平房，横的部分为两层楼房。循天理为三堂左右两边各两摆结构的建筑，正厅前堂和中堂为纯木质结构，后堂和左右两摆横屋为两层楼房。四周也是青砖砌成的封火墙，外大门朝北。两座古宅合计正大厅两间，中厅、小厅18间，住房106间，楼梯9部，天井13个，古井2口。20世纪70年代，两座古宅住有33户120多人。2013年，被列为上杭县第三次全国文物普查不可移动文物。

中洋循天理　（县文广新局　供稿）

4. 碧砂村德馨堂

坐落于碧砂村腹地，建于清道光年间（1821—1850年），坐南朝北，背靠青山，门绕绿水。整座民居顺地势从高到低，依次而建上、中、下三厅，上、中厅及左右两边横屋前设有天井，排水顺畅。三厅中，上、下厅为砖木结构，中厅为全木结构，木柱硕大，横梁似拱虾，上刻有祥云吉水等精美图案，柱梁等木结构之间处处榫头相扣，紧密而牢固。中厅天子屏的柱上挂有红木镌刻的对联，上额悬挂红木镌刻的镏金大字德馨堂牌匾。上、中厅中堂均摆有雕刻着历史人物故事的神龛，以备祭祖之用。上、中厅左右两边各配建有正栋房间，下厅正中有条石镶嵌的内大门，内大门进去配置有屏风门。从上厅直至外门左右两边，均配建两排横屋，上厅左右的横屋是两层楼阁。左右两摆横屋厅北大门相对，面朝向内坪，好似在君王前弯腰作揖的臣将，给人以谦恭之感。经内坪步出到外大门，转身仰望整座堂屋，只见飞檐翘角，气势恢宏，蔚为壮观。外大门石门框上刻有对联，两边的沙灰墙上还刻有花鸟图案。德馨堂占地 4000 平方米，共计大小房间近百间，人丁兴旺时，居住 20 多户，100 余人。2013 年，被列为上杭县第三次全国文物普查不可移动文物。

碧砂德馨堂（县文广新局　供稿）

5. 大科大华自然村树滋堂

大科村大麻地（1958 年后改名为大华村）以三座大屋而闻名白砂，树滋堂就是其中之一。树滋堂坐北朝南，占地面积 4500 平方米，建筑面积约 3500 平方米，部分砖木结构，大部分属纯木料结构，青瓦屋面，瓦片又大又厚。三进大门到正厅，正厅分上下厅，中间为大石板铺成的天井。一进内大门，下厅设有中门，贵宾或稀客光临，需要开中门迎接，婚庆迎亲或丧事送殡须从中门进出。正厅左右两侧为木质结构的厢房。正厅上额悬挂着 10 厘米厚的楠木质镏金行书大字树滋堂牌匾，屏柱和左右两边的栋柱上，均挂有木质内弧镏金字盖联，柱梁上雕刻和镶嵌有镏金的龙凤花鸟图案。正厅的东西两边各有三个长方形的天井和三排横屋。在三排横屋中，靠东、西两边的是两摆木料结构的两层楼房。内大门的石门框上雕刻一副对联："荜户祥光凌北斗，衡门瑞色焕南星。"内大门外面是外雨坪和围墙，围墙连着西边的横屋西厅和外大门。外大门朝东，大门左右两边安放着一对高大威武的石狮和一对巨大的石鼓。树滋堂共有各式大小房间 90 间，正厅是全村 50 多户人家的共有祖产。20 世纪 40 年代，树滋堂居住有 20 户近 100 人。凡有婚丧喜庆的，都需在正厅举行。

6. 岭背衍庆堂

坐落山背，坐北朝南，占地 3000 多平方米，建于清乾隆年间（1736—1795 年）。前、中、后大厅三堂，横屋五排连围屋落地共 138 间房屋，木质梁柱，土瓦屋面，室内门扇、窗棂雕花精致，100 多幅楹联充分展示整座古建筑的文化内涵。可惜这些珍贵文物在 20 世纪 60 年代被毁。

7. 厦洋土楼

坐落在朋新村厦洋自然村，现为白砂敬老院的位置，建于清乾隆年间（1736—1795 年），是一座方形土木结构青瓦屋面的建筑，也是白砂境内唯一的土楼。土楼坐东北朝西南，占地 1200 平方米（宽 40 米，深 30 米）。共三层，建筑面积 3060 平方米。第一层墙体宽 1.32 米，层高 3.3 米；第二层墙体宽 1 米，楼层高 2.65 米；第三层墙体宽 0.66 米，层高 2.65 米。整座楼只有一个大门供人进出。楼中央有一个长 15 米、宽 12 米的天井，天井中有一口深水古井。楼内有 4 处楼梯，共有 1 间大厅、5 间中厅、36 间房间，厅、房之间用木柱镶上木板隔开。底层有 4 座大谷仓，每座谷仓的容积有 25 立方米，安装有一副脚踏碓子，砻谷盘一座。居住在该土楼的人家，最多时达到 18 家 80 多人。新中国成立初，白砂区（上杭第六区）政府曾设在土楼内。1967 年，土楼被拆除。

除上述 6 座比较典型的特色古民居外，还有列入县文物的中洋村的二宜堂、岭背村的紫光堂、朋新村的馨兰大院等。白砂境内还有很多类似上述的古民居，如岭背村就有 26 座，大田村有 29 座，中洋袁姓有 9 座。古民居多，规模大，有堂号，很多家一起居住在古民居中，是 20 世纪 70 年代以前白砂的一大特色。

三、新村建设

（一）造福工程整村搬迁

1. 俞桥新村

革命基点村俞桥，属塘丰行政村的一个自然村。村子非常边远，离塘丰村部有 6 公里，而且都是崎岖山路，交通极为闭塞。2000 年，政府对俞桥实行造福工程的整村搬迁。全村有 25 户，110 人，其中有 13 户搬迁到塘丰营背自然村，按规划在一片小山坡上建两排砖混结构的新房，取名俞桥新村。其他 12 户在镇经济开发区自买地皮建房。2005 年，25 户全部搬出偏远的基点村，并享受国家的造福工程款补助。

2. 黄柏坑整村搬迁

革命基点村黄柏坑，属梧田行政村的一个自然村，离梧田村部 5 公里，进村一直是上山小路，交通极为不便，海拔 660 米，是白砂境内高海拔自然村之一。全村有 12 户人家 65 人。1998 年，政府对该村实行造福工程，整村搬迁，12 户人家开始搬出小山村，有 6 户搬到梧田村天后宫附近，有 6 户搬到中洋村境内原乡敬老院周边的地方。12 户搬迁到异地，全部住进砖混结构的新房，享受国家的专款补助。

（二）整村自发搬迁

1. 长锦村

长锦村是白砂所辖的一个行政村，也是一个自然村。全村有 4 个村民小组 82 户 350 人。该村范围小，民房均建在斜坡上，村子很不平坦。离省道 308 线 2.5 公里，离集市 6 公里，属白砂境内比较偏僻的行政村之一。现代人因路而居，从 1979 年开始，就有 3 户搬出村子，在省道 308 线公路旁边建泥木结构的房子。之后，陆续有人家也到公路旁边建房。2000 年以后，年年有五六户人家搬出村子。至 2010 年，全村 82 户全部搬迁到省道 308 线旁边的店前及其附近建房安居。新建的房子全都是钢筋水泥房，早期搬迁建的土木结构的房子，也全部改建成砖混结构的新房，这样，形成了一个完整美丽的长锦新村。原来的村庄旧址、旧房全部拆除，政府投资用机械连片平整，以便重新综合开发利用。

长锦新村一角

2. 大科凹背自然村

大科行政村有一个自然村称双才村。这个自然村原先在离省道 308 线 2 公里外的一个小山坳里，村子偏僻，交通不便，村名叫凹背。全村有 42 户，2 个村民小组 190 人。早在 1958 年，村里就有 2 户人家搬迁到省道公路边的双门石建房。双门石这个地方就在省道公路边。1970 年以后，陆续又有人家搬迁到双门石。

1989年，原凹背村有一个台胞名叫廖鉴开，回村在双门石创办了一家鞋厂和一所初级小学，并把“凹背”改名为“双才”。由于各种原因所致，10年后，鞋厂倒闭，初小撤销。到2005年，全村42户全部搬迁到双才（原地名为双门石）。

3. 大岃头自然村

大岃头是大田行政村的一个自然村，离大田村部2.5公里，离省道308线2.5公里，是比较偏僻的小山村。全村20户90人。1988年，村里有1户村民最先在大科村境内双门石的西南边一处叫游草塘的山坡上建新房居住。之后，陆续有人也在游草塘建房。2000年，全村20户人家全部搬出大岃头，16户在游草塘建房安居，有4户人家的新房建在双门石境内的留福山，形成一个大岃头新村。游草塘和留福山离省道308线300米，铺有水泥村道，交通十分便利。原大岃头村址，旧房已经拆除，地基已经平整，有待重新利用。

4. 大陂头自然村

大陂头属梧田行政村的一个自然村，离梧田村部2公里，与革命基点村角坑自然村毗邻，到革命基点村黄柏坑须从大陂头村中经过。全村只有1个村民小组，19户80人。2000年，该村开始有人搬迁到梧田村部附近，到2012年，全村19户全部迁出，大部分迁到梧田村的坪尾岗上，建的房子全部是砖混或框架结构的钢筋水泥房。原有村子的民房全部是土木房，现大部分保存，只做饲养家禽、家畜之用。

5. 王屋坑自然村

王屋坑属官洋行政村的一个小自然村，离省道公路2.5公里，交通不便，比较偏僻。全村有15户73人。1993年就有人迁出村外，在官洋村口建房。之后，不断有人家迁出，大部分迁到官洋村口，和官洋的王屋自然村混合在一起。2005年，最后一户迁至省道公路边的太阳圩。搬迁所建的住房，全部是砖混结构的钢筋水泥房。

（三）征地拆迁，村民搬迁

石陂属朋新行政村的一个小自然村，地处原省道308线边，朋新与岭背的交界处。全村17户75人，是白砂唯一的华姓聚居地。2003年，政府改造省道308线岭背峡路段，石陂为改造新路段的起点，全村的民房被征迁，17户村民移到市场附近或经济开发区建房。从此，石陂自然村消失。

（四）美丽乡村建设

1. 中洋村美丽乡村建设

1996年，中洋村投入1.6万元在村中袁氏宗祠前的大路旁边新建一座六角亭，亭高6米，宽约6平方米，混凝土结构，琉璃瓦亭面，六边砌有石凳。该亭是白砂第一座村建现代亭榭。2012年，投入35万元，在郑坑桥新建一座高12米、宽13米的村楼牌。楼牌是钢筋混凝土结构，顶梁正中有原省人大常委会副主任袁锦贵题的“中洋村”字样，四根高大的立柱正背面写有镏金字对联。整座村楼牌既巍峨雄伟又古色古香，是白砂现今第一村楼牌。2017年投资28万元，在村楼牌的南侧，新建一座仿原古的郑坑桥凉亭。凉亭为钢筋混凝土廊桥式建筑，长13米，宽3米，高4.5米。两边砌有石凳，靠东边墙的一米高处设有一个平台，平台长3米，宽0.6米，用于安放观音菩萨。凉亭东边是田野，西边是358国道，北边是中洋大道及烟草站等现代建筑，配上中洋村楼牌，形成白砂境内一道美丽的风景。

2. 朋新村美丽乡村建设

2013年，镇政府在朋新境内的市场附近，建有一座多功能、面积为1800平方米的文化广场。2017年，政府投资280万元，在朋新村境内的白砂市场至城厦的沿麒麟溪段，实行美丽乡村建设项目。项目内容为：筑砌1080米长的两岸溪堤，溪堤东岸建一条1080米长6米宽的景观路，铺混凝土路面，路两边植草栽花种树，设置石凳和亭榭，路两旁安装路灯，建两座桥梁连接关山口的路街。工程2017年底建成。工程建成后，既是白砂一道美丽的风景线，更是村民休闲散步和儿童娱乐的好去处。

3. 岭背村美丽乡村建设

2011—2015年，岭背村共投入850万元，大力开展美丽乡村建设，主要项目有：一是整治村中环境卫生，清除溪中和村道中的杂物、泥石，在全镇第一个建立定时定人定点的垃圾清理保洁制度；二是在岭背村内沿溪建村栈道，总长度800米；在南坑古桂花树旁、店门圩、科里祠堂旁边、寨上公路旁、鱿鱼滩、学校外坪六处建小公园，为村民休闲健身提供好去处；三是从石陂到岭背村口的公路两边，砌花池，种树植草栽花，挂带有宣传口号的大红灯笼；四是在村内大小村道上安装共150盏路灯。

4. 小流域整治

阁坑是革命基点村，是梧田村的一个自然村，民国三十八年（1949年）3月县委机关曾设在这里。2015年，阁坑实行小流域整治工程，在村子中的小溪两岸筑砌溪堤，长735米，全部用大河卵石砌成，别有一番堤景。

除梧田村外，中洋、官洋、茜黄等村在2015年和2016年共投入500万元，实施小流域综合整治工程，既美化了乡村，又加强了防洪功能。

5. 梧田白果自然村的生态护岸工程

银杏也叫白果，白果村，因村中有两棵古银杏树而得名。村中有一条宽约4米的溪流，溪两岸是农田和民居。2015年，梧田村争取230万元资金实施生态护岸工程。在溪两岸筑砌护堤，长度850米，并在沿护堤两边设计绿化、美化景观带，工程于2017年底竣工。

阁坑小流域整治

6. 实施千村整治百村示范工程

2014—2017年，镇党委、政府积极落实福建省委、省政府作出的实施千村整治百村示范的重大部署，各村大力开展整治村容村貌的工作，拆除丑陋破烂的危房以及干厕、猪舍等，清除村内的杂污物和路障，定期清扫村道，溪两边砌防洪堤等。2014年，碧砂村在村口建起1万平方米的公园，拓宽村道。2015年，梧田村在阁坑村实施小流域整治和生态护岸工程。2016年，朋新村在下洋沿麒麟溪岸边1080米景观休闲路。2017年，军桥村重新建造将军桥，建农民休闲健身广场，安装路灯，建停车场。扶福村建村部和卫生室，新增设路灯，建农民健身场所，完成裸房、破旧房整治1800平方米，建停车场、村道铺混凝土等。同时，各村在村道两旁和房前屋后植树栽花，绿化美化环境。到2017年，全镇113个大小自然村，村容村貌发生了历史性的巨大变化。村民的住居，全部是钢筋水泥房。水泥村道四通八达，村道旁安装一排排的路灯，大部分村都建有农民公园或文化健身广场。民居高大漂亮，村道畅通洁净，田园花果飘香，美丽乡村现雏形。

第三节 建筑业

明清和民国时期，白砂境内有许多能工巧匠，大多数是建土木结构或纯木结构，或极少数砖木结构房屋的泥木工匠，有的施工技术精湛，技艺代代相传，但一般传男不传女。

20世纪80年代开始，农村建筑向钢筋水泥混凝土结构转化，泥木瓦房逐渐淘汰，房屋装饰装修逐渐成为新兴工种，白砂有相当多的泥水匠从事砖混结构房屋建筑及其装饰装修的业务。2017年，白砂从事建筑装修行业约1200人。

一、主要建筑企业

（一）白砂公社建筑队

1970年9月，白砂公社成立建筑队，为社办企业。建筑队组成人员是各大队泥木工挑选出来的。建筑队设队长，首任队长袁如钦，另设指导员（林松熙），还设会计、出纳各1人，技术员1至2名，有工人20多人。建筑队办公地点设在白砂公社的新村楼上。建筑队成立后，秉承务实服务、优质施工宗旨，承建本白砂范围内的集体建筑和民用建筑工程，如承建了白砂中学教学楼和白砂医院门诊大楼。

（二）白砂路桥公司

1986年，为适应改革开放和经济发展的需要，白砂建筑队更名为白砂路桥公司，为乡办企业，公司开始设在原建筑队办公的地方。公司设经理，首任经理傅元仁，兼党支部书记。聘设工程师3人：郑绍荣、袁耀红、傅元仁（兼）。工人30余人，分路桥组、建筑组、开山组。20世纪90年代初，公司在白砂市场建有260平方米砖混结构的两层楼房作为办公场所。公司成立后，于1985年至1987年承建了上杭东门大桥，还承建了白砂境内新医院、乡政府综合大楼、林场办公楼、供销社、信用社、农行、中学教师宿舍楼等公共设施，同时，还测绘承建了旱康公路。1988年，公司获四级资质企业。1996年，路桥公司改为个人股份制，2000年解体。

二、古今典型建筑

（一）岭背水口荫桥

岭背村人为便于生活出行和从事农业耕作，加上讲究风水，于清道光年间（1821—1850年）在村水口兴建一座荫桥。荫桥，意为护佑全村人，荫福全村人。荫桥横跨东西两岸，全长26米，宽6米，桥面距溪底9米，整座桥看似简单，但异常坚固，人称岭背的赵州桥。荫桥分上下两部分，下部分为石拱桥，拱身全部用一块块二三百公斤重的方块石筑拱而成。石拱离溪底8米，跨度22米，远远望去，犹如溪面上现出的一条彩虹。荫桥上部分是廊房式的建筑，并向东西两边各延伸了2米，作为引桥。整个桥面，铺满平整的大青石。廊房高4米，南边为人行道，约占桥面一半的宽度。为了加宽桥面，在南边每间隔2米向外加铺条石，向外伸出的条石约0.7米长。巨大的枕木铺放在外伸的条石上，构筑加宽的人行通道。通道的南边缘有1.3米高的防护屏，全屏用坚厚的木板镶嵌而成，典雅美观，行人还可以安全观

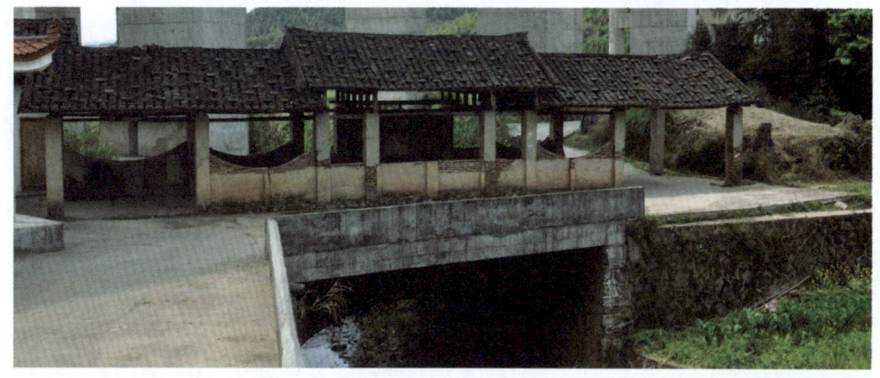

岭背水口荫桥

赏桥下的溪景。为了增加荫桥的实用性，在荫桥的北边从东到西建有9间相连的储物间。储物间全部用厚实的木板镶隔而成，主要用于储藏物品。荫桥屋面，盖有排列十分密实的大瓦片，屋面比荫桥的南北两边各宽出1.2米，这就使得整个荫桥不受日晒雨淋。荫桥全部采用上好的杉木，每根柱子的顶部还雕刻有花草图案，柱与梁之间设计有斗拱，榫头十分紧实，看上去既美观又牢固，真是独到匠心。岭背荫桥历经近两百年至今还完好无损，被称为白砂境内古建筑的奇葩。

（二）梧田天后宫

清道光十七年（1837年），白砂袁氏世祖袁昌贵倡捐在梧槼坆松坑口建有一座天后宫。由于年代较为久远，宫体于20世纪70年代倒塌。2006年，就公职于莆田市的袁锦贵倡议牵头引资350万元，在原址上重建天后宫，于2008年10月竣工入香火。

天后宫坐西南朝东北，占地面积2300平方米，建筑面积1600平方米，整座建筑为钢筋水泥结构，宫内外墙体上粉刷杏黄色的颜料，屋面铺盖杏黄色琉璃瓦，四周墙体上镶嵌着1米直径圆形的石窗，石窗全幅镂空雕刻花鸟吉祥图案。整座宫庙为上下两部分结构，上部分为上厅，高15米（含阁楼），下部分为下厅，高7米。上厅房顶正中位置，突建空中阁楼，阁楼正前面悬竖一块竖式牌匾，上写天上圣母四个金光闪闪的大字，十分醒目。阁楼顶层正中放置一个很大的葫芦形金色珠体，左右两边配置一对腾龙，一对龙门对着葫芦形金色珠体，形成双龙抢珠之势。阁楼下层的左右两边，配置一对金黄色的凤，形成双凤朝阁之姿。宫顶四边飞檐翘角，外观气势雄伟、巍然壮观。正大门前，左右两边各竖一根巨大圆柱形镂空雕刻攀龙的大理石，雕成一对巨大的龙柱，意为龙门。走过龙门，便是正大门，大门两边是方形的大理石门框，门框上雕刻一副对联“万山拱聚壶峤灵长，三涧潆洄湄洲形胜”，横批“中流砥柱”之上，镶嵌大理石横匾，上写镏金大字天后宫。进入宫内大殿，人们便油然产生庄重肃穆之感。宫殿上下厅，浑然一体、空旷宽敞。下厅东北边悬挂一座巨大的铜钟，下厅正中有一个约100平方米的露天井，左右为回廊，沿左右回廊登上五级台阶便到上厅。上下厅中间的连接部分，铺有一块宽8米、高4米的平面大理石，整块大理石全幅雕刻着两条腾飞的龙。上厅正中安放着约2米高的妈祖神像，神像端庄慈祥、圣光耀目。神像开光之时，香火是从莆田湄洲岛妈祖庙引来的。神像左右两边，安放着菩萨，像是陪伴着天妃娘娘。神像正前方放着一个巨大的长方形石雕香炉，香炉左右两边各雕刻着一条龙，龙尾朝香炉边下，一对龙头直探香炉内。香炉前面，左右两边各竖着两根高大的大理石柱，犹如四根擎天柱，承载着宫殿上厅屋面的重量。靠外边的两根较粗大，光滑的石柱上镌刻一副对联：“月朗重霄焜耀琼台十二，灵长五色迷离贝阙三千。”靠内的两根石柱较小些，同样雕刻着对联。左右回廊的内墙壁上，绘画着妈祖升天前生平介绍的连环图案，使得整个宫殿的妈祖文化更加浓厚。宫大门前，是一片外坪，周边种有常绿树，树下放有石凳，供人们散步休闲和信众香客停车。梧田天后宫，是迄今为止白砂域内最宏大、最华丽的一座宫庙，整座宫庙的内外形貌体现着莆田和闽南建筑风格。新天后宫入火后，香客大部分是本白砂域内的善男信女，尤其是每年妈祖诞辰日、升天日和每月初一、十五日，更是香客如云，香火旺盛。

（三）碧砂丁氏宗祠

碧砂全村聚居单一丁氏，是明代从上杭城关丁氏12世迁到碧砂开基繁衍而来。当时在村中建有祠堂，由于时间久远，原祠堂倒塌。2015年，全村通过捐资等方式，筹资115万元，在原址上新建丁氏宗祠，于2017年8月竣工入火。碧砂丁氏宗祠，十分宽阔宏大，是白砂境内迄今为止占地面积、建筑面积最大，建筑技艺最好、装饰最华丽的祠堂。

丁氏宗祠坐落在碧砂村中，坐西南朝东北，占地2300平方米，建筑面积1027平方米。宗祠主体属斜屋面砖混结构，左右两边横屋属砖木结构。宗祠高6.5米，上、下厅屋面梁顶正中，各设置红色的葫芦顶，两边各设置6米长的红色龙，形成双龙抢珠景状。整个屋面，铺盖着红色的琉璃瓦。外大门在宗祠的中间位置，大门的顶部为立体结构，有三层，每层之间间隔约50厘米，每层左右两边有翘角，正中一层最高，翘角也最大。大门正中上方，镶嵌一个直径80厘米的圆形石雕丁氏图腾。图腾由金属楔子和祝隔氏的图腾

碧砂丁氏宗祠

火龙组成。图腾左右两边，各写忠、孝两个大字，大字用圆圈圈着，十分醒目。忠字下方，镶嵌一块长方形“松鹤延年”的石雕；孝字下方，镶嵌着一块长方形“梅花报喜”的石雕。大门左右两边，是两根光滑的方形大理石门框，刻有一副对联：“梦松瑞兆公卿第，刻木芳传孝子门。”外大门框的左右两边，又镶嵌有大理石刻的一副对联：“汉时将宋时主飞珠定四海，活为臣死为神威名震三江。”对联两边的正面外墙上，镶嵌着6个扇形石雕窗，分别是梅、兰、竹、菊、荷花、牡丹的图案。进了外大门，是一块长方形的雨坪，雨坪左右两边是东厅和西厅。过了雨坪，是内大门，方形大理石的石门框上雕刻一副对联：“俎豆千秋长祀曲，衣冠万代绍书香。”对联的横批位置，镶嵌一块长方形红色大理石，上刻“丁氏宗祠”。内大门左右两边的外墙上，镶嵌4个1.2米见方镂空雕刻的石窗，分别镂雕为福、禄、寿、喜四个字样。进了内门，便是宗祠的大厅。大厅分上下厅，有一天井相隔，但浑然一体，十分宽敞。上下厅各有4根粗大的大理石柱，承载着近千平方米屋面的重量。上厅为正厅，后墙正中上额挂有一块大牌匾，上写庆集堂三个镏金大字，下方安奉着丁氏祖宗灵位。灵位牌两边有一副大理石雕刻对联：“刻木奉亲至今共传廿四孝，梦松生腹当年果应十八公。”上下厅左右两边的内墙上，各挂贴4块1.5米见方的大字牌，分别是忠、孝、廉、明、诚、信、节、祀。天井左右两边是上下厅之间的走廊，3米宽。走廊左边横屋有两厅两室，两厅为丁甘如将军展厅和木偶戏展厅，两室为储物室和家训家规室。走廊右边横屋有两厅一室，两厅为老年人活动厅和图书阅览厅，一室为厨房。外大门前，有一口半圆形的池塘，周边用金属栏杆围护着。池塘外边是广场，广场旁边是村部大楼，周边种满了常绿树。

第四节 镇村建设管理

一、建设规划编制

2012年，白砂镇党委、政府委托北京中外建筑设计有限公司编制《上杭县白砂镇总体规划（2012—2030)》。2012年11月，上杭县城乡建设局组织有关部门和特邀专家对《规划》进行认真评审。专家组通过踏勘现场，审阅规划成果，听取规划编制单位的方案汇报。经过认真的讨论，专家组一致认为规划思想清晰，内容较完整，成果基本符合要求，原则予以通过。

《规划》共分为十三章：总则、镇域发展规划、镇区性质和规模、镇区规划结构、规划用地布局、道路效能规划、绿地景观规划、公用工程设施规划、防灾减灾规划、环境规划、近期建设规划、规划的实行与管理、附则。

该规划确定白砂镇区性质为：上杭县以制造业和竹木深精加工为主的工业重镇、绿色宜居名镇。

镇村体系空间布局结构概括为：形成一脉二轴、二心三团的空间结构。

一脉：自北向南最终汇入黄潭河的麒麟溪及两岸绿化带，是整个白砂镇的生态脉络。

二轴—东西轴、南北轴：东西轴即东西向穿越整个镇区的省道308线，是白砂镇区最主要的对外联系通道。南北轴，即在白砂镇区正中间、南北向的白砂大道，是未来整个白砂镇区的“脊梁”，是镇区内部的主要生活效能综合性干道。

二心：指在新老镇区的基础上，通过不断的旧区改造，向周边拓展用地，积极发展商业、文化娱乐、居住、行政、教育等公共服务设施，成为全镇的公共服务核心。其中北侧现状商业中心为镇区主中心、南部老镇区镇副中心。

三团：白砂镇用地呈现“两峡一谷”状，将白砂镇区分成东、中、西三个片区。按功能划分，东片区为竹木加工工业园，西片区为综合工业园。两工业园承担着镇区工业发展、人口就业的功能，中部片区的人居片区则规划为居住以及配套的教育、商业、文化娱乐等功能。

二、建设用地管理

1949年以前，土地属私人所有，用地由私人所有，用地由私人自由支配。

1950年新中国成立之初，集体、私人建设用地极少，政府也没有专项的管理制度，即使有人需要用地，只要不妨碍农业生产，没有民事纠纷，用地经过乡、公社政府同意即可。1970年以后，凡征用农地，由征用单位与相关生产队协商同意后补给3年的产量计算。5亩以下由县政府审批，5亩以上由地区行署审批。1980年后，如经批准使用的农田，按占用面积年产量3至5倍折算收费。由个人报告申请，大队审查，公社审批。

1970年后，私人建房用地由个人申请，大队审查，报公社批准。1987年1月《中华人民共和国土地管理法》颁布实施后，私人建房须由个人填写建房用地申请表，经村民小组、村委会审查签明意见后，送乡、镇土地管理站（所），由土管站派员到实地勘查丈量绘图，了解群众意见，并进行限时公示，如无纠纷无合理异议，报乡镇政府审核，最后报上杭县政府审批。2000年开始，依据《福建省实施〈中华人民共和国土地管理法〉办法》，农村居民每户建宅用地面积限额80~120平方米，3人以下的家庭每户不超过80平方米。6人以上的，每户不超过120平方米。利用荒坡地、空闲地建房或者对原有旧房进行翻建的，可以适当增加面积，但增加的面积不得超过30平方米，超过用地限额的不予审批。

三、违章建设查处

1986年1月土地管理法实施后，个人、单位建设用地进行大清理、补办手续，强制拆除违法用地建的房屋及建筑物。至2017年，共处理违章建筑311起，拆除非法占地建房31座、3063平方米。

四、管理机构

20世纪六七十年代，白砂公社管理委员会设立市场建设、市场规划领导小组，负责全公社的土地利用、乡村规划等工作。村民建房审批由公社文书负责。

1986年，白砂乡成立土地管理站。1995年开始，土地管理系统实行垂直管理，改为白砂土地管理所，受上杭县土地管理局和白砂镇双重领导。土地管理所负责办理乡村各项建设用地的征用审查审批，参与土地调查、登记、统计工作，建立地籍持案和核发土地证书。依法调解土地纠纷及查处土地违法案件，做好经常性土地监察、检查工作，落实编制乡村土地利用、规划方案及做好各项土地税费的征收和管理工作。

表7–1 白砂镇国土资源管理所历任负责人名表

姓 名	职 务	任职时间
严荣发	站 长	1986–05—1995–05
张春林	所 长	1995–05—2000–12
赖志雄	所 长	2000–12—2003–03
杨其元	所 长	2003–03—2010–07
张春辉	副所长（主持工作）	2010–07—2014–07
陈先明	所 长	2014–07—

第八章　交通　邮电

第一节　交　通

白砂属重丘山区，境内峰峦叠嶂，延绵起伏，古时交通不便，多为石砌路、泥沙路。明嘉靖十九年（1540 年）后，上杭通往龙岩的驿道在白砂经过。民间的乡村纵横小道，与官方的驿道相连接，古交通网络逐步形成。

中华人民共和国成立后，人民政府高度重视交通事业的发展。1958 年 5 月，上杭至郭车公路（后为省道围禾线的一段）建成通车。从此，白砂开始改变古老而又落后的交通状况。1988 年，整条杭郭公路铺上沥青路面。1994 年，金上线（围禾线改称）上杭段进行路面改造，并全幅路面铺上混凝土。2009 年 7 月，上杭县人民政府决定修建与龙（岩）长（汀）高速相连的蛟洋下道湖到上杭临城的高速公路（简称上蛟高速）。2012 年 12 月，上蛟高速建成通车。县人民政府还十分重视县道建设，对旧（县）白（砂）公路进行改造，重新取线修建茶（茶）白（砂）公路。与此同时，县、镇两级政府十分重视村道建设，至 2015 年，行政村之间、自然村之间的道路，全部进行改造、拓宽，铺上水泥路面。至此，白砂形成村道与县道、省道、高速公路相连相接的现代交通网络，因而对白砂经济发展产生积极的促进作用。

一、古　道

（一）驿　道

古代，官方为传送文书，又方便民间联系，逐步修建驿道。明嘉靖十九年（1540 年）后，因溪口平西驿移到永定，上杭到龙岩改由桥头、石灰岭进入白砂食水岭、角公塘、军桥、官地、大麻地、朋新、樟黄，到蛟洋的朗星村（今贵竹）。这条古驿道，白砂境内有 30 多公里，其中樟黄村到蛟洋的朗星村，要翻过一座名称大坑岭的大山，全程约 9 公里，石砌路，路面宽 1.5 米，大部分路段是沿石砌台阶上山。石砌路两边是原始森林，古木参天，古藤缠错，涧水潺潺。2009 年，修建上蛟高速公路经过大坑岭，这条石砌路被填埋消失。

（二）乡村道

古时，为便于民间百姓生产生活和商贸人文交流的需要，官僚绅士倡募、百姓集资修筑民间乡村道路。至民国时期，白砂境内通往外县、外乡镇的主要古道有 8 条。

东路通蛟洋。经朋新的排背、樟黄，翻过大坑岭，进入蛟洋的朗星村，为到龙岩的古驿道。

南路通茶地。经中洋（旧时称习仁坊、袁屋）、梧岗、梧田、塘丰，进入茶地的翁基村。该路全程石砌路，路宽约 1.5 米，全程约 9 公里。另外，从塘丰到金东山、大金、扶福，进入泮境的采霞村。此路大部分是泥沙路，宽约 1.2 米，从塘丰到泮境的彩霞约 7 公里。

南路通泮境。经大科的郑坑桥、老白砂圩、大麻地外村口、大田、大金、扶福，进入泮境的彩霞村。该路大部分是石砌路，有小部分是泥沙路，路宽约 1.3 米，路程约 11 公里。

西南路通泮境。经军桥到泮境孔桥村口进入泮境，全程石砌路，路面宽 1.3 米，全程 7 公里。

东南路通溪口。经中洋、梧岗、梧田的大陂头，翻越蛇舌岃岭，进入溪口的上三溪。该路全程是石砌路，路面宽约 1.3 米，全程约 12 公里。

西路通上杭。经大科的郑坑桥、老白砂圩、双门石（今双才）、店前（今长锦）、官地、军桥、东塘、食水井，进入临城的石灰岭、桥头、宫子前。该路全部是石砌路，路宽约 1.5 米，全程约 28 公里。另外，到了官地后，到茜黄、洋乾，进入临城的船空里。这段全部是石砌路，路面宽约 1.3 米，全程约为 29 公里。官地、茜黄、洋乾这三个村的百姓到上杭，一般走这条路。

古　道（丰源村）

西北路通旧县。经大科境内的马坪里，翻越相见岭，到上甲源、大路下、碧砂，进入旧县的新坊。该路为石砌路，路宽约 1.3 米，全程约 10 公里。另外一条到丰源的下甲、上下早康，到大埔头，进入旧县的新坊。上下早康的百姓到旧县，都走这段路。这段路全都是石砌路，路宽约 1.3 米，全程约 11 公里。

北路通蛟洋。经朋新的石陂，经过岭背，翻越岭背峡，进入蛟洋的华家。该路全程为石砌路，路宽约 1.3 米，全程约 10 公里。

古道的每处岔路口都立有刻上左去何处右去何处的指路石碑。

（三）古　亭

古道沿途修建有供路人休息的古亭。古人视修桥、铺路、建凉亭为三大修荫功德。古道的凉亭大部分是个人独建或数人合建。古亭大部分属青砖砌墙，也有的是石块砌墙，全部为木瓦亭面，一般两头敞口，中间为路，这种亭称骑路亭。亭内墙两边各砌一排 40 厘米左右高的石阶，供人们坐着歇息。部分古亭内有热心人士施茶水，也有的小商贩在亭内卖些糕饼茶点。文人墨客常会在亭墙上留下点“文迹”，其中有脍炙人口之作，出现一种独特的文化印迹。旧时，白砂境内古亭甚多，故有五里一小亭、十里一大亭之说。据统计，白砂境内的古道上有 30 多座古亭，这些古亭，绝大部分已倒塌。

河坑亭　在大科村老白砂圩到中洋村的河坑路段，中洋村袁昌贵裔合族建于清代。亭两头敞开，亭中为路，砖木结构。由于年代久远，亭面破烂，2008 年，中洋村出资将古亭进行维修，混凝土封顶并铺盖琉璃瓦，古亭焕然一新。

郑坑桥亭　在今省道 308 线郑坑桥。中洋村袁满珊裔合族建于清代，砖木结构，两头敞开。亭中为路，靠南边亭内墙正中位置，供奉一尊观音菩萨。该亭于 1958 年修建杭郭公路时被拆除。

相见岭亭　在丰源村上甲源自然村的一座岭巅上。中洋村监生袁国柱捐建，砖木结构，两头敞开，亭中为路。白砂通往旧县，必过此亭，来往行人都会在此休息。亭墙上写有很多诗句，其中一首：“千日迢迢在学堂，八月中秋赴考场。乃是人家读书子，秀才一出状元郎。”此亭于 1992 年倒塌，上甲源村筹资，于 2000 年在原亭址旁重建。

双峰亭　在大科村境内的双门石，白砂朋新村傅元攀捐建于清代。砖木结构，单向开，亭旁为路，1958 年修建杭郭公路时被拆除。

大坑岭亭　在樟黄村通往蛟洋郎星村的大坑岭古驿道上，朋新村傅一德捐建于清朝初期。砖木结构，两头敞开。此亭于 20 世纪 90 年代倒塌。

大阳圩亭　在官洋村境内的大阳圩，长锦村廖永贵裔捐建于清康熙四十三年（1704 年），并在亭中供施茶水。砖木结构，两头敞开，亭中为路。此亭于1958年修建杭郭公路时被拆除。

罗马甲亭 在大田村境内的罗马甲，大田村刘氏合族建于清朝年间。砖木结构，两头敞开，亭中为路。白砂境内大田、大科、长锦、官洋等村百姓到茶地，需经此亭。亭内常有人施供茶水，有时也有人在此卖糕饼。该亭于20世纪90年代倒塌。

可以亭 在省道308线嫩洋村口，嫩洋村罗姓建。1958年修建杭郭公路时被拆除。

清白岭亭 在省道308线石灰岭路段，大田村温藻捐建于清道光年间（1821—1850年），并在亭中施茶。1958年修建杭郭公路时将此亭拆除。

汲井亭 在省道308线食水井路段，白砂里傅氏所建并施茶。1958年修建杭郭公路时将此亭拆除。

半亩亭 在省道308线圆墩前路段，中洋村袁正中、袁联中兄弟捐建。此亭砖木结构，前有回廊，右有辅屋，亭中为路，常年有施茶水。1958年修建杭郭公路时被拆除。

回龙亭 又名店前亭，在今长锦村境内的店前，上杭至龙岩的古驿道必经此亭。此亭由长锦村廖姓合建于清代。砖木结构，两头敞开，长年有人施茶水，常有小商贩卖糕饼水果。因年久失修，1982年倒塌。

回澜亭 在梧岗村境内，梧岗村袁汝殷裔建于清代。20世纪80年代倒塌。

南薰亭 在塘丰村境内的南门墩，中洋村袁昌贵裔建于清代。20世纪80年代倒塌。

偃翠亭 在大科村境内的马坪里，中洋村监生袁富应捐建于清代。亭墙由石块所砌，两头敞口，亭中为路，白砂通往旧县需经此亭。由于年久失修，于20世纪80年代倒塌。

分水凹亭 位于将军桥往银坑的半路上，亭样为骑路亭，始建于清代。20世纪50年代倒塌。

九如亭 位于梧田村境内蛇舌岃岭的古驿道上，梧田村贡生袁腾九捐建（年代不详）。砖墙，木瓦面，两头敞口，白砂通往溪口的行人必在此亭歇脚。由于年久失修，此亭于20世纪90年代倒塌。

川心亭 在岭背村境内的岭背峡，岭背村刘姓合族捐资建于清乾隆年间（1736—1795年）。石墙，木瓦面，两头敞口，亭中为道。此亭于1958年建杭郭公路时被拆除。

成美亭 在上早康境内的碧砂岭头，上下早康村严氏合族捐资建于清代。砖墙，木瓦面，两头敞口，亭中为路，上下早康村通往白砂的必经之路。此亭于1982年建早康公路时被拆除。

石牌亭 在碧砂村与旧县新坊村交界处通往长汀的古道上，建于清乾隆十五年（1750年）。骑路亭，砖木结构，瓦屋面。经历多次维修（最后一次维修是1990年冬），现保存完好。

二、公　路

白砂境内的公路分高速公路、省道、县道、乡村道。

（一）上蛟高速公路

2009年7月21日，动工兴建上杭到蛟洋的高速公路。该公路起于蛟洋下道湖接龙（岩）长（汀）高速，终于上杭临城镇古石背接永（安）武（平）高速。全线按双向四车道标准建造，采用组合柔性基层路面结构，设计时速100公里/小时，全程36.16公里。该公路途经白砂的樟黄、岭背、朋新、中洋、大科、大田、长锦、官洋、茜黄、洋乾10个行政村，白砂境内20公里，在大科大华自然村内建设白砂互通。2012年12月25日，上蛟高速全线建成通车。

（二）省　道

1957年3月，上杭县人民政府成立地方公路修建委员会，成立杭郭公路（上杭至郭车）工程指挥部，组织5970民工参与修筑公路，除个别地段外，基本按六级技术标准设计施工。当时开公路，没有任何的机械，全部靠人工修建。全线于1958年4月竣工，5月1日正式通车。该公路途经白砂的岭背、朋新、大科、长锦、官洋、军桥、东塘、洋乾8个行政村，境内有23公里。1966年进行道路改扩建，变单车道为双车道。1987年，全线铺上沥青黑色路面。1994年，进行第二次大工程的道路改扩建，降低坡度，改直线路，路面扩宽至14米（含左右路肩各1米），按部颁山岭重丘二级公路标准，铺浇25厘米厚的混凝土路面。从蛟洋到上杭的整段改造工程于1997年5月1日全部完成。2005年，对全程路面重新全幅铺混凝土，使其变得更加平坦、宽阔。

原岭背村到麻公凹头（白砂与蛟洋的交界地）岭背峡路段，全长5公里，全部是上下坡，而且坡陡弯急，经常发生重大的交通事故。2003年，上级交通部门对该路段进行改道，完全避开岭背峡，重新修筑一段路。新开路在朋新村境内的石陂自然村开始上坡，缓坡到麻公凹头，工程于2007年建成通车。改线的路段全长6公里，没有陡坡，没有急弯。

杭郭公路后来成为省道围禾线（晋江围头至武平与江西交界的禾仓坑）、金上线（晋江金井至上杭临城）、308线的上杭段。2017年，省道308线改为国道358线，起点于福建石狮市，终点于广西龙州县水口镇。

（三）县　道

1. 旧白公路

从旧县到白砂，全程21公里，白砂境内10公里。1977年动工，1980年开通，单车道，沙土路面四级公路。1998年，由旧县乡政府和白砂镇政府组织对旧白公路进行改扩建，改直弯度大的地段，降低坡度，铺浇15厘米厚的水泥混凝土。2012年，县政府对旧白公路进行第二次改扩建，按重丘山岭二级公路标准改造，路面宽12米，全程全幅铺浇25厘米厚的水泥混凝土，公路两边平整绿化。2013年竣工通车。

2. 茶白公路

原茶白（茶地到白砂）公路开通于1979年，从塘丰村、金丰山村口到茶地的竹马坑、樟树村，到茶地全程19.98公里，路面宽3米，沙土路面，1998年铺上15厘米厚的水泥路。2013年，县政府决定重新开通一条茶白公路。从白砂大科高速公路互通口边起点，经大田境域、金丰山村口，进入茶地的竹马，全程24公里，白砂境内3公里，按重丘山岭二级公路标准建造。路面宽12米，全程全幅25厘米厚的混凝土路面，公路两边植树绿化。新的茶白公路于2015年建成通车。

3. 军泮公路

从白砂军桥至泮境凌屋村，1969年开通，全程7.75公里，白砂境内3公里。1997年以前，为沙土路面四级公路。1998年，由泮境乡筹资组织改造成水泥路。2012年，县政府决定对军泮公路进行扩建改造，按山岭重丘二级公路标准，路面宽12米，全程全幅铺浇25厘米厚的水泥混凝土，公路两边平整植树绿化。2014年竣工通车。

（四）乡村公路

随着干线公路的发展，白砂境内乡村公路逐年增建，除政府拨一笔补助款建造技术含量较高的涵洞桥梁经费外，大部分是自筹资金和民工建勤。1992年后，“要致富，先修路”的理念深入人心，激发全镇人民修建乡村公路的积极性。2010年底，实现全镇22个行政村、113个自然村村村通公路，条条公路通汽车，条条公路铺上水泥路面。

表 8-1 2017 年白砂镇乡村公路情况表

单位：公里

序号	路线名称	路线编号	行政等级	里程（公里）	通达建制村名称
1	白庐线（白砂—扶福出点）	Y004350823	乡道	7.28	大田村、大金村、扶福村
2	茶白线	Y005350823	乡道	6.5	大科、大田
3	塘大线	C001350823	村道	1.972	塘丰村—朋新村入点
4	东东线	C003350823	村道	0.938	大金村
5	军军线	C004350823	村道	1.35	东塘村
6	鹏鹏线	C003550823	村道	0.772	朋新石陂—朋新
7	朋樟线	Y088350823	村道	3.312	朋新、樟黄村
8	丰碧线	Y089350823	村道	7.524	丰源村、碧砂村
9	军官线	Y090350823	村道	7.605	官洋村、茜黄村
10	食洋线	Y091350823	村道	5.489	洋乾村
11	东嫩线	Y092350823	村道	2.848	嫩洋村
12	梧大线	Y093350823	村道	3.734	大田村、梧田村
13	军黄线	Y283350823	村道	1.157	古玩坑—军桥村
14	长长线	Y284350823	村道	1.325	长锦口—长锦村
15	朋大线	Y285350823	村道	1.388	上城下—朋新村
16	丰丰线	Y286350823	村道	0.693	丰熟坪—上早村
17	中大线	Y287350823	村道	2.513	大科村、中洋村
18	郑大线	C047、C048、C049	村道	3.02	大科村
19	大凹线	Y335350823	村道	0.907	凹头—大金村
20	大水线	Y336350823	村道	0.81	大金村
21	大上线	Y337350823	村道	0.648	上坑—大田村
22	双大线	Y338350823	村道	0.391	双才—大岃头
23	岭九线	Z015350823	村道	4.249	岭背村
24	早早线		村道	3.2	早康村（原旧白线）
25	山良线	C024350823	村道	1.02	早康村
26	学早线	C025350823	村道	0.83	早康村
27	柯银线	C068350823	村道	3.2	军桥村
合计 74.68 公里					
其中乡道 2 条 13.78 公里，村道 25 条 60.895 公里					

三、桥 梁

(一) 古 桥

明清时期，白砂境内的桥梁大部分以松木为梁柱，桥面采用方形杉木板铺设，木板与木板之间用木栓连接。较长的木桥，把杉木板拴好后分节分段铺架。桥基多数采用石墩，有的用巨大磐石垫在一底部，磐石上面再砌石墩，如上早康庙前的石墩木桥；有的直接用大木头以木马架式桩插入水中，如朋新村内过犁头子圩上的两座纯木架桥。还有一部分为石拱桥，如碧砂水口的葺巩桥和大科石科自然村的两座石拱桥。这些石拱桥，均建于明清时期。白砂境内有些村水口建有亭阁桥或廊桥（俗称荫桥），如岭背村水口的荫桥、长锦水口的回龙荫桥（又名观音桥）、扶福水口廊桥、官洋丁坑自然村的水口荫桥、军桥银坑自然村2座荫桥和军桥村水口的荫桥等，其中岭背水口荫桥和扶福水口荫桥至今保留完好，长锦、军桥的荫桥于20世纪六七十年代倒塌或烧毁。

1. 岭背水口荫桥（见《镇村建设》章）。

2. 碧砂水口葺巩桥

在碧砂村水口，该桥为石拱桥，建于清朝中期。桥长8米，桥宽4米，桥高7米。桥面旁边竖有一块古石碑，碑上刻有葺巩桥三个大字。因进村改道，该桥很少有人行走。2013年，该桥列为省级文物。

石科水口桥（县文广新局 供稿）

3. 石科水口桥

在大科村石科自然村水口，建于清朝中期。该桥为石拱桥，长7米，宽3.5米，高7米。桥的北边是村庄，南边是村水口的水礤，礤高有30多米，石拱桥就建在礤头上。因进出村的道路于1958年改建，桥上只有到田里或山上劳动的人行走。该桥于2016年被列为县级文物。

4. 扶福荫桥

坐落在扶福村水口，东西连向。荫桥为两部分，下部分为石拱桥，跨度11米，宽4.5米，桥身是用60厘米见方的花岗岩砌成，一块块方正的花岗石排列得十分整齐、紧实。桥净高4.5米，桥底是一条流向泮境境内的小溪，溪中石块嶙峋，溪两旁长满石香蒲等植物，溪水清澈，流水潺潺。荫桥上部分为廊房建筑，廊房长16米，两边各有5条砖柱，砖柱顶着木瓦屋面，栋高4.5米。桥边沿砌有80厘米高的挡墙，南边的桥边沿，砌有一扇墙，墙体用石灰粉

扶福荫桥

刷，墙高直接屋顶，意为纳风水、堵财气。扶福荫桥建于清乾隆年间（1736—1795 年），从建桥到 1970 年，扶福荫桥是白砂大部分村的群众到洋境的必经之路。2016 年被列为县级文物。

5. 樟黄坑头水口桥

坐落在樟黄中心自然村，建于清乾隆年间（1736—1795 年），全桥为石拱桥。桥全长 18.5 米，桥宽 4.3 米，桥总高 7 米，石拱桥跨度长 9 米。石拱桥用约 60 厘米见方的花岗岩石块筑砌拱成，块块方石排列既整齐又密实。石拱桥净高 6 米。桥的东南端为中心村的下头塘，西北端为中心村的神岭，是当时樟黄村的交通要道。2016 年被列为县级文物。

樟黄坑头水口桥

（二）公路桥

至 2017 年，在白砂境内经过的有 2 条公路，即上蛟高速公路和省道 308 线。上蛟高速公路白砂境内有 20 公里，有高架桥 22 座；省道 308 线白砂境内有 23 公里，有桥梁 3 座；乡村公路 27 条，总长 74.7 公里，有大小桥梁 62 座。

表 8–2　白砂境内省道 308 线桥梁情况

单位：米

桥梁名称	桩号	编号	桥面总宽	车行道宽	桥长	桥下净高
白砂二桥	408K+250	S308L0200350	37	9	18.5	11
白砂一桥	407K+720	S308L0190350823	12.5	9	30.4	9
桥头坑大桥	405K+220	S308L0181350823	12	9	223	36

表 8–3　2017 年白砂镇农村道路桥梁情况表

村	路线代码	桥梁中心桩号	桥梁名称	桥梁跨径分类	桥梁全长(米)	桥梁高度(米)
朋新	C00250823	0.724	朋新桥	小桥	16	2
洋乾	C003350823	0.801	上村桥	小桥	15	8
洋乾	C012350823	0.835	郑屋桥	小桥	15	8
中洋	C013350823	0.613	中洋桥	中桥	28	2.5
中洋	C013350823	2.123	上黄坑桥	小桥	14	2
中洋	C015350823	1.389	高桥上桥	小桥	12	2
中洋	C015350823	0.821	村头桥	小桥	12	1.5
中洋	C017350823	0.213	上村桥	小桥	20	2

续表

村	路线代码	桥梁中心桩号	桥梁名称	桥梁跨径分类	桥梁全长(米)	桥梁高度(米)
岭背	C021350823	1.116	邓屋桥	小桥	14	2
岭背	C022350823	0.149	水口桥	小桥	16	3
岭背	C022350823	0.602	九届桥	小桥	16	2
上早	C024350823	0.018	山下桥	小桥	18	2
上早	C025350823	0.317	坑里桥	小桥	12	2.5
下早	C026350823	0.247	大全桥	小桥	16	3
中洋	C027350823	1.223	同心桥	中桥	26	3
中洋	C028350823	0.018	中洋桥	中桥	28	2.5
中洋	C029350823	0.215	城下桥	中桥	36	3.5
梧田	C0323350823	0.008	梧田桥	小桥	24	4
梧田	C032350823	0.737	白果桥	小桥	16	2.5
梧田	C032350823	0.359	石头桥	小桥	10	2.5
梧田	C034350823	0.749	各坑桥	小桥	8	1.5
梧田	C035350823	0.894	甲田桥	小桥	18	3.5
塘丰	C036350823	2.702	塘丰桥	小桥	26	6
塘丰	C036350823	0.047	营背桥	小桥	10	2
梧岗	C036350823	0.602	横岗桥	小桥	30	1.5
塘丰	C037350823	0.017	坝上桥	中桥	32	3
樟黄	C039350823	0.146	下村桥	小桥	12	8
樟黄	C039350823	1.208	神岭桥	小桥	16	10
樟黄	C044350823	0.560	坑头桥	中桥	24	8
樟黄	C045350823	0.335	郑屋桥	小桥	20	5
大科	C047350823	0.377	石科桥	小桥	12	1.5
中洋	C047350823	0.775	新村桥	小桥	8	2.5
大田	C050350823	1.256	上坑桥	小桥	8	1.5
大田	C025350823	0.431	小村桥	小桥	12	2
大田	C054350823	0.715	小村二桥	小桥	12	2

续表

村	路线代码	桥梁中心桩号	桥梁名称	桥梁跨径分类	桥梁全长(米)	桥梁高度(米)
大金	C055350823	0.822	凹下桥	小桥	8	3
大金	C061350823	0.089	卢屋桥	小桥	10	3
官洋	C061350823	0.527	松柏桥	小桥	16	1.8
官洋	C063350823	0.696	卫康桥	中桥	38	2
官洋	C063350823	0.254	丁坑一桥	小桥	30	1.5
朋新	Y001350823	0.015	朋新一桥	小桥	15	2
朋新	Y001350823	0.547	朋新二桥	小桥	19.6	2
官洋	Y002350823	3.906	社角桥	小桥	16.1	2
官洋	Y002350823	4.607	树坑口桥	小桥	12	2
官洋	Y002350823	5.146	松山桥	小桥	8	2.5
官洋	Y002350823	3.690	文德桥	小桥	12.2	1.8
官洋	Y002350823	5.447	官洋桥	小桥	20	1.8
官洋	Y002350823	4.435	官边桥	小桥	12	3
碧砂	Y006350823	6.602	水口桥	小桥	8.5	2
碧砂	Y006350823	7.127	大连桥	小桥	15	1.8
碧砂	Y006350823	4.628	大路下桥	小桥	8	2
大田	Y017350823	2.712	大田桥	小桥	8	1.5
扶福	Y017350823	7.227	水口桥	小桥	11	2.5
扶福	Y017350823	6.300	扶福桥	小桥	8.2	1.5
官洋	C063350823	0.459	书忠桥	小桥	16	1.5
官洋	C063350823	0.836	丁坑二桥	小桥	19	1.8
茜黄	C065350823	0.425	上洋桥	小桥	8	3.5
茜黄	C066350823	0.209	黄焦坑桥	小桥	10	1.8
洋乾	C073350823	0.570	张屋桥	小桥	28	7
塘丰	X632350823	47.620	塘丰桥	小桥	11.5	2.5
上早	X632350823	60.677	山下桥	小桥	23.4	2.8
上早	X632350823	62.164	纸厂桥	小桥	20.4	3.5

四、苏区交通

（一）交通线

民国十九至二十四年（1930—1935年），中央苏区组织共产党员、工农红军和革命群众跟国民党反动派进行残酷的斗争，开展如火如荼的革命活动，为苏区和红军运送物资、送情报，建立了一条条红色交通线。第三次反“围剿”以前（1930年4月—1931年9月），经白砂的红色秘密交通线路为：永定虎岗—上杭溪口大洋坝—坑口—上三溪—白砂—上隔源—碧砂—新坊—旧县—豪东—南阳—茶溪—朱斜—长汀涂坊。第三次反“围剿”以后（1931年9月—1934），因形势起了变化，设在永定虎岗的闽西苏维埃政府由于国民党的袭扰搬到长汀，交通线路做了调整：永定古木督—上杭严坑—连四—丰稔市—张芬—院田—太拔—茶地—白砂—上隔源—碧砂—新坊—旧县—豪东—南阳—茶溪—朱斜—涂坊。民国二十二年（1933年）7月，中华苏维埃邮政总局又为福建开辟5条专线邮路，其中一条为上杭——白砂——龙岩（小池）。

（二）交通站

民国十九年（1930年），因碧砂村特殊的交通位置和较好的群众基础，党中央秘密派闽西特委委员兼军委书记卢肇西到碧砂，在碧砂成立红色交通站，站点设在村桥头“丁正昌号”商铺，任命丁昌双为负责人。红色交通站成立后，经常为红军、游击队和苏区运送物资、传递情报，护送党和红军的领导人安全到达目的地。据已掌握的资料，邓小平、杨尚昆、董必武、邓颖超等老一辈无产阶级革命家，从上海经红色地下交通线进入中央苏区时，曾先后途经碧砂红色交通站。红军长征后，国民党反动派全面复辟，少数留守红军转到茜黄村与旧县交界的岩下山进行打游击，交通站继续为红军游击队送米、送盐、送情报。民国二十四年（1935年）11月，因被告密，丁昌双被抓，在新坊乡公所光荣牺牲。

五、运　输

1958年5月，杭郭公路竣工，开通上杭经洋乾、东塘、军桥、官洋、长锦、大科、朋新（市场）、岭背至蛟洋、龙岩的客运班车，使白砂境内23公里途经8个行政村1万多人口能在村边坐上汽车。1959年，在朋新村境内省道公路边（今邮电支局旁边）建设白砂车站。同年，在车站旁边成立货物搬运装卸站，属民间组织，搬运工人亦工亦农，工人工资按件计酬。

20世纪70年代初期，白砂公社开始有拖拉机。1971年6月，白砂公社成立农械厂，购置一台方向盘拖拉机，为单位和私人拉运货物。此后，朋新、中洋、塘丰、岭背等大队以农业耕作为主申请购置小型手扶拖拉机，农忙时用于农田耕作，农闲时用以小量短途运输。中共十一届三中全会以后，经济迅速发展，公路运输量增大，农用机、拖拉机迅速增多。至1994年，全镇手扶拖拉机（包括小型拖车和农用机）210辆，拖拉机农用机驾驶员230人，农机经营总收入90万元，其中农业作业收入50万元，运输收入40万元。

1995年以后，随着省道改造工程的竣工以及乡村道路的完善，白砂境内交通运输业不断发展，私人买车从事运输业的不断增多，有的买农用车，专业从事货运。有的买三排座的客运货运两用车，有的买面包车或小轿车用于客运。有的买皮卡车，既可客运又可货运。客运路线主要有3条：白砂—上杭，白砂—龙岩，白砂—厦门。2005年1月，全省农村客运网络化建设试点工作座谈会在上杭县召开，与会者到蛟洋、白砂等乡镇实地考察了上杭开展农村客运网络化建设试点工作的情况。会议召开以后，农村客运市场进一步规范。2017年，全镇交通运输总产值18075万元。

六、管　理

（一）高速公路

上蛟高速（白砂段）属龙岩高速公路管理分公司管理，在大科村境内上蛟高速白砂互通旁边设立白砂管理站。管理站（含养护站）占地面积 2.7 万平方米，建筑面积 4004 平方米，职工 22 人（其中养护站9人）。

（二）省道养护

1958 年，省道 308 线（当时称杭郭公路）开通，白砂境内设老圩、官地、将军桥养路班。由于是沙路，车辆少，养路工具简单：主要是板车、锄头、洋镐、铁锹、扫把、沙耙、水桶、畚箕和扁担等。没有独立的房舍，租用民房作为房舍。没有机械、车辆，工人上班作业，都是走路，用简单的劳动工具。20 世纪 70 年代末期，先后在白砂、官地、将军桥新建土木结构的养路班房舍。1992 年以后，养路班配上拖拉机等施工机械，人员相对集中，撤销官地、将军桥道班并到白砂养路班。

1986 年，白砂道班从大科的老白砂圩迁到朋新境内的犁头子岗上（距市场 400 米），新建一座两层砖木结构的养路班房屋，并新命名为白砂养路站。2015 年，新建一座框架结构两层的综合楼，建筑面积 937 平方米。2017 年，白砂养路站有职工 13 人。配备养护车、清扫车、洒水车、挖掘机、装载机、压路机等抢险抢修设备和割草机、绿篱机、灌缝机等小型养护机械，防冰灾等抢险物资设备专用仓库。白砂公路站担负着省道 308 线 394 公里至 423 公里共 29 公里的管护任务。白砂站坚持以养好公路、保障畅通为己任，大力弘扬团结、爱路、创新、奉献的闽西公路精神，全站职工以路为业、以站为家，紧紧围绕畅、安、舒、美的目标要求，加强养护管理，提高养护质量，积极实施绿色长廊和谐公路的建设工程，确保公路安全畅通、舒适美观，干线公路优良率达 95%以上。同时，白砂站注重文明班站建设，在上级主管部门的重视和支持下，实现站房别墅化、庭院园林化、居室宾馆化、管理微机化的目标，树立良好的社会形象。2004 年 3 月，白砂公路站被中共上杭县委、县政府评为文明单位。2008 年 1 月和 2009 年 1 月连续两次被龙岩市公路局评为先进班站。

（三）乡村公路养护

1997 年 1 月，镇成立乡村道路养护管理领导小组，各行政村建立乡村道路养护基金会，负责公路建设、维修、管理工作。基金来源采取“四个一点”，即群众捐献一点（募捐、赞助），村财投入一点、乡财政配套一点，交通部门支持一点。

2001 年 7 月，镇增设农村公路养护管理站，与交通管理站联合办公，主要行使农村公路建设、养护管理和交通安全等管理职能。公路养护管理站和交通管理站，实行县交通局和镇政府双重领导，负责管理全镇的乡村公路建设、养护、交通安全工作。2007 年，镇成立农村公路养护管理领导小组，各村成立农村公路养护管理理事会，建立农村公路管养机制。对农村公路养护采取养路队养护，或公开招投标方式确认个人承包养护。有的村采取专人养护与农闲时村民突击养护相结合的方式。白砂交通管理站站长：2001 年 9 月至 2003 年 9 月为张定元，2003 年 9 月至 2017 年为钟秀生。

第二节　邮　电

明清时期，邮驿制度逐步健全。明嘉靖十九年（1540 年）以后，随着平西驿移到永定，上杭至龙岩的驿道改经白砂、蛟洋往龙岩，白砂境内有食水井、军桥、官洋、朋新、樟黄等 9 铺。至清代，设食水井、军桥、官洋、大科老圩、朋新、樟黄等 25 铺。清光绪三十二年（1906 年）4 月，白砂设邮政代办所和信柜。白砂是原中央苏区的重要组成部分之一，民国十九年（1930 年）3 月，闽西苏维埃政府设立闽西交通总局，在古田苏家坡是全区电话中心，设电话总机，白砂设分机，邮电通信到达白砂各村。民国二十三年（1934 年），开设白砂邮电代办所，地点在朋新村原犁头子圩街上。民国二十七年（1938 年），上杭县第三区驻地在白砂，所辖 10 个乡（旧时建制乡），境内有交换机 11 座，安装电话 40 余部，成为当时农村电话网络最发达地区之一。

新中国成立后，白砂的邮电事业不断发展，机构不断完善，业务不断拓展。1951 年，成立白砂区邮电营业处。20 世纪 60 年代，白砂初步实现大队通电话。1995 年开通程控电话，1998 年开通移动电话，2003 年接入互联网。邮政业务除函件、汇兑、报刊发行等，陆续开办邮政快递、邮政储蓄。

2017 年，全镇固定电话用户 2338 户，移动电话用户 12211 户，宽带 2645 个终端。

一、机 构

明嘉靖十九年（1540 年），设食水井、军桥、老圩、朋新等 9 铺。清光绪三十二年（1906 年），白砂设信柜。民国二十五年（1936 年）开设邮电代办所（设在今朋新村老市场）。民国三十年（1941 年）白砂邮电代办所归龙岩邮局管辖。

民国三十四年（1945 年），组建上杭电话所，白砂设电话交换点。

新中国成立初，邮电机构基本维持原状。1952 年，白砂设立邮电营业所。1955 年，改为邮电所，有职工 3 人，邮电所设在朋新村旧市场。1987 年，白砂设立邮电支局，有支局长 1 人，职工 5 人。邮电支局的业务为电话、电信、邮寄、报刊发行等。1998 年 10 月，邮政、电信分营，设立白砂邮政支局和白砂电信营业厅。白砂电信营业厅负责人傅伍金，1998 年任职至今。

2017 年，白砂邮政支局（含邮储）工作人员 10 人，电信营业厅工作人员 4 人。移动通信专营店 3 间，从业 9 人。联通专营店 1 间，从业人员 2 人。

二、邮 政

（一）邮 路

清朝时期，白砂境内邮路属过境邮路。民国二十一年（1932 年），上杭县开通 15 条特别快信邮路，其中过境白砂的三条：长汀—河田—旧县—白砂，白砂—上杭，白砂—龙岩小池。

白砂属山区，道路狭窄崎岖，旧邮路全部是步班，乡邮员靠肩挑步行。清光绪三十一年（1905 年），龙岩至上杭隔日班步班邮路，途径食水井、军桥、官洋、大科、朋新、樟黄。民国三年（1914 年），上杭至龙岩邮路仍为隔日班，同样途径白砂。民国十八年（1929 年），红四军入闽，毛泽东、朱德联合签署“保护邮局、照常传递”的手令，给白砂的乡邮递员写下“所有书报信件业经检查，沿途友军准予通过为荷”的手令。区内每 2.5 公里设有交通站，负责传递信报，并有兼售邮票。规定苏区境内信件贴苏区的赤色邮票，苏区寄国民党统治区邮件贴中华邮政邮票，苏区邮局兼售中华邮政邮票，使苏区与国民党统治区能够通邮。民国二十三年（1934 年），开设白砂邮政代办所（朋新村旧市场）。为了解决群众通信的困难，上杭第三区（设白砂）政府在各村也办起邮政代办点，由区财管会出钱雇佣邮差。

1951 年，增辟上杭至龙岩逐日班 90 公里邮路，上杭—白砂—蛟洋乡邮线路 3 条达 49 公里。1961 年 1 月开通龙岩—上杭—梅县汽车邮路。1962 年 4 月，白砂（朋新村旧市场）设邮电代办所。1965 年，白砂域内开设 4 条步班邮路，其中逐日班 1 条，隔日班 3 条。逐日班邮线：朋新、中洋长 3 公里；隔日班邮线：岭背、樟黄、梧岗、梧田、塘丰、大金、大田、扶福，长 20 公里；丰源、上下早康、碧砂，长 25 公里；大科、长锦、官洋、军桥、东塘、嫩洋、洋乾、茜黄长 31 公里。

2017 年，实行双条线路，即岭背、丰源、上下早康、碧砂、樟黄、中洋、梧岗、梧田为周一、三、五的班期，邮路 60 公里；塘丰、大金、扶福、大田、大科、长锦、官洋、茜黄、军桥、东塘、嫩洋、洋乾为周二、四、六的班期，邮路 70 公里。

20 世纪 50 至 70 年代，白砂邮电所有一条白砂至溪口的乡际步班邮路。因为当时溪口邮电所属社办所，所以凡是溪口的邮件、包裹，都要由白砂邮电所转口发送。这条乡际步班邮路，又分两条投递步班邮路（大部分是山路、石砌小路）：一条是白砂邮电所、塘丰、茶地竹马坑、溪口下三溪、双华、大丰、大厚、公社（乡政府），邮递员接交邮件后，又往溪口养路段、连塘里、溪口伐木场、石铭，然后又返回溪口邮电所住夜。次日，从溪口邮电所、溪口建筑隔、上三溪、竹坝里、白砂大水源、塘丰、回白砂邮电所，步班邮路约 85 公里。另一条是白砂邮电所、塘丰、茶地翁基、下三溪、双华、大丰工区、大厚、公社（乡政府），交接邮件后，又往溪口养路段、连塘里、溪口伐木场、石铭，然后回溪口邮电所住夜。次日，经溪口建筑隔、上三溪、坪斜、白砂俞桥回白砂邮电所，步班邮路约 80 公里。这条乡际步班邮路，有 2 名邮递员，邮件、包裹全靠肩挎或肩挑，实行"你回我去"的交替步班制。

（二）设　施

民国二十三年（1934 年）5 月，开设白砂邮电代办所。民国二十七年（1938 年），白砂境内有电话交换机 11 座，安装电话 40 余部。当时开设的白砂邮电代所，邮政业务以手工操作为主，沿用日戳、夹钳、公斤称、邮袋、铁柜、专用保险柜、铁皮柜等。

1962 年，设邮电代办所，在朋新村旧市场租用一间 50 平方米的店面作为代办所。1983 年，在朋新村境内省道 308 线旁边新建一邮电所，占地面积 374 平方米，建筑面积 450 平方米，三层，砖木结构。一层为营业厅，报刊、邮件分拣室，总机房、厨房膳厅，二、三层为员工宿舍用房。

2014 年，白砂邮政支局投资 180 万元，拆除原有的房舍，重新建造邮政支局大楼。新大楼框架结构，三层，斜屋面铺琉璃瓦，建筑面积 480 平方米。一楼为营业厅、接待厅、邮储厅、厨房膳厅，二、三楼仍为职工生活用房。

（三）业　务

1. 传统业务

新中国成立后，邮政业务不断扩大。1955 年后，能邮寄公债票据等有价证券。

1961 年，白砂邮电所可以收投国内、国际各类普通包裹、邮件，办理有保价信函、人民币汇兑等业务。

1958 年，上级要求社社（人民公社）要订有《人民日报》《福建日报》《红旗》，队队（生产大队）要订有《福建日报》《闽西日报》《上杭人民报》和《红旗》。报纸杂志送到大队或生产队，发行数量相当可观。

1981 年，白砂邮电所服务覆盖全公社的大队、生产队、中学、小学社直单位和白砂林场。职工 7 人，办理除邮储、机要、集邮以外的邮政、电信各项业务，业务年收入约 0.42 万元。

1984 年 11 月，开办电汇业务。

1988 年 5 月，开办国内快件业务。

1988 年开始，部分报刊由报社和出版社自办发行。

1990 年，邮政部门开始兼营报刊的零售业务。

1991 年，开办邮政贺年（有奖）明信片和商业信函（即广告信函）业务。白砂邮电所业务收入达到 2.64 万元。

1996 年，业务收入达到 25.1 万元。

2011—2013 年，邮政业务总量分别完成 56 万元、87 万元、111 万元。

2017 年，邮政业务总量完成 139 万元。

2. 邮政快递

1993 年 8 月，开办邮政特快业务。为了适应广大人民群众用邮需要，邮政快递从单一的信函型快递到点对点物品型快递、文化型快递转变，收寄方式从单一的窗口收寄到上门收寄、电话预约收寄转变，业务量及业务收入不断增加。

为了适应人民群众物质生活日益丰富的形势发展，物流业务应运而生，并且迅速发展壮大。2017 年，白砂邮政支局快递业务达 32728 件。

3. 邮政储蓄

1991 年 1 月起，白砂开办邮政储蓄（简称邮储）业务，开办一般存款和结算业务，还开办小额信贷和烟农贷款业务。（参见本志《财税金融》）

4. 其他业务

2007 年起，白砂邮政坚持以邮政业务为基础外，兼营服务“三农”（即农村、农业、农民）业务，销售农民急需的谷种、化肥、农药等其他农资产品。在全镇建立三农服务点 8 个，方便农民，促进白砂农业的发展。

表 8–4 2015—2017 年白砂邮政业务情况表

业务种类	2015 年		2016 年		2017 年	
	出口量	进口量	出口量	进口量	出口量	进口量
函件（件）	390	9635	421	10382	534	12625
包裹（件）	346	3470	604	7814	683	12100
特快（件）	388	7128	620	3788	524	1941
报刊（万元）	—	6.61	—	8.59	—	11.13

三、电　信

（一）电　报

20 世纪 60 年代后期，白砂邮电所陆续开办电报业务，有国内电报，也有国际以及港、澳、台地区电报，用户电报和传真电报，汇款电报及天气预报、水情电报等。1989 年 7 月，开办礼仪电报业务。1995 年，开办真迹传真业务。1995 年后，随着程控、移动电话的发展、普及，电报业务锐减。2007 年，电报业务退出市场。

（二）固定电话

民国二十七年（1938 年），上杭县第三区驻地在白砂，白砂域内有交换机 11 座，安装固定电话 40 多部。电信事业的兴办与发达，对于发展白砂经济、维持社会秩序起了很好的作用。民国三十三年（1944 年），架设上杭至白砂的电话网路，并在白砂设有电话交换点，装置交换总机。

1953 年，上杭县邮电局接管地方电话，白砂电信代办所有交换机 1 门，容量为 20 门。

1958 年，县级拨款，公社自筹部分资金和电杆，要社社（公社）队队（大队）通电话。白砂电信一直为社办企业，发展缓慢，虽然村村（大队）有通电话，但许多是一根铁线上通上两三部电话，如白砂总机通白砂公社、中洋大队同一条线，电话铃声分别一长一短、一长两短来区分。1970 年以后，电话通信线路单线改为双线，电话通信质量大有改善。1978 年，白砂电话交换机容量更新改为 60 门。

1992 年，白砂镇政府和县电信局共同筹资 235 万元，建设程控电话模块，开通 500 门光缆程控模块电话，首批有 6 个村安装 150 部程控电话。1997 年，白砂的电信收归国有划归县电信局管理。2000 年，程控模块扩容量到 4500 门，22 个村共安装 3380 部程控电话，实现行政村村村通电话。

2017 年，白砂镇程控电话模块扩容达 6500 门，安装固定电话 2338 部，每百人话机普及率达 12.5%。

表 8–5　若干年份年白砂镇固定电话情况表

年份	容量（门）	行政村数（个）	通话村数（个）	话机达到数（部）	电话普及率（部/百人）
1996	450	22	7	1123	4.6
1998	1100	22	16	2237	9.1
2000	4500	22	22	3586	14.1
2013	500	22	22	3561	13.5
2014	500	22	22	3443	13.5
2015	6500	22	22	3342	12.6
2016	6500	22	22	2338	12.5
2017	6500	22	22	2338	12.5

（三）无线通信

1992 年，白砂安装三次群光端机，容量 780 路。

1994 年，开通无线寻呼业务。传呼机（又称“BB 机”）成了乡村成年人的身份象征。

1998 年，新建朋新、塘丰、中洋数字基站，移动电话进入白砂，时称“大哥大”。

1999 年，建立白砂移动通信发射平台，改进传输网络，开通第四期 GSM 工程，模拟网络移动通信电话第三阶段进入白砂，并覆盖全镇。

2000 年，第五、六期 GSM（数字移动通信）工程施工进入白砂，设立营业窗口，办理移动通讯业务。同年底，联通开通在白砂的 GSM 基站系统。电信、联通、移动三家公司在白砂安装了几十座基站，模拟移动电话、小灵通逐步普及，不少人用上了手机。

2003 年，镇政府接入计算机互联网，开通政府网和中小学城乡教育网。

2011 年，白砂电信天翼基站 3G 信号覆盖到每个行政村，联通和移动通信网络覆盖到全镇 22 个行政村。

2014 年，白砂开通 4G 手机通讯网络，网络覆盖全镇 22 个行政村。

表 8–6　2017 年白砂镇通信情况表

部门	基站（个）				固定电话（户）	移动手机（户）	宽带（户）
	计	其中					
		2G	3G	4G			
移动	109	37	30	42		7822	750
电信	2		2	0	2130	3280	1669
联通	62		58	4	33	1109	226
合计	173	37	90	46	2163	12211	2645

（四）国防通信

白砂境内共有 3 条国防通讯光缆线路。1991 年 5 月，龙岩到上杭省内二级 12 芯光缆线路经过白砂，境内光缆线路全长 26 公里。1998 年冬，国家沪、金、南、穗 48 芯一级干线通讯光缆开工建设，白砂境内光缆线路长 26 公里，某部队进驻白砂一个营的兵力，实行沟埋光缆线的作业。2013 年，国家第二炮兵部队在白砂境内实施行一级光缆干线铺设，其光缆全部串套在国家沪、金、南、穗 48 芯一级光缆管内。龙岩长途通讯线务公司在白砂设立白砂站，站点设在开发区早康路口的对面，占地面积 100 平方米，建筑面积 350 平方米，是 1994 年建成的砖混结构商店式站房。现有维护光缆线路职工 1 人。

表 8–7　1972—2017 年白砂邮政支局（邮电所）负责人名表

姓　名	职　务	任职时间	姓　名	职　务	任职时间
林浩民	所　长	1972–05—1979–05	张福焕	支局长	2003–03—2005–02
袁树昌	所长、支局长	1979–05—1993–06	邱　昱	支局长	2005–02—2007–05
谢福宝	支局长	1993–06—1996–09	袁青鹏	支局长兼邮储所主任	2007–05—2012–01
丘冠华	支局长	1996–09—1997–03	袁庶榕	支局长兼邮储所主任	2012–01—2013–07
江耀华	支局长	1997–03—2000–07	巫振勤	支局长兼邮储所主任	2013–07—2014–06
郑振城	支局长	2000–07—2006–03	袁金凤	支局长兼邮储所主任	2014–06—2016–04
			邱德兴	支局长	2016–04—

第九章　商贸　服务业

第一节　集市贸易

北宋至道二年（996年）至咸平元年（998年），上杭县县治设于鳖沙（今白砂镇碧砂村），表明当时的白砂已成为上杭县的政治、经济、文化中心。当时在就近设有集场（圩场），但无考。据清康熙丁卯年（1687年）《上杭县志》，明代，白砂里有白砂圩。清代至民国期间，白砂有白砂圩、将军桥圩、太阳圩、螭头市圩场。这些圩市，成为小生产者经济联系的集结点，发挥衔接产需、方便消费、带动经济发展的作用。

新中国成立后，随着经济的发展和人口的增加，白砂圩规模不断扩大，圩日越来越热闹，市场越来越繁荣，加速农民消费活动的城市化进程。

一、集　市

（一）白砂圩

1. 老　圩

白砂最早的圩场在今大科西南部，约于明朝中叶（具体时间不详）由袁满珊族人创办，取名白砂圩。逢农历三、八为圩日。后白砂圩被作为地名使用至今。

圩场逐步建成南北走向、长约180米、宽约7米的石砌街道，街道东西两边建有店铺、酒坊、小吃店、客店，南端建五显庙。北端建驿站，北边尽头有猪和牛的交易点。

该圩场因地处上杭往龙岩的必经之地，近邻乡村多，成为当地产粮、米、豆、竹、木、土纸等农副土特产品和生活必需品的中转集散地，市场繁荣延续五六百年，经久不衰。

民国三十二年（1943年），老白砂圩搬迁到朋新村境内的犁头子。

1958年，新开杭郭公路在老白砂圩经过，加上老白砂圩被当作白砂“大炼钢铁”的场所，棚架、摊点和一些店铺被拆除，老白砂圩场面貌完全消失。20世纪90年代中期公路扩宽，民房迁建，原圩貌已不存在，今只留下南端五显庙街一角，见证白砂圩的历史变迁。

2. 新　圩

民国三十二年（1943年），老白砂圩迁到朋新村境内罗家岭脚下的犁头子，称白砂新圩。

新圩街道长300米，宽8米，街道中间建有砖柱瓦面的圩架子，两边有约6米宽的店面，一间连着一间。前店多用于经商，后店和楼上住人。

由于新圩地处白砂人口相对密集的地方，所以圩日越来越热闹，市场越来越繁荣，犁头子新圩成为白砂比较固定的圩场。新中国成立后，白砂供销社、粮店也设在圩市场的店铺里。1968年，在圩北边建起外贸站。1970年，在圩的中间位置建起农械厂。之后，在圩市上还开设信用社、邮电所、工商所、农业银行等单位。

1982年，随着农村经济的快速发展，在圩场上拆除16间旧店铺，建起两层面积约2000平方米砖木结构的新供销社。新建供销社包括副食、百货、农资、文具等店，还有肥料仓库和货物堆积场所，整个供销社占地面积约3600平方米。随着农村人口的增加和经济的发展，白砂原有市场的面积显得不够用，经常出现圩天过于拥挤的现象。

1985年，乡政府决定扩大市场，征用市场旁边属朋新村官山组的一片农田（约4亩），经过平整铺水泥地板，搭建8排的砖木结构固定摊架，作为白砂新开建的第二个圩场，同原市场连在一起，旧市场照样使用。这样，极大地缓解了圩日拥挤的现象。但是新建的第二市场就在省道围禾线的旁边，每逢圩期，常出现群众占道经营、堵塞交通的现象。

2010年，为了彻底改变白砂市场的落后面貌和群众占地经营的乱象，镇党委、政府又一次征用朋新村的农田，在距离省道308线100米以外的麒麟溪边开辟平整一块地，面积2500平方米，建起一座三层框架结构的综合市场，建筑面积4491平方米。2012年8月，新建综合市场于正式开圩营业。

白砂圩历来开设猪仔行（仔猪耕牛市场），最早在犁头子圩下游的叉街上，1985年后迁到今朋新村文化广场址上的圩架子下，20世纪90年代中期迁到308省道边的两排圩架的专设市场，到21世纪初自行消亡。

白砂圩沿用逢农历三、八为圩期（圩日），但有过两次改变：1960年5月—1961年6月，政府规定十天为一个圩日，1961年7月恢复为逢三、八为圩日；1967年3月—1970年8月，由政府规定，星期日为圩日。1970年9月，又恢复逢三、八为圩日。

（二）将军桥圩

清末民国初期，将军桥曾开设过圩场。圩场设在曾氏宗祠前，一条约百来米的街道，两边有店铺营销各种生活、生产用品。据老人口传，开圩当日曾请两台木偶戏演出，戏台联：“今日将军开圩，两台傀儡对唱。”圩日是逢农历二、七。后来由于人口及其他原因自行消亡。圩场地块也作为军桥新村规划，沿省道建房使用。

（三）其他圩市

据民国二十七年（1938年）《上杭县志》，崇礼乡（驻田地坑，今大田）联保处的“太阳圩，有集场，今废”，尚智乡（驻螭头市，今朋新）联保处的“螭头市，有集场，今废”。太阳圩、螭头市圩开办时间、建设情况无考。

新中国成立之初，中洋的新村开设过市场，仅存续几个月。

二、新中国成立前的集市贸易

明清时期，由于经济不发达，集市贸易主要是生活必需品和农副土特产等的交换。清中期后至民国时期，造纸业是白砂许多村的支柱产业，白砂市场是土纸营销场所和集散中转地。据《上杭县地名录》，“将军桥圩，经营东路纸”。同时当地产的烟、茶、米、笋干及竹木制品也由这里集散和中转，对促进当地经济发展起到重要作用。

三、新中国成立后的集市贸易

新中国成立后，生产不断发展，人们生活水平逐步提高，上市交易品种较多。每逢圩天，当地群众和外地商贩就把农副土特产摆在街道两边出售。白砂圩下方桥边还有专门的耕牛、小猪交易场所，称猪仔行，又称猪仔圩。耕牛除了当地少数农户饲养的仔牛、成年牛销售外，主要由外省、外县及周边乡镇调入或商贩自行贩运。圩场猪仔行有中人撮成生意成交，从中得些许由买卖双方支付的中人钱。

1953年，对主要农副产品逐步实行统购派购，圩日上市的交易品种减少，主要有家禽、家畜、蛋肉类。粮食概不上市，但猪仔行生意较好。

1956年，完成派购任务的二、三类农副产品可上市自由买卖，上市产品增多，价格有所下降。

1958—1962年，家庭副业和自留地被取消。农副产品上市量减少，物资供应紧张，价格上涨。特别是三年困难时期，上市商品紧缺，价格昂贵，出现过有钱买不到东西的现象。

1962年以后，农副产品准予上市，集贸市场逐渐繁荣。白砂圩市场开始营销猪肉、仔猪、耕牛、鸡鸭、蔬菜、饮食小吃、竹木器具等，各大门类商品都有相对固定的地点进行营商，约定俗成，便于群众购销。

“文化大革命”期间，商贩正常的经营行为被当作非法营运投机倒把加以限制和打击，集市贸易受到冲击，市场萧条。1970年10月，上杭县做出整顿市场的十条决议，对市场进行全面整顿，所有上市的农副产品，包括蔬菜、柴炭、猪牛肉、鲜鱼、活禽、果品茶叶、竹木器具、家具、铁器、陶瓷一律由供销合作社经营，统一收购，统一销售，不准私人上市自由交易。20世纪70年代，市场设有肉摊。80年代开始，市场有供摊位为屠夫摆售，收取摊租。平时也有几个摊相对固定的卖肉点（猪、牛、羊、鸡、鸭、兔），每逢圩天有20多个摊位，到春节前摊位有四五十个。

1980年以后，国家重新肯定集市在国民经济中的地位和作用，恢复传统的圩期，集市贸易走上发展的快车道。上市品种逐渐放开，在原有的农副产品、土特产基础上增加小百货、小食杂、小五金等商品，农贸市场日臻兴旺，每到圩期各种商品琳琅满目，应有尽有，成交商品逐年递增。市场管理、工商部门还在农贸市场上设立服务部，备公平秤等设备，为群众代称代算。有的还开展代购、代销、代储、代运、代开发票等便民措施。

1984年以后政策更加宽松，乡村贸易市场十分活跃，单纯的街边地摊已不能满足人们的需求，于是各种专卖店、食杂店、副食品店及小商品市场，甚至粮油供销店等都应运而生。商品也从零售到批发转变，批零兼营成了当时圩市时尚的销售方式。商店、商品的不断增加，通过市场自身调节，价格稳定，群众买卖难的矛盾得以缓解。集市贸易货畅其流，引领市场的杠杆调节的功效。

进入21世纪后，集市繁荣兴盛。农贸市场一条街每逢圩期摊位挨挨挤挤，商品琳琅满目，圩架子下单卖肉摊就有几十个，店铺由10家左右一下增添了几十家，整个圩场出现人人经商、家家做买卖的局面，从业人员剧增。特别是春节前夕，即人们通常说的“年下里”，摊位更是摆成长龙，上不见头，下不见尾。集市贸易也由传统的农副产品向多样化、规模化、专业化综合配套方向发展，大众商品有粮油、食品、副食品、家用电器、建筑材料、服饰鞋帽、床上用品、竹木制品以及蔬菜水果、猪牛羊肉、鸡鸭狗兔，还有种子、化肥、农药、劳动工具等生产资料。

第二节 个体私营商业

明清时期，白砂境域内私营商店不多，一般只在有圩场的地方有几间商店（小卖部），销售一些人们日常生活所需的小百货、棉布、油盐、文化用品。有的村子也有一些小卖部。山村经常也有货郎担走村串户，拨浪鼓一响，“鸡毛、鸭毛、牙膏皮可以换小商品或糖果”，时至今日成为人们美好记忆。

清代至民国时期，土纸是白砂的一大特产，土纸生意十分红火，一些土纸生产的大户在县城都有纸行商号或固定的销售商行，有的商行直接通过水路远销广东、潮汕等地。新中国成立前夕，白砂有个体私营商户15家左右，从业人员约15人。据犁头子老人回忆：白砂圩商家店铺有傅永龙的副食水果店、傅元俊棉布店、傅以樽裁缝布艺店、袁松禄打银店、傅氏打铁店、袁友堂酿酒豆腐店，邓洪兴、观音生（小名）开的客店等。有的乡村也有一些小商店。

新中国成立后，国家对私营商业实行利用、限制、改造的政策。1952—1955年，个体私营商业与供销合作商业并存。个体私营商业涵盖食品、百货、棉布、副食、土纸、经果等行业。1956年，大部分私营商业改造完成，除少数商户由资产折股吸收到供销合作社或组成公私合营商店、合作商店外，大部分个体私营业主歇业或置业。“文化大革命”期间，私营商业几乎消亡。

1979年以后，流通领域允许多种经济成分并存，个体私营商业发展迅速，从业人员增多，经营范围扩大，经营方式发生较大变化。

1981—1990 年，白砂的营商环境大为宽松，个体商店商行日益增多，市场上经营品种主要有百货、棉布及针织品，食品、副食、药品，电视机、电风扇等家用电器，水泥钢材、石棉瓦、瓷砖等建筑材料，现代家具、床上用品。新增电脑、石板材、电磁炉、屋面防水材料、不锈钢、铝合金门窗以及布艺窗帘等。随着粮食市场的开放，粮油都由个体私营商户经营。

20 世纪 80 年代开始，摩托车落户白砂。90 年代后，摩托车进入千家万户，摩托车店也日渐增多。进入 21 世纪后，小汽车、运输车多了起来，2017 年有汽车专卖店、维修店 11 家。

1990—2000 年，批发、批零兼营充盈整个个体市场，新增不少通信设备店、摩托车店、家用电器店、金银首饰、化妆品及经营汽油、柴油的加油站。随着现代建筑的发展，钢筋、水泥、沙石、石灰膏以至装修用的水电器材、瓷砖石材建筑材料都有专营专卖店。2017 年，白砂市场范围有专卖店 28 家。白砂米酒以香醇、润口闻名，20 世纪 60—80 年代，酒只由供销社代销。90 年代以后，开始由农户自酿米酒经营。2017 年有 5 家店专供米酒。

2000 年开始，超市进入白砂，从商品摆放到结账买单，让消费者自选自购，给客户提供更自由的选择空间，自助选购成为销售亮点。超市经营助推市场营销，一些商店（副食日杂、药店、婴幼用品、粮油商品）也纷纷效仿，有的商家还根据顾客订单送货上门。2008 年，米兰春天精博超市进入白砂。2017 年，白砂有百货超市 3 家，医药超市 4 家，水果超市 2 家。

2000 年以后，家具市场发展起来，人们直接到家具店购买自己喜爱的适用家具。2017 年有家具店 6 家。服装市场兴旺，服饰鞋帽店增加。2017 年，白砂市场服装鞋帽店有 18 家。每到圩天，市场楼上服饰摊点包括市场临时摊点不下四五十家，各种衣物服饰充斥市场。

2010 年，随着互联网络事业的发展，网络信息畅通，兴起网上购物热潮。

2017 年，白砂市场的个体工商户 240 户 1000 多人，其中主要有超市经营 3 家，粮油 5 家，酒家、酒店饮食业 28 家，副食日杂店 19 家，服装服饰 12 家，婴幼儿用品店 3 家，汽车交易 6 家，摩托车专卖 7 家，家电 5 家，药店诊所 8 家，家私家具 6 家，电视专卖店 4 家，建筑材料、装潢装饰 20 家，化肥农药种子及动植物药店 6 家，烟花爆竹店 5 家，文化用品 4 家，电信器材 6 家，布艺窗帘 5 家，各种饲料店 4 家，自酿米酒店 5 家，加油站 2 家，液化气专营店 8 家，水果店 2 家，五交化店 8 家，门业轮胎石材 10 家，其他 9 家。另外，圩天市场有 40 个肉类果蔬固定摊位，楼上 20 个服饰鞋袜固定摊位。

第三节 供销合作商业

民国期间，苏维埃政府创建消费合作社。民国二十四年（1935年），国民党省政府公布《合作社法》，8月公布《合作社实施细则》。民国三十二年（1943年）又制订合作事业三年计划。当时由于省政府建设厅倡导贷款，有的保甲村民为取得贷款联合组社，贷款到手则各自他用，没有公共利益和积累。同时合作社为乡长、保长把持，群众得不到实惠。民国三十六年（1947年）合作社全部解散。

新中国成立后，人民政府扶持发展供销合作事业。1952年，区人民政府发动农民参股成立供销合作社。供销合作社围绕党的中心任务，积极开展生活资料、生产资料供应和农副产品收购业务，对于稳定物价、发展生产、活跃农村经济起重要作用。至20世纪90年代初，供销合作商业仍为流通的主渠道。

本节主要记述新中国成立后的供销合作商业。

一、机构与网点

1952年4月，成立白砂供销合作社（简称供销社）。社址设在白砂圩的民房里，开设棉布百货、粮油食品、生产资料3间门市部，合作社设理事会主任1人，会计1人，采购员1人。供销社的管理机构是理事会和监事会，理事会、监事会的成员由社员大会或社员代表会议民主选举产生。

1952年6月至1954年4月，从发展经济、保障供给、方便群众着想，白砂市场和官将、中洋、梧田、早康设分销处，各自然村设代销店。

1956年，在国家对私营工商业实行社会主义改造的过程中，白砂供销社接纳过渡部分商人。未过渡到供销社的组成合作商店，合作商店只能从供销合作社批发货物。

1958年4月，上杭县供销合作社与商业局合并，白砂供销社改称上杭县供销合作总社白砂营业所，受白砂公社和县商业局的双重领导，购销业务统一由商业局管理。

1961年6月，县商业局与供销社分开，恢复供销社体制，以公社为单位建立供销社。当时官将成立了人民公社，境域设白砂供销社、官将供销社。

1965年4月，官将公社撤并到白砂公社，官将供销社更名为白砂供销社官将分销处。分销处社址设在原圩址上，有棉布百货门市部、生产资料门市部、外贸收购点。

“文化大革命”期间，白砂供销社并入公社财贸服务站。1976年1月，恢复供销合作社原有体制。白砂供销社退出财贸服务站，恢复为独立核算的企业单位。白砂供销社贯彻为农业生产服务，为群众服务的办社宗旨，积极为社员广开生产门路，及时收购农副产品。同时还组织货郎下乡，方便群众购销，增加农民收入，促进农业生产的发展。

1985年，白砂供销社发展到鼎盛时期，职工人数增加，门市部21个，代销店17个。

2000年后，供销社系统全面推进社有企业改制和基层代销改造。白砂供销社按“因企施策，因事设岗，留住骨干”的原则，整顿职工队伍，理顺劳动关系，实行职工身份置换。

表 9-1 1952—1985 年白砂供销社网点分布表

<table>
<tr><th>所在地</th><th>网 点</th><th>所在地</th><th>网 点</th></tr>
<tr><td rowspan="9">白砂市场</td><td>棉布、针织品门市部</td><td>中洋村</td><td>中洋分销处</td></tr>
<tr><td>副食品门市部</td><td>梧田村</td><td>梧田分销处</td></tr>
<tr><td>五金门市部</td><td rowspan="10">白砂供销社（各代销店）</td><td>塘丰代销店</td></tr>
<tr><td>生产资料门市部</td><td>梧岗代销店</td></tr>
<tr><td>新华书店文化用品门市部</td><td>樟黄代销店</td></tr>
<tr><td>旅 社</td><td>大田代销店</td></tr>
<tr><td>外贸收购站</td><td>大金代销店</td></tr>
<tr><td>饮食店</td><td>丰源代销店</td></tr>
<tr><td>食品站</td><td>长锦代销店</td></tr>
<tr><td rowspan="4">官将分销处</td><td>棉布百货店</td><td>大科代销店</td></tr>
<tr><td>食杂店</td><td>岭背代销店</td></tr>
<tr><td>外贸收购点</td><td>扶福代销店</td></tr>
<tr><td>生产资料门市部</td><td rowspan="5">官将分销处（各代销店）</td><td>官洋代销店</td></tr>
<tr><td rowspan="6">早康分销处</td><td>棉布百货店</td><td>茜黄代销店</td></tr>
<tr><td>副食品店</td><td>洋乾代销店</td></tr>
<tr><td>生产资料店（农药化肥）</td><td>东塘代销店</td></tr>
<tr><td></td><td>嫩洋代销店</td></tr>
<tr><td></td><td rowspan="2">早康分销处</td><td>碧砂代销店</td></tr>
<tr><td></td><td>上早康代销店</td></tr>
</table>

二、经营管理体制

（一）1952—1991 年的经营管理体制

1. 社　员

1952 年 4 月，成立白砂供销社。1953 年，农民以户为单位参股（1 股 1 人，1 户 1 股），参股农民为供销社社员，发给社员证。社员入社自愿，退社自由，不论股金多少，社员均有选举权和表决权。供销合作社的重大事项由社员大会或社员代表大会决定，供销社的社员在供销社购物时可享受优惠价。

2. 股金分红

1955 年后，取消社员优惠待遇，实行社员股金分红。白砂供销社将盈利的 20%按股金总数分配，白砂供销社共分红 3 次。1961 年第一次分红，以货代息（以货物发放，如火柴、肥皂等代分红款,）；1984 年第二次分红，以息代股（以分红款增加股金）；1991 年第三次分红，股息返还（凭供销入股证退回股金及分红款）。

表 9-2 1953—1986 年白砂供销社股金数

单位：万元

年份	股金	年份	股金	年份	股金	年份	股金
1953	0.29	1962	0.13	1971	0.13	1980	0.12
1954	0.32	1963	0.15	1972	0.13	1981	0.12
1955	0.32	1964	0.15	1973	0.13	1982	0.12
1956	0.37	1965	0.15	1974	0.12	1983	0.66
1957	0.37	1966	0.15	1975	0.12	1984	0.77
1958		1967	0.15	1976	0.12	1985	0.79
1959	0.36	1968	0.15	1977	0.12	1986	0.79
1960	0.51	1969	0.15	1978	0.12		
1961	0.12	1970	0.12	1979	0.12		

表 9-3 1973—1986 年白砂供销社固定资产情况表

单位：万元

年 份	固定资产	年 份	固定资产	年 份	固定资产	年 份	固定资产
1973	2.92	1977	4.97	1981	15.83	1985	21.41
1974	2.92	1978	7.21	1982	17.50	1986	23.08
1975	2.92	1979	7.21	1983	—		
1976	3.09	1980	9.92	1984	21.41		

3. 理事会

供销合作社的理事会由社员大会或社员代表大会民主选举产生，作为社员大会或社员代表大会闭会期间的执行机构。理事会对社员代表大会负责，按时向社员报告工作，公布账目，接受社员群众监督。建社初期，理事会的作用发挥较好。1954—1990 年，白砂供销社召开了 3 次社员大会，真正按供销社章程办事。1958 年后，由于受“左”倾错误的影响，加上人员变动频繁，供销社的重大事项由行政会议讨论决定，理事会职能未能很好发挥。1983 年，白砂供销社召开社员代表会议，会议民主选举产生理事会，理事会的作用有所发挥。但由于人员变动大，规章制度执行不够严格，到 1990 年均未再召开社员大会。

4. 监事会

供销合作社的监事会，也由社员大会或社员代表大会民主选举产生，作为社员大会或社员代表大会闭会期间的监察机构，负责对供销社执行党和国家的方针政策，社员代表大会决议的执行情况进行监察。

（二）1991—2017 年的经营体制

中共十一届三中全会实行改革开放的政策后，个体商户不断涌现，计划经济时代由供销社独家经营的局面被打破。为了适应形势，1992 年，白砂供销社对集体经营的建材、百货、棉织、副食、农副产品收购、饭店、旅社、五金门市部实行经营承包责任制，对原供销社经营的门店资金实行抽底经营，落实门店责任制。2006 年 4 月，白砂供销社根据上级对企业减员的有关政策，对合同制工人实行裁员，按政府核定的最低工资标准给予每人工作一年一个月给予补助，最长补助年限为 24 个月。供销社部分正式干部职工与企业解除劳动关系，按裁员补偿标准给予置换身份，把身份置换金转入企业作为股份，与企业重新订立劳动合同，确定劳动关系，因而形成新的供销社资本构成。

三、生活资料供应

(一) 食盐　火柴

食盐是民众生活的必需品，也是供销社的主要生活资料之一。供销社在盐业公司上杭支公司的统一调拨下，按每人每月 0.5 公斤的定量供应给群众，每公斤 0.3 元。

1952—1959 年，火柴供应货源充足。1960—1964 年，火柴实行凭票供应，户月均 3 盒，每盒 0.02 元。1980 年后放开供应，每盒 0.05 元。

(二) 棉布　针织品

新中国成立之初，白砂市场的棉布品种单调，只有乌斜布、石扣乌、士林洋、白洋布等。1954 年 9 月起，棉布实行凭票供应，国家干部职工人均 8.33 米，农业人口年均 5.66 米。棉絮纳入计划供应范围。1955 年，对卫生衫裤、线毯、毛巾等主要针织品，纳入布票范围，凭票供应。1960 年以后，民用布票调整到成人 4.8 米，儿童 3.2 米。蚊帐布 、豆腐布等的收票标准放宽，毛巾、线袜等一些针织小商品取消凭票供应。

1983 年开始，针棉织品，棉布、棉絮先后取消凭票供应。

1986 年，上级为困难户提供“两棉” (棉布、棉絮) 赊销。赊销主要品种有棉布、棉被、蚊帐、棉衣等。

(三) 烟　酒

1959 年，卷烟供应紧张，实行定量供应。1961 年实行凭票供应，月供量成人男性月人均 3 包。1963 年起，卷烟货源有所增加，采用凭证、平价定量供应。酒类供应有红曲酒、老酒、五加皮酒、金刚酒、沉缸酒，散装酒无须凭票。

(四) 食　糖

1954 年下半年，食糖按人口发票定期定量供应。供应量每季人均 0.15 公斤。1960—1962 年，平时除对产妇、水肿病人有少量食糖供应外，无食糖供应，只在春节期间发票供应，人均 0.25 公斤。1963—1964 年，食糖货源有所好转。1965 年，红糖免票供应。1987 年，又恢复食糖凭票供应。1988 年起取消糖票。

(五) 煤　油

1955 年，煤油实行按户凭购油证限量供应，户月均供应 0.25 公斤。1963 年后，户均月供应 0.5 公斤。1973 年后，煤油放开供应，取消票证。

表 9-4　20 世纪 60—70 年代凭票证供应商品价格表

单位：元

<table>
<tr><th>商品名</th><th>单价</th><th>商品名</th><th>单价</th><th>商品名</th><th>单价</th></tr>
<tr><td>经济烟</td><td>0.09</td><td>食盐</td><td>0.15</td><td>红曲酒</td><td>0.44</td></tr>
<tr><td>鹭江烟</td><td>0.18</td><td>火柴</td><td>0.02</td><td>老酒</td><td>0.40</td></tr>
<tr><td>红霞烟</td><td>0.22</td><td>红糖</td><td>0.44</td><td>五加皮酒</td><td>0.48</td></tr>
<tr><td>水仙烟</td><td>0.28</td><td>白糖</td><td>0.70</td><td>金刚酒</td><td>0.40</td></tr>
<tr><td>乘风烟</td><td>0.33</td><td rowspan="2">煤油</td><td>1968 年前 0.50</td><td>沉缸酒</td><td>0.92</td></tr>
<tr><td>银球烟</td><td>0.33</td><td>1968 年冬后 0.37</td><td>固本酒</td><td>0.66</td></tr>
<tr><td>大前门烟</td><td>0.36</td><td>肥皂</td><td>0.19</td><td></td><td></td></tr>
</table>

四、农业生产资料供应

（一）化　肥

20世纪60年代以后，化肥施用量增加。白砂供销社有“二土”（土化肥、土农药）厂。白砂供销社供应给生产队的肥料有碳酸氢氨（简称碳氨）、过磷酸钙（简称过钙）、钙镁磷肥等。由于当时货源紧缺，化肥供应按计划进行，由县农业局根据各公社农作物播种面积下达供应指标，然后公社逐级下达到生产队，再报供销社按计划卖给生产队。1970年后，为了满足农业生产需要，供销社寻找第二货源以高价购进化肥，再以议价卖给生产队。1973年，上杭化肥厂生产氨水（液体碳氨），供销社在白砂圩市场、官将、早康、梧田等地建氨水池，有的大队还自建有氨水池，储存氨水供各生产队购买。

20世纪80—90年代，化肥仍由供销社发票到农户，凭票供应。供应的肥料有磷酸氨、尿素、氯化钾、磷酸钾，进口复合肥和混复肥等。

1998年后，化肥市场开放，计划供应逐步取消，个体商户经营农业生产资料。

（二）农药　农药器械

新中国成立初，农药属统一平价物资，实行指令性计划管理，由供销社专营。经营的农药主要有六六六粉、滴滴涕、杀虫醚等。

20世纪70年代以后，农药品种增加，水稻病菌类的有克瘟散、稻瘟净异稻瘟净、多菌灵、稻瘟灵、三环唑等；杀虫类的有乐果、敌敌畏、杀虫双等。供销社切实做好农药存储，以保证农作物发生病虫灾害时能确保供应。

1990年后，农药市场放开，计划供应逐步取消。农药有杀虫剂、杀菌剂、除草剂、灭鼠药等几十个品种。

白砂供销社大量供应喷粉器、喷雾器及其零配件，以满足各生产队及其农户种植作物期间的防治病虫害的需要。先后有单管圆筒式喷筒，手摇喷粉器、木箱撒粉器、背负式工农16型喷雾器、电动喷雾器等。

（三）中小农具及其他生产资料

铁　类：犁耙、锄头、铁砸、镰刀、洋镐、铁锹、深耕犁、双铧犁、喷水壶等。

竹　类：谷箩、笤笪、畚箕、谷筛、斗笠等。

木　类：肥尿桶、斗楻、风车、扁担、锄头柄、牛栀等。

棕　类：棕绳、蓑衣

塑胶类：农膜、抛秧盘、雨衣、塑料桶。

农机类：打谷机（单人、双人），电动脱粒机。

五、扶持专项生产

20世纪50年代，白砂供销社每年拨付专款扶持竹业生产和土纸生产，给新建纸槽补助一定的启动资金。

20世纪60年代初，白砂供销社大力推广紫云英种植，浮萍养殖。

20世纪70年代后，白砂供销社每年都有专项资金用以“三改”（改良土壤、改水灌溉、阴改阳），改善农业生产条件。

20世纪80年代后，白砂供销生产香菇、木耳等菌种，支持生产队及个体户推广种植食用菌。

六、农副产品收购

粮　食　新中国成立之初，国家粮食征购由供销社代为收购。

土　纸　白砂是有名的土纸之乡。原由供销社收购。1963年5月，外贸站从白砂供销社分离出来，官将设收购点，从事土纸收购。1989年后停止收购土纸。

生　猪　20世纪70年代末至80年代初，生猪实行派购，任务分配到各生产队，供销社负责收购。收购数量按上级下达的收购数。1985年取消生猪派购。

野生植物　桐子、蓖麻、茶子等油料果实，橡子、狗脊片、金刚刺片、野葛粉、山芋片等淀粉植物，竹壳、田青麻、构树皮等纤维植物。

药　材　金线莲、黄连、金银花、黄芪、砂仁、茯苓、穿山甲、龟板、鱼腥草、山栀子、麦冬、射干、百部、淮山等。

工业生产原料　胶木粉（牛高铁）、木薯粉、蕉芋粉等。

废旧物资回收　废铜、废钢铁、鞋底、麻绳、废麻袋、旧棉布、旧报刊、鸡毛、鹅鸭毛等。

此外，白砂供销社为了增加农民收入，每年的夏秋季节都会组织小秋收，收购毛竹、木炭、竹尾、竹枝、杂木棍等。供销社曾收购烤烟。

七、其他经营

白砂供销社开设新书店门市部，兼营笔墨、纸张、信封等文化用品。“文化大革命”期间，大量经销毛泽东主席著作。1995年，前经营中小学教材、农业科普书籍等。门市部兼营文化用品。20世纪90年代以后，新华书店停业。

表9–5　白砂供销社历任主任名表

姓　名	职　务	任职时间	姓　名	职　务	任职时间
刘富春	主　任	1952–04—1961–11	邓其佳	主　任	1972–08—1977–09
林家安	主　任	1962–12—1965–09	丘庆新	主　任	1977–10—1980–11
张斯才	主　任	1965–10—1966–09	曾瑞湘	主　任	1980–12—1982–01
温荣茂	主　任	1966–10—1969–12	刘瑞桂	主　任	1983–02—1984–12
黄晓春	组　长	1970–10—1972–07			

注：1961年，饶义珍任官将供销社主任。

第四节　粮油贸易

粮油贸易经历个体经营、合作经营、多种经济成分并存市场化经营等方式。本节主要记述国有粮食部门经营，略记个体经营、供销合作社的粮油贸易方式。

一、流通体制

白砂区域内可以分两个小区域。一是跃鳞溪流域及分支大田大金等地，田多山少，是白砂的产粮区，基本能自给自足；二是官将片、早康片区域，则是山多田少，粮食长期不能自给，需要进周边县、乡的粮食弥补。因而各地均有粮行售卖，粮油及制品。也有的直接从县城购买粮食，以补农家之需。

民国十八年（1929年10月），区苏维埃政府开创粮食合作社，是工农群众为抑制商人、地主、富农低进高出的剥削，支援红军和改善人民生活而由群众集资筹办的粮食组织。对当时调剂粮食、稳定粮价起到重要作用。

新中国成立初期，实行粮油自由贸易。

1953年，国家实行粮食统购统销，规定农民应按国家规定的收购粮种，收购价格和收购数量，将余粮卖给国家。农民在完成征购任务后的余粮，可以在国家设立的粮食市场进行交易，不准私商经营粮食。白砂供销社负责粮食收购、供应业务。

1954年，白砂区设粮食管理站（后改粮站，1961年新增设官将粮站），除经营统购统销，亦经营粮油议购议销。

1979年，实行计划管理与市场调节相结合的双轨制，白砂粮站恢复经营议购议销业务。1984年起，实行“一定三年”包购包销，节余部分归各地自主经营。1985年后，粮油购销形成以国营为主、集体和个人并存的多渠道经营模式。

1993年，省政府决定除农业税征实物外，取消指令性的粮油定购任务，粮食收购根据市场需求和以销定购的原则，并以省定价格挂牌平抑市场粮价。

1996年元旦起，根据上级指示精神，白砂粮站实行政策性业务和商业性经营两条线运行。

1998年6月后，完善粮食价格机制，实行政企分开,中央和地方责任分开、储备与经营分开、新老财务账目分开，完善粮食价格机制（简称“四分开一完善”）。粮食工作实行行政首长负责制。镇与县签订责任状，既要保证粮食流通体制改革方针政策的落实，又要确保粮食安全，稳定粮食市场。

2000年，县粮食局改制成立杭川粮食购销有限责任公司，白砂粮站隶属其管辖。粮食市场放开购销运作一条龙，粮站的职权更加开放。国家保护粮食销售价格，限低不限高，激活农民的种粮积极性。

2001年7月后，国家实行粮食购销市场化改革，全面放开粮食零售市场，常年开放粮食集贸市场，鼓励农民自产自销粮食，实行粮食经营全面放开，实行多渠道经营。市场上粮油经营商店迅速增加，各大超市亦兼营粮油商品及粮食副食品，极大激活粮油市场，充分满足人们的生活之需。

二、粮食市场

（一）自由贸易

民国时期，白砂境域内有半数乡村粮食基本自给自足或有充盈在市场交易，有半数乡村山多田少靠粮食市场来调节。白砂圩场设几家粮油商店，也靠外县乡调集粮食调节，价格由商贩操控，变动频繁，涨落幅度大。

新中国成立后，人民政府重视粮食生产，尽力帮农民改善农业生产条件，农民手中粮食有所增加，特别是对粮食市场有所掌控。粮食价格相对较稳定。1952年市场粮价：稻谷12元/50公斤，大米17元/50公斤。

1953年12月实行粮食统购统销后，在粮食统购入库期间，禁止粮油上市。1960年经济困难时期，粮食极度缺乏，下半年后才从外地调些粮食调节，不少农民吃糠咽菜，甚至饥饿死人。“文化大革命”期间，自由贸易当作资本主义遭严厉打击。

1979年后，除征粮入库期间控制粮食自由上市交易外，基本放开粮食市场。

1985年起，粮油购销形成以国有为主、集体和个人并存的多渠道经营模式。

2001年，国家开放粮食市场，实行粮食市场经营主体多元化。凡按规定取得经营资格的单位集体和个体，均可参与粮食购销经营，全面放开粮食零售市场，鼓励农民自产自销粮食。同时放开粮食购销价格，由市场供求规律确定价格，自主经营，自负盈亏。

2017年，全乡有经工商部门注册登记的个体粮商3家，经营稻谷、大米、食油兼营粉干、面干等粮食复制品。

（二）议购议销

1965年前，粮油议购议销由供销系统兼营。1965年下半年，白砂粮站经营粮油议购议销。1979年后，粮油议购议销恢复，以随行就市略低于市场价、因地制宜、有涨有落为原则。1984年4月，中央批准平价粮转议销，以相当于或略高于起购价的优惠价供应。2001年，实现粮食购销自由化，价格市场化。

三、粮食征购定购

历朝历代官府征收田赋，有两种形式，其一征收粮食，其二折征银钱。

新中国成立之初，改历代以来的田赋为征收农业粮（俗称公粮），由供销社代收。

1953年12月起，国家实行统购统销政策，采取自报公议、民主协商的办法，根据县下达的统购指标，逐户落实统购数量，由白砂供销社负责粮食收购。1954年，实行以产量为基准，扣除公粮、口粮免购额（每人140公斤）后，“余粮多者多购，余粮少者少购，无余粮者不购”的原则。

1954年，原粮（稻谷）统购统销价格：白砂每50公斤，旧币555元，新币5.55元。官将每50公斤，旧币595元，新币5.95元。

1955年，粮食“三定”（定产、定购、定销）工作基本结束。实行“粮食经营一条鞭”的方针，接收供销合作社粮食业务，开展对私营粮商的改造，白砂区设立粮食管理站，统管粮食收购、保管、调运、加工、供应，并在圩市场设置门市部。

1956年，全区以粮食总产量来核定征购粮数。1958年，粮食征购实行包干办法，即在“三定”的基础上，参照历年粮食和此后的潜力加以确定，三年不变。由于当时的浮夸风盛行，出现高估产、高征购，结果无法完成。

1957年8月，遵照中央粮价基本不动个别调整的原则，早稻谷统购价提高1.7%，由每50公斤5.8元提高到5.9元，统销价每50公斤由6.5元提高到6.6元。晚稻谷保持原价统购价6.00元，统销价6.72元；糯谷统购价保持6.60，统销价7.62元。

1961年，粮食统购价格提40%，而统销价不变，形成购销价格倒挂。倒挂部分由国家实行财政补贴，补贴标准干部每人每月补3元，工人补4元。

1961年，以生产队为单位核定粮食征购，实行粮食征购“一定三年”的做法。1971年开始，实行粮食征购“一定五年”。但从1972年起，加价粮逐年增加。

1976年，将“一定五年”再延长三年。1978年，在征购基数不变的前提下，加价粮又有增加。

1980年，白砂公社按上级文件对农民征收统筹粮，用于水利、教育、优抚、军训、五保等，每个分田人口每年收20公斤，直至2005年取消。

1982年，随着农村家庭联产承包责任制的落实，粮食征购由生产队为单位改为计算到户，征购加价任务按1979年核定数“一定五年”不变。

1985年，粮食征购改为合同定购。合同定购的品种主要是稻谷，完成县下达的征定购任务后的粮食可自由贸易，实行多渠道经营。

2001年，进行粮食购销市场化改革，取消粮食定购、保护价收购和定购粮粮肥挂钩政策。

2004年，取消农业税征收任务。同年始，以粮食储备订单收购合同形式收购粮食，并执行每50公斤直补4元，良种补贴1元，2008年始直补10元。

表9-6 1979—1998年白砂公社粮食征购情况表

单位：公斤

<table>
<tr><th>年份</th><th>征粮</th><th>购粮</th><th>加价粮</th><th>合计</th><th>年份</th><th>征粮</th><th>购粮</th><th>加价粮</th><th>合计</th></tr>
<tr><td>1979</td><td>7930</td><td>7624</td><td>13523</td><td>30428</td><td>1990</td><td colspan="2">12250</td><td>12412</td><td>24662</td></tr>
<tr><td>1980</td><td>6378</td><td>6661</td><td>13220</td><td>26762</td><td>1991</td><td colspan="2">12318</td><td>12328</td><td>24646</td></tr>
<tr><td>1981</td><td>8682</td><td>5172</td><td>12409</td><td>27484</td><td>1992</td><td colspan="2">8940</td><td>9045</td><td>17985</td></tr>
<tr><td>1982</td><td colspan="2">14082</td><td>12856</td><td>27146</td><td>1993</td><td colspan="2">10750</td><td>10776</td><td>21526</td></tr>
<tr><td>1985</td><td colspan="2">13675</td><td>11925</td><td>25600</td><td>1994</td><td colspan="2">10723</td><td>13813</td><td>24536</td></tr>
<tr><td>1986</td><td colspan="2">12880</td><td>12500</td><td>25380</td><td>1995</td><td colspan="2">10720</td><td>14490</td><td>25210</td></tr>
<tr><td>1987</td><td colspan="2">12250</td><td>—</td><td>—</td><td>1996</td><td colspan="2">10722</td><td>17091</td><td>27813</td></tr>
<tr><td>1988</td><td colspan="2">12379</td><td>—</td><td>—</td><td>1997</td><td colspan="2">9120</td><td>12709</td><td>21829</td></tr>
<tr><td>1989</td><td colspan="2">12358</td><td>—</td><td>—</td><td>1998</td><td colspan="2">9120</td><td>10679</td><td>19799</td></tr>
</table>

说明：1982年以后，征购粮食未分项统计。

四、粮油统销

（一）非农业人口粮油供应

新中国成立初，人民政府对地方军政人员实行供给制。1953年12月，执行粮食统购统销政策后，党、政、军机关工作人员以及学校、工厂等企事业单位和城镇居民，按规定标准实行粮油计划供应。粮食部门根据核定数发给购粮证，凭证定点按月供应粮油。1955年，执行省人民政府《福建省市粮食定量供应实施细则》，根据劳动强度、年龄大小及不同地区划分为9个等级，随人口增减、年龄增大办理变更手续。1959年后，粮食发生困难。1960年9月，开始压缩市镇人口，降低市镇人口粮油供应标准。此后，1963年、1974年、1980年对粮油供应标准做调整。

1993年起，城镇居民粮油在市场自由购买。1998年后，粮站不再填发粮油证，干部职工、城镇居民粮油供应市场化。

表 9–7　若干年份市镇人口粮油供应等级标准表

	1956 年		1960 年		1963 年		1974 年		1980 年	
	粮（公斤）	油（克）	粮（公斤）	油（克）	粮（公斤）	油（克）	粮（公斤）	油（克）	粮（公斤）	油（克）
特重体力劳动者	22.5~27.5	250	22.5	250	26.0	250	27.5	250	27.5	250
重体力劳动者	17.5~22.0	250	15.0~17.5	250	22.5	250	20.0	200	22.0	250
轻体力劳动者	13.0~17.0	150	14.0~14.5	150	17.0	200	14.0	150	17.0	250
干部职工及脑力劳动者	12.0~14.5	63	11.0~12.0	62	15.0	200	14.0	150	14.0	250
中学生	13.0~16.5	63	11.5~12.0	62	14.0	200	14.0	150	14.0	250
居民及十岁以上儿童	11.0~13.0	63	10.5	62	11.5	200	11.5	150	12.0	250
六岁以上儿童	9.5~10.0	63	8.5~10.0	62	11.5	200	11.5	150	11.5	250
三岁以上儿童	5.5~7.5	63	6.5~8.5	62	9.5	200	9.5	150	9.5	250
不足三岁儿童	3.0~5.5	63	3.5~5.5	62	9.5	200	6.5	150	6.5	250

说明：粮食为成品粮每人每月供应量，油为每人每月供应量。

（二）回销粮供应

1959—1961 年三年困难时期，粮食供应紧张，出现人口非正常死亡。1960—1961 年上半年，上级下拨回销粮，供应给困难群众，回销粮按人口分配到户。1974—1980 年，对部分缺粮村烈军属困难户、五保户、因天灾人祸造成的困难户等，实行“一年一定”安排回销粮。

表 9–8　1966—1972 年白砂公社回销粮供应情况表

单位：公斤

单位	1966 年	1967 年	1968 年	1969 年		1970 年	1971 年	1972 年
	回销粮	回销粮	回销粮	回销	借粮	回销、借粮	借销	借销
中洋	10038	33750	33000	48000	2800	6500	3000	6300
梧岗	—	10080	10200	14500	900	2000	—	450
塘丰	9281	40500	40700	60000	3100	2500	2020	6400
大田	19000	30860	30500	45000	2000	22000	8000	18545
大金	10000	29350	23600	38000	2000	18500	5600	14900
扶福	6500	11610	10800	21000	1000	10500	2800	10100
樟黄	16723	32200	36400	65000	3000	28600	11300	40000
朋新	21914	36890	41300	63000	2900	30500	8130	41600
岭背	26100	45150	43700	73000	3600	29200	8269	65100
早康	12230	21450	21000	60000	3800	32600	12869	48500
长锦	4560	8350	7400	13000	800	7200	7110	14715
碧源	5700	17690	14900	24000	1500	13300	5000	20900
大科	15667	21150	18400	31000	1900	19500	4400	27100
官洋	6270	30950	26000	40000	2400	22500	12100	81500
茜黄	19500	26400	19000	30500	1600	19000	4220	29500
洋乾	38203	42050	31500	59500	2600	41700	10200	56300
军桥	14200	27300	22800	36000	1800	22000	11850	52700
东塘	5223	10150	8400	13500	800	9100	3552	10100
嫩洋	13200	18600	17900	28000	1700	21500	6000	21400
梧田	10030	24950	23450	37000	1800	17400	11700	23400
上康	13130	20176	17200	—	—	—	—	—
社办企业、敬老院	400	10400	1700	2600	—	—	—	—
合计	277969	550000	5000000	784640	42000	379100	135960	589510

五、储　运

（一）仓　库

民国时期，政府在白砂设有粮仓，只有少数的木合仓，仓储积谷大部分借用民仓和会仓。粮仓设粮库仓管员，白砂粮库仓管员傅焕林，好义乡（将军桥）粮库仓管员郑海标。

新中国成立后，全区将各乡祠堂、庙宇都改修成仓库，没收一些地主、富农所掌辖的会仓供存放征收的粮食，不足部分借用民仓暂储。1953 年实行统购统销后，仓储粮增多，仓容紧张，分别在白砂、官将、梧田、旱康等地都有借民仓或民房改造粮仓。官将（将军桥）借用小学的三间教室改造成木仓储粮，直到 1966 年。

1959 年，老圩建民房仓 318 平方米，仓容 110 万公斤（13 个仓厂）。1994 年因 308 省道扩建拆除。车站旁建房式仓 319 平方米，仓容 80 万公斤。官将房式仓 115.5 平方米，仓容 30 万公斤。

1965 年，芋冬科建房式仓 340 平方米，仓容 100 万公斤。

1967 年，石陂建石圆仓 2 座，面积均为 123 平方米，仓容各 50 万公斤。

1972 年，芋冬科房式仓 317 平方米，仓容 100 万公斤（分二厂）。

1972 年，车站建木合仓 51 平方米，仓容 10 万公斤（4 个仓厂）。1995 年，白砂圩市扩建，仓库被征用。

1980 年，芋冬科建成品仓房式仓 60 平方米，仓容 10 万公斤（4 个仓厂）。

1983 年，官将建房式仓 145 平方米，仓容 50 万公斤。2004 年后，征粮停止。2010 年后，粮站改制，粮仓闲置。

（二）保　管

1955 年起，粮站开展创“四无”（无害虫、无霉变、无鼠害、无事故）粮仓活动。贯彻“以防为主，综合防治”的保粮方针，落实粮食管理标准和各类储备粮的管理要求，不断完善和健全各项规章制度。严格入库管理制度。每半年开展“一符四无”（账实相符，无虫害、无霉变、无鼠害、无事故）活动，应用科学保粮新技术，确保储粮的安全与质量，未曾出现过因保管人员疏忽或失职而发生的事故。储粮保证数量准确、质量良好、储存安全，入库前准备做到上不漏、下不潮。重入仓时检查，检查粮质，对所入库粮食按品种、质量、干湿、新陈、有虫与无虫分开储存。粮食进仓后的管理，做到五天一小查，十天一大查，风雨即刻查，一月站普查，以保证库粮安全。

（三）调　拨

1953 年 12 月实行粮食统购统销后，粮油调拨严格执行国家计划，坚决执行“先中央、后地方”和“保证重点、照顾一般、好粮外调”的原则，做到不合规格的粮及虫粮不调，定量不标准的不调。1994 年，实行市场调剂粮油，自由调拨，定购粮的购销平衡调拨。2001 年，粮站实行机构改革，粮油实行购销包干、各站自负的管理模式，所购粮食全部外运。

（四）运　输

民国以前，白砂粮食的输入和输出全靠脚力挑夫营运，走的是石砌山道。民国初年，田赋多折银圆，征收少量的粮食供地方官员食用。新中国成立后，特别是 1997 年 308 省道开通后，所征公粮储存在各乡设立的仓房，白砂设立公粮收购点，除了仓储，用汽车运往外地。

六、管　理

（一）机　构

民国二十六年（1937 年）设立上杭县田赋粮食管理处，白砂设立办事处。

新中国成立初，白砂区设立财粮组。

1950 年 6 月，白砂设公粮支库主任 1 人，白砂供销社负责粮食征购业务。

1954 年 4 月，设白砂粮食管理站。

1956 年 6 月，白砂始设粮站。

1961 年 6 月，白砂设中心粮食管理站，增设官将粮站。

1962 年，白砂中心粮食管理站独立核算，新设白砂粮库，设正副站长各 1 人，会计 3 人，购销 1 人，保管 6 人，营业 1 人，共 13 人。

1970 年，白砂粮站设革命领导小组，归公社革命委员会领导。

1972 年，恢复白砂粮站。

1988 年，白砂粮站更名为白砂粮食购销站，一直延续至 2013 年。

2000 年，粮食系统改制，白砂粮食购销站隶属杭川粮食购销有限责任公司。

（二）票　证

粮　证　1953 年 12 月实行粮食统购统销后，对居民粮食供应进行核定数量，凭证定点供应。1955 年后，开始用市镇居民粮油供应证（简称购粮证）和农村粮油供应证两种。白砂粮站对所辖居民和单位每年更换一次购粮证，每季核证一次，并定期或不定期对人口变动、工种等级用粮进行检查，及时堵塞漏洞。供应农村粮食，按供应对象分别使用回销粮证和周转粮证。20 世纪 60 年代使用过借粮证、代管粮证。对工商行业使用粮油和饲养单位的饲料，专用工商粮油供应证和饲料粮证。1993 年，根据国务院《关于粮食流通体制改革的通知》，全面废止定量供应粮油的政策；同年 4 月 1 日起，城镇居民的粮油供应证改发粮籍证。

粮　票　在境域内流通的有全国粮票、福建省地方粮票、华价粮油票。票面额为拾斤、伍斤、叁斤、贰斤、半斤、贰两、壹两。1984 年用过福建省流动粮票，规定流动人口实行证票合一使用。1960—1984 年收购农副产品，使用过福建省奖售粮票（原粮票）。1993 年 4 月起取消粮票。

表 9–9　白砂粮站历任站长（负责人）名表

姓　名	职　务	任职时间	姓　名	职　务	任职时间
李振兴	主　任	1950—1953	郭茂椿	站　长	1985—1991
陈荣庭	站　长	1966—1970	李春喜	站　长	1992—1996
李福昌	指导员	1966—1970	谢林芬	站　长	1997—1999
江林贤	站　长	1971—1976	郭建元	站　长	2000—2001
傅福标	站　长	1976—1977	何化仁	站　长	2002—2004
张玉辉	站　长	1977—1985	张仰贤	站　长	2005—2017

附：农村口粮分配

1949 年 10 月至 1953 年 11 月，粮食流通领域沿用自由贸易政策，农民生产的粮食自行支配。1953 年 12 月实行统购统销至 1955 年实行“三定”（定产、定购、定销），以农户为单位，划分为余粮户、缺粮户或自给户。余粮户在完成国家征购任务后的留粮，缺粮户生产的粮食和国家安排的统销粮以及自给户的自产粮食，均由农户自行支配。

1956 年农业合作化后，粮食统购统销在“三定”的基础上，实行以农业社为单位平衡余缺，计购定销，农业社的留粮实行统一分配。农业社在进行社内粮食分配的时候，必须保证完成国家核定的粮食征购任务和不突破国家核定的粮食供应指标，同时必须保证农业社内公用和全体社员的必须食用的粮食。根据上级规定，核定农业社（户）每人全年口粮标准，最高为300公斤（原粮，下同），最低为200公斤（缺粮户），不足部分由国家回销。1957年，农村人均口粮205公斤（国家统购后数量，下同）。1958年始，农村粮食实行统一管理，统一安排，分期拨付，口粮到堂（食堂），指标到户，节约归己的办法。口粮分夏秋两季安排，接月按旬拨给食堂；种子按播种计划，按季节拨给包产单位。饲料粮以牲畜头数定量，落实到畜牧场，专粮专用。后期逐步变为口粮、饲料粮直接安排到农户、畜牧场，种子粮、储备粮集中保管。1960年初，为适应农村人民公社三级所有制的生产关系，从夏收开始，推行在生产大队统一领导下，由生产大队、生产队和社员代表“三结合”的粮食管理制度。粮食收获时，由生产大队组织验收委员会，实行逐片验收、统一收割、统一打晒、统一过秤（田头、晒场、仓库“三过秤”）后统一入库的办法，实行大队、生产队“两把锁”的粮食管理制度。口粮、种子、饲料和储备粮都由大队统一管理，农民口粮标准降低。1961年始，改为以生产队为基本核算单位，以生产队为单位组织粮食生产和分配。生产队的粮食分配一般分上、下两季进行，上季分配时间为早稻收割前各生产进行估产预算的农历五月下旬至六月初，以生产队为单位预算分配口粮。下季分粮时间为秋收后至农历十二月底前，各生产队都要进行年终结账。由生产队会计做出口粮分配表，其分配原则是将全年上、下季所收的稻谷、地瓜、麦子、大豆等粮食扣除征购、加价、种子、储备粮后，采取基本口粮和工分、肥料粮相结合的办法。基本口粮占70%，劳动工分、肥料粮占30%。劳动力多、肥料多的，分得的粮食相对就多，这样的农户当时称余粮户。这种分配方式一直持续到1980年。由于各大队、生产队所收粮食有多有少，人均口粮多少不一。集体化时期人均口粮普遍不足。

1981年后，普遍实行家庭联产承包责任制，征购粮由农户交售。完成国家征购任务和集体统筹后的粮食，由各农户自行支配，“交够国家的，留足集体的，剩下都是自己的”，激发农民生产积极性，农业较快发展。1981年至今，实行家庭联产承包责任制，农民粮食多有盈余。

第五节　住宿业　餐饮业　其他服务业

明中叶，白砂圩设立及上杭通往龙岩的驿道在白砂经过后，随着交通流通的发展，客栈、饮食店逐步兴起。新中国成立后，特别是中共十一届三中全会后，随着人们生活水平的提高，餐饮业呈良好发展势头。理发、日用品修理等其他居民服务业，形式和内容发生新的变化。

一、住宿业

白砂圩设立及明嘉靖十九年（1540年）上杭通往龙岩的驿道在白砂经过后，为方便来往于龙岩、上杭的挑夫客商，圩场设有客栈，也叫旅店。客栈档次低，设备简陋，价格便宜。据老人回忆，白砂圩有邓洪兴、官音生（小名）开的两家客店。

新中国成立后，将军桥的邱上元客店维持了近30年。客店开在路边，是低矮的平房，只有几个铺位，设备粗陋，供过客食宿。

1965年，白砂朋新是市场和供销社的所在地。供销社开设旅社，凡过往白砂的客商都可以住宿。20世纪80年代后，旅社由供销社职工承包，2000年后停办。

2000年，白砂市场的私营宾馆面市，集饮食、住宿为一体。宾馆的设备也上档次，设单人间、双人间、标准间等，内设卫生间，还配有沙发、空调、电视机、热水器等。有宾馆2家。

2017年，白砂有宾馆、旅社4家。

二、餐饮业

（一）普通餐饮业

20 世纪 60 年代，白砂圩有煮镬子这一行当，就是从乡村来的赴圩人，到市场上买些肉、面、粉干之类，到市场架子下有代客煮食的小锅台煮，摆锅人收每人 1 角、2 角的劳务费。

60—70 年代，供销社创办饮食店，满足过往客商或赶圩人的需要。经营有清汤面，一碗 0.12 元，二两粮票；煮面一碗 0.26 元，三两粮票；炒面 0.5 元，三两粮票；馒头 0.07 元，二两粮票。90 年代停办。

80 年代以后，个体、私营饮食摊点蓬勃兴起，传统小吃油炸糕、糍粑、年糕、发糕遍布市场。

90 年代以后，个体私营饭店、餐饮不断涌现。经营的花色品种除了具有地方的名菜外，鲍鱼、花蛤、炒煮海鲜成为人们宴席上的常菜。炒田螺、烧烤也逐渐进入生活圈。沙县小吃、南北风味食品开始在白砂出现。饺子、馄饨、油条、鱼粄、烧馒等风味食品成为人们的喜爱。

2000 年以后，餐饮业有了很大发展，流动酒家悄然掀起。有的酒家饭店，把生意做到了乡村，对乡村的红白喜事承办宴席，餐桌、餐具各种菜肴实行一条龙服务。

2017 年，白砂有各种饭店、酒家 26 家。

（二）特色餐饮业

闽杭小炒（前称白砂小炒），是具有白砂特色的餐饮行业。

20 世纪 90 年代开始，白砂镇陆续有人在厦门经营小炒生意。经过 20 多年的发展，形成一定的产业基础和规模。2012 年，白砂镇政府注册闽杭小炒专业合作社（简称闽杭小炒）。据统计，2017 年，全镇在厦门经营小炒餐馆的约 1500 多家 3000 多人，约占全镇外出人数 1/5，营业额达 1.2 亿元，年实现利润约 4200 万元。闽杭小炒成为白砂农村富余劳动力和下岗失业职工创业、就业的重要渠道，对于提高农民收入起到积极意义。

闽杭小炒主要经营经济实惠、方便快捷、美味可口的客家炒菜，靠着客家传统的炒菜手艺和优惠的价格，受到外来务工者的青睐。其主要特点：一是经济实惠。小炒店大多在城乡接合部，主要散布在工厂、工地、办公楼、学校等人员密集场所的小巷里，店面位置比较偏僻。其消费群体大部分是工厂务工人员和周边店铺从业人口，饭菜经济实惠，一般每份菜的价格为 10 元左右，人均消费二三十元。二是方便快捷。小炒店一般供应午餐和晚餐，店主都会提前切好菜备好料，客人来时随点随炒，只需几分钟，具有方便、快捷、灵活的优势，适应现代人快节奏的生活方式。三是投资少，回报快。闽杭小炒投入成本较低，初期投入在 3 万~5 万元，店面一般在 50 平方米左右，规模以两人的夫妻店为主，日营业额为 500~1500 元，利润率约 35%，年利润为 6 万~18 万元。但闽杭小炒在发展中存在消费群体狭小单一、行业组织化程度低、缺乏竞争力等问题。

三、其他服务业

（一）理　发

民国时期至新中国成立之初，农村个体理发师傅称为剃头师傅，个体理发师一般没有固定的店铺，都是走村串户剃一些零头。后来为了拉住生意，理发师傅到各家各户“扎头”，点人头，按年交多少钱或稻谷。理发师傅则按时间、地点，一月一次轮流入家入户理发。20 世纪 70 年代，圩场设有理发店。

20 世纪 90 年代以后，随着人们生活水平的提高，为适应各层次的消费要求，理发行业也引进设计新颖时尚的男女发型，增加烫发、染发、修眉、修脸、新娘化妆等服务项目，初步融美容、美发为一体。2000 年以后，服务项目增设焗油、拉直、干洗等，传统的理发行业逐步发展为现代美容美发业。

2017 年，白砂有理发、美容美发店 10 家。

（二）日用品修理

新中国成立之初，境内有挑着简单工具走村串户为群众修理服务的修理工，主要修理钟表、雨伞、电筒、门锁、拉链和补鞋、补锅、补缸。圩场上也有修理店和修理摊点，一般逢圩天开展业务。

20 世纪 70 年代后，主要修理手表、收音机、黑白电视机、自行车及其他日用品。

20 世纪 90 年代以后，主要修理彩色电视机、电冰箱、电磁炉、空调等高档家用电器，摩托车、汽车修理业快速发展。

2017 年，白砂有家电维修店 9 家。

（三）镶牙补齿

20 世纪 70 年代，白砂有龙岩和本地人在圩场开设镶牙补齿店。80 年代，有一家当地人开的镶牙补齿店。每逢圩天，还有摆摊设点补牙镶牙的。

（四）照　相

20 世纪 70 年代，中洋村傅跃昌在自己家里开设照相馆，承揽学生的毕业照。90 年代后，照相技术、照相器材不断改进，变黑白相为彩照，白砂增加 2 家照相馆。2000 年后，引进数码照相技术，能刻录光盘，一些婚典、开业等场合请照相师到家里随机拍摄录制光盘，留作永久的纪念。

2017 年，白砂有两家照相店。

（五）计算机服务　打字复印

1990 年后，白砂机关、企事业单位计算机逐渐普及，并开始进入寻常百姓家，计算机服务业应运而生。主要从事设备维修、软件服务。

2017 年，白砂有计算机服务 7 家，打字、复印店有 4 家。

（六）娱乐服务

2000 年后，白砂歌舞厅最多时有 4 家，供爱好者服务。

（七）物流服务

白砂除邮电支局办理物流服务外，还有两家个私物流服务网点，一家设在邮政支局对面，名韵达快递。另一家设在白砂卫生院旁边，名顺丰快递。

2017 年，韵达快递业务量达 4.16 万件，顺丰快递业务量 5.82 万件。

（八）学生家政服务

2005 年后，随着教育形势的需要，撤并初小教学点，未设学校（教学点）的村，大部分学生进入中心小学、新市小学就读。学生年纪较小，自理能力差，许多家长不放心，于是家政服务应运而生。

2017 年，学生家政服务有 4 家，主要负责提供食宿、管理学生起居作息及作业辅导等。

第十章　工商　税务　金融　财政

第一节　工商行政管理

新中国成立以后，白砂区人民政府成立工商业联合会，负责对辖区的工商业进行管理，引导商户诚信守法经营。1953 年开始逐步实行对工业、手工业和私营工商业的社会主义改造，至 1956 年底基本完成对全区私营工商业的社会主义改造。

20 世纪 60 年代初，成立白砂公社市场管理委员会（简称市管会）。市管会主要职责：宣传建立社会主义文明市场，敦促商户合法经营，打击不法商贩和不法经商；管理市场秩序和治安卫生，向个体商户（含摊点）收取市场管理费。1977 年，白砂工商行政管理所（简称工商所）成立。白砂工商所履行“保护合法经营，打击非法行为，促进经济发展，维护消费者利益”的职能。中共十一届三中全会以后，充实加强工商行政管理机构，加强集市贸易管理，整顿市场秩序，同时逐步加强物价，标准管理工作，充实人员机构，完善制度，促进经济繁荣。

一、市场管理

清朝、民国时期集市交易管理主要靠交易所、牙行进行，其间有牙人（也叫中人）促使生意成交。中人视交易数量内容提取手续费。

新中国成立以后，区政府执行“发展经济、保障供给”的方针，保护合法经营，保护生产消费各方利益，稳定市场秩序。1953 年，贯彻执行政务院《关于实行粮食计划收购和计划供给的命令》和《粮食市场管理暂行办法》，米谷、食油等统一由国家经营，不准私人自由买卖。其时，白砂供销社代行粮油经营业务。

1958 年，在人民公社化运动中，自留地收归集体，砍掉家庭副业，集市贸易被取消。

1960 年 11 月以后，有计划地恢复农村集市，被关闭的自由市场逐步开放。公社市场管理委员会加强对一、二类物资的管理，开放三类物资，取缔无证经营，制止弃农经商，限制长途贩运。

1962—1966 年，不准一、二类物资进入初级市场，不准商贩投机贩运，生产队生产的一、二类物资不准自由上市。

1966 年下半年以后，市管会受“文化大革命”冲击，处于瘫痪状态。1968 年，公社成立打击投机倒把办公室，加强市场管理，以保证国家收购任务的完成。

1977 年白砂工商管理所成立以后，市管会继续行使其职能。主要是维护市场秩序和卫生，收取市场管理费。

中共十一届三中全会后，国家相继发布《集市贸易管理办法》《中华人民共和国食品卫生法》等法律法规，市场管理步上法制轨道。

1981 年开始，白砂工商所辐射泮境公社市场管理。

2004 年，白砂工商所撤销，停止征收市场管理费和个体工商管理费。

2007 年，白砂镇建立 12315 消费者维权服务站，在行政村也设立 12315 消费服务点。

二、企业登记管理

（一）企业登记

20 世纪 60 年代白砂市管会成立后，着手对个体商户进行登记和颁发营业许可证工作。

“文化大革命”期间，市场管理处于停顿状态，登记发证工作中断，企业更名、歇业、合并、转产均无办理注册登记。

1977 年工商所成立以后，企业的注册登记工作走上正轨。

1980 年以后，个体工商户和各种企业增加很多。登记发证的个体商户和企业数大幅上升,涉及商业、饮食、照相、镶补牙、修理。

2004 年白砂工商所撤销，白砂镇企业登记由镇企业服务中心履行镇企业登记职能。

2008—2016 年，白砂私营、内资企业发展较快，注册登记的个体企业 73 家，推动白砂地方产业快速健康发展。

表 10–1　若干年份白砂镇私营（内资）企业登记情况表

年份	注册企业（家）	注册资金（万元）	年份	注册企业（家）	注册资金（万元）
1996	1	75	2008	7	1494
1998	2	10	2009	6	608
1999	1	25	2010	7	1080
2000	1	8	2011	9	1000
2004	4	126	2012	5	1650
2005	2	188	2013	16	1526
2006	3	107.5	2014	13	3160
2007	1	70	2015	10	2528

（二）监督管理

新中国成立后，区人民政府成立工商联合会，负责管理全区私营工商企事业，个体工商户按政策开展生产经营活动。

1953 年，开始对私营工商业社会主义改造，采用利用、限制、改造和赎买政策，将白砂的个体商户过渡到白砂供销社和合作商户。

1958 年，开始人民公社化运动，农村合作商店过渡为供销社门市部，手工业社（组）划入公社管委会，统一核算，实行供给制。1962 年，贯彻执行《上杭县商贩管理暂行规则》。

1977 年，白砂工商所成立后，大力支持和恢复发展个体经济，加强对个体经济生产经营的监督管理。

1983 年 8 月，成立白砂个体劳动者协会，并开展相关活动。同年开始，放宽对个体经济的政策限制，放宽经营范围和经营方式，允许个体手工业使用机动工具加工、生产。个体运输业可以根据当地实际的具体情况，允许使用机动车承揽客、货运输。个体工商户经批准可以从事长途贩运，批量销售。

1986 年，加强对机动车辆运输管理，凡参加劳动的大、中、小型拖拉机均颁发执照，照章纳税、交费。

1987 年，积极支持、稳定发展各类经济联合体，并从经营范围、经营方式、审批手续等方面适当放宽。

1990—1993 年，贯彻落实上杭县工商局制定的支持企业发展的 5 条措施，清理各类许可证和专项审批制度，放宽资金、名称限制，对次要文件暂缺的允许先办照后办手续。放宽经营方式，对外地到白砂投资办企业的给予优先办照。认真查处违章违法行为，积极为企业服务，做好管理、服务一体化，促进工商企业的发展。

1994年，宣传贯彻《中华人民共和国公司法》，促使企业进一步转换经营机制，有计划、有组织、有步骤地推行现代企业制度试点工作，使全乡工商企业平稳发展，投资规模加大，企业经济实力增强，各项事业发展较快。

2008—2017年，白砂私营、内资企业发展较快，注册登记的个体企业73家，推动白砂地方产业快速健康发展。

三、商标管理

清末时期，白砂境内土纸商曾使用过商标，民国时期洋乾铸锅厂曾用过商标。

2009年10月27日，龚松荣（军桥古王坑）使用金利人防水服、体操鞋商标。

2009—2017年，注册31个商标，使用商标涵盖工业企业产品，还涉及农产品、农副产品、水产品、食用菌及小炒美食等。

表10–2　2009—2017年白砂镇注册商标情况表

商标名称	申请人	注册时间	使用商品
金利人	龚松荣（军桥古王坑）	2009–10–27	防水服、体操鞋
碧水岩	上杭县绿鑫农业发展有限公司	2010–07–23	茶、茶叶代制品、冰茶、茶饮品、糖果、蜂蜜、谷类制品、面条、调味品
阿凡提	袁德群（官洋陂下路11–1号）	2011–05–21	游泳衣、体操鞋、鞋、腰带
诗妍	傅小秋	2012–08–28	伞、钱包、皮垫、手提包、拐杖架、公文包、皮制带系列、帆布背包、旅行包（箱）、（牛羊皮）的生皮。
深化溪山石场	嫩洋石场	2013–05–20	石英、建筑石材、石制品、花岗石、大理石、人造石、各种建材
紫鑫达	上杭县益龙林产品有限公司	2013–08–07	家具、椅子、床垫、细木工家具、沙发、竹工艺品、家具用品、非金属附件、枕头、软垫
华林丹杰	大坪岗木工业区	2014–02–21	木材胶舍板、成品建材、制家用具器具、木材、地板建材、地板条、厚木板
鑫杭竹器厂	官洋松柏	2014–03–21	筷子、厨用切菜板、擀面杖、茶餐具、牙签、蒸屉、笼屉、刷子、搓衣板、笊篓等
红菇山石场	白砂军桥红菇山石场	2014–03–21	石英、建筑石材、石制品、花岗石、大理石、人造石、石膏、砖、非金属门、非金属建材
联福矿业有限公司	扶福笑山尾石场	2014–03–28	石材、片石、石英、水晶石、石制品、硅石、块石、斑岩、花岗石、膨胀珍珠岩

续表

商标名称	申请人	注册时间	使用商品
茜黄竹业专业合作社	茜黄村	2014-04-07	竹子、竹帘、竹编制品（帽席垫）、竹工艺品、植物支柱、凳子非金属管
福辰龙	李占高塘丰村丰西路49号	2014-05-21	楼梯、胶合板、非金属门（槛栏）、踏板、非金属门框、栏杆、楼梯部件
碧水源	上杭县绿鑫农业发展有限公司	2014-06-28	补药、草药、药物饮品、原料药、中成药、药酒、减肥茶、药用蜂胶、药用树皮
闽杭小炒	闽杭小炒美食专业合作社	2015-03-07	牛肉清汤、猪肉、鱼片、肉罐头、水果蜜饯汤、萝卜干、干食用菌
威尼芙	袁耀忠（中洋村凹上路6号）	2015-05-28	绣花饰品、发夹、发制品、衣物饰品、纽扣、假发、针、人造花、衣服垫肩、修补纺织品、用垫粘合补方
姑婶土特产	刘友发（岭背新华路8号）	2015-09-28	肉干，以蔬菜为主的零售小吃、咸菜、萝卜干、笋干、冬菜、干食用菌、冬菇、木耳、豆腐制品
新天地种鸭养殖专业合作社	刘启洋（大田小村263号）	2016-01-27	养殖种鸭、鸡、淡水鱼
上行电子商务	袁伟民	2016-03-03	电子商务服务、自营及代理各类电子产品
祖地三宝	上杭县大金槐猪有限公司	2016-04-07	肉猪、肉干、肉松、鱼制食品、肉罐头、笋干、泡菜、蛋
景鸿税电子设备	蒲锐超	2016-04-21	电子产品、电子元件组
德馨堂农副产品有限公司	丁程兴	2016-05-31	农副产品、农产品、农资农器
淘实惠电子商务有限公司	蓝顺汉	2016-06-18	网上销售、实体店
蚂蚁商贸有限公司	王丽燕	2016-07-19	实体店销售、农产品
农牧发展有限公司	张权继	2016-07-21	果蔬种植及销售，羊、牛、鸡
鑫农农副产品贸易有限公司	邱福焜	2016-07-21	农副产品、水产品
白砂饼子	胡椿生	2016-07-21	白砂饼子生产销售
甲源食用菌有限公司	邱晓琴	2016-07-22	食用菌培育、加工、销售

续表

商标名称	申请人	注册时间	使用商品
房屋建筑工程有限公司	杨　娟	2016-08-08	房屋建筑工程、市政工程
公翔	张寿珍	2017-01-28	灯、水、冷饮装置、排风电扇、水加热器、管道（卫生设备部件）、自动浇水装置、卫生器械装备、浴霸、水净化装置
公翔	张寿珍	2017-02-07	混凝土、水泥瓷砖、非金属水管、大门建筑用塑料管、塑钢门窗、铝塑复合管、建筑玻璃、涂层建材
沐城	严忠平（下早富堂路5号）	2017-10-28	树木、谷类代制物、自然花、新鲜水果、蔬菜、蘑菇系列菌、饲料、养殖种鸭、鸡、淡水鱼

四、管理机构

20世纪60年代初，白砂成立市场管理委员会。1970年至1971年6月，白砂市管会由工商局统一管理。1971年6月后，白砂市管会直接受县工商局领导，所收的管理费上交县工商局。1977年，白砂市管会改为白砂工商所，为县工商局派出机构，业务、人事、财会工作由县工商局直接领导管理，行政上接受当地党政领导。

2004年，白砂工商所撤销。

表10–3　1977—2004年白砂工商所历任负责人名表

姓　名	职　务	任职时间	姓　名	职　务	任职时间
马美松	所　长	1977—1980	温焕梅	所　长	1987—1997
林洪源	所　长	1980—1983	韩　强	所　长	1997—1999
郑钧耀	所　长	1983—1985	谢树鸿	所　长	1999—2000
蓝德荣	所　长	1985—1987	邱燕峰	所　长	2000—2004

注：本表由县市场监督局提供。

第二节 税 务

一、工商税

明清时期，主要有货物税、门摊税、印花税、盐税、屋铺税、路捐等税种。

民国时期增开契税、屠宰税、烟酒营业税，改厘金为营业税，还实行使用过牌照税、房捐、筵席税及娱乐税等。

新中国成立后，废除苛捐杂税，立足生产、流通，开辟税源，税收成为积累社会主义建设资金，调节经济的重要手段。

根据政务院1950年1月公布的《全国税收实施条例》，开征14种税。白砂境内实际征收的主要有货物税、门摊税、屠宰税、利息税、印花税、牲畜税等税种。1953年，修改税制，一度把货物税部分应税品种及营业税、印花税合并试行商品流通税。1958年，简化税制，又将税种合并为3种，即工商统一税，工商所得税和盐税。20世纪70年代，增收教育附加费。1983年后，调整、健全、完善税制，强调集中统一，增开税种。至1987年，工商税有产品税、营业税、增值税、所得税和盐税5种。

1994年，实行分税制财政体制改革，建立中央税收体系和地方税收体系。税收收入按税种划分为中央税、地方税及中央和地方共享税，其中关税、消费税为中央税，增值税、所得税、资源税为共享税，其他为地方税。税务部门实行机构分设，成立国家税务局和地方税务局。前者征收的税种包括增值税、消费税、中央企业和外商投资企业所得税等中央税和中央地方共享税，后者征收的主要税种是营业税、企业税、个人税、城建税、房产税、土地使用税、车船使用（牌照）税、印花税、土地增值税、资源税、屠宰税等。其中“农业四税”（耕地占用税、契税、农业税、牧业税）由农税征管。新税制对税种进行调整，将原个人所得税、个人收入调节税、城乡个体工商户所得税合并，建立统一的个人所得税。对企业所得税实行统一的内资企业所得税制度。取消产品税，把原有产品税、增值税、营业税组成的流转税改为由增值税、消费税、资源税和营业税组成，统一适用于内资企业，取消对外资企业征收的工商统一税。对商品的生产、批发、零售和进口普遍征收增值税，并选择部分消费品交叉征收消费税，对不实行增值税的劳务交易和第三产业征收营业税。

表10–4 若干年份白砂工商税征收表

单位：元

年份	1979	1980	1981	1982	1985
工商税	92468	104942	103023	111629	99897

二、农业税

明洪武十四年（1381年），丈量田地，分官、民二等。清顺治十四年（1657年），刊颁《赋役全书》，本省钱粮则例俱照万历年间，凡天启、崇祯时加增尽行蠲免。

清代，官田分四等五则，民田分三等，杂田分七等。雍正二年（1724年）摊丁入亩，地丁粮米合并征收。

民国元年（1912年），地丁改称田赋。民国三十年（1941年）起，田赋改征实物（稻谷），全部归中央收入。此后每年征粮任务有增无减，民国三十五年（1946年）后改征代金。

苏维埃政府时期，农业税只征收主要主产（谷麦）的税，副产不征税。红军家属按照红军优待条例免税，雇农和分得田地的工人一律免税。贫农收入已达开始征收的税额，但不能维持一家人生活的，由乡苏维埃政府规定个别减税或免税。

新中国成立后，农业税（称公粮）征实物，采取计定常年产量，依率计征，一定几年，保持稳定负担，增产不增税。1956 年，改按户核算征收为集体核算征收。1958 年，执行《农业税条例》，为鼓励增产，实行增产不增税政策，并废除累进税制，改为地方差别的比例税制。1982 年后，农村实行家庭联产承包责任制，国家为减轻革命老区、边寨山村和贫困乡村负担，实行农业税起征点办法，凡每人年均口粮 100 公斤以下、收入 50 元以下的免征。

2004 年起，取消向农民征收农业税。

表 10–5　1979—1998 年白砂公社征粮情况表

单位：公斤

年份	征粮	年份	征粮	年份	征粮
1979	7930	1987	8382	1993	8003
1980	6378	1988	7843	1994	8005
1981	8682	1989	7698	1995	8096
1982	6378	1990	8035	1996	7998
1984	7241	1991	8154	1997	7903
1985	6536	1992	7998	1998	6390

三、特产税

新中国成立后，对茶叶、水果、竹木、烤烟及其他特产开征农林特产税，按固定税率 6%计征。白砂征收的特产税主要有原木特产税。2008 年，停征特产税。

四、税务管理

宋初，县以下为乡里，以里正负催赋税之责。熙宁年间（1068—1078 年）改革乡制，推行保甲制度，设甲头负责督催赋税苗役。

明代，乡制为里甲制，百十户为一里，十户为一甲。里甲之职在催征赋粮，解收田赋者为粮长。

清代，税收征收由保甲长负责。咸丰、同治年间（1851—1874 年）创设厘金。

民国初期，农村均实行当地豪绅承包的包税制。

民国十八年（1929 年）11 月，上杭县第一次工农兵代表大会关于捐税问题的决议，主要内容有所有以前军阀时代的政府衙门、民团、商团、团卡等捐税一律取消，收捐者格杀勿论。店税一律减半，其属土豪、公家之店税，归县政府征收。各圩场摊子税减半，由区政府征收。为补助残废老弱及建设地方公共事业并政府、赤卫队等费用起见，政府得向农民征收土地税。在未分田以前，土地税之征收分三等，米谷够吃者收一成，有余者收成半，有余米谷二十担以上者收二成，只有半年者收半成，不够半年者不收。土地税由乡政府征收分配，乡政府得五成，区、县政府各得二成，闽西政府得一成。

苏维埃时期，区政府设税务科，并成立区政府税收委员会，配备专职或兼职的税务干部，受同级财政和上级税务局的双重领导。区苏维埃政府及其税务机关在艰苦的岁月里，积极探索实践，积累较为丰富的税收征管经验，建立一整套适应战争环境的税收征管制度和工作方法。主要包括大力开展税收政策法令的宣传，在纳税申报、税收登记与调查、税收检查、税源监控、税收会计、税收票证等方面严格把关，保证苏区各项税收工作的顺利进行，为支援革命战争，恢复发展活跃苏区经济，打破国民党经济封锁作出重要贡献。

新中国成立后，实行“统一领导、分级管理”的体制，税法、税率、税种统一由中央政府制定并颁布施行，白砂市管会和税务所具体负责日常征收业务，除负责日常征收管理工作外，还利用各种形式税务宣传，做到家喻户晓，人人自觉照章纳税。1986 年，国务院发布《税收征收管理条例》，进一步完善税收管理制度，使税收工作管理制度化、规范化。1987 年，根据国务院“严肃税务法纪，加强税收工作”的规定，实行多种奖励和照顾，国营粮站的平价粮油、医院的医疗保健收入等免征营业税，矿山、建筑工作的资金不征奖励税，免征乡镇企业产品税等。1988 年，继续执行 1984 年国家制定的第二步利改税和工商税制改革的体制，共有 23 个税种统一由县税务局征收。1993 年，随着《中华人民共和国税收征收管理法》的颁布实施，所征税种增加到 26 个。税收征管实行纳税登记、纳税鉴定、纳税辅导，纳税检查、发票管理等一系列整顿征管办法与查管分离的征收管理制度。

1988—1994 年，每年开展税收大检查，选抓个体户、租赁承包户、私营企业发货票据等专项检查，然后全面铺开。泮境市场纳入白砂税务所管辖，每逢圩期，税务人员到泮境圩征收纳税。

1995—1999 年，税务所执行国家税务总局提出的“以明确组织收入为中心，实现工作重心向征管转移，向基层转移”的要求，建立新的征管模式，严格实行申报纳税制度，保证税款及时、足额及时、足额入库，年纳税申报率达 100%。

第三节　金　融

明清时期，境内交易媒介主要为金属货币（铜板、铜钱、毫子、银圆等），乡村资金融通主要靠民间借贷。

民国初期，金融活动逐渐扩大，始有银行纸币流通。

民国十八年（1929 年），上杭县苏区白砂信用合作社曾办理放款业务。

新中国成立后，社会主义金融事业逐步发展。1953 年 3 月设立上杭农村信用合作社，随后成立与农业银行合体的白砂信用合作社。从此金融机构逐步成为白砂境内的信贷、结算和现金出纳中心，支持、促进国民经济的恢复和发展。

1958 年，受“左”倾错误影响，金融机构盲目放款支持“大跃进”运动中办的企业，造成资金流失，不能追回。1961 年开始，严格控制依贷支出和货币投放，金融业务得以正常发展，对促进国民经济调整起到重要作用。

“文化大革命”期间，金融事业一度遭受挫折。1979 年后，金融机构深化改革、加强监督、改善服务、扩大存款宣传、优化信贷结构，扩大信贷范围，支持服务“三农”（农村、农业、农民），经济效益逐步提高。

一、机　构

1953 年 3 月，白砂成立农村信用合作社。1958 年，官将成立官将人民公社，创办官将信用合作社，一直到 20 世纪 90 年代初。

1953 年 5 月 29 日，上杭农业银行白砂营业所成立。白砂农村信用合作社隶属农业银行。2006 年 10 月 31 日，农业银行撤并上杭农行营业部。白砂农行营业所撤并时，个人储蓄存款金额 1538.26 万元，各项贷款 150.83 万元，各项存款在当时的份额居第一位，对公存款 60.06 万元。

1984 年 12 月，上杭县信用合作联社正式成立。

1986 年，创办邮政储蓄白砂营业所。1993 年，邮政、邮储分家，白砂邮储营业所挂牌独立经营。

1996 年 9 月，白砂农村信用社与农业银行正式脱离行政隶属关系，开始发挥独立的农村金融主力军作用。

2010 年 6 月，上杭县农村商业银行正式成立，白砂农信社更名农村商业银行白砂营业所。2010 年 7 月，白砂农商营业所升格为上杭县农村商业银行白砂支行。

2017 年，农商行白砂支行有员工 7 人，其中行长、行长助理（客户经理）各 1 人，兼任信贷，专职信贷员 3 人，柜员 2 人。

表 10–6　白砂金融机构历任主要负责人名表

名　称	姓　名	职　务	任职时间	附　注
农商行白砂支行（白砂信用社）	傅生然	主　任	—1993-01	
	汤恒华	主　任	1994-01—1996-12	
	林　峰	主　任	1997-01—1997-12	
	邹树辉	主　任	1998-01—1999-12	
	黄汉林	副主任	2000-01—2002-01	主持工作
	曾广平	主　任	2002-02—2003-01	
	雷茶荣	副主任	2003-02—2006-12	主持工作
	雷茶荣	主　任	2006-12—2010-06	
	傅振松	支行长	2010-07—2011-09	
	雷茶荣	支行长	2011-10—2017-01	
	刘远华	支行长	2017-01—	
邮储白砂营业所	傅丽红	主　任	1993—1997	
	袁金凤	主　任	1998—2000	
	丘寿金	主　任	2000—2001	
	袁金凤	主　任	2001—2011	
	袁庶榕	主　任	2012—2013-07	
	巫振勤	主　任	2013-08—2014-03	
	袁金凤	主　任	2014-04—2016-04	
	丘德兴	主　任	2016-05—	

续表

名称	姓名	职务	任职时间	附注
农行白砂营业所	丘镇潮	主任		因该机构撤销多年，主任任职具体时间难以详考
	丁长发	主任		
	丘思聪	主任		
	刘志宾	主任		
	龚荣昌	主任		
	钟德金	主任		
	廖柏松	主任		
	蓝小红	主任		
	袁国清	主任		
	游宝銮	主任		
	傅智彪	主任		

二、流通币种

（一）宋代至民国时期流通币种

1. 金属货币

宋代，使用铜钱，一枚铜钱称一文，一千文为（一串）为一贯。

元代，沿用铜钱。

明代，通用银锭和铜钱。

清代，通用银锭、铜钱。光绪十三年（1887年）后，陆续使用银圆、银角（俗称银毫、毫子）。光绪三十年（1904年）起，始用铜圆（俗称铜板、铜片）。

民国时期，混用银圆（光洋、花边）、银角、铜钱。民国二十一年（1932年）7月始，使用中华苏维埃共和国国家发行的2角银币和1分、5分铜币。红军长征后停止使用。民国二十四年（1935年）11月，国民政府实行法币政策，禁止银、铜币流通。

民国三十八年（1949年）2月，纸币急剧贬值，商民拒用，复用银圆、铜圆。

2. 纸　币

明洪武八年（1375年）后，通行大明宝钞。嘉靖元年（1522年），政府明令停止宝钞。

清咸丰年间（1851—1861年），使用清政府发行的户部官票（银票）和大清宝钞（钱票）。同治元年（1862年），票钞贬值而停用。

从民国十年（1921年）起，开始有中国银行、中央银行和中南银行等兑换券与银圆同值流通。苏维埃时期，使用闽西工农银行发行的面额1元、2角、1角的三种银票。民国二十一年（1932年）7月始，改用中华苏维埃共和国国家银行发行的5分、1角、1元的“银币券”，红军长征后停止使用。民国三十一年（1942年）4月始，使用中央银行发行的关金券，以1元折合法币20元的比价与法币并行流通。民国三十四年（1945年）11月，国民政府实行法币政策，废止银本位制，以中国银行、中央银行、交通银行3行

(后加中国农民银行)的纸币为法币。民国三十七年(1948年)8月,国民政府再次改革币制,发行金圆券,以1元折合300万元的比价收兑法币。次年1月后,金圆券急剧贬值,商民拒用。同年7月1日,国民政府又恢复银本位制,改用中央银行的银圆券,1元折合金圆券5亿元。

(二)新中国成立后流通币种

新中国成立之初,作为法定货币的人民币尚未普及,仍通用银、铜币。

1950年1月17日,福建省第八行政督察专员公署公告,禁止银铜币流通。

1951年冬,已普遍使用人民币,市场不再用银、铜币。

1955年3月1日起,使用中华人民共和国发行的主币1元、2元、3元、5元和辅币1角、2角、5角及1分、2分、5分的新人民币(第二套人民币)。

1957年12月1日始,用10元券纸币和1分、2分、5分的铝质硬分币。

1962年4月27日,流通第三套人民币。

1987年4月27日始,流通第四套人民币。与第三套比,增加50元、100元大面额人民币,面值1角、5角、1元的3种硬币。

1992年8月20日后,流通1990年版50元、100元券。

1999年10月1日后,流通第五套人民币。

2011年,流通的人民币为第四套和第五套人民币。以第五套为主,两套人民币同时等值流通。

三、金融业务

(一)民间借贷

民国期间,白砂境内民间借贷有借钱、借谷、卖青苗、凑会、典当等。主要形式一是互助性质的,有老人会、新居会等民间人牵头,多以谷子、钱票起着帮助主家渡过难关的作用。如老人会,家有老人者自愿自缴、自定金额,遇到谁家老人过世,会员自动送去会谷或会钱。二是营利性质的借钱、借谷、卖青苗、凑会等,由互通有无,低利融通发展为高利贷。贫苦农民遭到难以抗拒的天灾人祸,饥贫交加、借贷无门时,将未成熟的稻谷低于市价提前卖出,称拿谷银。借谷一般春借夏还,谷息加五成(50%),也有春借钱夏还谷(卖生谷),利息少则加三,重则加五或加倍。当年还不清者,则利上滚利。有的用家产或田地抵押,没有按时还的押品不退。

民国十八年(1929年)11月,上杭县第一次工农兵大会关于债务问题的决议:⑴工农穷人欠土豪地主之债不还,债券借约限期焚毁,违者杀。⑵利息高至二分以上之高利债务不还,不到二分者还本不还利。⑶凡属赌债勒骗的债务,一概取消。⑷工农穷人自己往来之债,仍旧要还,但十八年(指民国十八年)元旦以前老债不还账。⑸对商家交易之账要还,但十六年(民国16年)底以前旧账取消,非本身所欠之账也不还。⑹以后利息最高不得超过一分半,违者以高利贷办罪。⑺农村中银会谷会仍须维持,但欠土豪及反动派会款不还。首会会款取消。⑻商家供土豪、公尝、福会的债,归政府没收,不取利息。

新中国成立后,限制和取缔高利贷活动。初期,民间正当借贷,借贷自由,娶亲、建房等者众亲友支持一般不计利息的人情款。后来,民间借贷也以低息或按银行利息借贷双方协商而定。

20世纪80年代后,私人借贷作为银行借贷的补充,贷方一般履行承诺,按约定交息还本。

20世纪90年代后,邀凑钱会盛行,至今还未衰减。由会首(会发起人)按月收取会员会金,按月应标,标金高的中标,由会首五天内收齐会金交与中标人(若会员款未收齐应由会首追收或垫付)。

2000年以后,亦有私下借助、借贷双方协商借额、借期、利息等。其利息低则1分、2分、3分不等,高则至5分、1角。付息形式有按规定借期,到时本息一同付清,也有按月、按季、按年付息,到期年底还清。这样导致有些人因某种原因造成无法按时偿还,造成经济违约纠纷。

（二）信用社、银行金融业务

主要业务有人民币存取款、单位及个人贷款和委托收款（放款）等。2010 年改制后，白砂农商支行加强监管，改善服务，扩大存款宣传，优化信贷结构，扩大信贷范围，支持服务“三农”（农村、农民、农业），逐步提高经营效益。

2017 年，各项存款突破 3 亿大关，各项贷款突破 1 亿大关，贷款 100%用于支持服务当地“三农”。

2017 年，全力做好精准建档工作，支行工作人员进村入户为 3305 户建立了经济信用档案，受信用户 2201 户。通过手机银行签订线上农贷合同的有 326 户，足不出户通过手机银行就能自助办理线上贷款的便捷服务，有效地缓解贷款难、担保难的问题。

表 10–8　2004—2017 年上杭农商银行白砂支行存贷款情况表

单位：万元

年份	各项存款		各项贷款
	合计	其中：储蓄	
2004	1684	1526	1777
2005	2249	2047	1952
2006	3619	3268	1981
2007	5186	4688	2518
2008	4910	4423	2509
2009	7647	6886	3167
2010	8661	7942	4137
2011	10934	9422	5049
2012	13572	11902	6085
2013	16827	15312	7617
2014	18893	16981	9389
2015	22046	19935	9082
2016	26071	22160	9640
2017	30413	25558	11347

第四节 财 政

新中国成立后至1984年，白砂未建立乡级财政，乡（公社）只是上杭县财政的一个报账单位，所有收入上缴县财政，所需各项行政事业经费，根据县财政部门分配的预算指标控制使用。

1984年，为适应农村经济发展的新形势，白砂乡设立财政所。此后执行上杭县对乡（镇）财政实行的管理体制。白砂乡发挥财政筹集资金，调节经济、监督管理的职能作用，讲究生财、聚财、用财之道，培植新兴财源，财政收入得以较快增加。1990年，全乡财政总收入483万元。2000年，全镇财政总收入2951万元，比1990年增加5.1倍，平均年递增19.85％（未剔除特价上涨因素）。2017年，全镇总收入1275.03万元，比2006年的403.47万元增加2.16倍，平均年递增11.03%。财政实力的显著增强，有力地支持经济发展和社会事业进步。

一、财政体制

1985年，执行上杭县对乡（镇）财政实行的“定收定支、定额补缴，增收分成”的管理体制。1988年，执行上杭县制定和实行的新一轮乡（镇）财政管理体制，即按“划分收支，核定收支，核定基数，定额缴补，增收分成（或全留），分级包干，自求平衡”的原则。一定三年，划归白砂乡镇预算收入，有乡（镇）收入范围的农业税、特产税、工商税（烤烟生产税、个体产品税除外）；划归白砂乡的支出范围有乡本级的行政管理费，农业、畜牧水产、农机、水利事业费、文化广播、教育、卫生、计生、乡财政事业费。以前3年实际入库数为收入基数，以1988年县财政局下达的预算支出基数、收入基数大于支出基数则定为上缴，支出基数大于收入基数则定额补助。

1991年，上杭县在1988年的基础上对乡（镇）财政体制作小调整：增收分成上把乡（镇）分为全留或留成（白砂属留成类）。

1994年，国家实行分税制改革后，执行上杭县制定的“分划收支、核定基数收支挂钩、超收分成、短收扣支”的乡（镇）财政体制。白砂乡固定收入范围为扣除县以上固定收入后的工商税（增值税25%）、营业税、个人所得税、城建税、房产税、车船税、屠宰税、印花税、集体企业所得税、农业税、农业特产税（含烤烟、松脂），其他收入；支出范围有乡级行政管理费、支持农村生产支出、农村水利部门事业费、文教事业费、卫生经营支出、乡财政干部经费，其他支出。超支实行县乡分成。

1999—2001年，执行上杭县制定的“划分收支、核定基数、递增（减）缴补超支分成，自求平衡，一定三年”的乡（镇）财政预算管理体制。

2002年，执行上杭县制定的乡（镇）财政预算管理体制。该体制按前3年平均数的一定折扣核定收入基数，取消逐年递增10%的收入基数。加大乡（镇）超收分成比例，把中小学工资收归县管，加大县对乡（镇）转移支付补助力度。

2005年，执行上杭县乡（镇）财政管理体制。

2011—2013年，执行上杭县制定的“划分收支范围，核定收支基数，定额缴补，超收分成或全留，自求平衡，一定五年”的财政预算管理体制。

二、财政收入

1984年，成立白砂财政所建立乡财政预算制度，实行“划分收支定额缴补，增收分成，分级包干”办法。1996年，乡财政收入197万元。2017年，镇财政三项资金收入1275.03万元。

表 10-9 2002—2017 年白砂镇财政收入情况

单位：万元

年份	总收入			年份	总收入		
		预算内收入	预算外收入			预算内收入	预算外收入
2002	302.33	148.77	163.76	2010	465.68	838.89	563.14
2003	319.13	232.67	168.01	2011	762.33	881.21	149.66
2004	322.67	228.49	185.29	2012	1015.61	1023.96	6.10
2005	356.54	214.24	229.95	2013	1272.26	1022.81	90.55
2006	403.47	251.69	276.33	2014	1274.26	1085.15	25.27
2007	476.42	596.44	301.69	2015	1296.7	1077.84	24.34
2008	673.71	620.41	453.41	2016	1324.74	1182.57	123.13
2009	145.17	607.27	252.15	2017	1275.03	1231.71	43.32

注：本表数据由白砂镇财政所提供。

三、财政支出

白砂乡财政所成立以后，财政支出认真贯彻“取之于民，用之于民”的原则，坚持收支平衡，量力而行，重视对农业、文化、教育等公共事业的投入。

1995—1999 年，乡财政总支出 1964 万元。

1995 年，乡财政教育、水利、优抚三项资金支出结算数 318 万元，预算内支出 156 万元。

表 10-10 2002—2017 年白砂镇财政支出情况

单位：万元

年份	总支出			年份	总支出		
		预算内支出	预算外支出			预算内支出	预算外支出
2002	271.39	116.80	154.59	2010	1692.73	837.48	562.33
2003	346.21	180.30	165.41	2011	2924.77	944.64	660.79
2004	335.89	152.26	183.63	2012	3706.68	1110.48	146.43
2005	393.49	250.47	223.02	2013	4659.26	1175.08	439.69
2006	483.65	219.73	273.92	2014	5188.56	918.83	367.39
2007	952.17	673.69	301.48	2015	5111.33	1558.09	145.77
2008	962.39	509.70	452.69	2016	1440.06	1021.11	418.95
2009	660.41	637.26	250.54	2017	2558.58	1431.13	1064.80

注：本表数据由白砂镇财政所提供。

四、财政管理

1984年成立白砂乡财政所，建立乡财政预决算制度，由财政所专职财务管理。财政资金的收入预算也由乡（镇）政府根据收支范围的划分和经济发展计划编制出建议指标，由乡人大会议审议批准执行。县对乡财政收支实行“定收定支，定额缴补。增收分成，分级包干”的管理体制，把农业税、农业特产税、畜牧业交易税、车船使用税、屠宰税等下放到乡镇，调动乡政府组织收入和节约开支的积极性。

2001年，白砂镇政府为了加强对村级财务工作的领导，成立村级财务管理工作领导小组，制定《白砂镇村级财务管理暂行办法》，规范村财管理，镇财政所还深入各村进行检查指导。

2003年后，白砂镇政府加强收入征管，整顿镇财收入秩序，镇财运行步入良性循环轨道。

2005年，乡财政所加强预算内外资金的管理，强化监督。镇财政所实行零户统管制度，坚持三权（资产所有权、使用权、财务自主权）的原则，取消乡直单位银行账户。

2004年后，落实镇财政“一把手”工程，建立健全目标考核责任制，不断扩大镇财政转移支付补助范围。

2009年后，进一步扩大深化镇财政预算管理改革，推行预算内、外综合财政“一把手”工程，明确划分财政支出范围，规范津补贴，健全目标考核责任制。

表10–11　白砂镇财政所历任负责人名单

姓　名	职　务	任职时间	备　注
严玉龙	所　长	1984—1990	
赖文仙	所　长	1991—1993	
龚赠荣	所　长	1994—1995-04	
丁　林	所　长	1995-05—1999-04	
傅汉明	所　长	1999-05—2003-03	
黄寿标	所　长	2003-04—2009-05	
林正炎	所　长	2009-06—2009-10	
蓝晓东	所　长	2009-11—2011-06	
陈　伟	所　长	2011-07—2013-06	
李　霞	所　长	2013-07—2017-08	
饶龙彪	副所长	2017-08—2017-09	主持工作
兰琴凤	所　长	2017-10—	

第十一章　政党　群团

五四运动前后，随着马克思主义在闽西传播，白砂的进步人士在风雨如晦的岁月里，为光明前景奔走呐喊，将革命火种传递到白砂。民国十七年（1928年）12月前后，建立中国共产党（简称中共）白砂支部；民国十八年（1929年）6月，成立中共北二区委员会，区辖乡成立支部委员会。民国二十年（1931年），成立中共第五区委员会；民国二十一年（1932年），成立中共白砂区委员会。全区党员最多时达三四百人。在中共白砂地方组织和区、乡苏维埃政府领导下，白砂掀起土地革命高潮，农民运动蓬勃发展，建立工农革命武装，武装斗争如火如荼，支前扩红、经济文化建设取得显著成绩。

民国十九年（1930年）底，闽西苏区错误地开展所谓肃清社会民主党（简称肃社党）运动。白砂是肃社党运动的重灾区，党团组织遭到严重的破坏。民国二十三年（1934年）10月红军主力长征后，国民党重新对白砂实行白色恐怖，白砂的共产党组织再次遭到严重破坏。但是白砂苏区的党组织仍不忘初心，不怕困难，同国民党反动派展开坚决斗争，为保卫人民政权、壮大革命力量作出积极贡献，保持20年红旗不倒。

新中国成立后，白砂的共产党基层组织不断发展壮大。在中国共产党的领导下，白砂人民自力更生，艰苦奋斗，进行社会主义革命和社会主义建设，取得显著成绩。中共十一届三中全会后，党领导人民坚持以经济建设为中心，坚持四项基本原则，坚持改革开放，经济和社会事业全面发展。20世纪90年代以后，白砂乡（镇）党委抓住交通大发展的良好机遇，狠抓基础设施建设，加快农村脱贫致富奔小康进程，着力推进经济社会科学发展、跨越发展，白砂的各项建设事业日新月异。

白砂党组织重视农会、共青团、妇女会、少先队、儿童团等群团组织建设，在各个时期充分发挥群众团体的积极作用。

第一节　中国共产党地方组织

一、新中国成立前党的组织和主要活动

（一）党的组织

民国十七年（1928年）12月，白砂建立了中国共产党的第一个秘密组织。民国十八年（1929年）6月，成立中共北二区委员会，书记丘光华，胡应光为组织科科长，袁道厚为组织委员，曾根年为区委宣传员。民国二十年（1931年）初成立中共第五区（白砂）委员会，书记丘光华，后傅美龙。民国二十一年（1932年）6月成立中共白砂区委员会，书记陈元荣。民国二十五年（1936年）1月，中共白砂区委书记是陈茂辉，后傅厚通、张盛清，直至新中国成立。

民国十九年（1930年）底，闽西苏区错误地开展所谓肃清社会民主党（简称肃社党）运动。白砂是肃社党运动的重灾区，许多共产党员、区乡干部被诬为“社会民主党分子”遭到杀害，党组织遭到严重的破

坏。1955年被追认的白砂革命烈士中，就有270人是在肃社党中被错杀的，其中共产党员151人，他们中有中共杭武县委书记曾杏园，有袁光景等21位乡党支部书记。

表11-1 中共北二区、第五区、白砂区委员会书记名表

姓 名	党组织	职 务	任职时间	附 注
丘光华	中共北二区委员会	书 记	1929年	
丘光华 傅美龙	中共第五区委员会	书 记	1931年	第五区包括白砂、红桥（即将军桥）
陈元荣	中共白砂区委员会	书 记	1932-06—1934-06	
陈茂辉	中共白砂区委员会	书 记	1936年1月	后傅厚通（负责人）傅厚通后是张盛清

（二）主要活动

掀起土地革命高潮。民国十七年（1928年）12月中共白砂党组织成立后，深入发动群众，号召贫苦农民起来打土豪分田地，很快掀起了工农群众运动和土地革命热潮，成立了白砂农民协会。为了团结广大农民群众，针对农民深受苛捐杂税压榨的情况，党组织提出了参加农会可以不交苛捐杂税，与豪绅地主打官司农会给予撑腰等口号，深受农民欢迎，白砂农会不断壮大。党组织宣传发动群众，提出实行“二五”减租的口号，发动群众推翻封建土地所有制，打土豪、分田地，各地以乡为单位，以原耕地为基础，抽多补少，按人口平均分配土地。

推进苏区政权建设。民国十八年（1929年）6月7日，毛泽东、朱德率红四军攻打白砂取得大捷，当天白砂成立了中共北二区委员会，并成立白砂革命委员会。中共北二区委组织各乡村举行暴动，当天举行暴动的乡村还有岭背、樟黄、中洋、梧田、塘丰、官洋、洋乾。在党的领导下，红色政权先后建立。同年9月，北二区（白砂区）苏维埃政府成立，各乡村也相继建立苏维埃革命政权。

建立工农革命武装。民国十八年（1929）年5月，组织农民成立200多人的赤卫队，枪支有90多支。在红四军攻打白砂的战斗中，党组织带领农民赤卫队积极支前参战。在暴动中，组织赤卫队小队到各乡村进行武装支援，激发了乡村的革命热情。白砂暴动后，中共北二区委员会率领农民赤卫队展开游击活动，与入境的军阀、国民党军，境内土豪劣绅、民团进行斗争，铲除各乡村反动势力。

扩大红军，支援前线。中共北二区委积极开展“扩红”运动，中青年男女踊跃报名参军，涌现父送子、妻送郎、兄弟齐上阵、夫妻当红军的感人事迹。碧砂村当年有四个家庭兄弟当红军，丁进修、邓凤金，卢广秀、邓来金是夫妻双双当红军。白砂“扩红”走在上杭县的前列，事迹两次荣登《红色中华》。其中碧砂村妇女李银秀鼓励老公当红军，被称为“呱呱叫的模范女性”。支援前线是白砂党组织的另一重大任务。党组织发动群众积极配合红四军的白砂战斗，积极配合民国十八年（1929年）9月20日朱德率领红四军攻打“铁上杭”的战斗。红四军攻克“铁上杭”时，上隔元、大路下、圃地村、黄焦坑等村的群众，事先上山砍毛竹、扎竹排、做竹梯、绑担架，并送到上杭，为红军架桥登城做准备；白砂区许多赤卫队员深入火线，他们运送弹药、抢救伤员，配合红军打仗。据不完全统计，白砂区赤卫队员傅进忠等23人在攻城战斗中不幸牺牲。红军主力长征后，白砂大部分村庄又被国民党占领，红军游击队不得不上山开展游击战争。白砂人民出生入死支持红军游击队，不屈不挠保卫家园，他们为游击队送情报，送米、送菜、送盐和生活用品。国民党为了切断群众与游击队的联系，强制移民。但是反动派惨无人道的摧残并没有使白砂人民屈服，他们照样冒着生命危险支持红军游击队，直到新中国成立。

领导群众开展保田斗争。民国二十三年（1934年）10月红军长征后，国民党对白砂进行大肆“清剿”，地主豪绅以为时机已到，乘机反攻倒算，纷纷夺回土地，收租逼债，使广大农民无田可耕，流离失所。地主刘敏钦、刘笃生等人还为首组织复兴委员会。中共北二区委根据闽西南军政委员会“对土地问题，更应领导群众坚决反对收回土地，反对起耕”“杀死首先收回原耕、首先起耕的地主、富农及其走狗”的指示，在红军游击队武装支持下，领导群众开展保田斗争。一方面以业权搞得不清楚为名，拖延土地登记时间；另一方面，红军游击队捕杀了地主刘敏钦。民国二十五年（1936年），闽西南军政委员会副主席谭震林和杭代县军政委员会副主席蓝荣玉组织了一支游击队，到白砂袭击大田乡公所，捕杀了反攻倒算的反革命分子刘笃生、胡麟如、刘果兴、蒋伯应、胡守瑜等人。次日，又抓了劣绅胡姚卿，打击了反动派的嚣张气焰。民国三十年（1941年）冬，由国民党福建省政府在白砂设立土地管理委员会搞所谓“地政实验乡”，按户登记所耕土地，以区为单位按每人分地1.3亩，将土地在原耕的基础上，进行了一次调整。这样虽然被地主豪绅占去一部分土地，但苏维埃时期分给贫苦农民的土地，百分之八十保存下来了，保田斗争取得重大胜利。

附：新中国成立以前县以上党组织在白砂活动纪略

民国十八年（1929年）10月20日，为避开赣军金汉鼎部进攻上杭的锋芒，中共上杭县委、县苏维埃机关被迫撤离上杭城迁到白砂。同日，闽西特委机关也一起转移至白砂。22日，闽西特委、上杭县委、县苏在毛泽东的指导下确定了应敌之策：不要与敌人硬打，但要尽量发动群众并领导群众及各地赤卫队作扰敌的工作。采用游击战术，分散敌人然后袭击之。同年12月，中共上杭县委在白砂召开扩大会议，通过决议案，要求审查党员。新党员应举行入党式的训练，实行工作合理化、军事化、纪律化来健全党的组织，充实党的领导力量，并提拔工农干部到领导机关，加强党的基础。建立支部生活，严密党的组织。注意青年工作，建立党团关系。

民国十九年（1930年）11月15日至16日，中共上杭县委在白砂召开县委扩大会议，做出了《巩固苏维埃》《职工运动问题》《土地问题》等决议案。

民国二十年（1931年）底，撤销杭武县，重建上杭县委和县苏维埃政府，以白砂为中心，指挥全县的革命斗争。

民国二十一年（1932年）2月23日，红十二军攻克上杭城，上杭县委、县苏机关从白砂迁入上杭城。月底因红十二军东征，广东军阀黄任寰和武平民团钟绍葵部乘机入侵上杭城，县委、县苏机关又撤回白砂。同年4月，红十二军离开上杭，广东军阀黄任寰部和钟绍葵部乘机占据上杭。上杭县委、县苏机关迁回白砂，设在白砂科子里。

民国三十六年（1947年）4月，原杭岩工作团改称上杭工作团，在白砂、溪口一带恢复发展党组织和武工队。

民国三十八年（1949年）3月，中共上杭县委重建，县委机关设在白砂禾仓角，后迁至阁坑。6月，中共上杭县委在阁坑决定，派出9个工作团，分别到各区乡。

二、中共白砂镇（区、乡）委员会

（一）党员和党的组织

1. 党　员

新中国成立后，白砂属上杭第六区。中共第六区委员会加强党的组织建设，带领白砂人民医治战争创伤，重建家园，发展经济。在抗美援朝及“三反”“五反”“土改补课”等运动中，考验、吸收一批积极分子，特别是贫下中农中的积极分子入党。1957年，全区有103名党员。

1958年，白砂乡党委有正式党员108人，预备党员11人，其中女党员13人。1959年在册党员180

人，1960 年已有 597 名党员。

“文化大革命”期间，广大党员被迫停止组织生活，各级党组织陷于瘫痪状态。1970 年，重建白砂公社党委。1971 年，中共“九大”召开，按照“九大”党章要求和毛泽东“五十字建党方针”（党组织应是无产阶级先进分子所组成，应能领导无产阶级和革命群众对于阶级敌人进行战斗的朝气蓬勃的先锋队组织）、“吐故纳新”的指示，白砂公社开展整顿党的组织，主题是“以阶级斗争为纲”，形式是开门整党，着重对“四清”（清政治、清经济、清组织、清思想）运动中发展的党员进行教育。

1976 年后，公社党委对“文化大革命”期间发展的党员进行思想教育，还吸收一批积极分子入党。1979—1984 年，发展党员 60 人，至 1984 年有党员 785 人。

1985 年，党员总数 795 人。1986 年，党员总数 803 人（女党员 117 人）。1988 年，党员总数 823 人。1990 年，党员总数 816 人。

1992—1993 年，贯彻执行《中国共产党发展党员工作细则（试行）条例》，制订党员发展工作计划，重点抓好边远山区、多年不发展党员、党员党龄结构不合理的支部党员发展工作。1995 年 7 月，贯彻《龙岩地区 1995—2000 年培养选拔女干部和发展女党员工作规划》，进一步在妇女中发展党员，至 1996 年党员总数达到 856 人（女党员 102 人）。1998 年，贯彻龙岩市委组织部《关于坚持标准，保证质量，进一步做好发展党员工作的通知》，强调必须按照党章规定的标准吸收新党员，要求每个党支部每年发展 1 名以上新党员，当年的党员总数 905 人。2000 年，进一步严格入党手续，实行发展党员预审制度。2001 年后，镇党委及各基层党支部，坚持党员标准，本着“成熟一个发展一个”的原则，着重在文教科技界和有开拓精神的经济能人中发展一批积极分子入党。2003 年，全镇党员 928 人，其中女党员 116 人，大专文凭以上有 30 人，中专以上（含高中）有 69 人。2006 年，全镇有正式党员 992 人，其中女党员 148 人。2010 年，全镇共有党员 1076 人（女党员 178 人）。

2017 年，全镇有党员 1038 人，其中女党员 196 人。

2. 区、公社、乡、镇党组织

新中国成立初，中共（上杭县）第六区委员会下设乡（村）党支部。

1958 年 3 月，撤区并乡，白砂乡设基层党委，官将乡设党总支委员会。同年 9 月，调整区乡体制，将白砂乡、官将乡合并成立白砂乡，设中共白砂乡委员会。1958 年 10 月，建立政社合一体制，白砂乡改称国庆公社。党的组织机构改设中共国庆公社基层委员会。1960 年 3 月，调整公社体制，蛟洋公社华家片的 10 个村划归白砂公社管辖。国庆公社恢复为白砂公社，党的组织机构改称中共白砂公社基层委员会。

1961 年 6 月，根据《人民公社工作条例》（简称六十条）精神，调整公社体制，白砂设立中共白砂工作委员会（简称中共白砂工委），作为上杭县委的派出机关，下辖白砂公社、华佳公社、官将公社党委。1965 年 4 月，撤销“工委”，白砂公社、官将公社合并为白砂公社，成立中共白砂公社委员会，华佳公社并入蛟洋公社。1966 年 6 月始,因开展“文化大革命”，各级党组织受到极大的冲击，公社党委处于瘫痪状态。

1968 年 6 月 30 日，成立“三结合”的白砂公社革命委员会，实行“一元化”领导，由革命委员会取代了党委。1970 年 4 月，重建白砂公社党委。

1984 年 9 月，撤社建乡。10 月 12—13 日召开第四次党代会，建立中共白砂乡党委。

1987 年 11 月各乡镇召开党代会，选举产生新的乡（镇）党委和乡（镇）纪律检查委员会。此后至 1993 年 9 月，乡级党组织均称白砂乡党委。

1993 年 9 月，白砂正式撤乡设镇。中共上杭县白砂乡委员会更名为中共上杭县白砂镇委员会。

3. 村级、乡直单位党组织

1949 年 10 月，中共第六区（白砂）委员会下设乡（村）党支部。

1953 年 12 月，设 8 个乡（村）党支部。

1958 年设 11 个党支部：中洋、塘丰、梧田、朋城、大金、大田、岭背、樟黄、上源、企业、机关。

1965 年 4 月，白砂公社党委辖 24 个大队（中洋、梧岗、梧田、大田、大金、扶福、朋城、樟坑、黄坑、新田、岭背、大科、长锦、上源、军桥、官塘、鄞坑、官洋、茜黄、洋乾、嫩洋、上康、早康）26 个党支部（包括社直支部和工贸支部）。

1969 年，上康、早康两个大队合并为早康大队，樟坑、黄坑两个大队合并为樟黄大队，朋城、新田两个大队合并为朋新大队，全社有 20 个大队 22 个党支部（包括社直支部和工贸支部）。

1970 年，白砂公社党委辖 22 个党支部。1972 年，有 25 个党支部，其中农村党支部 20 个。1973 年，全社共 27 个党支部，党员 581 人（其中农民党员 495 人）。1975 年，全社设 29 个党支部，其中农村党支部 22 个。1980 年，全社设 35 个党支部，其中农村党支部 22 个。1983 年，全社设 36 个党支部，其中农村党支部 22 个。

1993 年 9 月，中共上杭县白砂镇委员会有 35 个支部。

2010 年有 29 个支部，2013 年有 35 个支部。

2017 年，全镇有 27 个支部 1038 名党员。

表 11-2　若干年份白砂（区、社、乡）党的基层组织和党员情况表

年份	党支部（个）	党总支（个）	党员（人）
1953	8		108（女 13）
1958	11	1	119（女 13）
1960	17		205
1961	23		175
1969	22		551
1970	22		546（女 106）
1972	25		568
1975	29		651（女 117）
1979	29		713（女 121）
1980	35		766（女 120）
1983	36		788（女 120）
1985	36		795（女 121）
2010	29		1076（女 178）
2013	31		1129（女 203）
2017	27		1038（女 196）

表 11-3 中共白砂镇（区、乡、社）委员会历任书记、副书记名表

名　称	职　务	姓　名	任职时间	附　　注
第六区（白砂区）	书　记	陈学荣	1952-07—1953-09	陈学荣 1952 年 7 月至 12 月为代理书记
		陈炳江	1953-09—1954-10	
		温义昌	1955-04—1955-08	
		丁玉泉	1955-12—1956-04	
	副书记	杨　培	1954-12—1955-02	
		周炳文	1954-07—	
		林开钦	1954-12—	
	副书记	丁玉泉	1955-09—1955-12	
	第二副书记	林天荫	1955-10—1956-04	
白砂区委	书　记	丁玉泉	1956-04—1958-05	
	第一书记	周理楼	1957-03—	
	副书记	林天荫	1956-04—1956-08	
	副书记	丘乃荣	1956-06—1957-10	
白砂乡基层党委	书　记	丁玉泉	1958-04—1958-09	1958 年 3 月撤区并乡，区建制全部撤销，设党的基层委员会
官将乡党总支	书　记	张秉英	1958-04—1958-09	
白砂乡党委	书　记	丁玉泉	1958-09—1959-04	1958 年 9 月，调整区乡体制，全县将小乡撤并为 14 个大乡，党的组织机构改设中共白砂乡委员会
	第二书记	张清盛	1958-09—1959-04	
	第三书记	龚荣昌	1958-09—1959-04	
	副书记	张秉有	1958-09—1959-04	
		袁勤章	1958-09—1959-04	
白砂公社党委（国庆公社）	第一书记	林攀阶	1959-04—1959-10	1958 年 10 月，建立政社合一体制，全县设 15 个人民公社
	书　记	龚荣昌	1959-04—1959-10	
		张秉有	1959-04—1959-10	
白砂公社党委	第一书记	林攀阶	1959-10—1960-03	1959 年 10 月，公社成立管理委员会，党委领导人重新任命
	书　记	雷应炉	1959-10—1960-03	
	副书记	张秉有	1959-10—1960-03	
白砂公社党委	第一书记	李寿才	1960-03—1961-01	1960 年 3 月调整公社体制，全县设 12 个公社，3 月 1 日重新任命各公社党委书记、副书记
		赖福传	1960-03—1961-01	
		徐步高	1960-03—1961-01	
		余　光	1960-03—1961-01	
	书　记	赖福传	1960-03—1961-01	

续表

名　称	职　务	姓　名	任职时间	附　注
白砂公社党委	书　记	林攀阶	1960-03—1961-01	
白砂公社党委	书　记	龚荣昌	1960-03—1961-01	
白砂公社党委	副书记	丘乾元	1960-03—1961-01	
白砂公社党委	副书记	张秉有	1960-03—1961-01	
白砂公社党委	第一书记	余　光	1961-01—1961-06	1961 年 1 月，重新调任各公社党委领导人
白砂公社党委	第一书记	赖福传	1961-01—1961-06	
白砂公社党委	书　记	雷应炉	1961-01—1961-06	
白砂公社党委	书　记	龚荣昌	1961-01—1961-06	
白砂公社党委	书　记	丁玉泉	1961-01—1961-06	
白砂公社党委	书　记	刘广福	1961-01—1961-06	
白砂公社党委	副书记	丘乾元	1961-01—1961-06	
白砂公社党委	副书记	傅占荣	1961-01—1961-06	
中共白砂工作委员会	书　记	余　光	1961-06—1965-04	1961 年 6 月，根据《人民公社工作条例》（六十条）的精神，调整体制，原 12 个大公社划为 46 个小公社，并组建管理委员会，党组织设党委会。8 月设“工委”
白砂公社党委	书　记	丁玉泉	1961-06—1965-04	
白砂公社党委	副书记	郑德昌	1961-12—1965-04	
官将公社党委	书　记	龚荣昌	1961-06—1964-10	
官将公社党委	副书记	雷应炉	1961-06—1961-12	
官将公社党委	副书记	李养奎	1961-06—1965-04	
白砂公社党委	书　记	丁玉泉	1965-04—1968-10	1965 年 4 月撤销工委，调整公社体制，全县设 20 个公社
白砂公社党委	副书记	李养奎	1965-04—1967-06	
白砂公社党委	副书记	胡景光	1965-04—1968-10	
白砂公社党委	副书记	蓝其彬	1967-06—1968-10	
白砂公社党委	书　记	丁玉泉	1970-04—1972-11	“文化大革命”期间，党委曾一度瘫痪，1970 年 4 月重建白砂公社党委
白砂公社党委	书　记	林东干	1972-11—1977-04	
白砂公社党委	书　记	陈发珍	1977-10—1984-09	
白砂公社党委	副书记	胡景光	1970-04—1971-10	
白砂公社党委	副书记	张寿恒	1971-02—1975-11	
白砂公社党委	副书记	林东文	1972-03—1978-06	
白砂公社党委	副书记	刘东生	1975-09—	
白砂公社党委	副书记	杜冬如	1975-09—1979-07	
白砂公社党委	副书记	邱钦洪	—1984-09	
白砂公社党委	副书记	林绍美	1979-08—1981-06	

续表

名　称	职　务	姓　名	任职时间	附　注
白砂公社党委	副书记	张声能	1980-05—1985-06	
白砂公社党委	副书记	赖发昌	1980-05—1985-06	
白砂乡党委（1984年9月，各公社党委统一改称为乡党委）	书　记	杜冬如	1984-09—1986-01	
白砂乡党委（1984年9月，各公社党委统一改称为乡党委）	书　记	唐鉴荣	1986-01—1987-12	
白砂乡党委（1984年9月，各公社党委统一改称为乡党委）	副书记	梁伦进	1984-09—1986-01	
白砂乡党委（1984年9月，各公社党委统一改称为乡党委）	副书记	邱能书	1985-09—1987-08	
白砂乡党委（1984年9月，各公社党委统一改称为乡党委）	副书记	黄德汉	1986-01—1987-12	
白砂乡党委（1984年9月，各公社党委统一改称为乡党委）	副书记	袁天生	1986-05—1987-05	县扶贫工作队
白砂乡党委（1984年9月，各公社党委统一改称为乡党委）	副书记	赖树人	1986-06—1987-05	县扶贫工作队
白砂乡党委（1984年9月，各公社党委统一改称为乡党委）	副书记	陈发珍	1987-03—1987-08	县扶贫工作队
白砂乡党委（1984年9月，各公社党委统一改称为乡党委）	副书记	袁绍增	1987-07—1987-12	
白砂乡党委（1984年9月，各公社党委统一改称为乡党委）	副书记	胡堂琪	1987-08—1988-01	协助乡政府工作
白砂乡党委	书　记	唐鉴荣	1987-12—1988-01	1987年11月下旬，召开党代会，选举产生新的乡党委和纪检委（黄德汉兼任纪检书记）
白砂乡党委	副书记	黄德汉	1987-12—1988-01	1987年11月下旬，召开党代会，选举产生新的乡党委和纪检委（黄德汉兼任纪检书记）
白砂乡党委	副书记	袁绍增	1987-12—1988-01	1987年11月下旬，召开党代会，选举产生新的乡党委和纪检委（黄德汉兼任纪检书记）
白砂乡党委	书　记	唐鉴荣	1988-01—1988-02	
白砂乡党委	书　记	高永雄	1988-02—1990-07	
白砂乡党委	书　记	廖德槐	1990-07—1993-10	
白砂乡党委	副书记	黄德汉	1988-01—1988-03	
白砂乡党委	副书记	袁绍增	1988-01—1994-09	
白砂乡党委	副书记	丘岳文	1988-04—1990-08	
白砂乡党委	副书记	胡堂琪	1988-01—1991-03	
白砂乡党委	副书记	江树高	1990-08—1992-06	
白砂乡党委	副书记	李建生	1991-11—1993-12	
白砂乡党委	副书记	袁兆泉	1992-06—1993-12	
白砂乡党委	副书记	伍家禄	1992-06—1993-06	
白砂乡党委	副书记	傅宗源	1993-08—1993-12	
白砂乡党委	副书记	华伦龙	1993-08—1993-12	
白砂镇党委（1993年9月撤乡建镇）	书　记	刘　标	1993-10—1999-03	
白砂镇党委（1993年9月撤乡建镇）	书　记	蓝善祥	1999-03—2003-11	
白砂镇党委（1993年9月撤乡建镇）	书　记	张毓章	2003-11—2006-05	
白砂镇党委（1993年9月撤乡建镇）	书　记	罗小洪	2006-05—2011-05	
白砂镇党委（1993年9月撤乡建镇）	书　记	李德强	2011-05—2012-04	
白砂镇党委（1993年9月撤乡建镇）	书　记	丘禄炎	2012-04—2013-05	

续表

名 称	职 务	姓 名	任职时间	附 注
白砂镇党委（1993年9月撤乡建镇）	书 记	刘 勇	2013-05—2016-05	
		黄泰林	2016-05—2017-10	
		曹永忻	2017-10—	
	副书记	华伦龙	1993-12—1996-04	
		傅宗源	1993-12—1996-04	
		陈维昌	1994-09—1996-05	
		林金庭	1993-12—1996-04	
		胡 冲	1996-04—1999-03	
		袁耀天	1996-05—1999-07	
		傅建勇	1996-05—1999-03	
		邹良辉	1996-05—1999-07	
		张永镜	1998-01—1999-07	
		华彩文	1999-03—2002-06	
		张桂生	1999-07—2002-08	
		林树椿	1999-07—2002-07	
		赖永生	1999-07—2002-06	
		蓝丁贤	1999年7月任，12月撤	
		陈晓明	2002-06—2007-12	
		黄文金	2002-08—2005-11	
		华伦钟	2002-08—2011-05	
		刘荣生	2002-08—2005-08	
		刘桃英	2002-08—2006-12	
		梁福庶	2006-05—2009-01	
		谢荣康	2006-12—2011-05	
		李德强	2007-12—2011-05	
		马浩泉	2009-01—2011-05	
		刘 勇	2011-05—2013-05	
		赖建亮	2011-05—2016-05	
		蓝丽英	2011-05—2013-10	
		黄泰林	2013-05—2016-05	
		华 娟	2013-10—2016-05	
		郭丽蓉	2016-05—	
		邓建康	2016-05—	

注：本表1987年前任职人员据《中国共产党福建省上杭县组织史》资料整理，1988年后任职人员据历年《上杭县年鉴》资料整理。

（二）党的代表大会

1959年7月20日，中共白砂公社召开第一次党员代表大会。1963年7月6日召开第二次党员代表大会。

1966年5月26日至30日，中共白砂公社召开第三届党员代表大会（简称党代会）。有党员代表60名，其中正式代表39名，列席代表21名。会议选出出席县党代会代表19名。

1984年10月15日至16日，召开白砂乡第四届党代会，应到会代表80名（其中女代表12名），实到会代表79名。杜冬如做《同心同德，振兴白砂—为巩固和发展我乡社会主义建设新局面而努力奋斗》的工作报告。会议选举乡党委书记1名，副书记2名；纪委书记1名，委员4名。选举出席上杭县第五次党代会代表22名。

白砂乡第五届党代会 （唐鉴荣 供稿）

1987年11月24日至25日，召开白砂乡第五届党代会，到会代表126名（其中女代表25名）。唐鉴荣做《抓住一个中心，坚持两个基本点—为加快我乡改革步伐而奋斗》的工作报告。会议选举乡党委书记1名，副书记2名（纪律检查委员会书记由一位副书记兼任）。选举出席上杭县第六次党代会代表16名。

1990年11月15日至16日，召开白砂乡第六届党代会，到会代表121名（其中女代表25名）。廖德槐做《坚持党的基本路线，迈出白砂经济建设新步伐》的工作报告，会议选举乡党委书记1名，副书记2名，纪委书记1名。选举出席上杭县第七届党代会代表12名。

1993年11月18日至19日，召开白砂镇第七届党代会，到会代表129名。刘标做《总结经验，同心同德—加快我镇改革开放和经济发展步伐》的工作报告。会议选举镇党委书记1名，副书记3名，委员6名；纪委书记1名，委员4名。

1996年10月15日，召开中共白砂镇第八届党代会，到会代表122名，（女代表17名）。刘标做《奋发进取，开创党建工作新局面；铁心拼搏，加快小康建设新进程和经济发展步伐》的工作报告。会议选举镇党委书记1名，副书记2名，综治副书记1名，计生副书记1名，委员8名；纪委书记1名、副书记1名，委员5名。

1999年10月8日，召开中共白砂镇第九届党代会，到会代表121名（女代表19名）。蓝善祥做《团结奋进，锐意开拓—为把白砂全面推向二十一世纪而努力奋斗》的工作报告。会议选举镇党委书记1名，副书记3名，综治副书记1名，计生副书记1名，委员10名。选举纪委书记1名，委员6名。

2003年11月2日，召开中共白砂镇第十届党代会，到会代表121名（女代表19名），张毓章作党委工作报告。会议选举镇党委书记1名，副书记5名，综治副书记1名，计生副书记1名，委员10名；纪委书记1名，委员5名。选举出席县党代会代表12名（女代表2名）。

2006年6月16日，召开中共白砂镇第十一届党代会，到会代表125名（女代表23名），罗小洪做党委工作报告。会议选举镇党委书记1名，副书记3名，综治副书记1名，计生副书记1名，委员10名；纪委书记1名、委员6名。

2011年6月3日，召开中共白砂镇第十二届党代会，到会代表125名（其中女代表26名）。李德强做

《坚持科学发展，坚持民主为先—为建设和谐魅力新白砂而努力奋斗》的工作报告。会议选举镇党委书记1名，副书记3名，综治副书记1名，计生副书记1名，委员10名；纪委书记1名、副书记2名，委员6名。

2016年5月27日，召开中共白砂镇第十三届党代会，应到代表125名（女代表29名）实到122人。黄泰林做《传承红色基因，聚力改革创新——为建设生态和谐富美新白砂而努力奋斗》的工作报告。会议选举镇党委书记1名，副书记2名，纪检书记1名，党委委员7名，纪检委员5名。选举出席县十三届党代会代表11名（女代表3名）。

（三）党委主要活动纪略

1. 经济恢复和社会主义改造时期

新中国成立后,百废待兴，反革命势力、土匪恶霸蠢蠢欲动。为了巩固新生的人民政权，稳定社会秩序，第五区委（白砂）发动群众开展剿匪反霸、镇压反革命运动，肃清社会上的反动势力。同时领导人民发展生产，恢复经济，各乡村农民按“自愿结合，等价互利”的原则，建立农业生产互助合作社。1950年7月，开展抗美援朝宣传发动工作，激发群众的爱国主义和国际主义热情。1952年7月，第六区委（白砂）在全区党员、干部中开展“三反”（反贪污、反浪费、反官僚主义）、“五反”（反行贿、反偷税漏税、反盗骗国家资财、反偷工减料、反盗窃国家经济情报）运动。1953年，区党委贯彻党的过渡时期总路线，农业生产从互助组向合作化发展，对个体手工业和资本主义工商业进行社会主义改造。1954年冬，互助组逐步转为初级社。

1955年冬至1956年春，中共白砂区委执行上级处理土改遗留问题的指示，在保留土地革命果实的白砂进行民主革命补课，重新划分阶级成分，错划一些地主、富农，造成不少冤假错案。1981年，党委、政府给予纠正，落实政策，更改成分。

1956年秋，按县委要求，引导初级社并社，向高级农业生产合作社（简称高级社）过渡。同年冬，参加初级社、高级社的农户达90%以上。同时，引导手工业者走集体化道路，按不同行业组织生产合作社。至1956年，完成对生产资料私有制的社会主义改造，基本实现农业生产合作化。

2. 开始全面建设社会主义时期

1957年3月，成立杭郭公路指挥组，配合杭郭公路工程指挥部对该公路途经白砂的8个行政村的线路进行规划和勘测。5月，白砂区委根据上杭县委贯彻中央《关于整风运动的指示》精神，动员广大群众帮助党内开展反对官僚主义、宗派主义和主观主义的整风运动。7月，整风运动转入反右派斗争，许多人被错划为右派分子，列入地、富、反、坏、右“五类分子”，实行无产阶级专政，长期蒙受冤屈，直至1980年才予以平反改正。（1983年3月，乡党委、政府贯彻执行中央、省、地、县《关于地富反坏四类分子问题的决定》文件精神，决定给予地、富、反、坏、右“五类分子”全部摘帽，重新评定家庭成分）年底，农业合作化基本完成，加入高级农业生产合作社农户占农户总数的98%以上，耕地从私有制转变为社会主义集体所有制，基本上实现对农业的社会主义改造。

1958年，白砂乡党委开展反“三风”（官僚主义、宗派主义、主观主义）、“六气”（官气、暮气、阔气、骄气、娇气、邪气）的政治运动，贯彻执行鼓足干劲、力争上游、多快好省地建设社会主义的总路线。公社党委违背客观经济规律，急于求成，各项事业追求高速度，搞卫星田、移苗并丘，出现高指标、高征购、瞎指挥、浮夸风和共产风。开展“大炼钢铁”，连中学师生也停课，负责建高炉，烧高炉，上山挑铁矿石。终因技术和原料等问题，许多小高炉流不出铁水而报废。到1960年，钢铁厂、冶炼厂关门停办。由于“左”的错误影响，粮食生产连续3年歉收，进入三年困难时期。10月，筹备设立国营上杭县白砂林场。筹备设立白砂学区，负责管理白砂的小学、幼儿教育。为了解决群众医疗问题，在中洋天主教堂创办白砂保健院。

1960年，开展“三反”（反贪污、反浪费、反多占）和整风（整肃官僚主义、强迫命令、违法乱纪之风）运动。

1961—1962 年，白砂公社、官将公社党委贯彻执行“调整、巩固、充实、提高”的国民经济方针，检查“大跃进”工作中的失误和教训，贯彻落实县四级干部会议精神，开展以肃清“五风”（共产风、浮夸风、强迫命令风、生产瞎指挥风和干部特殊化风）为主要内容的整风整社运动。贯彻《人民公社工作条例》（六十条），重申三级所有，队为基础，调整人民公社体制，纠正“一平二调”（平均主义的供给制、食堂制，对生产队劳力、财物无偿调拨）错误，实行退赔兑现，按政策规定分给社员自留地，允许社员经营家庭副业，推行“三包一奖”（包工、包产、包投资，超产奖）“四固定”（土地、劳力、农具、牲畜固定）的责任制，迅速调动农民的生产积极性。

1962 年 7—12 月，对 1958 年以来受批判、斗争、处分的 104 名党员干部进行甄别，平反 76 人。

1963 年 7 月，举办第一期为期三天的党员训练班。同年，公社党委召开“三级干部”会议，进一步学习贯彻《人民公社工作条例》。贯彻中共中央《关于目前农村工作中若干问题的决定（草案）》（即前十条）和《关于农村社会主义教育运动中一些具体政策的规定（草案）》（即后十条）。

1964—1965 年，公社党委组织干部群众学习毛泽东著作，开展工业学大庆、农业学大寨、学雷锋、学焦裕禄等活动，使干部、群众焕发出建设社会主义的精神力量，推动工农业生产的发展。各行各业都以全心全意为人民服务为宗旨，不断改善服务态度，学雷锋做好事，公而忘私、助人为乐在社会上蔚然成风。1964 年 4 月，县社会主义教育运动（简称社教）工作队进驻白砂，开展面上社教试点工作。1965 年，全公社铺开点上社教，进一步开展“四清”（清政治、清经济、清组织、清思想）运动。至 1966 年 6 月，因“文化大革命”开始而结束。1964 年，筹备创办白砂农业中学。

3. “文化大革命”时期

1966 年 5 月 21 日，上杭县召开各公社负责人会议传达中共中央《五·一六通知》，部署开展“文化大革命”，全社掀起批判“三家村”“四家店”的运动。7 月，白砂中学、各大队、企事业单位相继成立红卫兵、赤卫队、战斗队等“造反派”组织，揪斗所谓“黑帮”“牛鬼蛇神”。公社、大队的党组织处于瘫痪状态。8 月 14 日，县委“万人集会”宣传贯彻中共中央《关于无产阶级“文化大革命”的决定》，全社迅速开展“破四旧”（即所谓旧思想、旧文化、旧风俗、旧习惯）和“立四新”（即新思想、新文化、新风俗、新习惯）活动。随后，许多古建筑（宗祠、庙宇、亭阁）被毁，许多古书、字画、谱牒等珍贵文物被焚烧或盗窃。许多大队被改为具有革命意义的红色新名，如中洋大队改为红中大队，梧田大队改为红田大队，官洋大队改为东风大队，洋乾大队改为红权大队等。

1967 年 6 月，公社党委陷于瘫痪，文革联合司令部掌权。红卫兵和各种组织由于观点不同和利益的争夺，分成“红”“新”两大派，展开激烈的派性斗争。出现夺枪、武斗等行为，经常发生派性武斗伤亡事件。农业生产遭到严重破坏，社会秩序动荡不安。

1968 年 6 月 30 日，白砂公社成立革命委员会。随后，各大队成立革命领导小组，派性斗争更趋激烈。同年，开展“清理阶级队伍，整顿党的组织”的运动。同年，贯彻毛泽东主席“深挖洞、广积粮、不称霸”的指示，开展“备战备荒为人民”运动。

1970 年 9 月，筹备成立白砂公社建筑队。在朋新下洋土楼里新建一座白砂医院。

1973 年，落实农村经济政策。1974 年，公社党委根据上级部署开展“批林批孔、反击右倾翻案风”运动。

1974 年，为了解决白砂的用电照明问题，规划建设塘丰电站。

1976 年 9 月 9 日，毛泽东主席逝世，公社党委设灵堂举行吊唁仪式，数千名干部群众参加吊唁、追悼活动。“文化大革命”期间，虽然时局较乱，但白砂的广大群众仍然坚持生产第一线，致力于发展生产。

4. 社会主义现代化建设时期

1976 年 10 月，“文化大革命”结束，白砂和全国各地一样进入新的历史发展时期。

1977年，为了解决偏僻山区的交通问题，成立旧白公路（旧县至白砂）指挥部，开始筹建旧白公路白砂至旱康段。

1978年冬，中共中央召开十一届三中全会，公社党委根据中央部署从思想、政治、经济、文化等方面进行拨乱反正，在狠抓平反冤假错案的同时，把工作重点转移到以经济建设为中心的社会主义现代化建设上来。是年，为了解决官将片的用电照明问题，筹备建设洋乾上村的洋乾电站。

1980年，开展一批（狠批林彪、江青反革命集团）二打（打击阶级敌人的破坏活动，打击资本主义的猖狂进攻）三整顿（整顿党的组织、整顿领导班子、整顿劳动管理和财务管理）运动。是年，为48名在“文化大革命”中处理过重人员进行复查平反，其中平反20人，为14名起义人员落实政策。

1981年，为133名在反右中受批判、处分人员平反，为9名起义人员落实政策。同年，公社党委贯彻落实《中共中央〈关于进一步加强完善农业生产责任制的几个问题〉的通知》，全面推行以家庭联产承包为主要形式的农业生产责任制，极大地调动农民的生产积极性，促进农业生产的发展。1983年，全社粮食亩产327.5公斤，比1980年亩增70公斤。

1984年撤社设乡，白砂公社党委改称白砂乡党委。是年，乡党委成立党校，分期分批轮训党员，注意培养和吸收知识分子和中青年积极分子入党，使党员结构有较大变化，党组织增加了新鲜血液。认真落实党的干部政策、起义人员政策、侨眷和台属的政策，为64名在“肃反”中被错杀的共产党员恢复党籍。

1985年始，乡党委贯彻执行福建省龙岩地区、上杭县关于扶贫工作的一系列决策和部署，把脱贫致富工作作为一项中心任务摆上议事日程，设立扶贫领导小组及其办事机构，制订扶贫规划，提出争取实现福建省委“三年脱贫，五年摘帽，八年做贡献”的目标。制订第七个五年计划（1986—1990年）。制订教育事业发展规划，普及九年义务教育。是年，决定扩大市场。

1986年，根据中共中央《关于整党的决定》和县委《关于村级整党工作部署的通知》，乡党委成立整党办公室，指导全乡各支部开展整党工作，继续清除“左”的错误思想影响，解决党内思想、作风、组织不纯问题。根据县委部署，在全乡各支部开展民主评议党员活动，加强基层组织建设，为经济社会又好又快发展提供坚强保证。1986—1988年，乡党委继续把脱贫致富工作作为一项中心任务，层层抓落实，实行资金、项目、效益“三挂钩”。省、地、县扶贫工作队积极宣传贯彻党在农村的各项方针、政策，指导和协助开展扶贫工作。

1991—1993年，组织制订“八五”（1991—1995年）计划和“国民经济提前翻两番，争取全乡达小康”的奋斗目标、实施方案，修订国民经济和社会发展的十年规划，提出“狠抓基础设施建设，促进农村经济转型”的发展思路。其间，根据白砂经济社会发展实际，向上杭县人民政府呈报《关于要求将白砂乡改为镇建制的请示》。1993年6月2日，福建省民政厅发出《关于撤销上杭县白砂乡设立白砂镇的批复》，同意撤销白砂乡建置，设立白砂镇。9月15日，白砂举行撤乡设镇庆典活动。1993年，镇党委抓住省道308线改造的机遇，在朋新村境内设立经济开发区。

1994—1996年，贯彻落实《龙岩地区扶贫攻坚规划》和县委“以扶贫攻坚奔小康统揽农村工作全局”的思路，加快农村贫困户脱贫致富奔小康步伐，改传统的分散救济式扶贫为开发式扶贫。实施科教兴农和科教兴镇战略。镇党委把实现行政村村村通公路列为为民办实事项目，开始实施行政村通路工程，开通程控电话，开设闭路电视。

1997年秋，白砂顺利通过省“两基”（基本普及九年义务教育、基本扫除青壮年文盲）评估验收。年底，实现行政村村村通公路目标。

1997年年底，经龙岩市复查验收，全镇有18个行政村4777户达小康水平，分别占行政村总数和农户总数的81.18%、83.4%，小康指标综合分值为97.6分，确认基本实现小康镇。

1998—2000年，镇党委根据市委、市政府实施“三大工作重点”（扩展市场，调整结构，创新体制）和“四大战略”（市场、区域、创新、项目）的发展思路，组织百名干部“下基层、进农户、搞调研、理思路”，重抓“生猪、食用菌、山麻鸭、毛竹、烤烟、水果、蔬菜、焦芋”八大产业，在“稳面积、优结构、换品种、抓示范、促效益、上规模、建龙头”上下功夫，理清发展思路，夯实经济基础。优化投资环境，吸引外商投资办实业，促进经济和社会事业的发展。在全镇范围内开展“爱家乡、建白砂、美家园”活动。开展百名干部进农家、帮贫困活动。1999 年，开展以“三讲”（讲学习、讲政治、讲正气）为主要内容的党性党风教育活动，开展百名干部抓精神文明创建活动。2000 年，深入开展学习省劳模陈文生（白砂公路站站长）先进事迹活动，号召党员干部学习陈文生立足平凡岗位、默默无闻的实干精神，舍小家顾大家、不计个人得失的奉献精神，以身作则、带领职工奋发进取的团结精神，勤于钻研、建设文明行业的创新精神，推动两个文明建设。

2001 年，开展“三个代表”重要思想学习教育活动，广泛开展“争当好公仆、争创新业绩”活动。2002 年 3 月，为了转变党员干部工作作风，促进农村经济发展和“两个文明”建设，在全镇党员干部中开展“三联四创”（每个机关干部联系一个农户，联系一个项目，联系一个企业；创工作实绩、创生产效益、创致富带头、创宽松环境）“争当六员”（党建工作的联络员，农村政策的宣传员，实用科技的技术员，致富项目的信息员，驻村夜访的调查员，民事纠纷的调解员）活动。

2003 年开始，开展“八进农家”系列活动，以达到改进干部作风，密切党群干群关系，全面推进农村小康社会进程的目的。2004 年始，在全镇开展创建平安白砂活动。

2005—2006 年，在全镇党员中开展保持共产党员先进性教育活动。实施项目带动战略，把办好工业园区作为拉动项目战略的抓手和突破口，完善大坪岗工业园区建设，增强资源整合与生产要素的聚集效应。2006 年，开展党风廉政情况专项检查，建立健全惩治和预防腐败的责任机制、督察机制、奖惩机制、测评机制和保障机制。

2007 年，确立做大“三个区”（竹木加工园区、集镇中心区、郑坑桥工贸小区），做强“三个带”（城区延伸带、绿色产业带、工贸城镇带），实现“一亿两万”（竹木加工园区产值突破亿元，烤烟收购突破万担，集镇中心区聚集人口突破万人）的战略目标。

2007—2011 年，主抓粮、烟、猪、竹、果、茶、阔叶林生产，大金槐猪、大田山麻鸭、华宝丹黄土鸡等品牌进一步打响。积极推进白砂竹木工业园区的规划和建设。启动白砂总体规划编制工作，推进郑坑桥集镇新区建设。关注民生福祉，实施集镇人饮扩容工程等一批为民办实事项目；认真实施教育强镇战略，加快发展社会事业。白砂中学农村素质教育“四率”连续三年达标，成为受市教育局表彰的 13 所农村中学之一，中考成绩连续九年位居农村中学前茅。2008 年，白砂镇被文化部命名为中国民间文化艺术之乡；2010 年，田公元帅信俗列入第四批省级非物质文化遗产名录。成功举办首届上杭水竹洋木偶艺术节暨学术研讨会、田公堂重光十周年暨第二届木偶艺术节、早康会址毛泽东主席雕像揭幕仪式，成功主办上杭县第五届（东北）片区农民文化体育节、客家木偶文化艺术研究会成立五周年等一系列重大活动。认真落实人口计生工作目标管理责任制，2008—2009 年，连续两年计生工作年度考评名列全县一类乡镇第一名。积极开展文明乡镇、文明村、文明单位、文明学校等创建活动，社会文明程度逐步提高。2009 年，白砂镇被市委、市政府命名为龙岩市第十届（2006—2008 年度）文明乡镇，塘丰村被评为第十届市级文明村，茜黄、洋乾、大科、朋新、丰源、梧田村被评为第十届县级文明村。“五五”普法全面完成，荣获县“五五”普法先进单位称号。2010 年，镇党委、政府组织编制《白砂镇环境保护规划》，并把创建国家级、省级生态乡镇，省级、市级生态村作为重要工作内容。2010 年 6 月 15 日，白砂遭暴雨袭击，山洪暴发。因灾造成许多民房部分倒塌。灾情发生后，镇党委、政府组织紧急转移灾民，指挥群众抗灾自救，及时规划建立灾民集中安置点。2007—2011 年，综合实力跃上新台阶，社会总产值年均增长 12.8%，财政总收入年均增长 24.1%，农民人均纯收入年均增长 11.3% 。

2011 年 6 月 3 日，召开中共白砂镇第十二届党代会，提出生态立镇、农业主镇、文化活镇、工业兴镇的发展战略和努力构建生态、和谐、魅力新白砂的总体部署。

2012—2016年，镇党委全面贯彻落实党的十八大精神，深入学习贯彻习近平总书记系列重要讲话精神和到闽到杭重要讲话精神，全面开展社会主义核心价值观教育。紧紧围绕全县发展大局，抢抓机遇，攻坚克难，着力“三个打造”（打造客家木偶文化名镇、打造生态工贸新区、打造杭城宜居后花园），努力建设“五个白砂”（即产业白砂、生态白砂、文化白砂、民生白砂、和谐白砂）。实施农业主镇战略，加快发展现代农业；实施工业兴镇战略，加快建设白砂工业园区。着力低碳发展，生态创建；挖掘红色资源优势，做大做强早康会址品牌，倾力打响中国民间文化艺术之乡及木偶之乡品牌。全面实施教育强镇发展战略，加快发展社会事业。积极实施“六五”普法，增强人民群众法制观念，不断推进民主法制进程。全镇社会总产值、财政总收入、社会固定资产投资、农村居民可支配收入等主要指标均实现稳步增加。2012年7月，中洋、朋新、塘丰等19个村被龙岩市环境保护局授予龙岩市生态村称号。10月，白砂镇被福建省环境保护厅授予福建省生态乡镇（街道）称号，东塘村、碧砂村、岭背村被福建省环境保护厅授予福建省生态村称号。2012年，白砂镇被市委、市政府命名为龙岩市第十一届（2009—2011年度）文明乡镇。2014年9月，白砂镇被环境保护部授予国家级生态乡镇称号。

2015年始，镇党委、政府认真贯彻落实中央、省、市、县《关于推进精准扶贫打赢脱贫攻坚战的实施意见》等关于精准扶贫的一系列方针政策和工作部署。切实加强对精准扶贫工作的领导，积极创新工作机制，成立脱贫攻坚“战役”指挥部，研究制定脱贫攻坚的目标任务和措施办法，提出力争到2020年所有建档立卡贫困人口全部脱贫，实现3个贫困村整村脱贫，与全县同步实现全面小康。在精准扶贫工作中，重点突出，政策落实到位。狠抓产业扶贫、加大就业扶贫、加快易地扶贫搬迁和危房改造进度，落实健康扶贫教育扶贫政策，落实社保兜底政策，用好用活扶贫小额信贷政策。脱贫攻坚“战役”进展顺利，成效显著。2016年脱贫254户483人，2017年脱贫退出164户522人，实现贫困村樟黄村顺利摘帽退出。至2018年年底，全镇建档立卡贫困户已全部实现脱贫目标，樟黄、下早康、扶福等三个贫困村顺利实现脱贫摘帽。白砂镇2016年度被上杭县委、县政府评为脱贫攻坚优胜奖，2018年度被龙岩市委、市政府评为脱贫攻坚先进集体，被上杭县委、县政府评为“三大战役”脱贫攻坚先进集体。大科村贫困户傅富先被评为全市自立增收脱贫模范。

2018年，新一届党委根据白砂的红色资源、区位和文化优势，把原“五个白砂”调整为红色白砂、人文白砂、生态白砂、和谐白砂、活力白砂。

（四）纪律检查

1958年，白砂乡成立纪检监察委员会（简称纪委），设监委书记。1984年，成立纪律检查委员会。之后，每次党委换届选举，纪律检查委员会也随之换届，选举纪委委员5至6人，纪委书记1人。

1958年后，乡（区）纪委加强对辖区内党组织的纯洁性建设，清理反革命，反对贪污腐化。1958—1963年，开展反对贪污腐化纯洁党组织、“三反”整风运动、反右倾等运动，开除党籍9人，撤销党内职务1人，清除反革命分子1人，降职使用党员干部2人，留党察看2人。1966年“文化大革命”开始，当年开除党籍6人，留党察看19人，严重警告11人，劝退1人，导致自动退党6人。1968—1969年，清理阶级队伍审查308人，整顿党的组织开除党籍1人，劝退7人，取消预备期13人。党员被迫停止组织生活。1970年3月，恢复组织生活514人，暂缓恢复20人，取消党员资格9人，开除党籍1人，留党察看8人，警告4人，严重警告3人，退党8人。1971—1983年，开除党籍10人，留党察看12人，警告5人，严重警告7人，取消党员资格11人，撤销党内职务5人，取消预备党员资格2人，劝退1人。1984年，为64名在民国二十年（1931年）肃反中被错杀的共产党员恢复名誉。

1985年以后，重视加强对党员干部进行党风廉政建设，对党员领导干部进行廉洁自律教育。认真查处党员中违反计划生育、贪污挪用、占地盖房、封建迷信、买卖婚姻、乱砍滥伐、封建宗派等违纪案件。1987年，党内严重警告1人。1991年，因违反计划生育政策，开除党籍2人，留党察看1人。恢复党员权利2人。1998年，查处两起党员违纪案件，留党察看1人，警告处理1人。1999年，查处一起党员干部干扰选举案件，撤销党内职务 1 人。

2000 年开始，开展纪检监察信访举报工作“创十优”（反馈优质信息，提供优质线索，办结优质案件，建立优质档案，开展优质服务，优化举报环境，优化内部结构，优化工作作风，优化队伍建设，优化干群关系）“进百村”“访千户”活动。2002 年，开展执法监察活动，发现财政所某干部收入不进账，造成贪污公款的严重后果。经检察机关立案侦查，该干部被法院判处有期徒刑，给予开除党籍处分。2001—2010 年，查处党员违纪案件 27 起，其中开除党籍 8 人，党内严重警告 7 人，警告处理 17 人。

2011—2017 年，查处党员违纪案件 34 起，其中开除党籍 8 人，留党察看 5 人，严重警告 10 人，警告 12 人。

表 11–4　白砂镇（区、公社、乡）纪律检查委员会书记名表

姓　名	任职时间	姓　名	任职时间
龚荣昌	1959 年（监委书记）	邱马林	1993–11—1996–09
温万生	1964 年（组监委员）	刘荣生	1996–10—2006–05
张钧聪	1965 年（鉴定委员）	马浩泉	2006–06—2011–04
傅桂祥	1980—1982	赖建亮	2011–05—2011–11
华伦龙	1984–01—1987–11	阙寿洪	2011–12—2015–09
黄德汉	1987–01—1988–03	罗国鹏	2015–10—2017–11
赖其昌	1988–04—1990–11	涂健顺	2017–12—
林金庭	1990–12—1993–10		

（五）组织建设

1. 党员干部教育

新中国成立初期，区、乡、公社党委重视基层党支部建设。各党支部定期召开支部会、党小组会，组织党员学习党的路线、方针、政策和党的基本知识，完成党交给的各项任务。1956 年开始，各党支部实行定期的上党课制度，对党员进行马列主义、毛泽东思想基本原理教育。1959 年，公社成立党校，着重对农村党员进行年度培训，每年两次，主要内容是党性教育、社会主义教育和全心全意为人民服务教育。“文化大革命”期间，党员教育处于瘫痪状态。1972 年后，支部建立健全“三会一课”（党支部大会、支委会、党小组会、上党课）制度。中共十一届三中全会以后，党校逐步恢复活动。公社党委重视党员干部培训工作，以提高党员干部的政治素养和工作水平，每年都安排一批机关党员到县委党校参加培训。每次换届选举后，村党支部、村委班子主要成员中的党员干部都要分批送县委党校参加培训；对农村党员，每年分期分批在公社党校进行培训。1984 年，乡党校办党员培训班 2 期，参加学习党员 710 人次，占党员总数 91%。每年培养入党的积极分子都要先送县委党校培训。

党员干部教育的主要内容：20 世纪 80 年代，主要是学习中共十一届三中全会精神、“一个中心、两个基本点”（即以经济建设为中心，坚持四项基本原则，坚持改革开放）的教育。20 世纪 90 年代，对党员进行中国特色社会主义理论教育。在科级以上领导干部集中开展以讲学习、讲政治、讲正气（简称“三讲”）为主要内容的党性党风教育活动，引导领导干部联系思想实际和工作实际，着重解决理想信念和思想作风方面存在的突出问题，提高党员干部思想政治素质。2001 年，按照上杭县委的部署，镇、村和基层站所深入开展“三个代表”重要思想学习教育活动，有效提高基层党组织的凝聚力、战斗力和基层党员干部的思想素质。2005 年，开展保持共产党员先进性教育活动。2007—2010 年，贯彻科学发展观，开展学习实践科学发展观活动。

2013—2017 年，开展群众路线教育实践活动，深入贯彻落实中央“关于改进工作作风，密切联系群众的八项规定”，着力解决干部队伍中存在的“四风”（形式主义、官僚主义、享乐主义和奢靡之风）问题。认真落实党风廉政建设责任制。

2014 年，开展群众路线教育实践活动，原省委组织部副部长姜信治一行到白砂镇指导群众路线教育实践活动，并召开座谈会，听取了乡镇基层领导干部关于开展群众路线教育实践活动的心得体会。

2015 年，开展“三严三实”（严以修身、严以用权、严以律己，谋事要实、创业要实、做人要实）主题学习教育。

2016 年，开展“两学一做”（学党章党规、学系列讲话，做合格党员）学习教育活动，围绕“坚定理想信念、增强‘四种意识’”“坚守纪律底线、培养高尚情操”“坚持根本宗旨、发挥党员作用”三个专题开展学习教育。

2017 年，深入推进“两学一做”学习教育常态化制度化，围绕“向廖俊波同志学什么，怎么学”“践行‘四讲四有’标准，争做‘四个合格’党员”“学习贯彻党的十九大精神、强化‘四个意识’、坚定‘四个自信’”三个主题开展学习研讨。

2. 新党员发展

新中国成立后，白砂党组织历来重视纳新工作，以增加党组织的新鲜血液，增强党的战斗力。1958 年至 1969 年共发展新党员 431 人，1970 年至 1984 年共发展新党员 617 人，1985 年至 2000 年共发展新党员 24 人，2000 年共有党员 935 人，2001 年至 2017 年共发展新党员 194 人，2017 年共有党员 1038 名（女党员 196 名）。

表 11–5　白砂镇（区、公社、乡）组织委员名表

姓　名	任职时间	姓　名	任职时间
丘乾元	1959–01—1959–12	华伦龙	1985–01—1992–12
李养奎	1960–01—1960–12	何永春	1993–01—1995–12
温万德	1961–01—1964–12	林树椿	1996–01—1998–11
傅桂祥	1965–01—1973–12	罗长春	1998–12—2002–08
华志文	1974–01—1979–12	丘生贤	2002–09—2006–05
傅从荣	1980–01—1982–12	丘鸿富	2006–06—2016–04
梁伦进	1983–01—1984–12	蔡洪昌	2016–05—

3. 老干部、离退休人员工作

1980 年，白砂公社有离退休人员 91 人。当年，公社成立离退休干部、职工管理小组，从政治思想、娱乐生活、保健养生等方面关心离退休人员。把离退休人员分片组织起来，定期集中学习党报、党刊，交流保健养生知识，倾听他们对党和政府工作的建议以及保健、娱乐、生活方面的诉求。

2000 年开始，各村逐步建立老年人活动中心。活动中心配置有乒乓球桌、台球桌，电视、电脑，图书柜，棋牌，笛子、二胡、扬琴等健身、娱乐设施。为老年人订阅《闽西日报》《老年报》《老年生活报》《老年健康报》等报纸杂志。2017 年，老年人活动中心更名为幸福院，设备进一步完善，除了更新上述设施外，还添置了老年人健身器材，配备了男女休息室，休息室里床、被、卫生间，生活用具一应俱全。

2017 年，全镇离退休干部职工 28 人，其中离休 1 人，副科以上干部 12 人，机关退休干部 15 人。全镇 22 个行政村都成立了老年人协会（会员人数达 198 人）。

（六）宣传教育

新中国成立后，白砂党组织紧密配合党在各个时期的中心任务开展宣传教育工作，主要内容是宣传党的路线、方针、政策，宣传共产主义道德风尚和英雄模范人物的先进事迹，弘扬正气，树立社会主义新风尚。

“文化大革命”期间，宣传工作陷入混乱状态。

中共十一届三中全会后，进行宣传工作的拨乱反正，紧紧把握正确的舆论导向，坚持“一个中心，两个基本点”，掀起改革开放和经济建设的高潮，使白砂朝着中国特色社会主义道路阔步前进。1981 年开始，开展以“五讲”（讲文明、讲礼貌、讲卫生、讲秩序、讲道德）“四美”（心灵美、语言美、行为美、环境美）“三热爱”（热爱祖国、热爱社会主义、热爱中国共产党）为主要内容的文明礼貌宣传活动；同时进行“四项基本原则”（坚持社会主义、坚持人民民主专政、坚持共产党的领导、坚持马列主义毛泽东思想）“三兼顾”（兼顾国家、集体、个人利益）“两反对”（反对走私贩私、反对封建迷信）为中心内容的社会主义和爱国主义宣传教育。1983 年，开展贯彻“改革、开放、搞活”方针的宣传教育。1985 年，开展培养“四有”（有理想、有道德、有文化、有纪律）新人的宣传。通过各种形式的宣传教育，组织党员学习党章，过好民主生活，提高党员干部的政治素养。

1993—1996 年，通过举办各类培训班，播放电教片《孔繁森》等宣传形式，增强党员遵守党纪党规的自觉性，广大党员在救灾、扶贫攻坚、救死扶伤等方面起积极作用。

2003 年，组织全镇党员干部学习宣传贯彻“三个代表”重要思想、中共十六大精神以及各类法律法规知识，同时举办公民道德建设知识竞赛，使宣传教育工作层层深入，促进党员及群众道德素质的提高。

2005 年，全面贯彻《公民道德建设实施纲要》和公民道德（即爱国守法、明礼诚信、团结友善、勤俭自强、敬业奉献）基本规范要求，提高人们的思想道德水准和政治素质。

2010—2012 年，镇党委结合本地实际，开展生态文明建设宣传活动，3 个村被评为福建省生态村，19 个村被评为龙岩市生态村。2014 年，白砂镇被评为国家级生态乡镇。

2013 年，围绕学习中共十八大、中共十八届三中全会和习近平总书记系列重要讲话精神，深入宣传解读中国特色社会主义和中国梦，落实中央“八项规定”，开展反腐倡廉宣传教育。

2014 年，开展群众路线教育实践活动。

2015 年，进行“三严三实”宣传教育活动。

2016—2017 年，开展“两学一做”宣传教育活动，对党员干部进行社会主义核心价值观教育。

表 11-6 白砂镇（区、公社、乡）宣传委员名表

姓 名	任职时间	姓 名	任职时间
刘文友	1959—1961-07	游万桂	1985-01—1992-12
曾宪标	1961-08—1961-11	林桂仁	1993-01—1993-12
郑德昌	1961-12—1964-12	刘彪贤	1994-01—1999-06
傅玉亮	1965-01—1981-12	邱佐民	1999-07—2006-05
赵树生	1982-01—1983-12	曹永江	2006-06—2016-04
袁绍增	1984-01—1984-12	罗长春	2016-05—

（七）统一战线工作

白砂党组织认真执行党中央的统一战线政策，鼓励各界爱国人士支持、参与人民政府的各项工作。

中共十一届三中全会后，恢复和加强统一战线工作，白砂乡党委认真落实各项统战政策，为133名在反右派中被错划为右派分子的人员进行复查平反，为9名起义人员落实政策。

1984年，乡党委配备统战干事，负责统战工作的日常事务，宣传党在各个时期的对台方针政策。乡党委、政府认真落实党的干部政策、起义人员政策、侨眷和台属的政策，对在历次运动中蒙受冤、假、错案的进行平反昭雪。

1990年，乡党委设统战委员。随着组织的健全完善，统一战线工作走向正常化，旅台人员政策及民族宗教政策等得到落实。许多旅台人士逐步回乡探亲，为家乡的教育事业和基础设施建设慷慨解囊、热情襄助。如中洋的旅台人士袁兆岳捐资为家乡设立兆岳奖教奖学基金会，大田村的旅台乡亲刘炎香两次为官将小学建校共捐资12万元，捐图书5000册。大科村的旅台人士廖鉴开在家乡投资办鞋厂等。

2000年后，对境内宗教活动场所、寺庙进行登记造册，加强监管。

2001—2011年，白砂镇统战工作以邓小平理论和“三个代表”重要思想为指导，认真贯彻中共十六大、十七大会议精神，落实科学发展观，以加强党的执政能力建设和构建社会主义和谐社会为重点，围绕中心、服务大局，切实履行统战工作职能，有效整合人才资源优势，广聚人心、汇集众力，为加快推进社会主义新农村建设提供广泛的力量支持。

2012—2017年，深入学习贯彻中共十八大和习近平总书记系列讲话精神，贯彻全国统战部长会议和中央统战工作会议精神，贯彻落实《中国共产党统一战线工作条例（试行）》，认识新常态、把握新机遇，围绕中心、彰显特色、扩大影响、凝聚合力，为推进白砂小康建设、深化改革、依法治镇、从严治党积极建言献策。

（八）精神文明建设

中共十一届三中全会后，白砂乡党委落实中央“两手抓，两手都要硬”的方针，在抓物质文明建设的同时，重视精神文明建设。

1988年，开展以“五讲”“四美”“三热爱”为主要内容的文明礼貌宣传活动，进行社会主义和爱国主义宣传教育。

1996年，为了推动精神文明建设步伐，开展贯彻《中共中央关于加强社会主义精神文明建设若干重要问题的决议》和《上杭县“九五”期间社会主义精神文明建设规划》的宣传活动。

2000—2005年，以贯彻中共中央《公民道德建设实施纲要》为契机，不断深化公民道德建设。大力倡导爱国守法、明礼诚信、团结友善、勤俭自强、敬业奉献的基本道德规范。

2012—2013年，开展别开生面的中共十八大精神群众性宣传活动。运用广播电视、户外广告、电子显示屏、宣传栏、橱窗、墙报等宣传阵地大力宣传报道，使中共十八大精神和实现中华民族伟大复兴的中国梦深入人心。

2013—2014年，培育和践行社会主义核心价值观，与中华优秀传统文化和人类优秀成果相承接，推进中国特色社会主义伟大事业，实现中华民族伟大复兴中国梦。贯彻《上杭县关于进一步加强和改进农村精神文明建设的意见》，广泛开展文明单位、文明村、文明户创建活动；利用早康会址这一红色教育资源，在中小学开展做一个有道德的人为主题的知荣辱、树新风活动。

2015—2017年，以加强思想道德建设、文化建设、民主法治建设和群众性精神文明创建活动为重点，促进全镇政风、民风建设，科技、文化、卫生、社会治安等各项事业进一步发展，民居环境进一步改善，使全镇农民的思想进一步解放，凝聚力进一步增强，道德水平、科学文化素养和文明程度进一步提高。全面开展精神文明创建活动，通过各种形式的创建活动，造就用语礼貌、行为规范、讲究卫生、尊老爱幼、乐于助人的新型农民。树立家庭和睦、邻里和谐的文明新风：一是广泛开展好媳妇、好妯娌、好婆婆等为内容的“六个好”工程，引导全镇农民培育团结和谐、友好博爱的良好镇风，培养良好的家庭亲情、邻里友情，构建新型和睦的人际关系。二是深入开展“十星级文明户”评比活动，保证80%以上农民参与，通过评比促进农民争做热爱祖国、勤劳致富、遵纪守法、崇尚科学、家庭和睦、助人为乐的新型农民。三是积极开展绿色庭院为主的环境卫生整治活动，引导农民发展庭院花草，开发庭院经济，提高庭院绿化率，美化居住环境，改善农村人居环境，培养健康文明的生活习惯，创造人与自然和谐发展的生态家园。白砂涌现全国五好文明家庭、福建省最美家庭，下早康村的袁锡荣，龙岩市见义勇为先进个人、塘丰村的李瑞文等精神文明建设先进个人。

第二节　群团组织

一、白砂农民协会

民国十六年（1927年），白砂成立农民协会（简称农会）。白砂党组织以农会为阵地发动民众起来减租减息，打土豪、分田地，与封建地主和反动势力作坚决斗争。民国十八年（1929年）红四军白砂战斗胜利后，北二区（白砂）党组织和苏维埃为了壮大农会组织，提出“参加农会可以不交苛捐杂税”“与豪绅地主打官司农会给予撑腰”等口号，深受农民欢迎，农民纷纷加入农会，当年的农会会员达到512人（女会员281人）。农会清算土豪劣绅经营的公共财产账目；限制富农囤积居奇春荒时随意提高粮价，禁止米谷私运出境；禁止抽鸦片和赌博；推翻封建宗族长的统治权，一切权力归农会；创办平民学校和农民夜校；追缴地方民团及地主豪绅所持有的枪械，壮大农民赤卫队；抗拒交纳各种苛捐杂税和摊派的款项；打击鱼肉农民的土匪和反动军队；实行“二五”减租和退租。

二、工　会

（一）组织机构

1950年，成立中国教育工会第六区（白砂）基层委员会。随后供销社、粮站、卫生院、金融等部门相继成立工会组织。

“文化大革命”期间，工会组织陷于瘫痪状态，停止活动。

1973年冬，开始恢复各级工会组织。

1990年，执行新颁布的《中华人民共和国工会法》。1995年11月，镇直机关工会成立。1999年9月，组建企业工会和镇工会联合会，所有的基层工会归工会联合会领导。镇工会联合会主席由分管政工副书记担任。

2011年底，全镇除学区、中学、医院等单位属县直属基层工会外，全镇已建立基层工会组织15个，其中非公企业工会7个、教育工会2个、村级工会5个、机关工会1个，工会会员1520人。

2017年，白砂镇建立基层工会组织22个，其中非公企业工会7个、村级工会12个、教育工会2个、机关工会1个，工会会员1797人。

（二）主要活动

自建立工会组织开始至20世纪80年代末，工会活动主要由各行各业的工会组织自行开展活动（“文化大革命”期间，工会组织停止活动）。

1990年《中华人民共和国工会法》颁布后，工会活动恢复正常，工会组织逐步发展。1999年，组建镇工会联合会，工会组织得到加强，工会活动内容开始丰富起来。

2000年以后，镇工会联合会认真贯彻《中华人民共和国工会法》和《中国工会章程》，按照“哪里有职工，哪里就有工会组织”的要求，凡是以工资性收入为主的从业人员，无论在企业，还是在行政事业单位，工作时间满 3 个月以上的人员都要把他们吸收为会员，纳入工会组织管理。同时做好行政村、非公企业和个体劳动者工会组织的组建和会员发展工作。2001—2006 年，认真学习贯彻中华全国总工会的十四大、十五大精神，努力开创工会工作新局面，在工会干部和广大职工中掀起学习贯彻中共十六大精神的热潮，努力在“武装头脑、指导实践、推动工作”上下功夫，切实把广大职工的思想和行动统一到中共十六大确定的各项工作任务上来，切实增强使命感和责任感。

2007—2017 年，深入学习贯彻中共十八大、十九大精神，以党的群团组织改革为动力，以强基层、补短板、增活力为工作导向，坚持服务大局、服务基层、服务职工的工作定位，紧紧围绕镇党委政府的各项中心工作，团结动员镇直机关干部职工为推动白砂高质量发展，谱写新时代中国特色社会主义新白砂崭新篇章贡献智慧和力量。开展岗位建功活动，鼓励单位和职工为中国特色社会主义事业建功立业，涌现一批功勋单位和劳动模范。2007 年 4 月，林德炜被评为龙岩市劳动模范。2008 年 4 月，邓百科被评为上杭县劳动模范；2013 年 4 月邓百科被评为龙岩市劳动模范。2011 年 4 月，袁洪被授予上杭县劳动模范荣誉称号。2012 年 2 月，镇劳保所被县总工会授予工人先锋号荣誉称号。2016 年 12 月，白砂林场被省林业工会授予全省林业系统工人先锋号荣誉称号。2017 年 2 月，白砂林场生产股被龙岩市总工会授予工人先锋号荣誉称号。

三、青少年组织

（一）组织机构

1.共青团组织

民国十六年（1927 年）冬，白砂建立共产青年组织，当时有共青团员 18 名。新中国成立后，第六区（白砂）成立新民主主义青年团，各乡（村）相继成立团支部。1957 年，新民主主义青年团改称中国共产主义青年团。1958 年，白砂有 5 个团总支 16 个团支部，有共青团员 203 人。1961 年，有 18 个团支部。1964 年，有共青团员 284 人（女团员 107 人）。1965 年，共青团员发展到 422 人。1972 年，团支部 23 个共青团员 845 人。1988 年，团支部 23 个（1 个机关团支部 22 个村级团支部），共青团员 1221 人。1996 年，团支部 23 个（1 个机关团支部 22 个村级团支部），共青团员 1586 人。2017 年，团支部 23 个（1 个机关团支部 22 个村级团支部），共青团员 2569 人。

表 11-7　白砂镇（公社、乡）历任团委书记名表

姓　名	任职时间	姓　名	任职时间
刘文友	1965—1974	林海山	2004—2008
曾招强	1974—1980	傅　彪	2008—2011
龚桂芳	1980—1984	李　霞	2011—2014
廖长卿	1984—1993	李　丹	2014—2015
赖琴辉	1993—1999	钟育芳	2015—
罗小鹏	1999—2004		

2. 少先队、儿童团组织

民国十八年（1929年），白砂建立少先队。当时，凡年龄在16岁到22岁的男女劳动青年（工人、贫农）和贫苦学生，都可以自愿加入少先队组织。同年12月，白砂成立少先队大队部。在党和工农民主政府的领导下，少先队的组织不断得到巩固和发展。民国十九年（1930年）2月，白砂建立儿童团组织。同年4月始，改称共产儿童团。

新中国成立后，白砂成立少年儿童组织，1953年6月改称中国少年先锋队（简称少先队）。“文化大革命”期间，少先队改为红小兵。1979年恢复少先队组织。

（二）主要活动

1. 团组织活动

第二次国内革命战争时期，白砂的共青团组织积极配合党组织开展打土豪、分田地，保卫苏维埃政权。动员和带领青年参加红军、赤卫队，支援红军对敌作战。“白砂区团组织提出‘团干带头上前线’的口号，该区岭背乡先后任团支部书记的刘祥飞、刘维和等人带头报名，每人都带动一批人参军”（《上杭党史论文资料集》)。白砂团组织特别注重组织青年团员学文化，“许多青年团员刻苦学习，成为青年们的模范，如上杭白砂少共中洋支部宣传委员傅翠玉原是一个文盲，参加学习不到半年，能识500多个字，会看便条看报。她领导一支宣传队干得很出色，现身说法，经常活跃在街头和人群集中之处，向群众大力宣传革命道理和党的各项方针、政策”（《上杭党史论文资料集》)。

新中国成立以后，组织青少年进行爱祖国、爱人民、爱劳动、爱科学、爱护公共财物的“五爱”教育活动。1952年，配合形势开展“三要三不要”（要爱护公共财物、要生活朴素、要爱惜时间，不要损公利私、不要浪费、不要贪小便宜偷窃别人东西）的教育。

在社会主义建设时期，白砂共青团组织根据青少年的特点和各个时期的中心工作开展活动。

1956年，第六区团委动员青年、团员踊跃加入合作社组织，积极参加农业生产劳动，组建青年突击队、青年生产队，开展劳动竞赛，积极投身社会主义建设。响应党的号召掀起学文化热潮，各个村成立扫盲小组，开展识字比赛，争做有文化、有理想的新青年，积极参加开荒、积肥、兴修水利、植树造林、除四害等活动。

1963年，共青团组织青少年积极响应毛泽东号召，开展向雷锋同学习等活动。

1966年5月，召开白砂公社第七次团代会，代表90名。

1973年7月15日，召开白砂公社第八次团代会，代表80名。

中共十一届三中全会后，白砂共青团组织围绕培育有理想、有道德、有文化、有纪律的“四有”新人目标，把对青少年进行思想政治教育放在首要位置。进行生动活泼的爱国主义、集体主义、社会主义和革命传统教育，增强青少年的民族自尊心和自信心；进行革命传统教育，树立正确的人生观、世界观和价值观，努力培养社会主义事业接班人；开展“五讲四美三热爱”为中心的文明礼貌活动，实施青年科技工程，组织团员青年参加实用技术培训；开展争当新长征突击手活动，团员、青年以饱满的热忱投入到生产建设之中。

1981—1984年，公社团委响应上级号召开展文明月活动。1981年8月28—29日，召开白砂公社第九次团代会，代表70名（女代表19名)。1984年10月20日，召开白砂乡第十次团代会，代表80名（女代表21名)。

1987年7月4—5日，召开白砂乡第十一次团代会，代表70名。

1988年，团组织配合学校，认真贯彻落实《小学生守则》和《中小学生日常行为规范》。开展《爱国主义教育实施纲要》，组织实施《公民道德建设实施纲要》等活动。

1991年9月18日，召开白砂乡第十二次团代会，代表70名。

1993年9月19日，召开白砂镇第十三次团代会，代表70名（女代表17名)。

1996年5月16日，召开白砂镇第十四次团代会，代表60名。

1998年，组织青年团员积极参加青年志愿者服务活动；镇团委配合有关部门参加春蕾计划献爱心和希望工程等活动，扶助贫困学生。

1999年9月17日，召开白砂镇第十五次团代会，代表49名（女代表10名）。

2002年，按照“四个好”（班子建设好、主题活动好、支部建设好、活动阵地好）的要求，落实团委制度建设和各项工作；按照坚持标准、保证质量的原则，发展新团员，推选优秀团员加入党组织。同年8月9日，召开白砂镇第十六次团代会，代表49名。

2005年9月20日，召开白砂镇第十七次团代会，代表47名（女代表9名）。

2008年9月，召开白砂镇第十八次团代会。

2009年，镇团委牵头，组织中、小学联合举办五四运动90周年和中国少年先锋队建队60周年的纪念活动。

2011年9月，召开白砂镇第十九次团代会。

2012年五四期间，镇团委举办建团90周年、纪念五四运动93周年表彰大会暨“党旗辉映团旗红，献礼十八大我建功”活动。

2013年，开展乡镇团的组织格局创新和实体化“大团委”建设、青运史红色资源调查、市级青年文明号争创、青少年法制宣传周等活动。

2014年9月，召开白砂镇第二十次团代会。举办共青团2014年“五四”系列道德讲堂。

2015年10月，召开白砂镇第二十一次团代会。开展希望工程圆梦行动和预防青少年犯罪工作。

2016年，开展“青春喜迎十九大·共筑美丽杭川梦”和“青春同行·情暖万家”系列活动。

2017年8月，召开白砂镇第二十二次团代会。启动新时代文明实践志愿者招募工作，开展希望工程圆梦行动，举行重走红色交通线系列活动。

2. 少先队、儿童团活动

民国十八年（1929年），白砂少先队组织积极配合党组织开展打土豪分田地的革命斗争。同年9月，白砂区少先队深入火线配合红四军攻打“铁上杭”。

民国十九年（1930年）6月，上杭各区少先队武装排，到白砂（上杭）合编成立少先队上杭独立营后，配合红军主力攻打上杭县城和东江。

民国二十年（1931年）11月7日至10日，杭武县少先队和儿童团，在上杭白砂举行军事检阅，“各区的军事体操异常熟练、整齐，特别是七区少先队的军事真不亚于红军的操练”，“红白战争演习，犹如红军与白军作战，井井有条”（《十月革命纪念中少先队儿童团检阅的一瞥》，原载《青年》1931年11月14日）。

民国二十一年（1932年）12月，上杭儿童团举行了全县十月革命大检阅。白砂获得第一名，才溪第二名。

民国二十三年（1934年）“三一八”纪念会后，上杭各区共产儿童团在上杭城列宁场举行游艺比赛运动，参加比赛的有白砂、兰家渡、茶地、坑口、太拔五区。比赛的项目有唱歌、表演、歌舞、徒手运动，各种操法，政治问题的讲演等。“比赛结果，最好是兰家渡，其次是白砂”。

新中国成立后，1953年成立中国少年先锋队，每年的六一国际儿童节，各小学举行新队员入队仪式，新队员系上鲜艳的红领巾，和老队员一起在队旗下宣誓，然后唱《中国少年先锋队队歌》。新队员从这天起至六年级就成为中国少年先锋队队员了。

20世纪60年代，开展学雷锋、王杰、焦裕禄、张高谦、刘文学、草原英雄小姐妹等英雄人物活动。

1979年，恢复少先队组织后，开展“儿童们团结起来，做新中国的新主人，做共产主义接班人”，开展“爱科学、爱劳动、学雷锋、树新风”和“五讲四美三热爱”等一系列活动。

20世纪80年代初，少先队组织开展争当三好学生、优秀少先队员活动。请老红军、老革命、老赤卫队员讲革命故事，进行革命传统教育。

1988年，认真贯彻落实《小学生守则》和《中小学生日常行为规范》。

20世纪90年代，在学校实施《爱国主义教育实施纲要》和《公民道德建设实施纲要》，开展争当合格小公民活动。

2001—2011年，坚持以少年儿童为本，以社会主义荣辱观教育为重点，加强和改进未成年人思想道德建设。各校少先队组织开展读书会、“红领巾心向党”主题队会、征文比赛等丰富多彩、形式多样的主题活动，充分激发少先队员对祖国、对党的无限热爱之情和发奋学习、立志成才的宏伟报国之志。坚持开展民族精神代代传主题活动，逐步树立民族自尊心和自豪感，从小立志为实现中华民族伟大复兴做好全面准备。坚持让本地的少先队员和外来务工子女、少先队员和身边的留守小伙伴之间开展手拉手活动，互帮互助，培养团结友爱、乐于助人的健全人格。各校少先队组织开展“表心意，给妈妈一个惊喜”活动，“双休日，我当家”活动，“我和父母同上一天班”体验艰辛活动，培养少年儿童的感恩意识。

2012—2017年，认真贯彻习近平总书记对少年儿童提出的“记住要求，心有榜样，从小做起，接受帮助”十六字方针要求，深入贯彻中共中央、国务院《关于进一步加强和改进未成年人思想道德建设的若干意见》，以德育为中心，以培养创新精神和实践能力为重点，以体验教育为基本途径，围绕“抓落实、促规范、创特色”改进作风，创新观念狠抓养成教育。以爱国主义为主线，以少先队活动为载体，开展丰富多彩的少先队活动，全面提高少年儿童的综合素质。

四、妇女组织

（一）组织机构

民国十八年（1929年）白砂暴动后，设立妇代会，组织妇救会和帮工队。

新中国成立后，第六区（白砂）建立妇女联合会（简称妇联），各村设立妇女代表会（简称妇代会）。

“文化大革命”期间，妇联组织陷于瘫痪。1974年，开始恢复公社妇联。1984年，恢复乡村建置后，乡妇联设主席1人；村设妇代会，设主任1人。

（二）主要活动

民国十八年（1929年）白砂暴动后，广大妇女踊跃参加农会和妇代会。当年的512名农会会员中女会员就有281人，比男会员还多，妇代会会员达到517人。第二次国内革命战争和三年游击战争时期，白砂妇女积极响应苏区党组织和苏维埃政府的号召，参加苏区革命斗争，积极扩红支前，组织妇救会、帮工队，帮助红军家属发展生产。涌现李银秀、曹玉金、邓来金等优秀代表。

新中国成立后，妇女的地位不断提高，广大妇女在生产生活中，特别在社会主义建设事业中发挥了半边天的作用。妇女组织响应党和政府的号召，贯彻婚姻法，用各种形式帮助广大妇女提高认识，解放自己；参与拥军优属、扫除文盲活动；参加农业合作社、落实农业生产责任制等农村改革实践活动。

1974年开始，广大妇女响应党的号召，做好计划生育、优生优育工作。

1978年8月，召开白砂公社第九届妇代会，选举产生妇联主席1名、委员9名。中共十一届三中全会后，妇联带领广大妇女积极投身“四有”（有理想、有道德、有文化、有纪律）教育和“双学双比”（学文化、学技术，比成绩、比贡献）及计划生育、维护妇女儿童合法权益等各项活动。

20世纪80年代开始，公社妇联配合党的中心工作，积极开展各项妇女活动，特别是配合计划生育部门做了大量艰苦细致的工作，成为乡党委、政府的得力助手。

1982年4月，召开白砂公社第十届妇代会，代表152名。选举产生妇联主席1名，委员9名。

1984年10月20日，召开白砂乡第十一届妇代会，代表110名。选举产生妇联主席1名，副主席1名，委员8名。

1987年8月30—31日，召开白砂乡第十二届妇代会，代表76名。选举产生妇联主席1名，副主席1名，委员8名。

1988—1990年，白砂妇联组织带领广大妇女大力宣传《女工保护条例》《中华人民共和国妇女权益保障法》等法律法规，增强妇女儿童维权意识，提高维权能力。

1991年7月，召开白砂乡第十三届妇代会，代表63名。选举产生妇联主席1名，副主席1名，委员7名。

1993年9月20日，召开白砂镇第十四届妇代会，代表52名。选举产生妇联主席1名，副主席1名，委员7名。

白砂乡第十二届妇代会 （唐鉴荣 供稿）

1988—1993年，白砂乡（镇）妇联积极推动春蕾计划、爱心妈妈等关爱行动。开展“五好”文明家庭活动，为创建平安白砂、生态乡镇做贡献。

1996年5月，召开白砂镇第十五届妇代会，代表50名。选举产生妇联主席1名，副主席1名，委员7名。

1994—1999年，白砂镇妇联以全面实施《中国妇女发展纲要》（以下简称《妇女发展纲要》）为主要内容，推动妇女儿童工作上新台阶。积极协调政府职能部门全面实施《妇女发展纲要》，广泛深入宣传和学习《妇女发展纲要》，为《妇女发展纲要》的实施创造良好的社会环境。

2000年6月，召开白砂镇第十六届妇代会，代表50名。选举产生妇联主席1名，副主席1名，委员7名。

2000—2009年，白砂妇联带领广大妇女团结奋进、自强不息、巾帼建功，积极参与经济建设，参加实用技术培训，鼓励妇女就业创业，加大宣传维护妇女儿童合法权益，提高维权意识。

2004年10月，召开白砂镇第十七届妇代会，代表50名。选举产生妇联主席1名，副主席1名，委员7名。

2008年6月，召开白砂镇第十八届妇代会，代表50名。选举产生妇联主席1名，副主席1名，委员7名。

2012年9月，召开白砂镇第十九届妇代会，代表50名。选举产生妇联主席1名，副主席1名，委员7名。

2010—2015年，借助“五五”普法平台，每年开展“三八”维权周和普法宣传月活动，广泛印发《中华人民共和国妇女权益保障法》《中华人民共和国未成年人合法权益保护法》《中华人民共和国预防未成年人犯罪法》等宣传资料，引领妇女学法、守法、知法、懂法，不断提高妇女自我维权能力，制止家庭暴力，切实维护妇女儿童的教育权、健康权、劳动权。2010年，朋新村妇联（代）荣获中共龙岩市委组织部、龙岩市妇女联合会授予的先进村（居）妇代会称号。2015年，岭背村被上杭县妇联授予巾帼示范村称号。

2016年11月，召开白砂镇第二十届妇代会，代表45名。选举产生妇联主席1名，副主席1名，委员7名。妇联工作围绕创业创新这一主题，深化巾帼建功活动，以巾帼文明示范岗创建活动为载体，开展形式多样的爱岗敬业、岗位建功等活动，通过岗村帮扶、企村结对等形式，为农村妇女提供支持和服务。

2017年，开展最美家庭评选活动，评选出最美家庭25户；开展美丽家园巾帼行活动，发动广大妇女积极参与农村环境整治，共同打造美丽家园。创建儿童活动中心村级示范点，按照“政府主导，部门联动，社会参与，全民关怀”的原则通过搭建平台、建立网络、完善制度，努力实现农村留守儿童学业有进步，心理有疏导，成长有关注，安全有保障，生活有帮助。

表11-8 白砂镇（公社、乡）妇联历任负责人名表

姓　名	任职时间	姓　名	任职时间
袁带娣	1958—1964-12	刘满玉	2004-04—2011-02
华荣玉	1965-01—1969-12	巫珠珠	2011-03—2014-08
刘　新	1970-01—1972-12	何伟英	2014-09—2015-07
郭招娣	1973-01—1982-12	傅雪林	2015-08—2016-09
钟富娣	1983-01—1984-10	肖赠兰	2016-10—2017-02
林英峰	1984-11—1994-10	兰琴凤	2017-03—2017-05
范海英	1994-11—1999-08	温禄英	2017-06—
林喜琴	1999-09—2004-03		

四、科学技术协会

（一）组织机构

1985年，白砂乡成立科学技术协会（简称科协）。1990年，配备科技副乡长后，科协主席由科技副乡长兼任，还配备1名专职干部。2008年7月，成立上杭县退休科技工作者协会白砂镇分会。

（二）主要活动

1986年，白砂乡科技工作在科技兴农活动中，依照“经济建设和社会发展必须依靠科学技术，科学技术工作必须面向经济建设和社会发展”的战略方针，在乡党委政府的高度重视下，派出农技干部到龙岩农校和古田县培训食用菌栽培技术，回来后加大宣传力度，充分利用黑板报、墙报、广播、录像等宣传工具，多形式、多渠道地宣传科普知识和食用菌科技成果，并到全乡22个村举办专题培训班。聘请省农科院研究员洪建尔、省农大教授林占熺在乡政府礼堂举办香菇袋栽技术专题讲座，参加培训的农民达1000余人，印发栽培技术资料2000余份。同时，把原乡政府食堂腾出来，举办食用菌栽培示范场。全乡建立六户示范户，在这些场、户的示范推动下，香菇生产迅猛发展，到1990年全乡香菇栽培达200多万袋，1996年达600多万袋，成为全国著名的食用菌之乡，食用菌生产成了农民增收的支柱产业。

2007年，配合县科协实行科普惠农兴村计划和农村科普三个一（在每个村建立一个科普活动站，办一个科普宣传栏，选好一名科普宣传员）活动。组织农技专家、农技人员深入农村，进行无偿的农业技术帮助，把专家与农民、技术与需求紧密结合起来，及时为农民排忧解难，探索农技服务新途径，促进农业增效、农民增收。

2008—2012年，围绕建设生态村镇和造林绿化工作，采用广播、乡村宣传栏、印发科普资料等手段开展科普活动。

2013年，镇科协积极开展科普“五进”（农村、农户、校园、企业、机关）活动，全面提高全民科学素质。继续抓好《全面科学素质行动计划纲要》的宣传和落实，发放各种宣传材料，举办毛竹、蔬菜种植，肉鸡饲养，油茶生产，生姜栽培，地栽菇栽培等技术培训30余次，促进农户科技水平的提高和白砂种养业的发展。当年种植生姜1700余亩，蔬菜1500余亩。建肉鸡养殖场16个，年出栏肉鸡200余万羽，极大地提高农民收入。

2014—2017 年，围绕脱贫攻坚战役，大力推广百香果、罗汉果、槟榔芋、甜玉米、生姜等种植，举办各类技术培训班 50 余次，建立大型种植基地 6 个，百香果、罗汉果的种植面积均达到 1000 亩以上。种植户都是贫困户，为脱贫攻坚战役的胜利奠定了坚实的基础。

五、计划生育协会

（一）组织机构

1989 年 9 月，白砂乡成立计划生育协会（简称计生协会）。协会理事会设会长、常务副会长和秘书长，由乡分管计划生育工作的党委副书记（或副乡长）任会长，热心计生工作的科级干部任常务副会长，另由一名青年干部担任秘书长，理事会成员若干名。22 个行政村均成立计划生育协会，并按人口比例（或村民小组）设立计划生育协会小组。村级计生协由德高望重热心计生工作的离退休干部（或老村干部）担任常务副会长，秘书长一般由村计生管理员担任。1992 年 10 月至 1993 年，全乡（镇）开展会员登记发证工作。计生协会换届同乡（镇）党委换届同步进行。1989 年至 2017 年，白砂乡（镇）计生协会进行 8 次换届选举。

（二）主要活动

乡计生协会成立后，主要协助乡政府计生部门开展计划生育法律法规、优生优育、生殖健康、早教优教等科学知识和预防疾病等宣传教育。动员和组织广大群众参与计生工作，抓好乡村计生协会“三联创”活动以及计生基层群众自治工作，开展计生“三结合”（即计生工作与发展农村经济相结合，与帮助农民致富奔小康相结合，与建设文明幸福家庭相结合）等。平时开展一些优惠政策，比如为符合条件的二女户、独生子女户办理计生家庭意外伤害保险；为符合条件的二女户、独生子女户办理减免住院起付线，开展幸福工程、安居工程等各项优惠政策落实工作。1993 年始，每年的“5·29”会员活动日、“7·11”世界人口日等重要节日，镇计生协都会开展计生政策法规、优生优育及各项计生优惠政策宣传纪念活动。

六、关心下一代工作委员会

1996 年 10 月，白砂镇成立关心下一代工作委员会，镇党委书记任名誉主任，一名党委副书记任主任，一名主任科员任常务副主任，成员单位包括 22 个行政村、中小学、镇直办单位等 43 个。镇党委、政府每年召开一次专题会议研究关工委工作，充分发挥老干部、老党员、老教师、老村干、老模范的作用。全镇 22 个行政村相应成立关工委组织，由村支部书记兼任负责人，建立健全覆盖镇村两级的关工委网络，形成有组织、有队伍的工作格局。

镇关工委为进一步加强对青少年的法制教育，每年都要组织离退休干部、派出所干警、综治、司法干部，定期到中小学举行法制宣传教育报告会，中小学生受教育率达 100%。还经常组织农技、兽医技术人员和共青团、妇联干部为青年农民举办种茶、种菜、养鸡、养猪等技术培训班。同时，为贫困孤儿、单亲孤儿牵线搭桥，争取政府和慈善基金的扶助，解决他们的就学困难。

2002 年，开展创建“五好”（领导班子建设好，“六员”作用发挥好，制度健全执行好，经常活动效果好，积极探索创新好）基层关工委活动。发挥老同志作用，聘请他们担任报告员、帮教员、辅导员、家教员、科技员、文化市场督导员。

2015 年，岭背村被上杭县关工委评为关心下一代工作先进单位。

2016 年，镇关工委联合镇扶贫办为 100 多名在校中小学生争取上级贫困助学金 4.85 万元，对中小学贫困学生给予每学期 500 元到 2225 元不等的营养餐等的助学政策。积极帮助 22 名困难高中毕业生争取到助学资金，圆了他们的大学梦。同时，还做好对全镇 428 位留守儿童的管理，建立动态管理的信息库。积极推进各村奖教奖学基金会的创建和发展。

七、残疾人联合会

1990年，白砂乡成立残疾人协会并召开第一次残疾人代表大会。

1994年，白砂乡残疾人协会更名为白砂镇残疾人联合会。当年12月16日，召开白砂镇第二次残疾人代表大会，应到代表74人（残疾人48名），实到65名（残疾人41名）。选举主席1名（张逢铭），副主席3名（严冬香、温开祥、袁智仁），委员10名。

2012年以后，镇党委、政府按照“有专职人员、有办公场所、有联系网络、有服务载体”的要求进行规划，建立残疾人服务协会和助残志愿者联络站。宣传贯彻《残疾人就业条例》，有计划地安排残疾人参加实用技术培训，为残疾人创造就业机会。

2017年，全镇有927人办理了残疾证，有438名残疾人享受政府补助，有135人被列为低保对象。全镇有38名（户）残疾人无偿享受5000元的政府就业扶持金，11户残疾人家庭获得7000元危房改造补助金。

附一：育英互助社

民国末，白砂有个同年会，成员有马德福、袁铭昌、马根荣、袁富仁（国民党甲长）（他们四人都当过土匪）、袁秋清（国民党保长）、袁焕尖（国民党乡民代表）等三十余人，经理袁秋清，后盾为国民党白砂区区长袁贵洲、民团分队副袁超宗。同年会经常到农村去抓丁勒索，鱼肉百姓。

为了对抗同年会，民国三十七年（1948年）6月，由白砂袁典承、马美琼等12人在塘丰的塘背村林炳忠家组织成立生活上互相帮助的互助社，取名育英互助社。此前该组织的袁典承、袁典良在三驳岭做纸时，结识了七支队的游昌炳、李学山、饶良新、吴子城等人，袁典承、袁典良向游击队写了不出卖组织保守秘密的保证书，他们与游击队正式建立起接头联络关系。不久，袁典承又介绍袁同钦见李学山，从此，游击队通过袁典承、袁典良、袁同钦为游击队做事。袁典承、袁同钦发挥互助社的作用，开展接济游击队工作。他们经常在百铺、溪口、广东松口一带为游击队采购大米、油盐及日常用品，挑到岽坑纸厂或溪口的竹坝里，交给游击队派来接送物资的人转运给游击队。

同年8月，袁典承根据七支队的指示在三驳岭袁浚清家（供造纸师傅食宿的房屋）宣誓成立抗征队，从此育英互助社改名为上杭县委抗征队，对内称县委武工队，直接受上杭县委领导，成员有袁典承、袁典良等15人。七支队领导游昌炳主持了抗征队员宣誓仪式，参加宣誓仪式的还有游击队的李学山、吴子城、阿飞、阿满等同志，誓词内容是：忠于革命，严守纪律，保守秘密，保证不出卖组织和同志，谁背信负义，子弹就对准谁的心打去，还喝了血酒。抗征队的任务是发动群众对抗国民党同年会的征粮、征税、征兵，为游击队开展革命宣传和筹粮筹款。公推袁典承任队长，袁如钦（梧田横排里人）任副队长。抗征队在七支队的关心支持下，队伍不断扩大，成员逐步向周边村和邻近乡发展，先后发展了三批，人数达到100多人。

抗征队开展的工作，除了广泛发动群众抗衡国民党区政府的“三征”外，重点为游击队筹粮筹款，解决了当时县委县苏20多人、游击队100多人的给养问题。同年9月中的一天，袁典承和袁同钦组织了袁典良、袁典铭等七八个人，冒着生命危险，每人挑上五六十斤大米，从阁坑出发，为游击队送粮食到三驳岭纸厂。他们行至梯子岭头，听到走在前面没有挑担子的探子的“哟嗬”声（事先约好遇到敌情的暗号），知道遇上敌人了，大家急忙上山疏散躲藏在树林中。结果是发现了进山搜查游击队的白砂国民党区政府民团分队副袁超宗一伙。后见他们离去了，才将粮食送到三驳岭纸厂里。

民国三十七年（1948年）10月，袁典承引导白砂土匪袁友条见李学山，在李学山的规劝下，袁友条于民国三十八年（1949年）4月向人民投诚。

民国三十七年（1948年）冬至次年春，袁典承、袁同钦和抗征队员数次配合七支队在白砂茶地一带捕捉地主筹款子。七支队支队长蓝汉华率领所部数十人，在袁典承等的配合下攻打白砂，在中洋城下捕捉了大地主傅浪轩父子2人，对其罚款200银元，杀猪一头，并没收布匹财物等；在塘丰横岗头捕捉了林宏应和林文昌，对其罚款300银元；在茶地竹麻坑捕捉了地主吴芹昌，对其罚款100银元及部分粮食。抗征队还协助七支队开展政治攻势，通过亲戚朋友等各种渠道，向国民党白砂地方的政界人物或土匪宣传党的政策，规劝他们向游击队投诚，以分化瓦解敌人。民国三十八年（1949年）4月，袁同钦通过其在旧县石院坑的母舅规劝旧县土匪谢友标投诚。经请示游击队同意后，袁同钦与袁典承、袁典良、袁耀庭（梧岗人）一同将谢友标3人带到白砂禾仓角，面见七支队领导游昌炳、李学山等，谢友标表示同意投诚游击队。

在国民党胡琏兵团窜犯上杭时，上杭县委抗征队设法保护了群众利益，使群众少受损失。

新中国成立前夕，上杭县委抗征队积极筹建乡村政权组织，为解放大军筹集军粮。自此，育英互助社成员一部分参加了游击队和工作团，有的继续升学读书，有的留在村里参加生产劳动，因而停止了活动。

育英互助社（上杭县委抗征队）为上杭县委县苏、为游击队（七支队）做了大量工作，为游击队的生存和发展立下了汗马功劳，为新中国的建立做出了积极贡献。但是土改期间就因为他们当年宣誓时喝过血酒，就把该组织定性为封建会道门组织，致使该组织的许多人受到不公正待遇。1985年4月，上杭县委地下党办公室经调查核实后，认定这是一起错案，予以平反。

附二：政协白砂镇工作委员会

2010年9月，中国人民政治协商会议上杭县白砂镇工作委员会（简称政协白砂镇工委）成立，主任由镇党委分管政工的副书记担任，副主任由镇党委统战委员担任。

政协白砂镇工委在县政协和镇党委领导下，认真履行政治协商、民主监督、参政议政职能，围绕党委、政府中心积极开展工作，组织政协委员视察调研，收集社情民意，撰写政协提案，有力推进县、镇经济和社会的发展。其中华娟撰写的《关于农村电子商务现状和发展的建议》，在上杭县政协十一届五次全会上作大会发言；镇政协工委的《打响木偶之乡品牌，助推闽西客家文化生态保护实验区建设的建议》《完善激励性扶贫工作机制的建议》分别在上杭县政协十二届二次全会和上杭县政协十二届三次全会上做书面发言。

第十二章　政　权

宋元时期，白砂境域称鳖沙里。

明洪武十四年（1381 年），鳖沙里改为白砂里，编户十图。至弘治五年（1492 年）仅存四图。

清初，白砂里辖 4 图。光绪二十五年（1899 年），境域隶属上杭县北路。

民国五至十年（1916—1921 年），白砂隶属上杭县北路。民国二十五年（1936 年），改路为区，境域隶属上杭县第三区（辖白砂里、古田里，区署设在白砂），白砂里设好义乡、崇礼乡、尚智乡、敦仁乡联保办事处。民国二十九年（1940 年），境域隶属第三区，设白砂乡、好义乡。民国十七年（1928 年）后，白砂先后成立白砂区苏维埃政府、北二区苏维埃政府、第五区（白砂）苏维埃政府，出现国民党政权与苏维埃政府并存局面。

新中国成立后，实行人民代表大会制，各届政府通过人民代表大会民主选举产生。政府称谓，1950 年 9 月，称第六区（白砂）人民民主政府，11 月改为第六区人民政府。1954 年，改称第六区（白砂）区公所；1958 年 3 月，改称白砂乡人民委员会；1958 年 9 月，称白砂乡人民政府；1958 年 10 月，改称国庆人民公社；1960 年 3 月，改称白砂人民公社管委会。1968 年 6 月，改称白砂人民公社革命委员会。1979 年 7 月，恢复白砂人民公社管委会称谓。1984 年，撤社设乡，称白砂乡人民政府。1993 年 9 月，撤乡建镇，白砂乡人民政府改为白砂镇人民政府。

第一节　新中国成立前的基层政权

一、宋、元、明、清时期

宋元时期，白砂设“里”称为“鳖砂里”。明洪武十四年（1381 年）改为白砂里。清光绪二十四年（1898 年）戊戌政变后，改“里”为“区”,称白砂区。乡村管理以基层自治为主，元朝以“社”作为基层自治组织，明朝以“里甲制”与“里老制”作为基层自治的二元管理机制，清朝以“保甲制、族正制、乡约制”为基层社会自治制度。康熙四十七年（1708 年）后，保甲制进一步完善，“凡州县乡域，十户立一牌头，十牌立一甲头，十甲立一保长”，作为治安、防盗、户籍等事务的管理机构。

二、民国时期

（一）国民党政权

民国五年（1916 年）至民国十八年（1929 年），白砂隶属上杭北路第二区。民国二十年（1931 年），设立北路白砂区。民国二十五年（1936 年）12 月，改路为区,白砂境域隶属上杭第三区，区署设在白砂。白砂有好义乡、崇礼乡、尚智乡、敦仁乡 4 个联保办事处。

（二）苏维埃政权

民国十八年（1929 年），成立北二区苏维埃政府，区苏主席罗寿荣。民国二十年（1931 年），成立第五区(白砂)苏维埃政府，区苏主席蓝寿荣，后为曾瑞田、袁文光、廖尚书、袁清侠。民国二十三年（1934年)，成立白砂区苏维埃政府，区苏主席郑正奎；民国二十五年（1936年）区苏主席黄子诚。从民国十八年(1929年）至1949年的20年间，中共上杭县委和县苏维埃政府多次驻白砂，以白砂为中心，指挥全县的革命斗争。因此，白砂的苏维埃政权一直坚持到新中国成立，保持20年红旗不倒。

第二节　地方人民代表大会

一、代　表

1951年5月，根据中央人民政府政务院1950年12月通过的《镇（行政村）人民代表会议组织通则》，开展民主建政，召开群众大会，推荐各界人民代表出席区（乡）各界人民代表会议。选举产生区（乡）行政长官和政府委员。人民代表会议代表任期一年。各选区（村）的代表推选代表主任一人，在区（乡）政府领导下，联系代表开展各项工作。

1953年，白砂区（第六区）成立选举委员会，主持选举工作，进行普选。区（乡）人民代表候选人三榜确定后，按选区由选民以举手（或投豆）方式直接选举人民代表。

1958年10月后，由公社的人民代表大会（亦称社员代表大会）选举社长、副社长。公社管委会委员由党委指派工人、农民、青年、妇女、武装等方面的代表组成。后来，人民代表会议为公社、大队、生产队三级干部扩大会议取代。

“文化大革命”期间，公社人民代表大会（简称人代会）被“三代会”（工人代表、贫下中农代表、红卫兵代表大会）所代替，选举工作中断。

1984年9月，恢复乡（镇）人民代表大会制度。乡（镇）人民代表大会代表，按照选举法的规定，并按照上杭县人大常委会的具体部署，由乡（镇）党委按选区划分提出部分候选人，（其余候选人由选民直接推举)，在全体选民中投票选举产生。

二、代表大会

1951年5月，第六区（白砂区）召开各界人民代表会议（第一届)，规定区政府会议每3个月召开1次，特殊情况下召开临时代表会议；10天开一次区政府委员会，检查工作执行情况，开展批评和自我批评；15天召开一次各委员会会议，除检查工作外，还收集群众对区政府的建议和意见。

1953年，召开第二届人民代表大会，听取区政府工作报告，审议财政收支，还对辖区内工农业生产、政法、文教卫生以及群众生活等问题提出议案、建议。会议以无记名投票方式选举区长、副区长。

1958年4月11日，召开白砂区第三届人民代表大会第一次会议，代表73人，到会代表67人（缺席6人)。会议主题是：撤区并乡。会议选举张清盛为乡长，刘富春、胡高清为副乡长。

1961年11月8日至10日，召开白砂公社第四届人民代表大会第一次会议，代表175人（女代表34人占19.43%，共产党员代表55人占31.43%)。选举出席上杭县人民代表大会代表9名。

1963年7月20日至22日，召开白砂公社第五届人民代表大会第一次会议，代表166人，实到149人。选举出席县人代会代表13人，选举人民委员会委员15人。

1966年6月1日至4日，召开白砂公社第六届人民代表大会，代表87人。选举产生社长1名，副社长2名。

1980年6月25日至27日，召开白砂公社第七届人民代表大会第一次会议，代表155人（女代表23人)，实到147人。杜冬如做题为《团结起来，为建设繁荣、富强的社会主义新白砂而努力奋斗》的政府工作报告。

1984 年 10 月 18 日至 19 日，召开白砂乡第八届人民代表大会第一次会议，代表 135 人（女代表 27 人），实到 129 人。张逢铭做题为《发展经济，振兴白砂》的政府工作报告。会议举行民主选举，选举产生乡长 1 名，副乡长 3 名。

白砂乡第九届人代会（唐鉴荣　供稿）

1987 年 10 月 10 日至 11 日，召开白砂乡第九届人民代表大会第一次会议，到会代表 68 人（女代表 15 人）。胡堂琪做题为《坚持改革、开放、搞活方针，促进经济持续稳定发展》的政府工作报告，张逢铭做人大工作报告。会议选举产生人大主席 1 名，乡长 1 名，副乡长 2 名，出席县十届人代会代表 12 名（女代表 3 名）。

1990 年 12 月 20 日至 21 日，召开白砂乡第十届人民代表大会第一次会议，到会代表 68 人。胡堂琪做题为《励精图治，再创新业》的政府工作报告，张逢铭做人大工作报告。会议选举产生人大主席 1 名，乡长 1 名，副乡长 2 名，出席县十一届人大代表 12 名。

1993 年 12 月 18 日至 19 日，召开白砂镇第十一届人民代表大会第一次会议，到会代表 69 人。李建生做题为《解放思想抓住机遇，促进我镇改革开放和经济建设再上新台阶》的政府工作报告，张逢铭做人大工作报告。会议选举产生人大主席 1 名，镇长 1 名，副镇长 2 名，出席县人代会代表 19 名。

1996 年 12 月 16 日至 18 日，召开白砂镇第十二届人民代表大会第一次会议，到会代表 69 人，胡冲做政府工作报告，华伦龙做人大工作报告。选举产生镇人大主席 1 名，镇长 1 名，副镇长 2 名，科技副镇长 1 名。

1999 年 12 月 16 日，召开白砂镇第十三届人民代表大会第一次会议，到会代表 57 人。华彩文做《把握机遇，狠抓落实—为实现跨世纪的宏伟目标而努力奋斗》的政府工作报告，邹良辉做人大工作报告。选举镇人大主席 1 名，镇长 1 名，副镇长 2 名，科技副镇长 1 名。

2002 年 12 月 12 日，召开白砂镇第十四届人民代表大会第一次会议，到会代表 57 人（女代表 17 人）。陈晓明做《与时俱进，真抓实干—为加快白砂发展而努力奋斗》的政府工作报告，刘洪伟做人大工作报告。会议选举镇人大主席 1 名，镇长 1 名，副镇长 2 名，科技副镇长 1 名。

2006 年 12 月 16 日，召开白砂镇第十五届人民代表大会第一次会议，到会代表 56 人 。陈晓明做政府工作报告，刘洪伟做人大工作报告。会议选举人大主席 1 名，镇长 1 名，副镇长 2 名，科技副镇长 1 名。

2008 年 1 月，召开白砂镇第十五届人民代表大会第二次会议，到会代表 56 名。李德强做政府工作报告，刘洪伟做人大工作报告。会议选举李德强为人民政府镇长。

2011 年 12 月 26 至 27 日，召开白砂镇第十六届人民代表大会第一次会议，到会代表 57 人。刘勇做政府工作报告，谢荣康做人大工作报告。会议选举人大主席 1 名，镇长 1 名，副镇长 3 名。

2913 年 7 月 26 日，召开白砂镇第十六届人民代表大会第三次会议，依法选举刘勇为镇第十六届人民代表大会主席团成员，选举黄泰林为白砂镇人民政府镇长。

2016 年 12 月 16 至 17 日，召开白砂镇第十七届人民代表大会第一次会议，到会代表 57 人。郭丽蓉做政府工作报告，赖建亮做人大工作报告。会议选举人大主席 1 名，镇长 1 名，副镇长 3 名，科技副镇长 1

名。

三、人大及其主席团的主要活动

（一）机　构

1987年下半年，根据上杭县选举委员会《关于乡镇人民代表大会设主席团的意见》，设立乡人大主席团，为常设机构，配备专职常务主席。1996年，根据修改后的《中华人民共和国地方各级人民代表大会和地方各级人民政府组织法》规定，镇人大主席团常务主席更名为镇人大主席，镇人大主席由镇人民代表大会从代表中选出，任期与镇人民代表大会每届任期相同。人大主席团常务主席和人大主席的人选，由县级组织考核认定后提出候选人，镇人民代表大会选举产生。

（二）主要活动

按照《中华人民共和国地方各级人民代表大会和地方各级人民政府组织法》的规定，白砂镇人大及其主席团在镇党委的领导下和县人大的指导下开展工作。

主席团每年负责筹备召开白砂镇人民代表大会，组织白砂镇的县人大代表参加上杭县人民代表大会。闭会期间，对镇政府实行法律监督和工作监督，开展行风监督和民主评议工作；决定辖区内的经济、文化和公共事业的重大事项；保证宪法、法律、行政法规和上级人民代表及其常务委员会的决议、决定在本镇的贯彻执行，做好法律法规的宣传工作；认真办理镇人大代表提交的批评、建议和议案，办理人民群众的来信来访；每季度召开一次主席团会议，根据各时期各阶段要求不定期组织县、镇人大代表进行学习、执法检查和视察等方面活动；组织县人大代表向县有关部门提出批评建议和议案。在每届县人大代表或镇人大代表届满时，有计划、有组织、有步骤地依法开展县、镇人大代表的选举工作，依法选举产生镇人大主席、镇长、副镇长。

1991—1993年，乡（镇）人大主席团建立人大代表议政室，聘请9位乡代表为代表联络组联络员。组织县、乡（镇）人大代表对政府和基层所站评议35次，收集批评、建议、意见并及时提出整改意见、建议。

2000年5月22日，镇人大主席团组织部分县、镇人大代表和主席团成员对村镇建设管理站、水利工作站、林业站、白砂中学进行工作评议。7月16日，对白砂镇政府上半年的工作进行评议。

2001年6月，镇人大主席团组织人大代表对镇民政办、司法所、广电站、邮电支局等单位进行工作评议，提出建议、意见16条。

2006年，突出抓好县、镇两级人大换届选举工作，选举新一届县人大代表9名，镇人大代表57名。

2006—2011年，镇十五届人大主席团按照县人大的要求，先后开展了“夯实基础年”“服务发展年”“提高履职年”“增强监督实效年”“提升服务发展效率年”活动。其间，共召开人代会议5次，主席团会议23次，开展视察调研25次，督办代表建议、意见89件。

2011年11月，依法选出11名县人大代表和57名镇人大代表。

2011—2016年，镇十六届人大主席团认真学习习近平总书记系列重要讲话精神和张德江委员长来杭调研指导人大工作重要指示精神，学习借鉴才溪镇人大工作经验，人大工作富有成效。其间，共召开人大会议6次，主席团会议25次，开展视察、执法检查、专题调研36次，为党委、政府提出合理化建议、意见66条，督促办理代表建议、意见84件。

2016年11月30日，依法选出12名县人大代表，57名镇人大代表。同年12月16、17日召开镇十七届人大一次会议。会议期间，代表提出建议、意见28件。同时，还组织代表到泮境视察漫步道建设。

2017年，根据上级要求，乡镇人大每年需召开年中、年末两次人大会议，镇人大主席团先后于8月2日和12月22日主持召开镇十七届人大二次、三次会议。会议期间，共收到代表建议、意见50件。本年，镇人大主席团以自身建设、服务发展、依法监督、代表工作为工作重点，始终坚持与党委同心、与政府同力、与人民同行、与时代同步，全年共召开主席团会议 5 次，听取政府及部门工作报告 6 次，开展视察调研 8 次。在镇十七届三次会议上，人大代表认真行使重大事项决定权，通过了《关于全力支持集镇提高改造工作的决定》。

表 12–1 白砂镇（乡）第九届至第十七届人大主席团常务主席、主席名表

届 别	职 务	姓 名	任职时间
第 9 届	常务主席	张逢铭	1987–10—1990–11
第 10 届	常务主席	张逢铭	1990–12—1993–11
第 11 届	常务主席	张逢铭	1993–12—1996–11
第 12 届	人大主席	华伦龙	1996–12—1999–11
第 13 届	人大主席	邹良辉	1999–12—2002–11
第 14 届	人大主席	刘洪伟	2002–12—2006–07
第 15 届	人大主席	刘洪伟	2006–08—2011–04
第 16 届	人大主席	谢荣康	2011–05—2016–04
第 17 届	人大主席	赖建亮	2016–05—

附：白砂镇（乡）出席全国、省、市、县人大代表名录

全国人大代表：

第十二届：袁锦贵

福建省人大代表：

第八、十、十一、十二届：袁锦贵

龙岩市人大代表：

第十七届：刘先裘、邓百科

上杭县人大代表：

第一届人大代表：黄 蔚、林二熙、刘金辉、傅耀初、袁荣兴、陈梅娣（女）、丘乾元、温义昌、刘汤臣、丘蔚元、罗锡春、郑焕荣。

第二届人大代表：胡开荣、傅扬清、袁胜兰、丘蔚元、张秉龙、曾志高、李猛文、袁竹秋、严炳隆、袁怀昌。

第三届人大代表：袁竹秋、张清盛、胡开荣、刘金辉、袁招子（女）、傅扬清、曾志高、李贞传、严炳隆、李韶美、林开钦、张奎书、袁怀昌、丘蔚元。

第四届人大代表：丁志万、严锡贵、袁竹秋、袁带娣（女）、张寿恒、张秉有、龚荣昌。

第五届人大代表：袁竹秋、傅宗仁、袁化如、张秉有、袁带娣（女）、廖来娣（女）、赖来凤（女）、袁进德、傅维松、赖松根、吴作仁、李养奎、何招娣。

第六届人大代表：（因“文化大革命”，代表未正式选举产生）。

第七届人大代表：刘东生、刘逢寿、严梅英（女）、李周旺、袁益田、丁志万、何招娣、严炳隆、袁旺兴、袁雄辉、温启梅、李双凤（女）、李熙尧、袁大荣、刘开荣、傅进生、傅生煌、张桂英（女）、李桂兰（女）、张逢铭、袁清娥（女）。

第八届人大代表：黄　蔚、林培熙、饶定辉、袁清娥（女）、傅俊生、张道行、罗秉林、袁万贵、袁兰凤（女）、刘禄丛、刘文友、吴松标、李永喜、杜冬如、袁耀天、袁启南、廖纪标、严集德、丘松兰（女）、袁斗星、龚福芳、袁继林、傅则见、丁志万、游碧莲（女）、李招玉（女）。

第九届人大代表：张逢铭、袁如钦、李森意、袁申魁、袁启南、赖绍勤、刘庆青、袁银莲（女）、吴玉常、张培山、严慧英（女）、丁寿康、刘德林、曹秋金（女）、龚松生、游碧莲（女）、罗福光、郑全林、李克波、李贵兰（女）、龚双年、林东干。

第十届人大代表：袁南清、袁兰凤（女）、林瑞民、刘德林、傅振芳、刘寿南、袁银莲（女）、严井金、罗秉才、游碧莲（女）、袁建中、张宗海。

第十一届人大代表：张逢铭、胡堂琪、袁美林、袁焕庭、严标隆、张声发、廖松章、温建华、傅振芳、袁美连（女）、刘天养、罗贤丰。

第十二届人大代表：张逢铭、李建生、温锡林、袁申魁、傅运秀（女）、林先应、袁金香（女）、刘永辉、傅晓凤（女）、傅永达、赖炳荣、刘瑞村、严振华、严标隆、温德国、谢荣松、罗福光、游万建、傅青福。

第十三届人大代表：李冬英（女）、刘榕庆、刘　标、刘新金（女）、丁春香（女）、罗福光、袁申魁、华伦龙。

第十四届人大代表：赖杭新、袁汉石、袁桂英（女）、刘洪伟、刘新金（女）、刘万生、温文标、刘长松、严富南、蓝善祥、谢文和。

第十五届人大代表：罗小红、袁汉石、刘洪伟、张声发、刘新金、邓百科、袁金娣、严瑞文、王庆云。

第十六届人大代表：袁南清、袁锋华、傅焕昌、谢荣康、邓百科、刘清祥、李德强、刘福娣（女）、严瑞文、王庆云、谢带连（女）。

第十七届人大代表：林英峰（女）、袁广元、李建清、曹永忻、傅飞虎、胡翠英、刘福娣（女）、赖建亮、丁爱民、邱伟华（女）、张其培、温汉卿。

第三节　地方人民政府

一、组织机构

1949 年 9 月，白砂区人民民主政府正式成立，辖 11 个村（田源、大田、樟黄、中洋、朋城、梧田、塘丰、岭背、官将、洋乾、嫩洋）。区政府设在厦洋，后搬到城厦。

1950 年 9 月，白砂为上杭县第六区，辖 11 个村（田源、大田、樟黄、中洋、朋城、梧田、塘丰、岭背、官将、洋乾、嫩洋）。

1957 年，白砂区辖洋乾、官将、田背、塘丰、中黄、文都、中村、华丰、新坊九个乡。

1958 年 3 月，撤区并乡，成立白砂乡人民委员会。同年 5 月，成立官将乡，辖官将片 6 个行政村，乡政府驻将军桥。同年 9 月，官将乡合并到白砂乡。

1958 年 10 月，成立国庆人民公社，公社设在朋新村上城厦的麒麟溪东畔（溪西畔为中洋村区域）。

1959 年，国庆公社辖 12 个大队（岭背、大科、朋城、中洋、塘丰、官洋、官将、华佳、丰年、中村、坪高）、1 个农场（西家洋农场）。

1960 年 3 月，调整公社体制，国庆人民公社改称白砂人民公社。蛟洋公社华家片的 10 个村(华家、秋竹、文都、丰年、再兴、中村、再下、小和、邹坑、坪上）划归白砂公社管辖。

1961 年 4 月，成立官将公社。

白砂公社革命委员会成立大会

1965年，公社搬迁至原址正对面的天主教堂旁边（中洋村区域）。同年4月，官将公社合并到白砂公社。有24个大队：中洋、梧田、梧岗、塘丰、大田、大金、扶福、朋城、樟坑、黄坑、新田、岭背、大科、长锦、上源、上康、旱康、官洋、茜黄、洋乾、鄞坑、军桥、官塘、嫩洋。

1968年6月，成立白砂公社革命委员会。

1984年9月，撤销公社，建立白砂乡人民政府，改大队为村。辖22个行政村：中洋、朋新、岭背、樟黄、梧岗、梧田、塘丰、大田、大金、扶福、大科、长锦、丰源、上旱康、下旱康、碧砂、官洋、官将、茜黄、东塘、嫩洋、洋乾。

1993年9月撤乡建镇，成立白砂镇人民政府。

表12–3　白砂（区、公社、乡、镇）人民政府历任负责人名表

名　称	职　务	姓　名	任职时间	附　注
白砂区政府（第六区）	区　长	傅铭喜	1949–09—1949–11	
		黄　蔚	1949–12—1952–12	
		温义昌	1952–12—1954–04	代理区长
	副区长	谢初全	1949–09—1950–05	
		胡开荣	1949–09—	
		马　青	1950–05—1951–06	
		张清盛	1952–08—1954–04	
	第二副区长	温义昌	1952–08—1952–12	
白砂区公所（第六区）	区　长	温义昌	1954–04—1955–04	
	副区长	张清盛	1952–08—1956–10	
	第二副区长	袁哲明	1955–08—	
白砂区公所	区　长	吴光华	1957–03—1958–03	全县从13个区合并成8个区
	副区长	严炳隆	1956–05—1958–03	
		张清盛	1956–04—1956–10	
		张连养	1956–06—1956–09	
白砂乡人民委员会（1958年3月，将86个小乡镇合并成42个乡镇）	乡　长	张清盛	1958–03—1958–09	
	副乡长	刘富春	1958–03—1958–09	兼财粮
		胡高清	1958–03—1958–09	兼文书

续表

名 称	职 务	姓 名	任职时间	附 注
官将乡人民委员会	乡 长	张奎书	1958-03—1958-09	
	副乡长	郑树桥	1958-03—1958-09	
白砂乡人民政府（1958年9月，调整机构，将全县42个乡合并为14个大乡）	乡 长	高子同	1958-09—1959-04	半脱产
	副乡长	袁光荣	1958-09—1959-04	半脱产
		袁柏春	1958-09—1959-04	
国庆公社（1958年10月，14个乡改设15个人民公社）	社长	张清盛	1959-04—1960-03	
	副社长	高子同	1959-04—1959-10	
		袁柏春	1959-04—1960-03	
		温国臣	1959-04—1960-03	
白砂公社（1960年3月调整机构，将15个人民公社合并成12个人民公社）	社 长	张清盛	1960-03—1960-04	
		李治华	1960-04—1961-06	
	副社长	温国臣	1960-04—1961-01	
		傅占荣	1960-04—1961-04	
		李福生	1960-03—1960-08	
白砂公社管委会（1961年6月调整公社体制，原12个公社分为46个公社）	社 长	张秉有	1961-06—1965-04	
	副社长	李勤章	1961-06—1965-04	
		李福生	1961-06—1962-05	
官将公社管委会	社 长	龚荣昌	1961-06—1964-10	兼
	副社长	罗贤芬	1961-08—1965-04	
白砂公社管委会（1965年4月，由46个公社合并成20个人民公社）	社 长	王道荣	1965-04—1965-08	
	副社长	张秉有	1965-04—1966-07	
白砂公社革委会（改制：由管委会改为革命委员会）	主 任	丁玉泉	1968-10—1972-11	
		林东干	1972-12—1977-10	
		陈发珍	1977-10—1979-07	
	副主任	刘文友	1968-10—1975-08	
		张玉辉	1968-10—1970-09	
		池锦发	1970-01—1970-05	
		张寿垣	1972-02—1975-11	
		林东文	1971-02—1979-07	
		邱能春	1972-01—1979-07	
		张玉春	1972-11—1979-09	
		黄永奎	1973-05—1975-11	
		丘崇盛	1975-08—1979-07	
		王灿荣	1975-08—1979-07	

续表

名　称	职　务	姓　名	任职时间	附　注
白砂公社革委会（改制：由管委会改为革命委员会）	副主任	蓝太仙（女）	1975-08—1980-06	
		梁振旺	1975-08—1979-07	
		王富德	1975-12—1979-07	
		林　勇	1975-12—1983-10	原名林焕琪
		丘桂新	1976-02—1984-09	
		钟仰清	1977-11—1980-06	
		李琳辉	1979-07—1980-06	
		何炽云	1979-07—1980-06	
		蓝史明	1979-07—1981-01	
白砂公社管委会（1979年7月撤销革委会，恢复管委会）	主　任	杜冬如	1979-07—1984-09	
	副主任	刘德金（女）	1980-06—1982-04	
		李新旺	1980-06—1984-09	
		龚桂芳	1980-06—1982-05	
		温焕梅	1980-06—1984-09	
		赖法昌	1980-06—1984-09	
		邓柏炎	1984-01—1984-09	
白砂乡人民政府（1984年9月撤社建乡，11月换届选举新的乡镇长）	乡　长	张逢铭	1984-09—1987-11	
		胡堂琪	1987-09—1987-11	代理乡长
		胡堂琪	1987-11—1990-12	
		袁兆泉	1990-12—1993-06	
		李建生	1993-06—1993-11	代理乡长
	副乡长	温焕梅	1984-09—1987-11	
		伍成生	1984-09—1987-11	
		林英峰（女）	1984-09—1987-11	
		袁学文	1987-11—1993-08	
		袁兆泉	1987-11—1990-12	
		华伦龙	1990-12—1993-08	
白砂镇人民政府（1993年9月撤乡建镇）	镇　长	林金庭	1993-12—1996-04	
		胡　冲	1996-04—1999-03	
		华彩文	1999-03—2002-06	
		陈晓明	2002-06—2007-12	
		李德强	2007-12—2011-05	
		刘　勇	2011-05—2013-05	
		黄泰林	2013-05—2016-04	

续表

名　称	职　务	姓　名	任职时间	附　注
白砂镇人民政府（1993年9月撤乡建镇）	镇　长	郭丽蓉（女）	2016-05—	
	副镇长	黄庆锋	1993-12—1996-05	
		林树椿	1994-03—1996-05	
		刘庆文	1996-05—2002-08	
		刘桃英（女）	1996-09—2002-08	
		谢荣康	2002-08—2006-12	
		林泉如	2002-08—2006-12	
		黄振有	2006-12—2011-05	
		谢春祥	2006-12—2008-01	
		罗世远	2008-01—2013-05	
		邹昌霖	2011-11—2013-05	
		邱　作	2011-11—2013-10	挂职
		周万寿	2013-10—2016-05	
		曾　智	2013-10—	
		钟攀华	2016-05—	
		袁　洪	2016-05—	
	科技副镇长	赖瑞康	1988-09—1993-08	
		胡　冲	1993-08—1996-04	
		赖树田	1996-05—1999-07	
		陈福如	1999-07—2002-08	
		江钦仁	2002-09—2006-05	
		张寿英	2006-12—2011-05	
		马水松	2011-05—2016-05	镇长科技助理（副科级）
		罗何英（女）	2016-05—	

注：本表1987年以前任职人员据《上杭县人事志》整理，1988年后任职人员据历年《上杭县年鉴》资料整理。

二、政务纪略

（一）经济恢复和社会主义改造时期

1949年9月，第六区（白砂区）人民民主政府成立后，进入经济恢复和社会主义改造时期。

1950年，区政府成立土改工作队，组织农民进行土地改革，白砂因保留了苏维埃时期的土地革命果实，没有进行大面积的土地改革，只进行个别土地调整，确定地权。至年底，各乡村成立农民协会，乡农民协会设主席、副主席，宣传、民兵、生产委员等6~7人；自然村设农协分会主任1人，小村设小组长1人。1950年始，为大水源、上隔元、大路下、黄焦坑、俞家桥、黄柏坑、阁坑等革命基点村发放救济粮、救济款和衣服等，帮助群众恢复生产、重建家园；组织全民办夜校、学文化，开展扫除青壮年文盲活动；开展拥军优属活动，组织群众为烈军属优抚代耕；宣传贯彻《中华人民共和国婚姻法》，废除封建婚姻制度。

1952年春，区政府根据中央“组织起来，发展生产”的方针，以自愿结合、等价互利的原则，组织农业生产互助组。根据过渡时期总路线的要求，引导手工业者走集体化道路，按不同行业组织生产合作社。条件较好的互助组合并为初级社。

1955年春，按上杭县人民政府要求，将初级社合并为高级社。

1955年11月至1956年6月，保留土地革命果实地区进行民主革命补课，补划地主、富农成分（1981年7月，根据中共福建省委文件规定，宣布当时所划成分无效）。

1957年4月，组织民工参加修筑上杭—郭车公路。配合杭郭公路工程指挥部，对该公路途经白砂的岭背、朋新、大科、长锦、官洋、军桥、东塘、洋乾8个行政村进行路线规划。年底，农业合作化基本完成，加入高级农业生产合作社农户占农户总数的98%以上，耕地从私有制转变为社会主义集体所有制，基本上实现对农业的社会主义改造。

（二）开始全面建设社会主义时期

1958年，建成在中洋村的中山陂,并建成白砂第一座水电站——中山陂水电站，对中洋、梧岗、梧田三个行政村供电。

1958年，贯彻执行中共八届二中全会通过的“鼓足干劲，力争上游，多快好省地建设社会主义”的总路线。11月后，实行人民公社化，按组织军事化、生活集体化和行动战斗化的要求，“统一领导，统一管理，统一核算”，公社把劳力组建成民兵团，大村设营、连，小队设排、班,实行大兵团作战。生活上实行集体化，大办公共食堂，提出“放开肚皮吃饱饭，鼓足干劲多生产”。大办农业，大办工业，大办交通运输、大搞技术革新。抽调大批劳动力大炼钢铁，忽视农业及其他副业生产，造成粮食的大幅减产。为完成炼铁任务，消耗大量木炭，森林遭到毁灭性的破坏；农业生产为达到上级“社社创三千斤队，队队创亩产万斤粮”等指标，实行移苗并丘和所谓合理密植等不切实际的做法，竞放高产“卫星”（1亩地产上千公斤粮食）。在大办人民公社过程中，由于急于求成，出现高指标、瞎指挥、浮夸风、共产风和无偿平调集体、个人资金、物资的现象，造成人力、物力的巨大浪费。由于“左”倾错误的干扰和当时自然灾害的影响，使农村经济发生严重困难，粮食产量连年减少，导致1960年出现严重水肿病、人口非正常死亡、人口外流等问题。10月，境内设立国营上杭县白砂林场。是年，设立白砂学区，负责管理白砂的小学、幼儿教育。在中洋天主教堂创办白砂保健院。

1961年后，贯彻“调整、巩固、充实、提高”的方针政策，开展以纠正“五风”（共产风、浮夸风、强迫命令风、生产瞎指挥风、干部特殊作风）为主要内容的整风整社运动。贯彻《人民公社工作条例》（六十条），推行“三包一奖”（包工、包产、包投资，超产奖）、“四固定”（土地、劳力、农具、牲畜）的责任制。重申“三级所有，队为基础”，取消公社统一核算，改生产队为核算单位。调动人民群众的积极性，经济逐渐恢复。

1964年春，白砂公社、官将公社开展点上、面上社会主义教育运动，以“四清”（清政治、清思想、清经济、清组织）为主要内容。是年，创办白砂农业中学。

1965年，在天主教堂旁边（中洋村区域）新建两座土木结构的两层楼房，作为白砂公社办公用房。

（三）“文化大革命”时期

1966年开始的“文化大革命”，实行政治挂帅，对工农业生产产生严重影响，使全社经受一场大灾难，各项事业遭受严重挫折和损失。1968年6月，公社成立革命委员会，开始“抓革命，促生产”。同年，白砂公社革委会成立“五七”领导小组，至1969年，共接待、安置省、地、县、厦门等地的下放干部，大中专毕业生868人（其中知识青年523人）。1969—1970年，组织开展农业学大寨、兴修水利、改造低产田等运动。

1968年，茜黄大队建成小型水电站，自此至20世纪70年代白砂掀起了大办小水电站的热潮，全公社22个大队有13个大队建了小水电站。9月，在白砂小学校址内创办蛟洋中学白砂分班，白砂农业中学并入白砂分班。1969年6月，正式命名为上杭县白砂中学。

1969年，开通白砂军桥至泮境凌屋村公路（简称军泮公路）。

1970年9月，成立白砂建筑队。是年，在朋新下洋土楼里新建一座白砂医院。

1971年，成立白砂农械厂。

1973年，大搞农田水利建设，改造低产田，开荒造田，扩大耕地面积，推广矮秆良种，卷秧、密植，间作改连作。

1974年，公社统一调度，各大队投工投劳建设岽坑水库（后改为上磜水库）。同年开始建设塘丰电站。

（四）社会主义现代化建设时期

1976年10月，粉碎江青反革命集团，宣告“文化大革命“结束。之后的两年中，政府工作在徘徊中前进。

1977年，动工兴建旧县到白砂公路（简称旧白公路）。塘丰电站竣工送电，装机容量250千瓦。

1978年12月，中共十一届三中全会召开，公社管委会认真贯彻落实全会精神，把工作重点转移到经济建设上来。同年由公社统一调度，采用官将片六个大队（官洋、茜黄、军桥、东塘、嫩洋、洋乾）投工摊派、以劳入股的方式兴建乾洋水电站，至1981年竣工送电，装机容量250千瓦。

1980年，公社认真贯彻“以粮为纲，全面发展，因地制宜，适当集中”和调整、改革、整顿的方针，对山、水、田、林、路进行综合治理，改革耕作制度，开展种养结合；调整农业内部结构，提高劳动生产率。早康公路开通，结束早康不通车的历史。

1981年，公社贯彻落实中共中央《关于进一步加强完善农业生产责任制的几个问题》的通知精神，各大队、生产队全面实行家庭联产承包为主要形式的责任制，调动了农民的积极性，粮食生产迅速发展。

1984年，撤销公社建制，设立白砂乡人民政府。

1984—1986年，乡政府认真贯彻中共中央“一号文件”精神，调整农村产业结构，大力发展多种经营。1984年后，乡人民政府开始重视发展烤烟生产，并把它作为发展农村经济、增加农民收入的主导产业，以计划种植、主攻质量、提高单产为指导方针；采取品种良种化、种植区域化、栽培规范化等一系列措施，引导农户多种烟、种好烟。在资金上予以扶持，生产上予以指导。

1985年，白砂乡被确定为贫困乡之一。此后，乡政府贯彻执行上杭县关于扶贫工作的一系列决策和部署，把脱贫致富工作作为一项中心任务摆上议事日程，贯彻落实党在农村的各项方针、政策，实行资金、项目、效益“三挂钩”。是年，乡政府征用市场旁边朋新村农田，搭建8排的砖木结构固定摊架，作为白砂新开设的第二个圩场。

1987—1990年，乡政府把扶贫工作作为一项中心任务。贯彻“自力更生为主，国家扶助为辅”的原则，采取“集中资金，重点扶助”“科技扶贫，部门协作”等措施，利用香菇、果树、麻竹、毛竹、林业五大基地，重点扶持。发放扶贫贷款2.4万元，乡村企业扶持资金1.5万元，解决安排贫困户劳动力375人。

1991年，制订“八五”（1991—1995）计划，修订国民经济和社会发展的十年规划，努力实现乡党委“提前六年翻两番，提前两年达小康”的目标。

1991—1993年，大力扶持贫困户进行生产与资源开发、智力开发相结合，提高自身的“造血”功能。乡村企业使用扶贫资金8万元，安排解决贫困劳动力700人。为了发展农村经济增加群众收入，把大力发展山麻鸭作为群众脱贫致富的主要项目来抓，建立大田村养鸭协会和山麻鸭人工授精研究所。1993年9月，撤乡建镇。在朋新村境内规划经济开发区。当年，全镇烤烟种植6000亩，为烤烟种植面积最大的年份，收购烟叶340多吨，产值250万元。全镇建烤房300多座，县烟草公司在白砂开发区兴建白砂烟草站。是年，白砂卫生院新址落成，进行整体搬迁。

1994—1996年，按照上杭县委提出的“以扶贫攻坚奔小康统揽农村工作全局”的思想，加快农村贫困户脱贫致富奔小康步伐，改传统的分散式扶贫为开发式扶贫，与县委、县政府签订脱贫攻坚验收目标责任状。贯彻上杭县委、县政府《关于大力发展竹业生产的决定》，做起竹文章，念活竹字经，完善毛竹生产责任制，加快发展竹业经济，制订毛竹生产三年发展规划。1994年，在实行先行工程建设的高潮中，上杭县按部颁山岭重丘二级公路标准对省道围禾线蛟洋—上杭段进行改造，镇政府按上级部署动员和组织群众积极支持和参与先行工程，改造工程于1997年5月1日全部完成。是年，县电力局在白砂建成一座35千伏的变电站，缓解白砂用电紧张的困境。建立山麻鸭大田村规模养殖基地。镇政府以畜牧兽医站为技术骨干，从资金、技术上扶持基地和农户养鸭，养殖大户不断增多。是年，白砂镇开通程控电话、开设闭路电视。1996年始，对全镇确定的贫困户采取政策、资金、技术为主“倾斜”的办法，重抓贫困户的开发性生产，实行领导、干部挂钩扶贫“五包”（包建立脱贫台账，包项目的实施，包资金的发放和回收，包各种业务、项目落实到户，包扶贫资金到位和技术服务到家）制度。1996年，扶贫攻坚181户，当年脱贫179户，占98.8%。1997年，扶贫攻坚51户228人，年底全部脱贫，人均纯收入达1930.5元。造福工程11户48人喜迁新居。年底，经龙岩市复查验收，确认基本实现小康镇。

1998—2002年，在基本实现小康的基础上，继续推进扶贫开发和小康建设。实行小额信贷扶贫到户工程，帮助贫困户发展生产。组织百名干部下基层、进农户、搞调研、理思路，重抓生猪、食用菌、山麻鸭、毛竹、烤烟、水果、蔬菜、焦芋八大产业，夯实经济基础。实施科技兴镇战略，兴建镇农民职业技术培训中心。抓好山地综合开发，盘活太阳圩林果场。优化投资环境，吸引外商投资办实业。

2003年后，贯彻落实《关于上杭县新一轮扶贫开发意见》，稳步推进新一轮扶贫开发。重点扶持贫困户和低收入农户增加收入，并以改善生产生活条件为目标。继续深化推进农业结构调整。2004年，开展整环境、美家园活动，全镇动员，全民参与，全民整治，不断改善镇村面貌，净化、绿化、美化、优化生产生活环境，促进经济社会、人与自然的全面协调发展。2005年，对集镇中心区实施二期扩改建，实行扶贫开发整村推进工作，继续做好集体林权制度改革工作。

2007—2011年，认真实施做大“三个区”（竹木加工园区、集镇中心区、郑坑桥工贸小区），做强“三个带”（城区延伸带、绿色产业带、工贸城镇带），实现“一亿两万”（竹木加工园区产值突破亿元；烤烟收购突破万担，集镇中心区聚居人口突破万人）的经济发展战略。强农方面，主抓粮、烟、猪、竹、果、茶、阔叶林生产，全面完成造林绿化任务，培育了樟黄、茜黄、岭背、军桥4个毛竹“一村一品”示范村，抓好全镇5万亩的毛竹林管护，新植和管护果树5000多亩。成立绿鑫农业发展有限公司和金色茶油发展有限公司，新辟茶园2000多亩。岭背4000多亩红菇生产基地得到进一步保护与开发。大金槐猪、大田山麻鸭、华宝丹黄土鸡等品牌进一步打响。兴工方面，围绕园区产值上亿元的目标，推进白砂竹木工业园区的规划和建设。完成1500亩园区详规编制，完成省道308线至园区3公里道路硬化，实施园区供水工程建设，完成园区300亩土地征控工作和10千伏电力专线架设。同时加大招商引资力度，引进沃森木制品有限公司、益龙木业有限公司、鑫华木制品加工厂等企业落户园区，引进厦门欧曼琪服饰有限公司、厦门湖头食品有限公司等投资项目13家。2009年7月21日，蛟洋到上杭的高速公路动工兴建，镇政府扎实做好境内征地拆迁工作。推进郑坑桥集镇新区建设，投入200多万元完成新区土地平整、路灯、排水沟等基础设施建设。推进新农村村庄建设，聘请北京中外建筑设计有限公司启动白砂总体规划编制工作。完成军桥、中洋、岭背、官洋、扶福、樟黄、碧砂等村村庄规划编制工作。岭背村列入全县新农村建设整村推进暨红土先锋党支部建设重点村，中洋村列入全县红土先锋党支部建设示范村，村容村貌发生了较大的变化，成为全镇新农村建设的典型示范。关注民生福祉，实施为民办实事项目。2007年2月，动工兴建镇政府综合大楼，2008年1月竣工投入使用，实现了白砂镇几届领导班子和人民群众的夙愿，彻底改变了白砂的对外形象，方便了群众，改善了干部的办公和居住条件。完成镇司法所、综合文化站及计划生育服务所大楼、集镇人饮扩容工程、水西流域综合治理、中洋村三角坪道路拓宽改造、郑坑桥集镇新区开发、中心幼儿园、烟草站、卫生院住院大楼、中心小学教学楼、新市小学宿舍楼建设，新建改建村级组织活动场所和老年活动室。增强电力保障能力，供电主变从3150千伏安增加到1.6万千伏安。高度重视灾后重建工作，及时兑现各项惠民政策。顺利完成2006年“5·26”和2010年“6·15”洪灾的分散安置和集中安置工作。2010—2011年，新型农村基本养老保险参保（缴费）率连续两年位居全县第一。五年间，完成行政村、自然村村道硬化85公里，完成简易机耕路建设25公里，完成烟基工程投资430多万元，完成水利设施投资580万元，实施“造福工程”搬迁安置107户453人，发放小额信贷235万元，实施农村沼气池925座，新装村级路灯1365盏。加快发展社会事业。认真实施教育强镇战略，农村义务教育阶段学生两免一补政策全面落实。白砂中学农村素质教育“四率”连续三年达标，成为受市教育局表彰的13所农村中学之一，中考成绩连续九年位居农村中学前茅。农村医疗服务水平进一步提高，新建卫生院住院大楼、改造门诊部。积极发展农村文化体育事业。精心组织首届上杭水竹洋木偶艺术节暨学术研讨会、田公堂重光十周年暨第二届木偶艺术节、早康会址毛主席雕像揭幕仪式、上杭县第五届（东北）片区农民文化体育节、客家木偶文化艺术研究会成立五周年等一系列重大活动。抓好14个村级全民健身点和15个村级农家书屋建设，2008年，白砂镇被文化部命名为“中国民间文化艺术之乡”。2010年2月17日（农历己丑年十二月三十日），白砂木偶舞狮队一行七人，到上杭古田镇五龙村为胡锦涛总书记及省委书记孙春兰、省长黄小晶等各级领导和干部群众表演木偶舞狮。2010年，田公元帅信俗列入第四批省级非物质文化遗产名录。

2012—2017年，镇政府全面贯彻落实党的十八大精神，深入学习贯彻习近平总书记系列重要讲话精神，按照镇第十二届党代会提出的“生态立镇、农业主镇、文化活镇、工业兴镇”的发展战略和努力构建生态、和谐、魅力新白砂的总体部署，实施“三个打造”（打造客家木偶文化名镇、打造生态工贸新区、打造杭城宜居后花园）、建设“五个白砂”（即产业白砂、生态白砂、文化白砂、民生白砂、和谐白砂）。镇政府致力产业转型升级，增强发展后劲。产业发展态势良好，三次产业比由22.1:47.6:22.9调整为16.8:54.7:27.3。不断发展壮大农业。优质稻、烤烟、生姜、蔬菜等传统农业稳步发展。机械化试点工作进展顺利，规模化种植初步实现，全镇土地流转面积达1.25万亩，占农田总面积的56.7%。白羽鸡、山麻鸭、黑山羊、跑山兔等养殖业技术不断成熟,规模不断扩大,产值不断提高。傲农槐猪育种扩繁场项目进展顺利。大金槐猪、大田山麻鸭、华宝丹黄土鸡等品牌明显提高。金崛生态农庄、西家洋家庭农场等现代休闲农业项目呈现良好发展活力。至2017年，登记注册的家庭农场65家，农业专业合作社16家，产值达1.59亿元。工业发展稳中向好。竹制品加工园区规模不断壮大，谋划工业用地3000余亩作为新招商企业用地。上杭县新合顺刺绣有限公司年产40万码刺绣产品项目顺利开工。累计投入1.5亿元用于福建客佳香食品有限公司、龙岩万福林化有限公司、鑫华木材加工厂以及益龙林产品有限公司等4家企业技改。服务业异军突起，商贸物流、交通运输、餐饮、信息网络、文化等服务业加快发展。培育线上企业13家，入驻正统网8家，注册闽杭小炒商标，成立闽杭小炒美食专业合作社。农村电商发展形势喜人，“工业品下乡”和“农产品进城”双向流通效率不断提高，新引进淘实惠、我知盘中餐等电商项目落户白砂，成功培育农村淘宝、淘实惠服务站10个。基础设施进一步完善，镇村面貌焕然一新。2015年12月25日，蛟上高速建成通车，完成朋新、洋乾、官洋4座危桥改造，旧白线、军泮线、新茶白线以及旧茶白线、白庐线大田段改造重铺顺利完成并交付使用。完成新农贸市场、新敬老院和梧岗、军桥、扶福水泵站建设项目。全面完成集镇人饮安全扩容工程及22个行政村人饮安全工程，锦绣水库、白砂电网升级工程等项目有序推进。扩宽硬化乡村公路80余公里，修建防洪堤1.7公里，水渠63公里，疏浚清理沟渠22公里。全镇22个村共安装和维修路灯1320盏，添置环卫桶1760个，拆除“两违”面积17.9万平方米。朋新、碧砂、岭背等美丽乡村建设不断推进。推进生态建设。投资600万元的汀江流域白砂段水环境综合整治项目，总投资2200万元的黄潭河流域中洋段治理工程均已完成施工图纸设计，进入招投标。投入30万元在丰源、梧田两个村建设30亩的生态景观林。深入开展“美丽白砂，我在行动”主题环境卫生专项整治活动，省道308沿线、集镇市场环境整治成效显著。贯彻落实上杭县《关于生猪养殖“三区”规定及治理意见》，共关闭拆除禁养区内的养猪场111家，按生猪标准化养殖要求改造84家。麒麟溪、苦竹溪、调和溪、九曲溪、梧田溪等流域水环境得到有效治理，综合治理面积4000余亩，治理度达90%。全面完成蛟上高速公路沿线一重山墓地生态治理，建成日处理垃圾30吨的垃圾压缩中转站及日处理生活污水500吨的污水处理厂。2010年，组织编制《白砂镇环境保护规划》，启动国家级、省级生态乡镇，省级、市级生态村创建工作。2012年7月，中洋、朋新、塘丰等19个村被龙岩市环境保护局授予龙岩市生态村称号。10月，白砂镇被福建省环境保护厅授予福建省生态乡镇（街道）称号，东塘村、碧砂村、岭背村被福建省环境保护厅授予福建省生态村称号。2014年9月，白砂镇被环境保护部命名为国家级生态乡镇。2017年，白砂镇被上杭县委、县政府授予生态环保攻坚战役优胜奖。发展文教事业。精心组织上杭田公元帅信俗授牌仪式暨客家木偶文化艺术研究会成立十周年纪念活动；先后成立客家木偶文化艺术研究会、传承中心，发起《拯救客家木偶戏文化宣言》，拍摄《古邑风华·记住乡愁——走进全国民间文化艺术之乡白砂镇》专题宣传片，客家木偶品牌进一步打响。教育工作继续保持良好势头。新建养正幼儿园、大金幼儿园，完成集镇幼儿园扩容改造以及中心小学等3所完小标准化学校建设。2016年中考，白砂中学居全县农村中学前列。完善社会保障。城乡居民养老保险、医疗保险、“三农”综合保险实现从制度覆盖到人员覆盖。完成卫生院住院大楼、门诊部改造，医养结合示范基地建设被列为龙岩市试点乡镇。村级卫生室实现全覆盖。完成丰源、樟黄、茜黄、东塘等4个村幸福院建设。

2015—2017年，严格按照国定、省定标准，扶贫对象精准识别程序评定建档立卡贫困户。全镇贫困户均实现干部挂钩帮扶，其中市直单位挂钩14户，县直单位挂钩143户，乡镇干部挂钩233户，实现贫困村、贫困户挂钩帮扶全覆盖。镇干部近1500人次深入到村、到户与贫困户结对帮扶。在精准扶贫工作中，保证政策资金落实到位。一是狠抓产业扶贫。充分发挥农民专业合作社帮带作用，全镇3个村相继建立了专业合作社、互助资金协会，涌现出上杭县农山家庭农场、上杭县白叶山家庭农场及上杭县立斌家庭农场、上杭县白砂种养合作社、上杭县万三种养专业合作社等一批带动能力较强的扶贫龙头企业及合作社。创新“菜单式”+“点单式”激励性扶贫帮带模式，已实施跑山兔、葡萄、罗汉果、蜜蜂等16个激励性扶贫项目，带动202户贫困户参与项目发展，占68.13%。二是加大就业扶贫。开展技能培训173人次，转移就业44人，自主创业20余人，开发公益性岗位解决贫困户劳动力13人。实行雨露计划培训工程，2016—2017年，共培训336人，补助5.04万元。三是加快易地扶贫搬迁和危房改造进度。2016年以后，通过造福工程、危房改造、灾后重建等政策，帮助175户贫困户搬进新居，全镇贫困户均已解决安全住房。四是落实健康扶贫政策。实现了建档立卡贫困人口新农合，累计补助951人20.92万元，临时救助18户3.32万元；完成家庭医生签约951人，签约率达100%。五是落实教育扶贫政策。2016—2017年，累计发放教育补助金53.81万元，资助建档立卡贫困学生386人次。六是落实社保兜底政策。2017年，建档立卡贫困对象发放低保补助金94户72.38万元，农村五保供养金122户110.57万元。七是用好用活扶贫小额信贷政策，贫困户贷款覆盖面保持31%的任务指标。脱贫攻坚“战役”进展顺利，成效显著。2016年，全年脱贫254户483人，其中一般贫困户74户272人，五保户166户172人，低保户直接脱贫6户18人，国标退省标8户21人。人员自然增减后，国网系统已标注脱贫248户473人，国标退省标8户21人。2017年，脱贫退出164户522人，实现贫困村樟黄村顺利摘帽退出。2017年，白砂镇被上杭县委、县政府授予脱贫攻坚战役优胜奖。

2017年，开工建设锦绣水库大坝主体工程。2017年11月，上杭县琴岗诗社白砂分社成立。年底，白砂变电站二期扩建工程竣工投产，解决了白砂镇日益增长的用电负荷需求。开工建设尧埔35千伏线路开进白砂变电站工程，提高白砂镇用电的安全可靠性。

第十三章　公安　司法行政

光绪二十年 (1894 年) 11 月 3 日，白砂村民袁叙卿一家 5 人 (内有孕妇 1 人) 被杀。上杭县知县贺沅破案后，将凶手袁林宗等 4 人判处死刑，将另一名从犯判处流放。知县刚直不阿，及时、准确破案的事迹被广为传颂。艺人以此为题材，编成汉剧《五尸六命》在全县进行法制宣传演出。

民国十八年 (1929 年) 10 月,白砂区革命委员会设置临时肃反保卫机关—裁判处及政治保卫队，负责公安司法工作。设调解委员会，负责调解民间纠纷。区农会召开代表会，制定治安条例，严明法纪和乡规民约。民国十九年（1930 年）7 月，第五区（白砂）设裁判兼肃反委员会委员 1 人，裁判兼肃反委员会负责镇压、肃清反革命势力，兼有司法机关和政治保卫局的责任，担负着逮捕、看守、审讯和判决的任务。民国三十二年（1943 年）4 月，白砂设立警察所（后撤销）。

新中国成立后，区乡设公安特派员。1982 年 7 月，成立白砂派出所。2012 年实行警务体制改革，派出所民警、巡警、交警“三警合一”。

1985 年，设立白砂乡司法办公室。1997 年 7 月，成立白砂镇司法所。2002 年，明确镇司法所为县司法局派出机构。2003 年 1 月，白砂司法所收编归县司法局管理。2011 年，更名为上杭县司法局白砂司法所。

第一节　公　安

一、机　构

1950 年 9 月，白砂区更名为第六区，区政府委员中设公安委员 1 名。1951 年，第六区（白砂）区政府配备 1 名公安助理员及 1 个武装公安班（1953 年 8 月公安助理员改称公安特派员）。1958 年 10 月，白砂公社配备公安特派员。1967 年间，公安机关实行军事管制，白砂公社设立保卫组。1970 年 5 月，白砂公社革命委员会成立人保组，行使公安特派员的职能。1973 年 7 月，撤销人保组，恢复公安特派员制。

白砂派出所

1982 年 7 月，白砂公安派出所成立。2017 年，白砂派出所有民警 4 人，文职干部 1 人，协警 7 人。

表 13–1　1980—2017 年白砂派出所主要负责人一览表

所长或负责人	任职时间	指导员或教导员	任职时间	说　明
张紫明	1980–09—1982–05	张紫明（兼）	1980–09—1982–05	特派员
龚桂芳	1982–05—1989–08	龚桂芳（兼）	1982–05—1989–08	
邓海鹰	1989–08—1990–03	邓海鹰（兼）	1989–08—1990–03	
邱远来	1990–03—1991–01	邱远来（兼）	1990–03—1991–01	主持工作
张镇源	1991–01—1993–04	张镇源（兼）	1991–01—1993–04	副所长主持工作
张紫明	1993–04—1996–05	张少彦	1996–05—2000–01	
张永雄	1996–05—2003–02	巫森东	2000–01—2003–03	
刘文强	2003–03—2007–12	薛干林	2003–03—2005–04	
何晓亮	2007–12—2015–04	康宝富	2005–04—2006–08	
郭维海	2015–04—2017–04	谢永浪	2007–05—2007–12	
钟振华	2017–04—	王志强	2007–12—	

注：2007 年以前称指导员，2007 年改称教导员。

表 13–2　白砂派出所获县级以上表彰情况

荣誉称号	授奖机关	获奖年月
地区级达标派出所	龙岩地区公安局	1992–12
2004 年度三级公安派出所	龙岩市公安局	2005
2001—2005 年刑释解教人员帮教工作先进单位	上杭县社会治安综合治理委员会	2006
二级派出所	福建省公安厅	2008

二、惩治反革命

镇反　剿匪　1949 年 9 月 5 日，白砂区中队排查出 2 名嫌疑人，抓获 2 名特务，缴获二十响驳壳枪 1 支，清除了隐藏在白砂区政府里的内奸。新中国成立初，匪患严重，影响社会治安，第六区（白砂）区政府根据《惩治反革命条例》，全面开展镇压反革命活动，打击作恶多端、民愤极大、坚持反动立场的土匪、恶霸和反动党团骨干等。白砂区人民民主政府成立后，以黄海山为首的土匪却继续为非作歹，残害百姓，成为人民政府的心腹大患。黄海山在新中国成立前既是惯匪头子，又是好义乡乡长。他经常派队兵在食水井、石灰岭一带抢劫商旅，被害人报案后又故意派队兵去追赶，掩人耳目。1949 年 5 月，被迫参加闽西起义，同年 9 月，黄海山继续上山为匪。1950 年，区政府粉碎了黄海山匪徒两次企图进攻区公所的阴谋。黄匪依仗白砂、旧县之间的深山密林与区中队周旋，经过多次追剿，区中队在洋乾白叶墩附近山上将这伙土匪团团包围，击伤惯匪温荣秋，抓获袁超宗、饶华山等“干将”。在人民政府“首恶必办，胁从不问，立功受奖”和“坦白从宽，抗拒从严”等政策感召下，土匪纷纷下山自首，黄海山成了孤家寡人，叔侄 3 人外逃到宁化县深山老林，不久被宁化县人民武装力量击毙在一座破庙里。至此，白砂的剿匪斗争胜利结束。

打击现行反革命　1950 年 12 月至 1953 年 4 月，在镇反、土改运动中，破获白砂区杀人会反革命组织，充分展示人民民主专政的威力，基本清除国民党反动派残余势力，巩固了新生的人民政权。

三、打击刑事犯罪

1962年，白砂、官将公社分别成立打击刑事犯罪指挥机构——对敌委员会，加强社会治安工作。

1983—1986年，遵照中共中央《关于严厉打击严重刑事犯罪活动的决定》，在境内开展严厉打击严重刑事犯罪斗争，实行从重从快、一网打尽的方针，逮捕和收审一批刑事犯罪分子。

1986年8月，白砂乡军桥村发生1起杀人案，县公安局接到报警后及时派员查破此案。

1991年7月，破获白砂乡官地村公路上发生的1起杀人抢劫摩托车大案。

2000年，破获“11·21”白砂中洋村凶杀案。

2004年，破获“1·25”白砂镇大田村丈夫杀妻自杀案。

2006—2008年，立刑事案件93起，破31起，打击处理16人；查处治安案件107起。打掉两抢一盗犯罪团伙1个，破获两抢一盗类案件9起，抓获网上逃犯18人。到村社普法宣传19次，到学校讲授法制课16次，受教育人数达5000多人。2006年，白砂派出所被上杭县社会治安综合治理委员会评为2001—2005年刑释解教人员安置帮教工作先进单位。

2009年，立刑事案件46起，破13起，抓获犯罪嫌疑人9人，抓获逃犯5人，移送起诉4人。查处治安案件63起。到学校讲授法制课4次，受教育人数达2000多人，检查行业场所131次。

2010年，破获白砂镇梧岗村杀人案。

2011年，立刑事案件56起，破14起，移送起诉5人，查处治安案件73起，拘留33人，其中查处涉赌案件23起。端掉赌博黑窝点7个，处罚41人，其中拘留15人。调处纠纷51起，在清网行动中抓获逃犯5人，其中外省逃犯2人。登记流动人口2758人，出租房屋70户。开展法制宣传8次，安全检查12次，消除安全隐患6处。

2012年，破获“9·5”白砂镇上早康村抢劫杀人一案两命案。

2012年，破获刑事案件10起，移送起诉6起，查处治安案71起，其中赌博19起，拘留23人，化解矛盾纠纷52起。查处交通违法行为400起。

2013年，立刑事案件20起，破8起，移送起诉5人，查处治安案件120起，其中赌博20起，拘留24人，化解矛盾纠纷36起，查处各类交通违法行为226起。

2014年，立刑事案件14起，破4起，移送起诉5人。查处治安案件76起，其中赌博12起，拘留7人，抓获吸毒人员2人，强制戒毒1人，化解矛盾纠纷32起；查处各类交通违法行为162起，查获涉枪涉爆违法犯罪案件3起，收缴气枪1把、射钉枪改制枪1把、鸟铳1把。

2015年，共查处治安案件45起（其中赌博案件28起），破获各类刑事案件9起（其中六合彩非法经营案1起，开设赌场案1起，非法持有枪支案件3起，故意伤害案2起，盗窃案2起），移送起诉6人，化解矛盾纠纷18起。共查“五项十类”严重交通违法行为86起，其中酒后驾驶14起，涉证32起，涉牌14起，超员5起，未戴头盔9起，其他违法行为12起。

2016年，共办结行政案件122起（其中赌博案件11起，吸毒案件6起），拘留14人，罚款19人。抓获吸毒人员6人，强制隔离戒毒2人。破获各类刑事案件17起（其中非法持有枪支案件5起，盗窃摩托车案3起，盗窃牲畜案2起，故意伤害案2起，六合彩非法经营案1起，开设赌场案1起，入室盗窃案1起，诈骗案1起，生产、销售有毒、有害食品案1起），移送起诉13人（其中九类案件移送起诉1人）。

2017年，办结行政案件38起，查处赌博案件3起，吸毒案件4起，拘留6人，罚款16人。破获各类刑事案件8起，移送起诉6人。

附：侦破案例

山村迷案

——上杭白砂“9·5”凶杀案侦破始末

上杭县白砂镇上旱康村地处偏僻，四面环山，民风淳朴，山村一派宁静祥和。

突然，这方宁静被“9·5”一案两命凶杀案打破，村民陷入了恐慌。

2012年9月5日上午10时许，上杭县公安局接到群众报警称，白砂镇上旱康村村民严先生当日上午发现其父亲严某、母亲邓某双双死于老屋背后，身上有血，怀疑他杀。

龙岩市公安局协同上杭警方迅速成立专案组，100多名警力火速奔赴命案现场。

案情扑朔迷离

经现场勘查，两位老人身上有多处创伤，系他杀。

死者严某73岁，是当地有名的赤脚医生（乡村医生）；死者邓某68岁，平常为人和善。这对老年夫妻遇害地点均为其居住的老屋后山，但相距却有300多米。严某遇害地点的山路还不算难走，而邓某的遇害地点处在荆棘蒿草和灌木丛林密布的半山腰。

两位老人会不会在上山采药时遇害呢？经深入调查得知，两位老人已多年没上山采药了。

严某身上的财物没有被抢，邓某身上的财物虽然被抢，但都不值钱。其老屋也没有失窃，家中的数千元现金分文不少。谋财害命似乎也不成立。

这对老年夫妇生有5个儿子，会不会是哪个儿子得罪了别人，仇人拿其儿子没办法，却拿老人来泄愤呢？经查，其5个儿子平时大多在外务工，为人老实谦和，从未与人结下深仇大恨。看来，仇杀也很难成立。

现场有价值的情况很少。专案民警当天在村里走访、排查群众所记下的询问笔录码起来足有半尺高，然而有价值的线索几乎没有。在当晚的案情分析会上，市、县公安机关领导和刑侦专家结合尸检结果，通宵达旦分析、讨论、辩论着。

悬赏十万缉凶

第二天，走访、排查范围扩大到周边村落。特警带着警犬上山搜索，还组织数十位村民上山搜寻蛛丝马迹。然而案情依然没有实质性进展。专案组承受的压力越来越大。

为了尽快破案，7日上午，警方在白砂镇发布悬赏通告，对提供破案线索的群众重奖10万元。

不少热心群众纷纷拨打“110”及专案组举报电话，提供了死者遇害前几天在上旱康村进出的外来人口及流动车辆。不过，经警方一一甄别，这些外来人口及流动车辆均被排除作案嫌疑。

难道杀人凶手是从天而降，又插翅而飞？

智擒杀人凶手

多个侦查小组按职责分工，紧锣密鼓地开展工作。围绕严某生前是当地有名的赤脚医生这一职业特点，侦查员想尽办法收集到了近几年来请他看过病的患者名单，而好逸恶劳、嗜赌如命、有抢劫前科的白砂镇大科村42岁的傅某跃入了警方视线。

7日晚，经各路侦查小组的情况汇总和分析，警方迅速锁定杀人嫌犯就是傅某。

傅某，中等身材，体格健壮，耐力超群，反侦查能力强。提起他，专案组不少民警对其记忆犹新：2007年傅某犯下抢劫案时，十几个民警在夜间到其家中抓捕，被其从屋后山逃脱。之后费尽周折才将其在异地抓获。傅某于2010年11月刑满释放。

此次案情重大，上级要求抓捕务必一次成功。

当晚，专案组很快制订出周密的“守株待兔”抓捕方案。深夜，一群荷枪实弹的便衣警察悄然进驻白砂，在集镇及周边布下了天罗地网。

8日是白砂圩天，前来赶集的人络绎不绝。8时30分，从大科村步行来到集镇、头上却带着个摩托车头盔遮住了半个脸面的傅某正要走进集市时，早已守候在此的三位民警以迅雷不及掩耳之势将其拿下。

真相大白天下

经审讯，傅某对自己故意杀人犯罪的事实供认不讳。

原来，傅某近期赌博输钱，无计可施之下，他突然想到给自己看过两次病的赤脚医生严某可能有点钱。9月4日凌晨4时许，他沿着荆棘密布的山林和溪涧，翻山越岭几十公里，窜至严某的老屋后山踩点，伺机行窃。因行动诡秘，其行踪没被任何人看见。当天上午，他准备进屋盗窃时恰巧被严某发现，并被其追赶至老屋后山。因担心严某认出自己，傅某竟持木棍将其打死。之后，傅某欲溜回老屋行窃时，又刚好被洗完衣服回家的邓某看见，被其叫骂、追赶。傅某一口气逃到了半山腰，没想到邓某还是追了上来，气急败坏的傅某又持木棍将她残忍杀害，将其身上的财物劫走后又穿越山林逃离现场。

专案组民警奋战三昼夜，迅速破获了这起一案两命故意杀人迷案，引起当地巨大反响。9月13日，白砂镇和上早康村干部群众陪同受害者家属来到上杭县公安局，赠送了一面"破案神速、为民除害"的锦旗。

9月21日，上杭县人民检察院批准将嫌犯傅某逮捕。

（原载2012年9月24日《闽西日报》）

四、户政管理

（一）户口登记管理

1950年，加强户政管理工作，核实人口，逐户造册登记。

1951年，在农村进行人口统计。

1955年6月，国务院颁发《关于建立经常户口登记制度的指示》，在农村建立经常性户口登记管理。建立户口簿和出生、死亡、迁入、迁出登记册。

1956年1月，国务院规定，农村户口由政府文书代管。3月，农村户口以农业社为单位造册一式二份，自存一份，报乡政府一份,户口变动,报乡政府核准。公社化后以生产队为单位，按户造册一式两份，大队、公社各存一份。户口变动由大队办理，上报公社核准。

1958年1月，《中华人民共和国户口登记条例》颁布后，进一步健全户政管理工作，逐步实行常住人口登记和出生、死亡、迁入、迁出五项登记，户口管理走向正规化、制度化。

1980年，农业户口由公社管理。1985年，农村以户为单位发给户口簿。

1986年后，为适应改革开放需要，户口管理实行以"治安管理为中心，户口管理为基础"的方针。

1988年，户籍管理由原乡政府办公室管理转为白砂派出所管理，设立户籍室，由乡政府派一名工作人员负责，经费由财政负担。

1993年，派出所根据一户一籍、一村一册、一村一员、一户一牌的农村户口城市化管理的要求，对全镇户口登记项目全面进行清理整顿，确保登记内容准确无误，确保户口底册与户口簿、村级户口册和实际人数相一致。

1993—1994年，基本完成颁发农村户口簿工作，结束农村家庭无户口簿的历史。

1998年6月，派出所户籍人口信息实行计算机管理。

2002年5月1日起，实行户籍制度改革，取消农业人口与非农业人口的户口性质划分，统一登记为居民户口。

2005年始，进一步放宽户口准入条件，简化审批程序，实行县内迁移由迁入地派出所一所式直接办理，取消准迁证和迁移证。

2009年，推进户籍制度改革，进一步简化手续，降低门槛，推行假日服务窗口。

2010年，开展第六次人口普查前户口整顿工作，创新户籍管理，再次简化手续，降低门槛，推行宾客式服务，推进网上户口迁移，促进人口合理有序流动。

2011—2017 年，进一步加强户籍和人口管理，派出所每个干警负责 1000 人以上人口管理，做到底数清、情况明。

（二）年终人口统计

1982 年白砂派出所成立后，年终人口统计由派出所负责。初为人工统计，后实现人口信息计算机管理。

（三）颁发居民身份证

1988 年上半年，开始颁发居民身份证，次年全面铺开。2005 年底，开始颁发第二代居民身份证。

五、治安管理

（一）禁毒禁赌

民国十八年（1929 年），北二区（白砂）苏维埃政府明确规定“禁烟”（禁鸦片、海洛因等）。新中国成立后，县人民政府颁布《禁烟实施细则》，严禁吸毒和运输、制造、贩卖及种植鸦片。20 世纪 80 年代，白砂乡刘某等人，从四川贩卖鸦片出售，人赃俱获，受到法律制裁。2012 年，贯彻落实全省禁毒工作会议精神，开展打击整治制贩麻黄碱犯罪专项行动，全力遏制该类案件渗入上杭滋生蔓延。同年，白砂派出所民警侦查发现嫩洋村一座老屋是提炼麻黄碱窝点，民警迅速出击，捣毁该制毒窝点，抓获 4 名长汀籍制毒犯罪嫌疑人，缴获大量制毒原料。2013 年 6 月，在白砂镇设立社区戒毒康复管理工作站。

新中国成立前，白砂赌博盛行，不少赌徒倾家荡产，造成社会动荡不安。新中国成立后，人民政府多次发出布告严禁赌博。此后至 20 世纪 80 年代中期，白砂境内没有出现公开赌博现象。80 年代后期，随着交通、经济的迅速发展，赌博之风死灰复燃。有的在公共场所赌博，有的甚至串通外地庄家，利用境内荒山野岭聚众赌博。2009 年，由于个别赌徒参与龙岩、长汀等地的赌博，在白砂境内非法高利息筹集赌资，造成巨额资金无法追回，损失惨重。2000 年，利用香港六合彩开奖码进行赌博的非法活动传入白砂，并迅速蔓延，参赌人数众多，影响面大。对此，镇党委、政府高度重视，强化组织领导，落实工作责任制，公安机关紧紧围绕野外打头断线、摧毁网络、端窝查点、彻底根治的工作目标，按照重点整治、依法推进的原则，依法打击六合彩骗赌活动。

（二）公共秩序管理

1988—1994 年，根据全党动员、部门配合、齐抓共管、群防群治的方针，围绕打击、防范、管理、建设、教育、改造等主要内容，全面推行谁主管谁负责原则，动员和组织社会各方面的力量，把社会治安综合治理工作（简称综治工作）各项措施落实到基层，因而预防减少犯罪，保持政治安定和社会稳定。公安机关对公共场所、特种行业进行清理整顿；查禁黄色书刊、黄色录像，加强文化市场管理；开展打击卖淫嫖娼、拐卖妇女儿童、聚众赌博等“六害”活动，扫除社会丑恶现象，净化社会环境。

2004 年，到白砂中学、白砂中心小学上法制课、法制讲座，受法制教育 1000 余人次。2011 年，共设置综治固定标语 9 幅，宣传栏 12 期，发放依法治镇宣传材料 5500 余份。

（三）枪支和民用爆炸物品管理

1. 缉　枪

2009 年 8 至 9 月，开展缉枪专项行动，在上白砂取缔一个非法制造鸟铳窝点，收缴鸟铳 2 支，涉案人员胡某被判处有期徒刑 4 年。2009 年至 2015 年，共收缴非法枪支 5 支。

2. 民用爆炸物品管理

1997 年，查获非法加工烟花爆竹案 1 起。

2017 年，派出所加大对安全生产等法律法规及各种安全常识的宣传教育力度。利用圩天上街宣传，发放宣传资料 2600 多份，出版宣传栏 3 期。派出所联合镇安监站等部门对辖区内的 2 家液化气供应点、18 家烟花爆竹经营点和其他危化品经营场所进行安全检查，督促建立各项管理措施和管理台账，发放整改通知 16 份。

六、失足青年帮教

2010年以前，失足青年帮教工作由派出所管理。2007年至2010年，白砂派出所分别组织帮教力量帮教失足青年15人，帮教对象中全部停止犯罪活动半年以上。

第二节　司法行政

一、机　构

明清时期至民国时期，白砂没有专门的司法机构，民间纠纷由当事人邀请村中长辈和社会贤达从中调解。如调解不成功，则向县衙申诉解决。

民国十八年（1929年）10月，上杭县苏维埃政府根据《苏维埃政府组织法》在北二区苏维埃政府内设立裁肃委员会，负责公安司法工作。

民国三十八年（1949年）4月，白砂区成立区调解委员会，设主任委员1人，委员6人。

1978—1984年，白砂公社配置司法助理员1名，负责司法行政工作。1985年3月，根据省司法厅指示，龙岩地区陆续建立司法办公室，白砂乡亦设立司法办公室，配备专职司法助理员1名，人员经费由乡解决，业务受县司法局指导和监督。司法办的主要工作为普及法律常识，管理、指导基层调解委员会工作。司法办是乡调解委员会成员单位，参与调解民间各类纠纷。开展公正联络，开展部分律师业务和法律援助工作，应聘担任乡镇企业及村委会的常年法律顾问，参与社会治安综合治理，促进两个文明建设。

1990年1月5日，成立白砂乡政法领导小组，理顺、协调公安派出所、人民法庭、司法办之间的关系，以及他们同村治保、调解组织之间的关系；及时处理社会治安工作中的重大疑难问题；协助党委、政府做好社会治安综合治理的组织、联系和推动工作，促进综合治理各项措施的落实。

1991年5月3日，成立乡社会治安综合治理委员会，乡党委副书记任主任，派出所、司法所负责人任副主任，在司法办设立办公室。

1997年9月，根据司法部和省、市司法部门关于组建乡镇司法所的精神，成立白砂镇司法所，配备工作人员。2002年，根据司法部《关于进一步加强基层司法所建设的意见》和福建省编委办公室《关于重新核定全省乡（镇）、街道司法助理员专项编制的通知》精神，明确司法所为县司法局的派出机构。2003年1月，司法所人员、工资、经费由县司法局管理。2004年，司法所建立首席人民调解员制度，聘请首席调解员。2010年8月，兴建白砂司法所业务用房，2011年5月9日全面竣工，5月10日投入使用。业务用房占地150平方米，建筑面积385平方米。同年，白砂司法所更名为上杭县司法局白砂司法所。

表13–3　白砂司法所（办）任职人员情况

姓　名	职　务	任职时间	姓　名	职　务	任职时间
张逢铭	司法助理员	1978–10—1984–08	邱能柱	所　长	2003–04—2007–06
袁禹天	司法助理员	1984–09—1986–07	俞加河	所　长	2007–07—2013–09
温焕平	司法助理员	1986–08—1992–08	曾育贤	所　长	2013–10—2017–11
李兆其	司法助理员	1992–09—2003–03	江崇荣	所　长	2017–12—

二、人民调解

1954年3月22日，中央人民政府政务院颁布《人民调解委员会暂行组织通则》，建立统一的人民调解制度。乡、村均设立调解委员会。1956年撤区并乡后，农业合作社设立调解小组。1958年后，人民公社和生产大队设调解委员会。1960年，人民调解组织通过发动群众制定和实施爱国公约，及时和妥善处理了不少民间纠纷。“文化大革命”期间，人民调解组织被污蔑为阶级调和的修正主义工具，受到错误批判。1978年，贯彻依靠群众、调查研究、调解为主、就地解决的民事方针，各大队整顿或重新成立新的调解委员会组织（一般由5~7人组成），每个生产队至少应设1名调解委员。乡村人民调解组织加强纠纷的预防和疏导工作，努力化解矛盾，维护社会治安稳定。

1984年，全国司法行政工作会议提出“调防结合，以防为主”的人民调解工作方针，把预防民间纠纷激化作为人民调解工作的重点。基层调解组织认真贯彻这一方针，努力实现“两提高”（提高纠纷调解率、提高调解成功率）、“三下降”（民间纠纷下降、因民间纠纷引起刑事案件和自杀案件双下降）和“四落实”（组织落实、思想落实、工作落实、报酬落实）。

1989年，国务院颁布了《人民调解委员会组织条例》，专门对人民调解工作进行规范。2003年4月，成立白砂镇人民调解委员会，由分管政法的镇党委副书记担任主任，司法所所长任副主任，成员有派出所、综治办、国土、村建、林业、农业、劳保、民政、妇联等部门的负责人。同年，全镇22个行政村均成立村级人民调解委员会。在镇党委、政府的统一领导下，理顺关系，规范工作机制，进一步加大人民调解工作的指导力度，积极开展民间纠纷调解，努力把各类矛盾纠纷消除在基层，消灭在萌芽状态。2003年，全镇共调解处理各类民间纠纷147件，其中村调解委调处120件，镇调解委调处27件。2011年1月1日《中华人民共和国人民调解法》实施后，人民调解工作进一步实现有法可依，步入法制化、规范化的发展轨道。为规范人民调解活动，及时解决民间纠纷，维护社会和谐稳定，坚持“以法喻人、以理服人、以情动人”，践行以人为本、服务民生理念，实现人民调解工作结果合法、合理、合情，获得当事人和社会的认同，把矛盾纠纷化解在萌芽状态，力争做到小事不出村，大事不出乡。2001—2017年，全镇共发生各类矛盾纠纷1087件，调解成功1055件。在调解民间纠纷，化解社会矛盾时，帮助纠纷当事人常怀宽容之心，有利于矛盾纠纷的化解，有利于和谐社会的构筑。

2017年10月，白砂镇人民调解委员会被评为县级品牌调解工作室，调解员陈烽被评为县级金牌调解员。

附：调解成功典型案例选

一、调解致人轻伤赔偿纠纷案

2014年10月，白砂镇有线电视网络维护人李某等人，在梧田村维修时被汽车扯断的有线电视线路。梧田村村民马某对李某等人没有随叫随到及时维修表示不满，先是谩骂，继而动手殴打李某等人。李某等人见势不妙，想骑摩托车躲避，马某等人扯住摩托车不让走，冲突过程中马某一手指骨折，李某等人也各有轻微伤。李某等人借机挣脱离开，随后向公安机关报案，公安机关立案侦查。事情发生后，与李某等人相熟的马某弟弟打电话给李某，希望李某撤案。李某等人动了恻隐、宽容之心，虽有轻微伤，但未去公安机关做伤情鉴定，公安机关因无事件中造成两人以上轻微伤的证据，不能以寻衅滋事罪立案，只能对马某的寻衅滋事行为实行行政拘留处罚。事后，马某一手指骨折伤情经闽西司法鉴定所鉴定，伤残等级为“交通”十级，构成轻伤二级。马某要求李某等人赔偿其医药、治疗、误工、伤残鉴定等费用，因李某等人虽有轻微伤，但未到公安机关作伤情鉴定，本来可将马某涉嫌寻衅滋事罪立案。若寻衅滋事罪名成立，马某受伤属其犯罪行为所致，乃是咎由自取。马某只受到行政处罚，后马某伤情经闽西司法鉴定所鉴定，伤残等级为“交通”十级，构成轻伤二级。马某是在纠纷冲突中受伤的，是受害者，依法应得到赔偿，李某若未得到马某的谅解，则有可能承担刑事责任。公安机关也要整理材料，将追究李某刑事责任的材料报检察院。致人轻伤，既可公诉也可自诉追究当事人刑事责任，同时，民事赔偿也需履行。如此一来反客为主了，受害者变成了加害方，李某既要赔偿马某经济损失，又有可能受到刑事处罚，这样的结果让李某难以接受。

万分委屈的李某来到白砂司法所，请求帮助。了解情况后，法律规定轻伤案件也适用调解，当事人和解更能化解社会矛盾促进社会和谐。鉴于案情的特殊性，为化解矛盾纠纷，调解员多次分别与双方当事人沟通，开展法制宣传，双方当事人都表示愿意调解。2015 年 7 月 9 日下午，双方当事人到司法所进行调解，因赔偿金数额与双方要求差距较大，调解告一段落。此后，司法所在上次调解基础上又与他们单独协调，双方诉求趋于接近，时机成熟。2015 年 7 月 16 日，召集双方当事人到司法所进行调解，很快达成一致并签订协议书。李某一次性赔偿马某各种费用 19000 元，当场给付。马某出具一份刑事谅解书给李某，请求司法机关不要追究李某的刑事责任，纠纷调解终结。

二、调解电信线路安全隐患案

2014 年 10 月 24 日，白砂镇开发区当事人刘某与中国电信上杭分公司发生纠纷。案由是电信公司把电信线路 (包括拉线) 寄在刘某的房屋外墙上，该线横跨公路，可能会因过往车辆超高碰到该线导致甲方房屋可能出现安全隐患。双方就排除隐患、赔偿损失各持己见发生纠纷，经司法所调解员调解达成协议，由中国电信上杭分公司一次性支付甲方房屋修缮费合计 9000 元,当场付清。安装在刘某房屋外墙的横跨国道的吊线由中国电信上杭分公司自行迁移。

三、调解挖断国防光缆线赔偿案

2017 年 4 月，官洋村温某请来挖掘机在省道围禾线公路旁作业。挖掘机师傅（临城镇官桥村）曾某不慎将国防光缆线挖断，当事人也及时向白砂线务段报告。次日，广东韶关通信部队某部派出十名军人来到官洋村，得知是业主温某指使曾某作业时不慎挖断光缆线，要求温某赔偿通讯损失 30 万元，并且要求当日付清。司法所知情后立即介入，与军方领导郭参谋沟通，得知国防光缆还没正式启用，实际损失并未达到 30 万元，最后商定赔偿 5 万元。由温某与曾某各承担一半，司法所也将此案例在全镇广泛宣传，教育群众要保护国防光缆通信安全，不能掉以轻心。

四、调解土地使用权属界址纠纷案

2017 年 6 月，中洋村袁某甲拆旧建新，袁某甲新建房后面与袁某乙农地相毗邻，双方就土地使用权属界址以及其他相邻权属关系等相关事宜发生纠纷。本纠纷经镇、村调委会多次调解，同时得到镇、村法律顾问张著学、律师林艳的法律咨询服务以及市司法局律管科科长傅树元的业务指导，纠纷最终调处成功，当事双方签订了协议书。本纠纷调处过程被龙岩电视台拍摄电视节目，在龙岩电视台公共频道《调解一套》栏目播出。

三、法制宣传教育

新中国成立后，白砂区（乡、公社）广泛开展《中华人民共和国土地改革法》《中华人民共和国惩治反革命条例》《中华人民共和国婚姻法》《中华人民共和国宪法》等法律法规的宣传教育活动，增强干部群众的法制观念。“文化大革命”期间，法制遭破坏，法制宣传被迫中断。

中共十一届三中全会后，法制宣传教育重新摆上重要议事日程。1981 年起，运用各种宣传手段，大力宣传社会主义法制。

1986 年起，贯彻中共中央、国务院批转中央宣传部、司法部《关于在全体公民中基本普及法律常识的五年规划》精神，按照省、地、县的统一部署，实施“一五”普法。全面开展普及“十一法一例”（宪法、刑法、经济合同法、继承法、刑事诉讼法、民法通则、民事诉讼法、婚姻法、森林法、土地管理法、兵役法和治安管理处罚条例）教育工作。1993 年白砂撤乡建镇后，成立白砂镇普及法律常识领导小组，领导小组下设办公室，办公室挂靠在司法所，普法工作采取举办培训班、法律讲座、出宣传栏、黑板报、文艺宣传等形式，向有接受教育能力的公民普及法律法规常识，使公民掌握基本法律法规常识，增强法制观念。1989 年 6 月，茜黄村邱发元被中共中央宣传部、司法部授予全国普法先进个人光荣称号。

1991 年始，实施“二五”普法。乡成立普法宣传领导小组，在司法办设立办公室，具体负责宣传贯彻并实行“二五”普法规划。重点对象是干部、青少年、农民，内容是以土地管理法、义务教育法、未成年人保护法、农业法、妇女权益保护法、水法、森林法等法律法规为重点。采取面授、在职学习、干部包片等形式学习、宣传法律知识。

1996 年始，实施“三五”普法。以青少年为重点对象，主要进行宪法、刑法、预防未成年人犯罪法等法律的宣传教育。发挥学校教育的主渠道作用，完善学校为主，社会、家庭相配合的“三位一体”法制教育体系。组织中学生参加上杭县举办的新千年中学生消防知识竞赛。

2001 年始，实施“四五”普法。深入行政村宣讲土地管理法、村民委员会组织法、福建省计划生育条例、福建省村集体财务管理条例等法律法规。严格按照《关于进一步加强学校法制教育工作的意见》，抓好青少年法制教育的落实。组织学生观看“反对邪教，崇尚文明”图片展，健全法律援助和“148”热线等法律服务。2002 年，开展综治宣传活动，举办法制宣讲课，进行普法测验。此后，每年组织全镇公职人员进行学法统一考试，并将成绩列入干部考核内容。

2006 年始，实施“五五”普法。深入行政村宣讲宪法、刑法、选举法、村民委员会组织法、计划生育条例等法律法规，举办骨干培训班，利用村民法制学校这一农村法制宣传和普法载体，以“三贴近”（贴近生产、贴近生活、贴近实际）的方式，扎实开展法制宣传教育。组织派出所、司法所、关工委深入中小学开展法制讲座，组织学生学习宪法、国徽法、义务教育法、未成年人保护法、预防未成年人犯罪法等法律法规，使广大中小学生受到教育。组织全镇干部、村支部书记、村委会主任（简称村主干），农村“六大员”（即社会治安综合治理协管员、计划生育管理员、国土资源规划建设环保协管员、公共卫生员、文化协管员和农民技术员）学习龙岩市普法办主编的《干部学法读本》。全镇 300 多名干部全部参加并顺利通过年度学法考试。2007 年 12 月，白砂司法所被上杭县司法局评为 2007 年度法治宣传教育先进单位。

2011 年始，实施“六五”普法。重点宣传普及宪法、刑法、物权法、未成年人保护法等 18 部法律法规。接受普法教育的干部、群众 13000 多人次，司法所通过集中授课、知识问答、现场咨询、发放资料等形式，开展各种法律咨询、法制宣传活动 46 次。培训村两委干部 600 多人次，参加法律知识统考 683 人次。

2012 年，结合换届选举，调整充实镇普法宣传和依法治理领导小组。组织镇直（办）单位干部职工、中小学教师、村干部、农村“六大员”进行学法考试。采取多种形式开展法制宣传教育，出黑板报、发放宣传品、张贴宣传标语等。

2013—2016 年，结合政府中心工作，重点宣传宪法以及国土、森林、环境保护、义务教育、未成年人保护、水土保持、安全生产等各种法律、法规，增强广大人民群众法治意识、观念。

2017 年，按照全面依法治国总方针，围绕镇党委、政府中心工作，大力宣传宪法以及其他各项法律、法规等，提高群众的法治意识、观念。

四、法律服务

2002 年始，充分利用“148”法律服务电话（3822148）热线优势，接受群众法律求救电话，接访群众。与妇联、残联等部门密切配合，派出人员为受援人员提供法律援助，认真负责办理各类法律援助案件，不断提高服务水平。

2003—2016 年，镇司法所为群众办理法律援助案件 298 件，解答法律咨询 2300 多人次，代写法律文书 80 余件。

2017 年，白砂镇以及各行政村聘请龙航律师事务所律师张著学为镇、村法律顾问。

五、刑释解教人员安置帮教

白砂司法所把开展刑释解教人员（刑满释放、解除劳动教养人员）的安置帮教工作作为改善治安状况、维护社会稳定的重要举措，及时了解刑释、解教人员的思想及生活状况，帮助解决生产生活中的困难；加强对刑释、解教人员的法制宣传教育工作，使其在心理上和过去的不法行为告别，促使其转化。与公安等有关部门密切配合，把帮教工作与脱贫致富奔小康工作相结合。与精神文明建设相结合，与创建安全文明片区工作相结合，与社会治安综合治理相结合，通过帮教安置，保证刑满释放人员的重新犯罪率控制在5%以内，保证刑释、解教人员家庭人均生活水平达到当年全乡（镇）人均生活水平。

2006年12月，白砂司法所被上杭县社会治安综合治理委员会评为2001—2005年刑释解教人员安置帮教工作先进单位。

2009—2016年，共接收安置帮教对象161名。

2010—2017年，安置帮教对象均得到衔接、安置、帮教。

2017年，白砂镇共有刑释解教对象88名，均已得到妥善安置，无脱管人员，也无重新犯罪迹象。

六、社区矫正

2011年11月，社区矫正（指符合法定条件的犯罪置于社区内，由专门的国家机关在有关部门、社会组织和志愿者的协助下，在刑事判决、裁定或决定确定的期限内，矫正其犯罪心理和行为恶习的非监禁刑罚执行方式）工作从派出所移交到司法所。2012年1月，最高人民法院、最高人民检察院、公安部、司法部联合下发《社区矫正工作实施办法》，明确了司法行政机关为执行主体。白砂司法所配备1名专职人员，负责社区矫正日常工作。

2012—2017年，白砂司法所严格执行《社区矫正工作实施办法》，建立社区矫正小组，落实责任，规范工作流程，做到对矫正人员日定位、周听声、月见面、季评查、年考评，有效防止脱、漏管现象。认真落实社区矫正、安置帮教的帮扶措施，确保不出现重新犯罪。

第十四章　民　政

明清时期，赈灾救济，鳏寡孤独收养等（即“储恤”“惠政”）由地方长官掌管，亦由地方热心公益事业的绅士倡办慈善机构进行管理。晚清开始设专管户口、惠政、储积、救灾事务官员。

民国十八至二十年（1929—1931年），区乡苏维埃政府设有革命互济会，优待红军委员会，管理支前优抚、救灾救济、婚姻登记、军事支差、禁烟禁毒、禁嫖禁赌等工作。当时因战事紧张，民政与军事融为一体。

民国二十五年（1936年），区乡设民政干事，承办户籍、抚恤、救济等事务。

新中国成立后，区设民政助理员，乡（村）设民政委员会。“文化大革命”初期，民政工作受到冲击而濒于瘫痪。1968年10月，民政事务一度由“四个面向”（即面向农村、工厂、山区、边疆）办公室（简称“四面办”）管理。1971年，白砂公社设民政干事。1980年开始，白砂公社成立民政办公室。主要负责优待抚恤、救灾救济、社会福利、农村养老保险、基层群众自治组织建设、行政区划和地名管理、社团管理、婚姻登记、殡葬管理、收容遣送等事务。

21世纪始，白砂民政工作坚持以民为本、为民解困、为民服务的宗旨，不断完善优抚安置体系、社会福利体系、社会救助体系，提升民生幸福指数，在惠民生、促发展、保稳定的大局中发挥积极作用。

本章在记述民政发展的同时记述扶贫和小康建设、华侨和少数民族等社会事务。

第一节　救灾　救济

一、救　灾

明清时期，官府设义仓，民间设社仓等，以官粮或官民捐谷储存，遇灾害饥荒之年施行赈济。明永乐五年（1407年），知县刘绍立白砂里华家亭赈济仓，“每岁以秋米支运所余及官罚赎锾并劝里民所捐输之谷入之”。天顺六年（1462年）毁。嘉靖二十四年（1545年），知县汪应奎增设华家亭白云寺预备仓。地方上热心慈善人士还自行设摊施粥。民国时期，赈济多为钱物。

新中国成立后，人民政府重视灾害救济，对灾害实行防、济结合，努力做到“不荒芜一亩地，不饿死一个人”；按“生产自救、节约度荒、群众互助、以工代赈、辅以必要救济”的方针，开展救灾工作。

1964年4月30日，白砂降特大暴雨，溪水暴涨，冲毁农田无数，麒麟溪两岸的禾苗尽被泥沙淹没。白砂公社号召全体干群全力救灾，连各完小都停课一天，组织高年级学生下田帮助清出淤泥，扶起禾苗。

1989年5月12日下午（白砂圩日），白砂境内刮起罕见的旋风，树木折断无数，市场上的圩架子被刮倒，造成3个摆摊的农民（1男2女）被倒下的圩架子砸死。乡政府马上采取救援措施，对死难者家属进行安抚、慰问。

1993年5月，降特大暴雨，山洪暴发，早康小学一男教师被暴涨的溪水冲走。乡政府组织村民全力搜救，一个星期后才在旧县梅溪村沙滩上找到遇难者尸体。

1993年6月9日，降特大暴雨，山洪暴发，白砂卫生院一座泥木结构的楼房倒塌，造成4个成年人遇难（两男两女）、1人受伤。白砂乡党委、政府组织干群，全力挖掘被压人员，救治伤员。事后多方筹措资金，将卫生院搬迁至省道旁边的现址。

1995年7月31日—8月1日，受4号台风影响，连降暴雨，农作物及道路损坏严重，镇党委、政府会同公路站组织人员，调来挖掘机抢修道路，保证道路畅通。组织村民生产自救。

1996年8月8日，受10号强热带风暴影响，境内遭受特大暴雨袭击，导致山洪暴发，洪水袭击全镇，22个行政村不同程度遭灾。部分交通、通信、电力中断，灾情发生后，镇领导迅速赶赴受灾村，组织抗洪救灾。根据县委“灾民没饭吃，干部不开饭；灾民没房住，干部不睡觉；灾情没解除，救助不中断；生产没恢复，干部不下岗”的号召，要求全镇干群迅速行动起来，为受灾群众排忧解难，献爱心、捐钱、捐物、捐衣，帮助受灾群众抗灾自救，恢复生产，重建家园。

2000年8月23—26日，受10号台风“碧利斯”影响，连续14天降大暴雨，造成山洪暴发、山体滑坡，交通、通讯、水利设施损坏严重。镇党委、政府组织干群采取主次分明的救灾措施，先恢复交通通讯后修复水利，保证灾后恢复重建。

2017年6月，白砂降特大暴雨，山洪暴发，溪水猛涨，造成大田一男子、塘丰一对母子被洪水冲走。镇党委、政府组织民兵和村民及时搜救，救回一个男孩，第三日找到失踪的一男一女遇难者尸体。

二、救　济

明清时期，官府除临时性赈灾外，并无专项钱粮用于经常性的社会救济。

民国时期，对于灾害贫苦除地方机关设筹救济外，民间亦多有自动捐赠周恤。民国二十九年（1940年），各乡、保都设置有义仓积谷。

新中国成立后，把每年的春夏荒救济、冬令救济、孤老残疾救济、五保户救济以及其他特殊困难救济等工作当作一项重要任务。1960年，严重自然灾害，农业歉收，全公社许多农民缺粮断炊，许多社员群众因营养不良而患水肿等疾病，出现人口非正常死亡。其间，人民政府一直把救灾防荒、治病、生产自救当作中心任务。政府拨出大量救济物资（粮食、黄豆、红糖、米糠等），民政部门拨出生活救济款，帮助贫民解决生活困难，为病患者增加营养、保护劳动力。

“文化大革命”期间，民政工作受到严重影响，但在每年春夏交接期间，上级政府都拨出一定数量的救济款、救济粮，以解决春夏荒缺粮问题。

中共十一届三中全会后，经济体制发生变革，社会困难救济工作方式也发生改变。对于有一定劳动能力的贫困户采取群众帮助，国家和集体在资金、物资、技术等方面扶持发展生产，把救济和扶持生产结合起来，使他们逐步摆脱贫困，走上富裕道路。

1987年6月3日，上杭县民政局、财政局分配白砂乡救济款1348元。同年7月，县民政局下拨白砂乡“五老”人员救济款4680元。

2003年，上杭县民政局下拨救济款1.46万元，重点解决特困户、计生困难户、残疾困难对象。

2010年开始，白砂镇把灾后重建（危房改造）作为救济的主要内容。当年灾后重建68户，他们均按自己的筹款能力和上级补助金重建。68户中除了2户低保户（五保户）完全依靠上级补助金只建1层入住外，其余均建2层以上且当年入住。他们的建房资金来源，一是自筹资金，包括向亲朋好友借款；二是政府灾后补助。2011—2017年，共有183户灾后重建（危房改造）户。

第二节　优抚　安置

一、支　前

民国十八年(1929 年）6 月 7 日，二次入闽的红四军分三路攻打驻扎白砂的国民党军卢新铭部钟铭清团，白砂群众积极配合这次战斗，经过一个多小时的激烈战斗，取得战斗的全面胜利。

民国十八年（1929 年）9 月 20 日，朱德率领红四军攻打“铁上杭”，白砂区赤卫队、少先队游亮瑛、卢广煌、卢广森、卢炳新、卢庚新、卢广秀、卢钦旺等，深入火线，配合红四军作战，运送弹药，抢救伤员，上隔元、大路下、圃地村、黄焦坑的群众积极配合支持，他们事先上山砍毛竹、扎竹排、做竹梯、绑担架并送到上杭水西渡为红军架桥登城做准备。其中据不完全统计，白砂区赤卫队员傅进忠等 23 人在攻城战斗中不幸牺牲。游亮瑛（圃地村人的女婿、王银莲的丈夫）亦在攻城战斗中牺牲。

红军主力长征后，白砂大部分村庄又被国民党占领，红军游击队不得不上山开展游击战争。白砂人民，特别是临近双髻山、岩下山的禾仓角、大水源、上寨、大路下、上隔元、黄焦坑、崇坑、老虎坑、圃地、俞家桥、黄柏坑、阁坑、碧砂坑人民出生入死支持红军游击队，他们为游击队送情报，送衣服、米、菜、油盐等生活用品。国民党为了切断群众与游击队的联系以困死游击队，采用极端残酷的手段镇压群众，他们对这些村采取“三光”（抢光、烧光、杀光）政策，强制移民，把村民搞得妻离子散，家破人亡。禾仓角 16 户群众的 60 多间房屋、12 座纸寮全部被烧光；大水源村的袁松村、袁梅村、袁永光、袁伯村 4 家被绝户，4 名妇女被迫改嫁；大路下村的卢炳新被绝户，曹玉金夫妇被抓到碉堡里严刑拷打，丈夫卢尚荣被打断腰骨重伤死去；圃地村的王美香在厨房煮饭时被残忍地杀害。但是反动派惨无人道的摧残并没有使这些村的人民屈服，他们照样冒着生命危险支持红军游击队。新中国成立后，上述 13 个村（自然村）被认定为革命基点村。

1975 年，中国人民解放军某地质部队一个连，驻白砂公社大礼堂，进行地质勘探工作。1995 年冬，中国人民解放军某工程兵部队一个营进驻白砂（其中一个连驻原白砂学区大楼内），进行国防光缆工程作业。白砂镇（公社）党委、政府积极支持部队相关工作，并在“八一”建军节、春节等节日组织干部群众带着礼品前往慰问，以融洽军民关系。

二、优　待

（一）革命烈士家属、革命军人家属优待

民国十八至二十三年（1929—1934 年），是白砂土地革命、扩红支前的红火时期，区、乡均设立拥护红军委员会和优待红军家属委员会，负责动员参军，组织耕田队，帮助红军家属耕作，专门抽设红军公田，组织劳力耕种，收获的粮食作为优待红军家属的公粮。规定消费合作社的紧急物资，凭证优先售给红军家属，并按市价九五折优惠，对生活困难的红军家属，还可以赊账。粮食合作社售粮、借粮优先照顾红军家属，供粮不收息。区苏维埃政府还特意聘请医生，免费为红军家属治病。

新中国成立后，区人民政府组织群众为无劳力或缺劳力的革命烈士家属、革命军人家属代耕、代种、代收。1951 年 4 月后，贯彻落实福建省人民政府制订颁布的《福建省 1951 年优属代耕工作方案》和《福建省革命烈士家属、革命军人家属代耕试行办法》，由区政府合理安排劳力为革命烈士家属和革命军人家属代耕或帮耕。

1952 年，人民政府为红军长征、白砂沦陷后遭到国民党地方军阀摧残，新中国成立后仍无家可归或房屋破旧的革命烈士家属，建设土木结构的新住房。据不完全统计，全乡革命烈士家属建设新房 100 多座。

1953 年后，代耕办法转变为由互助组或农业社承包的责任制。农业高级社和人民公社化时期，对革命烈士家属、革命军人家属优待的主要形式改变为优待劳动日（劳动工分），优待标准以当地社员的收入水平、优抚对象的经济状况和集体经济基础来确定。一般把享受优待劳动日数量记入烈军属劳动手册，参加统一分红。农业高级社时期，优待劳动日折合的粮款由高级社公益金开支。1958 年公社化后，优待劳动日负担由大队统筹平衡，归大队公益金开支。

1983 年实行家庭联产承包责任制后，按责任田面积每亩上缴（现役军人家属免缴）25 公斤干谷（当时称优抚粮），再由政府统筹安排义务兵家属优待金。1994 年始，义务兵家属优待改为现金优待。当年的优待金是每户 745 元，次年为 950 元。此后逐年提高，1996 年为 1200 元，1997 年为 1600 元。2009 年为 5164 元，2015 年提到 11658 元，2016 年为 12912 元，2017 年达到 14074 元。

（二）其他优待

1983 年后，对未列入定补的烈属，每人每年发放优待款 100~150 元。

1984 年，对全乡 124 名 60 周岁以上的退伍军人，政府给予每人每月 150 元的优待。

2008 年始，白砂镇对曾参加 20 世纪 50 年代炮击金门的 19 人及参加 1979 年对越自卫反击战的 16 人给予每月 100 元的生活补助。

2012 年开始，对年满 60 周岁的农村籍退役士兵按军龄每月发放补助金（参军一年每月 10 元），2017 年增加至参军一年每月 30 元。

三、抚　恤

（一）抚恤对象

国家抚恤分烈士抚恤、牺牲病故抚恤、残废抚恤和“两红”（在乡退伍红军老战士、红军失散人员）、“三属”（烈士家属、因公牺牲家属、病故军人家属）定补。1980 年 6 月起，烈士抚恤、牺牲病故抚恤改为革命烈士抚恤、因公牺牲（不称烈士）和病故抚恤三种。

1971 年，白砂有革命烈士 610 人，烈士家属 379 人。

1973 年 1 月，有烈士家属 181 户 905 人，其中 15 户 21 人享受国家补助，失踪军人家属 29 户 145 人，病故军人家属 5 户 26 人。

1982 年，共有革命烈士 622 名。

1984 年，白砂乡优抚对象有烈士 221 人，因公牺牲 93 人，失散红军 38 人，失踪红军 1 人。

1987 年，白砂乡优抚对象有烈士 221 人，因公牺牲 73 人，失散老红军 3 人，在乡“五老”（老地下党员、老游击队员、老接头户、老交通员、老苏区干部）人员 55 人，革命残废军工人员 7 人。

2017 年，健在的“五老”（老地下党员、老苏区干部、老游击队员及红军失散人员、老接头户、老交通员）人员 18 人。“三属”人员 104 人，其中烈属 82 人，因公属 1 人，改嫁属 2 人，病故属 2 人，退休 1 人，残疾 6 人，复员 4 人，病退 4 人，抗美援越 1 人，参战（含炮击金门）5 人。全镇有革命烈士 622 人（包括 1979 年对越自卫反击牺牲 1 人）。

（二）抚恤标准

1951—2017 年，白砂根据国家制定的优抚条例和福建省上杭县人民政府制定的抚恤标准，对自民国十八年（1929 年）暴动到新中国成立前在革命战争中牺牲、病故或因战、因公致残人员给予抚恤。

国家抚恤分烈士抚恤、牺牲病故抚恤、残废抚恤和“两红”（在乡退伍红军老战士、红军失散人员）、“三属”（烈士家属、因公牺牲军人家属、病故军人家属）定补。1980 年 6 月起，烈士抚恤、牺牲病故抚恤改为革命烈士抚恤、因公牺牲（不称烈士）和病故抚恤三种。

烈士抚恤　1952 年，人民政府对烈士家属发给抚恤金每户 120 元；1958 年，每月 6~10 元；1984 年起，增至每月 12~20 元；2004 年，每月抚恤金 285~310 元。2013 年，抚恤标准为每人每月 612 元。

牺牲病故抚恤 1950—1951年为粮食，按级别和牺牲、病故的不同，其抚恤粮标准也不同，最低的为每年225公斤，最高的为600公斤。1953年改为货币，最低的为每年110元，最高的为550元；1980年，国家再次做调整，烈士抚恤最高的为1000元，因公牺牲和病故抚恤最高的分别为600元、700元。

伤残抚恤 残废抚恤按伤残性质（因战、因公、因病）残疾轻重和丧失劳动能力程度分为四等六级、发给分类残废光荣证明书，进行抚恤优待。对二等以上革命残废军人实行终身抚恤。残废抚恤金的发放，分在职、在乡两种，其标准经过1953年、1978年、1987年、2000年、2002年、2003年多次调整。2003年7月1日起，抚恤金最高标准为每人每年9960元，最低为1390元。

“两红”“三属”定补 “两红”“三属”抚恤定补标准（农村），2000年前，在乡退伍红军老战士为900元。2000年、2002年分别为1100元、1160元，2004年10月1日起为1310元，相应年份红军失散人员分别为213元、260元、270元、380元。2000年前，烈士家属、因公牺牲军人家属为183元。2000年、2002年分别为225元、250元，2004年10月1日起为300元，相应年份病故军人家属分别为173元、220元、245元、285元。

四、安　置

白砂乡中洋村袁善泉、袁林，樟黄村张清盛3人为红军北上抗日后三年游击战争时在战斗中负伤的退伍老军人。新中国成立后，分别享受二等乙级（袁善泉）和三等甲级（袁林、张清盛）残废供养待遇。

2011年，政府对实行义务兵役制前的退伍复员军人实行货币安置，标准为484元/人/月。

实行义务兵役制后的退伍军人，20世纪50年代至70年代初，一般由上级安排到厂矿企业就业。70年代中期以后，一般自行就业。

第三节　社会福利　社会保障

一、“五保”人员供养

（一）分散供养

新中国成立后，人民政府对孤寡残疾实行农业社包养（提供口粮和生活费用）。1958年实行人民公社化后，对孤寡残疾实行“五保”（保食、保住、保穿、保医、保葬）。“五保”对象中一部分人分散供养。

表14–1　2008—2017年“五保”人员供养情况表

年份	五保户（户）	人数（人）	月人均（元）	月供养资金（元）	年份	五保户（户）	人数（人）	月人均（元）	月供养资金（元）
2008	77	82	100	8200	2013	165	182	150	26700
2009	94	543	100	54300	2014	186	201	160	31520
2010	138	147	100	14700	2015	183	193	409	78979
2011	139	149	100	14900	2016	173	183	541	99027
2012	148	153	112	17360	2017	154	160	589	94298

（二）集中供养

白砂敬老院

1973 年，白砂公社有一座敬老院，在中洋村昆山祠旁边，收住院民 8 人。1995 年，敬老院搬迁至朋新村土楼原白砂卫生院旧址，交通便捷，尤其是出入敬老院百米大路宽 7 米，且全部硬化，院民出入十分方便。

2012 年 5 月，开工建设新敬老院，占地面积 3902 平方米，总投资 200 多万元，于 2015 年 10 月交付使用。敬老院大楼为三层框架结构，建筑面积 1121 平方米，拥有床位 45 张，配备有娱乐室、医疗室、会议室、办公室等，敬老院室内设施如宾馆，室外像花园。

白砂镇敬老院以供养孤寡老人为己任，坚持以人为本，老人至上，并推行亲情化服务、制度化管理。集中供养对象基本实现老有所养，老有所乐，老有所为，老有所医。2017 年，白砂敬老院收住院民 9 人，专职管理人员 1 人。人均月生活费标准：710 元/人。

二、居民最低生活保障

2004 年 3 月始，执行上杭县《农村居民最低生活保障制度实施细则》，对年人均收入在 1000 元以下的农户实行最低生活保障制度（简称低保）。

表 14–2　2005—2017 年白砂镇低保情况表

年份	低保户（户）	人数（人）	年保金额（元）	年份	低保户（户）	人数（人）	年保金额（元）
2005	475	1165	40775	2012	444	1063	719280
2006	464	1012	35881	2013	407	998	1200960
2007	464	1012	427062	2014	434	1030	1320000
2008	576	1686	711487	2015	506	1041	1534320
2009	516	1906	804349	2016	90	246	590640
2010	536	1886	796130	2017	109	237	695440
2011	407	1000	617760				

四、社会养老保险

1990 年，乡农村社会养老保险业务由民政办办理。1996 年，白砂镇贯彻上杭县人民政府《关于进一步做好农村社会养老保险工作的通知》，深入做好宣传发动工作，动员国家干部、个体户、专业户、富裕户带头投保。当年收取保费 12.5 万元。

2010 年，上杭县列为首批新型农村社会养老保险（新农保）试点县。当年，白砂镇参加新农保的有 12389 人，其中缴费到账的 8750 人，待遇领取 2980 人，每人领取金额从 55 元至 69 元不等。2011 年末，参保 13959 人，其中缴费到账的 9200 人，待遇领取 4560 人，每人领取金额从 55 元至 74 元不等。2012 年末，参保 14180 人，其中缴费到账 9630 人，待遇领取 4632 人，每人领取金额从 70 元至 150 元不等。2016 年末，参保 15930 人，其中有缴费到账的 9835 人，待遇领取 5432 人。

从 2010 年 8 月开始，对全镇 80 周岁以上的老人，每人每月发放 100 元高龄津贴。

五、村主干补贴

2004 年 7 月起，为解决农村基层干部的生活困难，上杭县人民政府对新中国成立以后担任村支部书记、主任（大队长）9 年以上的离任人员实行每月定额补助。补助标准为：任职 9~10 年的补助 50 元/月，11~12 年的补助 55 元/月，13~24 年的补助 60 元/月，25 年以上的补助 75 元/月（随着经济发展补助金逐年增加）。2017 年，全镇有 54 人享受补助。

表 14–3　2011—2017 白砂镇离任村主干定补情况表

年份	人数（人）	年补助（元）	年份	人数（人）	年补助（元）
2011	55	48460	2015	60	76920
2012	57	51360	2016	56	53770
2013	57	51360	2017	54	119400
2014	57	51360			

第四节　婚姻登记管理

明清时期，结婚凭据是“红婚字”，即由男女双方家长认可的“先生”根据男女双方的年龄特征和双方家长的面约而写成的婚书。

苏维埃政府时期，男女结婚需到区乡苏维埃政府登记领证。民国二十年（1931 年）12 月 1 日，《中华苏维埃共和国婚姻条例》颁布实施，主张婚姻自由，依法登记。这种婚姻自由风尚一直延续到新中国成立。

新中国成立后，中央人民政府颁布《中华人民共和国婚姻法》，规定结婚、离婚、复婚均应依法办理申请登记和领证手续。1950 年，福建省人民政府颁布《婚姻登记暂行办法（草案）》，规定：凡符合规定结婚条件的男女双方，持户籍管理单位出具的证明到区（乡）人民政府或市县人民政府民政局（科）口头申请登记，领取结婚证书。离婚、复婚、再婚履行同样登记手续。1955 年 9 月后，执行内务部公布的《婚姻登记办法》。此后，婚姻登记工作先后由乡人民委员会、人民公社管理委员会、乡（镇）人民政府办理，具体由文书承办。

1980 年，国家颁布新婚姻法（1981 年 1 月起施行），除将结婚年龄改为男不得早于 22 周岁，女不得早于 20 周岁外，还提倡晚婚晚育。婚姻登记工作人员现场对申请结婚登记者进行新婚姻法的宣传教育。

1986 年 5 月，乡文书参加上杭县民政局举办的婚姻登记人员培训班，经学习考核后领取婚姻登记员证书。

1992 年，婚姻登记由乡文书办理转为民政办办理。

1994 年后，实施经国务院批准、民政部发布的《婚姻登记管理条例》，凡申请办理结婚登记的青年男女，除出具村证明以外，还须到上杭县妇幼保健站进行健康检查，女方到县计生服务所进行优生检测，再回乡办理结婚登记手续。

2001 年 4 月 28 日，九届全国人大常委会第二十一次会议通过《关于修改〈中华人民共和国婚姻法〉的决定》后，执行修正后的婚姻法。该法第八条规定："要求结婚的男女双方必须亲自到婚姻登记机关进行结婚登记。符合本法规定的，予以登记，发给结婚证，取得结婚证即确立夫妻关系。未办理结婚登记的，应当补办登记。"

2003 年 10 月始，实施《婚姻登记条例》，婚姻登记工作进一步规范。同年 10 月 1 日起，婚姻登记取消凭村级出具证明，改由申请结婚（离婚）登记的男女双方凭双方户口簿和身份证办理登记手续。

2010 年 1 月 1 日起，婚姻登记工作由上杭县民政局办理。

表 14–4　1993—2009 年白砂婚姻登记情况

年度	结婚/对	离婚/对	年度	结婚/对	离婚/对
1993	222	2	2002	174	9
1994	231	1	2003	209	9
1995	238	2	2004	165	14
1996	254	6	2005	158	18
1997	217	5	2006	189	13
1998	129	8	2007	214	11
1999	131	10	2008	202	20
2000	143	7	2009	249	23
2001	174	9			

第五节　村民自治

1984 年，取消公社、大队、生产队建制，实行乡（镇）、村民委员会、村民小组建制。原生产大队改设村民委员会（简称村委会）。

1987 年，全国人大常委会颁布《中华人民共和国村民委员会组织法（试行）》，决定在全国农村实行村民自治。1988 年《福建省实施〈中华人民共和国村民委员会组织法（试行）〉办法》颁布实施，村民自治开始走上法制化和规范化的轨道。

1988—2017 年，白砂乡（镇）进行 10 次村委会换届选举。每次的换届选举白砂乡（镇）党委、政府都高度重视，成立村委会换届选举工作指导小组。换届选举工作一般分八个阶段进行：（一）选举准备；（二）选民登记；（三）推选村民代表、村民小组长；（四）产生候选人；（五）投票选举；（六）建章立制；（七）岗前培训；（八）检查验收、总结、表彰。投票方式由开始时的流动票箱（即由选举工作人员拎着票箱深入到每家每户收集选票）向一个小组或一个自然村设立集中投票点过渡，选民投票由开始时以家长一人投票发展为选民个人或委托代理人投票。

1988 年村委会换届选举后，迅速做好建章立制工作。重点建立村民会议和村民代表会议制度，保证村民和村民代表能有效参与和决定本村大事，建立健全村民对村委会成员的评议制度，全村村民代表和全村党员大会每年年终时举行一次，对村委会主要成员进行“优秀、良好、一般”的评议。

1991 年，进行第二次村委会换届选举。为了保证换届工作依法正常推进，实行以点带面的办法，先选择一个村进行示范选举，然后其他村依样进行，全乡 22 个行政村均达到示范标准。

1994 年，进行第三次村委会换届选举。本次换届选举后，镇政府重在建立民主管理、民主决策和民主监督制度。具体措施为：进一步完善村民大会或村民代表大会制度，制定村委会工作职责，干部工作守则和村规民约；制定“两公开一监督”（村务公开，财务公开，群众监督）制度；制定和完善村财务管理制度，建立村民理财和监督小组，定期不定期地对村经济收支情况进行审查、监督。这些制度的建立和完善使村民自治工作逐步规范化。

1997 年至 2012 年，共进行五次村委会换届选举。每次村委会换届选举工作都依照：领导重视，统一认识，准备充分，试点先行，严格程序，依法实施，发扬民主，正确引导，整体推进，全面提高这十个步骤有序进行，保证村委会工作正常运作。

2015 年进行第十次村委会换届选举，全镇选出村主任 22 名。根据村的规模大小，有的村不设副主任，只设男女村委各一名（妇女委员实行专职专选）。

第六节　扶贫扶建和小康建设

一、扶持基点村建设

民国二十三年（1934 年）中央红军主力长征后，白砂进入艰苦卓绝的三年游击战争。国民党军队对白砂进行疯狂的清剿，面对国民党军队的残酷摧残和屠戮，白砂人民不屈不挠，形成 13 个游击基点村。这些村遭到的屠戮惨不忍睹，如圃地被绝村，“闾阁不见炊烟，田野但闻鬼泣”就是当年白砂的真实写照。新中国成立后，上杭县委、县政府高度重视革命基点村的建设和发展，给了一系列扶持和促进革命基点村加快发展的政策和措施，基点村迎来喜人变化。

1950 年始，为大水源、上隔元、大路下、黄焦坑、俞家桥、黄柏坑、阁坑、岽坑、老虎坑等革命基点村发放救济粮、救济款和衣服等，帮助群众恢复生产、重建家园。

1998 年，政府对革命基点村黄柏坑实行造福工程整村搬迁。2000 年，政府对革命基点村俞桥实行造福工程整村搬迁。（参见本志第七章《镇村建设·造福工程整村搬迁》）

2014 年，根据《中共上杭县委、上杭县人民政府关于加大对革命基点村帮扶的实施意见》文件精神，对革命基点村实施新开机耕路项目给予每公里补助 2 万元的扶持政策。

2016 年开始，根据《上杭县人民政府关于做好 62 个革命基点村建制村以奖代补项目帮扶资金集中委托闽西兴杭国投公司统一运营的通知》文件精神，对全镇 8 个革命基点村建制村实施以奖代补项目帮扶政策。2017 年，每个建制村获得财政补助利息 1.2 万元。

附：白砂革命基点村

1. 省定基点村 10 个：上隔元（隶属丰源村）、大路下（隶属碧砂村）、老虎坑（隶属樟黄村）、禾仓角（隶属樟黄村）、大水源（隶属中洋）、俞家桥（隶属塘丰村）、上寨（隶属塘丰村）、岽坑（隶属梧田村）、圃地（隶属洋乾村）、碧砂坑（隶属碧砂村）。

2. 县定基点村 3 个：黄柏坑（隶属梧田村）、阁坑（隶属梧田村）、黄焦坑（隶属茜黄村）。

二、扶贫和小康建设

中共十一届三中全会后，国家对农村扶贫救济工作实行改革，把救济款用于扶助贫困户发展生产，使其增加收入，脱贫致富。1983年，白砂公社认真贯彻执行民政部《关于认真做好扶助农村贫困户工作的通知》和《积极开展扶助农村退伍军人劳动致富的通知》，把农村扶贫纳入“双扶”（扶持贫困户和优抚对象）工作的轨道。积极扶助农村贫困农民发展生产摆脱贫困，扶持烈军属、复员退伍军人发展生产勤劳致富。把扶助款和银行贷款优先向他们倾斜。是年，扶持20户，发放扶持金0.4万元。1984年，贯彻落实龙岩地委、行署《关于农村开展“双扶”工作的意见》和《关于扶持贫困边远老区和革命基点村的决定》，“双扶”28户，发放扶持金0.58万元。1985年，“双扶”32户，发放扶持金0.72万元。

1985年，白砂乡被确定为贫困乡之一。造成贫困的主要原因：一是在第二次国内革命战争中遭受国民党反动派严重摧残；二是地处山区，大部分村交通不便，信息闭塞，市场经济意识淡薄；三是基础设施落后，资金和技术贫乏。

1985年始，白砂乡党委、政府贯彻执行福建省龙岩地区、上杭县关于扶贫工作的一系列决策和部署，把脱贫致富工作作为一项中心任务摆上议事日程，设立扶贫领导小组及其办事机构，制订扶贫规划，落实政策资金，逐步解决贫困户的温饱问题，提出争取实现福建省委“三年脱贫、五年摘帽，八年做贡献”的目标。

1986—1987年，县人民政府先后派出以袁天生、赖树人、陈发珍为队长的扶贫工作队进驻白砂，宣传贯彻党在农村的各项方针、政策，指导和协助开展扶贫工作。上杭县“双扶”办、财政局下拨扶贫资金1.2万元，扶持36户。1987年，福建省第二批扶贫工作队5人进驻白砂，扶贫工作队员深入每村每户搞好调查研究，掌握农户经济现状，安排扶贫资金1.87万元。其中贫困户个体项目资金1.32万元，主要用于发展种养业；联合体项目资金0.21万元，主要用于发展小型企业；乡办企业项目资金0.34万元，主要用于解决贫困户的剩余劳动力。经过努力，全乡205户贫困户，1986年脱贫175户，1987年脱贫30户。

1988年始，白砂乡党委、政府继续把脱贫致富工作作为一项中心任务，层层抓落实，实行资金、项目、效益“三挂钩”。当年，“双扶”办公室安排5个村创办村级企业，发放村级企业扶持资金2.3万元。

1988—1990年，上级加大扶持力度，发放贫困户资金1万元，扶贫贷款2.4万元，乡村企业扶持资金1.5万元，解决安排贫困户劳动力375人。

1991—1993年，白砂镇（乡）人民政府大力扶持贫困户，实行生产与资源开发、智力开发相结合，提高自身的“造血”功能。乡村企业使用扶贫资金8万元，安排解决贫困劳动力700人。

1994年，贯彻落实《龙岩地区扶贫攻坚规划》，按照上杭县委提出的“以扶贫攻坚奔小康统揽农村工作全局”的思路，加快贫困户脱贫致富奔小康步伐。

1995年，按照上杭县委提出的“以扶贫攻坚奔小康统揽农村工作全局”的思想，加快农村贫困户脱贫致富奔小康步伐，改传统的分散式扶贫为开发式扶贫。

1996年始，镇党委、政府响应中央脱贫攻坚的战略决策，制订切实可行的脱贫攻坚规划，不断加大扶贫力度，对全镇确定的贫困户，采取政策、资金、技术为主“倾斜”的办法，重抓贫困户的开发性生产，实行领导、干部挂钩扶贫“五包”（包建立脱贫台账，包项目的实施，包资金的发放和回收，包各种业务、项目落实到户，包扶贫资金到位和技术服务到家）制度。1996年，扶贫攻坚181户，当年脱贫179户，占98.8%。年底经县小康办检查验收，小康综合分值为94.7分，实现小康户4607户，占全镇农户数的80.4%。

1997年，扶贫攻坚51户228人，年底全部脱贫，人均纯收入达1930.5元。造福工程11户48人喜迁新居。年底，经龙岩市复查验收，有18个行政村4777户达小康水平，分别占行政村总数和农户总数的81.18%、83.4%，小康指标综合分值为97.6分，确认基本实现小康镇。

1998—2002年，在基本实现小康的基础上，继续推进扶贫开发和小康建设。实行小额信贷扶贫到户工程，帮助贫困户发展生产（小额信贷的主要做法：4户贫困户或低收入户和1户专业户组成1个联保小组，5个以上小组或以村、乡为单位组成一个联保中心，进行互保互助，每户贷1000~5000元，用于发展家庭种、养、加工业。贷期一年，按月还款，财政贴息）。

2003年后，贯彻实施《中国农村扶贫开发纲要（2001—2010年）》，贯彻落实《关于上杭县新一轮扶贫开发意见》，进一步巩固扶贫成果，稳步推进新一轮扶贫开发。重点扶持贫困户和低收入农户增加收入，并以改善生产生活条件为目标。

20世纪80年代中期开始的扶贫工作虽然取得显著成效，但是白砂仍有少数贫困村和贫困人口，他们主要分布在自然条件恶劣、经济基础薄弱、社会发展滞后的地方，脱贫难度大。部分已解决温饱的农民发展基础不牢靠，经济收入稳定性差，遇到天灾人祸随时可能返贫。同时，扶贫领域也存在贫困居民底数不清、情况不明、针对性不强、扶贫资金和项目指向不准等问题。

2013年，完成全镇贫困户的建档立卡工作。全镇确定贫困户368户，贫困人口1269人，全部建档立卡，为全镇的扶贫开发奠定基础。组织樟黄、碧砂、下早康三个贫困村本着改善村民的生产、生活环境出发，科学合理地从整村推进扶贫规划项目中，上报道路硬化、村部建设、农民公路、机耕道路等项目。继续做好造福工程危房改造工作。

2013年，樟黄村被定为省扶贫开发重点村，上级安排福建省招标采购集团干部毛畏担任樟黄村党支部第一书记。2013—2015年，挂钩单位筹集人饮工程资金55万元，亮化工程资金45万元，捆绑资金20万元(用于刘坑道路硬化)，村部建设、农民公园资金90万元，郑屋至连塘道路修缮资金23万元。经几年扶持，该村面貌发生很大变化。2017年，樟黄村摘掉贫困村帽子。2013年，下早康村被定为市级贫困村，上级安排上杭县人民检察院干部余业林担任下早康村党支部第一书记。2013—2015年，挂钩单位筹集捆绑帮扶资金5万元，桥的安全栏杆维护资金5万元，下排到水竹垅道路硬化、罗屋自然村村内道路、培前道路硬化资金30万元。该村的基础设施得到不断完善。2013年，碧砂村被定为县级扶贫开发村。上级安排上杭县农业局干部王丁祥担任碧砂村党支部第一书记。2013—2015年，挂钩单位筹集捆绑帮扶资金10万元，扶持天后宫油菜花种植资金2万元，农田检测资金1万元，农民文化培训学校5万元，农业设施建设项目资金110万元。

2015年底—2016年3月，通过扶贫对象精准识别，确定全镇贫困村3个（樟黄、下早康、扶福）。全镇建档立卡贫困户共410户969人，其中一般贫困户158户566人，低保户86户231人，五保户166户172人。从致贫原因看，因病致贫的128户339人，占贫困总人口的34.98%；缺劳力的152户256人，占贫困总人口的26.42%；因残疾、自身发展原因不足等原因致贫的72户192人，占贫困总人口19.81%；缺资金的33户109人，占贫困人口的11.25%；缺技术的19户58人，占贫困人口的5.99%；因学致贫的6户15人，占贫困总人口的1.55%。2017年新增贫困户2户6人，2016年共脱贫254户483人，其中国标退省标8户21人。人员自然增减后，强制清退4户10人。2017年共脱贫164户522人（包括国退省8户21人），贫困村樟黄村顺利退出。动态调整后，2018年全镇现有建档立卡贫困户共390户951人，2016年以后强制清退5户12人，2018年实现2户9人贫困户脱贫，贫困村下早康、扶福村顺利退出。

2015—2018年，白砂镇党委、政府充分认识精准扶贫是新时期党和国家扶贫工作的精髓和亮点，是全面建成小康社会、实现中华民族伟大中国梦的重要保障。认真贯彻落实中央、省、市、县《关于推进精准扶贫打赢脱贫攻坚战的实施意见》等关于精准扶贫的一系列方针政策和工作部署，镇成立以党委书记任总指挥、镇长任常务副总指挥的脱贫攻坚"战役"指挥部，下设办公室，负责扶贫攻坚日常事务。根据贫困状况，研究制定脱贫攻坚的目标任务和措施办法，提出力争到2020年全镇建档立卡贫困人口实现全部脱贫，实现3个贫困村整村脱贫，与全县同步实现全面小康。镇党委、政府切实加强对精准扶贫工作的领导，积极创新工作机制，先后出台《关于成立白砂镇脱贫攻坚战役指挥部的通知》《白砂镇关于调整脱贫攻坚战役领导小组及贫困村工作队的通知》《白砂镇关于脱贫攻坚战役领导小组及贫困村工作队的工作职责方案》《关于实行贫困户“人盯人”包干责任制的通知》《关于实行解决贫困户住房安全一对一挂钩责任制》等文件。强化扶贫队伍建设，配备专职扶贫干部3名，聘用村级扶贫协理员22名。通过党委（扩大）会议、周一干部例会、专题工作会议，定期安排部署脱贫攻坚阶段性工作任务，建立健全主要领导定期调阅《扶贫手册》制度，不定期通报工作任务进度情况，将脱贫攻坚工作纳入镇村干部二级绩效考核内容。全镇贫困户均实现干部挂钩帮扶，截至2018年底，市直单位挂钩14户，县直单位挂钩143户，乡镇干部挂钩233户。经入户调研发现，镇村两级主体责任落实到位，村两委干部对贫困户情况底子清，贫困户获得感高，对脱贫攻坚工作的满意度较高。

白砂镇党委、政府在精准扶贫工作中，重点突出，政策落实到位。一是狠抓产业扶贫。充分发挥农民专业合作社帮带作用，全镇3个村相继建立了专业合作社、互助资金协会，涌现出上杭县农山家庭农场、上杭县白叶山家庭农场及上杭县立斌家庭农场、上杭县白砂种养合作社、上杭县万三种养专业合作社等一批带动能力较强的扶贫龙头企业及合作社。创新“菜单式”+“点单式”激励性扶贫帮带模式，即菜单式推广项目+点单式项目签约、菜单式提供技术+点单式项目培训、菜单式服务保障+点单式项目服务，激励性扶贫产业初见成效。2018年实行了跑山兔、葡萄、罗汉果、蜜蜂等16个激励性扶贫项目，全镇22个村已覆盖16个村，占72.73%，带动202户654户贫困户参与项目发展，占68.13%。二是加大就业扶贫。开展技能培训173人（次），转移就业44人，自主创业20余人，开发公益性岗位解决贫困户劳动力13人，其中护林员2名、保洁员2名、道路养护员10名。实行雨露计划培训工程，2016年培训70人补助1.05万元；2017年培训266人次，补助3.99万元。三是加快易地扶贫搬迁和危房改造进度。2016年以后，通过造福工程、危房改造、灾后重建等政策，帮助175户贫困户搬进新居。目前，全镇贫困户均已解决安全住房。四是落实健康扶贫政策。实现了建档立卡贫困人口新农合，累计补助951人20.92万元，临时救助18户3.32万元；完成家庭医生签约951人，签约率达100%。五是落实教育扶贫政策。2016年秋季累计发放教育补助金18.35万元，资助建档立卡贫困学生132人；2017年春季累计发放教育补助金18.35万元，资助建档立卡贫困学生132人；2017年秋季累计发放教育补助金17.11万元，资助建档立卡贫困学生122人。六是落实社保兜底政策。2017年，建档立卡贫困对象发放低保补助金94户72.38万元，农村五保供养金122户110.57万元。七是用好用活扶贫小额信贷政策。2017年，新增小额信贷3户7万元，续贷36户132.9万元，新办理续贷手续58户108万元，贫困户贷款覆盖面仍保持31%的任务指标。

扶贫攻坚取得明显成效。2016年共脱贫254户483人，其中国标退省标8户21人。2017年共脱贫164户522人（包括国退省8户21人），贫困村樟黄村顺利退出。2018年实现2户9人贫困户脱贫，贫困村下早康、扶福村顺利退出。至2018年底，全镇建档立卡贫困户已全部实现脱贫目标，樟黄、下早康、扶福等三个贫困村顺利实现脱贫摘帽。

2016年度，白砂镇获上杭县委、县政府评为脱贫攻坚优胜奖；2018年度，白砂镇被龙岩市委、市政府评为脱贫攻坚先进集体，被上杭县委、县政府评为三大战役脱贫攻坚先进集体。2018年，龙岩市在白砂镇召开激励性扶贫现场推进会，白砂创新“党建+激励性扶贫”工作机制、激励性扶贫工作做法在全市交流推广。大科村贫困户傅富先被评为全市自立增收脱贫模范。

附：国家贫困标准和低收入标准

1986年，国家制定的绝对贫困标准为206元。该标准以每人每日2100大卡热量的最低营养需求为基准，再根据最低收入人群的消费结构来进行测定。后来此标准随物价调整，到2007年时为785元。

2000年，国家制定的低收入标准为865元。到2007年年底，调整为1067元。

2008年，绝对贫困标准和低收入标准合一，统一使用1067元作为扶贫标准。此后，随着消费价格指数等相关因素的变化，标准进一步上调至1196元。

2011年，中央决定，将农民年人均纯收入2300元（2010年不变价）作为新的国家扶贫标准。

2015年，国家扶贫标准为农民年人均纯收入2855元。

第七节　其他民政事务

一、地名管理

1979 年，白砂公社会同上杭县地名普查小组对辖区内的地名进行全面普查。普查结果刊登在 1980 年出版的《上杭县地名录》，白砂有公社、大队、自然村、山峰、河流、谷地、名胜古迹等共 148 条。

1995 年，设置全镇 5332 户门牌，完成国道、省道两侧村镇地名标志。2010 年 11 月，白砂镇开展对镇周边道路的命名，共命名路、巷 12 条。 2017 年，完成对全镇 7202 户的门牌号码设置工作。

附一　1979 年白砂公社各大队、自然村名称

大队	自然村	汉语拼音	经纬度	驻地	俗称或曾用名
白 砂 (公社)		bái shā	东经 116°37′ 北纬 25°07′	中 隔	
中 洋		zhōng yáng			原中隔、下洋合称
	中隔村	zhōng gé cūn			
	城下	chéng xià			
	陈屋	chén wū			
	大水源	dà shuǐ yuán			
樟 黄		zhāng huáng		樟 坑	原樟坑黄坑合称
	樟坑	zhāng kēng			
	羊蹄石	yáng tí shí			羊泥石
	连塘坑	lián táng kēng			
	坑头	kēng tóu			
	山岗下	shān gǎng xià			
	水井坑	shuǐ jǐng kēng			
	秤勾湾	chèng gōu wān			
	刘坑	liú kēng			
	扁坑	biǎn kēng			
	胡屋	hú wū			
	郑屋	zhèng wū			
	老富坑	lǎo fù kēng			老虎坑
岭 背		lǐng bèi		岭 背	

续表

大队	自然村	汉语拼音	经纬度	驻地	俗称或曾用名
	岭背	lǐng bèi			
	苎园坑	zhù yuán kēng			
	桥头坑	qiáo tóu kēng			
	邓屋坑	dèng wū kēng			
朋　新		péng xīn		新　市	
	新市	xīn shì			白砂圩
	石陂	shí bēi			
	田心里	tián xīn lǐ			
	排背	pái bèi			
	楼富坑	lóu fù kēng			
	庵背坑	ān bèi kēng			
	上城下	shàng chéng xià			
	下　洋	xià yáng			
	官山口	guān shān kǒu			
	犁头子	lí tóu zǐ			
梧　岗		wú gǎng		科子里	
	科子里	kē zǐ lǐ			窝子里
	橄榄桥	gǎn lǎn qiáo			
梧　田		wú tián		甲　田	
	甲田	jiǎ tián			隔田
	白果树下	bái guǒ shù xià			郭坑
	各坑	gé kēng			
	大陂头	dà bēi tóu			
	黄柏坑	huáng bǎi kēng			
	西家洋	xī jiā yáng			
塘　丰		táng fēng			
	横岗头	héng gǎng tóu		横岗头	
	厚里	hòu lǐ			垌里
	俞家桥	yú jiā qiáo			
	上磜	shàng zhài			
	过路桥	guò lù qiáo			
	花园里	huā yuán lǐ			上寨
	塘背	táng bèi			

续表

大队	自然村	汉语拼音	经纬度	驻地	俗称或曾用名
	坝上	bà shàng			
	营背	yíng bèi			
大 金		dà jīn		大坪里	
	大坪里	dà píng lǐ			
	水竹洋	shuǐ zhú yáng			
	凹头	āo tóu			
	凹背	āo bèi			
	牛栏窠	niú lán kē			
	金丰山	jīn fēng shān			
大 田		dà tián		中心祠	
	中心祠	zhōng xīn cí			
	小村	xiǎo cūn			
	沈屋	shěn wū			
	裕坑里	yù kēng lǐ			
	社背	shè bèi			
	社前	shè qián			
	仙下里	xiān xià lǐ			
	上坑	shàng kēng			
	大屵头	dà yǐn tóu			
扶 福		fú fú		扶 福	
	扶福	fú fú			扶竹岭
丰 源		fēng yuán		丰熟坪	
	丰熟坪	fēng shú píng			枫树坪
	上甲源	shàng jiǎ yuán			
	下甲	xià jiǎ			
大 科		dà kē		横岗下	
	横岗下	héng gǎng xià			
	石科里	shí kē lǐ			石窠里
	凹背	āo bèi			
	双门石	shuāng mén shí			
	大麻地	dà má dì			
	老白砂圩	lǎo bái shā xū			

续表

大队	自然村	汉语拼音	经纬度	驻地	俗称或曾用名
	桐子甲	tóng zǐ jiǎ			
长　锦		cháng jǐn		长　锦	长岭下
上早康		shàng zǎo kāng		竹山前	上早坑
	竹山前	zhú shān qián			(枣坑)
	良善坑	liáng shàn kēng			凉扇坑
	庙前	miào qián			
	山下	shān xià			
	坑里	kēng lǐ			
	岭下里	lǐng xìa lǐ			
	南坑	nán kēng			
下早康		xià zǎo kāng		排　下	下早坑
	排下	pái xià			
	小游塅	xiǎo yóu duàn			
	孔背乾	kǒng bèi qián			
	罗屋	luó wū			
	吴屋	wú wū			
	大埔头	dà pǔ tóu			
碧　砂		bì shā		碧砂坑	
	碧砂坑	bì shā kēng			鳖沙坑
	大路下	dà lù xià			
官　洋		guān yáng		官　地	
	官地	guān dì			
	角地	jiǎo dì			
	王屋坑	wáng wū kēng			
	松柏林	sōng bǎi líng			
	洋屋	yáng wū			
	官地道班	yuān dì dào bān			
	丁坑	dīng kēng			
茜　黄		xī huáng		茜　洋	
	茜洋	xī yáng			
	黄砂	huáng shā			
洋　乾		yáng qián		中　村	红权、大墩头
	中村	zhōng cūn			

续表

大队	自然村	汉语拼音	经纬度	驻地	俗称或曾用名
	上村	shàng cūn			塘里、郑屋
	下村	xià cūn			游屋
嫩 洋		nèng yáng		凹 背	
	凹背	āo bèi			
	中塅	zhōng duàn			
	眼坑	yǎn kēng			
	田丰	tián fēng			田尾
	塘背	táng bèi			
东 塘		dōng táng		郭公塘	
	郭公塘	guō gōng táng			
军 桥		jūn qiáo		将军桥	
	将军桥	jiāng jūn qiáo			
	银坑	yín kēng			
	温屋坑	wēn wū kēng			
	古王坑	gǔ wáng kēng			

附二 白砂各山峰谷地名称

名称	汉语拼音	高度（米）	名称	汉语拼音	高度（米）
双髻山	shuāng jì shān	1441	金玉顶	jīn yù dǐng	1003.7
蛇舌岭（岃）	shé shé lǐng		上园山	hàng yuán shān	800.4
青山崠	qīng shān dòng	1039	岩下山	yán xià shān	
茅楼崠	máo lóu dòng	790	石灰岭	shí huī lǐng	
胡烟崠	hú yān dòng	800.2	香炉寨	xiāng lú zhài	823
大人崠	dà rén dòng	1090	鸡崀崠	jī gěng dòng	683
大眉崠	dà méi dòng	1003.2	马鞍山	mǎ ān shān	634
狮子崠	shī zǐ dòng	1012.5			

二、勘 界

1999 年 7 月至 2003 年，完成白砂—旧县，白砂—蛟洋，白砂—新罗区，白砂—溪口，白砂—茶地，白砂—洋境，白砂—临城行政区域勘界任务，确定白砂、旧县、蛟洋、新罗区大池、茶地、洋境、临城 7 个乡镇交会点（线）。涉及洋乾、官洋、碧砂、下早、上早、岭背、樟黄、梧田、塘丰、大金、扶福、军桥、东塘、嫩洋共 14 个行政村。

附：镇驻地周边道路名称

乾山路	白砂大道—镇政府—白砂大道
白砂大道	郑坑桥（烟草站）—石坡大桥
乾山一路	严华文屋后—刘洪伟户
乾山二路	傅金林户—朋新村部
乾山三路	傅福清店—林业站
麒麟路	林业站桥头—农商行
麒麟巷	邮政支局背后—花园酒家
新塘路	打石店—石坡大桥
白砂新圩路	傅云户—袁洪林户
官山路	傅龙辉店—官山口
石下路	供电所—傅利祥户
石下一巷	傅镜荣户右侧—傅成寿户

三、殡葬改革

2000年1月始，贯彻上杭县人民政府颁布的《上杭县殡葬改革条例》，大力宣传殡葬改革，提倡移风易俗，改土葬为火葬。各村委会设殡葬管理联络员，具体负责本行政区域内殡葬管理工作，出具尸体火化证明等，建立县、乡、村三级殡葬改革工作责任制。当年印发殡葬改革宣传材料8000多份，制作标语300多条，召开座谈会10多次。2000年，全镇火化率达99%；2001年，火化率达100%。

随着土葬改火葬，乱建坟墓的现象得到遏制，文明、节俭办丧事蔚然成风。

四、残疾人事务

1990年，白砂乡成立残疾人协会（1994年改称残疾人联合会）。党和政府重视残疾人工作，不仅对符合条件的残疾人予以创业、就业、居家的帮扶，尤其是2009年开始，对重残人员（残疾一、二级）给予普惠措施，即享受护理补贴。一级、二级残疾人，每月给予护理补贴，分别为100元、50元，年满60周岁（含低保人员）还每月发放生活补助金70元。2014—2017年，共有1626人次享受补贴，共发放资金117.92万元。

1992年，开展残疾人普查和康复扶贫调查。是年，全乡有317人实行光明康复手术。同年，上杭县民政局拨出专款3.8万元，补助残疾人参加农村社会养老保险，白砂乡有308个残疾人得到补助。

1997年，白砂镇残疾人联合会按照“有办公场所，有专职人员，有联系网络，有服务载体”的要求进行建设，配备专职干部（民政办主任兼任协会理事长），落实办公场所（民政办公室），建立残疾人服务协会和助残志愿者联络站。上杭县残联积极扶持残疾人就业，白砂镇有42户残疾人无偿得到就业扶持，每户得到扶持资金5000元。有23户残疾人家庭获得危房改造补助金，每人7000元。

2010年始，对于残疾程度较轻，有一定的自理能力，家庭亦有一定抚养能力的残疾人采用政府资助、居家托养的救助方式，对部分孤独重残者，家庭贫困又无自理能力的重残者政府还实行机构托养托养费用由政府支付。2010—2017年，白砂有107人获居家托养救助（省级救助），16人获省级救助项目（每人500元）机构托养，13人获县级机构托养。

2011年开始，对具备就业、创业能力的残疾人实行资金扶助，鼓励他们自主创业。

2011—2017 年，白砂共有 43 人获得就业创业资金扶助（每人 5000 元），合计扶助创业资金 21.5 万元。

2015 年开始，对部分居住环境恶劣的残疾人实施安居工程资助政策。至 2017 年，白砂共有 8 人享受资助合计补助 21 万元。

2016 年开始，对部分残疾人实施康复扶贫就业创业资金扶助政策。2016—2017 年，白砂共有 9 人享受扶助，合计补助 3.3 万元。

2017 年，全镇办有四级、三级、二级、一级残疾证的残疾人共 927 人。 有 60 个残疾人被列为低保对象。

五、少数民族事务

1987 年，茜黄村的茜洋自然村 7 户钟姓村民及黄焦坑的 7 户钟姓村民被上杭县人民政府认定恢复其畲族成分。1988 年 6 月上杭县成立民族事务委员会（简称县民委）后，对少数民族实行优惠政策，计划生育实行二胎制（放宽 1 胎），少数民族学生高考、中考加分，同等条件下优先录取，少数民族干部考核优先晋级等。1995 年，县民委直接核拨扶持款 3 万元，帮助茜黄村民解决交通、用电、医疗、教育等实际困难，先后开通从茜黄村部到黄焦坑 1.5 公里的机耕路，架设 5 公里电线，培训乡村医生，办起黄焦坑教学点（一、二年级）。2005 年，县民委会同林业局为茜黄畲族村建立 6500 亩毛竹林基地，拨给每亩竹林垦复资金 200 元，每年春季竹林肥料每亩 100 公斤。2008 年，上级拨款在茜黄村黄焦坑建一口蓄水池，铺设自来水管，解决畲族村民饮水问题。

六、华侨事务

民国五年（1916 年），科子里（梧岗）的袁泰山到新加坡经商。民国三十七年（1948 年），其弟袁培辉亦迁往新加坡。1984 年，落实党和政府的侨台政策，为在“文化大革命”中受到不公正待遇的侨属和港、澳、台属平反、摘帽。2005 年，旅居海外的华人有 72 人，其中美国 36 人，马来西亚 15 人，新加坡 9 人，泰国 9 人，印尼 5 人，英国、德国、加拿大、澳大利亚各 1 人。2017 年，华侨 8 人，华人 13 人，侨眷29 人。

表 14–6　1981—2017 年白砂镇民政办主任名表

姓　名	职　务	任职时间	姓　名	职　务	任职时间
曾传登	主　任	1981—1987	邱慧民	主　任	1998—2005
袁智仁	主　任	1987—1992	傅跃荣	主　任	2005—2007
邱鹏玉	主　任	1992—1998	张定元	主　任	2007—

第十五章　武　装

白砂地处上杭县的中心地带，东接蛟洋、溪口，南连茶地、泮境，西靠临城，北邻旧县，是龙岩到上杭的交通要道。域内崇山峻岭，溪谷交错，地形复杂，进可攻退可守，自古以来都是兵家必争之地。

明崇祯十七年（1644年）八九月间，张恩选率农民起义军转战到白砂等地活动。清康熙八年（1669年），域内设石灰岭、将军桥塘房。咸丰七年（1857年）、同治三年（1864年），太平天国翼王石达开的部属石国宗、康王汪海洋先后率部到白砂。

第二次革命战争时期，毛泽东、朱德、陈毅等老一辈革命家在白砂这片土地上留下了战斗足迹，中国工农红军第四军、第十二军、新十二军、东路军和福建省军区等曾多次转战白砂。民国十八年（1929年）6月7日，毛泽东、朱德率领红四军二、三纵队在闽西红五十九团的配合下分三路进攻白砂，一举击溃国民党卢新铭手下的钟铭清部。6月8日，在早康的严氏宗祠召开了红四军前委扩大会议，贯彻了毛泽东关于党对军队绝对领导的思想，早康会议被称为古田会议前奏曲。同年7月底，朱德在早康召开红四军前委扩大会议，制订分兵游击的具体方案。同年9月，朱德率红四军在白砂集结后攻打上杭城。红军还在白砂创办制药厂，在驻地书写大量标语，彰显厚重的红军文化。

白砂苏区在扩大红军等方面走在上杭县的前列。民国二十一年至二十三年（1932—1934年），《红色中华》先后报道了白砂扩大红军居上杭县第四位、李银秀鼓励老公当红军、白砂区的模范少先队编好后立即上前线配合游击队开展反“围剿”斗争等先进事迹。红军主力长征后，白砂人民坚持三年游击战争，成为红旗不倒的革命堡垒。红军游击队支持白砂人民开展持久的保田斗争并取得重大胜利。民国三十八年（1949年）5月21日，国民政府白砂乡公所举行白砂起义，宣告脱离国民党反动统治，接受中国共产党领导。白砂，是上杭县最早解放的乡镇之一。

新中国成立后，白砂人民贯彻执行中央关于民兵建设的方针，大力壮大民兵队伍。广大民兵一边劳动，一边参加训练，在维护地方治安、发展工农业生产、剿匪反霸、巩固人民政权等方面发挥了重要作用。中共十一届三中全会后，人民武装工作以服从和服务于国家经济建设为根本指导思想，增强人民的国防意识，保质保量完成征兵任务，努力开创兵役工作新局面。

第一节　驻军　地方武装

一、机　构

康熙八年(1669年)，上杭县奉文建塘铺，分营兵巡守。域内设石灰岭、将军桥二塘。

民国二十五年（1936年）5月，成立杭代县军政委员会，以双髻山为据点开展游击战争。

民国二十九年（1940年），成立兵役协会及兵役咨询处，后成立兵役互助小组。

民国三十八年（1949年）8月，国民党县政府成立自卫大队，乡镇设自卫中队，保设自卫分队。

1952年，成立第六区人民武装部，设部长1人，干事若干人，负责全区的兵役和民兵工作。

1955年1月，根据中央军委命令，区撤销武装部，配备武装助理。

1958年，白砂乡重新设立人民武装部。此后，尽管政权名称多有变更，但人民武装部机构设置一直未变。

表15-1 1988—2017年白砂镇人民武装部部长名表

姓　名	任职时间	姓　名	任职时间
袁耀天	1988-06—1993-07	赖建亮	2007-03—2011-05
邹良辉	1993-08—2002-02	蓝开衍	2011-06—
谢春祥	2002-03—2007-02		

二、驻　军

清康熙八年（1669年），域内设石灰岭、将军桥二塘。每塘游击府拨兵五名，分班轮戍之。

清咸丰七年（1857年），太平天国翼王石达开的部属石国宗率太平军到白砂。

清同治三年(1864年)，太平天国康王汪海洋部窜至白砂。其间，该部与长锦村民发生械斗。

民国十八年（1929年）7—9月，红四军第一、第二、第三、第四纵队相继驻白砂,发动群众，帮助地方建立、发展党组织，巩固扩大红色区域。

民国二十年（1931年）春，国民党军第四十九师张贞部杨逢年旅一度入侵白砂。

民国二十年（1931年）7月，彭杨军事政治学校第三分校（5月由闽西红军学校第一分校改称）迁到白砂，9月初迁往长汀县城。

民国二十一年（1932年）春，福建军区在白砂中洋村创设制药厂。规模较大，设采药班、加工班和制药班。同年下半年搬迁至南阳区茶树下。同年夏，福建省军区直属卫生队（前身为杭武赤卫团卫生队）驻中甲、科子里、下洋等地，约半年。队长袁柏禄（中洋村人）。是年冬，卫生队随军转移到通贤、南阳，与新杭县疗养所合并。同年冬，驻上杭城钟绍葵部勾结广东军阀陈济棠占领白砂。

民国二十二（1933年），国民革命军第一集团军第一师师长黄任寰入闽（师部驻广东蕉岭），收编钟绍葵部，改为闽西剿匪第一支队，下辖六个连，驻白砂、寨背等地。

民国三十八年（1949年）5月初，中国人民解放军闽粤赣边纵队（当年1月29日成立）第七支队（由闽西支队改编）从梅县撤到白砂。同年7月14日，国民党军王靖之部，冒雨进犯白砂，用六〇炮轰击起义军张友明部，张与之激战后撤退。8月27日，国民党军王靖之部分水陆两路逃离上杭。8月，乡自卫中队定员50人，下辖3个分队，按月轮流在乡公所服役。

1975年，中国人民解放军某地质部队一个连，驻白砂公社大礼堂，进行地质勘探工作。

1995年冬，中国人民解放军某工程兵部队一个营驻白砂（其中一个连驻原白砂学区大楼内），进行国防光缆工程作业。

三、地方武装

民国十八年(1929年）5月，白砂建立农民赤卫队，有队员200多人，枪支90多支。

民国十九年（1930年），组建少先队武装排。

民国三十八年（1949年）8月，国民党白砂区公所设立自卫中队。

第二节　兵　役

一、兵役制度

（一）募兵制

宋代至民国二十五年（1936年），一直实行募兵制度。

（二）征兵制

民国二十二年（1933）年6月17日，国民政府颁布第一部兵役法，规定从民国二十五年（1936年）起实行征兵制，采用“三丁抽一，五抽二”“独子免征”“在校生缓征”的办法征集兵员。凡适龄青年都要参加抽签，以中签号码确定入伍先后顺序，民间俗称“抽壮丁”。后因战事加剧，征兵数量不断增加，而富家子弟为了逃避兵役，可以用钱买通当地官员，以求缓征或雇佣他人冒名顶替。而穷苦人家，即使独子也难免被征。政府在难以完成征兵数量时，则强征强派，甚至乱抓无辜者顶替，民间俗称“抓壮丁”。

（三）志愿兵役制

第二次国内革命战争时期，苏区实行志愿兵役制。白砂人民积极响应中国共产党的号召，踊跃投身革命，掀起了扩大红军的热潮。（参见本志概述、政党章）

新中国成立后至1954年，仍沿用志愿兵役制，广大青年为保卫新生的红色政权，积极响应政府号召，踊跃报名参加中国人民解放军。特别是抗美援朝期间，即使没有参军的青年也随时准备响应党和政府的征召，时刻准备上战场。

（四）义务兵役制

1955年7月30日，《中华人民共和国兵役法》颁布实施。这部兵役法规定：依照法律服兵役是中华人民共和国公民的义务。该法以义务兵役制取代志愿兵役制，当年白砂青年依法踊跃报名参军。

1978年3月，第五届全国人大常委会第一次会议批准了《关于兵役制问题的决定》，开始实行义务兵和志愿兵相结合的兵役制。

1984年5月31日，六届全国人大二次会议通过修订后的《中华人民共和国兵役法》，实行以义务兵役制为主的义务兵和志愿兵相结合、民兵与预备役相结合的兵役制。

1998年12月，第九届全国人大常委会第六次会议审议通过了《中华人民共和国兵役法修正案》，规定国家实行“义务兵与志愿兵相结合、民兵与预备役相结合的兵役制度”。

二、兵员征集

根据义务兵役制的精神，兵员征集一般要经过兵役登记、宣传发动、体检、政审、定兵、交兵等程序，以保证兵员数量和质量。

区（公社、乡<镇>）人民武装部在全乡范围内对适龄青年进行登记，将征兵对象的年龄、文化程度及家庭情况摸底造册，为年度征兵提供依据。

每年的征兵工作开始，乡（镇）成立征兵工作领导小组，研究当年征兵工作。召开村党支部书记、村主任、民兵营（连）长会议，通报当年征集兵员的任务、要求、兵种，落实各村送检人数和送检时间。乡村两级运用广播、宣传标语、文艺演出等形式进行征兵工作宣传。

体检分初检和复检。初检由乡（镇）组织，乡（镇）卫生院按要求对适龄青年分别进行身高、体重、视力、听力、血压、血液等检查。初检后，由县统一组织初检合格人员进行复检。复检在县卫生院进行。

为了确保兵员质量，还要对应征青年本人的政治表现、文化程度、入伍动机以及亲属的政治、历史进行审查。

定兵时，由乡（镇）征兵工作领导小组召开会议，在合格青年中择优确定初步人选，再由县征兵办确定并发给应征青年入伍通知书。

交兵之日，由各村两委民兵营（连）组织欢送队伍，敲锣打鼓，把应征青年送到乡（镇）政府，再由乡（镇）武装部把应征入伍青年送到县征兵办。

三、预备役登记

1955 年，兵役法颁布实施后开始实行预备役制度。编入预备役的人员由国家发给兵役证。

1980 年，恢复预备役登记制，对 35 岁以下从部队退役的官兵进行预备役登记，其中 28 岁以下退伍军人编入基干民兵服一类预备役，其余编入普通民兵服二类预备役。

第三节 民 兵

一、新中国成立前的民兵

（一）国民政府时期的民兵

国民政府时期的民兵称国民兵。民国二十六年（1937 年），国民政府规定将 18~30 岁不服常备兵役的国民编为国民兵（称壮丁队、后备队）。民国三十四年（1945 年）9 月后，撤销国民兵。

（二）苏维埃时期的群众武装组织

苏维埃时期，白砂成立农民赤卫队、赤卫军、游击队、少先队等群众武装组织。白砂大批进步青壮年积极参加少先队。当时，凡年龄在 16 岁到 22 岁的男女劳动青年和贫苦学生，都可以自愿加入少先队组织。少先队分为支队、中队、大队，即以村为单位成立支队，以乡为单位成立中队，北二区（白砂）成立少先队大队部，并且成立少先队武装排。民国二十三年（1934 年）3 月 6 日，《红色中华》以《组织一编好就配合红军作战》为题，报道了白砂等区的模范少先队编好后立即上前线，配合游击队开展反“围剿”斗争的事迹。

二、新中国成立后的民兵

（一）领导体制

1950 年，民兵由农会领导指挥。

1952 年后，民兵工作实行地方党委和军事系统双重领导的体制。

1987 年后，根据上级规定，把乡（镇）人民武装部部长纳入乡（镇）党委系列，进一步落实党管武装原则，加强党对武装工作的领导。

（二）组织建设

中央军委和政务院于1952年11月共同颁布《民兵组织暂行条例》，统一民兵组织的名称、编组、民兵条件等。白砂区（第六区）于1953年下半年全面普及民兵制。男性16周岁至40周岁，女性16周岁至35周岁的公民到所在村报名，经批准后参加民兵组织，各村都建立民兵组织，设立民兵营（连），配备枪支弹药。区建立一支民兵基干队，配备较好的武器装备，归人武部指挥，执行应急任务。

1956年春至1957年冬，按照1955年7月颁布的《中华人民共和国兵役法》之规定，把民兵制度与预备役制度合二为一，对适龄公民进行预备役登记，进行民兵与预备役人员合编。

1958年，全国根据“大办民兵师”的指示，实行全民皆兵，把16~50岁能拿武器的男女公民都组织起来，成立民兵连队。

1961年，国家颁布《民兵工作条例》，规定男性民兵年龄为16~45岁，女性民兵年龄为16~35岁，并确立一年一度的民兵整组和目标训练。

1962年6月9日，毛泽东主席发表民兵工作要做到整组落实、政治落实、军事落实的指示，凡18周岁以上男女青年，登记造册上交上杭县民兵师备查，各大队设立民兵连，建立一个武装民兵基干班。武装民兵基干班由公社人武部配备枪支、弹药、干粮袋等，做到夜晚枪不离身，随时准备参军参战。此后，民兵工作以“三落实”为指针，公社人武部每年进行一次民兵组织整组，主要办好民兵出入队、民兵编组、选配干部、登记统计和改进制度五件事。吸收适龄青年入队参加民兵组织，按照县下达的任务数控制进入比例，基干民兵年龄放宽到35周岁，新入队员按征集新兵的政治条件从严把关，建立武装基干连。

1981年，根据上级指示精神，对民兵组织进行调整。按规定只编基干民兵和普通民兵，取消武装基干民兵。

根据上级规定，1985年开始基干民兵数量按10%的比例进行压缩。1994年，组建民兵应急分队。1997年，压缩基干民兵数量，扩大应急分队，民兵组织按要求降低年龄、压缩范围、减少数量、提高质量。

2000—2017年，通过民兵整组，先后组建拥有基干民兵连、普通民兵连应急分队的民兵整组，其中28岁以下退伍军人全部编入基干民兵组织。22个行政村均设立民兵营（连），每村均配备1名民兵营（连）长。

为了加强民兵组织建设，镇武装部逐年完善办公室、资料器材室、民兵活动室、国防教育阵地和必要的办公设施及器材。

（三）民兵训练

新中国成立以前的民兵训练，主要学习如何使用武器、挖战壕等简单战术技巧。

1951年政局稳定后，开始进行一年一次的民兵冬训，每次7~10天。

1958年，上杭县武装部对全县基干民兵进行为期10天的集中训练。这种大规模的训练方式一直延续到1963年。

1963年开始，随着民兵组织的调整、落实，民兵训练稳步发展，训练对象以民兵干部和基干民兵为主。公社人武部每年分批组织民兵机关干部进行轮训。训练科目主要是队列、刺杀、投弹、实弹射击等，以提高民兵的军事素质和作战能力。

1966年“文化大革命”开始后，根据上级指示，全公社民兵武器上交，民兵训练一度停止。

1969年，遵照毛泽东主席关于“要准备打仗”的指示，恢复民兵训练。

1973年，开展群众性练兵运动，主要是射击、投弹、单兵至班战术等常规训练。

1975年始，民兵训练由单一的步兵训练发展到多项目综合训练。

1978年，执行新的民兵工作条例，年度训练时间改为20天。重点抓干部、小教员、武装基干民兵和技术分队的训练，训练人数相应减少。

1979年开始，采取适当集中与小型就地相结合的训练方法。专职武装干部由军分区专职集中训练，民兵营（连）长和军事教员由县武装部专职集训，基干民兵由公社专职轮训。

1981开始，民兵训练进行改革，减少训练任务，精简训练内容。步兵压缩队列、刺杀和战术训练，突出射击、投弹、爆破和单兵战术。实行“二改一”办法，把两年一个周期30天的训练任务改为一年30天一次完成，做到当年入队，当年训练合格。训练方法由小型分散训练改为公社集中训练。

2000—2017年，贯彻中央指示，加强开展战备训练。

（四）政治教育

新中国成立之初，主要对民兵进行减租减息，剿匪反霸、土地改革和抗美援朝教育。

1953年开始，进行社会主义改造方针政策教育。

1958年，进行以“大办民兵师”为主要内容的教育。

1961年，学习贯彻《民兵工作条例》。

1964年始，结合社会主义教育运动，开展“四好”单位（政治思想好、三八作风好、促进生产好、完成战备训练执勤好）和“五好”民兵（政治思想好、集体生产好、三八作风好、执行任务好、军事训练爱护武器好）为内容的教育活动。

1980年以后，以《民兵政治课本》为基础教材，采取多种形式，对民兵进行以共产主义思想为核心的社会主义、爱国主义、革命英雄主义和民兵知识、形势、战备等方面的教育。

1990年以后，结合民兵训练、民兵整组和“八一”征兵等，对民兵进行以党的基本路线、国防教育、时事政策、形势战备、民兵性质和职能为主要内容的政治教育。

2001—2017年，重点进行台海形势教育，增强民兵做好军事斗争准备的使命感；进行爱国主义教育，激发民兵预备役人员的爱国主义热情，在保卫祖国、维护统一、促进社会稳定中做贡献；进行兵役法规、民兵地位作用和性质任务的教育，增强依法参加民兵组织的光荣感、责任感。

（五）重要活动

新中国成立初期，白砂民兵主要在协助政府剿匪反霸，维护地方治安，发展工农业生产等方面做出积极贡献。

1958年，民兵工作贯彻执行“鼓足干劲，力争上游，多快好省地建设社会主义”的总路线，积极参加全民大炼钢铁的运动。

1962年，白砂民兵响应中央“备战备荒为人民”的号召，白天站岗放哨，晚上枪不离身。

1983年严打期间，公社组织基干民兵配合公安部门在重要交通路口站岗放哨，检查过往行人，防止坏人逃跑。

1984年，为了保障境内的社会治安，白砂乡人武部成立维护社会治安协调小组，组织民兵小分队进行巡逻。

1985—1988年，加强民兵组织整顿工作，推进民兵预备役建设，增强民兵组织的凝聚力和战斗力。

1989—1992年，认真贯彻中共十三届三中全会精神和军委关于军队改革的总体部署，重点是巩固发展民兵工作已取得的改革成果，深入动员民兵为参加、支持国家改革和建设做出新贡献。

1993—2005年，认真贯彻中共十四大和军委扩大会议精神，依据中发〔1991〕22号文件和《民兵工作条例》，进一步加强民兵基层建设，努力提高后备兵员的素质，动员和组织民兵为加快改革开放和现代化建设，实现中共十四大提出的战略目标做出积极贡献。

2006—2011年，以邓小平理论和“三个代表”重要思想为指导，深入贯彻江泽民国防和军队建设思想，认真落实胡锦涛主席的一系列重要指示，坚持把科学发展观作为加强国防和军队建设的重要指导方针，按照军民结合、寓军于民的要求，以贯彻落实全国民兵预备役政治工作会议精神为主线，围绕大局、服务中心、突出重点、狠抓落实，确保党对民兵、预备役部队的绝对领导和各项任务圆满完成。

2012年，保证党对民兵、预备役部队的绝对领导，保证民兵、预备役部队建设的正确方向，保证民兵、预备役部队战斗力的提高和各项任务的圆满完成。

2013 年，按照年轻化、知识化、革命化要求，配备配强干部，让一些革命意识强，业务素质高，能胜任本职工作、完成任务好的优秀退伍军人充实到民兵干部队伍中来。

2014—2017 年，以中共十八大精神为指导，坚持用习近平总书记系列重要讲话精神和中共中央治国理政新理念新思想新战略统领民兵建设，坚决执行省军区和军分区关于加强国防后备力量建设的指示和“十二五”民兵建设规划，着眼市场经济环境和民兵遂行多样化军事任务的使命要求，扎实推进民兵组织调整改革，夯实组织基础，巩固提高基层建设质量，不断提高民兵队伍的实战能力。突出抓好思想政治建设，认真落实政治教育制度，把好入队关口，提高兵员质量。

2017 年 6 月，白砂降特大暴雨，山洪暴发，溪水猛涨，造成大田一男子、塘丰一对母子被洪水冲走。镇党委、政府组织民兵和村民及时搜救，救回一个男孩，第三日找到一男一女遇难者尸体。

第四节　兵事纪略

一、张恩选率农民起义军转战白砂

明崇祯十七年（1644 年）三月初一日，张恩选（自号猪婆熊，来苏里人）等人率领饥寒交迫的农民举行起义，挥师首克上墩等村乡，接着乘胜扫荡，豪绅污吏闻风丧胆。八九月间，张恩选起义军转战到白砂、古田等地活动。

二、太平军侵扰白砂

清咸丰七年（1857 年），太平天国翼王石达开的部属石国宗率太平军到白砂，活动情况待考。

清同治三年（1864 年）三月，太平天国康王汪海洋，率部自江西入长汀。六月初一，天王洪秀全病逝。七月十九日，天京陷落。此后，太平军汪海洋部兵败南撤。九月，汪部进至长汀、上杭、连城等地。溃退至上杭白砂等地的义军秩序大乱，到处烧杀抢掠，当地百姓称这些败兵为长毛。其间，该部与长锦村民发生械斗，该村 500 多户村民房屋全部被太平军烧毁，给该村造成灭顶之灾。某日，一小撮散兵窜入岭背，发现衍庆堂这座大宅院，欣喜若狂。他们点燃火把，堆聚柴草准备烧房，时任浙江建德县知县刘梅开（岭背人）的妻子罗夫人见状，急中生智，一边好言安抚长毛，一边招呼家人杀猪宰鸡鸭招待他们，并打发他们银两，这才免却了一场灾祸。岭背及周边村民对罗夫人临危不惧、沉着应付的胆识十分敬佩。罗夫人杀猪退长毛的故事被传为佳话，流传至今。

三、红四军攻打白砂

民国十八年（1929 年）6 月 3 日，红四军二打龙岩后，国民党军卢新铭所部钟铭清团驻扎上杭白砂，并在丘坊、丰年桥两路派驻一个连为前哨，企图截击红军。于是红四军决定转攻上杭白砂，一则扫清龙岩外围的国民党军队，二则让开永定、龙岩的大道，以引诱国民党陈国辉所部从广东回龙岩，以便聚而歼之。朱德命令红四军第三纵队和闽西红军五十九团撤离龙岩城，会同二纵队到达大池集结，一纵队撤离永定坎市，往上杭大洋坝集结，向白砂逼进。

6 月 5 日，毛泽东在大池主持召开红四军前委干部会议，具体研究攻打白砂的作战方案，要求严密封锁消息，迅速集结部队，务求必胜。

白砂地处上杭县城的东北部，是上杭通往龙岩的要冲。郭凤鸣主力在长汀长岭寨被击溃之后，其部下卢新铭团长收集残兵败将，自任旅长，盘踞上杭城。在红军攻打龙岩城时，卢新铭派遣钟铭清团驻守白砂，矛头直指古田、大池，企图以此为据点，配合陈国辉主力从广东返回夹击红四军。

6月7日（农历五月初一），红四军在闽西红军五十九团配合下分三路向白砂进攻。这天正好是白砂群众迎神打醮抬定光古佛之日，来往客人熙熙攘攘，钟铭清的官兵在镇上游游荡荡，对红军的行动毫无所知。清晨，毛泽东、朱德率领二、三纵队和军部，由大池出发，经吊钟岩、小禾坑，向白砂正面进攻。红四军第一纵队为左翼，从大洋坝进逼白砂。傅柏翠率五十九团为右翼，从大池出发，经吊钟岩、苏家坡、坪埔、中和圩，进攻丘坊民团。战斗打响后，红四军二、三纵队在丰年桥出敌不意，攻其不备，迅速解决了敌前哨连。旋即从贵竹坑、樟坑一路直扑白砂犁头咀，包围了钟铭清的主力部队，钟铭清部措手不及，无力抵抗，慌忙向杭城方向逃窜，谁知早已落入红军的包围之中，插翅难飞，全团覆没。此役，红军击毙钟铭清部七八十人，俘虏官兵100多人，缴获枪支100多支，火炮两门。团长钟铭清丢盔弃甲，只带了20个卫士向旧县方向遁逃。傅柏翠率领的红五十九团在沿途群众支持下，进攻丘坊，钟铭清的驻军也狼狈逃到旧县去了。

白砂战斗胜利结束后，红四军前委把沿途缴获的枪支，交给傅柏翠武装地方赤卫队，并要他安置好伤病员。傅柏翠派员把伤病员护送回蛟洋，在石背村红军医院安置治疗。

接着，红四军政治部在白砂罗家岭乐育中学举行军民祝捷大会。毛泽东在大会上演讲，宣传土地革命的伟大意义，号召劳苦大众赶快组织起来，开展打土豪，开仓济贫。随即成立白砂革命委员会。人民群众欢欣鼓舞，欢呼红军攻打白砂的胜利。他们唱起革命歌谣：“五月里来开禾花，红军开来打白砂。四面包围无处走，杀得敌人满地下。”

四、白砂暴动

红四军白砂战斗之后，白砂于当天成立革命委员会。在革命委员会的领导下，白砂各乡村举行武装暴动，主要有白砂、岭背、樟黄、中洋、梧田、塘丰、官洋、洋乾、早康、碧砂等村。“白砂群众便起来分谷子、烧田契，接着便开始杀土劣工作。这种影响使白砂周围乡村各地，冷坪塘（嫩洋）、将军桥等群众起来战斗，同时与大洋坝、石铭等处连成一片”（《中国共产党福建省上杭县组织史》）。这次暴动的领导人是县委派来的蓝树荣、张善初，他们领导各乡村暴动武装共1000多人，向白砂附近的泮境、定达、镇龙、嫩洋、大乾头、将军桥、角公塘等地进发，策动农民武装暴动，沿途杀土豪劣绅13人。

五、圩岭头战斗

民国二十二年（1933年）8月，红军游击队配合红二十四师七十二团在老圩岗上（大麻地圩岭头），伏击国民党黄任寰师钟绍葵部。消灭钟部一个连，缴获重机枪3挺，步枪50多支。同时，红71团在扶福岭水口伏击从泮境开来增援的钟部另一个连。这次战斗后，恢复了白砂的部分苏区，鼓舞了人民的革命斗志，人民更加支持红军游击队。

六、活捉刘子球

民国二十三年(1934年）3月初，福建军区部队在白砂与国民党钟绍葵部的营长刘子球的一个营进行激战。这一战，消灭刘子球部100多人，活捉营长刘子球。

七、绮门岭战斗

民国二十三年（1934年）4月5日，国民党八十三师某旅两个团，侵犯上杭白砂绮门岭。福建军区红军与国民党部队激战一天，缴获国民党军重机枪5挺，长短枪数百支，俘虏国民党官兵数百名，极大地鼓舞了白砂人民的斗争热情。

八、双髻山战斗

双髻山在白砂镇、溪口乡的交界处，因其山峰如美女双髻插于山巅而得名。南方三年游击战争时期，这里是闽西南红军游击队的一个重要据点。

民国二十六年（1937 年）春节，红军游击队第七支队共 200 余人在双髻山下的大禾坑集结，准备过年。驻闽西国民党军黄涛部得知后，立即与钟绍葵部和地方民团谋划，纠集了六七百武装从白砂、石铭、大池三路趁夜来袭。在敌强我弱的情况下，廖海涛、黄火星、刘国宪指挥游击队巧妙而勇猛地利用双髻山地形优势与黄涛部激战，打退了国民党军十几次冲锋，最终获得大胜。国民党师长黄涛哀叹："这是自进剿闽西红军以来损失最惨重的一次。"这年 8 月，国民党军被迫同意和闽西南军政委员会谈判，达成停止内战、共同抗日的协议。

九、闽西支队攻打白砂

民国三十七年(1948 年) 7 月，国民党对闽西游击队实行"围剿"封锁，他们采用移民并村的毒辣手段，妄图困死游击队。为了打开局面，闽西支队支队长蓝汉华带领数十人武装攻打白砂，捕捉大地主傅浪轩父子俩，罚款 200 银元，并杀其猪一头。这次行动在上杭影响很大，成为一个新的转折点，解决了游击队的经济困难，鼓舞了群众的斗志，瓦解了部分国民党军政人员。

第十六章　教　育

北宋至道二年（998年）至咸平元年（999年），上杭县县治设于鳖沙（今白砂镇碧砂村），表明当时的白砂已成为上杭县的政治、经济、文化中心。但直至清初，境域教育情况无考。

清中期后，白砂教育进入初盛时期。人口较多或较富有的村，都办有私塾，同时广设书院、书馆、学堂。上早康建龙蟠书馆，下早康建介石书屋，中洋建园墩书堂，岭背建壬子庄书院，梧岗建笃竹文庄，朋新建螭头书院，碧砂建育英学堂，长锦建修来学堂，梧岗建半黄山学堂等。光绪九年（1883年），中洋村建乐育书院，为当时境内规模最大、设施最全的全日制学校。

民国时期，白砂的教育事业较快发展。民国初，乐育书院转制为公立小学，称义学堂（后改为乐育小学）。民国十二年（1923年），朋新创办均华学校。民国十五年（1926年），袁竹秋、袁希文等人，在乐育书院创办崇实中学，开白砂中学教育之先河。民国三十二年（1943年），好义乡（今军桥片）创办好义小学。塘丰、大田、朋新、岭背等村，先后创办国民小学。至民国末，白砂有完全小学2所，初级小学9所。

新中国成立后，人民政府接管教育并重视教育事业的发展。1950—1962年，先后创办大田、塘丰、新市、樟黄、田源、洋乾、早康初级小学。1964年秋，创办白砂农业中学。1968年秋，创办蛟洋中学白砂分班。1969年秋，正式命名为上杭县白砂中学。1975年秋季，岭背、新市、塘丰、大田、早康、官将6所完小附设初中班。1980年秋，撤销小学附设初中班（其中官将小学1982年撤消初中班）。1989年秋，白砂通过县和地区行署的“一无二有”（校无危房、班有教室、生有课桌）检查验收。1993年5月，顺利通过地区行署和省六项督导（教育经费、教育管理、事业发展、校舍设备、队伍建设、德育工作）检查验收。1997年秋，顺利通过省“两基”（基本普及九年义务教育、基本扫除青壮年文盲）评估验收。2002年11月，撤销学区，农村小学实行中心小学管理制。2009年秋，通过省“双高普九”（高质量、高水平普及九年义务教育）评估验收。

2017年12月，全镇有初中1所，学生482人，教职工78人；中心小学1所，完全小学2所，教学点3个，学生共817人，教师78人；幼儿园5所，入园幼儿698人，教养人员52人。

第一节　私塾　书馆

一、私　塾

自清代中期以后，白砂私塾有较大的发展，人口较多或者较富有的村子，都办有私塾。私塾的办学形式有三种。一种是落第秀才或童生在自家或者借用他人场所设施，教授本地和外村来的子弟，向学生家长收取学费（钱或粮），称私塾。清康熙年间（1662—1722年），岭背村办有三处私塾（山背、南坑、寨上），老师均是本村的秀才。碧砂村也有两处私塾。另一种是由村里关心教育的人士捐资或向全村筹资建学堂，聘请先生教授村里的子弟，称村塾。清乾隆年间（1736—1795年），袁屋村（今中洋村）在村西北角的园墩岗脚下，建有一座园墩书堂。书堂为村塾，是袁满珊族人捐资建造的，主要为袁姓子弟读书提供场所。道光年间（1821—1850年），大麻地（大华自然村）在村里山麓古松树下（古松现存），建有松年书堂，为本村子弟提供读书场所。该书堂占地约100平方米，一厅三房，清末倒塌，只遗存一米高的三合土底墙。因有书堂，其周边的小地名叫“书堂下”。清代，长锦村办有修来学堂，梧岗村办有半黄山学堂（具体年代均不详）。还有一种是有大户人家聘请塾师在自家教授自己的子孙称家塾。咸丰年间（1851—1861年），茜黄村遗荫堂主人在自家的司厅办有家塾，聘请本村的老先生任教。清末，搬到本村廖桂连家的司厅。

旧时由于受重男轻女、男尊女卑的影响，上私塾、村塾读书的都是男孩子，有极少数大户人家的女孩，在自家办的家塾里识字学文。

私塾没有固定的学制，上私塾一年、三年都可以。招生人数、入学年龄也很灵活，八九岁的招收，十多岁的也招收，多则几十名，少则七八名。

私塾所用教材分为启蒙识字和开讲读经两类：启蒙识字班（俗称少学）用《三字经》《千字文》《百家姓》《四言杂诗》《弟子规》《元初一（一年使用杂字）》《幼学琼林》《增广贤文》《人家日用》《千家诗》《朱子治学格言》等，其中《元初一（一年使用杂字）》为武平举人林宝树创作的客家群众的训蒙读物。开讲读经班用四书（《大学》《中庸》《论语》《孟子》）五经（《诗经》《尚书》《礼记》《易经》《春秋》《左传》）等。

教学方法：先是认字，学童上学先教识字，识至千字左右才教读书本。读书时，由老师领读，学生跟读，然后自个朗读，直至熟读背诵。午晚放学时，学生要先背出所规定的课文才可以回家。写字从笔画简单的开始，如“上大人、孔乙己、化三千……”先是描红，接着影写，然后是临字帖，进而看书写字。先写小楷，再写寸楷。进入读经时教师才开始讲，并教写作文，先教对对子，后教写诗。写作是写八股文，写诗是学写试帖诗。

私塾的工资待遇普遍很低，每个学生一年只交几斗谷（一斗谷约7.5公斤），有的家境较贫寒的学童家长，向老师交土纸或地瓜当作酬资。有的老师三餐由学童家长管饭，每个学生家里按一天或一圩轮流供老师吃饭。每逢端午节、重阳节、孔子诞辰等节日，有“要好”的家长会宴请老师。

新中国成立后，人民政府停办私塾，一些素质较好的私塾老师被吸收到人民教师队伍中。

二、书　院

清乾隆五年（1740年），早康村严氏族人在龙蟠山上建有一所书馆，名叫龙蟠书馆。书馆离村庄约1.5公里，坐落在古树参天的原始森林中，非常幽静，是学子读书的好去处。清代（具体年份无考），下早康排下自然村办有一所书院，名叫介石书屋。书院的石门框至今完好，石门框正上方石横披上镌刻的“介石书屋”还清晰可见。嘉庆年间（1796—1820年），岭背村南坑秀才刘元春在南坑创办壬子庄书院。后来刘绍堂等5人一脉相承兴塾办学，传播传统文化，把书院搬到僻静的金竹垄，并把书院更名为翠竹轩，由刘运钜任教。咸丰年间（1851—1861年），梧岗村袁姓族人在村中的古樟树旁建有笃竹文庄。文庄为青砖木结构平房，一厅两房，建筑面积约70平方米，全村子弟皆可在文庄读书。光绪九年（1883年），中洋村袁满珊族人在麒麟溪畔建一所乐育书院。书院为四合院式泥木结构，内设教室6间，礼堂、师生宿舍10间，还有厨房、膳厅、饮水井、厕所，建筑面积约2000平方米，是当时境内规模最大、设施最全的全日制小学。光绪年间（1875—1908年），朋新（旧时称螭头子）傅氏族人在现在市场的位置，仿照乐育书院的模式建一座螭头书院。书院坐西向东，为四合院式青砖木校舍，有6间教室，有礼堂，靠西边为两层楼式建筑，宿舍共有12间，有厨房膳厅等。1951年新创办的新市小学，就设在这座书院。

书院开设的课程和教学，同私塾的开讲读经班相仿，只是学生人数比私塾多，教学也比私塾正规。

第二节　幼儿教育

一、园班设置

旧时，幼儿教育远未普及。新中国成立之前，少数幼儿班附设在小学校内，人数少的附设在一年级，人数多的单独开班，称作幼稚班（园）。

20 世纪 60 年代开始，白砂在几个大型完全小学（完小）附设幼儿园。

1978 年秋，中洋自筹资金新建一所村级幼儿园，泥木结构的平房，有 3 间教室和 1 间办公室。1981 年秋，幼儿园命名为中心幼儿园，入园幼儿有 130 人，老师 5 人。1995 年 5 月，中洋村在中心小学旁边重建一所砖混结构的新园舍。2008 年，镇政府在原镇政府的地址上，再新建一座 890 平方米的幼儿园教学楼，并利用改造原镇计生服务所的两层楼房，建造一所全新的白砂中心小学幼儿园，于 2010 年 8 月顺利整园搬迁。

1979 年，朋新村利用新市小学旧校舍，办起朋新幼儿园。2011 年，镇政府在朋新村的厦洋路口征地 3.5 亩，筹资 250 万元重建朋新幼儿园，并新命名为集镇幼儿园。

2006 年，长锦村外出乡贤廖复明在郑坑桥往中洋村的中洋大道旁，新建白砂第一所私立幼儿园——养正幼儿园。2007 年 9 月，该幼儿园招生开学。

2012 年以后，岭背、大金等村，利用原小学校舍，新办村级幼儿园。官将小学在校内附设军桥幼儿园，塘丰、大田、早康教学点也在校内附设幼儿班。

2017 年，全镇有中心幼儿园 1 所，集镇幼儿园 1 所，私立幼儿园 1 所，村级幼儿园 2 所。教学点附设幼儿班 3 个，共有 23 个教学班，入园（班）698 人，教职工 52 人。

表 16-1　2012—2017 年白砂镇幼儿教育情况表

学　年	幼儿园（所）	班（个）	在园幼儿（人）	教职工人数（人）		
				合计	公办	自聘
2012—2013	4	21	635	40	12	28
2013—2014	4	22	723	35	15	20
2014—2015	4	26	837	39	14	25
2015—2016	5	27	625	41	18	23
2016—2017	5	28	672	46	19	27
2017—2018	5	23	698	52	23	29

二、学　制

20 世纪 80 年代，白砂中心幼儿园和朋新幼儿园，按大、中、小年龄段分班，学制一般为三年，入园年龄一般为 4 周岁。其他各村的园（班）也大致按此法开班。从 2000 年开始，为满足部分家长的要求，中心幼儿园和朋新幼儿园增开了小小班，入园年龄提前到三周岁或两周岁半，幼儿在园的学制增加到四年。

三、教　学

20 世纪六七十年代，幼儿园（班）主要教学为识字、唱歌、舞蹈、游戏。90 年代中前期，开设语言、计算、常识、美术、剪纸等。90 年代后期，各园（班）开设五大领域课程，分别为健康、语言、社会、科学（数学）、艺术（音乐、美术），对幼儿实行智、体、德、美全面发展的教育，促进幼儿的身心健康和谐发展。

教材使用福建省编印的幼儿教材。幼儿学生不进行考试，除课堂教学外，还经常举办各项娱乐活动、户外活动，如亲子运动会、亲子包粽子包饺子等。幼儿园（班）每学期不定期举行幼儿家长会，老师向家长汇报幼儿综合素质发展的情况，向家长征求办园（班）的合理建议。

四、幼儿园选介

（一）中心幼儿园

白砂中心幼儿园创办于 1978 年秋，前身是村级幼儿园，原址设在中洋村旧村部（泥木结构的房舍）。之后经过两次搬迁，第一次于 1995 年 5 月搬到中心小学东侧的新建幼儿园（砖混结构），第二次于 2010 年 8 月搬到原镇政府地址新建的幼儿园（框架结构）。现幼儿园占地 2010 平方米，建筑面积 1240 平方米，其中教学楼 890 平方米，改造修装过的原镇政府计生服务中心 350 平方米（现为生活后勤专用楼）。中心幼儿园生源辐射中洋、梧岗、梧田、塘丰等行政村。2017 年，开设四班，入学幼儿 128 人，教职工 12 人（其中公办 6 人）。

中心幼儿园的办学宗旨是：孩子开心，家长放心，老师舒心；办园理念是：发展孩子，服务家长，成就老师。教育目标是：学会生活，学会学习，学会交往，学会做人；教风是：合作、创新、敬业、奉献；学风是：健康、快乐、活泼、自信。开设的课程有语言、健康、社会、科学、艺术五大领域，同时积极创设开展结构、角色、表演三大游戏及区域活动，利用本土资源积极开展安全有意义的户外活动，促进幼儿身体、智力及各方面的发展。2005 年以后，中心幼儿园的保教质量得到很大的提高，多次成功地承办了上杭县幼儿园片区教研活动，发挥中心幼儿园应有的示范、辐射、引领作用，得到上级的充分肯定。在县教育局举办的说课竞赛、优质课评比以及教学技能大赛中，均获得农村组二等奖、三等奖，多位老师的教学论文在龙岩市教育学会、县教育学会汇编。

（二）集镇幼儿园

白砂集镇幼儿园，创建开园于 2013 年 9 月，前身是朋新幼儿园，坐落在朋新村厦洋村口，离新市小学和市场各有 130 米。占地面积 3490 平方米，建筑面积 1293.6 平方米，总投资 253 万元（含征地），生源主要来自镇经济开发区和朋新、樟黄、岭背、早康、大科等行政村。2017 年，开设 6 班，入园幼儿 186 人，教职工 19 人（其中公立教师 9 人）。

集镇幼儿园自创办以后，规模越来越大，设施越来越完善，各种教室、课桌椅和睡床、餐厅等十分齐全，教师有 49 平方米宽的集体办公室，幼儿活动的各种玩具应有尽有，如大型综合滑滑梯、平行车、自行车等大型玩具一应俱全。

2013 年冬，镇党委书记和镇长带园长到厦门，向白砂籍乡贤募捐资金 11 万元，建起 811 平方米优质的塑胶活动场。2015 年，幼儿园自筹 4 万元，在园内设建 168 平方米的小花园。2016 年，上级拨款 15 万元，在教学楼背后建 40 平方米的戏水池和 30 平方米的沙池。2017 年，幼儿园又自筹 37 万元，在教学楼顶层，搭建 431 平方米的户内活动大厅，幼儿学生及其家长的大型活动可以在大厅举行。

集镇幼儿园的办园宗旨是：健康生活，快乐成长；办园理念是：保育用心，教师尽心，孩子开心，家长放心。几年来，办园质量和社会满意度越来越高，成为白砂规模最大、条件最好、管理规范、质量优良的幼儿园。

（三）养正幼儿园

养正幼儿园是一所私立幼儿园，是养正国际教育集团旗下百园连锁幼儿园，是以中华优秀传统文化教育为特色，辅以五大领域课程、落实五大领域目标的幼儿园。该园前身是多闻学堂，创办于2007年9月，坐落在郑坑桥中洋大道的东边，毗邻白砂烟草站。占地面积1600平方米，建筑面积1380平方米，由长锦村籍外出乡贤廖复阳及其家族投资320万元创建。2017年，在园幼儿167人，教职工15人。生源主要来自长锦、大科、官洋、大田等村。

养正幼儿园以“幸福人生的起点，孩子成长的乐园”为意愿，倡导“学中玩，玩中学”的教育方法，坚持以“养正一个孩子，兴旺一个家族；养正千万孩子，复兴中华民族”为宏愿，在完成国家规定的教学内容外，遵循国际文教基金会与中国青少年发展中心在1995年联合制定的“直面经典，不求甚解，但求熟背，终生受益”的十六字方针，开展养正6S课程——孝、师、文、武、礼、乐和五大领域课程相结合，培育身体好、学习好、习惯好、性情好、人格好、底蕴好的六好孩子，同时为培养文武双全、礼乐双馨的人才奠定坚实的基础。

养正幼儿园在开足语言、科学、社会、音乐、游戏课程外，还开设了中文经典，如《大学》《论语》《道德经》《孝经》。开设了启蒙学，如《弟子规》《三字经》《千字文》《百家姓》《笠翁对韵》等，开设了古诗词、音乐经典、德行礼仪、少儿养生以及中外名画家的画册鉴赏。

第三节　小学教育

一、学校设置

清光绪九年（1883年），袁屋村袁满珊族人在村中麒麟溪畔建造一座乐育书院。新建之初，为小学校舍，有6间教室，还有师生宿舍、厨房、膳厅等，是当时白砂域内规模最大、功能最齐的全日制小学，常年在校学生在上百人。民国初，乐育书院转制为公立小学，更名为义学堂。民国十五年（1926年），义学堂更名为乐育小学。

清光绪年间（1875—1908年），碧砂村在村水口建一座育英学堂，也是一所全日制小学，招收本村及周边村的子弟入学。

民国十二年（1923年），朋新村傅汉卿兄弟创办均华学校，学校为全日制小学。

民国三十二年（1943年），好义乡在军桥村创办好义小学。

民国三十四年（1945年），塘丰的塘园、厚里、横岗头三个自然村分别办有国民小学。

民国三十五年（1946年），大田村在刘氏中心祠创办贤里国民小学。

民国三十六年（1947年），朋新的螭头书院改办为螭头小学。同时，在排背大桥头边创办排背国民初小。

民国三十七年（1948年），岭背村在天后宫创办岭背东山初级小学。

至民国末，白砂共有完全小学2所，初级小学9所。

新中国成立后，人民政府全部接管了原有的国民学校，全部改为XX小学或XX初级小学。1950年秋，创办塘丰小学和大田小学；1951年创办新市小学，乐育书院的义学堂改名为白砂小学；1953年9月，白砂小学改名为白砂中心小学，好义小学改名为官将小学。1955年，创办樟黄初级小学、田源乡初级小学（校址在大华自然村）、洋乾初级小学。1962年创办早康初级小学，1966年升格为完全小学。

1970—1980年，在读小学不出大队、读中学不出公社的大环境下，各大队都办起小学高年级毕业班（小学五年制），共计有22所完小。

1975—1981 年，岭背、新市、塘丰、大田、早康、官将 6 所完小附设初中班。当时称为七年制学校（小学 5 年，初中 2 年）。

2000 年以后，由于实行计划生育，人口出生率降低，加上很多青壮年外出务工，很多学龄儿童随父母在外就读，学生人数大幅减少。白砂学区（中心小学）根据实际情况，为合理配置和利用教育资源，提高办学效益，经报县教育局审批后，从 2002 年开始到 2008 年，逐年进行撤点并校。至 2013 年，全镇撤并校点 16 个（其中完小 4 所，初小 12 所）。

2017 年，全镇有完小 3 所，教学点 3 个，教学班 33 个，学生 817 人，教师 98 人。

表 16-2　1995—2017 年白砂镇小学教育情况表

学年度		1996—1997	1997—1998	1998—1999	1999—2000	2000—2001	2001—2002	2002—2003	2003—2004	2004—2005	2005—2006	2006—2007	2007—2008	2008—2009	2009—2010	2010—2011	2011—2012	2012—2013	2013—2014	2014—2015	2015—2016	2016—2017	2017—2018
校点数（个）	完小	15	15	19	11	7	7	7	7	6	3	3	3	3	3	3	3	3	3	3	3	3	3
	教点	1116	17	9	12	15	14	14	10	11	9	8	8	4	3	3	3	3	3	3	3	3	3
班级数（个）		128	123	118	108	103	98	86	71	62	54	51	54	47	38	37	36	36	36	36	35	34	33
学生数（人）		3014	3250	3283	3016	2708	2521	2413	2010	1636	1564	1521	1445	1266	1163	1070	985	929	845	812	808	790	817
招生数（人）		572	659	527	259	201	347	464	304	223	207	195	186	181	157	155	144	149	120	130	152	153	168
毕业数（人）		447	428	506	503	497	506	584	635	544	205	279	373	268	227	211	214	200	185	164	142	150	126
学龄儿童入学率(%)		99.6	99.75	99.93	99.97	99.96	100	100	100	100	100	100	100	100	100	100	100	109	100	100	100	100	100
教职工数（人）	计	195	180	181	178	165	159	152	137	128	109	106	103	106	106	109	112	109	112	98	97	97	98
	公办	162	172	181	178	165	159	152	137	128	109	106	98	100	99	104	111	108	112	98	94	93	90
	民办	12	8	0	0	0	0	0	0	0	0	0	0	0	0	0	0	0	0	0	0	0	0
	代课	21	0	0	0	0	0	0	0	0	0	0	4	6	7	5	1	1	0	0	3	4	8
教师职称（人）	小学高级	23	29	35	32	39	36	54	46	45	60	60	59	58	66	76	75	70	60	51	62	65	51
	小学初级	123	125	126	136	123	119	97	90	83	49	45	39	33	20	11	17	22	29	26	25	24	36

表 16-3 2017 年白砂镇小学（教学点）简况表

校　名	类　型	班数（个）	学生数（人）	教师数（人）
中心小学	完　小	13	429	38
新市小学	完　小	9	283	22
官将小学	完　小	6	85	13
塘丰教学点	教学点	2	9	2
大田教学点	教学点	2	9	2
早康教学点	教学点	1	2	1
合　计	完小 3　教学点 3	33	817	78（不含幼师）

二、学　制

清末旧制高等小学，学童 8 虚岁入学，初等班学制 5 年，高等班学制 4 年。

民国二年（1913 年），初等班改为 4 年，高等班改为 3 年。民国十一年（1922 年），实行初小 4 年、高小 2 年（合计 6 年）。

新中国成立后，小学沿用初小 4 年，高小 2 年的学制。1952 年，国家政务院《关于改革学制的决定》颁布后，试行五年一贯制。1953 年秋，教育部通知小学的五年一贯制暂缓施行，恢复“四二”学制。1967 年，贯彻学制要缩短的“最高指示”，小学实行 5 年制。1987 年秋，恢复 6 年制，一直实行至今。

三、课程　教材

（一）课　程

清末，小学堂除保留读经外，增设修身、国文、算术、历史、地理、格制、农业、体操、图画、书法等十多科。初级小学每星期 30 节，高级小学每星期 36 节，每节课 1 小时，每星期上 6 天的课。

民国时期，初小开设国语、常识、算术、图画、音乐、体育课，高小加开设公民（社会）、历史、地理、自然、劳作课程。

新中国成立后，国语改为语文。初小设语文、算术（含珠算）、体育、音乐、画画，高年级加开设自然、历史、地理、劳技课程。

1977 年开始，小学算术改为数学。1983 年以后，三年级以上增设思想品德课。1992 年开始，一至六年级增设科学课。1998 年开始，五、六年级增设信息技术课和英语课。2000 年开始，一至六年级新开设安全教育课，三年级以上新增设综合实践活动研究性学习课和地方课程或校本课程（如中心小学的木偶戏传承教学）。四、五、六年级开设信息技术课，有专用教室，学生上课每生一台电脑。

白砂是闽西提线木偶戏的发源地。2008 年始，白砂中心小学把“传承提线木偶文化，拓宽艺术教育课堂”这一主题作为学校特色创建项目，设置《客家提线木偶》校本课程，让提线木偶这一传统文化艺术表现形式进入校园，丰富学生艺术教育的第二课堂，培养学生的实践能力与艺术特长。

（二）教　材

明清时期的私塾教育，没有统一固定的教材。民国时期的小学教材，一般是经国民政府教育部审定的商务印书馆印制的教材（每本书的背面都有“教育部长朱家骅”字样）。

新中国成立后至 1966 年，小学采用全国统编教材。1967—1968 年，受“文化大革命”的影响，没有统编教材，学生学习毛主席语录和毛泽东著作，如《为人民服务》《纪念白求恩》《愚公移山》《反对自由主义》等。1969 年以后，白砂各小学语文、算术采用福建省试用教材，体育、图画、音乐没有教材，只开设课程；音乐课唱语录歌或红小兵歌，有时还教唱较简短的革命样板戏（现代京剧）歌曲。图画课学画大批判专栏的刊头或插图。

1980 年后，小学采用省编全日制 10 年制教材。1986 年开始，使用全国统编教材。

1985 年开始普及九年义务教育后，小学采用全国统编人民教育出版社出版的《品德与社会》《语文》《数学》《音乐》《美术》，福建教育出版社出版的《英语》《信息技术》，教育科学出版社的《科学》，上海教育出版社出版的《科学综合实践活动》。2011 年秋季开始，四、五、六年级采用福建少年儿童出版社出版的《海西家园》。这本书，主要介绍海峡西岸的地理、历史、特产、人情风俗、科技文化、名人逸事等，旨在扩大学生的知识面，增进热爱家乡的思想感情。

《道德与法制》《品德与社会》《品德与生活》《语文》《数学》《美术》《音乐》均采用人民教育出版社出版的；一至六年级的《安全教育》，三、四、五、六年级的《英语》《劳动（地方课程）》《信息技术》均采用福建教育出版社出版的。一至六年级的《科学》采用教育科学出版社出版的，三、四、五、六年级的《综合实践活动研究性学习》采用上海科学教育出版社出版的。

此外，学校一至六年级还开设经典诵读课，主要经典是《大学》《论语》的片断，《三字经》《弟子规》《朱子治家格言》《道德经》《孝经》《千字文》《笠翁对韵》等。通过开设经典诵读课程，培养学生对古典文学的兴趣，学会孝亲尊师、做人做事的道理。

四、教学 教研

民国时期，小学教学以识字、背书、写字为主，教学方法都是注入式、填鸭式或照字读经。放学前，还要背书和认出红笔写在手背上的生字（此法还可让家长验证子女有否逃学）。书背不出或违犯纪律的学生，还会被老师用戒尺打手心。

1952 年，学习苏联教育家凯洛夫的教育思想，强调课堂教学的五个环节：组织教学、复习上节的旧课、讲授新课、巩固新课、布置课外作业，每节课都要落实好五个环节的教学方法。

1961—1965 年，注重“双基”（基础知识传授、基本技能训练），重视“文道”（“道”指思想政治教育）结合。

“文化大革命”期间，教学强调政治挂帅，上语文、数学课，都强调要渗透政治思想教育。1974—1975 年，全镇中小学教师开展教学基本功训练，其内容是“三字一话一画”（粉笔字、钢笔字、毛笔字、普通话、简笔画），训练以中学、学区为单位，利用周末时间，组织老师在学校进行训练，基本达到“过关”的要求。1975 年 6 月，县教育局组织中小学教师进行教学基本功比赛（参赛以中学、学区为单位），白砂学区荣获二等奖。

1978 年，小学恢复学区管理制，设教学辅导员 2 人（语文、数学科各 1 人）。1980 年，以教师为主导、学生为主体、提倡精讲多练、讲练结合的教学方法在大力推广，所有的教研活动，都是围绕如何做到以教师为主导、学生为主体、精讲多练的原则进行的。学区成立语文、数学教研组，以语、数辅导员为组长，组织广大教师积极参与教研活动，探讨如何提高课堂教学质量，引导教师不断总结经验，撰写教育教学论文。语、数辅导员每星期必须到学校进课堂听课，听课之后及时给老师讲评。

2000—2002 年，全镇 50 周岁以内的中小学老师，开展学习应用计算机（电脑）的活动。中学、学区聘请教员，组织老师学习培训电脑。2002 年，县教育局对 50 周岁以内的老师进行应用计算机考试，绝大部分老师考试合格。从 2000 年开始，小学教师开展“四个一”活动，即每个教师每星期听一节课，写一篇读书笔记；每个月开一节公开课，写一篇教学心得体会（或论文）。从此，小学教师听课、开公开课成为常态，有效促进教研教学质量的提高。

2008 年开始，小学开展经典诵读活动，各完小每天晨读安排 10 分钟诵读《三字经》《弟子规》《论语》和唐诗宋词。白砂中心小学和新市小学举行过诵读比赛，“六一”节和一些大型活动，用表演形式来诵读经典，以丰富学生的生活，增长学生的知识，陶冶学生的情操。

2013年，白砂中心小学承担县第五批基础教育课程改革的课题研究，其题目为《培养学生数学阅读能力的研究》，项目负责承担人为傅文华、袁维书老师。经过三年的努力，课题研究取得成果，23位老师的教研论文在省、市、县论文汇编发表，其中傅文华的《数学课（导学案）练习题设计之我见》收入《福建教育学会》汇编，获省小学教堂教学研究会二等奖。实行课题实验班的数学教学明显提高，每学期末考试及格率均100%，优秀率均达75%以上。2015年8月，上杭县教师进修学校对白砂中心小学的数学教研课题《培养学生数学阅读能力的培养》进行完满结题。

小学一二年级每周26节课，三、四、五、六年级每周30节课，每节课40分钟，小课间休息15分钟，大课间休息25分钟（做课间操和眼保健操）。

五、考　试

考试是小学教学管理的重要工作之一。1977年恢复正常的教学秩序以后，小学语文、数学都有进行单元、半期、期终考试。自2013年规范小学考试制度以后，每学期，各年级语文、数学等科目由中心小学组织半期考、期终考，试卷由县教育局提供，中心小学组织监考、评卷。语文、数学进行阶段性（单元）测试。每学年，县教育局对各年级语、数、英等科进行教学质量抽检，六年级下期末为必检（全县小学毕业考），由中学老师监考，非毕业班老师评卷。其他各年级随机抽检，乡镇老师异地交换监考、评卷。

六、思想品德教育

20世纪60年代之前，学校思想品德教育主要通过教师发掘教材的思想性，以课堂教学方式向学生进行革命传统教育和“五爱”（爱祖国、爱人民、爱科学、爱劳动、爱护公共财物）教育。1963—1966年，开展学雷锋活动，通过读雷锋日记、讲雷锋故事，师生走出校门到社会上做好事，发扬雷锋热爱人民，永做革命螺丝钉的精神。此外，还通过学习刘胡兰、黄继光、董存瑞、邱少云、张高谦等英雄人物事迹，树立热爱祖国不怕牺牲的精神。“文化大革命”期间，通过学习毛主席语录、“老三篇”（《为人民服务》《纪念白求恩》《愚公移山》）和召开讲用会、写学习心得体会等形式进行思想品德教育。

1981—1990年，贯彻《小学生守则》，以“五讲”（讲文明、讲礼貌、讲卫生、讲秩序、讲道德）、“四美”（心灵美、语言美、行为美、环境美）、“三热爱”（热爱祖国、热爱社会主义、热爱中国共产党）和升国旗仪式等为核心内容，对学生对学生进行品德教育，提高学生思想道德品质。

1991年以后，白砂中小主要开展“三个面向”（教育要面向现代化、面向世界、面向未来）的主题教育活动动和“四有”（有理想、有道德、有文化、有纪律）新人的主题教育活动。

2005年始，主要开展著名苏区好学生的主题教育活动。

2009年10月13日中国少年先锋队建队60周年之际，胡锦涛总书记对全国少先队员提出：要争当热爱祖国、理想远大的好少年，勤奋学习、追求上进的好少年，品德优良、团结友爱的好少年，体魄强健、活泼开朗的好少年。时刻准备着为建设富强、民主、文明、和谐的社会主义现代化国家贡献智慧和力量。2009—2012年，学校主要开展“四好少年”专题教育活动。同时，学校创作了校歌和校徽。

2012年11月中共十八大后，各小学全面开展社会主义核心价值观教育，引导学生学习和践行社会主义核心价值观，“扣好人生的第一粒扣子”，做社会主义事业的接班人。

七、小学选介

（一）白砂中心小学简介

白砂中心小学在白砂镇中洋村。学校前身名为乐育书院，于清光绪九年（1883年）由中洋村袁氏满珊族人创办，是民众自费聘请先生对本村子弟进行知识传授的私塾。民国初转制为公立，更名为义学堂，民国十五年（1926年）更名为乐育小学，并由满珊嗣孙教育志士袁竹秋、袁希文等人在乐育小学内附设崇实中学。民国十八年（1929年），中共上杭县委、县苏政府设址崇实中学，毛泽东、胡少海、谭震林及邓子恢、张鼎丞等老一辈无产阶级革命家曾在此从事过一段时期的革命活动，傅柏翠也曾在此办过公务。

新中国成立初期，学校定名为白砂中心小学，学制六年，生源辐射白砂半数行政村。1968年秋，曾附设蛟洋中学白砂分班。1978年8月，恢复学区建制后学校更名为白砂小学，学制五年。1985年又复名为白砂中心小学，1987年秋季恢复六年学制，期间每年生源近千。

2002年11月，撤销学区建制、实行区校合并后，白砂中心小学行使小学、幼儿教育教学和教育行政、业务管理职能，成为一个全镇小学、幼儿教育的行政和业务管理中心。

白砂中心小学以“求是唯真，诚爱扬善，创新臻美，让孩子们快乐度过每一天”为办学宗旨，确立“传承提线木偶文化，拓展艺术教育课堂”特色办学主题，加强学校精细化管理，加快学校特色创建，朝着把学校建成“人文浓郁的学园，活动健体的乐园，自然和谐的花园，亲切温馨的家园”而努力。

学校通过“六项督导”“两基”和“双高普九”检查验收，教学设施不断完善。目前，学校各种教室齐全，学生宿舍18间297平方米，学生食堂400平方米，图书阅览室63平方米，图书13860册，有塑胶运动场5025平方米。各类体育器材达省一类标准，多媒室教室112平方米，教学电脑81台，信息教育实现班班通。

学校于1993年被评为市级农村示范小学，2011年被评为省级义务教育标准校，2013年被评为市级特色示范校。

2017年，白砂中心小学占地面积8297平方米，建筑面积5400平方米，13个教学班，在校学生429人(其中住宿生200人)，教职工40人（含党政工管理干部和教学、财务管理人员）。

（二）新市小学简介

新市小学创办于1951年，原址设在朋新村市场旁边的螭头书院。创办之初，是一至四年级的初小，1952年秋改为完小，1958年又改为初小，1959年秋恢复为完小。之后，由于生源的不断增加，1972年，四、五、六年级搬迁到朋新村罗家岭（现校址）。1974年，完成整体搬迁。迁到罗家岭的校舍，共有11间教室，2间学生宿舍，10间教师宿舍，厨房膳厅和厕所，全部为泥木结构的建筑。

1991年开始，学校的办学条件不断改善。1992年，拆除泥木结构的教师宿舍，新建一座两层砖混结构的教师宿舍楼。1995年，朋新村在学校附近征地4亩，建学生运动场。同年，拆除泥木结构的教室，新建一座两层砖混结构的教学楼。1997年，顺利接受并通过省的“两基”检查验收。2003年，新建第一栋框架结构三层综合楼（师生宿舍、办公室和实验室等）。2007年，又新建一座三层框架结构的综合楼，一楼为240平方米的师生食堂，二、三楼为师生住房。2011年，拆除砖混结构的教学楼，改建一座三层框架结构的综合教学楼，同时平整铺设内操场，植树种草栽花，美化校园环境。2017年，校园面积6878平方米，校舍面积4505平方米，有可容纳250名师生同时就餐的食堂，有学生宿舍21间420平方米，图书阅览室226平方米，藏书14500册。多媒体教室63平方米，教学电脑55台，信息实现班班通。学生运动场2680平方米，各类体育器材达省一类标准。

学校生源来自经济开发区和朋新、岭背、樟黄、上下早康、丰源、碧砂、大科等村。学校确立“以师生发展为本，办人民满意教育”的办学理念，全面实行素质教育，着力打造书香校园、墨香校园的办学特点，引导学生喜欢在蜜源书吧阅读课外书籍，在特色书法教室里练习书法。历年来，教学质量优良，办学效益得到社会的赞誉。2001年、2008年，评为县级文明学校。

2017年，有9个教学班，在校学生281人，教师22人。

（三）官将小学简介

官将小学，由好义乡于民国三十二年（1943年）创办，原名为好义中心小学。因当时好义乡辖船丰、桥头、宫子前（今临城镇区域），故校址设在洋乾村。民国三十四年（1945年），因全乡学童就学等因素，将好义中心小学搬迁到将军桥圩上的罗家祠堂。次年，学校再次搬到圩上的翠文堂。翠文堂属将军桥公共房产，楼上为乡公所办公，楼下为教室学生上课。民国三十六年（1947年），好义乡公所向现军桥片各村征集建学校资金、摊派劳力和建材（木、砖、瓦），在乡公所的后侧新建一所小学。新建小学为土木结构，有6间教室6间宿舍，有一座小礼堂。民国三十八年（1949年），学校迁入新校舍，并更名为好义小学。

新中国成立后，好义小学改名官将小学。1950年，学校有一至五年级5个班，六年级学生到大田小学就读。1951年，增设六年级。1958年，官将公社成立，官将小学为正式完小。1962年，因生源少，六年级学生到新市小学就读。1963年，又恢复六年级。1966年“文化大革命”期间，改名为工农小学。1968年，又恢复官将小学的校名。

1975年，官将小学附设初中班，为七年制学校。此后，学校规模不断扩大，班生数不断增加。1983年，撤销附设初中班，官将小学为白砂7所完小之一。

2017年，官将小学为白砂三所完小之一，校园面积5591平方米，校舍面积3411平方米，有6个教学班，在校学生85人，教师13人，还附设幼儿园3个班，在园幼儿75人，幼儿教师5人。学校教学设施齐全，有运动场2200平方米，学生食堂180平方米，学生宿舍9间482平方米，有图书阅览室49平方米，存书5300册，有多媒体教室71平方米，教学电脑13台，各类体育器材达省一类标准。

第四节　中学教育

一、学校设置

民国十五年(1926年)，袁满珊后裔梧岗村袁竹秋、中洋村袁希文等人，在乐育书院创办崇实中学。该校主张文学革命，推崇新思想、新文化。民国十八年（1929年）停办。此后至1967年，白砂有读中学的学儿，大部分到蛟洋中学就读，少数到上杭二中就读，极少数在上杭一中就读。

1964年，创办白砂农业中学。1967年9月，白砂农中校址迁到大麻地（现白砂国有林场大麻地工区）。

1968年9月，在白砂小学校址内创办蛟洋中学白砂分班，白砂农业中学并入白砂分班。1969年6月，正式命名为上杭县白砂中学。

1971年春，白砂中学升格为完中建制。当年春季招生，原初二的学生直接升上高一。当时，没有团组织，学生中也没有团员，一些高中学生积极要求进步，要求建立和加入团组织。学校党支部顺应学生的要求，及时按程序成立团支部，首次吸纳15名优秀学生为新团员，并报白砂公社团委批准。两年后，团支部升格为团总支。

1975年，新市、岭背、塘丰、早康、大田、官将6所完小附设初中班。1983年，小学附设初中班全部停办。

1980年，白砂中学高中班停办，只保留初中部，一直延续到今。

1981年，创办白砂职业高中（林业专业）。1996年停办。

2017年，白砂中学校园总面积58085平方米，校舍总面积10590平方米，有15个教学班，在校学生482人。教职工78人，其中教师74人，职工4人。

二、学　制

民国十五年（1926 年），在乐育书院办的崇实中学，学制为三年。1964 年在塘丰上寨创办的白砂农业中学，学制为三年。1969 年，贯彻学制要缩短的指示，初中改为二年制，而且改为春季招生。1971 年，增办高中，学制为“二二制”（初中二年、高中二年）。1973 年，恢复秋季招生。1978 年，恢复初中学制三年直至现在。

三、课　程

原崇实中学的初中一年级开设语文（国语）、算术、政治（公民）、英语、植物、历史、地理、图画、音乐、体育，初中二年级开设语文（国语）、代数、政治（公民）、英语、物理、动物、历史、地理、图画、音乐、体育，三年级开设语文（国语）、几何、政治（公民）、英语、化学、人体生理解剖学、图画、音乐、体育。

1964 年，新创办的白砂农业中学，开设语文、代数、农业基础知识、果树栽培技术、家禽饲养技术。

1968 年，新创办的蛟洋中学白砂分班。1970 年白砂中学，开设政治、语文、数学、工业基础知识、农业基础知识、军体、音乐等 7 科。1972 年，白砂中学教学日趋正常，开设政治、语文、数学、物理、化学、历史、地理、外语、农基、卫生、体育、音乐、美术等科。1987 年起，初中采用全国统编教材。

1988—1994 年，初中开设政治、语文、数学、外语、物理、化学、历史、地理、生物、生理卫生、体育、音乐、美术、劳动技术共 14 科。从 1995 年秋季开始，世界历史进入初中课程，在初三年段开设；生理卫生并入生物课在初二年段开设。从 1997 年秋季开始，课程分为学科类课程、活动类课程、地方安排课程三大块。学科类课程保持原来的科目，初中活动类课程细化为班团队活动、科技文艺、体育卫生、社会实践活动。

1998 年开始，初一、初二、初三均开设计算机课。

2003 年 9 月，初一新生开始课程改革，按福建省教育厅《义务教育课程实施计划》开设课程。课程门类有思想品德、历史与社会（或选择历史、地理）、科学（或选择生物、物理、化学）、语文、数学、外语、体育与健康、艺术（或选择音乐、美术）、综合实践活动、地方与学校课程。

1988 年至 1994 年 6 月，每周总课时数 39 节，其中必修课初一初三每周均为 32 节，初二每周 33 节，其余均为选修课或课外活动。1994 年 7 月至 2003 年，执行每周 5 天工作制，周总课时数为每周 34 节学科类课程，其中初中每周 30 节，其余为选修课或活动类课程，初中每周还包括 1 节地方安排课程。中学每节课 45 分钟，小课间休息 10 分钟，大课间休息 25 分钟（做课间操和眼保健操）。

四、教学教研

白砂中学在“文化大革命”时期诞生，其间，除开设语文、数学等基本学科外，要用大量时间组织学生学工、学农、学军，完全没有教学教研而言。许多经过实践检验行之有效的教学方法，被横加批判。相当部分有教学经验的领导、老师，被打成所谓“反动学术权威”、“黑帮分子”。

1977 年，恢复正常的教学秩序，学校突出以教学为中心，成立教研组，注重教学研究，改进课堂教学方法，教学质量得到恢复和提高。

1988 年 9 月—1990 年 8 月，白砂中学突出加强教学常规管理，探索如何大面积提高初中教学质量。1990 年 9 月—1994 年 8 月，启动初中单位教学实验，开展以单元过关为主要内容的教学改革实验。1994 年中考，白砂中学考生的政治、语文、数学、外语、物理、化学成绩均居全县前列。1994 年 9 月—1996 年 8 月，抓教师基本功训练与提高，开展全员教师基本功训练的教改实验活动。

1996 年 9 月—1998 年 8 月，全面转轨，推进素质教育。1997 年 5 月，学习推广湖南汨罗市大区域教育教学改革的成功验收，开展学汨罗、抓管理、保教改、求效益的活动。9月，从启动“名师、名校”工程入手，促进教改实验的深化；10月，学习推广山东烟台市的异步教学法（分层教学法）等先进教改经验。

1998年10月，启动基础教育教学改革课题管理工作。

2003年9月，全面开展基础教育课程改革实验工作，努力追求课改实验工作的规范化和科学化管理，深入开展课改工作。

2012年以后，多学科开展课题研究。2012年8月，开展初中生英语自主学习能力的培养的县级课题研究，由严相文、曾梅东、林秀云、袁志成四位老师实行。2015年10月，经县教育局和县教师进修学校的验收，圆满结题。该课题经过三年的研究，取得丰硕成果，2013年、2014年、2015年中考的英语成绩，均获全县农村中学中考英语平均分第一名；初一、初二每班的英语成绩也大幅提高。林秀云指导的学生杜丽琴参加全国中学生英语能力竞赛，获龙岩市第二名。

2015年11月，学校同时开展四个县级课题研究。开展先学后教打造高效课堂的课题研究，由程宇清、袁清贵、陈先玉三位老师实行，探索学生先预习、再课堂教学的模式。“基于‘小群体’学习模式的体育高效课”的体育科课题研究，由程宇清、华蔚林、邱丽辉三位老师实行。“初中化学有效问题的设计与展开的研究”的化学科课题研究，由曾梅东、林福祥、江清贵、杨洪斌四位老师实行。“地理课堂问题设计的有效性策略研究”，由程宇清、罗德尧、严宜传、袁建薇四位老师负责实行。以上四个科目的课题研究，时间为三年，计划于2018年11月、12月申请结题验收。课题研究已初见成效，学生的学习成绩明显提高，实行课研老师的经验总结或论文在市、县论文汇编中发表。2015年11月，学校承担题为“农村初中作文互阅互评能力培养的初中研究”的市级课题研究，由老师吴福娣负责实行。该课研实行取得初步成效，学生对写作文有了兴趣，作文互阅互评能力提高。该课研为期三年，计划于2018年12月向市教育局申请结题验收。

五、考　试

组织学生进行考试是中学教学教研工作的重要环节之一，也是检测教学质量的主要手段之一。自1977年恢复正常的教学秩序以来，中学对语文、数学、英语、物理、化学、史地等科目实行单元考、半期考、期终考。1988—2003年，初三毕业班分别实行毕业考、升学考（其中1998年为“两考”合一），由市统一命题。1996—1998年和2002—2003年升学考实行市命题外，其他年份升学考均由全省统一命题，1993年和1998年至今，升学考加试体育，以30分计入总分。

六、思想品德教育

“文化大革命”期间，学校也同样突出政治挂帅，批判所谓“封资修”，“阶级斗争”年年讲、月月讲、天天讲。1980年以后，提倡“五讲”“四美”“三热爱”和文明礼貌用语等教育。

1988年开始，中学贯彻落实《中共中央关于进一步加强和改进学校德育工作若干意见》和国家教育委员会颁发的《中学德育大纲》等，充分利用上杭丰富的德育资源和基地，把德育工作贯彻于思想政治课和有关学科的教学中，形成共青团、学生会、少先队、班主任、科任老师和学校领导齐抓共管的氛围，对中学生开展以世界观、人生观、价值观教育为重点的思想品德教育，提高学生的思想道德素质。学校还进行行为规范的养成教育，使学生养成良好的行为习惯，确立公民意识，培养热爱集体、助人为乐、真诚友善、孝敬父母、遵纪守法的道德品质。同时，中学坚持教育必须与生产劳动相结合的方针，加强对学生进行劳动技能教育，注重学生劳动实践基地建设，落实利用好“一校一地”，组织学生开展劳动锻炼和社会实践。

1991年开始，每年暑假依托古田会议纪念馆、才溪乡调查纪念馆等国家级爱国主义教育基地和临江楼、中国古田红军园、蛟洋文昌阁等市级爱国主义教育基地，举办丰富多彩的德育夏令营和少年军校等活动，同时利用节假日、春秋游、团队活动等时间，组织学习参观，接受革命传统教育，传承红色基因。1992 年开始，开展创建文明学校活动，在学生中开展爱国主义、集体主义、社会主义和世界观、人生观、价值观教育。1994 年开始，初一新生进行三天入学军训，同时开展双拥和国防教育活动，军（警）校共建活动。1997 年开始，开展创建绿色学校活动，增强学生环保意识和对濒危物种的保护意识。

2001 年开始，开展学习宣传贯彻《公民道德建设实施纲要》活动，以“我做合格小公民”活动为载体，加强青少年思想品德教育。成立心理辅导室，创办心理驿站专刊和专栏，开设心理健康信箱等德育教育活动，促进学生快乐健康成长。

2005 年开始，学校认真落实《中学德育大纲》，进一步确立德育为首、德育为本、德育为先的观念，实行规范行为—陶冶情操—健全人格的德育内涵，认真贯彻落实《中共中央国务院关于进一步加强和改进未成年人思想道德建设的若干意见》，创新德育工作，把德育渗透到学生的学习生活中。同时，利用每周一次升国旗仪式，讲评、总结一周的学校校风、学风情况。2009 年，创作了白砂中学校歌和校徽。2010 年以后，学校坚持以人为本的办学思想，培养学生求真、求实、求细、求美的良好习惯，实现目标育人、全员育人、全面育人、全程育人的目标，努力培养学生良好的思想品德和行为习惯。2017 年，开展“不忘初心，牢记使命”为主题的师德师风教育，引导教师大力弘扬高尚师德、立德树人，不断提高教师的人格修养，努力构建师德高尚、业务精良、充满活力的教师队伍。

七、白砂中学简介

1968 年秋，在白砂小学的校舍内，创办蛟洋中学白砂分班。1970 年春，正式命名为白砂中学，1971 年升格为完全中学。1980 年，停办高中，现为农村初中寄宿制学校。生源主要来自本镇和泮境乡。2017 年，有 15 个教学班，学生 482 人，住宿生 478 人。教职工 78 人，其中专任教师 74 人，本科学历 56 人，高级教师 17 人，一级教师 46 人。

学校在中洋村，校园占地面积 58085 平方米，校舍总面积 10590 平方米。学校有 200 米塑胶环形跑道运动场，有 3 座硅 PU 篮球场，有 5 人制足球场。图书室藏书 21794 册，各类教学仪器和体育器材达省 1 类标准。

白砂中学秉承“健康学习、快乐学习”的校训，发扬“崇真、扬善、立德、求实”的校风，坚持中国特色社会主义办学方向，坚持快乐学习、快乐生活、健康成长、人人成才的办学理念，遵循让白砂多出人才、出好人才的办学宗旨，发扬精研、善导、敬业、奉献的教风和乐学善思、奋发有为的学风，师生同心，努力把学校办成让学生成才、让家长放心、让社会满意的一流农村初级中学。

白砂中学教育教学质量稳步提高，素质教育硕果累累。自 1990 年以来，历年中考成绩均居全县农村中学前茅，多次荣获市县表彰。2009 年、2010 年、2011 年、2012 年连续四年被龙岩市教育局授予龙岩市初中“四率”评估先进学校，2017 年获初中教育教学管理考试二等奖。先后被中共上杭县委、县政府授予法制宣传教育先进单位、创安先进单位、素质教育合格单位、先进基层党支部，第十二届、十三届县级文明学校和德育工作先进单位。2001 年、2005 年参加全县中小学文艺会演均获二等奖，2012 年参加全县中小田径运动会团体总分第四名，2009 年被授予福建省第二批信息技术实验学校。

50 年来，白砂中学共培养约 1.8 万名初中、高中毕业生。他们之中有许多人经过升学、深造，成长为专家、教授、党政军领导干部，在不同领域不同岗位做出了优异成绩。如少将严源昌、丘能扬，博士生导师、广州肿瘤医院主任医师、教授傅剑华，福建省政法委副书记袁超洪，龙岩学院纪委书记刘福松，省粮食厅巡视员（正厅）冯利辉，中国科学院副研究员严开祺，中国兵器研究院研究员袁伟亮，中国美术家协会会员、教授袁文彬，优秀企业家李艳星、曾传兴等。

表 16-4 2000—2017 年白砂中学基本情况

年份（秋季）	班级（个）				学生（人）				教职工（人）	教师（人）	其中				
	合计	初一	初二	初三	合计	初一	初二	初三			公办	民办	代理	高级职称	中、初级职称
2000	23	9	8	6	1266	395	475	396	96	96	93	0	3	3	90
2001	25	9	9	7	1375	502	396	477	96	94	93	0	1	5	89
2002	27	9	9	9	1403	502	503	398	93	91	91	0	0	5	86
2003	28	10	9	9	1556	548	503	505	97	95	89	0	6	5	90
2004	28	10	10	8	1675	620	549	506	95	93	85	0	8	5	80
2005	30	10	10	10	1705	528	621	556	78	75	75	0	0	7	68
2006	26	6	10	10	1458	285	529	644	74	71	70	0	1	12	59
2007	21	5	6	10	1045	224	286	535	66	64	64	0	0	10	54
2008	17	6	5	6	831	318	225	288	70	68	68	0	0	11	57
2009	19	8	6	5	961	415	319	227	79	77	77	0	0	16	61
2010	20	6	8	6	1065	328	416	321	85	83	83	0	0	16	67
2011	19	5	6	8	976	228	329	419	86	84	84	0	0	18	66
2012	15	4	5	6	776	208	228	340	89	87	87	0	0	22	65
2013	14	5	4	5	630	195	208	227	81	77	77	0	0	19	58
2014	13	4	5	4	585	183	195	207	86	82	82	0	0	20	62
2015	14	5	4	5	542	163	182	197	72	68	68	0	0	19	49
2016	14	5	5	4	514	164	166	184	76	72	72	0	0	18	54
2017	15	5	5	5	482	148	165	169	78	74	74	0	0	17	57

第五节　职业教育与扫除文盲

一、职业教育

（一）农业中学

民国三十五年（1946年）冬，在中洋与梧田村交界处的崇福寺内，开设茶地力行农校白砂分班。次年停办。1964年，白砂公社在塘丰村上寨创办白砂农业中学，有3位老师，招生30多人。1967年9月，白砂农业中学校址迁到大麻地（现大华自然村的白砂林场大麻地工区）。1968年9月，农业中学合并到蛟洋中学白砂分班。

（二）职业高中

1980年白砂中学停办高中以后，白砂公社十分重视初中毕业生的升学问题，于1981年创办白砂职业高中（林业专业）。创办之初至1986年，附设在白砂中学内，由白砂中学一位副校长分管。1987年，职业高中搬到离白砂中学约400米处的大坪岗上，成为一所独立的职业高中。马林球任校长，隶属上杭县教育局管理。职业高中学制两年，高一、高二各有2个班，每学年在校学生180人左右，教职工10人。开设的课程有两类，一类是高中语文、数学、政治、英语，还有一类是林业知识，如果树栽培技术和森林方面的育苗、植树、抚育、病虫害防治等，每星期还开设劳动实践课。学生毕业时，可同普通高中毕业生一起参加高考（一般报考林业院校），未考上大专以上的学生回村创业，或者在本白砂林业部门工作。职业高中毕业生，国家承认其高中毕业学历。

1996年，白砂职业高中停办。

（三）乡镇文化技术学校

20世纪80年代中期开始，上级要求各乡镇要办好乡镇文化技术学校，旨在培训农民的种养实用技术。1985年，成立白砂乡文化技术学校，校址设在乡政府会议厅。乡文化技术学校，由乡分管教育的领导任校长，学区分管业余教育的副校长任常务副校长，聘请县有关部门的技术员和本乡种养能手任教师。正常情况，每星期日上午上半天的课。结合白砂的实际，当时开设的实用技术课程，主要是袋栽香菇和竹荪种植技术。1990年以后，增加烤烟种植和生猪养殖技术，有时也请中小学老师上一些文化课或者唱歌课。参加学习培训的学员，全部是本乡镇青壮年农民，他们渴望学到一两门种养技术，达到勤劳致富的目的。1995年9月，改为白砂镇文化技术学校，校址设在经济开发区旱康路口对面原学区楼房内。从此，每星期日上午上课改为每逢三八圩天上午上课，开设的课程以初中语文、数学为主，聘请一位中学老师上数学、一位小学老师上语文，有时也上实用技术课。参加学习的学员大部分是小学毕业未读完初中的青少年。乡镇文化技术学校很受白砂群众欢迎，广大青壮年农民踊跃参加学习培训，每次开课的时候都是座无虚席。

二、扫除青壮年文盲

白砂扫除青壮年文盲工作可追溯至清中后期和民国时期。清嘉庆年间（1796—1820年），岭背村壬子庄书院老师刘元春组织本村青壮年，利用晚上时间到书院识字写字，学习文化。光绪年间（1875—1908年），中洋村在乐育书院、朋新村在螨头书院办起夜校识字班。苏维埃时期，白砂团组织特别注重组织青年团员学文化，少共中洋支部宣传委员傅翠玉原是一个文盲，参加学习不到半年，能识500多个字，成为青年的模范。民国三十六年（1947年），大田村在贤里国民小学办起夜校，由小学老师兼任夜校老师。

新中国成立后，白砂各村普遍办起扫盲班、速成识字班（当时普遍称夜校），村里聘请高初中毕业生或放假回村的高初中在校学生当老师，有的村聘请日校小学老师兼任夜校老师。开设的课程是认、写常用字，唱革命歌曲，教读一些简短浅显的文章。有的夜校还开设算术课，教授100以内的四则运算。学员中最积极上学的算是青年妇女，她们每天晚饭后三五成群，早早地就来到夜校识字、写字。

1956年以后，贯彻落实上杭县扫盲会议精神，成立扫盲机构，组织扫盲队伍，采取包教包学的做法，送字上门，设立识字站，常用家具、农具标名，田头路口、房前屋后挂识字牌，圩日在路口设识字关卡，出示的识字卡能认出字，才能进入圩场。否则，不能进圩往回走。1962年以后，文盲、半文盲逐年减少。“文化大革命”期间，每个生产队办政治夜校，读毛主席语录和“老三篇”，唱语录歌。中共十一届三中全会（1978年12月）以后，贯彻“堵截新文盲、扫除旧文盲，巩固提高扫盲效果”的方针，以《成人识字课本》《业余高小语文》为教材，公社成立业余教育委员会，学区配备专职干部抓扫盲工作。

1982年，全公社文盲、半文盲人数占总人口的37.13%。据第四次全国人口普查数据，1990年，全乡有小学以上文化程度17229人，占6周岁以上人口数的78.31%；青壮年文盲790人。1995年，“两基”工作全面展开，全镇再次开展扫除青壮年文盲工作，村村办起了夜校扫盲班，基本上由日校老师兼任夜校扫盲班老师，使用县印制的统编教材。同年，通过县教育部门基本扫除青壮年文盲的评估验收，白砂青壮年脱盲率达95.6%。1996年12月，经龙岩地区复查，全镇青壮年脱盲率达96%，通过基本扫除青壮年文盲验收。据第五次全国人口普查数据，2000年，全镇小学以上文化程度17693人，占6周岁以上人口数的82.17%。2008年，新一轮的扫盲教学工作又重新启动。据第六次全国人口普查数据，2010年，全镇有小学以上文化程度18449人，占6周岁以上人口18659人的98.8%。全镇50周岁以上人数212人，文盲占4.21%以下。15周岁至50周岁，文盲率降至0.71%。

第六节　教　师

一、队　伍

明清时期，一般的民间私塾老师，由当地聘请秀才、监生或老先生担任。民国时期，教师实行聘任制，中小学校长由县民国政府委派，教师由校长聘请。教师主要是当地的师范、中学毕业生。

新中国成立后，人民政府对民国时期在职的教师经审查后大部分继续留用，还吸收一些高初中毕业生当教师。1962年以后，随着师范（普师、速师、初师）、幼师、师专、师大毕业生的分配，教师队伍得到充实和更新。20世纪五六十年代，由于教育事业的发展，教师缺乏，就择用高初中毕业生为代课（含顶编代课）、民办教师。“文化大革命”期间，师范、师专、师大停止招生，师资队伍严重不足。从1967年开始，学校大量招收民办教师，师资队伍结构发生很大变化。1979年年底，停止招收民办教师。中共十一届三中全会以后，国家重视教师队伍建设，教师通过函授、进修、自学考试、电大等形式的学习培训，学历层次不断提高。同时，加强师德师风建设和教师业务培训，教师学历基本功达标。1981年起，对中小学民办教师进行业务培训、考试，学区组织部分民办教师集体学习培训、报考师范学校，并对考核成绩优秀的，逐年择优转正为公办教师，并对考核不合格、不胜任教师工作的予以辞退。1995年，剩下的在职民办教师，全部给予吸收为公办教师。从此，白砂结束使用民办教师的历史。

2017年底，白砂镇有小学教师98人，其中小学高级教师51人；白砂中学有教师74人，其中中学高级教师17人；幼儿教师59人，其中公立教师18人，自聘教师41人（私立幼儿园10人）。

表 16-5　若干年份白砂中学教师获市级以上教学成果奖和论文发表情况表

姓　名	成果、论文名称（题目）	时　间	颁奖单位、发表报刊
刘文波	实施单元教学，提高总复习质量	1996-07	市普教室论文汇编
丘启荣	现代教学设备在中学教学中的应用	1999-07	龙岩师专学报论文发表
傅芹英	充分利用班级的人和物，提高英语教学效果	2000-07	中国教育丛刊
傅智江	军人本色辅教坛	2001-07	福建日报
刘文波	创造性思维培养方法举隅	2001-07	龙岩教育研究
傅芹英	因地制宜扬长避短—边远山区英语教学点滴	2003-02	国家教育实验中心
曾梅东	侧面描写的感知与运用	2003-08	省教学研究
傅芹英	开发利用课程资源，用好用活现有英语教材	2005-03	市课改论文集
曾　爱	在美术教学中培养学生创造思维能力	2005-05	市美术论文汇编
曾梅东	浅谈肢体语言在语文教学中的运用	2006-04	市教育学会论文汇编
何耀胜	“错误”让我喜欢，让我忧	2006-06	市教育学会论文汇编
梁加敬	如何引导阅读	2006-06	市教育学会论文汇编
曾梅东	语文课堂提问技巧	2007-04	市教育学会论文汇编
丘廷汀	浅谈思想品德教学中培养学生的创新能力	2007-06	市教育学会论文汇编
刘碧源	解读高考英语中的见型填写	2007-06	市教育学会论文汇编
傅芹英	挖掘教材魅力 激发学习兴趣	2007-06	市教育学会论文一等奖
丘廷汀	浅谈思想品德课教学培养学生问题意识的策略	2008-06	市教育学会论文汇编
袁贵昌	中学物理教学中渗透人文教育初探	2008-07	市教育学会论文汇编
范春华	浅谈如何缩小英语学习中的两极分化	2008-07	市教育学会论文汇编
袁桂香	谈数学教学中的“分层”教学	2008-07	市教育学会论文汇编
袁志成	课堂提问五种方略	2008-08	英语报
陈先玉	激发学生的阅读兴趣浅论	2009-06	市教育学会论文汇编
曾　爱	学生美术兴趣培养浅谈	2009-06	市教育学会论文二等奖
郑建基	联系生活实际 激发学习兴趣	2010-05	市教育学会论文汇编
陈先玉	浅论初中语文创新能力的培养	2010-06	市教育学会论文汇编
梁加敬	放飞学生心灵，张扬学生个性	2011-08	省初中语文教研论文汇编
罗德尧	一师一优课，一课一名活动	2012-05	省教育厅优质课
吴福娣	课堂幽默浅说	2013-04	市教育学会论文汇编
何耀胜	提高课堂教学效率之我见	2013-04	市教育学会论文汇编
谢瑞蕙	初中物理常用研究方法	2013-04	市教育学会论文汇编
梁加敬	学会赏析诗歌 培养健康人格	2013-04	市教育学会论文汇编
袁桂香	培养学生自主学习，促进提高教学效率	2013-04	市教育学会论文汇编

续表

姓　名	成果、论文名称（题目）	时　间	颁奖单位、发表报刊
袁元文	让学生行动起来—提高初中语文教学浅探	2013–04	市教育学会论文汇编
杜华文	探究新时期班主任工作艺术	2013–06	课程教育研究
吴福娣	初中语文如何实施素质教育	2014–10	青春岁月
傅远安	发挥历史课堂效率，提高教育教学质量	2014–11	新课程
傅维明	注重实效，提高生物教学质量	2015–05	市教育学会论文汇编
傅远安	浅论激发学生学习历史兴趣的通达途径	2016–05	市教育学会论文汇编
曾建凤	“问题探究”教学法在初中英语教学中的运动	2016–10	西部素质教育
杜华文	初中英语总复习之“十忌”	2016–12	市教学通讯
杜华文	自主学习在英语教学中的应用探究	2017–05	省教育学院学报
杜华文	英语写作我有看法	2017–08	新课程
廖富山	试析如何构建农村中学信息技术高效课堂	2017–10	教育科学
曾　爱	互动教学在农村初中美术课堂的运用	2017–11	新课堂
张永华	趣为先导—初中英语趣味性教学探究	2017–12	赢未来
张永华	例谈培养初中数学思维能力的教学策略	2017–12	福建中学数学

表 16–6　白砂中学教师指导学生学科竞赛获市级以上奖励情况表

指导老师	获奖学生	参赛项目	获奖时间	获奖情况
罗喜进	赖美琴	全国中学生英语能力竞赛	2001–01	厦门赛区优胜奖
刘碧源	廖鸿森	全国中学生英语能力竞赛	2003–01	国家级一等奖
林秀云	杜丽琴	全国中学生英语能力竞赛	2005–01	龙岩市二等奖
郑建基	陈启全	全国初中数学联赛	2006–12	龙岩市二等奖
何耀胜	傅裕良	全国初中数学联赛	2007–12	龙岩市二等奖
何耀胜	黄智华	全国初中数学联赛	2007–12	龙岩市二等奖
李　莉	丘瑞华	全国初中应用物理知识竞赛	2009–04	国家级二等奖
李　莉	梁瑞钦	全国初中物理应用知识竞赛	2009–04	国家级三等奖
	陈伯民		2009–04	
林斯琴	廖　伟	全国初中数学联赛	2013–12	龙岩市三等奖
华蔚林	袁能添	龙岩市中学生田径运动会	2014–11	跳远第一名
华蔚林	袁能添	龙岩市中学生田径运动会	2014–11	三级跳远第一名
刘碧源	陈毓锴	全国中学生英语能力竞赛	2015–01	国家级一等奖
刘碧源	周慧敏	全国中学生英语能力竞赛	2016–01	国家级三等奖

表 16–7　已知白砂中心小学（学区）教师获市级以上论文发表和教学成果奖情况表

姓　名	成果、论文名称（题目）	时　间	颁奖单位、发表报刊
袁茂荣	如何抓好教师教学基本功训练	1998–05	省教育学会
袁茂荣	简析三年级语文成绩“葫芦腰”现象的原因	1999–05	省教育学会
袁茂荣	在批改中导之以“渔”	1999–08	福建基础改革论坛
袁明忠	数学教学中的三种误区及对策	2000–07	获全国小学数学论文大赛一等奖
袁明忠	创设情境，培养思维品质	2000–08	省教育厅论文评比二等奖
刘发龙	语文教学质量的评价之管见	2000–08	省教育学会论文汇编
袁茂荣	起步作文“五要”探微	2001–03	中国教育学会论文比赛二等奖
刘永权	培养学生创新意识的理论与实践	2001–07	福建省基础教育论文集
傅灿章	加强课外阅读辅导，促进作文能力提高	2001–04	中国教育报
袁茂荣	培养质疑能力，形成探究意识	2001–09	全国基础教育论文集
袁明忠	实施创新教育需要创新型教师	2001–10	素质教育博览
袁明忠	怎样把握课堂提问的时机	2002–02	小学教学参考
傅灿章	教革教师人事管理是教育发展的必然	2002–02	中国未来教育
袁钦星	“形散而神不散”的课堂教学模式初探	2002–02	中国东方文化发展中心
赵富生	也谈数学教学中学生创新意识的培养	2002–05	中华教师论文选
袁明忠	以人为本，发展个性，培养学生创新意识	2002–06	小学数学教育
袁钦星	设计“课堂提问”初探	2002–06	龙岩市教育学会
袁明忠	摭谈创新小学数学课堂教学的几条途径	2002–07	全国小学数学论文论文大赛三等奖
袁明忠	小学数学教学要努力促进学生“三个转变”	2002–08	中国基础教育改革与发展征文三等奖
龚晓玲	如何在数学教学中进教学思想的渗透	2002–08	中国教育学会
廖克璋	谈你喜欢听什么样的数学课	2002–11	中国教育论文精选
廖克璋	谈转变后进生的策略	2004–06	中国环境科学
郑荣连	浅谈幼儿园常规教育的几点做法	2004–06	市教育学会论文汇编
赵富生	“自主、合作、探究”学习方法浅议	2004–12	全国教育论文选粹
傅灿章	提高教师教学基本功的几点措施	2005–05	福建教育
廖克璋	心理念下的数学课程教学	2006–04	龙岩市教育学会
廖克璋	浅谈数学课堂教学的策略	2006–09	省小学数学研究会

续表

姓　名	成果、论文名称（题目）	时　间	颁奖单位、发表报刊
袁丽榕	幼儿音乐活动初探	2007–06	市教育学会论文汇编
袁德武	深化基础教育课堂改革，推进教育创新	2007–06	市教育学会论文汇编
曾　莉	在活动中培养幼儿的交往能力	2007–06	市教育学会论文汇编
傅文华	落实科学发展观，推进教育创新	2008–06	市教育学会论文汇编
刘永权	让学生在数学学习中获得持续发展	2010–06	龙岩市教育学会
袁钦星	农村孩子话题多，听说读写潜力大	2011–05	龙岩市教育学会
郑荣连	试谈培养幼儿口语表达能力的几点浅见	2012–06	市教育学会论文汇编
严乾生	浅谈实践与综合运用中如何落实问题解决的策略	2012–06	市教育学会汇文汇编
赖碧英	传承经典，放飞理想	2012–06	市教育学会汇文汇编
龚天赐	感悟、质疑—应用引导学生与文本对话点滴谈	2012–06	市教育学会汇文汇编
陈宝元	广开渠道寻话题，口语交际局面新	2012–06	市教育学会论文汇编
袁成政	互动评改，呈现作文教学生机	2012–06	市教育学会
袁成政	浅谈小学语文教学读写结合的几点思考	2012–06	市教育学会
胡志宾	培养学生的自主作文能力	2012–06	市教育学会
胡志宾	浅谈语文活动课的“三种体验”	2012–06	市教育学会
林继升	巧设有效情境，妙搭交际平台	2012–06	市教育学会
吴美香	让学生“动”起来，语文课堂更精彩	2012–06	市教育学会
袁东生	让作文教学爱上网络	2012–06	市教育学会
王梅兰	浅谈如何培养学生的自学能力	2012–06	市教育学会
袁明月	如何在语文课堂教学中有效地实施策略	2012–06	市教育学会
刘发龙	贴近生活，创生活习作	2012–06	市教育学会
袁茶凤	挖掘教材资源，实现读写结合	2012–06	市教育学会
袁秋红	我的作文教学“五步曲”	2012–06	市教育学会
袁明忠	走进学生的心灵教数学	2012–08	市教育学会
严乾生	问题比答案更重要—浅谈数学教学问题意识的培养	2013–04	省普教研究会
袁　菁	浅谈低年级教学中的综合性学习	2013–06	市教育学会论文汇编
傅文华	质疑、辨疑、释疑—小学数学教学创新的途径	2014–04	市教育学会论文汇编
张春英	怎样培养小班幼儿良好的常规	2014–04	市教育学会论文汇编

续表

姓　名	成果、论文名称（题目）	时　间	颁奖单位、发表报刊
丘小英	利用感知、积累、迁移进行有效的幼儿数学教学	2014-04	市教育学会论文汇编
郑荣连	多措交举，循序渐进，促进幼儿园新教师专业素质成长	2014-12	市教育学会
丘小英	转变教育管理观念，努力营造科学发展的氛围	2014-12	市教育学会
李桂英	发挥学生主动性，提高操作有效性	2015-04	省数学研究会论文评比三等奖
傅文华	数学课（导学案）练习题设计之我见	2015-04	省数学研究会论文评比二等奖
雷小娟	浅谈农村幼儿园环境创设的特色	2015-12	市教育学会
吴建欢	例谈小学音乐课堂教学的导入艺术	2016-01	考试周刊
袁惠英	电子课例《蚯蚓的选择》	2016-12	省电教馆省级优质课
袁丽榕	也谈小学音乐教学培养学生创新能力	2017-05	市教育科学研究院
张春英	浅论乡土资源在农村幼儿园区域活动中的应用	2017-06	市教育学会论文汇编
王飞燕	关于民间游戏在幼儿园教学中的价值与应用	2017-06	市教育学会论文汇编
廖美露	浅谈幼儿园户外体育活动的有效指导原则	2017-06	市教育学会论文汇编
曾　莉	美术作品“看木偶戏”	2017-07	市美术协会二等奖
傅文华	也谈小学生数学提高意识的培养	2017-09	省教育研究

二、待　遇

（一）政治待遇

新中国成立前，学校教师被称为教书匠，没有政治地位，也没有社会地位，民间有“子孙要像样，不当教书匠”之说。

新中国成立后，党和政府重视教育，教师地位逐步得到提高，有不少教师光荣加入中国共产党组织，有的被选为党代表、人大代表、政协委员，有的走上领导岗位。1956年12月，梧岗村籍中学老师袁竹秋当选为上杭县人民委员会副县长。

白砂教师出席上杭县庆祝第一个教师节暨表彰大会

在反右派、反右倾、“文化大革命”等政治运动中，部分教师遭批斗，甚至被错误处理。中共十一届三中全会后，对新中国成立后历次政治运动受打击、受迫害造成冤假错案的教师落实政策，给予平反昭雪，恢复名誉，重新工作。对达到和超过退休年龄、符合退休政策或身体欠佳的教师给予办理退休。1985 年，国家规定每年 9 月 10 日为教师节。此后，每年的教师节，中学、学区（中心小学）都有开会庆祝，镇党委、政府召开优秀教师座谈会，对优秀教师进行表彰奖励。

（二）经济待遇

民国前，白砂的私塾先生薪水微薄，以谷代薪，甚至以薯代薪。一般每个先生年收入 40 斗左右稻谷（约 400 公斤），由学生家长按学生人数分摊负担。

新中国成立初，中小学曾一度实行工资分制。小学教师每月 110~130 分工资分，中学教师每月 150~250 分工资分，每分工资分折合人民币 0.22 元上下浮动（一个工资分的数值由当月的 0.5 公斤猪肉、0.5 公斤大米、0.33 米布的价值折算出来）。1956 年实行工资改革，分教师级、行政级，按级领薪（一般大型完小的校长和教导主任才能享受行政级）。小学教师月平均工资 43 元。普师毕业生刚分配月薪 31.50 元，师专毕业生 38.00 元。1960—1979 年，对教师工资进行部分调查。小学民办教师月工资开始由 14 元、16 元、18 元、21 元调到 24 元，中学民办教师月工资开始由 18 元、21 元、24 元、27 元调到 33 元。1981 年，公办教师工资全面提高，人均月增 7 元。1985 年实行职务工资加工龄、教龄津贴的工资制度，人均月增资 20 元左右。1988 年实行教师职务、职称工资，小学高级教师月工资 97 元，中学高级教师月工资 122 元。2006 年 7 月，进行工资制度改革，规定教师工资不低于当地相应国家公务员的工资标准，教师工资大幅提高。2017 年 12 月，白砂中心小学教师平均工资 5607 元，白砂中学教师平均工资 6007 元。此外，教师每学期末还有绩效工资（年人均约 1.2 万元）、享受国家公费医疗，每月还有医疗补助费，还享受住房公积金待遇和山区工作津贴。满 30 年教龄的退休教师，其退休金按 100%发放。

第七节　设施与经费

一、教育设施

明清、民国时期，一般借用祠堂、寺庙或富裕人士捐建的学堂为办学点，很少有规范的教室，课桌椅由学生自带。

新中国成立后，各村兴建新学校。20 世纪 80 年代中后期开始，学生人数急剧增加，各村掀起建学校热潮。1988 年，为改善办学条件，开展“一无二有”（校无危房、班有教室、生有课桌）工作。1989 年秋，接受并通过县和地区行署的“一无二有”检查验收。1992—1993 年，中小学开展“六项督导”达标工作，改建了部分泥木结构的校舍，添置了一些教学设备，进一步完善了学校的设施。1993—1994 年，全县中小学开展实验教学达标工作，中学和各完小添置了大量教学实验仪器和音乐、美术、体育教学器材，新建了实验教学专用教室和图书阅览室，增添了大量的图书。1994 年 6 月，中学和各完小接受并通过实验教学达标的检查验收。1994 年秋，大田村籍台胞刘炎乡捐资 12 万元人民币，新建官将小学图书苑、敬业楼，还捐资 3 万元人民币，建大田小学校门。

岭背金关小学

1997 年，由厦门海关捐款 25 万元，新建岭背金关小学综合楼。

1998 年，由香港武术健身协会捐资

28 万元人民币，新建塘丰小学正林教学楼。

塘丰正林教学楼

1995—1997 年，开展“两基”达标工作。其间，从镇领导、干部到学校校长、老师，从村干部到普通百姓，都全力以赴投入改善办学条件的热潮中。为广泛深入发动群众共同筹措建校资金，当时有一句家喻户晓的响亮口号：“人民教育人民办，办好教育为人民。”经过三年的努力，中小学全面消除了泥木结构的校舍，改建砖混结构的新校舍，中小学校舍及设施发生了历史性的变化。1997 年 2 月，中心小学接受世界银行贷款，同时，福建省教育厅、高招办、自考办共捐款 15 万元，新建一座三层砖混结构的教学楼。1997 年 10 月，白砂顺利接受并通过省、市的“两基”评估验收工作。

2005 年秋，开展“双高普九”工作，中学和各完小把质量差、存在安全隐患的砖混结构的校舍，改建成框架结构的新校舍。2008 年，中心小学由全国红军小学办公室引资，改建一栋三层框架结构的教学楼，并将白砂中心小学命名为中国工农红军上杭白砂古田会议精神红军小学。2010 年 11 月 25 日，红军小学正式落成。

上杭白砂古田会议精神红军小学授旗授牌仪式

2009 年秋，顺利接受通过省、市的“双高普九”评估验收。通过四年的“双高普九”工作，中学和各完小的教学设施和校园文化建设、美化绿化提高到新档次，建成融学园、乐园、花园为一体的新时代新校园。

2017 年，白砂中学校园总面积为 58085 平方米，校舍总面积 10590 平方米，体育运动场面积 11900 平方米，有 200 米塑胶环形跑道，图书馆藏书 21794 册，有计算机 140 台，计算机网络教室 17 间共 1210 平方米，各类教学仪器和体育音乐器材达省一类标准。

全镇有 3 所完小和 3 个教学点以及 3 所大型幼儿园，校园总面积 33436 平方米，校舍总面积 18248 平方米，体育运动场总面积 13910 平方米，生活用房总面积6720 平方米，共藏图书 36104 册，共有教学用计算机 194 台，专用教室 73 间，各类教学仪器和体育音乐器材各完小达省一类标准， 教点达二类标准。全镇中小学、幼儿园都建有大门、围墙。

白砂中学运动场

表 16–8 2017 年白砂镇各小学（点）、幼儿园办学设施情况表

校　名	校园面积(m^2)	校舍面积(m^2)	生活用房(m^2)	图书（册）	计算机（台）	体育场(m^2)	专用教室（间）	教学仪器（类）	音乐器材（类）	体育器材（类）
中心小学	8297	5400	2326	13860	81	5025	20	省标一类	省标一类	省标一类
新市小学	6878	4505	1895	14500	55	2680	14	省标一类	省标一类	省标一类
官将小学	5591	3411	1929	5300	13	2200	13	省标一类	省标一类	省标一类
早康教点	3000	300	75	800	1	400	2	省标二类	省标二类	省标二类
塘丰教点	1490	490	65	400	1	60	2	省标二类	省标二类	省标二类
大田教点	1000	460	70	150	1	45	2	省标二类	省标二类	省标二类
中心幼儿园	2010	1163	120	310	7	849	6	县达标幼儿园		
集镇幼儿园	3610	1309	120	184	10	2301	8	县达标幼儿园		
养正幼儿园	1560	1210	120	600	5	350	6	私立幼儿园，达县标园		
合　计	33436	18248	6720	36104	194	13910	73			

二、教育经费

民国以前，各村各姓氏房族都留有“肄资田”（公田），收取肄资谷作为教育基金。基金的一部分由取得功名的族人分用。旧时，白砂民间流行这样的顺口溜：“有吃有分，秀才监生。”说的是肄资谷只有秀才、举人、贡生、监生才有资格分享。基金的另一部分，用来聘请私塾先生和资助困难学生上学。

新中国成立后，实行公办民助的办学方针。学生入学交学杂费，上杭县教育主管部门统筹，再按教师人数拨生均办公费，按学校规模拨给一些校舍、课桌椅维修费。20 世纪七八九十年代，教育经费除上级少量拨款外，主要靠学校收取学杂费维持日常办公。学校建校舍，除上级拨给 25%左右的配套资金外，主要靠乡村自筹，自筹资金主要来自于向群众和企业收取的教育附加费。2001 年开始，国家对农村九年义务教育阶段逐步实行“两免一补”（免收学杂费、教科书费、补助住宿生的生活费），减少了学生家长的负担，学校的办公经费按学生人数由县财政拨给。2006 年开始，取消农村教育附加费的征收，学校校舍维修，新建校舍，其经费全部由县财政核拨。

附：教育基金会

白砂历来十分重视教育，所以白砂人读书风气好，读书成才的多。20世纪90年代开始，为进一步激励教师教书育人，学生勤奋读书的积极性，有些村、校成立教育基金会。

（一）严集兴碧康教育基金会

1996年，由退休教师严明（又名严集福，曾任白砂学区校长、党支部书记）发起，上旱康、下旱康、碧砂三个村联合成立严集兴碧康教育基金会。成立之初，基金会有6万元，其中原广东省预备役师师长严集兴（大校）捐资3万元。基金会成立以来，三个村通过再筹资，现有基金23万元。每年将利息用于奖励三个村考上本科（含本二）的高中毕业生和考上上杭一中、二中的初中毕业生。21年间，共奖励了376名学子。该基金会是白砂境内成立的第一个教育基金会。

（二）白砂中学奖教奖学基金会

由时任校长严相文发起、组织，基金会成立于2007年11月。基金有114万元（包含镇政府以息代捐资金50万元），每年将利息（约11万元）的90%部分用于奖励全校师生，10%用于扶助特困学生。

（三）梧田村育才基金

在外出乡贤、企业家李艳星、袁福星和退休干部李凤鸣、时任村党支部书记袁洪等人的共同倡议牵头下，2010年8月，梧田村成立育才基金会。基金有25万元，每年将利息奖励本村考上本科和考进上杭一中、二中的学生，同时还对大、中、小学在校优秀生（梧田村籍）进行奖励。

（四）白砂傅氏奖学助学基金会

在白砂傅氏理事会长傅松达的牵头下，2013年2月，成立白砂傅氏奖学助学基金会。通过多方筹集，基金达100万元，其中朋新村籍傅伟峰（老红军邓凤金之孙）捐资40万元，每年将利息（约11万元）用于奖励考取研究生、考上本科和重点中学的白砂籍傅姓学生。同时，对白砂籍傅姓特困生进行扶助。

（五）中洋村奖金基金会

成立于2015年5月，通过多方筹资，基金有50万元。每年将利息奖励考上本科和上杭一中、二中的中洋籍学生。同时，也奖励每年小学毕业会考成绩全中小前20名的中洋村籍小学毕业生。

（六）金福奖教奖学基金

2015年8月，大金、扶福两个村联合成立金福奖教奖学基金。通过两个村筹集，基金有45万元，每年将利息部分用于奖励大金、扶福村籍的优秀中学、小学、幼儿园学生，同时还奖励本村的幼儿园老师。

（七）官将片奖教奖学基金会

在官将片6个行政村和官将小学的共同发起下，2015年12月成立官将片奖教奖学基金会。通过6个村的广泛筹资，基金有68万元，其中6个村的村财共捐9万元，镇政府捐2万元。每年将利息部分的50%用于奖励官将小学的优秀教师，10%用于奖官将小学的优秀学生，30%用于奖励官将片考上大学本科的学生，10%用于基金会的办公开支。

（八）塘丰村教育基金会

成立于2017年8月，通过村干部的广泛筹资，基金有50万元，其中外出乡贤、企业家林德和捐资5万元。每年将利息奖励考上本科和重点高中（上杭一中）的塘丰村籍的学生。

（九）白砂镇小学、幼儿园奖教奖学基金会

由中心小学倡议，成立白砂镇小学、幼儿园奖教奖学基金会。通过镇政府和中心小学的多方广泛筹资，至2017年12月，已筹资80万元，其中镇政府以息代捐50万元，厦门市经济促进会捐10万元，中洋籍企业家傅良荣捐6万元。每年将利息部分奖励白砂镇境内的小学、幼儿园优秀教师和学生（基金会定于2018年9月正式成立）。

第八节　学校管理

民国时期，中小学校行政事务和教学业务由上杭县教育局负责管理。

新中国成立后，中小学仍由上杭县教育局管理。

中学实行校长负责制。学校设校长 1 人，副校长 1~3 人，校长和副校长为校级领导，学校设教务处、政治处、总务处和校办室。中学校长，20 世纪八九十年代，由县政府任命，副校长由县委宣传部任命。2000 年以后，校长和副校长由县党教工委任命；2010 年以后，校长和副校长由教育局党组任命。“三处一室”（教务处、政治处、总务处和学校办公室）主任由学校提名，上报县教育局批复后由学校任命。

中心小学（学区）实行校长负责制。1958 年，设立白砂学区，负责管理白砂的小学、幼儿教育。“文化大革命”期间，学区撤销，由贫下中农管理学校。1969—1977 年，成立白砂教育辅导站，负责管理白砂的小学幼儿教育。辅导站设站长 1 人，业余教育专职干部（扫盲干部）1 人，会计 1 人。1978 年 8 月，恢复学区，设校长 1 人，副校长 1 人，语文、数学辅导员各 1 人，会计 1 人。2002 年 11 月，学区撤销，实行中心小学管理制，白砂中心小学行使原白砂学区的行政业务管理职能。中心小学设校长 1 人，副校长 1~3 人，下设语文、数学、思品教研组，配“半脱产”的语、数教研员。中心小学校长、副校长任命，基本上同于中学校长、副校长的任命。只是学区校长过去由县委宣传部任命。2008 年以前，完小校长经学区（中心小学）提名由镇政府任命，2008 年以后，由中心小学提名上报县教育局审核后任命。

中学、中心小学（学区）设立党支部，其主要职责是：贯彻执行党的教育方针政策，保证、监督学校行政领导开展管理工作，负责学校师生的思想政治工作。党支部设书记 1 人，副书记 1 人，委员 3 人。党支部书记，2008 年以前，由县委宣传部任免，以后由县教育系统党委任免。党支部依照《中国共产党章程》规定，每三年要进行换届选举，选举后的书记仍由县教育系统党委任命。

中学、中心小学（学区）设立工会，工会设主席 1 人，委员 4~6 名（兼职），在党支部的领导下开展工作。

表 16–9　白砂中学历任校长、党支部书记名表

校长				党支部书记			
姓　名	职　务	任职时间	备注	姓　名	职　务	任职时间	备注
钟文选	负责人	1968–08—1970–08		吴福生	书　记	1968–08—1969–08	
吴福生	负责人	1970–08—1971–08		钟文选	书　记	1969–08—1970–08	
黄　蔚	主任、校长	1971–08—1979–08		黄　蔚	书　记	1970–08—1979–08	
蓝盛兴	校　长	1979–08—1981–08		蓝盛兴	书　记	1979–08—1980–08	
严　清	校　长	1981–08—1983–08		严　清	书　记	1980–08—1983–08	
林能熙	副校长	1983–08—1983–12	主持工作	林能熙	书　记	1983–08—1983–12	
张天福	副校长	1983–12—1985–08	主持工作	张天福	书　记	1983–12—1985–08	
华如生	校　长	1985–08—1988–08		华如生	书　记	1985–08—1988–08	

续表

校　长				党支部书记			
姓　名	职　务	任职时间	备注	姓　名	职　务	任职时间	备注
袁大康	校　长	1988-08—1989-08		袁大康	书　记	1988-08—1989-08	
傅青福	校　长	1989-08—2000-08		傅青福	书　记	1989-08—2002-08	
傅福权	校　长	2000-08—2001-08		廖森昌	书　记	2002-08—2006-08	
廖森昌	校　长	2001-08—2006-08		程宇清	书　记	2006-08—2009-08	
严相文	校　长	2006-08—2013-08		严相文	书　记	2009-08—2013-08	
程宇清	校　长	2013-08—2017-08		曾梅东	书　记	2013-08—	
杜华文	校　长	2017-08—					

表 16-10　白砂学区（教育辅导站）主要负责人名表

校长（负责人）				党支部书记			
姓　名	职　务	任职时间	备注	姓　名	职　务	任职时间	备注
兰昌明	校　长	1958-08—1966-08		刘志华	书　记	1958-08—1966-08	
张天福	负责人	1966-08—1968-08		袁智仁	书　记	1979-02—1980-12	
刘志华	负责人	1968-08—1972-08		严　明	书　记	1980-12—1986-08	
林庆熙	负责人	1972-08—1974-08	省下放干部	林健庆	书　记	1986-08—1991-08	
刘志华	负责人	1974-08—1978-08		傅灿章	书　记	1991-08—2002-11	
袁智仁	校　长	1979-02—1980-12					
严　明	校　长	1980-12—1985-08					
林健庆	校　长	1985-08—1991-08					
傅灿章	校　长	1991-08—2002-11					

注："文化大革命"时期，学区党支部撤销。1979 年 2 月，恢复设立学区党支部。

表 16-11 白砂中心小学历任校长名表

姓　名	任职时间	姓　名	任职时间
林周文	1950-08—1952-08	袁元明	1978-08—1980-08
傅克昌	1952-08—1954-08	傅贵元	1980-08—1981-08
范子政	1954-08—1955-08	袁建勤	1981-08—1990-08
黄纪平	1955-08—1957-08	袁友生	1990-08—1995-08
傅丛荣	1957-08—1958-08	袁寿鸣	1995-08—1999-08
袁俊天	1958-08—1960-08	严龙辉	1999-08—2002-11
兰昌明	1960-08—1965-08	傅灿章	2002-11—2003-08
张天福	1965-08—1968-08	严龙辉	2003-08—2016-08
丘其能	1968-08—1973-08	傅文华	2016-08—
刘兆丕	1973-08—1978-08		

注：2002 年 11 月撤销学区，实行中心小学管理体制。同时，原白砂学区党支部改名为白砂中心小学党支部，原白砂学区党支部书记傅灿章变为首任中心小学党支部书记，任职到 2005 年 8 月。2005 年 8 月至 2016 年 8 月，严龙辉任书记（校长兼任）。2016 年 8 月起，林晓峰任书记（专职）。

表 16-12 新市小学历任校长名表

姓　名	任职时间	姓　名	任职时间
刘志清	1951-02—1952-08	刘煌丛	1988-08—1990-08
李仰桥	1952-08—1954-08	林灿民	1990-08—1997-08
袁迪贞	1954-08—1957-08	刘明华	1997-08—1998-01
郑宝林	1957-08—1960-08	林晓峰	1998-02—1999-08
刘志华	1960-08—1962-08	袁寿鸣	1998-08—2001-08
华雨谟	1962-08—1964-08	袁茂荣	2001-08—2004-08
刘志华	1964-08—1968-08	刘永权	2004-08—2007-08
刘先昌	1968-08—1980-08	傅文华	2007-08—2010-08
傅贵元	1980-08—1983-08	陈宝元	2010-08—2017-08
袁兆棠	1983-08—1986-08	丁铭蕃	2017-08—
刘必达	1986-08—1988-08		

表 16-13　官将小学历任校长名表

姓　名	任职时间	姓　名	任职时间
丘铁群	1948-08—1953-08	丘树元	1991-08—1997-08
温鸿辉	1953-08—1958-08	廖复煌	1997-08—2001-08
兰昌明	1958-08—1962-08	温建荣	2001-08—2004-08
傅丛荣	1962-08—1965-08	林晓峰	2004-08—2005-08
郑永源	1965-08—1970-08	丁宝蕃	2005-08—2008-08
傅贵元	1970-08—1980-08	袁明月	2008-08—2011-08
丘锦星	1980-08—1981-08	丘国文	2011-08—2015-08
游兆江	1981-08—1983-08	罗发梁	2015-08—2017-08
温璧辉	1983-08—1991-08	袁明月	2017-08—

第十七章　文　化

白砂文化源远流长，已发掘面世的商周时期古遗址文物，显示出古越族创造的古文化印记。宋元以后，随着客家人从中原南迁，中原文化与土著文化、畲族文化逐步融合。明洪武元年（1368年）前后，木偶戏传入白砂，带来白砂民间文化的繁荣。至晚清，木偶戏班从白砂迅速发展到闽西各地以及赣南、粤东等地，白砂成为闽西（客家）木偶戏的发祥地，奠定民间文化艺术之乡的基础。清代，随着教育的发展，科举制的推行，白砂涌现袁维丰、袁养正等一批进士、举人，文人士子队伍不断壮大。民国时期，白砂是中央苏区核心区域之一，逐步形成红色文化。

新中国成立后，先后设立文化站，建立有线广播站，组建电影队，白砂的文化事业不断繁荣发展。"文化大革命"期间，文化事业受到严重冲击和破坏，一些传统、优秀的民俗文化、民间文化被当作"四旧"（旧思想、旧文化、旧风俗、旧习惯）惨遭毁弃。中共十一届三中全会后，文化机构逐步健全，文化活动中心（站）、影剧院、歌舞厅、农家书屋、老年活动室、老年俱乐部等文化设施不断健全完善，文化事业呈繁荣景象。2007年，白砂镇被命名为福建省民间文化艺术之乡（客家木偶戏）。2008年，白砂镇被文化部命名为中国民间文化艺术之乡（客家木偶戏）。

第一节　民间文艺

一、民间文学

（一）民　歌

民歌亦叫山歌。白砂民歌是用客家方言的口头文学，具有客家语言特色、乡土特色和浓厚的生活气息，在群众中世代相传。民歌的歌词主要是七字一句的"四句头"山歌。民歌讲究一、二、四句押韵，通俗高亢，音调宛转，节奏优美。民歌广泛运用比、兴等修辞手法，通过形象比喻，恰当的夸张达到很好的艺术效果。优秀的山歌手大多即兴演唱，只用一句"风吹竹叶满山飞"开头，一气可以唱出五六十首内容、情调不同的民歌。过去山歌又叫情歌，少男少女入山劳作，抒发感情，调节疲劳，劳逸相容。山歌的演唱形式有单唱、对唱等。有时男女在山上劳作，田间看水，兴趣所致便对唱起来，也越唱越近，竟然是一对夫妻。民间相传有的夫妻还真是因唱山歌结缘的。

山歌中也有一种叙事式的连唱，歌词较长且前后关联。内容承续劝导世人，如"劝哥莫要去赌博""十劝老妹心要真"。民歌在不同时期还与当时的时势结合，土地革命战争时期，白砂人民创作了不少革命民歌，内容有劝郎当红军、拥军优属等。民国十八年（1929年）农历五月初一日，白砂战斗结束后在罗家岭举行祝捷大会，民众以山歌颂扬："五月里来开禾花，红军开来打白砂。鸭麻岭上打一仗，打得白匪满地爬。"

新中国成立之初，创作大量脱盲扫盲和妇女解放的民歌。

（二）童　谣

白砂童谣具有童谣、客家童谣的基本特征。它以客家话为创作、诵吟语言，强调格律和押韵，取材于日常生活事物，通常以口头形式流传，具有句式多样，声韵活泼，情趣盎然，意境清新，朗朗上口，易记易传等特点。表现手法有拟人、对答、比喻、夸张、联想、排比等。它往往以奶奶教孙儿、母亲教儿女，一代一代往下传。在吟唱中，优美的旋律，和谐的节奏，真挚的情感，神话般的意境，给儿童以美的享受和情感的熏陶。童谣为儿童的启蒙诗歌，在开发儿童智力、激发儿童的想象等方面起重要作用。

（三）故事传说

民间故事传说，以口头叙述的形式流传，题材广泛，内容多样，富含哲理。

白砂民间故事传说很多，将军桥的传说、日日出皇帝的传说、金玉顶的传说，毛泽东、朱德等老一辈革命家在白砂的故事，深受老少喜爱，广为流传。村民在茶余饭后，月明之夜，三五成群聚集在一起，讲故事，听故事，说笑话，谈笑风生，忘却和消除一天的疲劳。

（四）谜　语

民间猜谜活动俗称“打典哩”。谜语通常分谜面和谜底两部分，谜面是将谜底的特征用非常概括的几句话说明（相似于有押韵的四言、五言、七言诗），谜底是指所猜中的东西（通常指物品或字）。如谜面“行也坐，走也坐，又有耳朵又有毛（打一物）”，谜底是青蛙。谜语还有“格”，如“卷帘格”“徐妃格”等。猜谜时按谜面上提示的“格”去猜，可事半功倍。旧时，白砂地区的道士“开花园”（道教的一种法事活动），到后面的一段时间就有猜灯谜活动，猜对了的给些米粄等物作奖品。猜者兴致盎然，听者喜笑颜开。新中国成立后，这一活动仍为许多人所喜爱。

白砂流传的谜语，有的为当地人士创作，有的从外地传入，其中如谜底为青蛙、请坐奉茶、福如东海、“腾”字、“晶”字等谜语，贴近生活，生动形象，通俗浅显，阅（猜）后，余味无穷。

（五）民间熟语

白砂流传的民间熟语有谚语、歇后语。

谚语内容丰富，有的反映人情世态和社会生活，如“家有一斗谷，死哩有人哭”“人冇千日好，花冇百日红”“还小偷针，大哩偷金”；有的总结人类对自然规律的认识，如反映气象类的“朝霞雨，晚霞晴”“初一落雨初二散，初三落雨到月半”；有的反映时令节气类的如“冬至（冬至日）出日头，明年冻死牛”“立冬小雪，做饭冇（无）停歇”；有的总结人类日常生活和生产经验的，如“由俭入奢易，由奢入俭难”“不怕不识货，就怕货比货”。这些谚语含义深刻，短小精悍，生动形象，富含哲理，在群众中广为流传。

歇后语可分为前后两部分：前面叙述事情、现象，后面指出结果、实质。如“小葱煮豆腐——一清（青）二白”“新做屎缸——三日攘”。歇后语因其具有浓郁的生活气息，幽默风趣，为白砂人民所喜爱。

二、民间戏剧

白砂民间戏剧主要是木偶戏。（详见本志“木偶戏”章）

三、民间音乐

（一）十　番

十番又名十班，即农村的器乐演奏组织，它的演奏形式多为坐姿。基本乐器有竹笛、洞箫、琵琶、三弦、扬琴、二胡、大小唠胡、吊规（头弦）、秦琴（亦称六角琴、鼓子琴）、筝、夹板等。20 世纪 80 年代后，有的班子还增加电子琴、吉他等西洋乐器。笛子为领奏乐器，掌板者指挥，掌握节奏。与十班相配套的打击乐器有碗锣、小钹、铜钟、碰铃等。白砂的十班音乐除了坐姿演奏外，在迎神扛佛、婚丧喜庆时也有边行进边演奏的。乐队在进行比较正规的演奏时，在开头或结尾一般都有演奏《八板头》。

十班音乐的“串曲”代表曲目有《南词》《北调》《过江龙》《春串》《刮耳风》《关公巡城》《状元游街》《迎仙客》《渔家思》《八角楼》《上上尺》《麻姑晋酒》《赏花》《水波浪》等，民间小曲有《十二月古人》《瓜子仁》《十月怀胎》《卖杂货》《补缸》《九连环》《洒金扇》《螃蟹歌》《姑嫂看灯》《孟姜女》《凤阳花鼓》《湘子化斋》《大小争风》《闹五更》《割韭菜》《排十字》等。20 世纪 80 年代后，乐队也经常演奏一些传统的经典的歌曲，如《走进新时代》《春天的故事》《十送红军》《南泥湾》《红梅赞》《为了谁》《天路》《我的中国心》《敖包相会》《茉莉花》《九九艳阳天》《阿里山的姑娘》等。

十班音乐在白砂地区还有一个称谓叫俱乐部。20 世纪 90 年代后，上级文化部门重视农村文化建设，拨款村级购置一些乐器。每遇村里迎神扛佛、春节喜庆、结婚、乔迁、欢送新兵入伍，俱乐部往往提供免费服务。但部分俱乐部成员大都是六七十岁的老人，年轻人不愿学习乐器演奏，俱乐部后继乏人。

（二）五音鼓乐

五音鼓乐，白砂俗称鼓手班。它起源于明末清初，为乡间民俗祭祀、庙会、婚丧喜庆所用之民乐，是广大群众喜闻乐见的民间乐器演奏形式。主要乐器是唢呐，白砂人称之为鼓吹。20 世纪 70 年代前，五音鼓乐一般 3~5 人，20 世纪 80 年代后每班 6~8 人。唢呐主奏，分上手、下手，民族管弦乐器协奏。演奏的曲牌大多是民间小曲、汉剧西皮、二黄声腔以及各种串调，适合于婚、寿、乔迁、丧事活动演奏。喜事吹奏《郭子仪拜寿》《天官赐福》等，丧事吹唱《三十六哭》《八角楼》《唐太宗游地府》《焦赞祭主》等。代表曲目有十番音乐用的串调和民间小调。鼓乐班属职业性的音乐组织，一般在人们婚丧喜庆时受雇演奏，亦常在传统节日或迎神打醮时演奏。21 世纪初，活跃在白砂范围内的鼓手班子有赖耀明、严其伟、马春等鼓乐班，他们认真敬业，古典、现代乐曲都演奏得悠扬悦耳。

（三）竹板歌

竹板歌系用客家方言演唱故事的一种民间曲艺。旧时竹板歌的演唱者多为走村串户的乞丐或盲人，故亦称讨食歌。歌词多用七字句，四句为一段，也有五句头，有的是上首末句是下首头句，环环相连，气韵十足。它在说唱时带有竹板伴奏，歌曲悠扬动听。一般由一人或一男一女演唱。传统的伴奏乐器为四块竹板，双手分执，有单击、联珠、拉锯、利板等击板手法，音色清脆悦耳，偶尔还加一把二胡伴奏。演唱内容分短歌和长歌：短歌以互不关联的单首为主，多为祝贺吉祥如意的话语。也有即兴演唱的，如有一行乞者在一屠夫摊前行乞，屠夫很不情愿地扔给一小块肉，行乞者即兴唱道："这个老板真大方，切块猪肉上钱唔上两。好在老弟手脚快，不然蚊公（蚂蚁）扛到壁上上。"引起哄堂大笑。长歌以叙事体的有人物、有情节的长篇故事为主。传统节目有《赵玉麟》《梁山伯与祝英台》《十里亭》《十劝郎》《十劝妹》《劝孝曲》《苦情歌》《佛教劝世文说唱》等。新中国成立后，人们给竹板歌注入了新的内容，用竹板歌宣传党的方针政策，宣传计划生育，歌唱家乡新面貌等，增强了宣传效果，深受人们的喜爱。

（四）树叶吹奏

树叶吹奏是一些民间艺人的特技，他们随便摘一片树叶便能吹出十分动听的歌曲。一般较薄、有弹性的冬青树叶是树叶吹奏的首选材料。茜洋村曾经有过树叶吹奏巧手，但已失传。洋乾上村郑树烊树叶吹得好，随意摘片树叶往唇边一放，就可吹出优美动听的乐曲。

四、民俗舞蹈

（一）船　灯

民国时期，白砂境内就有打船灯活动。船灯用竹片或木条钉扎起的（21 世纪后，多用铝合金条管焊接）船状道具。船灯制成船的形状（无底）长约 3 米，宽约 1 米，船身用鲜艳的绸缎或彩色的纸装裱而成，画上各种图案，装扮得甚为华丽。船舱内装有灯光，摇摇曳曳。多数为男女两人操纵，艄公在前，艄婆在后。艄公、双手用浆，艄婆一手摇桨，一手握扇，两人各用一条红绸带扛起船身。把船灯拉到广场上，艄公、艄婆前呼后应，唱腔悠扬，默契有加，不时引发笑声。有一种三人的船灯，中间一人藏在舱内，负责扛船，艄公、艄婆便可表演自如。还有配上纤夫拉船者上场，只见纤夫弓腰前行，似拖重载，一步一颠，频频点头，更招来阵阵喝彩。打船灯的固定曲子是《渔家思》，它有四段歌词，包含春、夏、秋、冬四景，每景走戏台一角，艄公、艄婆做有节律的前进后退，意为行船。如今船灯歌词也推陈出新，增添讴歌改革开放，歌颂新时代，颂扬新农村新面貌新生活的内容，赋予船灯新的意韵。如今中洋城厦、大田等仍有船灯表演活动。

（二）舞　狮

扶福、嫩洋、洋乾、、岭背、田心里曾经都有开展舞狮活动。民国至新中国成立初期，岭背曾拥有一支8人舞狮队。刘毓永、刘鼎兴、刘毓留等农闲时习练狮舞，春节期间挨家挨户舞狮拜年。舞狮可分双狮、单狮等。双狮由二人组合而成：一人擎狮头，一个牵狮尾。单狮只有一人掌控。白砂一带均属双狮。舞双狮前台由4人操作，一人擎狮头，一人牵狮尾，一人扮猴子，一人扮大头婆里（丑角）。后台锣鼓三人，一个掌鼓，一个打锣，一人击大钹。狮锣鼓一般分紧板、慢板两种锣鼓点，紧板紧促，慢板舒缓。先打紧板，猴子按鼓点的快慢进行舞蹈。进入“驯狮”阶段改用慢板，大头婆里手持一支小扫帚（代表灵芝草）与狮子梳理鬃毛、搔痒。狮子也和大头婆嬉戏。有时大头婆里骑在狮子背上，有时狮子把大头婆掀个四脚朝天。到猴子上场，舞狮就进入了高潮。猴子狡猾，大头婆憨厚，每次较量，大头婆输多赢少，引来观众阵阵笑声。舞狮完毕，进行“练打”（兵器格斗）。他们用的兵器主要有耙头、钩刀、铁尺、藤牌等。开头由耙头对钩刀或钩刀对铁尺。打到精彩处，刀光闪闪，甚为惊险。藤牌状如农民用的斗笠，中间有一把柄便于抓握。藤牌手右手握短刀，左手持藤牌。高明的藤牌手，能把整个身子缩进藤牌内，像一阵旋风向前滚动，滚入骑兵阵内，专砍敌方马足，使敌骑兵闻风丧胆。练打结束后，一般都有武术表演，如单手跨排桌，金鸡独立，白鹤亮翅等武术节目。

舞狮有许多行业的规矩，如到外村演出要先拜祠堂，经过村庄，不得狮口开张。两狮相遇，狮头低伏，锣鼓轻击。如狮头高举或狮口大开，鼓声大作，被对方看作是挑衅，往往引起斗殴。

（三）舞　龙

舞龙（亦叫舞龙灯）。龙灯用竹篾、彩纸、色绸装裱，分若干节。龙首双眼浑圆，龙口张合，时而高昂，时而低伏，形态生动逗人取乐。龙身各节均有杖秆撑起，随头摆动节律。

附：民间古老数字

白砂民间最古老的数字是〡、〢、〣、〤、〥、〦、〧、〨、文、十。民国时期至新中国成立后，在纸寮里记纸把数、药店中药等分、裁缝店量人体腰围肩宽袖长等，仍然继续使用，如〦〣（六十三）、〢〨（二十八）、〡〥〣（一百五十三）、〤文（四钱九分）等。随着阿拉伯数字1、2、3、4、5、6、7、8、9、10……的广泛应用，古老数字逐步退出历史舞台。

第二节　文化娱乐

一、设　施

新中国成立前后，白砂群众运用住房、众厅或露天大坪搭起舞台做演出之用。20世纪60年代中后期，白砂不少乡村（大队）都曾搭建木头的露天戏台，用以村里文艺演出 。1964—1968年，白砂公社举全社之力，实行投工投劳，根据各地资源情况分摊所需建材，如早康、茜黄、大水源、吴世洋盛产木材，就提供上好杉原木，中洋、朋新等就近大队，为建礼堂提供石、砖、瓦等材料。1967年冬，在白砂公社原址上建成一座拥有1800个座位的大礼堂落成启用。随后，白砂公社在将军桥（官将小学）建造大礼堂，官洋、茜黄、洋乾、碧砂、樟黄等大队也先后建成村级（大队）礼堂。

进入21世纪，上杭县文化部门给各行政村都有拨款（每村若干万元），给各村建老人活动室和农家书屋，中洋村建有均华文化广场、园墩书堂。官洋村除了村部的农家书屋外，丁康自然村也建了文化书屋。各活动室和文化书屋，备有图书、乐器、报纸、杂志、乒乓球台、篮球场、棋类扑克等，供老年人及爱好者活动娱乐。村里安排固定人员值班，定期开放，认真管理。

中洋园墩书堂

二、主要活动

（一）乡村演出

新中国成立后，各乡村开展群众文艺活动，除了船灯、舞狮、打腰鼓外，还有排演文明戏（旧时叫人戏），在乡村演出 。表演的内容大都宣传清匪反霸、土地革命、婚姻法、扫除文盲等。1965 年，白砂公社从各大队抽调有一些文艺基础的男女，组建毛泽东思想文艺宣传队。20 世纪 60 年代后期至 70 年代，各大队、各完小基本都办起毛泽东思想文艺宣传队。宣传队以宣传毛泽东思想、歌颂社会主义制度、讴歌共产党的领导为主题，以歌舞表演、对口词、三句半、小话剧、小歌剧等表演形式，不定期地到临近大队（村）演出，有时也一起联欢，给群众送去文化大餐。白砂公社文艺宣传队演出的《井冈山上采杨梅》深受群众喜爱。有的大队学演革命样板戏，如岭背大队演出《沙家浜》，梧田大队演出过《红灯记》，早康大队演出《智取威虎山》等。白砂中学话剧《一块银圆》《二分之差》参加县文艺调演获得一致好评。进入 21 世纪后，军桥、朋新、丰源、茜黄等村曾举办春节联欢晚会。

（二）中小学文艺

白砂中小学十分重视开展文艺活动。有时师生共同演出，博得好评。

1952 年，中洋村业余剧团袁兆湘、袁兴宗、袁启科等老师任编导，演出剧目有《小二黑结婚》。袁森章饰小二黑，袁兆湘饰于小芹，袁启科饰二诸葛，李金豪饰三仙姑。演得形象逼真，颇受观众欢迎。还有《审椅子》《秀英走娘家》。大田业余剧团由校长袁恒通主持演出《赤叶河》，获好评。

1973 年，白砂中学张晓明等主演的《一块银圆》，何丽荣等主演的《二分之差》，参加县中小学文艺会演获奖。

2003 年，中学歌舞《双双草鞋送红军》参加县中小学文艺会演获一等奖，中小歌舞《好日子》等多个节目在历年县中小学文艺会演中获一、二、三等奖。

表 17–1　若干年份白砂中心小学文艺会演获奖情况表

时　间	节目名称	获奖等次	指导老师	颁奖部门
1999–11	好日子	三等奖	袁丽榕	校园文化艺术节组委会
2007–10	七色彩虹	二等奖	袁丽榕	上杭县教育局
2009–11	绿色的梦	二等奖	曾　莉、王梅兰	上杭县教育局
2011–05	红星歌	二等奖	袁丽榕、袁维书	上杭县教育局
2011–11	阳光少年	二等奖	袁丽榕、陈玉琳	上杭县教育局

续表

时　间	节目名称	获奖等次	指导老师	颁奖部门
2013-11	七彩童年	一等奖	袁丽榕、袁明月	上杭县教育局
2015-11	忆红军	二等奖	袁丽榕、吴建欢	上杭县教育局
	我们扬帆启程			
2017-12	我们的名字	三等奖	吴建欢、张美霞	上杭县教育局

三、创　作

（一）对　联

对联创作讲究平仄对仗。对仗有工对与宽对之说，工对要求每个字平仄、词性，词的结构都要相对(相同或相反)；宽对则要求不那么严格。对联的上联（也叫出句）最末一字一般用仄韵，下联（也叫对句）最末一字用平韵，不能两字同时用平韵或仄韵。

白砂人素有创作对联的传统。大麻地树滋堂石门联“苹户祥光凌北斗，衡山瑞色焕南星”，中洋袁养甫居堂联“孝悌慈父子兄弟足法，智仁勇天下国家可钧”，科子里袁任广望云堂联“遵祖训唯耕唯读，教儿孙亦俭亦勤”，茜洋遗荫堂大门联“山高水长绵世德，竹苞松茂引春风”，碧砂德馨堂联“德大能容，盛烈丰功昭典则；馨香拂旦，经文纬武振家声”等清代古民居联语，独到精妙。民国时期，将军桥往银坑官地处有一路亭联“过客半求名，过斯亭适逢官地，行人多为利，从此云便是银坑”。此联嵌入地名（官地银坑）对仗工整，寓意深长。各村均有喜爱撰写对联的人士，其中有不少佳作。有一次两人骑单车爬坡诗兴大发，甲出上联“双车四轮同坡上”，乙即对上“两人一心并肩行”。对仗工整，寓意妙趣，行途劳累顿消。如某年央视春晚出上联“春晚迎春春不晚”征集下联，白砂一退休教师对“圆月赏月月更圆”荣获佳奖。白砂也有不少人在闽西日报社春节前征集春联征联中得奖。

（二）诗　词

明代以前，白砂人诗歌创作情况无考。

清代，白砂出现不少诗人并有许多诗词佳作传世。丘复编《杭川新风雅集》对白砂部分诗人作品辑录入志。岭背人刘昭，精通诗词歌赋，曾出版《角三诗集》享誉朝野。道光皇帝六十大寿，他撰并书 108 对寿联，无一重字，受道光皇帝赐“文魁”金匾。袁玉书、袁超恩兄弟均为诗人，袁超恩出家上圆山法名释超，法号伊蒿和尚，诗集《伊蒿存稿》，《杭川新风雅集》收录其诗 136 首。袁知人、袁安鹄、袁绥、袁汉表、傅于玉、刘青藜等，亦有诗歌作品。

民国三十三年（1944 年），由蓝溪举人丘复（字荷公）编纂的《古蛟诗选》，收入白砂籍诗人袁楷、袁竹秋、傅扬清创作的诗共 8 首。其中有袁楷的《题丘烈妇》《贺勦侯入泮》，袁竹秋的《和韵》《和韵　录秦始皇》《和韵　录文天祥》《次韵》。

新中国成立后，白砂诗词爱好者甚众。平时朋友聚会，野外赏景，睹物抒情，都会吟诗答对，畅抒情怀，故白砂有“诗词文化之乡”的雅称。较有名的诗人有福建师范大学中文系教授温祖荫，南平 802 台台长、中国诗歌学会会员、福建省作家协会会员袁学林，老师傅克昌、刘永尧等。其中袁学林著有诗集《春藤秋蔓》等，诗歌入选《福建文学 40 年·诗歌卷》《福建文学 50 年·诗歌卷》，曾获东方杯全国诗歌大赛银奖 1 次。（白砂著名诗人诗作详见本志“艺文”章）。

2017 年 12 月 23 日，上杭县琴岗诗社白砂分社成立，为诗词爱好者提供填词作诗的平台。短期内就有 100 多人加入诗社，诗社壮大，社员日多，诗词众多，令上杭县琴岗诗社领导点赞称道。（2018 年 7 月，白砂镇被中华诗词学会授予中华诗教先进单位称号。2018 年 11 月，白砂分社结集出版诗集《麒麟潺韵》）。

（三）书 法

白砂人素来崇尚文化。清代至民国年间，私塾的首要任务是让学生描红，练书法，所以各乡村凡入过学堂的人，基本都能写得一手好字（毛笔字）。清代嫩洋罗氏老祠堂内的壁书，为白砂较早的书法遗存。

新中国成立后，乡村中能写对联、条幅的比比皆是，袁腾芳、刘仲山、刘志清、傅扬清、袁学贤、游万斗、丘蕴初、丘元昌、丘遗元、袁为先、袁成梧等都能正楷、草书，为乡村挥毫泼墨。大田的刘恩良，其书法作品曾多次在上杭县东北片区农民文化体育节上展出，获得好评，被称为农民书法家。

刘恩良作品

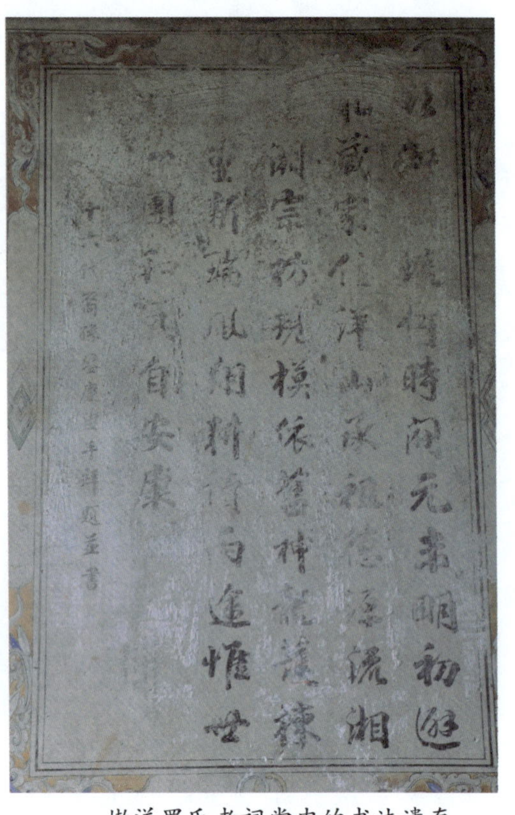

嫩洋罗氏老祠堂内的书法遗存

（四）美 术

清代前，白砂民间美术、绘画已无考。

清朝和民国时期，在多数的祠堂、庙宇的墙壁都留有壁画，如茜洋的钟姓祠堂墙壁上《八仙过海》《麻姑献酒》等壁画，栩栩如生、惟妙惟肖。被列入古民居的茜洋村遗荫堂，全木结构，屏风桌椅，连床铺和洗手盆架都雕刻有各种各样的精美图案，可惜已被完全毁损，不复存在。许多古民居的木质和石质雕刻更让人叹为观止。如大麻地树滋堂的镂空石门楼，经岁月久远而历久弥新。

新中国成立后，白砂美术创作方面较突出的有袁文彬等人。袁文彬，现为天津美术学院教授、油画系主任，硕士研究生导师，中国美术家协会会员。多次举办过个人画展，参加联展。画作甚丰，油画作品多次在国内外获奖。（参见本志人物章·人物简介，部分作品参见卷首彩页）

袁文彬　作品

（五）戏剧和音乐

白砂因是客家木偶戏的发祥地，逐步形成高腔班与乱弹班这两类不同声腔系统的戏班，在戏剧和音乐创作方面具有得天独厚的优势。高腔班时期，演出剧目主要是传本。传本内容大多是历史故事或神话故事，但从来没有文学脚本，只用自撰的故事提纲

(不是因袭流传)，台词、唱句由艺人编制。这在某种意义上可以称为创作。清乾隆（1736—1795年）、嘉庆（1796—1820年）年间，本地文人雅士（姓名无考）根据白砂人袁养正任贵州省绥阳县知县时所办理的一起案件，编出《绥阳案》木偶戏搬上舞台。据艺人们回忆，在第二次国内革命战争时期，白砂部分木偶戏艺人受民主进步思想的影响，曾编演《打土豪》《婚姻自主》《扩大红军》等剧目。

新中国成立后，白砂镇在戏剧和音乐创作领域较有成就的有袁荣昌、袁洪亮。袁荣昌为中国音乐家协会会员，曾任厦门市音乐家协会主席等职，主要作品有民族歌舞剧《双连杯》、南音乐舞剧《南音魂》《长恨歌》等。袁洪亮为福建省音乐家协会会员，1970年开始音乐创作，曾创作《杜泉山》《金瓯曲》《警钟长鸣》等多部歌剧，创作《我为你骄傲——闽西》等近百首各种体裁的歌曲，曾为《定光佛缘》《史碑鉴》《月到中秋》等数十台闽西汉剧设计音乐，留下许多音乐名篇。（参见本志人物章·人物简介，部分作品参见本志艺文章）

第三节　广播　电影　电视

一、广　播

1958年底，白砂公社成立广播站。站址设在中洋村，站内装配一台50瓦扩大器，广播线路架设到全社20个大队，长达100多公里。当时由公社柴油机发电供电，每天早、中、晚三次对全社进行有线广播。至1966年，全社入户喇叭有1000多只，高音喇叭18只。1970年，更换添置250瓦扩大器一台，有线广播通村率为100%，入户喇叭2300只。站址搬到大礼堂楼上，工作人员2人（傅青山、曾纪业），有线广播转为调频（无线）广播。主要调频节目有中央、省、县的新闻，天气预报及乡村大事记栏目，方便群众收听。

二、电　影

20世纪五六十年代，由县电影队下乡放映电影。一般要几个月或半年才能来一次，且只在较大乡村放映。

1968年白砂公社大礼堂建成，提供放映平台。1971年3月，白砂公社成立电影队，购置一台8.75毫米电影放映机，放映人员2人。上级对电影下乡定有明确的任务：大村每月不少于3场（还不包括到小自然村放映），中等村不少于一场，小村两个月最少一场。不管严寒酷暑，放映员翻山越岭到白砂各大队巡回放映，发电机由当时所谓“四类分子”抬扛。每次放映前都进行幻灯宣传服务，宣传党的方针政策，乡村新闻，好人好事。1978年8月，添置16毫米放映机一台，放映人员增加到5人，邱国谓任电影队队长（8.75毫米的电影机由曾瑞培负责，16毫米的放映机由傅瑞兴、胡隆昌负责）。1978年以后，除了乡的两个放映组之外，还有3个村一级的电影组。这些村级电影组对当时丰富农村文化生活起过重要作用。按规定，电影队的所有成员都必须通过龙岩地区电影培训班学习，经考试合格后颁发证书，持证上岗。1989年后，两台电影机都由私人承包，在乡内各村放映。2004年后，由于电视的普及，常规的放映活动较少，偶尔一些村子在迎神扛佛等较大型的活动时，仍有人包场放映。2010年后，电影队接受县文化局直管，但每月必须到各村巡映一次，放映员刘树洪。

三、电　视

1985年10月，白砂乡设立电视差转台，向集镇周边村庄转播中央一套、中央二套节目和省台各有线电视节目。1994年开设闭路电视。2000年5月，实现全镇有线电视联网，集镇周边村实现有线电视光纤联网。2009年3月，成立白砂镇广播电视网络管理站。2009年10月，进入数字电视时代，实现全面整转。

2015 年，县广电局为白砂镇 20 户以下自然村村民安装卫星地面接收设备（俗称小锅头）400 多户。2016 年实现数字电视全覆盖。至 2017 年底，全镇拥有数字电视 900 多户，高清电视 60 多户，宽带 41 户。电视节目由原来的 10 套增加到 100~200 套。

第四节　文　物

据 2013 年 7 月 23 日上杭县人民政府公布的《上杭县第三次全国文物普查不可移动文物名录》，白砂有不可移动文物 55 处，其中古遗址 19 处，古墓葬 4 处，古建筑 21 处，石窟寺及石刻 6 处，近现代重要史迹及代表性建筑 5 处。2017 年，白砂镇有省级文物保护单位 2 处（2018 年增新 1 处），县级文物保护单位 3 处。

表 17–2　白砂镇文物保护单位名录

文物名称	公布批次及时间	级别	类　别	年 代	坐落地点
碧砂天后宫	第八批、20130128	省级	古建筑	清	碧砂村水口
旱康会议旧址	第八批、20130128	省级	近现代重要史迹及代表性建筑	1929 年	旱康村东洋堂（坑里）
丁正昌号商铺	第九批、20180907	省级	中央苏区红色交通线史迹	1930 年	碧砂村
张化孙墓及陈阙恭人墓	第四批、19970103	县级	古墓葬	宋	茜黄村
田公堂遗址	第五批、20020723	县级	观神庙宇（古遗址）	明代	大金村水竹洋
袁子钦故居	第十二批、20161223	县级	近现代重要史迹及代表性建筑	1908 年	朋新村厦洋自然村

表 17–3　白砂镇不可移动文物名录

序号	登录编号	名称	时代		地址	保护级别	面积（平方米）	所有权	保存现状	备注
古遗址										
1	350823-0067	白龙寨山遗址	夏商周	聚落址	梧田村各坑自然村		800	国家	一般	复查
2	350823-0068	背山遗址	夏商周	聚落址	塘丰村花园里		15000	国家	较好	复查
3	350823-0069	大坪山遗址	夏商周	聚落址	朋新村西南侧		8600	国家	一般	复查
4	350823-0070	岗子坪遗址	夏商周	聚落址	梧岗村南侧		500	国家	较差	复查
5	350823-0071	宫背山遗址	夏商周	聚落址	梧田村西侧		1500	国家	较差	复查
6	350823-0072	后龙山遗址	夏商周	聚落址	梧田后龙山		1500	国家	较好	复查
7	350823-0073	梨头子遗址	夏商周	聚落址	朋新村梨头子自然村		600	国家	较差	复查
8	350823-0074	大坪山遗址	夏商周	聚落址	朋新村梁子岗		2400	国家	一般	复查
9	350823-0075	罗家岭遗址	夏商周	聚落址	朋新村田心里自然村		4000	国家	一般	复查
10	350823-0076	水竹高遗址	夏商周	聚落址	梧田村水竹高山		3750	国家	较好	复查
11	350823-0077	松山冈遗址	夏商周	聚落址	梧田村松山网		800	国家	较好	复查
12	350823-0078	宋鳖沙县治遗址	宋代	宫殿衙署遗址	碧砂村铁寮场		2000	国家	一般	复查
13	350823-0079	田公堂遗址	明代	寺庙遗址	大金村水竹自然村		45	国家	一般	复查
14	350823-0080	梧岗遗址	夏商周	聚落址	梧岗村西南侧		5000	国家	较差	复查
15	350823-0081	鸦寨上山遗址	夏商周	聚落址	梧田村西洋自然村		800	国家	较差	复查
16	350823-0082	羊角排遗址	夏商周	聚落址	朋新村下洋自然村		3600	国家	较差	复查
17	350823-0083	窑背山遗址	夏商周	聚落址	岭背村南坑自然村		800	国家	较好	复查
18	350823-0084	袁屋背遗址	夏商周	聚落址	中洋村		10000	国家	较差	复查
19	350823-0085	中洋遗址	夏商周	聚落址	中洋村东北侧		2000	国家	较差	复查
古墓葬										
20	350823-0086	陈阙恭人墓	宋代	名人或贵族墓	茜黄村神仙坑		110	国家	较好	复查
21	350823-0087	张化孙墓	宋代	名人或贵族墓	茜黄村太坪岗		3000	国家	较好	复查
22	350823-0088	朋新袁双山墓	明代	名人或贵族墓	朋新村河山里		100	集体	一般	新发现
23	350823-0089	中洋袁满珊墓	清代	名人或贵族墓	中洋村老白砂墟		300	集体	较好	新发现
古建筑										
24	350823-0091	碧砂德馨堂	清代	宅第民居	碧砂村		2600	私人	一般	新发现
25	350823-0092	碧砂水口桥	清代	桥涵码头	碧砂村村口		50	集体	一般	新发现
26	350823-0093	碧砂天后宫	清代	坛庙祠堂	碧砂村村口		500	集体	一般	新发现
27	350823-0094	长锦伯公庙	明代	坛庙祠堂	长锦村内村自然村		160	集体	一般	新发现

续表

序号	登录编号	名称	时代		地址	保护级别	面积（平方米）	所有权	保存现状	备注
28	350823-0095	大科大片里古桥	明代	桥涵码头	大科村大片里自然村		12	集体	较好	新发现
29	350823-0096	大科傅氏宗祠	清代	坛庙祠堂	大科村石科自然村		300	集体	一般	新发现
30	350823-0097	大科石科水口桥	清代	桥涵码头	大科村石科自然村		35	集体	一般	新发现
31	350823-0098	大田篮球坪古井	明代	池塘井泉	大田村篮球坪村		27	集体	较好	新发现
32	350823-0099	大田小村古井	明代	池塘井泉	大田村小村自然村		12	集体	较差	新发现
33	350823-0100	扶福水口廊桥	清代	桥涵码头	扶福村西南侧		50	集体	一般	新发现
34	350823-0103	官洋忠顺宫	清代	寺观塔幢	官洋村丁康自然村		100	集体	一般	新发现
35	350823-0104	岭背刘氏宗祠	明代	宅第民居	岭背村南侧		360	集体	较好	新发现
36	350823-0105	岭背水口阴桥	清代	桥涵码头	岭背村村口		130	私人	较好	新发现
37	350823-0106	岭背衍庆堂	清代	宅第民居	岭背村新屋下		3600	私人	一般	新发现
38	350823-0107	朋新下洋古井	清代	池塘井泉	朋新村下洋自然村		13	私人	较好	新发现
39	350823-0108	朋新馨兰大院	清代	宅第民居	朋新村下洋自然村		2500	私人	较好	新发现
40	350823-0110	茜黄遗荫堂	清代	宅第民居	茜黄村西南侧		2500	私人	一般	新发现
41	350823-0111	梧田甲田古井	清代	池塘井泉	梧田村甲田自然村		10	集体	较好	新发现
42	350823-0112	樟黄坑头水口桥	清代	桥涵码头	樟黄村中心自然村		57	集体	一般	新发现
43	350823-0113	中洋二宜堂	清代	宅第民居	中洋凹岭自然村		1900	私人	一般	新发现
44	350823-0114	中洋循天理老宅	清代	宅第民居	中洋村东侧		2550	私人	一般	新发现
石窟寺及石刻										
45	350823-0115	雕龙旗杆	清代	石雕	上旱康村坑里自然村西北侧	县级	10	国家	一般	复查
46	350823-0116	岭背旗杆	清代	石雕	岭背村西南侧		37	集体	一般	新发现
47	350823-0117	旱康大全旗杆	清代	石雕	下旱康村大全自然村		20	集体	一般	新发现
48	350823-0118	旱康小游旗杆	清代	石雕	下旱康村小游自然村		20	集体	一般	新发现
49	350823-0119	茜黄旗杆	清代	石雕	茜黄村邱氏乾山祠前		10	集体	一般	新发现
50	350823-0102	扶福旗杆	清代	石雕	扶福西北侧		5	集体	一般	新发现
近现代重要史迹及代表性建筑										
51	350823-0109	旱康会议会址	1929年	重要历史事件及人物活动纪念地	上旱康村坑里自然村西北侧	县保	5050	集体	较好	复查
52	350823-0120	袁子钦将军故居	1908年	名人故、旧居	朋新村厦洋自然村		1680	私人	较好	新发现
53	350823-0121	中洋中山陂	1956年	水利设施及附属物	中洋村大溪坝东侧		200	集体	较好	新发现
54	350823-0090	白砂太保庙	20世纪90年代	宗教建筑	塘丰村南侧		590	集体	较好	新发现
55	350823-0100	大田永丰宫	20世纪90年代	坛庙祠堂	大田村上村自然村		680	集体	较好	新发现

第五节　机　构

20 世纪 50 年代后期，白砂公社设立文化站，站长丘天文，属民办公助性质的事业机构。文化站干部接受双重领导，行政上接受当地党委、政府的直接领导，业务上受县文化局、文化馆的指导，人员工资由县文化局直拨，宣传活动费、办公费等由公社财政支付。2006 年始，全镇各村配备一名享受政府补贴的文化协管员，负责组织本村群众文化宣传工作。1995 年，开发区建白砂综合文化站。2011 年，在镇政府左侧新建 1290 平方米，投资 180 万元的镇综合文化站，立即投入使用。

2017 年，全镇有文化站 1 个，广播电视站 1 个，村文化室 22 个，人员 24 人。

表 17–4　白砂镇文化站历任站长名单

姓　名	职 务	任职时间
邱天文	站 长	20 世纪 50 年代后期—1962 年 12 月
刘南寿	站 长	1963 年 1 月—1965 年 12 月
袁爱贤	站 长	1965 年 1 月—1999 年 10 月
邱鹏玉	站 长	1999 年 10 月—2003 年 5 月
林喜琴(女)	站 长	2003 年 5 月—2006 年 9 月
张兰丫(女)	站 长	2006 年 9 月—2009 年 1 月
袁天泉	站 长	2009 年 2 月—2013 年 4 月
邓进荣	站 长	2013 年 4 月—

第十八章　木偶戏

木偶戏是用木偶来表演故事的戏剧，旧称傀儡戏。明朝初年，白砂人赖发奎、李法左、李法右及温发明在杭州习傀儡戏，艺成返乡后办起傩愿单高腔傀儡班（另一说，“梁氏七世祖梁缘春于明朝初年从浙江带来木偶戏”）。清康雍乾之前，白砂木偶戏是唱高腔的。此后，受西皮、二黄声腔的影响，白砂木偶戏出现高腔与乱弹这两大声腔并存的局面，并形成高腔班与乱弹班这两类不同声腔系统的戏班。晚清，弹腔班从白砂迅速发展到闽西各地以及赣南、粤东、台湾等地。清末至民国期间，白砂共有木偶戏班 59 个，占上杭全县 108 个戏班的 54.6%。白砂木偶戏不仅历史悠久，积淀丰厚，而且流传广泛，影响深远。白砂成为世人公认的闽西（客家）木偶戏的发祥地。

新中国成立后，白砂木偶戏发生新的变化。50 年代起逐步萎缩；“文化大革命”期间一度禁演；80 年代虽再度兴起，但由于农业社会生产模式的改变以及新兴文化的冲击，人们对文化生活的需求呈多元结构，乡村传统文化日渐式微，木偶戏遇到演出市场萎缩、剧目和表演创新乏力、木偶艺人后继无人等诸多问题；2000 年以后，白砂镇党委、政府为努力实现传统文化的创造性转化、创新性发展，使之与现实文化相融相通，高度重视木偶艺术的传承，在民间艺人、专家学者、社会热心人士等共同努力下，为抢救和弘扬木偶戏这一文化遗产，采取许多新的举措，并取得明显成效。

2007 年，白砂镇被命名为“福建省民间文化艺术之乡（客家木偶戏）”。2008 年，白砂镇被文化部命名为“中国民间文化艺术之乡（客家木偶戏）”。2010 年，白砂傀儡戏民俗活动“田公会”被列为福建省非物质文化遗产保护项目。

第一节　源流　发展

一、渊　源

关于闽西木偶戏的起源，龙岩地区、上杭县先后于 1962 年、1983 年召开了木偶戏艺人座谈会。根据这两次座谈会调查和艺人世代相传：明朝初年，上杭县白砂人李法佐、李法佑兄弟、赖法奎、温法明等 4 人，分别在杭州四个傀儡戏班中学艺，艺成带回 18 尊木偶，时称十八罗汉。初期，木偶当神祀奉，每当农田活动，举木偶田间巡游；后办起单高腔傀儡班。从此，上杭开始有了木偶戏。

1993 年版《龙岩地区志》记载：明洪武元年（1368 年）前后，上杭白砂人赖发奎、李法左、李法右及温发明到杭州拜师习傀儡戏，艺成返乡，用 18 个木偶办起单高腔傀儡班。

1993 年版《上杭县志》记载：明朝初年，县白砂乡塘丰村人李法佐、李法佑兄弟和樟坑人赖法奎、温法明等 4 人寓居杭州时，在傀儡戏班中学艺。后带回十八尊木偶，时称十八罗汉。自此，县始有木偶戏。

王远廷著《闽西戏剧史纲》（1999 年版）亦持这一说法，并认为四个艺人名字是他们的法号，因为民间的木偶戏班活动常常与庙会、出煞、打醮、还愿等宗教或信俗活动联系在一起，闽西木偶戏“是李法佐、李法佑、赖法魁、温法明四人从浙江杭州引进的”。

20世纪90年代末，白砂大金水竹洋梁缘春裔孙依据《梁氏族谱》《闽西戏剧史汇编》《闽西上杭高腔木偶与夫人戏》，并当地设有田公堂，每年的傀儡戏田公会会期在水竹洋召开，《请神谱》中有“梁法魁”等资料，认为“梁氏七世祖梁缘春于明朝初年从浙江带来木偶戏”。《梁氏族谱》记载：梁氏“庚世（天干排序，指七世）缘春……从杭州带田公”、“辛世（八世）时富（缘春之子）……弄魁儡”。另一《梁氏族谱》记载：“缘春……从浙地带来田公。”经查，梁氏上杭开基祖梁忠，世居浙江杭州钱塘县琉璃八角井。因经商，于南宋宝祐二年（1254年）定居上杭城东门。六世梁志善迁白砂大金水竹洋开基。若按代距25年推算，七世梁缘春“从杭州带田公”的时间为明永乐二年（1404年）前后。这与同一族谱中梁缘春胞弟“缘弼……永乐时进士”的记载在时间上基本吻合。梁缘春带回田公后安奉于家堂，后在祖祠左下角建有田公堂一座，以供奉戏神田公祖师爷。据此，梁缘春裔孙认为白砂木偶戏源于大金村水竹洋。福建省艺术研究院艺术理论研究室主任、研究员叶明生在《闽西上杭高腔木偶与夫人戏》一书中称：“白砂是闽西高腔木偶戏发展的中心，而大金村水竹洋则是高腔木偶戏的发祥地。”

以上两种说法既有共同点，又有不同点。共同点是：传出地都是浙江，传入地都是白砂。传入时间相近。不同点是：前者为两个村的四个人，后者为一个村的一个人。因年代久远，资料缺乏，哪种说法更准确已难以考证。大金村水竹洋梁伦锦祖上相传的《请神谱》手抄本关于木偶戏祖的部分称：“拜请师公温发明、赖发奎、李法佐、李法佑、李法芹、丘法奉、梁法魁、开光师、保结师、凹杨先师。”曾瑞伦《请神谱》藏本关于木偶戏祖的部分称：“拜请……祖师前代师公刘法宣后代师公余法礼、温法明、张授二郎、赖法魁、赖依然……”艺人们确认，其中的温发明、赖发魁、李法佐、李法佑、梁法魁等，都是当地傀儡先辈师傅之名。

二、木偶戏的形成

木偶戏传入白砂后，逐步吸收当地方言和民间艺术养料，孕育衍化发展，形成本地的木偶戏艺术，发展成为闽西（客家）木偶戏。

木偶戏形成的时间虽然因年代久远难以确定，但从闽西汉剧的孕育、形成大约需要80年看，木偶戏高腔于明朝初年（洪武年间）从浙江杭州传入白砂之后，其形成的时间约在明正统年间（1436—1449年），至今已有五百多年的历史。

木偶戏的地方化是木偶戏形成的标志。主要体现在戏班组织形式由单高腔向双高腔的发展、变化，木偶戏高腔本身的声腔变化与发展，舞台语言和剧目的地方化。

（一）戏班组织由单高腔向双高腔发展

在戏班组织形式中，初为单高腔。戏班全班只两人，一人前台提线兼剧中所有角色的唱、念，另一人在后台司锣掌鼓兼帮腔。后来发展为双高腔，前台增加一人作为副手（又称“下手”），以一人为主，称为“上手”。观众对这有三人的戏班称为双高腔，又称三角班。其后，亦有后台再增加一人，共四人，但仍称双高腔或三角班。

（二）高腔本身的声腔变化与发展

木偶戏高腔流入后，因它与客家方言和民间艺术不断结合，其声腔现状已有别于其他省、区流行的高腔。其主要区别，一是曲目名称很少相同。高腔有“九调十三腔”。木偶戏常用的是18种基本曲调，它们的名称是：《长行板》《饶平调》《过山调》《山坡羊慢板》《山坡羊快板》《开台曲》《怀胎调》《生子调》《病人调》《赶人调》《琳朝调》《观星调》《和尚调》《道士调》《摆阵调》《阴司调》《石榴板》《唱歌调》。这18种基本曲调，除《山坡羊》是全国各地高腔剧种相同的曲目名称，《石榴板》可能是《石榴花》或《山石榴》的别名外，其他名称均不相同。二是同一名称的曲调，唱词格式和曲调旋律不同。《山坡羊》是高腔各剧种都有的曲调名称，但是木偶戏的《山坡羊》与其他高腔剧种同一名称的曲调比较，唱词格式和曲调旋律都有很大的不同。同样，《石榴板》与《石榴花》《山石榴》在名称上相似，但木偶戏高腔与别的高腔剧种比较，唱词格式和曲调旋律也有明显差别。三是在 18 种基本曲调名称中，《唱歌调》不是某一种曲调的名称，而是闽西流行的民间小调，如《竹板歌》《排字调》等的统称。吸收大量的闽西民间小调，这是木偶戏高腔地方化的又一重要体现。

（三）舞台语言和剧目的地方化

1. 客家方言和语汇在舞台上大量应用

白砂地处客家地区，通行客家方言。木偶戏高腔在传入时使用什么舞台语言，已不可考。据今所知，木偶戏高腔使用当地客家方言，尤其是道白，都是俗语白话，许多台词，非当地客家人难以听懂。就是唱词中夹杂有不少方言土语。白砂木偶戏不仅高腔班多用客家方言，而且乱弹班也在用官话演唱的基础上夹杂着许多客家方言，被称为土官话。戏中田公这一角色更是满口客家方言。白砂木偶戏正是大量运用如侄（我）、晓得、冇（无）、咁多（这么多）、讲唠、做得（可以）、夜哩（天黑了）、吃哩来、下来去、做粄、轻骨头、大脚嬷等乡语土话，使演出显得通俗而生动，客家观众十分欣赏，尤其是妇女、儿童更为迷恋。

2. 出现了白砂本地题材的剧目

据《福建省戏剧年鉴 1986》记载，闽西高腔木偶班在清乾隆（1736—1795 年）、嘉庆（1796—1820 年）年间上演了地方故事剧《绥阳案》（又名《锡壶案》）。该剧演的是白砂人袁养正任贵州省绥阳县知县时所办理的一起案件。《闽西戏剧史纲》引苏剑、兰汉民《上杭木偶戏传统剧目全国“孤本”二则》（原载《闽西戏剧史资料汇编》1985 年第 8 集），记述了《绥阳案》的故事梗概。

据民国版《绥阳县志》秩官卷职官篇载，袁养正于清乾隆五十五年至五十八年（1790—1793 年）任绥阳县知县。清道光版《遵义府志》宦绩篇记载袁养正“宰绥时，凡听讼不加笞责，非者斥之，又教导之”，该剧故事与之高度吻合。可能袁养正在绥阳的破案故事传到家乡，得到家乡人的崇敬，于是编出《绥阳案》戏剧搬上舞台。当然，戏剧是艺术，肯定有艺术加工，但基础故事有很大的真实性。

附：《绥阳案》的故事梗概

袁养正，字圣功，白砂里人，乾隆二十一年（1756 年）副榜，二十五年（1760 年）再中副榜。历任贵州绥阳县知县，广西奉议州州判。宰邑时，一市民长期外出经商，只有妇人在家，身边并无儿女，妙龄青春，体态风流，不甘寂寞，勾引奸夫长期鬼混。一日，她丈夫经商返家，路遇一盗者，意欲抢夺其财。奈路人、客商、行人较多，不得下手，跟踪而躲在其家屋梁，待夜晚伺机下手。妻见夫突然回家，诚惶诚恐，只得强颜欢笑，美酒好肉相待。夫醉，妇人向奸夫讨计，以锡茶壶溶化后灌入丈夫肚中，夫即毙命。尔后，妻佯装号啕哀哭。岂料此一举一动，均在梁上盗者眼中。

案发后，乡邻告县衙，袁升堂审问妇人，妇人称：夫一路奔波，受尽风寒，喝酒中风，暴病而亡。袁令验尸，并无被杀外伤，只好将妇人收监待查。女方娘家以女行为清白，县令无故扣押年青寡妇为由，上告知府。知府限袁一月内破案，否则将以无故截人之罪撤职查办。袁不顾上司弹劾，续查。一日，袁假扮郎中私访。时值傍晚，欲借宿山野一农舍。屋主系一老妇，竟谢绝，曰：“吾儿有偷摸行为，虽多次规劝，仍不见改。留你恐有不便。”袁答：“吾以医为善，身无钱财，何愁被盗。你儿虽不轨，可疏导成人。待他回家后，我以堂舅称，好言相劝，也许能浪子回头。”老妇谢之留。夜深，老妇儿归，礼毕，酒过三巡，儿醉曰：“今日知县自讨苦吃，要破一桩人命官司。此场官司，除我知实情，包公在世也枉然。”袁循循善诱，教他正本归原，尔后亮出身份，言明既往不咎。盗者和盘托出。袁回衙升堂，传盗者作证，又令重新验尸，果见死者喉中锡块凝结阻塞。奸夫、淫妇只得认罪伏法。知府赞袁“勤谨明察”。不久，袁任广西凤仪州判。离任时，百姓赠“万民黄伞”。

三、传　承

（一）宗族传承

在以宗族聚居为主的明清社会农村，木偶戏作为个人谋生的手段，加上它与宗教民俗的密切联系等原因，木偶艺术的传承具有宗族性的特征。

木偶戏传入白砂之初，班社形式多为父子班、兄弟班，艺人学艺没有特殊的拜师授徒仪式。学艺之晚辈，大都自小随班，靠父兄口传身授。表演技巧以手把手形式传授，一般都是从基本功学起，做到先后场，后前场；熟提纲，补戏文；未学艺，先学法等。而且剧中戏文也从小听熟记切，耳濡目染。因此宗族传承戏班的艺人往往具有扎实的基本功，且时有技艺高超的名艺人出现，使得传统之木偶表演技艺相沿不绝，代代相传，具有深厚的传统文化积淀与重要的历史文化价值。

自梁缘春以后，梁氏家族世代从事木偶戏者甚多。《梁氏族谱》记载：八世“时富……弄魁櫑”，九世“盛鱼……作魁櫑，编曲”，十世“廷兰……作魁櫑”。2001年版《梁氏族谱（安定郡忠公系）》，记载了梁缘春裔孙（十一世至二十四世）传承木偶戏情况。据不完全统计，梁氏共有35人从事木偶戏。其中。十一至十四世均单传，十五至二十世竟有24人从事木偶戏，他们或为父子或为兄弟，世代相传。清末民初，大金村水竹洋木偶戏班达12个，其中龙凤堂戏班最为出名，并涌现出梁高养、梁祥礼、梁祥智等对木偶戏发展做出重要贡献的艺人。

大金大坪里的曾姓华成堂是白砂另一著名的宗族木偶戏班。其创始人曾仰锦（约1860—1932），为邑中较有影响的傀儡师。曾仰锦之子曾梦河，法名法兴，自幼随父跟班；曾梦河生五子，有长子瑞伦、次子瑞林、四子瑞芬随班学艺。曾仰锦和曾梦河父子相继去世后，19岁的曾瑞伦挑起华成堂的重担，并悉心培养其弟。其弟出师后独立组班，一时间出现了三个华成堂，戏班成员一般都为家族中的成员。曾瑞伦之子曾先芳、曾发芳及孙曾添山曾为华成堂的主要成员。

此外，白砂还有李、张、刘、袁等多个宗族木偶戏班，而且出过许多技艺高超的名艺人，如塘丰村尾坝上的霁月楼木偶班艺人李如意，塘丰村新彩凤班李龙瑞、李庆瑞，自幼随其祖父和父亲学木偶戏，后李龙瑞组建戏班福庆堂，提线艺术精湛，吹、拉、弹、打样样精通，被誉为傀儡王。袁氏有被誉为“把口公王”的袁鹏通、“高脚大花”的袁宜立等。

（二）社会传承

清中叶后，随着乱弹腔在各地的迅速传播，民间戏曲出现蓬勃发展的繁荣局面，原来以宗族祭祀和酬神为主的木偶戏多出现商业性和娱人演出的转变。这样，白砂木偶戏宗族传承的惯例逐渐被打破，开始出现较大规模的社会传承，使白砂木偶艺术不仅逐步向上杭县各地发展，木偶班社几乎遍布全县，而且迅速向连城、长汀、武平、永定和江西、广东等地传播。其主要途径多种多样，有艺人相互搭班、名艺人公开收徒授艺和木偶艺人迁移外地等，其中名艺人公开向社会收徒授艺是社会传承最有效的途径。

据《长汀县志》（1993年版）、《闽西戏剧史纲》记载：清同治四年（1865年），长汀涂坊乡元坑村曹如文到上杭白砂从师学木偶戏，后回乡与其弟曹如龙一起创办木偶戏班。从此，木偶戏在长汀涂坊代代相传。长汀县涂坊乡红坊村张屋人张旋仁（1885—1949年），16岁到白砂学习木偶戏，之后回到涂坊组建荣庆堂木偶戏班。

据《闽西戏剧史纲》记载：长汀县古城乡元坑村木偶戏是由当地艺人兰炳光、兰炳林兄弟从白砂传入。清光绪三十二年（1906年），兰炳林向上杭白砂木偶戏师傅李良玉学习木偶戏，后与其兄兰炳光合伙创办炳庆堂木偶戏班，常到江西瑞金、石城一带演出。初为高腔班，后为了适应江西一带的观众而改唱楚调，成为闽西唯一唱楚调的木偶戏班。

据《连城县志》（1993年版）、《闽西戏剧史纲》记载：清光绪二十四年（1898年），上杭白砂塘丰村坝上的霁月楼木偶班艺人李如意，与连城赖源乡的徐象球艺趣相投，结拜金兰，并以次子李金铃过继给徐家，改名徐传华，迁居赖源。从此，白砂木偶戏由李如意引进连城赖源，在连城县境内流传。李如意与徐象球一起创办老福星堂木偶戏乱弹班。徐象球任班主，李如意为师傅，在赖源本土培养了徐寿球、徐源深、徐金水等 30 多名学徒。李如意之长子李声玲与徐传华（李金铃）兄弟更是从小随戏班学艺。后来，徐传华成为名师。

清光绪九年（1883 年），白砂艺人李佳富率佳庆堂戏班往江西省石城演出。后定居石城，木偶戏因此传入江西石城县。

据《闽西戏剧史纲》记载：上杭县南阳乡人曹朝福（1896—1945），从小跟其父学高腔，广交名师，曾与白砂傀儡王李龙瑞（塘丰坝上人）结为同庚，并从其处学乱弹。故其提线、唱功、乐器伴奏，件件皆通。武平县东留乡人李信基（1903—?），8 岁时随其父李清林学习高腔木偶戏。9 岁时又拜白砂李树荣为师学乱弹，22 岁创办福瑞堂木偶班。据陈皋贤《木偶戏名艺人李贞传》，上杭旧县乡石院坑人李贞传（1908—1985），12 岁拜白砂塘丰坝上村李林瑞为师学习木偶戏。聪明好学悟性极高，在木偶艺术领域造诣颇深。1954 年，李贞传任上杭县木偶剧团副团长。同年，与邱必书、徐传华等人一起参加福建省木偶戏会演，获一等表演奖。继之，参加华东会演，获特种艺术奖。1955 年随代表队到北京怀仁堂，向周恩来、朱德等中央领导汇报演出。

社会传承大大促进白砂木偶戏的发展与传播，是白砂之所以成为闽西乃至整个客家木偶戏发祥地的关键所在。

（三）新的历史条件下的传承

20 世纪末，木偶艺人出现后继乏人等问题。2003 年，著名木偶戏艺人刘金寿，首先在白砂大田小学的在校生中，吸收部分学生成立木偶少年班，利用双休日、节假日等课余时间对他们进行培训，培养木偶戏的传承人。同时，兴办了有 15 人的木偶艺术班，其中青少年 10 人，成年人 5 人。这是民间艺人在社会上招生的一个成功范例，也是木偶艺术社会传承的新发展。

2008 年始，白砂中心小学把“传承提线木偶文化　拓宽艺术教育课堂”这一主题作为学校特色创建项目，设置《客家提线木偶》校本课程。

《客家提线木偶》教材涵盖历史渊源、理论常识、基本操作、程式动作、特技绝技以及舞台表演等各类型学习内容，共设木偶戏历史渊源、木偶戏五大种类、木偶戏四大行当、闽西木偶戏的声腔系统、提线木偶的结构装置、服饰、装扮、乐器与伴奏人员、舞台装置及其他、提线木偶戏表演、提线木偶剧本 10 章。

学校各年级每周设置一节课，安排专职、兼职教师对学生进行授课和指导，并对教材的使用提出了分年段的教学内容和目标：低年段，了解客家提线木偶历史渊源及流布、木偶戏的种类，欣赏一些提线木偶戏的优秀剧目。初步培养学生传统艺术欣赏能力，建立白砂木偶艺术之乡的荣誉感。中年段，了解木偶四大行当、闽西木偶戏的声腔系统，体验提线木偶结构装置，初步掌握提线木偶基本技法。初步培养学生传统艺术表现能力，逐步激发练习提线木偶的兴趣。高年段，了解提线木偶服饰装扮、乐器与伴奏人员及舞台装置，基本掌握提线木偶实用技法，排练若干个剧本并能完整演出。初步培养学生传统艺术创造能力，逐步增强传承客家提线木偶文化的责任感。

除各年级全员学习提线木偶艺术外，学校还成立由 15 人组成的提线木偶兴趣小组，选定老师负责指导。兴趣小组排练《拔萝卜》《武松打虎》等剧目。2009 年 10 月，上杭县教育局组织全县有 200 多名教师、学生到白砂中心小学听课，专题为少儿木偶培训班（课外兴趣小组）客家木偶戏表演。

提线木偶艺术教学取得较好成果，排练的节目经常在校内和乡村演出。2013 年 12 月，《武松打虎》剧目（全程）参加上杭县实验小学承办的龙岩市创办特色学校推进会汇报演出。2017 年 12 月，该节目还在上杭县田公元帅信俗保护传承研讨会上表演。

木偶戏进入校园，不但丰富了学生艺术教育的第二课堂，而且迈出了木偶艺术传承与发展创新的步伐，对培育传统文化艺术的生存土壤和新一代艺术传承人，继承和发扬优秀传统文化遗产具有建设性的意义。

第二节　班社　艺人

一、班社　剧团

明朝初年木偶戏传入白砂后至清中期的木偶戏班发展情况无考。

据不完全统计，清末至民国期间，白砂共有木偶戏班 59 个，占上杭全县 108 个的 54.6%；其中高腔班 34 个，占上杭全县 53 个的 61.2%；乱弹班 25 个，占上杭全县 55 个的 45.5%。在白砂戏班中，大金村 25 个，占全县的 23.1%，占全白砂的 42.4%；塘丰村 17 个，占全县的 15.7%，占全白砂的 28.8%。

表 18–1　清末至民国初期白砂木偶班社分布情况表

单位：个

村	大金	塘丰	大田	扶福	军桥	朋新	梧岗	梧田	小计
高腔	16	4	6	3	4	1			34
乱弹	9	13					2	1	25
合计	25	17	6	3	4	1	2	1	59

表 18–2　清末民初白砂木偶戏班情况一览表

类　型	班　名	班　主	班　址
高腔班	银凤堂	梁义养	大金水竹洋
	金凤堂	梁斯养	大金水竹洋
	明龙堂	梁明养	大金水竹洋
	觉桃堂	梁觉养	大金水竹洋
	金凤堂	梁祥书	大金水竹洋
	新凤堂	曾茂芳	大金下坪
	朝阳堂	曾朝芳	大金下坪
	胜华堂	曾耀芳	大金下坪
	美华堂	曾华芳	大金下坪
	彩凤堂	曾梦荣	大金下坪
	华成堂	曾瑞伦	大金下坪
	华成堂	曾瑞林	大金下坪
	华成堂	曾瑞芬	大金下坪
	荣福顺（1）	李瑞开	塘　丰
	荣福顺（2）	李华林	塘　丰

续表

类 型	班 名	班 主	班 址
高腔班	飞凤堂	李春万	塘 丰
	飞凤堂	李春梅	塘 丰
	华仁堂	刘汤仁	大 田
	诒华班	刘诒松	大 田
	升桃园	张连招	军桥银坑
	常佬仔班	常佬仔	军桥银坑
乱弹班	龙凤堂	梁祥礼	大金水竹洋
	彩金堂	梁祥义	大金水竹洋
	龙华堂	梁祥龙	大金水竹洋
	龙凤堂	梁祥凤	大金水竹洋
	有凤堂	梁有养	大金水竹洋
	清凤堂	梁清养	大金水竹洋
	龙福堂	梁福养	大金水竹洋
	龙和堂	邱和炳	塘 丰
	永美堂	邱和清	塘 丰
	新彩凤	李庆瑞	塘 丰
	生庆堂	袁必生	塘 丰
	新安彩	李银运	塘 丰
	万昇堂	李丙运	塘 丰
	集福堂	李瑞曾	塘 丰
	庆瑞堂	李瑞权	塘 丰
	新贵春	李银运	塘 丰
	庆堂	李良玉	塘 丰
	庆堂	李瑞光	塘 丰
	凤舞堂	李灿明	塘 丰
	永福堂	林永招	塘 丰
	福庆堂	李龙瑞	塘 丰
	福星堂	李如意	塘 丰
	佳富班	李佳富	塘 丰
	观音妹班	观音妹	梧 田

1954 年，白砂共有木偶戏班 30 个。

表 17-3　1954 年白砂木偶戏班情况表

高腔班			乱弹班		
班　名	班　主	班　址	班　名	班　主	班　址
华仁堂	刘汤仁	大　田	龙凤堂	梁祥礼	大　金
诒华堂	刘诒松	大　田	彩金凤	梁祥义	大　金
贤老堂	贤佬仔	银　坑	新彩凤	李庆瑞	塘　丰
升桃园	张连招	银　坑	生庆堂	李必生	梧　岗
采凤班	常佬仔	银　坑	新安彩	李银运	塘　丰
飞凤堂(1)	李春梅	塘　丰	万升堂	李丙运	塘　丰
飞凤堂(2)	李春万	塘　丰	集福堂	李瑞曾	塘　丰
华成堂(1)	曾瑞伦	大　金	新贵春	李银运	塘　丰
华成堂(2)	曾瑞林	大　金	飞庆堂(1)	李良玉	塘　丰
华成堂(3)	曾瑞芬	大　金	飞庆堂(2)	李瑞光	塘　丰
荣福顺(1)	李瑞开	塘　丰	凤舞堂	李灿明	塘　丰
荣福顺(2)	李华林	塘　丰	永福堂	林永招	塘　丰
			福庆堂	李龙瑞	塘　丰
			庆瑞堂	李瑞权	塘　丰
			永美堂	邱和清	大　金
			福星堂	李如意	塘　丰
			观音妹班	观音妹	梧　田
			佳富班	李佳富	塘　丰

1962 年，陈汉史创办砂岗木偶剧团。至 20 世纪 60 年代中期，白砂仍有较多的木偶戏班，主要分布在大田、塘丰、大金、银坑。各乡村都有木偶戏演出。“文化大革命”期间，木偶戏被当作宣扬帝王将相、才子佳人的“封资修”（封建主义、资本主义、修正主义）毒草禁演。中共十一届三中全会后解禁，木偶戏班重新在各乡村演出。班主主要有梧岗的陈汉史，大田的宝生老，大金的梁伦锦、曾瑞伦，银坑的常佬仔、坤佬仔等。1984 年，丁椿安创办碧砂木偶艺术团，1985 年办证演出。20 世纪 90 年代末，木偶戏班社减少。

2003 年，大金水竹洋重建龙凤堂。2004 年，在白砂镇党委、政府的扶持下，龙凤堂重新购置木偶道具，并以民办公助的形式成立白砂木偶艺术团。

2017 年，白砂木偶戏班主要有大金木偶艺术团、碧砂木偶艺术团。

二、班社（剧团）选介

龙凤堂　龙凤堂是白砂大金水竹洋的祖传班社，最后一位班主为梁祥礼（号礼怪头）。初唱高腔，至清朝中叶改唱乱弹，阅尽世间沧桑，一直到 1956 年停止活动。该班社的显著特点为推陈出新，小头木偶改为大头木偶、全场死目改为全场活目、竹戏笼改为木戏箱等。舞台上也新颖别致，常把现实生活中的砻谷、碓米，刀、枪、飞机、大炮及天曹地府的生活景象搬上舞台。这些看来平常，但要在舞台上通过艺人提线操作傀儡来完成这些表演却是难度极大。观众都因这新奇的表演而拍手称快。龙凤堂常常名师会聚。民国初年，常在该班搭班的有前台提线“把口师傅”袁鹏通、“高脚大花”袁宜立、“矮脚大花”李林瑞，“包台师傅”李联杰、袁友松、严其志、李贞传，礼怪头梁祥礼及同族兄弟梁祥智、梁祥义、梁开连等。后台有大江子（头弦）、曾玉安（锣鼓）、袁松奎（徒弟）等。该班在本地区演出外，常往江西、浙江、潮汕一带演出。其拿手戏《天官赐福》（唱昆腔，谓大天官）常为压轴和对台戏。其“天官献八宝”“刘海耍金钱”等技艺，其他班社望尘莫及。

华成堂　属高腔班。班主原为曾仰锦，后由曾瑞伦接班组成高腔。其人员均系由父子、兄弟组成，称一家戏（曾瑞伦之孙辈已有习高腔者）。该班的演出活动除上杭县外，多在长汀、广东蕉岭山区农村。曾瑞伦师父（绰号光头佬），艺名伦巴，其性格开朗诙谐乐观，表演技艺高超，在长汀、蕉岭一带群众中颇有影响，甚得山区群众欢迎。广东蕉岭一带群众称之为疯神。其演出形式（包括舞台装置）一直保留着传统风格，语言通俗，叙事生动，插抖打诨，诙谐有趣。演出剧目亦一成不变，均演传本（历史故事）。曾老师父能演的有 40 多种大传本，有的传本能连演四五十天。如《岳飞传》就有 74 折（亦称“出”。繁体“齣”，是传奇中的一回，戏曲的一个独立剧目）。

福胜堂　老班主为邱必书的姐夫李佳森。邱必书是上杭茶地乡樟树村人，他自幼家贫，在福胜堂学艺，精通前台舞弄木偶以及后台的吹、拉、弹、打，可谓才华横溢，李佳森逝世后，他继任为班主。1953 年，福州、华东地区要举办民间木偶、皮影戏调演，龙岩专区文化局要求上杭县组建木偶剧团作为代表队参加调演。地区文化局和县文化局选中福胜堂戏班作为班底，福胜堂主动配合，最初命名福胜上杭木偶剧团。剧团参加福州、华东地区和晋京调演，受到很高赞誉。周恩来、朱德等国家领导人接见剧团演职人员。

砂岗木偶剧团　剧团负责人陈汉史。1961 年，陈汉史师从塘丰戏班林必涛学艺，1962 年创办砂岗木偶剧团。以演乱弹为主，组团成员是李象贤等名艺人，因此在当地享誉较高。组团后，该剧团在当地乡村及本县各公社演出较多。20 世纪 80 年代后，常年外出江西省，福建省三明地区的宁化、清流，龙岩地区的长汀、连城等地巡回演出。有一年在长汀县南山镇的严婆田村连续演出 90 多天。1984 年，受邀参加上杭县庆祝新中国成立 35 周年文艺调演。80 年代后期曾更名砂岗线剧团。1999 年，因负责人年龄原因，剧团终止演出。

白砂木偶艺术团　2003 年，大金水竹洋自然村重建龙凤堂。2004 年，龙凤堂在白砂镇政府的扶持下，重新购置木偶道具，并以民办公助的形式成立白砂木偶艺术团。2005 年冬，闽杭田公堂木偶研究会白砂木偶艺术团在水竹洋村成立。该团法人代表为梁利忠，为客家木偶文化艺术研究会会长，田公元帅信俗省级代表性传承人。业务团长刘金寿，客家木偶文化艺术研究会副会长，上杭傀儡戏省级代表性（乱弹）传承人。现有演出人员 10 余人，下设木偶少年班 15 人，成年班 5 人。目前除了在本县演出外，还到龙岩、永定、武平、莆田等地和江西省演出。

碧砂木偶艺术团　创建于 1984 年，1985 年办证演出，法人代表丁椿安。该团是丁椿安创办的家庭式戏班，父子三人同台上演，演出人员有郭天生、袁富先、丁德林等。1983 年，丁椿安师从大金戏班的曾森山、梁伦锦。此后自主创办木偶戏班，以演高腔为主，有时也演乱弹。高腔三人上台演出，乱弹六人演出。该剧团走村入户，在当地及旧县、蛟洋等乡镇及省外演出。多以演新年戏、平安戏、还愿戏为主，演出的剧目主要由东家点，如《关公传》《五星传》《包公传》等，每年都演 20~40 台（本）。同时配合中心，把计划生育、移风易俗和新人新事用木偶戏说唱的表演形式搬上舞台，深受观众好评。

四、艺人选介

李龙瑞（1891—1931）　乳名龙古，塘丰人，被誉为傀儡王。自幼随其祖父和父亲学木偶戏，至十七八岁便精通生、旦、丑、净各行当的前台提线和后台的吹、拉、弹、打。后专为前台提线，为包台大师傅，是祖传戏班新彩凤的台柱。后组建福庆堂，自任班主。他的提线艺术精湛。据说，搅成一团的线，经他左手一捋，右手一抖，线便纹丝不乱，行路分明。其操作木偶要刀、枪、棍、鞭、钻火圈等技艺娴熟。生、旦戏表演细腻、逼真、传神；丑、净戏诙谐、刚劲；道白清晰，唱腔韵味纯浓。

李庆瑞　塘丰人，李龙瑞的胞弟，乳名石头。他是新彩凤班的班主兼包台师傅，内外台技艺皆精。专工生、旦，人称吊花线。尤其善演《梨花斩子》和《穆桂英下山》。他的影响不亚于其兄李龙瑞。

袁鹏通（？—1946）　白砂人，精通戏文和内外台的各项技艺，生、旦、丑、净各行当的表演，吹、拉、弹、唱等后台功夫，他无有不会。观众称他把口公王。平生授徒甚多，著名花脸艺人袁宜立便是他的徒弟。民国三十五年（1946年），随生庆堂戏班在南阳射山演出时病故。

李林瑞　塘丰人，工净角，天生一副发炸音的嗓子，平日说笑声也与大花无异，音质结实、宏厚、刚劲。又因其五短身材，观众称他矮脚大花，常在福胜堂戏班搭班演出。

邱必书（1893—1981）　茶地乡樟树村人。十岁起跟随姐夫李佳森（白砂塘丰村人，福胜堂原班主）学习木偶戏艺。仅用一年时间，就学会掌锣鼓及各种唱腔，成了一名好帮手。15岁，学会全套的提线技艺，成了正式演员。19岁时，弹打吹唱吊五艺皆精，成为包台师傅。23岁，姐夫身故，由他继任福胜堂班主。他不但精通木偶戏艺术，对民间音乐、歌舞灯戏也很在行，并能巧妙地将其曲目或乐器吸收到木偶艺术中。他还擅长戏班管理，他的戏班演出活动频繁。

梁祥礼（1899—1961）　大金村水竹洋人，绰号礼怪头，是龙凤堂的班主。出生在木偶戏世家，其父梁高养亦为著名的木偶戏艺人。祥礼艺承祖传，提线艺术属上乘之列。精通前后台各项技艺，更善唢呐。人们称他礼怪头，怪就怪在他肯动脑筋，从生活到艺术都讲究新颖，与众不同。艺术上，他讲究出新，常别出心裁地想出一些别人意想不到的表演艺术及其道具，如天官献八宝、刘海要金钱、砻谷碓米、天曹地府的生活景象和现代生活中的飞机、大炮，都搬上舞台。就连他戏箱里的道具，如老虎、蛇、田公头像等也比别人的大。观众对他的戏有四句话评价：戏担东西大，用扛不用挑，傀儡花样多，戏路较古怪。此外，新中国成立后挖掘传统剧目，他口述了168部剧本，其中《岳飞传》有74折，可连演40天,今仍藏县文化局。他是闽西木偶戏发展史上一个有贡献的艺人。

徐传华（1906—1988）　生于白砂塘丰，其父李如意将他送给在连城县赖源的结拜兄弟作儿子。后来，生父也从白砂迁到赖源。徐传华自幼跟生父学艺，18岁时就在祖传的老福星傀儡戏班担任主演。土地革命时期，戏班到漳州一带演出，仅23岁的徐传华不畏强手，拿出自己编演的《打武昌》《宋江入城》等剧目上演。新剧目的新思想和新手法使得老福星戏班名声大振，轰动闽南。1953年，徐传华任连城木偶剧团团长。1954年，由徐传华、邱必书等艺人组成闽西木偶戏代表队，携带《大名府·过关》等传统剧目，参加省、华东和全国会演获奖。被选进怀仁堂，为周恩来等中央领导汇报演出。徐传华被聘为中国木偶艺术剧团教师。1955年冬领衔组成中国木偶艺术交流访问团，出访布拉格、华沙和莫斯科演出，荣获银质奖章，被誉为中国木偶艺术大师。

梁祥智（1910—1940）　梁祥礼之胞弟。6岁随父学习木偶戏技艺，由于聪明好学悟性极高，很快就掌握了前后台各项技艺。特别是前台提线，娴熟而灵活，简直到了出神入化的地步。唱腔方面，更善子喉(生、旦)，唱生角清脆洪亮，旦角柔和甜美。《穆桂英挂帅》是他的成名之作。他是龙凤堂的台柱子，惜英年早逝。

袁宜立（1910—1981）　绰号立哥头，中洋村人，中国戏剧家协会福建分会会员。自幼拜曾仰锦为师学习高腔木偶戏，后复拜袁鹏通为师改唱乱弹。因其个性刚烈、豪爽而又滑稽诙谐，故其师为其择习花脸、三花行当。他的提线艺术近看粗疏，摆动幅度大，远看刚劲有力，逼真传神。观众称赞他戏味好。他的唱功雄浑有力，强唱时如猛虎怒吼，声威远震；弱唱时斩钉截铁，字句分明。

曾瑞伦（1916—2007）　绰号伦巴，大金村人。10岁开始与师兄袁宜立一同跟随祖父曾仰锦，在自家华成堂戏班学习高腔傀儡戏艺。祖父逝世后，又跟随父亲曾梦河继续学习戏艺。17岁时，父亲亡故，遂由其接任华成堂班主。由于祖孙三代世袭高腔，瑞伦对于高腔的行当脚色、演出剧目、唱腔、锣鼓乃至服装道具均十分熟悉。唱腔流利而花俏，颇具韵味；道白口齿清晰，语言生动。提演“三花”脚色诙谐而风趣。演出剧目主要是“传本”，计有数十出。上杭县高腔木偶戏的唱腔资料及高腔剧种有关情况，主要由其介绍和提供。

刘锦丛（1918—1991），又名刘锦松，大田村人。9岁开始投师木偶戏，11岁开始投师傀儡王李庆瑞，20多岁生旦净丑、吹弹唱打样样精通。尤其精工大花、三花、丑角和吹唢呐，还有提线一手绝活。1953年，与邱必书参与组建上杭县木偶剧团。1954年9月剧团赴省参加地方戏曲演唱会。同年11月，他与邱必书、李象贤组建闽西木偶代表队赴福州参加省会演获奖后，又应选赴上海参加华东戏曲会演，演出《大名府》一剧，代表队获特种艺术表演奖，他荣获个人二等奖。1955年4月赴京参加全国十三省木偶皮影观摩调演，《大名府》一剧被选进怀仁堂，为朱德、周恩来等中央领导同志汇报演出。

第三节 剧 目

一、发展衍变

高腔班时期，演出剧目主要是连台本戏，也叫传本。传本从内容上看，大多是历史故事或神话故事，如《隋唐传》《薛刚反唐》《夫人传》《观音传》。高腔班演出，从来没有文学脚本，只用故事提纲（现在亦然）。提纲是自撰，而不是因袭流传。艺人所编制的台词、唱句，在文学性上显得较通俗，夹杂了许多方言俚语，句式不太规范，也不讲究平仄。高腔老艺人曾瑞伦所用的剧目提纲，所记内容是故事的基本情节和人物的主要行动。记述的文字是他的口头语。

清雍正（1723—1735年）、乾隆（1736—1795年）后，因西皮、二黄声腔流入闽西以及闽西汉剧（乱弹）形成，白砂木偶戏受其影响，不少高腔班改为乱弹班，木偶戏剧目也因之丰富和发展。其间，一种新的剧目形式——正本戏逐渐在木偶戏班中流行。正本戏不同于传本戏。正本戏多源于元、明杂剧、传奇；词曲比传本更规范，演出的时间量刚好够一个晚上（约四个小时）。由于正本戏结构更严谨，词曲较规范，故事集中，情节紧凑，加上乱弹的音乐唱腔因为有管弦伴奏，显得更为丰富多彩，因此观众逐渐更喜欢看正本戏。

在正本戏流传的同时，又衍生出一种结构短小的剧目形式——杂戏（也叫杂出），今称为折子戏。从内容上看，杂戏比正本更显单纯，只有一条主线，没有副线；从艺术特点上看，杂戏往往突出“四功”（唱、做、念、打）的某一种功。如《百里奚认妻》突出唱功，《茶博士》突出念功，《水漫金山》突出线功。从演出数量上看，杂戏必须几出合在一起才够演上一个晚上。同时，戏班还吸收如《窦娥冤》《大名府》等不少高腔班和外江班都没有的剧目。此外，本地文人雅士根据本地人或本地所发生的故事，编创了木偶戏剧目，如《绥阳案》《吴良心》等。

据艺人们回忆，在土地革命时期，白砂部分木偶戏艺人受民主进步思想的影响，曾有人参加苏维埃政府组织的新剧团工作。当时曾编演《打土豪》《婚姻自主》《扩大红军》等剧目，曾演出过反映辛亥革命内容的现代戏《武昌起义》。民国二十九年（1940年）前后，木偶戏艺人为表示拥护共产党的主张，配合抗日宣传，曾组织演文明戏。

二、主要特点

白砂木偶戏剧目主要有三个特点：

一是数量多，高腔与乱弹两大声腔系统的剧目并存。乱弹班时期，剧目既有纵向继承——高腔，又有横向借鉴——人戏各剧种，还有创新发展——自编，是木偶戏剧目集大成的阶段。高腔和乱弹这两大声腔系统的剧目，合在一起有上千个。高腔班部分剧目，有的在乱弹班亦有演出。

二是题材广，内容丰富。剧目所反映的题材从古到今，上至天堂下涉地府，从现实生活到神话传说、童话故事，涉及社会生活各个方面，且多以忠、孝、廉、节的教化戏为宗旨，与客家“信鬼神，好戏剧”的宗教民俗相适应。如反映社会重大变革和封建王朝改朝换代的剧目《七国雄》《三国传》《隋唐传》《黄巢传》《徐杨结奏》等，反映男女爱恋、婚姻、家庭和社会伦理道德的剧目如《兰继子）《珍珠塔》《芦花雪》《三教子》等，神话题材的剧目《水漫金山》《观音传》《华光传》《西游记》等，童话题材的剧目《龟兔赛跑》《骄傲的狮子》《馋嘴的孤理》等。木偶戏剧目通过上述题材塑造了各种各样的人物，深刻地揭示了人们丰富的思想内涵，体现了人们在社会生活中的美与丑、善与恶的斗争。在这斗争中，歌颂了善与美，鞭挞了邪恶现象。

三是高腔系统的剧目传本多，语言土而俗，富有乡土味。据袁洪亮统计，高腔班几十种传本戏可演300天左右，其演出的时间总量相当于乱弹班的全部正本戏。有的一种传本戏可演几十天，如《隋唐传》可演50天（下午和晚上），《岳飞传》《封神演义》可各演一个月，一种剧目最少演3天。语言土而俗，是指它用客家话演唱，通俗易懂。如“来同你千金为媒”（见《王阿禄得妻》），句中的“同”是“替”的意思；“也是做得”，“同车龙娶过一房妻室”（见《车龙卖灯》），前句“做得”是“可以”的意思，后者“娶过”是“另娶”的意思。这都是客家方言，外地人不容易听懂，但本地观众不仅可以听懂、看懂，而且听起来、看起来感到格外亲切。

三、分　类

（一）按题材分

艺人将剧目分成五种题材类型，即历史戏、神话戏、家庭戏、现代戏、童话戏。凡是剧中主人公属历史人物就称历史戏，如《三国》《隋唐》等。凡是以宗教世界为生活背景的戏就称神话戏，如《观音传》《华光传》《西游记》等。凡是反映封建社会家族的兴衰荣辱等生活的戏，就称为家庭戏。这类戏在内容上是突出宣扬以德、礼、孝为核心的儒家思想，如《双贵图》《芦花雪》等。

（二）按结构分

根据故事情节结构和时间长度上的不同，艺人把剧目分为传本、正本和杂戏三种类型。此三种类型的剧目，在艺术表现性上各有不同特点。传本强调故事的完整性和连贯性，正本侧重思想性、文采性、程式性；杂戏则侧重技巧性和趣味性。

（三）按声腔分

高腔班擅长演传本戏，乱弹班擅长演正本或杂戏。传统剧目中只有几十种传本，正本和杂戏则有近千出，但从演出时间总量上看，传本剧目和正本、杂本的剧目基本持平，都能演300天左右。

（四）按人物分

如主人公是观音菩萨的就叫观音戏，主人公是包文拯的就叫包公戏，主人公是关云长的就叫关公戏。如此等等。

（五）按行旦分

这是以剧目主要人物的行当归属为某种戏类的称法。如《白蛇传》主要角色许仙、白娘子属生旦行当，因此叫生旦戏。还有老生戏、花面戏、红面戏、三花戏等。

（六）按艺术特点分

艺人根据演出剧目在唱、做、念、打四功中偏重哪一种功来划分戏类。如《百里奚认妻》等剧目，因为唱腔分量重，就称为唱功戏；《水漫金山》等剧目，因为提线花样多，就称为线功戏。还有道白分量重。就称讲话戏等。

（七）按来源分类

过去，艺人对剧目的来源一般分为三种：一种叫江湖本，又叫正路戏，意指这类剧目是各种流行的，是经过文人学士雕琢，词曲比较正规的剧目，如《万里候》《九世居》等。另一种叫作江湖路，这类剧目中文学性上没有江湖本那样严谨，但诗词、引子也比较规范，每个剧目中都有一段固定的唱腔曲牌，还有一种叫说子路，这类剧目实际就是“幕表线”，是艺人根据传记小说、民间故事即兴编撰演出的。木偶戏的剧目，按现在的分类方法，其来源可分为传统、整理、改编、创作、移植等五大类别。

四、常演剧目和代表性剧目

1983年在上杭召开的老艺人座谈会上，艺人们公认以下剧目为常演剧目：《大名府》《白蛇传》《收三徒》《辕门斩子》《忠义节》《郭子仪拜寿》《九世居》《珍珠塔》《沉香救母》《永乐观灯》《天水关》《高旺进表》《杨三笑》《宫门挂带》《武松打店》《茶博士》《湘子化斋》《花子骂相》《卖水记》《洪恩寺》《马蹄炮》《齐王哭殿》《万里候》《龙凤阁》《探五麟》《四进士》《红书剑》《三关堂》《芦花雪》《疯僧扫秦》《陈姑赶船》《双麒麟》《三打祝家庄》《大金镯》《武昌起义》《桂芝写状》《思簪相会》《双姻缘》《大香山》《百里奚》《张义钓金龟》《伍子胥》《白罗衣》《搜花园》《东南山》《胡迪骂阎》《活捉》《乔氏赴会》《天官赐福》《郑恩逼封》。其中前面22个剧目为代表性剧目，尤其是《大名府》和《水漫金山》，最能体现闽西提线木偶戏的艺术特色。

附：白砂木偶戏传统剧目

一、传　本

薛仁贵征东：唐王得梦　仁贵投军　太宗出朝　天山关　凤凰关
独木关　越虎河　乌泥河　摩天岭　唐王回朝　仁贵还乡

薛丁山征西：李道宗害仁贵　仁贵游地府　薛登山下山　樊梨花下山
三弃樊梨花　玄武关　仁贵归天　三请樊梨花　沙江关
凤凰关　麒麟关　芦花关　金牛关　铜马关　玉龙关

五虎平南：狄青被掳　狄龙误婚　段洪被斩　重上祝枝山　班师回朝

罗通扫北：御驾亲征　班师回朝

薛刚反唐：薛刚闯祸　祭铁丘坟　超擂招贤　新唐国借兵　父子相会
卢陵王上山　破怪马　用计得贤　十绝阵　薛蛟吞珠
秦文起义　争先锋　顺女归唐　梨花收妖　回朝登基

五星传：王坤勇私通番国　邢怀玉保驾　误斩邢淑贞　论功升赏

华光救母：水淹阳州　强逼下海　收黑犬精　借金塔　玉旨封赠

夫人传：何世魁上任　何世魁脱凡　何世魁救妻　观音梳妆
兄弟收妖　黎山学法　除妖救兄　陈靖姑出嫁　收白蛇精
王文远出仕　峨眉山收龟蛇　收青草精　收蝼蚁精
张友昌出仕　斩魔王

观音传：火烧白雀寺　阴阳界　化身治病　香山寺还愿

粉妆楼：大闹满园春　罗家被害　暗害玉霜　闹鹅头镇　闹准安
害祈子富　闹瓜洲　害众国公　米良发兵
罗灿上山　柏文联上山　马国公回朝　罗增、马成隆回朝

万花楼：狄青下山　对鸳鸯　狄青解军衣　包文拯回朝　狄青招亲

珍珠传：杨太保生反　友昌夺擂　抄杀祝府　张贯谋主　兄弟相会

假公子入府　青州放粮　杀死秋香　三郎回京　马兰回京
祝家报仇　大会团圆

天宝图：闹华府　李三保打擂　青云楼　破祝家寨　争状元魁　建国醮
救小主　闹淮安府

双合剑：赛龙舟　假驸马　兄妹相见　夫妻交拜

金荣贵：抛绣球　攻打雁门关　岳雷出朝　宏梦救父　金国进身

下南唐：女杀四门　刘金定得救　班师回朝

包公传：包公出世　狸猫换太子　色公出仕　上梦床　仁宗认母
仁宗登基

二度梅：卢府拜寿　天地台　屠申报信　禧童替死　寿思寺　梅开二度
北番造反　挑选美女　丛台分别　杏元和番　杏元自尽
东初入牢　百府上任　春生投水　审江魁　后堂复审　失金钗
打卢杞

西游记：唐僧出世　收三徒　收猴精　八戒招亲　收猪精　服悟空
唐僧下狱　假亲脱纲　火云洞　火焰山　收犀牛精　收花豹精
扫塔除妖　收白鹿精　过通天河　假西天　过天竺国

封神演义：纣王得妲己　晃天归西岐　张贵芳伐西岐　魔家四将伐西岐
张山伐西岐　洪锦归西岐　苏护归西岐　黄飞虎反五关
战张奎　三山关　诛仙阵　万仙阵　冰冻岐山　武王百日灾
姜子牙百日灾　渭水访贤　取佳梦关　取青龙关　汜水关
取游魂关　取临潼关　取穿云关　取界牌关　姜子牙下山

岳飞传：岳飞得沥泉枪　岳飞遇牛皋　岳飞回汤阴　枪挑小梁王
太行山　岳飞得子　大金国生反　占领二郎山　得河间府
邦昌害李纲　宗泽二次进贡　北宋末　宋帝归北　康王登基
高宗宣岳飞　岳飞得功　邦昌献玺　岳飞挂帅　曹荣献黄河
大战爱华山　征太湖水寇　征湖口康郎山　得沂水关
金兀术斩刘豫　张立救吉青　张宪战董先　岳飞得何元庆
兀术五路进兵　高宗逃五难　牛头山保驾　斩金弹子
彦直斩粘罕　征九龙山　征湖州戚方　高宠挑滑车　岳飞保驾
高宗复金陵　秦桧回朝　苗刘谋驾　岳飞赴会　杨钦献图
大战蛇盘山　牛皋学法　帽山赴会　伍姚鸳鸯配　牛皋下山
牛皋得功　云芳结拜　大破洞庭湖　小商河　王佐断臂
曹宁转宋　连环甲马　破铁浮陀　大破朱仙镇　迷蚩访秦桧
秦桧害岳飞　岳飞归天　韩世忠救岳家　孔明传葛锦
岳家迁徙云南　太行山相会　云南探母　岳霆打擂　岳霖招亲
替岳报仇　孝宗登基　岳雷挂帅　箭破宝珠　大战界山
大破鱼鳞阵　岳雷扫北　得牧羊城

三国演义：龙凤配　破潼关　阴阳错　献降书　长坂坡　白帝城
博望坡　天水关　鲁肃求计　蒋干过江　火烧赤壁　舌战群儒
取荆州　献连环　定中原　取武陵　佐慈进柑　甘露寺
华容道　空城计　斩吕布　河梁会　取长沙　失街亭　葫芦谷

拦江夺阿斗　孔明拜斗　拦江救主　徐庶荐诸葛　取成都
击鼓骂曹　蒋干偷书　单刀赴会　关公挡曹　孔明借箭

慈云走国：冠元救主　狄虎救兄　破铁球山　双龙山相会　破双龙山
慈云落难　回朝登基

五虎平西：狄青招亲　取七星关　取白鹤关　狄青回朝　龙虎配
包公审杨狄　设计害狄青　狄青假死　狄青复官　雄关杀敌
大破迷魂阵　平服新罗　平服西辽　回朝封官　五虎团圆

黄巢传：黄巢起义　黄巢选妃　沙陀搬兵　沙陀借兵　飞虎山

开唐传：看琼花　开唐朝　抢状元魁　逼主抢卯　千秋岁　败金荣

杨文广征南蛮：张赵胡学法　丁七娘学法　收妖　大战铁松洞　大战水晶洞
占领黄丝洞　青峰洞/蜈蚣洞　征剿梅花山　取福梁城
大破黄河阵　大战飞蛾洞　征带子洞　班师回朝

五虎朝王：大闹蔡府　医疯病　兄妹相会　父子相会　得功封赠

朱家传：朱达勇登基　朱有麟招亲　朱有麟解梦　朱有麟投军　兄弟相会
别官回朝

北　宋：私下三关　焦赞闯祸　焦赞起解　昭吉冒奏　三关散兵　困潼台
暗访延昭　焦赞祭主　孟良招亲　三关会兵　大破潼关
太君离朝　孟良取发　大破天门阵　拆天波府

西　汉：斩蛇起义　赵高专权　陷害李斯　陷害章邯　章邯投降
定陶统拜　刘项入秦　阵同归降　张良见沛　韩信背楚
追韩信　韩信问卜　范增立楚　章邯破项　项羽破章邯

东　汉：马武救刘秀　刘秀抢饭　请马武　攻打吉阳城　昆阳大战　天五莽

隋唐传：李旦传　七星传　班超传　崔文瑞

铁忠玉：三抢水冰心　铁忠玉征番

四大忠：宝珠记　杨家传　征河东

王康元：曹显逼离书

杜林传：胡家传

三官传：追宝珠　妖反天空

祁家传：

昭君传：单于生反　昭君和番　敕封照君

潭州传：

下燕京：月龙头　借弓鸢子头　夜困曹府　大盘洗殿

七国雄：

七姑扶主：王莽篡位　隆兴兵　叔侄相会　回朝登基

征山后：

正德游江南：

二、正　本

赠宝珠：姚燕结拜　姚燕起解　独动杀场　占家夺子　罗剑上京
杨氏告状　报仇团圆

黑风帕：

莫怀古：按杯　斩莫　会审

双贵图：磨房相会　芳草探监　兄弟会　杀场救嫂
忠孝全：赶出府门　逼婿休妻　投军得胜　法场救父　到府团圆
双罗帕：苏三耕田　父子会　大堂会
五里候：怀德晋京　花子闹院　王府招亲　花园耍枪　怀德打播
五世居：买鱼放生　代兄报仇　公艺认宝　退兵救驾
三香配：汪益谋财　张接征寇
金石缘：征大芦山　反贪官　征海船
伍子贵：天竺投教　南峰观景　伍子受封
三仁义：得中高魁　子英遇寇　崔氏上京　回朝除奸
三代荣：王应登上京　上华山　应登催贡　金荣招亲　金荣投军　救父回朝
三花美：祭坟遇寇　章瑞别妻
忠烈报：国太被害　李广回朝　出南关　李文拔箭　判官山　保主登基
合古镜：范惠单被害　文拯看花　子龙上京　报仇团圆
梦中缘：梦中相会　怒赶金花　夫妻相会　上京封官
对金钱：下河南　王怀如买父　玄武入牢　救驾回朝
玉石连环记：奴才谋主　百知府告状　访山东　征山东
龙梦金：丝兰带　报仇团圆
征洛阳：
五美缘：冯曲说亲　冯曲遭害　翠秀代嫁　正德访贤　斗峰寺护国寺　林璋征番
四总兵：三下汉阳　徐孝德下山　汉阳封官　马伦招亲　进宝珠　文武星
积善堂　闹淮安　闹镇江　闹长安　狮子楼　上天台　对朱砂
南柯山　四国齐　大清国　天啟图　卖水记　千里驹　五龙会
鸳鸯楼　梦中缘上三关　下三关　万寿图　穆柯寨　双官诰
双龙山　双驸马　洪恩寺下马牌　红书剑　灵芝草　锦罗帐
后母贤　珍珠塔　青石岑　八百寿大金镯　尚香投江　白鹤图
龙凤配　破潼关　雌雄鞭　满家荣　火轮牌　西番配　双食记
十五贯　仁义魁　双太子　黑风山　射花荣　麒麟山　曾头市
双凤镜　吉星台　全家禄　罗成打登州　过江　白玉妒　对绣鞋
乾坤带　兵符记　康熙游苏州　兰袍记　临潼关　打宝刀
斩黄袍　九龙山　困双龙　收鼠精　大红袍　葵山树　贤王颁兵
铜牌记　忠义节　阴阳错　游天牌　养禅堂　乾隆游山东
探王阳　飞云马　苏州案　药茶记　邱瑞征瓦岗　乾隆游南京
九子升官　夜探斋堂　莲花庵削发　兄弟劝降　三姐下凡
五鼠闹东京　车龙卖灯　清风亭赶子　三打薛平贵　红娘子起义
龙女收妖　三打祝家庄　陆凤阳抢饭　拾绝阵　红绫袄
一困锁阳　二困锁阳　三困锁阳　大名府　双槐树　孟丽君
何文秀　高文举　绥阳案　广东案　翠香记　文约记　白罗衣

三、杂　戏

吴良心　龙井寺　吞九龙　眼前报　打康王　杨三笑　长寿寺　芦花雪
玉堂春　蔡伯喈　洛阳桥　双姻缘　红梅树　甘露寺　闹酒楼　正弑奸
花博士　血掌印　明公堂　小盘殿　打金枝　金刚阵　杨和案　战丘基

卖草毡　南天门　王公子庙会　过昭关　拿侠丁　马蹄炮　十道本
收沙僧　观　图　举　狮　五台会兄　张义钓金龟　战武昌　梅龙镇
游武庙　捡芦柴　安安送米　秦琼表功　陈进得子　桂芝写状　江东桥
夜审郭槐　郑仙教子　仙姬送子　日生招亲　包公斩酒　女杀四门
渭水访贤　李能抢亲　周延得妻　正德访贤　割肉奉亲　西蓬击掌
马迪钻鸡笼　反山东　借女过门　哑子分家　王英下山　沉香救母
童女斩蛇　报恩记　王阿禄得妻　土地送子　武松打店　刘锡得子
皇娘问卜　貂蝉拜月　对药材　孙氏祭江　征明州　千里缘　百里奚认妻
曹仁修仙　赵明看榜　海山招亲　李梦熊　欧家庄　计取贵阳　长生果
秦雪梅吊孝　窦娥冤　三娘教子　反庆阳　破庆阳　麦里赠金　双花会
临江驿　三仙阁　鸿门宴　牧羊记　梁山聚义　庄子扇坟　凤还巢
元和相会　翠花缘　龙凤阁　征北海暨青石岭　庵中会　乔氏赴会
范丹问卜　秋胡戏妻　疯僧扫秦　哑子祭母　打洞结拜　金桥算命
莲花庵　兴童送书　蒙正捞斋　文通收妖　大拐小骗　得海投文
妙英投宿　永乐观灯　王英救姑　东阁拜堂　厦氏问卦　保子卖猪
药王登仙　高关借头　钱宝拜年　花子拾金　姚刚招亲　龙山招亲
皇娘扯甲　陈姑自尽　太公扫坟　状元拜塔　月下追姑　凤阳花鼓
齐王哭殿　苏生会文　道中劝友　上梁山　燕青打擂　花子骂相
陈桥登基　三下风都　白扇记　双别窑　徐杨结奏　辕门斩子　关公挡曹
打狮进城　芭蕉树　包公审虎　包公斩国丈　天仙配　水漫金山
战南海　还魂帕　阴阳界　东南山　香山寺　顺祥卖柴　郭巨埋儿
胡迪骂阎　吴汉杀妻　大审乌盆　宋江杀惜　活捉三郎　审头刺汤
大小争风　双板驾　秦香莲　金蝴蝶　吉阳关　望儿楼　龙虎斗
杨波登殿　高旺进表　乌雅探妹　金连观星　太子过关　书房劝婚
李文拔箭　马冯换婚　救主对窑　父子相会　母子相会　郭子仪拜寿
凤娇弹琴　大姐过门　马头覆水　海山招亲　大审潘洪　郑恩逼封
焦光甫卖酒　蒋元芳游寺　兰继子哭街　张才与腊梅　张古董借妻
蟠桃会　龙女自叹　彭城下　东平府　拾玉镯　四宝记　法门寺　闹龙舟
赵玉粦　金殿配　男绑子　康茂才挡亮　苏文表借衣　招驸马　鸿雁带书
回龙阁　天官献八宝　三搜花园　崔氏逼嫁　卖麻风　游西湖　刘海砍柴
对玉环　琉璃洞　张羽煮海

第四节　音　乐

一、高　腔

（一）种　属

白砂木偶戏明初从浙江传入时唱高腔，向无曲谱，只沿土俗，靠艺人口传心授，一代一代因袭传承。高腔沿袭弋阳腔，源于南戏，产生于信州弋阳，形成于明末清初。

弋阳腔系的剧种在早期的演出中，音乐上最鲜明的特点是锣鼓干唱加帮腔。木偶戏高腔从明代传入至今，一直保持锣鼓干唱加帮腔的徒歌演唱形式。木偶戏高腔曲调，从曲体格式上、旋律特点上看，与其他省、区流行的高腔曲牌，有“字多音少，一泄而尽，句调长短，声音高下”这一共同的特征，即可以随心入腔。木偶戏高腔唱腔在词曲配合上有一个鲜明的特点，即滚唱乐句大多都是一音配一字的格式。木偶戏唱腔曲调中的《山坡羊》和《槐荫调》为弋阳腔系剧种所共有的曲牌。

（二）构　成

高腔的音乐，是以唱腔曲调为主要内容，以锣鼓帮腔为表现形式结合而成。高腔的唱腔，共有 18 种基本曲调，即长行板、饶平调、过山调、山坡着慢板、山坡着快板、开台曲、怀胎曲、生子调、病人调、赶人调、排朝调、欢星调、道士调、摆阵调、阴司调、槐荫调、唱歌调。上述 18 种唱腔曲调，是木偶戏高腔音乐的主要组成因素。

高腔锣鼓可分为三类：一是场头锣鼓（开场之前和幕间用），二是科白锣鼓（配合动作道白），三是配唱锣鼓。

帮腔也叫帮音，从旋律结构上看，它是唱腔曲调整体不可分割的有机组成，从表现（演唱）方式和旋法特点上看，帮腔又有它独特的规律。

（三）特　点

1. 唱腔结构

曲调体式　高腔唱腔的曲调体式属主联曲体式，就是主曲体式和联曲体式的综合。即一折戏的唱腔，是以一种曲调为主，兼用一些其他曲调而构成。在 18 种曲调中，有 3 种曲调做主曲，即《长板行》《饶平调》《过山调》，其他兼用的曲调，则视剧目内容的需要而选用。

曲调板　18 种曲调中，《长板行》和《山坡羊》这两种曲调有变化板式。《长板行》有导板、慢板、快板三种不同板眼形式。《山坡羊》则只有慢板、快板两种板眼形式。这两种曲调的板式变化，与乱弹班之皮黄唱腔的板式变化形式基本相同，即以一种曲调为基础，通过速度、节奏、旋律的扩充或减缩等的变化，演化出一系列不同板别。

“滚、帮、锣”依次连接　高腔唱腔大都包含滚唱、帮腔、锣鼓这三个因素，通常作依次连接进行，即滚唱之后接帮腔，帮腔之后接锣鼓，如此周而复始构成一个唱段。

“疏、密”对比的节奏形态　唱腔曲调在节奏上有一个共同的特征，即滚唱乐句的节奏序列紧密，帮腔乐句的节奏序列疏松。

2. 唱腔曲调的分类及其用法

18 种唱腔曲调分为两种类别。一种叫通用调，一种叫专用调。通用调，按老艺人的说法就是最常用、最普通的曲调。属于通用调的有《长行板》《饶平调》《过山调》，从调式上看，同属徵调式。

3. 帮　腔

白砂木偶高腔的帮腔，是帮音不帮词。帮腔只配衬词。从唱腔曲调的结构来看，滚唱句和帮腔句是

“一问一答”的旋律进行。帮腔在旋法上是以“不变的帮腔旋律应多变的滚唱旋律”。在一种曲调中，滚唱句的旋律变化多端，而帮腔的旋律却没有变化。

除了上述特点外，帮腔和锣鼓的密切关系也是一大特征，高腔班中，掌锣鼓的也就是帮腔者。锣鼓帮腔代表高腔的乐队体制，也是后台的同义语。另外，锣鼓帮腔又是一种学艺程序，高腔班的艺徒，必先学锣鼓和帮腔，而后才能提线。

4. 调式、调式音阶及移调

高腔 18 种曲调分属四种调式：徵调式、羽调式、角调式、商调式。其中徵调式的曲调占多数。同调式的曲调、调式音阶结构有所不同。

5. 唱腔旋律

高腔唱腔的旋律，是锣鼓的穿插为标志的。在锣鼓未起之前，唱了几个乐句（以唱词句数为依据），便叫几句落韵。18 种唱腔曲调，共有 6 种落韵形式，即一句、二句、四句、六句、八句落韵和透底落韵。一句落韵，就是每唱完一个乐句（包括滚唱和帮腔）都有锣鼓穿插过渡。待锣鼓停后，再唱第二乐句，余类推。

6. 唱词与衬词

高腔的唱词，从体式上看，是以诗体格式的七字句和十字句为主，同时穿插各种长短句，是一种不太讲究韵律的自由诗体式。从现有艺人演唱的资料来看，唱词既不讲究平仄格律，也没有固定的句数、字数。

7. 唱腔的口语化

高腔的唱腔音调，本地观众形容它“象讲白话一般般”。形成口语化音调特点，主要有三个因素：一是一字配一音的词曲格式，唱法上是一气呵成。二是演唱速度普遍偏快。高腔的所谓慢板，其实际演唱速度均在二八拍以上。由于速度快，词曲又呈密集状态，音调就趋于口语。三是旋律的模仿语言声调的倾向。其模仿的方式，相似评弹、鼓词等说唱音乐。既顾及“阴阳上去”四声的模仿，又合乎曲调的发展逻辑。

8. 高腔的行当及其发声

高腔班的行当也分“生旦净丑”四大门类。各行当的发声，则分道白和唱腔两种不同情况。道白时，小生、花旦用“嫩音”（又叫子喉，即假音），老生、老旦、丑用“老音”（又叫“原喉”即真声）；黑净（又叫乌面）发“炸音”，红净发鼻音（真假声结合）。在唱腔时，则只用“嫩音”和“老音”两种音色。生旦用“嫩音”，丑净用“老音”。帮腔亦然。

9. 高腔的流派

白砂木偶戏的开山鼻祖李法佐、李法佑、赖法魁和温法明等四人，在杭州学艺时，是分别在四个不同戏班里学艺。因此，艺成回乡传艺时，就已形成了不同流派。木偶戏艺人相传，高腔有两种流派。一种是罗西披派，一种是大坪里流派（罗西披、大坪里均为白砂镇内的自然村）。鉴别流派的标志，是开台仪式中先出什么傀儡。据说罗西披派是先出太白金星，大坪里派是先出田公元帅。罗西披派的班社代表是“荣福顺”，原班主李瑞坤（乳名四哥里）。大坪里派的代表性班社是“华成堂”，原班主是曾仰锦，其嫡孙曾瑞伦、曾瑞林兄弟是 21 世纪初仍健在的高腔老艺人。

二、乱 弹

木偶戏乱弹班音乐，是集闽西汉剧和高腔之精华。在音乐的内容和表现形式上，都比闽西汉剧和高腔较为丰富。

（一）声腔种属

属皮黄腔系，亦称弹腔南北调。以二黄（南路）、西皮（北路）为主要唱腔，兼用部分昆、高、吹、南词等腔调。是皮黄传入后，吸收融合本地民间小调，吹打乐、佛曲等民间音乐而形成的。

唱腔分为西皮、二黄两大类。西皮腔高亢明快，旋律起伏跌宕，多用 于慷慨激昂、舒展欢快的场合；二黄腔低回委婉，旋律较平稳迂缓，多用于表现抒情内向，深沉压抑的情绪。

（二）唱腔结构

唱腔结构属板式变化体。板式分为一眼板（2/4 拍）、三眼板（4/4 拍）、无眼板（1/4 拍）、散板四种。

（三）唱词格式与语言

唱词格式沿用七言、十言、对偶句式。在流传过程中，艺人受客家方言影响，致唱腔、道白多带土音，故又称为“土官话”。

（四）行当唱腔

唱腔按角色行当的特点又派生出各具特征的生、旦、丑、婆、净（红净、黑净）等六行七腔。生行（小生）腔，子喉（假喉）发声，嗓音清脆明亮，行腔潇洒（文小生）、刚健（武小生），旋律起伏度大。行旦腔，子喉发声，嗓声细嫩柔和，行腔娇柔婉转，旋律华丽优美，音域广，花旦腔。丑行腔，原喉（真嗓）发声，嗓音偏暗，行腔忽高忽低，忽强忽弱，常用滑音、颤音润饰腔调，旋律跳动大，利用音色、音量的对比，给人以滑稽、诙谐感。净行腔，又分红净和黑净两种唱腔；红净腔是用真假嗓结合的唱法（称“雨夹雪”），强调用鼻腔后脑共鸣，嗓音洪亮，行腔舒展雄浑，刚柔相济，拉腔长且扬；黑净发炸音，嗓音粗犷、豪放。

（五）场景音乐

1. 串调，相传有三百多曲，今存 200 多曲。较流行的有《迎仙客》《过江龙》《到春来》《北进宫》《春串》《夏串》《秋串》《冬串》八曲。

2. 唢呐曲牌，分为军乐、礼乐、宴乐、喜乐、舞乐、哀乐、神乐七类。

3. 锣鼓经，有 100 多套，功能可归纳为四大类：场头锣鼓、弦头锣鼓、科白锣鼓、曲牌锣鼓。场头锣鼓丰富、完整，它既有独立性，又包括了其他三类锣鼓的大部或片段。

四、乐器 乐队

木偶戏班的乐器和乐队，高腔班与乱弹班有着明显的差别。

高腔所用的乐器只有锣鼓，没有丝弦和吹管弹拨乐器。有些班社用连城生产的锣，锣面比较小。高腔班所谓乐队，其实只有一个人，司锣鼓者同时也是演唱和帮腔者，只是不参与提线而已。如果有艺徒，则艺徒可参与打碗锣。

乱弹班使用的乐器一般有头弦（吊规子）、三品弦（提胡）、六角琴、鼓子琴、唢呐、呐子、曲笛、洞萧、胖胡等，还有潮锣、大钹、小钹、狗吠锣、撞子（不定腔的小云锣）、金鼓子等。乱弹乐队人数一般固定有三人，一人掌鼓，一人做上手（拉头弦吹唢呐），一人帮下手（拉三品弦或打扬琴）。如有艺徒，则专打锣鼓。乱弹班多用“潮锣”（潮州产），锣面直径一般比较大。

第五节 表 演

木偶艺术是借助木偶为表演媒介。“方寸木雕得形容酷俏，装成生旦丑净，莫笑他真真假假；数条线扯来非常活泼，演出悲欢离合，看到底出出传神”，这副贴在戏台两侧的楹联道出了提线木偶戏表演上的特色，既说出了有关木偶造型和装置的技巧，又说出了艺人们提线操作木偶的功夫。

一、戏 偶

（一）偶人 偶物

白砂木偶戏早期18个木偶，称“十八罗汉”。后发展到24个，称“二十四位诸天”。随着木偶艺术的发展和一些特定剧目表演上的需要，偶人、偶物后来又有增加。如《大名府》中《过关》一折，表演上出现了狮、蛇、葫芦等；《孙悟空》中的孙悟空，《收三徒》中的猪八戒，《三打白骨精》中的白骨精等，都是特定剧目增加的偶人、偶物。因此，偶人、偶物也由24个发展到30多个。

戏 偶

（二）偶人的造型与装置

白砂木偶的早期结构，缺乏确切年代实物遗存，亦无见诸文字的记载。从保存下来的晚清时期的作品看，高腔和弹腔木偶均属同一结构规制。

类人戏偶由偶头、身躯、肩膀、上肢、下肢五部分组成。偶头惯用樟木（最好选用木质更为细腻且不易被虫蛀的香樟根材制作），经锯出坯料、修坯、镂空加工等工序制作。对木坯偶头的美化深加工，包括开相、上光两个程序。由于傀儡通神，所以深层含义也与神佛造像一样需要开光点眼，因此开相也称“开光”。

不论男女戏偶，都用一个竹青皮篾编成的竹篓子充当身躯，故亦称篓子。后用新布缝合成罩衣包裹充当身躯的竹篓。田公戏偶必须安装袒胸、腆肚的特殊身躯，当年均采用樟木雕成弥勒佛般的圆背、丰乳、腆肚的躯干，再镂成薄的木壳身。民国初年，也在篓子上试用纸布等糊裱成袒胸、腆肚的。半片仍为竹篾的裱糊篓子来代替，后来全部改用纸脱胎的纸壳的田公身躯。肩膀，用笋壳卷起来，再用布包好缝在篓子罩衣上，左右伸于篓子之外，用以扩肩垫肩。也有选用天然树枝，在中段略削一道浅凹，再用布包好缝于罩衣上的。白砂一带的高腔班，至今仍在用此式肩膀。上肢是用木雕的手连肘与新白布条折成（9×25厘米）的布根组成臂膀。小腿连脚的木雕脚与充作大腿的由新白布折成的布根所组成的下肢，习惯上称“脚”。

偶人身高一般为1.8市尺（1米=3尺，1尺=3寸）。田公分大小两个，小的与旦同高，比一般木偶各矮3寸。

竹篓口一端接木偶头，由此往下分别为两条命根线、一条背线、左右腕线。左右脚线装在膝下1寸，腰线装在腰的两侧，肚线装在肚脐下两指。这都有严格的定位。此外，田公和三花另加脑后线，用于操作嘴之开合。

线条初为5条，后来发展到10条、12条、16条。随着表演的发展和操作的复杂，后来加的线更多。

如《水漫金山》中的小和尚，加抓衣角扇风线，踢脚线，摇二郎腿的摇脚线等;青蛇加撑握线，白蛇加脚后根线。此外，田公加口唇张合线等。同样，随着表演艺术的发展，线条长短也有变化。通常，木偶戏的命线长为 1.5 尺 (含线根 1.5 寸，下同)，背线长 1.65 尺，手线长 3.3 尺，脚线长 3.3 尺，肚线长 2.4 尺，腰线长 2.5 尺。

（三）头面造型

结构总成后的傀儡，必需经过精心的造型处理，提供各种外化手段来进行人物个性化的包装，用以人物表演程序化、个性化所需要的外貌形象，完成舞台表演所需要的人物角色。头面造型，包含偶头面相的雕绘、脸谱以及假髯等技术和规制。

1. 偶头面相

白砂木偶戏偶头的传统面相造型粗分生、旦、净、丑四种规范。

生以正生头为范，宽额尖颏，胆鼻风眼，丰颊不露骨，嘴微翘。旦以正旦头为例，杏目、直鼻、小耳平颊、圆颏略翘,樱桃小口似有笑意。净头广额、蹙眉、突目、蒜鼻、阔嘴、肥腮、大耳，重颏上翘，有似金刚力士。丑头颇有特殊，传统工艺面相为圆顶、秃头、圆目、薄唇、圆腮、翘鼻的圆胖笑脸，眼珠可动。后发展为眼珠与下颏联动。

一般的班社，因为主要运用面具来变换行当角色，所以除了用于装身的偶头之外，大都仅备两三个生旦头作为备份。

2. 面具　脸谱

面具，行话俗称“面壳”。大量使用面具是闽西木偶戏的一大特色，为其他线偶剧种所少见。面具都是纸胎彩绘而成。

脸谱是绘在面具上的性格夸张化的多彩变形图案，包括开面时直接勾绘在偶头上和彩绘在面具上的谱式，并通过面具代替勾脸达到改变偶头面相的目的。

高腔与弹腔用的脸谱差异很大，两者泾渭分明，不能混用。但在应用上又是一脉相承的，如二者在用于代替化装改变角色面相之外，都可当作人头首级用，都可用多面面具挂在一个偶头上来装扮稀奇古怪的妖怪。

高腔脸谱尚保留着“公忠者雕以正貌，奸邪者与之丑貌”的遗歆。绝大多数是按善恶套用的通用谱式，专人专用的谱式仅占脸谱总数的 1/3 左右。

面　具

弹腔脸谱较之高腔已有更为完整的体系，与唱小腔的人戏用脸谱不相上下，并互有搬用，计有红白黑三色的整面、两膛面、三角面、半边莲面和杂色的鬼脸、兽面五类谱式。到了 20 世纪三四十年代，为了生存，在争奇斗艳中偶头造型开始出现性格化的探索，如寿星不再用老人面具，雕刻的偶头面容、须眉都更与生活

李逵《大名府》

张飞《拦江夺斗》

李克用《太平桥》

弹腔面具谱式

中的长寿老人相似；龙王头则完全蜕成人脸的脸谱化，再加双目装有小电珠可发绿光，显得更有威严而诡异。此外，素面上勾勒宝卷、北斗七星或宝葫芦图纹的刘沉香脸谱，既是木偶戏中仅见的生行专谱，也是戏曲脸谱中难得一见的稀罕品种。

3. 假髯、假发

白砂木偶戏历来使用挂式胡须（行话俗称“须口”），从无偶头钉须的技法。常见的类型有：三绺式的称“牙子须”，文武正生均可用的满口式称“满须”，八字形的称“鼻子须”；亦有红白乌三色主要用于丑扮角色。弹腔一字形的短茎满髯称“直胡”，俗名“牙羁须”。

假发仅有甩发一种，男女通用，俗称“散脖”。

（四）服 饰

木偶戏的服饰经历了一个由粗渐精、由简至繁的发展阶段。早期的服饰因缺资料和文物，已难以考证。清中叶兴起乱弹班之后，木偶戏的服饰日趋统一，而且相当讲究。据老艺人回忆和从白砂剧团可看到的一些比较古老的服饰看，至新中国成立前，木偶戏的服饰主要有：五色袍（红、黄、黑、白、青）、五色甲、五色裙、寿子衣、八卦衣、公主衣、女红袍、披风、马褂、官星衣、花旦衣、老生衣、小生衣、旦衣、三花衣、老且衣、红旦衣、兰且衣、田公衣、号褂（兵夹子）、丝托、女云圈、苦裙、观音衣（白色）、袈裟、雪衣、道姑衣、桶子衣、英雄巾等。冠带有文帝帽、武帝帽、二王盔、平天冠、扎巾盔、帅盔、荷叶盔、太子盔盔（紫金冠）、大过龙、小过龙、老且厄、相雕、驸马雕、纱帽（尖、方、圆）、文凤冠、武凤冠、狮子盔、太监帽、太师巾、中军帽、文仆、武仆、秀才巾、公子帽、奴才帽、和尚帽、观音帽、佛帽、三花帽、飘巾、乡官（员外）帽、老生帽、风帽、道姑帽、帝王巾等。

道具有圣旨牌、香炉、烛台、文房四宝、篮子、官印、签筒、令旗、令箭、灯笼、马鞭、仙扫、小娃、小鱼、钓钩竿、网、铳、手铐、枷锁、莆扇、白扇、小盆、男人图、女人图、白鹤、刀、枪、蛇、虎、鱼、龙、鸟、龟、兽、马、狮、五彩（耙、刀、大刀、锏、锤等）、剑、鞭、柴刀、板斧、菜刀、锄头、扫帚、鱼叉、锅头、烟筒、包袱、伞、书、珠、葫芦、经箱、火笼、斗笠、桨、方天戟、大关刀、矛、盾、锏、弓、箭等。

新中国成立后，随着时代的发展和班社、剧团条件的改善，随着戏曲改革方针的贯彻，在木偶戏舞台上上演经过改革的古装戏传统剧目与上演现代戏并举，出现反映现代生活的中山装、汉装、西装、连衣裙、围裙等。道具方面出现安全帽、手枪等。

二、提线基本功

提线操作偶人，让偶人摸拟人的动作进行种种表演，这除了木偶装置上的技巧外，更重要的还在于艺人们提线操作木偶的要领和功夫。

（一）抓 杯

抓杯亦称持线板。线板是系结偶线的一块特制竹板，艺人习惯称之为“杯”。线板全长 9 寸。其中，前节长 3 寸，宽 2.5 寸；后节手柄长 6 寸。艺人操作木偶，首先必须抓住线板。一般用左手持线板，也可左右手变换。抓杯的方法有阴手（掌心朝下）、阳手（掌心朝上）、嘴咬等三种。阴手杯以五指抓紧线杯出台，阳手杯以拇指、食指夹住线杯，其余三指可灵活控制偶线。嘴咬杯一般是场上偶人动作较复杂时，艺人用嘴咬住线杯，从而腾出两只手来弄线。还可将持线板挂在艺人头上戴着的竹篾制成的圆圈上，腾出双手拨弄线条操作木偶。抓杯的要领是线杯要保持稳定不摇晃。操纵者的手臂就要有相当的力量，才能承受长时间的悬空负重（提偶）。

（二）扣 线

扣线又称“夹线”。木偶将被提到前台表演时，艺人一手持线板，另一手叉开五指叉开，将线条从线板底下悬结处顺着线路往下捋。捋至 1.2 尺至 1.5 尺处，将线条暂时固定在持线板的线夹上，以暂时固定木偶各种不同的姿式，如行走式、站立式、下脆式、腾跃式等。这扣线动作是否准确、得当，关系到偶人出场是否适时、人物形象是否平稳、生动。

（三）认　线

一般木偶装有14条线，分别系统在线杯的各个不同部位上。认线就是要认清14条线（田公、三花16条）所在的具体位置、长度、名称、系结方式及其作用，熟记于心后才能随心所欲地拨弄。如钉在偶人耳朵上的两条命线，那是提系木偶全身、司头部的；胸坎线两条、背线一条固定上身司俯仰的；手上分指尾线、拳头拇线、脉股线、手肘线。掩后线司手臂动作的，左右脚线各一条司腿脚活动的。这都得熟悉，方能操作自如、准确无误。

（四）指　法

偶人各种形体表演动作靠的是艺人手上拨弄线条的工夫。如《水漫金山》表现小和尚摆动二郎腿用的是挑指法，把线条挑起置于指背反复摆动；又如用抖指法夹住某条或几条线反复抖动以体现偶人的寒冷或害怕状；用拇指、食指操作手线表现偶人整冠、捋须、甩袖等各种拟人化动作，都靠艺人指头拨弄线条的技巧。

有的戏班因人手少或戏台场地太小，人多转不过来，有些武打场面有时要由一个艺人同时操作几个木偶：左右手各一个，右手腕加1个，共3个。有些舞蹈场面，一个艺人需要左右手各提一个走马圈，圈上各挂4个木偶，共8个木偶。也就是说，一个艺人同时提演8个木偶。这些如果没有熟练而高超的提线技巧，那是顾不过来、胜任不了的。

白砂木偶戏艺人经历长期的演出实践后，共同积累了很多表演技艺与技巧，有的还形成了规范化的程式。拿木偶提线法来说，他们根据人物表演动作的需要，归纳出可操作性的程式达到数十种之多。其中角色提线法，有生角出台提线法，小丑出台提线法，花旦、兰旦出台提线法，老生出台提线法，武生跳台提线法等；动作表演提线法，有上马、上轿、拿杯、提剑、两将相斗、背背后取剑、拿马鞭、腾云驾雾、观书写字、兰花手、采茶扑蝶、小和尚下山、驼背跛脚、捋须甩鞭袖等提线法，同时还有情感表现的男人发怒、官员思考、女人发嗔、小和尚得意等提线法。此外还有一些特技提线法。

三、舞台装置

戏台也叫戏棚。早期木偶戏的戏棚，既简单又简陋，多在村庄的祠堂、庙宇、村头坪地或人家厅堂选择一块合适的场所，用几张方桌和几块门板架搭一个平台，而后在平台上用长短不一，各有名号的18根或24根竹竿组合成一个临时的戏台，左、右、后三面用竹制的谷笞或围幕围起来的遮挡观众视线，只留前面作为观众看戏的台面。

“竹子架”上悬挂“台面”，由俗称“横帔”“中间子”“侧面子”组成。横帔横挂于竹子架天门竹上，多绣有班社堂号下缀丝条的横幅招牌，所以行话称之为“堂帘”。中间子，是中间竹框上披挂的屏帐，眉上绣班社堂号，帐上绣颂词或吉祥图神仙像。侧面子是弹腔班添加的新台面，斜挂于中间子两侧的出入场门帘，从现存的实物形制，亦为上眉下屏加饰框的式样。上眉有的绣字，有的绣图形。下屏可与上眉同绣文字或图形，也可以上文下图。横帔与中间子之间的台面上横铺草席一领，其所形成的三尺乘七尺左右（18平方米）的空间，是高腔和弹腔木偶表演上天入地，俗称“目盯三尺发”的舞台。后台泛称中间子背后的空间。高腔班的候场戏偶，分文班、武班悬挂于竹子架上（左文右武）。鼓点师傅、小锣手横排坐在铜锣下，面望前台。“做台心，坐台角”戏谚讲的即是线师、乐师的工作位置。

四、灯光　布景

古时木偶戏演出，仅靠挂在火竹竿上松明架子、油芯灯碗照亮。清末民初始有煤油泡子灯以及汽灯，20世纪六七十年代后出现电灯照明和灯光布景。灯光布景出现之后，改变了过去单一的帐绣颂词的装饰，再由灯光背景映示剧情的流动情境，如关山明月、流水行船、湖光山色，剧情与演技在背景的映衬下，显得栩栩如生，入情入景，满足观众的好奇和追求。音响效果方面出现了火车声、喷烟和《借雨降妖记》中的电闪雷鸣等。

第六节　田公信俗

一、田　公

“田公”是历代木偶艺人尊敬的祖师、戏神。艺人称之为田公师父、田公元帅、田大王。木偶艺人家中所供田公多为香火神位，或供奉有木雕或铜铸神像。但在戏棚之中，戏神田公的神像有两种，一是神图中画的三田公神像，二是戏棚上的大田公、二田公、三田公。通常镇台的大田公，此为丑身，可演戏中最重要的丑身；二田公一般作净或末类角色，也多用于插科打诨之表演；三田公比较矮小，多作顽童、小孩或机灵的小兵之类角色用。

关于田公的来历，传说很多，福建闽东、闽南一代认为源于唐代的宫廷乐师雷海青。而闽西的客家地区传说之一，“田公”是平民出身，是农民百姓，是百亩田庄养的；精通音乐，会演戏，被皇帝封为“田都元帅”。高腔艺人曾瑞林生前口述，广阔的田野就象是一座都城，而田公就是镇守此都城的元帅。从民众对田公的崇拜信仰上看，也与农田、农业有着较密切的关系。过去常有民众要求艺人提着“田公”到田野巡查，要鸣锣吆喝，意在驱赶瘟虫病害，保五谷丰登。看来，田元帅、田大王、田公师傅等称呼，均是因这“田”而来。闽西客家地区的“田公”是傀儡戏神和地方保护神。

戏台上的田公元帅，这个被昵称“王提大伯、王米大伯、王乞佬”的小丑，一副笑脸，纯朴憨厚，穿黑色对襟布衣，束腰，袒胸，趿拉着一双草鞋，俨然农业劳动者的形象；造型神异，嵌有一双会动眼珠的双眼和会动的下巴，动作滑稽，每到一地便用方言道白，给台下精疲力尽的农人和“寻欢作乐”的孩子们奉献了许多笑声。

在各场的戏演中，田公的角色惟妙惟肖，戏谑调逗。每一班戏出演之处，“田公”即会用调侃语调活跃气氛，引观众哄堂大笑。据说某戏班到一处演出，东家伙食甚差，天天吃春笋，艺人腹中难耐，演出中艺人通过“田公”语逗，东家看了马上改善了伙食。又如戏台只有24尊偶人，要展示出兵万千，实有难处，艺人则通过田公白话口述：“哇，在楼台上看过兵骑马个、行路个、举刀个、扛枪个、一拨一拨，过哩三日三夜，看都唔敢看哩。”

二、田公堂

田公堂是木偶艺人祭祖供奉“田公”戏神的庙宇，又称田公庙。

大金村水竹洋梁缘春“从杭州带来田公”后，起初安奉于家堂。据传，木偶戏逐渐流行各地后，每年田公诞辰时，散布于各地的木偶戏艺人都到水竹洋祭祀祖师爷。由于聚集的艺人越来越多，家堂祭祀已成不便，梁氏裔孙便在祖祠左下角建田公堂一座（修建时间待考），以供奉戏神“田公”。田公堂为土木结构，占地面积约30平方米，三面土墙，朝路边一向为穿

2001年重修后的田公堂

口。该田公堂是闽西地区唯一供奉木偶戏神的庙宇。

据高腔木偶艺人曾瑞伦追忆，民国十八年（1929年），堂中田公元帅偶像被毁，以后改用红纸写上“田公神位”贴于天屏上，以代祀神。1961年，为了保存田公堂遗址，梁祥礼、梁利芹、梁利洪、梁利攀、梁伦锦等托中人曾玉安把田公堂转卖给该庙族人梁福星改为杂物间。2001年初，梁福星儿子梁永明、梁永红捐出田公堂遗址，在梁利忠发起及乡人的协助下，捐款捐物重修田公堂。同年8月8日（农历六月二十四日），田公堂修复竣工并对外开放。堂内正中有神桌，安奉田公祖师的木刻像，副神为孔夫子、文昌帝君。

2002年农历六月，田公堂被上杭县人民政府批准为县级文物保护单位。同年，大金水竹洋成立田公堂管委会，管理田公堂各项事务。

三、田公会

（一）组织机构

木偶戏传入白砂后，随着艺人队伍的壮大和戏班的逐渐增多，艺人与艺人之间，戏班与戏班之间，以及艺人与行外人之间，难免会产生矛盾。如戏班之间抢生意、争师傅，外界歧视木偶艺人及子孙等。为妥善解决诸多方面的矛盾，加强相互间的交流与协作，清乾隆十五年（1750年），由大金水竹洋梁氏十六世梁云振、十七世梁攀秀父子牵头，艺人们自发地组建成立管理木偶戏行业事务的民间组织机构——田公会。田公会总部设于水竹洋的田公堂。

初时，选举七人组成掌事会，（先由梁姓掌事成员做东，其他姓氏成员抽签来先后顺序，由大家捐款购置田产，以后发展成24个掌事，其他班主和名师为会员。大金村华成堂老艺人曾瑞伦和塘丰村退休老师李仰桥祖上曾是24个掌事之一，曾瑞伦、李仰桥幼时曾参加过田公会。

田公会成立后，众人商议以农历六月二十四日田公生日为会期。水竹洋村梁姓族人慷慨捐出三担谷的田产，交由扶福村人耕种，田产所得作为每年田公会祭祀、聚会等活动费用以及修缮田公堂等开支。

由于白砂木偶戏的重要地位以及田公堂得天独厚的条件，田公会的成立得到了同行业的广泛支持。

（二）主要活动

田公会被誉为木偶艺人之间加强联络、互通信息、切磋技艺、增强自律的议事平台；其活动主要由两大部分构成：一是祭拜田公，二是艺人聚会，包括聚餐、议事、制订和完善行规等。

祭拜田公的仪式活动是重点，活动过程一般会安坛请神，演戏酬神和送神等。六月二十四日一早，就有当地民众和各地木偶艺人带上茶酒、香纸、供品等，陆续前往田公堂祭拜。有的艺人还带上木偶戏担到此酬神演戏。献演的木偶班如果是当年新成立的班社，要先在田公会上公演一场，之后才能演出；有的是常年演出的老戏班，为答谢神恩并祈求来年更有获利而演。二十四日这天，除了掌事，前往参加活动的还有各地木偶艺人和烧香还愿的艺人。

制定和完善行业规则是田公会作为行会组织的一个重要职能。据老艺人回忆，经田公会掌事们商议立下的的会规内容很多，主要有：（1）维护本行的权益；（2）会员之间不得互相“挖墙脚”或“拆台”；（3）逢对台戏，高腔班与乱弹班对台，高腔班先开锣；高腔班与高腔班，乱弹班与乱弹班，先接戏者先开锣；木偶戏与大人戏对台，木偶戏先开锣；鼓手班与木偶戏对台，鼓手班先吹等；（4）戏客师傅搭班后不得串班，必须要等演出结束后才能散班走人；（5）各人的戏路各人接，不得串路接戏；（6）统一用戏剧名称和曲牌；（7）统一戏班接戏价格和各层次师傅的工资；（8）各木偶戏社之间的冲突由田公会调解。所有会员都必须遵守会规，若违纪造成不良的社会影响，由田公会责罚，其在次年的田公会时出资做东，并向受损一方赔偿经济损失及鸣炮致歉。

田公会是一种集木偶戏行业神诞庆祝节日、木偶行业艺人集社、木偶戏展演为一体的，具有宗教、民俗和演艺功能的民间文化组织。它的成立，对加强木偶戏班与艺人的管理，促进同行有序竟争、保护艺人权益，促进木偶艺术的交流与协作，开拓艺人的视野、提高艺人技艺水平，丰富群众的文化生活等方面，具有重要的作用。

田公会的活动，民国十八年（1929年）告停。

2002年，由白砂镇政府和大金村共同组织成立客家木偶文化艺术研究会。该会为田公会在新的历史时期的传承性组织，曾经中断70多年的田公会活动得以恢复。

2011年12月，上杭田公元帅信俗（白砂傀儡戏田公会）被福建省政府公布为第四批省级非物质文化遗产。

2002年研究会成立合影

四、班规习俗

木偶戏的先辈艺人，但凡遇到与演戏相关的事宜，一般要到“田公面前讲定规”，这涵盖了木偶戏所有的班规习俗。

（一）开　台

旧时，木偶戏的演出活动基本上是和迎神赛会联系在一起，或酬神或娱乐或还愿。戏班每到一地，在正式演剧之间，必定先举行“安坛启师”仪式。安坛就是设置神坛，启师是艺人禀告师父、弟子在此做功夫。安坛启师也叫“开台”,是一整套仪式，台上依次提出三个戏偶，即太白星君、田公元帅、坐台菩萨（信主听许愿的神——观音或华光或夫人神等）。这三个偶人中，田公是最主要的。他在台上要表演查勘、驱赶邪魔等动作，因此开台又叫“田公踏台”。

开台仪式上，全班艺人齐声念诵“开台词”，齐声唱“开台曲”，词曲内容分上午、下午、晚上三种。其中上午的部分念词为：

一声锣鼓请神明，家堂先师莫着惊；三伯公公中堂坐，请下龙神作证明。

香烟渺渺透云霄，拜请杭州铁板桥；铁板桥头请师傅，腾云驾雾下云霄。

下午的部分念词为：

四柱架莲台，弟子诚心斋，敲动鼓板响，请德众神来。

晚上的部分念词为：

台前灯光照耀光，□□□神坐中堂，□□□神中坛坐，邪魔鬼怪走别方。

（二）请　神

木偶戏凡是演酬神还愿戏，班主要为东家请、念咒、画符等。在进行这些活动时，艺人要把木偶戏班所特备的一幅“神榜”（众神图）张挂起来。神榜为布帛制品，上面画有53位神仙菩萨。其中有陈平先师、木偶师父、田公元帅等三位与木偶戏有直接关系的神仙菩萨。

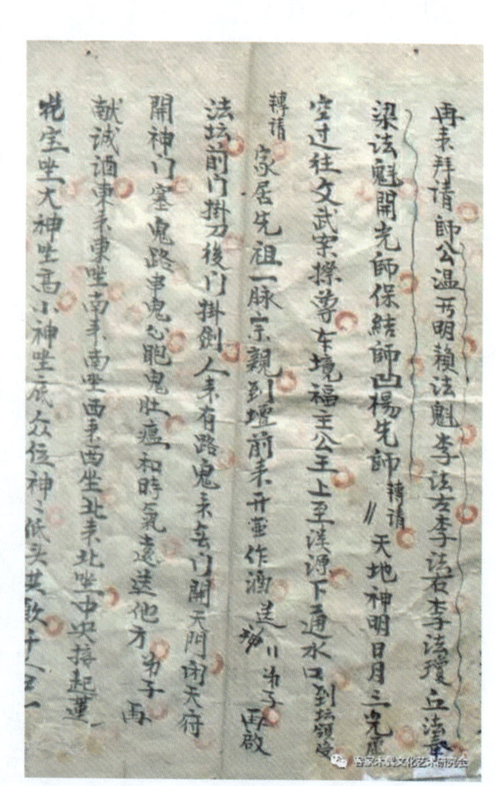
再来拜请师公温[illegible]明[illegible]法魁李法左李法[illegible]立法[illegible]
梁法魁開光師保結師[illegible]楊先師 轉請 天地神明日月三光[illegible]
空过往文武案[illegible]本境福主公王上至漢源下通水口到坛[illegible]
轉請 家居先祖一脉宗親到壇前来弄筆作演是神 弟子 再啟
法坛前门掛刀後门掛劍人来有路鬼来無门開天門閉天府
開神门塞鬼路串鬼心肥鬼肚瘟和時氣遠走他方 弟子再
獻誠酒東来東坐南来南坐西来西坐北来北坐中央[illegible]起運
[illegible]空坐大神坐高小神坐底众位神之[illegible]其数[illegible]

请神谱

神榜挂起后，即焚香化纸，礼献三牲，班主口念请神词。请神词十分冗长，所请的神仙菩萨除了53位之外，艺人还要把自己的师公、师太也请出来。但所请的祖师，每个艺人有所不同。老艺人说：“这是各师各教。”

（三）对台和报锣

过去，木偶戏经常会遇到“唱对台戏”的情况。所谓对台，就是由两个以上的戏班或鼓乐班，同时受聘在一个地点搭两个以上的戏台竞艺，以观众多寡决定胜负。东家对获胜班社多给赏金。所谓报锣，就是竞艺各方用锣声互相联络并体现礼仪的一种方式。

报锣顺序：鼓乐早于木偶　高腔先于乱弹　乱弹先于人戏

鼓乐班——高腔班——乱弹班——人戏

报锣的锣声蕴含特定的语意内容，锣声的信号内容如下：

正台一声锣：表示请偏台作演出准备；偏台一声锣，表示我们已开始作演出准备；

正台二声锣:表示我们已经准备好了；偏台二声锣，表示我们也已经准备就绪；

正台三声锣：表示我班马上开演了；偏台三声锣，表示请你们先开演吧。

报锣的锣声，除了具有双方进行联络的功能外，对本班内部又有其他作用，也就是说，锣声具有双重的信号内容。对戏班内部起到“一请、二催、三赶”的作用。旧时木偶戏是班主制，每个班社都由徒弟们搭好竹子架，装好傀儡后，就会先响一锣，意在请师傅上台了。闹台锣鼓响起，就催师傅上台。如果闹完台，师傅还未上台，徒弟就会再响三声锣，意为赶师傅上台。

（四）药王点眼

木偶戏在节日或庙会演出过程中，常遇舞狮、舞龙的前来台前参拜。这时，戏班班主就需看具体情况分别答礼。凡是龙灯来参拜，则赶快装一个药王仙师的木偶形象，艺人操纵木偶，手提金笔，在龙的眼睛上点三下，谓之“药王点龙眼”，龙灯即会自动离去。

（五）其　他

田公舌　是戏班用以打小锣用的小竹板，其形状颇似人的舌头。艺人们把它尊为田公的舌头。任何人不得用它来搅火笼（闽西人取暖的一种器具）。

手　语　是演出时师傅对徒弟的一种暗示。木偶戏班的学徒，最初进班时先学打碗锣，以后再学掌锣鼓。在掌锣鼓期间，倘遇上不熟悉的剧目，演出过程中，师傅不能直接用语言指示徒弟何段锣鼓怎样打，而用一种不出声的特定“手语”以作提示。其“手语”的比划方法和含意是这样的：翘大拇指——表示起头板锣鼓；伸三指——表示起三板锣鼓；食指倒竖——表示倒板数食指平伸——表示起过场锣鼓；尾指平伸——表示弦素过串；手掌扇耳——表示唱平板（即二黄大板）；伸阴掌——表示唱慢板；伸四指——表示西皮腔；伸二指——表示二黄腔；母指与食指成园形状——表示剧终应起尾声锣鼓。

不劝酒、睡高铺　木偶戏应聘到东家演出，凡遇东家摆酒设宴，戏台一定要搭在酒席看不见的地方。因为木偶戏的祖师是田公，先师陈平是汉朝一品宰相，不容劝酒亵渎先师。故谓“不劝酒”。木偶戏艺人信奉三教（儒、释、道），故而世人称木偶戏艺人为“师傅”而不称其为“戏客”。东家聘请戏班演出，事先均应准备床铺，不能安排艺人睡地铺。木偶戏艺人也从来不需自带被袱。

槌背学锣鼓　旧时戏班中的师徒关系酷似父子关系。例如徒弟学打锣鼓，往往不准直接用真锣鼓来敲，而以为师父槌背的方式授予徒弟锣鼓谱。徒弟以右手握拳代表锣槌，左手握拳代表大钹，以师傅的腰背为锣面；口中怎样念，手就怎样槌，手势不能太重，以免伤及师傅筋肉。以这种方式背诵鼓谱学习锣鼓，徒弟学到了艺术，师傅又轻松了筋肉，“一举两得”。

第七节　演出　重要活动

一、常规演出

木偶戏传入白砂后，早期演出多与酬神赛愿有关。清雍正七年（1729年）刊行的武平举人林宝树创作的客家群众训蒙读物《一年使用杂字》（《元初一》）中的“有行香火提傀儡，赛过良愿香山戏。华光菩萨并观音，三位夫人随人许”，真实记录了闽西客家地区乡村在康雍年间演出傀儡戏的盛况。

迎神赛会及节庆常演的主要戏类主要有：华光戏，一般在老屋（祠堂）里演出，专为祖宗而演；戏人戏，一般在家厅堂演出，为儿童祈祷平安；安龙戏，也叫养龙戏，一般在新屋安龙出煞时，为家庭祈祷平安；乡村戏，一般在村中、村中或社公坛前搭台演出，为本村村民祈祷平安、五谷丰登之意；还愿戏，昔日乡民为祈求菩萨保佑或平安或高升或发财或祈福求子等，在神明面前许下心愿，到了一定时候或心愿以偿，就演戏还愿；打醮戏，一般以村为主，保佑村民五谷丰登、人口平安、六畜兴旺；新年戏，一般闹正月，为群众娱乐而做。迎神赛会期间，木偶剧目主要有《夫人传》《华光传》《观音传》《五星记》《三官记》等诸多大型神话题材的宗教剧，均演绎报恩、拯救苦难、许愿还愿等主题。

一般而言，木偶戏演出时间主要集中在夏收结束至秋冬季节延续至次年开春。其间，农事告一段落，不但木偶艺人能够腾出时间来表演，更多的农人也有了业余时间从事农事以外的杂务，加上此时雨水减少，利于建房、乔迁、祠堂开光、秋天祭祀、寿星诞辰等所需要的人群活动。其间，各个木偶戏班挑着戏箱走村串户，或村社，或道坛，或祠前，或庵堂，为主题、节俗活动或东家助兴，烘托气氛，娱人娱神，活跃乡村文化生活。

新中国成立前，白砂木偶戏班除在闽西演出外，常到江西、浙江和广东等地演出。其中华成堂演出活动区域主要在广东的松源、蕉岭，江西的乌下坝，长汀、武平、上杭县。龙凤堂除在本地区演出外，常往江西、浙江、广东潮汕一带演出。

新中国成立后，人民政府加强对演出活动的管理。木偶剧团到外地演出，需由上杭县演出管理部门出具介绍信。

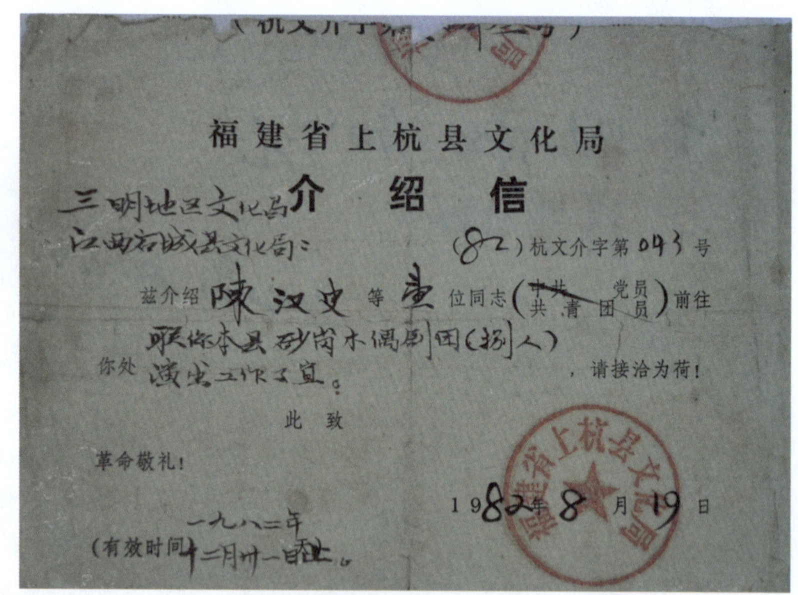

福建省上杭县文化局

介绍信

三明地区文化局
江西石城县文化局：

（82）杭文介字第043号

兹介绍陈汉史等　位同志（党员／共青团员）前往你处联系本县砂岗木偶剧团演出工作事宜。请接洽为荷！

此致

革命敬礼！

1982年8月19日

（有效时间一九八二年十二月卅一日止。）

演出介绍信

二、重要演出

1954年11月，邱必书、徐传华、李象贤、刘锦丛等8人组建闽西木偶代表队赴福州参加省汇演获奖后，又应选赴上海参加华东戏汇演，演出《大名府》一剧，代表队获特种艺术表演奖，刘锦丛获个人二等奖。

1955年4月，刘锦丛等人赴京参加全国十三省木偶皮影观摩调演，《大名府》一剧被选进怀仁堂为周恩来、朱德等中央领导汇报演出。同年，刘锦丛等人参加龙岩专区第二届木偶戏、民间歌舞观摩演出大会，演出《槐荫会》。

2007年12月初，白砂木偶艺术团在上杭孔庙为到上杭调研的福建省委书记卢展工等省、市领导表演木偶舞狮、《大名府·过关》选段。卢展工对着舞狮，对着戏台双手合掌连声说：“好、好、好！”还到戏台前表示谢意，并看望后台的木偶艺人。

2010年2月13日（农历十二月三十日，除夕），中共中央总书记、国家主席、中央军委主席胡锦涛，在福建省委书记孙春兰、省长黄小晶等陪同下，到上杭县古田镇五龙村同老区干部群众共迎新春佳节，同乡亲们一道跳起欢快的客家舞，共同祈愿生活年年好、节节高。其间，白砂木偶舞狮队一行七人，为胡锦涛、孙春兰、黄小晶等各级领导及干部群众表演木偶舞狮。这是白砂乃至闽西木偶艺术史上的一件大事。

在古田五龙民俗广场表演

三、主要活动

（一）发掘整理　调查研究

1952年，上杭县文化馆举办一期艺人培训班，与会30多人，会期三天。白砂多位艺人参加培训。

1953年，刘锦丛参与上杭县木偶戏班（剧团）筹建工作。同年，在白砂基督教堂召开全县木偶戏座谈会，与会11人。

1954年，龙岩专区文化局派陈军平、温七九两人到上杭调查木偶戏。当时，以上杭福胜线剧团和白砂的生庆堂戏班为主要调查对象，先后在白砂和县城召开调查会，以整理改编《大名府》一剧为主要任务，以参加福建省和华东区戏曲会演、全国十三省木偶皮影戏会演为工作目标。

1955年至1964年，梁祥礼、袁宜立等参加上杭县文化馆口述记录整理传统剧目工作，梁祥礼口述168部，袁宜立口述96部。数量之多，令人惊叹，也足见其传统文化积淀之深厚。

发掘传统剧目

1979年，全国组织编纂《艺术系列十大集成》丛书，在全国范围内收集整理民间文艺有关资料。上杭县文化馆音乐干部袁洪亮负责此项工作。曾多次前往大金村华成堂第三代掌门人曾瑞伦的家，对其家族的戏班进行调查采访。并由曾瑞伦、曾瑞林兄弟和曾发芳（曾瑞伦之子）、曾天山（曾瑞伦之孙）四人演唱高腔唱腔28个选段，谓“九调十三腔”。该音响资料已经记成曲谱，并编印成《上杭木偶戏音乐资料》（高腔及其他），分别送呈省、地文化主管部门。

1983年，刘锦丛、李象贤、曾瑞伦等参加由地区文化局《闽西戏剧志》编辑部在上杭召开的编写工作会议。期间曾组织演唱录音。

1985年，由地区文化局和上杭县文化局在白砂乡召开闽西木偶戏白砂调查会。白砂乡党委副书记梁伦进、党委宣传委员游万贵、文化站干部袁爱贤出席会议。参加会议并接受采访的艺人有林必耀、林必桃、李象贤、李如福、袁九天、袁德章、傅青朗、袁先德、梁伦锦、张如常、袁荣昌、曾瑞林等。会议期间亦曾组织演唱会并作录音。除会议座谈外，编写人员还先后至塘丰、大金、大田、中洋、朋新、樟黄、银坑等村庄进行实地调查考察、访问，与众多木偶戏艺人的遗孀或后裔进行座谈。观看了各自所保存的木偶戏剧目手抄本、古老木偶头、乐器、戏笼、戏箱、神榜、堂印、符印、台面、工尺谱曲牌、木偶服饰道具等文物。会后，即组织专人撰写有关文章，分别编入《闽西戏剧志资料汇编》第八期、第九期和第十期(此三期的内容以木偶戏为主)。

1991 年，福建省艺术研究院艺术理论研究室主任、研究员叶明生到上杭调查木偶戏，由袁洪亮陪同至白砂大金村对高腔艺人曾瑞伦进行专访。此后的若干年内，叶还曾多次单独或邀请境内外专家一同走访曾瑞伦，对高腔班的《夫人传》剧目和法事科仪以及和木偶戏相关的问题进行采录。在此基础上，撰写了专著《闽西上杭高腔傀儡与夫人戏》（叶明生著）《福建上杭乱弹傀儡戏夫人传》（叶明生、袁洪亮校注）。

1994 年，袁洪亮和邱意初、袁恒福等三人为主编、副主编组成《上杭木偶戏音乐集成》编辑部，对上杭木偶戏的唱腔音乐再次组织演唱并进行收集、记谱、整理。

2003 年 10 月 17 日，龙岩市民俗艺术研究专家刘远到白砂大金采访田公堂情况。

2004 年初夏，福建省艺术研究院研究员叶明生和加拿大博士生杨端慧到水竹洋采访 4 天，并撰写学术论文。

2010 年 3 月 15 日，福建农业大学经济与管理学院旅游学院院长、教授陈补华一行十余人，到大金村水竹洋田公堂调研参观。

2010 年 4 月 18 日，台湾天至视听传播公司电视资深编导、制作主持人唐山和闽西电视台记者一行，到大金村水竹洋田公堂采风，了解木偶戏渊源及发展情况。

（二）纪念和节庆活动

2001 年农历六月二十四日，恢复并开放田公堂。时任龙岩市文化局文化艺术科科长何志溪，上杭县副县长兰建杭等参加。

2002 年农历六月，田公堂列为县级文物保护单位。同年农历六月二十四日，成立客家木偶文化研究会，开始启动拯救木偶艺术和延续傀儡戏田公会活动；龙岩市文化局何志溪、上杭县文化局局长廖连章等参加。

2004 年 8 月 9 月（农历六月二十四日），举办客家木偶文化艺术研究会成立两周年纪念活动，省、市、县有关领导参加，高腔木偶戏班作了精彩的表演，少儿木偶班也表演了汉剧联唱、舞狮、抛葫芦等节目。

2005 年 8 月 3 日（农历六月二十四日），举办客家木偶文化艺术研究会成立三周年纪念活动。福建省艺术研究院研究员叶明生及加拿大英属哥伦比亚大学（University of British Columbia，又名卑诗大学）博士杨端慧到水竹洋参加纪念活动。高腔木偶戏和少儿木偶班表演了节目。参加活动的领导和专家对木偶戏的传承给予很高的评价，认为西半球加拿大的博士能到东半球中国的山沟里来探访民族文化，说明水竹洋的文化底蕴多么深厚。

2007 年 8 月 6 日，白砂镇举行客家木偶文化艺术研究会成立五周年纪念活动，县领导张跃龙、梁八生，专家学者何志溪等，当地干部群众共 800 多人参加活动。木偶艺人为观众演出高腔《杨六郎进三关》，乱弹《少儿舞狮》《汉剧联唱》《打花鼓》《抛葫芦》《打加官》《木偶基本功》。

2008 年 7 月 25—27 日，由白砂镇党委、政府主办，大金村两委、客家木偶文化艺术研究会、龙岩博尚文化传播有限公司承办，隆重举行上杭水竹洋田公堂首届木偶艺术节暨学术研讨会系列活动。该活动是上杭木偶戏历史上最为隆重、最为壮观的一次，受到国外一些专家学者的关注和重视。参加这次活动的有美国教授柯白波、陈李凡平，日本教授野村伸一、铃木正崇、藤野阳平，福建省艺术研究院教授叶明生和厦门大学、三明学院专家教授共 30 人，市、县、镇有关领导及专家，本县木偶艺人和周边群众两三千人参加。参加演出的木偶戏班有白砂、南阳、黄潭三个乱弹剧团，洋境彩下、白砂碧砂两个高腔剧团；永定虎岗的烧架花——“药发傀儡”也参加展演。学术研讨会有专家、学者 30 多人参加。与会者的论文会后由主编叶明生、梁伦勇编印成《上杭木偶戏与白砂田公会研究文集》，由海潮摄影艺术出版社出版。

2008年木偶学术研讨会

2009年2月，举办纪念陈平先师（陈平会）的演出活动，调来高腔木偶戏演出，恢复已停止长达60多年的陈平会纪念活动。8月14日，召开客家木偶文化艺术研究会，并举行年会活动，期间进行木偶艺术讲座。由木偶名师刘金寿、王荣昌讲授乱弹、高腔的木偶艺术操作。

2011年7月24日，上杭县第二届木偶艺术节暨田公会重光十周年庆典在白砂水竹洋隆重举行。省、市、县有关部门领导、艺术界专家以及镇村干部群众500多人参加活动。期间新老木偶艺人齐聚水竹洋祭拜田公戏神，各戏班举引木偶戏表演；来自海峡两岸的艺术界专家、学者召开研讨会，探讨客家木偶艺术的传承和发展。

陈平会纪念活动

2012年8月11日，白砂镇水竹洋举行田公元帅信俗（白砂傀儡戏田公会）授牌仪式暨客家木偶戏研究会成立10周年纪念活动。联合国教科文组织木偶艺术专家委员会专家和福建省艺术研究院、市文化广电新闻出版局、市民间文学家协会以及县政协、古蛟新区等有关领导，各地木偶剧团、同乡会、社会各界人士500多人参加活动。活动期间，木偶成年班演出《金狮贺喜迎嘉宾》，少年班展演《醉梅》，高腔展演《麦里赠金》，乱弹展演《大闹天宫》等剧目。

第二届木偶艺术节演出现场

2016年7月27日，由中共上杭县委宣传部、上杭县文体广新局、中共白砂镇委员会、白砂镇人民政府主办的"客韵流芳"木偶文化艺术节，在大金水竹洋举行。艺术节由客家木偶艺术协会及木偶戏班发出了《拯救客家木偶戏文化（大金）宣言》，简称

《大金宣言》。

2017年7月17日，由福建省艺术研究院、龙岩市文体广新局、上杭县人民政府主办的上杭县客家木偶文化艺术节在大金水竹洋举行。省市有关领导、木偶研究专家学者参加研讨。

2018年8月5日，由白砂镇党委、政府主办的2018年上杭县田公元帅信俗活动暨客家木偶文化艺术节，在大金水竹洋举行。

2019年7月26日，由上杭县人民政府主办，县农业农村局、县文化体育和旅游局、新时代文明实践中心、白砂镇党委政府承办的乡约你来上杭·2019上杭县客家木偶文化艺术节暨葡萄节在大金水竹洋举行。省艺术研究院研究员叶明生、省"非遗办"主任刘如珍、市文联主席王永昌、上杭县人民政府副县长蓝玉华，承办和协办单位负责人、木偶专家艺人150多人参加。其间，召开上杭县客家木偶艺术研究会第三次代表大会并进行上杭县客家木偶艺术研究会换届。

木偶舞狮

（三）交流　交往

2007年5月27日，组织上杭县白砂观摩团到莆田湄洲岛参加莆田始祖活动周年纪念活动，白砂高腔木偶班以精彩的演出受到当地观众的好评。同年6月30日，莆田市文化交流代表团（一行11人）到上杭白砂等地考察，白砂木偶艺术团在白砂镇政府所在地为他们表演木偶戏节目"少儿汉剧联唱"及"木偶武打戏"，受到赞扬，代表团向白砂镇捐赠20万元。

2019年木偶艺术节期间的巡游活动

2010年5月6日，客家木偶文化艺术研究会会长梁利忠随同以省长黄小晶为团长的两岸宗亲文化交流团前往台湾考察，并参加两岸宗亲族谱展，与台湾各界朋友展开友好交流。

2012年9月14—9月23日，上杭田公堂研究会会长梁利忠、龙岩市民间文艺家协会秘书长梁伦拥、上杭县文化馆馆长张庆明，参加由福建省艺术研究院研究员、教授杨榕率领的福建田公信俗文化赴台参访团到台湾参观访问。

附：拯救客家木偶戏文化（大金）宣言

拯救客家木偶戏文化（大金）宣言

客家木偶，源自中原文化而自成一格。自明初由浙江传入闽西上杭之白砂，迄今已有五百多年历史。五百多年来，木偶戏作为客家的"社戏"，妇孺皆知，长盛不衰，成为客家人记忆中抹不去的乡愁。

客家木偶戏根植于广大客家山区，以其不断创新、独具匠心的表演形式，成为客家最具特色的文化遗产。客家木偶戏由民间艺人口口相授，代代相传，成立戏班，走南闯北，由白砂逐渐向外流传至闽西各地，特别是随着客家民系的壮大而传播至闽南、广东、江西及台湾等地，形成了一个以客家祖地为中心的客家木偶戏发展圈。据统计，清末民初仅龙岩地区七县就有148个戏班，其中上杭86个占全区一半多，而白砂有45个又占了全县一半多。

但是，客家木偶戏和其他客家文化一样，面临日渐式微的困境，从主流艺术滑到了文化生活的边缘。更令我们尴尬的是，随着戏班的解散，艺人的老龄化，木偶艺术随时面临失传绝迹的境地。如果任其发展，再过十年二十年，已没有人能演木偶戏，没有人能欣赏到精彩的木偶戏表演。

幸而一大批真正热爱艺术热爱客家的人在极力挽救客家木偶戏的命运。从20世纪50年代开始的木偶戏整理与研究，至今还在民间演出的十几个木偶戏班（团），他们为传承木偶艺术起着非常重要的作用。在客家木偶发源地白砂大金村，重新修复了田公堂，每年举行田公会和木偶戏展演；上杭县成立了木偶艺术协会、木偶艺术传习中心，以拯救濒临失传的客家木偶艺术。显然，木偶戏的命运已越来越引起人们的关注，人们已经意识到，作为一门古老的民间艺术，让它消亡是不幸的，因为这个不幸关联着客家文化的命运。

在此，我们郑重向社会各界发出倡议与宣告：

一是做好国家级非物质文化遗产申报工作。呼吁高度重视客家木偶戏申报国家级非遗工作，促进政府与民间共同努力，凝聚力量，将客家木偶戏纳入国家非物质文化遗产保护范畴。

二是扶持民间木偶戏发展。为保证木偶戏艺术能够在客家乡村持续生存，请求社会各方关注、呼吁民间木偶戏团体命运，通过资金扶持、组织培训、增加演出机会等方式，促进民间木偶戏团体的健康发展。

三是建立客家木偶戏生态文化圈。白砂镇作为客家木偶戏发源地，亟须建立客家木偶戏生态文化圈。通过保护客家木偶戏这一活态文化，以木偶制作、演出为基点，保持艺术与人民、社会生活的紧密联系，精心发展客家木偶文化产业。

四是加强木偶戏文化交流与合作。为使客家木偶戏打破封闭状态，呼吁社会各界想方设法促进客家木偶戏走出家门、国门，参与交流、展示自己，使这一古老而充满魅力的客家艺术得到新的传承发展。

我们相信，在全世界热爱客家文化、热爱客家木偶戏人士的共同努力下，客家木偶戏一定会重现客家文化的辉煌！

客家木偶艺术协会及各木偶戏班

2016年7月27日

（注：收入本志时，编者对原文做个别文字修改）

第十九章　艺　文

宋元明时期，白砂籍作者著述情况无考。

清代，随着教育的发展，科举制的推行，白砂涌现袁维丰、袁养正等一批进士、举人，文人士子队伍不断壮大。袁维丰、袁养正分别参与族谱编修并作序；举人袁楷尚存诗二首；岭背举人刘昭，曾出版《角三诗集》享誉朝野，道光皇帝赐“文魁”金匾。还有袁玉书、袁超恩兄弟诗人，袁知人、袁安鹄、袁绥、袁汉表、傅于王、刘青藜等在《杭川新风雅集》中存有诗稿。

第二次国内革命战争时期，毛泽东、朱德等老一辈无产阶级革命家在白砂开展革命斗争，宣传中国共产党的方针政策，宣传土地革命和建立苏维埃政权。当地民众拥护中国共产党的主张，积极配合红军从事革命活动，境内流传许多红色山歌和红军标语，为后人留下了弥足珍贵的红色文化财富。

民国时期到新中国成立后，白砂人弘扬文化传统，在文学创作领域有不少作品问世。梧岗袁竹秋、大田温祖荫、岭背刘永尧、官洋松柏袁学林都曾出版诗文集；中国音乐家协会会员、厦门市音乐家协会主席袁荣昌，福建省音乐家协会会员袁洪亮创作大量的剧本和歌曲；中国美术家协会会员、天津美术学院油画系教授袁文彬创作大量优秀油画作品；青年作家邱美煊创作《追英雄的少年》等长篇小说。

本章选录白砂人士诗词歌赋、美术音乐、联语歌谣、故事传说等作品，以反映白砂的文化概貌。

第一节　诗词选

题丘烈妇

袁　楷

君不见红夷黑夷争沪城，牙旗大纛多宵行。又不见倭人旧岁弃韩盟，边将纷纷远逃生。当年誓作节义士，一朝丧败竟如此。可惜石头生褚渊，不及贞妇闽岭死。武威女子幼聪慧，艳似芙蓉香似蕙。纺织春闺久待年，阿娇快遇乘龙婿。从此鸳鸯日并头，春江水暖影双浮。贫贱糟糠剧辛苦，如宾相敬冀家流。八载春光转眼过，心酸文叔染沉疴。仲景圣医无灵药，鹧鸪声苦唤哥哥。人间萧史去天上，泣血捶胸不可状。丧中残喘强支持，子有螟蛉宗已亢。妾身愿与夫身随，夫死三朝妾死期。香骨埋尘自今古，皓皓寸心日月知。吁嗟乎！马革裹尸人已渺，日日妖氛海上扰。死如烈妇重泰山，愧煞缙绅知多少。

贺勷侯入泮

袁　楷

闻道窦家种桂堂，双双玉树喷天香。笋班更羡猫头茁，兰砌争传蝶使芳。
绝世聪明夸李贺，趋庭诗礼喜陈亢。一门芹藻经三采，早岁探花独冠场。
河阳花发际春风，年少光阴好用功。董氏帷中觇学问，祖生鞭里起英雄。

为人子者当如是，做秀才时便不同。万里鹏程初发轫，伫看桂杏折枝红。

注：袁楷，字少仓，白砂乡人。清光绪己卯（1879年）亚魁，候官教谕。民国十五年（1926年）卒，年80。为文敏捷，下笔千言，作制艺一日可十许篇。诗不多见，仅从《丘烈妇征诗册》录得一首，勷侯录示二首，亦足征其工力已。

辛丑季春余居静绿馆，有感弟伊蒿和尚居上圆山方丈，漫赋赠之

袁玉书

忆昔入林如竹立，长少参差无日月。
长不让金赛斗大，其中最少思插笏。
天道盛时人事强，秋风起兮木叶没。
萧条家计难支撑，死丧无几若倏忽。
岂无苍天以为正，孰使善者而尽歿？
幸有真人之得一，远离人群而突兀。
久闻至贵遂思徂，将留不死旧之域。
无异昔日乘白云，群攀龙髯力颤绝。
遗弓堕地百姓奉，静思不禁神恍惚。
天生年少佛子性，乐先正始过阀阅。
庆在一人人咸赖，家声护持永不歇。

杭川感事

袁超恩

最饿吴衙虎，逢之佛也吞。
有金开狱户，无罪入牢门。
道理今休论，典刑竟不存。
问天天在否？仰首诉奇冤。

举世皆为浊，谁人敢独清？
鸱鸮群制鹊，贤士却无名。
妒杀蛾眉细，空悲蝶粉轻。
藏之山且水，时或雨而晴。

天实为之者，命也复如何？
息事遭殃祸，好心投网罗。
偏将泾作渭，忍以凤为鹅。
师死闻于狱，心伤泪转多。

游紫金山，宿中峰之晴雨轩

袁超恩

难于应接醉双眸，客坐松阴半掩楼。
万里云霞穿竹缝，千层烟树绝尘愁。

水相磕额争长舌，峰欲问天斗出头。
孰是逍遥无虑物，啸于石上老猿猴。

注：袁超恩又名恢先，号伊蒿和尚

秋夜偕季父大和尚暨仲元兄于静绿山房小集，奉和季父元韵一章，录呈慈削

袁知人

踏波林阴颇醉时，愤然感处赋新诗。
因争雨露花开早，喜仗书灯月到迟。
挟策半生悲不售，寄怀一夜有心知。
幸相劝勉文章事，犹茂甘棠起治思。

祝季父蒿翁大和尚五十一华辰

袁知人

芳辰一度十年还，问学须眉并改颜。
事至知非非乃至，生当俟命命斯闲。
宗风彻透秋中月，诗字清妍雨后山。
几处嵩高频剪句，遥瞻紫气入松关。

壬戌冬寄呈上通叔祖大和尚

袁安鹄

重阳乍别倏三冬，骨肉云林梦不同。
世外烟霞时自赏，家庭文字互相攻。
声声爆竹呼春转，树树梅花笑腊穷。
说戒未能参法座，亲聆棒喝捷机锋。

注：袁安鹄，字侍臣，知人子

寿范理堂先生八十

袁 绥

忆昔悬弧我与均，同生同业不同辰。
我遭皇路君通显，君已服官我处贫。
幸值太平全盛日，相安八秩太和春。
中秋月下思君乐，遥仰南山祝大椿。

注：袁绥，字干臣，乾隆元年（1736 年）举人。

寿范理堂先生八十

袁汉表

旦月卿云好画屏，桂河秋朗老文星。
携琴旧识看花县，载酒争过问字亭。

珠树海中齐长价，凤毛膝下再传经。
垂竿应笑磻溪赉，鸠杖闲摩玉宇铭。

注：袁汉表，字特起，乾隆十五年（1750年）举人。

戊子将北上应礼部试，赋此述怀

刘　昭

幽燕路八千，父母年八十。一去百事艰，怕向亲言及。
以我念我亲，贫家缺供给。以亲念我儿，空囊知羞涩。
水陆复舟车，风凄兼雨湿。缘兹故迟迟，不敢理行笈。
亲曰儿毋然，显亲贵名立。强笑出门行，长跪心悒悒。

注：刘　昭，字麟角，一字晴沼，岭背村人。

吊袁芝谷先生

傅于玉

君子欲辅仁，以文常会友。有社名群英，君实倡其首。
忆昔五年前，飞觞曾介寿。群拟年年春，欢言酌春酒。
不料北风凉，忽陨先生柳。先生始冠年，人人称大受。
一采鲁侯芹，外孙真齑臼。学自有渊源，后生叨善诱。
其父能析薪，其子克荷负。纬武且经文，鲤庭解趋走。
桂苑杏园中，卓然探花手。兼之智贮囊，居乡化苗莠。
持己自庄严，待人复忠厚。靠山忽其颓，白云封洞口。
执绋一滴酬，九原君知否。谁著月旦评，大德增不朽。

注：傅于玉，字佩绅，鹏背人。

贺钟生勷侯之灏泮婚

刘青藜

年少峥嵘羡二难，记曾问字乐盘桓。
帐中风度吾惭马，泮里芬馨子赋鸾。
文妙转鹏初赏戴，楼夸造凤早传韩。
芹香缀后衣香染，谁是元常两擅欢。
桂风流韵戛香车，窈窕人来识曲家。
绣阁争谈偕季芈，沓觞今喜钦侯笆。
人间花烛然新朗，天上河魁避已遐。
健笔千军期汝扫，漫同京兆画眉夸。

注：刘青藜，字莲槎。

和　韵

袁竹秋

闲来无事上高楼，极目云山雨未休。春色模糊牵客思，花光黯淡惹人愁。
几壶浊酒杯中尽，万缕炊烟槛外浮。醉后不知天已暮，滔滔絮语话从头。

和韵 录秦始皇

袁竹秋

建筑长城不世才，雄图大略一身该。国防巩固消边患，无复胡人牧马来。

和韵 录文天祥

袁竹秋

不勘屈膝事新主，柴市临刑尚倔强。正气一篇歌宛在，日星耿耿有光芒。

次 韵

袁竹秋

道人题诗名画虎，归愚误认作化虎。画虎化虎都非真，七八何分横与竖。
两公诗才皆绝伦，句泣鬼神惊风雨。斗诗往还瞬百篇，雅谑兼该迈今古。
两公襟度洵非常，胸怀开朗无城府。道德卓越复能文，下笔千言逾寸楮。
议论风生四座惊，非彼庸俗所能语。尘土功名天爵高，试问谁人能步武？

录自《古蛟诗选》

录诸葛亮和韵

傅扬清

功盖三分识绝伦，木牛流马见才真。鞠躬尽瘁图兴汉，三代而还第一人。

录自《古蛟诗选》

录汉武帝和韵

刘仲山

出师讨伐匈奴服，遣使宣扬西域降。漫说穷兵空帑藏，声威从此震遐荒。

录自《古蛟诗选》

过雪山草地

丁甘如

万苦艰辛出重围，又入雪山荒原地。饥腹奇寒且可忍，难碍高原气体稀。
三军肝胆硬如铁，经得狂风暴雨侵。饥寒交迫不挂齿，全靠主义照征程。
神兵飞夺腊子口，会师陕甘挫追敌。日寇深入民族危，为求解放战到底。

（1986 年）

注：丁甘如，碧砂村人，老红军，1962 年授予少将军衔 。

我的一生

袁子清

期颐老红军，姓袁名子清。闽西上杭人，家住松柏林。
年已九十四，往事记得清。今以诗形式，记录其事情。
六岁入蒙馆，读书较聪明。先生教不了，另把学校寻。

插班乐育小，毕业第一名。中学读三年，也在前十名。
家庭人凑款，供我来学习。自携米和菜，生活较艰辛。
家乡闹革命，学校就此停。教师跑走了，学生回家庭。
农村小青年，生活出路寻。跟随共产党，投身闹革命。
一九二九年，红军到闽西。农民顿觉醒，遍地红旗擎。
参加赤卫队，升级为红军。次年加入党，成为党内人。
古田会议开，建党原则定。红军要壮大，编入红四军。
汀州整编后，北上攻大城。头仗樟树镇，次过长沙城。
回师江西省，打开吉安城。老蒋着了急，派兵剿红军。
一二三四次，围剿都不成。红军反围剿，战术用的神。
敌进而我退，敌退而我追。敌驻而我扰，敌疲而我打。
战地在苏区，群众基础深。坚壁又清野，等待敌人进。
诱敌深入术，各个击破敌。像个张口袋，把它装进去。
巧用此战术，战胜蒋家军。围剿被粉碎，红军得胜利。
活捉敌师长，姓张与姓陈。国民党军队，成了运输兵。
缴枪成俘虏，投诚当红军。哈哈蒋介石，运输大队长。
一九三二年，红军向外征。一军攻漳州，三军围赣城。
缴获物资多，取得围城经。回师江西地，打败广东军。
一九三三春，工农代会开。苏维埃政府，主席毛泽东。
建设根据地，瑞金成红都。各种事业建，红红火火行。
男的参军去，女人把田耕。前线战斗紧，后方很平衡。
部队到永丰，腾田搞整训。改为红五团，调任营书记。
来了李德者，不识中国情。篡夺指挥权，改变战术行。
堡垒对堡垒，短促突击经。分兵把口子，分散我军力。
不失一寸土，保卫根据地。御敌国门外，喊的响盈盈。
高虎脑战斗，坚持几天停。还喊胜利了，实在是骗人。
工事被击废，无奈自撤兵。围剿难粉碎，只好办法寻。
主席曾建议，打到江浙去。调动蒋家军，运动歼敌人。
苏区越来小，无法再容身。无可奈何事，只得搬家行。
前路重兵堵，尾后有追兵。前进路已断，改变方向行。
战略大转移，行程变长征。突破湘江线，红军进入黔。
渡过乌江险，占领遵义城。想创根据地，形势仍不行。
革命受挫折，思念毛主席。改变指挥权，将士强反应。
一九三五年，元月在遵义。中央会议开，确立毛地位。
泽东为军首，灵活指挥行。决定过长江，会师四方军。
四川的军阀，江边集重兵。防堵我红军，进入四川境。
要过长江去，机会难得寻。回师桐梓地，寻找新战机。
四渡赤水河，迷惑四川军。茅台酒选脚，行军健如飞。
娄山关一仗，重占遵义城。打败吴奇伟，再过乌江去。
绕过贵阳城，红军迅速进。不日进入滇，如入无人境。
敌人送地图，给了我方便。巧渡金沙江，会理城边进。

进入彝族区，红军会首领。宣传革命理，与其歃血盟。
我军通过后，到达大渡河。船少水流急，实在难过去。
军委下命令，急奔泸定桥。日夜兼程进，全程三百里。
无边风雨夜，天堑大渡横。火把照征程，飞兵夺泸定。
打下山垭口，我军乘胜进。先占天全地，再占宝兴城。
天全宝兴地，气候实在奇。一日三变化，时晴又时雨。
夹金山又高，山高不见顶。终年雪皑皑，鸟儿难飞行。
夹金山险峻，怵目又惊心。老乡极劝阻，红军主意定。
山前作动员，互相来鼓励。翻过雪山去，就是懋功地。
会师四方军，好似兄弟亲。那个高兴劲，实在感动人。
两河口之地，中央会议开。会上成决议，北上抗日定。
创造根据地，进入陕甘宁。又在毛儿盖，决定两路军。
北上抗日道，草地需必经。部队紧准备，忙把粮食寻。
茫茫大草地，奇怪而无情。草下是泽地，道路实难行。
草地天真奇，一日多变异。时而雾蒙蒙，时而密乌云。
暴风加骤雨，无处可躲避。浑身被雨淋，夜幕下露营。
寒冷的折磨，饥饿的煎熬。多少好同志，长眠在草地。
草地刚走尽，国焘令南行。左路被南返，右路未听令。
主席亲指挥，右路向北征。打开腊子口，哈达铺整军。
看到敌报载，陕北有红军。翻过六盘山，到达吴起镇。
长征胜利了，会合志丹军。创建根据地，战斗陕甘宁。
三七东进晋，回陕职务变。四年文书职，现连指导升。
直罗镇战斗，打败东北军。活捉其旅长，成了统战人。
放其回西安，告诉张学良。停止打内战，共同抗日去。
九一八事变，东北被沦陷。不做亡国奴，激起反日情。
蒋贼不抵抗，调动东北军。来到陕甘宁，枪口对红军。
东北军将士，离家又离亲。打回老家去，收复失土地。
一说去抗日，全军燃激情。誓死捍国土，消灭日本军。
三六十二月，学良和虎诚。兵谏蒋介石，现址捉蒋亭。
西安事变起，逼蒋同抗日。局势突变化，中外皆震惊。
共产党代表，赴西安调停。要从大局计，放蒋回南京。
西安事变后，内战基本停。国共来谈判，共同抗日军。
红军改八路，加入国民军。抗日逞英豪，深得民众敬。
一九三七春，奉命进抗大。学习半年余，结业上前线。
卢沟桥事变，全国抗日兴。随军上前线，参加抗日行。
平型关首战，消灭坂垣旅。狠挫敌锐气，大振我军心。
被令阳平关，掩护友军退。我们向前进，川军让后行。
分配部队是，六八五二营。荣任教导员，随着部队行。
群众多高兴，慰劳八路军。川军向后退，饭亦吃不成。
奉命井陉地，曾袭日本兵。亦在平山地，吸收抗日军。
部队东进冀，我调总政行。后到太南队，扩军保地方。

一九四〇春，北方党校进。学习半年多，下山去平原。
进军敌后方，战斗冀鲁豫。建立根据地，抗日局势新。
一九四三春，奉命赴延安。党校再学习，整风形式新。
四对一小组，走了半年程。路上艰苦劲，好似小长征。
日寇投降后，返回冀鲁豫。老蒋起坏心，想把果实吞。
不仅不合作，想灭八路军。内战因又起，我军愤起拼。
三年解放战，辽沈加平律。又打淮海役，取得大胜利。
主席发号令，人民解放军。打过长江去，消灭蒋匪兵。
一九四九年，全国得解放。建立新政权，普天同欢庆。
西南解放后，坐阵镇远城。保卫新中国，剿匪贵州境。
三次战争中，身经数百战。二次负重伤，转危获余生。
连营团分区，主任并政委。职务皆任过，政治工作精。
一九五二年，奉命离部队。告别贵阳城，报到于北京。
转至交通部，分配上海城。建设上海港，又踏新长征。
一九五六年，再到北京城。中央党校进，学习哲学理。
结业回上海，工作更有劲。讨论日常事，理论联实际。
工作勤俭事，生活艰苦辛。诚恳待人好，两袖清风清。
一九八二年，卸任局长位。离休志不休，工作仍不停。
支部任书记，开展党工作。个人和支部，曾被评先进。
一生为革命，革命贯始终。历经众考验，信念更坚定。
严格教子女，工作学习勤。做事先做人，事业皆有成。
后辈承父志，全家满门红。共享天伦乐，老人欢喜心。

注：袁子清，官洋松柏人，老红军，生前任上海港务局副局长。

琴岗诗社成立十周年

傅克昌

耕耘在笔园，聚会话丰年。春雨绿千树，东风润玉泉。
奇花同秀艳，硕果更香甜。艺苑春长茂，年年景色妍。

双髻山

傅克昌

如娥双髻屹云间，掩掩遮遮少露颜。艳丽衣裙常更换，冬穿缟服最娇妍。

周总理诞辰一百周年

傅克昌

周公主政最廉明，尽瘁鞠躬为救民。撒下骨灰肥绿土，丹心一片照汗青。

渔歌子·鸳鸯

傅克昌

2000年农历十二月二十日为我“钻石婚”而作

一对鸳鸯戏水边，几多恩爱度华年。公引颈，母趋前，轻歌曼舞乐陶然。

注：傅克昌，朋新村人，小学教师

北京颐和园

温祖荫

栉比楼台灿九州，江南美景遍搜求。山青万寿含香阁，水碧昆明吐舫舟。
岁岁知春新翠柳，更更卧月老铜牛。壮游毋忘强邦国，曾记当年劫火稠?

三峡大坝截流成功咏

温祖荫

万里长龙作楚囚，千年壮举殿鸿猷。山猿奇眺灯如海，神女讶惊水倒流。
穿峡险流停怒号，横江巨坝理温柔。移民百万舒豪气，重绘山河灿九州。

黄　山

温祖荫

炼丹传说本朦胧，秀水奇峰造化功。鹅岭攀登称脚健，光明俯眺叹山雄。
天都不见神仙会，莲蕊将开浴日红。观海石猴情独注，帆张崖顶候东风。

南昌滕王阁

温祖荫

亭台迭出水迢迢，飞阁流丹分外娇。王勃辞工成绝唱，滕王楼丽最高标。
近观街市城昌盛，远望田畴地富饶。兵燹劫灾兴复毁，今朝重建客如潮。

注：温祖荫，民国二十三年（1934年）3月生，白砂镇大田村人。福建师范大学中文系教授，硕士研究生导师，外国文学教研室主任，中国比较文学学会理事，福建比较文学学会副会长，中国作家协会福建分会会员。出版著作40本，550余万字。

浣溪沙　庆祝建军五十八周年

刘永尧

五十八年一瞬间，人民革命倒三山，东方红日照人寰。
从自改革开放后，腾飞经济万民欢，神州旧貌换新颜。

赠北京书法大师刘安仁先生

刘永尧

翰墨为缘在探求，京华结社更清幽。一联佳句传心通，敬久谊深愿聆谋。

壬午初冬大雪

刘永尧

玉龙飞舞升深霄，晓起临窗尽白描。一派银装和素裹，江山尽化喜多娇。

登长汀云骧阁有感

刘永尧

云骧古阁屹山巅，水抱山环绕紫烟。放眼蓝天旧郭外，高楼拔地列窗前

注：刘永尧，岭背村人。

山歌依然年轻

袁学林

这是祖辈们
辛勤培育出来的
种子
山里人的情思
构成了种子的基因
与活力
在记忆里储存
在心灵里发芽
在泥土里生长
在青山滋长风流
老树枯萎了
山歌依然年轻
在田园增长纯实
庄稼收获了
山歌久久飘香
山里人生生死死
留下了山歌
山歌成了传家宝
栽种姑娘小伙心里
季季开花
年年结果

我是一滴露

袁学林

山村
你是一棵树
村中大路是树干
田园小径是枝桠
禽畜瓜豆是绿叶呀！
我是一个农人
在繁枝茂叶间生活
在婆娑树影中升华
如一滴晶晶晨露
一滴明亮亮的喜泪
一颗沉甸甸的珍珠
为山村增添了姿色
塑造着风度
每一阵春风吹过
拂着你，也拂着我
结下了不解之缘
血脉相通
生死同根
我是翡翠
在翡翠的叶尖
我是喷香
在喷香的花瓣
我是甜蜜
在甜蜜的果实里
呵，山村
你是一棵葱茏的大树
我是朝朝夕夕
伴着你的一滴露
伴着你，我默默消融
融进了叶绿素

每一缕阳光洒下
照着你，也照着我
我滋润着你
你护佑着我
即使落到地下
也依偎在你身边——
你屹立的这片泥土

水调歌头·立秋处暑时节

邱仲藩

明知仍处暑　何必早立秋
盖在苦夏时节　赠上清凉流
自然自有规律　寒暑往来顺序
物极必回头　胸有成规记
无处不悠游
知能胜　乐体任
复何求　升沉随境
皆存美妙可探究　静时寄情文字
群中传善播智　布衣似王侯
潇洒浑物外　快意写春秋

注：邱仲藩，洋乾中村人，厦门大学教授。

七律·砂川夜咏

华建清

秋韵悠长鸣国泰，桂姿摇曳舞升平。
婆娑月影梳心事，婉转风声叙世情。
淡淡闲云听夜雨，潺潺流水唱天明。
笙歌荡气环幽谷，美景生诗撩梦清。

沁园春·双髻山

袁茂荣

令值冬初，携侣登山，路隘枫红。赏山门洞景，群峦缠绕；黛漪荡漾，旷野空濛。天缀云花，远村迷幻，水色山光薄雾笼。忽阳灿，展一川锦绣，豁朗心胸。

步移福地岩丛，仰古刹庄严竟肃容。看阿弥陀佛，慈祥和蔼；笑星弥勒，大肚能容。寺外莲池，午时花放，清冽天泉漉色空。再登顶，感巅峰之险，手接苍穹。

梧岗村古朴树随想

袁明忠

相牵两岸鸳鸯树，疏影横斜凉伞晖。
流水潺潺迎客至，轻风袅袅送宾归。
梧桐引凤筑巢宿，鸿雁乘鸾临阁飞。
毓秀钟灵人杰地，魁星科子竞芳菲。

赞大华古松

傅灿章

村舍古松千百载，田畴落昭不寻常。
蜿蜒故里桃源道，透丽清朝杏苑香。
见证光阴新旧事，伴随桑梓起居阳。
今逢盛世建高速，树下车驰奔富康。

白果树下

李艳星

守候南国八百载，望北中原思君王。
麒麟溪畔担风雨，白果树下护儿郎。

游马鞍山

邱树元

山路盘旋二九弯，欲登峰顶莫辞难。
林间竹笋尽情长，途道风光任意观。
清静庵堂烟绕殿，幽深曲径雾弥天。
攀临绝处凭环眺，心地无邪玉宇宽。

魅力白砂赞

华建忠

将军故里美家乡，木偶传承源远长。
白玉无瑕呈瑞彩，黄金有色见灵光。
麒麟水秀通佳气，双髻山青兰桂香。
锦绣砂川生态好，人民富裕享安康。

第二节　文　选

一、《上杭白砂袁氏族谱》序

万物本乎天，人本乎祖，故乾坤一大父母也，人身一小天地也。尝读大易书，太极分而两仪，而四象，而八卦，因而重之其别。六十有四，引而伸，触类而长，遂至于四千九十有六，而骎骎乎，莫可纪极。包羲氏虑其杂而越也，乃列为横图，以发凡起例。其所以序，生生之次者，盖有条而不紊矣。人之生，始于鼻祖，递推递衍。由身以上，则有高曾祖祢：由身而下，则有子孙曾元。且浸而为来耳为云，仍亦几于纪极之无。从此而不有以联属之微特，恩谊无关，即亲疏之杀，尊卑之等，亦鲜有能辨别者。此古人所以有族谱之作也。图以序卦，谱以联宗，虽殊而理则一。

我始祖开基白砂，于兹几数百年，户众丁繁。其间之断者、续者、存者、亡者，与夫安土及去其乡者，难更仆悉数。昔家先生敬轩曾立房谱，而于合族之祖宗孙子，悉未著于编。岁丁酉，正以丁艰来归。一日，族伯叔成命，曰："吾家世歌哭于斯，聚族于斯，代传十七，户衍千余，已历有年所矣。生者日以繁，死者日以故，谱尚未立，恐枝分派衍百年后惟疏属难联。即统宗之祖，且将有不能记忆者，其何以贻兹后人也。盍为订完之。"正以弗克胜任，辞再四，不获命。于是偕弟侄数辈，分编合纂。咨流传于父老，稽世系于孙曾。举凡祖德先芬及事体之有关，于家政有裨，于世道人心者，尽采摭成编，登之梨枣。是役也，盖几阅月而始告竣焉。

今圣天子孝治诞敷，以天下为一家，以中国为一人，莫先于类族辨物，而上治祖祢，下治子孙，旁治昆弟，序之以昭穆，别之以礼义，诚有如记之大传。所云者，属在编氓畴，无水源木本之思，而可勿共体此意也。是谱之作，源流悉而世系明。于此见亲疏之杀焉，见尊卑之等焉。读之者，知云仍来耳子孙曾元，苦源于高曾祖祢，而要则统于鼻祖。如大易之四千九十有六，六十有四，一本于八卦、四象、两仪，而要则归于太极。则堂寝之间，墓墟之地，见先人之本支如亲见先人。而秩然者有序以相亲，蔼然者有恩以相接，庶无负乎本天本祖之义也夫！

乾隆四十二年丁酉岁孟秋月，十二代嗣孙养正敬撰

注：袁养正，于清乾隆二十一年（1756年）、二十五（1760年）恩科两中副榜。

二、《上杭白砂袁氏族谱》序

木之生也，挺为干，分为枝，布为叶末，不一而本。一水之行也，决为汜，歧为渚，别为沱流，不一而源。一人之本于祖也，犹水之有源，木之有本也。方其初，一人耳。一人而生子数人，此数人者，犹同父也。此数人者，又各生子数人，则所各生之数人，已同祖而异父矣。自是以降，且异其祖，异其曾与高矣。其派益繁，其属益涣，则其恩亦益衰。至于服穷亲尽庆吊不及，族属之间有同陌路，此无异循末忘本，沿流失源。其泛泛然如秦越人之相视也。非缘俗，偷亦其势则然。昔宋眉山苏氏虑族属蔓延而数世之后之渐以忽忘也，本古小宗法立为谱。谱之作，岂惟是齿昭穆之伦，审族从之辨，亦将使人探本穷源，以毋忘水木之思云耳。

吾族之家，于杭之白砂数百年矣。由明迄今，绵延一十七代，烟火之家千余，其外徙者又不下数百家。赖先泽之宏被，而又值国家升平日久，以子以孙承承继继，幸无陨越。然世次渐远，派衍弥纷，已不能不虑其忽忘。倪更数千百载，浚源而末益分，其为忽忘，更何似？先是族兄敬轩先生尝建议编辑族谱而未逮。丁酉春，族又叔居正、族弟仁衷复言之。适又叔初庭先生亦奉讳家居，以其熟习旧闻而健于文也，族人成

以此属之。因与族人士考论世系，朝夕编摩。间有年远无稽者，败簏故纸，悉行搜检，或且走墟墓间，剔阅藓碑，考其阡葬年月，务得详确而止。书成为卷之数若干，为目之数若干。起例发凡，有条不紊，尽其用心，勤而属念，为已远矣。亲亲，治之始也。夫有亲而不归其分则渎，不合其恩则离，渎且离，俱不可以治。《记》曰："亲亲之道，以三为五，以五为九。上杀，下杀，旁杀，而亲毕矣。"古人谨丧服之纪，笃宗盟之好，莫先于此。然则斯谱之作，岂将为观美哉。诚欲使一族中，为疏、为近、为尊、为卑，秩然就序。抑又追惟世德，永念厥初。由己身等而上之，而父、而祖、而曾祖、而高祖、而始祖，虽瓜瓞之绵更千百世，要其为一人之子，姓无异也。苏子不云乎，读吾谱者，孝悌之心油然以生。夫观水而溯其源，循木而探其本，则涣者萃疏者戚矣。夫庸知一人之身之分而至于途人者，其卒不可以一人合之也哉！

乾隆丁酉孟秋月，十四世孙维丰道谨书

注：袁维丰，于清乾隆二十一年（1756 年）中举人，二十六年（1761 年）恩科进士。

第三节 音乐作品选

一、袁荣昌作品选

永远的古田

（女高音独唱与混声合唱）

1=♭B 2/4

♩=63

朱家麒 词

袁荣昌 曲

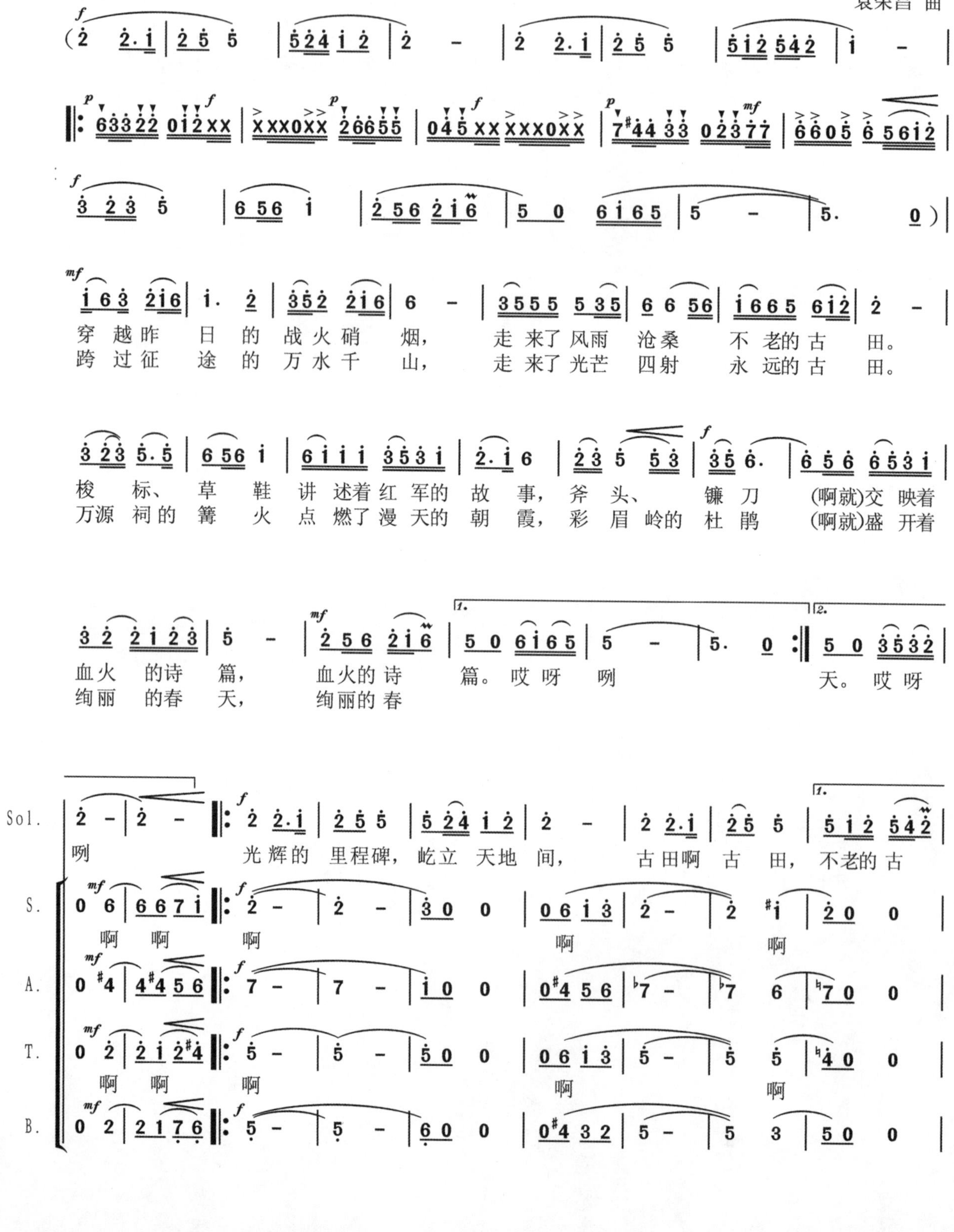

穿越昨日的战火硝烟，走来了风雨沧桑不老的古田。

跨过征途的万水千山，走来了光芒四射永远的古田。

梭标、草鞋讲述着红军的故事，斧头、镰刀（啊就）交映着

万源祠的篝火点燃了漫天的朝霞，彩眉岭的杜鹃（啊就）盛开着

血火的诗篇，血火的诗篇。哎呀咧 天。哎呀

绚丽的春天，绚丽的春

Sol. 咧 光辉的里程碑，屹立天地间，古田啊古田，不老的古

S. 啊 啊 啊 啊 啊

A.

T. 啊 啊 啊 啊 啊

B.

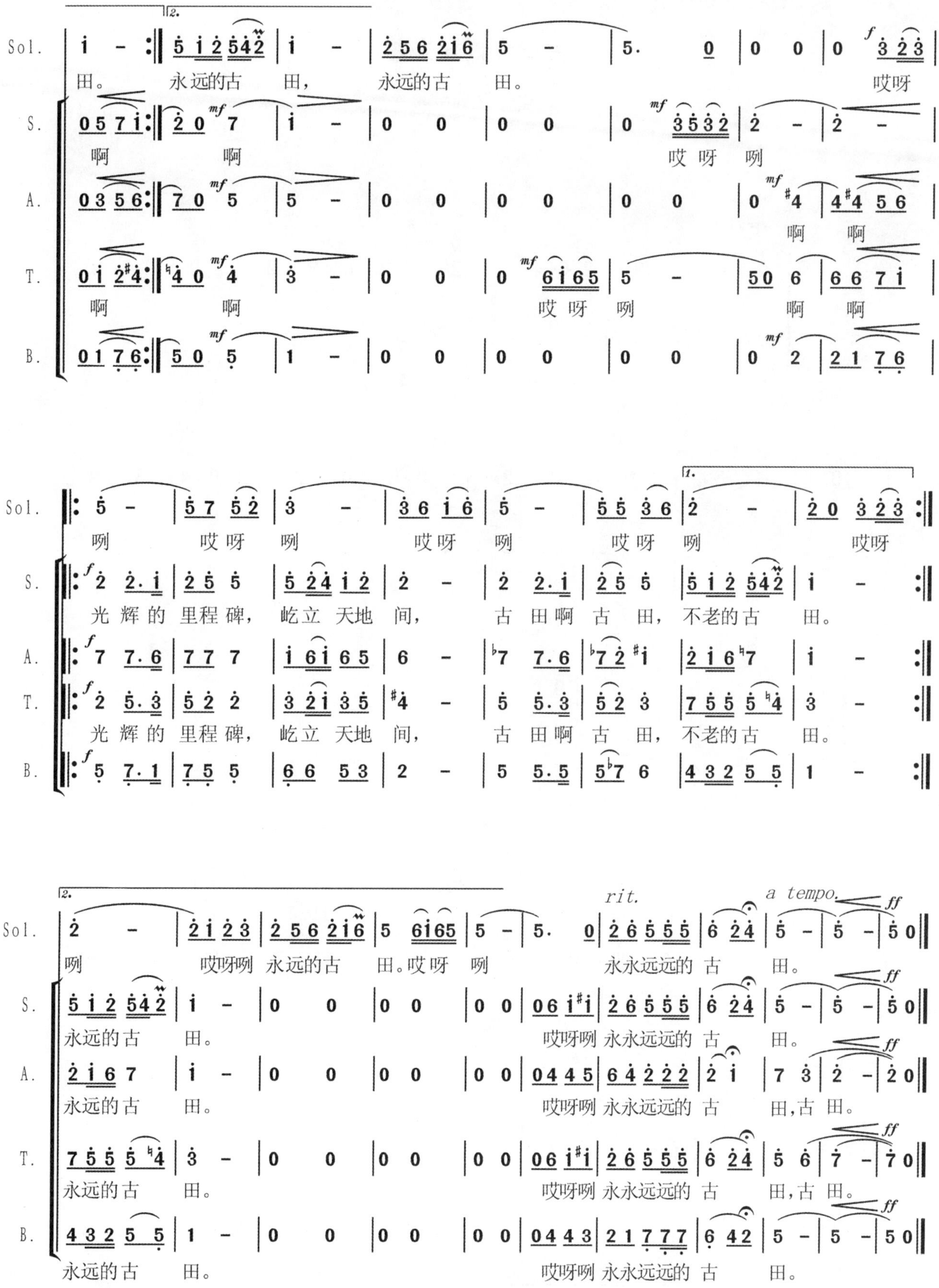

Sol. 田。永远的古　田，永远的古　田。哎呀

S. 啊　啊　哎　呀　咧

A. 啊　啊

T. 啊　啊　哎　呀　咧　啊　啊

B.

Sol. 咧　哎　呀　咧　哎　呀　咧　哎　呀　咧　哎呀

S. 光　辉　的　里程　碑，　屹立　天地　间，　古　田啊　古　田，不老的古　田。

A.

T. 光　辉　的　里程　碑，　屹立　天地　间，　古　田啊　古　田，不老的古　田。

B.

rit.　*a tempo*

Sol. 咧　哎呀咧　永远的古　田。哎呀　咧　永永远远的　古　田。

S. 永远的古　田。　哎呀咧　永永远远的　古　田。

A. 永远的古　田。　哎呀咧　永永远远的　古　田，古　田。

T. 永远的古　田。　哎呀咧　永永远远的　古　田，古　田。

B. 永远的古　田。　哎呀咧　永永远远的　古　田。

二、袁洪亮作品选

古田会议放光芒

（戏曲女高音独唱与混声合唱）

黎中城词
袁洪亮曲
肖发灿配器

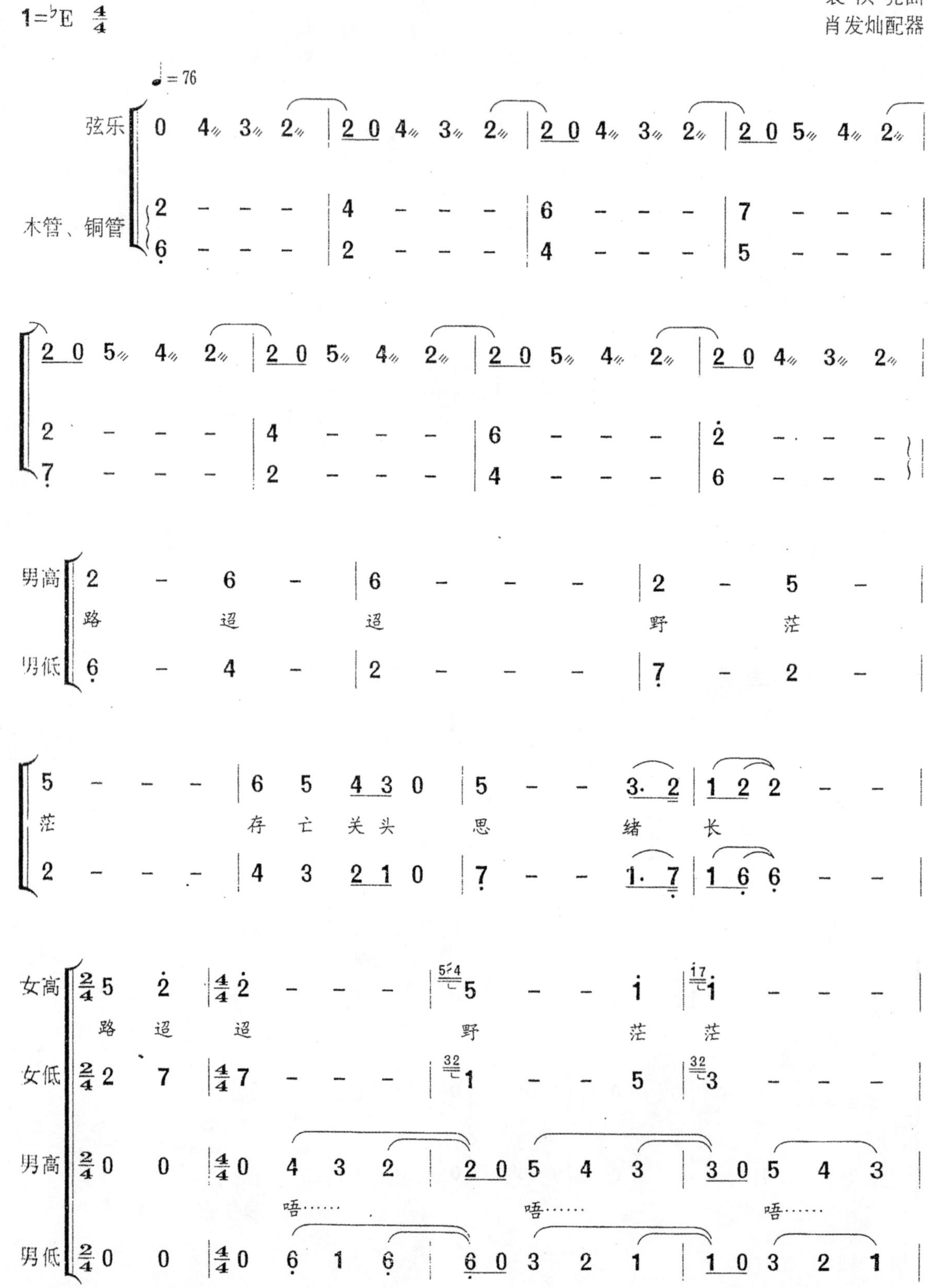

1=♭E 4/4

♩=76

弦乐：0 4 3 2 | 2 0 4 3 2 | 2 0 4 3 2 | 2 0 5 4 2 |
木管、铜管：2 - - - | 4 - - - | 6 - - - | 7 - - - |
6 - - - | 2 - - - | 4 - - - | 5 - - - |

2 0 5 4 2 | 2 0 5 4 2 | 2 0 5 4 2 | 2 0 4 3 2 |
2 - - - | 4 - - - | 6 - - - | 2 - - - |
7 - - - | 2 - - - | 4 - - - | 6 - - - |

男高：2 - 6 - | 6 - - - | 2 - 5 - |
路 迢 迢 野 茫
男低：6 - 4 - | 2 - - - | 7 - 2 - |

5 - - - | 6 5 4 3 0 | 5 - - 3· 2 | 1 2 2 - - |
茫 存亡关头 思 绪 长
2 - - - | 4 3 2 1 0 | 7 - - 1· 7 | 1 6 6 - - |

女高：2/4 5 2 | 4/4 2 - - - | 5 - - 1 | 1 - - - |
路 迢 迢 野 茫 茫
女低：2/4 2 7 | 4/4 7 - - - | 1 - - 5 | 3 - - - |
男高：2/4 0 0 | 4/4 0 4 3 2 | 2 0 5 4 3 | 3 0 5 4 3 |
唔…… 唔…… 唔……
男低：2/4 0 0 | 4/4 0 6 1 6 | 6 0 3 2 1 | 1 0 3 2 1 |

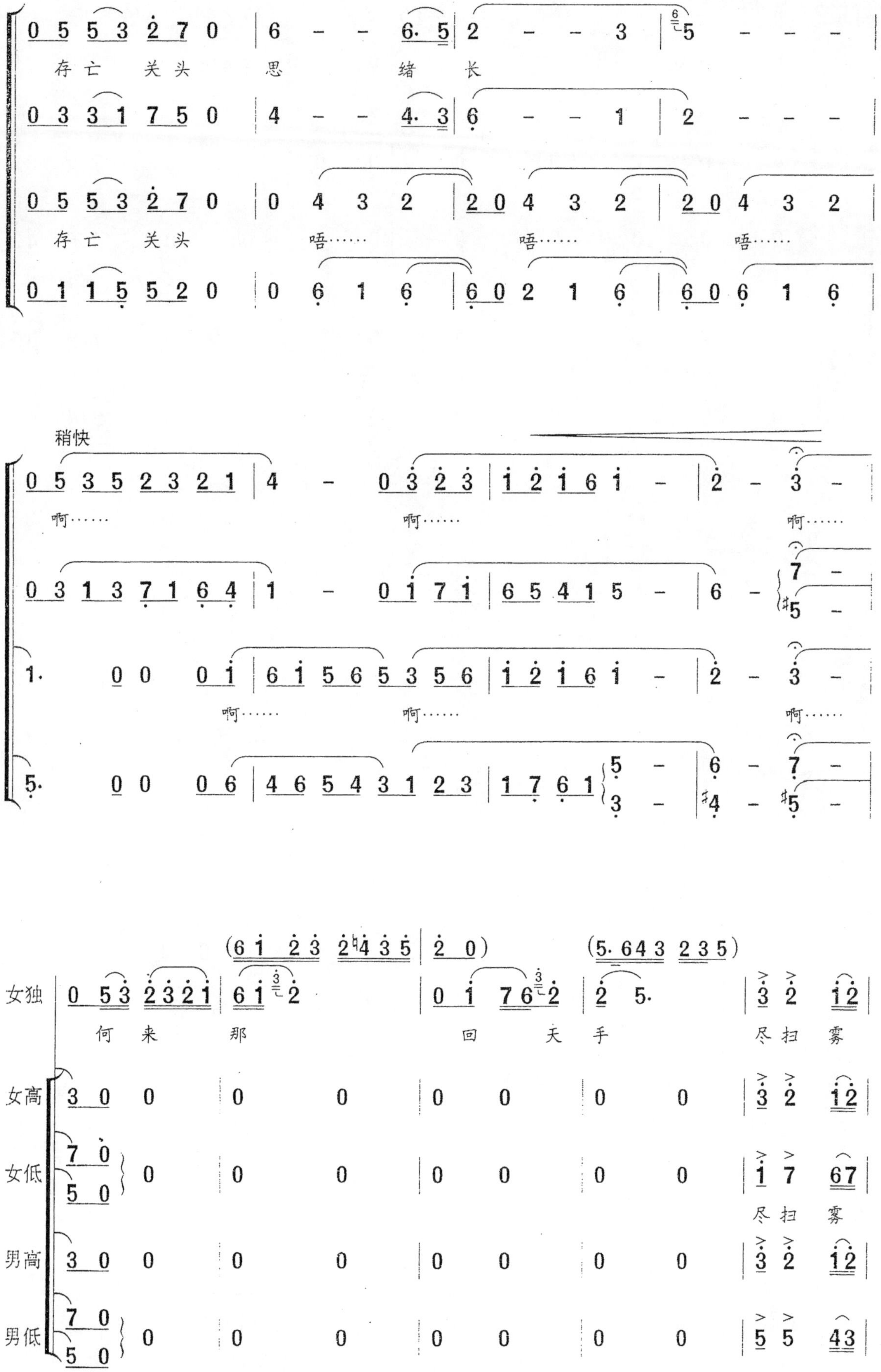

存亡关头 思 绪 长

存亡关头 唔…… 唔…… 唔……

稍快

啊…… 啊…… 啊……

啊…… 啊…… 啊……

女独 何来那 回 天 手 尽扫雾

女高

女低 尽扫雾

男高

男低

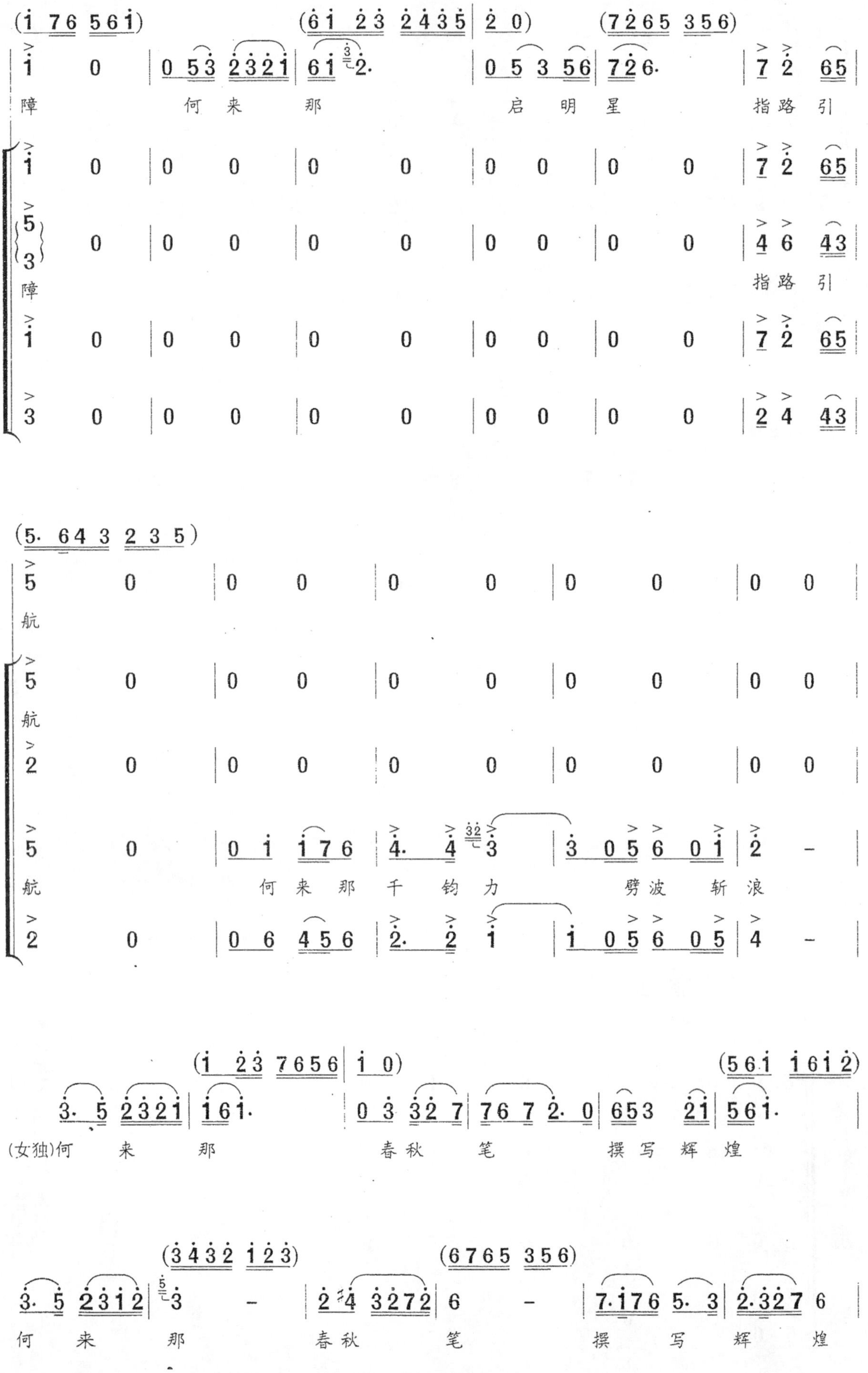

障 何来那 启明星 指路引

障 指路引

航

航

航 何来那千钧力 劈波斩浪

(女独)何来那 春秋笔 撰写辉煌

何来那 春秋笔 撰写辉煌

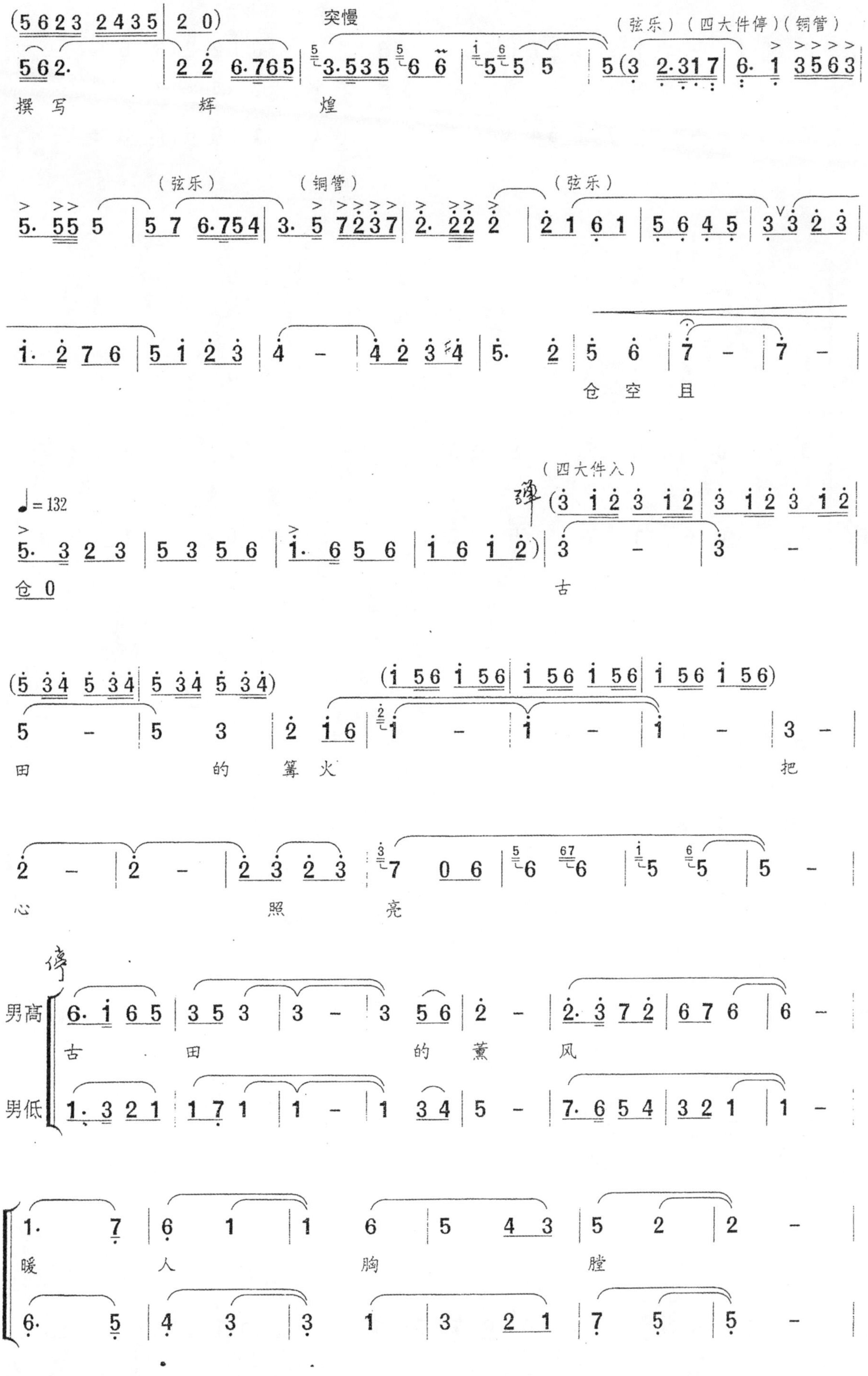

(5623 2435 | 2 0)　突慢　（弦乐）（四大件停）（铜管）

562· | 2 2 6·765 | 3·535 6 6 | 5 5 5 | 5(3 2·317 | 6· 1 3563 |

撰写　辉　煌

（弦乐）（铜管）（弦乐）

5· 55 5 | 5 7 6·754 | 3· 5 7237 | 2· 22 2 | 2 1 6 1 | 5 6 4 5 | 3 3 2 3 |

1· 2 7 6 | 5 1 2 3 | 4 - | 4 2 3 4 | 5· 2 | 5 6 | 7 - | 7 - |

仓 空 且

♩=132　（四大件入）

5· 3 2 3 | 5 3 5 6 | 1· 6 5 6 | 1 6 1 2) | (3 12 3 12 | 3 12 3 12 |
3 - | 3 - |

仓 0　古

(5 34 5 34 | 5 34 5 34) (1 56 1 56 | 1 56 1 56 | 1 56 1 56)

5 - | 5 3 | 2 1 6 | 1 - | 1 - | 1 - | 3 - |

田　的　篝 火　把

2 - | 2 - | 2 3 2 3 | 7 0 6 | 6 6 | 5 5 | 5 - |

心　照　亮

男高 6·1 6 5 | 3 5 3 | 3 - | 3 5 6 | 2 - | 2·3 7 2 | 6 7 6 | 6 - |

古　田　的　薰　风

男低 1·3 2 1 | 1 7 1 | 1 - | 1 3 4 | 5 - | 7·6 5 4 | 3 2 1 | 1 - |

1· 7 | 6 1 | 1 6 | 5 4 3 | 5 2 | 2 - |

暖　人　胸　膛

6· 5 | 4 3 | 3 1 | 3 2 1 | 7 5 | 5 - |

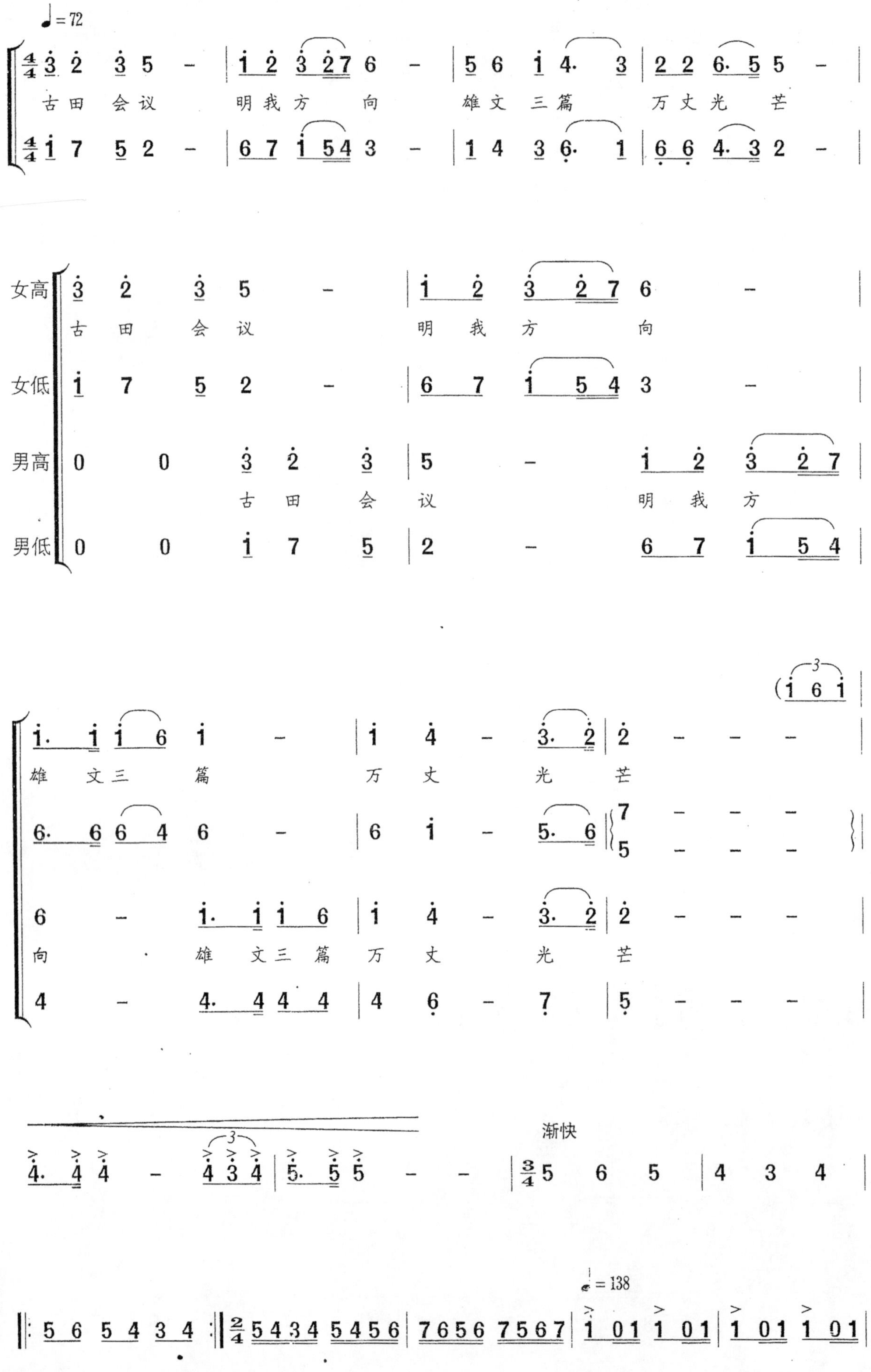

♩=72

古田会议 明我方向 雄文三篇 万丈光芒

女高 古田会议 明我方向

女低

男高 古田会议 明我方

男低

雄文三篇 万丈光芒

向 雄文三篇 万丈光芒

渐快

♩=138

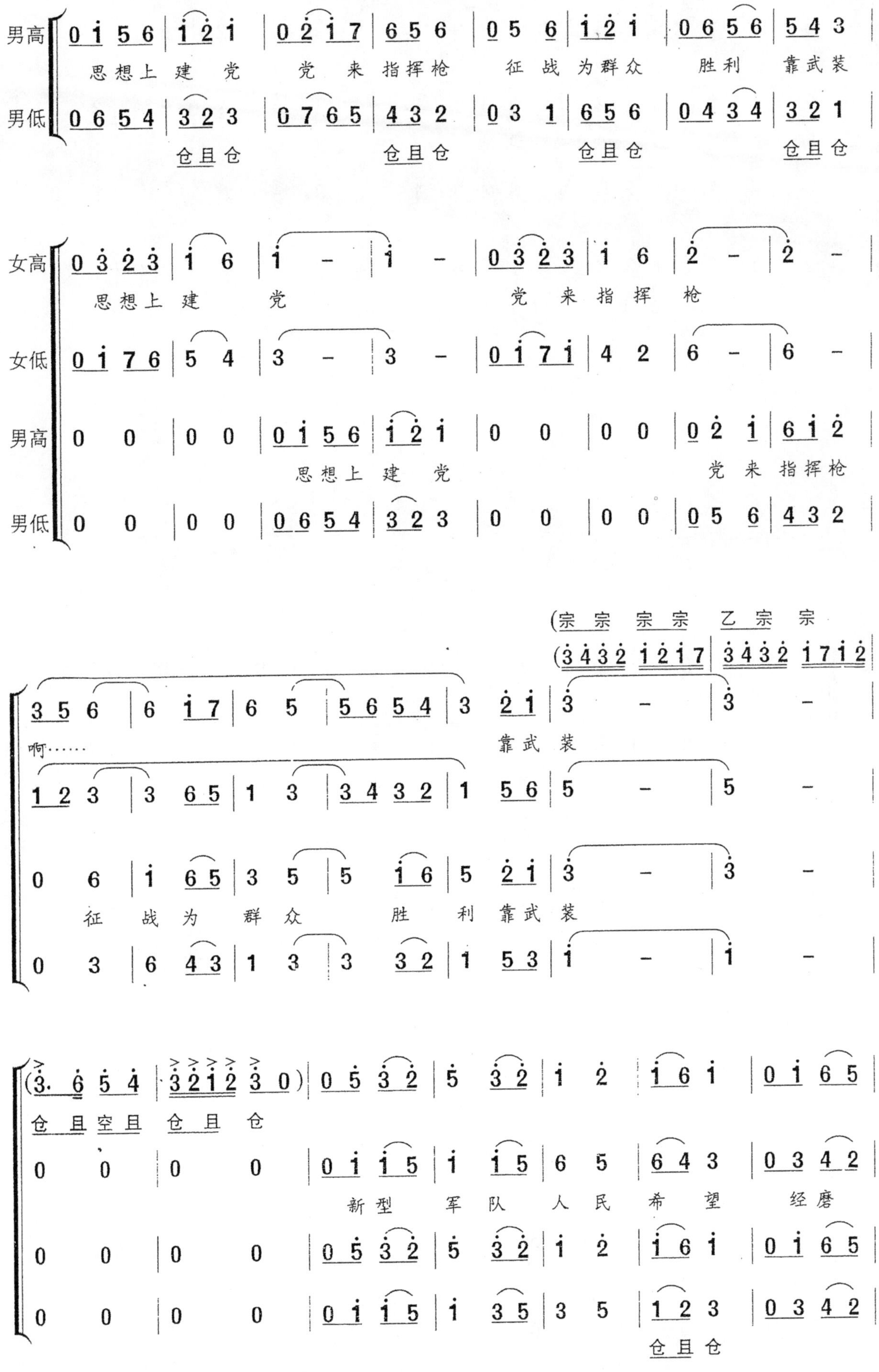

男高 | 0 1 5 6 | 1 2 1 | 0 2 1 7 | 6 5 6 | 0 5 6 | 1 2 1 | 0 6 5 6 | 5 4 3 |
思想上建党 党来指挥枪 征战为群众 胜利靠武装

男低 | 0 6 5 4 | 3 2 3 | 0 7 6 5 | 4 3 2 | 0 3 1 | 6 5 6 | 0 4 3 4 | 3 2 1 |
仓且仓 仓且仓 仓且仓 仓且仓

女高 | 0 3 2 3 | 1 6 | 1 - | 1 - | 0 3 2 3 | 1 6 | 2 - | 2 - |
思想上建党 党来指挥枪

女低 | 0 1 7 6 | 5 4 | 3 - | 3 - | 0 1 7 1 | 4 2 | 6 - | 6 - |

男高 | 0 0 | 0 0 | 0 1 5 6 | 1 2 1 | 0 0 | 0 0 | 0 2 1 | 6 1 2 |
思想上建党 党来指挥枪

男低 | 0 0 | 0 0 | 0 6 5 4 | 3 2 3 | 0 0 | 0 0 | 0 5 6 | 4 3 2 |

(宗宗宗宗 乙宗宗
(3 4 3 2 1 2 1 7 | 3 4 3 2 1 7 1 2 |

| 3 5 6 | 6 1 7 | 6 5 | 5 6 5 4 | 3 2 1 | 3 - | 3 - |
啊…… 靠武装

| 1 2 3 | 3 6 5 | 1 3 | 3 4 3 2 | 1 5 6 | 5 - | 5 - |

| 0 6 | 1 6 5 | 3 5 | 5 1 6 | 5 2 1 | 3 - | 3 - |
征战为群众 胜利靠武装

| 0 3 | 6 4 3 | 1 3 | 3 3 2 | 1 5 3 | 1 - | 1 - |

| (3. 6 5 4 | 3 2 1 2 3 0) | 0 5 3 2 | 5 3 2 | 1 2 | 1 6 1 | 0 1 6 5 |
仓且空且 仓且仓

| 0 0 | 0 0 | 0 1 1 5 | 1 1 5 | 6 5 | 6 4 3 | 0 3 4 2 |
新型军队 人民希望 经磨

| 0 0 | 0 0 | 0 5 3 2 | 5 3 2 | 1 2 | 1 6 1 | 0 1 6 5 |

| 0 0 | 0 0 | 0 1 1 5 | 1 3 5 | 3 5 | 1 2 3 | 0 3 4 2 |
仓且仓

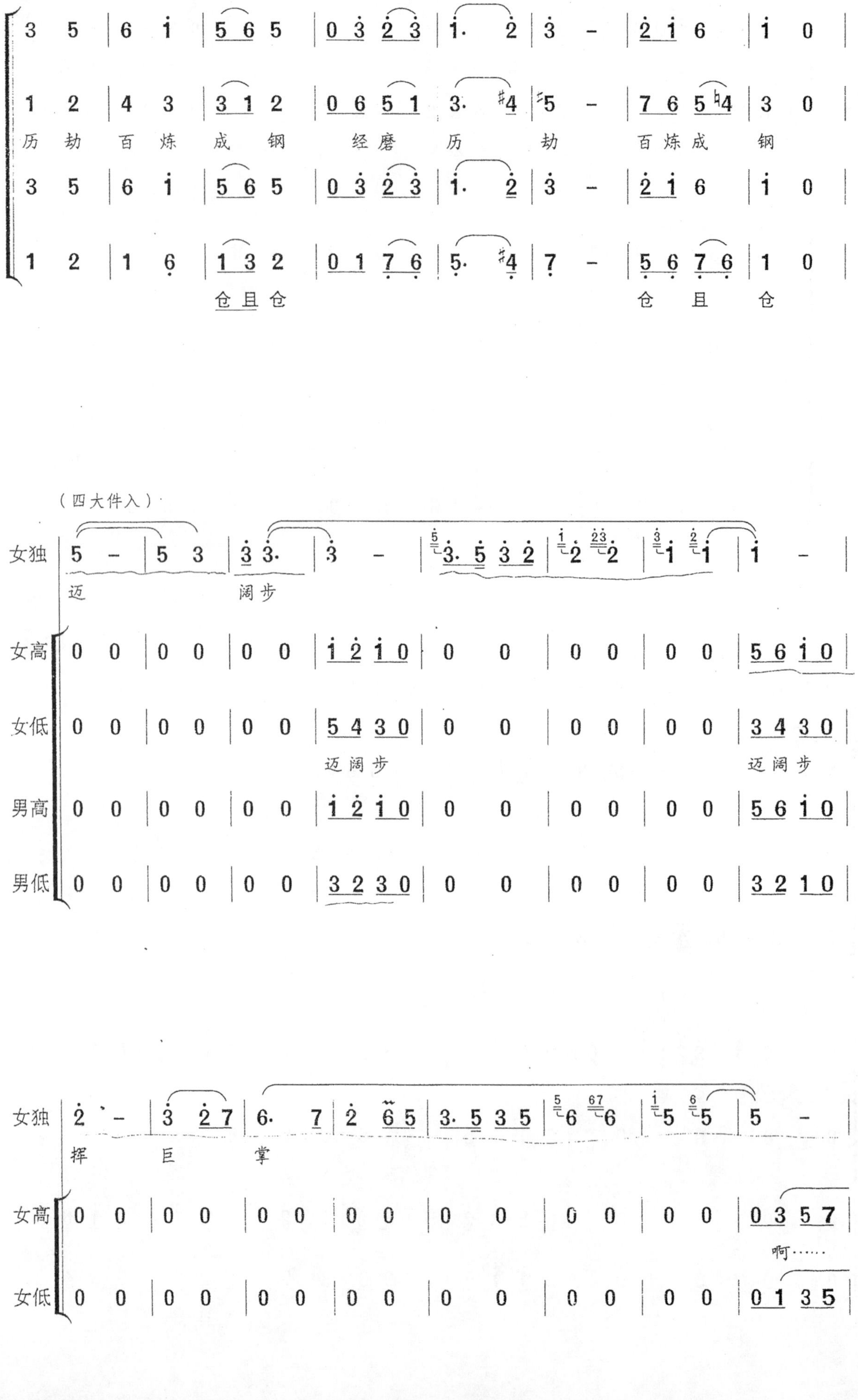

| 3 5 | 6 1 | 5 6 5 | 0 3 2 3 | 1. 2 | 3 - | 2 1 6 | 1 0 |

| 1 2 | 4 3 | 3 1 2 | 0 6 5 1 | 3. #4 | 5 - | 7 6 5 ♮4 | 3 0 |

历 劫 百 炼 成 钢 经磨 历 劫 百炼成 钢

| 3 5 | 6 1 | 5 6 5 | 0 3 2 3 | 1. 2 | 3 - | 2 1 6 | 1 0 |

| 1 2 | 1 6 | 1 3 2 | 0 1 7 6 | 5. #4 | 7 - | 5 6 7 6 | 1 0 |

仓且仓 仓 且 仓

（四大件入）

女独 | 5 - | 5 3 | 3 3. | 3 - | 3. 5 3 2 | 2 2 | 1 1 | 1 - |

迈 阔步

女高 | 0 0 | 0 0 | 0 0 | 1 2 1 0 | 0 0 | 0 0 | 0 0 | 5 6 1 0 |

女低 | 0 0 | 0 0 | 0 0 | 5 4 3 0 | 0 0 | 0 0 | 0 0 | 3 4 3 0 |

迈阔步 迈阔步

男高 | 0 0 | 0 0 | 0 0 | 1 2 1 0 | 0 0 | 0 0 | 0 0 | 5 6 1 0 |

男低 | 0 0 | 0 0 | 0 0 | 3 2 3 0 | 0 0 | 0 0 | 0 0 | 3 2 1 0 |

女独 | 2 - | 3 2 7 | 6. 7 | 2 6 5 | 3. 5 3 5 | 6 6 | 5 5 | 5 - |

挥 巨 掌

女高 | 0 0 | 0 0 | 0 0 | 0 0 | 0 0 | 0 0 | 0 0 | 0 3 5 7 |

啊……

女低 | 0 0 | 0 0 | 0 0 | 0 0 | 0 0 | 0 0 | 0 0 | 0 1 3 5 |

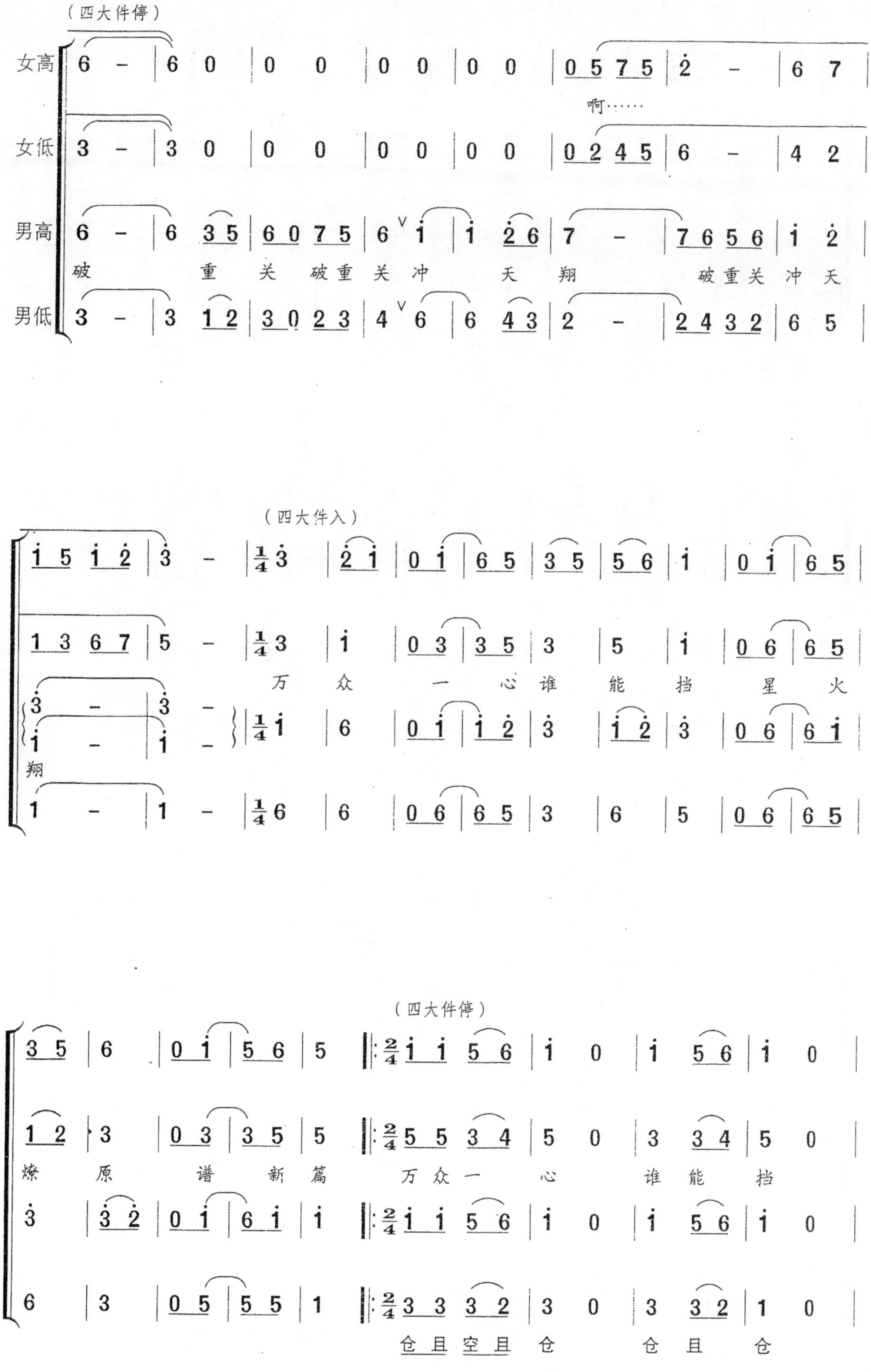

（四大件停）

女高

啊……

女低

男高

破　重　关　破　重　关　冲　天　翔　破　重　关　冲　天

男低

（四大件入）

万　众　一　心　谁　能　挡　星　火

翔

（四大件停）

燎　原　谱　新　篇　万　众　一　心　谁　能　挡

仓且空且仓　仓　且　仓

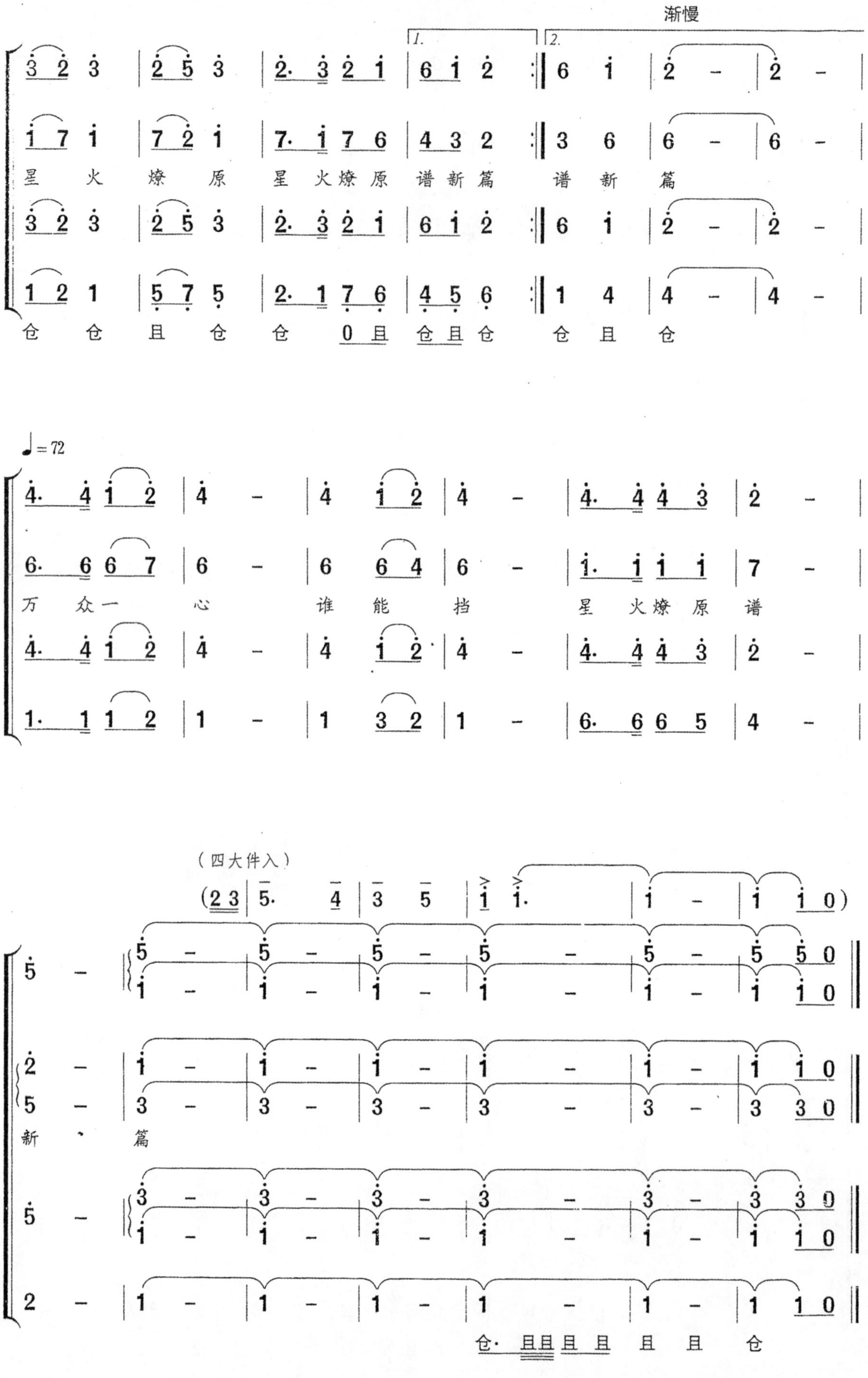

渐慢

星 火 燎 原 星火燎原 谱新篇 谱 新 篇

仓 仓 且 仓 仓 0且 仓且仓 仓 且 仓

♩=72

万 众一 心 谁 能 挡 星 火燎 原 谱

（四大件入）

新 、 篇

仓· 且且且 且 且 且 仓

古邑杭川尽朝晖

（闽西汉剧清唱与伴唱）

李迎春词
袁洪亮曲
肖发灿配器

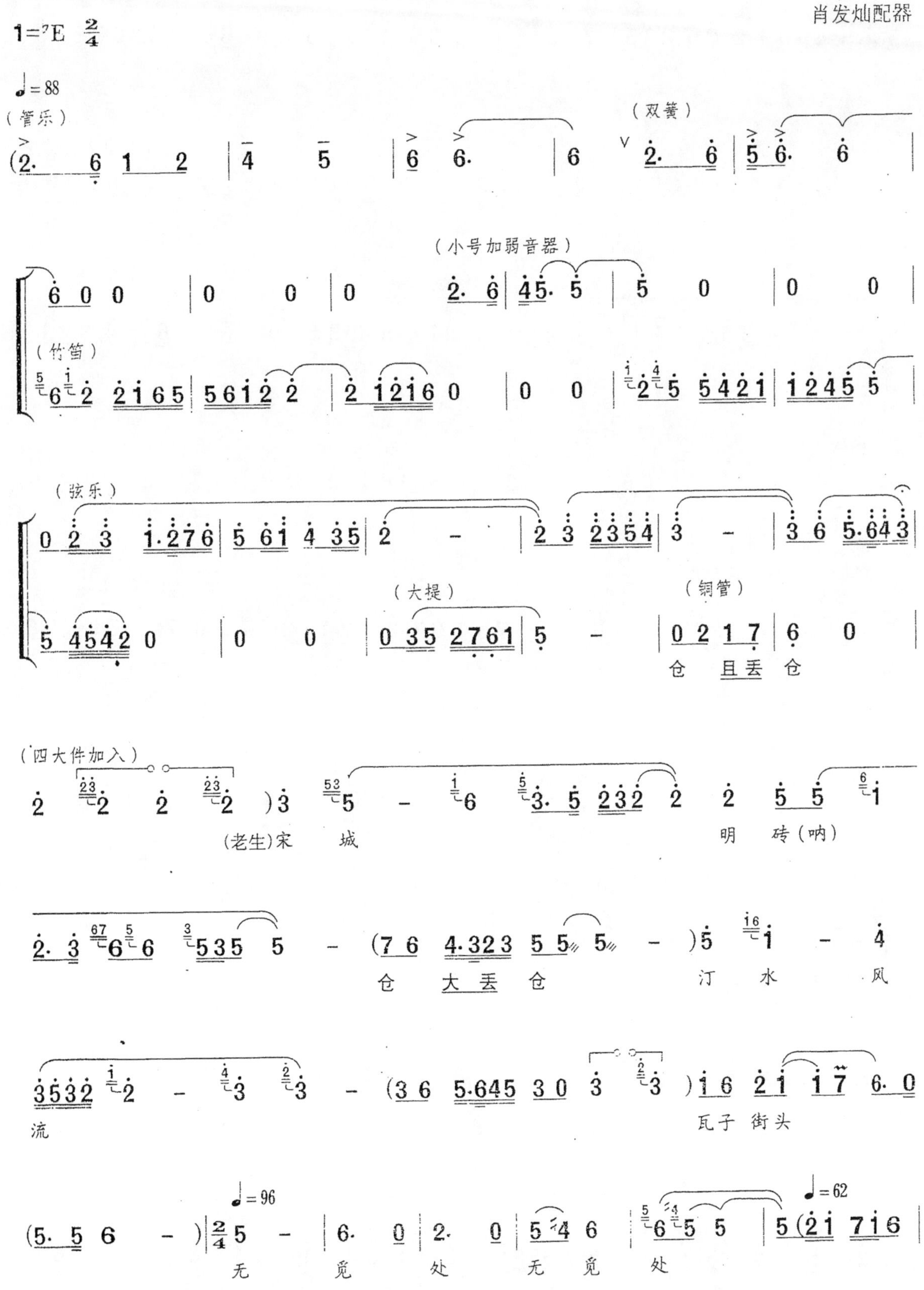

1=♭E $\frac{2}{4}$

♩=88

（管乐）

（双簧）

（小号加弱音器）

（竹笛）

（弦乐）

（大提）

（铜管）

仓　且丢　仓

（四大件加入）

(老生)宋　城　明　砖（呐）

仓　大丢　仓　汀　水　风

流　瓦子　街头

♩=96　♩=62

无　觅　处　无　觅　处

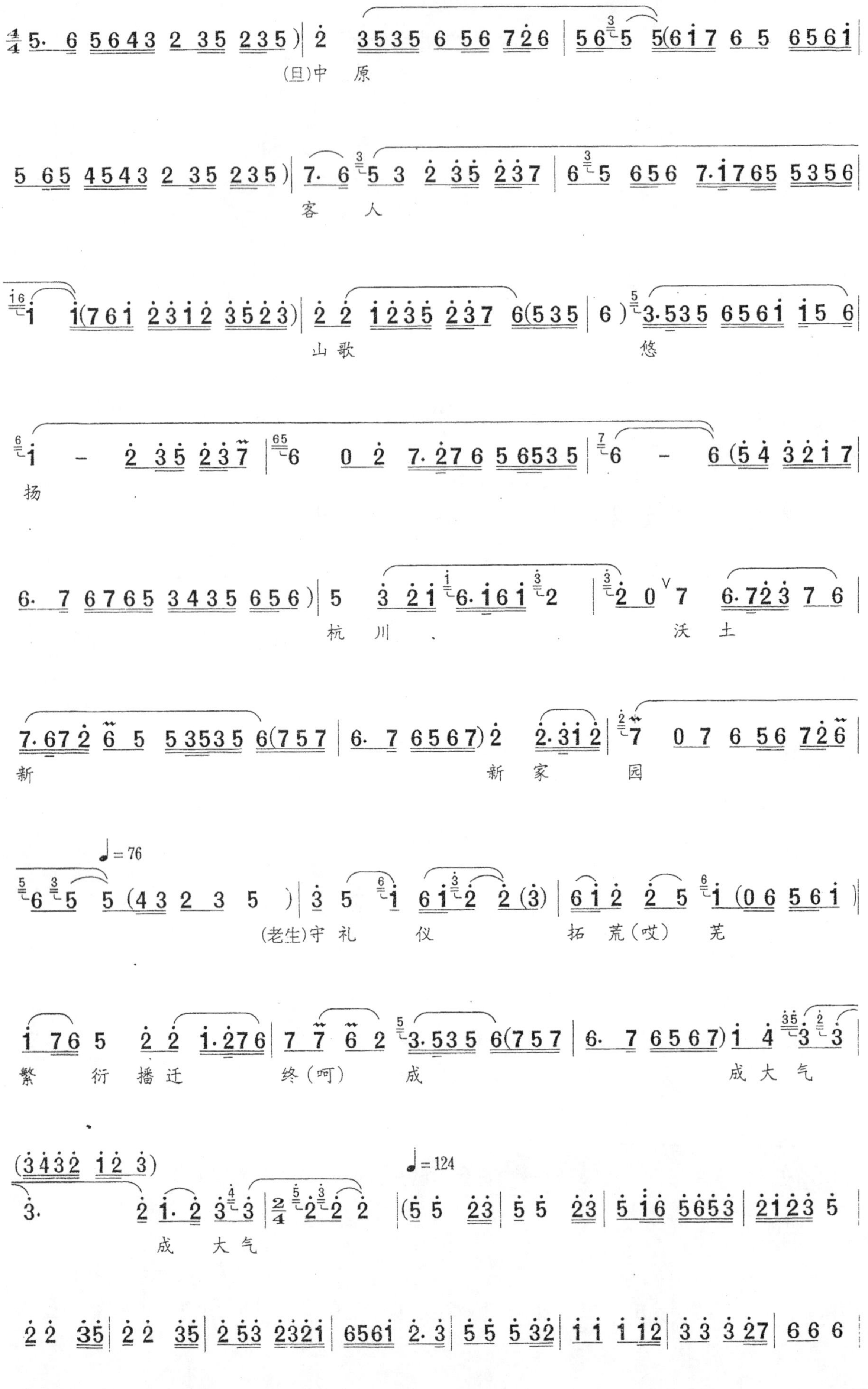

4/4 5· 6 5643 2 35 235)| 2 3535 6 56 726 | 56 5 5(617 6 5 6561|

(旦)中 原

5 65 4543 2 35 235)| 7· 6 5 3 2 35 237 | 6 5 656 7·1765 5356|

客 人

1 1(761 2312 3523)| 2 2 1235 237 6(535 | 6) 3·535 6561 15 6|

山歌 悠

1 – 2 35 237 | 6 0 2 7· 276 5 6535 | 6 – 6 (54 3217|

扬

6· 7 6765 3435 656)| 5 3 21 6·161 2 | 2 0 7 6·723 7 6|

杭 川 、 沃 土

7·672 6 5 53535 6(757 | 6· 7 6567)2 2·312| 7 07 6 56 726|

新 新 家 园

♩=76

6 5 5 (43 2 3 5)| 3 5 1 61 2 2(3)| 612 2 5 1 (06 561)

(老生)守 礼 仪 拓 荒(哎) 芜

1 76 5 2 2 1·276| 7 7 6 2 3·535 6(757 | 6· 7 6567)1 4 3 3|

繁 衍 播 迁 终(呵) 成 成 大 气

(3432 12 3)

3· 2 1· 2 3 3 | 2/4 2 2 2 | (5 5 23| 5 5 23| 5 16 5653| 2123 5|

成 大 气

♩=124

2 2 35| 2 2 35| 2 53 2321| 6561 2· 3| 5 5 5 32| 1 1 1 12| 3 3 3 27| 6 6 6|

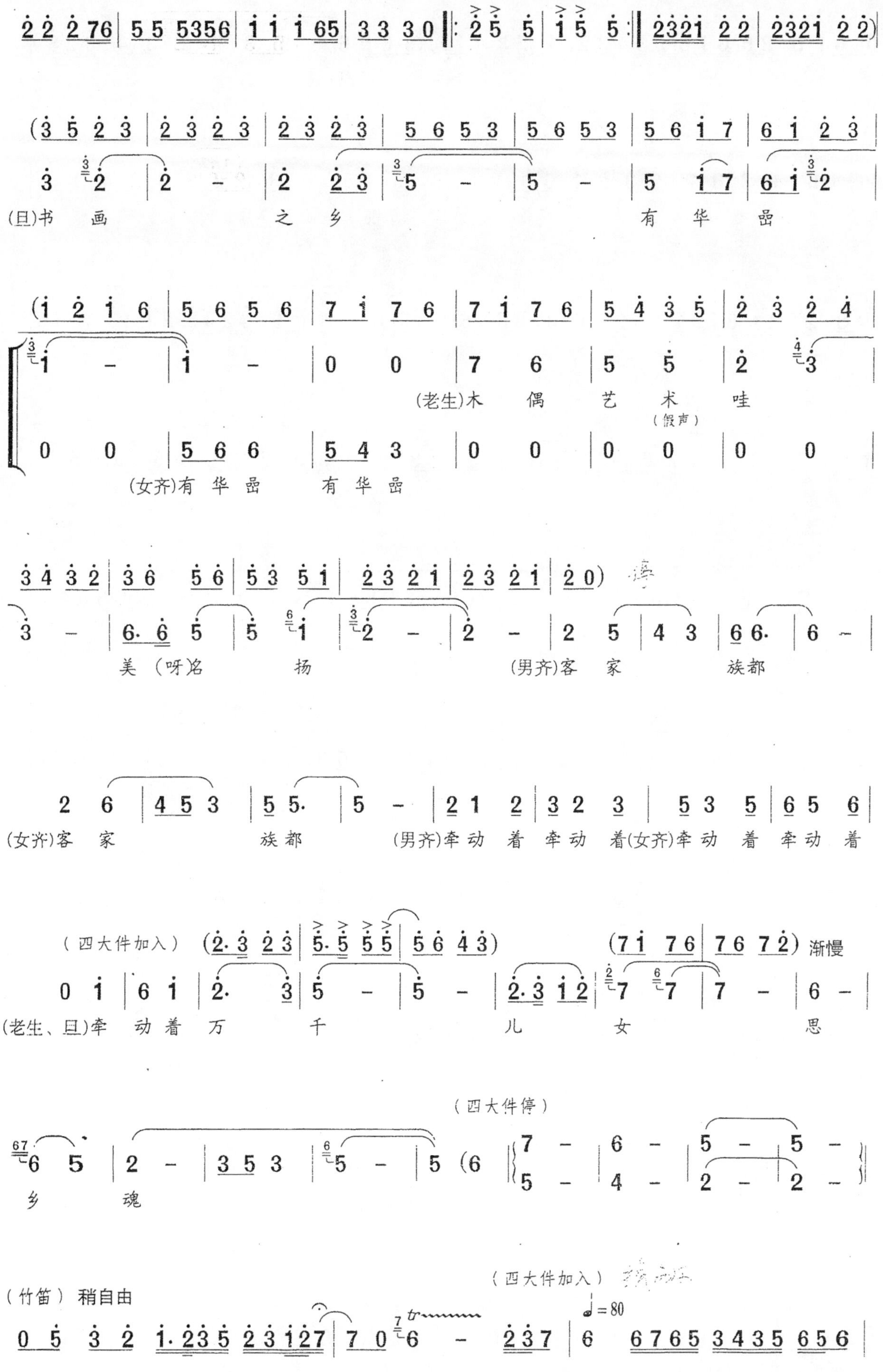

2 2 2 76 | 5 5 5356 | 1 1 1 65 | 3 3 3 0 ‖: 2 5 5 | 1 5 5 :‖ 2321 2 2 | 2321 2 2)

(3 5 2 3 | 2 3 2 3 | 2 3 2 3 | 5 6 5 3 | 5 6 5 3 | 5 6 1 7 | 6 1 2 3 |
3 2 | 2 - | 2 2 3 | 5 - | 5 - | 5 1 7 | 6 1 2 |
(旦)书 画 之 乡 有 华 邑

(1 2 1 6 | 5 6 5 6 | 7 1 7 6 | 7 1 7 6 | 5 4 3 5 | 2 3 2 4 |
1 - | 1 - | 0 0 | 7 6 | 5 5 | 2 3 |
(老生)木 偶 艺 术 哇
（假声）
0 0 | 5 6 6 | 5 4 3 | 0 0 | 0 0 | 0 0 |
(女齐)有 华 邑 有 华 邑

3 4 3 2 | 3 6 5 6 | 5 3 5 1 | 2 3 2 1 | 2 3 2 1 | 2 0)
3 - | 6· 6 5 | 5 1 | 2 - | 2 - | 2 5 | 4 3 | 6 6· | 6 - |
美（呀)名 扬 (男齐)客 家 族都

2 6 | 4 5 3 | 5 5· | 5 - | 2 1 2 | 3 2 3 | 5 3 5 | 6 5 6 |
(女齐)客 家 族都 (男齐)牵动 着 牵动 着(女齐)牵动 着 牵动 着

（四大件加入） (2· 3 2 3 | 5· 5 5 5 | 5 6 4 3) (7 1 7 6 | 7 6 7 2) 渐慢
0 1 | 6 1 | 2· 3 | 5 - | 5 - | 2· 3 1 2 | 7 7 | 7 - | 6 - |
(老生、旦)牵 动 着 万 千 儿 女 思

（四大件停）
6 5 | 2 - | 3 5 3 | 5 - | 5 (6 | 7 - 5 - | 6 - 4 - | 5 - 2 - | 5 - 2 - |
乡 魂

（竹笛） 稍自由 （四大件加入）
♩=80
0 5 3 2 1· 2 3 5 2 3 1 2 7 | 7 0 6 - 2 3 7 | 6 6 7 6 5 3 4 3 5 6 5 6 |

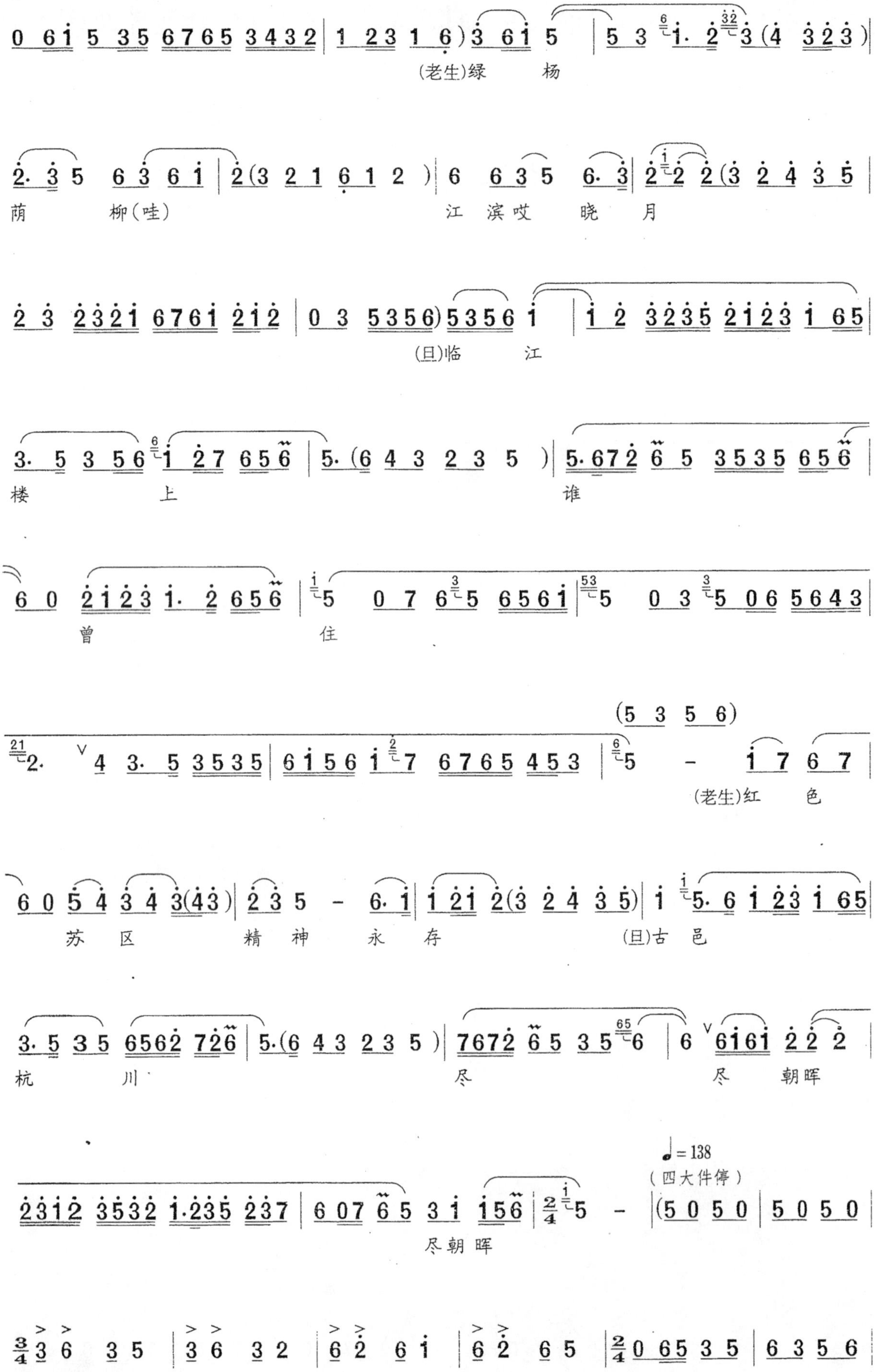

0 61 5 35 6765 3432 | 1 23 1 6) 3 61 5 | 5 3 1. 2 3 (4 323) |
(老生)绿 杨

2. 3 5 63 61 | 2 (3 2 1 6 1 2) | 6 63 5 6. 3 | 2 2 2 (3 2 4 3 5 |
荫 柳(哇) 江 滨哎 晓 月

2 3 2321 6761 212 | 0 3 5356) 5356 1 | 1 2 3235 2123 1 65 |
(旦)临 江

3. 5 3 56 1 27 656 | 5. (6 4 3 2 3 5) | 5.672 6 5 3535 656 |
楼 上 谁

6 0 2123 1. 2 656 | 5 0 7 6 5 6561 | 5 0 3 5 06 5643 |
曾 住

(5 3 5 6)
2. 4 3. 5 3535 | 6156 1 7 6765 453 | 5 - 1 7 6 7 |
(老生)红 色

6 0 5 4 3 4 3(43) | 2 3 5 - 6. 1 | 1 21 2(3 2 4 3 5) | 1 5. 6 1 23 1 65 |
苏 区 精 神 永 存 (旦)古 邑

3. 5 3 5 6562 726 | 5.(6 4 3 2 3 5) | 7672 6 5 3 5 6 | 6 6161 2 2 2 |
杭 川 尽 尽 朝晖

♩=138
(四大件停)
2312 3532 1.235 237 | 6 07 6 5 3 1 156 | 2/4 5 - | (5 0 5 0 | 5 0 5 0 |
尽朝 晖

3/4 3 6 3 5 | 3 6 3 2 | 6 2 6 1 | 6 2 6 5 | 2/4 0 65 3 5 | 6 3 5 6 |

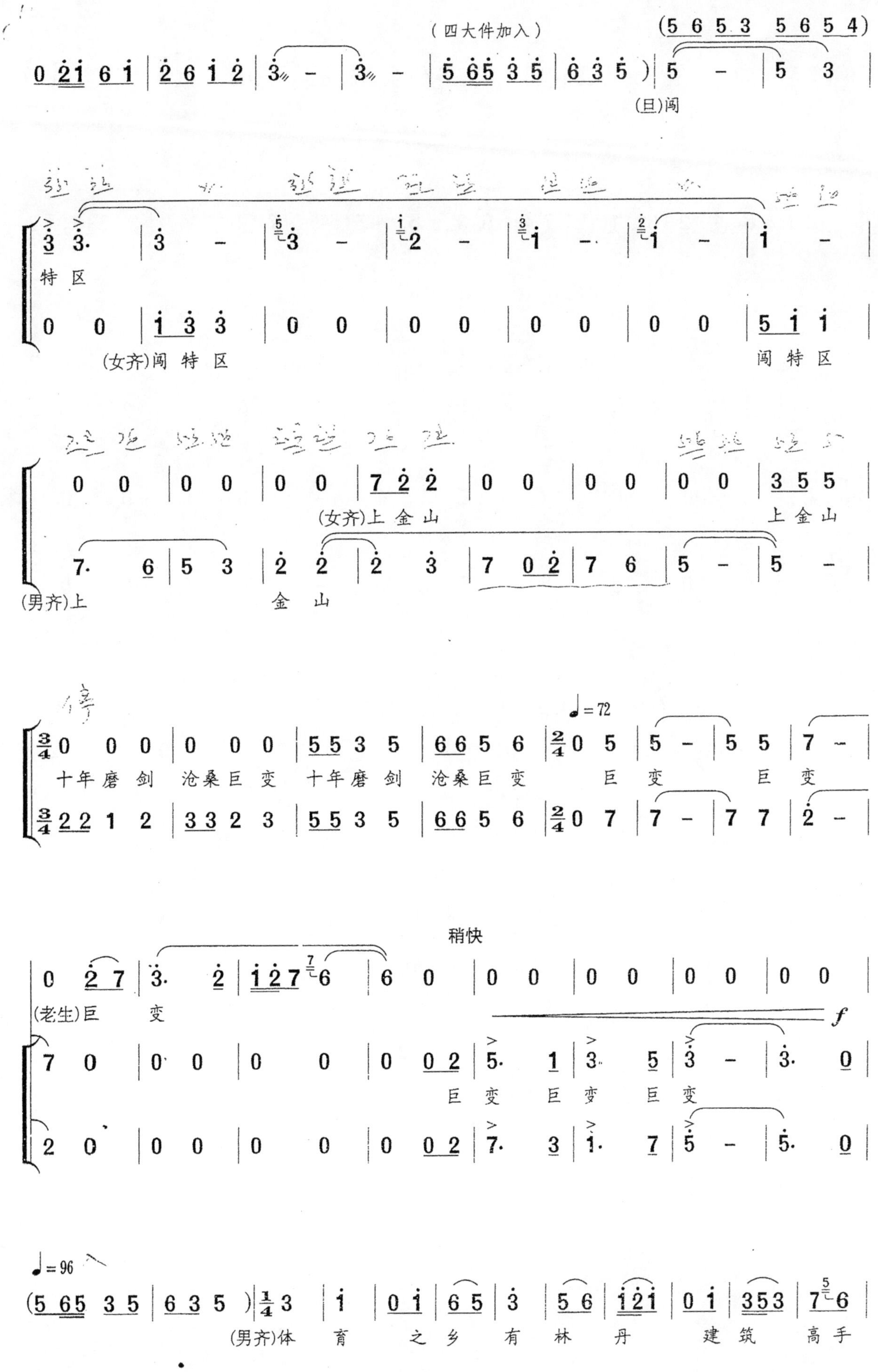

（四大件加入）　(5 6 5 3　5 6 5 4)

0 2 1 6 1 | 2 6 1 2 | 3 – | 3 – | 5 65 3 5 | 6 3 5) | 5 – | 5 3 |

(旦)闯

3 3. | 3 – | 3 – | 2 – | 1 – | 1 – | 1 – |

特区

0 0 | 1 3 3 | 0 0 | 0 0 | 0 0 | 0 0 | 5 1 1 |

(女齐)闯 特 区　闯 特 区

0 0 | 0 0 | 0 0 | 7 2 2 | 0 0 | 0 0 | 0 0 | 3 5 5 |

(女齐)上 金 山　上 金 山

7. 6 | 5 3 | 2 2 | 2 3 | 7 0 2 | 7 6 | 5 – | 5 – |

(男齐)上 金 山

♩= 72

3/4 0 0 0 | 0 0 0 | 5 5 3 5 | 6 6 5 6 | 2/4 0 5 | 5 – | 5 5 | 7 – |

十年磨剑　沧桑巨变　十年磨剑　沧桑巨变　巨 变　巨 变

3/4 2 2 1 2 | 3 3 2 3 | 5 5 3 5 | 6 6 5 6 | 2/4 0 7 | 7 – | 7 7 | 2 – |

稍快

0 2 7 | 3. 2 | 1 2 7 6 | 6 0 | 0 0 | 0 0 | 0 0 | 0 0 |

(老生)巨 变　*f*

7 0 | 0 0 | 0 0 | 0 0 2 | 5. 1 | 3. 5 | 3 – | 3. 0 |

巨 变　巨 变　巨 变

2 0 | 0 0 | 0 0 | 0 0 2 | 7. 3 | 1. 7 | 5 – | 5. 0 |

♩= 96

(5 65 3 5 | 6 3 5) | 1/4 3 | 1 | 0 1 | 6 5 | 3 | 5 6 | 1 2 1 | 0 1 | 3 5 3 | 7 6 |

(男齐)体 育 之 乡 有 林 丹　建 筑 高 手

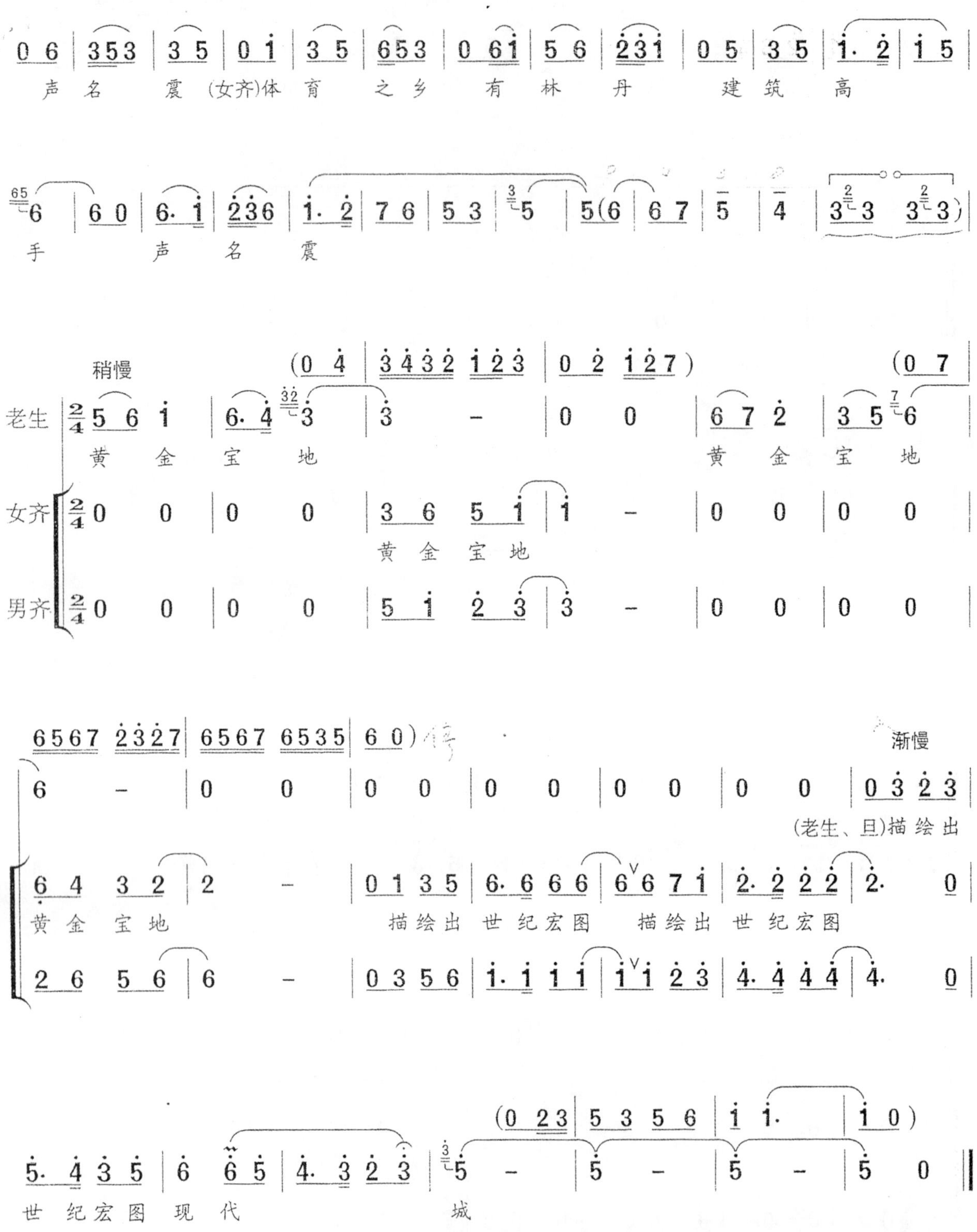

声 名 震 (女齐)体 育 之 乡 有 林 丹 建 筑 高

手 声 名 震

稍慢

老生 黄 金 宝 地 黄 金 宝 地

女齐 黄 金 宝 地

男齐

渐慢

(老生、旦)描 绘 出

黄 金 宝 地 描 绘 出 世 纪 宏 图 描 绘 出 世 纪 宏 图

世 纪 宏 图 现 代 城

三、白砂中学校歌

砂中，我以你为荣

白砂中学校歌

1=C $\frac{4}{4}$ ♩=108

朝气蓬勃地

作曲：王建芳
作词：集体

|: 5 6 1 5 3 - | 2 3 1 6 1 - | 1 1 2 3 5 3 |

双髻巍峨，麒麟绵长，芳草萋萋，

6 5 5 1 2 - | 5 6 1 6 5 - | 6 5 5 6 3 - |

书声琅琅，乐学善思，奋发有为，

4 4 3 2 2 1 | 6 2 2 - - | 5 6 1 5 3 - |

青春无悔，斗志昂扬。中洋桥边，

2 3 1 6 1 - | 1 1 2 3 5 3 | 6 5 5 1 2 - |

敬业楼旁，朝气蓬勃，凯歌激荡，

5 6 1 6 5 - | 6 5 5 6 3 - | 4 4 6 5 5 1 |

崇真扬善，立德求实，积累能量，创造

3 5 5 - - | 6 6 6 6 5 1 5 5 | 6 5 4 5 0 |

辉煌。清泉书吧的学子在文海起航，

4 4 4 6 6 6 5 5 6 | 5 1 5 3 0 | 6 6 6 6 5 5 3 3 2 |

团员花圃的花儿正在枝头绽放，主题餐厅的英文还在

3 2 1 6 - | 7 7 7 7 1 2 2. 1 2 | 1 7 6 7 1. 1 |

校园回荡，足球场上的呐喊依然那么响亮。啊

3 0 1 0 1 5 4 | 3 3 4 5 - | 4 4 6 6 5 5 |

5 0 5 0 3 1 1 | 1 6 1 2 - | 1 1 2 2 2 2 |

砂中砂中我以你为荣，我们用汗水将

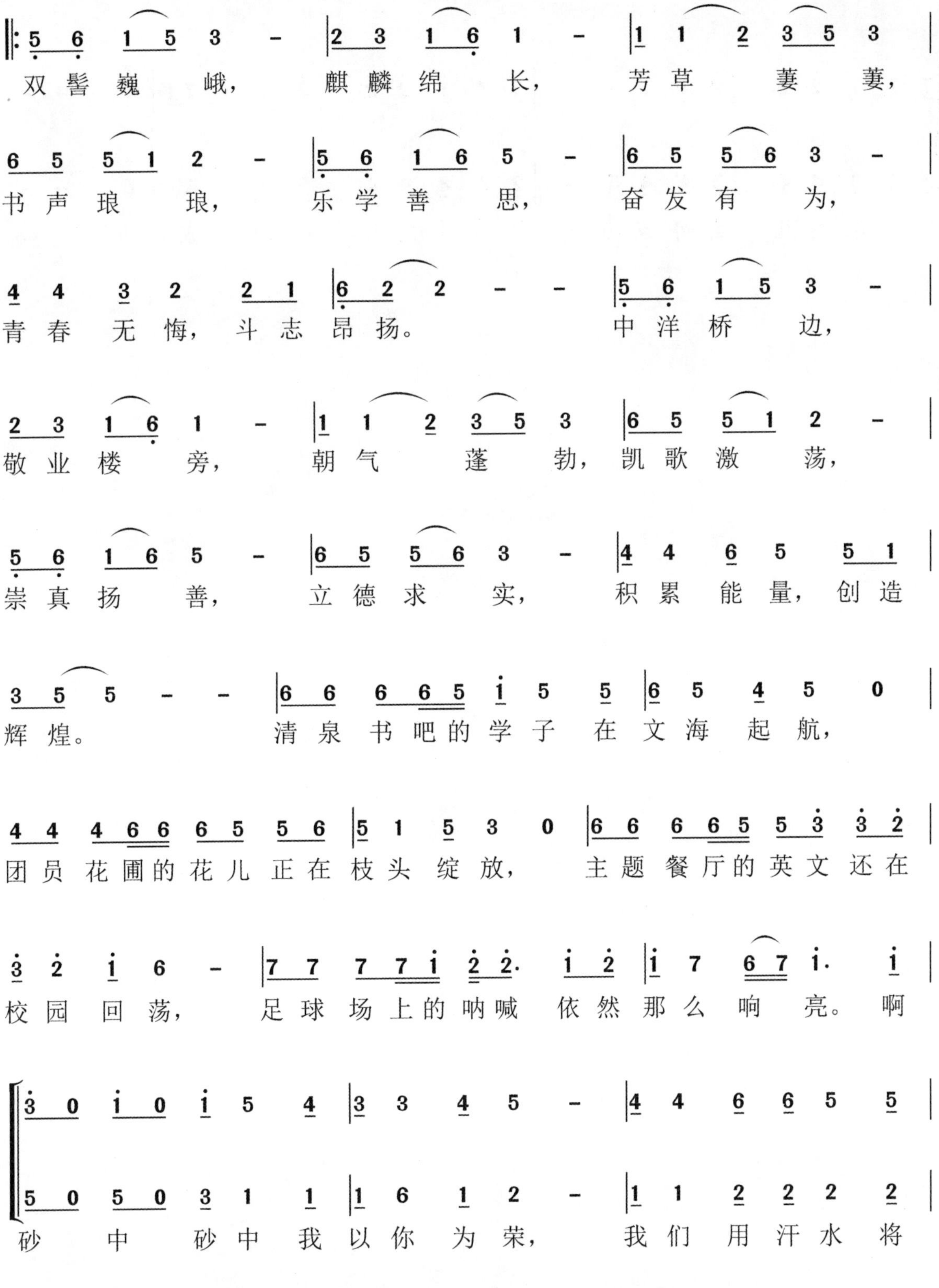

1 5. 4 3. 1 | 3 0 1 0 1 5 4 | 4 4 6 6 - |

4 2. 1 6. 2 | 5 0 5 0 3 1 1 | 1 1 2 2 - |

希望播种，啊砂中砂中我引以为荣，

7 7 1 2 2. | 2 1 7 1 - :‖ 7 7 1 2 2. | 2 1 - 7 1 | 1 - - - ‖

2 2 3 4 4. | 5 4 4 5 - :‖ 2 2 3 4 4. | 5 4 - 4 | 5 - - - ‖

我们从这儿，走向成功。我们从这儿，走向成功。

四、白砂中心小学校歌

我们扬帆启航

——白砂中心小学校歌

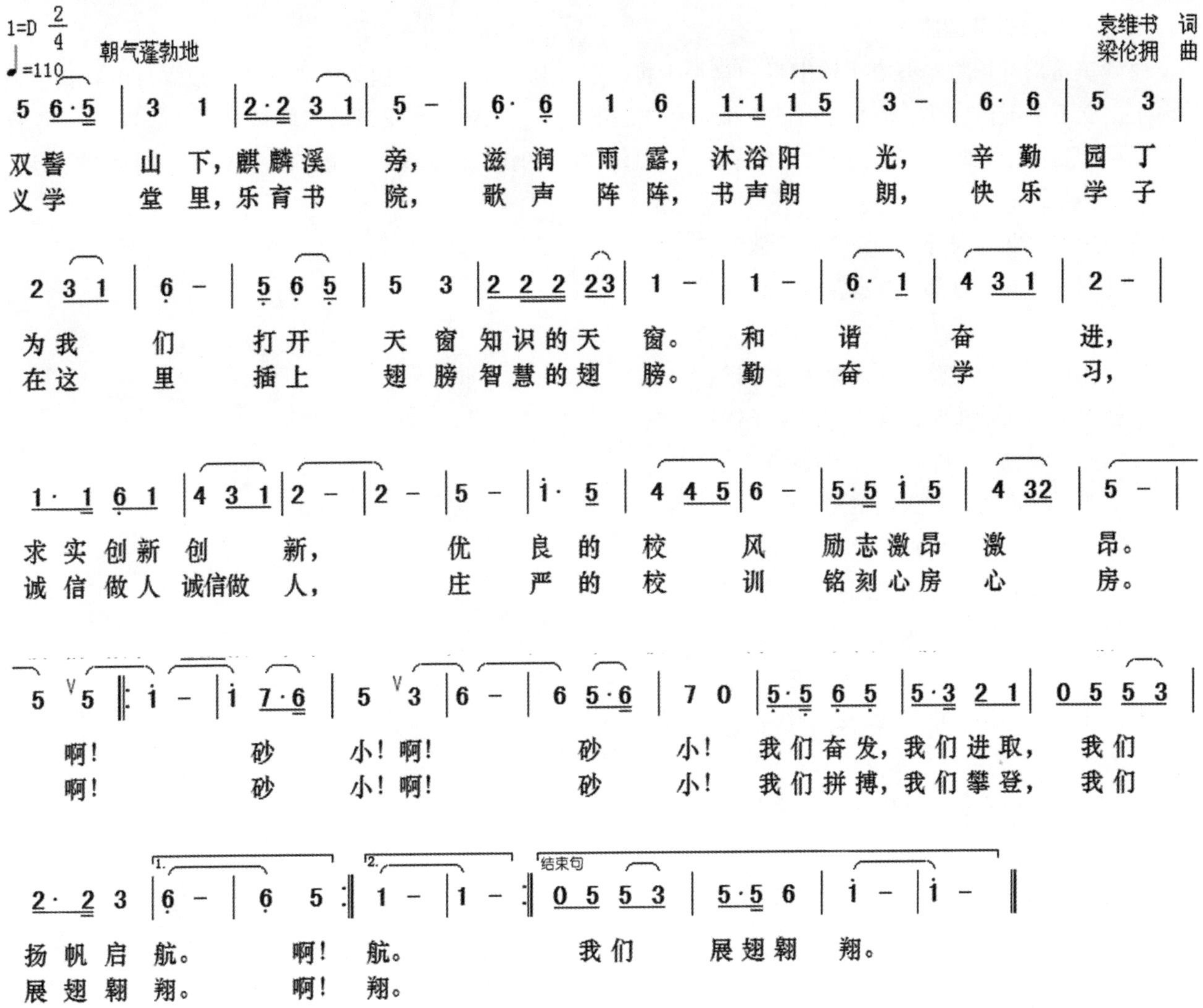

1=D $\frac{2}{4}$ ♩=110 朝气蓬勃地

袁维书 词
梁伦拥 曲

双髻山下，麒麟溪旁，滋润雨露，沐浴阳光，辛勤园丁
义学堂里，乐育书院，歌声阵阵，书声朗朗，快乐学子

为我们打开天窗知识的天窗。和谐奋进，
在这里插上翅膀智慧的翅膀。勤奋学习，

求实创新创新，优良的校风励志激昂激昂。
诚信做人诚信做人，庄严的校训铭刻心房心房。

啊！砂小！啊！砂小！我们奋发，我们进取，我们
啊！砂小！啊！砂小！我们拼搏，我们攀登，我们

扬帆启航。啊！航。 结束句 我们展翅翱翔。
展翅翱翔。啊！翔。

第四节 楹联选

一、嵌名联

（一）联咏白砂开国将军

白砂镇籍的开国将军有袁子钦中将和李平少将、丁甘如少将。将军们为中华民族的独立自由和新中国的诞生，立下了不朽功勋，他们是白砂英雄儿女的杰出代表。据钟震东辑录的《联咏白砂开国将军》，今将3位将军的联语选录如下。因本志已为将军立传，原联语中的注，编入本志时删除，请读者参阅将军传记。

1.袁子钦中将

清洒延安，跃马太行，一路英姿文武将；
旗开朝鲜，倾心总部，终身锐气竹梅风。

（龙岩　俞荣斌）

投笔从戎，战争考验，腥风血雨丹心谱；
援朝抗美，政治攻坚，义正词严赤子钦。

（内蒙古　贺成元）

如子龙杀敌虎将，钦人民卫国功勋。

（山西　丁　山）

子者，龙乡骄子，保家卫国兴社稷；
钦哉，战士佩钦，赤胆忠心铸军魂。

（漳州　庄温英）

英雄业绩致卿仰，卓著战功吾子钦。

（广东　杨玉鉴）

子路温良千载赞，寿亭忠勇万人钦。

（江苏　严金海）

赤子情怀尤可敬，将军功业更当钦。

（龙岩　俞荣斌）

铁骨丹心昭日月，豪情壮志写春秋。

（上杭　唐宝洪）

赤子誓忠，高举红旗昭日月；
蓝天钦重，名垂青史壮山河。

（广西　徐小鹏）

子规啼血枪林里，钦命怀身炮火中。

（江西　潘一之）

忠心浇铸钢铁长城支柱，赤胆护持古田会议军魂。

（上杭　钟达雄）

2.李平少将

红军特派，抗战先锋，战争政委多豪气；
碧宇雄鹰，航空铁翼，飞跃英雄自俊光。

（山西　丁　山）

平心静气为人善，傲骨清风处事真。

（山西 丁 山）

李府将军，功彪日月；
平原游击，气壮山河。

（漳州 庄温英）

李代桃僵终不妥 知人善任乃为平。

（江苏 严金海）

奉献青春，当为国沸腾热血；
梦追李白，却从军平定江山。

（广西 涂小鹏）

李代桃僵担特派 风平云海护民航。

（江西 潘一之）

平成有庆甘知足，和蔼可亲藏若愚。

（上杭 蓝尧章）

3. 丁甘如少将

测绘保家，战时情报忠心显，求解放血流疆场；
援朝卫国，首任武官礼节真，为人民汗洒成都。

（龙岩 俞荣斌）

甘心俯首人民事，如愿钟情子弟兵。

（山西 丁 山）

甘辛岁月，长征抗日专情报；
如是青春，研史治军立战功。

（漳州 庄温英）

甘为孺子牛，勤劳一世；
如作冲锋号，振奋千军。

（江苏 严金海）

洞察八方谋胜局，视通万里布神兵。

（龙岩 俞荣斌）

视死如归，血染红旗迎胜利；
同甘共苦，汗流战场息干戈。

（广西 徐小鹏）

甘露甘霖苏万物，如光如热耀中华。

（上杭 蓝尧章）

（二）其他嵌名联

白璧本无瑕，砂金自有光。

——郭祝南撰

白玉无瑕纯洁亮丽，砂金有色灿烂辉煌。

——傅克昌撰

此地名传黄竹峡，前行路近白砂乡。

——勋风亭联，温鸿辉提供

路客半求名，过斯亭适逢官地；行人多为利，从此去便是银坑。

——老虎凹头茶亭联。

田心立，石陂塅，撞坏犁头子；
花园里，白果树，装满粪斗角。

白屋里，白鸡啼白昼；
黄蕉坑，黄犬吠黄昏。

——作者傅克昌

五指峰上天为盘，众星为指；
双髻山头云作鬓，冷月作梳。

——苏州翰林学士廖仁海撰

今日将军开圩，傀儡对唱两台。

注：将军，指将军桥。

发师神工，理出双髻秀；工匠鬼斧，引入一池清。

——傅克昌撰稿

二、居家联

晨露兰香满室，夕阳竹影盈阶。

——碧砂古县衙府书房门框联

荜户祥光凌北斗，衡门瑞色焕南星。

——大麻地树滋堂大门石门框联

挹西山峦气，延北阙恩光。

——大麻地树德堂大门石门框联

照临同日月，结兰入得气。

——大麻地滋本堂大门石门联

入室礼为门，蒸蔚尽云霞。

——大麻地滋本堂外大门石门联

文章千古在，官仕一时荣。

——古楹联

孝亲敬老有福报，心正行端无祸殃。

——民居屏联

积德前程大，存仁后步宽。

——茜洋遗荫堂中厅屏联

持家有道惟存厚，处世无奇但率真。

——民居屏联

满室祥光承北阙，盈门瑞气霭东阳。

——碧砂德馨堂大门联

德大能容，盛烈丰功昭典则；馨香拂旦，经文纬武振家声。

——碧砂德馨堂屏柱联

说礼敦诗第，兴廉讲让居。

——碧砂德馨堂联

山高水长绵世德，竹苞松茂引清风。

——茜洋遗荫堂外大门联

鼎最新，新命新潮新世界；谦受益，益师益友益家人。

——新益堂联

聚三山之淑气后嶂前屏中构草堂连级上；

斯万古而安居左仓右库两边关锁叠重围。

——聚新堂联

二联由清群庠廖笏臣撰

碧水湾绕临镜日，青山排闼列屏风。

——中洋“循天理”大门联

户对南山呈五色，楼凌北斗耀三台。

——中洋雍睦堂内大门联

地接昆山胜，天开紫气祥。

——中洋雍睦堂侧门联

荆树合荣家吉庆，竹林分荫室平安。

——朋新下洋民居联

忠实家风齐燕贻，文章国器庆蝉联。

——茜洋思忠堂屏联

忠和孝居家上策，勤与俭处世良图。

——民居厅联

忍一时风平浪静，让三分地阔天宽。

——民居联

勤俭持家久，耕读泽世长。

——民居联

倚山厚重，面远源流。

——中洋袁屋袁仲球“敬义堂”堂联

宝书万卷勤奋攻读成名清正为黎民；田园千顷精耕细作丰收节俭度春光。

卜近光庐绵世泽，居联德里羡醇风。

——中洋袁屋袁一声“宝田堂”联二副

怕事忍事不生事自然无事，平心静心勿欺心何等放心。

——中洋袁屋袁养甫居堂联

孝悌慈父子兄弟足法，智仕勇天下国家可钧。

——堂联

日月正临开福地，东西中镇乐安居。

——雍睦堂外大门联

遵祖训唯读唯耕，教儿孙亦勤亦俭。

——科子里肖屋袁任广“望云堂”联

芳藤莹波溪是绪，浓岚攒翠笔为峰。

——中洋袁屋袁仕龙“忠恕堂”联

列门山拱秀，接壤里居仕。

顺情由道意，每日见宾山。

——中洋袁仕龙“二宜堂”联

瞻云歌盛世，就日仰华光。

——中洋袁仕龙“敦厚堂”联

银蛇旧洞留余庆，天马行空降吉祥。

——傅克昌撰

金马腾空惊天动地，黄龙戏水倒海翻江。

——傅克昌撰

政通人和肃贪反腐兴国计；武贤任能治穷致富利民生。

——赖承华撰

春意盎然中华崛起扬正气；东风浩荡禹甸高歌殿宏图。

——赖承华撰

一粥一饭当思来之不易，半丝半缕恒念物力维艰。

——民居通用联

心存赤子顽石可镂，志在育才朽木能雕。

——刘开松供稿

春光普照庭溢彩，瑞气盈升院生辉。

——袁茂荣供稿

能耐苦方为志士，肯吃亏不是痴人。

——民居用联

兄弟和世间最贵，子孙贤此外何求。

——民居联

桥畔依渐鸿异杩，庭前植爱谢家兰。

——将军桥丘姓古民居联

开轩白云近，掩户红日深。

——将军桥谢屋古民居石门联

事能知足心常乐，人到无求品自高。

——民居联

水净山明显瑞气，风清月白绕祥光。

——洋乾民居联

岩野流徽世守三篇说命；山阴出治宗传二谱神明。

——傅云录正厅联

攻坚克难求进取，宽严得宜积善功。
有关家国书常读，无益身心事莫从。
诚信练达创基业，明智忠勇振国荣。

——丙申年孟秋月草舍落成　游宝章撰立

三、宫庙祠宇联

绳其祖武惟耕读，诒厥孙谋在俭勤。
树高千尺叶落归根思故土，人行万里魂牵梦萦恋桑梓。

——中洋村郑坑桥门楼联选

宗祖规模远，儿孙绍述长。
再振祖宗千秋伟业，兴耀儿孙万代文明。
祖公宗德流芳远，子孝孙贤世泽长。

——三副均为早康大埔头袁氏宗祠“伏龙堂”联

汝水源流远，崑山世泽长。

卧雪清操千秋在，扬风惠政万代传。

宗枋自黄帝以来代有伟人气节文章光日月，

祠宇为白砂之望衣冠俎豆礼隆厚祀继春秋。

春祭秋尝遵万古圣贤礼乐，左昭右穆序一家世代源流。

要好儿孙须从尊祖敬宗起，欲光门第正是读书积善来。

——以上为中洋袁氏宗祠联

乔木发千枝原属一本，长江流万代总是同源。

——中洋村袁氏宗祠“汝南堂”联

祠对崑山家声远，堂环汝水世泽长。

诞日桑逢怀祖武，春风桃李翠人文。

林起七贤金宇都为十世建，食先八政左柱原有一捆存。

——朋新厦洋袁氏“竹林祠”堂联（据厦洋袁氏传说，系开基始祖袁鲁生本人所撰。“林起”意指建竹林祠，“七贤”指鲁生有七子，“十世”指鲁生本人，“食先”指“民以食为天”，“八政”指竹林祠由鲁生和其七子八份共享，“一捆”指以孝为纲。）

渊源承谓水，子姓始营丘。

——洋乾丘氏宗祠

汉室清高地，唐朝将相家。

——早康严氏宗祠“东洋堂”大门联

派盛清河绵世泽，支蕃闽粤振家声。

——张化孙墓碑联

凤地嗣孙旺，鄞江日月长。

——张化孙夫人墓联（雄鸡晒翼形墓）

崑山出玉熠熠生辉，卧雪家风千载盛；

鳞溪毓秀欣欣向荣，汝南世泽万代昌。

——袁昌贵祠联

程门新世第，立雪旧家风。

——洋乾游氏祠联 游宝章供稿

清代双进士，共和一将军。

——傅氏祖祠联　傅先昌供稿

水流碧溪泽千户，井泄清泉沐万民。

——樟黄赖氏祖祠联　傅志昌提供

是训是行绳祖武，有典有则贻孙谋。

——丘氏祖祠联

千里行人堪避暑，一亭过客受清风。

——白砂岭路亭联

月朗重霄焜耀琼台十二；云裳五色迷离玉阙三千。

——隔田天后宫联

三涧潆洄湄洲形胜，万山拱聚壶峤灵长。

——隔田天后宫联

胜地著巍峨职到三尊位高五等；神灵昭显赫庙食万载障保一方。

——太保庙联

左右群山归拱位，雌雄巨石显英灵。

——太保庙大门联

灵气贯双龙田蜷螺文分左右；神光临四刹水敲石鼓配雌雄。

——太保庙上厅联 清侯官才子丘振芳撰

汉时将宋时主飞珠定四海；活为臣死为神威名震三江。

——碧砂丁氏宗祠外大门联

梦松瑞兆公卿第，刻木芳传孝子门。

——丁氏宗祠内大门联

经谈虎观家声远，易受田河世泽长。

——丁氏宗祠屏联

刻木奉亲至今世传廿四孝，梦松生腹当年果应十八公。

——丁氏宗祠柱联

俎豆千秋长祀远，衣冠万代绍书香。

——碧砂丁氏宗祠联

水养活源头，松载腹上生。（瑞霭凌霄）

——碧砂丁正昌号商铺联

登龙新气象，旋马旧规模。

——塘丰李氏宗祠大门联

陇西源流远，宗功世泽长。

——塘丰李氏宗祠联

笃实处世万代兴盛；厚德载物百世昌隆。

——塘丰李氏宗祠献柱联

水口见古塔，麟鳞献瑞祥。

——塘丰水口宫三楼门联

城基开福地，厦正仰星文。

——中洋城下傅氏宗祠大门联

派传渭水家声远，绪衍琼山世泽长。

——洋乾中村丘氏宗祠联

双峰当户翠，一户隔帘青。

——早康严氏宗祠大门联

祖有德宗有功渊源一脉；行其礼奏其乐俎豆千年。

——早康严氏宗祠联

天地间庄严一家，同祖同缘同心同德齐发展；

水源上宗亲万载，和睦和顺和谐和美共辉煌。

——庄严宗亲恳亲会碑记

宗族余庆千年昌盛，仁德流芳万载兴隆。

——水竹洋梁氏宗祠联

衍派杭州，明烟万代，传承子孙永远富贵；

开基水竹，繁世千秋，发扬忠孝优良家风。

——水竹洋梁氏宗祠联

先代嫡传，祖业光辉乃延绵继世儿孙福；

裔孙繁报，祖德宗功之恩泽门庭满族芳。

——梁氏祠联

三彦六龙家声远，九郎五高世泽长。

——官地温氏宗祠大门联

弓冶相承堂称五福，箕裘忽潜派衍三房。

——官地温氏宗祠联

心不善百跪百拜无益，意已诚一炷一杯亦香。

——盈丰寺联

百丈神光腾紫气，一支文笔点青云。

——茜洋永清宫魁星殿联

忠信共乾坤合志同创和谐世，神明昭日月齐心能感清明天。

四环拥翠神灵有度恩施远，一溪抱碧梓民无恙世盛长。

佛法神灵恩施寰宇千功懋，民康物阜泽润红尘万碧清。

——以上为茜洋永清宫联

崇德务实厚道立身规裕后，善学慎思和缓处世定光前。

——洋乾下村崇善堂联

苦海漫无边，若肯回头都是岸；

禅堂清静地，果能向佛此为天。

——双髻山通宝寺大殿联

日月肩边过，风云脚下生。

——双髻山通宝寺联　丘滋九撰

无点善心难得到，有些诚意可来朝。

——双髻山山门联　清康熙宰相李光第撰

门迎翁婿行法驾，户接甥舅降吉祥。

——大田永丰宫大门联

法水洒三霄雨露，宝刀清两大乾坤。

——大田永丰宫殿柱联

一本莲花清且白，四房苗裔炽而昌。

——白莲塘刘氏宗祠联

黎阁家声远，彭城世泽长。

——大田刘氏宗祠联

城阁千门晓，河山万族兴。

——大田刘氏宗祠联

百世衣冠长振秀，千年山水永朝东。

——将军桥丘氏宗祠远振堂屏柱联

诗书礼乐承前泽，文物衣冠蔚后贤。

远光有耀芬欣衤卜，振兴文教北河南。

——将军桥丘氏宗祠柱联

六朝花草，一品衣冠。

——将军桥丘氏宗祠外大门联

余扬祖训宜读宜耕绍谋远，
庆振家风厉行忠孝世泽长。

——将军桥谢氏宗祠余庆堂屏柱联

葭管灰飞扬祖德，重炉香燎展孝恩。
要好儿孙需从尊祖敬宗起，
欲光门第还是读书积德来。

——将军桥谢氏宗祠联

陈留之家声丕振，宝树之旧业重新。

——将军桥谢氏宗祠大门联

渤海家声远，武陵世泽长。
祖德浩荡绵世泽，宗德无疆裕后人。
武陵开墓源远流长万里浪，龚氏立业根深叶茂四季春。

——以上将军桥龚氏宗祠联

派传渭水家声远，绪衍琼山世泽长。

——洋乾丘氏祠联

游氏传芳自梅溪分派洋乾称居立基业，效公承德秉程门拜师立雪铭心训子孙。

——洋乾游氏开基老祖游效宗祠楹联

四、其他联

文起白砂碧砂千百年前县府，化入提线木偶三万里外传承。

——邱仲潘撰联

人情莫论茶凉热，功利休谈得寡多。

——教师退休自撰联

一片赤诚，三更灯火，五体投入，七尺讲台，久（九）经考验；
二字勤勉，四时更替，六面施才，八方随缘，十分艰辛。

——一位老民办教师退休联

弟子三千英才辈出，春秋八十校史绵长。

——1993 年上杭二中 80 周年校庆贺联 袁国昌撰

处世做人人品善，从教为师师德高。

——校长勉某教师联

一根粉笔描锦绣，三尺讲台育栋梁；
春光普照庭溢彩，瑞气盈升院生辉。

——袁茂荣《闽西日报》征联获奖作品

明月有恒纪年合献九如颂；长春不老添闰当称百岁人。

——九十岁男寿联

碧水长流飘玉带，寿山秀峙焕人文。双峰挹秀

——白砂驿站大门联 傅克昌供稿

耕读旧传家，又效洛阳叨骥尾；
心身俱献国，权留溪口逐蝇头。

——袁竹秋为旧县龙溪耕心纸行撰联

不远人村路，几多归世人。

——大田重光亭联

第五节　民间文学作品选

一、歌　谣

（一）民歌（山歌、情歌）

山歌唔唱唔风流，八月茶子打冇油。阿哥唔想茶油用，只想老妹聊风流。

（冇：无　聊，玩）

风吹乌云稠打稠，高山沟里清水流。老妹好比山泉水，几时想喝几时有。

风吹竹叶满山飞，连妹唔到唔想归。月光落里有星子，天光以后同妹归。

风吹竹叶河又河，过哩一窝又一窝。对门老妹过来聊，膝头拿汝准凳坐。

（准：当作）

八月十五是中秋，对门老妹莫怕羞。只要倨们同心好，以后日子样样有。

客家男女爱唱歌，好比秤杆不离砣。唱得山鸡来相对，满山树竹也来和。

山歌一唱心就开，一曲唱来去百愁。山歌好比春风到，吹得云开见月头。

（月头：太阳）

坡上梅里车打车，见到老妹去过家。只爱老妹唔嫌弃，香篮手帕倨来车。

（前一个“车”，串。最后一个“车”，提。）

东边落雨西边晴，新作田塍唔敢行。灯芯搭桥唔敢过，心中想妹唔敢声。

作田爱作上下丘，两人四目溜对溜。保佑上天落大雨，冲撇田塍共一丘。

天上乌云配白云，地下沙子配泥尘。田里禾苗配稗草，请问阿歌配幔人。

口唱山歌走四方，只带山歌不带粮。肚饥山歌当饭食，渴哩山歌当茶汤。

山歌紧唱紧开心，唱得寒冬到新春。唱得云开月头出，阿哥老妹来连心。

（月头：太阳）

山歌爱唱唱大来，紧唱紧多歌紧来。唱到鸡毛沉落底，唱到石头婆起来。

（紧：越。婆：浮。）

老妹生得嫩葱葱，唔曾食酒面咁红。牙齿好比腊冬雪，嘴唇好比月月红。

月光冇火样咁光，井里冇风样咁凉。今年老妹十七八，身上冇花样咁香？

门前流水到潮州，咁好老妹难得有。咁好老妹连得到，阿哥煮菜唔放油。

郎有情妹有情，两人有情赛赢人。肥鳅生鳞马生角，海枯石烂不变心。

新做布鞋千万针，针针连着倨妹心。阿哥着哩要忍净，舍妹唔得望脚心。

新做草鞋硬脚蹭，心想连妹又怕声。新鞋合脚自家晓，唔知老妹样唔声。

五月五日粽子香，送给郎哥尝一尝。四角粽子老妹做，就等倨哥亲口尝。

八月十五赏月华，阿哥出饼妹出茶。阿哥好比石壁山泉水，老妹好比深山嫩细茶。

八月十五是中秋，阿哥送饼老妹收。边尝月饼边发誓，千年百世情莫丢。

客家山歌绝有名，首首山歌有妹名。首首山歌有妹份，一首冇妹唱唔成。

水打芋荷滂滂婆，大家听倨唱山歌。哪边妹子声音亮，一人唱来万人和。

改笋唔到腾竹根，连妹唔到出外村。外村妹子还够好，两日唔见会来跟。

(腾：沿着去。跟：寻找)

新打锡壶耳咁高，今朝来哩靓阿哥。要是老妹连得到，三餐食饭唔莫坐。

山歌唱在人村边，对得老人对得天。老人话倠咁大面，风流日子你在先。

山歌唱在人家村，男女老少出来听。老人听哩添福寿，后生听哩快添丁。

阿哥咁魂妹咁魂，门口石头把为银。三月清明把为五月节，风吹门环把为郎敲门。

(把为：当作、以为。)

山歌紧唱紧有情，两人坐下讲世情。唱响山歌风吹散，男女最要讲交情。

一群雕子飞入林，老婆唔惜惜慢人?日里惜来好做饭，夜晡惜来共头眠。

深山松树好遮阴，松树下背好交情。有情老妹应一句，省得阿哥满山寻。

月头落山坳里黄，老虎下山等猪羊。狐狸下山等鸡鸭，有情老妹等情郎。

林间竹子尾拖拖，过哩一窝又一窝。竹子低头食露水，老妹低头等情哥。

立冬小雪唔歇烟，天上乌云遮住天。保护上天落大雨，留倠老妹住夜添。

打鼓爱打鼓中心，打到鼓心好声音。老妹好比羊皮鼓，阿哥打鼓妹动心。

赤脚落田知浅深，常在山中识鸟音。阿妹好比林中鸟，阿哥听声会来寻。

阿哥唱歌妹弹琴，阿哥写诗妹会吟。一唱一和情意重，越唱越和情越深。

新打锡壶莫镀金，镀金不怕锡真心。新壶筛酒敬阿妹，酒壶酒杯慢慢斟。

正月耕田想落秧，寻遍谷种寻遍缸。修陂作圳做秧脚，耙田下种忙又忙。

天上下雨地下流，夫妻相骂唔记仇。床头床尾舍唔得，哪有夫妻隔夜仇。

山歌对唱：

女：日头落岭过哩河，
细声细气安置哥。
今晡日子冇几久，
约过时间再来坐。

男：日头落岭过河背，
细声细声安置妹。
约过日子要多久，
今晡日子倒转来。

女：日头落岭就夜哩，
问哥样般打主意。
阿哥路头有几远，
老妹路头几十里。

男：日头落岭看紧夜，
风吹篱笆看紧斜。
人都还在路上走，
心肝已到老妹家。

合：日头落岭就夜哩，
风绞乌云落雪哩。
乾坤日月都在转，
唔争今日自来哩。

羊角花开满山红，后生阿哥胆爱雄。坚决斗争是出路，加入红军最光荣。

作田人家实在穷，镰刀挂起米楻空。屋下老鼠搬家去，镬下空里睡猫公。

(镬下空里：灶膛)

哪个愁来冇有妹，着件烂衫冇肩头。日里洗衫冇衫换，夜里洗衫冇月头。

(月头：太阳)

地主豪绅手遮天，害得穷人断火烟。锅头结起蜘蛛网，灶头蛤蟆打秋千。

天下最苦是工农，着的衫袄补千重。三餐食个猪狗饭，住的屋子尽窟窿。

乌云重重不见天，苦海茫茫不见边。红军开入村子里，云开雾散见青天。

红军部队入倠村，镇压地主和豪绅。农工群众一见到，心头亮起一盏灯。

五月里来开禾花，红军开来打白砂。鸭麻岗上打一仗，打得白匪满地爬。

红军来哩穷人笑，打倒地主和恶霸。农民翻身当家主，铁树开花结鲜桃。

斧头唔怕扭柴丝，红军不怕恶势力。领导工农来暴动，各地建立苏维埃。

“革命者”来像春雷，唤起几多受苦人。共产党播下革命种，种子落地生根哩。

风吹竹叶响叮当，苏区一片好风光。打倒土豪分田地，种好田地支前方。

红军好来红军好，穷人东西不白要。黄瓜地里留铜板，只有今日看得到。

工农红军受穷人，帮助穷人打豪绅。千年苦水一口吐，仇要报来冤要伸。

新打草鞋七寸长，俚郎着哩上战场。郎在前方打胜仗，妹在后方运公粮。

砻谷脱壳米粒精，嘱郎革命要真心。莫学米筛千里眼，要学蜡烛一条心。

灰色军装簇簇新，八角帽上闪红星。十里长亭山歌唱，阿妹送郎当红军。

哥在前方放宽心，妹在后方理家庭。家中老少妹照顾，犁耙辘轴赛赢人。

韭菜开花一杆心，工农革命爱齐心。唔怕烧来唔怕杀，革命到底不变心。

（二）童　谣

白饭子、白珍珠，打扮小郎去读书。正月去，二月回，挑担箩夹等嫂归，归来花缸无点水。鹅挑水，鸭洗菜，鸡公砻谷狗踏碓，狐狸烧火猫炒菜，猴哥偷食烧（汤）疤嘴。

月光华华，揹（挑）水煮茶。茶一杯，酒一杯，嘀嘀嗒嗒讨生婢；讨个生婢矮跌跌，做个饭子香发发；讨个生婢高天天，做个饭子臭火烟。

笼耙继谷，谢婆煮粥，亲家食粥，食哩去哪里？倒黄竹。黄竹倒来做么哩？做累（篓）子。累子做来做么哩？捡田螺。田螺捡来做么里？供鸭里。鸭里供来做么里？生蛋。蛋生来做么哩？煮给大家人食。(谢婆：亲家母)

月光梦懂，揹（挑）担水桶，揹到哪里去？揹到月光岭下去；月光岭下妹子靓唔靓，着个红领衫。红领衫，乌背脊，打扮老妹朝菩萨，左手烧香右手插，日日想来，十分有搭萨。

阿阿嫁，俚也嫁，俚特阿阿挽手帕；阿阿睡花床，俚睡猪兜床；阿阿盖新被，俚盖烂蓑衣；阿阿食花碗，俚食竹筒管。

月光光，照四方。四方暗，结（砌）田坎。田坎阴，够（换）枚针。针有眼，够把伞。伞有头，够头牛。牛有角，够条桌。桌有杆，够只盎。盎有口，够条狗。狗有尾，够只鸡。鸡有髻，二仔同年学做戏。做戏难打锣，不如学补箩。补箩篾族（刺）手，不如学蒸酒。蒸酒怕会酸，不如学做砖。做砖会有缺，不如学打铁。打铁怕帮炉，不如学打屠。打屠怕杀猪，不如去读书。读书难认字，不如学焙纸。焙纸唔会挟纸角，师傅刮俚一古凿（指敲头）。

（三）民俗歌谣

勤俭布娘

勤俭布娘，鸡啼起床。梳头洗面，先煮茶汤。灶头锅尾，光光张张。煮好早饭，刚好天光。洒水扫地，担水满缸。漫有朝食，洗净衣裳。出门干活，不急不忙。田头地尾，种菜种粮。养鸡养猪，炆汁拌糠。做鞋绣花，唔离间房。针头线尾，收拾柜箱。家里家外，顺理有方。唔惹是非，事不张扬。有鱼有肉，唔敢先尝。开锅舀起，先奉爷娘。爱子爱女，惜肝惜肠。拉砻踏碓，唔声唔响。留心做米，冇谷冇糠。斫柴割草，山歌飞扬。出门随伴，在家守房。大凡小事，细声商量 。喜喜欢欢，料理家常。斋菜蔬果，豆豉嫩姜。备好酒肉，待客先尝。有米有谷，晓得留粮。粗茶淡饭，老实衣裳。越有越俭，唔讲排场。老公出门，家事担当。就无米煮，耐雪耐霜。有买有卖，唔蓄私房。唔偷唔窃，辛苦自当。唔骂老公，唔恨爷娘。此等布娘，正大贤良。能粗能细，有柔有刚。若是敢哩，真好布娘。

（注：布娘，女人、妇女。爷娘：爷娭、父母。砻：过去将稻谷剥去谷壳变成米的器具。冇：没有）

劝世文

俚今开唱劝世文，尝瓜莫忘种瓜人。十月怀胎娘辛苦，一朝分娩离脉魂，半升般大养大汝（你）。

半夜醒来哭连声，又食又屙屎尿淋；一周三岁娘带大，洗裙汤衫亏娘亲，日冇安乐夜冇眠。
三岁四岁学走路，十八九岁学做人；还细倒听爷娘话，老婆一讨就变心，一家吃饭二家分。
一家吃饭两家分，不敬不孝待双亲；孝顺必生孝顺子，忤逆必生不孝人，严教儿子有孝孙。
石壁种草有根生，语言污秽会伤人；长江后浪推前浪，世间新人换旧人，一代一代有富贫。
千朵梅花同树开，兄弟手足不相争；打虎还有亲兄弟，上阵也有弟子兵，同胞相连一条心。
为人处世要忠诚，莫学恶人起歪心；忠诚老实守本分，敬老爱幼惜贤人，清白一生留美名。

十劝郎

一劝郎，夜光光，不觉已过天三更。莫把娇妻时时想，搞坏身体害漫人。
二劝郎，燕子飞，燕子飞来有高低。莫做世上浪荡子，要做好人意转回。
三劝郎，笑眯眯，劝郎回家好娶妻。世间好女随处在，莫将钱财给人妻。
四劝郎，四四方，劝郎回家插禾秧。世上只有种田好，半年闲来半年忙。
五劝郎，片片云，田中禾苗早耕耘。世间米谷救人命，没有米谷饿死人。
六劝郎，路茫茫，汉前出了楚霸王。霸王死在乌江上，郎莫贪心像霸王。
七劝郎，七枝花，劝郎饮酒莫贪花。半路贪花半路死，丢别家中娘和爷。
八劝郎，细思量，赌博场上莫去行。赌钱浪子心生恶，害人害己把命伤。
九劝郎，久久长，孟姜女子送衣裳。劝哥外出把家想，家中还有老爷娘。
十劝郎，劝得多，百般言语劝亲哥。赌钱场上莫去走，赌徒堆里小人多。

劝郎莫赌钱

一劝郎　莫赌钱　学到赌钱人人嫌，夫妻反目父母骂，家庭不和闹翻天。
二劝郎　莫赌钱　赌钱害处大无边，十分赌钱九个输，几个赌钱赢了钱。
三劝部　莫赌钱　剥削思想总根源，坏了人品毁名誉，荒工废业误前程。
四劝郎　莫赌钱　输了银钱谁可怜，卖了财物卖房产，偷抢犯罪陷深渊。
五劝郎　莫赌钱　祸害社会法纪严，有朝一日被捉到，罚款拘留要坐牢。

（四）快板歌

创建平安新白砂（快板歌）

全镇上下闹嗡嗡，集镇街头好繁荣。车水马龙真热闹，行车安全路畅通。
驾车行驶要认真，超速超载绝不行。酒后驾车更危险，汽笛长鸣敲警钟。
疲劳驾驶也不行，昏昏沉沉没精神。操作失控酿大祸，人财两空富变穷。
二轮摩托莫放松，戴好头盔上路中。无证驾驶是违法，法不饶人懊悔中。
离把驾车逞英雄，背后乘坐两三人。威风一时成后患，灾难降临吃亏空。
农用车辆非客运，拖拉机厢不载人。客运货车不马虎，规则清楚又分明。
人货混装不正常，争道抢行必遭殃。肯等三分莫夺秒，时间来日且方长。
交通法规意义长，安全意识须加强。预防事故守规则，建立“平安白砂乡（镇)”。
白砂平安，平安白砂，车来人往，喜气洋洋，精神焕发意志昂扬。（合）创建平安新白砂。

客家山歌唱计生

男：打开喉咙唱山歌，
　　一人开口众人和。
　　唱得天旋地又转，
　　唱得大家乐呵呵。
女：搭起歌台唱山歌，
　　唱歌要唱国策歌。

男：计划生育讲生养，
　　独生子女比花香。
　　生活富裕收入好，
　　家庭和谐又安康。
女：只生一个就是好，
　　全家都当金元宝。

唱好山歌为祖国，
一人领唱大家和。
男：世界人口中国多，
耕地少来底子薄。
人口警钟已敲响，
计生莫把后腿拖。
女：计生条例好主张，
条条定得硬邦邦。
生男只能生一个，
生女四年准一双。

吃好穿好上学校，
优生优育质量高。
男：计划生育是国策，
我们共同来赞扬。
优生优育家幸福，
自觉实行好处多。
女：婚育新风要宣扬，
少生优生喜洋洋。
生男生女一样好，
合：和谐家庭像天堂。

注：本文为2010年11月26日在上杭县第六届东北片区农民文化体育节白砂民间文艺演出节目。

十八大光芒照白砂（三句半）

一、欢庆锣鼓敲起来，
我们四人同登台；
今天上台表演啥？
三句半。

二、十八大精神放光芒，
白砂人民喜洋洋；
我们说唱十八大，
鼓鼓掌。

三、十八大精神讲发展，
农民就业有奔头；
增收要靠科学观，
好好赚。

四、十八大精神讲教育，
立德树人主意高；
奖学助学决策好，
嗨好唷。

五、实行农保利万家；
十八大精神重养老，
老有所养惠民生，
实在好。

六、十八大精神讲健康，
全民医保惠民生；
病有所医有保障，
真名堂。

七、十八大精神讲住房
政府配置保障房，
安居乐业真幸福，
感谢党。

八、十八大光芒照白砂，
美丽白砂你我他；
人人行动落实好，
顶呱呱。

九、白砂人民心向党，
“五个”白砂谱新章；
宏伟蓝图要实现，
有希望。

十、白砂人民好风光，
木偶名镇全球扬；
坚定信心跟党走，
要发扬。

十一、白砂人民志气旺，
同心同德干劲强；
共建杭城后花园，
奔小康。

十二、为了今天群艺会，
大家辛苦准备忙；
后面节目更精彩，
多捧场。

二、民间熟语

（一）谚 语

1. 农事谚语

一日之计在于晨，一年之计在于春，一生之计在于勤。

正月玩过，二月混过，三月、四月天晴落雨都爱做（干农活）。

正月惊蛰莫在前，二月惊蛰莫在后。

懵懵懂懂，惊蛰落种。

清明寻地，谷雨寻田。

清明种芋，谷雨种姜。

惊蛰对清明，紧食紧便宜。（紧：越）

谷雨前后，种瓜种豆。

春分冇雨莫耕田。

春社无雨莫耕田，秋社无雨莫种园。

谷雨在月头，秧多不要愁；谷雨在月尾，寻秧唔肯归。

暗目秋，番薯芋卵加半收。（暗目秋，指晚上交秋）

七月立秋秋前莳，六月立秋秋后莳。

雷打秋，番薯番稻（晚稻）对半收。

冬至暗，禾傍坎（言稻大熟）。

雷打冬，十只猪栏九只空。

白露雨，有谷做冇米。

立冬不割禾，夜夜少一箩。

2. 天气谚语

正月雷鸣二月雪，十二月雷鸣贼打劫。

正月莫浑（水浊），二月莫鲜（水清）。

春暖春晴，春寒春雨。

春冇三日晴，冬冇三日雨。

立春落雨到清明。

立春晴一日，耕田不费力。

春刮南风日日晴。

清明落雨半月阴，清明无雨三月旱。

清明要晴，谷雨要雨。

唔到惊蛰先响雷，四十九日乌颓颓（又黑又暗）。

雷打立春节，惊蛰雨不歇。

雨水落雨，阴阴沉沉到谷雨。

雷打惊蛰前，四十九日不见天。

惊蛰不冻，寒到芒种。

立春落一日，惊蛰冷三日。

清明断雪，谷雨断霜。

三月三，擎伞着白衫（衬衫）。（喻天气转暖）

春雾晴，夏雾雨，秋雾蒙蒙做大水。

春分秋分，日夜平分。

夏至响雷旱六月。

夏至无雨三伏热。

小暑无雨看大暑，大暑无雨跨三暑。

立秋雨，半月雨。

立秋落雨做秋淋。

秋前北风秋后雨。

白露无雨，百日无霜。

白露无雨会春旱。

霜降晴，四十天晴；霜降阴，四十天阴。

初一落雨初二散，初三落雨到月半。

十五落雨有要紧，十六落雨到月尽。

久晴逢庚雨，久雨逢庚晴。

雷公先唱歌，有雨也冇多。

云上白砂，蓑衣笠麻乱车（提）。

立夏晴，笠麻蓑衣打先行。

立夏雨，笠麻衰衣好收起。

立夏小满，溪河塘满。

夏至至长，冬至至短。（白天时间长短）

冇个天晴五月节，冇个落雨过重阳。

六月六日落雨，百日内包见霜。

白露白茫茫，冇被唔上床。

立冬晴，晴一冬；立冬雨，会烂冬。

立冬小雪，做饭冇停歇。

冬至出月头（太阳），明年冻死牛。

冬至月头天气暖，若至月半天必寒。

大寒不冻，冷到芒种。

正月冻死牛，二月冻死马，三月冻死作田家。

鸡宿迟，会下雨；鸡早宿，好晒谷。

雨打五更天，行人不要愁。（言清晨陡雨，昼必放晴）

热朗昼，两头溜（俗称日为热头，言午前雨，中午倏出热头，午后必再雨）。

日送山，天光起来一般般（俗称明日为天光，言整日雨，傍晚忽晴，明日必雨）。

朝霞不出门，晚霞行千里。

天上云交云，地下雨淋淋。

3. 持家谚语

巧妇难做冇米之炊。

一朝无粮兵马散，三日冇米夫妻散。

早起三朝当一工，昼（迟）起三朝乱咚咚（乱撞）。

床上添双脚，加吃又加着。

唔省唔有，唔拣唔赎收，唔积唔筹（聚集）。

食唔穷，着唔穷，冇划冇算一世穷。

意得算，世上冇穷汉。
六月苋菜花，当过牛肉巴。
一夜不宿，三日补唔足。
捉鸡也要一撮米。
公有婆有，唔使自家有。
便宜冇好货，好货冇便宜。

4. 修身谚语

人争一口气，佛争一炷（炉）香。
人冇千日好，花冇百日红。
禾怕寒露风，人怕老来穷。
若叫人下水，先自水中企（站立）。
新做屎缸三日样（热闹），三日过哩一个样。
得人钱财，为人消灾。
人人爱面，树树带皮。
得人滴水之恩，必当涌泉相报。
忍得一时之气，免得百日之忧。
六十六，学唔足。
六十六唔爱笑人鬼恩目。（恩：蒙住）
人穷力出，马瘦毛长。
三岁孩儿唔敢跟八十公公比长短（寿命）。

5. 警世谚语

还细（小）偷针，大哩偷金。
便宜莫拣，浪荡（不明物）莫收。
人心难隔（测）水难量。
人怕出名猪怕壮。
人无三代穷，富不过三代。
人人莫做官，做起官来一般般。
人心胜过天，做哩皇帝想成仙。
人情要长数目要短。
钱财如粪土，仁义值千金。
肯与君子撑伞，莫给小人做军师。
有钱能买对面山，不能买到亲心肝。
强中自有强中手，一山更比一山高。
留得青山在，唔怕冇柴烧。
养儿防老，积谷防饥。
人情留一线，日后好相见。
穷人莫断猪，富家莫断书。
少年读书不努力，等到老后徒悲伤。
捡漏趁天晴，读书赶年轻。
山外还有山外山，高人头上更高人。
贪食一头草，跌死一头牛。

一样精通食唔通，样样都会挽搭袋。

家有千金不如一技在身。

心中唔前做恶事，半夜出门心不惊。

6. 生活谚语

萝卜青菜，各人所爱。

猪肝猪肺，各自中意。

破柴唔识路，唔怕大力古。

蒸酒做豆腐，到老唔敢称师傅。

好子唔肖多，一子当十哥。（唔肖，不在乎）

田爱亲耕，子爱亲生。

树大分叉，人多分家。

老婆讨得好，一世有安乐。

公不离婆，秤唔离砣。

龙生龙来凤生凤，老鼠生儿也打洞。

夫妻没有隔夜仇，床头床尾揽揽秋（紧）。

八十公公归祖家，九十婆婆想外家。

七坐八爬，九九生牙，十月喊爷。

冬吃萝卜夏食姜，唔需医生开处方。

嫁鸡随鸡飞，嫁狗跟狗走，嫁给狐狸满山走。

随夫贵，随夫贱，随夫上得金銮殿。

久病床前无孝子，子女多哩爷饿死。

人心不足蛇吞象。

三分人才，七分打扮。

歪命生成，好命装成。

爷娘爱子是真心，子爱爷娘意不真。

爷娘爱子长流水，子爱爷娘担杆水。

生子唔象爷，各人肚里划。

作田唔养猪，好比生子唔读书。

日求三餐，夜求一宿。

女怕嫁错郎，男怕入错行。

有样冇样，望下世上。

一失足成千古恨。

有钱冇钱，回家过年。

7. 社交谚语

客随主便，入乡随俗。

出门看天色，入门看人色（表情）。

吃葱吃心，听话听音。

多个朋友多条路，多个冤家多堵墙。

酒肉朋友，难交长久。

做哩千回好，唔当一回歪。

唔怕红面关公，就怕笑面菩萨。

人情一把锯，你唔来，俚唔去。
做贼冇种，就怕被人鼓鼓弄弄。
来讲是非者，便是是非人。
人心难测水难量。
人心隔肚皮，讲话冇定期。

（二）歇后语

三个手指捡田螺——十拿九稳。
大年初一看历书——往后日子长。
乞丐唱山歌——穷开心。
木匠的凿子，石匠的钢钎——都挨打。
老母嫲生蛋——尽力。
年初一见面——净说好话。
年三十日的饭甑——冇空。
冷锅炒豆子——有意思。
和尚跌落粪缸——冇法。
鸡啄秤砣——白费神。
急水滩头洗泥鳅——走的走，溜的溜。
酒醉鬼走路——东倒西歪。
蚊子刁（咬）牛角——没用。
黄连树下吃黄连——苦上加苦。
黄连树上挂猪胆——苦上加苦。
猫公抓糍粑——难脱爪。
棺材头上放高炮——吓死人。
算盘珠子——不拨不动。
六月天空卖火笼——背时。
六月天空斜（撑）凉伞——过过旁人眼。
头上生疮，脚下生脓——坏透了。
瘦猪嫲屙硬屎——争气。
鸭妈硬嘴甲——硬称（争）。
砌墙的砖头——后来居上。
颈上挂猪胆——该苦。
壁上画猪肚——好食不好煮。
壁上画马——好看不好骑。
湖洋田里打桩——自深（称）。
外甥学母舅——照旧。
田塍背莳芋卵——外行。
猴哥上树——老本事。
一个田螺一个闭——有多。
石灰撒路——白行。
袄上加托肩——多此一举。
三十夜里等月光——白等。

木匠师傅打墨线——睁一眼，闭一眼。

芋荷叶上的水——倒来倒去。

戴哩笠妈又斜伞——多此一举。

养狗咬脚蹭——冇良心。

好心遭雷打——冤枉。

捉只老鼠咬烂袋——自找苦吃。

(三) 谜　语

雷公贡贡，雨子洒洒，斜张脚头走死老命。（猜一活——砻谷）

盘子对盘子，盘子沿上出蛇子。（猜一活——磨子磨豆腐）

一对金童子，眠倒等人拿，对腰揽也到，味道自然来。（猜一物——筷子）

铜锣般大鼓般圆，拿来秤冇一钱。（猜一物——蜘蛛网）

南阳诸葛亮，稳坐中军帐，摆起八卦阵，专捉飞来将。（猜一物——蜘蛛）

远看一只乌鸡妈，走近一看无头头。（猜一物——牛屎堆）

远看一只马，近看有头有尾巴，肚里翻翻转，嘴里出黄沙。（猜一物——风车车谷）

竹做地，竹做墙，竹屋肚里闹洋洋，又有兵马团团转，又有兵马跌落塘。（猜一活——米筛筛米）

圆叮当，扁叮当，中间串条直骨梁。（猜一物——锅盖）

头大尾细，满身纹蚊，大家吊我耳朵，问我今年几多岁。（猜一物——木杆称）

我是不成材，请客我先来，客来我就走，客走我又来。（猜一物——抹桌布）

红面铁须关云长，手拿令箭杨六郎，身穿花袍薛仁贵，背后插箭赵子龙。（猜一昆虫——牛牯蜂）

远看一只白交椅，千人万人扛唔起。（猜一物——坟墓）

青竹蛇，冬簸箕，子孙都在地下企（站立）。（猜一物——芋子）

还小吃得用不得，大时用得吃不得。（猜一植物——毛竹）

还细着青衫，老喱着红袄，唔怕雷公打，只怕长竹篙。（猜一果物——柿子）

生在山上叶排排，死在家里当秀才，绫罗绸缎都穿过，从没穿过绣花鞋。（猜一物——晒衣竹竿）

红粮子，上高台，五个小子扶上来，一阵心头痛，眼泪流满杯。（猜一物——红蜡烛）

东南西北角叉叉，八仙肚里打刀花，男女二人陪陪坐，妖怪住在竹头下。（猜一成语——十分好笑）

乌珠子，白镜子，统统装入一笼子。（猜一器官——眼睛）

双胞兄弟，同乡同里，至死不见，各向东西。（猜一器官——耳朵）

一人桥上站岗，二人桥下乘凉。（猜一字——六）

一只屋子四四方，十人同住一间房。（猜一字——田）

二人丁丁企，十四古田圩，一日走唔到，古田煮点心。（猜一字——德）

半片衣衫一口田，女人说话口相连，一目直撞田中过，三人跪在母面前。（猜一成语——福如东海）

言对青山紧相连，两人土上说分明，三人骑牛少一角，草木中间一个人。（猜一待客语——请坐奉茶）

附：方言举隅

斜晡—昨天	日头—太阳	谢婆—儿媳母亲
先头里—从前	吃—食	舅哩—母亲兄弟
好久哩—很久前	玩—嫽	姐丈—姐夫
天光日—明天	眠—躺下	老妹婿—妹夫
天光—天亮	企—站	老娣生娓—弟媳

再来讲—以后再说
夜哩—傍晚了
夜晡—晚上
佢—他
偓—我
唔—不，未
咁—这样、那么
哩—了
样般—怎么
嘛个（里）—什么
样—怎
冇—无
样得—怎得、怎样才能
心肝—喻心上人
笊捞—竹编捞饭工具
屙糟—肮脏
淅地—干净
湖蜞—蚂蟥
黄杂—蟑螂
蚁公—蚂蚁
鹅公虫—蜈蚣

楼浮—做事不稳当
过身、老了—老人死了
上山—埋葬老人
大屋、寿柜、寿材—棺材
损身—孕妇流产
天弓—彩虹
去揶里—去哪里
行—交往、相恋
簕—刺
嬷—女人或雌性动物
唔曾—没有、从未
芦箕—柴草
老官—丈夫的父亲（公公）
家娘—丈夫的母亲（婆婆）
婿郎—女婿
生娓—儿媳
阿哥—兄
老弟—弟
阿阿—姐
老妹—妹
亲家—儿媳父亲

大伯—伯父
伯娓—伯母
叔哩—叔叔
娓娓—叔母（婶婶）
伯公—伯祖父
伯婆—伯祖母
叔公—叔祖父
婆婆—叔祖母
爷娘—父母亲

三、民间故事

“日日出皇帝”的传说

据水竹洋世代相传：从前，有一位童颜鹤发的老人路过水竹洋水口（村口），见水口风景不错。有繁茂的树林，清澈透底的小溪流，还有不少奇石：像乌龟、金钹、呻叩、鼓、铜锣、太师椅、案桌等，便惊叹不已。恰逢一对夫妇在此耕作，这位仙人向农夫讨水喝并同他们攀谈起来。问起此处地名及居住何人，农夫一一作答。老人沉吟片刻即对农夫说：“此处是个风水宝地，以后必出能人！”随后又问农夫：“你是愿意日日出皇帝还是代代出皇帝？”农夫心想：“代代出皇帝太慢了，日日能出一个皇帝该多好呀！”思量过后便说：“我愿意日日出皇帝。”老人闻言点点头说：“你的愿望一定能够实现。”话音刚落，片刻不见老人踪影。农夫很惊讶，逢人就说起此事。时隔不久，一梁姓后生来此地开基，日日表演傀儡戏。这时，农夫才醒悟过来，原来傀儡戏才能“日日出皇帝”！他们懊悔莫及，方知自己失言。然而从此以后此地风调雨顺，年年丰收，连灾荒年也不受饥。

将军桥的传说

很久以前，白砂官地有个太阳圩，太阳圩有座太阳庵，寺庙的产业是田地，多达几十亩。相传某年和尚们请了好些短工来莳田，并十分苛刻地要求他们在一天内都得莳完。短工们心中有气，便说：“要是太阳不下山，我们就把田都莳完。”狠心的和尚便作法拿出袈裟披在禅杖上，竖在庙前顶住太阳，结果三日三夜都没有天黑。害得短工们没日没夜地劳作累死在田里。这时，皇宫里有一个国师，测算出在福建上杭白砂太阳圩出了太阳不落的怪事。皇上就派了赵大将军去太阳圩处理此事。和尚听说后就变身为蕉头，结果被赵大将军识破，齐根砍下，并烧了袈裟。从此，昼夜更替才恢复了正常，百姓才如常每天日出而作，日落而息。可赵大将军归朝，经过五里外的一个村子，骑马过桥时，却不慎从马上掉下来摔死了。老百姓为了纪念赵大将军，就将此地取名为将军桥。

金玉顶的传说

白砂洋乾村北面有一座高耸的山峰金玉顶，已列为省级文物保护单位。登上金玉顶的游人都留下难忘的记忆：有座外圆内方古建筑，六米见方，四面开窗，八方条石砌成，内由数十根石柱顶立，却不存尺木寸铁。更为可观的是每根条石上都刻有观音的各种化身形象，实为建筑史上之“孤例”。据有关史料记载，金玉顶建于明万历年间（1573—1619 年），迄今已有四百多年历史，为历代高僧闭关坐禅修炼之所，虽经千秋风雨涤荡，但大门上方正中的石刻“金玉顶”三个遒劲大字历历在目，石栋梁上刻的“保五谷丰登，世平界静；观风调雨顺，国泰民安”等字样依稀可辨。

站在金玉顶峰上，自然能领略到“会当凌绝顶，一览众山小”之意境。如若从东北角俯视西南方，山环水抱，景色秀丽的上杭县城尽收眼底，正好印证了爱国诗人丘逢甲赞叹上杭城“四面青山三面水，一城如画夕阳中”的妙句。

金玉顶的海拔不算高，仅有 1003.7 米。然“山不在高，有仙则名”。据上杭民间故事相传，当年观世音从浙江普陀山返回极乐世界途中，经过上杭县城上空，从云端往下看，见上杭汀江三折回澜，上空云雾缭绕，恍若仙境，于是情不自禁在县城东北边最高峰降下山头，也就是现在所处的金玉顶这个位置。观世音在上空仔细端详杭城美景的变化，放下手中的净瓶，命金童、玉女在山顶等候，自己顺着山势飘游观赏。召集西普陀的净瓶峰，据传便是当年观世音搁在那边的净瓶。这山顶因金童、玉女在此滞留永驻而成了金玉顶的缘起。

第二十章　卫生　体育

新中国成立前，白砂医药卫生事业发展缓慢，医药、医务人员为数不多，群众贫苦，无力就医，群众饱尝疫疾之苦。新中国成立后，人民政府重视提高人民的健康水平，逐步发展医疗事业。1950年起，执行“预防为主”方针，持续开展群众性的爱国卫生运动。1957年以前，白砂以私人诊所为主。1957年，袁友方、袁栋材等人组织成立白砂联合诊所。1958年，在中洋天主教堂创办白砂保健院。犁头子、将军桥、早康（新坊）、塘丰等地设有诊所（保健站）。1969年，农村实行合作医疗制度。1992年始，把初级卫生保健纳入乡镇经济社会发展规划。2000年基本达到初级卫生保健标准，群众卫生保健水平进一步提高。主要传染病的发病率和死亡率，孕产妇和婴儿死亡率等大幅下降。2017年，人口死亡率1.56‰，人均寿命男73.64岁，女79.43岁，平均寿命76.34岁。

明清时期，白砂开展的武术、舞狮为主要内容的民间体育活动，民众投师学艺，习武蔚然成风。清代，涌现武进士袁九皋、严廷中，武举人钟瑞轩等。清末民国时期，茜洋、嫩洋、洋乾、扶福等村落都开办过教场，传艺习武。民国时期，中共上杭（杭武）县委、县苏维埃政府在白砂举行数次具有军事体育性质的检阅。新中国成立后，群众体育不断发展。1950年，第六区（白砂区）在崇福寺召开为期两天的群众体育运动大会。1952年后，积极响应毛泽东主席“发展体育运动，增强人民体质”的号召，大力开展篮球、乒乓球、拔河等体育活动，群众体育和学校体育广泛开展。白砂中学、白砂学区（白砂中心小学）屡次参加县体育运动会，举办本校运动会，均取得好成绩。2006年后，白砂镇组织参加上杭县东北片区历届农民运动会。2010年，白砂镇承办上杭县第五届东北片区农民文化体育节，获团体二等奖。

本章第一至第五节记述卫生，第六节记述体育。

第一节　机构队伍

一、医疗机构

民国时期，白砂犁头子、中洋、洋乾等地都有中药铺，大多数兼营诊所。主要有余庆堂（杨礼兴）、寿生堂（席维金）、百草堂（曾□发）、保安堂（杜柏年）、长春堂（袁安庆）、傅扬清、游克有等药店，一般药店都有坐堂医生。

新中国成立后，1957年以前私人诊所为主。1957年，成立联合诊所，吸纳原私人诊所医师、药师，袁友方、袁栋材为负责人。1958年，在中洋天主教堂创办白砂保健院，负责人陈华文。犁头子、将军桥、早康、塘丰等地设有保健站。1965年6月26日，毛泽东提出“把医疗卫生工作的重点放到农村去”。1966年，上杭县在上杭一中办红医班，白砂公社选派6位学员入学。1967年，创办大队医疗室，医务人员半农半医，称赤脚医生。1968年冬，部队派出医务人员下乡巡回，推进“一根针（银针）一把草”的农村医疗模式，各大队都成立合作医疗室，选配1~2名医务人员。各大队自筹资金，也有向社员摊派，人均交0.5元、1元作为合作医疗经费。当时提出“小病不出村”的口号，看病只交5分钱的挂号费。1969年，白砂

20个大队都办了合作医疗站。1970年，公社在下洋土楼里新建一座白砂医院。1973年，白砂公社保健院更名为白砂公社卫生院。1980年，逐步改革单一的办医模式，鼓励社会办医，集体办医和个体开业行医。1982年起，逐步对个体开业医生进行考核，合格者发给个体开业许可证，个体医疗站（店）逐步发展，各村纷纷办起村卫生所（含乡卫生院药店）。1993年，开发区医院新址落成，整体搬迁。1994年，白砂镇有村级卫生所26家，个体开业5家。2010年5月，白砂卫生院更名白砂镇中心卫生院。

2017年，白砂有中心卫生院1所，村级卫生诊所25家，其中骨科诊所1家。

二、卫生队伍

明清至民国时期，白砂有部分人从医并出现一些名医。据民国版《上杭县志·方伎传》记载，全县46名医家中，白砂镇就有9名之多，占全县的20%。

民国版《上杭县志》载，清光绪（1875—1908年）中，长岭下人廖国模，“在城教读兼以医药著名，胎产一科尤精。族人廖有勋、廖金榜均邑庠，亦善医。廖懋贤精喉眼科，子开上，孙皇卿，能世其业。廖拔勋，精小儿科”。城厦人傅寿彬精外科，民国十四年（1925年），“丘荷公（丘复）颈上病疽，因肉内腐渐月”，傅寿彬遣其子心荣“用药末敷治，以生烟叶用沸水瀹过贴之”，被治愈。“其药末用治刀火伤及无名肿毒均效”。“七国寨人林仁寿，与樟坑赖子芬俱精外科”。

民国时期，白砂较知名中医、西医有陈炳书、陈星辉父子精通麻痘科，陈香书精通麻痘科，后迁蛟洋文都新圩开药铺；傅宗仁、傅明（德春）精通妇科；杜柏年、杨礼兴原籍江西樟树，两人开中药铺；袁安庆、袁友荣四代行医，医药世家。厦洋村人袁友荣，15岁开始从父亲袁安庆学习中医；民国二十三年（1934年），应蛟洋傅柏翠之邀，至蛟洋、古田、步云行医并开设益民药房，尤擅长中医内、妇、儿科。从医70多年，一生治医严谨，治必寻根究底，以臻完美，深得民众爱戴，新中国成立后继续从事中医临床诊治工作。厦洋村人袁玉行，民国十八年（1929年）随二伯父袁安庆（上杭城关“春生堂”的坐堂小儿科名医）学习中医小儿科。伯父年迈返乡后，继任堂医；经考核由国民政府考试院核准发给中医行医执照后，自设济生堂暨袁玉行专治小儿全科诊所。新中国成立后继续从医，1958年调入县医院创办小儿科，直至退休，是县内有较高名望和受群众爱戴的中医儿科医生。中洋村陈华文，民国二十三年（1934年）在白砂开设中药店并行医，直至1984年退休。对中医儿科有独特专长，善治麻疹、水痘等病。此外，还有袁永生、袁栋材、袁凤阶、袁树森等医师。当时的中西医师大都不是从正规医学院校培养出来的，有的靠祖传，有的跟随老医师学徒出身，有的是受家庭影响从医的，也有的是自学成才。

新中国成立后，人民政府着力发展医疗卫生事业。医务人员除从正规学校培养外，还从农村选派热爱医务工作的青年进行培训，培养了一批骨干医生加入医师队伍。1967年，公社保健站培训了22名半农半医的“乡村医生”和大队卫生员、接生员。1968年，各大队办起合作医疗站，县卫生局和县医院培训了25名赤脚医生，20名接生员。1970年、1971年，白砂公社推荐袁恒昌、傅玉英到福建医学院深造。1974年，推荐曾育林、袁生兴到福建医学院深造。

1970年后，部分医学院校毕业分配到卫生院工作，他们中不少人成为业务骨干，有的还走上院所领导工作岗位，医疗队伍得到充实、加强。

1980年，白砂卫生院有中西医技术人员28人，其中中医师4人，西医师4人，西医士7人，护士5人，中药、西药药剂各1人，中药剂员2人，西药剂员2人，初级技术人员3人，管理人员2人。

2017年底，镇卫生院有职工51人，其中卫生技术人员43人，副高职称2人，中级职称9人，临床医师11人，护士7人；本科学历7人，大专学历29人，中专12人。25家村级卫生诊所有乡村医生资质的25人，其中持执业助理医生资质的4人，老中医1人，骨科医生1人。另特聘乡村卫生员4人。

表 20–1　若干年份白砂中心卫生院人员情况表

单位：人

年份	1995				2005				2015			
分类	职　称				职　称				职　称			
	中级	初级	无职称	小计	中级	初级	无职称	小计	中级	初级	无职称	小计
临床医师	2	4	0	6	3	4	0	7	4	4	0	8
护士	2	3	0	5	2	3	0	5	3	3	0	6
公共卫生	0	0	0	0	0	0	0	0	0	2	0	2
妇产	0	2	0	2	1	2	0	3	1	4	0	5
防疫	0	3	0	3	0	2	0	2	1	4	0	5
药剂	0	3	0	3	0	3	0	3	1	1	0	2
检验	0	1	0	1	0	1	0	1	1	0	0	1
放射	0	1	0	1	0	1	0	1	0	1	0	1
B超心电图	0	0	0	0	0	1	0	1	0	1	0	1
后勤及其他	0	0	0	0	0	1	0	1	0	1	0	1
其中中医人员	0	0	0	0	0	0	0	0	0	0	0	0

表 20–2　白砂中心卫生院历任负责人名表

姓　名	职　务	任职时间	姓　名	职　务	任职时间
袁有芳	院　长	1958–10—1959	黄炳芳	院　长	1991–11—1992–06
陈华文	副院长(主持工作)	1959–05—1969	邱啟元	院　长	1992–07—1994–07
傅宗仁	副院长(主持工作)	1962–09—1969	傅志洪	院　长	1994–08—1997–11
邱桂英	副院长(主持工作)	1969—1971	赖洪增	院　长	1997–11—1998–12
袁绍昂	院　长	1971–02—1979–08	陈建康	院　长	1999–01—1999–12
陈增琪	院　长	1979–09—1986–04	林津华	院　长	1999–10—2001–03
陈兴昌	院　长	1986–05—1988–12	傅翠华	院　长	2001–04—2003–09
张炜明	院　长	1989–01—1991–10	刘明华	院　长	2003–10—

第二节　防　疫

一、群众性爱国卫生运动

白砂群众性爱国卫生运动始于1952年。当年，响应党中央“动员起来，讲究卫生，减少疾病，提高健康水平”的号召，发动群众扑灭“五毒”（鼠、蝇、蚊、虱、蚤），开展爱国卫生运动。家家户户订立爱国卫生公约，发现疫情及时报告；开展大规模的卫生大扫除，结合卫生积肥逐步形成日扫月检制度；同时开展户与户、组与组、村与村之间的相互检查评比活动。1956年始，响应党中央号召，全民动手，开展除“四害”（老鼠、苍蝇、蚊子、麻雀。因麻雀是益鸟，1960年改麻雀为臭虫）。1958年，开展“卫生之家”及创“卫生村”活动，发动群众铲除房前屋后杂草，扫除垃圾,填平积水坑洼，增强人人爱清洁、户户讲卫生的意识。

“文化大革命”期间，爱国卫生运动很少开展。1977年以后，以“两管”“五改”（管水、管粪，改水井、改厕所、改猪牛栏、改鸡鸭窝、改环境卫生）活动作为爱国卫生运动的主要内容，结合防疫工作，每年突击大搞几次卫生综合整治和除“四害”等活动。1982年起，爱国卫生运动与“五讲四美”活动相结合，以治理“脏、乱、差”为突破口，开展以改善环境，加强环境卫生管理为重点的群众性爱国卫生运动。

1989年始，贯彻国务院发布的《关于加强爱国卫生工作的决定》，坚持“政府组织、地方负责、部门协商、群众动手、科学治理、社会监督”这一爱国卫生工作的基本方针和方法，改善卫生条件，提高卫生水平。1999年以后，针对集镇、市场的卫生状况，镇党委、政府制订“整环境、美家园”创文明卫生集镇的实施方案，成立以党委书记、镇长为正副组长，有关所站负责人及部分离退休干部为成员的领导小组，组建一支专业环卫队伍。各村相应成立环境保护工作小组，各家各户配备垃圾桶，各路各点设置垃圾集中桶，尽量做到不扔抛垃圾，集镇乡村都有垃圾填埋场点。进入21世纪以后，各村进行河道综合整治，河道两岸都筑砌岸堤，治理往溪道排污、丢垃圾的状况。2015年以后，建立河长制，各溪流域都有河道管护员，基本实现“水更清，天更蓝”的人居环境目标。农村人居环境大大提升，人民群众的生产生活环境改善。

二、卫生监测

（一）学校卫生

新中国成立前，学校卫生条件较差，没有卫生设施。新中国成立后，人民政府重视学校卫生保健，注重青少年的身心健康成长。学校、教育部门与卫生院紧密结合，开展学校卫生保健，卫生知识教育和预防接种等工作，同时设有学校卫生保健室（箱），建立健全卫生防疫制度，有计划、有重点地对中小学校进行监控、监测。中共十一届三中全会以后，教育部门贯彻国家《学校卫生工作条例》，搞好学校卫生工作。中学设有专（兼）职保健医生，小学设有卫生室，配有卫生箱。中小学开设卫生常识课，教育学生保护视力、保护牙齿，勤换衣服、勤洗澡，常剪指甲、常理发，注意培养良好卫生习惯。对有住宿生的中学、小学，每学期都对学校周边及学校食堂进行定期或不定期食品卫生、环境卫生监督，保证师生的饮食卫生安全。1990年以后，白砂中心卫生院组织医务人员对中小学、幼儿园每年开展一次学生体检，并建立个人卫生档案。

（二）食品卫生

新中国成立初，对食品生产经营，卫生部门只派人检查，起一般的监督作用。1983年后，卫生防疫人员贯彻执行《中华人民共和国食品卫生法》，对违犯该法的单位或个人，根据情节轻重予以警告、罚款、停业整顿以致取缔或吊销营业执照处罚，对符合卫生标准规定的生产、经营单位颁发卫生许可证。每年进行年审、换证，发现有传染病菌的不准开业。屠宰上市的肉类，都经过检疫部门检验，发现有问题及时处理。对一些“三无”（即无厂名、无厂址、无生产日期），过期、变质的食品及时进行集中销毁。食品卫生管理工作逐年步上正轨，人民群众基本上能吃上放心肉和安全食品，确保群众舌尖上的安全。

（三）饮水安全

1980年以前，乡村居民主要饮用山溪水、山泉水、井水等，主要靠每日一早挑回家中水缸储存备用。每遇山洪暴发或上游农田耕作就不能饮用，水质污染严重。1980—1990年，农村各家各户或几家联约，普遍都在自家小院打汲水泵取水饮用，避免水源污染。1990年始，卫生部门对乡村水源进行饮用水普查。各村群众自筹资金挖井或引接无污染的山泉水，逐步改善村民饮用水卫生状况。进入21世纪以后，全镇各村基本建有自来水供水设备，大部分村民均能用上便捷、卫生的自来水。中小学用水都经过检测、达标，确保中小学师生的身心健康。

三、传染病防治

明清至民国期间，境内疟疾、天花、霍乱、传染性肝炎、传染性菌痢疾、流脑、乙脑等多种严重危害人民健康的传染病时有发生和流行。新中国成立后，坚持贯彻“预防为主”的方针，在全乡开展牛痘等多种疫菌苗预防接种。1953年起，一些流行性疾病如天花、疟疾、霍乱、伤寒、白喉、麻疹等，逐年得到控制，发病率明显下降。

天　花　俗称乌痘。民国时期每年都有一些人犯病死亡或变成麻脸。白砂的麻疹专家陈炳书、陈香书施药济众，土法接种（种痘）。1952年后，通过普种牛痘等，未再发生天花。

疟　疾　俗称“打摆子”。每年秋末冬初流行，发作起来“冷热难控”。1955年始，卫生部门用奎宁丸救治患者，收到较好效果。1991年经省卫生厅专家组织认定，白砂已达到消灭疟疾标准。

流行性脑脊髓膜炎　简称流行性脑膜炎，也称“流脑”。1967年4月境内发生。公社成立灭病小组，及时开展“早发现、早报告、早隔离、早治疗、早预防”的群众性运动，控制了流脑的蔓延。1972年，首次接种“流脑”疫苗后，发病减少。主要采取消毒处理，密切接触者服药，流行正在流行季节用药物喷滴鼻喉，消除人群部分带菌，同时，提倡开展群众性以“三开三晒”（开门、开窗、开蚊帐，晒衣服、晒被褥、晒太阳）为主要内容的爱国卫生运动等综合性预防措施，各村卫生所（合作医疗站）熬制岗梅、马鞭草、鱼腥草等草药供村民服用预防。20世纪80年代中期始，推广使用A群脑膜炎球菌多糖体疫苗，适龄儿童的接种率达95%以上的高水平；90年代后发病率一直控制在1/10万以下。

结核病　2004年，开展结核病线索调查，加强结核病人的发现，转诊与普查督导工作。2013年，结核病由政府免费检查治疗，患病率降低。

麻风病　1950—1990年，发现病人主要采取收容隔离治疗。药物以氨苯砜（DDS）为主。1990年后，新发现病人以门诊治疗为主，治疗采用世界卫生组织（WTO）规定的联合化疗（MDT）方案，并狠抓联合化疗的全面实施与管理。1992年，全乡达到卫生部规定的基本消灭麻风病的标准。

四、地方病防治

血丝虫病　俗称大脚筒。1970年7月，白砂卫生院组织有关人员成立普查小组，到各大队开展血丝虫病的普查登记工作，同时采取防治措施。

地方性甲状腺肿大　简称地甲病，俗称“大脖子”病。主要原因是由于环境缺碘，造成人体碘元素摄入不足。1981年，进行碘缺乏病普查。1988年基本控制地甲病。在普及碘盐供应的基础上，为确保新婚育龄妇女、孕妇、哺乳期妇女、婴幼儿等特需人群和7~14岁儿童重点人群的缺碘需求。1990—2011年，对上述人群辅服碘剂。

五、“非典”预防

2003 年 5 月，部分省、市发生非典型肺炎（简称“非典”）疫情。白砂镇按照省、市、县防治“非典”指挥部的统一部署，扎实抓“非典”的预防工作。镇成立防治“非典”工作领导小组，设立“非典”隔离区。白砂中心卫生院和村卫生所工作人员通过发放宣传单、宣传画、出版墙报等，向各村村民和中小学师生宣传防治“非典”的有关知识，做到家喻户晓。经观察、跟踪，白砂未发现“非典”疑似病例。

第三节　保　健

一、妇幼保健

（一）新法接生

新中国成立前，产妇多在就地由未经培训的接生婆接生。接生婆多半是家庭中年长妇女，由于当时卫生观念淡薄，医疗条件及设备差，造成不少产妇患“产褥热”或因产后大出血、破伤风而死亡，很多婴儿因“破伤风”而死亡。

新中国成立后，大力推行和普及新法接生。1960 年后，公社卫生部门建立接生站和产前检查站，使新法接生率逐年上升。至 1962 年，白砂保健院培训一批农村接生员（一般大队 1 名，人口较多的大队 2 名）。1985 年后，落实孕产妇检查随访制度，新法接生率和产妇安全率均有显著提高。1996 年始，统一实行孕产妇住院分娩措施。2001 年，全镇产妇 328 人，产前检查率 99.3%。在卫生院住院分娩率 100%，新法接生率 100%，产前检查、产后访视率大幅度提高。未出现产妇死亡或新生儿破伤风死亡现象。

（二）妇女保健

1958 年后，农村生产大队对参加农业生产劳动的妇女在经期、孕期、哺乳期给予“三调三不调”（即调干活不调湿活，调轻活不调重活，调近活不调远活）的照顾，并配有不脱产妇女干部负责抓此项工作。

1976 年始，开展妇女“两病”（子宫脱垂和尿瘘）普查普治工作。1988 年始，乡妇女保健人员在“三八”期间对已婚妇女开展一次妇科病普查。经多年查治，妇女“两病”患病率逐渐下降。2010—2017 年，全镇没有发现子宫脱垂和尿瘘病例。

2010 年后，每年对低保户妇女进行常规免费检查。

（三）儿童保健

儿童系统保健　1952 年起，对儿童实行传染病预防接种，逐步推行新法接生、育儿，加强新生儿、体弱儿童保健。常见的小儿传染病得到不同程度的控制，婴幼儿死亡率降低。1980 年后，幼儿保健工作全面展开。加大儿童保健和幼儿园（班）的管理力度，普及科学新法接生，提倡住院分娩，努力降低婴幼儿死亡率和预防新生儿破伤风发生；做好幼儿园（班）的卫生保健指导，按时做好幼儿园（班）前的体格检查，使有疾病的儿童及时得到治疗，有生理缺陷的儿童及时得以矫治。

表 20-3　2009—2017 年白砂镇儿童保健情况表

年份	儿童保健覆盖率（%）	儿童系统管理率（%）	体弱儿童管理率（%）	体重人中位数-ZSD 比率（%）	托幼机构卫生保健管理率（%）	新生儿死亡率（‰）	婴幼儿死亡率（‰）	5 岁以下儿童死亡率（‰）	新生儿破伤风发生率（‰）
2009	100	96.2	3.0	1.2	100	7.0	0	10.5	0
2010	100	95.8	3.1	0.7	100	0	6.6	6.6	0
2011	100	93.1	1.8	0.9	100	6.0	9.0	9.0	0
2012	100	96	3.2	1.4	100	0	0	0	0
2013	100	96.7	2.6	0.9	100	4.3	4.3	0.9	0
2014	100	96.3	2.0	0.3	100	4.3	4.3	2.0	0
2015	100	97	1.8	0.2	100	6.1	6.1	2.0	0
2016	100	99.4	2.62	0.3	100	0	0	0	0
2017	100	98	3.9	0.3	100	0	2	4.1	0

儿童计划免疫　1987 年始，推行儿童计划免疫保偿制，主要以百白破、小麻、麻疹、卡介苗、乙脑疫苗等定期给婴幼儿接种。1995 年，白砂实现儿童“四苗”（麻疹、百白破、脊髓灰质炎、卡介苗）接种率达 85%的目标。2000 年，麻疹疫苗注射 1680 人次，小麻糖丸口服 1226 人，乙脑疫苗注射 493 人。2004 年后，镇卫生院预防接种门诊按省定标准进行规范化建设，继续推进并完善集成式接种，严格按规范程序操作。小儿麻痹症、流行性乙脑等传染病不再发生。

表 20-4　2010—2017 年白砂镇中心卫生院预防接种情况表

单位：人次

年份	免疫接种卡（张）	百白破	乙肝疫苗	乙脑疫苗	白破	流脑苗	卡介苗	糖丸	强化麻疹	甲肝
2010	391	979	766	431	123	603	250	878	1198	114
2011	441	1073	824	461	113	801	275	1153	633	220
2012	614	1132	1003	545	168	802	371	1257	624	237
2013	591	1155	927	578	127	714	315	1307	654	198
2014	623	1259	1090	589	183	816	402	1161	623	250
2015	542	1026	576	493	140	767	330	1248	614	124
2016	567	922	587	548	169	794	410	939	509	198
2017	493	993	528	468	180	947	343	1038	466	241

注：百白破 3 个月~1 周半注射，白破为加强疫苗。

（四）孕产妇系统保健

1987 年始，全乡开展孕产妇系统保健工作。

1988 年始，乡妇幼保健站认真做好孕产妇孕产期保健工作。重点抓住院分娩，出台促进住院分娩优惠政策，开展婚前健康检查，在婚检收费时一并办理产妇系列保健服务，要求新婚对象在怀孕后定期到妇幼保健站检查并建立孕管卡等措施，重点筛查高危孕妇，建立妊娠报告卡、随访卡，实行高危产妇的产前、产后监护。2010—2017 年，全镇孕产妇保健覆盖率住院分娩率均达 100%，孕产妇死亡率为 0。

表 20-5　2010—2017 年白砂镇孕产妇保健情况表

年份	产妇总人数（人）	活产数（人）	孕产妇保健率（%）	产前检查率（%）	孕<13周检查率（%）	高危孕产妇检查率（%）	高危孕产妇管理率（%）	高危产妇住院分娩（%）	产后访视率（%）	住院分娩率（%）	新法接生率（%）	孕产妇系统管理率（%）	孕产妇死亡率（‰）	围产儿死亡率（‰）
2010	299	301	100	99.6	91.6	11.0	100	94.3	94.3	100	100	91.6	0	0
2011	328	332	100	99.3	84.7	9.5	100	99.3	99.3	100	100	83.5	0	0.6
2012	399	400	100	97.2	94.2	16.0	100	94.2	94.2	100	100	94	0	0
2013	455	460	100	98.5	95	18.2	100	100	100	100	100	95	0	0.8
2014	471	476	100	100	99	23.6	100	99	99	100	100	97	0	0.6
2015	491	491	100	100	99.5	30	100	98	98	100	100	99.5	0	1.2
2016	457	461	100	100	97.4	28.8	100	99.3	99.3	100	100	96.7	0	0
2017	480	485	100	100	97.7	29.3	100	100	100	100	100	97.7	0	0.2

第四节　医　疗

一、设施　设备

白砂中心卫生院最早院址在中洋（新村的天主教堂），只有教堂几间低矮破旧的房间作为诊所、药房。医疗设备十分简陋，只有血压器、听诊器、体温计等，诊病完全凭医生的望闻问切。1965年开始有滴注，开始有几张简陋的病床。

1970年，白砂公社在朋新下洋的土楼里新建一座土木结构的医院，使医院设施得以初步改善。1972年，医院添置X光机，开始有拍片、透视。20世纪70年代中期开始有化验。

1991年，白砂乡党委、政府在开发区（308省道旁）规划2000平方米土地用于搬迁卫生院。1993年，新门诊楼落成并投入使用。该大楼占地800平方米。三层框架结构，设有内、外、妇、儿、防疫、中医、妇女保健、儿童保健、放射医学检验和中西药房等科室。2000年，投资100万元兴建的病房综合楼投入使用。2009年，全院实行全市统一电脑信息管理系统，实现医疗信息、居民健康档案一体化管理。2010年7月，配备救护车一辆。2014年8月，卫生院投入资金购买全自动生化分析仪。随着国家医改的深入开展，医疗卫生投入力度的加大，一批医疗设备得到更新添置，医疗检测设备更加先进、完备。至2017年，白砂卫生院总建筑面积5100平方米，其中建筑面积3500平方米，床位21张。卫生院设备基本能满足全镇人民基本医疗服务的需求。

二、诊疗护理技术

（一）中　医

民国时期，白砂以中医为主，较有名望的中医有杜柏年、杨利兴、陈炳书、陈香书、傅宗仁，内科、妇科、中医人员于乡村个体或合伙开业，坐堂行医，一般兼设药铺。

新中国成立后，中医作为祖国传统医学受到政府重视。政府贯彻上级关于加强中医药工作的指示，广泛宣传中医政策和实行中西药团结合作的方针。1957年，白砂成立联合诊所，把分散于民间的中医药人员组织起来，互相学习交流，使中医技术得到挖掘和发展。

（二）西　医

白砂境内的西医是由民国初期天主教的传入而进入。当时医疗设备简陋，只开展一般疾病治疗。1958年，掌握妇科医术的天主教女教徒袁德贞曾在白砂卫生院任妇科专职医生。

新中国成立后，随着医疗设备的改进，西医医疗水平不断提高。诊断符合率和垂危病人的抢救成功率不断提高。1960年后，逐步对某些疑难病症进行诊治。1973年，外科开展一些小手术（清创缝合）。1981年后，开展鼻息肉手术、计生绝育手术、小肿瘤切除等。

表 20-6　白砂中心卫生院首次开展主要医疗项目情况表

项　目	年份	项目	年份
肠胃透视	1984	心电图	1993
X 光胸透拍片	1984	彩超	1996
三大常规化验（手工）	1991	全自动血液化验	2003
B 超	1993	全自动生化	2014

（三）护　理

民国时期，医生、护理 1 人兼。

新中国成立后，护理从无到有，但水平低，仅限于普通注射、灌肠、导尿、洗胃等技术操作。20 世纪 50 年代末，中专卫校毕业生逐年安排到卫生院充实护理队伍，随着护理人员逐年增多，素质逐步提高。60 年代后，卫生院制定护理制度，设立护士长，实行分级护理。护理、治疗、查牌分工明确，各负其责，又相互配合秩序井然。从 60 年代中期始，逐步开展小儿头皮静脉输液、创伤缝合封闭治疗等护理新技术。“文化大革命”期间，卫生院一度取消病区护士长制度，护理工作无人负责，危重病患难以得到精心护理，事故屡有发生，住院病人均须由家属陪伴，护理工作受到严重影响。1979 年，恢复病区护士长制度，逐步建立和完善护理人员学习和技术考核制度，护理质量逐步提高。进入 21 世纪，护理人员逐渐掌握抢救医疗器械的使用和难度较大的术后护理工作。

三、农村合作医疗

1968 年，农村实行合作医疗制度。办站的形式有公社、生产大队、生产队合办，公社、生产大队合办，生产大队或生产队独办三种。合作医疗站的费用主要由社员、生产队、生产大队共同负担。社员负担部分于年终收益分配时统一提留，提留金额一般为人均 0.5~3 元。生产大队、生产队负担部分从公益金中提取适当的补助经费，有的采取集体搞副业（如大收大购）充实办站经费，有的合作医疗站（如大田大队医疗站）人员利用种植药材（如茯苓、元参等）增加经费收入，保证医疗站的经费运行。赤脚医生、卫生员由当地卫生主管部门组织培训。其报酬按略高于当地劳动待遇评议劳动工分，以分计酬，年终核算。农村落实责任制后，由于生产队经营模式消亡，部分村医疗室消亡，部分村医疗室由医务人员承包或个体经营。

1993 年 11 月 14 日，中共十四届三中全会通过《中共中央关于建立社会主义市场经济体制若干问题的决定》，提出“发展和完善农村合作医疗制度”。1996 年，乡村个体卫生室保留的乡村医生对村儿童保健、防疫继续履职，但看病、出诊由患者自己承担费用。

2002 年 10 月，《中共中央、国务院关于进一步加强农村卫生工作的决定》明确指出要“逐步建立以大病统筹为主的新型农村合作医疗制度”。2003 年 1 月 16 日，国务院办公厅以国办发〔2003〕3 号转发卫生部、财政部、农业部《关于建立新型农村合作医疗制度的意见》。2006 年 8 月，上杭县人民政府根据《福建省新型农村合作医疗试点工作指导方案》，发出《关于印发上杭县新型农村合作医疗实施办法的通知》；10 月起，实施新型农村合作医疗。新型农村合作医疗实行个人缴费、集体扶持和政府资助相结合的筹资机制。参加人员年度内住院符合目录范围规定的医疗费按乡镇卫生院、县级医院、县外医院的不同级别医院给予不同比例的报销额度。2007—2017 年，农民每人每年缴纳保险费逐年提高，住院报销药费及年度住院最高报销金额也逐年有所增加。2007 年，个人缴 10 元，政府补助 50 元；2017 年每年个人缴 150 元，政府补助 450 元。新型农村合作医疗保险的实施，对解决人民群众因病致贫，因病返贫以及弱势群体看病贵、看病难的问题具有重要作用。

表 20-7　2006—2017 年白砂镇新型农村医疗保险情况表

时　间	个人缴费（元）	政府补贴（元）	报销比例		
			县级医院	市级医院	市外医院
2006 年 10—12 月	2	10	乡：55%　县：50%	县外省内：30% 省外：25%	
2007	10	50	乡：70%　县：60%	县外：40%	
2008	10	80	乡：85%　县：70%	县外：60%	
2009	20	80	乡：80%　县：70%	县外：50%	
2010	30	120	乡：80%　县：60%	县外：40%	
2011	30	200	乡：90%　县：75%	县外：50%	
2012	50	240	乡:500 元及以下 60%，500 元以上 95%（县皮防院适用）； 县：80%（县中医院 85%）	县外：60%	
2013	60	280	乡：95%（县皮防院适用） 县：80%（县中医院 85%）	县外：65%	
2014	70	320	乡:500 元及以下 60%，500 元以上 95%（县皮防院适用）； 县：80%（县中医院 85%）	县外：65%	
2015	90	380	乡:500 元及以下 60%，500 元以上 95%（县皮防院适用）； 县：80%（县中医院 85%）	县外：55%	
2016	120	420	一级 90%，二级 75%	45%	35%
2017	150	450	一级 90%，二级 75%	45%	35%

第五节　中草药

白砂镇地处亚热带低丘陵地带，气候温和，雨量充沛，土地肥沃，适宜多种药材的生长，有着丰富的药材资源和药用矿物。新中国成立前，由于生活贫困，缺医少药，患病者大多用中草药治疗，民间有每年五月五日端午节上午到田间地头或深山老林采集“百样茶”（多种草药组合）的习俗。平时本地村民也随时随地采摘这些草药经晒干收藏备用。

这些草药中较为常见常备的有夏枯草、天红药草（红花添红）、白花添红，大白头公、狗贴耳（鱼腥草）、铜钱草、金线莲、银线莲、猪屎草（鹅不食草）、益母草（油耳草）、灵芝草（菇王）、鸭脚草、车前草（葡勺草）、仙鹤草、麦冬、葺耳三里（六棱菊）、大叶艾、山苍子（果实）、苍子花、苍子根，毛桃树根（山枇杷）、无根草、马齿苋、算盘子树根、鬼针草、溪黄草、竹子丹（牛奶子树）、鸡金籽（花、果、根）、苎根、乌蕨（雉鸡尾）、山荔枝（根）、灯芯草、蛇皮（蛇蜕）、蜂窝（蜂巢）、蝉蜕、柿蒂、土茯苓、桔梗、风车罗子、石榴、双钩藤（金鸡吊）、五加皮、野菊花、一抓根、山杜仲（乌皮藤）、片荷枫、金樱子（酒壶子）、薄荷、葛根（葛藤根）、山药、七叶一枝花（七厘丹），三叶青、大青根、蔓麻藤、铁树花、山白木耳、苦斋（白花败酱）、金银花、水杨梅、石衣子、枇杷叶、地胆草、穿山龙（过山龙）、香藤子根、天门冬、藤子飞扬、树仔飞扬、鸭脚飞扬、鸡血藤、物蕉（文殊兰）、梅子树根、马甲子（双叉勒根）、络石藤（墙脚藤）、石蒜（石撬子）、石菖蒲（石香芦）、山籁、野茄头根（苍耳子）、黄栀子根、钓竿菠（高树菠）、耘田菠、蓖麻根（杆）、砂仁（山姜子）、九节茶、过地蜈蚣、大青根（鸡谷树）、葫芦茶、鬼抽筋藤（海金砂）、五屎草、乌脚草、赤脚草、半边莲（一见喜）、女贞子、栝篓（鸭屎卵瓜根和果实）、苏茅根、高脚乌庵根、杨梅树皮、山枣树皮、白花根（满天星）、姜头（生姜）、苎根、狼毒痧根子（人字草）、老鼠屎藤根（铁包金）、刚梅、马鞭草、金锁匙、臭射树根、紫珠（阿昔树）。

新中国成立后，民间中草药仍为中西药的辅助药物。一般是自采、自制、自用，也有采集草药到集市上卖。1968年后，农村推广一根针（针灸）、一把草（中草药）的农村合作医疗制度，草药得到空前的推介和广泛应用。1980年以后，有部分农民看准草药市场，开始大面积种植草药，如鱼腥草、夏枯草、六棱菊、仙鹤草等。1990年以后，集市涌现很多草药店、草药铺，每逢圩日有数十个草药摊子，交易上百种草药。

附：民间小验方

1.腹泻拉肚子：用鱼腥草、金锁匙熬汤喝，几次即止。

2.风火牙疼：（1）用能吸溪、泉水的黄栀子根炖小母鸡或一个鸡蛋、一个鸭蛋熬汤喝；（2）用臭射树根炖猪牙骨（或头骨）即愈。

3.小儿风寒感冒发烧：用生蟑螂（去头、翅、腹便）加葱白（葱头）捣烂后，用开水冲并温火蒸几分钟，取汁液（两汤匙）送服后捂被发汗即好，奇效。

4.水火烫烧伤：立即用鸡蛋清涂于伤处可减缓灼痛，不会起泡。

5.上头火：用大白头公根煮鸭蛋，或夏枯草煮白豆腐，多吃几次有效。

6.脚踝扭伤：用生姜捣白糖，汁液口服，渣加热后敷于痛处。

7.手脚外伤出血难止：（1）用紫珠（阿昔树叶）嚼烂敷其伤口即止。（2）用山上毛蚰树嫩叶嚼烂敷其伤口即止。

8.痢疾：（1）赤痢（便液呈红色黏状）用乌脚草捣烂加白糖冲开水服。（2）白痢（便液呈白色黏状）用乌脚草捣烂加红糖冲开水服即愈。

9.久咳不愈：用蔓麻藤、枇杷叶、生茶叶、冰糖，蒸水当茶喝，效果佳。

10.中暑反痧：用痧根子（人字草）熬汤发汗，初发有效。

11.预防中暑、流感：用岗梅、马鞭草、鱼腥草熬汤充茶喝，预防中暑、流感效果不错。

第六节　体　育

一、群众体育

明清时期，白砂开展以武术、舞狮为主要内容的民间体育活动，民众投师学艺习武蔚然成风。据族谱资料，中洋傅峦周清乾隆年间（1736—1795）恩科第25名武进士，钦点御前侍卫；清嘉庆六年（1801年），中洋村袁九皋中武进士，曾任闽粤南澳镇标中军游击，烽火门参将，闽粤水师营守备；下早康村严廷中光绪九年（1883年）榜武进士，历任贵州安南营都司，归化营游击，黎平府参将，古州府副将兼摄总兵，民国时期任古州府统领官。清末民国时期，茜洋、嫩洋、洋乾、扶福等村落都开办过教场，由教师（教打师傅）传艺习武。清末，茜洋钟瑞轩曾中武举人，受封一对石旗杆（当地俗称桅杆）。

民国时期，白砂一度成为中共上杭（杭武）县委、县苏维埃政府驻地，成为苏区的指挥中心、工作中心。党组织和苏维埃政府在白砂举行数次具有军事体育性质的活动。民国十九年（1930年）3月，上杭县苏维埃政府在白砂举行少先队检阅，竞赛项目有操练、赛跑、刺杀等，白砂、才溪、旧县、古蛟等十多个区、乡参加。民国二十年（1931年）11月7日至10日，杭武县少先队和儿童团，在白砂举行军事检阅，“各区的军事体操异常熟练、整齐，特别是七区少先队的军事真不亚于红军的操练”。

新中国成立后，群众体育不断发展。1950年，第六区（白砂区）在崇福寺举办为期两天的农民运动会。除常规的田径项目外，还增加100米负重赛（每人背15公斤沙包），中隔村（今中洋）袁斗星获奖。区委书记陈学荣做总结报告并颁奖。1952年6月10日，毛泽东主席为新中国体育工作题写了“发展体育运动，增强人民体质”12个大字，极大地激发了人民群众的积极性和主动性。各村群众积极响应毛泽东的号召，大力开展篮球、乒乓球、拔河等体育活动。

2005年后，各村建有健身场所，配备篮球场、单双杠、乒乓球台（室）等体育器材。2007年以后，随着镇、村老年体育协会的完善，老人们开展适合自身的体育锻炼。

2006年始，上杭每年将全县22个乡镇分三个片区（东北片区、西北片区、东南片区）举办将文化与体育融为一体的农民文化体育节，活动主要包括农民运动会、农民书画展、民间文艺调演等一大批农民群众喜闻乐见的文化体育项目。白砂、临城、临江、古田、蛟洋、步云、泮境7个乡镇为东北片区，白砂每年派代表队参加这一综合性农民文化体育盛会，充分展示新时期农民健康的体魄和建设新农村昂扬向上的精神风貌，并取得好成绩。

2010年11月26日（农历十月二十一日），白砂镇承办上杭县第五届（东北）片区农民文化体育节。白砂、临城、临江、古田、蛟洋、步云、泮境7个乡镇的代表队参赛。文体节举办农民书画展、农民运动会和民间文艺表演。农民书画展，除主办乡镇外，其余各乡镇选送5幅近期新作的书画作品参展。运动会设篮球、举板车轮、中国象棋、绳彩飞扬嫂子跳绳、乡村漫游自行车慢骑、心心相印男女夹球跑、抗旱保苗运水忙、抗洪抢险筑高堤、抢收抢种劳动欢、森林扑火百米冲等10多个农味十足的项目。文艺节目颇具客家特色，白砂镇上演传统木偶戏《木偶之乡庆升平》，古田镇歌舞表演《年年好、节节高》，临江镇演出现代汉剧《和谐临城新农村》，步云乡演唱山歌《梅花山上采茶忙》，蛟洋镇演出歌舞《采茶扑蝶》等。经综合评比，临城镇获团体总分一等奖，白砂、临江获二等奖，蛟洋、泮境、古田、步云获三等奖。

2011 年始，广场舞、健身操在白砂集镇和部分村广泛流行，健康发展。

2017 年 11 月 3 日，白砂镇在泮镜乡举行的上杭县第十二届 (东北) 片区农民文化体育节上获三等奖。

二、学校体育

1952 年始，各小学配备铜鼓，成立腰鼓队。官将小学腰鼓队，经常参与乡村民间各项活动，十分活跃。1960 年后，学校重视师生的体育锻炼，每周安排 1~2 节体育课，坚持两课一操（体育课、活动课、广播体操）制度，有的学校还坚持做“一操三动”（眼保健操、早晨体育活动、课间体育活动、课外活动），中学、学区和大型完小每年（至少两年）举行一次田径运动会，不定期地举行广播体操比赛、各种球赛。经常性的体育活动和竞赛有效地促进师生的身体健康。

2017 年 11 月 3 日，白砂镇代表队参加上杭县东北片区农民运动会

1977 年参加县中小学田径运动会

1972 年，在上杭县中学生田径运动会上，白砂中学初中组赵洪祥囊括少年组短跑三项（60 米、100 米、200 米）冠军，莫建勤夺得 1500 米长跑亚军，张文生手榴弹投掷 50 米破纪录，青年组黄锡平夺 1 万米长跑亚军。

1977 年，公社组织代表队参加县中小学田径运动会。

2010 年县 23 届中小学生田径运动会，白砂中小小学组获全县总分第六名。中心小学的傅国锋获跳远第一名，林晓峰获 60 米跑第三名，傅林生获跳远第四名，傅青杭获 800 米跑第五名，谢梅英获跳高第五名。

2012 年县中小学生田径运动会，白砂中小学组李富骞获 200 米跑第四名，袁尚书分别获跳远第五名、跳高第六名。

2016 年县中小学生田径运动会，白砂中学廖丽梅获中学组三级跳远第四名，袁文杰获三级跳远第五名，卢丽萍分别获 800 米跑第四名和跳远第六名，李晓斌获铅球第三名。白砂中小袁伟东获小学组铅球第六名，刘智翔获垒球第二名。

2017 年县中小学生田径运动会，白砂中学刘伟彬分别获跳远第三名、三级跳远第一名，白砂中小袁文博获跳远第三名。袁炜强获铅球第四名。

第二十一章 习俗 宗教信仰

新石器时代中晚期，已有古越族人在白砂繁衍生息。唐代特别是宋代后，中原汉族移民辗转迁徙进入境内，他们与土著居民及部分畲民杂居，互相融合，逐步形成以汉族客家民俗为基础又具有白砂地方特色的民俗。随着时代的发展，人们在传承优良习俗的同时，不断摈弃陈规陋习，倡导科学文明的新俗。

境内有道教、佛教、天主教三种宗教教派。道教、佛教至迟于元明时期传入，明朝中后期盛行，建寺庙较多，信仰者甚众。天主教20世纪初传入，信仰者较少。白砂宗教道释并行，寺庙往往道释杂处，仙佛同居，共享香火，同时与民俗信仰混杂。道教、佛教信徒多有参与民间多神信仰活动。民间信仰具有多教合一，多神崇拜的特点。定光二佛、五谷老仙、仙师公爹、如来佛祖、观音菩萨、地藏王菩萨、生佛太太、妈祖娘娘、三位夫人等，见神就拜，见神即敬。迎神打醮，则把附近的菩萨、神仙，通通抬到一起，和尚、道士同时请来念经作法。明清时期，宗教活动较多，寺庙陆续增建。清末至民国初期，动乱频繁，民生凋敝，宗教活动衰落。20世纪30年代，逐渐恢复。“文化大革命”期间，宗教活动一度中断。1979年以后，宗教活动逐渐恢复。2017年，白砂境内经登记的宗教活动场所有5处。

本章第一至第四节记述习俗，第五节记述宗教信仰。

第一节 生产习俗

一、种 植

（一）祭祀田伯公

旧时，人们为了获得农作物的丰收，播种或插秧后，会在田头较显著的位置选一棵树或一块大石头上压纸，摆上供品，烧香膜拜，祈求“田伯公”保佑作物不受虫害的侵袭和野兽的糟蹋，年年取得丰收。以后每次去田间劳动，如带了茶水，喝茶之前先要倒出一杯侍奉，口说：“请伯公、菩萨喝茶。”新中国成立后，此俗渐除。

（二）建醮保禾苗

白砂各村在每年的农历四五月间，都要打醮、扛菩萨、保禾苗。为时一天，迎的菩萨有五谷真仙、定光二佛等。村民请来道士、鼓吹，祈求菩萨保佑风调雨顺，五谷丰登。各家各户招待亲戚朋友应酬开支颇为巨大。20世纪60年代，此风几近绝迹。近二三十年来，迎神扛佛又再兴起。

（三）尝新禾

旧时，官将片、早康片一带每年新谷登场时，有尝新禾（又叫“食新饭”）的习俗。食新定在农历六月，但日期不固定，一般是新谷可以收割时的逢卯日（但癸卯不行，最好是辛卯）。这一天，各户备好新禾米饭、酒肉、煮熟的整条茄子到庙宇、祠堂里敬奉菩萨与祖宗，当天也有亲戚往来。如果这个月的最后一个卯日新谷还不好收割，就把将要收割的谷穗采三五支放在饭碗面上抵“新禾米饭”。20世纪80年代后，此俗已趋淡化。

（四）求　雨

旧时，逢干旱不雨，作物枯焦，农民心如汤煮，无奈之下只好向天、向神佛求助。求雨之法是村人集资择日在寺庙或露天设点摆供、燃炮焚香，祈求上天和菩萨降下甘霖，以救万民。如系露天，行香者不得戴斗笠、擎伞，任由骄阳暴晒，以示诚心。但求雨做法极少有奏效的，主要还是要靠人力抗旱才能挽回损失。新中国成立后，求雨之俗渐除。

（五）五谷神信仰

境内有五谷庙，先农庙、神农宫多处，供奉神农五谷真仙。村民对神农顶礼膜拜，虔诚尽至。

二、养　殖

（一）养　猪

村民买猪仔挑回家，如果只买一只，可一头装小猪，另一头用别的东西持平，但忌用石头（传说如用石头，猪就会像石头一样长不大）。小猪放入栏后，用吹火筒口吹猪颈，口念："一吹一大，日长千斤，夜长八百。"除夕，猪栏门上用红纸写"六畜兴旺"或"姜太公到此""养猪大如山"。火筒吹猪之俗已除，过年贴红纸条之俗尚存。

（二）养　牛

耕牛是农家之宝，养牛农户爱牛如命。农人买牛时常会请精通看"牛相"的人到耕牛市场上进行选择。主人会把一小红布条系在新买牛犊的头绳上志喜。农忙季节，耕牛劳动强度大，主人倍加爱惜，常以地瓜、稀饭、鸡蛋、米酒等饲料喂牛，生产队时会派劳力采割（秆头）嫩芽喂养，保证耕牛夜间食用。母牛怀孕或产仔时也会加以精心照料，并给以适当减轻劳动负担。每到寒冬，农户在牛栏多垫稻草，晚间喂以煮热的稀饭，增加耕牛的御寒能力。除夕用红纸写上"耕牛兴旺"，贴于牛栏门上。这些做法一直沿袭至今。

三、采　伐

村里伯公树和祠堂、寺庙前沿后山的风水林，村头、水口的风水树不能随意砍伐，否则会招致灾祸。抬树筒（原木）的师傅还有一个行业规矩：早晨不说吃肉一类的话，每天收工回到厂子（住地），撑棍按序排成一排。次日早晨上工，各自拿好自己的，如果有人错拿了别人撑棍，那个人便不去上工（认为今天可能会出事故），他的当日工钱要拿错撑棍之人付出。现无此俗。

四、狩　猎

旧时，民间狩猎凡有猎获，则让鸣第一枪击中野兽之枪手（俗称"着头铳者"）多得一份，其余猎手各得一份，猎狗亦得一份。民间猎手还有一个规矩，即鸟铳不用于打蛇，认为打过蛇的鸟铳很衰，下回打不着野兽了。还有打到猎物后，猎人们会宴请邻居亲朋庆祝一番，吃完后客人不能说"谢谢"一类的话，要说"下回再来吃"，这样猎主人才会高兴。政府严禁猎捕受保护的野生动物后，野猪、獐、山羊等动物得到保护，但有时也给农作物造成隐患，尤其是野猪，因对农作物破坏严重，村民仍有捕猎。

五、经营交易

圩场中的猪、牛等买卖，有专门的"中人"（俗称"牙人"）做中间人。他们评价猪牛的好坏及买卖的价钱，常用外行人听不懂的暗语行话，称"江口话"（算命先生叫"庵满"），如1叫"尖"，2叫"么"，3叫"川老"，4叫"旋老"，5叫"挖老"等。待到买方表露购买之意，"牙人"便会要买方先付定金（定头），金额不限。"牙人"手握定金，极力攒掇，撮合双方成交，一手交钱，一手交货，"牙人"要收取双方的手续费。此俗现不复存在。但买牛时要自备牛绳，卖牛人的牛绳必须自己拿走，叫卖牛不卖绳。

行业开业有一定俗规，目的是图吉利，使施工安全。民间建灶、建新房、修坟选墓都要请地理先生择吉日。建新房动工前，要在建筑物的后方安杨公神明。其法：找一根长约70厘米的竹筒，上端削方，下端削尖，打入土中，披挂红布，上书“杨公先师神位”。整个施工期间，主人每天早晨上工前、晚上下工后都要到杨公神前烧香敬茶，祈求整个工程顺利平安。今私人建房择吉动工之俗仍存。

六、学　艺

境内自古以来信奉“家有千金不如一技在身”的生活条律，学童十一二岁就会被送去学习谋生的手艺（俗称学功夫），泥工、木匠、裁缝、理发等，都在求学之列。拜师学艺一般都要先写拜师帖。学徒期多为三年，头一两年干粗活、练基本功，到第三年才教给技术要领、工艺秘诀。大部分学徒饭食自备，也有师傅管饭的，没有工资（有的适当给一些零用钱、剃头钱），逢年过节还要给师傅送礼，出师时要设谢师宴。学泥水匠、木匠、石匠、铁匠、裁缝、理发的，出师时师傅还会赠送一套工具。学徒如随师傅外出做工，一般由东家供给饭食，工资归师傅（有的给徒弟一些零用钱）。有些学徒为了酬谢师傅教给了谋生手艺，每年过年时还备年糕、红包、阉鸡等给师傅拜年。写拜师帖之俗一直沿袭至20世纪80年代。

七、儿童“破学”

旧时，人们信守“年七岁（虚岁）入学堂”的准则。孩子（主要是男孩，女孩很少有读书的机会）长到七岁就要“破学”（启蒙入学），进入私塾或公办学堂读书。这一天母亲会用葱煮两个鸡蛋给小孩吃，并叮嘱：“发狠（努力）读书，聪明智慧！”新中国成立后，此俗渐除。

第二节　生活习俗

一、服　饰

旧时，居民传统服饰由于生活水平所限，以方便、实用、耐穿为原则，显得色彩单调，造型单一，只求蔽体御寒而不崇尚奢华。居民多穿黑蓝土布，甚至先用土白布做成衣裤，再用土染料（绿皮）染成青绿色。20世纪五六十年代，圩场上有专业的染布师傅给人染衣物，有时也有兼染布的小货郎串村入户。居民多穿黑蓝土布缝制的右襟大边中式短衫，冬春季穿长衫大褂（时称“直身哩”）。当时男人能穿上英丹士林蓝直身哩配乌斜裤就算很体面了。妇女多穿右侧开襟的大面襟衫，既长又宽大，衫尾边的大小视年龄而定：四五十岁以上的衣边约1寸（1寸≈3.3厘米，下同），二三十岁的年轻妇女，衣边约1厘米。民国以后才逐渐改制狭小便衫，对胸开襟，口袋两大一小，直领布扣，部分文化人开始穿中山装；妇女们仍穿侧襟衫，裤子统称“大裤裆”，裤宽裆深，另接四五寸长次布裤头，穿时折紧裤头，用带系住。新中国成立后，男女裤都是围腰裤头，直裆，男裤前开加纽扣或拉链，女裤侧开加纽扣或拉链。20世纪50年代，有工作的妇女，上衣喜穿“列宁装”，学生寒衣穿对开胸的“大乐袄”。“文化大革命”期间，男女喜穿绿军装。1980年后，西装及各式时装流行，男女老少穿着均开始讲究质料、式样，并逐渐向购买成衣套装发展。男青年喜穿西装、牛仔裤、夹克、T恤衫、风衣，少数女青年开始穿低胸衫、春秋衫、紧身衫、连衣裙、百褶裙、蝙蝠衫。喇叭裤也曾风行一时。男性中老年人仍喜穿中山装、休闲装，老年妇女还是以侧襟衫为主。童装变化更大，除成人流行的款式外，还出现海军衫、背带裤、蝴蝶裙、小披风等式样。服装款式新颖，色调丰富，可与城市媲美。

20世纪三四十年代，官将、早康、丰源、大科一带较偏僻的山村，七八十岁的男人还有留清式辫子的，冬天戴缎子帽；幼儿戴“狗头帽”，帽前缀有十八罗汉等银饰。年轻女性剪短发；老年女性把头发挽成一个髻子，用苎线结的网子束在脑后，夏日有的戴“崠头帕”。帕用黑白相间的细格子布做成，换洗时浆上煮饭的米汤，再贴于砖墙上晾干，这样可以保持挺括，下次换洗也更易洗净。较讲究一点的老年妇女，戴用毛线织成的“包头”。夏日劳动，男戴白叶笠麻，女戴用茅草秆编织的“龙丝笠子”，或用棕树白色嫩叶自编的凉笠，讲究一点的妇女“笠子”后配有串珠子。首饰主要有发簪、发夹、耳环、手镯以及近代传入的戒指、项链等，衣饰主要有男人用的腰带、背包和伞袋、烟筒和烟袋，女人用的围裙。围裙多用蓝、黑布裁成，围裙有的用银链（颈链、腰链）系在颈部和腰腹间。1980年后，随着生活水平的提高，村民佩戴金银首饰、珠宝首饰逐渐增多，传统银首饰如发簪、手镯、银项圈、系围裙用的银链已极少见。

20世纪50年代以前，人们穿鞋以布鞋为主，雨天便穿木屐。每个女孩在娘家就要学会做鞋的技艺。做成一双鞋要经过糊鞋底、纳鞋底、做鞋面、上鞋面等多道工序，做成一双鞋要三四天。有的“人家女”（闺女）出嫁要给婆家做“满堂鞋”，提前两三个月或更长时间便要日夜赶制。20世纪八九十年代以后，由于做布鞋花工费日，会做鞋的妇女越来越少，加上生活水平的提高，人们便在市场上买胶鞋、皮鞋，年轻妇女穿上时髦的高跟鞋，传统的做布鞋的工艺几近失传。

二、饮　食

（一）日常饮食

境内民众习惯日食三餐，因为农村劳动强度大，向来惯于三餐干饭。近一二十年来，也有早上一餐稀饭的。新中国成立前，农民粮食不足，白砂境内麒麟溪流域部分村落有食“熟米”的习惯。人们把干稻谷放在锅里用水煮至谷粒开裂（俗称“浸谷”），晒干后再碓成米。据说，同样重量（或容量）的熟米，做出的饭要比生米的多。一个五口之家，如吃熟米，一年可多出一个人的粮食。20世纪70年代以后，随着粮食逐年丰收，再加上“浸谷”手续烦琐，食“熟米”习俗逐渐消失。

新中国成立后，粮食产量持续增长，大米为群众的主食，杂粮以地瓜、芋子为多；副食有各类薯粉、面、豆制品、禽蛋等。肉类以猪肉为主，牛肉、鸡鸭肉、狗肉、羊肉为辅。水产品有主要有本地产淡水鱼，如草鱼（鲩鱼）、鲤鱼、鲢鱼、鲶鱼、石斑、泥鳅、鳝鱼、河虾等，还有沿海贩来的海鲜及各类鱼干、蛏干、海带、紫菜等。山货有竹笋、香菇、红菇、杂菇、木耳和其他菌类。蔬菜种类繁多，豆类有大豆、绿豆、乌豆（黑豆）、四月豆、六月花、冷露豆、扁豆（旁米豆）、大花豆（状元豆）、豌豆（雪豆）、蚕豆（树豆子）、黄花豆、狗爪豆（苦爪豆）、米豆子、花生等，青菜类有芥菜、白菜、红白萝卜、空心菜、包菜、芹菜、菠菜、黄花菜（真金花）、大蒜、葱、生姜等，瓜果类有南瓜、冬瓜、丝瓜、葫芦瓜、挖瓜（佛手瓜）、茄子、西红柿（番茄）等。水果主要有桃、李、梨、杨梅、柿子、柑、柚、枇杷、板栗、香蕉、甘蔗等。1980年后，增加外地引进的葡萄、西瓜、油柰等。

逢年过节或迎神扛佛，早康片人都会做特色食品—大禾粄（亦叫禾粄），其制法：取上好的大禾米，先用水浸泡，再置饭甑中蒸熟，放在舂臼里用力捶打，共经三蒸三打，把它搓成圆柱或圆盘状。煮吃时，将它切成小块，用瘦肉、虾米、香菇、芹菜、酱油等作佐料，或煮或炒便可上桌。官将片各村还有做假大禾粄的习俗，即用2/3黏米粉，1/3糯米粉，加米粿柴烧成的灰水在锅里搅熟，成团后再蒸用石臼捶打而成。大禾粄韧而不黏牙，口感、味道极好，素为各地亲朋、宾客称道。其他诸如包粄、糍粑、年糕（糖糕粄）、捆粄、硬粄、苎叶粄、老鼠粄子、搅浆丸等都是人们爱吃的食品。

（二）请客和宴席

白砂乡村的生诞喜庆向来是张扬热烈的。办喜事（也叫做好事）都要请客。乡间习俗：“红喜事，不请不送”，就是主人如果不送请帖或不主动打招呼邀请，则客人不送礼不赴宴。作为主家，打算请客，请多少桌，请谁，上几道菜，喝什么酒，备什么烟、茶、茶点，自然都是在缜密的谋划中。请客的前几天，主家请人写请帖，请厨师开菜单，临时组建班子，便于各司其职，圆满喜事。

宴请开始时，白砂大部分村子都有“请席”的习俗。宴请时，大厅排好首席至四席（或六桌），理事先生会鞠躬邀请主客进入首席。主客入席后，先生拱手行敬递碗、筷、汤匙之礼，司酒斟酒。主客入席后，不得先坐下，要待大厅各席依次入席方可坐下用餐。主客到宴席中途要起身辞席，说："请各位亲戚喜酒多喝几杯!"主客还不得提前退席，如果主客退席了，其他客人必须退席。首席主客座次排列也有讲究，按喜事内容而定，如果儿子结婚，须由娘家岳丈舅台或年长叔伯坐首席；媳妇生儿子，须由新生儿母亲娘家人上头席；做生日女的由娘家长辈，男的由同庚或本村长辈或年长者首席入座。这种规矩延续了几百年，20 世纪90 年代以后渐行淡化。

没有写帖的，则主家亲自去叫（主客要到家里直接口头邀请），有说是"亲身当过帖"，被邀请的客人也不会计较。

传统民间宴席均以土特产品为主料，多请名厨掌勺，有清炖、蒸煮、煎炒、油炸、红烧、冷盘等烹饪方法，盛以大盘大碗，多至十几，二十道菜。总的特征是刀功粗犷、菜质求纯、菜量求多、重油偏咸，讲究鲜香、原色、本味、醇厚的风味。肉须全碗，鸡鸭也须全碗，鱼须整条。20 世纪 90 年代后，宴席向菜品多、菜量少、质量优发展。具有地方特色的名菜有白斩鸡、盐酒鸭、炆牛肉、炖狗肉、糖醋排骨等。

宴席上菜有一定顺序：一般顺序是先上"饱货"（叫头碗菜），20 世纪五六十年代以前，菜肴比较简单，上了炆豆子或豆腐干后就终席了，90 年代以后是甜汤终席。上鸡、鱼时，一般将鸡头、鱼头朝向席首，表示对贵宾或长辈的礼貌和尊敬，但他须先饮一杯鱼（鸡）头酒。

宾客亲友遵循"喜事要人请，丧事主动到"的习俗。喜事宴席从丰，无论主人宾客皆可狂吃畅饮，有时甚至非得将宾客"灌"醉方算热情。丧席则从简，一般不饮酒，即便饮酒，也不畅饮嬉闹。

附一：男宾赴宴送礼

民国时期至新中国成立之初，送礼（指男客赴宴方面）只送"炮仗"或者对联字画，对联请当地书法尚可的先生，书写针对喜事内容的贺词。如生日写"福如东海""寿比南山"，做满月写"天赐麒麟""长命富贵"，贺人结婚则写"花好月圆""天赐良缘"。但是这种送礼习俗因"中看不中用"逐步被淘汰。20 世纪六七十年代，送一些实用的日常生活用品（如布、脸盆、热水瓶、铝锅等）。80 年代以后，还时兴送布料、棉毯、毛毡等，礼物实惠。90 年代后期开始用红包送礼。2016 年以后，有人开始发微信红包，为对方庆贺。

附二：猜　拳

猜拳亦称划拳，是传统斗酒博戏风俗。一般由两人对阵。划拳开始，每人喊从零至十的数，并伸出手指对应（自己喊零时不能伸出手指；自己喊六以上的数字时，至少要扣除对方最多出五后的手指数，如喊七，自己至少要出两个手指）。谁喊的数符合双方手指之和，即为赢家，输家喝一杯酒。三杯或六杯酒为一轮。如果六拳全输，输家可以要求再划。发起人对全桌酒友按顺序轮流猜拳，称"打通关"。第三者介入支持输方，称"挡拳"（有的将一只筷子架在酒杯上）。拳的喊数从零至十，用不同的吉祥词、祝贺词相配，依次是：保对拳；一心敬、一定发；两相好、双丁贵子；三星高照；四逢大喜、四季发财；五经魁、五子登科；六位高升、六六大顺；七子全图、七巧齐来；八福寿、八马双杯（猜中八马双杯通常输家要连饮两杯酒）；久久长、快发财；满堂福禄、十子满堂。

（三）调味品

普遍使用盐、酱油、鱼露、醋、味精、鸡精、酒、糖、辣椒酱等调味品。特制调料有姜丝汁等。

（四）饮　料

招待客人，无论席面丰盛与否，都谦称以"粗茶""淡饭""水酒"招待。民间饮料以茶水、家酿米酒为主。

当地自产茶叶主要有绿茶，清香甘醇，生津止渴。上甲源村出产的茶叶更是茶中上品，颇负名气。1990 年后，逐步流行饮安溪铁观音。2015 年后，民众普遍喜欢喝本地绿茶。

家酿酒以糯米酿造。每年冬至前，农家就开始酿酒，白砂人都有“冬年放满水”的习惯。用冬年水酿出的酒更甘甜香醇，更易保管。

1990 年后，可乐、健力宝、王老吉、橙汁、椰子汁、牛奶等饮料逐渐进入普通家庭。

（五）打平伙

20 世纪 90 年代以前，白砂有类似今 AA 制的聚会，叫打平伙。最初乡村男子赴圩上县城，几个人邀起来，买些肉、酒、粉干等，在圩市的“煮镬子”处（圩市专门为人提供锅具碗筷服务的场所），相聚吃一顿，然后所有开支按人头平分。后来有人把肉酒带回家，几人邀聚“打牙祭”。在那食物匮乏的年代，男人们偶尔相邀几个合得来的人，在其中一人的家中，或杀鸡鸭、乳狗，或吃山货。在吃的过程中，谈天说地，调侃逗趣，增进彼此情感，促使快乐共享。吃完后结清账目，平摊金额，现场付清。有的女人也效仿做一些粮食加工的聚餐（做粄子、打糍粑等）。90 年代后，由于食物充裕，餐桌充盈，打平伙这一习俗便自行消亡。

三、民　居

旧时，传统民居大多为石料墙基、黄土夯墙的土木瓦房，外墙和承重墙用黄土夯筑，内部隔墙和房间门面墙有的由木柱和木板构成。为了节省木料，正厅墙壁往往先用竹篾编就，外面用石灰砂浆抹平，也极美观耐用。建造房屋讲究风水吉利，选择宅基地，常要请堪舆先生勘踏方位，以坐北朝南、依山傍水的方位建房为宜。谷仓、猪栏的坐向也有讲究，素有“顺水楼梯逆水仓”之说。房屋格局具有客家建筑特色，多由上下厅、左右厢房，横屋组成。要求左右房屋不能高于正厅，后栋要高于前厅前栋，上厅高于下厅。新中国成立后，新建房子增多，但多数仍为土木结构的瓦房。1970 年前后，农村出现四扇三间、六扇五间、八扇七间的土木结构瓦房及少量的砖木结构瓦房，中间为厅堂，左右两侧为房间，正厅前面两边的厢房做厨房，为左右对称的建筑。1990 年后，大部分农户已由砖木结构和钢筋混凝土结构的楼房代替土木结构的低矮平房，设计科学实用，造型美观，水、电、卫生设备配套，功能齐全，农村居住条件得到很大改善。2013 年以后，砖木结构、砖混结构的房子逐步被框架结构取代，农村民房可以和城镇民房媲美。

四、行　乘

旧时，白砂境内不通公路，也没有可以通航的河流，但有一条通往龙岩的大路。人们日常生活、探亲、上学、做工、到外乡镇一概步行。1958 年，杭郭公路经过白砂；2012 年，蛟杭（蛟洋到上杭）高速公路通车。民众出行都以乘车为主。1980 年后，乡村公路四通八达，自行车、摩托车等逐步进入普通农家。进入 21 世纪后，小轿车逐步进入富裕家庭。2016 年以后，小汽车进入千家万户，民众出行多以车代步。

五、器　具

传统器具大都就地取材，以境内盛产的木、竹、棕、草、藤、石、铁为基本材料，经手工加工，制成各种生产生活器具。一般的器具，制作工艺简单粗糙，品质纯正，经济耐用。

主要的木制品有桌椅板凳床柜，还有谷斗、风车、粮仓、木楻、木桶、饭甑、锅盖、木犁等。茜洋村山多纸寮多，装翻车水碓的工匠（小名树头），他做成的水碓，只要把竹麻倒入木臼即能自动翻料，不用人工翻动。

主要的竹制品有竹椅、竹床、竹席、谷笪、竹篮、爬篮、簸箕、畚箕、畚斗、米筛、糠筛、谷筛、斗笠等。梧田的西家洋、塘丰的坝上几乎家家都做谷箩、角箩、篾丝箩、谷笪，大田的大岗头人人会做爬篮、簸箕、谷米筛，樟黄很多人专门做畚箕、畚斗、火笼、斗笠等。火笼是老人小孩冬天御寒取暖的常用器物，它用竹篾编成圆柱形的身子，里面是陶土烧制的大钵，用来盛炽热的火炭，上盖草木灰保温。

主要的藤制品有藤椅、藤箱、藤篮等。

主要的石制品有石磨。

清末始，日用进口商品陆续传入境内，如手电筒、手表、时钟、汽灯、钢笔及各种橡胶制品、玻璃制品。

新中国成立后，传统器具不断发展，品种样式不断更新。同时搪瓷制品、塑料制品、铝制品、化纤制品陆续输入。1980年后，特别是21世纪后，家用电器如电风扇、洗衣机、电视机、电冰箱等日渐普及，日用器具更新换代的速度加快，具有民俗特色的传统器具，随着生产生活方式的改变而逐渐减少。

附：白砂民间古老的计量工具

（一）计重工具

传统的计重工具主要有木杆秤。木杆秤由秤杆和秤砣组成。秤杆叫权，秤砣叫衡。木秤进率是十六进制，即十六钱为一两，十六两为一斤（0.5公斤）。秤杆上钉有黄色或白色的点叫准量。秤杆上的星按规律排列，一般二星是两，三星是半斤，四星为斤，六星是几斤，大到几十斤、几百斤都有它特定的符号或数字表述，让人一目了然。十六星也有特定的含义：1~7星表示北斗七星，告诫人们辨明方向，不能贪财；8~13星表示东南西北中，告诫人们做生意心要放正；14~16星表示寿、福、禄，告诫人们如果在秤上做手脚（短斤少两）就会折寿、损福、掉禄。从秤上可以权衡人品，必须诚信经营。新中国成立后，逐步推行市制单位计量，木秤也改为十进制了，现在市面上多用的计量工具多是磅秤、电子秤。

（二）量 具

明清至20世纪五六十年代，白砂常用量米工具（米、谷的计量）为合、升、斗，十合为一升，十升为一斗（十斗为一石）。按大米计1升为1公斤，按谷计1斗为13斤。合、升基本为竹制，斗则基本为木制。新中国成立后，随着市制单位的推广，古制容积计量逐步退出历史舞台，今都用市制单位衡量，合、升、斗已成为历史。

第三节 节令习俗

白砂的传统节日主要有除夕、春节、上元节（过月半）、清明节、端午节、中元节、中秋节、重阳节等。节令习俗既有与各地共同的特征，又有白砂自身的特色。本节重点记述传统节日，附记外来节日。

一、除夕 春节

农历十二月三十日（月小为二十九日）叫“除夕”，俗称“大年三十”，是一年中最为隆重的传统节日。这一天，家家户户贴春联，以红纸条贴于门框上，红纸条还贴于各种用具器物上，称为“上红”，以求新岁吉祥安康。旧时，天一亮厅堂上就悬挂起老祖宗画像，中庭放方桌设置香案。上午，家长率子孙们到寺庙祖祠筛酒进香，祈求神佛、祖宗保佑全家子孙兴隆、身体健康、五谷丰登、六畜兴旺。

这一天，各家各户杀鸡宰鸭，蒸糖糕板（年糕）炸糖枣（炰粞），还未天黑全家老小欢聚一堂共进最丰盛的年夜饭。餐毕，长辈给子孙们分发压岁红包，合家品尝茶点话家常，称为“守岁”。房间、厅堂灯火彻夜不熄，俗称“照岁”。中央电视台春节联欢晚会举办后，举家围坐电视机前观看精彩节目。子时后，按皇历规定的吉时“开门”，人们燃放炮仗、百子炮，燃放烟花，辞旧迎新，祈求在新的一年顺风顺水、合家平安。

正月初一日，要说“开门大吉”“万事如意”“四季发财”等好话，早饭后穿戴崭新衣帽的孩子们成群结队去亲房叔伯那里给长辈拜年并“打葶荠”或“打饼子”，全新打扮的村民，走家串户互相拜年。各家摆出花生、橘饼、兰花根、杨梅酥、蜜饯、糖果等茶点，招待前来拜年的亲朋。21 世纪后，儿童“打荸荠”“打饼子”的习俗逐渐淡化。

20 世纪 90 年代后期，程控电话进入千家万户，时兴电话拜年。自从手机成为人们的生活必需后，用短信、微信、微博拜年成为时尚。

大年三十，各家各户做好大年初一的米饭，叫“扎年饭”。大年初一不能做饭。

初一，人们不扫地，忌讳钱财扫地出门。

初二，女婿、外甥（孙）到岳家、母舅（外公）家拜年，岳家、母舅热情款待。对新女婿或外甥(孙)，特有鸡腿招待。

初三，是米谷子生日，这天不能煮饭，主妇在初二晚上先把饭煮好，次日再加热食用。这种习俗 20 世纪五六十年代以后逐渐消除。洋乾下村有送垃圾除脏物的习俗，即初三早上各家各户备上香纸不点燃，插在垃圾堆边上。

初五，称“出小正”。旧时有“火烧门神纸，年年本古事，大人寻生意，细人（小孩）捡狗屎”的说法。意思是说；过年到现在玩得差不多了，从今天起各行各业都要开市上工，赚钱养家了。这天以后，走亲戚的也逐渐减少，古话说：“年过初五六，有酒都冇肉。”

二、立　春

立春，人们叫“交春”。立春日，按通书规定的吉时，在大门口焚香放炮仗叫“接春”。白砂人信奉一年之计在于春。立春日，各家各户还要在红纸条上写上“迎春接福”“春到财来”“春福满堂”等吉祥语句贴于门框之上。时间一到，各户摆开香案，焚香放炮，情景十分热烈。燃放炮仗、百子炮、烟花越多越好。当地还有立春不能去给别人“踏春”，更不能在别人家过夜的风俗。

三、元　宵

农历正月十五日为元宵节，古称“过上元”，俗称“过月半”。境内群众都有热烈庆祝元宵节，年轻人燃放烟花、爆竹取乐。各家各户杀鸡宰鸭、做包粄以示庆祝，有文艺基础的村庄，晚上迎花灯、出船灯、舞狮及举办元宵文艺晚会。

四、二月二

农历二月初二日，民间称为土地公公生日。日前，各家各户都会到田间地头采野草白头婆（白头公）。当日，年纪较大的男女提着煮熟的鸡鸭和白头公粄到土地庙上供。旧时岭背村还有约客吃白头公粄的习俗。

五、清明节

清明节进行缅怀先辈、祭奠革命先烈和祖宗的祭墓活动。境内祭墓有春祭、冬祭两次。

春祭选择在“春分”至“清明”时，规模较大，要求“上辈而下，越祭越亲”。祭祀的祖先追溯到开基始祖。有些村子，当日中午或晚上还进行较大规模的聚餐。过去清明节扫墓，各房都有“公尝田”，用于祭祖开销，60 岁以上的男性老人可以到祠堂领一份“上老肉”，获取功名的人可以到祠堂领一份“功名肉”，此习俗沿袭到民国时期自行消亡。此举体现白砂人“尊老敬贤”的礼俗。改革开放后，便于年轻人外出务工，许多村将春祭改至元宵节前。

冬祭在冬至、中秋节前后，一般只祭曾祖父以后的墓地。部分村不进行冬祭。

祭墓一般带三牲、斋果、香烛等祭品，先清理墓地，再“挂纸”上供，跪拜祝福，最后焚烧纸钱、放鞭炮。比较大型的祭祖（如开基始祖）还有设祭、唱祭形式。

六、端午节

农历五月初五日为端午节，民间传说是为纪念屈原，俗称五月节（早康、松柏林、丁坑等地为五月初四过节）。此时因气候转暖，病菌易于滋生，人们会采些葛藤、艾叶、石菖蒲挂于门框上及大门两侧，取“艾叶如旗招百福，菖蒲似剑斩千魔”之意。中午用艾叶、菖蒲、鱼腥草煮汤沐浴，在墙根、阴沟撒上石灰，喷药水消毒。旧时，还有用白纸画“白字符”，写上24个“白”字组成一个圆，圆内写一个雪字。附诗：“五月五日午时节，董虫先师真口诀。虫蚁蟑螂走无踪，二十四字白如雪。”贴于菜厨门上，以示驱除虫蚁。

如图：

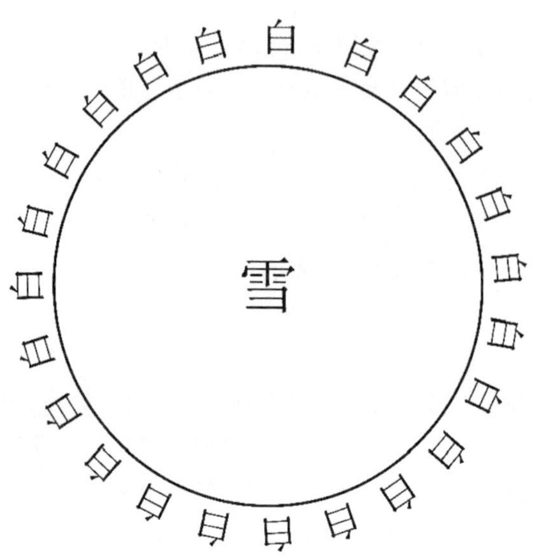

七、中元节

农历七月十五日为中元节，白砂各村都在十四日过节，俗称“七月节”。村民们做粄、宰鸡鸭以庆祝夏收夏种的结束。茜洋还有七月十五早早备好米饭、肉，还有整条的熟茄到祠堂去祭祀上供的习惯，每家每户看谁起得早，到祠堂摆上供品，叫“上代祖宗朝南海拜观音”，祈求观音送子，后昆昌隆。此俗已基本消除。

八、中秋节

农历八月十五日为中秋节（早康、官将片大部分村八月十四日过节）。节前，群众大都购买月饼，亲戚朋友以月饼互赠给对方的小朋友。月饼以冬瓜条、糖、花生、肉、蛋黄等为馅，大小不等，价格各异，高档月饼有数百元一盒的。晚饭后家家团圆，品茶吃饼“赏月华”；儿童们手捧月饼嬉戏欢歌，称“逗月光”。在过去食物匮乏时代，送月饼、逗月光、赏月华是孩子们最快乐的时光。

九、重阳节

农历九月初九日为重阳节，俗称“九月节”（早康片，官将片的松柏林、丁坑等地九月初八过节）。白砂人称“尾节”，是一年中最后一个节日。如果霜降节气与重阳节重合的话，就是所谓“霜降对重阳”，俗叫“霜降对重阳，十家烧火九家亡”。旧时有当天不在家中生火做饭之俗，人们会在前一天备好干粮，留作第二天食用。有的还临时在“天下里”垒临时灶台，生火煮食。

1988年，福建省确定重阳节为“敬老节”，俗称“老人节”。此后，乡村举行爱老尊老宣传和举行一些适合老人的文体活动。2000年后，有的村为80岁以上老人发放钱物。2010年始，国家为60周岁以上的老人每月发给55元的养老金（2013年末已增至85元。2017年起，养老金增至115元）。

十、入年界

农历十二月二十五日，称“入年界”。此日始，大部分家庭开始宰猪（叫剸年猪），节日气氛开始浓起来。室内要彻底大扫除，洗涤桌凳衣被，备办年货，添置衣服鞋帽。谈有对象还未过门的青年要给女方送猪肉、年糕、衣物、红包，俗称“送年”。外出人员大多回家准备过年。

附：外来节日

情人节　公历2月14日为情人节，20世纪80年代以后由国外传入。21世纪初逐步成为青年男女时尚浪漫的节日。

母亲节　公历5月的第二个星期日，是敬重母亲、弘扬母爱的节日。20世纪80年代，由国外传入，21世纪初，逐步在白砂民间流行。这一天，儿女们通过各种不同方式向母亲致意，表达对慈母的敬爱感激之情。

圣诞节　公历12月25日，是天主教、基督徒纪念耶稣基督“诞生”的节日。进入21世纪后，逐渐在民间尤其在天主教、基督教信徒中流行。

第四节　礼仪习俗

一、称　谓

民间家族亲属间称谓，严格遵守排行辈分。同姓族人一般按辈分称呼，对辈分低的年长者也可称“阿哥”，但该年长者却要称辈分高于自己的年少者为“叔”或“公”。娶入的媳妇生孩子后，可降低一辈跟着子女称呼男方的亲属，甚至祖父母也可跟着孙辈称呼，极为谦恭。新中国成立前，直接叫父母为爸爸、妈妈的甚少，大都疏称父亲为“叔”“伯”“哥”，称母亲为“姆”“嫂”等，以避免“相冲”或“相克”。新中国成立后，尤其是20世纪80年代后，叫父母为“爸、妈”的逐渐增多，更成为时尚，旧时对父母称呼已基本消亡。但严格遵守排行辈分称呼的习俗，在20世纪末以后逐渐淡化。

儿女亲家，初互称“亲家”“亲姆”。待过门媳妇生孩子后，改称“公爹”“娭毑”。

非家族亲属间或陌生人见面、问路、问事，主要视年龄差距称呼。尊称男性老人为“公公”或“叔叔”，称呼男性中年人为“叔叔”或“阿哥”，称男性少年为“老弟”；尊称女性老人为“婆婆”或“伯姆”，称呼女性中年人为“伯娓”或“大嫂”，称已婚女青年为“大嫂”，称小姑娘为“老妹”。

20世纪50年代以前，称自己的受业教师为“先生”。20世纪60年代以后，才逐渐改称为“老师”。

新中国成立后，一段时间无论男女统称“同志”。1990年后，多以“老板”“老板娘”称个体私营企业主，务工人员多以“师傅”互称。

二、婚　嫁

白砂婚姻形式以男婚女嫁为主，男方向女方求婚，女方嫁入男家成婚。

（一）提亲　定亲

旧时，婚姻讲究父母之命，媒妁之言的明媒正娶。有心媒人看到两个年龄相当、人才相配的适龄男女，便主动上门说合，或男家托媒人寻找门第相当的合适女子，到女家说合。女家如有意，媒人便向其索要用红纸开具的女子出生年、月、日、时（旧称“年庚八字”）送到男家。

20 世纪 60 年代后，通过媒人说媒的减少，亲戚朋友牵线搭桥充当婚姻“介绍人”的增多；90 年代后，青年男女之间靠自己的交往相互结识，从而缔结姻缘的越来越多。

（二）“看妹子”与“看人家”

男家将男女双方的生辰八字请算命先生卜算，如无冲克，称为“合婚”。双方交换“庚帖”（八字），男方带上鸡、肉等礼物在家长、朋友及媒人的陪伴下到女家相亲，看看闺女模样，俗称“看妹子”。相亲时，男女双方可单独面谈，男方遵循“妹子有白看”的原则要送给女方红包，俗称“见面礼”。看妹子以后，女方也要在家长、朋友及媒人陪伴下到男家考察男方品貌家产，俗称“看人家”也叫看婿郎。这时男家要备办极为丰盛的酒席款待对方。

清代至民国时期，当地农村还有“出红婚”的习俗。男方根据女方的“生庚八字”在男方家摆上香案供品，将男女双方生辰八字放置案前，男方压上红包，请先生主持、众族人围观。先生高喊：姻缘由夙缔，佳偶自天成。今有某某村某氏某女配与某某村某氏某男为婚。经父母之命、媒妁之言、天作之合，喜结良缘。先生即挥毫写下“鸾凤和鸣”的四字合一体，这桩婚事就算定下来了。继后是写定子。定子格式一般是：礼隆掌判，两姓联姻。今有某省某县某乡（镇）某村男方长辈（姓名）令郎与某省某县某乡（镇）某村女方长辈（姓名）令爱，今定百年之好，经双方商确定“聘金、聘礼”数额，金口玉言，立字为据。为竖写左右互往，中间日期骑行，末了写上双方父母、在场人、大冰人、执笔人签字。定亲仪式即此告毕，皆大欢喜。

（三）交扎与约婚

男女双方合意，就可定亲。男方到女家议亲行聘，称为“交扎”“大扎”。由媒人作中介双方议定，或双方直接商定，写成“婚约”（俗称“写定子”），定子规格（包括鸡、鸭、鱼、肉、酒、米、面、“桌面”等）的数额。男方也可向女方索要嫁妆，旧时有“三等”人家嫁女之说：即所谓“上等之人赔钱嫁女，中等之人将钱嫁女，下等之人卖男卖女”。旧时嫁妆多为衣物、首饰、鞋帽、箱笼之类，较富裕的人家才有“手指敬”（即戒指）、耳环、发簪、银链子、手镯、银圆，极少数的官家还有田地、山场、婢女，谓“嫁妆田、嫁妆山、陪嫁婢”。20 世纪 80 年代始，有“三大件”之说，即嫁妆中需有“单车（自行车）、手表、收音机”，很快升级为“三转一机”，即增加缝纫机。嫁妆一般都由男方出钱购买。随着时代和经济的发展，“三转一机”发展为电视机、洗衣机、摩托车等。21 世纪后，婚约变为“大包干”，一切包括在聘金中。聘金从几千元升至几万元，甚至十几万元。少数富裕起来的家庭，并不在乎聘金的多少，主要看女婿的人品及家境，不谈聘金或聘金转为嫁妆送给女儿。

“送日子”，行聘后男女双方商议嫁娶事宜。男家将男女生辰请先生“查吉日”，即择吉完婚，男方选择好结婚的“良辰吉日”，提前一个月左右通知女方，称为“送日子”。男方要带上礼金、猪肉等，将红纸写成的“喜报佳期”帖子送到女方。女方用鞋、帕、手巾等回礼，以示接受婚期。如果女方对送来的日子有异议，不能用禄堂日、禄堂时行嫁，可以要求男方更改结婚的日期。送日子之前，前面定子的物件数额须足额付清。

（四）迎　亲

婚期前一天，男方依约置备肉、鱼、米、面和“红帖”送到女家，这些物资以作女家当日备办“起嫁酒”。礼品数量以“9”为宜，如肉需 199 斤（1 公斤=2 斤），鱼需 99 斤等，寓意“结亲长长久久”。双方亲朋必须在婚前将贺礼送达：女方亲朋送衣料、代金等，男方亲友送喜幛（轴）、家用电器、代金等。女方或让男方带回嫁妆或派人直接送达。婚礼前夕，男家布置“新房”，安床挂帐，贴新婚对联。新娘出门、入夫家门都按择好的吉时进行。女方送嫁者有伴娘（郎）、新娘的弟弟等（如嫁妆中有箱笼，则皮箱钥匙由弟弟携带）。新人出门时，新娘的弟妹手擎用竹篾中间缠上红纸，两个火把，含“婚姻两头（红）发”之意。古时新人坐花轿或步行，极少数骑马；新中国成立后不再使用花轿，多为步行（新娘在行进中如果碰到对面而来的另一新娘，两人应交换一条手帕）。1980 年后，逐步乘车。2000 年后，普遍乘小汽车。新娘抵达男家门口如还未到吉时，可在门外等候。吉时一到，鞭炮声大作，男家在大门边烧起一个小火堆让新娘跨越而过，象征以后日子过得红红火火。男家选择一个有福有寿的老年妇人牵新人（古称“引凤”），她一边手牵新人，一边说些祝福的好话。

（五）婚　礼

旧时婚礼由礼生唱赞，新婚夫妻跪拜天地、祖宗、父母，然后夫妻对拜，双双入洞房，祝喜老人点燃红烛，揭开新娘的红盖头，讲吉利话。晚上就寝前由新娘的婆婆（家娘）主持新婚夫妇的“合卺之酒”仪式。夫妇各人捧一个碗，中盛米酒、鸡蛋、鸡腿，婆婆祝曰：“两人婚后有商有量，白头到老。”祝毕，两人各进酒肉。20世纪90年代后，拜堂风俗淡化。

新婚庆典，男方大摆筵席。宾客的座次有严格的成例。白砂首席方位各村不尽相同，有的东角席，有的檐口席，一般以正厅面朝大门左前方第一桌为首席（也叫头席），主宾席中又以朝大门的左位为主宾位，由女方的大宾公（俗称“大客”）就座。其余亲朋以各自的辈分、年龄、亲疏就座。1990年后，婚礼有越来越奢华之势，聘礼和嫁妆的花费急剧上升，亲朋的贺礼也越来越重。有的婚宴办到酒店，有的请流动酒家到家中办理。

白砂闹洞房习俗不普遍。新婚之夜，男女双方亲友聚集新房与新郎新娘说笑嬉闹逗乐，称为闹洞房。闹洞房气氛热烈，不摆酒席只上茶烟、喜饼、糖果，以给新人出难题逗乐为主，如要新郎抱新娘咬红花（红包），让新郎新娘合吃一个糖果，要新郎新娘面对面走过独木桥（长凳），要新郎新娘唱歌跳舞等。洞房往往因幽默诙谐的说笑或文明或粗俗的捧逗而高潮迭起，热闹异常。

（六）“转门”“三朝”

新婚第三天，新娘穿红吉服擎红伞回娘家，旧称“归宁”，今称“转门”“做三朝”。新郎新娘必须当天返回，早去早回，比较偏僻的山村还有满月转门的习俗。

三、生　育

（一）祈　子

旧时，夫妻结婚多年未孕，往往进寺庙上香，祈求观音菩萨、招娣哥子赐子。他们把红包放进招娣哥子（佛堂正殿如来、观音右侧较矮小像小孩打扮的菩萨）的口袋里，口中祝曰：“招娣子！招娣哥！唔敢在冷庵冷庙坐，带你归来去做阿哥！”祝毕，用手在招娣哥子的裤裆处象征性的一撮。新中国成立后，此俗已基本破除。随着生育知识的普及、生殖医学的发展，育龄妇女无子女者甚少。

（二）怀　孕

过去，新婚妻子怀孕不能过早张扬，待女子肚子大起来，老成人会说“你家酒香了”（意为“胎儿出回了”）。此后一般也不会自己多说的。

孕妇行为、饮食有一定的约束和禁忌。如孕妇不可看木偶戏，不能看宰杀牲畜，不能坐木马，不能踩石臼等。饮食禁忌，不宜吃兔子、蛇、狗肉、豆腐乳等。孕妇本身也被视为忌讳的对象，如不能看别人办喜事等。

新中国成立后，特别是20世纪80年代后，随着孕期保健知识逐步普及、孕产妇系统保健工作的开展与完善，没有科学根据的孕妇约束已渐消退。

（三）生　产

催生由娘家负责，母亲在女儿怀孕临产期将至的前几天，把干糯米粉、粉干、老阉鸡、鸡蛋等送到女儿家，叫“餐生”（催生），给女儿分娩以后食用。

孕妇临产，旧时大多由接生婆（古称稳婆）用土法接生。她们缺少医学科学知识，器具又未经严密消毒，那时又无胎位检查与矫正，遇到难产则用辟邪驱鬼、家人在厅堂当天或寺庙公王神坛等处上香等迷信方法处理，常常贻误抢救时机，造成产妇及婴儿的死亡率很高（婴儿死亡在“乱葬岗”上择茶树头下草草掩埋；产妇死后叫“阴涌死”,永远是土坟——血棺,不可“捡金”和进行“二次葬”)。新中国成立后，推行新法接生。20 世纪 90 年代后，大力提倡产妇住院分娩，开展孕产妇系统保健，产妇及婴儿死亡率大大降低。

旧时，胞衣（胎盘）处理充满神秘色彩，将胞衣掩埋在产妇房间门槛下当地叫“种胞衣”，每遇婴儿感冒或打嗝（打呃子)，便用烧热的草木灰盖上（或灶堂热灰)，以保婴儿平安。20 世纪五六十年代后，此俗已基本消除。

旧时，要在产房或房间门口悬挂辟邪物，如破渔网、老通书（历书)、大制钱等。产房窗户要关严实。产妇保养讲究辟邪避风，增加营养。不论严冬酷暑，产妇都要头扎绉纱（头巾)、脚穿鞋袜，有的还要贴头风膏药；洗脸用热水，洗澡用酒饼桂（一种植物）煮的温开水；三餐肉食以阉鸡肉、煎鸡蛋为主；要吃用老干姜末、红糖、黑豆（乌豆子）熬制的“姜糖豆子”，吃蛋要加红曲，忌食寒凉之物。

旧时，女儿不能在娘家生育，如来不及回夫家，也要让她在厕所或“柴间”“粪寮”生产。民间认为产妇之血是不吉之物，外人来家如遇产妇临盆，也应急急走避。

（四）诞　生

婴儿出生三天（称三朝）举行“洗三朝”仪式，给婴儿洗澡，木盆中放一个鹅卵石、两粒禽蛋。婴儿入水，大人边洗边说吉祥话，有的三朝这天取小名，叫三朝安名喊到老。

诞生礼仪最隆重最热烈的仪式是“做满月”。男性婴儿满月前一段时间，男方都要准备阉鸡、酒、红包到外婆家“报酒”，外婆家接礼后，即操办婴儿用品作贺礼，待外孙家择定“做满月”的日期即便送去。

主家请“满月酒”（古称“弥月志喜”)，各方亲朋皆来相贺。来客备红包，有的有见面礼、衣帽饰物等贺礼，外婆的贺礼最为丰厚，有衣服、鞋帽、披风（角被子)、背带和金银镯子、鱼肉、鸡鸭等。仪式开始，婴儿被抱到厅堂接受众亲友的祝贺。旧时做满月还有“喊鹞婆”之俗：满月当天中午众亲朋午餐之后，婴儿奶奶（或族中老年妇人）手拿洗衣棒，后面跟着一大群男女小孩，擎着伞，抱着小孩绕房兜圈，边敲路旁器物喊：“鹞婆屙杳（稀）屎，老娣（弟）屙硬屎!”意为此后小孩能壮胆，不悸不吓健康成长。

做满月还有一项内容就是给婴儿取名（安名)。旧时孩子命名会请算命先生查看生辰八字，倘若五行有缺，则在名字中补上所缺五行的偏旁，再与族中的辈分联在一起。除正式命名外，还有给婴儿取乳名或小名的习俗。乳名和小名一般贱称较多：牛、马、羊、狗等动物，松、樟、桃、李等植物，石头、路亭、出生排行……都可成为取名的素材，传说是叫得贱好养。女孩取名比较简单，梅、兰、菊、竹，金、玉、娣、连，甚至天干、地支都可用来取名，如甲秀、壬凤、寅连、酉香等。

男孩的名字取定后，将它写在红纸条上，贴于厅堂天子屏及祖祠正厅壁上叫告祖。次年祭祖时，有的村子还有上新丁的习俗，以酬谢祖宗赐嗣之恩。20 世纪七八十年代以后，许多人不再按照老祖宗规定的字辈取名，为应对填写出生证的需要，有的孩子尚未出生，名字已经取好了。

整个满月仪式充满喜庆吉祥气氛。2000 年后，“做满月”尚存，“喊鹞婆”之俗已不复存在。

孩子出生一百天就要做“百际”（也有些人家做了满月就不再做百际)。百际的一项内容是外婆家要做九十九个印粄，分发到孩子家族各户，叫“硬嘴角”，意为孩子较快说话和老练。收到印粄的家里要给外婆一个红包（数额不定)。

婴儿出生一周年，主家要请周岁酒（俗称“做对岁”)。客人备办对岁鞋子等衣物作贺礼。小孩周岁旧时有“抓周”（摸岁）的习俗。中午抱婴儿坐于爬篮内，爬篮里放有书籍、文房四宝、算盘、厘戥秤、玩具、食品、钱币、新衣、蛋等物任由小孩抓取，以先取之物预示其将来志向前程。如摸取书笔，预示好文，会读书；摸取算盘、厘戥秤预示会做生意，赚大钱；摸取新衣预示爱漂亮；摸取食物预示有食禄，将来生活富裕……这些虽不足信，却增添了乐趣和喜庆气氛。20 世纪 80 年代后，“摸岁”之俗逐渐消失。

四、寿　诞

民间从人们的周岁开始，每年以农历生诞日做“小生日”（俗称闲生日)，通常以面条（或粉干）煮蛋或买点肉吃简单庆祝。一般人到了50岁，则由儿女发起为父母做寿。60岁以上称为上寿，讲究“男做齐头女做一”，男逢60、70、80、90岁为大生日，而女性则需加一岁，逢61、71、81、91岁为大生日（按白砂习俗。不到21岁就出嫁的女儿，第二年女儿出生日，娘家会到女儿夫家给她做生日，称为“记日子”）。“大生日”隆重而热烈。寿庆一般由子孙筹办，布置寿堂：正厅天子屏上贴个大“寿”字，宴请亲友表示孝心。旧时老人做寿一般送五色礼：寿饼、寿面、寿轴（布料）、寿鸡、寿酒、鞭炮等。嫁出之女要于寿诞前备送寿礼，礼品有寿烛、寿饼、寿面、鞭炮、鸡、蛋、肉和寿星穿的衣服鞋帽等，祝福庆寿者健康长寿。有些人家做寿有举行“拜寿”仪式，当日凌晨或清早（一般择吉时），厅堂中摆开香案，请寿星夫妇端坐两旁。子孙亲属开始敬天地，拜寿时，拜寿仪式一般由司仪主持，儿孙开始，司仪高喊，先拜天地三鞠躬，再拜寿星。如一拜大父福如东海长流水，二拜大父寿比南山不老松，三拜大父儿孙满堂享荣华。接着是女婿、孙、侄等排序，拜寿时每一位都得点上一对红烛，叫“驳烛”（意为给寿星添寿延年）。按子女亲疏顺序，依次在寿星面前行鞠躬或跪拜礼。中午举行寿筵，宴请祝寿亲朋，头道菜为寿面，寓意健康长寿。有些人还有另一种做寿方式，即做生日不宴请宾客，将省出的钱修一段路或筑一座桥（叫施荫功）；有的将钱捐给公家做其他公益事业或作外出旅游的费用。

寿庆只可提前，不可推后。

五、丧　葬

老人辞世，男称“寿终正寝”，女称“寿终内寝”。村里习俗，死了人，忌讳说死，都说老了或过世。要放四个炮仗（双响炮），叫来三去四。村里尤其同宗族里不分亲疏都会去坐坐，表示对丧家的慰问和对丧事的关切。叔婆伯娓也会主动前来，首先烧火把空饭甑放到锅里蒸一会儿叫“驳气”。梓叔亲房就开始铺排，把逝者和孝家儿孙子媳的生肖开列出来，遣人去“捡日子”。择日完便按日程举行丧仪殡葬。之后派人去各亲戚家“报丧”，最重要的是外家，如果外家那头还有与逝者长辈或同辈，必须提鸡或充鸡红包去“看望”，也有在丧事完毕后去“看望”的。族中人分工很细，一人一事，落实到位，各司其职，丧葬总理、扶柩唱赞、厨房菜谱、礼仪打杂、放炮汤鸡、司茶理酒、接客执轴。一般当日晚餐，要请被安排到的人员来吃“定头饭”。帮工秩序表罗列各自知晓自己的活计，被安排的人一般不会拒绝。持柩俗称“八仙”，即从各房支点派挑选八人，有的村庄也点户一人。这场丧事中这八个人很重要，他们担负着把逝者入土为安的责任，必须毕恭毕敬，怠慢不得。

实行火化后则和殡仪馆联系，请殡仪馆按时派车（人）接遗体火化。

（一）乞　水

老人断气后，立即为死者穿寿衣；放鞭炮，逝者家属举哀（大声哭泣）以通知乡邻。死者家属拿脸盆、硬币数枚，到有长流水的河溪处，把纸摊开，插上香，把硬币投入溪流，再用脸盆向溪中顺流舀水，谓之“乞水”。再将此水带回家象征性地给死者洗脸净身，这盆水还不能倒掉，连擦身毛巾一起放在逝者棺前。

（二）小　殓

死者入棺前要给整容（妇女梳头，包以罗帕。有的戴上纸做的凤冠——如果是二婚亲嫁来的戴片冠）、翕闭双眼、盖面冥巾，移尸厅堂入棺，垫上“羊角枕”，套上“斗尸被”，身盖“锦心被”，凡是外家、女婿、女儿、孙女、侄孙女都要送“遮面布”，一并盖在死者身上（有的村子也叫“垫尸布”），纳入“含口银”，将死者穿过的一双鞋放入棺内（鞋尖向上）。男执白扇，女握手巾，用几条竹片将棺盖留出空隙，待亲戚验视，称为“小殓”。小殓后，棺头侧要点上一盏油灯（叫点头灯）。

（三）做超度法事

做超度法事白砂境内早已有之，历来是佛道共处，在20世纪六七十年代几近绝迹。八九十年代以后，又逐渐恢复起来。做法事视主家经济状况有全灯、半夜灯、开冥路三种。今以“全灯”为例具体叙述。

做法事当日，择日先生会注明安灵起服吉时，开始设置灵堂，宰鸡上供，举哀鸣炮，纸扎的“灵屋”

置放中堂，孝属们进香赐酒。然后等待鼓手师傅来了，锣鼓、鞭炮齐鸣，孝子孝孙等焚香朝天跪拜、举哀哭泣、披麻戴孝，叫成服守制。按习俗，起服后孝子孝孙等不能走出幛围。过去孝家男女要打赤脚、穿反衣，满七未满不得串门走亲戚，不得理发等戒律繁多。现在基本自行消除。

1. 发午时表

道士于上午十一点前抵达，立即挂起孝帐、安奉诸神。灵堂内的横幅与对联由道士事先用白纸写就。横幅是："拔亡过案功德道场。"对联为："孔子谈经常训人间行孝道；慈尊说法流传世上度亡灵。"道士敲打法器，口念经文谓之发午时表。过去发午时表是比较庄重，要求午餐吃斋不上肉，连煮菜都用花生油、菜油，一味素食。不过现在已经不讲究了，照样荤素同上。

2. 宰 牲

白砂向来讲究死后的隆重追悼仪式，做法事当天请来六亲百客、房族众人，其中一项重要内容是宰牲。宰牲就是宰猪杀羊，祭奠死者。宰牲时间，旧时要晚上开始祭奠时，如今大部分下午就完成。宰牲前行宰牲祭奠，孝子披麻、执杖、伏行举哀，在唱赞先生的唱、读中行 24 拜礼。礼毕，鼓乐、炮仗（烟花、串炮）齐鸣，叫"击鼓催花"，孝家男女伏地哀哭，甚为煞人。宰牲时，大部分人都会回避。

3. 超度法事

法事开始　道士诵经、鼓手（乐队）奏乐，孝子孝孙哀哭，他们轮番进行，道场不至冷清。道士鼓手视逝者性别，分别吟唱《十二月古人》《十月怀胎》《三十六哭》等，内容主要是做父母的艰辛，劝人从善，勿作恶；要孝顺，勿忤逆；劝死者亡魂割舍事业亲情，愉快上路。歌词本身凄切，加上道士、鼓手声情并茂的诵唱，令孝子孝孙，甚至旁观者都潸然泪下！

"过十王"　道士的助手，手持招魂幡，领着孝家众子孙叔侄在灵堂上慢步转圈。道士口念经文，每"过"一殿阎君，道士独白："引魂童子，引导亡魂来到 X 殿 XX 王前，有罪无罪？"众孝属齐声回答："无罪！"……如此反复，遍告十二殿阎君。死者如系女性，主家要求道士念《血盆经》，这时孝女、孙女女眷表现得更加哀戚！

"还寿生"　过十王后便是还钱，这时由孝子中辈数最小的（一般为男性）肩挑"还钱担子"。竹片制作的小柴夹内放置着打了圆筒的纸钱和冥币等物。道士敲法器，念经文，众孝子继续转圈。手托还钱担的孝子，手握不足一尺（33.3 厘米）的孝撑棍（哭丧杖），腰部必须高度弯曲，才能触及地面，几十分钟不停转圈，甚为辛苦。还寿生毕，将钱担及宰牲用过的花纸一并焚烧，孝家子孙在火堆外围成一个圆圈，一边号哭，一边用竹鞭敲地以防孤魂野鬼抢夺冥钱。

待佛事完成后，点心休息转下一道程序：祭奠。

祭　奠　祭奠分堂奠和路奠。外家、女婿、庚亲必须办祭。过去是自己写好奠章交由先生唱读，但要备酬读包子。现在，一般备酬写酬读红包就可以。一般晚饭后，礼生要把祭奠亲友名单（叫祭榜）张贴出来，亲友都会去看自己行祭次序。祭奠分三种，孝子孝孙及房属，亲戚朋友，疏一点的弟侄晚辈（压座）。祭台分前台叫灵前，后台叫座前两种。当天礼生是最忙碌的。要准备晚上祭奠，必须写好祭文，有两种：一种是根据死者生前的为人、事迹、功德、口碑自己撰写（一般是孝子文），另一种照抄奠章行文对号抄文。行奠时，古法规定孝子行 24 拜，其他的九跪九拜；亲友祭有行三献礼，也有通献礼，因人而异，各不相同。路奠也叫拦路祭。过去是比较有身份或家族兴旺的人才能设路祭。

21 世纪以后，祭奠形式逐步简化，大部分村庄已不再举行祭奠。

4. 移灵　动棺

出殡前夕，将灵堂内的灵屋、供桌移侧。这时孝客号哭，宰鸡（克生尸），随后扶柩人员把灵柩抬出厅堂，架在大门口的两条板凳上。

（四）大　殓

出殡前，把棺盖盖严实，钉上"子孙钉"（若逝者是女的，子孙钉由逝者娘家来吊唁的人打；若逝者是男的，由丈母娘家亲戚来打），孝子跪地，双手举托茶盘，内放谷头米、一红包、一把小斧。钉棺之人手举斧子在棺材上象征性地敲三下（棺盖先已钉好），收起红包，此谓“入大殓”。

（五）出　殡

1. 土葬出殡

由房族中挑出身体健壮的八人扛扶灵柩（叫扶柩还山）。孝子孝孙全身重孝，较疏亲朋只戴白头（手臂缠白布）。送葬队伍走在最前面的是撒纸钱的人，凡遇沟渠或三岔路口都得用香插一张草纸在旁边，放鞭炮的、鼓手（仪仗）紧随其后。接着是八人扛扶的灵柩，后面是孝子孝孙及亲朋。约莫行了七八百米，孝子孝孙跪地恭请送葬之人返回。抬棺者抬到事先做好的墓地下葬，死者的儿媳等将其生前用过的衣物、火笼等置于三岔路口焚烧。

2. 火葬出殡

2001年实行火葬后，人们把将死者遗体送殡仪馆火化视同土葬时的出殡。其时用担架把遗体抬出厅堂送上灵车。灵车按主人的要求慢速行驶（送葬队伍人员、顺序同土葬），孝子孝孙跪地目送灵车远去。送葬队伍返回，主家选派两三个亲属到火葬场办理火化手续，并带回骨灰。

3. 偷　出

逝者逝世的日期择日先生认为是犯“伏丧”“重丧”或“三丧”，而逝者亲属又希望尽快处理后事的，还有孕产妇死亡的，择日先生或建议采取特殊的出殡形式：出殡时禁止家属哀哭，禁鸣放鞭炮，禁道士念经和鼓手奏乐，偷偷地把灵柩送上山下葬，这种特殊的丧仪俗称“偷出”（出冷棺）。实行火葬后，灵车亦“静悄悄”地驶离丧家。

（六）化灵上座

出殡以后，众孝属（其中二人扛着灵屋）跟着道士、鼓手去入屋场（祠堂），摆上供品，礼生读祭文，恭请逝者到祠堂上座。此后逝者英灵便可享受子孙祭祀。接着烧化灵屋，众人返回。

（七）筛七酒

白砂人有“还生过生日，死后筛七酒”之说。老人去世请择日先生择日时，道士要排好“筛七酒”“百日”“小祥”（周年）“大祥”（三年）的时间表叫“七单”。从老人去世那一天起，每过七天，都要筛一次酒，家属要携香、纸、油烛、鞭炮及三牲供品到祠堂去上供、焚香筛酒，表示对逝者的怀念，俗称“筛七酒”，直到七七四十九天完七（满七）。按白砂习俗还有这样一种说法，即第一个七（首七）就碰到日期的个位数是七（如初七、十七、二十七）的日子，就叫“撞头七”，表示死者很乐意、主动地前往西方极乐世界。如开始两三个“七”都没有遇到逢“七”日，也可人为地编个“七”。古时说法，在七个七日中没有凑上七是不该死的。

第二个七日（二七），逝者出嫁的女儿要备酒、猪肉、鸡鸭肉等（现在出一点钱），送到娘家，请娘家的亲房叔伯吃一顿饭，感谢他们帮自己的兄弟办完了丧事，对他们的付出表示敬意。

（八）筛百日酒

老人去世一百天，子孙们应备办香、纸、油烛、鞭炮、酒礼三牲等供品到祠堂上供，表示对逝者的怀念，叫筛“百日酒”。现在筛百日酒的习俗基本消亡。按当地习俗，有“周年前，百日退，三年登登碓（对）”之说，即假如逝者有三个儿子，周年得提前三天；百日应推后三天；三年即正好两周年忌日，不必提前与推后。

（九）筛周年酒

老人去世一周年（称“小祥”），子孙们要到祠堂去筛周年酒。

（十）筛三年酒

老人去世两周年（称“大祥”），必须筛三年酒。按古制，“三年”后就算孝服已满，有钱人可出贴请客，当红喜事办。大祥几天前，主家在家安灵屋服侍，到大祥当日上午，往祠堂筛三年酒焚化灵屋并宴请亲朋，贴上“否极泰来”及“守制三年易满，亲恩百世难忘”的红对联。

（十一）“捡金”“二次葬”

泥坟（血棺）葬下八九年（一般在一个太岁）死者化尸后，可开棺捡骸骨（通常是农历八月初一），称“捡金”“捡骨石”（产妇死后，永远不可捡金）。“捡骨石”也有选择在清明日或“大天赦日”（一年一般有四个大天赦：春戊寅，夏甲午，秋戊申，冬甲子）。骸骨取出后，土工师傅（也有亲属儿子）支起一把伞，将骨石用炭火烤干，再按人体骨骼结构自下而上将骸骨装入“金斗”（骨头盎）内（脚趾骨置最底层，头盖骨置最上层）。金盎的副盖上写明逝者姓名、生卒年月。

“捡金”后再择吉日觅“灵地”（有的在原址），将“金斗”葬入新坟墓（如果一时找不到合适的墓地或暂无条件造坟的，可将金斗临时寄放在祖祠或原葬洞穴内），称“二次葬”。墓碑上写明逝者生年，国号、代别、姓名。写姓名时男的“考”字当头，女的“妣”字为先。落葬前地理先生行“出煞”仪式。接着把纸钱杉毛（杉树枝）在墓穴内点燃，烘烤墓穴四壁泥土，叫“暖金”。落葬时最重要的一个环节是“进金”（将金斗放进墓穴内），金斗由孝子端着，若有三四兄弟的由几个人传递至墓穴边缘；如果是单丁独子，则一个人端至墓穴边缘，再由泥水匠师傅按地理先生的指点放进墓穴内。掩土后，地理先生、泥水匠师傅呼龙、发粮米。此时鞭炮齐鸣，锣鼓喧天（条件好的家庭还请有鼓吹师傅）。

进入21世纪后，不少家族或个人建有骨灰堂，几十个骨灰盒都可以放进骨灰堂内，既省钱，又省事。未建骨灰堂存放骨灰的村（家族），死者骨灰入土再葬，葬仪同“二次葬”。

第五节　宗教信仰

一、道　教

民间流传道教属正一派，祀太上老君，信奉张天师（东汉张道陵）。教务活动有画符、诵经、念咒、祈祷、驱魔、结幡、做道场、开花园等。其活动多与多神信仰相结合，城乡迎神打醮、祈雨保收、安神请神等活动，道士均被邀做“六神忏”。民间丧葬仪式，常请道士设坛诵经，引魂、超度亡魂。常有病家请道士“做卦”“寻物”“驱魔”“禳解”等事。

二、佛　教

佛教传入白砂具体时间待考。据《蛟洋镇志》，佛教在唐代已传入蛟洋。唐天宝十二年（753年），僧人在华家麻公凹亭的对面山腰募建普园山岖山庵（后称修心寺）。白砂毗邻蛟洋，按理，佛教在唐代亦应已传入白砂，但无文字记载。据已掌握的资料，白砂最早的寺院建于明初。明洪武三十年（1397年），僧福玩建弘明院。据此，佛教传入白砂的时间应该在唐代至明朝初年前。

白砂建于明代的寺院还有明弘治八年（1495年），由僧道福募建的崇福寺；明万历二年（1574年），由僧竹轩募建的盈丰寺；明代著名法师外和主持创建、坐落于官地缘福山的缘福山寺；明万历末（约1618年），由益寂慈募建的西山庵；建于明朝、坐落于长锦村盘兰科的太阳寺。

建于清代的寺院主要有清康熙十六年（1677年），由僧元鉴募建的普圆庵；道光十年（1830年）前后杨奇松等倡建的双髻山（旧志文笔峰）通宝寺；位于朋新村庵背坑的善庆庵等。

20世纪末，原属严氏上祖书馆、坐落于上早康村龙蟠山上的原龙蟠书馆，经整修改名为天龙寺，成为佛教活动场所。

佛教的主要活动为拜佛、诵经、讲经、受戒、灌顶、朝圣、开光、为丧葬超度亡魂等。

三、天主教

清光绪三十四年（1908年），柏德散（西班牙）传教士在白砂中洋创办天主教堂白砂分堂。天主教传入后，信教徒不足50人，定每个星期天为集会礼拜，曾兴旺一时。教徒主要分布在中洋、朋新的下洋及大田的裕坑里。

民国十七年（1928年）5月上旬，白砂崇实中学全校学生，为反对外国传教士侵占操场修建厕所，在天主教堂门前举行示威，高呼“打倒帝国主义”“收回天主教基地”“维护主权”等口号，勒令神父24小时内滚出白砂。外籍教徒曾被赶走一段时间，后几年恢复，继续礼拜。

1949年上杭县人民政府成立后，白砂中洋天主教堂被定为继续活动的六个教堂之一。

“文化大革命”期间，教堂被指为“封资修”场所遭毁。从此教堂冷落，不再举行礼拜活动。

20世纪80年代后，天主教堂被定为文物挂牌保护单位。

中洋天主教堂

四、民间信仰

（一）定光信仰

定光信仰起源宋代。定光佛又称定光古佛，是历史上唯一被朝廷正式赐封“定光佛转世”的高僧。定光佛俗姓郑，名自严，泉州府同安（今厦门市同安区）人，生于五代闽国龙启二年（934年），圆寂于宋大中祥符八年（1015年）。宋乾德二年（964年），郑自严在武平岩前狮岩建寺庙设道场，弘法传道达50多年，在闽、粤、赣边留下除蛟伏虎、疏通航道、活泉涌水、祈雨求阳、赐嗣送子、筑陂止水以及屡显神异护国佑民的传奇故事。因“大师生前乐为善举，有求必应，且法力无边”，故在其寂化后，人们仍把他奉为神明、佛祖，视作自己苦难生活的救星。在当时朝廷和文人的推动下，宋熙宁八年（1075年），定光被号为“定应大师”，而后朝廷曾5次敕封，最终敕赐“定光园应普慈通圣大师”。

南宋晚期，白砂人已视定光佛为保护神。白砂至今流传“定光二佛”传说。据传，武平人叶伏虎家境富有，青年时期的郑定光来到他家当长工，在长期的劳动生活中，叶伏虎对郑定光的道德为人十分赞赏，遂与郑结拜为异姓兄弟（郑年纪较大居长）。境内的信士均尊称他们为“二佛祖师”“定光二佛”“二佛菩萨”。今各乡村寺庙均有供奉“二佛菩萨”。每逢乡间迎神本醮，“定光二佛”都会被乡民抬到醮台，接受信士香火膜拜。

（二）妈祖信仰

妈祖，姓林名默，宋建隆元年（960年）农历三月二十三日生，南唐清源军莆田县湄洲人（今福建省莆田市秀屿区湄洲岛）。长大后，她决心终生以行善济人为事，矢志不嫁，专心致志地做慈善公益事业。平素精研医理，为人治病，教人防疫消灾。林默还洞晓天文气象，熟习水性。事前告知船户可否出航，人们称她为“神女”“龙女”。宋雍熙四年（987年）九月初九，年仅28岁的林默与世长辞。这一天，湄洲岛上群众纷纷传说，他们看见湄峰山上有朵彩云冉冉升起。林默羽化升天后，曾先后被敕封为“天妃”“天后”“天上圣母”，成为举世闻名的“海上神女”，历代船工、海员、旅客、商人和渔民共同信奉的神祇。

清雍正八年（1730 年），鳖沙坑（碧砂村）丁姓人建水口宫原称先农庙。乾隆八年（1743 年）完善周边护墙及门楼，派人前往湄洲岛妈祖总庙迎来香火，举行盛大的妈祖入庙升殿仪式（据《上杭风物志》邓锦元文；一说道光二十五年，即 1845 年祀天后娘娘）。2014 年，该村在天后宫前方建一广场，投资 28 万元塑一尊高 7.68 米的妈祖圣像屹立在广场北面。圣像全身洁白晶莹，端庄慈祥。

妈祖塑像

清代，犁头子集场傅姓人一族建天后宫，“一厅事奉，周四以阑”。

清乾隆五十三年（1789 年）元月十七敕封私祭为春秋公祭。松坑口袁昌贵裔倡合丘、陈两姓捐资建造天后宫。“文化大革命”中被破坏，2008 年袁姓族人引外地资金重建。

明代中期，始建白砂总水口（塘丰）水口宫。清道光年间（1821—1850 年）曾大规模重修一次。由于历史原因，1958 年水口宫被拆毁。2004 年，塘丰信士倡导重建且在原址按原样修建，二楼供奉妈祖，耗资 40 余万元。2016 年祀香开光，接受乡民膜拜。

东塘等村部分寺庙亦有供奉妈祖。

（三）迎神打醮

随着南宋晚期，定光信仰传入白砂，扛菩萨、打醮在白砂各地盛行。有些村一年扛菩萨、打醮两三次。四五月扛菩萨保禾苗，九至十一月为冬醮。白砂扛菩萨打醮的主神较多，有“定光二佛”“妈祖娘娘”“生佛太太”“大保公王”“五谷真仙”“观音佛母”等众多神灵。

扛菩萨打醮前夕，由轮到值年（俗称“头家”）的人牵头，安排执事分工，分为吹打组、旗牌组、扛抬组、鸣炮组、膳食组等。吹打组原先由本村的俱乐部或请外地乐队负责，20 世纪 90 年代以后，一般请专业鼓手和乐队。扛菩萨时，全班人马来到寺里，先摆上供品，后点烛、焚香、鸣炮。尔后请下所有菩萨，较重的菩萨坐在轿内由二人扛抬，较轻的由一人端抱着（改革开放后大部用皮卡车接送）按序走出寺庙。乐队奏乐。最先二人举着横彩，接着二人扛着大香炉，后面是举着“回避”“肃静”“风调”“雨顺”的牌子，再后是彩旗，扛菩萨的，乐队和放鞭炮的殿后，浩浩荡荡有如古代朝廷命官出巡。一路上吹吹打打，鞭炮齐鸣，煞是热闹。

迎神队回到村里，有的按原定路线绕村一周，经过人家门口都会放鞭炮接神，每到较大居民点（称“总坛”），菩萨停下让群众摆上供品，敬香。一些较大的村子往往要三四个小时才能回到临时安奉菩萨的场所。有的直接扛抬到总坛安奉，接受乡民礼拜。和尚、道士做忏诵经，祈求平安消灾解厄。当日各家各户都会约客庆贺。

冬天，如果是打三日三夜或五日五夜的大醮，仪式就更加繁复了，首先要请做纸扎的师傅扎山大人、功曹、土地、金山、银山、牛头、马面，前一天起好幡竹。在主要的大道边或三岔路口竖起“天灯火把”（用十多米长的大竹劈开，绑上干竹片、松明子）。第一日上午道士要张挂榜文，开始坐台诵经。如果是三日三夜的醮，第二天为“正日”，是最热闹的日子，当日请来的傀儡戏或汉剧要做“中台”（即上午也要安排演出，而第一日、第三日只下午、晚上演出两场即可）。道士盘腿坐在法台上，吹锡角（用锡制成像水牛角一样，可以伸缩折叠的法器），念经作法。第三天（最后一天）的下午，道士、鼓手等人要到水口溪里放水灯及放生。水灯用色纸做成单瓣莲花状，中置草纸捻成的沾有油脂的油芯；放生水桶装着放生用的鱼虾。到了目的地，道士念经，把几十只水灯点燃，放入溪流。接着把桶中的鱼虾倒入溪中，道士再往水中撒米粄、油炸豆腐。一挨天黑，所有路旁的天灯火把全部点亮，把全村照耀得如同白昼。到午夜零时，道士念经，宰猪“倒（砍）蟠竹”。蟠竹必须一刀砍断。小工将煮好的十多桶稀饭随路泼施，称为“施孤泼粥”。道士大声念经，小工猛烧纸钱，召请本地无人祭祀的孤魂野鬼前来饱餐一顿，不至作恶。

保苗醮一般在农历四月中旬进行，相邻村落的日期，一般错开。保苗醮以保禾苗、祈丰收为主要祈求。其时正是禾苗生长的关键时期，古时科技不发达，农民为求得禾苗生长旺盛，夏季丰收，便把希望寄托在神灵身上。

“文化大革命”期间，扛菩萨打醮被视为封建迷信活动遭到禁止。

改革开放后，人们的信仰自由得以恢复，扛菩萨打醮又在乡间活跃起来。食谱也被“改革”，拿到醮场去供奉菩萨的供品全都是素的，而家中招待客人却允许用鱼用肉。2000年后，许多村子雇请铜管乐队，除了吹奏，还有男女声独唱及跳舞，以增加喜庆气氛。醮会期间，亲戚朋友互相串门，交际。扛菩萨打醮，已把宗教信仰与百姓的经济、娱乐和社交活动融为一体，变成一种包含多种社会功能的民俗活动。

扛菩萨（下早康）

（四）田公信仰

田公被称为傀儡戏神，民间有崇拜田公的习俗。（参见本志木偶戏章）。

（五）公王崇拜

白砂人有信奉公王（神坛）的习俗。凡有人进驻村庄都会安奉公王供祀。白砂有公王神坛上百个，建于明代的长锦石固公王（神坛）至今保存完好。有的村子有几个姓就有几个公王（名称不同而已），如茜洋村曾有过卢、范、钟、李、丘五姓居民，各姓均有公王。

（六）敬　神

旧时，白砂人多数生活在社会底层，缺衣少食，为求得心灵的满足，只得托附神灵，企望神灵庇佑，故境内民众普遍崇尚神灵，敬神活动频繁。每月的初一、初九、十五、十九、二十九日和主要神佛的诞辰都有人敬神。玉皇大帝、如来佛祖、观音菩萨、关帝老爷、五谷老仙、妈祖娘娘、生佛太太，甚至公王老、土地公都可接受人们祭拜，猪头三牲、斋盘果品、香烛纸钱，愈多愈好。每年的正月初二（有的择吉日），许多村子都有“起神”的习俗，当日将肥猪抬到寺庙或祖祠宰杀，中午大家聚餐，祈求菩萨、祖宗保佑，一年诸事顺利。人们每逢经商、求学、谋职、求婚、营造、远行等大事，总是要求神问签，祈求神灵保佑事事平安。若遇突发的伤害事故，人们会用稻米粉做的馒头、连毛皮煮熟的芋子敬献“天灾菩萨”，祈求祛病消灾。每年农历十二月下旬（日期由各寺庙自定），众信士来庵举行“完神”（有些地方称“谢冬”）典礼，感谢众神佛一年来对众信士弟子的精心庇护。

（七）信风水

白砂民间十分注重住居、祖先坟墓及祖祠的风水。修造房屋、坟墓都要请地理先生“看风水”。住居除看重靠山龙脉风水外，还特别注重坐落、朝向、灶位等，要请地理先生用罗盘测定。如果正大门外还有院子门楼的，门楼的坐向更是马虎不得，素有“千斤门楼四两屋”之说。坟墓和祠堂的选址也注重坐落和朝向、两砂、来水走口、面山等，中轴线和墓碑的定位最为重要，墓址一经选定，前后左右忌随便挖沟掘池，中轴前方忌植树木，以免触犯灵气。

（八）择时日

每逢喜丧吉庆，白砂人都会请日课先生选择吉日吉时，操办好白喜事。婚姻嫁娶、造葬起工，行丧殡葬都得择吉日课。先把事主家人岁数（或年龄）报知，日课先生根据阴阳、五行相生相克列出行事日课，事主家人依此办事，祈求平安。

（九）占　卜

旧时，白砂群众多相信命运“八字”，认为富贵贫贱是命中注定的，甘愿听从神的摆布和命运的安排，占卜之风盛行，常见的有询问性占卜（如求签、纸牌占卜、跌珓、算命、做流年等）。新中国成立后，破除封建迷信，公开占卜活动大为减少，至20世纪60年代后期已基本停止。20世纪80年代后，此俗又呈死灰复燃之势。

算　命　算命先生大部分为盲人。求算者先报出出生的年、月、日、时（所谓“四柱”算命法，还有紫薇斗数算命法等），再问所问之事，或生子或婚娶或经商等。卜者就按天干、地支依次掐算，排列组合为“八字”，再用该干支五行来反映吉凶、推断祸福。算命还有一种方式为抽贴（即用纸牌占卜，俗称“邦书子”）。卜者自备一套纸牌，内有描摹的历史故事图，如“姜太公八十遇文王”“朱买臣马头覆水”“鲤鱼跳龙门”“李三娘磨面”等。求卜者先抽一牌，根据纸牌中的故事与人物，由卜者分析吉凶祸福。新生儿出世，一般人都会请人“论八字”，详查“五行”（金、木、水、火、土）生相盈缺，尔后根据生相盈缺取名（盈削缺补），据说婴儿较好带，能成民长大。

做流年　做流年（写流年）也是算命的一种，只是它比算命更详细、更具体。占卜者按求卜者的“四柱”给排出了一生的“大事年表”。如系小孩几岁“上运”，几岁结婚生子，终生有几朵白花（生儿子），几朵红花（生女儿），几岁会破财，几岁有一“跳”（指较严重的疾病或重大伤害事故），那一岁的跳跳得过去，便可活到76岁……求卜者有时偶尔“碰对”一两件事，多数没有应验，没有什么准确度可言。

看　相　占卜者根据《麻衣相法》等相书的理论，仔细察看求卜者的五官、四肢、腹背等部位，用模棱两可的语言推断求卜者一生的休咎、贫富、荣辱。还有一种是专门看手相的，根据求卜者双掌的掌心、掌背、手指、指纹、掌心脉络等做出推断，皆是一些骗人的伎俩。

求　签　为占卜方式之一。旧时民间如有所求，往往去寺庙求签，祈神析解吉凶。签为竹制卜具，贮于签筒，其筒多置于神案上，供香客或求卜者占卜之用。每一支竹签上都刻有号数，另备纸片，写上诗语，编号与竹签相符，或悬贴在庙壁上，或放特制柜中，俗称“签判”“签诗”。求签时求卜者先焚香点烛，虔诚地向神像或佛像磕头祷告，详诉欲求何事，尔后从签筒中任抽一签，也有不断摇晃签筒，取先掉出筒外的那支竹签，即按签上号码去取签诗，凭其语句以卜休咎。一般庙宇的签诗，分为九等（上上，上中，上下；中上，中中，中下；下上，下中，下下）。签诗文字无标点，一般为四句七言或五言诗，可作多种解释，以适应不同求签者的心理需求。俗传求得上签得福，求得下签有祸。求得头签、尾签者（第一号和末号签），要罚油两斤（买两斤油给寺庙）。一般的签诗有“婚姻”“求子”“杂解”等三类。求签之俗，寺庙尚存。

跌　珓　跌珓（又叫跌扣子）也是占卜的一种。珓，当地选取蚌壳或较小老竹的根部削成圆锥状，再从中将其剖为两半。珓也多放于神案上。跌珓前，求卜者在神佛前烧香跪拜，将两珓合起在香烟中不断转圈，口中念念有词，向神佛详诉欲求之事。祝毕，将两片竹珓向上抛起，待其落地，一般会出现三种情况：两块背部（削圆的那一边）都朝上为“阴”；两块背部都朝下为“阳”；一块朝上，一块朝下为“圣”。一人问卜只能抛掷三次（有可能是阳圣阴，阴阴圣，圣圣圣等，有二十多种排列），珓书上也有与之相对应的二十多首诗句。如跌到“圣圣阳”，就取“圣圣阳”那首诗句。按白砂习俗，阴、阳、圣三珓中，以圣珓最为吉利。庵庙中有重大抉择（如修寺庙、迁徙寺庙、重塑金身、给神佛换袍等）都要在神佛前跌珓，如跌得“圣”珓，即表示神佛已允诺。

（十）驱鬼　收惊

旧时，事鬼活动在民间盛行。除丧事期间要请僧道大做法事、超度亡灵外，人们还惧怕邪鬼、孤魂。家人尤其是小孩生病、受惊吓（旧时请巫婆神汉“收惊”），更是要在夜晚备祭品到三岔路口焚香祭拜（俗称“送刹子”），或请巫婆神汉驱鬼。遇有自杀或非正常死亡者，则认为是凶鬼作祟，要请巫婆神汉作法。此外民间还流行问仙、请亡魂、关三（生）魂、招魂扶乩、伏月山姑、伏上娇、许麻公等事鬼迷信习俗。新中国成立后，破除封建迷信，事鬼活动大为减少。20世纪60年代后，除办丧事期间做法事外，其余已绝迹。

（十一）禁　忌

旧时，人们祈神赐福，凡事都图个吉利，沿袭形成种种禁忌，与民间信仰相伴相生。新中国成立后，提倡移风易俗，这些禁忌有的在人们（尤其是年轻人）的观念中日趋淡漠，有的则作为民间礼俗仍在流行。境内民间禁忌主要表现有：

原始崇拜产生的禁忌　民间相信万物有神有灵，由此产生对神灵化身的畏惧和禁忌。如禁砍“伯公树”及神坛、寺庙、宗祠、居住后山的“风水树”“风水林”；寺庙祠堂禁养家禽家畜，忌打入屋蛇、入屋野兽(如黄猄)，不捡落入水中淹死的飞禽走兽，不抓爬上陆地的龟鳖水族等。

冲克禁忌　人们逢婚嫁、祝寿等活动，择定吉日时特别注意避免与当事人及直系亲属冲克的日子。房屋选址忌宫前庙后，在宫庙近旁也忌前墙和高度超过宫庙，惧怕冲犯神灵。房子大门忌正对路、桥，忌正对去水。住房正厅右侧建筑物高度超过正厅认为不吉（犯“白虎煞”）。新娘出嫁忌遇丧家出殡，忌迎面过来另一支送嫁队伍（如遇这种情况，两位新娘交换手帕），新娘入门翁姑至亲均应暂避，以防“入门冲”。小孩冲克禁忌更多，“八字”中与父母相冲者应“过房”或“喊疏”；有的让小孩认三位夫人（一种神）、讨食女人，甚至松树、石头做“娭哩”（母亲）。

言行禁忌　民间逢年过节、婚嫁、寿诞等重大喜庆日子，忌说不吉利的话，尤其忌说死、病、冇、了（完）等不吉利字眼及其谐音。“舌”“蚀”谐音，屠户便将猪舌称为“猪利”。年初一不扫地，忌钱财被扫地出门。民间还有“七莫去”“八莫归”的说法。

时间禁忌　农历十二月二十五日，“入年界”后不许骂人；农历初一、十五，逢七、逢八，忌办喜事、出远门、探望病人。所谓“替死日”不探望病人，交春（立春）日不走亲戚。

其他禁忌　给人倒茶、筛酒忌壶嘴朝客人；饭粒不许落地、践踏。吃饭或宴客，忌筷子敲空碗。不许蹲在门槛上或倚柱靠壁，谓是“讨食相”。忌筷子架在碗上或插入饭中，谓向亡人摆供，不吉。女子出嫁，三日“转门”，忌在娘家与夫同房；婚后第一个节及每年过年，忌住在娘家，以避免“家不团圆”。人死了应说人“老了”或“过身了”或“百年归寿了”，忌直说“死”。小孩子入学前后，家长禁孩子吃猪尾巴、猪脑髓，谓防孩子“写字手颤”“呆头呆脑”。小孩换牙拔下的牙齿，上牙往床底下丢，下牙往屋顶上扔，忌随意乱扔。人人要敬惜字纸，不许践踏。

五、寺庙选介

（一）盈丰寺

盈丰寺坐落在岭背村石陂段。始建于明万历二年（1574年），僧竹轩募建。清康熙十六年（1678年），僧纪轩重修（现有古迹石刻香炉一个），为白砂53姓氏共有。后因年久失修，于1958年被毁。1995年，经上杭临城镇宫桥村至蛟洋乡丘坊村53姓氏的信士自愿捐资捐物，于原址重建。

盈丰寺现有大雄宝殿、下厅横屋、横厅、厨房、住房、余坪、菜地，占地约1800平方米，其中建筑面积340平方米，背靠山林，绿树葱葱，环境优美。现寺内供奉有三宝大佛、定光古佛、观音韦驮、弥勒、地藏伽蓝、至道生佛等。临近有三皈弟子20余人，常住沙弥一人、三皈弟子一人，香火旺盛。

（二）缘福山寺

缘福山寺坐落于官地缘福山，明代著名法师外和主持创建。清代法师留郎、崇光等高僧在此修身练法。相传每逢庙会，众法师各展绝技，“上刀山，下火海”，热闹非凡，神灵地杰，香火旺盛。寺庙原为泥木瓦房。寺内供奉如来、观音、弥勒等菩萨，求拜者甚众。20世纪60年代，寺庙遭拆除，菩萨亦被烧毁。80年代后，乡人信士集资重建砖木结构瓦房。2010年，上蛟高速公路开建，恰好经过缘福山寺后山，经商议，高速公路建设部门补偿36万元重建此寺，成为官地及周边村子信士举行佛事活动的主要场地。该寺的大门联：随缘求缘良缘有定，惜福积福厚福无边。

缘福山寺

（三）太阳寺

太阳寺位于长锦村的盘兰科。始建于明朝，于清朝乾隆年间（1736—1795年）修复。后因年久失修，在“文化大革命”期间又遭人为破坏，1996年省道308线扩建，原址划入公路基地。1997年经邻乡旁村热心善信自愿捐资出工才新建成本寺。

该寺现有大雄宝殿、下厅、横屋、厨房、住房、余坪、菜坪等，占地面积约700平方米。寺内现存有三宝大佛、定光古佛、观音韦驮、弥勒、地藏、伽蓝、至道生佛等。临近有皈依弟子20余人，前往朝拜的香客络绎不绝。现寺内常住沙弥一人、弟子一人。

（四）碧砂天后宫

清雍正八年（1730年），鳖沙坑（今碧砂村）丁姓人建水口宫，原先称先农庙。乾隆八年（1743年）完善周边护墙及门楼，派人前往湄洲岛妈祖总庙迎来香火，举行盛大的妈祖入庙升殿仪式。

天后宫坐西北朝东南，占地面积500平方米，为两层土木结构楼阁式建筑。门楼牌坊上书“天后宫”，一楼石门横额刻“石欄作镇”，里面供奉着须发全白、慈祥可亲的土地爷。二楼额联书“万国慈云”，面阔五间，穿斗式梁架，进深四柱，妈祖神像端坐中央，千里眼、顺风耳分立左右。四周带回廊，走廊四壁墨书“河清海晏”“恩潭福地，荫接湄山”“虎踞龙盘，鹰飞鱼跃”等字，笔势飞舞，入木三分。其中“恩覃福地，荫接湄山”，为光绪二十七年（1901年）重建上梁时秀才丁国光题词；“荫接湄山”，标明其神像乃湄洲总坛分香而来。

因岁月悠久，几度沧桑，虽多次修葺，但至21世纪初曾摇摇欲坠。2009年，在外出乡贤和热心村民们的倡议下，大家群策群力，对其重新修缮，让这一古老建筑重现当年的宏伟雄姿。重新修缮后的天后宫显得庄重典雅，气度不凡。2010年1月3日，举行重修竣工与妈祖换袍庆典。

天后宫前有一座古老的拱桥，建于清乾隆八年（1743年）。桥下流水清澈见底，哗哗有声。古庙、古桥、古树，流水，构成了一幅古朴雅致的山水画。

虽然现在的生意人不必闯汀江险滩了，但白砂人已把妈祖当作山村守护神来朝拜，平日香火供奉。每年的农历三月廿三（妈祖诞生日），方圆百里的香客，甚至台胞、广东信客聚集于此，通过祭祀活动祈望妈祖庇佑苍生风调雨顺、五谷丰登。

碧砂天后宫是上杭县保存较好的妈祖建筑之一，2011年4月，被列为县级文物保护单位；2013年1月，被列为省级文物保护单位。

（五）梧田天后宫

梧田天后宫位于白砂镇梧田村。始建于清道光十七年（1837年），由白砂袁氏世祖袁昌贵裔倡捐，历五载而成，规模宏大，气势雄伟。同治三年（1864年），天后宫遭破坏，同治六年（1867年）重建。民国年间曾设小学，后被洪水冲毁。宫体于20世纪70年代倒塌。2005年，就职于莆田市的乡贤袁锦贵倡议牵头，引进莆田名人贤士、企业家、湄洲妈祖庙董事会、中华妈祖文化交流协会的捐资350余万元，在原址上重建天后宫，于2008年10月竣工入火。

天后宫坐西南朝东北，占地面积2300平方米，建筑面积1600平方米，整座建筑为钢筋水泥结构。大门两边是方形的大理石门框，门框上雕刻一副对联“三涧潆洄湄洲形胜，万山拱聚台峤灵长”，横批“中流砥柱”之上镶嵌大理石横匾，上写镏金大字“天后宫”。进入宫内大殿，人们便油然产生庄重肃穆之感。宫殿上下厅，浑然一体、空旷宽敞；上厅房顶正中位置，建空中阁楼，阁楼正前面悬立一块竖式牌匾，上写“天上圣母”四个大字；上厅正中安放着约两米高的妈祖神像，神像端庄慈祥、圣光耀目。左右为回廊，回廊的内墙壁上，绘画着妈祖升天前生平介绍的连环图案，使得整个宫殿的妈祖文化更加浓厚。梧田天后宫，是迄今为止白砂域内最宏大、最华丽的一座宫庙。

新天后宫入火后，香客大部分是白砂域内的善男信女，每年妈祖诞辰日、升天日和每月初一、十五日，更是香客如云、香火旺盛。

（天后宫建筑情况参见本志《镇村建设·古今典型建筑》）

（六）善庆庵

善庆庵位于朋新村庵背坑，清初由上代祖先集资兴建，清嘉庆二十三年（1818年）曾重修（石碑记载为证）。原先此庵叫招招弟哥庵，新中国成立后保留下来。“文化大革命”期间被废弃，曾由庵背坑生产队做仓库及晒谷坪多年。20世纪80年代后期，经当地的信士弟子提议，傅德娣、傅从珍、蓝兆祥等牵头，广大信士弟子捐款捐物，重新在原址修建庵堂，并改名为善庆庵。到善庆庵求神拜佛的信士众多，香火十分旺盛，每月初一、十五和观音佛母生日时特别热闹。

善庆庵

（七）双髻山通宝寺

双髻山又名文笔峰，在白砂与蛟洋、溪口及龙岩大池交界处，为上杭境内最高峰。通宝寺为山顶名刹。寺庙建于清道光十年(1830年)前后，杨奇松等倡建。咸丰年间（1851—1861年)，袁富应于半岭创建二亭，并修路二十余里。大殿正门篆书“福地名山”，侯官（今福州市）丘振芳（丘滋九）题联：“日月肩边过，风云足下生。”山门联：“无点善心难得到，有些诚意可来朝。”寺前池中长子午莲（又名午时花)。寺庙占地2000平方米，建筑面积1000平方米。大雄宝殿供奉如来佛祖、观音菩萨等神祇。每逢诸佛寿诞及朔望之期，附近各县甚至外省信士皆前往进香。

双髻山通宝寺

（八）忠顺宫

忠顺宫在官洋村丁康（坑）自然村三坑汇合处，始建于明正德元年(1506年)。2013年，村人集资重建。内侍奉三大仙师（黄公七郎、黄十三郎、倖公八郎）和行雨龙王。每年五月初一，全村恭迎三大仙师及行雨龙王，及值年者家中侍奉一天一夜。归时有一方清井专供诸神沐浴，浴后在平岗上供全村信士祀香朝拜。

忠顺宫为村民所信。相传“及人占病求医即愈，凡有所祈无不如愿”。

忠顺宫

（九）昆仑庵

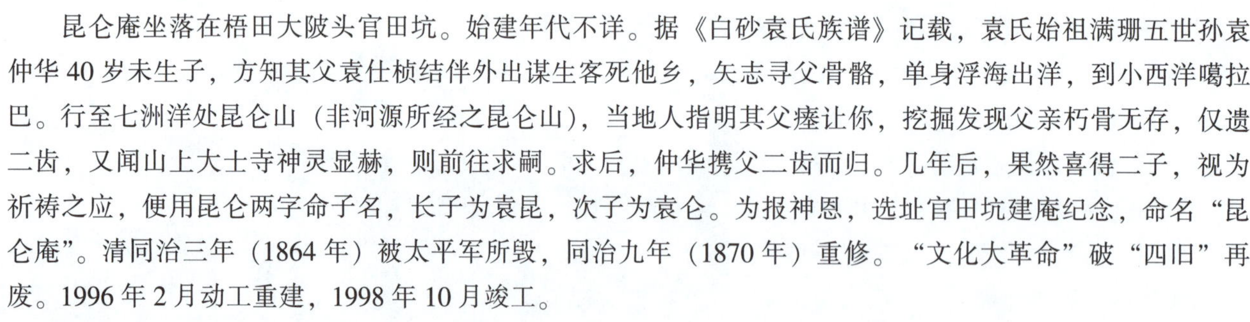
昆仑庵坐落在梧田大陂头官田坑。始建年代不详。据《白砂袁氏族谱》记载，袁氏始祖满珊五世孙袁仲华40岁未生子，方知其父袁仕桢结伴外出谋生客死他乡，矢志寻父骨骼，单身浮海出洋，到小西洋噶拉巴。行至七洲洋处昆仑山（非河源所经之昆仑山），当地人指明其父瘗让你，挖掘发现父亲朽骨无存，仅遗二齿，又闻山上大士寺神灵显赫，则前往求嗣。求后，仲华携父二齿而归。几年后，果然喜得二子，视为祈祷之应，便用昆仑两字命子名，长子为袁昆，次子为袁仑。为报神恩，选址官田坑建庵纪念，命名“昆仑庵”。清同治三年（1864年）被太平军所毁，同治九年（1870年）重修。“文化大革命”破“四旧”再废。1996年2月动工重建，1998年10月竣工。

（十）天龙寺

天龙寺在上早康村龙蟠山上，原名龙蟠书馆，属严氏上祖书馆。始建于清乾隆五年（1740年），20世纪末经整修始改名为天龙寺。

天龙寺有得天独厚的自然资源。甘甜怡人的山泉水川流不息。前往朝拜的信士总不忘带上几瓶回家与家人共饮，同沾佛慈。该寺的天然景色更是一绝，如观音坐莲、弥勒显肚、雄狮下山、龙虎对视、八仙下棋、五将把关等景观，让人心旷神怡。还有壮观的燕子岩，每逢胜季、天气晴朗，数百对石燕漫山飞舞，引无数游客慕名而来。

该寺已初具规模，现有大雄宝殿、观音殿、地藏殿、天王殿、斋堂及住房十余间。有菩萨佛像 35 尊；释迦牟尼佛、药师佛、阿弥陀佛、伽蓝、观音、弥勒、十八罗汉等。前往朝拜的游客甚多。

（十一）永丰宫

永丰宫（又名仙师宫）位于田地坑（今大田村）上村中自然村。始建于清嘉庆十六年（1811 年）。1967 年破“四旧”时被拆除。1995 年 8 月，在热心村民的倡导和外出乡贤的资助下，在原址上重新修建。该宫坐南朝北，占地 800 平方米，为一层砖木结构共 13 间，内设仙师堂和观音堂。当地村民把永丰宫菩萨当作守护神供祀，平时香火鼎盛，特别是年节期间朝拜者甚众。祈求仙师、菩萨、观音娘娘庇佑村民风调雨顺、五谷丰登。

永丰宫

（十二）其他寺庙

弘明院　明洪武三十年（1397 年），僧福玩建弘明院。成化九年（1473 年）僧慧爙修。崇祯七年(1635 年）僧志贺重修。今废。

崇福寺　明弘治八年（1495 年），由僧道福募建崇福寺。崇祯七年（1634 年）僧守才重修。今废。

西山庵　明万历末（约 1618 年），益寂慈募建。清康熙中，僧超慧募建。城下傅尚思施田七秤以供香火。今废。

坤灵宫　鹏背水口傅姓合建，上下三级祀天后，上祀文昌，朱衣魁星，置有田产，为春秋祀典。今废。

关帝庙　廖景才裔倡建。于庙之左畔，置茶亭一所，栽杉木以荫后人。今废。

马鞍山庙　在嫩洋村。初建于明代，供奉泰山圣母。

第二十二章　行政村简介

第一节　中洋村

中洋村位于白砂镇的中心，北纬 25°7′40″，东经 116°36′3″，海拔 450 米，东北与朋新、樟黄毗邻，南与梧岗相连，西连大科村，东南最边远的革命基点村大水源自然村与溪口镇的竹坝里接壤。全村 26 个村民小组，598 户 2311 人，分布在袁屋、下城厦、陈屋、大水源 4 个自然村。耕地面积 1900 余亩，山村面积 8500 余亩。

中洋村地理位置优越，原属白砂区、公社、乡、镇、卫生院所在地，白砂中学、中心小学、中心幼儿园均设于此村。新中国成立初，白砂设白砂区，现中洋村的袁姓，陈姓属中洋乡（即现中洋村的袁姓、陈姓，朋新村的厦洋），现中洋村的傅姓隶属鹏城乡。1958 年后，袁姓中甲、陈姓陈屋、傅姓下城厦合归为中洋大队，即现在的中洋村。

中洋村居住着袁、傅、陈三姓氏，另还有一户张姓。据《袁氏族谱》《袁姓志》《傅氏族谱》记载以及查证上杭客家族谱博物馆资料，明初，江西袁川（今宜春）袁京后裔袁敖（鳌）（923—999）九子后裔满珊、满琳入杭白砂开基并繁衍至蛟洋、古田等地。元初，袁再兴从江西袁州府迁徙到杭，初居旧县尧埔，后奠基早康大埔头，其后裔福琳、桂琳分居大埔头和官洋松柏林。南宋景定年间（1260—1264 年），安徽宿州太守傅以南举家避乱入闽，由宁化迁长汀宣豪（今连城县宣和乡傅家墙），生八子，傅侍郎之孙百一郎开基上杭太拔增坑，其后裔八世傅志旻则迁白砂里城厦开基，繁衍至今 27 代。中洋村陈姓一族，因当时袁氏先祖遭他人诬陷入狱，被一陈姓狱吏救出，后该狱吏因事卸职，与袁氏先祖满珊偶遇，为报先祖救命之恩，袁满珊便将自己买下的大片山窝送给他居住，并将该地命名为陈屋，迄今已 600 余载。

中洋村具有光荣的革命传统。在白砂武装暴动前后，早期共产党人袁桂标、袁文光、袁道亨等曾在袁氏宗祠左侧的崑山别墅领导组织白砂人民开展革命斗争活动，开办兵工厂（造土枪土炮），创办农民夜校，建立农会组织，中共白砂支部也在此诞生。红四军驻白砂期间，在崑山别墅设过司令部，朱德住左边教室。民国十八年（1929 年）9 月，红四军攻打“铁上杭”前夕，朱德及红四军纵队司令傅柏翠在此策划布置攻打上杭城作战方案。白砂创建根据地后，中共上杭县委、县苏维埃政府设址崇实中学（原称“乐育书院”）。同年 10 月 22 日，在杭城养病的毛泽东离开临江楼，跟随红四军向白砂转移，当天抵达白砂，在县委县苏驻地指导四纵司令胡少海、政委谭震林及闽西特委领导人邓子恢、张鼎丞研究应敌之策。三年游击战争时期，大水源群众为支援游击战争，保卫红色政权，为游击队传送信件，送粮送药。民国二十二年（1933 年），国民政府对大水源村实行“移民并村”政策，房屋被焚，村民被迫寄居于外。新中国成立后，大水源被评定为“革命基点村”。1989 年后实施“造福工程”，该村村民全部迁居于中洋人口集中处。经民政办查证，中洋村人为革命做出了贡献，有烈士 49 人。

中洋村人弘扬客家人崇文敬教、唯耕唯读传家精神。明清时期，乡村教育逐步发展。位于中洋村袁屋麒麟溪畔的乐育书院，始建于清光绪九年（1883 年）。书院坐北朝南，全屋瓦面，四合院式土木结构校舍，内设教室 6 间，正中上下为礼堂，上堂设有演讲台、师生宿舍、厨房、膳厅、饮水井及厕所，左侧后还建有花园。朝南校门约300米处有两水汇流，被称为“两水洗笔”，人才辈出之风水宝地。民国十五年(1926年)，教育志士袁竹秋、袁希文等人，用书院创设白砂崇实中学，宣传马列主义，主张文学革命，推崇新思想文化。新中国成立后，乐育书院改办为白砂中心小学。园墩书堂位于中洋村袁屋西北角，圆墩岗脚下，始建于清朝中期，由袁氏昌贵第十一代裔孙房人（元臣）所建，曾是学子求学之地，距今300余载。书堂毁于“文化大革命”期间。2010年，由时任福建省人大常委会副主任、中洋乡贤袁锦贵倡导重建。2010年

园墩书堂

8月，龙岩市农家书屋建设工程领导小组为该堂挂匾“农家书屋”。现堂内已造册登记的图书4000余册，还设有康乐球桌、象棋室。书屋右侧为篮球场，是村民读书看报、娱乐、休闲及健身之好去处。“均华学校”位于中洋村东北西麒麟溪畔，据《上杭县志·学校》载：该校于民国十二年（1923年）由傅汉卿兄弟创办，奠定建筑费4500元（银圆）。民国十三年（1924年）渊学高级生百余人，民国十八年（1929年）停止，令暂办初小。20世纪50年代初，白砂区政府搬迁至均华学校办公。1958年后曾设白砂医院和用作公社办公地，创办白砂中学后为中学“五七”工厂。20世纪90年代被焚，废为瓦砾坪。2011年由傅姓创建“均华广场”。

教育的发展，促进人才的培养。明清时期，中洋涌现众多进士、举人。袁养正，清乾隆二十一年(1756年)、二十五年（1760年）恩科两中副榜，乾隆五十五年至五十八年（1890—1793年）任贵州绥阳县知县；袁九皋，清嘉庆三年（1798年）中解元，六年（1801年）中武进士；袁博，清同治元年（1862年）中恩科举人，九年（1870年）中大挑二等；傅允孚、傅天鸢为清乾隆年间（1736—1795年）举人，傅峦财为武进士。据不完全统计，明清至民国时期任县级以上职务者有16人；新中国成立后任处级以上职务者有21人，如任省部级职务的袁亚东、袁锦贵，任厅级职务的袁天通、陈紫明，任高级技术职务者36人，中级技术职务人员49人，科级干部29人，获博士、硕士学位者达28人。非物质文化传承人袁洪亮是福建省音乐家协会会员，三级作曲家，著有《留住乡韵》一书。

中洋村古民居众多，建筑具有客家民居特色，规模宏大，以三厅式、三堂四摆式布局结构为主，共有20余座。现保留较为完整的有下城厦城背坑的“进德堂”，下城厦甲田坝的“怀义堂”，袁屋袁仕龙“二宜堂”和中心小学背后的“雍睦堂”“循天理”几座古宅。下城厦甲田坝的“怀义堂”，坐南朝北，三堂两摆式结构布局，现保留中厅、后厅和右摆横屋，建筑风格具有特色，四周为封火墙，内为全木结构，都以木柱支撑屋面，具有很强的防震效果。前、中、后厅屋面皆为双层瓦面，后厅楼房二层皆为双层木楼板面，铺上石灰浆面料，虽经风雨150余年，但楼板面未见一丝裂缝，可见当时建筑技艺一斑。袁屋“雍睦堂”“循天理”古宅，旧时称“联古”屋厦。此宅完建于清同治年间（1862—1874年），迄今约有150年历史。老宅面积500多平方米，有正厅两间（雍睦堂、循天理），中厅、小厅10余间，楼梯9个，住房100多间，天井13个，水井两口。

中洋村原有很多的古树群。1958年“大炼钢铁”时，许多古树群惨遭毁灭性砍伐。仅存的下城厦水口一株大樟树，是中洋村唯一的古樟，树龄210余年，树高树冠均约30米，树冠呈球状，离根部一米处腰围4.6米，2015年列入福建省三级保护古树。

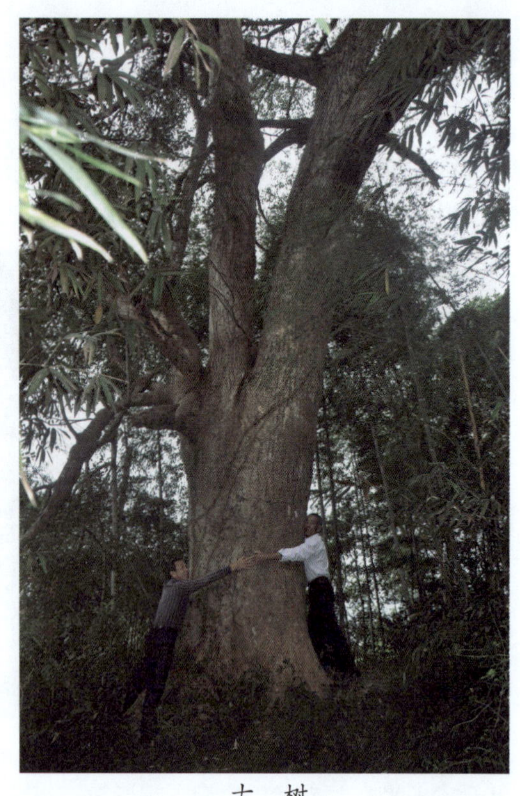
古　树

麒麟溪由北向南穿村而过。20世纪70年代前，溪上只有一座多孔木桥连接袁屋、城下两地，俗有“一溪隔两姓，一桥连东西”之称。溪的东岸是傅姓下城厦，两岸是袁姓袁屋新村(旧村移荒坪里，又曰火烧坪)。新村，由袁姓于20世纪40年代中期至50年代初拓荒辟建。东西走向建直街100余米，东端靠溪建有一“千年台”，1957年建中山陂后改为“中山台”；直街中段靠南又辟一横街约50米，整个新村街道呈“丁”字形，街宽约8米。街道两侧私人建房设店铺，多是两层布局。民国末期，新村曾设一段时间的圩场，后搬迁至朋新村的犁头子（又称“利头市”)。

水利设施。建于抗战时期的郑屋水口马鞍陂，蓄水灌溉中洋村黄坑塅上千亩良田。建于1957年的中山陂，是新中国成立后建在中洋村麒麟溪上最早的蓄水灌溉工程。此陂长约40米，落差约2米，水渠直达梧岗、梧田、塘丰三村，灌溉面积1000余亩。20世纪60年代中期，当时的白砂公社利用此水于梧田天后宫背后建起了白砂第一座小型水力发电站。中洋村1900多亩耕地，除了边远山坑田排灌小水渠全部得到完善，一律都是水泥砂浆圳垄。

近年来，全村所有村道，包括巷头巷角的小道都得到了硬化，郑坑桥大道（村门楼至村部）宽敞平坦，道旁绿树成荫；新村大道得到扩宽，两旁建筑错落有致；原茶白公路中洋段，路面得到扩展。与新村大道交叉成“十”字状。田间道路布局合理，纵横交错，信步田间，绕道山边，即使走上几个时辰，鞋底下绝不会沾上一点泥巴。在中洋村境内的麒麟溪上，有三座水泥钢筋结构大桥；中山陂上是中洋大桥，东通白砂中学，西接新村大道，上游是“同心桥”，下游是“同德桥”。这标志着中洋村人情同手足铺富路，同心同德奔小康，“一桥连东西”的状况已成历史。

21世纪初，白砂最大饮水工程在中洋建成，不但解决了本村村民生活饮用水，还为镇政府、朋新（部分)、樟黄（部分)、梧岗、梧田村民提供饮用水。

原白砂镇政府大坪内有一天主教堂，现教堂尚存，由天主教协会挂牌保护，现中洋村信教人数有50多人。另一教会是基督教，教堂地址在中洋村大溪路旁，因建筑年代久远，现已破败不堪。佛教是中洋村主要宗教，袁姓、傅姓都重建了宗祠，逢年过节，村民都要到宗祠祭拜祖先。清明前后，宗族都要举行大型祭祀活动。中洋村傅姓下城厦水口古樟下，原有一座上杭境内唯一的关帝庙。此庙坐南朝北，四扇三间两堂格局，正面砖墙，三面泥木结构，庙内圆木柱撑梁，石灰土地板，门框、内外走廊、台阶、天井全是石板砌成。此庙属当时白砂里53乡人共份。每年农历八月十四日举行打醮活动，现仅存庙址，打醮活动早已革除，但偶有善男信女到遗址烧香朝拜。中洋村陈屋岗下有一“夫人宫”，原为中洋村陈姓上代一户主陈仕钦，绰号“仕王爷”在自家敬奉夫人神数代，“文化大革命”期间神像被毁。20世纪90年代，陈屋及邻村各姓信士数百人，自愿捐钱物，重新选址建造一座砖木结构琉璃瓦面“夫人宫”供信徒朝拜。

政通人和慰藉百岁人心。中洋村90岁以上老人有20多人，其中健在的百岁老人有廖凤凤（女，生于1917年9月8日)，已故百岁老人有袁国清（男)、巫招凤（女)、袁亚东（男)、傅招娣（女)、王五金(女)。他们长寿之秘诀是终年粗茶淡饭，不过度劳累。更主要的是天时、地利、人和，生活上、精神上给这些老人安慰，以无忧无虑，享受天伦之乐。

2012年，由乡贤袁锦贵引资兴建的中洋村门楼，牌楼式格局，大理石材料，长15米，高6米余，气势宏伟，横跨在郑坑桥中洋村大道入口处。门楼中间上方刻“中洋村”镏金大字，门楼前后左右镌刻镏金对联。门楼右侧建一凉亭，古色古香，舒适宜人。门楼凉亭为中洋村增添了一道亮丽的风景线。穿过门楼便是宽阔平坦的中洋大道，道旁绿树成荫，流水潺潺。从门楼行至1000米，便是中洋村部。村部建设体现了新农村建设特色，占地近百平方米的三层建筑，布局合理。

中洋门楼

中洋村部

中洋村的文化生活一直很活跃。20世纪50至60年代，中洋村就建立俱乐部，许多民间艺人在中山上登台献艺。2001—2017年，村文化生活更是空前，村有文艺表演队，多次代表白砂镇参加县文艺调演，年年获奖。傅姓村民自发组建腰鼓队，“夕阳红”表演队、船灯队、舞龙队。每年正月初一日，傅姓村民在均华广场组织庆新春文娱活动，上午舞龙灯到各家各户拜年，下午举行篮球、乒乓球、拔河比赛，晚上举行联欢晚会，乡村达人傅康荣登台献艺武术、踩鸡蛋等精彩节目。广场上张灯结彩，载歌载舞。

中洋村人靠勤劳铺就致富路。早在20世纪60年代末到70年代中，中洋村是全白砂第一个用大功率柴油机发电供全村村民照明用电的村；一个300多人口的新坪生产队，是全白砂第一个买手扶拖拉机耕地、加工的生产队。80年代以来，村民从事粮食加工、养鸭养鸡，种植香菇、玉米、百香果、地瓜、辣椒、生姜等作物；全村拥有多家小型酿酒坊、两家豆腐坊、两家建材店，4家饮食店者、3家理发店、5家小百货店，3家稻谷加工坊、2家卫生所、1家药店。许多村民到外地开饮食店，全村有袁元钦、傅良荣、傅红伟、傅梓文、傅宗能、傅宗良、傅沛华、袁林招、傅洪生等9位较有名气的企业家。70年代末至80年代初，全镇第一家私人企业在中洋诞生，由个体户袁林招经营的企业，从小作坊加工米粉、养猪起步，至今已挂牌为“福建省客家香食品有限公司”；由傅洪生经营的“福建省粮食生产示范基地”，大片承包土地500余亩，实施烟稻轮作，从耕地、播种、插秧、田管、收割到豆谷烘干基本采用机械化操作，建有密集式烤房20座和大棚旱地育苗场、大型烘干场，年产值600万元。

2007年，村两委争取上级补助，全村所有村道连同巷头巷尾都安装上了路灯。农家生活已全部实现电器化，烧柴火已成历史；汽车、摩托车普及全村，有些家庭拥有几部小车，许多家庭还驾着小车去种田；有一些村民购买大型挖掘机、装载机为村民服务。2017年，全村经济总收入141.05万元，村民人均纯收入20580元，已基本达到了小康生活的水准。

2002—2017年，中洋村十几次受到市县表彰。

表 22-1 中洋村历任村干部名单

名称	姓 名	职 务	任职时间	名称	姓 名	职 务	任职时间
党支部负责人	袁斗星	书 记	1976—1979	大队、村委会负责人	傅焕章	大队长	1976—1979
	袁申魁	书 记	1979—1988		袁在玉	大队长	1979—1985
	傅宗源	书 记	1988—1991		傅宗源	主 任	1985—1988
	袁美林	书 记	1991—1994		袁南清	主 任	1988—1991
	袁泽基	书 记	1994—1997		袁泽基	主 任	1991—1994
	袁申魁	书 记	1997—2000		袁在玉	主 任	1994—1997
	袁兴华	书 记	2000—2006		袁兴华	主 任	1997—2000
	袁汉石	书 记	2006—2012		袁汉石	主 任	2000—2003
	袁林招	书 记	2012—2018		袁正炎	主 任	2003—2006
	袁林招	书 记	2018—		袁超炎	主 任	2006—2009
					袁南清	主 任	2009—2012
					袁广元	主 任	2012—2018
					李细连	主 任	2018—

第二节　梧岗村

梧岗村俗称科子里，位于白砂镇南部，东临双髻山，南与梧田村、大田村为邻，西接大科村，北邻中洋村，村部所在地海拔445米，北纬25°7′24″，东经116°36′7″。全村由科子里、萧（肖）屋、橄榄桥、岗下里、岗子背五个自然村组成。至2017年底，全村有9个村民小组，200户682人（包括外出干部及其家属）。有耕地358亩，山林1727亩，森林覆盖率达71%。

全村聚居单一姓袁，同属白砂袁满珊之后裔。清康熙年间（1662—1722年），袁景泉之九世袁锡（字庆甫）及弟袁鑑（字重甫）迁居梧岗村科子里自然村，为科子里和萧（肖）屋袁氏开基祖，至今已繁衍25代。橄榄桥袁氏，由五世袁仲瑚孙袁瑛兄弟从中洋村袁屋迁入，并建有祠堂，现已衍传21代。岗下里袁氏，皆为二世袁景荣之后裔，何时开基不详。岗子背袁氏，均系20世纪70年代至21世纪初，陆续从梧岗科子里迁入的。

明、清和民国时期，梧岗村均列入白砂里管辖。新中国成立后，梧岗村隶属白砂区（乡）管辖。1958年，成立白砂人民公社，梧岗村与梧田村合并为一个大队。1961年，梧岗村、梧田村分别设立大队。1966年，梧岗大队改名为红岗大队，1971年改称梧岗大队，隶属白砂公社管辖。1984年撤社设乡后，梧岗大队改为梧岗村，隶属白砂乡管辖。1993年，撤乡建镇，梧岗村隶属白砂镇管辖。

梧岗村历史悠久，人文鼎盛。从清朝中期开始，科子里、萧（肖）屋两个自然村丁财两旺，建有十多座规模宏大、砖木结构的古民居（大围屋），主要有科子里的福心堂、存心堂、积善堂、宝鑑堂、德光堂、宝善堂、福善堂，萧（肖）屋的望云堂等。20世纪70年代以前，每座古民居都还居住有许多的居民，多的十多户，少的也有七八户人家。这些大围屋（堂号）一般在大厅的中央悬挂有由上等木材雕成的镏金“XX堂”牌匾，栋柱上有木刻弧状的古楹联，特别是百哥子房的“存心堂”，地板是水磨的，下厅靠天井一侧，镶嵌的全部都是镂空雕刻，诸如“八仙过海”、“蟠桃献寿”等屏风，可谓雕梁画栋、古色古香。可惜的是，这些古物有的被盗，有的在“文化大革命”时期被人为破坏。如今，这些祖祠堂号。有的因年久失修已经破烂不堪，有的被拆除在原址上建起了新的楼房，已杳无踪迹。梧岗村还曾建有仙师宫、佛子菩萨庵及崇福寺，但皆因各种原因没有保存下来。民国前，村里还有水碓2座，脚踏碓3座，古井十多口，油坊一间。除古井外，其他均已废弃。

梧岗村交通便利，原茶白公路和麒麟溪穿村而过，水利设施完善。在梧岗村沿溪东侧有一条石砌的官道，是塘丰、梧田等地的村民赴墟赶集的必经之道，后来在开通旧茶白公路时废弃，现在有部分路段依稀可见。在村（水）口，原先建有一座凉亭和一座木桥，桥的名称叫凉亭桥。后来也因开茶白公路，凉亭被拆除，凉亭桥也因多次水毁多次修葺。1976年，白砂林场为了方便梧田工区的生产和作业，投资建起了如今仍在使用的石拱桥，桥名仍称凉亭桥。梧岗村的村民历来重视村（水）口的树木和风水保护。200多年前，凉亭桥两岸就种植有朴树、桂花树、水腊子树等树木，经考证并挂牌的两棵朴果子树已有200多年的树龄。由于朴果子树的树冠覆盖面积大，树荫下也就成了村民休闲、聊天的好场所。

1966年以前，每年的农历五月初一日，村里主事的人都会请戏班子来村里做傀儡戏，并举行“扛菩萨”等民俗活动。“文化大革命”期间，五月初一日的民俗活动中断。1981年开始又陆续得以恢复。近年来，由于大部分青壮年劳力外出经商、务工，这种民俗活动有逐年淡化的趋势。

梧岗村是一个红色的村庄，在土地革命时期，有着光荣的斗争史。在民国十八年（1929年）的“头般共产”中，中共上杭县委、上杭县苏维埃人民政府曾设在本村百哥子家中。当时村里的青少年大部分参加过共产党领导的“儿童团”或“少先队”组织，参加过分田地打土豪活动。根据龙岩市公安局编写的《红色公安记忆》一书中记载：“1929年12月，国家政治保卫局福建分局在上杭白砂乡科子里成立，郭滴人任首任局长，后由张思垣、吴兰甫、汪金祥、廖礼捷、高寿康顺次继任。闽西苏区所辖的永定、长汀、上杭、连城、武平、宁化、归化、清流、新泉、汀东、彭湃、兆征、代英、新杭等苏区县，先后成立政治保卫分局、闽西苏区政治保卫机关的雏形全面形成。”当年，在科子里、萧(肖)屋两个自然村的背山上，红军和白军（国民党军）曾发生过激烈的战斗。20世纪六七十年代，背山上还残存着横七竖八的战壕和掩体，山头上还筑有碉堡，偶尔间还能拣到子弹壳。在那个革命斗争的年代，该村有许多青壮年参加了红军队伍，在长期的革命斗争中，大部分已经牺牲，幸存的只有一位名叫袁留忠的老红军，其生前曾任中国人民银行总行第一任人事处处长、党委书记、人事局副局长、政治部顾问，曾当选第三届全国人大代表，第五届全国政协委员。；1950年作为中央慰问团的一员骑白马返回过家乡，逝世后其骨灰送回家乡安葬。据民政部门统计，全村被评为革命烈士（包括以“杀社党”名义误杀）的有26人。

书写于县委、县苏旧址旁的红军标语

梧岗村村民历来重视文化，素有崇文重教、耕读传家的优秀传统。在清朝时期，梧岗村就办有半黄山学校、萧（肖）屋书堂等私塾学堂。在土地革命时期，在半黄山学校办学期间，由本村袁鹏飞等几位教师任教，白天教书，晚上办夜校，向群众宣传革命道理，还经常在崇福寺、乐育书院召开秘密会议，同敌斗争。袁鹏飞等不幸于民国十八年（1929年）被叛徒告密出卖，并被国民党杀害。1970年，村里创办第一所公立学校——梧岗初级小学。创办之初，学校先后设在夜校里、福善堂、福心堂，后来把学校建在夜校里的背后（泥木结构）。开始只设一年级，后来设二年级，还附设学前班（幼儿班），老师1~3人。1987年迁建村部和校舍，村校合用。2000年以后，随着生源的逐年减少，又撤缩为教学点，只设一年级和幼儿班。2007年撤销教学点，2010年撤销幼儿班，学龄儿童全部到白砂中心小学校本部就读，适龄幼儿全部到中心幼儿园入园。校舍改设为村部和卫生所。

梧岗村人杰地灵，文化底蕴深厚。据《上杭袁姓志》记载：清朝和民国年间，经过科举选拔，高中举人、进士者有之，诰封进士第、解元第、郎官第各一座。以学问被授予七品以上的官员有袁维丰、袁天逵、袁滨、袁楷、袁道丰等。2017年底，全村共有大学在读和毕业生共计139人（其中博士研究生3人、硕士生8人，出国留学1人）。处级干部7人，科级干部8人；获得高级专业技术职称5人，中级专业技术职称4人。受到国家级表彰2人次，省级表彰6人次，市级表彰5人次，县级表彰10人次。

梧岗村村民世代传统农耕。向阳的地段一般种植早、晚两稻（双季稻），路途较远的山垄田一般只种植中稻（单季稻）。1981年前，由于集体（生产队）时期种植常规水稻品种，产量一般较低，人均分配的粮食少。1981年以后，国家全面推行家庭联产承包责任制，充分调动了广大农民的生产积极性，加上推广种植杂交水稻品种后，水稻产量得以大幅提高，家家户户均有余粮。20世纪90年代开始，村民的种植观念也有了较大的改变，有些农户选择在田里或山上种植经济作物，如罗汉果、芋子、辣椒、袋栽香菇、奈李、柑橘、反季节菜等。一些农户还办起了养鸡场、养猪场。还有些农户从中看到了另外的商机，乘势做起了收购和销售的生意。而更多的青壮年则选择外出经商或务工。据不完全统计，至2017年底，梧岗村村民在福州、厦门等地从事餐饮服务业的有16家，外出经商务工有较好的经济效益，也因此成为村民的主要经济来源。

梧岗村的山林离村较远，主要有两处，一处在双髻山山下的水寨里，另一处在溪口镇竹坝里旁边的成升岭。这两处山林，现仍为集体所有。山上以松、杉、阔叶林和毛竹为主，村附近的山地，有部分村民种植柑橘、桃、李、奈等果树，成为村民的果树园。

中共十一届三中全会以来，梧岗村的村民生活越来越好。1997 年开始，有十来户居民先后在镇开发区购地建房。2009 年以来，橄榄桥自然村的村民也先后实现异地搬迁。现如今，村民的生活发生了翻天覆地的变化，95%以上的家庭建起了新房，厨房用具现代化，洗衣机、热水器、电视机等家用电器齐全，几乎家家有摩托车，近半数家庭买了小汽车，成年人全部用上了手机，还有很多村民安装了宽带网络，家家户户安装了自来水，日常生活实现了电气化和燃气化。垃圾处理率达到 100%，无工业、废水污染排放，全村主要干道都安装上了路灯。特别是国家实施精准扶贫的政策后，该村有位 9 位孤寡老人由国家出资建造了新房，另有 4 户困难户由国家补助建房。2017 年底，梧岗村村民人均年收入 19116 元，大部分家庭在银行有存款，生活基本达到小康水平。

2017 年，梧岗村投入 120 万元在原村部空地处新建一栋框架结构、功能齐全的新村部，极大地改善了梧岗村的办公条件，进一步提升了梧岗村的村容村貌。

2012 年 7 月，该村被龙岩市环境保护局授予“市级生态村”称号。

梧岗村党群服务中心

表 22-2　梧岗村历任村干部名单

名称	姓　名	职　务	任职时间	名称	姓　名	职　务	任职时间
党支部负责人	袁荣兴	书　记	1952—1956	大队、村委会负责人	袁福安	乡　长	1949—1956
	马文林	书　记	1957—1959		马文林	高级社社长	1957—1959（二合）
	马美荣	书　记	1960—1962（三合）		袁斗星	大队长	1960—1962
	袁旺兴	书　记	1962—1963		袁风林	大队长	1962—1965
	袁含兴	书　记	1964—1965		袁耀天	大队长	1978—1985
	袁乃林	书　记	1966—1985		袁细仙	主　任	1985—1987
	袁旭芳	书　记	1985—1987		袁桂芳	主　任	1987—1989
	袁昌兴	书　记	1987—1993		袁柏寿	主　任	1989—1995
	袁建云	书　记	1994—1997		袁天荣	主　任	1995—1997
	袁清辉	书　记	1997—2000		袁奎飞	主　任	1997—2000
	袁忠林	书　记	2000—2009		袁鑑清	主　任	2000—2003
	袁廷文	书　记	2009—2012		袁廷文	主　任	2003—2009
	袁兆光	书　记	2012—2018		袁宝林	主　任	2009—2012
	袁兆光	书　记	2018—		袁晓东	主　任	2012—2018
					袁兆光	主　任	2018—

第三节 梧田村

梧田村位于白砂镇的南部，海拔 445 米，北纬 25°7′14″，东经 116°36′7″，南邻塘丰村，北邻梧岗村，东边翻过“蛇舌岃”岭为溪口，西边连接大科、大田，旧的茶白公路和麒麟溪穿村而过。全村由甲田、阁坑、西洋、白果、黄柏坑、胡李屋七个自然村组成。2017 年，共有 17 个村民小组，336 户 1452 人。有耕地面积 1019 亩，林地面积 818 公顷，森林覆盖率达 89%。

梧田村现有袁、马、胡、李四个姓氏聚居。甲田袁姓是四世袁光从中洋（袁屋）迁入梧田茶盘树下，今茶盘树下、新屋厦、背排、溪角坝、黄坑背、洪公房、坪尾岗上和崇福寺等地，都是袁光的裔孙。大陂头袁姓是七世袁长富从梧岗迁入。柏坑袁姓是由中洋（袁屋）十四世袁辛龙因造纸管山定居，今繁衍到第 22 代。阁坑袁姓是白砂袁氏二世景鲜在阁坑开基，到第七世袁西松从阁坑迁到白果树下开基。马氏聚居在西洋村，也是白砂唯一的马姓聚居地，开基始祖为马五七。明洪武年间（1368—1398 年），马五七偕父母和胞弟从连城四堡迁移到白砂西家洋定居（不久后其弟迁往永定），现繁衍至 25 代，迄今有 600 多年的历史。西洋村中的马氏宗祠，建于明代（具体年代不详），大门对联为：四堡乡祖宗立基业，五七公西洋展鸿图。胡姓是由樟黄胡屋的胡三世五一郎在元末明初迁到梧田“小份里”开基，至今繁衍到第 25 代。9 户李姓是清康熙年间（1662—1722 年）从稔田十世迁到白果树下，至今繁衍至 27 代。另 1 户李姓是民国时期从旧县新坊 21 世迁到白果树下，至今繁衍到 24 代。

1958 年，成立梧田大队，隶属白砂公社，当时的梧田大队还包括梧岗在内，1961 年，梧岗从梧田划出，单独成立大队。1984 年，梧田大队改为梧田村，隶属白砂乡，1993 年隶属白砂镇。

梧田村古迹多。明成化年间（1465—1487 年），在西家洋太保潭左侧建一座太保庙。整座庙建在麒麟溪的岛渚上，四周环溪水，砖结构，木瓦面。民国以前，每年农历五月初一和八月初三前夕，太保庙主持佛事的人要到白砂境内各村去挑选大肥猪，用于五月初一、八月初三祭祀太保神。每年这个时候，白砂的善男信女云集太保庙迎神拜佛，热闹非凡。关于太保庙，是有记载，现镌刻在庙外墙的石板上：“太保庙，太保潭，尺八水口，丈八深。左边猪肝石，右边猪肺石，中间有座钓鱼台。七阶八驳桥，九阶十三尊。”这十分形象地描绘了当时太保庙周边的特别景致。由于历史的变迁，这些景致基本消失，太保潭也被积填成沙滩。1997 年，由梧田、梧岗、塘丰、朋新等村共同筹资，在原址重建太保庙，并在主殿左右两边进行了扩建。白砂天后宫在梧田“三溪”（麒麟、隔田、松坑溪）汇合处，原宫于清道光二十一年（1877 年）袁满姗后裔主建。由于多种原因，宫体于 20 世纪 70 年代倒塌。2006 年，中洋村籍就职于莆田市的袁锦贵倡议并引资 350 万元，在原址上重建天后宫，2008 年竣工入火。新建天后宫占地 2300 平方米，建筑面积 1600 平方米，钢筋水泥结构，大门两边大理石门框上雕刻对联：三涧潆洄湄洲形胜，万山拱聚台峤灵长。新建天后宫既富丽堂皇又古刹肃穆，是迄今白砂境内规模最宏大的宫庙。天后宫内有专人管理，香火旺盛。昆仑庵坐落在大陂头官田坑。据《白砂袁氏族谱》记载：在清代（具体年份不详）有袁昆、

昆仑庵

袁仑兄弟两人，为报神恩，在官田坑建庙，命名为“昆仑庵”。清同治三年（1864年）被兵毁，九年(1870年）重修，1966年“文化大革命”再废。1996年动工重建，1998年10月竣工。庵内有人管理，虽地处较偏僻，但香火旺盛。

县乡公路未开通之前，梧田是白砂到溪口的必经之路，也是上杭到龙岩的古驿道，过了大陂头便开始上蛇舌岃岭。梧田的祖先，在蛇舌岃岭建有两座古凉亭，供过往行人歇脚，其中建在半岭中的一座凉亭，现在还保留完好。

梧田村民俗活动丰富。民国前，每年的农历五月初一和八月初三，梧田、梧岗、塘丰等村善男信女，云集太保庙，举行隆重的“扛菩萨”活动。阁坑还有七月十三，名叫“丰收糍粑节”；西洋还有八月初三，名称“扛太保公王菩萨”；甲田还有十月初一，名曰“十月朝”。这些节日，在2000年之前，都比较隆重而又热闹，除要祭祀菩萨外，家家户户都要设宴款待上门的宾客，少的几桌，多的十多桌。随着外出务工的青壮年不断增加，近十多年来，民俗活动变得比较淡化。

梧田村人民有着浓厚的红色基因。民国十八年（1929年）6月7日红四军取得白砂大捷后，在罗家岭和乐育书院举行祝捷大会，阁坑村有30多人参加大会，他们回村后积极宣传土地革命的伟大意义，号召群众团结起来打土豪分田地，很快成立梧田赤卫队、农会等红色组织。6月16日，梧田赤卫队员赴茶地支援茶地暴动并参加茶地战斗。10月，阁坑所在的乡成立了苏维埃，袁天如（阁坑人）任乡苏维埃中央支部书记。在苏维埃政府的领导下，阁坑人民积极支前扩红，先后有10人参加红军，12人参加游击队、赤卫队。民国三十八年（1949年）3月，中共上杭县委机关从广东大埔返回白砂境内，先设在禾仓角，后迁至阁坑，办公地点设在袁国珍家中。在迎接解放的黎明里，上杭县委的许多重大决策就是在阁坑做出的。新中国成立后，上杭人民曾把阁坑誉为“上杭的西柏坡”。同年6月5日，中国人民解放军闽粤赣纵队第七支队进驻阁坑，受到县委机关和阁坑人民的热情款待。黄柏坑是革命基点村，土地革命战争时期，全村只有12户47人，有7人参加红军，3人参加游击队，5人参加赤卫队，在物力上一直积极支持红军游击队。尤其是在遭受到国民党反动派的严重摧残、被三番五次强迫移民并村，并遭到残酷的“三光”政策的情况下，仍铁心革命，一往无前，坚持20年红旗不倒。解放战争时期，黄柏坑又成为游击队的重要活动据点之一。民国三十六年（1947年），罗炳钦、魏金水等游击队领导人先后来到黄柏坑。黄柏坑群众和红军游击队相濡以沫，风雨同舟，直到上杭全境解放。梧田村人民在长期的革命斗争中，有34位烈士为革命事业献出宝贵的生命。

梧田村于1950年创设公立初小（一二年级），校址设在原古老的天后宫内。1968年，在坪尾岗上建起泥木结构的校舍，开始办完小，1995年完小撤销改为初小。由于生源减少，2006年梧田初小撤销，学生全部到白砂中心小学就读，校舍为幼儿园。2008年，幼儿园停办。同年，拆除校舍，在原校址新建一座三层砖混结构的村部综合楼。黄柏坑自然村于1969年办一二年级的教学点，有一位老师，1997年黄柏坑教学点撤销。自新中国成立以来，梧田共有大学生110多人，硕士2人，有各级各类干部（含离退休）70多人，其中长征干部1人，离休干部2人，处级以上干部8人，科级干部14人，高级职称7人，中级职称11人。

村　部

还有一批在外创业人员，经多年打拼成为成功的企业家。如胡李屋的李艳星，在厦门创业有成，任多届厦门白砂同乡会会长，在白砂境内多处捐款办公益事业，深得白砂人民的赞誉。2011年，在外出乡贤和退休干部李凤鸣、时任党支部书记袁洪等人的倡议下，成立“梧田育才基金会”，每年对梧田村籍的优秀学子进行奖励。

黄柏坑、大陂头自然村实现整体搬迁。黄柏坑地处双髻山麓，既偏僻又边远，离梧田村部6公里，大部分是上山的小路，交通非常不便。海拔660米，是白砂境内海拔最高的村子。在县有关部门和白砂镇党政的关心支持下，1998年，黄柏坑有6户先搬迁到天后宫旁边建房。之后，又有人先后搬迁到中洋村、白砂开发区和梧田村境内的崇福寺旧址周边建房。到2012年，全村12户全部搬出柏坑。大陂头自然村距村部2公里，2000年，开始有10户搬到村部附近的坪尾岗上。2012年，全村19户全部搬出大陂头。原村址的泥木结构房子，现大部分还保存，当作饲养家禽家畜之用。

梧田村土地肥沃，村民勤劳。全村的土地绝大部分处在宽阔的西家洋垅和白果树下垅，土地肥沃，水利灌溉方便，阳光充足，是白砂的“粮仓”之一。中共十一届三中全会以后，村民的生产积极性得到较大提高，粮食连年丰收。同时，村民因地制宜，调整农业种植结构，大力发展烤烟生产，20世纪90年代，大面积良田种植烤烟，成为白砂的烤烟生产区之一，形成“烟——稻——菜”的种植模式。进入21世纪，部分的良田租赁承包商种植蔬菜、瓜果、姜、豆等作物，取得更好的经济效益，村民增加了收入。2017年，全村种植经济作物706亩。办有2户大型养猪场，存栏数均300头左右，猪场地点均在西家洋赤竹排，并规范做好了排污等环保设施。自从2000年以来，梧田有大量青壮年外出务工，2017年，外出务工有400多人，占全村总劳动力的40%。外出务工人员中，有200名左右的青壮年在厦门等地从事“小炒”。他们一般夫妻俩开店，每年净收入十多万元，有的甚至二三十万元。在厦门做小炒生意，是梧田村村民每年的一项重要经济来源。

蔬菜种植

梧田村在美丽乡村建设方面取得成效。2008年，投资40万元在原梧田小学的校址上改造成村部，建三层综合大楼，铺水泥地板，砌花池铺草坪，设置健身器材。2015年，投资25万元，在阁坑革命基点村建面积为900平方米的农民公园，园中建有“感恩亭”，种树栽花植草，有石桌石凳，有健身器材，是村民休闲的好去处。同年，实施“小流域”整治工程，在阁坑村中的小溪两岸筑砌溪堤，长735米，全部用大河卵石砌成，溪堤别有一番景致。2015年，梧田村向上级争取230万元资金，在白果自然村实施“生态护岸”工程。在白果村中一条5米宽的溪流两岸筑砌护堤，堤长850米，在堤岸两边设置景观带，绿化美化堤岸，工程于2017年竣工。2014年以前，拓宽了村部通往各自然村的道路（所有道路扩至6

阁坑农民公园

米），路面全部铺上水泥混凝土，路旁安装路灯，种上常绿树。同时，大力开展整治村容村貌的工作，拆除丑陋破烂的危房及干厕、猪舍等，清除村内杂污物和路障，定期清理运送垃圾。2016 年，全村 366 户，全部建成砖混或框架结构的新房。2017 年，村财收入 124.7 万元，全村人均纯收入 1.88 万元，半数家庭拥有小汽车。村民衣食无忧，生活基本达到小康水平。

梧田村多次受到上级表彰。2004 年，被龙岩市人民政府授予“计划生育工作合格村”；2003 年、2008 年被中共上杭县委评为“先进基层党组织”；2009 年、2012 年、2015 年三次被上杭县委、县政府评为“文明村”。2008 年被上杭县委宣传部、上杭县人口和计划生育局评为“计划生育新农村新家庭示范村”，同年，被上杭县“平安家庭”创建领导小组评为“上杭县平安家庭创建活动示范村”。2015 年，被上杭县妇联和公务员局评为“三八红旗集体”。

表 22-3　梧田村历任村干部名单

名称	姓　名	职　务	任职时间	名称	姓　名	职　务	任职时间
党支部负责人	马文林	书　记	1958—1960	大队、村委会负责人	袁如钦	大队长	1958—1968
	马美荣	书　记	1960—1962		马美荣	革领组长	1968—1975
	马文林	书　记	1962—1968		袁崇茂	大队长	1975—1977
	马美荣	书　记	1968—1975		袁贤章	大队长	1977—1978
	袁崇茂	书　记	1975—1977		袁崇茂	大队长	1978—1980
	胡钦福	书　记	1977—1994		袁勤章	大队长	1980—1981
	马广林	书　记	1994—1997		袁如钦	大队长	1981—1984
	袁松林	书　记	1997—2003		马广林	主　任	1984—1991
	胡钦福	书　记	2003—2006		袁松林	主　任	1991—1997
	袁　洪	书　记	2006—2016		袁万源	主　任	1997—2006
	袁喜荣	书　记	2016—2018		袁华忠	主　任	2006—2012
	袁喜荣	书　记	2018—		马进球	主　任	2012—2015
					袁荣锋	主　任	2015—2018
					袁喜荣	主　任	2018—

第四节 塘丰村

塘丰村位于白砂镇的东南部，北纬25°05′55″，东经116°35′57″，海拔453.24米，东与溪口镇接壤，南与茶地镇相接，西与大田、大金毗邻，北与梧田山水相连。2017年，全村有21个村民小组，665户2498人。村财收入184.16万元，农民人均收入19661元。

新中国成立初，塘丰乡的范围包括大金的金丰（金峰山）自然村和梧田村的胡屋、李屋、白果树下自然村，塘丰的村名，由当时北部的塘园片和南部的金丰片组成，故取名“塘丰”。1956年，金丰自然村归辖大金村，胡李屋归辖梧田村。塘丰村由李屋、塘背、花园里、张屋（过路桥）厚里、横岗头、坝上、营背、俞家寮（俞桥）组成，其中俞家桥自然村于2000年政府列入幸福工程，整村搬迁到营背排建俞桥新村，也有部分村民到白砂集镇开发区建宅安居。到2005年，全村25户110人全部搬出，其中营背排13户，集镇开发区12户。塘丰村1956年隶属白砂乡，1958年白砂公社成立，塘丰村改为塘丰大队。1984年后一直沿用塘丰村。

村　部

塘丰村姓氏分布，李屋、厚里、坝上、营背为李姓，塘背、花园里、横岗头为林姓，过路桥为张姓，俞桥为杜姓。据李氏族谱记载，九世祖都七郎，由太拔樟田背迁来。始初与廖姓居民和睦而居，后来廖氏日趋衰落，自行迁居别处。厚里成了李姓繁衍生息之所，至今已有32代。林姓居民，南宋末年（1275—1278年），林氏八郎从宁化经汀州河田徙居花园里，至今已有700多年，繁衍1500多人。张姓是八闽始祖化孙之孙三八郎，于南宋末年在过路桥自然村开基，繁衍到26代120多人。杜姓在南宋末年六世仕贞在俞家寮开纸槽后在此定居衍育后代，已有26代110多人。范姓于1964年，村（大队）开办瓷器厂，请泮境碗窑下范福生来做技工指导，后来举家迁来定居。

塘丰村是白砂镇人口最多耕地面积最广的行政村。耕地面积2020亩，山林面积15000多亩。从南门坝到塘丰垅的麒麟溪两岸，地势平坦，一望无边。田垅中机耕道路、灌溉渠道纵横交错、四通八达。经过平整改造的规格化、标准化、田园化的农田，适宜水稻和其他经济作物的种植。20世纪70年代开始，塘丰就是白砂公社最具规模的杂交水稻育种基地，历年来是县种子公司制作杂交水稻基层单位，每年向种子公司提供种源。是白砂种植烤烟面积最大的烤烟生产基地，每年种烤烟近千亩，产烟叶9万公斤，是厦门烟厂优质烟生产基地。中共十一届三中全会以后，村民的生产积极性得到极大提高，从过去单一的水稻种植到多种经营转变，食用菌种植、百香果、罗汉果等种植，促进土地多元利用。在养殖方面，塘丰村涌现许多养猪、养鸡、养鸭的专业户。村内大型养鸡场与正大集团（原森宝）联手，年产肉鸡20多万羽。林华荣创办的种鸭孵化场，所孵鸭苗运销本地及周边县镇及省外，年创收几十万元。李富章是有名的养鸭大户，每年出产鸭近万只，收入可观。在充分利用山地、田园资源的同时，到外地去搞建筑承包的老板或接揽建房工程的泥水匠师傅也很多。在厦门白砂小炒行业中，塘丰人也有几十户。坝上自然村向来是家家做篾匠，人人都会编织箩筐（角箩、篾丝箩）谷笪等竹篾器具。他们手工制作的竹制品以美观、耐用远销县域内外，改革开放以前，工匠们还走村串户为各地民众服务。塘丰的村民除在本地创业外，他们把目光看准城市的发展，林德和在龙岩房地产行业、张声源在深圳建筑工程行业都很有名气。如今塘丰人生活水平得到极大提高，家家住上洋房、别墅，大部分家庭拥有小汽车。

塘丰村道路交通文化设施建设日益完善。在道路桥梁建设方面，20世纪60年代，白砂公社塘丰大队统一规划开通了从南门墩到坝上和苏家洋到厚里的两条机耕大道（亦称乡村大道）。1997年，厚里自然村率先筹资20多万元将该自然村的道路进行硬化（铺水泥路），次年，张屋（过路桥）自然村也集资拓宽加固村道。而后，白茶公路开通，厚里、坝上与白茶线对接。如今塘丰各自然村的道路网络四通八达，通畅无阻。塘丰境域内，麒麟溪穿村而过，加上境内的岗背溪和营背溪支流，塘丰的特点是溪多桥多。20世纪60年代以前，溪上架桥全部是木头的。每逢山洪暴雨，溪水猛涨，桥梁被冲垮或冲走是常有的事。1970年开始，建筑石拱桥或钢筋混凝的大桥，到目前为止，全村共建钢混大桥6座，彻底结束了木桥过溪的历史。在民居文化设施建设方面，清朝、民国时期，塘丰村有不少的古民居，但因年久失修找不出一座完整的，如横岗头大屋下、新屋下等均已倒塌或改建，只剩下风雨飘摇的门楼。2000年，村里建起了老年活动中心，活动场所200多平方米，配置各种体育健身器材。2016年，又拓宽活动场地300多平方米，添置了乒乓球台、羽毛球场及乐器、棋类，书报刊物，极大丰富了村民的文化生活。在横岗头南端的麒麟溪畔的水口宫，在村民、乡贤的倡建下，2016年仿照明代建筑风格而建，是一座民间信俗的休闲场所。

塘丰村具有光荣的革命传统。民国十八年（1929年），第二次国内革命战争时期，塘丰人民踊跃参加红军，参与苏维埃政权建设，李垤高参军后曾任红军军粮筹备组长。在松毛岭战斗，攻打上杭城战斗及湘江战役中许多优秀的塘丰儿女献出了宝贵的生命。新中国成立后，经民政部门核准的革命烈士就有68人。朱德、陈毅、张鼎丞等老一辈无产阶级革命家曾在厚里的李氏宗祠及水口宫等地开过会。塘丰的上寨、俞家寮是著名的革命基点村，红军北上抗日后和三年游击战争中，俞桥群众为游击队送粮、送药、送情报。该村水口山上，有一株几人合抱的空心树洞，该村接头户和村民把游击队急需用品送到树洞里，游击队会不定时去取。树洞在原始森林中与对大路隔溪相望，白砂往溪口、大洋坝由此经过。树洞有小小的“窗口”，可以瞭望到大路的情况，魏金水、游昌炳、李学山等曾在此从事革命活动，白砂中学、白砂中小、塘丰小学曾把它当作对师生进行革命传统教育的基地。

塘丰村文化底蕴丰厚。明朝初年，塘丰坝上李法佐、李法佑与樟坑赖法魁、温法明四人，因事被遣到杭州服役，期满后留居杭州，在木偶戏班中学艺。艺成后带回十八尊木偶，时称“十八罗汉”，从此白砂始有木偶。清光绪二十四年（1898年），塘丰艺人李如意与连城赖源乡人徐象球义结金兰，以次子李金铃过继给徐，改名徐传华且迁居赖源。由徐传华组建“老福星堂”戏班，白砂木偶在连城境内流传。据老人回忆，坝上木偶戏鼎盛时期有七八个戏班，20世纪60年代中期，还有两个戏班到江西巡演。1955年2月，李象贤随县木偶剧团晋京献演《大名府》，受到朱德、周恩来的接见。新中国成立初期，塘丰每年都举办打船灯、游龙灯等民间娱乐活动，每逢喜庆节日，各式灯笼挂遍全村。60年代至70年代，村（大队）组织俱乐部、文艺宣传队排演汉剧、京剧和采茶灯等舞剧及舞狮，到各自然村及周边乡村巡回演出。京剧《红灯记》《智取威虎山》除在本公社大队演出外，还到茶地、溪口、太拔等公社演出。

塘丰村历来重视教育。清末民国时期，塘丰各自然村都办有“学堂”。塘园片林姓在花园里大塘边办有一座“学堂”，厚里李姓办有一座“学堂”，而塘丰小学是在原林姓学堂的基础上发展起来的。塘丰小学是由民国时期塘园国民小学、厚里国民小学、横岗头国民小学合并而成。1950年，塘丰小学旧址原“达兴别业”（即尚未入火祀香的达兴祠堂）呈昌字形，分上下两排，上排四扇三间，正厅为礼堂，两边及厢房为办公室、会议室；下排六扇五间正中为校门，两边各二间教室，中间内坪是篮球场及活动场地。20世纪50年代设高级初小（1~4年级），60年代始，升格为完小。1976年到1980年，小学附设初中班的七年制学校（小学五年、初中二年），在校学生360多人，教职工20多人，校园面积5700平方米，校舍面积1849平方米。1998 年，香港警察中国武术会捐资 28 万元，龙岩市交通局、老区办各拨款 2 万元，新建一栋有 12 间教室的“正林”教学楼。校园内铺就两横三纵的水泥通道。21 世纪初，由于大多数村民外出务工，其子女随父母外出就读，学校班生规模缩小，如今只剩初小（教点）建置。

塘丰村被中共上杭县委、上杭县人民政府评为 1999—2001 年“综治工作先进单位”，2005 年“先进基层党组织”，2007 年“人口与计生先进单位”，2008 年“烤烟生产收购先进村”，2010 年“先进基层党组织”，“第十二届文明村”称号（2012—2014）。2011 年、2015—2017 年分别被授予“平安和谐村”称号，2012 年、2015 年先后被中共龙岩市委、市人民政府授予龙岩市第十一届（2009—2011 年）、第十二届（2012—2014 年）文明村”称号。

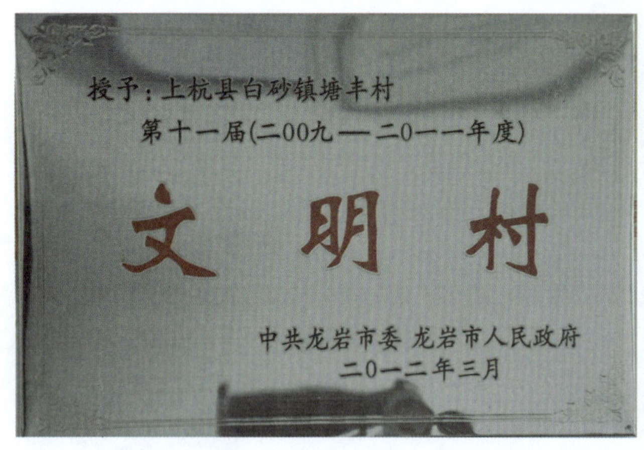

表 22-4 塘丰村历任村干部名单

名称	姓 名	职 务	任职时间	名称	姓 名	职 务	任职时间
党支部负责人	李养奎	书 记	1950—1957	大队、村委会负责人	张庭安	村 长	1950—1957
	李福星	书 记	1958—1963		胡高清	大队长	1958—1960
	李正玲	书 记	1964—1965		林福星	大队长	1961—1968
	林松熙	书 记	1966—1968		李玉贤	大队长	1969—1970
	李熙尧	书 记	1969—1990		林松熙	大队长	1971—1975
	张声发	书 记	1990—2012		林培熙	大队长	1976—1977
	李建清	书 记	2012—2018		林加兴	大队长	1978—1981
	李建清	书 记	2018—		林瑞民	大队长(主任)	1982—1988
					李占潮	主 任	1988—1991
					李声文	主 任	1991—1994
					林梅庆	主 任	1994—1997
					李占潮	主 任	1997—2003
					林德伟	主 任	2003—2009
					林继华	主 任	2009—2015
					张德兵	主 任	2015—2018
					张德兵	主 任	2018—

第五节　朋新村

朋新村地处白砂中部，村部所在地北纬 25°8′17"，东经 116°35′51"，海拔 460 米。东与樟黄村接壤，南与中洋村为邻，西连大科村，北接岭背、丰源村。1966 年，朋城、新田两个大队合并成立“朋新大队”，1984 年改称“朋新村”。2017 年底，全村总面积 8100 亩，其中耕地 1615 亩，林地 6300 亩。辖横排、排背、庵背坑、上城厦、厦洋、官山口、老犁头子、田心里、石陂、新圩（新市）10 个自然村，27 个村民小组，873 户 2719 人。

朋新村历史悠久。据上杭县文物普查资料，朋新村有大坪山、犁头子、羊角排、罗家岭 4 处商、西周古遗址（大坪山两个点），说明早在商周时期就有人类在境内繁衍生息。

犁头子遗址（上杭县文广新局 供稿）

朋新村是白砂镇姓氏最多的行政村。主要聚居傅、袁、华三姓。傅氏由太拔增坑百一郎之孙念九郎迁入开基，已繁衍廿七代；袁氏由十世袁鲁生从习仁坊（今中洋村陈屋岗下）迁入肇基，已繁衍廿四代；华氏于明朝初年由十一世华德惠从蛟洋华家迁入，已繁衍卅四代。民国三十二年（1943 年），白砂圩场由老白砂圩迁入朋新老犁头子后，先后又有蓝、杜、杨、赵、郭、谢、邓、张、刘、吴、王、陈、邱等姓氏迁入，后王、陈二姓又搬回原籍。今傅氏约占总人口的 68%，袁氏约占 22%，其余姓氏约占 10%。

朋新村具有光荣的革命传统。民国十八年（1929 年）6 月 7 日，红四军在毛泽东、朱德率领下攻打白砂（朋新的犁头子是主战场）取得胜利。当天下午，在朋新的罗家岭举行军民祝捷大会，会上毛泽东做了形势报告（新中国成立后，开国将军王直题写了“祝捷亭”三个大字）。毛泽东、朱德和红四军政治部就驻在厦洋中和堂。白砂大捷后，朋新人民革命热情空前高涨，打土豪、烧田契，成立农民协会，没收地主的土地分配给贫苦农民，建立苏维埃政权，成立赤卫队、少先队，积极扩红参军，革命斗争如火如荼。红军主力长征后积极支持和参加红军游击队，为新中国的诞生付出了巨大牺牲。原中国人民解放军总政治部副主任、中将袁子钦，就是从本村走出去参加红军，参加二万五千里长征。袁子钦将军故居中和堂已列入县级文物保护单位。傅培章参加红军，也经历二万五千里长征，新中国成立后，被安排在武汉工作。新中国成立后朋新村被追认为革命烈士的有 48 位，还有十多位因病、因伤残无法再追随大部队北上的红军战士，新中国成立后被确定为“失散红军”。

朋新村是白砂政治、经济、文化中心。民国时期是白砂区署驻地，新中国成立后至 1964 年是白砂区、乡、公社驻地。2008 年 1 月始，又是白砂镇党委、政府驻地。独特的区位，使朋新基础设施不断完善，奠定经济社会发展的坚实基础。

交通设施方面。明嘉靖十九年（1540 年），上杭至龙岩的驿道改经白砂，横贯村境，驿道旁建有一座大型驿站、客栈。1958 年，上杭至郭车的公路开通，途经朋新。20 世纪 90 年代后随着省道 308 线的改造、上蛟高速的开通，朋新的交通更加便捷。村中主干道、自然村之间，甚至户与户之间纵横连接的通道，如今实现水泥路面硬化全覆盖，甚至延伸到田间机耕大道，结束自古以来肩挑背驮的艰苦劳作。集镇街市和开发区建设方面。民国三十二年（1943 年）,白砂圩场由老白砂圩迁入朋新老犁头子（时称“利头市”），朋新一直是白砂市场所在地，开始了市场周围家家开店、每逢圩天户户摆摊的历史。1955 年下半年，白砂圩场从中洋新村迁回到朋新村境内的犁头子。1968—1970 年，先后在圩场周边建起外贸站、农械厂，开设信用社、邮电所、工商所、农业银行等单位。1982 年，建起两层面积约 2000 平方米的新供销社。1985 年，搭建 8 排砖混结构的固定摊架，作为第二圩场，同原市场连在一起。2010 年，在麒麟溪边新建一座三层框架结构、建筑面积 4491 平方米的综合市场。2000 年，白砂镇党委、政府从朋新村的关山口至犁头子新圩，沿麒麟溪建设一条长 1000 米、宽 8 米的新街，两边建商店式的住宅。2017 年，朋新村包括老市场的 300 米旧街在内，共有 4 条街道，总长度 3200 米，共建有商店 500 多间。1993 年，白砂镇党委、政府在朋新村境内设立经济开发区。如今，市场、开发区店铺林立，商贾云集。经商成为朋新发展经济、提高村民生活水平的主要抓手。电力设施方面。1971 年春，朋新大队组织群众自力更生，自筹资金十余万元，新建一座装机 12 千瓦的小水电站，实现用电照明并为群众碾米、碾蕉芋等农产品加工提供便利。1976 年、1982 年又先后与其他大队联建塘丰电站、洋乾电站。后随着白砂变电站建成运行、农电改造，村民用电有了保障。水利设施方面。1963 年改建石陂圳，1965 年重建永安圳。2008 年，烟草部门拨专款对两条主要水圳和田间水渠进行标准化渠道建设。2000 年始，实施人饮工程，村民已户户通自来水。公共设施方面。1998 年，朋新村筹集 400 多万元资金改建原村部，建成一座建筑面积 6000 平方米、集店铺、村办公场所、商品房于一体的综合大楼。2008 年，镇政府在朋新村村部门前建设占地 2300 平方米的文化广场，设有舞台、宣传广告墙，有固定的健身器材，具有集会、演出、广场舞和圩天停车等功能。2016 年，投资约 100 万元对宇东科废弃公路进行改造，铺设路面，路肩铺上卵石，装了路灯，用于村民散步健身。2017 年，进行美丽乡村建设，新建三座桥梁，建设由新市场至厦洋桥的麒麟溪溪堤工程，两边铺上 6 米宽的人行栈道，并进行护栏、路灯建设和绿化。

村 部

朋新村地处中低丘陵，土地肥沃，灌溉便利，植被丰富，十分适宜种植各种农作物。长期以来以种植双季水稻为主，间种地瓜和大豆。中共十一届三中全会后，落实家庭联产承包责任制，除种植双季稻外，每年还种植 500 亩左右的烤烟。进入 21 世纪，调整农业结构，推进土地流转，发展生姜、槟榔芋、毛豆、药材、花卉等产业。种植结构的优化，导致了大量劳动力的富余。如今，全村青壮年劳动力除了极少数在家从事农业生产或办起养猪场外，大部分外出务工或经商，农民收入大幅提高。2017 年，全村人均纯收入 20850 元。

经济快速发展直接促进村容村貌的改变和村民生活质量的提高。朋新的人居环境发生翻天覆地的变化，新型住宅鳞次栉比，乡村别墅不断涌现，现代化的家居设备日新月异，家用电器向高端智能化发展，美化绿化光彩夺目，90%以上的农户都有比较高档的小轿车，朋新人的生活正在向全面小康迈进。

朋新村人秉承耕读家风，尊师重教，人才辈出。清代，涌现乾隆十八年（1753年）武举袁国钧、同治四年（1865年）举人袁铭三、光绪五年（1879年）举人袁楷中等知名人士。清光绪年间（1875—1908年），在蛹头市创办蛹头书院，民国三十六年（1947年）改为蛹头小学。民国十二年（1923年），鹏城的傅汉卿兄弟创办均华学校，为朋新第一所全日制学校。民国三十六年（1947年），在排背大桥头边创办排背国民初小。民国时期还一度在罗家岭办过乐育中学。1951年秋，在蛹头小学的基础上创办新市小学；20世纪70年代，校址整体搬迁到原乐育中学的旧址上。至2011年，往日泥木结构的校舍，被框架结构的综合教学楼、师生宿舍楼和图书实验楼所代替。办学条件的优化，促进了教学质量的提高，带来高素质人才的涌现。至2017年，朋新已经有大学毕业生近200人、硕士6人、博士5人，在读博士1人。获得中高级专业职称58人，其中教授2人（傅剑华，广州肿瘤医院副院长；傅东华，广东电力大学）；部队大校以上军衔7人，地厅级干部1人，县处级干部1人，享受副处干部2人，科级以上29人。

朋新村民风淳朴，敬老尊贤蔚然成风。2014年重阳节前夕，在外出乡贤傅飞龙的倡导下，成立朋新爱心敬老基金会，傅飞龙带头捐资28万元。至2017年，基金会资金已达近百万元。已发放三次60周岁以上老年（含离退休人员）慰问金，每年发放金额近40万元。至2017年，朋新村有一男二女百岁寿星（其中男性袁继业103岁，女性李金兰102岁，李金连102岁）。均性格温和，心胸宽广，心地善良，饮食荤素搭配，不抽烟，不饮酒。良好的生活习惯和晚辈们传承孝道家风，是他们长寿的重要因素。

朋新村文物古迹较多。除古遗址外，还有明代古墓葬袁双山墓，清代厦洋古井、厦洋馨兰大院、善庆庵，近现代重要史迹及代表性建筑袁子钦将军故居——中和堂（建于清末）。

馨兰大院（上杭县文广新局 供稿）

朋新村2012—2015年荣获上杭县委、县政府授予的“文明村”称号。2016年5月，村团支部荣获共青团上杭县委员会授予的“五四红旗团支部”称号；2010年，村妇代会荣获中共龙岩市委组织部、龙岩市妇女联合会授予的“先进村（居）妇代会”称号。2017年，被龙岩市环境保护局评为“市级生态村”。

表 22-5　朋新村历任村干部名单

名称	姓　名	职　务	任职时间	名称	姓　名	职　务	任职时间
党支部负责人	刘泮河	书　记	1966—1976	大队、村委会负责人	袁继林	大队长	1966—1969
	傅建新	书　记	1976—1978		刘泮河	大队长	1969—1972
	袁益田	书　记	1978—1987		袁继林	大队长	1972—1985
	傅振芳	书　记	1987—1990		傅振芳	主　任	1985—1987
	傅永达	书　记	1990—1994		袁益田	主　任	1987—1991
	傅国亮	书　记	1994—1997		傅国亮	主　任	1991—1994
	傅启寿	书　记	1997—2000		傅焕昌	主　任	1994—1997
	华建清	书　记	2000—2006		傅国亮	主　任	1997—2000
	傅焕昌	书　记	2006—2012		傅森高	主　任	2000—2003
	傅飞虎	书　记	2012—2018		袁福星	主　任	2003—2006
	吴洁萍	书　记	2018—		傅森高	主　任	2006—2009
					傅元仁	主　任	2009—2012
					傅宝荣	主　任	2012—2015
					袁文兴	主　任	2015—2018
					袁文兴	主　任	2018—

第六节　樟黄村

樟黄村原来是樟坑和黄坑两个村，1965年两个村合并为樟黄大队，1984年改称樟黄村。全村共有胡屋、郑屋、老富坑、扁坑（1949年前还有禾仓角）、羊蹄石、坑头、中心、下村、刘坑9个自然村。2017年，全村总面积186400亩，其中耕地面积1342亩，林地面积17258亩。有16个村民小组，473户1752人。

樟黄村共有6个姓氏居民聚居。元大德八年（1304年），胡五曾孙胡千一（胡满九十八世）举家从长汀童坊胡岭迁徙至黄坑胡屋开基，已繁衍廿五代。郑姓由郑斌从永定迁入黄坑郑屋开基，已繁衍廿五代；赖姓由被称为赖氏入闽始祖的赖标十九世孙千一郎（又名均德），迁樟坑开基，建祠“稳侯堂”，已繁衍廿代。还有张、刘、丘、梁姓。胡、赖两姓人口约占70%，其余姓氏人口约占30%。

樟黄村具有光荣的革命历史。民国十七年（1928年），禾仓角自然村的胡开荣、胡应元到蛟洋管山造纸，受到蛟洋革命活动的影响，加入共产党组织，回村宣传革命道理，建立农民协会小组，积极开展地下活动，做好武装暴动的准备。白砂战斗胜利后，禾仓角人民和樟坑、黄坑人民一道马上举行暴动，投入烧田契、废借约、打土豪、分田地的斗争。三年游击战争期间，这个小自然村只有16户人家41人，由于地处大山之中，群众基础好，成为红军游击队的主要据点。游击队经常以岽坑、禾仓角、双髻山为基点开展游击战争，打得国民党兵和民团晕头转向，国民党军十分恼火。民国二十五年（1936年）6月28日，国民党军八十三师对禾仓角、大水源等地实行烧杀抢“三光”政策，禾仓角16户群众的60多间房屋、12座纸寮统统被烧光，连猪舍、牛舍、厕所都不留，胡国兴等10多个老人、小孩被抓到溪口。次日，国民党八十三师再次进犯禾仓角，他们枪杀游击队员，强迫禾仓角群众移民并村，企图困死游击队。但是禾仓角人民对游击队的支持从未间断，有12人参加游击队，其中2人壮烈牺牲。民国三十八年（1949年）4月，中共上杭县委在禾仓角召开会议，讨论争取国民党军政人员起义、接收地方政权、筹粮筹款、迎接大军南下等问题。在革命战争期间，樟黄人民为革命事业做出了巨大牺牲。1955年，樟黄村被追认为革命烈士的就有33人。

教育教学条件改善，人才成长环境优化。由于樟黄村地处山区，非常偏僻，新中国成立前教育资源非常贫乏，不利于人才成长。新中国成立后，樟坑、黄坑分别设有初小，老富坑也设过教学点，1965年，樟黄大队成立后在樟坑、黄坑的交汇处（扁坑）创办了“樟黄小学”，当年有在校生165人。由于校址地势较低，加上是泥木结构教室，20世纪80年代校舍已成为危房，1989年，学校整体搬迁到现村部位置。1994年，由热心捐资助学的香港大业织造有限公司董事长、慈善家沈炳麟捐资14万元建起一座“恩美教学楼”。随着生源的下降，2004年“樟黄小学”降格为“樟黄初小”，2009年撤销“樟黄初小”，并到新市小学。为了鼓励学子成才，2012年开始，村两委设立专项资金，对高中毕业生考上本科的分别奖励500元（本一）、300元（本二）。新中国成立后，樟黄村涌现大学生44人，3人获博士学位、1人获硕士学位，副处级干部2人、正科级干部7人，中级职称12人。

上磜水库大坝

基础设施不断完善。由于村落分散，交通不便问题突出，20世纪70年代开始，村民投工投劳逐步修建简易村道。1996年开始，逐年对村道进行硬化，如今4米宽的水泥道路把各自然村连通起来。1974年9月，政府在胡屋自然村动工兴建一座以灌溉为主，兼顾水产养殖、发电等综合利用的上磜水库，1978年9月竣工。1984年结束油灯蜡烛照明的历史，开始使用电灯照明。1992年，随着白砂35千伏变电站的建成运行，实现照明、加工、家用完全电气化。2007年，村两委请水利部门的专家找水源，选地址，采取集体注资与个人投资相结合的办法，在适当区域建了4个蓄水池和4个过滤池，供水网络基本覆盖全村，村民都可喝上安全、卫生的自来水。

经济结构不断调整，农业结构逐步优化。樟黄村自然条件比较优越，气候温和，土地肥沃，适宜种植各种农作物。20世纪80年代以前，都是以种植双季稻为主，旱地种植地瓜、焦芋、木薯、大豆。中共十一届三中全会后，家庭联产承包责任制充分调动农民生产积极性，农业结构发生很大变化，除种植稻谷外，部分村民开始种植香菇、生姜。1988年，全村有17户农户种香菇，收入近40万元。由于地处山区，“靠山吃山”是樟黄村民长期以来的经济来源，山上丰富的竹木资源衍生了许多“纸寮”，有的几代人以造纸为业。20世纪70年代以前，内胡、外胡、郑屋、老富坑有6座纸寮，樟坑有5座纸寮，水碓有11座，当时的纸产品销往潮州、汕头一带。改革开放以后，部分村民办起养殖场、承包山场，到2017年，有标准化养猪场两家，年产肉猪2000头；养鸭场两家，年产肉鸭6000羽。农业结构的改变产生许多富余劳动力，80年代末以后，80%以上的青壮年都外出务工，一部分人从事经商，村民的生活水平有较大提高，2017年，人均纯收入19450元，95%的村民住上了砖混结构的新楼房，有相当部分村民买了汽车，家用电器齐全。

村 部

新村建设初见成效。2014年，在原樟黄小学的地基上，建造一栋占地380平方米的村部，有会议室、图书室、老年活动室和接待室，办公设施齐全。在村部旁建了一座2000多平方米的公园，里面有篮球场、排球场，凉亭、绿地，有体育健身器材，儿童娱乐设施，绿地旁边设有供休闲散步的鹅卵石小路，两旁种上树木花草，配上路灯，每到晚上村民在此休闲、聊天、散步。2017年，每个自然村的主干道都装上了路灯。

2017年，樟黄村摘掉“贫困村”帽子。

幸福院

樟黄村党支部2001年被白砂镇党委评为“先进党支部”，2006年被上杭县委、县政府评为“抗洪救灾先进集体”，2012年被龙岩市环境保护局授予“市级生态村”称号，2015—2017年度被上杭县委、县政府评为“文明村”。

表 22-6 樟黄村历任村干部名单

名称	姓　名	职　务	任职时间	名称	姓　名	职　务	任职时间
党支部负责人	梁光兴	书　记	1965—1966	大队、村委会负责人	胡兴高	大队长	1965—1966
	赖炳庭	书　记	1966—1975		赖炳庭	大队长	1966—1975
	胡国兴	书　记	1975—1984		梁光兴	大队长	1975—1981
	郑润璋	书　记	1984—1992		赖高源	大队长	1981—1984
	郑　智	书　记	1992—1994		赖绍勤	主　任	1984—1994
	赖炳荣	书　记	1994—2009		赖炳荣	主　任	1994—1997
	胡椿生	书　记	2009—2015		胡甘霖	主　任	1997—2000
	凌文英	书　记	2015—2018		郑　慧	主　任	2000—2003
	凌文英	书　记	2018—		胡龙昌	主　任	2003—2009
					赖炎亮	主　任	2009—2015
					赖明生	主　任	2015—2018
					赖国辉	主　任	2018—

第七节　岭背村

岭背村地处白砂镇东北部，村部所在地北纬 25°09′33″，东经 116°36′21″，海拔 500 米，距离集镇 3000 米。东与蛟洋镇的华家、贵竹村接壤，南与朋新村、樟黄村毗邻，西连丰源村，北倚上早康村。2017 年，全村 29 个村民小组，570 户 2121 人。

村　部

宋元时期，岭背村隶属鳖沙里；明清时期，隶属白砂里；民国二十五年（1936 年），隶属上杭县第三区尚智乡；民国二十九年（1940 年），隶属第三区白砂乡，延续至民国末。新中国成立初，隶属第六区。1952 年 11 月，设岭背乡。1959 年 10 月至 1984 年 8 月，隶属白砂公社，称为“岭背大队”。1984 年 9 月起，隶属白砂乡（镇），改称“岭背村”。

据口口相传，岭背村最早由黄姓开基。元末明初，先后有石陂的华姓、丘家庄的丘姓、吴屋坑的吴姓、西洋峡的卢姓、上坪的马姓、赤竹坪的李姓杨姓、山背的郭姓、石门顶的依姓、梓能坑的傅姓、牛牯岽的黄姓等姓氏村民在这里聚居。但是这些姓氏后来都逐渐外迁，目前聚居岭背村的有刘、邓、孙、袁四个姓氏。据《刘氏族谱》记载，明洪武年间（1368—1398 年），刘姓千二郎长子万一郎，因幼年丧父，随母漂泊，从庐丰额里（今安乡德里村）辗转来到岭背落脚开基，已繁衍廿五代，现有人口 1800 多人；明成化年间（1465—1487 年），邓石罗从连城丰图迁至岭背定居，已繁衍廿二代，现有人口 150 多人；明成化年间（1465—1487 年），孙刘孜、赖六娘夫妇由才溪迁徙到岭背，已繁衍廿二代，现有人口 30 多人。新中国成立前夕，因国民党对红军游击队的基点村大水源实行“三光”政策，强迫移民，有大水源袁姓迁到岭背定居，目前只有两户人家。

岭背村具有光荣的革命传统。民国十八年（1929 年）6 月 7 日，毛泽东、朱德率领红四军击溃国民党驻守白砂的卢新铭部钟铭清团，岭背村贫苦农民在岭背天后宫集会，聆听毛委员、朱总司令的革命斗争动员，举行武装暴动，建立岭背村苏维埃政权。打土豪，分田地，开展轰轰烈烈的土地革命。在后来的革命斗争中，苏维埃政权得到不断壮大，土地革命斗争的成果得到不断巩固，直到新中国成立，土地一直牢牢地掌握在贫苦农民手中，是全白砂保存土地革命成果最牢固的一个村。在轰轰烈烈的革命斗争中，岭背群众为推翻国民党反动统治前仆后继，积极扩红参军，岭背村有上百人参加红军，其中有刘义保、刘凤梧、刘天永、刘天扬、刘遵德等 26 人为革命献出宝贵生命，1955 年被追认为革命烈士。

岭背人秉承“耕读传家”的观念，崇文兴教，文化底蕴深厚，人才辈出。早在清嘉庆年间（1796—1820 年），岭背村南坑刘姓二十三代裔孙刘元春（秀才），在今南坑“洋子背头”兴办“壬子庄书院”。后来刘绍堂、刘麟角、刘玉光、刘运鉅、刘永兴等世代相承兴塾办学，传播传统文化。据传为让学子能静心学习，先人还把书院搬到偏僻深山教学，刘运鉅曾在今“金竹垅”兴办私学“翠竹轩”。民国时期，岭背创办东山初级小学，曾被更名为“岭背列宁劳动小学”“岭背堡国民初级小学”。新中国成立后，党和政府重视文化教育事业的发展。岭背村先后办起幼儿班（园）、初小、完小，“文化大革命”后期还办起小学和初中连体的七年制学校，学生数最多时近300人。1997年，争取厦门海关支持，建成一座占地1000平方米的新型学校“岭背金关小学”。崇文兴教为岭背人才成长创造良好的环境，奠定坚实的基础。据传，岭背村明清时期出过两进士、五举人、76个秀才。其中清朝举人刘晴昭官至甘肃隆德肃州知县，其书法骨力雄壮、沉稳遒劲、章法严谨，是清时白砂书法第一人，远近闻名。其书写的原白砂天后宫大门石刻楹联“三涧莺洄睹州形胜，万山拱翠一桥灵长，横批“中流砥柱”，今仍存放梧田妈祖庙门前供世人瞻仰。清道光举人刘梅开官至浙江建德县知县，为官清廉，体恤百姓疾苦，深得百姓爱戴。其父刘绍休为人忠厚，持家有方；其母温良贤淑，和睦邻里。为表彰刘绍休夫妇忠孝传家的风范，道光皇帝于道光八年（1828年）十一月初九御赐刘绍休夫妇金字牌匾一幅，颂扬刘绍休“雅尚孝风，长迎善气”，封为“修职郎”；褒奖袁夫人“淑范宜家”，封为“八品孺人”。刘梅开之妻罗夫人杀猪退“长毛”（太平天国军），使“衍庆堂”免遭灾祸的故事为后人所传颂。刘福琼，自幼爱习武功，练得一身好武艺，光绪年间（1875—1908年）中武举人，获赠“武魁”金匾一幅。民国时期，岭背涌现国民党中央委员、国民政府福建省警备司令、新疆省政府督察员刘志雄，滇军杨洪元部下团长邓金山等知名人士。新中国成立后，岭背为国家输送了大批优秀建设人才和领导干部，涌现正处级干部刘先裘、袁永林等人，科级干部刘洪伟、刘成光、刘成达等10人，刘晓春、刘飞鹏等14人获硕士学位，刘德浚、刘永尧、刘开松等43人分别被评上高、中级专业技术职称。刘向辉等21人在各行各业的工作中成绩显

幼儿园

岭背金关小学

武魁匾（翻拍）

旗　杆

著，受县（团）级以上单位表彰奖励。

基础设施公共设施逐步完善。交通设施方面，古时往东有经朋新石陂到岭背，翻越“岭背峡”进入蛟洋华家古道；往西有龙岩到上杭的古驿道。均为石砌路，素有“挑夫不湿鞋，瘦马不失蹄”的美誉。官家商贾东往龙岩，西出杭城，人来轿往，甚是热闹。1958年5月1日通车的杭郭公路穿村而过，从此岭背人“迈过门槛上车”，后随着该线的逐步升级改造，出行、运输十分便利。2005年，开通南坑至科里4米宽村道，为环村公路贯通奠定基础。2009年始，对全村各条村道全面实施混凝土路面硬化，如今水泥村道连通各个自然村的每个角落。两百多年前，先民在村头和村尾各建一座石拱桥。清道光年间（1821—1850），为荫福、护佑村民，在村水口兴建的荫桥，至今仍完好无损，是白砂境内古建筑的奇葩，被称为岭背的“赵州桥”（该桥建筑特色参见本志《镇村建设》章）。改革开放后，村里先后建成水口、桂花树下、店门圩、寨上等处共13座混凝土平板桥或石拱桥。农田水利设施方面。先人为发展农业生产，投入大量人力物力财力兴修水利，开渠筑坝。境内麒麟溪石陂水口至岭背村尾长约2公里的河道上，共筑起拦河石堰、竹木土堰18处，俗称“九堰十八滩”，有效地解决了岭背村500亩粮田灌溉问题，同时也是岭背先民抗旱疏涝智慧和力量的见证。1977年，对石陂300亩粮田进行平整改造；2010年，对丘家庄上百亩农田进行平整改造并修通机耕路桥，为机械化耕作创造条件。2017年5月，国家动工兴建库容2400万立方米的锦绣水库，调控洪涝造福白砂人民。电力和公共设施方面。1967年，岭背村建成有史以来第一座小型电站，家家户户用上电灯，村民也从此结束砻谷碓米的历史。人饮工程方面。2011年冬，岭背村得到白砂乡贤袁锦贵的大力支持，经他多方协调筹集30万元解决了人饮工程资金问题，过去村民用水都从溪里肩挑手提，现在家家户户用上了清澈、卫生的自来水。为感谢袁锦贵的“掘井”恩德，村民自发在村头大道旁树了一块大理石纪念碑，上书金色大字“饮水思源”。2017年，实施“美丽乡村建设”项目，建成南坑、科里、店门圩、岗子尾、碧水山庄等五处农民公园，里面建有健身、娱乐器材；沿溪岸建造步行栈道；从石陂到村内所有主干道安装路灯300盏；整顿全村电网和智能输电线路；安装各主要路口视频监控。

明清时期，岭背得到较好的开发，经济得到较快的发展，民居建设具有相当的规模。境内有堂号的大型古民居有30多座，目前尚存的古民居有山背的衍庆堂，南坑的紫光堂、务滋堂、居易堂等。其中建于清乾隆年间（1736—1795年）的衍庆堂，占地3000多平方米，前、中、后大厅三堂，横屋五排连围屋落地共138间房屋。木质梁柱，土瓦屋面，室内门扇、窗棂雕花精致，100多幅楹联充分展示整座古建筑的文化内涵。清朝中期，村内建有一条石砌街道，长约70米，宽约5米，两边有店铺，人们在此摆摊设点，进行小商品交易，逐渐变成一个小型圩场，岭背村人称之为“店门圩”。数量众多、规模宏大的古民居和圩市，足以反映明清时期岭背的繁荣兴旺。

经济结构调整逐步完善，村民生活奔向全面小康。岭背村拥有耕地2300多亩，山林23000多亩，“作田管山”是村民谋生的根本。有史以来，村民以种植水稻为主，在旱地栽种番薯、麦子、粟子、花生、蕉芋、瓜果蔬菜作为补充。新中国成立后，改进耕作技术，农业生产有较大发展。改革开放后，实行家庭联产承包责任制，农民的生产积极性得到进一步提高，粮食连年增收，村民解决了温饱问题。进入21世纪，推行土地流转政策，农田里的水稻杂粮逐步被大面积的水果、蔬菜等高产值经济作物所代替，村民的收益大大提高。由于四面环山，23000多亩茂密山林是岭背人取之不竭、用之不尽的宝贵财富。明清直至20世纪七八十年代，村民“靠山吃山”，土纸生产和竹木制品加工一直是村民的主要经济来源。岭背的土纸产业最盛时，全村有近50座纸寮。生产的土纸大部分由上杭县“德和隆”商行收购转销广东潮汕等地。20世纪80年代后期，由于机器造纸的发展，岭背的手工土纸业也随之转型消失。岭背小手工作坊制作的各类木桶、木盆曾畅销全县城乡，甚至远销广东、泉州、厦门等地。随着时代的发展，笨重的木桶、木盆被铁皮、塑料桶（盆）取代，手工作坊逐渐退出历史舞台。改革开放以后，因地制宜办企业成为村民致富的有效途径，刘文华、刘旭华分别筹资兴办岭背竹器厂、砖厂。2007年，邓百科创办绿鑫农业发展有限公司，开辟茶园380亩，大力发展铁观音和金观音的种植。这些企业吸纳上百个富余劳力就业，对发展当地经济起积极的促进作用。20世纪90年代始，大批青壮年村民外出务工经商。经济发展促进村民生活水平不断提高，如今几乎家家盖起砖混或框架结构的新房，都有小汽车，使用高档的家用电器。

岭背村林区楮、栲等阔叶林资源丰富，盛产纯天然食品红菇。该村的红菇生长面积大，产量多，品质好，风味独特，香馥爽口，久负盛名，为该村特色产品。2012年6月，建白砂岭背红菇交易市场，一度十分红火。后由于种种原因停业。每到夏末秋初红菇采摘季节，一到半夜，山上光闪人沸；到了白天，路边摆满鲜菇，红菇成了岭背独有的季节性天然产业。

岭背村党支部2007年被中共白砂镇党委授予“先进基层党组织”称号，2011年被中共上杭县委授予“先进基层党组织”称号，2011年被中共上杭县委评为“红土先锋党支部”。岭背村2012年被福建省环境保护厅评为“省级生态村”，2013年被上杭县政府列为“新农村建设示范村”。

竹器厂

红菇交易市场

表 22-7　岭背村历任村干部名单

名称	姓　名	职　务	任职时间	名称	姓　名	职　务	任职时间
党支部负责人	刘金辉	书　记	1949—1953	大队、村委会负责人	刘高荣	大队长	1949—1953
	袁带娣	书　记	1953—1956		刘林光	大队长	1953—1956
	刘裕华	书　记	1956—1960		刘松林	大队长	1956—1960
	刘树华	书　记	1960—1963		刘松林	大队长	1960—1963
	刘德辉	书　记	1963—1980		刘福耀	大队长	1963—1980
	刘文友	书　记	1980—1982		邓福庆	大队长	1980—1984
	刘开勤	书　记	1982—1988		邓福庆	主　任	1984—1988
	刘树生	书　记	1988—1991		刘荣长	主　任	1988—1991
	刘树生	书　记	1991—1994		刘瑞村	主　任	1991—1994
	刘瑞村	书　记	1994—1997		刘晓明	主　任	1994—1997
	刘瑞村	书　记	1997—2000		刘细才	主　任	1997—2000
	刘生华	书　记	2000—2003		刘荣长	主　任	2000—2003
	刘天养	书　记	2003—2006		刘万生	主　任	2003—2006
	刘庆如	书　记	2006—2009		刘先锋	主　任	2006—2009
	邓百科	书　记	2009—2012		刘　健	主　任	2009—2012
	邓百科	书　记	2012—2015		刘爱才	主　任	2012—2015
	刘阳锋	书　记	2015—2018		刘启才	主　任	2015—2018
	蓝丁贤	书　记	2018—		严秋秀	主　任	2018—

第八节　大科村

大科村位于白砂镇西部，东靠镇政府和经济开发区，南临中洋、大田村，西接长锦村，北连丰源村，北纬25°8′7″，东经116°35′37″，海拔平均500米。全村由大华、石科、双才、老圩、桐子甲五个自然村组成。“大科”，即为大华、石科的合称。五个自然村之间很分散，方圆有10平方公里，是白砂最分散的行政村之一。2017年底，全村有10个村民小组，206户1005人（包括外出干部及其家属）。现有耕地601亩，山林2136亩，山上以松、杉、阔叶林、毛竹为主，森林覆盖率93%。

全村有傅、廖、袁、曾四姓聚居，傅姓有137户。大华、石科的傅姓是上杭太拔的百一郎的第七世祖维鲜在“鹅飞岭”开基，八世祖缘福迁到石科村开基繁衍至今；八世黄诚仍在“鹅飞岭”居住，十世祖禾宗迁到大麻地开基繁衍至今（大华、石科系共七世、各八世）。双才的廖姓是七世祖景才从古田大岭下迁到原凹背村开基。桐子甲的傅氏是百一郎第四世祖君福在该村开基，原村名叫“桐子隔”。老圩的袁姓，是清朝年间分别从现今的朋新厦洋、袁屋（中洋村）、梧岗的橄榄桥到当时白砂圩市场开店的生意人，到如今已繁衍22家。三家曾姓，何时何地迁入无考。

明清和民国时期，大科列入白砂里管辖。新中国成立后，大科的五个自然村属田源乡管辖，田源乡乡公所设在大麻地。1958年成立白砂人民公社后，大麻地、石科、凹背、老白砂圩、桐子甲、下甲、枫树坪（现名为丰熟）七个自然村合为大科大队，隶属白砂公社，并将大麻地改名为大华，老白砂圩改名为老圩。1975年，下甲和枫树坪两个自然村分离出去，同上甲源三个自然村新成立丰源大队。1984年撤社设乡后，大科大队更名为大科村，隶属白砂乡；1993年撤乡建镇，隶属白砂镇。

大科村历史悠久，文化底蕴深厚。清朝中期，大华、石科两个自然村的祖先比较发达，丁财两旺，建有十多座规模宏大、砖木结构的古民居（大围屋），主要有大华村的滋本堂、树滋堂、树德堂，石科村的经

古民居精美镂空石雕

德堂、赐福堂、杏萩堂、双燕堂等。在20世纪70年代以前，每座古民居都住有七八户甚至十多户人家，大华村四十多户人家，就分别居住在三座大围屋中。清同治三年（1864年），太平天国军来到大华村，烧掉了两座大围屋。大科村有很多的古文物，如石科的古宗祠“惇叙堂”和两座古石拱桥（列入县文物），还有大围屋和古宗祠的外大门口竖的石旗杆，大华共有5对，石科有3对。围屋和宗祠门口还安放着高大的石狮和石鼓。大围屋的中央大厅正上方及左右两边的栋柱上，都悬挂着楠木雕刻镏金的“XX

古　桥

堂”牌匾和古楹联，横梁上雕花刻鸟。可惜这些文物在“文化大革命”时被人为毁坏。在今上蛟高速进出口往东南边120米处，清朝中期建有一座高大的牌楼，是专为大麻地傅氏十九世庆周之妻华氏建的，牌楼正上方写着镏金大字“贞节坊”。该牌楼是当时白砂的一个标志性建筑，1958年修建杭郭公路时被拆除。除老圩外，各自然村都有祖祠，随着年代的久远，有的祖祠破烂不堪，有的已倒塌，大华村的祖祠在修建上蛟高速被征拆。2013年，大华村另选地址建新祠，并新号名“永福堂”。2014—2016年，双才、桐子甲、石科分别在原址上新建原堂号的祖祠。

1966年以前，各自然村都在正月初五开始，请戏班子来做“傀儡戏”，一直做到元宵节。大华的农历四月初八、双才的五月初四、石科的五月十八、桐子甲的九月初五和老圩的九月二十八，分别举行“扛菩萨”活动。由于大部分青壮年外出务工，这些民俗活动似乎逐年淡化。在原老白砂圩的圩头上，建有一座“五显宫”，清朝和民国时期，香火十分旺盛。“五显宫”的墙基底部是天然石壁，石壁底部有一个大泉眼，会不断地流出泉水和小沙子，据传，“白砂”由此得名。“五显宫”在1966年倒塌，2014年，由老圩村民牵头筹资，在原址上重建“五显宫”。

老白砂圩，顾名思义，是白砂清朝年间的古圩场，是清朝两百多年白砂的贸易中心。白砂周边的旧县、茶地、泮境、溪口、蛟洋等地的百姓，每逢农历三、八日都有来赴白砂圩的传统。在1958年开杭郭公路和大炼钢铁之前，整条圩街地上铺满着平整的大条石，街道两边的老商店一间连着一间，圩架子一排连着一排。这些圩场的遗迹，似乎还清楚地印记着昔日市场交易的繁华。双才的原名是“凹背”，原村址在现双才村北边的一个小山窝里，离省道308线有2公里。由于村子偏僻，交通不便，从1965年开始，就有人陆续搬迁到村外公路边。直到1993年，全村40多户村民全部自建房搬到省道公路边的“双门石”，并新取村名“双才”。1989年，凹背村籍台胞廖鑑开投资，在双才创办一所初小和一个鞋厂，兴旺了好几年，但由于多种原因，10年后，初小停办，鞋厂倒闭。

大科村有着光荣的革命斗争史。在民国十八年（1929年）“头般共产”中，经常有红军来大科活动，当时的青少年大部分参加过“儿童团”或“少先队”组织，参加过分田分地活动。民国二十二年（1933年）8月，红军游击队配合红84师72团，在大麻地老墟岭头山冈上打了一次伏击战，消灭了驻白砂敌军1个连，缴获重机枪2挺、步枪50多支（《上杭革命基点村简史》）。据民政部门数据，全村共有17名烈士，大华的傅作荣（字星候），曾任过中共上杭县委书记，后又当过张鼎丞的随行秘书，民国二十年（1931年）“肃社党”时被误杀，1983年得以平反。

大科人杰地灵。据傅氏族谱记载：清朝大华傅氏十九世化南（字文华）做过台州、嘉兴、湖州三府通判（六品），十九世志崇做过授守御所千总（从五品），石科十九世振业和二十世周泰授诰赠奉直大夫（从五品）。做过布政司、儒林郎、卫千总、掌印守备、登仕郎、州吏目、翰林院待诏等官职的有15人，庠生、监生有74人，贡生有7人。2017年，全村共有大学生（含在读）91人，硕士生3人，正处级干部2人，科级干部6人，高级专业技术职称3人，中级专业技术职称8人。

清乾和民国时期，各自然村均有私塾学堂。1956年，创办第一所公立学校“上杭县田源初级小学”，校址在大麻地的“凹上”，1959年更名为“白砂人民公社大科初级小学”。1967年，凹背和石科各办有一所民办初小，老师各1人（民办编制）。1983年，两所民办初小撤并到大科初小。1990年前后，大科初小设至五年级，还附设有幼儿班，学生近百人，老师6人。2000年以后，生源逐年减少。2005年秋季，大科初小自然撤销，学儿到白砂中心小学就读，校舍用于设大科村部。

明清和民国时期，大科境内的一条石砌路，是旧县通往白砂、茶地、泮境、溪口的驿道，直至20世纪60年代，还是白砂境内的一条主道。随着交通事业的发展，中共十一届三中全会以后，上级逐步对乡村道路进行改造，2000年开始，村里也逐步对村道路面开始拓宽并铺上混凝土。2002年，从郑坑桥（省道308线接口）至石科自然村古桂花树边全长1200米的村道进行改造，铺上3.5米宽的混凝土路面。2005年，从老圩（省道308线接口）经大华二组、大科旧村部至石科自然村古桂花边，铺上全长1100米、宽3.5米的混凝土路面。2012 年，配合修建上蛟高速公路，从旧村部（原大科初小）到省道 308 线接口的大华自然村村道，进行全面的改造，铺上全长 950 米、宽 3.5 米的混凝土路面。至 2017 年，村部通往各自然村住户的道路全部铺上 0.2 米厚的混凝土，主道拓宽到 3.5 至 6 米。2009 年，上杭到蛟洋的高速公路开工，大科境内有 3000 米长的工程。全村共征良田 152 亩，山林 116 亩。上蛟高速白砂进出口（白砂收费站）就建在大华村中央，大华由此完全改变了村的模样。同时，省道 308 线穿村而过，新茶白公路在大科村起点。这样，大科村成为白砂的交通枢纽，现代发展气息十分浓厚。

1977 年，石科自然村从“鹅飞岭”引水，在“牛角屋里”山顶上建两个蓄水池，在“赐福堂”旁边建有一座装机容量为 10 千瓦的小型水电站，白天碾米，晚上发电。因水源不足，只运行了不到一年就关停。

大科村民世代传统农耕种植水稻。进入 20 世纪以后，村民种植观念开始改变，有农户种植经济作物、如罗汉果，袋栽香菇、反季节蔬菜等。但更多的青壮年外出务工，单大华、石科在厦门等地从事饮食服务业的就有 32 家。外出务工收入，是大部分村民的主要经济来源。2012 年，在广东务工的傅葆生回到石科，同胞弟傅洪生办起了全村第一个现代化养鸡场，年产肉鸡 10 万羽。2013 年，在步云乡创业有成的傅焕珍，回到大华创办年产 25 万羽的智控养鸡场。2017 年 8 月，上杭傲农槐猪产业发展有限公司在大科村境内（凹子背）投资 1 亿元，建符合环保标准的现代化槐猪育种、养殖基地。

1992 年以后，大科村民生活越来越好，不少村民开始富裕起来，有的村民在开发区买地皮建房。至 2017 年，全村共有 23 户村民迁出村外，其中开发区 17 户，郑坑桥 6 户。如今，村民生活发生天翻地覆的变化，家家建了砖混或框架结构的新房，成年人人人有手机，家家有液晶电视、摩托车，很多村民安装了宽带网络，半数以上家庭有汽车，日常生活实现电气化，绝大部分家庭有存款，生活达到小康水准。2017 年，大科村民人均年收入 18314 元。

2013 年，在省道 308 线边的郑坑桥新建一座框架结构三层的村部，距镇政府仅有 1.2 公里。新村部的建成，进一步改变大科村的面貌。

村　部

表 22-8 大科村历任村干部名单

名称	姓名	职务	任职时间	名称	姓名	职务	任职时间
党支部负责人	袁元生	书记	1975—1977	大队、村委会负责人	袁元生	大队长	1975—1977
	廖福璋	书记	1977—1988		傅俊星	大队长	1977—1985
	廖双璋	书记	1988—1991		傅志先	主任	1985—1988
	袁元生	书记	1991—1994		傅俊星	主任	1988—1997
	廖双璋	书记	1994—1997		曾宝元	主任	1997—2003
	袁玉珍	书记	1997—2003		袁玉珍	主任	2003—2006
	曾宝元	书记	2003—2012		傅生亮	主任	2006—2009
	廖建琼	书记	2012—2015		傅林生	主任	2009—2012
	李贵	书记	2015—2018		傅荣香	主任	2012—2015
	李贵	书记	2018—		傅生亮	主任	2015—2018
					傅林先	主任	2018—

第九节　长锦村

长锦村，民间俗称“长岭下”，因村后有一条长岭连接上甲源、碧砂村而得名。今长锦新村坐落在白砂的西部，358国道（原308省道）旁边，东邻大科，南接大田，西连官洋，北靠丰源。村部海拔511米，北纬25°7′54″，东经116°33′42″。20世纪50年代初中期，划为田背乡（小乡制）管辖，1958年归属大科大队。1962年从大科大队划出，长锦自然村单独成立长锦大队，归属白砂公社管辖，1993年隶属白砂镇。1984年，改为长锦村，归属白砂乡管辖。2017年末，全村有4个村民小组，95户，349人。有耕地404亩，山林7645亩，森林覆盖率83%。

村　部

据史料记载，宋代至清代中期，长锦村有邱、姜、林、廖四个姓氏聚居。廖氏的迁入，是明洪武年间（1368—1398）溪口大岭下景才到长岭下开基的，至今繁衍到24代，有600多年的历史。由于历史原因，到了清代中期，邱、姜、林三个姓氏逐渐消失，唯剩廖姓在长锦聚居。村旧址中现存的廖氏宗祠，为威武郡，堂号为崇本堂，建于明正统年间（1436—1451年），占地400平方米。祠堂两副门框上镌刻有对联：先生不郭崇文教，大将四川记武功。一户传丹井，千家焕彩堂。

长锦村有过兴盛的历史。据传，在明末清初时期，长锦村的居住人口为鼎盛时期，有600户左右的人家，从村里到村水口坑头2公里的距离，民房一户连着一户，下雨天不用撑伞或戴斗笠。居民中廖氏“柱”字辈的有72人，“申”字辈的有36人，可见长锦村当时人口的众多。清代，长锦村经济也繁荣，山林面积大，山上盛产毛竹，土纸生产十分兴旺，村中有十多座纸寮和72口湖塘（储存并用石灰水浸蚀竹麻的池塘），分布在村里和姜地坑、下湖、上湖、坑头、龙背、冷水坑、应背等山场。由于年代久远和历史的变迁，大部分纸寮倒塌，湖塘被填埋，只剩下少数的纸寮在20世纪五六十年代还生产土纸。长锦村有一个地方叫白蜡塘，据记载，明清时白蜡塘盛产白蜡，村里有一部分青壮年男人到浙江、广东、湖北、江西、江苏等地做贩卖白蜡的生意。这些生意人，有的在外省安家落户，成为迁往外省的乡亲。清同治三年（1864年），太平天国起义军汪海洋部到长锦村与村民发生争执械斗，结果导致长锦村遭到毁灭性的劫难，全村500多户民房全部被太平军烧毁。从此，长锦村居民走的走逃的逃，人口骤然减少，开始衰落。

长锦村有几处历史文物。明永乐元年（1403年），由廖、邱、姜、林四姓在村水口合建了一座神坛，安奉威猛石固公王神位。该神坛至今保留完好，2013年列为县级保护文物（参见本志卷首图片）。清乾隆五十二年（1787年），长锦村在村水口建有一座廊桥，名叫回龙桥（又名观音桥）。该廊桥坐南朝北，长约25米，宽约3.5米，底为石拱桥，上面为上、中、下三层木质结构建筑，粗大的木柱和木梁上，雕刻着很多精美的龙、凤、花、草图案。廊桥中间，安奉着观音菩萨，香火旺盛。整座廊桥横坐村水口，又临近上杭通往白砂的大路，显得十分壮观，是人们休闲和观赏古迹的好地方。可惜1974年冬因一群小孩在桥中玩火而被焚毁。清道光年间（1821—1850年），长锦村民捐资在店前（今长锦新村的位置）兴建一座凉亭，名叫回龙亭（又名店前亭）。凉亭建在上杭通往龙岩的古驿道上，亭样为“骑路亭”，青砖瓦面结构。一年四季有小商贩在亭中卖糕饼茶点，天天有人无偿在亭中施舍茶水，是过往客商歇脚的好场所。该亭因年久失修，于1982年倒塌。

长锦村原村址（长岭下）坐落在距离国道358线5华里的一个小山窝里，村址狭窄，地势很不平，民房大部分建在山坡石坎上，偏僻闭塞，交通不便，有部分村民早已产生搬迁到村外公路旁边建房居住的想法。1979年，有3户人家（廖耀章、龙祥、煌周）率先在店前公路旁边建房。1983年，又有5户人家搬迁到店前。1990年开始，几乎每年都有几户人家搬迁到店前居住，到2012年，全村95户居民全部搬到店前及其周边居住，形成了一个完整的长锦新村，长锦人告别了世世代代居住了600多年的“长岭下”，“店前”变为长锦村。在1990年以前搬迁的，建的都是土木结构的房子，之后搬迁的，建的全部是砖混结构的房子。到2013年，原先建的土木房子全部改建成砖混或框架结构的钢筋水泥房。如今，容貌美丽而又整洁的长锦村，坐落在国道旁，成为白砂美丽乡村的一个缩影。2013年，原村庄旧址旧房已全部拆除，政府投资用机械连片平整，以便日后重新综合开发利用。

新村一角

长锦村人历来十分重视教育。在清代，村里办有村塾，出有多位秀才。1956年，创设公办长锦初级小学（一、二年级）。20世纪七八十年代，学源增多，长锦初小成为有五年级毕业班的完小（当时小学为五年制），老师由原来的一位增加为五位，学生数多年稳定在60人左右。1990年，生源减少，又恢复为初小。长锦初小三次变换校址，第一次在村头的祠堂旁边，1982年，第二次在旧村址中央建一座两层土木结构的校舍。1999年，在新村址省道旁边进行第三次建校，校舍为砖混结构，两层，建筑面积约为200平方米。长锦村人重视教育，为办好学校，为把自己的子女培养成才，付出了很多艰辛，也获得很大的成果。至2017年，全村大学生（含在读）人数有61人，约占总人口的17.5%。有博士1人，硕士3人，各行各业干部30多人。有28人在广东、厦门等地创业、经商办企业，有的成为成功的企业家。

长锦村人历来勤耕劳作，世世代代靠种田、管山为业。明清、民国时期，湖塘纸寮遍及山林，每年出产上万个（一个20把）土纸。全村鱼塘犹如星罗棋布，家家户户五谷丰登，六畜兴旺。新中国成立后，在“互助组”“高级社”时期，农业得到进一步的发展。中共十一届三中全会以后，村民的生产积极性得到极大调动，粮食年年丰收，并调整种植结构，多种经营，把种烟、种香菇作为勤劳致富的支柱产业。2003年，镇政府定长锦村为香菇产业之村。2017年，全村人均纯收入17660元，村财收入38万元。2000年以来，村里的所有道路。都是水泥路，新村址到旧村址的2.5公里道路，也进行拓宽并铺上混凝土路面，全村共安装50盏太阳能路灯。2004年，把校舍重新修装改造为村部，建了水泥地面篮球场。村民用上了卫生达标的自来水，大部分家庭安装了网络宽带，有小轿车，每户都有2部以上的摩托车，大部分成年人用智能手机。村民衣食无忧，生活基本达到小康水平。

1995年，长锦村被评为“龙岩市计划生育先进村”。

表 22-9　长锦村历任村干部名单

名称	姓　名	职　务	任职时间	名称	姓　名	职　务	任职时间
党支部负责人	廖煌周	书　记	1962—1965	大队、村委会负责人	廖纪标	大队长	1962—1966
	廖纪标	书　记	1965—1975		廖纪传	革领组长	1966—1975
	廖煌周	书　记	1975—1981		廖纪标	大队长	1975—1981
	廖长云	书　记	1981—1987		廖耀章	大队长、主任	1981—1994
	廖长华	书　记	1987—1997		廖兴祥	主　任	1994—2000
	廖洪能	书　记	1997—2003		廖平生	主　任	2000—2003
	廖复应	书　记	2003—2004		廖玉山	主　任	2003—2006
	廖长云	书　记	2004—2006		廖复明	主　任	2006—2009
	刘九秀	书　记	2006—2012		廖广阳	主　任	2009—2012
	廖玉山	书　记	2012—2018		廖泉辉	主　任	2012—2015
	廖敏龙	书　记	2018—		廖广阳	主　任	2015—2018
					廖敏龙	主　任	2018—

第十节 丰源村

丰源村位于白砂镇的北部，村部所在地北纬 25°09′29″，东经 116°34′59″，海拔 610 米。东与岭背村接壤，南连大科、长锦、朋新村，西与碧砂村毗邻，北接上早康村。距集镇 3000 米，距高速路入口 4200 米，“旧白公路”穿过下甲自然村。2017 年，全村由上甲源（上隔元）、下甲、丰熟坪 3 个自然村 5 个村民小组组成，有 101 户 390 人。

村 部

明清时期隶属白砂里，民国时期隶属白砂区，民国三十八年（1949 年）7 月隶属第六区（白砂）田源乡。1963 年，上甲源从田源乡分离出来单独成立上源大队，枫树坪（丰熟坪）、下甲并入大科大队。1965 年 4 月，上甲源与碧砂合并称碧源大队，丰熟坪和下甲隶属大科大队；1969 年，上甲源、下甲、丰熟坪一同并入大科大队。1975 年 3 月，3 个自然村从大科大队分离出来成立丰源大队。1984 年 9 月改称丰源村。

丰源村 3 个自然村分别聚居傅、赵、吴 3 个姓氏，上甲源聚居傅姓，下甲聚居赵姓，丰熟坪聚居吴姓。上甲源开基祖是明九世傅承（也说傅绳）从中洋陈屋岗迁移而入，已繁衍廿五代；下甲赵姓由赵志亨于明万历年间（1573—1619 年）从太拔吴坑迁入开基，已繁衍廿六代；丰熟坪吴姓由千三郎五子吴启荣到此开基，已繁衍廿三代。

丰源村具有光荣的革命传统。上甲源是白砂 13 个革命基点村之一，苏区时期曾在该村麻连坑办过红军印刷厂。民国十八年（1929 年）7 月，在红四军第四纵队的帮助下，上甲源与碧砂坑和旧县的新坊等村庄，同时举旗暴动。当时上甲源的傅义山、傅则敬、傅盛福、傅则以、傅则恒、傅则安等青壮年积极分子，参加了本村的武装暴动。暴动后，成立了农民协会、赤卫队、少先队、儿童团、共青团、妇女会等革命组织。赤卫队、少先队、儿童团定期进行操练，学习军事，平时站岗放哨，保卫红色政权，战时帮助红军运送弹药、伤员，配合红军作战。同年 9 月 20 日，朱德率领红四军攻打上杭县城，上甲源群众事先上山砍毛竹、扎竹排、做竹梯、编竹筐、绑担架，把这些登城工具送到水西渡，为红军架桥登城做准备；赤卫队一同出发，配合红军攻城作战。为了支援革命战争，巩固红色政权，发展革命根据地，上甲源及下甲、丰熟坪掀起扩大红军热潮，出现父送子、妻送郎、兄弟当红军的感人事迹，其中傅则恒、傅则以兄弟当红军并带动 6 人先后当红军，傅义山、傅盛福、傅则恒、傅则以、赵孚钦、赵和春当红军后均为革命光荣牺牲，傅则敬、傅则安、吴林章、吴泽民因“肃社党”事件被误杀。红军主力长征后，国民党侵占白砂苏区，疯狂地反攻倒算，强化保甲制度，对上甲源实行移民并村政策，实行“计口购粮”“计口购盐”，叫嚣凡通“匪”、济“匪”、窝“匪”者（国民党骂共产党、红军为“匪”）“格杀勿论”，企图断绝人民群众与红军游击队的联系，达到困死游击队，消灭共产党的目的。但是上甲源人民都没有被吓倒，而是冒着生命危险将米、黄豆、油盐、肉及日用品源源不断地送给红军游击队，傅禄忠、傅则寿、张银秀、吴寅娣、傅忠招、温新娣、傅金福都是游击队的接头户。国民党得知上甲源人民对革命如此坚决，十分恼火，对该村进行残酷的烧杀抢，全村被枪杀耕牛 6 头，被焚毁房屋 10 座，烧掉山林 60 多亩。为了躲避国民党的镇压，上甲源群众曾一度逃到深山老林搭茅屋暂住避难，后又在国民党军荷枪实弹的逼迫下移民他村，最终他们经过合法积极的斗争回到了祖祖辈辈生息的故地，继续支持红军游击队，直至新中国成立。1955年，全村有13人被追认为革命烈士，其中当年只有23户105人的上甲源就有7人。

古树群

丰源属亚热带季风气候，山地海拔在450~650米之间，属丘陵地带，土地肥沃、植被丰富，非常适宜柑橘、樟树、红豆杉、野壮、茶叶等种植。全村共有耕地面积430多亩，目前以水稻、蔬菜、茶叶等为种植业。山林面积7000亩，其中上甲源3000多亩的天然林被列入龙岩市林业局天然林示范片，内有细柄阿丁枫古树群28亩166株，平均树龄220年。改革开放以后，随着家庭联产承包责任制和土地流转政策的实施，农业结构逐步优化，不少村民依靠山地优势种香菇、种烤烟，办养鸡场、养鸭场，成批量养牛、养羊；富余青壮劳动力大部分外出务工，其中下甲自然村到厦门开小炒店一度成为热门的创收产业。基础设施和乡村建设初见成效。为了村民生产生活的方便，2004年开始，逐步筹集资金50多万元，对三个自然村的村道进行硬化。2009年3月，被上杭县人民政府评为“2008年度村道示范路建设先进村”。2007年，筹集12万元资金在下甲建设一栋占地100平方米的两层村部办公楼，配齐办公设施。同年，筹集15万元分别在三个自然村建设蓄水池，安装自来水管，村民自来水普及率达95%。2014年，采用集体投资和个人捐资相结合的办法，投入20多万元在上甲源村建设占地1100平方米的文化广场。同年，在村部（下甲）门口投资20万元建设占地1900平方米的乡村公园，内有篮球场、健身设施等。2015年，投资25万元在上甲源建设占地280平方米的幸福院，有卫生所，配备医生1人。有老人活动室，配有电视、图书报刊、音响和乐器，还有棋牌和健身器材，有男女休息室，供老人们活动。2017年，投资2万元在村部门口的乡村公园内配置儿童娱乐设施。全村主干道安装了路灯。村民生活不断提高,2017年，全村人均纯收入17665元。全村98%以上的村民建起砖混结构或框架结构的楼房，智能化家用电器设备齐全，90%以上家庭配有摩托车、小汽车。村民生活总体向小康迈进。

公园

幸福院（上甲源）

新中国成立前，丰源人民吃尽没有文化的苦头。新中国成立后，在党和政府的关怀下，三个自然村都办过教学点，上甲源教学点曾经有过1~5年级的教学。得益于政府重视教育事业的发展，优秀人才脱颖而出。全村大学毕业生30多人，其中傅智河任龙岩学院副教授，赵文昌任泉州师范学院副教授（2012年获博士学位），傅智彪担任龙岩农业银行副行长。还有大学讲师1人，中学高级教师8人，小学高级教师1人。全村有12人次获省、地（市）、县表彰。

丰源环境优美，风光秀丽。2012年7月，被龙岩市环境保护局授予“市级生态村”称号。丰源民风淳朴，遵纪守法，安居乐业，平安和谐。2009年11月，被上杭县委、县政府授予第十届（2006—2008年度）“文明村”称号；2015年8月，被上杭县委、县政府授予第十二届（2012—2014年度）“文明村”称号；并被评为“平安和谐村”。此外，2009年2月，丰源村被上杭县委、县政府授予“2008年度森林防火工作先进单位”称号。多次获得目标考核先进村、计生管理合格村等荣誉称号。

表22-10　丰源村历任村干部名单

名称	姓　名	职　务	任职时间	名称	姓　名	职　务	任职时间
党支部负责人	赵耀华	书　记	1975—1976	大队、村委会负责人	傅则河	大队长	1975—1984
	赵耀明	代理书记	1976—1977		赵耀明	主　任	1984—1987
	赵耀华	书　记	1977—1981		吴玉宝	主　任	1987—1991
	吴兰芳	书　记	1981—1984		赵耀明	主　任	1991—1994
	傅兰生	书　记	1984—1991		傅利祥	主　任	1994—1997
	吴玉宝	书　记	1991—2000		赵炳生	主　任	1997—2000
	赵炳生	书　记	2000—2011		傅利祥	主　任	2000—2003
	傅　翔	主持工作	2011—2012		吴玉高	主　任	2003—2006
	傅　翔	书　记	2012—2018		赵炳生	主　任	2006—2009
	傅　翔	书　记	2018—		傅　翔	主　任	2009—2012
					傅利祥	主　任	2012—2015
					吴华煊	主　任	2015—2018
					傅　翔	主　任	2018—

第十一节　上早康村

上早康村位于白砂镇北部。村部所在地北纬 25°10′38"，东经 116°32′53" ,海拔 390 米。东与岭背村和蛟洋镇邹坑村接壤，南与丰源村毗邻，西连下早康村，北接旧县镇扁山村。距离集镇 5 公里。2017 年，上早康村由良善坑、庙前、山下、竹山前、坑里 5 个自然村、15 个村民小组组成。全村 274 户 1039 人。

明清时期，上早康村与下早康村统称“枣坑”。民国二十五年（1936 年）隶属第四区新坊乡。新中国成立后，1957 年，隶属白砂区新坊乡；1958 年 10 月隶属旧县公社；1965 年 4 月划归白砂公社管辖，称为“上康”（下早康称为“早康”）；1969 年上康、早康合并为早康大队；1975 年，早康大队分为上早康、下早康两个大队；1984 年 9 月，上早康大队改为上早康村。

上早康村聚居严、李、陈、张 4 个姓氏。严姓由被称为严姓入闽始祖的严天庠（养）次子流昂的第四子大八郎，于长汀万福村迁徙到永定长流孔夫，后迁至鳌沙里枣坑村开基，已繁衍至廿七代；李姓由上杭太拔樟田村十一世李福宽迁至良善坑开基，已繁衍廿六代；陈姓由上杭临城镇黄竹村第十四代陈玩岐迁至良善坑开基，已繁衍廿五代；张姓由宁化石壁村的张上轩迁至山下葛藤坑开基，已繁衍廿一代。

上早康村具有光荣的革命历史。民国十八年（1929 年）6 月 8 日，毛泽东在早康村的严氏宗祠（东洋堂）主持召开了红四军前委扩大会议（简称“早康会议”），平息了关于临时军委存废问题的争论，贯彻了关于党对军队绝对领导的思想，在思想上、组织上和理论上为半年后红四军第九次党代表大会（古田会议）的胜利召开奠定了较为坚实的基础。“早康会议”被称为“古田会议前奏曲”。同年 7 月底，朱德在早康东洋堂召开红四军前委扩大会议，会上制订实行分兵游击的具体方案。红四军曾数次驻扎早康，东洋堂的两边耳房墙上至今还保留着当年红四军书写的宣传标语。红四军白砂战斗胜利后，早康群众和大埔头、新坊、碧砂各乡村一道马上举行暴动，投入烧田契、废借约、打土豪、分田地的斗争，掀起轰轰烈烈的土地革命高潮。上早康人民积极参加革命工作，踊跃扩红参军，先后有 6 人参加红军均在战斗中牺牲。三年游击战争期间，上早康人民积极支持红军游击队，为过境的游击队提供情报和生活补给。上早康人民为革命事业付出了巨大牺牲，新中国成立后有 18 人被追认为革命烈士。

上早康人秉承耕读家风，崇文重教。明清时期就有人兴办私塾，特别是坑里自然村，兴学之风尤盛，严氏宗祠“东洋堂”长期兼有书堂功能，天井走廊有一排的格子，仅容一人一桌，专供学子念书用。清乾隆五年（1740 年），严氏族人为了让学子专心读书，特意在龙蟠山上建“龙蟠书馆”。书馆坐落在古树参天的原始森林中，离村庄约 1.5 公里，非常幽静，是学子读书的好去处（今天龙寺旁）。新中国成立后，于 1965 年在庙前自然村创办上康初小直至 1998 年撤销，还在岭下里寨嘴子上创办了教学点。1969 年，在上下早康交界的岭下里创办第一所完小——早康小学，直至 2007 年因为生源的减少改为“早康初小”。为了鼓励多出人才，1996 年，与下早康、碧砂联合成立教育基金会——严集兴碧康联合教育基金会，至 2017 年有基金 23 万元。每年将利息用于奖励三个村考上本科（含本二）的高中毕业生和考上上杭一中、二中的初中毕业生。21 年间，共奖励 376 名学子。崇文重教造就人才辈出。清代，上早康出了举人严春魁（东洋堂门口雕龙旗杆的主人），秀才严科寿、严九昌、严时明、严敷文等。新中国成立后，上早康一代新人茁壮成长。沈阳军区空军政治部副主任、少将严源昌，广东省军区副参谋长、江门军分区司令员、大校严集兴，空军专业技术大校朱丽英，福建农林大学教授严锦华，中国科学院副研究员严开琪，博士严辉、严晓玲（女）等，是上早康人的杰出代表。据不完全统计，2017 年，上早康有科级以上干部 11 人，大学生 26 人。严铁萍等 6 人获硕士学位，10 余人获工程师、中学高级教师、小学高级教师等专业技术职务。

基础设施逐步完善。交通设施方面：1977 年，白砂公社修建早康有史以来的第一条简易公路，虽起初只修到岭下里寨嘴子上，但这条公路穿过山下、竹山前，初步改善上早康大部分自然村的交通闭塞状况。

1986年，在这条公路的基础上开通了白砂到旧县的“旧白公路”；1987年开始，对坑里至岭下里的村道进行扩宽。近年来，随着“早康会址”的提升，这条道路也逐步标准化；1999年“旧白公路”进行全线拓宽改造硬化，改造后“旧白公路”在上早康村边穿过，原来山下至岭下里的旧路保存下来并重新进行硬化，现在交通非常方便。2002年，村两委筹集55万元资金，对山下至良善坑的村道进行扩宽硬化，如今水泥道路把各自然村连通起来；2017年，村两委筹集50万元资金修建北坑、张屋塅、竹山前的三条机耕路，方便耕作和农产品运输。电力设施方面：1966年，与下早康合作，在岭下里的寨嘴子上建了一座小型水电站，轮流向周边自然村送电照明，还兼农产品加工；1978年，在庙前又建了一座小型水电站（延续至1999年），向庙前、山下、良善坑三个自然村送电并加工；1984年，联合新坊、碧砂、石院、下早康等村，从旧县接入电源，大部分自然村开始使用电灯照明，但还是不稳定；2015年，随着白砂35千伏变电站的建成运行，才彻底结束油灯火烛照明的历史，实现了照明、加工、家用完全电气化。人饮工程方面：2006年，村两委筹集10万元资金，在坑里的水源处建设一座容量20立方米的蓄水池，解决坑里村民的饮水问题；2012年，村两委筹集21万元资金，在良善坑白水寨建了一座容量50立方米的蓄水池，解决良善坑、庙前、山下、竹山前的村民饮水问题。2017年，供水网络基本覆盖全村，村民都可喝上安全、卫生的自来水。公共设施方面：村民生活的改善，使村财有更多的公用资金用于建设。2007年，投资21万元对村部进行改建，将泥木结构改成砖混结构，里面附设“幸福院”，配有老年人的娱乐设施和休息室，村部办公设备、用品一应俱全。2009年，为5个自然村的主干道装上了路灯。2015年，斥资30万元在村部所在地（竹山前）建设占地1200平方米的农民公园，园内有篮球场、健身器材、儿童娱乐设施。

村　部

农业结构逐步调整优化，村民生活水平不断提高。全村耕地面积850亩，山林面积9600亩。年平均气温17.5度，年平均降雨量1780毫米，无霜期270天。属亚热带季风气候。地处中低丘陵，土地肥沃，灌溉便利，植被丰富，十分适宜各种农作物的生长。长期以种植双季水稻为主，间作地瓜和大豆，旱地主要种植焦芋、木薯。中共十一届三中全会后，土地承包制充分调动了农民生产积极性，农业结构发生了很大变化，除种植稻谷外，部分村民开始种植香菇、烤烟、生姜、玉米、槟榔芋等。1980年开始有两户养蜂专业户平均年养蜂35箱，年产蜜175公斤以上。2001年，竹山前的严如钦等人租用300亩良田种植200万袋香菇，当年产香菇2.25万公斤，而且一直坚持这一种植项目。2008年，严文周种植乌龙茶65亩，年产茶叶3000公斤。2013年，良善坑的陈昌华办起两座自动化养鸡场，年产肉鸡36万羽。随着家庭联产承包责任制和土地流转政策的实施，劳动力出现大量富余，除少数在本村创业外，大部分青壮劳力外出务工，他们有的开服装厂，成了农民企业家；有的承包电信工程，成为致富带头人。也有从事建筑、饮食等行业的。坑里的严文昌，1992年开始从事音响器材研发，2000年独资创建广东省高新技术企业—广州市科昱音响设备有限公司。在历经8年、耗资千万元后，2012年自主研发出领先世界的“KE网络智能功放”，2014年在德国法兰克福全球音响大展中，KE产品受到世界高端公司和欧美专家的尊崇与赞美。众多的企业家和外出务工人员，为上早康的经济状况带来巨大变化。村民的生活水平有较大提高，2017年，人均纯收入18121元，98%的村民住上了砖混结构或框架结构的新楼房，全村有大小汽车 130 辆，家用电器户户齐全。

上旱康村主要文物有：红四军“旱康会议”会址（严氏宗祠“东洋堂”，省级文物保护单位）。坑里严氏宗祠门前的清代雕龙旗杆一对（10 年前被盗走一根，现仅存一根）。

上旱康村林丰竹茂，溪流清澈，环境优美，2012 年被龙岩市环境保护局授予“市级生态村”称号。

雕龙旗杆

表 22-11　上旱康村历任村干部名单

名称	姓　名	职　务	任职时间	名称	姓　名	职　务	任职时间
党支部负责人	严荣钦	书　记	1975—1978	大队、村委会负责人	严振华	大队长	1975—1984
	严上松	书　记	1978—1981		严振华	主　任	1984—1988
	张培山	书　记	1981—1991		严荣钦	主　任	1988—1991
	张喜贵	书　记	1991—1994		李宝生	主　任	1991—1994
	严兴荣	书　记	1994—2003		严振华	主　任	1994—2000
	严富崇	书　记	2003—2013		严瑞文	主　任	2000—2003
	严建辉	书　记	2013—2018		严富南	主　任	2003—2006
	严金传	书　记	2018—		严瑞文	主　任	2006—2012
					严富南	主　任	2012—2015
					严金传	主　任	2015—2018
					严金传	主　任	2018—

第十二节 下早康村

下早康村位于白砂镇西北部。村部所在地北纬 25°10′38"，东经 116°32′53" ,村部海拔 390 米。全村南北最大长度 13500 米，东西最大宽度 11200 米，距离集镇约 10000 米。东与上早康村接壤，北连旧县镇石院村和扁山村，西与旧县镇新坊村毗邻，南连碧砂村。村内地势呈中间低洼四周山丘连绵形状，315 县道穿村而过。

下早康村历史悠久，商周时期就有人居住耕作。据上杭县文物普查资料，大埔头袁姓祠堂门口有两对清代的石雕旗杆，小游严姓祠堂门口有一对清代的石雕旗杆，至今仍然矗立于斯。

建置沿革。宋元时期，下早康村境域隶属鳖沙里；明清时期隶属白砂里与上早康村，统称“枣坑”。民国二十五年(1936 年）隶属第四区新坊乡。新中国成立后，1957 年，隶属白砂区新坊乡；1958 年 10 月隶属旧县公社；1965 年 4 月划归白砂公社管辖，称为“早康” （上早康称为“上康”）；1969 年，早康、上康合并为早康大队；1975 年，早康大队分为上、下早康两个大队；1984 年 9 月改为下早康村。2017 年，下早康村由大埔头、排下里、顶头岗（罗屋）、孔背乾、石螺角里 (小游)、富角塘里、培前墩上 7 个自然村、15 个村民小组组成。全村 303 户，总人口 1192 人。耕地面积 834 亩，山林面积 16225 亩。

旗 杆

下早康村有五姓杂居。严姓由被称为严姓入闽始祖的严天庠（养）次子流昂的第四子大八郎，于长汀万福村迁徙到永定长流孔夫，后迁至鳖沙里枣坑（今早康）村开基，已繁衍至廿七代，人口占 56%。袁姓是明正统年间（1436—1449 年）袁再兴由江西宜春袁州府罗墩李屋背进入福建，经宁化石壁迁入上杭，初居白砂里牛屎坪（今旧县镇尧甫村)，旋迁白砂里大全乡上都七甲（今白砂镇下早康村大埔头自然村)，肇安大埔头，为该村袁氏始祖，已繁衍廿三代，人口占 31%。罗姓由二世祖罗文达四子念四郎于明弘治年间（1488—1505 年）到下早康顶头岗开基，已繁衍廿一代，人口占 7%；吴姓由吴得清三子吴九郎，于元泰定年间（1324—1327 年）到大埔头开基，至今已繁衍廿八代。还有一户郭姓。曾居住赖姓、张姓，后消失。

村部变迁。1975 年从原早康大队分离出来后，下早康大队部设在排下自然村的水竹垄五谷庙里，1990 年搬迁到原“下早康初小”所在地（胡楼岗上)，占地 235 平方米。2016 年，村两委筹集 24 万元资金把破旧的村部进行翻新装修，屋面盖上琉璃瓦，里面配齐办公设施，进行内坪绿化。2017 年，筹集 15 万元资金在村部内建设“幸福院”，配有老年人的娱乐设施和休息室。同年，在二楼阳台上架设了光伏发电设备，每年可为村财带来3.5万元的经济收入。

村　部

下旱康村具有光荣的革命传统。民国十八年（1929年）6月8日，毛泽东在旱康严氏宗祠主持召开红四军前委扩大会议，史称“旱康会议”。同年7月底，朱德在旱康严氏宗祠召开红四军前委扩大会议。其间，旱康在红四军的帮助下，开展了轰轰烈烈的土地革命斗争。红军曾数次驻扎在下旱康，其间，书写了大量的宣传标语。今孔背乾旧屋（严文义家）墙壁上还清晰保留着几十条红军标语，为白砂红军标语保存数量最多、最好的一处。红军主力北上抗日后，后方游击队经常以下旱康为据点，开展对国民党反动统治的斗争，其中七支队支队长李国栋（新中国成立初任旧县区区长，被土匪谢友标部杀害）就长期秘密住在大埔头袁成章家开展革命工作。新中国成立后，下旱康被评为革命烈士的有33人。

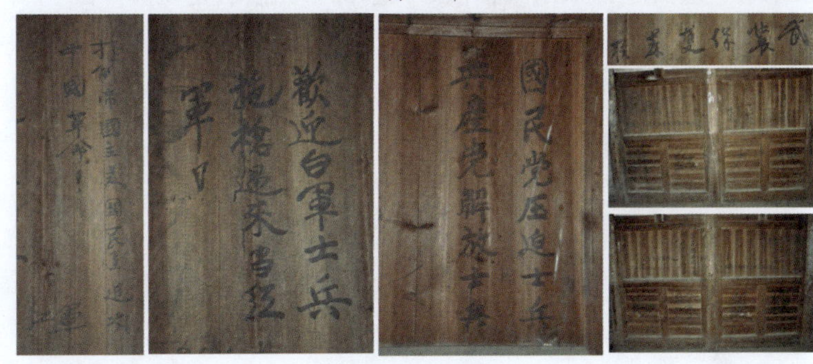
红军标语

下旱康人崇文重教，人才辈出。明清时期，在偏僻的山窝里就设有许多私塾，现在人们还流传着蕉坑书堂、横岗寨书堂、书堂窝里等。排下自然村，由清代严奋达创办的私塾“介石书屋”旧址门牌至今依然耸立。新中国成立后办有“下旱康初小”“大全教学点”，1969年与上旱康合办“旱康小学”，直至2007年改为“旱康初小”。下旱康人才辈出。清代，严棠，道光三十年（1850年）岁贡进士。袁柏春（大埔头袁氏祠堂门口旗杆主人），咸丰年间（1851—1861年）例授县丞。袁琪恭，同治年间（1862—1874年）例授岁进士。袁秀峰，清光绪年间（1875—1908年）任守御所千总（大埔头袁氏祠堂门口旗杆主人）。严廷中，光绪九年（1883年）榜武进士，历任贵州安南营都司，归化营游击，黎平府参将，古州府副将兼摄总兵，民国时期任古州府统领官。新中国成立后，有副处级干部一人，科级干部6人，少校2人。硕士4人，副研究员1人，高级工程师1人，高级经济师1人，中学高级教师2人，小学高级教师4人，工程师1人，政工师1人，护师1人。为了鼓励多出人才，1996年，与上旱康、碧砂联合成立教育基金会——严集兴碧康联合教育基金会，到目前有基金23万元。每年将利息用于奖励三个村考上本科（含本二）的高中毕业生和考上上杭一中、二中的初中毕业生。21年间，共奖励376名学子。

基础设施逐步完善。下旱康村共有桥梁7座，方便旱康溪两岸靠山而居的村民交通。发源于高山的旱康溪穿村而过，经九曲溪汇入汀江河。这条溪承载着800多亩地的灌溉和1000多人的生活用水，村民利用水的落差修水圳灌溉农田。长期以来，村民的粮食加工主要靠米舂、水碓，20世纪70年代以前，下旱康村有7座水碓，石磨30多座。20世纪70年代，排下自然村在石螺角里修建一座陂头，开挖一条2公里长的水圳，建了一座集发电和碾米加工为一体的发电厂，方便周围群众的粮食和农产品加工。到90年代末期，这座小型电站才结束它的使命。大埔头到古楼岗的灌溉水圳大约3000米长，它始建于20世纪60年代，以后逐年维修。1977年，开始修建旱康有史以来的第一条简易公路，开始只开到岭下里寨嘴子上，以后逐步修建到大埔头古楼岗。1986年，在这条公路的基础上开通了白砂到旧县的“旧白公路”。1999年“旧白公路”进行全线拓宽改造硬化，如今9米路面的水泥公路穿村而过，昔日偏僻的小山村如今交通发达，彻底改变了以往荒僻闭塞，粮食、货物的运输靠走 10 多公里山路肩挑的落后局面。2005 年开始，逐年对各自然村的主干道进行硬化，如今村民一出门就是水泥道，过去肮脏泥泞的乡村小路已成历史。照明加工、人饮工程逐步改善。长期以来，村民的照明都是靠松明、竹火，新中国成立后有了煤油灯、蜡烛，20 世纪 60 年代学校用的是汽灯。1984 年，结束油灯火烛照明的历史，联合新坊、碧砂、石院、上旱康等村，历经千辛万苦从旧县变电站接来电源，开始使用电灯照明，但是并不稳定。2015 年，随着白砂 35 千伏变电站的建成运行，实现了照明、加工、家用完全电气化。2009 年冬，全村的主要村道都装上了路灯，现在全村共有 150 盏路灯，一到晚上明亮如昼。20 世纪 70 年代，把原来上、下旱康合建的旱康电站（地点在上下旱康交界的岭下里）改建成一座小型纸厂，纸厂排出的废水污染了整条下旱康溪，村民饮用水都靠自己出资从附近的山坑里接山泉水。1998 年，村两委筹集 7 万余元，在鸭麻窠建了一座 100 立方米的蓄水池，全村铺设了水管，缓解了饮水困难，但冬天水源小无法满足供应。2014 年，村两委又投入 4 万余元，把另一水源的泉水注入该池，随着用水量的增大，还是供不应求。2016 年，村两委再次筹集 28 万元，在蕉坑建了一个 50 立方米的过滤池和一个 110 立方米的蓄水池，铺上管道，解决排下、罗屋、大埔头三个自然村的饮水问题。现在村民基本都能用上自来水。

农村经济结构。长期以来，下旱康以农业和造纸为主要产业。下旱康属亚热带季风气候，地处中低丘陵，土地肥沃，灌溉便利，植被丰富，十分适宜种植各种农作物。长期以来以种植双季水稻为主，间作地瓜和大豆，旱地主要种植焦芋、木薯。20 世纪 80 年代后，农业结构发生很大改变，由原来的双季稻种植改为烟—稻种植，部分农户租用农田种植大棚香菇。21 世纪开始，实行土地承包流转，大面积种植经济作物，如今田里种植的是罗汉果、百香果、玉米、辣椒、槟榔芋、烟叶、生姜，自给自足的“吃饭农业”逐步向市场经济条件下的商品农业转变。土地流转衍生了许多富余的劳动力，全村大部分的青壮劳力外出务工，主要从事电子技术、电信设备、制衣、木工和建筑等行业，村民的钱袋子逐渐丰富起来。“靠山吃山”是明清以来村民一直信奉的“生财经”。20 世纪 50 年代以前，几乎每个自然村都有一到二座“纸寮”，也有一到二座专门用于碓“竹麻”（造纸的原料，用石灰把嫩竹沤烂，当地人称为“杀竹麻”）的水碓。上半年备料，下半年造纸，圩天就把草纸挑到集市上收购。20 世纪 50—70 年代，“割松脂”也是部分村民的主要经济来源。改革开放后，农村经济得到较大发展，利用农田种植食用菌和各种经济作物，办养鸡场、养猪场，规模养羊、养牛成了下旱康新的经济产业。21 世纪以来，涌现了许多年轻的创业者，他们有开服装厂的，有从事电商的，有承包电信工程的，农民的生活越来越富裕。2017 年，全村人均纯收入 18196 元。

随着经济发展，农村面貌发生质的改变。原来低矮潮湿的泥木结构房屋，逐渐由砖木结构和框架结构的高楼大厦所代替，近几年甚至出现了乡村别墅。80%的农户有了小汽车，高档的家用设备几乎家家都有。大埔头自然村通过村民集资建起乡村公园，舞台、音响设备、健身器材、篮球场、乒乓球桌、儿童娱乐等设施齐备，每逢节日都会开展一些娱乐活动或体育活动。2016 年开始，大年初一开展全村大团拜活动，搞得有声有色，社会主义新风尚蔚然成风。小游自然村也建了篮球场，里面配有健身器材。

下旱康大埔头聚居袁吴郭三姓，村中有一丛同根三株的香樟树，树龄已超过 110 岁，它们象征着袁吴郭三姓居民百年共生不相离。

下旱康村竹木资源丰富，溪流清澈，环境优美，2012 年被龙岩市环境保护局授予市级生态村称号；1994 年，被中共上杭县委、县政府评为先进村；2017 年，被中共上杭县委、县政府授予第十二届文明村称号。

大埔头香樟树

表 22-12　下早康村历任村干部名单

名称	姓　名	职　务	任职时间	名称	姓　名	职　务	任职时间
党支部负责人	吴松标	书　记	1975—1980	大队、村委会负责人	严其华	大队长	1975—1978
	严贤隆	书　记	1980—1984		严井金	大队长	1978—1982
	严宜椿	书　记	1984—1988		严其华	大队长	1982—1984
	严海先	书　记	1988—1994		严井金	主　任	1984—1988
	严相隆	书　记	1994—1997		袁成梧	主　任	1988—1989
	严井金	书　记	1997—2000		严井金	主　任	1989—1991
	严华春	书　记	2000—2003		严俊玉	主　任	1991—1997
	罗庆富	书　记	2003—2004		严贵福	主　任	1997—2000
	严标隆	书　记	2004—2006		罗庆富	主　任	2000—2003
	严本隆	书　记	2006—2018		严本隆	主　任	2003—2006
	袁长荣	书　记	2018—		严其波	主　任	2006—2009
					严南春	主　任	2009—2015
					严宜红	主　任	2015—2018
					袁长荣	主　任	2018—

第十三节 碧砂村

碧砂村位于白砂镇的西北部，村部所在地北纬 25°9′50″，东经 116°32′23″，海拔 400 米，东接丰源村，南连官洋、茜黄村，西与旧县镇新坊村为邻，北与下旱康村接壤。2017 年，全村总面积 8838 亩，其中山林 8278 亩，耕地 462 亩，村庄面积 98 亩。辖碧砂和大路下两个自然村，均为革命基点村，现有 5 个村民小组，142 户 571 人。

碧砂初时称鳖沙坑。宋元时期隶属鳖沙里，明清时期隶属白砂里，民国二十五年（1936 年）隶属第四区新坊乡。新中国成立后，1965 年 4 月划归白砂公社管辖，和大路下、上甲源三个自然村合为一个大队，叫“碧源大队”。1975 年，从碧源大队分离出来，与大路下单独设立“碧砂大队”。1984 年 9 月改为碧砂村。

县治遗址之石门框、土墙

碧砂村历史悠久。唐末宋初，鳖沙已初具规模。宋至道二年（996 年），上杭县县治由秋梓堡（今永定高坡北山）迁入鳖沙，使鳖沙一度成为上杭县的政治、经济、文化中心。县治设在鳖沙仅至咸平二年（999 年），时间虽短，但昔日的风韵犹存。“千年古邑”成为今碧砂的一张亮丽名片。宋元时期，今白砂镇、蛟洋镇大部分地区所隶属的“里”，以“鳖沙”命名，称“鳖沙里”。到明洪武十四年（1381 年），“鳖沙里”才改称“白砂里”，这足以说明当时鳖沙经济社会发展的知名度。

鳖沙坑原有陈、杨、罗、尚、王、张、刘、卢等姓氏，丁姓最后迁入。丁十二四世孙丁三七郎生子四二郎、四五郎；四五郎妣阙氏，生一子四九郎，一家三口从上杭城里迁白砂碧砂村开基。如今已繁衍至廿九代。卢氏原居住鳖沙坑，丁姓搬来后迁至大路下。其他姓氏也逐渐外迁。因此，今碧砂坑聚居丁氏，大路下聚居卢氏。2017 年，丁姓 125 户 553 人，卢氏 9 户 39 人。

碧砂村具有光荣的革命传统，新中国成立后，碧砂被评为革命烈士的有 21 人。碧砂人民为中国革命的胜利和新中国的建立付出了重大牺牲，做出重要贡献。碧砂，留下毛泽东等老一辈无产阶级革命家的征战足迹。民国二十一年（1932 年）4 月 7 日，毛泽东由上杭抵达碧砂，与红军东路军一军团领导人会合，并在“育英学堂”开会。同年 6 月初，毛泽东和叶剑英率攻打漳州后胜利回师的红一军团驻碧砂“德馨堂”等处。苏区建设方面。民国十八年（1929 年）红四军攻打白砂取得胜利后，碧砂人民积极响应举旗暴动，广大劳苦大众组织起来，开展打土豪、分田地的斗争，建立苏维埃政权。同年 9 月 20 日，碧砂赤卫队队员几十人参加了红四军攻打上杭县城的战斗，他们运送弹药、抢救伤员，配合红军打仗。丁贵林担任新坊乡苏维埃政府（简称乡苏）主席（暴动后碧砂划入新坊乡）。民国十九年（1930 年）又单独成立碧砂乡苏维埃政府，丁曾元、丁养清都当过乡苏主席。丁堂庆担任过旱康乡苏主席。为繁荣市场、粉碎国民党反动派的经济封锁，合理调剂粮食、保证军需民用，在桥角头设立粮食合作社，由丁仁美负责；创办消费合作社，由丁裕钦负责。还成立豆腐合作社、杀猪合作社。扩大红军方面。为巩固和发展革命根据地，碧砂村掀起一次又一次的扩红热潮，出现父送子、妻送郎、兄弟当红军、夫妻当红军的动人情景。丁敬修、丁志扬，丁志彭、丁志诚，丁志涛、丁志松，丁文修、丁志奎，丁庆城、丁庆林都是兄弟当红军；丁进修、邓凤金，卢广秀、邓来金是夫妻双双当红军。参加了中央苏区第四、第五次反“围剿”和二万五千里长征，1961年晋升为少将、曾任成都军区副参谋长等职的丁甘如（参见本志人物章），参加了二万五千里长征，曾任陕西省水产厅副厅长等职的丁麟祥（参见本志人物章），均于民国二十一年（1932年）参加红军。民国二十二年（1933年）6月1日《红色中华》报道了碧砂村李银秀鼓励老公当红军的先进事迹，称赞她为“呱呱叫的模范女性”。设立红色交通站。民国二十年（1931年）10月，党中央秘密派闽西特委委员兼军委书记卢肇西到碧砂，成立红色交通站，站点设在村桥头“丁正昌号”商铺，丁昌双为负责人。该站成立后，经常为红军、游击队和苏区运送物资、传递情报、护送中国共产党和红军的领导人安全到达目的地（参见本志第八章第一节四目苏区交通·交通站）。此外，被闽西苏维埃政府主席张鼎承称赞为“土窝窝里飞出的三只金凤凰”的邓来金、邓凤金、邓六金，其中邓来金、邓凤金都嫁到碧砂并从这里走上革命道路。红军主力长征后，碧砂人民出生入死支持红军游击队，涌现出曹玉金、卢尚荣夫妻，丁德通等典型人物。

碧砂村自然条件优越，气候温和，土地肥沃，灌溉便利，适宜种植各种农作物。长期以来，以种植双季稻为主，间作地瓜、大豆、高粱、玉米。改革开放后，碧砂是最早开始农业结构调整的行政村之一。1984年，丁德珍、丁成蕃和丁崇蕃开始种植袋栽香菇，成立全县第一家食用菌菌种场。1990年，在全县最早引进竹荪和猴头菇种植。进入21世纪，通过土地平整，推进土地流转，促进种植业、养殖业规模经营。2006年，丁爱民在寨角里建设养猪场，年出栏生猪1200余头；2016年，成立德馨堂农庄，改养土鸡和鱼。丁德珍成立梅花山养蜂合作社，养蜜蜂200多箱，年产蜂蜜1500公斤。丁来蕃和丁德荼在李抚坑口和牛牯丁背建设森宝养鸡场，年出栏肉鸡20多万羽。此外，丁兆蕃、丁怀兴、丁美蕃和丁富蕃等亦建养殖场，养有土鸡、番鸭、蛋鸭和黄牛等。种植结构也由原来以双季稻种植为主发展到现在成片种植玉米、地瓜、生姜、百香果、烤烟、槟榔芋等。2017年，丁凤翔成立合作社，种植甜叶菊100余亩。至2017年，全村大部分土地流转到小部分在家农民手中用于种植经济作物，富余劳动力都外出务工、经商，农民收入大幅提高，当年人均纯收入17325元。

碧砂村基础设施不断完善，村民生活水平不断提高。几乎家家都把泥木结构的房子换成了砖混结构或框架结构的楼房，有的还盖起了乡村别墅。全村有小汽车102部、面包车8部、龙马车2部。电力设施方面，1970年建设村级水电站，可以发电、农产品加工、锯木板。1978年，大路下也建有小水电站。1985年从旧县接来高压电使全村开始走进了电气化。2007年全村安装了路灯，2014年又安装40盏太阳能路灯。水利设施方面，先后建有大山陂水坝、大园里水坝、油煌坑口水坝、丁背水坝、大溪湖水坝、小溪坑水坝、塘下陂水坝、天后宫水坝、黄屋坑水坝和竹子头背水坝以及跟水坝配套的水渠。2012年开始建设防洪堤，至2016年完成关山背水坝至塘下陂段两边的防洪堤、漫步道；2017年建桥角头到隔溪口两边防洪堤。交通设施方面，1974年，通过村民投工投劳，开通碧砂至官洋圆敦前的机耕路，买了手扶拖拉机一部，开始机耕和化肥粮食的运输。1987年“旧白公路”开通后，接通从古楼岗至碧砂村的公路，林业资源得到开发。1989年，公路开到大路下；1995年，和丰源村上甲源接通，使碧砂的出入口增加到两个。1997年，通过村民捐款和投工投劳，硬化晒谷场至学校段路面。1999—2007年，先后硬化天后宫至晒谷场和学校至德清门口路段、古楼岗至关山坪道路、关山坪至天后宫道路、德清门口至丰源道路，实现丰碧线7.5公里全线路面硬化。2012年，实施关山背土地平整项目，把原往官山坪的进村道路改由天后宫旁边直通，并将路面宽由4.5米扩大到6米。2014年，硬化从古楼岗至康林纸厂路段，除新屋下至小溪坑路口段外，全部扩宽至6米以上。1984—2016年，先后建桥角头石拱桥、大路下大园里桥、大连坝公路桥、小溪坑桥、小坝里桥、唐下陂桥、天后宫门口新桥、石子咀头桥、坝心里大桥、下关山背桥、梅子树对面桥和丁背桥。1987年，将建于清乾隆三年（1738年）的“葺巩桥”桥面硬化变为公路桥。人饮工程方面，2004年，由40户村民合资从梅子坑接来山泉水，在高真背建50立方米储水池；2005年，由村委会补助收归村集体所有，供全村用水。2009年，又从石门坑接来第二水源，在百子段上建50立方米储水池并与原主干水管接通；2010年，大路下从曹斗坑接水建30立方米储水池供大路下村民使用。2013年，又从红菇山接来第三水源，并入高真背储水池。2005年始，全体村民喝上了安全卫生的自来水，且全村用水全部免费供应，维修保养由村委会负责。文化娱乐设施方面，2012年始，投入68万元，在村水口建起一座面积10000平方米的碧砂公园。公园按东南西北分别设景，中间为大广场。碧砂公园和天后宫连成一体，构成一幅“小桥流水、池塘水车、亭台楼榭、妈祖雕像、丹桂飘香、森林人家”的美丽画面，成为碧砂的又一大亮点。

碧砂村崇文重教，耕读传家，文化底蕴深厚，历代人才辈出。民国十四年（1925年），在福星厅创办育英学堂，时任校长丁焕美（字国光、号更清先生）。1950年，碧砂开设初小，校址在今村礼堂。1965年改为碧砂小学，1973年到1981年升格为完小，1981年后又改为初小直至2007年撤销。1973年，大路下基点村在上级的关心下建教室一间，1975年开始办教学点，1977年撤销并入碧砂小学。清代丁开伦等两人中举，丁双瑞封为五品武功将军，夫人封为诰命夫人。考上秀才者多人，其中丁焕美一家三代出了四个秀才，碧砂被称为“书香之村”。改革开放后，考上大学的有100多人，获博士学位4人、硕士学位8人，其中丁福源和郑雅允为夫妻双博士，丁新蕃一家三硕士。全村涌现出少将丁甘如、丁麟祥，空军某部特设部主任（副师级）丁德升，全国十大杰出青年、公安部一级英雄模范、全国特级优秀人民警察、全国三八红旗手丁榕，获最美通信人、践行五种文化十大人物奖、电信全国劳动模范丁松蕃，厦门白砂商会创会会长、上杭厦门商会副会长、民营企业家丁华等优秀人才。现有中小学高级教师14人，大学讲师4人，高级工程师5人。

碧砂村文物古迹主要有；宋代上杭县治遗址、碧砂天后宫、葺巩桥，红色交通站旧址，县文物保护点古民居德馨堂等。其中始建于清雍正八年（1730年）的碧砂天后宫，占地800多平方米，坐西北朝东南，三层，楼高10米，气势宏伟，庙侧两旁的龙虎山相向朝拱，山上苍松拥翠，清溪碧水，环宫而过；乾隆八年（1743年），派人前往湄洲岛妈祖总庙迎来香火，举行盛大的妈祖入庙升殿仪式；光绪二十七年（1901年）重建上梁。2009年，集资35万余元进行全面维修。2013年1月，碧砂天后宫被公布为省级文物保护单位。

碧砂村两委团结协作，具有开拓创新精神，带领全村人民奋力拼搏，取得令人瞩目的成绩。该村1993年被福建省人民政府授予“明星村”光荣称号。2007年始，每年都被县政府评为“信用村”；2010年，被上杭县授予“绿色村庄”称号；2012年，被福建省环境保护厅命名为“省级生态村”；2012年、2013年，被上杭县人民政府评为“平安和谐村”；2014年，被龙岩市政府授予“独立自主建设的美丽乡村”和“千村整治百村示范建设项目村”称号。村党支部2014年被中共上杭县委授予“先进基层党组织”称号，2017年被上杭县委评为“先进党支部”。

村部

表 22-13 碧砂村历任村干部名单

名称	姓 名	职 务	任职时间	名称	姓 名	职 务	任职时间
党支部负责人	卢广善	书 记	1960—1961	大队、村委会负责人	丁如蕃	大队长	1960—1961
	丁如蕃	书 记	1961—1965		丁礼蕃	大队长	1961—1965
	丁志万	书 记	1965—1984		傅宝珠	碧源大队大队长	1965—1975
	丁德标	书 记	1984—1991		丁立铭	大队长	1975—1978
	丁成蕃	书 记	1991—2000		丁德标	大队长	1978—1981
	丁德标	书 记	2000—2006		丁德清	大队长	1981—1984
	丁德清	书 记	2006—2009		丁志钦	主 任	1984—1985
	丁德河	书 记	2009—2018		丁志言	主 任	1985—1987
	丁爱民	书 记	2018—		丁成蕃	主 任	1987—1991
					丁德珍	主 任	1991—1994
					丁凤辉	主 任	1994—1995
					丁德标	主 任	1996—1997
					丁录蕃	主 任	1997—2003
					丁何蕃	主 任	2003—2006
					丁永荣	主 任	2006—2009
					丁爱民	主 任	2009—2018
					丁爱民	主 任	2018—

第十四节 大田村

大田村位于白砂的西南部，东接梧岗、梧田、塘丰村，南连大金村，北邻大科村，西靠官洋村，村部所在地海拔 450 米，北纬 25°6′30″，东经 116°34′30″。全村由大岃头、上坑、山下里、沙前、社背、大水坝、裕坑里、土楼里、篮球坪、罗屋桥头、沈屋、小村 12 个自然村组成，其中大岃头于 2010 年实现整村自然搬迁。2017 年，全村共有 15 个村民小组，408 户 1543 人。耕地面积 1816 亩，林地 4248 亩（其中竹林面积 1500 亩），森林覆盖率 65%。白洋、茶白公路和大田溪穿村而过，大田村距镇政府 4 公里，距国道 358 线和上蛟高速公路白砂互通仅 1 公里，交通十分便利。

大田村有刘、温、曾、沈、冯五姓聚居。土楼里、篮球坪、罗屋桥头、小村的刘姓，是明代（具体年份不详，下同）刘乾一之长子千九郎迁到白砂田地坑开基，迄今有 600 多年，已繁衍至第 28 代。山下里的刘姓，始祖为源善，明代迁入山下里开基，至今繁衍到 23 代。上坑和沙前的温姓，于明代茶地乌龙隔的七三郎长子迁到田地坑上坑开基，迄今约有 600 年，已繁衍至 26 代。大岃头的温姓，在明代茶地沂溪的十七世大聪润长子迁到田地坑南沙塘开基，迄今也有约 600 年历史，今繁衍至 36 代。社背和大水坝曾姓的开基祖，是万二郎下传七代五十四派宗德在南宋绍兴年间（1131—1162 年）迁入的，今繁衍至 25 代。裕坑里的曾姓，是大金村下坪崇贵户房下传四代五十四派琮相迁入的，今繁衍至 23 代。沈屋的沈姓，是蛟洋村沈崇福明代迁到田地坑开基的，至今繁衍至 18 代。冯姓何时从何地迁入待考。

1957 年，大田和大金、扶福成立大田高级社。1959 年，成立大田大队，隶属白砂公社，大金、扶福归属大田大队管理。1961 年，大金、扶福分离大田大队，分别成立大金、扶福大队。1984 年，大田大队改为大田村民委员会，隶属白砂乡。1993 年隶属白砂镇。

大田村人文历史悠久，古文物甚多。清嘉庆十六年（1811 年），在村中宫角利建有一座永丰宫（仙师宫）。1967 年，“文化大革命”时期被拆除。1995 年，村民自发集资重建永丰宫。宫中共有 10 间堂房，占地面积约 800 平方米。永丰宫壮观肃穆，香火旺盛。大田村中有两口古井，一口为篮球坪古井，建于清代，在村部附近约 30 米的公路旁边，圆形，石块结构，井面周边铺砌条块石，井口直径 1.5 米，井深 2.2 米。井水清澈甘甜，冬温夏凉，雨天井水从不浑浊。古井附近的一些居民至今仍在饮用这口古井水。另一口为小村古井，建于清代，井口径 0.85 米，井深 2.4 米，水质清甜。20 世纪 70 年代以前，大田村还保留 20 座规模宏大的古民居。其中，篮球坪刘姓的积庆堂，除居中正厅外，左右两边共有 4 排横排屋，共有天井 5 个，36 个房间。20 世纪 70 年代，还居住 8 户人家。村境内有三座古亭，分别为入村口的重光亭、罗马甲的修竹亭和老鸦岭的老鸦岭亭。这三座古亭均属骑路亭，砖木结构瓦屋面，在 20 世纪 80 年代拆除。在罗屋桥头，至今还保留着原上杭至龙岩的古驿道遗址。

大田村重教兴文，人才辈出。清代，在永丰宫办有私塾，宫内“为生童课文之所”（《上杭县志》）。民国三十五年（1946 年），在刘氏中心祠堂创办“贤里国民学校”。1950 年，创办大田小学（公立学校），有一至六年级 6 个班，教师 8 人，首任校长为袁福生（上杭城关人）。1975 至 1980 年，大田小学附设有初中班，最多学生的时候达 300 人以上，教师 20 人。20 世纪 90 年代，为迎“六项督导”和“两基”验收，村里把泥木结构的校舍改建为砖混结构的校舍，还建了运动场，砌了围墙校门。村里靠多种渠道集资，投入了几十万元的经费，改善学校的办学条件。旅台乡亲刘炎乡捐资 5 万元，建学校大门和围墙。经过几年的努力，1997 年大田小学建成符合上级规定办学标准的完小，顺利接受并通过市县的评估验收。由于生源的减少，2005 年大田小学改为大田初小，2006 年改为教学点，只有一、二年级和幼儿班。

明清和民国时期，大田村有众多的监生、贡生、秀才。据族谱记载，任过七品官以上的有 9 人，其中清代刘函贤恩授军功五品，刘遐山恩授营千总，敕封武略骑尉晋秩都司，刘仁山恩授布政司。新中国成立至今，大田村约有200位大学生，博士生2人，获得中级专业技术职称14人，获高级专业技术职称13人(其中包括福建师范大学教授温祖荫)；有科级和营级干部24人，处级干部和大校军衔各1人，厅级干部2人。

20世纪90年代以来，大田村部分青壮年外出务工创业，有的成为成功的企业家，如曾钟生在深圳创办“高智成科技发展有限公司”，刘文基在深圳创办“佳成信纸品包装有限公司”，温朝辉在龙岩创办“福建省创杰贸易有限公司”，刘辉松在厦门创办“厦门铸造有限公司”。

大田村民间文艺历来比较活跃，20世纪50年代，村里新组建大田乐队，逢年过节，在村里表演节目，入户“开天官”。1967—1973年，成立大田文艺宣传队，排练演出打船灯和“革命样板戏”(《红灯记》《智取威虎山》《沙家浜》)等节目。文艺宣传队除在本村演出外，还到各村甚至到泮境演出。20世纪80年代以前，大田村有木偶戏班，班主为刘宝生。著名的木偶艺人刘金寿，参加过北京、香港、厦门、广东等地演出，得过大奖。2012年，刘金寿被上杭县委、县政府表彰为首届优秀人才，担任上杭县客家木偶艺术传习中心木偶戏传承教练。

大田村民注重种养致富。大田村土地肥沃，水利灌溉方便，阳光充足，粮食连年丰收，是白砂粮食主产区之一。20世纪70年代，大田村就开始种植烤烟，在白砂域内是最早种植烤烟的大队(村)。1995年以后，烤烟种植面积进一步扩大，年均面积500亩，成为白砂种植烤烟的主要村之一，也成为村民经济收入的重要项目。1963年，大队(村)就开始办起鸭苗厂，孵鸭苗销往茶地、泮境、蛟洋等市场。从此，大田村年年孵化鸭苗销往外地，成为远近闻名的“鸭苗村”。2015年，大田村成立种鸭养殖专业合作社，有专业养鸭12户，共年养殖番鸭、山麻鸭、种鸭等3.5万羽；有鸭苗孵化厂6户，年产鸭苗270万羽，鸭苗远销广东、湖南、江西等省。2016年，种鸭(苗)养殖合作社产值达600多万元。20世纪80年代开始，家家户户养殖5头左右的生猪，有的户还养殖多头母猪。有部分青壮年看见了商机，做起贩运生猪的生意，在当地收购生猪，运到漳厦泉和广东等地销售，成为白砂闻名的生猪贩运村。当年贩运生猪的专业户，到了21世纪成为养猪专业户，户均养殖生猪百头以上。2016年，还有5家大型养猪专业户，全部做好环保设施。2002年，村里办起一家木沙发厂，专门生产木沙发的各种部件，生产程序靠电脑操作。沈屋和大岃头两个自然村能工巧匠多，有的会做火笼，有的会弹棉被，有的会腌制牛皮，有的会做米筛等竹器。全村20户人家，几乎每家都有一门勤劳致富的手艺。

大田村人搞建设历来力争上游。1957年修建杭郭公路，大田村组织青年突击队，在最艰难的地段施工。1971年，联合大金村，组织青年人自己设计、自己施工，利用溪中水源，在小村水口砌坝开渠，修筑1000米的水渠，在小村水口建造一座小型水电站。大田村第一次用上了电，结束世代用油灯、竹篾火把照明和人力砻谷踏碓的历史。1977年，建土木结构的大队部办公楼；2007年，拆除旧村部，在大队部原址新建一座功能齐全砖混结构的村部大楼。1978年，开通省道308线至村里的沿山公路。1992年，开通白(砂)泮(境)公路的大田路段。1998年，村境内4公里长的公路，全程铺上4.5米宽的混凝土路面。2016年，将村境内公路全程拓宽至6米并重新铺上混凝土，大田村的

鸭苗孵化厂

交通状况进一步改善。2016年，建大田公园和灯光球场，安装300多盏路灯；2017年，建村幸福院。

大岃头自然村离村部和省道各有2.5公里，交通不便，是大田村最偏僻的一个自然村。1988年，村民温开祥在大科村境内双门石西南边一个叫“游草塘”的山坡上建房居住。之后，陆续有人跟着在此建房。至2000年，全村20户人家全部搬出大岃头，其中16户在“游草塘”建房安居，4户在其附近的“留福山”建房安居。从此，形成一个大岃头新村。

大田村村民逐步过上了小康生活。2017年，全村农村经济总收入2466万元，村财收入194.52万元，农民人均纯收入19389元。家家户户建起砖混或框架结构的新房，部分家庭还在上杭、龙岩、厦门等城市购房，半数家庭有小汽车，每户有摩托车或电动车，部分家庭安装通信网络，家家户户家电齐全，生活实现电、气化，丰衣足食，大部分家庭有余钱存款。

大田村历年来多次受到上级表彰，其中2000年被中共上杭县委、上杭县人民政府授予“文明村”称号。2004年，村党支部被中共龙岩市委评为“龙岩市先进基层党组织”。2015年，被龙岩市政府评为“平安和谐村”。2017年，被中共上杭县委和县政府评为“文明村”。

村 部

表 22-14　大田村历任村干部名单

名称	姓　名	职　务	任职时间	名称	姓　名	职　务	任职时间
党支部负责人	马文林	书　记	1958—1961	大队、村委会负责人	曾传荣	大队长	1958—1960
	刘焕书	书　记	1961—1962		刘卫贤	大队长	1960—1962
	刘永根	书　记	1962—1966		温克明	大队长	1962—1964
	刘德胜	书　记	1966—1968		苏坤祥	大队长	1964—1968
	苏坤祥	书　记	1968—1970		刘　俊	革领组长	1968—1970
	曾纪章	书　记	1970—1974		刘录松	大队长	1970—1975
	刘录松	书　记	1974—1980		温天林	大队长	1975—1980
	温天林	书　记	1980—1985		刘德林	大队长	1980—1984
	刘德林	书　记	1985—1991		温天林	主　任	1984—1988
	刘永辉	书　记	1991—1997		刘长松	主　任	1988—1997
	刘长松	书　记	1997—2006		刘启洋	主　任	1997—2000
	刘荣勋	书　记	2006—2009		刘永辉	主　任	2000—2003
	刘金星	书　记	2009—2012		刘荣勋	主　任	2003—2006
	刘启洋	书　记	2012—2018		刘启洋	主　任	2006—2009
	刘启洋	书　记	2018—		曾育忠	主　任	2009—2012
					曾美香	主　任	2013—2015
					刘胜松	主　任	2015—2018
					刘顺荣	主　任	2018—

第十五节 大金村

大金村位于白砂的南部，东邻塘丰村，南邻扶福村，西面隔“老鸦岭”与军桥村相邻，北连大田村，村部所在地海拔450米，北纬25°5′28″，东经116°34′15″。2017年，全村有8个村民小组，288户1011人。有耕地面积1317亩，林地面积11342亩，森林覆盖率79%。

全村由大坪里、金东山、水竹洋、凹头、凹背、下坪、牛栏科、黄屋8个自然村组成，大金即大坪里和金东山的合称。全村有曾、饶、梁、丘、袁、巫、黄、张8姓聚居，其中曾姓居多。曾姓，明代从茶地陈坑迁到大坪里开基，至今繁衍至24代。饶姓，明代从汀州（今长汀）八角楼迁到金东山开基，至今繁衍到第25代。梁姓，上杭梁氏开基祖梁忠六世梁志善明代从上杭东门迁大金水竹洋开基，至今已繁衍至31代。丘姓，明代从茜黄村迁到凹背开基，至今已繁衍至19代。袁姓，明代从旱康大埔头迁到牛栏科开基，至今繁衍至19代。巫姓，明代从茶地的下科村（巫下科）迁到凹头开基，至今繁衍到第25代。黄姓，明代从稔田镇石碑前迁到黄屋开基，至今已繁衍至第24代。以上7姓，均在明代迁入大金村境内，但具体年份均不详。张姓，何明从何地迁入，待考。

1957年，大金同大田、扶福三个村成立大田高级合作社，隶属白砂乡；1958年，同大田、扶福分离，成立大金大队，隶属白砂公社；1984年改为大金村民委员会，隶属白砂乡；1993年，隶属白砂镇。

明朝，水竹洋梁姓七世祖缘春“从杭州带田公”，后在村中祖祠的左下角建有一座田公堂，以供奉木偶戏神田公祖师爷。水竹洋为木偶戏发源地之一。据1982年调查和统计，木偶戏班在清末民初上杭有86个，白砂有45个，而大金村就有22个。在清代，水竹洋成立了田公会，由24名艺人组成，会期定于每年农历六月二十四日，由此形成一种田公信俗和田公信仰。为保护传承田公信俗及其木偶戏，退休教师梁利忠做了大量的工作，2001年，他被推选为田公堂管委会主任。2007年，成立田公堂木偶研究会艺术团。2014年，水竹洋村中央建有一座700平方米宽（礼堂式）的“田公元帅信俗保护传承中心”。2008年，举办了首届“上杭水竹洋田公堂木偶艺术节暨学术研讨会”，邀请了美国、日本、中国台湾地区、省艺术研究院等国内外专家学者观摩木偶艺术节系列活动，在海内外木偶界产生强烈影响。

传承中心

大金村有众多的寺庙。在村部正对面名叫寨上的山顶上，有一座建于明代末期的寺庙，庙里供奉五谷老仙。在凹头凹背自然村水口的小溪上面，在明代中期建有一座屋桥，桥上面建有一座200多平方米的永兴宫，宫里供奉7尊菩萨，原宫在“文化大革命”期间被拆除，1983年第一次重建（土木结构）。2016年，村民捐资13万元，再次重建为砖墙琉璃瓦屋面的永兴宫，宫中供奉13尊菩萨，并定每年农历六月初六为菩萨生日纪念日。金东山自然村背后的大山上，有一座建于明朝中期的西方庵，建筑面积有650平方米。通往庵的道路铺上水泥路，庵四周群山环抱、树木茂密，是求神拜佛和乡村旅游的好去处。在村西边的一座山顶上，有一座名叫“缘至山”的寺庙，是1991年本村的马梅秀创建的。山脚下上寺庙的道路（约800米）全部铺上混凝土路面，并在半山坡上建有一座八角亭，供香客休息，亭边建有停车场。

民国以前，村里有打龙灯和打香灯的习俗。每年正月初一日上午，龙灯队到家家户户去打龙灯拜年，晚上，香灯队走家串户去祈祷年岁平安、五谷丰登。每年的农历五月初一日，是大金村“扛菩萨”的日子。八月初二日是大金村的丰收糍粑节，出嫁的儿女回娘家“送禾料”。近年来，由于大部分青壮年出外务工，这两个民俗节日越来越淡化。

民国三十六年（1947年），创办民国大金初级小学，建有一座土木结构三间教室的校舍，设一二年级。1953年，建大金初小（公立），设一二年级，一位老师。1968年，在原初小校舍的背后，建一排土木结构的教室（5间），设大金小学（五年制），6个老师。1995年，大金小学改为大金初小，设一至四年级，三个老师。2005年，因生源大幅减少，大金初小撤销，学生到大田小学就读。2013年，村里集资40万元，在原大金初小的校址内新建一座幼儿园，建筑面积783平方米。2015年秋季，招收本村和扶福的幼儿入学，被上级教育主管部门列为公办幼儿园。同年8月，大金、扶福村联合成立“金福奖教奖学基金”，共筹资45万元，用利息奖励两个村的优秀教师和学生。

民国时期，大金村有不少人参加过革命斗争，曾福山任过中共杭武县委书记、新编十八军政委，梁仁辉任过白砂区委书记，曾瑞田任过杭武白砂区苏维埃主席，曾杏园任过中共杭武县委书记，有25位革命烈士。新中国成立后，人才辈出，至2017年，有4个博士硕士生，10个科级以上干部（其中正处1人），中级以上专业技术干部8人。有不少青壮年出外创业，经过多年打拼，成为成功的企业家，如曾传兴、曾传宣分别在广东东莞、福州办企业，成为当地的知名人士。

大金村地势平坦，土地肥沃，适宜种植各种农作物，粮食生产连年丰收。从1992年开始，有农户种植袋栽香菇和烤烟，每年种植的袋栽香菇在10万袋，种植烤烟在100亩以上。2002年，在金东山段搭建8栋种植大棚，种植葡萄和蔬菜。2008年，成立“金色油茶公司”，在金东山村周边的山坡上建设油茶基地，种植1350亩的油茶。2014年开始挂果，每年产茶油150吨，远销全国各地。2014年，在中坪组溪背山坡上用机械整出45亩的新耕地，每年由种植大户承包种植烟、地瓜等农作物。在进村口东边一公里之外的山坳里，村里有人办一座大型养猪场，占地面积约5公顷，生猪存栏数约2.5万头。该猪场完全按环保要求，做好标准的环保设施，确保猪粪尿的零排放。

从2000年开始，大金村就开始规划新村建设。2001年，建了砖混结构三层的新村部。2010年开始，在原金东山林场的位置建金丰新村。到2012年，进村口至村部门前的地段，按规划两边建了新民居，形成了一条约400米长的大金村街。至2014年，有27户居民在新村按规划建了别墅式的新房。至2017年，村部到各个自然村的村道，全部扩宽到4至5米，并铺上15~20厘米厚的混凝土，同时，清除了路障，拆除了路边的干厕、猪舍等破烂房，安装了路灯。全村98%以上的居民户建了砖混或框架结构的新房，80%以上家庭拥有小汽车。2017年，村财收入149.41万元，村民人均收入18307元，大部分家庭有余钱存款，村民基本过上小康生活。

大金村多次荣获上级表彰，其中2012年被评为“县级文明村”。2014年，村党支部评为“县级先进基层党组织”。2015年，获“市级文明村”光荣称号。

村　部

表 22-15 大金村历任村干部名单

名称	姓名	职务	任职时间	名称	姓名	职务	任职时间
党支部负责人	巫银凤	书记	1958—1959	大队、村委会负责人	袁善辉	大队长	1961—1966
	曾志高	书记	1959—1961		邱佳金	大队长	1966—1968
	曾松芳	书记	1961—1963		梁福华	革领组长	1968—1972
	曾炉山	书记	1963—1964		饶定辉	大队长	1972—1983
	廖来娣	书记	1964—1966		曾炉山	大队长	1983—1984
	曾锦山	书记	1966—1969		曾富山	主任	1984—1988
	曾炉山	书记	1969—1971		黄兆荣	主任	1988—1991
	邱佳元	书记	1971—1982		曾富山	主任	1991—2000
	饶定辉	书记	1982—1988		曾纪胜	主任	2000—2003
	饶玉权	书记	1988—1991		曾富山	主任	2003—2006
	黄兆荣	书记	1991—1994		梁永明	主任	2006—2009
	黄兆怀	书记	1994—1997		曾传发	主任	2009—2012
	罗长春	书记	1997—1999		曾天山	主任	2012—2018
	曾富山	书记	1999—2012		曾天山	主任	2018—
	曾传发	书记	2012—2018				
	曾纪武	书记	2018—				

第十六节　扶福村

扶福村位于白砂的最南端，距离镇政府 11 公里，东靠茶地镇，南邻洋境乡的彩霞村，西接洋境乡的孔桥自然村，北邻大金村。村部所在地海拔 440 米，北纬 25°4′56″，东经 116°33′34″。2017 年，全村有 4 个村民小组，129 户 526 人。总面积约 3.8 平方公里，其中耕地面积 646 亩，林地面积 5760 亩，森林覆盖率 83%。

村　部

全村有龚、黄两姓聚居。龚姓的开基祖为明代的龚文旺（六十一郎），至今繁衍至第 26 代；黄姓的开基祖为明代的黄千十一郎，至今繁衍至第二十五代。

民国以前，扶福村为孔礤堡，1949 年改为洋境乡礤下村，1950 年上半年改为礤下乡。1950 年下半年，中国人民解放军闽粤赣纵队第七支队的刘亚励进村，看到村子地形好，有发展前景，是个有福之地，于是建议并改为扶福村。1957 年，划入白砂区大田高级社（大田、大金、扶福）；1958 年，隶属大田大队；1961 年从大田大队分离出来，单独成立扶福大队，隶属白砂公社。1984 年改为扶福村，隶属白砂乡；1993 年隶属白砂镇。

扶福村有光荣的革命传统。民国十八年（1929 年），朱德总司令率领红军从洋境开往白砂，在扶福村中的“阳大伯公”处休整过。民国十九年（1930 年）前后，全村有 30 多人参加了红军或游击队，大部分已牺牲或失去联系，新中国成立后评为烈士的有 7 人。至民国二十四年（1935 年），扶福是太拔、溪口大洋坝至旧县的红色交通要道。村子北部的福安寺，曾接待过红军，疗养过红军伤病员。民国二十二年（1933 年）8 月，红军 71 团在扶福村水口设伏，消灭了从洋境开往白砂的一个连的白军（国民党军）。国民党地方组织以为扶福是个私藏红军的村庄，于是强迫全村人移民。全村人只好白天回村生产耕作，晚上躲到洋境或大田、大金等地居住。

扶福村有较深厚的历史积淀。村水口有一座建于清乾隆年间（1736—1795 年）的古荫桥。荫桥分上下两部分，下部分为跨度 11 米的石拱桥，上部分为 16 米长的廊房建筑，至今保留完整，2016 年被列为县级文物。1970 年以前，白砂的百姓（官将片除外）到洋境，必经过此荫桥。荫桥周边是古树群，东边是场地宽阔、香火旺盛的村石固公王庙，南边是通往洋境彩霞村的水礤，成片高大的古树掩映石礤潭水，构成一副原生态的山村美景。村中央有一对石旗杆，是

扶福荫桥

明代为一位进士而立的。其中一根在20世纪80年代被拉运沙石的卡车撞毁，现存一根，保存完好，连石旗杆顶部的铁旗子还完美无损。清代和民国时期，扶福村人崇尚武术，相当部分的青壮年都会些拳脚功夫，有的还会使用大刀、长矛、棍之类的兵器。1953年，村里成立了由9人组成的舞狮队，聘请蓝溪镇黄潭村的龚荣煌师傅来教舞狮，在学舞狮的同时，也学些简单的功夫动作。清代，村里办有私塾，较有钱人家的子弟可到本村私塾读书。民国三十一年（1942年），在本村“井背”办有一所扶福民国学校，有一二年级。1960年，创办扶福初小，设一至三年级，两个老师，校舍仍在井背。1966年校舍迁到村中央（现村部旁边），并改名为扶福小学，设一至五年级（完小），三位老师。1971年，建一座土木结构的综合楼，楼下为教室，楼上为老师办公住宿。1979年，又改为扶福初小（一至三年级）。2005年，因生源大幅减少，扶福初小撤销，学生到大田小学就读。新中国成立后，黄应生当过最高人民法院刑二庭庭长，科级以上和中级以上专业技术干部5人。

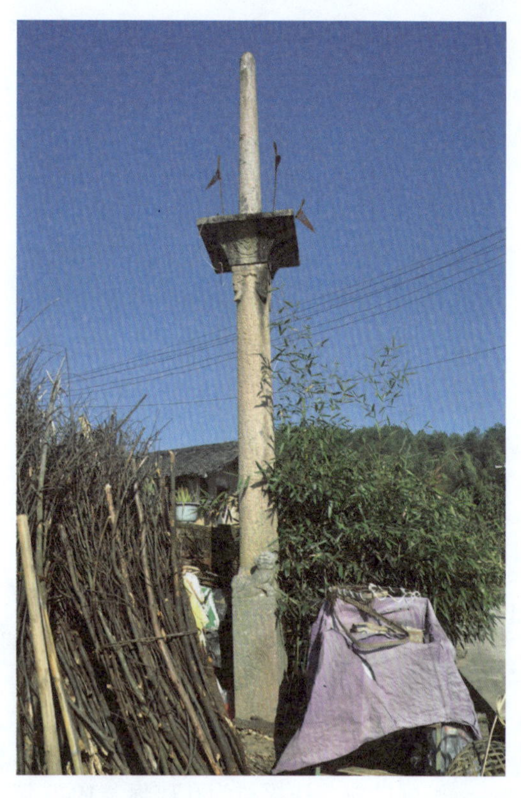

旗 杆

扶福村为一个自然村，地理环境优越，村子呈小盆地状，民居集中，四面青山环抱，地势平坦，一条从大金村境内流出的溪水穿村而过，水利灌溉十分方便，土地肥沃，十分适宜种植各种农作物。1982年以前集体生产时，粮食产量就比较高，属白砂丰粮区之一。农业生产责任制后，农民生产积极性得到极大调动，95%以上的农田种上双季稻，村民的粮食相当丰裕。1992年，有部分农户开始调整种植结构，如种植烤烟、豆类等经济作物，还有人利用农田种植袋栽香菇。20多年来，每年种植烤烟150亩以上，种植袋栽香菇15万袋以上。

扶福村有两户家庭农场。一户是“白叶山计划生育家庭农场”，场主龚梅荣。2011年8月，龚梅荣投资300多万元，在白叶山上建立体种养农场，主要养殖肉兔，品种有乌兔、伊拉兔、新西兰兔，兔舍面积4000多平方米，兔子存栏数在1万只以上，年出栏商品兔20多万只，年产值460多万元。同时，以兔粪作为有机肥料，种植20多亩的三红柚。该场主聘请了两名贫困户员工，并帮扶60户贫困户勤劳致富。另一户是“立斌养殖家庭农场”，场主龚立斌。2009年，龚立斌投资70万元，在硅石矿山上建养兔场。场地面积3300平方米，建有6栋兔舍房，兔子存栏1万只，年出栏商品兔8万只，年产值98万元。场主聘4名贫困户员工，还帮扶一批贫困户脱贫。

扶福村容村貌发生巨大的变化。1998年，村里配合通信部门，在村中建起了移动机站，2003至2015年，修建了3000米长的水渠，还修建了9座桥梁。2005年，建了两处包含蓄水池、过滤池、水管铺设在内的人饮工程，全村人用上了安全清洁的自来水。2007年，村里建起了30千瓦的光伏发电站，每年为村财增收3万至4万元。2013年，接入网络宽带。至2016年，4000米长的村道和2800米长的机耕路，全部铺上20厘米厚的混凝土。2017年，在村部广场上建了260平方米宽的农民健身场所，安装了健身器材，新建了村幸福院。全村98%以上的居民户，新建了砖混或框架结构的新房。村里新房林立，房前屋后植树栽花，村道宽阔整洁。2017年，全村人均收入18050元，村财收入90.34万元。近半数家庭拥有小轿车，村民生活衣食无忧，基本达到小康水平。

表 22-16 扶福村历任村干部名单

名称	姓　名	职　务	任职时间	名称	姓　名	职　务	任职时间
党支部负责人	龚美东	书　记	1961—1979	大队、村委会负责人	龚玉桂	大队长	1961—1979
	龚福芳	书　记	1979—1982		龚荣德	大队长	1979—1982
	龚荣德	书　记	1982—1988		龚春生	大队长	1982—1985
	黄春生	书　记	1988—1997		龚荣德	主　任	1985—1988
	龚福华	书　记	1997—2000		龚秉康	主　任	1988—1994
	龚秉康	书　记	2000—2003		龚增祥	主　任	1994—2000
	龚炳先	书　记	2003—2009		龚荣能	主　任	2000—2003
	龚秉康	书　记	2009—2015		龚林昌	主　任	2003—2006
	龚林昌	书　记	2015—2018		龚秉康	主　任	2006—2009
	龚宣颖	书　记	2018—		龚荣奎	主　任	2009—2018
					龚宣颖	主　任	2018—

第十七节　官洋村

官洋村地处白砂镇西部，距镇政府约 8 公里。东与长锦、大田毗邻，南与军桥村连接，西与茜黄村接壤，北与碧砂村相接。村部所在地北纬 25°7′24″，东经 116°32′30″，海拔 494.6 米。全村土地面积约 13 平方公里，其中山林面积 19000 亩，耕地面积 1750 亩。2017 年，全村有 17 个村民小组，393 户 1502 人。村经济总收入 105.47 万元，农民人均年收入 19137 元。

清朝民国初期，官洋村隶属白砂区。民国十七年（1928 年）隶属北二区，民国末年隶属好义乡所辖，一直到新中国成立。新中国成立后，隶属白砂区（第六区），官地、茜洋、洋乾设洋乾乡，乡政府设在茜洋。1958 年 10 月人民公社成立后，设官洋大队，含官地、茜洋，取两地各一字谓官洋大队，官洋的名称由此而来。1961 年 6 月成立官将人民公社，原官洋大队解体，分设官洋大队和茜黄大队。1965 年 4 月，官将人民公社撤并白砂人民公社，设官洋大队。“文化大革命”期间，官洋大队更名为“东风大队”，1970 年恢复官洋大队名称。1984 年后称官洋村，一直沿用至今。

官洋村辖 5 个自然村，官地自然村姓温，松柏林姓袁，洋（王）屋姓王、卢，丁康（坑）刘、张、袁、江、李姓杂居；王屋坑姓廖，该村由于地处偏僻，从 20 世纪末 21 世纪初整村搬迁，分别迁至王屋排上、大水坝等地与王屋和松柏林居民混杂，创建新的自然村。相传在王屋上游曾居有许姓人家。

表 22-17　各自然村姓人口分布情况

自然村	姓氏	人口	户数	郡望	备注
官地	温	780	182	太原郡	
洋屋	王	130	26	太原郡	
	卢	27	4	鲁国郡	
王屋坑	廖	100	20	武威郡	整村搬迁
松柏林	袁	343	78	汝南郡	
丁康（坑）	刘	380	80	彭城郡	
	张	60	10	清河郡	
	袁	20	4	汝南郡	
	李	14	3	陇西郡	
	江	12	3	济阳郡	
合计	9	1866	409		

注：此人口数为各姓人口数（含本籍外迁人口）。

中共十一届三中全会后，随着人们生活水平的提高，村民的居住条件得到极大改善。大部分家庭都住上了砖混别墅、洋房。原来各自然村范围内远远不够居民的建宅之需，村民均向公路沿线选址建基，如今园墩前、麻园里、新园里、湖其塘、大水坝、荒坑都已开辟新村。各自然村村民和睦相处，融洽和谐，团结协作，共同为官洋的发展凝心聚力。

村　部

官洋村有着光荣的革命传统。第二次国内革命战争时期，官洋人民拥护共产党的主张，踊跃参加红军，组建乡苏维埃政府，积极支持红军在前方作战，在册的革命烈士就有 30 人。袁子清在民国十九年（1930 年）参加工农红军，经历二万五千里长征，新中国成立后历任上海港务局副局长及港务局第一督察长。游击战争中，官地利用下岭窠、白石坑等地的纸寮，接纳游击队员，为游击队提供食物和递送情报。王屋坑自然村经常有红军、游击队活动，曾涌现一批老接头户，为革命的胜利做出过许多贡献。

官洋村基础设施建设日趋完善。交通设施方面，过去有一条上杭至龙岩的古官道穿村而过。1958 年，杭郭公路擦边而过，官地道班在园墩前运作了三四十年，2008 年上蛟高速公路经丁坑官地。如今通往茜黄的公路（军官线）全面拓宽硬化，官地往王屋、松柏，官地往丁康等自然村公路畅通，丁康的刘忠全、刘卫生、刘耀生个人投资在丁康的主干路段各建造一座“书忠桥”“卫康桥”和“耀生桥”，各自然村及入户道路全面贯通。文化设施方面，20 世纪六七十年代，官洋村在官地段尾头官洋小学旁建土木结构的礼堂一座，供村民观看电影、文艺演出之需。1971 年，官洋大队利用松柏、王屋溪流在段尾头建一渠长 600 多米的小型水电站，白天为村民碾米、粉碎等加工，晚上发电照明，结束千百年来砻谷、碓米和竹针、松光、油灯照明的历史。2010 年利用恒意集团投资 10 万元和村财在官地村中心建一座老人活动中心，室内集书刊阅览、娱乐活动为一体的活动场所。2016 年，丁康自然村发动本村村民、外出乡贤集资 25 万元，建起一座占地 2000 多平方米的农民公园，园内有球场等健身器材及音响设备供村民们娱乐休闲。

官洋村历来崇文、尚武、重教。清末民国时期，官地、松柏、丁康都办过私塾，曾出过“秀才”“贡生”。清光绪二十三年（1897 年），温显魁考取秀才，至今尚存其用过的一张太师椅和一方墨砚。清光绪年间（1875—1908 年），温龙光善习武练箭，今官地段尾头育魁厅大门前的石阶有一块带孔的大石块，据说是其习武时用过的武石。他到汀州参加射箭考试中取得好成绩。新中国成立后，官洋小学维系了近 60 年。1987 年，因原校址（在官地段尾头，今恒意老人活动中心旁）狭窄，采光条件极差，村两委着手把学校整体搬迁到麻园里，1988 年新校园落成并整体迁入新址。1992 年，为配合“六项督导”督查，官洋小学把六年级撤并到官将小学。随着教育形势的发展，生源减少，2006 年实行教育资源整合，官洋初小停办。20 世纪六七十年代，松柏林、丁康曾办过教学点，一、二年级学童都能就近入学。由于重视教育和人才培养，出过不少出类拔萃的人才，有处级干部 4 人，高级职称 4 人，获硕士学位 4 人。

官洋村历史文化积淀丰厚。官洋村人文蔚起，文化氛围十分浓厚。新中国成立后，大队（村）文艺宣传队连续 30 年为村民提供娱乐观赏的文化大餐。坐落于官地缘福山的缘福山寺，明代著名法师外和主持创建。清代，法师留郎、崇光等高僧修身练法于此。昔日，寺庙古木参天、林荫茂密、鸟语花香，实是难得的佛门圣地。今日，寺庙焕然一新，香客云集，香火鼎盛（参见本志习俗　宗教信仰章）。官地水口的荣丰宫亦香烟缭绕，膜拜甚众。

官洋村历来以耕田管山为业。清朝民国时期，境内有不少于50座的纸寮和几百人的造纸工匠。手工造纸是当时乡民最主要的经济来源，带来了村子繁荣。村民们农闲时上山经营毛竹林，农忙时下田耕种劳作，以特有的方式助推乡村的发展。新中国成立以后，特别是1958年“大炼钢铁”期间，毛竹资源遭到破坏，造纸业逐步消亡。大集体期间，村民们开展上山伐木、割松香、烧木炭等副业生产，充分利用山上资源支援国家建设。中共十一届三中全会以后，落实联产承包生产责任制，村里大力发展食用菌（主要种植香菇）生产，同时种植烤烟，成了村民收入主要渠道。进入21世纪，大部分中青年劳动力涌向城市，城市务工带动了乡村事业蓬勃发展。一部分留守农村的劳动力将农田租赁给客商种植蔬菜水果等经济作物，大大增加村民的经济收入，如今村容村貌焕然一新，不少家庭还在厦门、龙岩、上杭等城市购房定居。

官洋村2009年度被中共上杭县委、县政府评为人口和计划生育先进单位，2009—2011年度被上杭县委、县政府授予第十一届文明村称号。2013年，中共龙岩市委组织部、龙岩市妇联授予先进村（居）妇代会称号。村党支部2016年被中共上杭县委评为被先进基层党组织。

表22–18　官洋村历任村主干名表

名称	姓　名	职　务	任职时间	名称	姓　名	职　务	任职时间
党支部负责人	游兆全	书　记	1949—1952	大队、村委会负责人	温其仁	初级社社长	1950—1952
	温清洪	书　记	1952—1954		温其仁	初级社社长	1952—1954
	温国臣	书　记	1954—1957		钟上才	乡　长	1954—1957
	温其史	书　记	1957—1966		邱蔚元	大队长	1957—1961
	刘桃昌	书　记	1966—1967		温文峰	大队长	1961—1965
	温其史	书　记	1967—1974		温其史	大队长	1965—1969
	袁晴初	书　记	1974—1975		温文峰	大队长	1969—1975
	温文庭	书　记	1975—1976		温得国	大队长	1975—1978
	刘勤书	书　记	1976—1977		温文峰	大队长	1978—1985
	温　钰	书　记	1977—1978		袁晴贵	主　任	1985—1988
	刘佳书	书　记	1978—1984		温焕英	主　任	1988—1991
	温焕英	书　记	1984—1988		温其生	主　任	1991—1993
	刘佳书	书　记	1988—1991		温焕英	主　任	1993—1994
	温建华	书　记	1991—1997		袁晴贵	主　任	1994—1997
	廖善泉	书　记	1997—1997		袁进铭	主　任	1997—1998
	袁进铭	书　记	1997—2000		温长林	主　任	1998—2000
	刘联生	书　记	2000—2003		温文东	主　任	2000—2003
	袁进铭	书　记	2003—2009		王庆云	主　任	2003—2009
	王庆云	书　记	2009—2018		温汉卿	主　任	2009—2018
	温汉卿	书　记	2018—		温汉卿	主　任	2018—

第十八节　军桥村

村　部

军桥村在北纬 25°6′22″，东经 116°31′33″（村部所在地），地处白砂镇西部。东与扶福、大金村连接，南与泮境乡毗邻，西与东塘、洋乾村接壤，北与茜黄、官洋村交界。距镇政府 10 公里。2017 年，全村辖 10 个村民小组，263 户 1020 人。分别居住在将军桥、银坑、古王坑三个自然村，有丘、谢、张、龚、曾、温、李等 7 个姓氏。将军桥自然村人口居多，银坑次之。2017 年村财收入 76.47 万元，人均纯收入 19294 元。

明清时期，军桥隶属白砂里。民国二十五年（1936 年）隶属好义乡。新中国成立后，隶属官将乡。1958 年 3 月撤销官将乡建置，军桥村归属白砂乡。1958 年 10 月成立官将人民公社，军桥隶官将公社。1965 年 4 月撤并官将公社到白砂公社，称军桥大队。1984 年 9 月后一直沿用军桥村称谓。

军桥村曾是官将片六个大队（行政村）的政治、经济、文化中心。政治方面。民国二十五年（1936 年）好义乡公所设在将军桥圩上的翠文堂，后在下科建炮楼，乡公所迁至下科。新中国成立后，军桥曾是官将乡政府、官将人民公社所在地。官将公社撤并至白砂公社后的 20 世纪七八十年代，白砂公社为便于联系官将片人民群众，在将军桥建一栋大楼设白砂公社官将会议室，内设公社有关办事机构及电话总机。经济方面。民国初期，将军桥曾开设过圩场（将军桥圩），圩场在曾氏宗祠前面，有一条约百米的南北走向的街道，两边有店铺，逢二、七圩天，圩客主要是官将片各村及泮境、城郊、白砂人。1952 年从发展经济、保障供给、方便群众着想，白砂供销社在官将设分销处。1958 年 10 月，随官将公社成立升格为官将供销社，有棉布百货店、食杂店、农资化肥农药店、外贸收购站等。1961 年设官将粮站，经营官将片六个大队（行政村）的粮食征购和粮油营销。1964 年，创办官将信用合作社，负责官将片各大队金融借贷。文教卫生方面。民国三十四年（1945 年），好义中心小学由洋乾迁入军桥村。民国三十六年（1947 年），好义乡公所新建一所小学（即官将小学现址）。新建小学为土木结构，有 6 间教室、一座小礼堂。民国三十八年（1949 年）初迁入新校址，且更名为好义小学。新中国成立后，好义小学更名官将小学，1951 年始设完小。“文化大革命”初期改名“工农小学”，1968 年恢复官将小学称谓。1975 年，官将小学附设初中班，为七年制学校。1982 年撤销附设初中班。官将小学是白砂镇七所完小之一，2017 年为白砂三所完小之一。1958 年，白砂创办保健院，官将设保健站，站长医生一套人马进驻军桥，站址设在原公社旧址的炮楼里。70 年代，军桥村合作医疗站办得有声有色，倍受村民好评，最多时曾有三四家诊所，官将片各村有小疾小病都会前往求医问诊。

军桥村历史文化底蕴深厚。上杭到龙岩的古驿道经军桥，路边有路亭和屋桥（阴桥），有记载或口碑相传，将军桥往银坑官地的分水凹上有一茶亭，有施茶供路客，有副对联“过客半求名，过斯亭适逢官地；行人多为利，从此去便是银坑”。巧妙地把官地、银坑的地名嵌入联中，寓意深刻。清代，境内曾建有四座屋桥，一是将军桥，圆墩岗下的屋桥，据说是为纪念到太阳圩除降妖和尚在此落马而亡的赵大将军而建；

二是将军桥水口的屋桥，从桥屋顶到桥面及两侧全木结构，20世纪70年代拆毁；三是银坑总水口的崇德桥，1958年开杭郭公路时所毁；四是银坑茶子坪水口的屋桥，至今尚存，但已破败不堪，亟待修复。将军桥古民居不少，但今尚完好的不多。丘、谢、龚氏宗祠近几年修葺一新，其中不少楹联至今保留或复原完整，丘氏祠联“诗书礼乐承前泽，文物衣冠蔚后贤”、“余扬祖训宜勤宜俭绍谋远，庆振家声厉行忠孝世泽长”。龚氏祠联“渤海家声远，武陵世泽长”。在曾姓域内有一口方井叫“百家井”，相传当地居民请风水先生择建，先生命名“百家井”。时有人质疑“区区小村，何来百家”？风水先生即答：“可建家客店，来往客人何止百家百姓？”百家井的故事便在民间流传下来。清代，银坑曾有多台木偶戏班。据传罗隐秀才到银坑，当地人热情接待，秀才很受感动，问当地人你要“天天出皇帝，还是代代出皇帝”？当地人急功近利，答：“当然天天出皇帝。”罗秀才指点那就去演木偶戏吧！于是木偶戏在这个村子传袭下来。新中国成立后，银坑还有两台戏班（班主常佬子、坤佬子），由于后继无人，80年代后失传。

军桥村有着光荣的革命传统。第二次国内革命战争和游击战争期间，中共地方组织和苏维埃政府组织赤卫队、儿童团、妇女会开展革命斗争，进行暴动，许多有志青年踊跃参加红军，为人民解放事业抛头颅洒热血，参加红军的有32人献出了宝贵生命。邱仁华于民国十九年（1930年）参加红军，经历二万五千里长征，1955年授予大校军衔，为祖国的航空事业奋斗不已。

军桥村公共设施建设日益完善。20世纪60年代军桥村创办官将片第一家碾米加工厂。70年代初，军桥村在水口筑陂，利用溪水高落差的优势，在寨下坝建一座小型水电站。建成后白天碾米加工，晚上发电照明，到80年代初洋乾电站建成供电后自行停产。军桥村村部所在地到银坑、古王坑两个自然村都有近2公里的山路，山路崎岖、窄小泥泞，70年代开始，大队着手发动村民开通乡村便道，进入21世纪后对该村村道进行拓宽硬化，如今包括丘屋、谢屋、龚屋的便道全部贯通硬化，出行十分便利。80年代，村里建起老人活动中心，有报刊图书、棋类乐器，老人们经常聚在一起，吹、弹、唱、打、看书阅报、下棋逗乐，极大丰富老年人的文化生活。2016年，军桥村争取资金130多万元，在坝子里建一座1400平方米的文化广场，广场灯光设备、体育设施样样齐全。

军桥公园

改革开放以来，军桥村的村居建设发生了翻天覆地的变化。20世纪90年代中期，借助省道改线拓宽的时机，在省道旁和杭泮公路两边建全长1公里多的规模较大的开发区，是全镇较早开发的集镇规划区域。其中古王坑有3户在将军桥开发区建居落户。全村95%以上的村民都住上了新居，绝大部分偏僻自然村的住户都搬到公路沿线开辟新村，银坑自然村整体搬到交通便利的老虎凹头瘦塅上安居。不少外出务工人员还在厦门、龙岩、上杭等城市购房安居。如今家家户户都用上摩托车，许多家庭都购置小车。

军桥村历年来受表彰情况：

2003年，被龙岩市委、市政府授予（2000—2002年度）“文明村”称号。

2001年，被上杭县委授予“先进基层党组织”称号。

2010年，被评为“全国计划生育先进单位”。

2014年，被龙岩市委、市政府授予“先进村（居）妇代会”称号。

2015年，被上杭县委、县政府授予（2012—2014年度）“文明村”称号。

表 22-19　军桥村历任村干部名单

名称	姓　名	职　务	任职时间	名称	姓　名	职　务	任职时间
党支部负责人	邱兴元	书　记	1963—1970	大队、村委会负责人	邱兴元	代理大队长	1962—1963
	龚明亮	书　记	1970—1975		张道行	大队长	1963—1984
	龚明辉	书　记	1975—1978		张秉增	主　任	1984—1987
	张秉豪	书　记	1978—1984		张如才	主　任	1987—1991
	邱化琛	书　记	1984—1984		邱国培	主　任	1991—1994
	龚双年	书　记	1984—1987		谢荣松	主　任	1994—1997
	谢荣康	书　记	1987—1991		谢文和	主　任	1997—2000
	张秉增	书　记	1991—1994		邱国渭	主　任	2000—2009
	龚文华	书　记	1994—1997		张可如	主　任	2009—2015
	邱秋元	书　记	1997—2000		邱永丰	主　任	2015—2018
	谢文和	书　记	2000—2015		邱永丰	主　任	2018—
	谢琴丰	书　记	2015—2018				
	张贵龙	书　记	2018—				

第十九节　茜黄村

村　部

茜黄村地处白砂镇西部，北纬 25°6′50″，东经 116°29′34″。东北与官地村相邻，南接军桥村，西与洋乾村毗邻，北与旧县镇接壤。距镇政府 13 公里。一条源于长岭下银坑的溪流穿村而过，与黄蕉坑山场小溪在村中桥下汇合后流向洋乾，直奔水西渡，注入汀江。

茜黄村有三个自然村（茜洋、黄蕉坑、上洋），其中上洋村是在 1990 年开始从茜洋、黄蕉坑到那开基建宅，至今已定居 14 户散居在靠山临水处。2017 年，全村有六个村民小组，187 户 755 人。以丘姓人口最多，卢姓次之，钟、李两姓人口较少。2017 年，村财收入 103.11 万元，人均收入 18598 元。

茜黄村民风淳朴，各姓乡民和睦相处感情融洽，乐善好施。据茜洋村民间流传：早在元明时期就有人居住。第一进入村子的是卢姓，卢姓居民在这繁衍多久，规模多大，后又迁至何方已无从考证。第二进住村子的是范姓，已无人存在，但新中国成立之初范氏遗迹还依稀可见。第三入住本村的是钟姓，他们选址大公顶脚下，2010 年钟姓改建宗祠，钟姓是畲族，与汉民通婚联姻融为一体。第四到这里定居的是李姓火德子孙。据说是从临城的坝头角迁来。元末明初，丘姓杭邑三五郎后裔六世五六郎开始由稔田南坑迁来，先后辗转将军桥、银子坑、铁炉坑及社角里开居谋生，到九世德宗才进入茜洋村卢屋旁建宅定居，今乾山祠并在细坑溪口立福主公奉祀。十世志明生四子荣、华、海、渊，至今尚传荣、华二房。志明为茜洋丘姓开基始祖，丘作宰后裔正球，在清道光年间（1821—1850 年）竖石旗杆一对，可惜在 20 世纪 60 年代被毁。丘作俊后裔步鸿在清咸丰年间（1851—1861 年）竖石旗杆一对，至今尚耸立在宗祠前。丘氏宗祠原属全木瓦结构，20 世纪 80 年代中期，因破败倾斜，推倒改建为土木结构。到 2010 年，历时 20 多年的土木房子，又漏雨风蚀，岌岌可危，经丘氏宗亲商议，再次推倒重建（砖混结构）。经多方筹资 30 余万元，26 代裔孙德雄捐资 20 万元装修，于 2012 年入火祀香。黄蕉坑自然村还居住着卢姓居民，何时进住待考。据民间流传，卢氏从泮境彩下迁来，因为其祖墓尚在彩下。钟姓人家因高速路征地拆迁已在原址上移基址，或上洋村安居。

旗　杆

茜黄村在民国末年至新中国成立前，属好义乡所辖。新中国成立后，1951—1958 年，茜洋、官地、大乾头设洋乾乡隶属白砂区（第六区）所辖，乡政府设在本村。1958 年成立官将人民公社。洋乾乡自然解体，茜洋黄蕉坑设茜黄大队。1964 年官将公社撤并至白砂公社，沿用茜黄大队。1984 年撤社设乡，1993 年撤乡建镇，茜黄大队改名茜黄村至今沿用。

清朝民国时期，通往龙岩、长汀的两条古官道在茜黄村中交汇而过。一条由上杭经洋乾往龙岩，一条由永定经蓝家渡往汀州。大批货运油盐、布匹百货的脚力挑夫，加上汀州是当时州府所在，大量的官员、文书、信邮职场人士徒步经过，常有歇脚夜宿，于是乡民们捉捕商机，路旁的小客栈、药铺、酒肆、茶店、豆腐坊应运而生。既为路客提供食宿便利，也促进当地经济的繁荣。1958 年，杭郭公路改线官将。1970 年开始开通到将军桥三公里的乡村便道，第一台拖拉机进村。1975 年各生产队配齐拖拉机，农忙时下地耕作，农闲时上路跑运输。从 1984 年开始到 2013 年，茜黄到军桥乡村大道进行三次较大的改弯、拓宽加固和硬化，呈现在规模。1997 年以后用了十年时间，村里的主要通道、黄蕉坑村道以及大部分入户通道都进行规范硬化。2005 年开始改扩茜洋至官地的村道，经两次的扩宽加固，全长 2 公里的茜洋到官地的乡道也全部硬化。

茜黄人民具有光荣的革命传统。第二次国内革命战争时期，茜黄许多青壮年响应扩大红军的号召，踊跃参加红军，参与苏维埃政权建设。妇女们也积极参加支前，做草鞋支援红军。民国十八年（1929 年）中秋节，朱德率领红军攻打上杭，黄蕉坑人民赶造了 350 架竹梯支持攻城，廖玉英、卢中书等 20 多人，连夜运送到上杭以备红军渡江攻城之用，并组织单架队运送伤员到将军桥的鸡艮岽救治，掩埋牺牲烈士。李平(李宾喜）仰慕红军已久，当红军队伍经过茜洋时，他二话没说便从纸寮里冲出来当红军去了。他参加了二万五千里长征，1955 年授予少将军衔，出任国家民航总局副局长。

红军长征后，黄蕉坑人民利用特殊的地理条件，给留守在岩下山打游击的战士提供食宿，送盐送粮，冒着杀头株连的危险，帮助游击队渡过一个又一个难关。红军派人到黄蕉坑住在卢文泮家，组织开展土地革命斗争。乡苏维埃设在彩子店，卢培书任乡苏维埃主席，廖玉英负责妇女工作还担任宣传员及青年队队长。乡苏维埃主要成员有卢亭书、卢柏书、卢文汉、卢华昌、钟锦承、卢育书等。全村青壮年男女基本都参加支援游击队的工作。民国三十八年（1949 年）初，茜黄有 4 人参加七支队。新中国成立后，丘开元等 23 人评定为革命烈士。

茜黄村人向来以管山耕田为业。农忙时赤脚下田劳作，农闲时草鞋上山经营，靠山吃山是生存的基本原则，田少山多是最基本的村情。周边山场广阔，毛竹茂盛，不少人家均有自己的竹山和纸寮。造纸成了当地有名的支柱产业。那些没有山场纸寮的便受人雇佣。纸寮有杂工、造纸、焙纸、打柴等工种，一座纸寮至少可容纳五六人。有纸寮人家每圩（五天）即可挑纸二担到上杭县城销售，然后换回盐油布之类的生活用品。茜洋黄蕉坑有二三十家纸寮，最多时达三五十家。“竹山大王”丘步鸿在县城还有自己开办的纸行。纸寮劳作虽然劳动强度大，时间长，但天天都能生产、换钱、换物，日子过得还算殷实。据民国二十七年(1938 年）版《上杭县志》记载：“上杭县信用合作社，茜洋村在民国二十七年入股 27 份。”说明当时村里的经济状况。

丘步鸿建造的豪华住宅遗荫堂（内，全景参见本志镇村建设章“遗荫堂”配图）

20 世纪 70 年代以后，周边山场的毛竹资源受到严重破坏。竹资源缺失严重，管山、造纸失去活力，地少人多的问题突显。80年代初落实生产责任制后，农业生产条件得以改善，产量逐年提高，基本解决了村民的温饱问题。80年代后期，许多青壮年男女涌入城市，加入城市打工行列，彻底缓解耕地少的困境，城市务工成了当地经济来源的主渠道。

据民国版《上杭县志》记载："老虎坑、合溪及茜洋铁炉用铁沙为多。水西渡、滨河一带盛产铁沙，当茜洋铁炉盛时，每见河边排列粪箕数十，浪淘沙尽而乌溜溜，纯粹黑金在焉。"据说在铁炉下邱步鸿曾办过铁厂，用铁沙冶炼成铁。铁炉下是洋乾至茜洋的要道，林深苔滑，古木参天，曾设有路亭供茶。

1967—1969年，大队建队办小水电站，利用山溪水源在过路塘筑陂开渠，到李屋的椓树头下建水电站，渠长约二公里。1970年开始发电照明，结束了几百年来油灯、竹针、松光照明的历史。还利用水力为村民碾米、粉碎、磨番芋，从此村民们告别了传统的砻谷碓米的作坊工序。

1966年开始，大队筹办炼铁铸锅厂，村民们几乎全民上山烧炭。铁矿石由龙岩某矿山调来，卸在将军桥，然后靠人工肩挑。在桂花村下建一矿石烧窑，将矿石烧成铁块，再经过冶炼制成生铁，并且还办有两家铸锅厂（宫边和土楼里），生产十分红火，产品销往省内各县以及广东、江西等地。1974年，当时叫队办企业到了鼎盛时期，锯板厂、木箱厂、竹筷厂、雨伞半成品加工厂相继落户茜黄，由于种种原因这些工厂也自动停业了。1980年以后，黄蕉坑私人企业卢建昌的铸锅厂红火起来，由于老板经营有方，着实生意兴隆。到20世纪90年代，人们重视生态环境的保护，导致木炭资源匮乏，90年代也停产了。

1976年，大队组织青年突击队在游鱼坝改溪造田，筑两边防洪堤，把一片偌大的荒坝变成了旱涝保收的良田。2000年开始实行小水西流域的综合整治，两边筑起防洪堤坝。

茜黄村文化底蕴深厚，素来十分重视乡村礼仪尊长敬上教育。进入村庄，以辈分称呼蔚然成风。新中国成立初期，村里活跃着腰鼓队、船灯队、十番队，每逢节日吉庆，欢送当兵入伍总会临场助兴。六七十年代，村里办起文艺宣传队，利用晚上排练节目，不定期地在村里戏台上表演。宣传演出的节目大部分是自编自演的舞蹈，对口词、三句半、小话剧等。90年代，村里组建乡村天官十番队，春节期间深入家家户户演奏祝福，还到邻村演奏。2006年前后，村团支部还策划几年的乡村春节联欢晚会，一些在读的或毕业的大学生大显身手，施展歌喉，给村民们送来可喜的文化大餐。茜黄是入闽始祖张化孙陵园所在地，也是开国将李平的故乡，这是两张亮丽的生态品牌。

清朝时期，村民们尚武习武，有教头、教师公。清光绪十七年（1891年），钟耀麟（字含章、瑞轩，小名钟马仔）中武举。民国时期的乡村教育是以私塾教育的形式存在，养有学童的家族，几户人家互邀聘请一位村中的文化人，任教书先生，教育孩子蒙学、识字、描红、练字，以读背蒙学读物，诗词、论语、国学为主。当时的私塾教学相当单一，以读背入门，再就是写、练毛笔字，边读边写，亦背亦读，等背熟了先生才开始讲解。新中国成立后，私塾教育退出历史舞台。起初办民校，意为民众学校，把愿意上学的孩子集中起来，乡公所指派人员为孩子们授课。民校还有一项任务，把那些不识字的文盲集中起来学习识字、写字。扫盲脱盲多次被区政府评为先进单位。1958年，政府开始派送教师。学校最初只有一、二年级，设在群众民房的小厢房，几张破旧的纸寮废弃的长桌当课桌，一块门板涂黑后就是所谓黑板。1962年搬到对面溪边的店堂。一般只有一位老师，开设一、二年级的复式教学，课程只有语文、算术（数学）。1964年，在石头塘里建一座四扇三间的土木楼房，楼上大队部、教师住宿，楼下是教室。1972年，在李屋址基上建一座四间教室兼厨房的土木结构的新校舍。1974年，学生数猛增，班级由原来的一、二年级增至一至五年级升格为完小（学制五年）。1975年毕业了一届小学毕业班，送到官将七年制学校读初中。教师也由一二人增至六七人。学校较长时间维持初小、教学点建置。1995年，原来的一排教室列为危房。村里花巨资建一座砖混结构的教学楼。2005年后，生源锐减，上级整合教育资源，初小教点也一并撤销，学生到官将小学上学。

1968年，上级号召把医疗卫生工作的重点放到农村去。1969年，大队设立合作医疗站，先后培训赤脚医生、接生员，为村民诊病治疗和生育孩子提供方便。2006年实行新型农村合作医疗制度。2014年以后，配备了村级卫生员，为妇幼保健、儿童免疫做宣传和协调工作。

居住环境整治公共设施方面。自改革开放以来，随着生活水平的提高，绝大多数农户对自己的房子实行改造，都住上了砖混结构的小洋房。2000 年开始，村里着手环境整治，首先是垃圾集中外运处理，各家由村统一发放垃圾桶，定点置放垃圾收集箱，村民的自觉将垃圾投进垃圾收集箱（桶），由专人清理外运。其次是对溪流清理，将溪道的杂物、杂草、淤泥、堆积彻底清洗过三次。用村规民约的形式，告诫村民不要向溪流中抛掷垃圾、死禽死兽，收到了很好的效果。对村道实行门前三包，保证村道的整洁干净。2002 年全村各主要道路安装了路灯，保证夜间路上的照明。村部有文化阅览设施，在村部门口设置有健康器材、篮球场，2015 年新建老人幸福院两间。

获奖情况：

茜黄村 2009 年被中共上杭县委、上杭县人民政府评为先进基层党组织，授予 2004—2005 年度（第五届）、2006—2008 年度（第十届）、2009—2011 年度（十一届）文明村称号。

表 22-20　茜黄村历任村干部名单

名称	姓　名	职　务	任职时间	名称	姓　名	职　务	任职时间
党支部负责人	钟锦溪	书　记	1949—1955	大队、村委会负责人	邱林元	村　长	1949—1952
	邱蔚元	书　记	1955—1958		钟上才	村　长	1953—1958
	邱定芳	书　记	1958—1975		卢奎昌	大队长	1958—1962
	钟富娣	书　记	1975—1977		钟和昌	大队长	1962—1968
	邱洪昌	书　记	1977—1994		丘德业	革领组长	1968—1975
	卢发元	书　记	1994—1997		钟和昌	大队长	1975—1977
	邱茂荣	书　记	1997—2015		丘玉恒	大队长	1977—1983
	邱美忠	书　记	2015—2018		卢发元	主　任	1983—1988
	邱美忠	书　记	2018—		卢玉昌	主　任	1988—1991
					邱茂荣	主　任	1991—1994
					李仰高	主　任	1994—1997
					邱美清	主　任	1997—2000
					卢发珍	主　任	2000—2003
					李仰高	主　任	2003—2006
					钟发兴	主　任	2006—2012
					邱美忠	主　任	2012—2015
					邱柏元	主　任	2015—2018
					邱美忠	主　任	2018—

第二十节 东塘村

东塘村位于北纬25°05′49″，东经116°30′39″（村部所在地）。地处白砂镇政府西部，东与军桥村接壤，南与洋境相连，西与嫩洋村紧邻，北与洋乾村相接，距镇政府12公里。全村有林地6776亩，耕地321亩。2017年，辖5个村小组，102户342人，分别居住在社塘、大塘、秧地、磜（zhài）子头等四个自然村。2017年，村财收入36.21万元，人均收入17410元。

东塘村（郭公塘），域内聚居李姓，清朝雍正年间（1723—1735年）李木德后裔德清在此开基。据传此前曾有郭姓人家居住，郭公塘村名由此而来，清代至20世纪60年代，一直沿用郭公塘的村名。上溯前朝还曾有马姓、高姓人家，由于历史久远迁往何处已无考证。民国三十五年（1936年），好义乡成立后，属好义乡管辖。1950—1956年属官将乡，1956—1958年归属白砂乡。1958年成立官将人民公社，称郭公塘大队。1965年撤并官将公社到白砂公社，为白砂公社所辖。1966年“文化大革命”开始后，改名为“东塘大队”。1984年后，一直沿用东塘村的称谓（80年代，县公交公司曾在磜头上立路牌为“百公塘”）。

村 部

东塘村，四面环山气候温和，自然条件优越，适于各种野生动植物的生长。山上有名贵植物杉、松、樟、橡、榛等，野生动物有蛇、獐、狸及山鸡等飞禽走兽，特别是竹山广阔。清朝、民国年间，有30多座纸寮，造纸是村子主要的生活来源。内村水口天后宫后侧，生长着三株几人合抱的大榛树、大樟树和山栗树，尤其山栗树临溪而立，树体倾斜却依然茂盛蓬勃，每到秋冬时节，栗包掉落地上，路人无不剥包取栗，一享口福。20世纪90年代以前，东塘村山上生长着东塘特产山楂果（当地人叫山梨子、山狗梨），村里人还把它当馈赠亲友的特产。70年代，东塘大队班子看准毛竹生产的优势，在食水井、圃地、水蕉坑等地（公路沿线）垦复竹林3063亩。为了使竹林资源不受损失，1985年，大队从各生产队分派劳力管山护林，成立耕山队，在食水井住下来巡逻。先是搭竹棚居住，90年代初建40平方米的土瓦房，供巡山人员居住。1993年，城关木材采购站租赁这片山场，耕山队房屋闲置。2004年，东塘村把耕山队原住房改建成置放骨灰的“思念堂”。

东塘村公共设施日益完善。东塘村向来交通闭塞，一条县城到洋境的山道穿村而过，到周边村落也只有崎岖山路。1957—1958年，杭郭公路在村外的磜子头擦边而过，交通状况改善。70年代开始，东塘大队班子带领群众开通磜头上至内村的机耕便道，购置一台7匹型手扶拖拉机，农忙下田耕地，农闲时跑路运输，对大队事业的发展起很大作用。90年代，对磜子头到内村的村道进行硬化。21世纪初对原有村道进行拓宽完善，如今主村道、各自然村及各家各户都铺上了水泥路，彻底改变过去晴天满路尘，雨天一身泥的现象。2000年以后，村部还修建了老年活动室，供老人们娱乐休闲。

东塘村重视教育，人才辈出。清朝后期出过文武进士6人，秀才2人。民国初年，村中二大房各自请私塾先生在私人宅第或闲置纸寮办私塾教育。民国二十年（1931年），村人筹资在秧地里（地点）建了一间学堂。捐资户子女可以入学。新中国成立后，村里办起了民校，由本村识字者负责教识字算盘，一般是白天参加劳动，晚上上学识字。1957年秧地里学堂破败荒毁，就把李文臣等的大厅作为办学点，招收学龄儿童就读，分语言、识字班，这是东塘最早的教学点。1965年，新建大队部，楼上队部办公，楼下做教室，设一、二年级。1974年，村部改建，学校也搬到土楼岗。学校与大队部分离，始设东塘初小。20世纪90年代初，班级增加到四个（一、二、三年级及幼儿班），老师四人。1994年，由于土楼岗校址破烂和交通不便等原因，在外村与内村的中间地段新建200余平方米的教学楼，集村部办公和学生上课为一体，还是原来的办学规模。学生最多时有40多人。2003年，上级实行教育资源整合，大部分村民外出务工，把孩子带到异地就读，东塘教点撤并至官将小学。但东塘人重教尊师的初心不改，到今获经济师职称2人，工程师2人，副科级干部1人，有多名本科毕业生和研究生。

东塘村民风淳朴，村民和谐共处，村民的居住条件得到全面改善。境内清一色李姓，原先全部居住在内村的社塘、秧地、杨梅、大塘、新屋等自然村。新中国成立以前，村人住的是低矮的土坯房，居住条件十分简陋。20世纪70年代后，大部分农户都把土坯房改建成泥木结构的瓦房，六扇五间、四扇三间结构风靡一时。1984年，李家福第一户搬到外村路边建居，接着李文臣在铜钱坪建宅，随后30多年的时间里，已有62户人家在308省道附近筑室而居。进入21世纪以后，随着生活水平的提高，家家户户都住上了砖混结构、框架结构的洋房、别墅。有12户在城市购房安居。

东塘村人从管山耕田的生态模式到种养、务工的全方位转变。生活品位全面提升。新中国成立前，由于山多田少，村民们多管山为主，靠山吃山是这里基本的生存准则，竹麻土纸是主要的生活来源。农业生产主要靠种植水稻、地瓜等。新中国成立后至80年代初，这种生存模式没有多大改变。上山伐木割松香，搞一些竹木大收大购，有时还到县城卖些柴炭维持生活，基本的温饱问题难以解决。70至80年代，李家耕和李克承等在磜子下办一家砖瓦厂，烧制青砖绿瓦，纯手工操作，产品销往官将片及城郊、泮境、白砂等地，是红火的队办企业。中共十一届三中全会以后，落实承包责任制，粮食连年增收，开始过上粮食自给自足的好日子。村民们在自己的生产实践中探索一条发展的新路子，开始从单一的种稻产粮向种养全方位发展，种烤烟、种香菇、养羊、养猪、养鸡鸭，甚至把田地租赁给别人收取经济回报。90年代以后，东塘大部分青壮年男女外出务工，到城市去寻谋发展机遇，找准发展平台，包工程、办工厂、跑运输，生意十分红火，日子过得殷实富裕，如今家家住新房，有65户人家购有小汽车。

东塘村2007年被中共上杭县委、县政府授予人口与计划生育先进单位，2009—2011年、2012—2014年度被中共上杭县委、县政府授予第十一届和第十二届文明村，2013年被龙岩市老龄工作委员会评为老年协会先进村。村妇代会2010年12月被中共龙岩市委组织部、龙岩市妇女联合会评为先进妇代会。

表 22-21　东塘村历任村干部名单

名称	姓　名	职　务	任职时间	名称	姓　名	职　务	任职时间
党支部负责人	李家千	书　记	1958—1965	大队、村委会负责人	李双先	大队长	1960—1964
	李招喜	书　记	1965—1976		李家针	大队长	1964—1965
	李周旺	书　记	1976—2000		李双先	大队长	1966—1973
	李云喜	书　记	2000—2006		李周旺	大队长	1973—1976
	李堂喜	书　记	2006—2009		李天生	大队长	1976—1985
	李荣先	书　记	2009—2018		李昌盛	主　任	1985—1994
	李双喜	书　记	2018—		李克盛	主　任	1994—2000
					李开红	主　任	2000—2003
					李荣先	主　任	2003—2009
					李玉和	主　任	2009—2015
					李克文	主　任	2015—2018
					李双喜	主　任	2018—

第二十一节　嫩洋村

村　部

嫩洋村地处北纬 25°05′07″，东经 116°29′40″，位于白砂镇西部，距镇政府 20 公里，是白砂镇最边远、海拔最高的行政村之一。东与东塘村接壤，南与泮境乡院坑村毗邻，西与上杭临城镇相连，北与洋乾村连接。2017 年，嫩洋村有耕地 831 亩，林地面积 13894 亩，竹林 6000 多亩。全村辖 7 个村民小组，189 户 694 人，村财收入 111.15 万元，人均纯收入 18236 元。

嫩洋村原名冷洋塘，全村有 5 个自然村，聚居单一罗姓。5 个自然村分布成五指状，凹背为手掌心，是村的中心，塘背、田尾、中墩、眼坑为手指。据《罗氏族谱》载："冷洋山，山峰高峻。俯闻县址，泉水洋洋，清而凉，故名冷洋山，即南梅岭。且山花秀嫩，故民国时期正式更名为嫩洋乡，亦云嫩洋村。"明洪武六年（1373 年），始祖五一郎，由宁化石壁村同兄弟五人随父到此开基。又一说"斌公在广东归善县令解组（职）还乡，因慕冷洋山而起玩游焉。至山巅一望，恍似桃源之佳境，若谷之名山。公遂自率家属卜宅于斯，隐居自乐，"迄今繁衍 24 代。

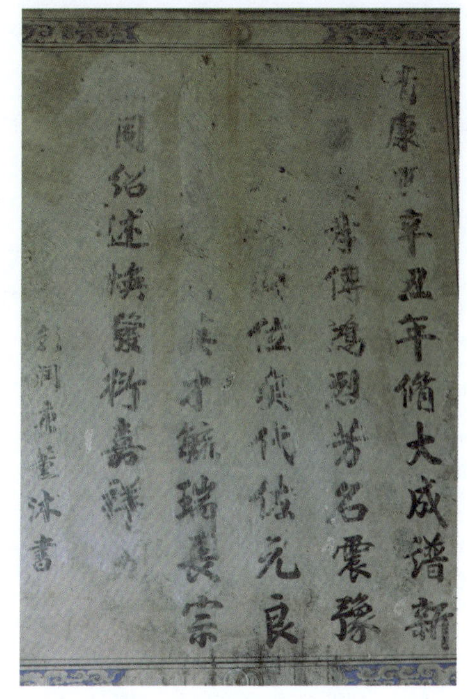
罗氏老祠堂书法遗存

民国二十五年（1936 年），嫩洋村为好义乡所辖。新中国成立后，1953 年属官将乡；1958 年官将公社成立，隶属官将公社；1965 年撤并官将公社至白砂公社，归辖白砂公社。"文化大革命"期间（约 1967 年）更名红星大队，1971 年恢复嫩洋大队，1984 年后一直沿用嫩洋村。

嫩洋村向来有崇文尚武的习俗。清朝民国期间，曾在"福民宫"办过"红田书院"，将军桥的曾道明在此任教，至今流传其撰写的嵌地名联"嫩嫩青苗绿草，洋洋四海如春"。新中国成立后，在凹背民房办教学点初小，20 世纪 70 年代升格为完小，大队筹资建一所泥木结构的新校舍。90 年代改建为砖混结构，集村（大队）办公、师生上课为一体的大楼。进入 21 世纪以后，大多数村民外出务工，把学龄儿童带出去上学，生源剧减，学校停办，部分留守学童到官将小学就读。至 2017 年，有处级干部 2 人，科级干部 3 人，中小学高级教师 5 人，博士生、硕士生多人。由于独特的地势高峻、盗匪出没的原因，很早以前便有习武防御的习俗，"武狮"是该村的"村粹"。五一郎十三代裔孙文赞从外地习武传入，狮为黄狮，据传是邻近乡村最出名的。拳为"偶步拳"，此拳套路刚韧、实用性强。相传最有名气的拳脚功夫是十七代罗德兆（俗称"罗巴脚"），今乡间仍有"罗巴脚徒手飞腿过汀江"的传说。史上拳路功夫较扎实的有"罗喵公"、谷荣、来福（马仔）、

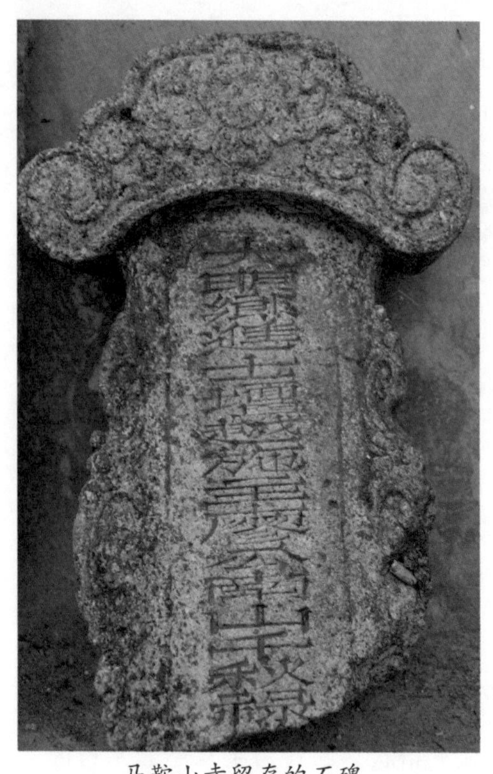
马鞍山寺留存的石碑

玉和、梁喜、章喜等。每逢大年初一，舞狮队都会到烈军属和外出乡贤家拜年。迎神庙会及婚嫁喜庆，村里的舞狮队、武术队都会在村中广场表演一番，给乡民们增添喜乐。20 世纪 80 年代初，村里意识到舞狮、武术濒临失传的困境，启动振兴乡村“武狮”的行动，组建舞狮队、排练武术拳，弘扬尚武精神。聘请碧荣、玉和、梁喜等武艺人传帮带，青和、其华、永富、恩喜等以师传。嫩洋“武狮”深受村民喜爱，雄狮凶猛威武，丑角步态滑稽、灵娱逗趣灵活，配上鼓点锣钹时而竖立，时而漫步，继而是耍武术、耙头、钩刀、单双棍及单手跳排桌等，常逗得满堂喝彩欢笑。嫩洋的马鞍山寺是该村的一大文化品牌。马鞍山寺初建于明代，庙里供奉“泰山圣母”佛像，香客来源周边乡村及临城的石牌岗等地。据传庙内签判十分灵验。“文化大革命”期间遭毁，1990 年重新筹建开火祀香，庙前视野开阔，晴好天气可望上杭县城全景，连街道巷口亦可历历可现。

嫩洋村山高林密，林产资源丰富，是嫩洋村的生活之源。大片的原始森林生长的阔叶林是山林中的瑰宝，是发展袋栽香菇得天独厚的资源优势，村里最多时种植袋栽香菇近 30 万袋。山上的珍贵树种如松、杉、樟、橡木不可计数，毛竹林十分广阔。自古以来袭承靠山吃山的生存原则。清朝民国时期，杀竹麻造纸是村子的经济来源，村里有几十个纸槽生产土纸，把成片的土纸挑到县城售卖，换回必要的生活用品，生活过得还算自在。20 世纪 60 年代后，乡民们上山采松脂、伐木、烧炭，又是一条有利可图的生财之道。山上珍稀动物甚多，20 世纪六七十年代曾有虎豹出没；20 世纪 70 年代初，小山豹闯入农家是常有的事，黄猄、野猪、果子狸、穿山甲在山林中也很常见。金线莲、百合、灵芝、双钩藤等几百种中草药遍布山沟，堪称药材宝库。

嫩洋村交通道路今昔对比。嫩洋村素以山高路陡称著，自开基以来有几条崎岖山路使之与外界连接起来，其一冷洋塘眼坑通往县城的要道南梅岭，从山顶到山脚近 4 公里，全程石砌 3800 多个石阶，途有路亭四座。其二，凹背往礤子头（东塘）的山路，即现进村主道的雏形。其三，中墩经圃地到洋乾中村的羊肠小道。其四，是田尾到泮境院坑（赴泮境圩）的雉鸡小路。特定的地理环境使之成为远近闻名的“封闭村”。新中国成立后，人们意识到道路交通对乡村发展的重要性。1968 年，大队率领社员手挖肩挑，开通了礤子头到内村的机耕路。1985 年，通过以林换路，由白砂林场出资，进行林区公路的拓宽改造，还是黄泥路，基本上是晴天一身尘，雨天一身泥。2000 年后，逐年对村主道进行铺设水泥路。2008 年，通往内村的道路拓宽到 4.5 米。2016 年，对礤子头到大仁下的道路拓宽到 6 米。此后全村各自然村及连通各家各户的道路都已经硬化，形成村陌纵横的格局。

嫩洋村有着光荣的革命传统。第二次国内革命战争时期，在罗家祠堂（友旻堂）设过红军临时指挥部。乡民响应苏维埃政府扩红参军的号召，参加红军、赤卫队。三年游击战争时期，凭借山高林密的优势，经常有游击队战士来往，老一辈革命家伍洪祥、刘永生曾在此驻扎。村民们为战士送粮送药，传递情报。新中国成立后，经民政部门核准，有 22 人评为烈士。

昔日的嫩洋村因交通闭塞，先辈们主要靠双手，凭力气管山、耕田、养猪、烧炭、卖柴过日子。五个自然村分布较为松散。塘背人口较多，居住在山坳里，建宅用地紧缺。1994 年后，罗锡春户开始，陆续有村民在大仁下及公路沿线建房，现在已有 10 多户在大仁下建宅，形成小新村。如今，95%以上的农户住上了砖混或框架结构的楼房、别墅。现代化的家居设施设备给嫩洋最新潮的变化。家家户户都有摩托车等交通工具，有半数以上的家庭用上了轿车。有的农户还在上杭、龙岩、厦门、泉州等地购房置业。

表 22-22　嫩洋村历任村干部名单

名称	姓　名	职　务	任职时间	名称	姓　名	职　务	任职时间
党支部负责人	罗书荣	指导员	1956—1959	大队、村委会负责人	罗松喜	乡　长	1949—1951
	丘定芳	书　记	1959—1960		罗平兆	乡　长	1951—1953
	张钧招	书　记	1960—1961		罗书荣	村　长	1953—1955
	温清洪	书　记	1961—1962		罗贤善	高级社社长	1955—1957
	罗贤芬	书　记	1962—1965		罗乾春	大队长	1957—1962
	罗锡春	书　记	1965—1974		罗贤善	大队长	1962—1966
	罗梁喜	书　记	1974—1994		罗权华	革领组长	1966—1974
	罗福光	书　记	1994—2000		罗来松	大队长	1974—1985
	罗贤玉	书　记	2000—2009		罗福光	主　任	1985—1988
	罗贤宝	书　记	2009—2018		罗贤丰	主　任	1988—1994
	罗昭辉	书　记	2018—		罗昭元	主　任	1994—2000
					罗永铭	主　任	2000—2006
					罗永良	主　任	2006—2012
					罗昭辉	主　任	2012—2015
					罗昌林	主　任	2015—2018
					罗昭辉	主　任	2018—

第二十二节 洋乾村

洋乾村位于白砂镇西面，是白砂镇最边远的行政村之一。距上杭县城仅 10 公里。东与军桥、茜黄相邻，南与东塘、嫩洋毗邻，西与临城的宫桥村和白玉村相连，北隔狮子岽、金玉顶与旧县镇接壤。村部所在地北纬 25°6′34″，东经 116°29′34″。2017 年，全村有 12 个村民小组，322 户 1167 人。耕地面积 1019 亩，林地面积 10358 亩。村财收入 144.91 万元，人均纯收入 18222 元。

洋乾村原名大乾头，相传很早以前，下村水口有一座大溪坝，坝上长着一棵很大的藤状植物。这藤叶繁茎壮，过路人须跨腿才能越过，故取村名为“大藤头”，后来慢慢演变为大乾头。民国二十五年（1936 年），大乾头隶属好义乡所辖。新中国成立后，大乾头、茜洋、官地三村设乡级建置，取茜洋的洋、大乾头的乾二字，叫洋乾乡。乡政府设在茜洋村，隶属白砂区（第六区）所辖。1958 年 3 月洋乾乡解体，设洋乾村，隶白砂乡。1958 年 10 月，成立官将人民公社，设洋乾大队；1965 年 4 月官将公社并入白砂公社后沿用洋乾大队称谓。“文化大革命”期间，洋乾大队更名红权大队，1971 年恢复洋乾大队称谓。1984 年后沿用洋乾村。

村　部

洋乾村有上、中、下三个自然村。上村有郑姓和高姓居民，据传这里曾经居住过钟姓人家。郑姓开基祖宗贵明朝末年由丰稔溪头迁来。宗祠内供有钟姓牌位。中村（也叫塘里，因四周山高中间低洼极像鱼塘而得名）曾经住过范姓和罗姓人家。范姓居民何时迁出已无考证，罗姓则在 20 世纪 70 年代才消失。现居住的都是丘（邱）姓，约有 450 人。丘姓是上杭三五郎后代伯十郎的后裔良浚，元朝（1271—1368 年）从丰稔迁来。丘氏宗祠元朝五世始建，2014 年重修砖混结构。丘姓分支上杭城关，临城、江西上饶等地，繁衍一千多人。下村游姓、张姓和梁姓，以游姓人口居多。20 世纪 90 年代以后，洋乾各自然村开始向食水井移居建宅，至今已新开一个食水井自然村，现有 11 户在该村创业谋生。

洋乾村具有光荣的革命传统。第二次国内革命战争时期，朱德率红军攻打上杭时经过洋乾村，洋乾人民日夜赶造竹梯和担架，积极配合红军参加攻城战斗。红军在洋乾书写许多宣传标语，但保留至今的多已模糊不清，也有少数清晰或依稀可辨。如“士兵不打士兵”“欢迎拾九路军□□拖枪□来当红

红军标语

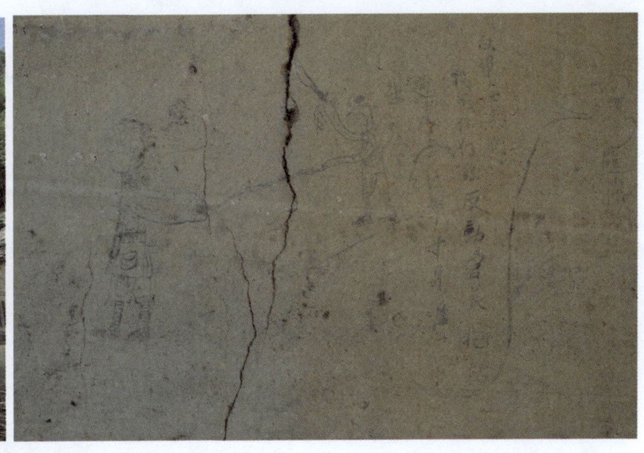

红军标语

军”，一幅“白军士兵们，杀死你们的反动官长，拖枪过来当红军，才是唯一出路”的标语配上漫画，形象生动。在艰苦的游击战争年代，洋乾有几户接头户，为游击队递送情况及粮、盐、药品，保持与游击队的密切联系。洋乾村有46人为中国革命的胜利献出宝贵的生命。

洋乾村秉承耕读家风，尊师重教，崇尚文明，人才辈出。清代，洋乾上、中、下三村均办过私塾教育，出了一些文人。民国三十二年（1943年）好义乡政府在洋乾下村创办好义国民中心小学。民国三十六年（1947年），校址迁到将军桥。新中国成立后，洋乾大队（村）一直保留完小建置，20世纪90年代末，学生数量最多时近200人之多。到21世纪初，生源减少，大部分学童因种种原因流入城市就读，完小乃至初小自然消亡。由于乡民素来崇尚诗书礼教，涌现一批优秀人才。至2017年，洋乾村有处级干部7人，科级干部10人，获高级技术职称5人，中级职称8人，硕士学位2人。

洋乾村自然条件好，气候温和，灌溉便利，适宜各种植物生长和农作物的栽种。清朝、民国期间，洋乾人主要经营山场毛竹。土法造纸成为主要的经济来源，几十座纸寮和几百上千造纸工匠，创造村子的文明与富足。洋乾村山场广阔，山上除了丰富的毛竹资源外，还有大量的名贵树种，松、杉、樟、橡、红木、楠木、红豆杉等。许多野生珍稀动物雉鸡、山獐、果子狸活跃在深山老林中。洋乾村主要种植水稻、薯类、豆等植物。20世纪60年代以前，基本栽植单季稻（上季稻或中稻也叫大冬）。70年代开始推广双季稻，粮食产量较低。中共十一届三中全会以后，实行家庭联产承包责任制，大大激发农民的生产积极性，粮食开始自给自足，村民过上了衣食无忧的生活。如今95%以上的家庭住上洋房、别墅，购置了小车，家家户户都有摩托车。不少家庭在厦门、泉州、龙岩和上杭置有房产。

清朝、民国年间，洋乾是上杭通往龙岩、汀州的交通要道。一条由上村经铁炉下到茜洋往龙岩；一条经上村遥岃岗上，过横排、刘连坑、新坊、旧县上长汀。大批货物、仕官达人都会在这歇脚。还有茜洋、官地、碧砂、旱康乃至白砂人赴上杭的必经之路。便捷的交通，推动乡村的繁荣。20世纪50年代末，杭郭公路在下村食水井擦边而过，伐木场开通了一条食水井至下村（岩下岗）简易公路。这是洋乾乡村公路的雏形。70年代后，大队干部顺民意，举全村之力，发动社员们手挖肩挑，开通了下村至上村的机耕路。2006年，村里投资21.5万元对食水井至上村的道路拓宽和硬化。2008年，投资25万元在路宽3.5米的基础上拓宽到5.5米，并开通上村至古王坑的道路（路基）。2017年，对上村至古王坑的道路进行硬化。同年，新开通上村上溪桥至下溪桥（高屋桥）路段，架起一座大桥，从食水井至古王坑畅通无阻。

洋乾村凭借临城的地域优势，手工业（村办企业）比较发达。民国初年，丘五阶创办中村铸锅厂。民国十八年（1929年）丘深荣接管，该铸锅厂一直到20世纪90年代，维系了近百年。丘深荣在县城置有店面房产，销售锅系列产品，是最早在县城置业的商户。新中国成立后，中村铸锅厂由洋乾乡接管，接受政府实行社会主义改造。60年代后由洋乾大队经营，是老牌的村办企业。

洋乾村水力资源充沛，苦竹溪贯穿三村。1968年，洋乾大队利用空下里水的落差，开渠引水1800多米，在中村的梅子乾筑小型水电站一座，白天给群众碾米加工，晚上发电照明。1978 年，官将片六个大队投资投劳，以劳入股，在洋乾上村建渠长 2000 多米的洋乾电站，装机容量 250 千瓦。为了水资源二次利用，洋乾电站（一级站）在原来基础上增容 250 千瓦。洋乾大队还在电站办过纸厂、铸造厂、木器加工厂等。在经济相对贫困的年代，洋乾村山林资源得到有效的利用，采松香、伐木烧炭、锯木板、做畚箕，全民参与，大多家庭挑柴炭到县城出售，换取日用品。中共十一届三中全会以后，随着农业生产责任制的落实，农村经济由单一的种植水稻到多种种植养殖并举发展。如今洋乾人办企业、跑运输、外出务工、从事泥水建筑向全方位发展，极大推动乡村的繁荣发展。

洋乾曾有不少古民居，如中村的五栋屋、罗屋，下村的上下洋社里。可惜由于缺乏保护意识，有的已消失殆尽，有的逐步破坏衰亡。位于北部的天然屏障金玉顶已与西普陀景区相连通，顶上有座石墙、石柱、石顶的石屋小庙。狮子崇脚下的云髻山庙遗址，早年也是香火鼎旺的佛门圣地。下村的丰稔庵，中村的水口妈祖桥、万宫等都是香火相会的圣地。

洋乾村 2015 年被中共上杭县委、上杭县人民政府授予 2012—2014 年度文明村称号。

表 22-23　洋乾村历任村干部名单

名称	姓　名	职　务	任职时间	名称	姓　名	职　务	任职时间
党支部负责人	林家云	书　记	1959—1960	大队、村委会负责人	罗贤芬	大队长	1959—1960
	丘天求	书　记	1960—1962		郑丙先	大队长	1960—1965
	温焕梅	书　记	1962—1963		高宝章	大队长	1965—1967
	游兆全	书　记	1963—1964		丘光荣	革领组长	1967—1968
	游万同	书　记	1964—1966		丘道生	大队长	1968—1974
	高子同	书　记	1966—1972		张逢铭	大队长	1974—1975
	高宝章	书　记	1972—1975		高发荣	大队长	1975—1976
	张逢铭	书　记	1975—1976		游万桂	大队长	1976—1980
	高发荣	书　记	1976—1986		游万才	大队长	1980—1984
	游万建	书　记	1986—1991		游万建	主　任	1984—1986
	丘荣和	书　记	1991—2000		郑永林	主　任	1986—1991
	郑富林	书　记	2000—2003		游万建	主　任	1991—1994
	游宝秋	书　记	2003—2006		梁发清	主　任	1994—1997
	丘万康	书　记	2006—2009		郑富林	主　任	1997—2000
	郑富林	书　记	2009—2015		梁发清	主　任	2000—2003
	游宝培	书　记	2015—2018		郑富林	主　任	2003—2009
	赵炳生	书　记	2018—		游化仁	主　任	2009—2012
					张其培	主　任	2012—2018
					游化建	主　任	2018—

第二十三章　人　物

白砂地处上杭的中心地域，钟灵毓秀，人杰地灵。奇山秀水孕育着优秀人才，历代都涌现出许多杰出人物，他们在政治、经济、军事、文化、教育、工商等领域，各有建树，成就辉煌。

明清时期，白砂士子勤学，科甲风流，涌现进士袁维丰、袁天逵，副榜袁养正，举人刘晴昭、刘梅开、傅定邦、袁滨、袁楷等，同时涌现一批秀才，其中多人担任知县以上职务，为当地经济社会发展做出贡献。

第二次国内革命战争时期，白砂儿女紧跟中国共产党闹革命、求解放，用自己的鲜血和生命谱写了中国人民革命斗争史上威武壮观、可歌可泣的英雄史诗，壮烈牺牲的革命烈士有622人，属全县革命烈士最多的乡镇。他们名垂青史、千古流芳！同时，从这里走出了中将袁子钦、少将丁甘如、少将李平、交通部副部长袁亚东、沈阳军区空军副政委邱仁华、上海港务局副局长袁子清等一批党政军优秀人才。

新中国成立后，白砂人民在中国共产党的领导下，在社会主义建设事业中，艰苦创业，励精图治，奋力拼搏，开拓进取，涌现出福建省人大常委会副主任袁锦贵等众多的党政军领导干部，涌现出福州军区总医院主任医师袁友文等众多的专家学者，涌现出福建省劳动模范袁绍增、全国优秀教育工作者温文荣、铁道部劳动模范丁榕等英模和先进工作者，还涌现许多企业精英。他们为建设伟大的祖国、建设美好的家园做出优异成绩，将受民称颂，荣耀桑梓。

本章分别以人物传、人物简介、人物表列载已知并收集到资料的白砂籍人物（部分由各村联络员填报）。人物传按传主的生年为序；人物简介分界别以生年为序；人物表所列人物除另有注明外，以行政村排列惯例为序。

第一节　人物传

袁维丰

袁维丰，生卒年不详，字帝文，号寅堂，又号芑庭，科子里（梧岗村）人。清乾隆二十一年（1756年）中举人，二十六年（1761年）恩科进士，例授承德郎。任广东高州府通判，任陕西宜君县、广东长宁县、陵水县知县，任陕甘、广东同考官和福建、浙江、广东、广西四省督学。维丰历官多政绩佳，才敏守洁，尤雅善教育，恒为大宪所器重。

袁养正

袁养正，生卒年不详，字圣功，号初庭，中洋村人。清乾隆二十一年（1756年）、二十五年（1760年）恩科两次中副榜，清乾隆五十五年至五十八年（1790—1793年）擢升贵州遵义府绥阳县知县。后历任广西直隶州通判、直隶郁林州州判，调补奉汉州掌印州判，还曾历署广西阳朔、博百、武宣、隆安、宜山等县县事。袁养正性醇而行敏，孝友时睦渊一裹平道，两胸次磊磊，不立崖岸。历官二十余年，清正廉明，关心民疾，从息事宁人为务，政多宽惠遗绩，断案公正，深受百姓拥戴。在贵州绥阳任知县期间，破审一起离奇的案件，后人编成地方故事剧《绥阳案》。袁养正精通医术，在绥阳做县令时，常有老百姓抱着小孩到他的马前来求他医病。他有求必应，都要给孩子们把脉、开药方，然后才离开。他对绥阳县生童进行测试，生童的文稿做完一半，他就要一一览。对写得好的，夸奖一番；对写得差的，孜孜不倦地予指导，就像父兄教导子弟一样。所以人们都称他为“袁慈母”。有一年，绥阳流行瘟疫，死了不少人。袁养正从省里归来，急忙开出药方，购药散发到四乡村寨，救治了数千人。调任直隶州州判离开绥阳县时，绥阳百姓为其送行，并送“万民黄伞”。例授文林郎。他的慈爱影响了后世，受到后人的广泛赞誉。

袁天逵

袁天逵，生卒年不详，字鸿吉，梧岗村人，乾隆四十二年（1777 年）拔贡。朝考一等，分发广西，知县历任凌云、迁江，廉介有声。题升西隆州知州，未行，值安南事起，大吏留军前办事。乾隆五十三年（1788 年）年十月，押粮往安南。毕事，总督孙士毅委办总粮台，全军倚之。腊月移屯深入，岁正二夜藩兵变起。天逵振臂呼曰：“吾裹粮餉士，为国家绥靖边疆，以宣柔远能迩至意，其敢不先驱。”而藩兵蜂拥来前，天逵知事不可为，呼其四弟曰：“吾死国事分也，弟其慎旃。”言未竟，兵溃，死于阵。赐葬资，给世职，入祀昭忠祠。（摘自民国版《上杭县志》）

傅鹏起

傅鹏起，生于清乾隆年间（具体生卒年不详），字程远，朋新村城厦人。聪敏过人，从小勤奋好学。富思考，读四书朱熹集注后，曾说读古人书岂能只记诵章而不求真谛。从此他更博览宋代理学名家濂洛关闽著作，以检查自己的言行。他又曾说：“胸罗万卷，不知一言为可用，程颐所谓不识一字也。”可谓善于读书。

鹏起家道贫困，但他极尽孝道，悉心侍奉父母，以求得父母之欢心。后来母亲患中风之疾，瘫痪在床，他偕妻精心护理，长年累月毫无倦容。

鹏起有兄弟 4 人，长兄、四弟均早亡。他待兄弟之遗孤，爱如己子，加意抚养。而次兄性豪放，挥金如土，故负债累累。鹏起又变卖自己家产代兄偿债，因而家庭经济困难，但他夫妇均无怨言。因此，鹏起孝友之名传于乡里。（摘自上杭《风物志》）

袁九皋

袁九皋，生卒于不详，字科元，号辞埜，中洋村（旧时称习仁坊）人。清嘉庆三年（1798 年）中解元，六年（1801 年）中武进士。任闽粤南澳镇标中军游击，署烽火门参将，后历闽、粤水师营守备。袁九皋髫年习举子业，好射骑涉猎，从文转武。任水师官职十余年，率军出洋，水道熟悉。率军纪律严明，战功显赫，海盗溍踪，海氛靖息。为官清慎，体恤士兵。卒于南澳官署。

傅超美

傅超美（1893—?），字国韶，中洋村城厦人，法国巴黎大学土木工程系毕业。民国十五年（1926年）回国，初任黄埔军官学校教官，后历任铁路总工程师，治理黄河水利处处长等职。工作成绩斐然，颇受孙中山先生器重，国民政府曾授予采玉勋章。

邓凤金

邓凤金（1897—2005），女，朋新村人，原籍旧县新坊村。第二次国内革命战争时期，她与胞妹邓来金、邓六金一起参加革命，福建省苏维埃主席张鼎丞称赞她们是闽西革命“土窝窝里飞出了三只金凤凰”。民国二十年（1931年）建立红色政权期间，邓凤金在家乡积极参加打土豪、分田地等革命工作。随后受组织委派，到上杭县旧县区任妇联主任和中共上杭县委妇女部巡视员，后又被组织调往连城县任县苏维埃妇女部长。民国二十一年（1932年），邓凤金光荣地加入中国共产党。同年，邓凤金与革命先驱丁进修结婚，丁进修时任上杭县苏维埃政府主席。由于当时执行王明“左”倾错误路线，对不同意他们错误主张的人，进行“残酷斗争，无情打击”，丁进修被惨杀于白砂崇福寺。邓凤金在万分悲痛中由连城摸黑赶到白砂，匆匆掩埋了丈夫的尸体。她本应马上赶回连城的，不幸所患的血丝虫病（大脚筒）大发作，两脚肿胀无法行走，只好留在家中医治。经长期治疗无效，不能回到革命队伍，她感到十分遗憾。新中国成立后，邓凤金又回到了革命队伍中，积极发动妇女参加反霸斗争，动员妇女参加宣传工作和文化学习。她参加革命工作几十年如一日，呕心沥血，为党的事业做出了突出贡献。同时，她以党和国家的要求教育子孙，她的内孙三代17人中，有12人受大专以上文化教育，其中高级工程师1人，主任医师1人，中共党员5人。1999年，时任国家副主席胡锦涛视察闽西时，特邀请邓凤金一起瞻仰古田会议会址并合影留念。

袁竹秋

袁竹秋（1893—1970），字贤林，号仰回，梧岗村人。从小聪明善思，文雅朴实，忠厚宽和，北平（今北京）朝阳大学商务专业毕业。曾参加五四运动，赞同马列主义，主张文学革命。大学毕业后，回家乡创办崇实中学，并出任校长，宣传“五四”精神，推崇新思想新文化，创办进步刊物。支持学生开展反帝爱国斗争。民国十八年（1929年）土地革命时自觉实行减租减息，主动把自家土地及财产分给贫苦农民。民国十九年（1930年），在闽西列宁党校（今溪口镇双溪埔廻澜文馆）任教。民国二十年（1931年），在上杭省立中学（今上杭一中）任教。不久受傅柏翠聘请，在古蛟中学从教，一直到民国三十八年（1949年）9月。中华人民共和国成立后，继续在蛟洋中学执鞭。1956年起任上杭县政府副县长、政协副主席。1966年“文化大革命”期间，因家庭出身问题，蒙冤受屈。1981年得到平反昭雪，恢复名誉。

傅铭喜

傅铭喜（1898—1966），朋新村人。民国三十四年至三十八年（1945—1949年）任白砂区区长，归属蛟洋傅柏翠管辖。民国三十八年（1949年）5月，傅铭喜宣布脱离国民党，接受共产党领导，并配合以傅柏翠为主任的闽西义勇军临时行动委员会，迎接人民解放军南下，协助中共组织接管上杭全境，白砂实现和平解放。傅铭喜任白砂和平解放后的第一任区长。民国三十八年（1949年）7月，国民党胡琏兵团流窜到白砂，在白砂大肆进行反攻活动，傅铭喜躲藏在樟黄村境内的马祖山有一个月之久。胡琏兵团对傅铭喜宣布脱离国民党、宣布和平起义恨之入骨，把傅铭喜的房屋烧毁。胡琏兵团溃逃后，傅铭喜回到村里，重新建起一座新房子。新房落成之日，傅铭喜自拟一副对联贴在大门上：铭为革命火烧房屋，喜还家乡重建家园。

傅才秀

傅才秀（1903—1954），女，10来岁时被抱给本乡一姓张人家做童养媳，后嫁到旧县乡石院村一姓李人家做媳妇。

民国十八年（1929年）5月红四军第二次入闽，开辟闽西革命根据地时，她和同村的邓六金等踊跃参加革命活动。民国十九年（1930年）闽西特委机关迁到上杭县境后，随着一同进入上杭的李坚真到白砂、旧县一带做革命工作，结识了傅才秀和邓六金，她们很快成为志同道合的亲密战友。特别是她们出色的工作表现，被苏区干部群众誉为“闽西三朵金花”。同年春，傅才秀和邓六金一起加入中国共产党。入党后，傅才秀担任中共上杭县委妇女部长。不久，又到中共闽粤赣省委妇女部工作。

民国二十一年（1932年）3月，闽粤赣省委改为福建省委后，傅才秀任省委妇女部长。出席了在长汀召开的福建省第一次工农兵代表大会，并被选为福建省苏维埃政府执行委员。同月，红十二军收复武平后，傅才秀任中共武平县委书记。民国二十三年（1934年）1月22日，傅才秀作为粤赣省的代表出席中华苏维埃共和国第二次工农兵代表大会，并被选为临时中央政府执委。中央主力红军长征后，傅才秀在留守之列。民国二十四年（1935年）2月中旬，随寻乌县革命委员会工作人员和挺进营转移，在安远与寻乌交界的分水坳遭粤军独四师一个团截击，队伍被打散。傅才秀在寻乌籍战友引导下，突围到寻乌岑峰丹竹楼一带，又遭潘满山土匪搜山。傅才秀昼伏夜行，历尽艰辛走到南桥，被一位妇女收留，从此她改姓张。后经这位妇女介绍，跟这位妇女的弟弟结了婚。

1950年秋，傅才秀找到中共八尺区委书记郑彩志，介绍了自己的革命经历。区委领导十分重视，当晚便向县委汇报。县委领导当即指示要做好保护工作，进一步了解后书面报告省委。1951年初，经时任中共中央华南分局妇委书记李坚真认可，县委派专车送傅才秀到南方大学学习。同年5月，傅才秀到南方大学学习结业后，被分派回平远参加土改工作。土改结束后，傅才秀因身体状况较差，被安排到平远县人民政府卫生院（即今平远县人民医院前身），担任副院长。

1954年，傅才秀因病在平远县逝世，终年51年。

袁德贞

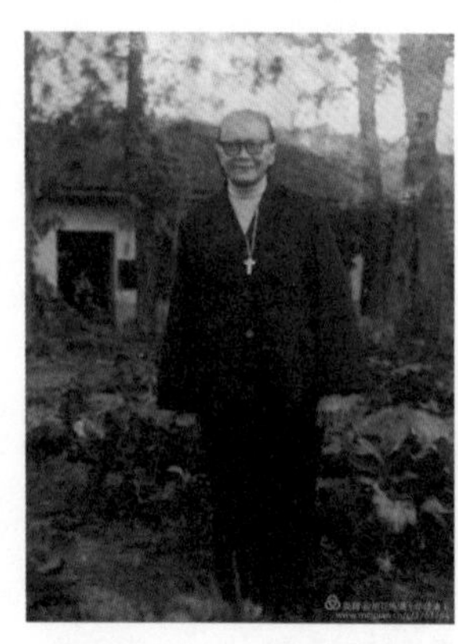

袁德贞（1905—1995），朋新村厦洋人，天主教爱国会终身修女，圣名方济伽（拉丁语圣名：Franziskawien）。

民国十一年（1922年），她以优异的成绩从漳州市教会学校毕业，被分配到上杭县西门天主堂仁兹堂协助照顾女婴工作。经过三四年的磨炼，民国十五年（1926年）在武平天主堂由欧培徒主教主持，光荣晋升为修女，并誓发终生愿。民国十六年（1927年），由闽西主教区推荐，保送往瑞士伊兰慈总修女院深造。在瑞士、意大利、德国学习生活共长达八年时间，期间掌握了一口流利的德语、英语、拉丁语，并且学到了一门国外的妇科医术，精通羊毛衫编织技术，熟练西班牙织法和葡萄牙织法。期间内心爱国爱教的思想逐步根深蒂固。

民国二十四年（1935年），她以优异成绩从瑞士国总修女院毕业。回国之前，蒙获教皇庇约十一世亲切召见之殊荣。此后至1957年，一直在汀州教区天主教爱国会从事教务活动，协同司铎、修女、传道士做了大量工作。筹建武平、长汀、宁化、清流、连城、永定等县天主堂和信教点，主办长汀天主堂手工刺绣培训班(半工半读)。主办宁化天主堂崇德小学，任校长；主办宁化天主堂医疗所，任医师，受益群众数万人次。20世纪50年代初曾多次收到过厦门大学教授袁蓉芳的来信，邀请她前往厦大执教德文，都被她婉言谢绝。

1958年3月，她返回龙岩上杭，在白砂中心卫生院任妇科专职医生。由于医术精湛，白砂以及周边乡镇的众多病人纷纷前来就诊，直接受诊人员不计其数。直至1962年光荣退休。

改革开放之后，她曾多次向白砂中学、新市小学、中心小学以及朋新大队、中洋大队等单位和集体捐资修桥铺路等，广积善德。1984年6月，她光荣地当选为上杭县政协委员。

1985年起，为闽西六县恢复天主堂发挥余热，同时义务为周边妇科病、疑难病患者看病解难，赢得人民群众的一致好评和爱戴。

1995年6月，袁德贞因病逝世，享年90岁。

袁继业

袁继业（1905—2008），又名继热，字世昌，号妫五，朋新村厦洋人。民国期间，历任民国福建省政府省长陈仪秘书，闽清、漳平、古田等县县长，还任过台湾彰化市市长。民国末期，旅居美国，从事基督教传教工作。故于美国。

袁道丰

袁道丰（1907—2000），字德周，号注东，梧岗村人。民国时期，毕业于法国巴黎大学，获得政治硕士学位。曾任上海复旦大学教授，中华民国政府外交部《外交评论》总编辑，驻俄国大使馆一等秘书，驻法国巴黎、古巴哈瓦那总领事。后旅居美国，病故于美国旧金山。

袁国钦

袁国钦（1908—1958），又名葛君，中洋村人。民国十四年（1925年）上杭县立中学毕业后，在白砂小学任教。后因反对当地豪绅地主压迫贫苦农民，遭到攻击，愤然出走，时年仅19岁。在闽南结识秦望山，由其介绍，到国民党晋江宣传养成所工作。民国十六年（1927年），由秦望山、黄哲真介绍，加入中国国民党。后又在泉（州）、永（春）民团编练处及国民党厦门市总工会工作。

民国十七年（1928年）11月，被派至国民党上杭县党务指导员办事处任委员。次年5月红军攻克上杭后，又被派往晋江，至民国二十二年（1933年）年秋，先后任国民党晋江、金门县党部干事、委员。同年冬，靠朋友资助，东渡日本，在东京学习农村经济。由于对日本帝国主义的仇恨，曾写了几篇揭露日本农村经济贫困的通讯，引起日本当局的注意。民国二十四年（1935年），被日本政府拘禁一个月，出狱后毅然回国到北平。同年8月，得到同学刘达人推荐，在东北大学《外交大辞典》编辑部任编辑。次年12月书成，便南下返闽，由作家巴金向省政府主席陈仪的顾问沈仲九推荐而出任省县政人员训练所、农民教育师资训练所教员、教导主任等职。民国二十七年（1938年）夏，出任在南平的战时民众教育训练所教导主任。

8月，调往三元（今三明市）任县政人员训练所合作系主任，讲授《农村社会学》《合作社会事业》《经济地理》等课。民国二十八年（1939年），日军南侵，福州告急，福建省政府迁永安。同年8月，由三元往永安，任省民政厅科长职，掌管乡镇保甲事务。次年12月，出任长乐县长，因与国民党闽浙监察使兼国民党福建省执行委员会主委陈肇英意见相左遭免职。民国三十年（1941年）4月，至永安，被调任省教育厅科长，负责师范教育与小学教育。不久，刘建绪接任省政府主席，袁得刘的顾问程星龄的赏识，出任邵武县长。主政三年后，辞职获准，改任省府参议。民国三十四年（1945年）11月，出任国民政府台湾省行政长官公署民政处科长。次年1月，出任台南县长兼嘉南大圳水利委员会主委。民国三十七年（1948年）秋，经陈仪引荐给福建省政府主席李良荣，出任省民政厅长。任职期间，袁对龙岩专员李汉冲策划闽西武装起义曾有过密契，所以在后任省主席朱绍良发现李汉冲“反叛”迹象时，敢于从中斡旋，使闽西武装起义得以顺利进行。次年8月，人民解放军进迫福州时，他不愿再追随国民党而留榕未走，并通过中国国民党革命委员会（民革）刘侠任介绍，与中国民主同盟（民盟）地下工作者刘通、民革地下工作者丁超五等联络，并通过闽中游击支队与福州中共地下组织接洽，表示衷心拥护中国共产党的领导，决心为人民做一番事业。同月17日，福州解放，便主动召集属员将省府民政厅财产、档案造册移交人民政府接管。1949年10月，被任命为福建省台湾工作委员会组长、科长职。1952年6月，还被邀出席省各界人民代表会议。同年，参加农工民主党，任省宣传处长。1955年参加省政治协商会议第一届委员会，被选为副秘书长。任职期间，一直忘我工作，直至1957年发现患鼻咽癌，医生劝其往沪就医，他仍坚持工作不愿前往，中共福建省委统战部不得不下令送他到上海就医，经动手术病稍愈即回榕，又投入紧张工作。是年国庆节后，旧病复发，经住院治疗无效，于1958年1月病逝，终于50岁，其骨灰安放于福州文林山革命公墓。

袁亚东

袁亚东（1909—2011），字辅年，号廷弼，中洋村人。民国十八年（1929年）参加中国工农红军第四军，中共党员，参加过土地革命战争和中央苏区反“围剿”。民国二十三年（1934年）10月参加二万五千里长征，参加过抗日战争和解放战争，历任部队宣传员、宣传队长、营书记、师政治部组织部干部、师教导队文书、延安警备三旅政治部组织科长、代理主任及供给部政委。中华人民共和国成立后，任中央军委后方政治部文书、科长，总政治部组织部干部部干事，中南军区组织科科长，中南军政委员会轻工业部办公室主任，轻工业部部长，重庆市航运局党支部书记、长江航运管理局重庆分局局长，交通部副部长兼船舶检验局局长。2011年在北京逝世，享年102岁。

袁子钦

袁子钦（1909—1968），学名从行，号致卿，抗战时改名子钦，朋新村厦洋人。

民国十八年（1929年）9月，县立中学毕业后，即投笔从戎，参加中国工农红军第四军。民国十九年（1930年）7月，加入中国共产党，历任秘书、连政治委员、师政治部组织科长。民国二十四年（1935年）5月，红五军团按上级命令，掩护红军大总队从绞车巧渡金沙江。袁子钦同军团首长深入部队，做好政治思想工作，在阵地上坚守了九天九夜，保证了全军顺利渡过金沙江。6月，红军一方面和红四方面军在懋功会师，中共中央在两河口召开会议，决定红军继续北上。四方面军领导人张国焘反对中共中央北上抗日的方针，裹胁一方面军的五军团、九军团南下川康。袁在朱德、刘伯承的领导下，同张国焘的反党分裂活动进行了坚决的斗争。10月，红军第一、二、四方面军在会宁会师，随后袁随部队到达陕北。

民国二十六年（1937年）1月，到中共中央党校学习。结业后分配到抗日军政大学工作，曾任政治部组织科长、五大队政治处主任。他对每期学员都认真进行共产主义理想教育，组织学习中国共产党的纲领和章程，吸收了一大批先进青年加入中国共产党。民国二十九年（1940年）后，任抗日军政大学总校组织部副部长、部长。民国三十二年（1943年）后，任抗日军政大学第六分校政委，大力培养太行抗日根据地军政干部。同年5月5日，第六分校开学。不久，日本侵略军出动三万兵力对太行抗日根据地进行“扫荡”，子钦率分校学员转移到敌后开展游击战争。5月26日，在六分区地方武装配合下，攻克安阳以西日军据点，俘敌200余人。8月18日，袁又率分校学员配合太行军区部队进行“林南战役”，歼敌8000余人，开辟了太行山南部抗日根据地。10月，分校学员分配到太行军区各部队工作。分校结束后，调太行军区，任政治部副主任兼组织部长。民国三十四年（1945年）8月日本投降后，任政治部主任。

民国三十七年（1948年）2月，任晋冀鲁豫军区第十三纵队副政委，率部队参加了临汾和晋中战役，经常深入连队做政治工作，提高战士觉悟，使部队战斗力不断增强。8月，调到华北野战军第十五纵队任政委，率部参加历时半年的太原战役。因政治思想工作做得深入细致，部队中涌现大批英雄模范。太原解放后，被任命为六十军政委。

新中国成立后，任川西军区政委。1951年3月，参加中国人民志愿军。他所在的部队，在抗美援朝中立下了不少战功。1953年从朝鲜回国后，调到中国人民解放军总政治部工作，先后担任干部部部长、秘书长、副主任等职务。1955年被授予中将军衔。在工作中，办事公道，任人唯贤，使用干部注重德才兼备，并经常挑选优秀干部到各类军事、政治院校培养深造，还从全国各大专院校中选拔优秀毕业生到解放军中工作。

1966年“文化大革命”开始后，身患高血压、糖尿病的袁子钦，大义凛然，坚持原则，带病主持总政治部工作。次年10月，林彪反革命集团主犯吴法宪迫其“揭发”军委和总政治部领导人的“问题”，他斩钉截铁地说：“我没有什么可揭发的。”不久，便遭“审查”和批斗，受到残酷迫害。1968年2月23日，在北京含冤去世。1978年，中共中央为袁子钦同志平反昭雪，并举行追悼会和安放骨灰隆重仪式。

袁子清

袁子清（1910—2008），官洋村人，原名文福，乳名文佬。民国十八年（1929年）秋在上杭白砂参加赤卫队，民国十九年（1930年）3月参加中国工农红军，同年加入中国共产党。经历了土地革命斗争、抗日战争和解放战争血与火的洗礼，在二万五千里长征途中两次身负重伤。民国二十六年（1937年）延安抗日军政大学第一期学员，民国三十二年（1943年）再赴延安中央党校学习。

在23年北战南征军旅生涯中，历任通讯员、文书、书记、连政治指导员、营政治教导员、团政治部主任、团政委、军分区副政委、军区后勤部副政委、步兵学校副政委、贵州军区镇远军分区政委。1952年8月转业，由共和国总理周恩来亲自签发委任状，任命袁子清为中央交通部上海区港务局副局长。不久，又兼任上海港务监督第一任监督长。从此，他为中国第一大港上海港的建设与发展，奋斗了整整30年，直到1982年离休。1960年，袁子清曾兼任全国重点中专上海港湾学校校长,呕心沥血为国家交通事业培养和输送了一批又一批专业骨干人才。

2003年5月，袁子清已94岁高龄，用“五言诗”的体裁，亲自写革命回忆录《我的一生》，全篇共

432 句，2160 字。回忆录已由上杭县博物馆珍藏。

2008 年 4 月 23 日，老红军袁子清在上海逝世，享年 99 岁。

根据袁子清生前愿望，他和夫人张锦芝骨灰合葬官洋村太阳圩山上，建亭式墓，立在故乡郁郁青山怀抱中。

袁留忠

袁留忠（1913—1986），字酉生，号宝麟，梧岗村人。民国十八年（1929 年）3 月参加白砂赤卫队，9 月参加中国工农红军第四军。民国十九年（1930 年）加入中国共产党，参加过土地革命战争和中央苏区第三次反“围剿”。民国二十三年（1934 年）10 月参加二万五千里长征，参加过抗日战争和解放战争。曾任红军班长、无线电台干部、彭杨学校医院党支部书记、教导师直属队特派员、后勤兵站指导员、中站政委，翼南银行工厂教导员、总行党支部书记和秘书处处长。

中华人民共和国成立后，历任中国人民银行总行第一任人事处长、党委副书记、人事局副局长、政治部顾问。全国第三届人大代表，全国第五届政协委员。

邱仁华

邱仁华（1914—2015），军桥村人。民国十八年（1929 年）参加革命后，历任军委司令部一科参谋、红四军政治部青年科长等职。参加了中央苏区历次反“围剿”作战，参加二万五千里长征。抗日战争时期，历任八路军一二九师直属政治处干事、晋察晋豫边区总政治部组织股股长、太行一分区政治部组织科长。解放战争时期，历任热河军区二十军分区政治部组织科长。解放战争时期，历任热河军区二十军分区政治部主任、副政委，东北军区独立第一六八师副政委、政委等职。新中国成立后，历任空军第七师副政委、华北军区空军部直工部部长、空军第 28 师政委、空军第一军副政委、福州军区空军顾问等职。1955 年被授予大校军衔，并荣获二级八一勋章、二级独立自由勋章、二级解放勋章；1988 年被授予二级红星功勋荣誉勋章。2015 年在福州病逝。

袁廷炳

袁廷炳（1914—2002），梧田村人。民国十八年（1929 年）参加儿童团、赤卫队，民国二十年（1931 年）参加中国工农红军，中共党员。参加过中央苏区反“围剿”。民国二十三年（1934 年）10 月，参加二万五千里长征，任红一方面军卫生部司药员。到达陕北后，任四路军卫生部司药员。参加过解放川西战斗。新中国成立后，任四川省涪陵地区医院副院长、卫生学校校长、医药公司经理。

袁永福

袁永福（1914—1989），梧田村人。民国十八年（1929年）参加儿童团，民国二十年（1931年）参加工农红军，中共党员。民国二十三年（1934年）10月参加二万五千里长征，参加过抗日战争和解放军战争。新中国成立后，曾任山西省太原市供销社主任。

李　平

李平（1914—1964），又名李宾喜，茜黄村人。民国十八年（1929年）7月参加中国工农红军。次年5月，任红十二军三十五师一团青年干事，随部队参加了一毓战斗。同年，由于作战敢打敢冲，表现突出，被批准加入中国共产党。民国二十年（1931年）5月，任红一军团第一师直属队特派员。民国二十二年（1933年）6月，任红二师六团副特派员，历经中央苏区五次反“围剿”战争。民国二十三年（1934年）10月，随红二师六团参加长征。到达陕北后，任陕北后方军委直属队特派员、陕北红军三十军副特派员，参加了直罗镇、东征山西、山城堡等战斗。

民国二十六年（1937年）春，李平进入中国人民抗日军政大学（简称抗大）第二期二大队学习。多次聆听毛泽东、周恩来等中央领导的讲课。民国二十六年（1937年）7月，抗战全国爆发，李平历任抗大一大队宣传股股长、一大队三支队协理员、一大队政治处主任。随着敌后抗日根据地的建立和扩大，各地急需大量的干部，民国二十八年（1939年）3月，抗大二分校正式开学，李平任抗大二分校政治部干部科科长。针对抗大二分校学员从陕北转移到华北，从后方安定的环境转移到敌后抗日根据地战斗，从延安住集中的窑洞转移到太行山农村农舍，有相当多的知识青年思想解不开疙瘩。李平便耐心细致地做他们的思想工作。他说，二分校不是简单的“搬迁”，而是迎着民族解放的战火上前线。你们一毕业要上战场杀鬼子，上战场前先闻战火硝烟，体验战场生活，了解战争前沿老百姓的疾苦，心理就会有所准备，以后打仗就会更勇敢。李平很好地协助了二分校政治部工作，使二分校越办越大。同年10月，任二分校三大队政委，后任二团政委。民国二十九年（1940年）12月，任二分校政治部组织科科长。李平在抗大二分校，为培养抗战干部，呕心沥血，做了大量工作。

民国三十二年（1943年）4月，李平调任晋察冀军区政治部组织科科长。不久，任晋察冀军区无线电大队政委，在他带领下，晋察冀军区的无线电通讯工作受到军区司令员聂荣臻的多次表扬。李平随之升任军区机动旅政治部主任。民国三十三年（1944年）7月，李平调任延安教导二旅政治部副主任，带领部队驻防南泥湾，一面组织部队训练，执行警戒任务，一面进行大生产运动。

民国三十五年（1946年）2月，李平调任冀东第十五军分区副政委兼政治部主任。一到任便协助军分区领导整训部队，巩固解放区政权。7月，调任冀东第十四军分区副政委。刚到任不久，在军分区附近发生了“安平事件”。事件引起国共双方和美国的高度重视和国际社会的广泛关注。李平尽力协助军分区领导，组织力量，全面收集证据，坚决驳斥美蒋的诬蔑。在十四军分区向北平军调处提供大量证据情况下，中共方于9月9日举行中外记者招待会，由叶剑英公布了“安平事件”真相。9月中旬，马歇尔被迫下令撤走驻秦皇岛和塘沽之间的美国海军陆战队。

民国三十七年（1948年）12月，李平任四十六军一三六师副政委，参加了天津战役。民国三十八年（1949年）1月，北平和平解放，李平任整编第九十二军八十四师政委。

1949年11月，中共中央政治局决定成立军委民航局，从陆军、空军抽调人员组建民用航空。1950年4

月，李平调任军委民航局天津办事处（后改称华北办事处）政委。从此，他与祖国的民航事业结下了不解之缘，为中华人民共和国航空事业的发展倾注了一腔热血。1951 年 7 月，调任民航局党委办公室主任，遵照毛泽东的批示，着手人事机构改革。1952 年 7 月，担任全国第一家国营民航运输企业——中国人民航空公司副经理。为了提高公司经营效益，李平协助经理，对公司进行改革，实行“政企分开”，进行企业化管理，公司呈现一片生机。1955 年，李平任中国民用航空总局第二副局长。1956 年 5 月，当选民航总局党委副书记。1962 年 7 月，再次当选党委副书记。

1955 年，被授予少将军衔，荣获二级八一勋章，二级独立自由勋章，一级解放勋章。

1964 年 3 月，在北京逝世。

丁麟祥

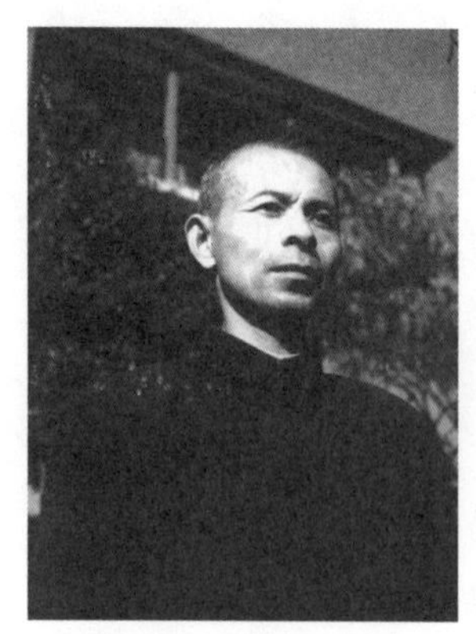

丁麟祥（1916—2003），碧砂村人。民国二十年（1931 年）8 月参加革命，在少共旧县区委任组织干事、儿童局书记。次年 7 月参加中国工农红军，在福建军区政治部宣传科、组织科当科员，后在军区指挥部、红三十四师、红三军团等单位任译电员。民国二十三年（1934 年）10 月参加长征，任二纵队一科科员，红四师、红一师译电员。红军到达陕北后，调到陕甘宁省军事部、独立师，庆环分区保安司令部任译电员、参谋等职。抗日战争时期，任武警三旅供给部分总支组织干事、中国人民解放军四纵队后方留守处政治处组织干事，第四军后方留守处政治处组织股干事、股长等职。新中国成立后，在第四军后勤政治处任保卫股长，后调到起义部队——俞方臬军八十六师骑兵团二营任营教导员、西北军区执行处政治协理员。1954 年冬转业到地方工作，任陕西省三原县人民政府副县长。后又调到陕西省石泉水电工程指挥部任开挖大队大队长、援渭工程大队副大队长等职。后调到陕西省畜牧厅种奶牛场任党支部书记，农业厅临冷良种轧花厂（后改为棉绒加工厂）任党支部书记、主任等职。

丁甘如

丁甘如（1917—1995），又名丁棠蕃，碧砂村人，民国六年（1917 年）10 月生。民国十九年（1930 年）4 月，加入中国共产主义青年团。民国二十一年（1932 年），参加中国工农红军，任红十二军一〇二团团部勤务员，福建军区司令部测绘员。民国二十二年（1933 年）6 月，转为中国共产党党员。民国二十三年（1934 年），进红五军团随营学校学习。后历任红十二军三十四师师部、红五军团十三师三十九团团部、红三十一军九十一师师部测绘员。参加了中央苏区第四、五次反“围剿”战争和二万五千里长征。在参加高虎脑、建宁、桂林、高兴圩、四渡赤水、山坡堡等战斗中英勇善战。在桂林守备作战中受伤致残，被评为三等甲级伤残军人。到达陕北后，任援西军司令部作战参谋。

抗日战争初期，历任中国人民抗日军政大学第一大队第八区队区队长、校务部队列科人事股股长。后任中央军委总参谋部作战局作战参谋，甘当无名英雄，为中央军委制定战略方针和对敌斗争决策提供准确、详细的参考依据。民国二十九年（1940 年），进延安中央党校学习。后任作战局作战科副科长、情报科科长、情报处副处长等职。美国军事观察组在延安总部期间，负责军事情报的交换工作。

解放战争期间，历任赴东北干部大队大队长，东北民主联军一纵队一师副参谋长、参谋长，东北民主联军总司令部巡视团负责人，总司令部参谋处副处长、东北军区司令部作战处副处长兼沈阳卫戍司令部参谋处处长等职。参加“三下江南”、四平攻坚战和辽沈等战役。

新中国成立后，任东北军区司令部情报处处长。1950年，参加抗美援朝，任中国人民志愿军司令部作战处处长、志愿军首长办公室主任等职，负责同朝鲜人民军驻中朝联合军司令部军事联络部官员进行作战情报交换工作，并负责与苏联统帅部派驻志愿军司令部的高级军事情报组进行军事情况接谈和联系。荣获朝鲜民主主义人民共和国二级国旗勋章、二级自由独立勋章、一级国旗勋章。1956年，任驻南斯拉夫大使馆第一任武官。离任回国后，任军事科学院外军研究部副部长、战史研究部副部长。1965年，任朝鲜军事停战委员会朝中方面委员。1970年，任成都军区副参谋长。1978年，任成都军区司令部顾问。

1955年，被授予大校军衔，荣获三级八一勋章、二级独立自由勋章、二级解放勋章。1961年，晋升为少将。1988年，被授予一级红星功勋荣誉章。

1995年3月29日，在成都逝世。

袁启南

袁启南（1917—1990），朋新村厦洋人。民国政府白砂乡末任乡长，主政清廉正派，民无大怨，老百姓称之为“开明乡长”“白砂的傅柏翠”。民国三十四至三十五年（1945—1946年），任古蛟傅柏翠的副官。

民国三十六年（1947年）冬，袁启南委派保长傅铭嘉与双髻山游击队领导人游昌炳、李学山等人取得联系，表示拥护共产党、支持游击队。之后，他采取各种办法，多次向游击队送钱、送粮、送弹枪支弹药，对游击队展开革命活动提供很大的方便。民国三十七年（1948年）冬，袁启南秘密派人向游击队表示真诚向人民投诚，并择机起义。民国三十八年（1949年）5月闽西起义“郭车会议”后，袁启南加紧策划起义工作，召开乡政扩大会议，与傅柏翠和练惕生（原武平县长，后任第七行政公署专员）一起布置起义工作，明确宣传起义，拟定起义临时行动纲领，成立白砂起义支会。同时，星夜派人到双髻山的游击队和设在禾仓角的中共上杭县委联系，准备迎接中共上杭县和七支队回师白砂接管政权。5月23日，袁启南率全体乡军政人员，在白砂圩上鸣炮欢送傅柏翠和练惕生一行去上杭城通电起义，张贴拥护共产党和宣布白砂乡政府脱离国民党统治的公告，白砂宣告和平解放。同年9月，袁启南代表白砂起义乡支会，正式向人民移交政权，白砂区人民政府诞生。白砂新的政权诞生后，县派袁启南到广州南方军政大学进修一年，结业后调武平县搞土改工作，任上、中堡乡土改工作队队长。土改工作结束后，调武平县政府办公室当秘书。1980年，享受离休干部待遇。

袁启南在民国末期深明大义，毅然起义，投入中国共产党和人民的怀抱，为白砂的和平解放做出了不可磨灭的贡献。中共十一届三中全会以后，袁启南任上杭县政治协商会议第三届至第六届（1980—1994年）委员、常委。1990年，任上杭县政协第六届常委之初逝世。

张锦芝

张锦芝（1926—2013），祖籍山东郓城，袁子清夫人。13岁参军，最初在鲁西黄河支队工作团当宣传员。16岁加入中国共产党，任军分区后勤处文教干事。是年和袁子清结婚。民国三十二年（1943年），赴延安中央党校学习。民国三十四年（1945年）任冀鲁豫军区后勤部组织科干事，民国三十六年（1947年）任军区后勤部政职校支部书记。1950年南下，至贵州镇远军分区任指导员，后任贵州军区都匀复员办事处组织干事。1951年调任中国人民解放军第七步兵学校政治部组织干事。

1952年7月部队转业，调到中央交通部上海区港务局，先后任卫生科副科长、文书档案科科长。1958年10月调至上海内河航运公司任人事科及保卫科科长，1961年10月改任组织科科长。离休后，享受副局（厅）级干部待遇。

袁友文

袁友文（1935—2011），梧田村人。1951年7月入伍，1959年9月加入中国共产党。1957年8月毕业于第四军医大学医疗系，被分配至第二军医大学附属第一医院（现长海医院）任军医。1962年9月，因备战奉调至福州军区总医院工作。曾任南京军区福州总医院耳鼻咽喉—头颈外科主任、主任医师，技术四级，文职二级（对应少将军衔，享受正军级待遇）。曾被聘为福建医科大学客座教授，兼任中华医学会福建省分会常务理事，福建省耳鼻咽喉科学会副主任委员，南京军区耳鼻咽喉科专业组副组长等学术职务。

袁友文调入福州军区总医院后，主要从事耳鼻咽喉—头颈外科的临床医疗工作，在头颈部肿瘤的手术治疗及头面部创伤救治等方面取得显著成绩。自20世纪80年代中期开始，为提高颅底疾病的治疗效果，紧跟国际科技新发展，在国内较早开展了颅底外科手术。20多年间，通过对颅底解剖、手术进路的深入研究与探索，创立新的手术方法，取得良好的成效，受到同行专家好评。在《中华耳鼻咽喉科杂志》《中国耳鼻咽喉颅底外科杂志》《亚洲医药杂志》等刊物以第一作者发表论文30余篇，参与其他医师撰写并发表论文70余篇。获军队及省科技进步奖12项，其中军队科技进步二等奖1项，军队医疗成果二等奖1项。主编《耳聋的诊断与治疗》专著1部，参与编写专著3部。

2000年2月退休后，继续对颅底外科课题进行深入的研究与应用。2006年，颅底疾病的外科治疗研究获军队医疗成果二等奖。2003年，参与主编《耳聋诊断治疗学》，于2005年由福建科技出版社出版，获华东地区科技图书一等奖。曾荣记三等功4次，2009年分别被评为军区和全军先进退休干部。

2011年3月病故，享年76岁。

袁建中

袁建中（1939—2009），梧田村人。1964年毕业于福建农学院，同年参加工作，1965年12月加入中国共产党，历任福建省农业科学院技术员，福建生产建设兵团二师农科所技术员、县农业局技术员、古田公社农技站站长、古田公社革委会副主任、古田公社党委副书记。1983年至1993年任中共上杭县委副书记，1993年至1999年任上杭县政协主席、党组书记，1999年至2000年任中共上杭县委调研员，上杭县老区建设促进会常务副会长等职务。2000年退休，2009年病逝，享年70岁。

袁蓉芳

袁蓉芳（1941—2017），梧岗村人，中国国民党革命委员会党员，中共党员。厦门大学新闻与传播学系教授、福建省新闻工作者协会会员，先后任《特区时报》等报记者、顾问及《武夷科学》杂志等编辑、主编。在《人民日报》等报发表过《打倒“四人帮”解放生产力》等多篇文章，《记唐骏教授》被南京大学选进参考教材。《出家人心灵的泣诉》被编进《中国优秀编辑记者获奖作品选》，《试论新闻特写》被中共中央党校及出版单位评为优秀文章，选入《中国社会主义精神文明建设宝典》等大型文献系列丛书。出版有与周胜林合著的《新闻采访写作学》，专著有《史沫特莱为何惊奇——新闻采写教学与实践》。曾荣获福建省优秀新闻工作者、厦门大学嘉庚学院“优秀教学奖”“优秀共产党员”称号。

袁学林

袁学林（1942—2017），原名袁梦光，官洋村人。1964年任南平地区太平学区民办教师，1970至1978年任太平公社农业技术员，1978至1986年任太平公社（乡）文化站长。1986至1994年，先后任太平乡政府办公室副主任、党委宣传委员兼政协联络组长、峡阳镇党委宣传委员兼统战委员。1994至2002年任南平八〇二台台长兼党支部书记，期间的1995年评为“群文系列助理馆员”，曾任南平市政协委员、南平市延平区作家协会主席。

袁学林在文学方面有较深的造诣，为中国诗歌学会会员、福建省作家协会会员。他参加工作后，勤于耕作，写有很多的诗歌、散文、小说等文学作品，分别在《健康报》《福建日报》《北京文学》《福建文学》等报刊发表，共发表各类文学作品百余万字。80年代，诗作连续2次获“武夷山文学创作奖”，连续4次获全省农村题材优秀作品奖，个人简介和诗文入选《中国当代诗人代表作》《中国当代精短诗文选读》。散文《一份升学合同》入选中国文联“20世纪作家、诗人和知名学者个人难忘经历文集”《百年烟寸图》（卷三）。有的小说、诗和散文，还分别获“改革开放30周年”“建国60周年”“建党90周年”征文一、二、三等奖。散文《在高空耕耘》获由中华散文网、诗潮杂志社、北京华厦国际文化交流中心联合主办的“2014年中外诗歌散文邀请赛”一等奖。

第二节 人物简介

一、党政军界

袁天通 民国二十六年（1937年）出生，中洋村人。1962年中国科技大学毕业。同年参加工作后，参加中国人民解放军，任海军飞行学院教授，大校军衔，正师级干部。

袁益才 民国二十六年（1937年）出生，朋新村人。1961年华东水利学院毕业，同年在中国人民解放军海军工程总部工作。后在青岛中国人民解放军38551部队北海舰队任教研室主任，正师级干部，大校军衔。

严集兴 民国二十七年（1938年）12月出生，上早康村人。1962年上海体育学院本科毕业后，考取体育理论研究生，因家庭困难未读，经国家分配，到中国人民解放军广州军区司令部工作。历任广州军区第二期参谋训练队区队长（2年期间，下放部队任战士、班长、排长、副连长、连长），广州军区司令部参谋，1979年广东省军区司令部训练处处长，1983年广东省惠阳军分区副司令员，1985年任江门军分区司令员。1990年选送中国人民解放军国防大学学习一年，毕业后，任广东预备役步兵第一师师长兼广东省军区副参谋长。在历任各职期间，参与过广州军区1964年军事大比武，组织广州军区湛江市城防演习、广西横县军事演习、湛江地区兵员动员演习及1983年、1984年42军165师和军部、直属分队兵员补充满员演习（导演领导组组长）等。1979年参加过中越边界自卫反击战指挥部工作。1991年9月任广东预备役部队广州市大阅兵总指挥，受到表彰。1993年，个人和组织部队参加全军预备役部队考核，单位荣获四个单项第一，个人荣获总分第二，参谋业务和首长指挥第一名。由于各项重大的军事活动均出色地完成了任务，多次受到总参谋部、广州军区和省军区机关的表彰和奖励。特别是在广州军区第二期参谋训练队期间组织全区部队军事大比武，受到叶剑英元帅的接见并合影留念。

郑树钰　民国二十八年（1939年）12月出生，洋乾村人，中共党员。1964年福建师大本科毕业，1983年省委党校毕业，国家二级文学创作职称。1981年6月至1986年，任三明市文化局副科长、副局长。1986年6月至1993年7月，任三明市文化局局长、党委书记、党组书记兼任市文联主席、省文联委员。1993年3月至1999年12月，任三明市人大常委会委员、市文联主席、省文联委员。2000年退休后，任三明市客家联谊会驻会副会长兼秘书、三明市客家文化研究会会长、福建省客家研究院客家文化研究员，福建省作家协会为会员、中国民间文学家协会会员。郑树钰曾主持、组织民间文学搜集整理工作及主编《三明文化报》《三明客家》。任职期间，多次被市委、市政府授予优秀党务工作者和文明建设先进工作者，被宁化县政府授予对客家祖地建设做出杰出贡献的“石壁功勋”称号。在全国、省、市报刊发表二百余篇（首）作品，主编出版中国民间文学三套集成福建卷三明分卷和《三明文化大观》8部，编撰出版《三明传说》《三明民俗》，与他人合作创作反映清代画家黄慎的电视连续剧《画怪传奇》，还主持摄制其他电视连续剧9部24集播出。散文诗集《三明风情》由百花文艺出版社出版，执行主编《三明与客家》论文集。参与编辑（任副主编）《三明客家史略》、《三明客家大观》等。民间故事《审石头》在省评奖中优秀奖（未设其他奖项），并被收入中国民间故事集和省民间故事集。企业文化论文被省文化厅评为重大研究课题研究成果二等奖，歌曲《情缘》获中国第四届群众创作歌曲大赛金奖。郑树钰及其业绩，被收入《世界华人文学艺术界名录》《中国民间文艺家大辞典》及《中国汀州客家名人录》等辞书。

袁授铭　民国三十二年（1943年）出生，朋新人。1966年毕业于西安交通大学电机专业，同年，分配到中国人民解放军兰州空军3730部队工作。1970年加入中国共产党。1978年9月分配到湖南株洲电力机车工厂，先后担任技术员、工程师、企管办主任、党委组织部长、党委副书记、政治部主任。1984年，任株洲市委常委、组织部部长（期间1987年9月至1988年9月中央党校一年制中青年干部培训班学习），1990年任株洲市委副书记。1995年任湖南省国防科技工业办公室主任、党组书记，2003年为湖南省第十届人大常委会常委、人大财政经济委员会副主任委员，2008年为湖南省经济和信息化委员会正厅职干部退休。

袁　晋　民国三十三年（1944年）出生，朋新村厦洋人，袁子钦将军长子。北京工业大学毕业，中国人民解放军后勤学院副教授，军职正师级干部。

袁　协　民国三十五年（1946年）出生，朋新村厦洋人，袁子钦将军二子。哈尔滨军事工程学院毕业，公安部边防局副局长，大校军衔。

袁颂东 民国三十八年（1949年）1月出生，梧田村人。1967年毕业于福建省财经贸易学校，1968年作为知识青年上山下乡，在连城县姑田供销社工作。1971年调到连城县计划组工作，1974年至1983年，在连城县计划委员会分别任干部、副主任、主任。1983年至1987年，任连城县人民政府副县长。1986年，被福建省环境保护委员会评为“福建省环境保护先进工作者”。1987年至1990年，任龙岩地区农资公司经理兼供销社副主任。1989年，荣获“福建省农资先进工作者”光荣称号。1990年至1995年，任龙岩地区供销社主任。期间龙岩地区供销社多次被全省供销系统评为先进单位，袁颂东为白砂公社的农业生产做出贡献。

2009年，袁颂东在龙岩市供销社退休。

袁德俊 民国三十八年（1949年）1月出生，祖居老白砂圩，中共党员。1978年福州大学化学化工系毕业后，留校在无机化学教研室任教。1984年5月借调省高等教育厅人事处，同年10月，任福州大学人事科副科长。1985年10月，任福州大学数学系党总支副书记；1987年9月至1988年1月，参加国家教育高校管理进修班学习；1988年10月，任福州大学计算机科学与技术系党总支副书记。1992年10月，调入中共福建省纪律检查委员会、省监察厅工作，先后担任执法监察室副主任、党风廉政室主任。2000年4月，任福建省教育厅党组成员、纪检组长。2004年1月，任中共三明市委副书记、纪委书记兼教育工委书记、市总工会主席。2006年11月，被南京军区任命为三明陆军（预备役）通信团第一政委、上校军衔。2007年2月，被选为三明市第八届政协主席。2008年2月，选为省政协委员。同年8月，任省政协教科文卫体委副主任。2010年5月，担任三明市客家联谊会会长、省客家联谊会副会长。2012年8月退休后，担任福建省民办教育协会会长。

袁锦贵 1950年9月9日出生，中洋村人，中共党员。1968年7月毕业于龙岩师范学校。1969年1月在白砂公社上山下乡插队劳动锻炼，1971年上半年被聘为白砂中学代课教师。1971年10月分配工作，先后在上杭县古田公社吴地小学、古田小学任教。1974年下半年开始离开教育部门，先后在古田公社、共青团龙岩地委、福建省纪委、中共南平市委、中共莆田市委、福建省人大常委会工作。曾任共青团龙岩地委书记、省纪委办公室主任、常委兼秘书长、副书记兼监察厅长、中共南平市委副书记，中共莆田市委书记兼任莆田军区分党委第一书记，福建省人大常委会副主任、党组副书记，省关工委常务副主任，第七、八届省委委员，第八、十、十一、十二届省人大代表，第九届省政协常委，中共十七大代表，第十二届全国人大代表。2016年策划拍摄电视连续剧《绝命后卫师》，先后荣获五个一工程奖、飞天奖优秀电视剧大奖。

袁　山 1950年出生，朋新村厦洋人，袁子钦将军三子。在中国人民解放军总参谋部军训部工作，大校军衔。

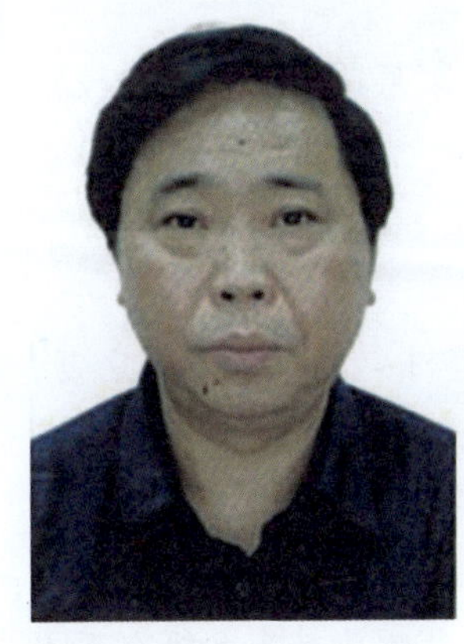

傅兴书　1952年6月出生，大科村人。1968年3月应征入伍，1971年3月加入中国共产党，历任团部卫生员、卫生班长、军医。参加第28集团军军医培训，1978年12月调第28集团军卫生处工作。参加过北京军区医疗专业班学习，1985年7月任第28集团军卫生处副处长，1987年11月任处长。参加过1976年唐山大地震救灾和1989年参加平息北京动乱大行动。1997年11月转业，任龙岩市卫生局副局长、调研员。2000年7月，兼任龙岩市第一医院党委书记、院长。2002年6月，任龙岩市卫生局局长兼党组书记。2012年7月退休。

袁　北　1953年出生，朋新村厦洋人，袁子钦将军四子。上海第二军医大学毕业，中国人民解放军海军总医院主任医师，大校军衔。

傅崇豪　1953年11月出生，中洋村下城厦人，在职空军政治院经济管理专业毕业，大专学历。1972年12月参军，历任战士、文书、班长、中队司务长、武警中队指导员。1985年5月，调任武警泉州支队政治处正连兼任支队党委秘书。1987年至1997年，历任支队司令部政治协理员、政治部副主任、主任、武警泉州市支队副政委。1997年12月转业到泉州市公安局任办公室主任，2002年至2013年，历任泉州市公安局助理调研员、调研员（正处）、一级警长。2013年退休。傅崇豪军旅生涯25年，有多篇论文在《福建武警》等刊物上发表，三次荣获三等功，两次被福建武警总队党委评为优秀共产党员。

张秉阳　1954年2月出生，军桥村人，大学本科学历。1972年12月参军，历任副班长、干部报话员、电台台长、正连职参谋、副营职政治干事。1990年3月以后，任龙岩军分区干休所副所长、所长。1996年和1998年，分别任连城县、永定县人武部政治委员、党委书记、上校军衔。2000年和2002年，分别任龙岩市物价委、发改委副主任兼党支部书记；2005年6月至2012年5月，任龙岩市发改委副主任兼市国防经济动员办副主任、党组成员（期间2007年至2012年任市第三届政协委员）；2012年3月，任龙岩市发改委调研员。2014年2月，担任中共龙岩市委第十二督导组组长，负责市公安局、市检察院、市国资委等13个单位党的群众路线教育活动督导工作。2014年4月退休。

刘福松　1955年9月生，大田村人。1979年12月福建师范大学毕业，同年8月参加工作，1976年10月加入中国共产党，副厅级干部。历任龙岩一中教师、新罗区委组织部部长，新罗区委副书记、纪委书记，龙岩市委副秘书长、龙岩市纪委副书记兼监察局局长，龙岩学院党委委员、纪委书记。2016年1月退休。

袁　朝　女，1956年出生，朋新村厦洋人，袁子钦将军之女。在中国人民解放军某单位工作，大校军衔。

邱志琴　1956年8月出生，军桥村（原籍临城镇城南村）人，张秉阳之妻，大专学历。1976年3月应征入伍，1982年任福建邵武市第186医院护士，技术13级(副连职)。1983年任泉州市第180医院护师，技术12级（正连职）；1987年任龙岩干休所主管护师，技术11、10级（副营、正营职），文职六级（少校）。1992年提为技术9级（副团职），文职五级（中校）；1996年提为技术8级（正团职），文职四级（上校）；2000年提为技术7级（副师职），文职三级（大校）。2009年军队退休。军旅生涯35年，主要从事军队医院医疗工作，为部队老干部医疗保健服务。曾9次受到部队医院和省军区、军分区等机关表彰。

严源昌　1957年1月出生，上早康村人，1978年8月加入中国共产党，空军政治学院毕业，本科学历，少将军衔。1976年2月参加中国人民解放军，历任团政治处干事、连政治指导员，福州军区空军政治部干部部干事，空军第八军政治部干部处干事、副处长、处长，空军福州指挥所政治部主任，沈阳军区空军政治部副主任等职。1988年起，分别由南京军区空军和空军授予空军上尉、少校、中校、上校军衔；2002年，由中央军委授予空军大校军衔；2012年，由中央军委授予空军少将军衔。军旅生活40年，历任连党支部书记、军政治部党委委员、军党委委员，师党委常委、纪检书记、政法委书记、党委书记，南京军区空军党委委员，空军福州指挥所党委常委、政治部党委书记，沈阳军区空军党委委员、纪委副书记、政法委副书记等职。

冯利辉　大田村人，1958年8月出生，本科学历。1975年7月白砂中学高中毕业后在大田村务农，1975年12月至1978年2月在大田七年制学校任民办教师。1978年2月至1980年2月在龙岩师专物理系读书，1980年2月至1985年8月在白砂中学任教师，1985年8月至1986年2月在上杭县教师进修学校工作。1986年2月至1991年3月，在中共上杭县委办公室工作。其间，1989年2月任县委办副主任兼县委政策研究室主任。1991年3月至1993年9月任上杭县粮食局局长，1993年9月至1995年12月任上杭县古田镇党委书记，1995年12月至1997年6月任中共上杭县委常委、古田镇党委书记。1997年6月至1998年10月任龙岩市粮食局副局长（主持工作），1998年10月至2007年8月任龙岩市粮食局局长。2007年8月至2017年1月，任福建省粮食局党组成员、副局长。1995年荣获福建省委“优秀共产党员”称号。撰写《新形势下做好粮食工作的几点思考》《粮食直补政策初中与思考》《扎实推进国有粮食企业改革》《关于国家粮食安全新战略的思考》和《保障福建粮食安全的几点思考》等在《中国粮食经济》《调研内参》等杂志上发表。

丁　榕　1963年出生，女，汉族，碧砂村人，大专学历。1983年4月参加公安工作，1990年8月加入中国共产党，曾任南昌铁路公安分处南昌站派出所民警，福州铁路公安分局福州乘警队民警，福州铁路公安处福州站派出所民警、副主任科员、主任科员、副所长，巡警支队政委，上海铁路公安处上海站公安段副段长、段长，上海铁路公安处副处长，上海铁路公安处政治处主任，上海铁路公安处调研员(正处级)。从当上铁路公安民警的第一天起，丁榕始终保持和发扬实干拼搏、昂扬向上、不断奋进的工作朝气，带领民警战斗在第一线，哪里需要就向哪里冲，哪里艰苦就在哪里干。2005年，时任上海站公安段段长期间，她先后组织成功侦破“9·9掏心案”“11·29电话诈骗案”“迎宾楼盗窃案”等重特大案件。以她名字命名的“丁榕查堵组”一年内就查获公安部网上逃犯94名，带出了一个名副其实的功模班。据统计，1990年以后，丁榕先后抓获各类违法犯罪嫌疑人2200多名，破获刑事案件145起，查处治安案件320起，查缴走私黄金57千克，银圆326千克，玉器253件，鳗鱼苗6千克，手表1.7万块，毒品925克以及大量走私违禁物品，总价值达810万余元。由于在打击走私、贩私等各项工作中成绩显著，先后荣立个人二等功2次，三等功3次。1990年，被全国铁道团委命名为“全国铁路新长征突击手标兵”；1991年，荣获全国铁路火车头奖章；1995年，荣获福建省“三八”红旗手、“全国先进女职工”、“全国铁路公安百名岗位标兵”称号；1996年，被公安部授予“全国特级优秀人民警察”称号。1999年，被团中央、中宣部、中央综治委评为“中国青年优秀卫士”。7月，出席表彰大会，受到党和国家领导人的亲切接见。2000年，光荣当选“中国十大杰出青年”。同年，被公安部授予“一级英雄模范”称号。

朱丽英　1963年出生，原籍沙县，1985年加入中国共产党，大专学历，空军专业技术大校军衔，严源昌之妻。1979年8月进入中国人民解放军空军军医学校学习，毕业后历任空军崇安场站卫生队护士、护师，空军福州离职干部休养所药师、主管药师，空军地空导弹兵旅医疗所所长，空军地空导弹兵旅卫生队主管药师，专业技术六级，享受正师级待遇。1988年起，由军区空军和空军先后授予空军上尉、少校、中校、上校军衔。2012年，由中央军委授予空军专业技术大校军衔。1987年至1990年先后四次获评空军第八军优秀医务工作者，1991年获评空军第八军优秀共产党员，同年荣立三等功，1992年获评空军福州干休所优秀共产党员，1993年获评空军第八军优秀共产党员。1996年获评福州市军人好妻子、好母亲，并授予“三八”红旗手荣誉称号。

袁永林　1964年2月出生，岭背村人，中共党员。中共中央党校经济管理专业研究生学历，高级政工师。现任福建省地质测绘院党委书记。1983年12月参加工作，历任福建省第二水文地质工程地质队宣传教育干事，福建地质矿产报编辑、记者，福建省地质工程勘察院政治处副主任、机关党支部书记；福建地矿建设集团公司政治处副主任，办公室副主任、主任，机关党支部书记，纪委委员；福建省第二地质勘探大队纪委书记、工会主席；福建省核工业二九五大队纪委书记、工会主席，福建省第八地质大队党委副书记（主持工作）、党委书记，兼任福建省核工业二九五大队党委书记；福建省地质测试研究中心党委书记；福建省地质测绘党委书记。工作期间，主编出版《山野采撷》，多篇新闻稿件被评为福建省好新闻二、三等奖，全国地矿系统新闻作品一、二等奖。所在单位地质工作成效明显，找矿成果丰硕，为当地经济社会发展做出了贡献。参加完成了福州长乐国际机场航站楼降水工程项目工作，任项目副经理，完成了在于太姥山脚下、长达9.27公里的福鼎至宁德高速公路建设A7合同段路基工程项目，任项目经理的石狮服装城二期C幢工程建设。任职以来，多次获得福建省地矿局优秀共产党员、优秀党务工作者、先进工作者称号，获得中共龙岩市委市直机关工委2010—2011年度“十佳党委书记”荣誉称号。

丘淮元 1964年5月出生，洋乾村人。1985年毕业于福建邮电学校，2003年毕业于湖南大学金融管理专业。1985年8月至1998年10月，在龙岩市（地区）邮电局工作，历任营业员、所主任、股长、科长、分局副局长、分局局长。1993年，评为经济师，期间的1997年被评为福建省邮电系统先进个人。1998年10月至2002年1月，任龙岩市邮政局市场部主任、局长助理。2002年1月至2011年8月，任莆田市邮政局副局长、局长、党委书记。任局长期间，莆田市邮政局连续五年获全省经营一等奖。2010年，被授予福建省“五一劳动奖章”。2011年8月至2012年11月，任福州市邮政局局长、党委书记。2012年11月至2015年11月，任北京市邮政公司党委常委、副总经理。2015年11月开始，任中国速递物流股份有限公司北京市分公司总经理、党委书记。

李善昌 1965年1月出生，梧田村人。1984年7月毕业于福建农学院（本科），在职研究生学历。1984年8月至1988年5月，在闽西大学任教，兼任学校秘书、团委书记。1988年6月至1993年2月，在新罗区人民检察院任检察员；1993年3月至1998年3月，分别任新罗区曹溪镇党委副书记、万安镇党委书记；1998年4月至2002年3月，分别任新罗区政法委常务副书记（主持工作）、新罗区白沙镇党委书记。2002年4月至2011年4月，分别担任中共长汀县委常委、政法委书记、组织部部长、常务副县长，期间的2005年被福建省人民政府评为“就业再就业工作先进个人”。2011年5月至2015年10月，担任中共长汀县委副书记、代县长、县长。2012年9月，荣获“全国国防后备力量建设新闻人事荣誉奖”。2015年10月，担任龙岩市经济技术开发区（龙岩市高新区）党工委书记。

丁德升 1965年3月出生，碧砂村人。1984年10月参加中国人民解放军，在某师部历任机务员、文书、特设员，1988年9月在空军第一航空学院学习。1991年7月毕业后（大专学历）至2016年3月，历任兰州空军某基地特设师、特设分队长、特设队长、工程师、特设主任，其中2008年晋升为上校军衔，2010年晋升为专业技术7级（副师级）。2000年、2004年、2005年、2006年分别荣立三等功各一次，2009年，荣获空军优秀机务人员银质奖。2012年荣获全军作战部队优秀人才，2014年荣立一次二等功。

刘　锋　1968年8月出生，大田村人，中共党员。1992年第二军医大学毕业，分配到广州军区后勤第二十一分部隶属的广州疗养院工作。1998年，转任行政管理工作，大校军衔，享受正师级待遇。在广州疗养院，先后担任医师、医务处助理员、医务处主任、副主任医师、代理主任、主任，技术六级。从事疗养保健工作20余年，除了日常的疗养保障工作，还圆满完成了包括杨利伟、翟志刚所在的航天员疗养团在内的40多个疗养团的保障任务以及中央军委原副主席迟浩田上将、总政治部原主任于永波上将等63位重点保障对象的冬休保障。2008年，被中央军委保健委员会表彰为“全军干部保健工作先进个人”。2001年至2003年，在中国人民解放军后勤指挥学院“完成勤务指标”专业研究生课程学习，参与“便捷式一线综合救护装置”和“便捷式简易人体测量装置预测部队官兵心血管危险”的研究，获得实用新型专利证书三项：1.剑式体腔穿刺置管器；2.便捷式简易人体测量装置整装箱；3.便捷式现场救生袋。作为第一研究者主研的科研项目“便捷式简易人体测量装置预测部队官兵心血管危险”的研究，于2008年获得军队科技进步三等奖，受到总后勤部和卫生部的表彰。2017年转业，任广东省“中山和芯生物技术有限公司”总经理。

傅焕松　1969年11月出生，大科村人，1993年毕业于福州大学管理系。政工师、高级企业文化师，现任中国航油集团福建石油有限公司书记（正处）、副总经理、工会主席。曾被中国航空油料集团公司、中国航油集团石油有限公司、中国航油华东公司、中国航油集团福建石油有限公司、福建省人民政府共建文明口岸领导小组、福州空港共建文明口岸领导小组等机构授予优秀党务工作者、先进工作者、青年岗位能手、新闻宣传先进个人等各级荣誉近20项，曾有100多篇论文在各级媒体上发表。

郑煦林　1971年2月出生，洋乾村人，1998年福建师范大学毕业，法学硕士。1998年8月至2005年8月，在福州市建设委员会工作。2002年任办公室副主任兼党组秘书。2005年8月至2014年4月，在福建省纪检委驻建设厅纪检组工作。2009年任监察室副主任，获得全国建设系统纪检监察工作先进个人的荣誉称号。2014年4月至2015年2月，任省纪检委驻省粮食局纪检组副组长、监察室主任。2015年12月，任福建省纪检委党风室副主任（正处长级）。

袁俊华　1971年7月出生，中洋村人，1993年毕业于中国青年政治学院青少年工作系政治思想专业，福建省委党校在职研究生毕业，法学士，研究生学历。1993—1997年任福建农学院团委干部，1997—2008年任福建省委文明办创建处副主任科员，2008—2014年任中央政府驻港联络办宣传文体部文艺处、综合处副处长、处长。2014年至今，任福建省委文明办创建处调研员、综合处处长。

二、教育界

袁广林 民国二十二年（1933年）10月出生，原名袁梦森，官洋村（松柏林）人。1954年6月在北京中央交通干校中专毕业，1958年7月毕业于北京大学政治经济系（本科）。北大毕业后，报名到祖国的大西北——甘肃省工作。先后在兰州体育学院、甘肃天水市第一中学、天水师范学校、天水高等师范专科学校、天水师范学院从事政治课、马克思主义政治理论教学。从教35年，勤恳教书育人，踏实做学问，编著有《略论对中介的研究》《马克思主义原理·政治理论教科书》(与西北师范大学等高校合作，1988年7月甘肃省人民出版社出版发行）、《把观念转到生产力标准上来》等。1985年评为副教授，1990年评为正教授。

温祖荫 民国二十三年（1934年）3月出生，大田村人，1955年毕业于福建师范学院（今福建师范大学）中文系，1958年毕业于北京师范大学俄苏文学研究班，1962年在北京大学东语系进修东方文学。任福建师范大学教授、硕士研究士导师，曾任中国比较文学学会理事、福建比较文学副会长、中国作家协会福建分会作家。在高校从事教学和科研50多年，对欧美文学、东方文学、俄苏文学、比较文学以及旅游文化均有精湛研究。曾在国内外出版各类著作51本（其中合作10本)，发表文章430余篇，出版字数达900万字。主要著作有《世界名家创作论》《亚洲文学史话》《东方文学鉴赏》《世界百家文学名著鉴赏》《鲁迅论中外小说》《欧美文学名著介绍与欣赏》《外国著名长诗介绍与欣赏》《世界名剧介绍与欣赏》《文山揽胜》《友山书侣》（诗文集）《天涯芳草》《名家名作欣赏》兰庭唱晚》《美国漫游》《八秩春秋》《教师的外国文学素养》《三弦和鸣》《书海远航》等。同时，他喜爱旅游，足迹遍及祖国的名山秀水以及欧洲、美洲、亚洲。他认为旅游也是读书，而且是读一本更大的书。温祖荫传略被编入《世界华人文学界名人录》《世界名人录》《中国当代艺术界名人录》《中国高等教育专家名曲》《中国高级专业技术人才辞典》《中国专家大辞典》等书。

温文荣 1954年出生，官洋村人，毕业于福建师范大学，中学高级教师，全国优秀教育工作者，福建省优秀教师，龙岩市首批优秀人才，龙岩市杰出人民教师。历任白砂中学教师、副校长，蛟洋中学、才溪中学、上杭二中、上杭一中校长，曾任福建省教育学会理事、福建省学习科学学会常务理事、龙岩市第三届人大代表。温文荣从教40多年，担任校长30年。他主持福建省普通高中新课程重点课题《校本教研制度建设与实施》等省市课题四个，主编《初、高中知识衔接》等校本教材两本，《追求制度管理与人本管理相结合的最佳境界》等16篇论文在CN级刊物发表。任职学校校风、学风优良，教学成绩优秀，高考成绩一直居于全省重点学校前列，尤其在“尖子生”培养方面成绩显著，特别是2009年高考，上杭一中10名学子考上清华大学。2009年8月，福建电视台以专题片形式，做了题为《山区中学的高考奇迹》的报道。2009年11月，清华大学招生办主任孟芊亲自到上杭一中举行了“从闽西革命老区走向清华园”的报告会，中央电视台记者随同采访，并在中央电视台新闻频道对此做了相关报道。任上杭一中校长期间，学校被评为“福建省文明学校”“福建省绿色学校”“福建省师德建设先进单位”“福建省教育系统先进单位”“中国百强中学”。

袁建勤 女，1964年11月出生，中洋村人，毕业于江西师范大学思想政治专业。1985年10月加入中国共产党组织，2006年被评为教授，硕士生导师。现为江西科技师范大学马克思主义学院副院长，江西省高校中青年骨干教师。江西省重点学科——思想政治教育学科主要成员，江西省省级教学团队——思想政治理论课团队主要成员。常年从事思想政治教育、德育、心理健康教育教学研究。先后被江西省教育厅、宣传部授予“全省高校党建和思想政治工作先进个人”“全省高校两课优秀教师”“江西省高校中青年骨干教师”“江西省高校德育骨干教师”“江西省高校心理健康教育先进个人”“江西省社会科学先进工作者”的光荣称号，4次荣获“全国高校大学生心理健康教育工作先进个人”“江西省大学生心理健康教育工作20年奉献奖”，校“教学名师”荣誉称号。主持省级立项课题30余项，撰写论文70余篇，主编教材8部，组织实施省、校质量工程5项，省级在线开放课程1项。荣获江西省教学成果一等奖等20多项各级奖励。

邱仲潘 1966年1月生，洋乾村人，1982年上杭一中毕业，考入北京航空航天大学。本科毕业后继续在该校深造，1989年1月从北京航空航天大学毕业，取得航空制造工程与生产自动化专业工科硕士学位。曾经在厦门华侨电子公司和厦门市政府工作，现为厦门大学信息学院智能科学与技术系教授，是人工智能专业、计算机应用专业翻译专业硕士生导师，指导的研究生包括国内学生和来自巴基斯坦、斯里兰卡、卢旺达等国家的留学生。2005—2008年，作为福建省委组织部专家服务团成员挂职龙岩经济开发区副主任，后任现代教育技术与实践训练中心副主任。2012年12月转任厦门大学信息与网络中心副主任，担任九三学社厦门市委员会副秘书长、九三学社厦门大学委员会副主委兼第二支社主委，思明区政协第七、第八届委员，第八届常委委员。已经出版译著和编著共176本，翻译的图书涉及文学、经济、机电、计算机与通信等，清华大学图书馆收藏著译作132本，中国国家图书馆收藏著译作132本。1999年翻译的《Linux从入门到精通》《Visual Basic6.0从入门到精通》和《Visual C++6.0从入门到精通》分别跻身电子出版社销量排行榜的前2、7、8名；2001年《C++大学教程》夺得电子出版社销量排行榜冠军，获得国家出版协会“国家图书引进奖”。2003年，《UML与Rational Rose2002从入门到精通》再次获得该奖；2004年，《红帽Linux9从入门到精通》再次进入排行榜。2006年编著《计算机专业英语》被推选为教育部“十一五”“十二五”国家级规划教材，先后在科学出版社、高等教育出版社、清华大学出版社和铁道出版社出版了《计算机英语》教材，教材《IT企业文化》获得厦门市第十届社科优秀成果奖三等奖。

刘开松 1969年2月生，岭背村人，1991年7月毕业于福建师范大学中文系。现为厦门市第三中学高级教师、福建教育学院语文课程与教学研究所研究员，福建省高中语文名师网络工作室领衔名师。曾荣获上杭县首届优秀人才、上杭县优秀教师、上杭县优秀班主任等县级表彰十余次。1999年被龙岩市教育委员会评为龙岩市优秀青年教师，2004年被龙岩市教育局认定为龙岩市骨干教师，2008年被龙岩市教育局认定为龙岩市中学语文学科带头人，2014年被福建省教育厅确认为福建省中学语文学科带头人。2014年8月被厦门市教育局以“高层次教育人才”引进到厦门市第三中学任教。在上杭一中工作期间，曾连续十余年担任高三语文教学及教研组长、班主任工作，培养清华、北大、人大等名校学生多名，成绩突出；指导青年教师参加省市教师技能大赛，屡创佳绩。2014 年和 2015 年连续两年参加中央电教馆组织的“一优课，一课一名师”活动评选，所送课例《归园田居》和《再别康桥》均被评为省优课。在《语文建设》《中学语文教学参考》等 CN 刊物发表论文 40 余篇，部分文章被人大复印资料《高中语文教与学》全文转载。主编教辅用书 2 本，参编高考语文总复习用 3 本。主持省级课题 2 项，市级课题 3 项。

廖复阳 字泓霖，长锦村人，1972 年 1 月出生,1991 年毕业于天津财经学院(现天津财经大学)，2002 年毕业于华东师范大学，获学士学位。2001 年 11 月，评为经济师。2007 年开始,潜心研究在幼儿中开展中华文化经典教育，在郑坑桥中洋大道东侧，创办“多闻学堂” (2009 年改名为“养正幼儿园) ,担任董事长。2009 年,在广州联合创办广州养正文化传播有限公司以及养正学堂，担任董事长。2011 年，担任东方少年国学院广州养正学堂分院院长。同年，在中国青少年发展服务中心与中国少年儿童手拉手艺术团等机构于北京举办的首届全国中华文化经典教育表彰大会中，荣获“首届全国中华文化经典教育先进教育工作者”称号。2013 年,担任广东私塾联谊会副会长。2015 年，担任“金谷慈善公益协会金谷学院”课程专家团专家，担任广州市早期教育行业协会监事。2016 年，担任广东红星公益助学促进会常务副会长，担任中国幼教商学会副会长。2017 年，担任广东省早期教育研究特聘专家。

三、科技、医疗界

陈紫榕 民国二十七年（1938 年）生，中洋村人。1962 年毕业于福建医学院医疗系，由国家统一分配到空军工作。历任解放军 476 医院（原空军福州医院）卫生员、见实军医、军医、助理员、副主任、主任、副院长、院长、主任医师，文职 2 级（少将），技术 3 级（副军级）。此外，还兼任福建医科大学教授，硕士生导师；中华医学会传染病与寄生虫病学会委员、国家卫生部基本药物遴选组成员、中国医药卫生科技成果鉴定评审专家库专家、军队医药卫生评审专家、军队药品审评专家，中华医学会福建省内科学会常委、传染病与寄生虫病学会以及微生物学免疫学学会副主任委员、福建省老年学会抗衰老委员会副主任委员，《中华传染病杂志》《航空军医》《福建医药杂志》编委等。1981 年以来，先后出版 3 部学术专著，发表学术论文 160 多篇。获得全军科技奖 20 项，取得 2 项国家发明专利，1 项实用新型专利和 1 项外观设计专利，3 项军队（省、部）级科技进步二等奖，被军委空军、军区空军授予“空军优秀知识分子”“空军优秀医务人员”“科技功臣”“精神文明系列标兵”“科技工作先进个人”等称号。荣立二等功一次，三等功三次，嘉奖多次。

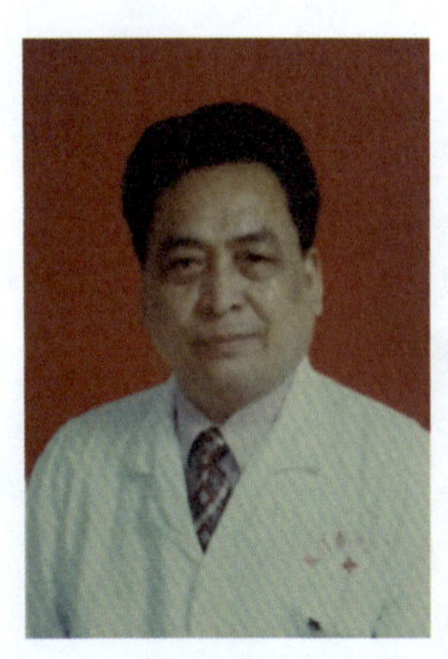

傅华兴 民国三十年（1941 年）出生，朋新村人，中共党员，主任医师。1961 年考入福建医学院医疗系，1966 年 7 月毕业后被分配到长汀县红山公社卫生院，1970 年 1 月，调长汀县政府组建卫生科；1971 年 2 月调入长汀县医院。先后兼任汀州医院内科负责人、传染科主任；1993 年 5 月以人才引进的名义调入厦门市中医院，任厦门中医院内科党支部书记等职。傅华兴医生从医四十余载，始终坚守“珍惜生命，善待病患”的医德、医风，深得患者及患者家属赞扬，也得到政府及媒体的高度评价。1991 年获得福建省“学雷锋、学白求恩先进个人”殊荣，1996 年获厦门市卫生系统“林巧稚精神奖”。1995 年《厦门日报》和《厦门晚报》因其成功抢救多位急危病人，专门做了《中西医结合的典范》的专题报道，福建省电视台曾在《党在我心中》栏目中，播放其先进事迹。2001 年退休。傅华兴桑梓情深，虽远居他乡，但时刻关心家乡的事业。退休后，积极为家乡的建设发展献计献策，牵线搭桥，引进资金和技术，成为佳话。2012年，他倡议、动员、鼓励儿女共捐资53万元人民币，共汇聚各方爱心，共募得善款近百万元，成立了以其母老红军邓凤金名义命名的“邓凤金奖学助学基金会”（又名为“白砂傅氏奖学基金会”）。每年奖励考上上杭一中和大专以上的白砂傅氏优秀学子，并资助家庭经济困难的傅氏在校学生，在白砂傅氏学子中乃至全白砂产生了巨大的影响。

傅剑华　1965年出生，朋新村人，1981年毕业于广州中山（医科）大学临床医学系，临床肿瘤学博士、高级工商管理学硕士，中山大学教授、主任医师，博士生导师，中山大学肿瘤防治中心食管癌首席专家。曾任中山大学肿瘤防治中心副院长、胸科主任，现任广东省食管癌研究所所长、中山大学医院管理处处长。

傅剑华一直致力于胸部肿瘤，包括食管癌、肺癌、纵隔肿瘤等的外科诊治及综合治疗，擅长胸部肿瘤复杂的外科手术治疗、微创治疗及综合治疗，对胸部肿瘤非血管介入手术、早期食管内镜微创手术等有深入的研究和极高的造诣。主持参与食管癌、肺癌有关的国家计划攻关课题和多项省部级课题。1990年，在国内首先报道“经口食管腔内置管术治疗晚期食管癌”，同期在国内首次提出“选择性程式治疗食管重建术后食管胃吻合口良性狭窄”，取得满意效果。主持粤港关键领域重点突破项目“记忆合金人工食管开发及产业化”、广东省科委“治疗食管良性狭窄支架的研制及临床应用”、“沉默IAPS基因、增加肿瘤化疗敏感性作用及其机理”等多项课题研究。主持卫生部临床重点项目“术前放化疗并手术治疗局部晚期食管鳞癌的多中心临床试验及其mRNA和miRNA基因组学研究”及国家自然科学基金项目，取得可喜进展。其研究成果发表在世界顶尖杂志JCO（IF:28.2）上，在国际上具有重大影响。

在国内外有影响的杂志上发表论文100余篇，参编专著6本，多次在国际会议上做特邀报告，研究成果曾获广东省科学技术研究成果二等、三等奖，已被授权专利2项。其研究的“治疗食管良性狭窄记忆金属支架”已产业化，治疗难治性食管良性狭窄取得良好的效果。每年12月负责主办的全国继续教育项目“胸部肿瘤诊治新技术学习班”在全国有很大的影响力，同时，极力推动中国食管微创外科的发展，定期举办“胸腹腔镜食管癌微创治疗”学习班，在国内外有较大的影响力。

傅剑华还担任中国医师协会胸外科分会副会长、中国抗癌协会食管癌专业委员副主任、广东省医师协会胸外科分会会长、广东省抗癌协会食管癌专业委员会主任委员等职，担任《中华医学杂志》《中华胃肠外科杂志》《中华胸心血管外科杂志》《中国胸心血管外科临床杂志》《临床肿瘤学杂志》编委等职。

傅杭祥　1970年1月出生，朋新村人。现任龙岩市第一医院麻醉科副主任，主任医师，龙岩市医学会麻醉学分会副主任委员。1987年考入福建医科大学临床医学专业，1992毕业后在龙岩市第一医院麻醉科工作至今。曾先后到福建省立医院、上海长海医院、上海仁济医院、浙江大学附属第二医院进修和培训学习，具有丰富的临床麻醉知识和精湛的麻醉专业技术。2007年到当时福建省卫生厅援外培训中心学习外语一年，2008至2011年，作为中国援外医疗专家参加福建省第十二批援非洲博茨瓦纳医疗队，到博茨瓦纳最大的公立医院，位于首都哈博罗内的玛丽娜公主医院工作三年，并担任哈博罗内点队长，曾受到时任国家副主席习近平访问博茨瓦纳时的亲切接见。

邱德胜 1970年2月出生，茜黄村人，龙岩人民医院神经内科主任医师、党委书记、副院长。1992年福建医学院医疗系毕业，就职于龙岩人民医院，历任重症医学科主任、副院长、党委书记。1998年于福建医科大学附属第一医院神经内科进修，2006年于江苏省人民医院康复科进修。2016年7月至2017年12月为福建省第八批援藏队队员，挂职任西藏昌都市边坝县卫生服务中心副主任，分管医疗业务工作。参与援建边坝县医院设计工作，被评为边坝县优秀共产党员，昌都市优秀卫生援藏专家，福建省第八批援藏队优秀专技人才。

傅林聪 1974年生，朋新村人，中共党员。1990年毕业于福州大学环境与资源工程系，并取得工学学士和经济学学士学位。2008年7月取得清华大学计算机技术专业工程领域工程硕士学位。1999年取得经济师资格，2005年取得国家注册安全工程师和安全生产教师资格，2007年取得国家注册安全评价师资格，2010年2月取得地质矿产高级工程师职称，2012年取得福建省矿产资源储量评估员资格，2013年7月取得水文地质、工程地质高级工程师职称，2014年取得爆破工程技术人员资格。目前在读中国地质大学（武汉）地质工程专业工程博士，现任福建省地质测绘院地助分院副院长、福建省地矿经济发展有限公司经理、福建省物探工程勘察院总工程师。发表的论文有：《福州南屿明矾石矿的开发利用》《空场采矿法在肖坂金矿的应用》《尤溪县铁炉亭矿区铅锌矿地质特征及其矿床成因分析》《福建及邻区的区域地球化学异常成因分类与地球化学找矿问题》（第二作者）。2012年作为专家组主要成员，完成《地质勘查单位安全生产标准化规范》的编制，并成为福建省地勘行业首个地方标准。

傅　东 1974年10月出生，朋新村人，2002年7月毕业于清华大学化学工程专业。2002年9月至2003年8月，在广东深圳清华大学研究院新材料研究所任职员。2003年9月至2016年12月，任华北电力大学环境科学与工程学院副教授、教授、博士生导师。期间的2009年12月起，任环境科学与工程学院副院长（主持工作）。2017年1月，兼任系主任、党委副书记（正处级）。主要从事能源环境工程领域的教学和科研工作，曾获广东省自然科学二等奖1项，河北省自然科学三等奖1项，北京市教学成果二等奖1项。2006年入选教育部“新世纪优秀人才”支持技术和河北省“优秀青年”，是河北省“杰出青年科学基金”获得者。兼任《化学工程与技术》编委、全国电厂化学专业委员会委员等职。

四、文艺界

梁利忠　民国二十八年（1939年）11月出生，大金村水竹洋自然村人，上杭县白砂田公信俗代表性传承人。他从小随父梁祥礼外出学戏，1959年高中毕业后，先后在白砂中心小学和樟黄、梧田、大金、大田等小学任教，2000年5月退休。梁利忠退休后，针对“田公堂”信俗及木偶戏一度低迷的实际，全身心地投入木偶艺术的挖掘、抢救及重振田公元帅信俗的活动，做了大量工作。2000年后，他曾组织木偶戏班到上杭县各乡镇及武平、龙岩、莆田、广东等地演出，力推木偶戏进校园、进课堂，向政府呼吁成立龙岩艺术学校木偶戏专业班。重视木偶戏的创新，创作演出“山歌对唱”“木偶舞狮”等新节目；在水竹洋建立“木偶书屋”“木偶文物展览室”“农家书屋”“鸟体对联展室”。2001年，他被推选为“田公堂”管委会主任；次年，“田公堂”得到重修并正式开放，并被上杭县政府列为县级文物保护单位。他组织成立“客家木偶文化艺术研究会”，吸收了包括闽西以及台湾在内的傀儡戏班班主、戏剧爱好者、民间艺人、研究人员、田公元帅信士等100多名会员，并被推选为该会会长，主持每年田公会木偶戏演出以及“田公元帅信俗”活动。2007年，他组织成立“田公堂”木偶研究会艺术团。同年12月，省委书记卢展工等到上杭调研时，组织木偶艺术团为之表演，受到称赞。2008年，他策划举办“首届上杭水竹洋‘田公堂’木偶艺术节暨学术研讨会”，邀请了美国、日本、中国台湾地区、福建省艺术研究院、福建师大、厦门大学、三明学院等国内外专家学者共30多人参加，在海内外木偶界产业强烈反响。2010年，胡锦涛总书记来古田时，“木偶舞狮”曾为各级领导献演。

2006年，梁利忠被龙岩市文广新局评为“闽西文化守望者”。2011年12月，“田公元帅信俗”被列为福建省第四批非物质文化遗产名录，梁利忠也被省政府批准为该项目传承人。

袁荣昌　民国三十二年（1943年）出生，梧岗村人，中国音乐家协会会员。历任厦门市歌舞剧团作曲、指挥、团长，厦门市台湾艺术研究所创作员。曾任厦门市音乐家协会主席、厦门市文联副主席、福建省音乐家协会副主席、福建省政协第八、九届委员。现为福建省音乐家协会顾问，厦门市文联、音协顾问，省文化厅“福建省艺术指导委员会”成员。曾获中共厦门市委、厦门市人民政府授予“厦门文艺突出贡献奖”。主要作品有：民族歌舞剧《双连杯》、南音乐舞剧《南音魂》《长恨歌》等。《长恨歌》获文化部第十届“文华新剧目奖”“文华音乐创作奖”“文华表演（演奏）奖”（时任该乐舞的艺术总监、配器、指挥）。著有《袁荣昌创作歌曲选——海螺》。

袁洪亮　民国三十六年（1947年）出生，中洋村人，福建省音乐家协会会员。1960年考入龙岩专区汉剧学校器乐（头弦）演奏专业，1965年7月毕业后，分配到龙岩汉剧团任头弦演奏员。1970年后，开始兼习作曲，先后创作过《杜泉山》《金瓯曲》《警钟长鸣》等几十部大、中、小型歌剧。创作《我为你骄傲——闽西》《古田会议放光芒》《多彩上杭》等各类题材、各种体裁的歌曲100多首，并在福州、厦门、漳州、泉州和广东的梅州演出，其中有些作品在省、地获奖或在相关刊物上发表。曾先后为上杭、武平、龙岩汉剧团创作设计数十台剧目的音乐，其中《月到中秋》《史碑鉴》《定光佛缘》剧目的音乐分别获得福建省戏剧会演一、二、三等奖。1980年在县文化馆工作，次年任上杭县文化局副局长。自

1979至1992年，收集、记录、整理上杭木偶戏、闽西汉剧音乐、民间歌曲、山歌、鼓乐、曲艺等各种艺术资料，录制音响，撰写论文及集成书相关条目释文，作品分别编入《中国戏曲志·福建卷》《中国民间歌曲集成·福建卷》《中国民间器乐曲集成·福建卷》《中国民间歌谣集成·福建卷》，相关论文先后参加"全国高腔学术讨论会""全国戏曲音乐讨论会""福建省四平腔学术讨论会"交流，并在相关戏曲、音乐刊物发表。2001年，全国艺术科学规划领导小组颁发"优秀编审奖"。2015年，编辑专著《留住乡韵》，由四川民族出版社出版发行。2016年5月7日至8日，由龙岩市文化广电新闻出版局、中共上杭县委、县人民政府主办，在上杭客家缘艺术中心相继举办"袁洪亮作品音乐会"和"袁洪亮从艺五十周年暨《留住乡韵》发行座谈会"。由厦门歌舞剧院、厦门乐团担任音乐会的演唱演奏。座谈会有福建省政协原主席王耀华、厦门音协原主席袁荣昌等近百名省内外专家学者等参加，中共上杭县委授予袁洪亮"守望文化，德艺双馨"牌匾。

刘金寿 民国三十八年（1949年）1月出生，大田村人。1960—1962年，随父刘锦丛学习傀儡戏表演技艺。在父亲的言传身教和名师丘必书的不断调教下，勤学苦练，打下了扎实的基本功。1962—1965年，他到龙岩艺校木偶戏专业班学习。1966—1977年剧团解散，他回乡务农。1978年木偶剧团恢复，他重返上杭木偶剧团。1986年，携《借雨降妖记》参加在泉州市举办的首届国际木偶节演出，设计了木偶戏高台，创新增加了配合演出的杖头木偶。同年，他携木偶戏《祥狮献瑞》赴香港参加联欢演出获好评。1999年，他和上杭客家艺术团的同事一起，携木偶戏《八戒闹庄》参加省二十一届戏曲节演出，获演员奖。2006年刘金寿退休后返聘，继续执教木偶戏表演，创办"白砂木偶艺术团"，执教多期少儿、成人木偶艺术培训班。他率团参加上杭县举办的民俗大赛，两届获得木偶戏表演一等奖。参加北京世纪坛举办的非遗展演，参加第二届厦门文化产业交易博览会展演，获集体银奖。2012年，被中共上杭县委、县政府表彰为首届优秀人才，担任上杭县客家木偶艺术传习中心木偶戏传承教练。2013年，他受聘于龙岩艺术学校，担任木偶戏专业班老师。2014年，参演的木偶戏《降妖》参加中国（开封）"清明文化节"全国木偶戏展演，获银奖。刘金寿被批准为省级非物质文化遗产项目闽西上杭傀儡戏代表性传承人。

袁文彬 1968年出生，中洋村人。1988年毕业于福建师范大学美术系并留校任教。1991年，参加鲁迅美院法国专家克劳德依维尔油画技法研究班。1994—1996年毕业于中央美术学院油画系第八届助教，2004年调入天津美术学院油画系。2007—2008年，中央美术学院油画系访问学者。现为天津美术学院教授、油画系主任，硕士研究生导师，中国美术家协会会员，北京当代中国写意油画研究院副秘书长。

袁文彬多次举办个人画展，主要有：1994年和1997年分别在香港、福州举办画展，2007年参加中国艺术大展和中国油画肖像艺术百年展，2007年和2008年分别在北京、上海举办画展。2017年，在北京举办"朋友圈—袁文彬的微信时代"画展。他的作品多次参加联展，主要有：2010年第25届亚洲艺术展（蒙古），2013年海峡两岸当代艺术展，2014年中国油画风景作品展，2015年中国写意油画论坛及展览、中国八大美院油画研究展，2016年第二届中国油画风景作品展，2017年中国写意油画学派研究展等。

袁文彬的事迹及其作品在国内多家刊物上登载或由出版社出版专著。2005年，长城出版社出版《中国美术名家研究——袁文彬》；2006年，四川美术出版社出版《画库—中国油画名家袁文彬》；2007年，中国工人出版社出版《中国油画名家—袁文彬》；2009年，湖南美术出版社出版大型文献画册《袁文彬》；2008—2011年，中国文史出版社连续四年出版《中国美术大事记·袁文彬艺术创作状态》；2012年，四川美术出版社出版《中国油画名家写生作品集——袁文彬》。

1996年，获“鲁艺杯”'96全国高等师范院校（系）美术专业教师作品大奖赛金奖；2004年，获“中国西部大地情”全国山水风景画作品展优秀奖；2010年，获第三届天津油画双年展银奖；2011年，经典与传承—中国油画双年展获“乌克兰大使奖”。

其作品被中国美术馆、国际奥林匹克委员会、上海多伦美术馆、北京时代美术馆、上海油雕院、天津美术馆、哈尔滨当代艺术馆、秘鲁国家博物馆、比利时矽比科美术馆收藏。

李艳玉　女，1968年出生，大金村人，上杭提线木偶第十九代传人，上杭县木偶文化艺术传习中心专职演员，木偶表演队队长。她14岁随父亲在白砂木偶戏班学习提线木偶技艺。1984年，被上杭县木偶剧团招为随团带班学员，师从客家木偶表演艺术家刘金寿。她能娴熟运用前台提线技艺并大胆创新，随上杭汉剧表演艺术家苏美珍学习闽西汉剧乱弹唱腔，主攻青衣、花旦、小生，音色甜美、圆润，能熟练提线与演唱配合演出。1986年，参加第三届中国（泉州）国际木偶节。1994年，参加上杭木偶戏音乐集成编委会的演唱工作，其作品入编《中国戏曲音乐集成——福建省·上杭木偶》。2006年、2010年参加第一、第二届上杭民俗文化大赛，木偶展演均获一等奖。2013年参加龙岩市首届民间绝蕊展演，获优秀表演奖。2014年，参与编导和表演的木偶剧西游记《降妖》，荣获全国木偶大赛银奖。李艳玉积极做好木偶戏的普及宣传，每年深入乡村义务演出木偶戏，积极参与推进木偶戏进校园，先后为白砂中学、白砂中心小学开办的木偶戏兴趣班任教。她主动拜师学习木偶雕刻与制作技艺，能单独制作木偶的头、手、脚、身各个部位以及相关的道具。2015年，她首创木偶变脸技艺，曾与台湾东森电视台、台湾龙阁文化传媒公司合作制作节目。李艳玉为上杭提线木偶艺术的传承和发扬光大做出积极贡献，2012年3月被龙岩市人民政府公布为第三批非物质文化遗产上杭木偶戏代表性传承人。

五、企业界

傅良荣　1965年5月出生，中洋村人，大专学历，中共党员。1983年9月入伍，在中国人民武装警察部队上饶市消防支队服役。1988—1997年，先后在上杭县锰制品厂、上杭县矿产公司工作。1998年起，在福建中闽建筑工程公司任项目经理。2006年10月，创办福建永丰建设工程公司，任工程师、董事长。2010年，在江西赣州市创办江西艺昌科技有限公司，任董事长。公司致力于钢制防火门系列产品的自主研发与创新，严格按照国家标准运行管理，产品在外观设计、制造工艺及品质保障等方面，都形成自己独特的品牌风格。

傅良荣关心家乡发展，多次为家乡捐款兴办公益事业。傅良荣2019年2月当选白砂商会副会长，2019年12月当选厦门上杭白砂商会会长。

张可贵　1965年11月出生，军桥村人。1988年毕业于西北轻工业学院皮革专业（今陕西科技大学），本科学历，获学士学位，分配到泉州皮革厂工作。1999年成立泉州市通达贸易有限公司，任公司总经理，主产生产经营国内外皮革化工原材料。2004年，组建济南力厚化工有限公司，任董事长，旗下有全资子公司齐河力厚化工有限公司。公司占地70亩，主要从事皮革化工材料的研发、生产和销售，有员工100多人，年产值1亿多元。2015年组建成立福建铭麟工贸有限公司，任董事长。该项目落户上杭县蛟洋工业园区，占地68亩，总投资2.58亿元，年产过硫酸盐5万吨，现有员工120多人。2016年12月，当选为上杭县政协第十二届委员会常委，同时，当选为泉州市上杭商会会长。2017年5月，当选为上杭县工商联（总商会）第十届执委会副主席。

严文昌 1967年7月出生，上早康村人。1989年毕业于江西无线电技术学校音视频专业。1992年就职于香港东亚电子广州公司，从事音响器材研发、公司管理和承包经营等工作。2000年，独资创建广州市科昱音响设备有限公司。公司致力于舞台专业音响产品创研与产销业务，以“中国创造”为己任，研制富有东方美学的艺术音响器材。历经八年，耗资千万，刻苦攻关，2012年自主创研出领先世界的“KE网络智能功放”。2014年，KE产品在德国法兰克福全球音响大展中，受到世界高端公司和欧美专家的一致认可与赞美。2005年，合资创建广州市索克演艺器材有限公司。同年，参加香港汇才企业教练技术培训一年，改善心智模式，挖掘个人和企业潜能，提升企业绩效和可持续发展。2007年，入股广州市威尔逊声光像艺术工程有限公司，历做广州东方宾馆、日航酒店、汕头大学、广州交易会馆等六百余项大型高端工程。2010年，入股浙江东阳市忆古红木家具厂，创制红木艺术家具。2013年3月，就读于清华大学艺术品高研班，主修古代书画鉴定专业。2017年，在上早康村的早康会址旁，创建“文渊雅阁艺博馆”，融建筑、装潢、红木家具、陶瓷、字画、音像等艺术品为一体，旨在弘扬和传承中华优秀传统文化。该艺博馆已获清华大学艺术品高研班全国校友总会首批交流基地授牌。著有《千里江山图赏析》《古代书法鉴定概述》《中国绘画之笔墨》《国画二十四论》《国画品论附要》等论文，并在国家和省级刊物上发表。另有《文渊雅阁记》《文化之中国》《生意之吾悟》《人生之价值》等论文作品。

李艳星 1971年6月生，汉族，中共党员，梧田村人。1990年7月东北水利水电专科学校中专毕业，2001年7月同济大学函授学院大专毕业，2008年7月武汉理工大学网络教育学院本科毕业，2018年10月兰州交通大学土木工程学院硕士结业。1999年12月获土木工程专业工程师职称，2011年4月获道路与桥梁专业高级工程师职称。1990年8月毕业分配至中国水利水电闽江工程局工作，历任技术员、质检员、项目技术负责人、项目经理等职；1998年借调至厦门安能建设公司工作，历任项目经理、五处总工程师等职；2006年11月，调至福建省恒基建设股份有限公司工作，任副总经理兼总工程师。2007年，创办福建北杭建设工程有限公司，现为市政总承包二级资质企业，拥有员工120人左右。李艳星长期致力于科研工作，目前拥有国家专利授权32项，国家软件著作权授权11项，发表论文9篇，主持省级科研项目6项，主持编撰省级标准3项。李艳星业余时间喜好文学，在《鹭岛白砂人》、琴岗诗社白砂分社、美篇等处发表散文、随笔、诗词一百多篇。李艳星是厦门市上杭商会白砂分会（暨厦门白砂经济文化促进会）创始人之一，2012至2017年连任两届会长。

袁炎开　1975年出生，官洋村松柏林自然村人，1994年毕业于福建机电学校（现福建工程学院），2000年评为机械制造专业工程师。1994—2000年，在福州钜全汽车配件有限公司任管理部经理。2001年创办福州晟鑫机械有限公司，并担任总经理至今。经多年的打拼，公司规模不断发展壮大，现有职工100多人，成为福建机械行业的知名企业，取得良好的经济效益和社会效益。同时，企业管理理念和技术不断创新，已拥有多项发明获国家专利，其中“阻火网圈圆定型工装”“一种发电机油箱密封检测装置”和“打磨机碳刷架碳刷工件的铆合成型模具和铆合成型工艺”分别获国家知识产权局授权的专利。袁炎开还关心家乡的发展，2015年开始，任福州市上杭县白砂商会会长。

曾传兴　1977年3月出生，大金村人，2000年毕业于华中科技大学，获自动控制、经济法学双学士学位。2002年，在福州开始自主创业，成立福州利事达科技有限公司，任公司副总经理，负责主导技术研发和推广。主要生产智能化路灯控制、GPRS远程抄表等控制系统，并承担国家863项目和省级技术课题和项目。2005年，创办深圳市康美特科技有限公司，担任公司董事长。主要研发和生产家电智能控制电路板，目标客户包括美的、TCL、LG、艾美特、松下等国际国内知名企业，并多次获得美的、TCL等企业的最佳供应商、最佳战略合作商等殊荣。期间还自主发明了多项国家专利，创造出经营业绩连续4年翻倍增加的佳绩，年营业收入也从初期的不足100万元发展到2亿多元，并成为国家高新技术企业，现已经拥有4家控股公司。2011年，与安徽奇瑞汽车、芜湖市政府共同投资设立芜湖瑞鹏客车有限公司，其开发的多款客车车型获得国际和国内多项荣誉。2012年，向母校华中科技大学捐资共建智能控制研究中心，进一步深入推动了校企合作。2014年，同广东宏远集团、福建龙洲股份进行合作，重组并控股原东莞中汽宏远汽车有限公司，担任公司董事长。进军新能源汽车行业，在东莞市麻涌镇投资约25亿元建设年产8000辆各类新能源商用车的重大项目，主要研发和生产纯电动客车和大中型豪华客车。该项目自2015年投产以来，已累计生产300多辆纯电动客车，实现销售收入约15亿元，为地方纳税近6000万元。曾传兴成为知名的企业家，担任东莞市政协委员、东莞市工商联（总商会）常委、东莞市新能源产业协会会长、上杭广东商会名誉会长、东莞福建商会常务副会长等多项社会职务。

丁　华　碧砂村人，1978年4月出生，毕业于厦门大学投资经济专业。毕业后主要从事高档品牌服装制造和资本投资管理专业，2011年荣获厦门特区建设30周年商界人物贡献奖。2004年创办景业晟美（厦门）实业有限公司，担任公司董事长，先后创立卓影、格澜玫斯、心勿言等服装品牌。公司于2012年、2017年获厦门市最具成长型企业，2009年被福建工商行政管理局评为“福建省诚信经营单位”。旗下卓影女装品牌被认定为中国驰名商标、福建省著名商标、厦门市著名商标，并获得中国最具影响力女装、中国女装行业畅销品牌、十大受欢迎女装品牌。2017年创办中科银（厦门）投资有限公司，担任董事长，主要从事资本投资管理。丁华是厦门市上杭商会白砂分会（厦门白砂经济文化促进会）创始人，2008年至今任龙岩厦门商会副会长，2009年至今任上杭厦门商会常务副会长。

六、其他知名人士

丁松蕃 1963年8月出生，碧砂村人。1979年参加工作，1986—2017年，任中国电信白砂线务站站长。工作后，参加过全龙岩地区线务建设和改造工作，1991年参加龙岩至上杭第二次光缆建设，1991年参加龙岩地区电信“练工”比赛获全区第一名。1999年，参加国家一级光缆（沪京南穗线）建设。2010年，参加国家军事光缆建设。自1999年至2017年，责任区内的电信光缆维护，未出现任何故障。2004年，参加全省电信“网络维护技术大赛”，荣获“网络运行保障技术能手”。2013年，评为全省“践行五种文化”十大人物奖，《福建日报》曾登载其先进事迹。同年，荣获“中国电信集团劳动模范”光荣称号。2015年1月，荣获“五星级”线务员。同年2月，被评为福建省“最美通信人”。

袁锡荣 1968年6月出生，下早康村人。1990年6月21日，是袁锡荣和妻子李淑英结婚后的第43天。这天，李淑英上山爬到树上砍枯枝，不料，一脚踩空坠落在地，顿时她觉得下肢剧痛难忍，后被送往县医院救治。治疗三个月后，李淑英的命是保住了，但下肢永久性地瘫痪了，医生说她一辈子要在轮椅上度过。当时，李淑英失声痛哭，怎么也接受不了这样残酷的现实，甚至失去活下去的勇气。这个时候，袁锡荣安慰妻子：我决不会遗弃你，我会一辈子爱你，一辈子守候你，一辈子照顾你。有了丈夫的安慰和鼓励，妻子逐渐燃起对生活憧憬的火光。前三年，李淑英整天躺在床上，臀部、背部长出褥疮；袁锡荣一日三餐捧茶喂饭，给妻子洗疮搽药、洗臀擦背、揉腿按腰、端屎端尿，不辞辛劳。经过袁锡荣的精心照料，妻子的病情有所好转，可以坐轮椅了。6年后，可以在轮椅上坐较长的时间。此后，袁锡荣每天都要把妻子抱上轮椅，推着妻子到户外游玩，让她享受阳光，呼吸新鲜空气，赏田园风景，酿愉悦心情。由于袁锡荣的精心料理，李淑英除下肢瘫痪外，体质良好，先后生下一对儿女。

袁锡荣27年用爱守候、悉心照顾永久性瘫痪的妻子，在当地传为佳话。2007年12月，他光荣加入中国共产党，2009年6月被选为村党支部委员。他多次被上级表彰，其中2015年5月被福建省妇女联合会和福建省文明办授予“福建省最美家庭”，2016年5月被中华全国妇女联合会授予“第十届全国五好文明家庭”荣誉称号，2017年被福建省文明办入选孝老爱亲“福建好人榜”。

第三节　人物表

一、已知明清至民国时期白砂籍任乡科级以上人员名表

姓　名	村别	主要职务	附　注
袁养正	中洋	贵州绥阳县知县、广西直隶州通判	
袁九皋	中洋	武进士，闽浙水师守备营守备	上杭袁姓志
袁　博	中洋	恩科举人，南平县训导	上杭袁姓志
傅天鸾	中洋	清敕封承德郎、随加一级，诰封奉政大夫	白砂傅氏族谱
傅峦周	中洋	清乾隆丁巳恩科进士、钦点御前侍卫	白砂傅氏族谱
傅丁寿	中洋	清恩授守御所千总	白砂傅氏族谱
傅柱级	中洋	清郡千总	白砂傅氏族谱
傅　周	中洋	清乾隆年间恩科第25名武进士，钦点	白砂傅氏族谱
傅昆阳	中洋	清乾隆恩科第二甲35名武进士	
傅超美	中洋	民国十五年（1926年）任黄埔军校教官，后任铁路总工程师	白砂傅氏族谱
袁桂标	中洋	民国二十一年（1932年）漳州中共地下工作特派员	上杭袁姓志
袁希文	中洋	民国时期任归化县（明溪县）县长，上杭县参议员	上杭袁姓志
袁维丰	梧岗	清乾隆二十六年（1761年）恩科进士，曾任四省督学	
袁天逵	梧岗	例授直奉大夫，清乾隆四十九年至五十一年（1784-1786年）任凌云县知县等	
袁　滨	梧岗	清道光十七年（1837年）中举人，二十四年（1844年）中大挑二等，福安县学教谕。	
袁　楷	梧岗	清光绪四年（1878年）恩科举人，福州侯官县学教谕	
袁道丰	梧岗	中国驻俄罗斯大使馆一等秘书，驻法国巴黎、古巴哈瓦那总领事	
马森荣	梧田	新四军第二支队作战科科长	
袁建武	梧田	杭武游击支队政委	

续表

姓　名	村别	主要职务	附　注
李孟文	塘丰	莆田县法官	北京朝阳大学毕业
袁继业	朋新	彰化市市长	
傅明喜	朋新	白砂区支会主任委员、白砂区区长	
袁启南	朋新	白砂乡乡长	
袁宝增	朋新	闽粤赣边区独立师游击队第四大队大队长	
傅维生	朋新	杭武县独立团团长	
袁铭三	朋新	福州闽县学教谕	
袁继业	朋新	闽清、漳平、古田等县县长	漳平（1941 年 5—6 月）
刘晴昭	岭背	道光举人，甘肃隆德肃州知县	
刘梅开	岭背	道光举人，浙江建德县知县	
刘福琼	岭背	光绪武举	获赠“武魁”金匾一幅
邓金山	岭背	国民政府扬洪元部团长	
刘志雄	岭背	国民政府福建省警备司令	
刘根贤	岭背	国民政府龙岩州地方法院推诉官	
刘宁先	岭背	国民政府农业银行潮州分行行长	
刘雨怀	岭背	国民政府上杭县议员	
傅　煌	大科	例授贡生，敕赠儒林郎	字维辉
傅志廷	大科	例授布政司	字馨华
傅志开	大科	例授翰林院待诏	字春华
傅　岳	大科	例授按察司	字泰企
傅志崇	大科	例授守御所千总	字锦华
傅化南	大科	诰授奉直大夫，任台州嘉兴、湖州通判	字文华

续表

姓　名	村别	主要职务	附　注
傅周泰	大科	诰赠奉直大夫	字九泰
傅振业	大科	诰赠奉直大夫	字祖受
傅定邦	大科	壬午举人，例授营千总	字锡魁
傅　崧	大科	例授登仕佐郎，署理部武府、光泽、闽清县	
傅作荣	大科	1931 年任中共上杭县委书记	字星侯
赵克由	丰源	闽西军事委员会政委	
严廷中	下旱康	贵州安南营都司、归化营游击、黎平府参将	光绪武进士
袁柏春	下旱康	例授县丞	咸丰年间
袁秀峰	下旱康	守御所千总	光绪年间
丁纪修	碧砂	红十二军一纵队三支队政委	
刘函贤	大田	恩授军功五品	
刘遐山	大田	恩授营千总	
刘仁山	大田	恩授布政司	
刘惟封	大田	敕封武略骑尉	
曾杏元	大金	红军新编二十一军政委	
龚　克	扶福	礼部尚书	
龚惟叙	扶福	兵部尚书	
黄新标	扶福	白砂苏维埃主席	
邱步鸿	茜黄	奉直大夫	
邱武林	茜黄	奉直大夫	
邱维金	茜黄	奉直大夫	
邱文林	茜黄	奉直大夫	

注：清代任职人员，多依据族谱或行政村提供的资料整理，考证难度大，仅供参考。

二、已知新中国成立后白砂籍处级以上干部名表

姓　名	村别	主要职务	附　注
傅沛琴	中洋	北京市建设局人事处处长	
袁国钦	中洋	省政协第一届委员会副秘书长	
袁亚东	中洋	交通部副部长、轻工业部部长	长征干部
袁天通	中洋	中国人民解放军飞行学院教授	大校
袁康荣	中洋	上杭县政法委副书记、武警莆田支队副政委	
袁善福	中洋	西安市航天科工六院研究所主任	
袁锦贵	中洋	福建省人大常委会副主任	
袁国钦	中洋	福建省政协第一届委员会副秘书长	
袁亚东	中洋	交通部副部长、轻工业部部长	
傅宗源	中洋	龙岩市食品药品监督管理局副调研员	
袁超洪	中洋	福建省政法委副书记	正厅
袁文洪	中洋	福建省交通厅党委秘书	
袁　健	中洋	国家烟草专卖总局人事司副处长	副处
袁可成	中洋	中国平安保险公司厦门分公司副总经理	
傅炳坤	中洋	1948 年赴台，历任副处长、处长	
傅洪彬	中洋	漳州制药厂党委书记	
傅崇豪	中洋	泉州市公安局调研员	
陈紫明	中洋	福建师范大学党委书记	正厅
陈紫榕	中洋	福州空军医院主任医师、文职少将	
傅沛彰	中洋	罗瑞卿总参谋长随身保健医生	
袁添民	中洋	省电视台七频道总监助理	
袁　静	中洋	上杭县人民政府副县长	

续表

姓　名	村别	主要职务	附　注
袁忠贤	梧岗	福建省农业厅综合处处处长	
袁伟天	梧岗	龙岩市城市规划局副局长	
袁松青	梧岗	中国移动福建分公司督察、内审部副处长	
袁奎亮	梧岗	龙岩市商贸局副调研员	
袁荣昌	梧岗	福建省音乐家协会副主席、省政协第八、九届委员	
袁竹秋	梧岗	上杭县副县长、政协副主席	
袁留忠	梧岗	中国人民银行总行第一任人事处长、人事局副局长	长征干部
袁国荣	梧田	海南省公安厅	副处长
袁友文	梧田	南京军区福州总医院主任医师	正军级
袁建中	梧田	上杭县政协主席	
袁颂东	梧田	龙岩地区供销社主任	
李善昌	梧田	龙岩市经济技术开发区党委书记	
袁镜炎	梧田	上杭县第一任消防大队长	副处
袁廷炳	梧田	重庆市涪陵医院院长	长征干部、厅级
袁致忠	梧田	上杭县紫金矿业公司副处级干部	
李建林	塘丰	龙岩市森林公安局副局长	
李卓宏	塘丰	第二炮兵政治部政委	
傅燕生	朋新	广东茂名石化矿业公司党委书记	
傅在贤	朋新	深圳市深业总公司党委副书记	
傅　炜	朋新	龙岩市国税局稽查局局长	
傅文辉	朋新	龙岩市委机要局局长	
袁益才	朋新	解放军北海舰队教研室主任	
袁子钦	朋新	解放军总政治部副主任	长征干部、中将
袁　协	朋新	公安部边防局副局长	
袁　朝	朋新	解放军某部大校	
袁　山	朋新	解放军总参谋部军训部大校	

续表

姓　名	村别	主要职务	附　注
袁　斌	朋新	北海舰队后勤处主任上校	
邓百炎	朋新	龙岩市公安局副处长	
赵树生	朋新	龙岩监狱副调研员	
袁授铭	朋新	湖南省经济和信息化委员会主任委员	
胡志豪	樟黄	古田会议纪念馆副馆长	
郑　林	樟黄	龙岩市司法局副局长	
刘先裘	岭背	永定区委书记、龙岩市总工会常务副主席	
袁永林	岭背	福建省地质八队党委书记	
袁宁林	岭背	福建省纪委副处级干部	
傅兴书	大科	龙岩市卫生局局长	
傅焕松	大科	中国航油公司福建分公司党委书记	
廖龙辉	长锦	国务院国资委	
廖述榕	长锦	龙岩地区燃料公司党委书记	
廖红阳	长锦	广州市开发区交通执法局副局长	
傅智彪	丰源	龙岩市农业银行副行长	
严周文	上早康	福州市外经贸委副主任	
严源昌	上早康	沈阳军区空军少将	
朱丽英	上早康	空军地空导弹旅卫生队技术大校	
严集兴	上早康	广东省江门军分区司令员（大校）	
严铁萍	上早康	福建省交通厅运输管理局副处长	
严浪平	下早康	厦门市思明区政法委副书记	
丁甘如	碧砂	成都军区司令部参谋长、少将	长征干部
丁麟祥	碧砂	陕西省三原县副县长	长征干部
丁　榕	碧砂	上海铁路局公安局政治处处长	
丁德升	碧砂	解放军空军某部特设部主任	副师级
刘福松	大田	龙岩学院党委委员、纪检书记	

续表

姓　名	村别	主要职务	附　注
冯利辉	大田	福建省粮食厅副厅长、巡视员	
刘启坤	大田	龙岩市检察院监察处处长	副处
刘　烽	大田	广州军区疗养院大校军衔	
温友文	大田	福建中医大学学生工作处副处长	
饶华昌	大金	龙岩市交通局副局长、市侨联副主席	
曾元芳	大金	龙岩市计划局执行中心主任	
黄应生	扶福	最高人民法院副处长，最高人民法院刑二庭庭长	
袁子清	官洋	解放军第六步兵学校副政委	长征干部
温亮章	官洋	武警龙岩支队副政委	
温卫民	官洋	龙岩市税务局稽查分局局长	副处
温卫华	官洋	龙岩市工商局纪检书记	
袁利群	官洋	上海港务局纪委副书记	
张秉有	军桥	蛟洋乡政府离休干部	享受副处干部待遇
张秉才	军桥	龙岩地区邮电局离休干部	享受副处干部待遇
张秉阳	军桥	龙岩市发展和改革委员会调研员	
邱仁华	军桥	沈阳军区空军副政委、大校	长征干部
邱鲁飞	军桥	航空兵第一师政委	
李　平	茜黄	国家民航总局党委副书记、少将	长征干部
罗昭福	嫩洋	龙岩市疾控中心主任	
罗积华	嫩洋	厦门市民政局政工处处长	
游化千	洋乾	龙岩市农业银行行长	
郑树钰	洋乾	三明市文化局局长、党委书记	
丘淮元	洋乾	北京市速递物流公司党委书记、总经理	
郑熙林	洋乾	省纪律检查委员会、省建设厅	正处
郑樟林	洋乾	福建省未成年犯管教所直属中队副教导员	副处级
游宝瑜	洋乾	福建省高级人民法院政治部副主任	
游宝富	洋乾	古田会议纪念馆副馆长	

三、已知白砂籍高级专业技术职务人员名表

姓　名	性别	村别	职　称	认定时间	工作单位
袁文彬	男	中洋	教授		天津美术学院
袁玉英	男	中洋	高级讲师		广东石油学校
袁迪宝	男	中洋	副主任医师		厦门市卫生防疫站
袁迪贵	男	中洋	高级兽医师		上杭畜牧水产局
袁砺石	男	中洋	副教授		广东石化专业学校
袁基石	男	中洋	副主任医师		江西九江市卫生防疫站
袁主林	女	中洋	副主任医师		沙县医院中医科
袁主耀	男	中洋	高级工程师		厦门市第二制药厂
袁　瑾	女	中洋	中学高级教师		上杭二中
袁维明	男	中洋	教授		浙江大学
袁良基	男	中洋	中学高级教师	1998	白砂中学
袁建华	男	中洋	中学高级教师	2003	白砂中学
袁秀英	女	中洋	高级会计师		上杭农商行
袁建勤	女	中洋	教授		江西科技大学
傅潮源	男	中洋	高级工程师		首都国际机场
傅桂荣	男	中洋	高级工程师		
傅沛彰	男	中洋	高级工程师		交通部内河局
傅沛养	男	中洋	主任医师、教授		杭州市整形医院
傅兴国	男	中洋	教授		美国国际医药大学
傅蒲英	女	中洋	教授		重庆师范学院
傅西宁	女	中洋	教授		美国国际医药大学
傅旭平	女	中洋	教授		美国纽约长岛医学院
傅　林	男	中洋	主任医师		杭州第一医院
傅沛隆	男	中洋	总工程师		合肥市第一建筑设计院
傅超美	男	中洋	总工程师		国家铁路总公司
傅　航	男	中洋	高级工程师		首都国际机场
袁磐石	男	中洋	副主任医师		江西九江市卫生防疫站
袁斌林	男	中洋	中学高级教师		龙岩侨中
袁福芳	男	中洋	中学高级教师	2008	白砂中学
袁庶强	男	中洋	副主任医师		广州中山大学肿瘤防治中心

续表

姓　名	性别	村别	职　称	认定时间	工作单位
袁开兰	女	中洋	中学高级教师	2005	白砂中学
程宇清	男	中洋	中学高级教师	2003	白砂中学
袁元斌	男	中洋	中学高级教师	2010	白砂中学
傅伟豪	男	中洋	中学高级教师		才溪中学
傅荣美	男	中洋	高级工程师		三明地质八队
陈紫明	男	中洋	教授		福州大学
袁俊文	男	梧岗	中学高级教师	2004	上杭一中
袁明生	男	梧岗	中学高级教师	2005	上杭职业中专
袁志成	男	梧岗	中学高级教师	2009	白砂中学
袁蓉芳	男	梧岗	教授		厦门大学新闻传媒系
袁道丰	男	梧岗	教授		外交部
袁　峰	男	梧田	中学高级教师	2011	上杭一中
马震球	男	梧田	中学高级教师	1996	上杭一中
马维坤	男	梧田	中学高级教师	1999	上杭一中
马林球	男	梧田	中学高级教师	1998	上杭五中
李镜荣	男	梧田	中学高级教师	1988	上杭二中
袁建忠	男	梧田	高级农艺师	1988	中共上杭县委
袁友文	男	梧田	主任医师	1986	福州军区总医院
林进荣	男	塘丰	高级工程师		江西九江国防工业检验科
林自强	男	塘丰	高级工程师		湛江石油研究院
林　俊	男	塘丰	教授		北京大学
林广发	男	塘丰	教授		福建师范大学
林能庆	男	塘丰	高级工程师		白砂林场
李建忠	男	塘丰	副主任医师		福建军区总医院
傅青福	男	朋新	中学高级教师	1996	白砂中学
傅建国	男	朋新	中学高级教师		上杭一中
傅　越	男	朋新	中学高级教师		蛟洋中学
傅福权	男	朋新	中学高级教师		上杭四中
袁善杭	男	朋新	高级工程师		厦门百城建设有限公司
袁作善	男	朋新	二级律师		上杭县司法局
袁宁康	男	朋新	副研究员		核工业部情报研究员

续表

姓　名	性别	村别	职　称	认定时间	工作单位
袁大康	男	朋新	中学高级教师	1988	白砂中学
袁　晋	男	朋新	副教授		解放军后勤学院
袁　北	男	朋新	主任医师		海军总医院
袁其辉	男	朋新	高级工程师		龙地置业有限公司
傅恩慈	男	朋新	中学高级教师	1988	白砂中学
傅恩林	男	朋新	中学高级教师		上杭县教师进修学校
傅洪昌	男	朋新	副主任医师		上杭县中医院
傅培鑫	男	朋新	副主任医师		上杭县中医院
傅杭华	男	朋新	主任医师		龙岩市第一医院
傅华兴	男	朋新	主任医师		厦门市中医院
袁立文	男	朋新	中学高级教师		上杭二中
吴如生	男	朋新	中学高级教师		上杭一中
傅剑华	男	朋新	教授、博士生导师		广东省食管癌研究所所长，中山大学医院管理处处长
傅晓松	男	朋新	高级工程师		山东济南
刘建龙	男	朋新	中学高级教师		上杭三中
傅皑莹	女	朋新	高级工程师		深圳深业发展有限公司
傅在贤	男	朋新	高级政工师		广东船舶工业总公司
傅光兴	男	朋新	高级政工师		四川某国防科工单位
傅小华	男	朋新	高级政工师		中共上杭县委党校
傅冰贞	女	朋新	中学高级教师		厦门某中学
傅小文	男	朋新	中学高级教师		上杭才溪中学
傅秀凤	女	朋新	中学高级教师		厦门市思明区教育局
傅　东	男	朋新	教授		华北电力大学环境学院
傅小平	男	朋新	高级工程师		蕉岭县水电设计院
傅美凤	女	朋新	中学高级教师		上杭三中
傅林聪	男	朋新	高级工程师	2005	省地质测绘院
傅少河	男	朋新	中学高级教师		白砂中学
袁文英	女	朋新	副研究员		河北科学院地理研究所
傅林荣	男	朋新	中学高级教师		漳平市芦芝中学
傅小松	男	朋新	高级工程师		胜利油田

续表

姓　名	性别	村别	职　称	认定时间	工作单位
郑其昌	男	樟黄	主任医师		龙岩市
张仲贤	男	樟黄	副主任医师		龙岩市第一医院
赖营昌	男	樟黄	中学高级教师	1998	白砂中学
刘永尧	男	岭背	中学高级教师		长汀技工学校
刘文波	男	岭背	中学高级教师		白砂中学
刘明华	男	岭背	副主任医师		白砂卫生院
刘伟强	男	岭背	高级工程师		龙岩市规划局
刘开松	男	岭背	中学高级教师		厦门三中
刘辉荣	男	岭背	高级工程师		浙江宁波
刘荣春	男	岭背	中学高级教师		上杭一中
刘德浚	男	岭背	副教授		南京航空学校
刘南生	男	岭背	中学高级教师		上杭二中
刘荣文	男	岭背	中学高级教师		上杭一中
傅尧章	男	大科	高级工程师	1992	将乐邮电局
傅灿章	男	大科	中学高级教师	1997	白砂学区
陆月霞	女	大科	中学高级教师	2002	将乐一中
廖伟发	男	长锦	副教授		厦门市经济管理学院
刘丽春	女	长锦	中学高级教师		龙岩二中
廖红星	男	长锦	中学高级教师	2008	上杭二中
傅智江	男	丰源	中学高级教师		上杭四中
龚晓玲	女	丰源	中学高级教师		上杭二中
傅美荣	男	丰源	中学高级教师	2004	白砂中学
傅智河	男	丰源	副教授		龙岩学院
傅智鸿	男	丰源	中学高级教师		上杭四中
吴兰宣	男	丰源	中学高级教师	2005	白砂中学
吴玉杭	男	丰源	中学高级教师		古田中学
傅盛祥	男	丰源	中学高级教师		石狮市石光中学
汤秀连	女	丰源	中学高级教师		石狮市石光中学
赵文昌	男	丰源	副教授		泉州师范学院
严相文	男	上早康	中学高级教师	2003	白砂中学

续表

姓 名	性别	村别	职 称	认定时间	工作单位
严国炎	男	上早康	中学高级教师		上杭一中
严锦华	男	上早康	教授		福建农林大学
严开琪	男	上早康	副研究员	2017	中国科学院
严新义	男	下早康	中学高级教师	2011	白砂中学
袁永亮	男	下早康	高级经济师	2011	龙岩市林业局
严良基	男	下早康	中学高级教师	2005	上杭五中
袁茂文	男	下早康	高级工程师	2015	上海圣戈班研发有限公司
袁伟亮	男	下早康	副研究员		中国兵器科学研究院
温祖荫	男	大田	教授	1962	福建师范大学
曾兴国	男	大田	中学高级教师	1996	白砂中学
曾育林	男	大田	副主任医师	1999	上杭县医院
刘昌贵	男	大田	中学高级教师	2010	古田中学
曾梅东	男	大田	中学高级教师	2007	白砂中学
温传扬	男	大田	中学高级教师	2000	上杭五中
温润辉	男	大田	中学高级教师	2013	上杭三中
刘彬良	男	大田	副教授	2005	龙岩技师学院
曾 立	男	大田	高级会计师		厦门永晟税务师事务所
曾金浪	男	大田	高级统计师		福建妇幼保健院
刘 锋	男	大田	副主任医师		广州军区疗养院
刘忠寿	男	大田	中学高级教师		上杭一中
梁伦拥	男	大金	高级讲师		龙岩市华侨职业中专
巫洲浪	男	大金	高级工程师		南京 714 厂研究室
龚育芳	男	扶福	中学高级教师	2013	上杭县实验中学
温文荣	男	官洋	中学高级教师	1996	上杭一中
温伟林	男	官洋	高级工程师		上杭科技局
袁广林	男	官洋	教授	1995	甘肃天水师范学院
袁安林	男	官洋	高级工程师		上海港务局计算机中心
张 林	女	军桥	副总经济师	2017	厦门市电业局翔安分局
龚特祥	男	军桥	高级工程师	1986	福建煤炭学校
张汉祥	男	军桥	中学高级教师	2016	上杭四中

续表

姓　名	性别	村别	职　称	认定时间	工作单位
邱启荣	男	茜黄	中学高级教师	2005	上杭四中
邱德胜	男	茜黄	主任医师	2017	新罗区人民医院
丘俊文	男	茜黄	高级会计师	2017	福建龙洲运输有限公司
罗昭兴	男	嫩洋	中学高级教师	2008	才溪中学
张福生	男	洋乾	中学高级教师		上杭一中
丘天乾	男	洋乾	副教授		漳州职业技术学院
丘仲蕃	男	洋乾	教授		厦门大学
郑献兴	男	洋乾	高级讲师		龙岩卫生学校
丘文忠	男	洋乾	高级工程师	2011	厦门天恒建业工程管理有限公司

注：部分人员职称认定时间资料难收集。

四、已知白砂籍获县团级以上表彰的先进人物名单表

村别	姓　名	表彰时间	所在单位	荣誉称号	授奖机关
中洋	袁洪亮	2000–12	上杭县文化局	“文艺集成志书”优秀编审奖	全国艺术科学领导小组
中洋	袁洪亮	2009–02、2012–12	上杭县文化局	戏剧会演音乐设计奖（2 次）	省文化厅
中洋	袁洪亮	2016–05	上杭县文化局	获“守望文化，德艺双馨”称号	上杭县委、县政府
中洋	袁美林	1992–10	泮境乡政府	计生工作积极分子	龙岩市计生委
中洋	袁泽基	1993–06	中洋村	优秀共产党员	上杭县委
中洋	袁泽基	2008–09	白砂中心小学	先进综治协管员	福建省人事厅、总工会
中洋	袁钦星	1991–06	白砂学区	小学教育“育才”奖	教育部
中洋	袁宝民	2012–10	中洋村	人口普查先进个人	上杭县政府
中洋	袁俊华	1987–09	白砂学区	新长征突击手	上杭县政府
中洋	袁俊华	1994–09	白砂学区	优秀教师	上杭县委、县政府
中洋	傅寅连	1989–09、1993–09	白砂学区	优秀教师（2 次）	上杭县委、县政府
中洋	袁光生	2010–01、2014–01	厦门市邮政局	省五一劳动奖章、最美邮政员工	福建省总工会、省邮政公司

续表

村别	姓　名	表彰时间	所在单位	荣誉称号	授奖机关
中洋	袁光生	2010–04	厦门市邮政局	“省技术能手”称号	省人力资源和社保厅
中洋	袁光生	2013–09	厦门市邮政局	厦门市优秀技术能手	厦门市政府
中洋	袁善光	1966–08	航空兵高射炮 2 师	抗美援越立三等功	航空兵高炮 2 师
中洋	袁建华	1999–09	白砂中学	全国第一届“烛光奖”	教育部、中华慈善总会
中洋	傅林生	1982–09	白砂学区	“全国文明礼貌月”积极分子	共青团省委
中洋	袁生和	1979–03	解放军 54268 部队	对越反击战立三等功	54268 部队
中洋	傅福林	1964–09	解放军 6634 部队	荣立三等功	解放军 6634 部队
中洋	袁丽榕	2010–09	白砂中心小学	优秀教师	上杭县委、县政府
中洋	李六金	2011–09	白砂中心小学	优秀教师	上杭县委、县政府
中洋	袁东生	2014–09	白砂中心小学	优秀教师	上杭县委、县政府
梧岗	袁明华	2000–06—2004–06	蓝溪镇政府	市计生先进工作者（4 次）	龙岩市计生委、龙岩市政府
梧岗	袁明华	2008–02、2010–03	蓝溪镇政府	计生先进工作者（2 次）	上杭县委、县政府
梧岗	袁明华	2010–07	南阳镇政府	从事计划生育工作满 15 年国家荣誉证书	国家人口与计生委
梧岗	袁昌兴	2003–08—2009–06	步云乡政府	先进工作者（4 次）	上杭县委、县政府
梧岗	袁绍增	1999–07	上杭县计生局	优秀共产党员	中共龙岩市委
梧岗	袁绍增	2002–09	上杭县计生局	计划生育先进工作者	国家计生委
梧岗	袁绍增	2007–05	上杭县计生局	福建省劳动模范	福建省人民政府
梧岗	袁生兴	1998	上杭县麻风病防治院	麻风病防治先进工作者	福建省卫生厅
梧岗	袁国斌	2004	泮境林业站	营林先进工作者	福建省林业厅
梧岗	袁维书	2007– 9—2015–09	白砂中心小学	优秀教师、先进教育工作者（2 次）	上杭县委、县政府
梧岗	袁天林	2003–09	白砂中心小学	优秀教师	上杭县委、县政府

续表

村别	姓　名	表彰时间	所在单位	荣誉称号	授奖机关
梧岗	郭福才	2009-09	白砂中心小学	优秀教师	上杭县委、县政府
梧岗	郭福才	2010-09	白砂中心小学	优秀教师	福建省人事厅、教育厅
梧岗	袁　婷	2016-09	白砂中心小学	优秀班主任	上杭县委、县政府
梧岗	袁明忠	2005-09	白砂中心小学	优秀教师	上杭县委、县政府
梧岗	袁秋红	2008-09	白砂中心小学	优秀教师	上杭县委、县政府
梧田	袁寿鸣	1987-09—2001-09	白砂学区	优秀教师、优秀党员（4 次）	上杭县委、县政府
梧田	袁寿鸣	1989-09	白砂学区	优秀教师	龙岩地区行署
梧田	袁寿鸣	1998-09	白砂学区	先进教育工作者	福建省人事厅、教育厅
梧田	袁友生	1992-09	白砂学区	优秀教师	上杭县委、县政府
梧田	袁友生	1993-09	白砂学区	优秀教师	上杭县委、县政府
梧田	袁　洪	2010-10	梧田村	全国地质灾害优秀监测员	国土资源部
梧田	袁　洪	2011-04	梧田村	县劳动模范	上杭县政府
梧田	袁　洪	2014-06	梧田村	市优秀共产党员	龙岩市委
梧田	袁友恭	1985-09	白砂学区	优秀教师	上杭县委、县政府
梧田	袁友恭	1989-09	白砂学区	优秀教师	上杭县委、县政府
梧田	袁　峰	2011-09	上杭一中	优秀辅导员	福建省教育厅
梧田	袁　峰	2014-09	上杭一中	龙岩市名师	龙岩市政府
梧田	袁　峰	2015-05	上杭一中	新媒体课展示国家二等奖	中央电教馆
梧田	袁圣明	2012-09	白砂中心小学	优秀班主任	上杭县委、县政府
梧田	袁柏林	2003-09	白砂中心小学	优秀教师	上杭县委、县政府
梧田	马炎林	1987-08	空八军	报务专业竞赛第五名	空八军司令部

续表

村别	姓　名	表彰时间	所在单位	荣誉称号	授奖机关
梧田	马伟斌	1997–11	83434 部队	优秀士兵	83434 部队
梧田	马林球	1987–09—1990–09	白砂职业高中	先进教育工作者（3 次）	上杭县委、县政府
梧田	马林球	1988–09	白砂职业高中	先进教育工作者	龙岩市委、市政府
梧田	马广林	1978–02—1991–02	梧田村	先进工作者（4 次）	上杭县委、县政府
梧田	马广林	1989–11	梧田村	省先进村主任	福建省人民政府
梧田	马广林	1995–12	梧田村	全国计生协会先进个人	国家计生协会
梧田	马广林	1996–01	梧田村	计划生育宣传先进工作者	中共龙岩地委宣传部
塘丰	林灿民	1993–09	白砂学区	先进教育工作者	福建省教委、人事厅
塘丰	林健庆	1985–09、1994–09	白砂学区	先进教育工作者（2 次）	上杭县委、县政府
塘丰	林晓锋	2004–09、2008–09	白砂中心小学	优秀教师、先进教育工作者（2 次）	上杭县委、县政府
塘丰	袁宝英	2007–09	白砂中心小学	优秀教师	上杭县委、县政府
塘丰	赖碧英	2003–09	白砂中心小学	优秀教师	上杭县委、县政府
塘丰	赖碧英	2008–09	白砂中心小学	优秀教师	上杭县委、县政府
塘丰	林继升	2010–09	白砂中心小学	优秀教师	上杭县委、县政府
塘丰	林继锋	2011–09	白砂中心小学	优秀教师	上杭县委、县政府
塘丰	林加坚	2008–05	龙岩市残疾人联合会	全省残联系统先进工作者	福建省人事厅、残联
塘丰	林加坚	2014–05	龙岩市残疾人联合会	个人三等功	福建省残联、人事厅
塘丰	李瑞文	2017–12	塘丰村	龙岩市见义勇为先进个人	龙岩市见义勇为人员奖励和保护工作委员会
塘丰	李瑞文	2017–12	塘丰村	福建省见义勇为先进个人	福建省见义勇为人员奖励和保护工作委员
朋新	赵树生	2003–06	龙岩监狱	严打先进工作者	福建省委、省政府

续表

村别	姓　名	表彰时间	所在单位	荣誉称号	授奖机关
朋新	赵树生	2003–07、2004–07	龙岩监狱	严打先进工作者、优秀共产党员各1次	龙岩市委、市政府
朋新	赵树生	2000–04—2005–07	龙岩监狱	立个人三等功、先进个人、优秀共产党员各1次	福建省监狱管理局委员会
朋新	赵树生	2012–07、2017–07	龙岩监狱	优秀共产党员（2次）	中共龙岩监狱委员会
朋新	袁其辉	2012–04	龙岩市龙地置业有限公司	全国五一劳动奖章	全国总工会
朋新	袁益鸿	1990–02	上杭县水电局	抗洪抢险积极分子	福建省委、省政府
朋新	袁家清	1993–02	白砂镇政府	“两个文明”先进工作者	上杭县委、县政府
朋新	袁文兴	2017–12	朋新村委会	社会综合治理先进个人	上杭县委、县政府
朋新	傅荣辉	2009–09	白砂中心小学	优秀教师	上杭县委、县政府
朋新	吴美香	2005–09、2016–09	白砂中心小学	优秀教师、优秀班主任各1次	上杭县委、县政府
朋新	华建清	2006–07	朋新村	优秀党务工作者	上杭县委
朋新	华建清	2006–06、2008–02	朋新村	抗洪救灾和征地拆迁工作先进个人各1次	上杭县委、县政府
朋新	袁洪麟	2011–09	白砂中心小学	优秀教师	上杭县委、县政府
朋新	刘发龙	1991–09	白砂学区	优秀班主任	上杭县委、县政府
朋新	刘发龙	1999–09	白砂学区	优秀教师	上杭县委、县政府
朋新	傅福善	1991–07	白砂学区	优秀共产党员	上杭县委
朋新	傅福善	1992–09	白砂学区	优秀教师	上杭县委、县政府
樟黄	郑子华	1990–02—2001–02	闽西监狱农业大队	先进工作者、优秀公务员共4次	省第一监狱、闽西监狱
樟黄	郑子华	2006–06—2013–06	闽西监狱八大队	优秀党务工作者（3次）	省司法厅党委、中共闽西监狱委员会
樟黄	郑子华	2013–01	闽西监狱政治处	全国劳教工作先进个人	司法部

续表

村别	姓　名	表彰时间	所在单位	荣誉称号	授奖机关
樟黄	郑子华	2017–06	闽西监狱政治处	个人三等功	省监狱管理局
樟黄	郑荣连	2012–09	白砂中心小学	优秀教师	上杭县委、县政府
岭背	刘清连	2005–09	白砂中心小学	优秀教师	上杭县委、县政府
岭背	刘福昌	1997–09	白砂学区	优秀教师	上杭县委、县政府
岭背	刘必昌	1996–09、2004–09	白砂学区	优秀教师（2 次）	上杭县委、县政府
岭背	刘　华	2005–09、2016–09	白砂中心小学	优秀教师（2 次）	上杭县委、县政府
岭背	江成娣	1996–09—2001–09	南阳学区	优秀教师（3 次）	上杭县委、县政府
岭背	刘必达	1985–09—1997–12	白砂学区	先进教育工作者、优秀共产党员(共 5 次)	上杭县委、县政府
岭背	刘必达	1991–09	泮境学区	优秀教师	省教委、人事厅
岭背	刘伟刚	2015–08	解放军 31 军 91 师	立三等功	解放军 31 军 91 师
岭背	刘伟标	2006–08	福建省武警总队	立三等功	福建省武警总队
岭背	刘永桢	2000–08	96434 部队	优秀基层干部	东部战区空军电子对抗第一
岭背	李晓岚	2015–12、2016–09	西安工程大学服装设计院	先进个人、优秀教师（2 次）	闽南理工学院
岭背	刘成光	1979–03、1994–01	解放军 53053 部队	立三等功、民兵训练先进个人各 1 次	解放军 53053 部队
岭背	刘成光	1994–02—2006–04	上杭县人武部	先进个人共 9 次	上杭县委、县政府、县人武部
岭背	刘成光	2007–03、2009–07	上杭县粮食局	先进个人（2 次）	上杭县委、县政府、人武部
岭背	刘华才	1997–09	白砂学区	优秀教师	上杭县委、县政府
岭背	刘华才	2009–03、2014–05	白砂镇政府	先进个人、优秀驻村干部各 1 次	上杭县委、县政府
岭背	刘庆键	2014–09—2017–09	晋江安海职业中专学校	优秀教师等共 3 次	晋江市委、市政府
岭背	刘向晖	2010–11、2011–08	96422 部队	优秀毕业生奖、荣立三等功	国防科技大学

续表

村别	姓　名	表彰时间	所在单位	荣誉称号	授奖机关
岭背	邓百科	2007—2014	岭背村	7次评为县优秀代表，劳动模范共3次	上杭县人大常委会、县人民政府
岭背	邓百科	2014-06	岭背村	优秀党务工作者	中共福建省委
岭背	刘晓玫	2005-09	上杭二中	省中小学优秀班主任	福建省教育厅
岭背	刘成达	2012-05、2014-05	通贤镇政府	优秀驻村干部（2次）	上杭县委、县政府
岭背	刘明达	2006-05	蛟洋镇政府	抗洪救灾先进个人	龙岩市委、市政府
岭背	刘明达	2012-05	蛟洋镇政府	县派村任职优秀干部	上杭县委
岭背	刘继康	2008-05—2014-05	南阳镇政府	县劳动模范、先进工作者共3次	上杭县委、县政府
岭背	袁惠玲	1996-09—2001-09	白砂学区	优秀教师，获首届中国银行闽西奖教金等共3次	上杭县委、县政府
岭背	刘鸿河	1995-05	龙岩地区工商行	获五一劳动奖章	龙岩地区行署
岭背	刘焕明	1965—1966	汉口通信兵技术学校	二级技术能手	东航司令部政治处
岭背	刘开松	1999-10、2008-10	上杭明强中学、上杭一中	优秀青年教师、龙岩市学科教学带头人	龙岩市教委、教育局
岭背	刘开松	2013-01	上杭一中	县首届优秀人才	上杭县委、县政府
岭背	刘开松	2014-05	厦门三中	省学科教学带头人	福建省教育厅
岭背	刘文进	2012-09	白砂中心小学	优秀教师	福建省人事厅、教育厅
大科	傅灿章	1994—2002	白砂学区	先进个人、优秀党员等共9次	上杭县委、县政府
大科	傅灿章	1995-09	白砂学区	优秀教师	福建省教委、人事厅
大科	傅贵元	1985-09	白砂学区	先进教育工作者	上杭县委、县政府
大科	廖发璋	1995-09	白砂学区	优秀教师	上杭县委、县政府
大科	傅▮元	1991-09、1994-09	白砂学区	优秀班主任、优秀教师（2次）	上杭县委、县政府
大科	傅尧章	1985、1987-07	三明市将乐县邮电局	优秀共产党员（2次）	将乐县委

续表

村别	姓　名	表彰时间	所在单位	荣誉称号	授奖机关
大科	傅尧章	1994–10	三明市将乐县邮电局	工作积极分子	三明市邮电局
大科	廖克璋	2001–09	白砂学区	优秀班主任	龙岩市教育局
大科	廖克璋	2011–09	白砂中心小学	优秀班主任	上杭县委、县政府
大科	傅明英	2003–09	白砂中心小学	优秀教师	上杭县委、县政府
大科	傅梦云	2003–09、2008–09	深圳市龙岗区横岗幼儿园	优秀教师（2 次）	深圳市龙岗区委、区政府
大科	傅文华	2010–09	白砂中心小学	优秀教师	上杭县委、县政府
长锦	廖长华	1995–07—1997–07	长锦村	优秀共产党员（2 次）	上杭县委
长锦	廖长华	1996–05	长锦村	计划生育先进工作者	龙岩地委、龙岩地区行政公署
丰源	傅智江	1993–09	上杭紫金中学	优秀教师	龙岩行政公署
丰源	龚晓玲	1991–09、2008–09	上杭二中	优秀教师、优秀共产党员共 2 次	上杭县委、县政府
丰源	傅　翔	2016–06	丰源村	全市优秀党务工作者	龙岩市委
丰源	傅智彪	2017–07	龙岩市农业银行	五一劳动奖章	中国金融工会福建工作委员会
丰源	傅盛祥	2008–08	石狮市石光中学	优秀教师	石狮市人民政府
丰源	汤秀莲	2002–08	石狮市石光中学	优秀教师	石狮市人民政府
丰源	傅美荣	1993–09	白砂中学	优秀教师	上杭县委、县政府
丰源	吴兰先	1990–09、1992–09	白砂中学	优秀教师（2 次）	上杭县委、县政府
丰源	赵文昌	2015–01	泉州师范学院	水务海洋科技三等奖	上海水务海洋科技
丰源	傅智鸿	2008–09、2011–09	上杭四中	优秀教师（2 次）	上杭县委、县政府
上早康	陈宝元	2010–09	白砂中心小学	先进教育工作者	上杭县委、县政府
上早康	严龙辉	2001–09	白砂学区	优秀教师	龙岩市政府
上早康	严龙辉	2005–09、2009–09	白砂中心小学	先进教育工作者（2 次）	上杭县委、县政府

续表

村别	姓　名	表彰时间	所在单位	荣誉称号	授奖机关
下早康	袁茶凤	2012–09	白砂中心小学	优秀教师	上杭县委、县政府
下早康	袁茂荣	2004–09	白砂中心小学	优秀教师	上杭县委、县政府
下早康	袁锡荣	2015–05	下早康	福建省最美家庭	省妇联、省文明办
下早康	袁锡荣	2016–05	下早康	第十届全国五好文明家庭	中华全国妇女联合会
下早康	袁德荣	1992–02	解放军步兵第257团	三等功	解放军步兵第257兵团
碧砂	袁德荣	2010–12	新罗区中城街道党工委副书记	全省防处邪教先进工作者	福建省公务员局
碧砂	丁铭蕃	2003–09	白砂中心小学	优秀教师	上杭县委、县政府
碧砂	丁　榕	1991–01—2013–07	上海铁路局公安处	优秀人民警察、铁道部劳动模范优秀党员等共14次	公安部、铁道部
碧砂	丁　榕	1999—2000	上海铁路局公安处	中国十大杰出青年、“三八”红旗手	国务院、全国总工会、全国妇联
碧砂	丁　榕	2005—2001	上海铁路局公安处	三等功、优秀共产党员等共6次	上海铁路局党委、公安党委
碧砂	丁禄旺	2001–07	武警龙岩支队	优秀士兵	武警543团
碧砂	丁禄旺	2003—2015	武警龙岩支队	优秀士兵、三等功、优秀共产党员等共5次	武警龙岩支队
碧砂	张朝晖	1997–07、2017–03	上杭农业银行	军人好妻子、十佳警嫂各1次	上杭县委、县政府、人武部
碧砂	丁松蕃	2002–02—2012–01	龙岩电信局	先进个人、四星线务员、维护标兵等6次	省电信公司、龙岩分公司
碧砂	丁松蕃	2013–12、2014–01	龙岩电信局	劳动模范、五星线务员	中国电信集团公司、福建省分公司
碧砂	丁松蕃	2015–02	龙岩电信局	最美通信人	福建电信管理局
碧砂	丁勤松	1993–07	武警四川总队南充支队	优秀士兵	武警四川总队
碧砂	丁勤松	1994–07	武警四川总队南充支队	优秀士兵	武警四川总队
碧砂	丁明兴	1991–07	解放军53263部队	优秀共产党员	53263总队

续表

村别	姓　名	表彰时间	所在单位	荣誉称号	授奖机关
碧砂	丁德升	2000—2014	兰州军区空军某部	二等功1次，三等功3次，优秀共产党员	兰州军区空军某部
碧砂	丁德升	2012–09	兰州军区空军某部	优秀专业技术人才	解放军“四总部”
碧砂	丁楚蕃	1995–09	白砂学区	优秀教师	上杭县委、县政府
碧砂	丁建玉	1997–09、2006–05	龙岩市财政局	全省税收财务物价大检查先进个人和广播电视村村通先进个人各1次	省政府税收物价财务大检查领导小组、省广电局、财政厅
碧砂	丁建玉	2009–09、2012–09	龙岩市财政局	全省中小学危房改造工程和校舍安全先进个人各1次	省发改委、教育厅
碧砂	丁建玉	1993—2014	龙岩市财政局	7次被评为先进工作者	龙岩市财政局、龙岩市政府
碧砂	丁建玉	2005—2016	龙岩市财政局	7次被评为优秀共产党员	龙岩市委
碧砂	丁爱民	2012	碧砂村	文明户	上杭县委、县政府
碧砂	丁鸿传	2015–07	中国人民解放军东部战区	三等功	东部战区某旅
碧砂	丁鸿传	2016–07	中国人民解放军东部战区	三等功	东部战区某旅
碧砂	丁石生	2007–09	白砂中心小学	优秀教师	上杭县委、县政府
大田	刘启坤	1996—2004	31军91师通信营	立4次三等功，1次二等功	31军91师
大田	刘启坤	2008–08	航空兵第十直升机团通信营	全军优秀指挥官	航空兵第十直升机团
大田	刘永权	1997—2001	白砂学区	优秀教师	上杭县委、县政府
大田	刘永权	2004–09	白砂中心小学	优秀教师	龙岩市人民政府
大田	刘昌贵	1998–09	白砂中学	优秀教师	上杭县委、县政府
大田	温润辉	2007–10	上杭三中	省“青少年科教突出贡献奖”优秀辅导员	省科技厅、教育厅
大田	温润辉	2009–09、2013–01	上杭三中	教书育人先进个人和上杭县首届优秀人才各1次	上杭县委、县政府
大田	温润辉	2007–12、2013–03	上杭三中	龙岩市第一批千名名师和市管优秀青年专业人才各1次	龙岩市人民政府
大田	温润辉	2013–11	上杭三中	省“青少年科教工作优秀辅导员”	省教育厅、科协

续表

村别	姓　名	表彰时间	所在单位	荣誉称号	授奖机关
大田	傅明英	2003–09	白砂中心小学	优秀教师	上杭县委、县政府
扶福	龚兴芳	2003–09	上杭一中	优秀教师	上杭县委、县政府
扶福	龚兴芳	2012–07	上杭一中	优秀共产党员	上杭县委
扶福	黄广才	2016–03	稔田镇司法所	法治宣传教育先进工作者	上杭县委、县政府
扶福	龚育芳	2001–05、2005–09	上杭县实验中学	优秀共青团干部、优秀教师各 1 次	上杭县委、县政府
扶福	龚育芳	2009–07、2011–07	上杭实验中学	优秀共产党员（2 次）	上杭县委
扶福	龚育芳	2012–09	上杭实验中学	优秀教育工作者	上杭县委、县政府
扶福	黄金生	2014–05	溪口镇政府	防灾减灾先进工作者	龙岩市政府
扶福	黄金生	2016–09	溪口镇政府	农村科普带头人	龙岩市政府
官洋	温文荣	1993–09	蛟洋中学	福建省优秀教师	省教委、省人事厅
官洋	温文荣	2006–06	上杭二中	优秀共产党员	龙岩市委
官洋	温文荣	2007–09	上杭一中	全国优秀教育工作者	教育部
官洋	温文荣	2009–04	上杭一中	龙岩市名校长	龙岩市教育局
官洋	温文荣	2005–09、2013–09	上杭一中	龙岩市首批优秀人才和杰出人民教师各 1 次	龙岩市委、市政府
官洋	温建荣	1997–09、2001–09	白砂学区	优秀教师（2 次）	上杭县委、县政府
官洋	温建荣	2014–05	上杭城东小学	龙岩市第二批千名名师	龙岩市人民政府
官洋	温建荣	2003–06、2014–09	上杭城东小学	优秀党员和优秀教师各 1 次	上杭县委、县政府
官洋	温佳章	2013–05	上杭县林业局	林业行政执法先进个人	福建省林业厅
官洋	温佳章	2014–05	上杭县林业局	依法治县先进个人	上杭县委、县政府
军桥	张秉阳	1987–12	福建省干休所	荣立三等功	福建省军区干休所
军桥	张秉阳	1989–06	福建省军区干休所	计生工作先进工作者	福建省军区

续表

村别	姓　名	表彰时间	所在单位	荣誉称号	授奖机关
军桥	张秉阳	1996-07	连城县人武部	拥军优属先进个人	龙岩地委、行署、军分区
军桥	张秉阳	2004-07	市发展计划委员会	“双拥”先进个人	龙岩市委、市政府、军分区
军桥	邱志琴	1991-03	龙岩军分区干休所	劳立三等功	龙岩军分区政治部
军桥	龚国荣	1997-09	泮境乡政府	全国农业普查先进个人	省第一次全国农业普查领导小组
军桥	龚国荣	1990—2004	茶地乡政府、县文体局	先进工作者 2 次	中共上杭县、县政府
茜黄	钟攀华	2001-08	蛟洋乡政府	从事计划生育工作满 15 年国家荣誉证书	国家人口与计生委
茜黄	钟攀华	1997-05	蛟洋乡政府	计划生育先进工作者	福建省人民政府
茜黄	钟攀华	1996—2002-01	蛟洋乡政府	计划生育先进个人（2 次）	龙岩地委、行署，市委、市政府
茜黄	钟攀华	1994—2005-03	蛟洋乡政府	计划生育、精神文明建设等先进个人共 6 次	上杭县委、县政府
茜黄	邱树元	1993-09、2005-09	白砂学区、白砂中心小学	先进教育工作者、优秀教师各 1 次	上杭县委、县政府
茜黄	邱茂荣	1999—2009	茜黄村	优秀党员、优秀党务工作者等共 4 次	上杭县委、县政府
茜黄	李仰高	1997-06	茜黄村	优秀党员	上杭县委
茜黄	邱启荣	1986—2012	白砂中学，上杭四中、五中	优秀教师等共 3 次	龙岩地区、市教育局
茜黄	邱启荣	1991—2011	白砂中学、上杭四中	优秀教师等共 3 次	上杭县委、县政府
茜黄	邱发元	1989-06	茜黄村	全国普法先进个人	中央宣传部、司法部
东塘	李振东	2015-05	上海电气风气集团有限公司	全国优秀共青团员	共青团中央
东塘	李康喜	2017-12	舟山市武警总队	三等功	武警总队舟山支队
洋乾	丘锦星	1993-05	白砂学区	优秀教师	上杭县委、县政府
洋乾	丘锦星	1995-11	白砂学区	先进工作者	龙岩地区财政局
洋乾	郑熙林	2010-07	福建省建设厅	优秀共产党员	省建设厅党委
洋乾	郑熙林	2011-10	福建省纪检会	先进工作者	城乡建设部

五、已知白砂籍获博士、硕士学位人员名表

姓　名	性别	村别	学位	工作单位
袁庶强	男	中洋	博士	广州中山大学附属肿瘤医院
袁梅英	女	中洋	博士	
袁应钦	男	中洋	博士	赴美
傅立德	男	中洋	博士	赴台
傅立言	男	中洋	博士	赴台
傅立叶	女	中洋	博士	赴台
傅立萃	女	中洋	博士	赴台
傅庆裕	男	中洋	博士	航空工业部
傅美梅	女	中洋	博士	美国芝加哥律师事务所
傅旭平	女	中洋	博士	美国长岛医学院
傅沛平	女	中洋	博士	赴美
傅沛京	女	中洋	博士	赴美
袁　锋	男	梧岗	博士	上海华东政法大学
袁宝招	女	梧岗	博士	
袁忠贤	男	梧岗	博士	福建省农业厅
李建忠	男	塘丰	博士	福建军区总医院
林群清	男	塘丰	博士	南方大学
林　俊	男	塘丰	博士	北京大学
林广发	男	塘丰	博士	福建师范大学
傅剑华	男	朋新	博士、博士生导师	广州肿瘤医院
傅　东	男	朋新	博士	华北电力大学
胡志言	男	樟黄	博士	旅美
张祥声	男	樟黄	博士	
蔡　晔	女	樟黄	博士	中国农业大学
刘飞鹏	男	岭背	博士后	赴美
刘　琼	女	岭背	博士	
廖龙辉	男	长锦	博士（2003）	国家国资委
赵文昌	男	丰源	博士（2012）	宁德师范学院

续表

姓　名	性别	村别	学位	工作单位
袁　强	男	朋新	博士	
袁洪基	男	朋新	博士	美国休斯敦石油公司
严　辉	男	上早康	博士（1993）	美国洛杉矶
严晓玲	女	上早康	博士（2017）	北京协和医院
丁福源	男	碧砂	博士（2015）	武汉大学
丁　莉	女	碧砂	博士（2017）	北京国家博物馆
刘云昌	男	大田	博士	加拿大多伦多
黄兆辉	男	大金	博士	重庆科技学院
李华章	男	茜黄	博士	遵义大学
罗福益	男	嫩洋	博士	
袁　刚	男	中洋	硕士	上海艾默生过程控制有限公司
袁　健	男	中洋	硕士	国家烟草专卖局
袁添民	男	中洋	硕士	福建省广播影视集团
袁元继	男	中洋	硕士	旅美
袁啸云	男	中洋	硕士	北京改革内参杂志社
袁元勋	男	中洋	硕士	厦门紫金矿业
袁伟花	女	中洋	硕士	中国人民银行总行
袁立川	男	中洋	硕士	北京斯伦贝射公司
袁满琼	女	中洋	硕士	旅美
袁元洪	男	中洋	硕士	上海宝山钢铁厂
袁定清	男	中洋	硕士	福建省淡水水产研究所
袁元春	男	中洋	硕士	厦门电子技术中心
袁元庆	男	中洋	硕士	厦门厦华传媒公司
傅兴国	男	中洋	硕士	美国国际医药大学
傅蒲英	女	中洋	硕士	重庆师范学院
傅西宁	女	中洋	硕士	美国国际医药大学
袁正平	男	梧岗	硕士	稔田镇政府
袁春云	男	梧岗	硕士	厦门私企
袁圣平	男	梧岗	硕士	福州市移动基站建设处
袁道丰	男	梧岗	硕士（法国巴黎大学）	赴美
袁嘉林	男	梧田	硕士（2014）	东莞中汽鸿远汽车有限公司

续表

姓　名	性别	村别	学位	工作单位
袁喜春	男	梧田	硕士（2013）	中国铁建地产集团
林加挺	男	塘丰	硕士	福建教育杂志社
傅建国	男	朋新	硕士	上杭一中
傅光兴	男	朋新	硕士	四川
傅　东	男	朋新	硕士	华北电力大学
袁志坤	男	朋新	硕士	福建省电力局办公室
傅小平	男	朋新	硕士	梅州市蕉岭县水电设计室
傅林聪	男	朋新	硕士（2008）	福建省地质测绘院
刘先裘	男	岭背	硕士（2005）	龙岩市总工会
刘伟强	男	岭背	硕士（2010）	龙岩市规划局
张　恋	男	岭背	硕士（2011）	闽西职业技术学院
刘达明	男	岭背	硕士（2009）	浙江宁波海事局
刘智韬	男	岭背	硕士	
刘德俊	男	岭背	硕士	南京航空学院
刘晓春	男	岭背	硕士（1994）	广州中山大学
邓月婷	女	岭背	硕士	英国伯明翰大学
刘庆健	男	岭背	硕士	晋江安海职业中专学校
李晓岚	女	岭背	硕士	闽南理工大学
刘贺荣	男	岭背	硕士	泉州
刘荣文	男	岭背	硕士	上杭一中
廖永贵	男	大科	硕士	福建省农村信用社联合社
廖文华	男	大科	硕士	龙岩市建设银行
傅杭辉	女	大科	硕士（2016）	福建省电信局
严丽玉	女	上早康	硕士	广州华南大学
严俊荣	男	上早康	硕士	
严月华	男	上早康	硕士	上海同济大学
严开琪	男	上早康	硕士（2009）	中国科学院
严铁萍	女	上早康	硕士（2011）	福建省交通厅运输管理局
袁茂文	男	下早康	硕士	上海圣戈班研发有限公司
袁万锋	男	下早康	硕士	广州天河区
袁文婷	女	下早康	硕士	广州天河区
谢柳春	女	碧砂	硕士（2006）	台湾淡江大学
丁林生	男	碧砂	硕士（2007）	深圳分享投资公司

续表

姓　名	性别	村别	学位	工作单位
丁金星	男	碧砂	硕士（2005）	职业投资
严明英	女	碧砂	硕士（2002）	深圳市维联谷科技有限公司
丁琦芳	女	碧砂	硕士（2008）	福建省移动通信
丁培荣	男	碧砂	硕士（2009）	龙岩学院
陈美玲	女	碧砂	硕士（2013）	龙岩市教育科学研究院
丁华秀	女	碧砂	硕士（2010）	福州市水务局
陈　睿	女	大田	硕士（2009）	福州
黄兆峰	男	大金	硕士	广州中山大学
姜海波	女	大金	硕士	东北农业大学
谢秋菊	女	大金	硕士	重庆工商大学
黄应生	男	扶福	硕士（1995）	最高人民法院
龚英峰	女	扶福	硕士（2015）	泉州惠安医院
王晓琼	女	官洋	硕士（2011）	上海招商银行
王　侠	女	官洋	硕士（2009）	福建移动公司
温建锋	男	官洋	硕士	
邱晓英	女	军桥	硕士	沈阳体育学院
邱永清	男	军桥	硕士（2017）	西安大学
谢晓丽	女	军桥	硕士（2017）	中国平安保险公司福州分公司
张福生	男	军桥	硕士（2009）	深圳迈瑞生物医疗电子股份有限公司
张　林	女	军桥	硕士（2009）	厦门市电力局翔安分局
卢喜招	女	茜黄	硕士	漳州市邮政局
邱美煊	男	茜黄	硕士（2015）	龙岩学院
马桂芳	女	茜黄	硕士（2009）	龙岩学院
李文喜	男	东塘	硕士（1997）	福建农林学院
赖文芳	男	东塘	博士（2009）	福建中医药大学
李开钦	男	东塘	硕士（2012）	福建师范大学
李振东	男	东塘	硕士（2010）	上海同济大学电机学院
罗丽珍	女	嫩洋	硕士	
罗福兴	男	嫩洋	硕士	
丘仲潘	男	洋乾	硕士	厦门大学
郑熙林	男	洋乾	法学硕士	福建省纪律检查委员会

六、已知白砂籍科级干部名表

姓　名	性别	村别	工作单位	曾任或现任主要职务	附注
袁维松	男	中洋	上杭县人事局	局长	
袁天生	男	中洋	上杭县卫生局	局长	
袁洪亮	男	中洋	上杭县文化局	副局长	
袁剑文	男	中洋	上杭县城建局	副局长	
袁兆泉	男	中洋	白砂乡政府	乡长	
袁建芳	男	中洋	临城镇政府	镇长	
袁锦福	男	中洋	上杭县财政局	党委书记兼副局长	
袁友南	男	中洋	上杭县老干局	副局长	
袁洪斌	男	中洋	上杭县科协	主席	
袁晓芳	男	中洋	下都镇人大	主席	
袁思成	男	中洋	旧县镇党委	纪检书记	
袁利华	男	中洋	三明市电业局	局长	
傅洪旺	男	中洋	闽江水电局	科长	
傅景生	男	中洋	市发改委生态科	科长	
傅增寿	男	中洋	上杭邮政局	副局长	
傅发富	男	中洋	白砂镇政府	副镇长	
陈兴昌	男	中洋	中共上杭县委组织部	副部长	
袁国斌	男	中洋	通贤镇派出所	所长	
袁定清	男	中洋	福建省水产局研究科	科长	
袁庆科	男	中洋	溪口镇党委	党委委员、武装部长	
袁庶斌	男	中洋	上杭县安监局	副局长	
袁汉洪	男	中洋	上杭县公安局中都森林派出所	所长	
袁国斌	男	中洋	通贤镇派出所	所长	
袁定清	男	中洋	福建省水产局研究科	科长	
傅　雄	男	中洋	漳州市国税局	副局长	
傅红莆	女	中洋	美国芝加哥大旅馆	总经理	
袁庶斌	男	中洋	上杭县安监局	副局长	
袁汉洪	男	中洋	上杭县公安局中都森林派出所	所长	

续表

姓　名	性别	村别	工作单位	曾任或现任主要职务	附注
袁元勤	男	中洋	县纪委常委、县监察委员会	正科干部	
袁斗南	男	中洋	县委信访办	主任	
袁德荣	男	中洋	南昌铁路局文史办	主任	
袁炳康	男	中洋	漳平永福镇党委	党委书记	
袁发千	男	中洋	地区公安处出入境管理科	科长	
袁增科	男	中洋	明溪县林委	副主任	
袁永贤	男	中洋	上杭工商银行	副行长	
袁应丰	男	中洋	上杭县文化局	局长	
袁秀芳	女	中洋	上杭县政府办机关党委	副书记	
袁绍增	男	梧岗	上杭县财政局	财税系统党委书记	
袁文才	男	梧岗	上杭县交通局	副局长	
袁建阳	男	梧岗	上杭县公安局	副局长（正科）	
袁昌兴	男	梧岗	白砂镇政府	主任科员	
袁耀天	男	梧岗	上杭县二轻局	副局长	
袁建芳	男	梧岗	上杭县卫生局	卫生系统党委副书记	
袁正平	男	梧岗	稔田镇政府	副镇长	
袁松青	男	梧岗	福建移动资源部、内审部	副总经理	
李文龙	男	梧田	上杭县交通局	局长	
袁　洪	男	梧田	白砂镇政府	副镇长	
马军球	男	梧田	湖洋镇政府	副书记	
马　剑	男	梧田	上杭县司法局	副局长	
郭建芬	男	梧田	中共上杭县委组织部	干部科科长、人才办主任	
袁学文	男	梧田	白砂镇政府	副镇长	
袁柏林	男	梧田	南阳镇政府	副镇长	
袁金星	男	梧田	龙岩市农业银行	纪检书记	
袁志豪	男	梧田	龙岩市卫生局	医政科长	
袁荣瑄	男	梧田	宁化县供销社	副主任	
马美琼	男	梧田	临江镇政府	副镇长	
袁卫勤	男	梧田	上杭县国土资源局	纪检书记	

续表

姓　名	性别	村别	工作单位	曾任或现任主要职务	附注
袁荣明	男	梧田	上杭县交警大队	党支部书记	
袁勤章	男	梧田	蛟洋公社	副社长	
林东平	男	塘丰	龙岩市环卫		
林加坚	男	塘丰	龙岩市残联	副理事长	
林　轼	男	塘丰	上杭县监察委	党组成员、纪检书记	
林玉民	男	塘丰	上杭县编委办	副主任	
李德贞	男	塘丰	新罗区南方总部集团	总会计师	
李培东	男	塘丰	上杭县供销总社	副主任	
林勤发	男	塘丰	龙岩市财政局	企业科副主任	
林文应	男	塘丰	上杭县农委	主任	
李勤星	男	塘丰	连城县国税局	局长	
张紫明	男	塘丰	古田派出所	所长	
林　松	男	塘丰	上杭县政协	提案办主任	
林能熙	男	塘丰	闽西监狱	大队长	
林绍美	男	塘丰	白砂乡党委	副书记	
林新民	男	塘丰	龙岩市石油公司	副经理	
张玉辉	男	塘丰	白砂公社	管委会主任	
林金庭	男	塘丰	白砂镇政府	镇长	
林华芳	男	塘丰	龙岩市委党校		
杜冬如	男	朋新	上杭县土管局	局长	
傅林增	男	朋新	上杭县人事社保局	局长	
傅洪顺	男	朋新	上杭县粮食局	党委书记	
傅绍武	男	朋新	上杭县民政局	局长	
傅龙祥	男	朋新	上杭县教育局	局长、总督学	副处待遇干部
傅晓江	男	朋新	上杭县安监局	局长	
傅善华	男	朋新	上杭县供销社	主任	
傅煜华	男	朋新	上杭县司法局	副局长	
傅步思	男	朋新	古田镇政府	副镇长	
袁步彤	男	朋新	白砂镇政府	副主任科员	

续表

姓　名	性别	村别	工作单位	曾任或现任主要职务	附注
袁镇康	男	朋新	上杭县技术监督局	副局长	
傅小华	男	朋新	中共上杭县委党校	副校长	
袁立南	男	朋新	步云乡党委	副书记	
袁洪斌	男	朋新	龙岩市中心血站	副站长	
傅福星	男	朋新	上杭县公安局	副局长	
傅福莹	男	朋新	龙岩监狱	办公室主任	
袁志坤	男	朋新	福建省电力局	办公室主任	
傅丛荣	男	朋新	白砂乡党委	组织委员	
傅洪文	男	朋新	太拔乡党委	副书记	
傅玉亮	男	朋新	白砂乡党委	宣传委员	
傅柏年	男	朋新	临江镇政府	副镇长	
傅崇荣	男	朋新	上杭县第二工业局	副局长	
傅振芳	男	朋新	白砂镇政府	副主任科员	
周榕秀	男	朋新	厦门市图书馆	办公室主任	
傅文辉	男	朋新	县公安局法制大队	教导员	
袁水康	男	朋新	厦门贸易公司		
傅树元	男	朋新	龙岩市司法局律管科		
傅杭华	男	朋新	新罗区西城办事处		
刘德金	男	朋新	新罗区疾控中心		
傅柏年	男	朋新	临江镇政府	副镇长	
傅崇荣	男	朋新	上杭县第二工业局	副局长	
傅振芳	男	朋新	白砂镇政府	副主任科员	
傅文辉	男	朋新	县公安局法制大队	教导员	
傅树元	男	朋新	龙岩市司法局律管科		
傅林聪	男	朋新	省地质测绘院		
傅杭华	男	朋新	新罗区西城办事处		
刘德金	男	朋新	新罗区疾控中心		
傅雪萍	男	朋新	上杭县人民法院		

续表

姓　名	性别	村别	工作单位	曾任或现任主要职务	附注
傅针锋	男	朋新	上杭县老干局	党委委员、武装部长	
傅明祥	男	朋新	蛟洋镇政府	副科级干部	
袁其锋	男	朋新	上杭县人民检察院	主任	
郑德昌	男	樟黄	上杭县对台办	馆长	
郑　洪	男	樟黄	上杭县档案馆	副局长、主任科员	
胡堂祺	男	樟黄	上杭县交通局	副主任	
郑子华	男	樟黄	闽西监狱政治处	副局长	
郑子福	男	樟黄	上杭县农业局	副镇长	
郑小明	男	樟黄	太拔镇政府	统战委员、	
郑　智	男	樟黄	蛟洋镇政府	副主任科员	
张亮声	男	樟黄	龙岩地税局直属分局	副局长	
刘锡炎	男	岭背	长汀县农业银行	副行长	
刘潮光	男	岭背	龙岩市农行	科长	
刘洪华	男	岭背	上杭县粮食局	局长	
刘江彬	男	岭背	广州中山大学附属一院	副科长	
刘洪伟	男	岭背	上杭县安监局	主任科员	
刘贺荣	男	岭背	浙江宁波市公安局	主任科员	
刘成达	男	岭背	通贤镇副镇长	副镇长	
刘成光	男	岭背	上杭县发展和改革局	正科级干部	
刘晓玲	女	岭背	龙岩新罗区龙门镇政府	镇长	
刘文友	男	岭背	白砂公社党委	副书记	
刘向辉	男	岭背	空军晋江机场	副营级教导员	
廖华璋	男	大科	厦门市开元区街道办事处	第一副书记	
廖联璋	男	大科	上杭县文体局	局长	
傅尧章	男	大科	三明市将乐县邮电局	局长	
傅占荣	男	大科	蛟洋公社管委会	副社长	
傅元熙	男	大科	福建省边防公安总队	正营	
傅剑锋	男	大科	通贤镇司法所	所长	
袁生林	男	大科	上杭县文化局	副局长	

续表

姓　名	性别	村别	工作单位	曾任或现任主要职务	附注
王素珍	男	大科	龙岩市财政局资产管理中心	主任	
廖兴高	男	长锦	上杭县教育局	副科级督学	
廖复来	男	长锦	新罗区政协	办公室主任	
廖红阳	男	长锦	广州市交通执法局	副局长	
廖向阳	男	长锦	永安矿务局	书记	
严银英	女	上早康	上杭县总工会	副主席、主任科员	
严开锋	男	上早康	临城镇政府	副镇长	
严锦华	男	上早康	南平林学院	组织科副科长	
严建华	男	上早康	上杭县农业局	局长	
严善基	男	上早康	福建省电信技术发展公司	办公室主任	
严富银	男	上早康	福建省证券公司	办公室副主任	
严俊生	男	下早康	上杭县临城镇政府	正科级干部	
袁锡林	男	下早康	广东省烟草专卖局	正科级干部	
袁永亮	男	下早康	龙岩市林业局	技术开发办主任	
袁柏球	男	下早康	上杭县国税局	稽查分局局长	
罗华传	男	下早康	解放军某旅教导队	副队长、少校	
罗　臻	男	下早康	解放军 73326 部队	少校	
袁茂源	男	下早康	上杭县农业银行	副行长	
丁勤明	男	碧砂	龙岩市林业局	党委办副主任	
丁森蕃	男	碧砂	上杭县林业局	党委书记	
丁金康	男	碧砂	太拔乡政府	副乡长	
丁建玉	男	碧砂	龙岩市财政局	事业科科长	
傅桂祥	男	丰源	白砂公社	组织委员、纪检委员	
刘华春	男	大田	中共上杭县委组织部	副部长（正科级组织员）	
曾　智	男	大田	白砂镇政府	副镇长	
沈来发	男	大田	南阳镇政府	镇长	
刘宪昌	男	大田	厦门市思明区人民法院	审判员	
刘永宝	男	大田	新罗区国家税务局	第一分局局长	
刘贞寿	男	大田	上杭县国有资源监督管理局	副局长	

续表

姓 名	性别	村别	工作单位	曾任或现任主要职务	附注
刘健寿	男	大田	上杭县司法局	办公室主任	
沈占辉	男	大田	上杭县市场监督局	副局长	
曾育贤	男	大田	上杭县司法局珊瑚司法所	所长	
温耀辉	男	大田	龙岩市第三医院	院长、党委书记	
温林辉	男	大田	上杭县看守所	副所长	
曾金浪	男	大田	福建省妇幼保健院	综合信息科科长	
刘 琪	男	大田	新罗区公安分局白沙派出所	所长	
温传忠	男	大田	福建省国土资源厅地质环境监测中心	福州站长	
冯利煌	男	大田	龙岩土发集团	土地收储中心主任	
曾碧海	男	大田	永定邮储	风险部主任	
温朝辉	男	大田	龙岩万博	副总经理	
温 达	男	大田	北京燕山石化贸易公司	总经理	
温旺东	男	大田	福建省兴业银行	办公室主任	
曾育湘	男	大田	新罗区公房管理处		
刘爱松	男	大田	上杭电力公司	调度室主任	
刘 伟	男	大田	漳平吾祠乡政府	组织委员	
丘敏生	男	大金	龙岩市总工会	正科级干部	
邱炳洲	男	大金	上杭县民政局安置办	主任	
饶定兴	男	大金	上杭县广播站	站长	
饶志芹	男	大金	蓝溪公社	公安特派员	
袁怀才	男	大金	古田镇政府	人大主席	
龚福芳	男	扶福	上杭县移民局	局长	
龚秉堂	男	扶福	闽西监狱	副大队长	
龚桂芳	男	扶福	庐丰派出所	所长	
温国祥	男	官洋	长汀县人大常委会办公室	行政科长	
温万祥	男	官洋	福州军区	正营级干部	
温锡林	男	官洋	上杭县人大常委会农经委	主任	
温伟林	男	官洋	上杭县科技局	副局长	
温其太	男	官洋	电力部第十四工程局	副局长	
温焕梅	男	官洋	白砂乡政府	副乡长	
温文荣	男	官洋	上杭一中	校长	
袁学林	男	官洋	南平广播 802 台	台长	

续表

姓　名	性别	村别	工作单位	曾任或现任主要职务	附注
龚国荣	男	军桥	上杭县文体广新局	主任科员	
张秉仁	男	军桥	上杭县民政局	副局长（正科）	
张华灿	男	军桥	上杭县民政局	副局长（正科）	
谢荣康	男	军桥	白砂镇	人大主席、主任科员	
张华明	男	军桥	上杭县水利局	主任科员	
张晓琼	男	军桥	旧县镇司法所	所长	
谢宝开	男	军桥	上杭县人民政府	副主任	
龚明辉	男	军桥	上杭县司法局	副局长	
邱乾元	男	军桥	泮境乡政府	乡长	
张秉瑛	男	军桥	上杭县建设局	正科级干部	
张秉龙	男	军桥	永安煤矿	党委书记	
谢耀强	男	军桥	临城镇政府	主任科员	
钟攀华	男	茜黄	白砂镇人民政府	副镇长	
邱德胜	男	茜黄	新罗区人民医院	副院长	
李开仁	男	东塘	上杭县人事局	副主任科员	
李文喜	男	东塘	上杭驻厦门央企招商办	主任	
李志喜	男	东塘	国家远航救护打捞局	船长	
李康喜	男	东塘	武装警察舟山支队	正营	
李玉丹	女	东塘	上杭官庄畲族乡	党委组织委员	
罗长春	男	嫩洋	白砂镇政府	宣传、统战委员	
罗欲喜	男	嫩洋	步云乡政府	副书记	
罗仁喜	男	嫩洋	武平县税务局	副局长	
张定豪	男	洋乾	庐丰乡政府	副乡长	
游宝堂	男	洋乾	上杭县国土资源局	机关党委副书记	
丘永春	男	洋乾	上杭县人民银行	行长	
游万贵	男	洋乾	白砂镇政府	宣传委员	
丘献银	男	洋乾	龙岩监狱	主任科员	
高德生	男	洋乾	上杭县政府	副主任	
郑汝林	男	洋乾	中共上杭县委宣传部、教育局	副部长、局长	
张逢铭	男	洋乾	白砂乡政府	乡长、人大主席	
张逢良	男	洋乾	上杭县人防办	主任	
张定卿	男	洋乾	古田镇政府	副书记	

七、已知白砂籍中级专业技术职务人员名表

姓　名	村别	职称	认定时间	单　　位
袁洪斌	中洋	农艺师		中共上杭县委办
傅　波	中洋	经济师		
傅跃荣	中洋	农艺师		白砂镇政府
傅林生	中洋	小学高级教师	1998	白砂学区
傅长生	中洋	小学高级教师	1992	白砂学区
傅德福	中洋	小学高级教师	1992	白砂学区
袁正琼	中洋	中学一级教师		上杭四中
傅伟豪	中洋	中学一级教师		才溪中学
傅梓光	中洋	中学一级教师	2005	白砂中学
袁元文	中洋	中学一级教师	2004	白砂中学
袁贵昌	中洋	中学一级教师	2005	白砂中学
袁志萍	中洋	中学一级教师	2005	白砂中学
袁定兴	中洋	中学一级教师	2004	白砂中学
袁耀先	中洋	中学一级教师	2009	白砂中学
袁福英	中洋	中学一级教师	2006	白砂中学
袁丽榕	中洋	小学高级教师	2009	白砂中心小学
袁庆招	中洋	小学高级教师	2007	白砂中心小学
袁菊娣	中洋	小学高级教师	2008	白砂中心小学
袁惠英	中洋	小学高级教师	2014	白砂中心小学
袁东生	中洋	小学高级教师	2008	白砂中心小学
傅雄生	中洋	中学一级教师		才溪中心小学
袁永贵	中洋	工程师		福建省建委
袁应瑞	中洋	工程师		漳州糖厂
袁兆棠	中洋	小学高级教师	1988	白砂学区
袁兆湘	中洋	小学高级教师	1988	白砂学区
袁良通	中洋	中学一级教师	1988	白砂学区
袁培基	中洋	小学高级教师	1988	白砂学区
袁发茂	中洋	中学一级教师	1988	上杭二中

续表

姓　名	村别	职称	认定时间	单　　位
袁应源	中洋	经济师		上杭农商行
袁百良	中洋	工程师	1989	县化肥厂
袁洪亮	中洋	三级作曲		县文化局
袁恒福	中洋	三级演奏家		县文化局
袁森章	中洋	小学高级教师	1988	临江中心小学
袁祥初	中洋	小学高级教师	1988	白砂学区
袁洪文	中洋	小学高级教师	1992	白砂学区
袁平清	中洋	小学高级教师	1992	白砂学区
袁兴民	中洋	小学高级教师	1988	白砂学区
袁荣昌	中洋	小学高级教师	1992	白砂学区
袁钦生	中洋	小学高级教师	1998	白砂学区
袁俊华	中洋	小学高级教师	1998	白砂学区
袁元钦	中洋	农机工程师		白砂镇政府
傅绍华	中洋	电力工程师		漳平火电厂
傅星勤	中洋	工程师		沈阳高等交通学校
傅福魁	中洋	工程师		
袁明忠	梧岗	小学高级教师	2000	白砂学区
袁天林	梧岗	小学高级教师	1998	白砂学区
袁维书	梧岗	小学高级教师	2004	白砂中心小学
袁辉林	梧岗	小学高级教师	2009	白砂中学
袁翰林	梧田	工程师		东莞彩凤科技有限公司
袁寿文	梧田	小学高级教师	2006	白砂中心小学
袁寿鸣	梧田	小学高级教师	1994	白砂学区
袁荣寿	梧田	小学高级教师	1992	白砂学区
袁永崇	梧田	小学高级教师	1994	白砂学区
袁圣鸣	梧田	小学高级教师	2008	白砂中心小学
袁德武	梧田	小学高级教师	2000	白砂学区
袁德山	梧田	工程师		蛟洋工业园区
袁志雄	梧田	主管技师		龙岩市第二医院

续表

姓　名	村别	职称	认定时间	单　　位
麻少卿	梧田	主管护师		龙岩市第二医院
胡耀南	梧田	小学高级教师	1994	白砂学区
袁志勤	梧田	药剂师		上杭县医院
陈　潮	梧田	药剂师		上杭县医院
袁盛荣	梧田	会计师		深圳得胜科技有限公司
潭　前	梧田	会计师		深圳雅兰实业有限公司
马杭球	梧田	中学一级教师		上杭三中
张先兰	梧田	中学一级教师		湖洋中学
马政华	梧田	设计师		东南汽车厂
马宝林	梧田	电影放影技师		上杭县电影公司
林勤发	塘丰	会计师		龙岩市财政局
林灿明	塘丰	小学高级教师	1994	龙岩市土地开发公司
李春魁	塘丰	小学高级教师	1988	白砂学区
李广业	塘丰	小学高级教师	2000	白砂学区
李新英	塘丰	小学高级教师	2000	白砂中心小学
林健庆	塘丰	小学高级教师	1988	白砂学区
林来庆	塘丰	小学高级教师	1996	白砂学区
林继升	塘丰	小学高级教师	2004	白砂中心小学
李桂香	塘丰	小学高级教师	2008	白砂中心小学
林继锋	塘丰	小学高级教师	2009	白砂中心小学
袁宝英	塘丰	小学高级教师	2004	白砂中心小学
林晓锋	塘丰	小学高级教师	2002	白砂学区
杜福林	塘丰	小学高级教师	1996	白砂学区
赖碧英	塘丰	小学高级教师	2007	白砂中心小学
张声强	塘丰	小学高级教师	2017	白砂中学
林彦英	塘丰	经济师		县土产公司
傅桂文	朋新	小学高级教师	1994	白砂学区
吴美香	朋新	小学高级教师	2006	白砂中心小学
袁皇康	朋新	主治医师		蛟洋卫生院

续表

姓　名	村别	职称	认定时间	单　　位
傅步思	朋新	兽医师		古田镇人民政府
刘发龙	朋新	小学高级教师	1996	白砂学区
丘建兴	朋新	小学高级教师	1996	白砂学区
傅荣辉	朋新	小学高级教师	2000	白砂学区
傅炳光	朋新	小学高级教师	1996	白砂学区
傅福仁	朋新	小学高级教师	2004	白砂中心小学
袁茶凤	朋新	小学高级教师	2004	白砂中心小学
朱宝珍	朋新	小学高级教师	1988	白砂学区
傅启康	朋新	中学一级教师	1988	白砂中学
傅维明	朋新	中学一级教师	2006	白砂中学
傅林荣	朋新	中学一级教师		漳平中专学校
袁洪亮	朋新	中学一级教师	2008	白砂中学
袁洪麟	朋新	小学高级教师	2004	白砂中心小学
傅开鑑	朋新	小学高级教师	2008	白砂中心小学
傅永权	朋新	讲师		闽西大学
王莉萍	朋新	讲师		甘肃陇南师范专科学校
袁万康	朋新	小学高级教师	1996	白砂学区
华蔚琳	朋新	中学一级教师	2010	白砂中学
华鹏聪	朋新	汽车高级评估师		厦门市蓝钻评估有限公司
华圣聪	朋新	工程师		厦门市正禹建设有限公司
华炜聪	朋新	工程师		中国移动福州分公司
袁献康	朋新	工程师		龙岩市供电局
傅星华	朋新	主治医师		上杭县中医院
袁福源	朋新	小学高级教师	1988	白砂学区
袁益润	朋新	讲师	1987	中共上杭县委党校
袁镇康	朋新	工程师	1991	上杭县技术监督局
傅宝田	朋新	工程师		上杭六〇四台
袁家优	朋新	小学高级教师	1998	白砂学区
傅福善	朋新	小学高级教师	1998	白砂学区
张华珍	樟黄	中学一级教师	2005	白砂中学

续表

姓 名	村别	职称	认定时间	单 位
胡志松	樟黄	农艺师		县移民局
胡志贤	樟黄	馆员		县文物局
胡耀先	樟黄	中学一级教师	1988	白砂中学
邹惠玲	樟黄	小学高级教师		上杭实验小学
胡寿山	樟黄	兽医师		白砂兽医站
胡志宾	樟黄	小学高级教师	2000	白砂学区
胡文钦	樟黄	小学高级教师	2000	白砂学区
胡元昌	樟黄	小学高级教师	2003	白砂学区
刘建梅	樟黄	小学高级教师	2000	白砂学区
胡耀春	樟黄	小学高级教师	1992	白砂学区
郑永生	樟黄	小学高级教师	1988	白砂学区
赖俊昌	樟黄	小学高级教师	2000	白砂学区
傅丽文	樟黄	主管护师		龙岩市一院
赖启宽	樟黄	中学一级教师	1999	上杭县教育局
吴立春	樟黄	小学高级教师	2010	
刘绍宁	岭背	经济师	1995	上杭工行
刘福昌	岭背	小学高级教师	1999	白砂学区
刘荣波	岭背	小学高级教师	2001	白砂学区
刘德馨	岭背	小学高级教师	1988	白砂学区
刘荣蕃	岭背	小学高级教师	2000	白砂学区
刘先昌	岭背	小学高级教师	1988	白砂学区
刘广才	岭背	小学高级教师	1991	白砂学区
刘炳林	岭背	小学高级教师	2000	白砂学区
袁润玉	岭背	小学高级教师	1988	白砂学区
傅丽珠	岭背	小学高级教师	2004	上杭实验小学
刘必昌	岭背	小学高级教师	2000	白砂学区
刘先茂	岭背	小学高级教师	2000	白砂学区
刘庆斌	岭背	会计师		
邓进荣	岭背	兽医师	1999	白砂兽医站
刘开兴	岭背	会计师		
刘焕明	岭背	工程师		上杭广电局

续表

姓　名	村别	职称	认定时间	单　　位
刘庆健	岭背	讲师		晋江职专学校
刘兆魁	岭背	中学一级教师	1988	白砂中学
刘锡荣	岭背	中学高级教师	1988	白砂中学
刘必达	岭背	小学高级教师	1992	白砂学区
刘启明	岭背	小学高级教师	1988	白砂学区
刘含生	岭背	小学高级教师	2003	白砂学区
刘碧源	岭背	中学一级教师	2007	白砂中学
刘华才	岭背	小学高级教师	1994	白砂学区
刘荣达	岭背	小学高级教师	2006	白砂中心小学
刘开南	岭背	工程师		青岛四方机车厂
张　恋	岭背	讲师		闽西职业技术学院
刘小青	岭背	工程师		青岛四方机床厂
刘达明	岭背	工程师		浙江宁波海事局
刘鸿河	岭背	经济师		
刘飞彪	岭背	工程师		龙岩市工商银行
刘　华	岭背	小学高级教师	2000	白砂学区
刘昀王	岭背	中学一级教师		上杭三中
刘明华	岭背	小学高级教师	1998	白砂学区
袁建勤	岭背	小学高级教师	1988	蛟洋学区
刘开明	岭背	小学高级教师	1991	白砂学区
刘德基	岭背	小学高级教师	1991	白砂学区
刘晓玫	岭背	中学一级教师		上杭二中
刘瑞光	岭背	小学高级教师	1988	长汀县教师进修学校
傅贵元	大科	小学高级教师	1988	白砂学区
傅鑑元	大科	小学高级教师	1992	白砂学区
廖发璋	大科	小学高级教师	1992	白砂学区
廖兴璋	大科	小学高级教师	2000	白砂学区
廖克璋	大科	小学高级教师	2000	白砂学区
傅　云	大科	小学高级教师	1992	白砂学区
傅文华	大科	小学高级教师	2004	白砂中心小学
傅志洪	大科	主治医师		白砂卫生院

续表

姓　名	村别	职称	认定时间	单　　位
傅联星	大科	工程师	1995	三明市农药厂
傅茶招	大科	主管护师	2003	上杭县医院
廖尚磊	大科	工程师	1998	上杭县气象局
廖茂林	长锦	小学高级教师	1988	白砂学区
廖复煌	长锦	小学高级教师	2003	白砂学区
傅　鑫	丰源	讲师		闽西职业技术学院
赵富生	丰源	小学高级教师	2000	白砂学区
严龙辉	上早康	小学高级教师	1994	白砂学区
严卫生	上早康	小学高级教师	2002	白砂中心小学
严乾生	上早康	小学高级教师	2004	白砂中心小学
严祖兴	上早康	小学高级教师	2002	白砂中心小学
陈宝元	上早康	小学高级教师	2000	白砂中心小学
李德凤	上早康	中学一级教师	2007	白砂中学
严　明	上早康	小学高级教师	1988	白砂学区
袁惠兰	下早康	护师		白砂中心卫生院
袁茂荣	下早康	小学高级教师	2000	白砂学区
吴标才	下早康	小学高级教师	2002	白砂学区
袁贵荣	下早康	小学高级教师	1998	白砂学区
袁成政	下早康	小学高级教师	2012	白砂中心小学
严其亮	下早康	工程师	1995	上杭县林业局
罗华传	下早康	政工师	2003	南昌材料供应段
丁楚蕃	碧砂	小学高级教师	2004	白砂中心小学
丁铭蕃	碧砂	小学高级教师	2007	白砂中心小学
丁石生	碧砂	小学高级教师	2004	白砂中心小学
丁福坤	碧砂	小学高级教师	2004	旧县学区
丁宝蕃	碧砂	小学高级教师	2004	白砂中心小学
卢荣生	碧砂	小学高级教师	2004	白砂中心小学
邓丁金	碧砂	小学高级教师	2004	旧县学区
丁崇福	碧砂	小学高级教师	1992	白砂学区
丁新蕃	碧砂	小学高级教师	1988	旧县学区
刘煌丛	大田	小学高级教师	1988	白砂学区

续表

姓　名	村别	职称	认定时间	单　　位
刘金龙	大田	小学高级教师	1988	白砂学区
曾纪萱	大田	小学高级教师	2000	白砂学区
刘奎寿	大田	小学高级教师	2000	白砂学区
刘永权	大田	小学高级教师	1996	白砂学区
温耀兴	大田	小学高级教师	2000	白砂学区
刘旺松	大田	小学高级教师	2004	白砂中心小学
傅明英	大田	小学高级教师	2004	白砂中心小学
丁秋兰	大田	小学高级教师	2000	白砂学区
王梅兰	大田	小学高级教师	2006	白砂中心小学
曾　爱	大田	小学高级教师	2004	白砂中心小学
傅惠英	大田	中级职称		福建工贸学校
刘焕松	大田	中学一级		古田中学
冯元栋	大田	建筑工程师	2011	福州融侨集团
袁玉英	大金	小学高级教师	1988	南京市清溪小学
黄兆河	大金	小学高级教师	1996	白砂中学
袁怀金	大金	小学高级教师	1992	白砂学区
梁利忠	大金	小学高级教师	1998	白砂学区
梁伦凤	大金	小学高级教师	1998	白砂学区
黄金生	扶福	农艺师		溪口镇政府
龚天赐	扶福	小学高级教师	2008	白砂中学小学
温琼林	官洋	工程师		厦门科技有限公司
温泉英	官洋	经济师		厦门信达股份有限公司
温　良	官洋	工程师		福建省邮电规划设计院
温华贵	官洋	工程师		深圳
温壁辉	官洋	小学高级教师	1988	白砂学区
温建荣	官洋	小学高级教师	1998	白砂学区
温乔章	官洋	小学高级教师	1996	白砂学区
温冬英	官洋	小学高级教师	1998	白砂学区
温梅英	官洋	小学高级教师	1998	白砂学区
温少林	官洋	中学一级教师		上杭一中
袁　斌	官洋	工程师		旅居加拿大

续表

姓　名	村别	职称	认定时间	单　　位
袁银凤	官洋	小学高级教师		南平刘家小学
袁　闽	官洋	中学一级教师		甘肃天水四中
袁乾开	官洋	工程师		厦门戴尔公司
王　侠	官洋	工程师		中国移动福建省分公司
谢东全	军桥	工程师	1987	上杭县矿产公司
张福生	军桥	工程师	2008	深圳迈瑞生物医疗电子公司
龚荣章	军桥	小学高级教师	2001	白砂学区
邱国辉	军桥	小学高级教师	2004	泮境中心小学
邱国文	军桥	小学高级教师	2016	上杭县临城镇城西小学
龚明轩	军桥	会计师	2006	龙岩市油咀油泵厂
曾建繁	军桥	中学一级教师	2005	白砂中学
邱树元	茜黄	小学高级教师	1998	白砂学区
邱秀丰	茜黄	小学高级教师	2002	白砂学区
卢国兴	茜黄	讲师	1998	龙岩市财经学校
丘俊文	茜黄	会计师		龙岩龙洲运输公司
邱美煊	茜黄	讲师	2011	龙岩学院
马桂芳	茜黄	讲师	2011	龙岩学院
李振东	东塘	工程师		上海电器双门设备
李世仁	东塘	小学高级教师	2006	白砂中心小学
罗三春	嫩洋	小学高级教师	2004	白砂中心小学
罗汉和	嫩洋	小学高级教师	2010	白砂中心小学
罗福铭	嫩洋	中学一级	2007	蛟洋中学
罗钧喜	嫩洋	中学一级	2007	白砂中学
丘占林	洋乾	讲师		龙岩学院
丘道元	洋乾	沈阳航空装备修理厂		工程师
丘文忠	洋乾	工程师		
郑瑞林	洋乾	中学一级教师		上杭四中
邱锦星	洋乾	小学高级教师	1988	白砂学区
郑仁林	洋乾	小学高级教师	1998	白砂学区
张其源	洋乾	小学高级教师	2000	白砂学区
游兆江	洋乾	小学高级教师	1994	白砂学区

八、白砂镇革命烈士英名表

村别	烈士姓名
中洋（49人）	傅钟源 袁梁丰 袁金成 袁庚生 傅楷贤 傅开福 袁长生 傅振常 傅春明 袁兰芬 傅洪成 傅超材 袁秋光 袁绍先 袁清恢 袁锡光 袁天甫 袁福贤 傅科招 傅新怀 袁文光 陈学文 袁迪良 袁洋舟 袁兆昌 袁桂标 袁兆平 袁绍成 袁佐轩 袁发钊 袁中书 袁文启 袁仁标 傅洪河 袁桂溪 袁光景 陈复活 袁进金 袁仰荣 袁道享 袁光福 傅松英 袁良基 傅海山 陈宝三 袁元善 袁百禄 傅进忠 袁善荣
梧岗（26人）	袁洪海 袁德仁 袁振兴 袁喜林 袁加琳 袁树祥 袁桂兴 袁岳峰 袁树珍 袁鸾飞 袁嘉瑞 袁鼎兴 袁道森 袁庚生 袁培芳 袁德钧 袁绪珍 袁乃玉 袁松林 袁德明 袁辉先 袁发生 袁鹏飞 袁年丰 袁瑞松 巫福连
梧田（34人）	马玉中 马上通 马成福 袁畴书 袁天如 马玉兰 马光汉 马玉存 袁成富 袁保元 胡接芳 李先荣 温作桢 袁宝珍 袁根清 马庆善 袁银昌 袁国宝 袁荫庭 袁松昌 袁 泉 袁兰玉 李敏如 李龙昌 袁荫福 袁梅书 袁荫棠 马瑞瑶 袁美三 袁福恩 袁明清 袁荫兰 马森荣 马庆勋
朋新（50人）	傅福财 傅长善 傅岸登 傅春禧 傅友堂 傅维生 傅丙荣 傅宝增 傅森标 傅贵洲 傅丕龙 傅清书 傅作炎 袁宝禄 李招金 袁作新 傅进泉 傅铭传 傅雁飞 傅应先 傅宝书 袁芹高 袁锡禧 傅宜先 傅乾九 傅永先 袁蕴球 傅吉云 傅玉佩 傅美龙 傅承高 傅仰卿 傅广庭 袁硕臣 袁世洪 傅寿钦 袁 智 傅永彬 傅子亮 傅学美 傅吉金 袁若臣 傅三材 傅吉才 傅进全 袁钦明 袁建武 傅玉馨 傅营芹 傅在勤
樟黄（33人）	张立标 张云盛 郑松浪 胡荫寿 张南盛 邱有森 赖求保 赖崇藩 赖新常 丘新凤 郑桥榕 胡云书 赖福源 赖树先 赖双保 胡昌明 胡光汉 邱水怀 邱天福 赖明书 胡道三 郑福基 赖子彬 郑福荣 胡精明 赖丙光 赖运聪 张荣盛 赖家祥 赖旺聪 郑旺博 郑业松 胡高年
岭背（26人）	刘雨才 刘绍增 刘义宝 刘天扬 刘凤梧 刘天永 刘龙宝 刘承昌 刘振汉 刘金秋 刘振帮 刘玉琳 刘志增 刘文钧 刘寿传 刘文汉 刘维藩 刘祝三 刘培贤 刘寿春 刘寿钧 刘大兴 刘遵德 刘佳贵 刘维美 刘志标
大科（17人）	傅丙舟 傅广顺 傅则惠 傅清梅 廖玉卿 傅加玉 傅炳辉 傅以珍 傅作坤 傅必书 傅以申 傅作勋 廖常开 傅芹岐 傅升若 廖尚书 傅瑞球
长锦（10人）	廖舜扬 廖述经 廖肇修 廖维缙 廖润生 廖上仍 廖盛恩 廖翼侯 廖述珠 廖思源

续表

村别	烈士姓名
丰源 (13人)	吴善恒 吴兰生 傅则以 傅则恒 傅义山 傅盛福 赵孚钦 赵和春 傅胜元 傅则敬 傅则安 吴林章 吴泽民
上早康 (18人)	严树养 严作连 严永槐 严勋成 严凤彬 严永善 严在雪 严寿善 严清源 严大招 李如生 陈自元 严永福 严彩云 严永标 严清成 严先善 严清万
下早康 (33人)	严云先 袁广生 袁亮生 严锡祥 吴福开 严如彪 严鸾庆 严作炘 严锡甘 严宗锡 严其双 严其福 严翠康 严其康 严其庄 严海辉 严如雄 严富林 严宗光 严其奎 严宗炘 严崇同 严梅章 严锡焕 吴金孚 严炳方 严明祥 吴裕兴 严宗先 袁林发 罗作京 袁耀桂 严奎芳
碧砂 (21人)	丁敬修 丁堂庆 卢朗秋 丁庆斌 丁裕进 丁养清 丁上标 丁作安 丁进修 丁友庆 丁志彭 丁纪修 丁财标 丁德通 丁信元 丁增元 丁冬昌 丁源标 丁松源 丁耀光 丁步修
大田 (37人)	冯钦登 温彩萱 曾传新 冯钦顺 刘稼村 刘汉贤 刘寿顺 温从森 曾祥初 曾谓年 刘荧乡 曾传麟 曾根年 刘果乡 刘春园 温荣先 刘明秋 温子良 沈进应 陈长寿 温新炎 温文忠 曾传贤 曾传春 温从富 刘彩乡 袁金凤 温开林 温微萱 温维萱 曾玉琼 刘德钦 刘郁乡 温子玉 温用行 刘森邦 温三妹子
大金 (25人)	袁定耀 曾华芳 曾瑞田 饶华芹 丘家龙 丘发喜 曾杏园 梁启华 曾瑞生 黄集林 丘和炳 巫永恩 吴文山 曾林山 饶根年 袁定汉 曾浪山 丘荣昌 饶宝年 袁钦丁 饶建修 曾培芳 梁志和 丘桂喜 黄集秋
扶福 (7人)	龚美良 龚申金 龚永兴 龚维洪 龚荣芳 龚秉象 龚衍庆
官洋 (30人)	刘光锦 刘和昌 温焕金 温河清 温富光 袁源修 袁致诚 温森元 温其彬 王喜溪 刘先荣 袁致光 袁致桢 王喜标 廖心松 袁玉秋 廖如山 刘达标 刘美兴 温春山 张汉清 温德崇 温炳辉 温芹浪 廖洪生 刘承昌 温清源 廖德辉 温锦成 廖华荣
军桥 (40人)	张少波 张德荣 温绍山 龚万圣 张人龙 张玉山 龚明贵 邱顺昌 谢迪文 谢寿炎 龚明标 丘化有 丘化光 谢焕全 张仁镜 张锦桥 张锦标 谢如光 丘仁正 龚才喜 龚汉光 丘化来 丘化腾 张恩珠 龚树琼 谢昌全 丘化生 张亮昭 张兰保 谢洪贞 龚万旺 赖百应 胡应光 胡碧天 胡高荣 胡开春 谢煌全 傅子亮 傅学美 严炳安

续表

村别	烈士姓名
茜黄 (23人)	钟福财 卢文泮 丘开元 丘炳辉 丘德标 丘渭书 钟乾财 丘玉兰 丘长芹 卢锦昌 李宣庆 钟锦生 卢秋荣 丘厚标 卢庭书 丘文芳 李耀辉 丘德凤 李福传 丘义方 丘玉亮 钟三才 卢文成
东塘 (5人)	李绍文 李家赠 李家奎 李金声 李家新
嫩洋 (22人)	罗堂荣 罗培荣 罗德瑶 罗善昌 罗集喜 罗荣华 罗金传 罗秋喜 罗德发 罗锡煌 龚银秀 罗聪庆 罗圣喜 罗卓荣 罗细员 罗贤荣 罗发荣 罗在林 罗樟庆 罗淑荣 罗良兆 罗锦福
洋乾 (46人)	游亮东 游建初 郑星标 郑耀成 郑锡桃 郑廷标 丘柏林 郑元标 郑福标 梁荣升 游明玉 丘锡瑶 游亮瑛 张念庆 郑辛娣 丘拔群 丘林基 丘全龙 游亮潭 游亮忠 游亮同 游明德 高史群 丘献煌 丘全富 丘炳荣 游亮珠 游万相 丘敏田 游亮钦 高耀群 丘洪章 丘献辉 丘鉴荣 丘添万 游亮和 游国玉 游亮聪 游亮科 张定安 丘锡塘 丘献章 丘明星 郑元庆 丘树春 游亮成

后　　记

2017年7月11日，白砂镇党委、镇政府召开《白砂镇志》编修工作动员大会，镇机关全体干部、镇直单位负责人、各村党支部书记、村主任等100余人参加会议，龙岩市地方志编纂委员会（简称方志委）原主任林汉扬、上杭县方志委主任刘昌发到会指导。会上，镇党委书记黄泰林作动员讲话，强调镇志编修的重大意义，安排部署编修工作。同月，成立《白砂镇志》编纂委员会、编纂办公室，选聘编修人员，安排办公场所，添置办公设备，镇志编修工作启动运行。

7月中旬开始，镇志编修进入学习阶段，主要是学习地方志基础知识，阅读《上杭县志》和《蛟洋镇志》《珊瑚乡志》等志书。8月始，编修人员根据分工，着手搜集资料。主要是走访县方志委、档案局、统计局等部门；整理资料征集提纲，发送至镇直单位、行政村；调查访问社会贤达人士，广泛搜集文字资料、口碑资料、实物资料。在搜集整理资料的基础上，编修人员着手编写志稿。

志书是资料性著述。编修人员本着对历史负责、对白砂人民负责的精神，弘扬实事求是、严谨务实的作风，拓宽搜集渠道，严格鉴别考证，力求入志资料“真实、准确、全面、系统”。功夫不负有心人。扎实的工作，使镇志的历史资料取得重大突破。其中编修人员通过查阅《毛泽东年谱》《朱德年谱》《叶剑英年谱》《毛泽东七次入闽》《红色中华》《闽西革命根据地史》《无产阶级革命家在闽西》《闽西人民革命史》《上杭人民革命史》《上杭党史论文资料集》等大量书籍、报刊，找到许多鲜为人知的资料，第一次使白砂的红色资源有了全面系统的整合，真实准确地反映。又如通过与贵州省遵义市、广西壮族自治区百色市（隆林县）地方志部门联系，查清了袁养正任贵州绥阳县知县、袁天逵任广西凌云县知县的准确时间，纠正了误传和不实记载。通过查阅、利用《龙岩地区志》《闽西戏剧史纲》《闽西戏剧纵横》《上杭县志》《连城县志》《长汀县志》《留住乡韵》《上杭木偶戏与白砂田公会研究文集》等资料，使《木偶戏》资料比较翔实。镇志各章资料的搜集，凝聚了编修人员的心血。

一部好的方志，必须具有鲜明的地方特色，具有浓郁的地方气息。编修人员注意挖掘和把握白砂是闽西革命根据地的重要组成部分（红色苏区）、千年古邑、闽西（客家）木偶戏的发祥地、国家级生态镇等体现白砂特色的内容，同时，注意挖掘白砂的诗词、音乐、美术等文化资源，提高志书的文化品位。其中在篇目上，将木偶戏、艺文升格为章；在概述、政党 群团、政权、民政、军事、人物等章，浓墨重彩地记述白砂人民在土地革命、三年游击斗争、保田斗争、解放战争中为中国革命所做出的巨大牺牲和重要贡献。

志书是传世之作，质量是志书的生命。在镇志编修过程中，编修人员紧紧围绕镇党委、镇政府“编修佳志良志”和“2019年8月基本完成”的目标，增强事业心、责任感，努力提高综合素质。同时，增强精品意识，弘扬“工匠精神”，精雕细琢，精益求精，力求使撰写的志稿观点正确，体例严谨，内容全面，特色鲜明，记述准确，资料翔实，表达通顺，文风端正，完整准确地记录白砂承载的历史文化信息和社会演变进程。

统稿总纂是提高志稿质量的关键环节。总纂林汉扬凭借扎实的地方志专业知识和丰富的修志经验，按照《地方志书质量规定》的总体要求，统观点、严体例、核史料、断详略、决取舍、理交叉、抠文辞、正文风，把好观点、体例、资料、记述、文字关，保证镇志质量。志稿总纂采用“提前介入法”，总纂贯穿于资料搜集、初稿撰写、志稿修改、全志统稿、图文编排各个环节。其间，编辑人员协助做了大量工作。

经编修人员的辛勤笔耕，至2019年5月初，镇志征求意见稿完成。志稿分送专家和相关人员审读。6月15日，镇党委、政府召开《白砂镇志》评审会。三明市政协原主席、乡贤袁德俊，上杭县党史和地方志研究室主任刘昌发、新罗区党史和地方志研究室副总编刘可明、永定区党史和地方志研究室林添茂，上杭县党史研究室原主任江树高，白砂镇领导班子成员、各村书记或主任出席会议。与会人员充分发扬民主，畅所欲言，实事求是，在充分肯定志稿成功之处的同时，提出许多宝贵意见（上杭县方志委原主任唐鉴荣、编辑蓝晓东提交书面评审意见）。因评审会的时间和参加人员有限，此前，镇政府将志稿相关章节发送各村和镇直单位，同时发出《关于做好〈白砂镇志（稿）〉内部审核工作的通知》，对志稿内部审核工作提出具体要求，收到较好效果。评稿会后，编修人员综合各方意见，认真分析，择善而从，进一步修改完善志稿。8月下旬，形成《白砂镇志（送审稿）》。图文排版后，9月中旬，《白砂镇志（送审稿）》送厦门大学出版社审编出版。

在《白砂镇志》编修过程中，镇党委、镇政府加强对修志工作的领导，把编修《白砂镇志》摆上重要议事日程。镇党委、镇政府多次听取镇志编修工作情况汇报，研究解决有关问题。镇党委召开扩大会议，研究《白砂镇志·人物》有关事项，审定立传和简介人员，并对其他重要问题提出原则性意见。镇党委书记曹永忻、镇长郭丽蓉经常深入镇志办了解编修工作情况，关心编修人员工作生活；分管领导、镇人大主席赖建亮工作抓得细、抓得实，及时协调解决编修工作中的具体问题。镇党委、镇政府的重视、关心和支持，保证编修工作的顺利进行。镇志的编修，得到镇直单位、村两委、退休干部、外出乡贤和广大人民群众的关心、支持。

自2017年7月启动至2019年9月出版，镇志的编修历时两年零两个月。《白砂镇志》的出版，是白砂镇党委、镇政府高度重视的结果，是上杭县方志部门领导悉心指导的结果，是社会热心人士关心支持的结果，更是编修人员敬业奉献、呕心沥血、一丝不苟、奋力拼搏的结果。当志书出版之际，在此一并表示衷心的感谢！

本志凡例、概述、大事记、第一章建置、第三章人口、卷首图片和内文插图、编后记，由林汉扬负责编辑（编写）；第二章环境资源、第五章林业、第七章镇村建设、第八章交通邮电、第十六章教育、第二十三章人物，由傅灿章负责编辑；第六章工业、第九章商贸服务业、第十章工商税务金融财政、第十七章文化、第十八章木偶戏、第十九章艺文、第二十章卫生体育、第二十一章习俗宗教信仰，由邱树元负责编辑；专记、第四章农业、第十一章政党群团、第十二章政权、第十三章公安司法行政、第十四章民政、第十五章武装，由袁茂荣负责编辑；第二十二章行政村简介，分别由傅灿章、邱树元、袁茂荣编辑。全志由林汉扬统稿总纂。

由于镇志编修是浩繁的系统工程，叙时跨度大，涉及范围广，加上时间紧、任务重、资料缺，水平有限，《白砂镇志》难免有疏漏和不尽人意之处。欢迎广大读者批评指正！

《白砂镇志》编纂委员会

2019年9月